MW01354270

Android or Apple iOS device:

1. Go to the Google Play or Apple App Store. Search for and install the free **ARRL Repeater Directory** app.
2. Open the app.
3. Tap on the menu and select "Upgrade to Full Version."
4. Enter the activation code below.
5. Once activated, you'll enjoy 12 months of the full version of this app.

This code is included with your book and is not for resale, has no cash value, and will not be replaced if lost or stolen. Content subject to availability.
Copyright © 2015 DHF Systems, LLC and The American Radio Relay League, Inc.
All rights reserved.

Code expires December 31, 2016.

Activation Code: **428093F0**

The ARRL Repeater Directory® 2015-2016

Edited by Steve Ford, WB8IMY

"The Authoritative Source of VHF/UHF Repeater Listings"

Published by:

ARRL *The national association for* **AMATEUR RADIO**

ARRLWeb: www.arrl.org
225 Main Street, Newington, CT 06111-1494

Repeater Directory® is a registered trademark
of the American Radio Relay League, Inc.

Copyright © 2015 by
The American Radio Relay League, Inc.

Copyright secured under the Pan-American Convention

International Copyright secured

All rights reserved. No part of this work may be reproduced in any form except by written permission of the publisher. All rights of translation are reserved.

Printed in USA

Quedan reservados todos los derechos

ISBN: 978-1-62595-025-3

Abbreviations Used in Directory Listings

Note: CTCSS frequencies, if applicable, precede any other abbreviations shown. Example: 88.5s indicates a repeater using 88.5 Hz CTCSS that is also ARES affiliated ("s").

#	-	Uncoordinated System
o	-	Open system (if status is known)
Bi	-	Bi-lingual system
●	-	Closed, limited access system (if status is known)
LiTZ	-	(Ltz) Long-Tone Zero. Used to alert users to an emergency in some areas of the country.
t	-	Tone-Access (CTCSS tone) required to access the system.
TT	-	Touch-Tone® access to specialized features
RB	-	Remote Base (Auxiliary)
SNP	-	Shared Non-Protected pair.
a	-	autopatch
(CA)	-	closed autopatch
e	-	emergency power
E-SUN	-	solar power
E-WIND	-	wind power
l	-	linked or crossband system
p	-	portable system
PKT	-	digital/packet capability
r	-	RACES affiliated
s	-	ARES® affiliated
x	-	wide area coverage system
y	-	RTTY/ASCII system
z	-	direct access to law enforcement
WX	-	weather net/weather usage
EXP	-	experimental system

Where the frugal ham shops for great service and prices !

Alinco - Arrow Antennas - ARRL - Chameleon - Comet - Daiwa - Gordon West - Heil - Jetstream - LDG - Uniden - Unidilla - W2IHY EQs- West Mountain Radio - Wouxun and More!

Amateur - CB - Marine - Pro Audio - Scanners - Electronic Parts and Components

Hometek LLC - 1575 Route 37 W., Unit 4, Toms River, NJ 08755

TABLE OF CONTENTS

17	Chapter 1—General Information
27	Chapter 2—Band Plans
46	Chapter 3—Coordinators
62	Chapter 4—Repeater Lingo/Hints
	Repeater and Emergency Message Handling
69	ARRL Radiogram
74	National Weather Service SKYWARN

Repeater Listings

77	29.5-29.7 MHz
85	51-54 MHz
115	144-148 MHz
381	222-225 MHz
431	420-450 MHz
687	902-928 MHz
709	1240 MHz and Above
721	Amateur Television (ATV)
729	APCO 25 Repeaters
737	D-Star Repeaters
767	Digital Mobile Radio Repeaters
781	IRLP Repeaters
795	Echolink Repeaters
815	Index of Advertisers

FOREWORD

This new 44th edition of the *ARRL Repeater Directory* contains information provided by repeater owners and frequency coordinators through early February 2015. These dedicated amateurs volunteer their services and strive to provide interference-free operation and we all appreciate their contributions. Without their contributions, the *Repeater Directory* could not exist.

We depend on reader suggestions to improve each edition. It was reader feedback that brought the separate D-STAR, Digital Mobile Radio and APCO 25 sections. Reader feedback also resulted in the EchoLink and IRLP listings. If you have more suggestions for future *Directories*, please let us know. You can simply drop an e-mail message to **pubsfdbk@arrl.org.**

David Sumner, K1ZZ
Chief Executive Officer, ARRL

Newington, CT
February 2015

Get your FCC <u>Commercial</u> License!

It's the highest class FCC Commercial License you can get!

Turn your interest in electronics into a high paying job in Wireless Communications, Radio, Television, Avionics, Radar, Maritime & other fields, or start a business of your own!

Our proven home study course will prepare you for the *"FCC General Radiotelephone Operator License with Radar Endorsement"*.

You don't need to quit your job or go to school. This proven course is easy, fast and low cost!

GUARANTEED PASS: You will get your FCC License or your money will be refunded.

Call Now for FREE Info:
800-932-4268 ext. 104
www.LicenseTraining.com

COMMAND PRODUCTIONS • FCC License Training
480 Gate Five Road - Suite 107 • PO Box 3000 • Sausalito, CA 94966-3000

Radios to Go!

Getting the Most from your Handheld Transceiver

Steve Ford, WB8IMY

Handheld Radios are More Powerful Than You Think!

Modern technology has allowed manufacturers to pack a wealth of features into handheld transceivers. With so many features, however, it isn't always easy to get the full benefit from your investment. Even the user manuals don't tell the whole story. Your radio may have "hidden" capabilities that aren't described in the manual at all.

If you own a handheld transceiver, or if you're trying to decide which transceiver to buy, *Radios to Go!* is the essential guide.

Includes:

- Why Are They Called HTs? (And Which One Should I Buy?)
- The Care and Feeding of Batteries
- Memories
- Scanning
- Alphabet Soup: CTCSS, DTMF and DCS
- IRLP and EchoLink
- Antennas
- Microphones and Headsets
- Software Management
- Expanding Your Horizons: APRS and Satellites

ARRL Item No. 3077
Special ARRL Member Price! Only $15.95* (regular $17.95)
*plus shipping and handling

SHOP DIRECT or call for a dealer near you.
ONLINE WWW.ARRL.ORG/SHOP
ORDER TOLL-FREE 1-888-277-5289 (US)

ARRL The national association for AMATEUR RADIO®

RD 2015-2016

MFJ VHF/UHF Headquarters
...the world's largest assortment of ham radio accessories!

$12.95
MFJ-281
MFJ speaker turns your HT into a *super loud* base!

$39.95
MFJ-1702C
2-Pos. coax switch, lightning surge protection, center ground.

$34.95
MFJ-916B
HF/144/440 Duplexer, 200W, Low loss SO-239s.

$39.95
MFJ-812B 144-220 MHz SWR/Wattmeter 30/300W F/R ranges. Relative field strength.

$69.95
MFJ-844
Tiny 144/440 SWR/Wattmeter 15, 60, 200W ranges.

$24.95
MFJ-288 K,I,Y,R headset with PTT boom mic for handheld radios.

$24.95
MFJ-293 K,I,Y,R earbud & 5-inch boom mic for handheld radios.

$16.95
MFJ-295 K,I,Y,R mini speaker mic for tiny new handheld radios.

$69.95
MFJ1868 *Ultra* wide-band discone antenna receives 25-1300 MHz & transmits 50-1300 MHz, 200W, Ideal for 2/6/220/440.

$34.95
MFJ-1750 2-Meter, *high-gain* 5/8 Wave ground plane antenna. Strong, lightweight aluminum. Single U-bolt mount.

$18.95
MFJ-1717/S 15" *very high gain* 144/440 rubber duck antenna. Flexible and tough. Full 1/2 wave 440. BNC or SMA.

$24.95
MFJ-1724B World's best selling 144/440 MHz mag mount antenna. Only 19" tall, 300W, 15' coax, *free* BNC adapter.

$24.95
MFJ-1728B Long range 5/8 Wave on 2M, 1/4 Wave on 6M. Mag mount, 12' coax, stainless radiator.

$39.95
MFJ1729 *Highest gain* 144/440 MHz magnet mount antenna. Long 27.5" radiator, 300W, 15' coax, PL-259/BNC.

$29.95
MFJ-1730 Pocket *Roll-up* 1/2 Wave 2-Meter antenna easily fits in pocket.

$14.95
MFJ-1722 UltraLite™ 144/440 MHz magnet mount mobile antenna, strong 1 1/8" dia. 2 oz. magnet, thin 20" whip, 12 ft. coax.

$44.95
MFJ-1734 Glass mount 144/440 MHz. High gain 26" stainless radiator, low SWR, 50 W, 12 ft. coax.

$16.95
MFJ-1714 LongRanger™ 1/2 wave 2-Meter HT antenna, 40" ext.! 10.5" collapsed. *Ultra long range* -- outperforms a 5/8 Wave!

$34.95
MFJ1422 RuffRider™ Hi-gain 41.5 inch deluxe mobile antenna has *super gain* on 2M and *ultra-gain* on 440, 150W, PL-259.

$34.95
MFJ-345S Trunk lip SO-239 Mount with 14 ft. coax, rubber guard.

$15.95
MFJ-335BS 5' Magnet mount. 17' coax. For antennas with PL-259.

$34.95
MFJ-336S 5" tri-mag mount. SO-239, NMO, 3/8x24. 17 foot coax.

Free MFJ CATALOG!
Nearest Dealer or to Order . . . **800-647-1800**

MFJ ENTERPRISES, INC.
300 Industrial Pk. Rd., Starkville, MS 39759
PH: (662) 323-5869 **Fax:** (662) 323-6551
E-Mail: mfjcustserv@mfjenterprises.com

MFJ . . . the world leader in ham radio accessories!
www.mfjenterprises.com

© 2011 MFJ Enterprises, Inc.

MIRAGE POWER!
Dual Band 144/440 MHz Amp
45 Watts on 2 Meters or 35 Watts on 440 MHz

FREE Catalog!

BD-35 $199.95 Suggested Retail

Call your dealer for your best price!

- 45 Watts on 2 Meters or...
- 35 Watts on 440 MHz
- Single connectors for dual band radios and antennas
- Automatic band selection
- Reverse polarity protection
- Full Duplex Operation
- Auto RF sense T/R Switch
- Superb RF Performance
- Works with all FM HTs
- Compact size: 5Wx1³/4Hx5D inches.
- One Year MIRAGE Warranty

35 Watts Out for M Handheld!

MIRAGE Rugged!

B-34-G $129.95 Suggested Retail

- 35 Watts Output
- All Modes: FM, SSB, CW
- 18 dB GaAsFET preamp
- Reverse polarity protection
- Includes Mobile bracket
- Auto RF sense T/R switch
- Custom Heatsink runs cool
- Works with all HTs to 8 Watts
- Superb RF Performance
- Low input SWR
- Compact size: 5¹/4Wx1⁴/4Hx4¹/4D in.
- One Year MIRAGE Warranty

Power Curve -- typical B-34-G output power for your HT									
Watts Out	8	12	18	30	33	35	35+	35+	35+
Watts In	.25	0.5	1	2	3	4	5	6	8

More Mirage Amplifiers!
B-34, $109.95. 35W out. For FM 2-Meter HTs, 3Wx1Hx4¹/4 in.
B-310-G, $249.95. 100W out. For 2M fm/ssb/cw HTs. Preamp.
B-320-G, $499.95. 200W out. 2M all mode for HTs/Mobiles.

50 Watts In, *160W Out!*

B-5018-G, $369.95
FM, SSB, CW, Superb GaAsFET 20 dB pre-amp, Over-drive and high SWR protection, remote w/RC-2 option

MIRAGE

300 Industrial Park Road
Starkville, MS 39759 USA
Call Toll-Free: 800-647-1800

MIRAGE ... the world's most rugged VHF/UHF Amplifiers

www.mirageamp.com
©2011 Mirage

Cushcraft Ringos

W1BX's famous Ringo antennas are time tested and proven performers that remain unbeaten for solid reliability. The Ringo is broadbanded, lightning protected, extremely rugged, economical, electrically bullet-proof, low-angle and more -- but mainly, **it PERFORMS!** Discover for yourself why hams *love* this antenna!
ARX-2B, $109.95. 135-160 MHz. 14 ft., 6 lbs. 1000 Watts.

Cushcraft
Amateur Radio Antennas
308 Ind'l Pk. Rd., Starkville, MS 39759
Toll-Free: 800-973-6572
www.cushcraftamateur.com

Hygain VHF FM Beam Antennas

VB-214FM $99⁹⁵ 14 Elements
VB-23FM, $49.95. *3 Elements.*
VB-25FM, $59.95. *5 Elements.*
VB28FM, $89.95. *8 Elements.*

Hygain features tooled manufacturing: die-cast aluminum boom-to-mast bracket and element-to-boom compression clamps, tooled, swaged tubing that is easily and securely clamped in place and durable precision injection molded parts.

hy-gain
308 Ind'l Pk. Rd., Starkville, MS 39759
Toll-Free, 1-800-973-6572
www.hy-gain.com

MFJ-4230MV ... World's *Smallest* 30 Amp Metered Switching Power Supply

Tiny 5Wx2½Hx6D", weighs just 3 pounds!
MFJ-4230MV gives you 25 Amps *continuously*, 30 Amps surge at 13.8 VDC. Voltage front-panel adjustable 4-16 Volts. *Selectable* input voltage 120 or 240 VAC at 47-63 Hz. Switch Amps or

MFJ-4230MV Volts for meter reading. Excellent 75% efficiency and
$89⁹⁵ extra low ripple and noise, <100 mV. Extremely quiet convection and heat-controlled fan cooling. Over-voltage, over-current protections. 5-way binding posts for DC output.

MFJ-1118, $84.95. Power 2 HF and/or VHF rigs and 6 accessories from your rig's main 12 VDC supply. Two pairs 35 Amp 5-way binding posts, six pairs (15Amps) for accessories, protected by master fuse. ON/OFF switch, 0-25 VDC voltmeter. Six feet, 8 gauge cable. 12½x2¾x2½ inches.
MFJ-5512, $12.95. 14 ga., 15' VHF/UHF power cable, in-line fuse.

MFJ ... the World leader in ham radio accessories!

MFJ ENTERPRISES, INC.
300 Industrial Park Road, Starkville, MS 39759
PH: (662) 323-5869 **FX:** (662) 323-6551
Free MFJ Catalog! Nearest Dealer or Order ... 800-647-1800
www.mfjenterprises.com

FOREIGN LISTINGS

Listings outside the United States and Canada have been moved to ARRL's comprehensive reciprocal licensing Web site. ARRL welcomes the submission of additional foreign listings. Overseas travelers should refer to **www.arrl.org/international-regulatory**

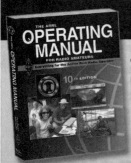

The ARRL Operating Manual

Everything for the Active Ham Radio Operator

10th Edition

There's nothing quite like the excitement of getting on the air!

The *ARRL Operating Manual* is the most complete guide to Amateur Radio operating. You'll find everything you need to know—from exploring ham radio activities, to sharpening your on air skills. It's filled with information every ham needs, from mastering basic operating techniques to looking for new things to do with their gear.

Includes:

- Amateur Radio — All About Operating
- VHF/UHF — FM, Repeaters, Digital Voice and Data
- VHF/UHF — Beyond Repeaters
- Disaster, Public Service and Emergency Communications
- Traffic Handling — Getting the Message Through
- DXing — Contacting Those Faraway Places
- Contesting — Radiosport
- HF Digital Communications and Image Communications
- Amateur Satellites
- Legally, Safely, Appropriately — The FCC Rules and You
- Remote Station Control Over the Internet
- Operating Awards
- References

ARRL Item No. 5965
Special ARRL Member Price! Only $29.95* (regular $34.95)
*plus shipping and handling

ARRL The national association for AMATEUR RADIO®

SHOP DIRECT or call for a dealer near you.
ONLINE WWW.ARRL.ORG/SHOP
ORDER TOLL-FREE 1-888-277-5289 (US)

The Radio Club of Junior High School 22

Bringing Communication to Education Since 1980

DONATE YOUR RADIO

Radios You Can Write Off – Kids You Can't

- Turn your excess Ham Radios and related items into a tax break for you and a learning tool for kids.

- Donate radios or related gear to an IRS approved 501(c)(3) charity. Get the tax credit and help a worthy cause.

- Equipment picked up anywhere or shipping arranged.

PO Box 1052
New York NY 10002
E-mail: crew@wb2jkj.org
www.wb2jkj.org

Call 516-674-4072
Fax 516-674-9600

CHAPTER ONE

GENERAL INFORMATION

This chapter will address repeater operating practices, give you a few user notes, and discuss what to do if your repeater experiences jamming. A section listing CTCSS tone frequencies is also included for your information.

Repeater Operating Practices

The following suggestions will assist you in operating a repeater "like you've been doing it for years."

1) Monitor the repeater to become familiar with any peculiarities in its operation.

2) To initiate a contact simply indicate that you are on frequency. Various geographical areas have different practices on making yourself known, but, generally, "This is NU0X monitoring" will suffice. Please don't "ker-chunk" (key up without identifying yourself) the repeater "just to see if it's working."

3) Identify legally; you must identify at the end of a transmission or series of transmissions and at least once each 10 minutes during the communication.

4) Pause between transmissions. This allows other hams to use the repeater (someone may have an emergency). On most repeaters a pause is necessary to reset the timer.

5) Keep transmissions short and thoughtful. Your "monologue" may prevent someone with an emergency from using the repeater. If you talk long enough, you may actually time out the repeater. Your transmissions are being heard by many listeners, including non-hams with "public service band" monitors and scanners. Don't give a bad impression of our service.

6) Use simplex whenever possible. If you can complete your QSO on a direct frequency, there is no need to tie up the repeater and prevent others from using it.

7) Use the minimum amount of power necessary to maintain communications. This FCC regulation [97.313(a)] minimizes the possibility of accessing distant repeaters on the same frequency.

8) Don't break into a contact unless you have something to add. Interrupting is no more polite on the air than it is in person.

9) Repeaters are intended primarily to facilitate mobile operation. During the commuter rush hours, base stations should relinquish the repeater to mobile stations; some repeater groups have rules that specifically address this practice.

10) Many repeaters are equipped with autopatch facilities which, when properly accessed, connect the repeater to the telephone system to provide a public service. The FCC has liberalized Part 97.113 regarding business communications by amateurs. Amateur operators may not accept compensation for the use of their radios. Under certain conditions, however, the radio/autopatch can be utilized to make appointments and order items. This, though, is a decision that is made by the local repeater owner, so check with yours before making such calls. Autopatch facilities should never be used to avoid a toll call or where regular telephone service is available. Remember, autopatch privileges that are abused may be rescinded.

11) All repeaters are assembled and maintained at considerable expense and inconvenience. Usually an individual or group is responsible, and those who are regular users of a repeater should support the efforts of keeping the repeater on the air. Repeater owners may restrict individuals from using their machines, and the FCC expects users to comply with these restrictions. See Section 97.205(e) of the FCC's rules.

USER INFORMATION

Except where noted, repeaters are listed according to their Geographic Area (metropolitan area or county). There are, however, some state Frequency Coordinators who prefer to list their systems alphabetically by location.

This directory lists private (closed) repeater systems as well as open systems. Many private systems, including repeaters, remote bases, control and link channels are in properly coordinated operation on authorized frequencies but are not included in this directory. This is especially common on the 220 and MHz bands, commonly utilized for linking and/or remote control systems. Please consult your Frequency Coordinator for their recommendations for operating frequencies on new repeaters, remote bases or control links.

With an increase in the number of reports of repeater-to-repeater interference, the FCC is placing more emphasis on repeaters being coordinated. Repeater coordination is an example of voluntary self-regulation within the Amateur Service. Non-coordinated repeater operation may imply non-conformance with locally recognized band plans (eg, an unusual frequency split) or simply that the repeater trustee has not yet applied for, or received "official" recognition from the Frequency Coordinator. Known non-coordinated repeaters are indicated in this directory with a pound sign (#) in the Notes field. This symbol does not indicate anything about the relative merit of any particular repeater.

PLEASE NOTE: It is the responsibility of the TRUSTEE to provide the Frequency Coordinator with annual updates for inclusion in the *ARRL Repeater Directory*. Most coordination organizations have their own criteria for annual updates.

REPEATER-TO-REPEATER INTERFERENCE

In an effort to resolve repeater-to-repeater interference complaints, FCC has adopted the following rules. Where an amateur radio station in repeater or auxiliary operation causes harmful interference to the repeater or auxiliary operation of another amateur radio station, the two are equally and fully responsible for resolving the interference unless one station's operation is coordinated and the other's is not. In that case, the station engaged in the non-coordinated operation has primary responsibility to resolve the interference. See Sections 97.201 (c) and 97.205 (c) of the Commission's Rules.

REPEATER JAMMERS AND THE LOCAL INTERFERENCE COMMITTEE

Interference on VHF or UHF repeaters is primarily a local problem requiring local resolution. This kind of problem varies from non-existent in some parts of the country to extremely serious in others. The Amateur Auxiliary mechanism for dealing with any local amateur-to-amateur interference (primarily on VHF) is the local interference committee. The philosophy of the committee approach to solving this type of problem was provided in 1980 by the ARRL Interference Task Force. Many repeater groups have already successfully established local interference committees, some employing very sophisticated methods. The committee approach to solving this type of problem and Public Law 97-259 have proven most effective.

The Amateur Auxiliary incorporates this program of local interference committees into its comprehensive program of dealing with all types of amateur variations with the regulations. Since the ARRL Field Organization is the focus of Amateur Auxiliary involvement as recognized by agreement with FCC, the local interference committee now comes within the purview of the Section Manager's overall Amateur Auxiliary program. The local interference committee gains official standing through the Section Manager. It is, in effect, a "group appointment" of the Section Manager, for specific authorization to deal with local problems of amateur-to-amateur interference. Thus the local interference committee plays a crucially important role in the make-up of the Amateur Auxiliary.

For more information on local interference committees, Amateur Auxiliary and the ARRL Field Organization, contact your ARRL Section Manager, or the *Field and Educational Services Department* at ARRL HQ.

What follows is a discussion of some of the specialized features used in repeater listings in the Directory.

NOTES AND SPECIAL FEATURES

LOCATION — The city, town, or site at which a repeater is located.
OUTPUT — The output frequency in megahertz.
INPUT — The frequency offset (difference between input and output frequencies). Either a (+) or (–). A frequency printed in the input field indicates a "non-standard" offset.

Standard offsets by band:
- 29 MHz - 100 kHz
- 52 MHz - VARIOUS
- 144 MHz - 600 kHz
- 222 MHz - 1.6 MHz
- 440 MHz - 5 MHz
- 902 MHz - 25 MHz
- 1240 MHz - 12 MHz

CALL — The call sign of the repeater.
NOTES — How the repeater may be accessed and other specialized features are indicated by the following abbreviations:

- \# - Uncoordinated System
- o - Open system
- Bi - Bi-lingual system
- c - Closed, limited access system
- LiTZ - (Ltz) Long-Tone Zero. Used to alert users to an emergency in some areas of the country. A more in-depth discussion of LiTZ systems and their usage follows later in this chapter.
- t - Tone-Access (CTCSS tone) required to access the system.
- TT - Touch-Tone® access to specialized features
- RB - Remote Base (Auxiliary)
- SNP - Shared Non-Protected pair. In some areas there are repeater frequencies listed as SNP.

These frequencies are intended to provide spectrum for experimental repeaters, search and rescue operations, portable public service systems and to act as a holding place for repeaters awaiting coordination. Users of SNP frequencies do so under the following guidelines:
1) The frequencies are shared by all users.
2) Operators receive no protection from other co-channel users.
3) All systems use CTCSS or other approved method of limited access.
4) The frequency coordinator shall coordinate the CTCSS tones.

SPECIALIZED FEATURES:

a	-	autopatch
(CA)	-	closed autopatch
e	-	emergency power
E-SUN	-	solar power
E-WIND	-	wind power
l	-	linked or crossband system
p	-	portable system
PKT	-	digital/packet capability
r	-	RACES affiliated
s	-	ARES affiliated
x	-	wide area coverage system
y	-	RTTY/ASCII system
z	-	direct access to law enforcement
WX	-	weather net/weather usage
EXP	-	experimental system

SPONSOR — The sponsor of the repeater. Plus (+) sign indicates the listed call plus additional calls sponsor the repeater.

NOTE: Listings of two CTCSS tones in the notes field indicates both the input and output are tone encoded.

LiTZ OVERVIEW

Mutual Assistance Procedures for VHF/UHF FM
Brief Overview for ARRL Repeater Directory
By: Paul Newland, AD7I
35 Barrister Lane
Middletown, NJ 07748
ad7i@arrl.net

Introduction

One of the great features of Amateur Radio is it gives hams the ability to provide mutual assistance to one another. There are two common procedures currently in place for mutual assistance on VHF/UHF FM frequencies. The first is "LiTZ," a DTMF (Touch-Tone) based all-call priority alerting system. The second is the "Wilderness Protocol".

LiTZ (i - added to make it easier to pronounce)

LiTZ is a simple method to indicate to others on an amateur VHF/UHF FM radio channel that you have an immediate need to communicate with someone, anyone, regarding a priority situation or condition.

LiTZ stands for LONG TONE ZERO. The LiTZ signal consists of transmitting DTMF (Touch-Tone) Zero for at least 3 seconds. After sending the LiTZ signal the operator announces by voice the kind of assistance that is needed. For example:
(5-seconds-DTMF-zero) "This is KA7BCD. I'm on Interstate 5 between mile posts 154 and 155. There's a 3 car auto accident in the southbound lane. Traffic has been completely blocked. It looks like paramedics will be needed for victims. Please respond if you can contact authorities for help. This is KA7BCD."

If your situation does not involve safety of life or property, try giving a general voice call before using LiTZ. Use LiTZ only when your voice calls go unanswered or the people who respond can't help you.

When you see the notation "LiTZ" for a repeater in this directory that means that it's highly likely that someone will receive and respond to LiTZ signals transmitted on the input frequency of the repeater. Please note, however, that if a CTCSS tone is needed to access that repeater you should transmit that CTCSS tone along with your LiTZ signal.

The type and nature of calls that justify the use of LiTZ may vary from repeater to repeater, just as other uses vary. Here are some general guidelines that may be suitable for most repeaters and simplex calling channels. Items with a star (*) should be acceptable on any frequency at any time.

LiTZ Use Guidelines

Event/Situation	Waking Hours (0700-2200 LT)	Sleeping Hours (2200-0700 LT)
Calling CQ	no	no
Calling a buddy	no	no
Weekly Test of LiTZ	yes	no
Club Message	yes	no
Need Driving Directions	yes	no
Report Drunk Driver	yes	yes
Car Break Down	yes	yes
Safety of Life or Property	yes	yes

For more information on LiTZ and LiTZ decoders refer to *QST* (Oct 92, page 82; Nov 92, pages 108-110; Dec 95, pages 25-31).

Wilderness Protocol

The Wilderness Protocol is a suggestion that those outside of repeater range should monitor standard simplex channels at specific times in case others have priority calls. The primary frequency is 146.52 MHz, with 52.525, 223.5 446.0 and 1294.5 MHz serving as secondary frequencies. This system was conceived to facilitate communications between hams that were hiking or backpacking in uninhabited areas, outside repeater range. However, the Wilderness Protocol should not be viewed as something just for hikers. It can (and should) be used by everyone anywhere repeater coverage is unavailable. The protocol only becomes effective when many people use it.

The Wilderness Protocol recommends that those stations able to do so should monitor the primary (and secondary, if possible) frequency every three hours starting at 7 AM, local time, for 5 minutes (7:00-7:05 AM, 10:00-10:05 AM, ..., 10:00-10:05 PM). Additionally, those stations that have sufficient power resources should monitor for 5 minutes starting at the top of every hour, or even continuously.

Priority transmissions should begin with the LiTZ signal. CQ-like calls (to see who is out there) should not take place until four minutes after the hour.

For more information on the Wilderness Protocol refer to *QST* (Feb 94, page 100; Apr 94, pages 109; May 94, pages 103-104.).

CTCSS AND DCS INFORMATION

The purpose of CTCSS (PL)™ is to reduce co-channel interference during band openings. CTCSS (PL)™ equipped repeaters respond only to signals having the sub-audible CTCSS tone required for that repeater. These repeaters do not retransmit distant signals without the required tone, and congestion is minimized.

The standard Electronic Industries Association (EIA) tones, in hertz, with their Motorola alphanumeric designators are as follows:

67.0 -XZ	97.4 -ZB	141.3 -4A	210.7 -M2
69.3 -WZ	100.0 -1Z	146.2 -4B	218.1 -M3
71.9 -XA	103.5 -1A	151.4 -5Z	225.7 -M4
74.4 -WA	107.2 -1B	156.7 -5A	233.6 -M5
77.0 -XB	110.9 -2Z	162.2 -5B	241.8 -M6
79.7 -WB	114.8 -2A	167.9 -6Z	250.3 -M7
82.5 -YZ	118.8 -2B	173.8 -6A	
85.4 -YA	123.0 -3Z	179.9 -6B	
88.5 -YB	127.3 -3A	186.2 -7Z	
91.5 -ZZ	131.8 -3B	192.8 -7A	
94.8 -ZA	136.5 -4Z	203.5 -M1	

Some systems use tones not listed in the EIA standard. Motorola designators have been assigned to the most commonly used of these tones: 206.5 (8Z), 229.1 (9Z), and 254.1 (0Z). Some newer amateur transceivers support additional tones of 159.8, 165.5, 171.3, 177.3, 183.5, 189.9, 196.6 and 199.5 hertz.

Some newer amateur gear supports Digital Code Squelch (DCS), a similar form of access control less susceptible to false triggering than CTCSS. DCS codes are designated by three digit numbers and are enabled in a manner similar to CTCSS tones.

Those wishing to use a CTCSS or DCS equipped system should check equipment specifications prior to purchase to ensure capability for the specified tone(s) or code(s).

CHAPTER TWO
BAND PLANS

This chapter will address band plans. These exist only as "traffic control" devices, allowing the most efficient use of limited spectrum space and varied amateur interests. The band plans published herein were developed by ARRL. Also discussed are the Line "A" restrictions, and a map delineating repeater offsets is provided.

Although the FCC rules set aside portions of some bands for specific modes, there's still a need to further organize our space among user groups by "gentlemen's agreements." These agreements, or band plans, usually emerge by consensus of the band occupants, and are sanctioned by a national body like ARRL. For further information on band planning, please contact your ARRL Division Director (see any issue of *QST*).

VHF-UHF BAND PLANS

When considering frequencies for use in conjunction with a proposed repeater, be certain that both the input and output fall within subbands authorized for repeater use, and do not extend past the subband edges. FCC regulation 97.205(b) defines frequencies which are currently available for repeater use.

For example, a 2-meter repeater on exactly 145.50 MHz would be "out-of-band," as the deviation will put the signal outside of the authorized band segment.

Packet-radio operations under automatic control should be guided by Section 97.109(d) of the FCC Rules.

Regional Frequency Coordination

The ARRL supports regional frequency coordination efforts by amateur groups. Band plans published in the ARRL Repeater Directory are recommendations based on a consensus as to good amateur operating practice on a nationwide basis. In some cases, however, local conditions may dictate a variation from the national band plan. In these cases, the written determination of the regional frequency coordinating body shall prevail and be considered good amateur operating practice in that region.

28.000-29.700 MHz

Please note that this bandplan is a general recommendation. Spectrum usage can be different depending upon local and regional coordination differences. Please check with your Frequency Coordinator for information.

28.000 – 28.070	CW
28.070 – 28.150	Data/CW
28.120 – 28.189	Packet/Data/CW
28.190 – 28.225	Foreign CW Beacons
28.200 – 28.300	Domestic CW Beacons (*)
28.300 – 29.300	Phone
28.680	SSTV
29.300 – 29.510	Satellites
29.510 – 29.590	Repeater Inputs
29.600	National FM Simplex Frequency
29.610 – 29.690	Repeater Outputs

*User note: In the United States, automatically controlled beacons may only operate on 28.2-28.3 MHz [97.203(d)].

In 1980, the ARRL Board of Directors adopted the following recommendations for CTCSS tones to be voluntarily incorporated by 10 meter repeaters:

Call Area	Tones	Call Area	Tones
W1	131.8/91.5	W7	162.2/110.9
W2	136.5/94.8	W8	167.9/114.8
W3	141.3/97.4	W9	173.8/118.8
W4	146.2/100.0	W0	179.9/123.0
W5	151.4/103.5	VE	127.3/88.5
W6	156.7/107.2		

The following band plan for 6 meters was adopted by the ARRL Board of Directors at its July, 1991 meeting.

50-54 MHz

Please note that this bandplan is a general recommendation. Spectrum usage can be different depending on location and regional coordination differences. Please check with your Frequency Coordinator for information.

50.0-50.1	CW, beacons
50.060-50.080	beacon subband
50.1-50.3	SSB, CW
50.10-50.125	DX window
50.125	SSB calling
50.3-50.6	all modes
50.4	AM calling frequency
50.6-50.8	nonvoice communications
50.62	digital (packet) calling
50.8-51.0	radio remote control (20-kHz channels)
	NOTE: Activities above 51.10 MHz are set on 20-kHz-spaced "even channels"
51.0-51.1	Pacific DX window
51.5-51.6	simplex (6 channels)
51.12-51.48	repeater inputs (19 channels)
51.12-51.18	digital repeater inputs
51.62-51.98	repeater outputs (19 channels)
51.62-51.68	digital repeater outputs
52.0-52.48	repeater inputs (except as noted; 23 channels)
52.02, 52.04	FM simplex
52.2	TEST PAIR (input)

52.5-52.98	repeater output (except as noted; 23 channels)
52.525	primary FM simplex
52.54	secondary FM simplex
52.7	TEST PAIR (output)
53.0-53.48	repeater inputs (except as noted; 19 channels)
53.0	base FM simplex
53.02	simplex
53.1, 53.2, 53.3, 53.4	radio remote control
53.5-53.98	repeater outputs (except as noted; 19 channels)
53.5, 53.6	radio remote control
53.7, 53.8	FM repeater inputs
53.52-53.9	simplex

Notes: The following packet radio frequency recommendations were adopted by the ARRL Board of Directors in July, 1987.

Duplex pairs to consider for local coordination for uses such as repeaters and meteor scatter:

50.62-51.62	50.68-51.68	50.76-51.76
50.64-51.64	50.72-51.72	50.78-51.78
50.66-51.66	50.74-51.74	

Where duplex packet radio stations are to be co-existed with voice repeaters, use high-in, low-out to provide maximum frequency separation from low-in, high-out voice repeaters.

144-148 MHz

Please note that this bandplan is a general recommendation. Spectrum usage can be different depending on location and regional coordination differences. Please check with your Frequency Coordinator for information.

144.00-144.05	EME (CW)
144.05-144.10	General CW and weak signals
144.10-144.20	EME and weak-signal SSB
144.200	SSB calling frequency
144.20-144.275	General SSB operation
144.275-144.300	Propagation beacons
144.30-144.50	OSCAR subband
144.50-144.60	Linear translator inputs
144.60-144.90	FM repeater inputs
144.90-145.10	Weak signal and FM simplex (145.01,03,05,07,09 are widely used for packet radio)
145.10-145.20	Linear translator outputs
145.20-145.50	FM repeater outputs
145.50-145.80	Miscellaneous and experimental modes
145.80-146.00	OSCAR subband
146.01-146.37	Repeater inputs
146.40-146.58	Simplex (*)
146.52	National Simplex Calling Frequency
146.61-147.39	Repeater outputs
147.42-147.57	Simplex (*)
147.60-147.99	Repeater inputs

NOTES: (*) Due to differences in regional coordination plans the simplex frequencies listed may be repeater inputs/outputs as well. Please check with local coordinators for further information.

1) Automatic/unattended operations should be conducted on 145.01, 145.03, 145.05, 145.07 and 145.09 MHz.
   a) 145.01 should be reserved for inter-LAN use.
   b) Use of the remaining frequencies should be determined by local user groups.
2) Additional frequencies within the 2-meter band may be designated for packet radio use by local coordinators.

Footnotes

Specific VHF/UHF channels recommended above may not be available in all areas of the US.

Prior to regular packet radio use of any VHF/UHF channel, it is advisable to check with the local frequency coordinator. The decision as to how the available channels are to be used should be based on coordination between local packet radio users.

Some areas use 146.40-146.60 and 147.40-147.60 MHz for either simplex or repeater inputs and outputs.

States use differing channel spacings on the 146-148 MHz band. For further information on which states are currently utilizing which spacing structure see the Offset Map immediately following.

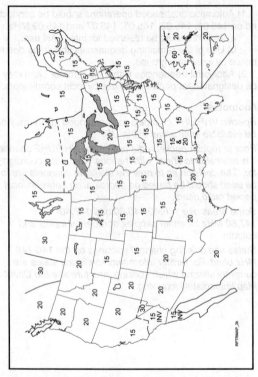

Note: This map shows channel spacing in the US and southern Canada. Spacing is in kHz unless otherwise specified. Please check with your Regional Frequency Coordinator for further information.

The following band plan for 222-225 MHz was adopted by the ARRL Board of Directors in July, 1991.

222-225 MHz

222.00-222.15	Weak signal modes (No repeater operating)
222.00-222.025	EME
222.05-222.060	Propagation beacons
222.1	SSB & CW Calling
222.10-222.150	Weak signal CW & SSB
222.15-222.25	Local coordinator's option: weak signal, ACSB, repeater inputs and control
222.25-223.38	FM repeater inputs only
223.40-223.52	FM simplex
223.50	Simplex calling
223.52-223.64	Digital, packet
223.64-223.70	Links, control
223.71-223.85	Local coordinator's option; FM simplex, packet, repeater outputs
223.85-224.98	Repeater outputs only

Notes: Candidate packet simplex channels shared with FM voice simplex. Check with your local fre-quency coordinator prior to use. Those channels are:

223.42	223.46
223.44	223.48

Footnotes

Specific VHF/UHF channels recommended above may not be available in all areas of the US.

Prior to regular packet radio use of any VHF/UHF channel, it is advisable to check with the local frequency coordinator. The decision as to how the available channels are to be used should be based on coordination between local packet radio users.

420-450 MHz

Please note that this bandplan is a general recommendation. Spectrum usage can be different depending on location and regional coordination differences. Please check with your Frequency Coordinator for information.

420.00-426.00	ATV repeater or simplex with 421.25 MHz video carrier, control links and experimental
426.00-432.00	ATV simplex with 427.25 MHz video carrier frequency
432.00-432.07	EME (Earth-Moon-Earth)
432.07-432.10	Weak signal CW
432.10	Calling frequency
432.10-432.30	Mixed-mode and weak-signal work
432.30-432.40	Propagation beacons
432.40-433.00	Mixed-mode and weak signal work
433.00-435.00	Auxiliary/repeater links
435.00-438.00	Satellite only (internationally)
438.00-444.00	ATV repeater input with 439.250-MHz video carrier frequency and repeater links
442.00-445.00	Repeater inputs and outputs (local option)
445.00-447.00	Shared by auxiliary and control links, repeaters and simplex (local option)
446.00	National simplex frequency
447.00-450.00	Repeater inputs and outputs (local option)

The following packet radio frequency recommendations were adopted by the ARRL Board of Directors in January, 1988.

1) 100-kHz bandwidth channels

430.05	430.35	430.65
430.15	430.45	430.85
430.25	430.55	430.95

2) 25-kHz bandwidth channels

431.025	441.000	441.050
440.975	441.025	441.075

Footnotes

Specific VHF/UHF channels recommended above may not be available in all areas of the US.

Prior to regular packet radio use of any VHF/UHF channel, it is advisable to check with the local frequency coordinator. The decision as to how the available channels are to be used should be based on coordination between local packet radio users.

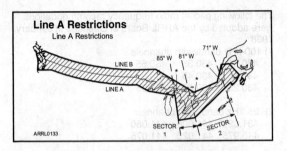

The band is shared by amateurs with government Radio Location Services (RADAR); amateurs must not interfere with these priority government stations. As part of WARC-79 proceedings, the 420-430 MHz portion of the band was removed from the Amateur Radio Service north of Line "A" (see figure).

In a later action, FCC allocated portions of the band 421-430 MHz to the Land Mobile Service within 50-mile radii centered on Buffalo, Detroit and Cleveland. Amateur stations south of Line "A" in the vicinities of these cities may continue to operate in the 421-430 MHz spectrum as long as they do not cause interference to land mobile or government radio-location users. Additionally, 50-watt PEP output power limitations apply to certain amateurs operating within circles of designated military installations in the US.
See 97.313(f).

902-928 MHz

Please note that this bandplan is a general recommendation. Spectrum usage can be different depending on location and regional coordination differences. Please check with your Frequency Coordinator for information.

Frequency Range	Mode	Functional Use	Comments
902.000-902.075	FM / other including DV Or CW/SSB	Repeater inputs 25 MHz split paired with those in 927.000-927.075 or Weak signal	12.5 kHz channel spacing Note 2)
902.075-902.100	CW/SSB	Weak signal	
902.100	CW/SSB	Weak signal calling	Regional option
902.100-902.125	CW/SSB	Weak signal	
902.125-903.000	FM/other including DV	Repeater inputs 25 MHz split paired with those in 927.1250-928.0000	12.5 kHz channel spacing
903.000-903.100	CW/SSB	Beacons and weak signal	
903.100	CW/SSB	Weak signal calling	Regional option
903.100-903.400	CW/SSB	Weak signal	
903.400-909.000	Mixed modes	Mixed operations including control links	

Frequency Range	Mode	Functional Use	Comments
909.000-915.000	Analog/digital	Broadband multimedia including ATV, DATV and SS	Notes 3) 4)
915.000-921.000	Analog/digital	Broadband multimedia including ATV, DATV and SS	Notes 3) 4)
921.000-927.000	Analog/digital	Broadband multimedia including ATV, DATV and SS	Notes 3) 4)

Notes:

1) Significant regional variations in both current band utilization and the intensity and frequency distribution of noise sources preclude one plan that is suitable for all parts of the country. These variations will require many regional frequency coordinators to maintain band plans that differ in some respects from any national plan. As with all band plans, locally coordinated plans always take precedence over any general recommendations such as a national band plan.

2) May be used for either repeater inputs or weak-signal as regional needs dictate

3) Division into channels and/or separation of uses within these segments may be done regionally based on needs and usage, such as for 2 MHz-wide digital TV.

4) These segments may also be designated regionally to accommodate alternative repeater splits.

5) Simplex FM calling frequency 927.500 or regionally selected alternative.

6) Additional FM simplex frequencies may be designated regionally.

1240-1300 MHZ

Frequency Range	Suggested Emission Types	Functional Use
1240.000-1246.000	ATV	ATV Channel #1
1246.000-1248.000	FM, digital	Point-to-point links paired with 1258.000-1260.000
1248.000-1252.000	Digital	
1252.000-1258.000	ATV	ATV Channel #2
1258.000-1260.000	FM, digital	Point-to-point links paired with 1246.000-1248.000
1240.000-1260.000	FM ATV	Regional option
1260.000-1270.000	Various	Satellite uplinks, Experimental, Simplex ATV
1270.000-1276.000	FM, digital	Repeater inputs, 25 kHz channel spacing, paired with 1282.000-1288.000
1270.000-1274.000	FM, digital	Repeater inputs, 25 kHz channel spacing, paired with 1290.000-1294.000 (Regional option)
1276.000-1282.000	ATV	ATV Channel #3
1282.000-1288.000	FM, digital	Repeater outputs, 25 kHz channel spacing, paired with 1270.000-1276.000
1288.000-1294.000	Various	Broadband Experimental, Simplex ATV
1290.000-1294.000	FM, digital	Repeater outputs, 25 kHz channel spacing, paired with 1270.000-1274.000 (Regional option)
1294.000-1295.000	FM	FM simplex
	FM	National FM simplex calling frequency 1294.500
1295.000-1297.000		Narrow Band Segment

1295.000-1295.800	Various	Narrow Band Image, Experimental
1295.800-1296.080	CW, SSB, digital	EME
1296.080-1296.200	CW, SSB	Weak Signal
	CW, SSB	CW, SSB calling frequency 1296.100
1296.200-1296.400	CW, digital	Beacons
1296.400-1297.000	Various	General Narrow Band
1297.000-1300.000	Digital	

Note: The need to avoid harmful interference to FAA radars may limit amateur use of certain frequencies in the vicinity of the radars.

2300-2310 AND 2390-2450 MHZ

Frequency Range	Emission Bandwidth	Functional Use
2300.000-2303.000	0.05 - 1.0 MHz	Analog & Digital, including full duplex; paired with 2390 - 2393
2303.000-2303.750	< 50 kHz	Analog & Digital; paired with 2393 - 2393.750
2303.75-2304.000		SSB, CW, digital weak-signal
2304.000-2304.100	3 kHz or less	Weak Signal EME Band
2304.10-2304.300	3 kHz or less	SSB, CW, digital weak-signal (Note 1)
2304.300-2304.400	3 kHz or less	Beacons
2304.400-2304.750	6 kHz or less	SSB, CW, digital weak-signal & NBFM
2304.750-2305.000	< 50 kHz	Analog & Digital; paired with 2394.750 - 2395
2305.000-2310.000	0.05 - 1.0 MHz	Analog & Digital; paired with 2395 - 2400 (Note 2)
2310.000-2390.000	NON-AMATEUR	
2390.000-2393.000	0.05 - 1.0 MHz	Analog & Digital, including full duplex; paired with 2300- 2303
2393.000-2393.750	< 50 kHz	Analog & Digital; paired with 2303 - 2303.750
2393.750-2394.750		Experimental
2394.750-2395.000	< 50 kHz	Analog & Digital; paired with 2304.750 - 2305

2395.000-2400.000	0.05 - 1.0 MHz	Analog & Digital, including full duplex; paired with 2305- 2310
2400.000-2410.000	6 kHz or less	Amateur Satellite Communications
2410.000-2450.000	22 MHz max.	Broadband Modes (Notes 3, 4)

Notes:
1: 2304.100 is the National Weak-Signal Calling Frequency
2: 2305 - 2310 is allocated on a primary basis to Wireless Communications Services (Part 27). Amateur operations in this segment, which are secondary, may not be possible in all areas.
3: Broadband segment may be used for any combination of high-speed data (e.g. 802.11 protocols), Amateur Television and other high-bandwidth activities. Division into channels and/or separation of uses within this segment may be done regionally based on needs

3300-3500 MHZ

The following beacon subband was adopted by the ARRL Board of Directors in July, 1988.
3456.3-3456.4   Propagation beacons

5650-5925 MHZ

The following beacon subband was adopted by the ARRL Board of Directors in July, 1988.
5760.3-5760.4   Propagation beacons

10.000-10.500 GHZ

The following subband recommendation was adopted by the ARRL Board of Directors in January, 1987
10.368.1 GHz   Narrow-band calling frequency
The following beacon subband was adopted by the ARRL Board of Directors in July, 1988.
10368.3-10368.4   Propagation beacons

CHAPTER THREE

REPEATER LISTINGS-
COMMITTEES & COORDINATORS

Within the confines of this chapter you will find a description of repeater listing procedures, how and why repeaters are registered, and listings of Regional Frequency Coordinators. Also included for your information is a list of the ARRL Officers.

REPEATER LISTINGS

Repeater listings are accurate to the best of our ability; however, no guarantee of accuracy is made or implied. The listing of a repeater in the Repeater Directory does not imply that the listed repeater has any greater legal status than any other amateur station.

ATTENTION REPEATER OWNERS

If you discover an error in this edition of the *ARRL Repeater Directory*, please do the following:
- Notify your repeater coordinator
- Submit an update to the ARRL Repeater Information page on the Web at **www.arrl.org/repeater-directory**.

Note: You cannot use this page to submit information about a new repeater. **This page is for updates to existing repeaters** *only*.

ARRL Officers 2015

President
Kay C Craigie, N3KN
570 Brush Mountain Rd
Blacksburg, VA 24060
n3kn@arrl.org

First Vice President
Rick Roderick, K5UR
PO Box 1463
Little Rock, AR 72203
k5ur@arrl.org

Vice President
Jim Fenstermaker, K9JF
129 Pendleton Way #88
Washougal, WA, 98671
k9jf@arrl.org

International Affairs Vice President
Jay Bellows, KØQB
1925 Bidwell St
West St Paul, MN 55118
k0qb@arrl.org

ARRL Headquarters
225 Main Street
Newington, CT
06111-1494
Phone: 860-594-0200
Fax: 860-594-0259
info@arrl.org

FREQUENCY COORDINATORS

The ARRL is not a Frequency Coordinator, nor does the ARRL "certify" coordinators. Frequency Coordinators are volunteers normally appointed by a coordinating body. Publication in the Repeater Directory does not constitute nor imply endorsement or recognition of the authority of such coordinators, as coordinators derive their authority from the voluntary participation of the entire amateur community in the areas they serve.

In some cases the person or group listed only compiles the information for listings in the Repeater Directory. In other cases the listed individual or group offers guidance but not coordination.

Frequency Coordinators keep extensive records of repeater input, output and control frequencies, including those not published in directories (at the owner's request). The coordinator will recommend frequencies for a proposed repeater in order to minimize interference with other repeaters and simplex operations. Therefore, anyone considering the installation of a repeater should check with the local frequency coordinator prior to such installation.

The following is a listing of groups or individuals for the United States and Canada who are active in Frequency Coordination.

ALABAMA

Alabama Repeater Council (ARC)
www.alabamarepeater council.org

Coordinator
Howard Grant, K4WWN
280 Martin Lane
Guntersville, AL 35976
coordinators@alabama repeatercouncil.org

President
Dave Drummond, W4MD
5001 Lakehurst Dr
Northport, AL 35473
coordinators@alabama repeatercouncil.org

ALASKA

www.alaskarepeaters.k17.net
Coordinator—South Central
Mel Bowns, KL7GG
23708 The Clearing
Eagle River, AK 99577
kl7gg@arrl.net

Coordinator—North, West, and Interior
Jerry Curry, KL7EDK
940 Vide Way
Fairbanks, AK 99712
jercurry@att.net

ARIZONA

Amateur Radio Council of Arizona (ARCA)
www.azfreqcoord.org

Chairman
Lance Halle, KW7LH
419 W. Cape Royal Ln
Phoenix, AZ 85029
602-902-6669
8AM-5PM MST M-F

6 meters (50 MHz)
Gary Duffield, WK7B
4102 W Paradise Ln
Phoenix, AZ 85053
602-843-7724

2 meters (144 MHz)
Rick Tannehill, W7RT
5410 W Diana Ave
Glendale, AZ 85302-4870
623-930-7507

222 MHz
Scott Cowling, WA2DFI
PO Box 26843
Tempe, AZ 85285-6843
wa2dfi@arrl.net

420-440 MHz
Doug Pelley, WB7TUJ
PO Box 4355
Mesa, AZ 85211-4355
480-892-2929

440-450 MHz
Dennis Mills, WA7ZZT
Po Box 10416
Glendale, AZ 85318
623-934-4480

902 MHz
Dave Hall, N7ZPY
2053 E. Lockwood St
Mesa, AZ 85213-2209
n7zpy@arrl.net

1200 MHz
Tom Sharp, WA9OXY
20619 N 21st St
Phoenix, AZ 85024-4411
602-569-6512 (H)
FAX 602-569-6599

2 GHz and Up
Troy Hall, WA7ELN
PO Box 899
Oracle, AZ 85623
520-896-2813 (H) evenings

Packet
Mark Kesauer, N7KKQ
4529 W. Park Place
Glendale, AZ 85306-1512
n7kkq@cox.net

Database Coordinator
Hal Hostetler, WA7BBX
1934 S. Lillian Circle
Tucson, AZ 85713

ARKANSAS
Arkansas Repeater Council
(ARC)
www.arkansasrepeatercouncil.org

President
Don McDaniel, WA5OOY
7112 Shamrock Dr
Little Rock, AR 72205
wa5ooy@swbell.net

Coordinator
Bob King, W5LVB
PO Box 378
Royal, AR 71901
arkansasrepeaters@gmail.com

CALIFORNIA—NORTHERN
Northern Amateur Relay
Council of California (NARCC)
1007 W. College Ave, #144
Santa Rosa, CA 95401-5046
www.narcc.org

CALIFORNIA—SOUTHERN
10 meters, 6 meters,
70 centimeters and above:
10 and 6 Meters
10and6@scrrba.org
440-450 MHz
20khz@scrrba.org
420-440 MHz
420@scrrba.org
902-928 MHz
902@scrrba.org

1240-1300 MHz
ATV (all bands)
2522 Paxson Lane
Arcadia CA 91007-8537
w6org@arrl.net

2 GHz and up
20khz@scrrba.org

*Business mail only
(no applications)*
SCRRBA
427 E. 17th St
F180
Costa Mesa, Ca, 92627
www.scrrba.org

2 meters
Two-Meter Area Spectrum
Management Association
Attn: Technical Committee
358 S Main St #90
Orange, CA 92868-3834
www.tasma.org

Chairman
Bob Dingler, NO6B
PO Box 412
Walnut, CA 91788-0412
info@tasma.org

222 MHz
220 MHz Spectrum
Management Association
Attn: Coordination Board
21704 Devonshire St #220
Chatsworth, CA 91311-2949
www.220sma.org

Contact
Jim Fortney, K6IYK
PO Box 3419
Camarillo, CA 93011-3419
k6iyk@2205ma.org

COLORADO
Colorado Council of Amateur
Radio Clubs (CCARC)
PO Box 24244
Denver, CO 80224
www.ccarc.net

Chairman: Doug Sharp, K2AD
chairman@ccarc.net

Vice Chairman: Jeff Ryan,
KØRM, **k0rm@arrl.org**

Secretary: Phil Schechter,
WØOJ; **secretary@ccarc.net**

Treasurer: Wayne Heinen,
NØPOH, **n0poh@arrl.org**

Frequency Coordinator: Jim
Reimer, ACØSO, **jgreimer@
yahoo.com**

CONNECTICUT
Connecticut Spectrum
Management Association
(CSMA)
www.ctspectrum.com

Coordinator
Dana Underhill, KB1AEV
42 Douglas Dr
Enfield, CT 06082-2544
kb1aev@cox.net

DELAWARE
T-MARC—See Maryland

DISTRICT OF COLUMBIA
T-MARC—See Maryland

FLORIDA
Florida Repeater Council (FRC)
www.florida-repeaters.org

Database Manager
Dana Rodakis, K4LK
6280 Fairfield Ave South
St Petersburg, FL
33707-2323
coordinator@
florida-repeaters.org

GEORGIA
Southeastern Repeater
Association (SERA)
www.sera.org/ga.html

Director
Ron Johnson, WB4GWA
PO Box 306
Concord, GA 30206

Vice Director
John Davis, WB4QDX
201 Hanarry Dr
Lawrenceville, GA 30046

HAWAII
Hawaii State Repeater
Advisory Council (HSRAC)
www.hawaiirepeaters.net

Coordinator
Rick Ching, KH7O
PO Box 10868
Honolulu, HI 96816-2536
kh7o@arrl.net

IDAHO—SOUTHEAST
Coordinator
Bliss Wheeler, W7RUG
335 N Karey Ln
Idaho Falls, ID
w7rug@live.com

IDAHO—SOUTHWEST
Coordinator
Larry E. Smith, W7ZRQ
8106 Bobran St
Boise, ID 83709
larry.smith@idahoptv.org

IDAHO—PANHANDLE
IACC—See Eastern
Washington

ILLINOIS
Illinois Repeater Association
(IRA)
www.ilra.net

Coordinator
Aaron Collins, N9OZB
1338 S Arlington Hts Rd
Arlington Heights, IL 60085
collins@knowideas.com

INDIANA
Indiana Repeater Council
PO Box 833
Columbia City, IN 46725
www.ircinc.org

Chairman
Dan Dahms, N9WNH
1320 E. Greenbriar Dr
Columbia City, IN 46725
260-503-4163
n9wnh@ircinc.org

IOWA
Iowa Repeater Council (IRC)
www.iowarepeater.org

President
Chris Conklin, NØCF
126 Magnolia Dr
Cedar Falls, IA 50613

Coordinator
Roland Newton, KCØIEA
PO Box 2222
Ames, IA 50010-2222
kc0iea@arrl.net

Secretary
Thomas G. Crabb, NØJLU
813 South 26th St
West Des Moines, IA 50265
tgcrabb.rphjd@juno.com

KANSAS
Kansas Amateur Repeater
Council (KARC)
www.ksrepeater.com

Coordinator
Brian Short, KCØBS
12170 S Prairie Creek Pkwy
Olathe, KS 66061
kc0bs@arrl.net

KENTUCKY
Southeastern Repeater
Association (SERA)
www.sera.org/ky.html

Director
Tim Osborne, K4TDO
PO Box 711
Hazard, KY 41702

LOUISIANA
Louisiana Council of Amateur
Radio Clubs (LCARC)

Chair
Roger Farbe, N5NXL
12665 Roundsaville
Baton Rouge, LA 70818
n5nxl@bellsouth.net

Coordinator
Kevin Thomas, W5KGT
1573 Brownless Dr
Calhoun, LA 71225
lacoord@lacouncil.net

MAINE

(NESMC)
Apply for coordination online at **www.nesmc.org**, or you may apply by US mail:
New England Spectrum Management Council
PO Box 185
Berlin, MA 01503

10 Meter Coordinator
George Cleveland, WA1QGU
10m@nesmc.org

6 Meter Coordinator
George Cleveland, WA1QGU
6m@nesmc.org

2 Meter Coordinator
Bob DeMattia, K1IW
2m@nesmc.org

222 Coordinator
Bob Nelson, N1EUN
222@nesmc.org

440 Coordinator
Lou Harris, N1UEC
440@nesmc.org

902 and above Coordinator
Lew Collins, W1GXT
ghz@nesmc.org

MARYLAND

The Mid Atlantic Repeater Council (TMARC)
PO Box 1022
Savage, MD 20763-1022
www.tmarc.org

President
Dave Prestel, W8AJR
10160 Tanfield Ct
Ellicott City, MD 21042
w8ajr@arrl.net

MASSACHUSETTS

NESMC — See Maine

MICHIGAN—LOWER PENINSULA

Michigan Area Repeater Council (MARC)
7024 Aspen St
Allendale, MI 49401-8408
www.miarc.com

Coordinator
Phil Manor, W8IC
4865 Bates Dr
Warren, MI 48092-1991
w8ic@miarc.com

Database Manager
Dave Johnson, WD8DJB
7024 Aspen St
Allendale, MI 49401-8408
wd8djb@mjarc.com

MICHIGAN—UPPER PENINSULA

Upper Peninsula Amateur Radio Repeater Association (UPARRA)
Coordinator
Noel Beardsley, K8NB
W7021 CR 356
Stephenson, MI 49887
k8nb@hotmail.com

MINNESOTA

Minnesota Repeater Council
(MRC)
www.mrc.gen.mn.us

Coordinator
Jerry Dorf, NØFWG
601 Sunset Dr
Buffalo, MN 55313
jerryd@jerryd.net

MISSISSIPPI

Southeastern Repeater
Association (SERA)
www.sera.org/ms.html

Coordinator
Steve Grantham, N5DWU
PO Box 127
Ellisville, MS 39437-0127
n5dwu@sera.org

MISSOURI

Missouri Repeater Council
(MRC)
www.missourirepeater.org

Coordinator
Jeff Young, KB3HF
6 Long Beach Ct,
St Peters, MO 63376
kb3hf@missourirepeater.org

Assistant Coordinators
Bryon Jeffers, KØBSJ
15585 Lovers Ln
Excelsior Springs, MO 64024
k0bsj@missourirepeater.org

James Adkins, KØNHX
1004 SE Windstar Ct
Lee's Summit, MO 64081
kb0nhx@missourirepeater.org

MONTANA

Coordinator
Kenneth Kopp, KØPP
PO Box 848
Anaconda, MT 59711-0848
k0pp@arrl.net

NEBRASKA

Coordinator
John Gebuhr, WBØCMC
2349 North 64th St
Omaha, NE 68104
wb0cmc@arrl.net

NEVADA—SOUTHERN

Southern Nevada Repeater
Council (SNRC)

President
Billy Smith, Jr, W7HMV
w7hmv@snrc.us

Coordinator
Nat Talpis, W7OQF
w7oqf@snrc.us

Treasurer
Frank Kostelac, N7ZEV
n7zev@snrc.us

Coordinator
Blayne Ence, KG7SS
kg7ss@snrc.us

Secretary
Steve Gebhard, WB9STH
wb9sth@snrc.us

Coordination requests to:
www.snrc.us
email: **info@snrc.us**

NEVADA—NORTHERN

Combined Amateur Relay
Council of Nevada (CARCON)
PO Box 71
Reno, NV 89504-0071
www.carcon.org

NEW HAMPSHIRE

NESMC—SEE MAINE

NEW JERSEY—All counties except Bergen, Essex, Hudson, Middlesex, Monmouth, Morris Passaic, Somerset and Union

Area Repeater Coordination
Council (ARCC)
PO Box 244
Plumsteadville, PA 18949
www.arcc-inc.org
info@arcc-inc.org

NEW JERSEY—Bergen, Essex, Hudson, Middlesex, Monmouth, Morris Passaic, Somerset and Union

Metropolitan Coordination
Association (MetroCor)
PO Box 107
New York, NY 10008-0107
www.qsl.net/metrocor
metrocor@qsl.net

NEW MEXICO

New Mexico Frequency
Coordination Committee
(NMFCC)
www.qsl.net/nmfcc

Chairman
Bill Kauffman, W5YEJ
1625 36th St SE
Rio Rancho, NM 87124
W5yej@arrl.net

NEW YORK—FAR NORTHERN

Saint Lawrence Valley
Repeater Council (SLVRC)
www.slvrc.org

NEW YORK—EASTERN AND CENTRAL UPSTATE

Upper New York Repeater
Council (UNYREPCO)
www.unyrepco.org

All correspondence to:
Upper New York Repeater
Council
PO Box 858
Vails Gate, NY 12584

NEW YORK—WESTERN

Western New York and
Southern Ontario Repeater
Council (WNYSORC)
PO Box 123
Athol Springs, NY 14010-0123
http://www.wnysorc.org

NEW YORK—NYC AND LONG ISLAND

Metropolitan Coordination Association (MetroCor)
PO Box 107
New York, NY 10008-0107
www.metrocor.net

President
Mario Sellitti, N2PVP
n2pvp@n2pvp.com

NORTH CAROLINA

Southeastern Repeater Association (SERA)
www.sera.org/nc.html

Director
Danny Hampton, K4ITL
5453 Rock Service Station Rd
Raleigh, NC 27603-9513
k4itl@sera.org

Coordinator
Frank A. Lynch, W4FAL
2528 Oakes Plantation Dr
Raleigh, NC 27610-9328
w4fal@sera.org

OHIO

Ohio Area Repeater Council (OARC)
www.oarc.com

Coordinator
Ken Bird, W8SMK
244 North Parkway Dr
Delaware, OH 43015-8788
w8smk@oarc.com

OKLAHOMA

Oklahoma Repeater Society, Inc. (ORSI)
PO Box 512
Owasso, OK 74055
www.qsl.net/orsi

Coordinator
Merlin Griffin, WB5SOM
wb5osm@hotmail.com

OREGON

Oregon Region Relay Council (ORRC)
PO Box 4402
Portland, OR 97208-4402
www.orrc.org

Chair
Daron Wilson, N7HQR
PO Box 4402
Portland, OR 97208-4402
541-270-5886
daron@wilson.org

PENNSYLVANIA—EASTERN

Area Repeater Coordination Council (ARCC)
PO Box 244
Plumsteadville, PA 18949
www.arcc-inc.org
info@arcc-inc.org

PENNSYLVANIA—WESTERN

Western Pennsylvania Repeater Council (WPRC)
3000 Village Run Rd
Unit 103, #173
Wexford, PA 15090-9244
wprc@wprcinfo.org

PUERTO RICO

Puerto Rico/US Virgin Islands Volunteer Frequency Coordinators (PR/VI VFC)

Coordinator/Record Custodian
Victor M. Madera, KP4PQ
PO Box 773
San Juan, PR 00970-0773
vmmadera@gmail.com

RHODE ISLAND

NESMC—See Maine

SOUTH CAROLINA

Southeastern Repeater Association (SERA)
www.sera.org/sc.html

Director and Coordinator
Roger Gregory, W4RWG
119 Royal Oak Dr,
Union, SC 29379

SOUTH DAKOTA

Coordinator
Richard L. Neish, WØSIR
Box 100
Chester, SD 57016-0100
neish@itctel.com

TENNESSEE

Southeastern Repeater Association (SERA)
www.sera.org/tn.html

Director and Coordinator
Randy Bennett, W4RFB
178 Bakers Chapel Rd
Medina, TN 38355

TEXAS

Texas VHF/FM Society (TVFS)
www.txvhffm.org

President
Rusty Herman, KB5R
116 S. Ave C
Humble, TX 77336
281-548-1500

State Frequency Coordination
Paul Baumgardner, W5PSB
12936 Honey Locust Cir
Euless, TX 76040
817-868-7663
coord@txvhffm.org

UTAH

Utah VHF Society (UVHFS)
www.ussc.com/~uvhfs

Coordinator
John Lloyd K7JL
2078 Kramer Dr
Sandy, UT 84092
lloyd@ussc.com

VERMONT

Vermont Independent
Repeater Coordination
Committee (VIRCC)
www.ranv.org/rptr.html

Mitchell Stern, W1SJ
PO Box 99
Essex, VT 05451
w1sj@arrl.net

VIRGINIA—SOUTH OF 38TH PARALLEL AND US 33

Southeastern Repeater
Association (SERA)
www.sera.org/va.html

Coordinator—West
Mike Knight, K4IJ
4267 Prices Fork Rd
Blacksburg, VA 24060
k4ije@sera.org

Coordinator—East
Jim Campbell, K4YM
835 Meadow Dr
Tappahannock, VA 22550
k4ym@sera.org

Coordinator—Central
Jay Campbell, N4YMY
12085 Cheroy Woods Ct
Ashland, VA 23005
n4ymy@sera.org

VIRGINIA—NORTH OF 38TH PARALLEL AND US 33

T-MARC—See Maryland

WASHINGTON—EASTERN

Inland Amateur Coordination
Council (IACC)
Coordinator
Doug Rider, KC7JC
19410 E. Buckeye Ave
Spokane Valley, WA
99027-9584
djr876@comcast.net

WASHINGTON—WESTERN

Western Washington Amateur
Relay Association (WWARA)
PMB 243
16541 Redmond Way
Redmond WA 98052-4482
www.wwara.org
secretary@wwara.org

Chair
John Schurman, AA7UJ
12057 NE 97th St
Kirkland, WA 98033
aa7uj@aol.com

Vice Chair
Bob Lewis, W7AN
PO Box 10215
Bainbridge Island, WA 98110
w7an@arrl.net

Secretary
Mark McClain, N6OBY
10803 164th Place NE
Redmond, WA 98052
n6oby@prodigy.net

WEST VIRGINIA—EASTERN PANHANDLE
T-MARC—See Maryland

WEST VIRGINIA—ALL OTHER AREAS
Southeastern Repeater Association (SERA)
www.sera.org/wv.html

Director
H. Alex Hedrick, N8FWL
1021 Woodlawn Ave
Beckley, WV 25801-6431
n8fwl@sera.org

Vice Director
Richard Dillon, K8VE
PO Box 1177
Buckhannon, WV 26201-1777
k8ve@sera.org

Coordinator
Chris Hatcher, KC8AFH
PO Box 992
Beaver, WV 25813
kc8afh@sera.org

WISCONSIN
Wisconsin Association of Repeaters (WAR)
www.wi-repeaters.org

Chair
Gary Bargholz, N9UUR
8273 North 53rd St
Brown Deer, WI 53223
n9uur@wi-repeaters.org

Coordinator
Dave Karr, KA9FUR
S64 W24740 Susan St
Waukesha, WI 53189
ka9fur@wi-repeaters.org

WYOMING
Wyoming Council of Amateur Radio Clubs (WCARC)
www.breazile.com/ham

Chair
Greg Galka, N7GT
310 East Iowa
Cheyenne, WY 82009
galka6@bresnan.net

ALBERTA
Don Moman, VE6JY
PO Box 127
Lamont, AB T0B 2R0
ve6jy@3web.net

BRITISH COLUMBIA
British Columbia Amateur Radio Coordination Council (BCARCC)
www.bcarcc.org

Coordinator
George Merchant, VE7CHU
15021 Semiahmoo Place
Surrey, BC
Canada V4P 2K3
coordinator@bcarcc.org

MANITOBA

Coordinator
Tom Blair, VE4TOM
121 Miramar Rd
Winnipeg, MB R3R 1E4
tom1@mts.net

MARITIME PROVINCES

MARCAN Frequency
Coordinator
Ron MacKay, VE1AIC
Box 188
Cornwall, PEI C0A 1H0
ve1aic@rac.ca
ve1cra.no-ip.com

NEWFOUNDLAND AND LABRADOR

VOARA
Ken Whalen, VO1ST
117 Blue Puttee Dr
St. John's, NF A1A 2J6
vo1st@rac.ca

ONTARIO—EAST AND NORTH

SLVRC—See Far Northern New York

ONTARIO—SOUTHWEST

Western New York and
Southern Ontario Repeater
Council
647 View Lake Rd
Janetville, ON L0B 1K0
http://www.wynsorc.org

QUEBEC—WITHIN 50 km OF THE OTTAWA RIVER

SLVRC—See Far Northern New York

QUEBEC—ALL OTHER AREAS

Radio Amateur du Quebec, Inc
(RAQI)
4545 ave Pierre du Coubertin,
CP1000
Montreal, QC H1V 3R2
www.raqi.ca
raqi@sympatico.ca

SASKATCHEWAN

Saskatchewan Amateur Radio
League (SARL)
Stan Ewert, VE5SC
7 Federal Dr
White City, SK S0G 5B0
sewert@sk.sympatico.ca

OTHER CANADIAN AREAS

Ken Oelke, VE6AFO
729 Harvest Hills Dr NE
Calgary, AB T3K 4R3
ve6afo@rac.ca

CHAPTER FOUR

REPEATER LINGO / HINTS

This chapter covers a basic course in "repeater-speak" and explains many of the terms heard on your local repeater.

REPEATER LINGO:

Definitions of the words and phrases commonly used on repeaters:

Autopatch - A device that interfaces the repeater system with the telephone system to extend ham communications over the telephone communications network.

Breaker - A ham who interjects his call sign during a QSO in an attempt to get a chance to communicate over a repeater.

Channel - The pair of frequencies (input and output) a repeater operates on.

Closed Repeater - A repeater whose use is limited to certain individuals. These are completely legal under FCC rules.

Control Operator - An individual ham designated to "control" the repeater, as required by FCC regulations.

COR - Carrier-Operated-Relay, a device that, upon sensing a received signal, turns on the repeater's transmitter to repeat the received signal.

Courtesy Tone - A short tone sounded after each repeater transmission to permit other stations to gain access to the repeater before the tone sounds.

Coverage - The geographical area in which the repeater may be used for communications.

CTCSS - Continuous Tone Coded Squelch System, a sub-audible tone system which operates the squelch (COR) of a repeater when the corresponding sub-audible tone is present on a transmitted signal. The squelch on a repeater which uses CTCSS will not activate if the improper CTCSS tone, or if no tone, is transmitted.

Crossband - Communications to another frequency band by means of a link interfaced with the repeater.

Desense - Degradation of receiver sensitivity caused by strong unwanted signals reaching the receiver front end.

Duplexer - A device that permits the use of one antenna for both transmitting and receiving with minimal degradation to either the incoming or outgoing signals.

Frequency Synthesis - A scheme of frequency generation in modern transceivers using digital techniques.

Full Quieting - Signal strength in excess of amount required to mask ambient noise.

Hand-Held - A portable FM transceiver that is small enough to use and carry in one hand.

Input - The frequency the repeater receiver is tuned to: The frequency that a repeater user transmits on.

Intermod - Interference caused by spurious signals generated by intermodulation distortion in a receiver front end or transmitter power amplifier stage.

Key-Up - Turning on a repeater by transmitting on its input frequency.

LiTZ - Long Tone Zero (LiTZ) Alerting system. Send DTMF zero (0) for at least three seconds to request emergency/urgent assistance.

Machine - The complete repeater system.

Mag-Mount - A mobile antenna with a magnetic base that permits quick installation and removal from the motor vehicle.

Offset - The spacing between a repeater's input and output.

Omnidirectional - An antenna system that radiates equally in all directions.

Output - The frequency the repeater transmits on; the frequency that a repeater user receives on.

Picket-Fencing - Rapid flutter on a mobile signal as it travels past an obstruction.

Polarization - The plane an antenna system operates in; most repeaters are vertically polarized.

Reverse Autopatch - A device that interfaces the repeater with the telephone system and permits users of the phone system to call the repeater and converse with on-the-air repeater users.

Reverse Split - A split-channel repeater operating in the opposite direction of the standard.

RPT/R - Abbreviation used after repeater call signs to indicate that the call sign is being used for repeater operation.

Simplex - Communication on one frequency, not via a repeater

Splinter Frequency - 2-meter repeater channel 15 kHz above or below the formerly standard 30 kHz-spaced channel.

Split Sites - The use of two locations for repeater operation (the receiver is at one site and the transmitter at another), and the two are linked by telephone or radio.

Squelch Tail - The noise burst that follows the short, unmodulated carrier following each repeater transmission.

Time-Out-Timer - A device that limits the length of a single repeater transmission (usually 3 minutes).

Tone Pad - A device that generates the standard telephone system tones used for controlling various repeater functions.

ARRL MESSAGE FORM INSTRUCTIONS

Every formal radiogram message originated and handled should contain the following four main components in the order given.

1. Preamble

The Preamble includes information used to prioritize and track the message and ensure its accuracy.

(A) Number. Assigned by the Station of Origin and never changed. Begin with 1 each month or year.

(B) Precedence. Determines the order in which traffic is passed. Assign each message a Precedence of R (Routine), W (Welfare), P (Priority) or EMERGENCY. See the guidelines on page 76.

(C) Handling Instructions (HX). Optional, used only if a specific need is present.

(D) Station of Origin. The call sign of the station originating (creating) the message.

(E) Check. The number of words or word groups in the text of the message. A word group is any group of one or more consecutive characters with no interrupting spaces.

(F) Place of Origin. The location (city and state) of the party for whom the message was created, and not necessarily the location of the Station of Origin.

(G) Time Filed. Optional, used only when the filing time has some importance relative to the Precedence, Handling Instructions or Text.

(H) Date. The date the message was filed. (If Time Filed is used, date and time must agree.)

2. Address

Name, address, city, state, ZIP and telephone number of the intended recipient, as complete as possible. Note that punctuation is not used in the Address section.

3. Text

The message information, limited to 25 words or less if possible. Normal punctuation characters are not used in the text. A question mark is sent as QUERY, while DASH is sent for a hyphen. The letter X is used as a period (but never after the last group of the text) and counts as a word when figuring the Check. The letter R is used in place of a decimal in mixed figure groups (example: 146R52 for 146.52).

4. Signature

The name of the party for whom the message was originated. May include additional information such as Amateur Radio call sign, title, address, phone number and so on.

Message Example

1. Preamble	1	R	HXG	W1AW	8	NEWINGTON CT	1830Z	JULY 1
	(A)	(B)	(C)	(D)	(E)	(F)	(G)	(H)

2. Address   DONALD SMITH
             164 EAST SIXTH AVE
             NORTH RIVER CITY MO 00789
             555 1234

3. Text   HAPPY BIRTHDAY X SEE YOU SOON X LOVE
4. Signature   DIANA

ARRL MESSAGE PRECEDENCES

EMERGENCY—Any message having life and death urgency to any person or group of persons, that is transmitted by Amateur Radio in the absence of regular commercial facilities. This includes official messages of welfare agencies during emergencies requesting supplies, materials or instructions vital to relief efforts for the stricken populace in emergency areas. On CW and digital modes, this designation will always be spelled out. *When in doubt, do not use this designation.*

PRIORITY—Abbreviated as P on CW and digital modes. This classification is for important messages having a specific time limit, official messages not covered in the emergency category, press dispatches and emergency-related traffic not of the utmost urgency.

WELFARE—Abbreviated as W on CW and digital modes. This classification refers to an inquiry about the health and welfare of an individual in the disaster area, or to an advisory from the disaster area that indicates all is well. Welfare traffic is handled only after all Emergency and Priority traffic is cleared. The Red Cross equivalent to an incoming Welfare message is DWI (Disaster Welfare Inquiry).

ROUTINE— Abbreviated as R on CW and digital modes. Most traffic in normal times will bear this designation. In disaster situations, traffic labeled Routine should be handled last, or not at all when circuits are busy with higher-precedence traffic.

ARRL MESSAGE HANDLING INSTRUCTIONS

Handling instructions (HX) convey special instructions to operators handling and delivering the message. The instruction is inserted in the message Preamble between the Precedence and the Station of Origin. Its use is optional with the originating stations, but once inserted it is mandatory with all relaying stations.

PROSIGN	INSTRUCTION
HXA	(Followed by number.) Collect landline delivery authorized by addressee within ____ miles. (If no number, authorization is unlimited.)
HXB	(Followed by number.) Cancel message if not delivered within ____ hours of filing time; service originating station.
HXC	Report date and time of delivery (TOD) to originating station.
HXD	Report to originating station the identity of station from which received, plus date and time. Report identity of station to which relayed, plus date and time, or if delivered report date, time and method of delivery.
HXE	Delivering station get reply from addressee, originate message back.
HXF	(Followed by number.) Hold delivery until ____ (date).
HXG	Delivery by mail or landline toll call not required. If toll or other expense involved, cancel message and service originating station.

ARRL NUMBERED RADIOGRAMS FOR POSSIBLE "RELIEF EMERGENCY USE"

Numbered radiograms are an efficient way to convey common messages. The letters ARL are inserted in the Preamble in the Check and in the text before spelled out numbers, which represent texts from this list. Note that some ARL texts include insertion of information.

Example: NR 1 W W1AW ARL 4 NEWINGTON CT DEC 25 DONALD R SMITH 164 EAST SIXTH AVE NORTH RIVER CITY MO PHONE 733 3968 BT ARL ONE ARL TWO BT DIANA AR.

ONE	Everyone safe here. Please don't worry.
TWO	Coming home as soon as possible.
THREE	Am in ____ hospital. Receiving excellent care and recovering fine.
FOUR	Only slight property damage here. Do not be concerned about disaster reports.
FIVE	Am moving to new location. Send no further mail or communication. Will inform you of new address when relocated.
SIX	Will contact you as soon as possible.
SEVEN	Please reply by Amateur Radio through the amateur delivering this message. This is a free public service.
EIGHT	Need additional ____ mobile or portable equipment for immediate emergency use.
NINE	Additional ____ radio operators needed to assist with emergency at this location.

TEN	Please contact _____. Advise to standby and provide further emergency information, instructions or assistance.
ELEVEN	Establish Amateur Radio emergency communications with _____ on _____ MHz.
TWELVE	Anxious to hear from you. No word in some time. Please contact me as soon as possible.
THIRTEEN	Medical emergency situation exists here.
FOURTEEN	Situation here becoming critical. Losses and damage from _____ increasing.
FIFTEEN	Please advise your condition and what help is needed.
SIXTEEN	Property damage very severe In this area.
SEVENTEEN	REACT communications services also available. Establish REACT communication with _____ on channel _____.
EIGHTEEN	Please contact me as soon as possible at _____.
NINETEEN	Request health and welfare report on _____ (name, address, phone).
TWENTY	Temporarily stranded. Will need some assistance. Please contact me at _____.
TWENTY ONE	Search and Rescue assistance is needed by local authorities here. Advise availability.

TWENTY TWO	Need accurate information on the extent and type of conditions now existing at your location. Please furnish this information and reply without delay.
TWENTY THREE	Report at once the accessibility and best way to reach your location.
TWENTY FOUR	Evacuation of residents from this area urgently needed. Advise plans for help.
TWENTY FIVE	Furnish as soon as possible the weather conditions at your location.
TWENTY SIX	Help and care for evacuation of sick and injured from this location needed at once.

THE AMERICAN RADIO RELAY LEAGUE
RADIOGRAM
VIA AMATEUR RADIO

NUMBER	PRECEDENCE	HX	STATION OF ORIGIN	CHECK	PLACE OF ORIGIN	TIME FILED	DATE

TO

PHONE NUMBER

E-MAIL

THIS RADIO MESSAGE WAS RECEIVED AT

AMATEUR STATION _____ PHONE _____

NAME _____ E-MAIL _____

STREET _____

CITY, STATE, ZIP _____

FROM	DATE	TIME	TO	DATE	TIME
REC'D			SENT		

THIS MESSAGE WAS HANDLED FREE OF CHARGE BY A LICENSED AMATEUR RADIO OPERATOR, WHOSE ADDRESS IS SHOWN IN THE BOX AT RIGHT ABOVE. AS SUCH MESSAGES ARE HANDLED SOLELY FOR THE PLEASURE OF OPERATING, NO COMPENSATION CAN BE ACCEPTED BY A "HAM" OPERATOR. A RETURN MESSAGE MAY BE FILED WITH THE "HAM" DELIVERING THIS MESSAGE TO YOU. FURTHER INFORMATION ON AMATEUR RADIO MAY BE OBTAINED FROM ARRL HEADQUARTERS, 225 MAIN STREET, NEWINGTON, CT 06111.

THE AMERICAN RADIO RELAY LEAGUE, INC. IS THE NATIONAL MEMBERSHIP SOCIETY OF LICENSED RADIO AMATEURS AND THE PUBLISHER OF QST MAGAZINE. ONE OF ITS FUNCTIONS IS PROMOTION OF PUBLIC SERVICE COMMUNICATION AMONG AMATEUR OPERATORS. TO THAT END, THE LEAGUE HAS ORGANIZED THE NATIONAL TRAFFIC SYSTEM FOR DAILY NATIONWIDE MESSAGE HANDLING.

PRINTED IN USA

Disaster Welfare Message Form

Number	Precedence	HX	Station of Origin	Check	Place of Origin	Time Filed	Date

TO:

Message Receipt or Delivery Information
Operator and station: _____
Sent to: _____
Delivered to: _____
Date: _____ Time: _____

Telephone number:

(Circle not more than two standard texts from list below)

ARL ONE — Everyone safe here. Please don't worry.
ARL TWO — Coming home as soon as possible.
ARL THREE — Am in _____ hospital. Receiving excellent care and recovering fine.
ARL FOUR — Only slight property damage here. Do not be concerned about disaster reports.
ARL FIVE — Am moving to new location. Send no further mail or communications. Will inform you of new address when relocated.
ARL SIX — Will contact you as soon as possible.
ARL SIXTY FOUR — Arrived safely at _____

Time	Date	Telephone	Signature	Name

National Weather Service SKYWARN

In many areas local repeaters are used to conduct SKYWARN severe weather nets. In the ARRL Repeater Directory these nets are designated with the abbreviation WX (weather net/weather usage).

Severe weather nets play an important role in relaying information to National Weather Service (NWS) Weather Forecast Offices (WFOs). Amateurs who have completed NWS SKYWARN training play a key role in providing ground truth reports to NWS meteorologists. This information helps the NWS in issuing timely severe weather warnings to the public.

Reports submitted to your NWS WFO may be made via Amateur Radio, telephone or Internet. Here are some general guidelines for submitting a severe weather report:

• Follow the specific reporting guidelines for your area (available through your WFO)

• Remain calm, speak clearly, and do not exaggerate the facts

• If you are unsure of what you are seeing, make your report, but also express your uncertainty

• Your report should contain the following information

    WHO you are: trained spotter
    WHAT you have witnessed: the specific weather event
    WHEN the event occurred: NOT when you make your report
    WHERE the event occurred, (not necessarily your location) using well known roads or landmarks

Immediate, real-time reports are most helpful for warning operations, but delayed reports are also important, even days after an event. Delayed reports are used for climatological and verification purposes. Weather events should be reported according to the instructions provided by your local NWS office.

For more information contact your local WFO. You can find their information at **www.weather.gov**. Also consider reading Storm Spotting and Amateur Radio available through the ARRL. The NWS' Weather Spotter's Field Guide is available at **www.nws.noaa.gov/os/brochures/SGJune6-11.pdf**.

various proposed Weather events should be reported according to the instructions issued by your local NWS office. Formore information contact your local WFO, or call the nearest national www. weather.gov NWS computer reading Storm Spotting and Amateur Radio available through the ARRL. The NWS "Weather Spotter's Field Guide is available at www. noaa.gov/om/brochures/SG June-11.pdf

29.5-29.7 MHz

Location	Output	Input	Notes	Call	Sponsor
ALABAMA					
Foley	29.6600	–	O 118.8 TT(RACES)r	WB4GMQ	WB4GMQ
Tuscaloosa	29.6400	–	●x	KX4I	KX4I
ARKANSAS					
NORTHWEST					
Springdale	29.6400	–	Os	KE5LXK	NWAUHF
CALIFORNIA					
FREQUENCY USAGE - SOUTHERN CALIFORNIA					
So Cal	29.5000			SIMPLEX	
So Cal	29.6000			SIMPLEX	
NORCAL-CENTRAL COAST					
Santa Cruz	29.6600	–	O 156.7esx	K6HJU	IRCSLV
NORCAL-EAST BAY					
Pleasanton	29.6800	–	O 94.8x	W6SRR	Sunol Ridg
NORCAL-NORTH BAY					
Clear Lake	29.6800	–	O 156.7#elx	N0 EDS	N0 EDS
Napa	29.6800	–	O 114.8l	N6TKW	NARC
NORCAL-SACRAMENTO VALLEY					
Auburn	29.6200	–	O 156.7x	N6NMZ	PARK
NORCAL-SAN JOAQUIN VALLEY					
Ahwahnee	29.6800	–	O 82.5ex	WB6NIL	WB6NIL
Copperopolis	29.6600	–	O 141.3elx	KG6TXA	SALAC
NORCAL-SOUTH BAY					
Los Altos	29.6400	–	O 156.7elx	KB6LED	KB6LED
San Jose	29.6200	–	O 127.3#l	KD6AOG	KD6AOG
NORCAL-TAHOE					
So Lake Tahoe	29.6800	–	O 156.7elx	W6SUV	W6SUV
SOCAL-#LA CENTRAL					
Arcadia	29.6600	–	107.2	K6TY	------------
Los Angeles	29.6200	–	107.2	NI8H	BHARC
SOCAL-#ORANGE					
Santiago Peak	29.6400	–	107.2	W6KRW	OC RACES
CONNECTICUT					
FREQUENCY USAGE					
Snp	29.6800	–	O		
FLORIDA					
EAST CENTRAL					
Cocoa	29.6400	–	O 103.5/103.5	N4LEM	N4LEM

29.5-29.7 MHz
FLORIDA-INDIANA

Location	Output	Input	Notes	Call	Sponsor
NORTH CENTRAL					
Ocala	29.6800	–	O L(145.43)	KA2MBE	KA2MBE
NORTH EAST					
Holly Hill	29.6600	–	O 100/100e L(53.05 223.85 146 655 444.175 EC-50666)	KI4RF	KI4RF
Tavares	29.6800	–	O 103.5/103.5 L(147)	WN4AMO	WN4AMO
NORTH WEST - TALLAHASSEE					
Tallahassee	29.6600	–	O 94.8/94.8 eL(444.8)sx	K4TLH	TARS
SOUTH EAST - MIAMI/FT LAUD					
Miami	29.6200	–	O 82.5/82.5 L(145.150 442.800 443.525 224.160) Bl	WB4TWQ	WB4TWQ
Miami	29.6600	–	O 100/100 L(145.150 442.800 443.525 224.160 443.700)	WY4P	WY4P

GEORGIA

Location	Output	Input	Notes	Call	Sponsor
Dalton	29.6800	–	O	N4BZJ	N4BZJ
Jasper	29.6800	–	O 141.3/141.3	W4MAA	------------
Warner Robins	29.6600	–	O 103.5/103.5lWX	WR4MG	Middle GA Radio Ass

ILLINOIS

Location	Output	Input	Notes	Call	Sponsor
CHICAGO					
Park Ridge	29.6600	–	107.2	WA9ORC	CFMC
DECATUR					
Decatur	29.6200	–	103.5e	K9HGX	CENOIS ARC
EAST CENTRAL					
Danville	29.6600	–	100.0 (CA)e	KC9USH	KC9USH
NORTHEAST					
Woodstock	29.6800	–	114.8	WB9YWX	WB9YWX
ROCKFORD					
Rockford	29.6200	–	118.8el	K9AMJ	K9AMJ
ST LOUIS					
Mascoutah	29.6800	–	l	AA9ME	AA9ME
Troy	29.6400	–	l	AA9MZ	AA9MZ
WEST CENTRAL					
Versailles	29.6800	–	103.5	KB9JVU	KB9JVU

INDIANA

Location	Output	Input	Notes	Call	Sponsor
EAST CENTRAL					
Greens Fork	29.6600	–	O 110.9ers WX	K9APR	K9APR
NORTHWEST					
South Bend	29.6800	–	O 131.8e	W9AMR	W9AMR
Valparaiso	29.6400	–	O 131.8x	KB9KRI	Duneland
SOUTHWEST					
Bedford	29.6800	–	O 136.5elr sWXx	N9UMJ	N9UMJ

29.5-29.7 MHz IOWA-MISSISSIPPI

Location	Output	Input	Notes	Call	Sponsor
IOWA					
CENTRAL					
Des Moines	29.6700	–	103.5 L(IRLP 7652)	KDØWPK	ITMG
KANSAS					
KANSAS CITY METRO					
Olathe	29.6800	–	O 88.5/88.5	NØCRD	------------
SOUTHEAST					
Parsons	29.6800	–	O 91.5/91.5 L(ECHOLINK#305758)	WØPIE	WØPIE
KENTUCKY					
Ingle	29.6800	–	O 146.2/146.2e	AC4DM	AC4DM
Louisville	29.6400	–	O	KK4CZ	KK4CZ
MAINE					
PORTLAND/SOUTH COAST					
Lisbon Falls	29.6200	–	O(CA) E-SUN L(E517417 423344)sWX	W1LWT	Lee Trask
PORTLAND/YORK					
Windham	29.6800	–	O 173.8/173.8eL(444.9500)	N1FCU	N1FCU
MARYLAND					
WASHINGTON AREA					
Silver Spring	29.6600	–	O 141.3el	N3AUY	+KD3R
Silver Spring	29.6600	444.0250	O 156.7el	N3AUY	+KD3R
MASSACHUSETTS					
METROWEST					
Marlborough	29.6800	–	O 131.8/131.8x	W1MRA	MMRA
MICHIGAN					
LOWER PEN SOUTHEAST					
Ann Arbor	29.6400	–	O 114.8ex	WD8DPA	WD8DPA
MINNESOTA					
METRO					
Credit River	29.6200	–	O	NØKP	SCAN
MISSISSIPPI					
Bay Saint Louis	29.6400	–	O 136.5/136.5	KB5MPW	WQRZ
Biloxi	29.6200	–	O 136.5/136.5l	W6CSA	------------

29.5-29.7 MHz
MONTANA-NEW YORK

Location	Output	Input	Notes	Call	Sponsor
MONTANA					
SOUTH CENTRAL					
Bozeman	29.6200	–	Ol	KB7KB	BARBS
NEBRASKA					
OMAHA					
Bellevue	29.6400	–	Oe L(444.875)r	WB0QQK	WB0QQK
NEVADA					
E SIERRA/TAHOE					
S Lake Tahoe	29.6800	–	O 156.7	W6SUV	W6SUV
NORTH CENTRAL					
Elko	29.6800	–	O 100	KE7LKO	WV3LMA
NEW HAMPSHIRE					
LAKES REGION					
Rochester	29.6600	–	O 131.8/131.8 L(224.78/53.030)	WM1P	MLP
NEW YORK					
BATH/HORNELL					
Hornell	29.6600	–	O 107.2/107.2	KD2WA	KD2WA
CATSKILLS NORTH					
Walton	29.6600	–	O 107.2	K2NK	K2NK
MID HUDSON					
Mahopac	29.6200	–	O 146.2#l	KQ2H	KQ2H
Mahopac	29.6600	–	O 74.4l	K2HR	ALIVE NETWORK A
Nyack	29.6400	–	O 114.8l	N2ACF	ROCKLAND REPEA
Wurtsburo	29.6200	–	O 146.2l	KQ2H	KQ2H
NEW YORK CITY - KINGS					
Brooklyn	29.6600	–	O 114.8 TT	WB2HWW	------------
NEW YORK CITY - MANHATTAN					
Manhattan	29.6200	–	146.2	KQ2H	------------
Manhattan	29.6800	–	O 136.5 TT eL(441.100)rsBl WX	N2HBA	PSARN
NIAGARA					
Buffalo	29.6800	–	O 107.2 L(BARRA)	AB2UK	BARRA
Royalton	29.6600	–	Oe L(443.450)	KD2WA	------------
ROCHESTER					
Avon	29.6200	–	O	WR2AHL	GRIDD
Rochester	29.6800	–	O 123l	N2HJD	ROCHESTER RADIO
SYRACUSE					
Syracuse	29.6400	–	O 94.8/94.8 e	KD2SL	KD2SL

NORTH CAROLINA-PUERTO RICO

Location	Output	Input	Notes	Call	Sponsor
NORTH CAROLINA					
Sparta	29.6400	–	O 151.4/151.4e	WA4PXV	------------
Thomasville	29.6800	–	O 88.5/88.5 l	WW4DC	------------
Wilkesboro	29.6200	–	O	WB4PZA	------------
Winnabow	29.6600	–	O 88.5/88.5 el	KB4FXC	------------
Youngsville	29.6200	–	O 100/100l	WB4IUY	------------
OHIO					
CARROLL					
Malvern	29.6600	–	aelrz	K8NNC	CC ARES
LORAIN					
N Ridgeville	29.6200	–		W8HF	W8HF
LUCAS					
Toledo	29.6800	–	O	W8HHF	TMRA
MONTGOMERY					
Dayton	29.6400	–	O	WF8M	MVRFG
STARK					
Massillon	29.6400	–	O 103.5	W8NP	K8LK
WARREN					
Mason	29.6200	–	Ot	KD8C	FARA
OREGON					
PORTLAND METRO					
Portland	29.6800	–	O 162.2e	KR7IS	KR7IS
PENNSYLVANIA					
NORTH WEST					
Meadville	29.6400	–	O 186.2	W3MIE	CrwfrdARS
PITTSBURGH					
Apollo	29.6800	447.8000	O 131.8ael rxz	N1RS	SARA
Apollo	29.6800	–	O 141.3ael rxz	N1RS	SARA
Pittsburgh Homestead	29.6200	–	O 131.8	WA3PBD	GatewayFMA
SOUTH WEST					
Indiana	29.6600	–	O 131.8	W3BMD	ICARC
YORK					
York	29.6800	–	O 123elrs	W3HZU	Keystone
PUERTO RICO					
N					
Aguas Buenas	29.6200	–	OE-SUN	KP4IA	------------
Corozal	29.6600	–	O	KP3AV	------------
W					
San Sebastian	29.6400	–	85.4	KP4IP	------------

29.5-29.7 MHz
RHODE ISLAND-WYOMING

Location	Output	Input	Notes	Call	Sponsor
RHODE ISLAND					
NORTHERN					
Providence	29.6400	–	O 67.0/67.0 (CA)elrsx	N1BS	NBARC
TENNESSEE					
Culleoka	29.6600	–	O 91.5/91.5	AG4TI	AG4TI
Springfield	29.6800	–	O 88.5/88.5 E-SUNl	N8ITF	N8ITF
Tellico Plains	29.6800	–	O 146.2/146.2	KE4VQM	KE4VQM
Unicoi	29.6600	–	O	WB4IXU	WB4IXU
TEXAS					
Fort Worth	29.6600	–	O 192.8	W5DFW	DFW Remote Base A
Houston	29.6400	–	O 103.5el	WB5UGT	SALTGRASS
Rosehill	29.6800	–	O 123	K5SOH	-------
VIRGINIA					
WASHINGTON AREA					
Middleburg	29.6800	–	O 146.2e	KA4DCS	KA4DCS
WASHINGTON					
W WA - FREQUENCY USAGE					
	29.5200	29.5800		RPTR INPUTS (20KHZ SPACIN	
	29.6000			SIMPLEX	
	29.6000			CROSSBAND USE	
	29.6200	29.6800		RPTR OUTPUTS (20KHZ SPACI	
WEST VIRGINIA					
Beckley	29.6800	–	O 88.5/88.5	KE4QOX	-------
Charleston	29.6400	–	O 203.5/203.5l	WB8CQV	-------
Dry Fork	29.6400	–	O 162.2/162.2e	WV8ZH	-------
Summersville	29.6600	–	O 88.5/88.5	KE4QOX	-------
WISCONSIN					
WAR					
Wausau	29.6400	–	O 114.8ael r	W9SM	WVRA
WYOMING					
NORTH WEST					
Cody	29.6800	–	O(CA)	KC7NP	KC7NP
SOUTH CENTRAL					
Rawlins	29.6400	–	Ol	KJ7AZ	KJ7AZ

29.5-29.7 MHz — ALBERTA-QUEBEC

Location	Output	Input	Notes	Call	Sponsor
ALBERTA					
HIGH RIVER					
Black Diamond	29.6900	29.5700	Ol	VE6ERW	VE6ERW
ONTARIO					
METRO TORONTO					
Uxbridge	29.6200	–	O 103.5e L(TFM IRLP)	VE3TFM	TFMCS
NORTHWESTERN ONTARIO					
Thunder Bay	29.6800	–	O#	VE3XFM	VE3OJ
QUEBEC					
LAURENTIDES					
St-Joseph Du Lac	29.6800	–	O	VE2RST	VE2CRL
OUTAOUAIS					
Gatineau	29.6800	–	O 173.8e	VE2REH	VE2REH
Gatineau	29.6800	–	173.8/173.8 (CA) L(l 2018)	VE2REH	ARAI

29.5-29.7 MHz

ALBERTA

REMBWICH
Shaw's airband   29.5000 AM 700   QRP   VE6GRW, VE6SEY

ONTARIO
METRO TORONTO
Usbridge   29.6200   —   —

NORTHWESTERN ONTARIO
Thunder Bay   29.6000   Q   VE3KZM, VE3TO

QUEBEC
LAURENTIDES
ST-JOSEPH-DU-LAC RUBBIG
OUTAOAIS
Gatineau   29.5500   C   VE2RDT, VE2CH
Gatineau   29.6400   VE2DNM, VE2RBH, VE2REH, VE2RGH, VE2HUM, AND RHELENS

51-54 MHz

Location	Output	Input	Notes	Call	Sponsor
ALABAMA					
Bessemer	53.0900	52.0900	❍ae L(ECHOLINK 371888) WXz	WB4YRJ	T.H.E. ARC
Birmingham	53.2500	52.2500	❍	W4CUE	BARC
Citronelle	53.7500	52.7500	❍eWX	WX4MOB	WX4MOB
Coker	53.0300	52.0300	❍ 77.0/77.0	N4BWP	HODCP
Gadsden	53.2700	52.2700	❍ 103.5/103.5	K4JMC	Gadsden ARC
Huntsville	53.2100	52.2100	100.0/100.0	W4XE	NARA
Mentone	53.1900	52.1900	❍ 114.8ex	W4OZK	W4OZK
Mobile	53.0300	52.0300	❍ 118.8	W4IAX	Mobile ARC
Montgomery	53.3500	52.3500	❍ 100.0	W4AP	MARC
Moulton	53.1700	52.1700	❍elWX	N4IDX	Bankhead A
Pelham	53.7500	52.7500	100.0eWX	N4RON	N4RON
Salem Hill / Opelika	53.0100	52.0100	❍ 123.0/123.0e	KK4ICE	KK4ICE
Uriah	53.1300	52.1000	❍	N4YYX	N4YYX
Vinemont	53.3300	52.3300	❍	W4CFI	W4CFI
Warrior	53.0100	52.0100	❍	N4CCQ	N4CCQ
ALASKA					
SOUTH CENTRAL					
Anchorage	52.8100	51.1100	❍eRB	KA1NVZ	KA1NVZ
ARIZONA					
CENTRAL					
Mt Union	52.5600	52.0600	100.0 WX(NO) Z(NO)	N7NGM	N7NGM
White Tanks	51.8600	51.3600	100.0 WX(NO) Z(NO)	WK7B	WK7B
NORTHWEST					
Kingman	51.9400	51.4400	100.0 WX(NO) Z(NO)	KA6NLS	KA6NLS
PHOENIX					
Pinal Mtn	53.1400	52.1400	100.0 WX(NO) Z(NO)	WK7B	WK7B
SOUTHEAST					
Mt Lemmon	53.7200	52.7200	136.5 WX(NO) Z(NO)	K7LHR	K7LHR
Safford	53.0400	52.0400	100.0 WX(NO) Z(NO)	K7EAR	K7EAR

51-54 MHz
ARKANSAS-CALIFORNIA

Location	Output	Input	Notes	Call	Sponsor
ARKANSAS					
CENTRAL					
Conway	53.2100	51.5100	O 114.8/114.8eL(443.950)	W5AUU	W5AUU
Little Rock	52.8100	51.1100	O	W5DI	CAREN
Searcy/ C Hill	52.8300	51.1300	O 85.4ae	N5ZA	N5ZA
EAST CENTRAL					
Wynne	52.9500	51.9500	O 107.2ers WX	N0HNQ	N0HNQ
NORTH					
Harrison	53.0300	51.3300	Ol	WA9SSO	GathMtARC
Harrison	53.1500	51.2500	OeLITZx	WB5CYX	NAARS
NORTHWEST					
Decatur	51.9250	52.9250	O 114.8/114.8lx	N5UXE	N5UXE
Mountainburg	52.8700	52.1700	OWX	KC5MRE	KC5MRE
Springdale	53.0700	51.3700	Os	KE5LXK	NWAUHF
SOUTHWEST					
Dierks	53.1700	51.4700	O 151.4/151.4	N5THS	HEAR
WEST					
Mena	52.9700	51.2700	O 100.0	W5HUM	Oua. ARA
WEST CENTRAL					
Mt Ida	52.9100	51.2100	O 100.0/100.0ex	KA5WPC	KA5WPC
Mt Magazine	53.1100	51.4100	O 131.8 WX	N5XMZ	N5XMZ
CALIFORNIA					
FREQUENCY USAGE - SOUTHERN CALIFORNIA					
So Cal	51.0200			DX	
So Cal	51.0400			DX	
So Cal	51.0600			DX	
So Cal	51.0800			DX	
So Cal	51.1000			DX	
So Cal	51.5000			SIMPLEX	
So Cal	51.5200			SIMPLEX	
So Cal	51.5400			SIMPLEX	
So Cal	51.5600			SIMPLEX	
So Cal	51.5800			SIMPLEX	
So Cal	51.6000			SIMPLEX	
So Cal	51.6200	51.1200		DIGITAL	
So Cal	51.6400	51.1400		DIGITAL	
So Cal	51.6600	51.1600		DIGITAL	
So Cal	51.6800	51.1800		DIGITAL	
So Cal	52.0200			SIMPLEX	
So Cal	52.0400			SIMPLEX	
So Cal	52.5250			SIMPLEX	
So Cal	52.5400			SIMPLEX	
So Cal	52.7000	52.2000		TESTPAIR	

51-54 MHz — CALIFORNIA

Location	Output	Input	Notes	Call	Sponsor
So Cal	53.0000			SIMPLEX	
So Cal	53.0200			SIMPLEX	
So Cal	53.1000			RC	
So Cal	53.2000			RC	
So Cal	53.3000			RC	
So Cal	53.4000			RC	
So Cal	53.5000			RC	
So Cal	53.5200			SIMPLEX	
So Cal	53.6000			RC	
So Cal	53.7000			RC	
So Cal	53.8000			RC	
So Cal	53.9000			SIMPLEX	
NORCAL-CENTRAL COAST					
Ben Lomond	52.8000	−	O 114.8esx	WR6AOK	SLVARC
Monterey	51.7600	−	●lrs	WE6R	WE6R
New Cuyama	52.6000	−	O 82.5lx	WA6VPL	WA6VPL
Nipomo	52.5800	−	O 82.5l	WA6VPL	Satellite
San Ardo	51.8200	−	O 136.5#e	WR6VHF	CERT
NORCAL-EAST BAY					
Hayward	52.7600	−	O 114.8ers	K6EAG	Hayward RC
Livermore	52.9000	−	O 114.8#elx	K6LRG	L.A.R.G.E.
Oakland	52.6200	−	O 114.8ex	W6MTF	W6MTF
Orinda	52.6800	−	O 162.2erx	K6CHA	K6CHA
NORCAL-NORTH BAY					
Clear Lake	51.9600	−	O 114.8#elx	N0 EDS	CDF/VIP
Guerneville	51.8000	−	O 114.8#U	KM6XU	ChickenNet
Middletown	51.8400	−	O 88.5elx	AC6VJ	AC6VJ
Nacasio	52.8800	−	O 114.8#e	KE6ORI	KE6ORI
Napa	51.7200	−	O 114.8elx	N6TKW	NARC
NORCAL-NORTH COAST					
Scotia	51.8400	−	O 114.8#a elx	N7HQZ	M.O.F.R.C.
Willits	51.7400	−	O 114.8elr sx	K7WWA	K7WWA
NORCAL-NORTH EAST					
Mt Shasta City	52.7200	−	O 110.9#lx	K6PRN	Patio RS
Redding	52.6600	−	O 107.2ex	WR6TV	W6QWN
NORCAL-SACRAMENTO VALLEY					
Auburn	51.9000	−	O 100elx	W7FAT	W7fat
El Dorado	52.5600	−	O 107.2#rsx	W6OIU	HAWK
ElDoradoHills	52.8200	−	O 110.9#a ex	WT6G	MEARA
Folsom	51.8600	−	O 94.8elx	AB6LI	AB6LI
Foresthill	52.9800	−	O 131.8#	N6ZQK	N6ZQK
Grass Valley	51.7000	−	O 141.3#el	W6WEE	W6WEE
Grass Valley	52.7200	−	O 151.4ael rs	N1OES	CPRA

88 51-54 MHz
CALIFORNIA

Location	Output	Input	Notes	Call	Sponsor
Grass Valley	52.7600	–	O 131.8ex	KF6GLZ	N6ZN
Grassvalley	52.6000	–	O 151.4rs	WD6AXM	WD6AXM
Magalia	51.9400	–	O 114.8#e	KC6USM	KC6USM
Mount Aukum	52.6400	–	O 88.5e	W6HMT	W6HMT
Pollock Pines	52.9800	–	O 141.3#	WB6DAX	WB6DAX
Quintette	52.7800	–	O 107.2elsx	AG6AU	EDCARC
ShingleSprings	52.9000	–	O 100#	KG6HAT	KG6HAT
Vacaville	51.9800	–	O 114.8	WA6CAX	WA6CAX
Vacaville	52.7400	+	O 127.3#aelrsx	WV6F	Western Va
Vacaville	52.8600	–	O 136.5	N6NMZ	N6NMZ
NORCAL-SAN JOAQUIN VALLEY					
Bakersfield	51.8800	–	O 114.8el	KG6KKV	KG6KKV
Bakersfield	51.9000	–	O 123el	K6ARN	KPARN
Bakersfield	52.6000	–	O 82.5#elx	KC6OVD	KC6OVD
Bakersfield	52.7800	–	O 82.5	W6LIE	KCCVARC
Coarsegold	52.7000	–	O 127.3e	W6HMH	W6HMH
Hanford	53.6600	–	O 77e	KC6QIT	KC6QIU
Modesto	51.8000	–	O 136.6esx	WD6EJF	SARA
New Idria	52.5800	–	O 82.5#lx	KC6OVD	KC6OVD
NORCAL-SOUTH BAY					
Los Gatos	51.9200	–	O 114.8elx	KU6V	KU6V
Palo Alto	52.6400	–	O 114.8elrsx	WA6FUL	WA6FUL
San Jose	52.5800	–	O 151.4aels	W6PIY	WVARA
San Jose	52.6600	–	O 127.3#	KD6AOG	KD6AOG
San Jose	52.9400	–	O 100#	KG6HAT	KG6HAT
NORCAL-WEST BAY					
Menlo Park	51.7800	–	O 114.8lrx	KB7IP	NC6MLA
Redwood City	53.6800	–	O 114.8es	K6MPN	SCARES
Woodside	53.6400	–	●esx	N6ZX	KMARC
NORTH EAST					
Susanville	53.1000	52.1000	O 91.5	KE6NDG	KE6NDG
SOCAL-#BEAUMONT					
Oak Glenn	53.5600	53.0600	O 107.2	N6LIZ	-------------
SOCAL-#KE,LA,OR,RIV,SBAR,SBER,VE					
Frazier Mtn	52.5600	52.0600	O 82.5x	N6BKL	CARS
SOCAL-#LA CENTRAL					
Flint Peak	53.6800	53.1800	O 114.8	WA6MDJ	BHARC
Los Angeles	52.9600	52.4600	O 82.5	WA6MDJ	BHARC
SOCAL-#LA EAST					
East La	52.5800	52.0800	O 103.5	WA6QIW	-------------
SOCAL-#LA NORTH					
Contractors PT	52.8600	52.3600	O 82.5	W6JW	-------------
Santa Clarita	51.8600	51.3600	O 82.5	N6KNW	SCARC
SOCAL-#LA,OR,RIV,SBER,KE					
Blue Ridge	53.5800	53.0800	O 107.2	N6LXX	-------------

51-54 MHz
CALIFORNIA

Location	Output	Input	Notes	Call	Sponsor
SOCAL-#LA,OR,RIV,SBER,SD,VE					
Mt Harvard	53.6200	53.1200	O 107.2	N6LXX	------------
SOCAL-#LA,OR,VE					
Oat Mtn	51.9800	51.4800	82.5	W6NVY	------------
Oat Mtn	53.7600	53.2600	82.5	K6LRB	------------
SOCAL-#LA-NORTH					
Santa Clarita	53.6400	53.1400	O 107.2	N6LIZ	------------
SOCAL-#LOMPOC					
Lompoc	52.8800	52.3800	O 82.5	WA6VPL	------------
Tranquillion	52.9400	52.4400	O 82.5	WB6FLY	------------
SOCAL-#ORANGE					
Orange	52.6400	52.1400	O 103.5	KB6CJZ	------------
Santiago Peak	52.6200	52.1200	O 103.5x	W6KRW	OC RACES
Yorba Linda	52.9000	52.4000	O 82.5	KB6MIP	------------
SOCAL-#PALM SPRINGS					
Indio Hills	51.8400	51.3400	O 107.2	KA6GBJ	------------
SOCAL-#RANDSBERG					
Randsberg	52.6800	52.1800	O 82.5	N6BKL	CARS
SOCAL-#SAN BERNARDINO					
Rimforest	52.9800	52.4800	103.5	W6CDF	------------
SOCAL-#SAN DIEGO					
Boulevard	52.6600	52.1600	O 107.2	K6JCC	SD RACES
Cuyamaca Peak	52.6000	52.1000	O 107.2	K6JCC	SD RACES
Palomar Mtn	52.6800	52.1800	O 107.2	W6NWG	PARC
SOCAL-#SANTA BARBARA					
La Vigia	51.8200	51.3200	O 82.5	K6TZ	SBARC
Santa Barbara	52.9200	52.4200	O 88.5	K6BVA	SMUG
SOCAL-#SB,VE,KE					
Santa Ynez	52.9200	52.4200	O 82.5	N6BVA	------------
SOCAL-#SD					
San Miguel Mtn	53.5800	53.0800	O 103.5	N6LXX	------------
San Miguel Mtn	53.6600	53.1600	107.2	KR6FM	------------
SOCAL-#THOUSAND OAKS					
Buzzard	51.9400	51.4400	O 141.3	WA6RHQ	CARS
SOCAL-#VENTURA					
Red Mtn	52.9800	52.4800	O 82.5	K6ERN	SMRA
SOCAL-CORONA-WIDE					
Sierra	52.8000	52.3000	82.5	N6FFI	------------
SOCAL-LA,OR					
Covers Area	51.9000	51.4000	●	K6ARN	------------
SOCAL-LA,OR,RIV,SBAR,SBER,SD,VE					
Covers Area	51.9200	51.4200	●	K6ARN	------------
SOCAL-LA,OR,RIV,SBER					
Covers Area	51.7200	51.2200	●	W6+	------------
SOCAL-LA,OR,VE					
Covers Area	51.7400	51.2400	●	K6ARN	KPARN
Covers Area	52.7200	52.2200	82.5	KF6KHM	------------
SOCAL-SAN DIEGO					
San Diego	52.8000	52.3000	107.2	WD6APP	------------

90 51-54 MHz
CALIFORNIA-CONNECTICUT

Location	Output	Input	Notes	Call	Sponsor
SOCAL-SD					
Covers Area	51.8000	51.3000	●	K6ARN	KPARN
COLORADO					
FREQUENCY USAGE					
STATEWIDE	53.0700	52.0700		STATEWIDE	
COLORADO SPRINGS					
Colorado Springs	53.1300	51.4300	O 107.2e	KC0CVU	CMRG
DENVER METRO					
Denver	53.0500	52.0500	O 107.2/107.2ex	W0CRA	CRA
Denver	53.0900	52.0900	O 107.2/107.2e	W0TX	DRC
Denver	53.1700	52.1700	O 107.2/107.2 (CA)el	N6LXX	N6LXX
Denver	53.1900	52.1900	O 107.2/107.2l	WR0AEN	CARN
Idaho Springs	53.1500	51.4500	O 107.2x	N0PYY	DenPDEEB
NORTH FRONT RANGE					
Masonville	53.2700	52.2700	O 77/77 (CA)erswX	W0BFD	BFDARC
SOUTH CENTRAL					
Canon City	53.0300	52.0300	Oe	WB0WDF	WB0WDF
CONNECTICUT					
FREQUENCY USAGE					
Snp	53.5700	52.5700			
FAIRFIELD & SOUTHWEST					
Danbury	53.1300	52.1300	O 100.0/100.0	W1QI	CARA
HARTFORD & N CENTRAL					
Bolton	53.4500	52.4500	O 82.5/82.5 el	W1HDN	PVRA
Bristol	53.0500	52.0500	O 162.2/162.2e	W1IXU	W1JJA
E Hartland	53.1900	52.1900	O 162.2/162.1e	W1XOJ	YANKEE NET
LITCHFIELD & NORTHWEST					
Torrington	53.2900	52.2900	O 127.3/88.5	W1GPO	W1GPO
Warren	53.9700	52.9700	O 110.9/110.9	KB1ABC	WARREN
NEW HAVEN & S CENTRAL					
Guilford	53.7500	52.7500	O 110.9/110.9e	NI1U	N1OFJ
NEW LONDON & SOUTHEAST					
Montville	53.4100	52.4100	O 156.7/156.7	K1IKE	K1IKE
Waterford	53.7100	52.7100	O 156.7/156.7	W1NLC	SCRAMS

51-54 MHz
CONNECTICUT-GEORGIA

Location	Output	Input	Notes	Call	Sponsor
NEWHAVEN & S CENTRAL					
Woodbridge	53.9500	52.9500	O 77.0/77.0	W1WPD	W1WPD
DELAWARE					
NORTH					
New Castle	53.5700	52.5700	O 131.8e WX	ND3E	AMROS
FLORIDA					
CENTRAL - ORLANDO					
Eustis	53.2300	52.2300	O 103.5/103.5 (CA)e	KD4MBN	KD4MBN
EAST CENTRAL					
Cocoa	53.0700	52.0700	O 118.8/118.8	WB4OEZ	WB4OEZ
Vero Beach	53.3300	52.3300	O 100/100	W4VRB	RATS
NORTH EAST					
Crescent City	53.0100	52.0100	Oe	KI4NAD	KI4NAD
Crescent City	53.7300	52.7300	Oe L(145.19) WX	KJ4UOP	KJ4UOP
Holly Hill	53.0500	52.0500	O 100/100e L(146 655 53.05 EC-50666)	KI4RF	KI4RF
NORTH EAST - JACKSONVILLE					
Orange Park	53.1900	52.1900	O 100/100e L(EC-53190)	K4SIX	CC Sixers
St Augustine	53.2500	52.2500	Oe	KF4MX	KF4MX
NORTH WEST					
Marianna	53.0100	52.0100	Oe	W4BKD	Chipola AR
Panama City	53.0500	52.0500	Oex	AC4QB	AC4QB
NORTH WEST - TALLAHASSEE					
Tallahassee	53.0300	52.0300	O 94.8/94.8 esx	K4TLH	TARS
SOUTH EAST - MIAMI/FT LAUD					
Hialeah	53.2100	52.2100	O 110.9/110.9a(CA)ersBlx	WB4IVM	WB4IVM
Miami	53.0300	52.0300	Oel	AC4XQ	AC4XQ
Miami	53.0500	52.0500	Oe	WB4TWQ	WB4TWQ
WEST CENTRAL					
Weeki Wachee	53.1300	52.1300	O 100/100a (CA)	KF4CIK	KF4CIK
WEST CENTRAL - TAMPA/ST PETE					
Brandon	51.6400	51.1400	O 141.3/141.3	W4HSO	STARC
GEORGIA					
Augusta	53.0300	52.0300	O	K4KNS	Columbia County
Brunswick	53.1100	52.1100	O 110.9/110.9	KG4PXG	KG4PXG
Dalton	53.1300	52.1300	O 141.3/141.3e	N4BZJ	------------

51-54 MHz
GEORGIA-ILLINOIS

Location	Output	Input	Notes	Call	Sponsor
Dry Branch	53.7300	52.7300	O 77/77	KC4TVY	KF4CXL
Gray	53.4300	52.4300	O 88.5/88.5	AA4RI	AA4RI
Lake Park	53.8900	52.8900	O 141.3/141.3	WR4SG	Sputh Georgia Radio
Lawrenceville	53.1100	52.1100	O 82.5/82.5 esWX	W4GR	W4GR
Lula	53.8900	52.8900	O 82.5/82.5	WB4HJG	WB4HJG
Marietta	53.2100	52.2100	O 79.7/79.7	N1KDO	N1KDO
Roswell	53.0100	52.0100	O 100/100	W4OO	W4OO
Summerville	53.7500	52.7500	O 127.3/127.3e	K4PS	K4PS
Waleska	53.2900	52.2900	O 198.2/198.2	K4PLM	------------
Warner Robins	53.7900	52.7900	O	WR4MG	Middle GA Radio Ass
Watkinsville	53.5700	52.5700	O 123/123	KD4AOZ	KD4AOZ
Watkinsville	53.7100	52.7100	O 123/123	KD4AOZ	KD4AOZ
Waycross	53.4100	52.4100	O 141.3/141.3	KM4DND	Tri-county ARES

HAWAII
OAHU
Location	Output	Input	Notes	Call	Sponsor
Honolulu	53.0300	52.0300	O	WH6F	WH6F

IDAHO
N ID - KELLOGG
Location	Output	Input	Notes	Call	Sponsor
Wardner	52.8100	51.1100	136.5	N7SZY	N7SZY

N ID - LEWISTON
Location	Output	Input	Notes	Call	Sponsor
Craig Mtn	53.3500	51.6500	O 100.0l	K7EI	K7EI

N ID - SANDPOINT
Location	Output	Input	Notes	Call	Sponsor
Sagle	53.6700	51.9700	O 100.e	KD6PGS	KD6PGS

N ID SPIRIT LAKE
Location	Output	Input	Notes	Call	Sponsor
Spirit Lake	53.0900	51.3900	100.e	K7ZOX	K7ZOX

SOUTHEAST IDAHO
Location	Output	Input	Notes	Call	Sponsor
Idaho Falls	52.2500	51.2500	O	AB7OS	------------
Idaho Falls	52.5500	51.5500	O	AB7OS	------------

SW ID
Location	Output	Input	Notes	Call	Sponsor
Boise	52.7800	52.2800	O 123/123l	N7KNL	N7KNL

SW-ID
Location	Output	Input	Notes	Call	Sponsor
Boise	52.6200	52.1200	O 100x	WA9WSJ	WA9WSJ

ILLINOIS
CHICAGO
Location	Output	Input	Notes	Call	Sponsor
Chicago	52.8100	51.1100	107.2	WA9ORC	CFMC
Chicago	52.8900	51.1900	131.8a	K9SAD	SADFAR
Chicago	53.3300	51.6300	100	W9GG	R-FAR

DECATUR
Location	Output	Input	Notes	Call	Sponsor
Decatur	53.2300	51.5300	103.5e	K9HGX	CENOIS ARC

EAST CENTRAL
Location	Output	Input	Notes	Call	Sponsor
Danville	52.9700	51.2700	88.5aes	NU9R	NU9R
Kansas	53.2900	51.5900	162.2	W9COD	W9COD

51-54 MHz
ILLINOIS-IOWA

Location	Output	Input	Notes	Call	Sponsor
NORTH CENTRAL					
Marseilles	52.9300	51.2300	114.8elWX	KA9FER	KA9FER
Seneca	53.5400	53.0400	100	KF9NZ	KF9NZ
NORTHEAST					
Batavia	53.9100	52.2100	114.8el	W9XA	W9XA
Crystal Lake	52.9100	51.9100	114.8el	K9VI	K9QI
Dekalb	52.8500	51.1500	O 100.0	W9GG	R-FAR
Schaumburg	52.9500	51.9500	114.8el	N9KNS	MARC MOTO6
West Chicago	52.8700	51.1700	114.8alx	W9DMW	MOOSEFAR
ROCKFORD					
Rockford	53.0100	52.0100	118.8el	K9AMJ	K9AMJ
INDIANA					
EAST CENTRAL					
Brookville	53.3700	52.3700	O	N9HHM	N9HHM
Glenwood	53.4300	52.4300	O 131.8e	WB9SBI	WB9SBI
Winchester	53.4100	52.4100	O 110.9	N9CZV	N9CZV
Yorktown	53.0700	52.0700	O	N9TIG	N9TIG
INDIANAPOLIS					
Danville	53.4500	52.4500	O 88.5aels	WX9HC	HendrixARC
Indianapolis	52.7000	51.7000	Oel	K9IPL	IPL ARC
Indianapolis	53.0100	52.0100	Oer	K9TNW	HQ RC
NORTHEAST					
Columbia City	53.2700	52.2700	O 141.3/141.3ersWX	N9WNH	N9WNH
Elkhart	53.1700	52.1700	O 131.8e WX	KC9GMH	KC9GMH
Huntington	53.1500	52.1500	O 131.8	WB9VLE	WB9VLE
NORTHWEST					
Kokomo	53.3900	52.3900	O 88.5es	W9NWN	W9NWN
South Bend	53.8500	52.8500	O 131.8	N9JHQ	N9JHQ
West Lafayette	53.1900	52.1900	O 131.8e	W9YB	Purdue
SOUTHWEST					
Evansville	53.5500	52.5500	O 162.2elrsWX	W9KXP	W9KXP
Nashville	53.0900	52.0900	OersWX	KA9SWI	KA9SWI
Paoli	53.6300	52.6300	OersWX	WB9FHP	WB9FHP
WEST CENTRAL					
Terre Haute	53.1300	52.1300	O 151.4es	K9ITK	TerreHaute
IOWA					
CENTRAL					
Sheldahl	53.0900	51.3900	Oe	WØQFK	WØQFK
DES MOINES					
Gilman	53.0300	51.3300	151.4e	NFØT	NFØT
Grimes	53.2500	51.5500	110.9ex	NØINX	WsideComm
NORTH CENTRAL					
Algona	53.0100	51.3100	●	KØHTF	KØHTF

51-54 MHz
IOWA-KENTUCKY

Location	Output	Input	Notes	Call	Sponsor
WEST CENTRAL					
Mondamin	53.3900	51.6900	136.5aers	KØBVC	BVARC
KANSAS					
CENTRAL					
Hays	52.8500	51.1500	O 131.8/131.8eL(IRLP#3917)	N7JYS	N7JYS
KANSAS CITY METRO					
Kansas City	53.1300	52.1300	O 88.5/88.5	KØHAM	NEKSUN
Kansas City	53.8500	52.1500	O	WBØNSQ	WBØNSQ
Kansas City	53.8500	52.1500	O	WBØNSQ	WBØNSQ
Louisburg	53.1300	52.1300	O 88.5/88.5 elrs	KØHAM	NEKSUN
Shawnee Msn	53.1900	52.1900	Oe	KØGXL	SMMC
Shawnee Msn	53.1900	52.1900	●e	KØGXL	SMMC
NORTHEAST					
Olathe	52.9700	51.2700	O 91.5/91.5	NØCRD	----------
SOUTHEAST					
Parsons	53.7700	52.0700	O L(ECHOLINK#305758)	WØPIE	WØPIE
Pittsburg	53.7900	52.0900	O 91.5/91.5	KØPKT	SLDDG
TOPEKA					
Topeka	52.9100	51.2100	O 88.5/88.5 elrs	KØHAM	NEKSUN
WEST CENTRAL					
Scott City	52.8700	51.1700	Oe	WAØOQA	WKSSIX
KENTUCKY					
Ashland	53.0100	52.0100	O 107.2/107.2	KC4QK	ASHLAND 24 RPTR
Buckhorn Lake	53.7300	52.7300	O 103.5/103.5	K4XYZ	----------
Highland Heights	53.3300	52.3300	O 123/123e	AD4CC	AD4CC
Highland Heights	53.7500	52.7500	O 123/123	W4YWH	----------
LaGrange	53.9500	52.9500	O 88.5/88.5	WB4WSB	----------
Lawrenceburg	53.1300	52.1300	O 107.2/107.2	K4TG	K4TG
Louisville	53.4100	52.4100	O 100/100e	KK4CZ	----------
Middlesboro	51.7000	51.2000	O 100/100	WB4IVB	----------
Nancy	53.2700	52.2700	O 100/100e	AC4DM	AC4DM
Nicholasville	53.7100	52.7100	O 100/100	N4LG	----------
Nicholasville	53.7900	52.7900	O 100/100	N4LG	----------
Stanton	53.8100	52.8100	O 100/100	WD4KNE	WD4KNE
Walton	53.8500	52.8500	O 118.8/118.8	KE4SHA	KE4SHA
Waynesburg	53.3900	52.3900	O 100/100e	AC4DM	AC4DM
Williamsburg	53.0700	52.0700	O 100/100l	KB4PTJ	----------

51-54 MHz
LOUISIANA-MASSACHUSETTS

Location	Output	Input	Notes	Call	Sponsor
LOUISIANA					
REG 2 BATON ROUGE					
Star Hill	51.7000	51.2000	O 107.2/107.2e	KD5UZA	KD5UZA
REG 6 ALEXANDRIA					
Alexandria	53.2300	52.2300	O 173.8/173.8	KC5ZJY	ARCLA
REG 9 HAMMOND					
Hammond	53.0900	52.0900	O 107.2/107.2el	WB5ERM	WB5ERM
MAINE					
AUGUSTA					
Litchfield	53.0500	52.0500	O 136.5/136.5x	K1AAM	K1AAM
CENTRAL/BANGOR					
Exeter	53.2900	52.2900	O 103.5	AA1PN	AA1PN
MID COAST					
Washington	53.5500	52.5500	O 91.5el	KC1CG	LMRG
NORTHWEST					
Hiram	53.3700	52.3700	O 136.5/136.5ex	K1AAM	K1AAM
Woodstock	53.0900	52.0900	O 136.5/100.0l	W1IMD	W1IMD
PORTLAND/YORK					
Harrison	53.5700	52.5700	O 136.5/151.4aE-WIND L(CLEOCAT)rWX	W1EMJ	jarc
So Berwick	53.0300	52.0300	O 131.8l	WB1GGI	MLP
West Newfield	53.7100	52.7100	O 156.7/156.7aeL(PT-CCS NET) EXPx	N1KMA	CLEOSYS
MARYLAND					
BALTIMORE					
Catonsville	53.4700	52.4700	O 107.2	N3KTX	N3KTX
FREDERICK					
Frederick	53.7500	52.7500	O 100.0	N3IGM	N3IGM
NORTH CENTRAL					
Westminster	53.0900	52.0900	O 107.2e	K3PZN	CCARC
NORTHEAST MD					
Jarrettsville	53.9300	52.9300	O	N3UR	N3UR
Port Deposit	53.8300	52.8300	O 94.8	WA3SFJ	CBRA
WASHINGTON AREA					
Ashton	53.2500	52.2500	O 100.0el	N3AGB	ARCS
Gaithersburg	53.2700	52.2700	O 156.7	KV3B	MARC
MASSACHUSETTS					
BERKSHIRES					
North Adams	53.2300	52.2300	O 162.2/162.2x	K1FFK	NOBARC

MASSACHUSETTS-MICHIGAN

Location	Output	Input	Notes	Call	Sponsor
BLACKSTONE VALLEY					
Uxbridge	53.4300	52.4300	O 118.8/100.0 E-SUN	KB1MH	JMS
CAPE & ISLANDS					
Barnstable	53.0100	52.0100	O 173.8/173.8e	N1YHS	N1YHS
CENTRAL					
Fitchburg	53.8300	52.8300	O 71.9/71.9 L(PT)	WB1EWS	WB1EWS
Oakham	53.6700	52.6700	O 123.0/100.0 E-SUN	KA1OXQ	KA1OXQ
Princeton	53.3100	52.3100	O 162.2+71.9/100.0ersWXx	WC1MA	MEMA
MERRIMACK VALLEY					
Pepperell	53.8900	52.8900	O 100.0ers	N1MNX	N1MNX
METROWEST					
Framingham	53.2700	52.2700	O 71.9/100.0 L(PT)x	WA1NVC	WA1NVC
Hopkinton 2	51.7400	52.7700	O 71.9/100.0eL(53.7700)rsWXx	K1RJZ	CNHARC
Marlborough	53.8100	52.8100	O 71.9/71.9 L(PT)	W1BRI	MMRA
NORTH SHORE					
Danvers	53.8500	52.8500	O 71.9/71.9 ex	N1UEC	NSRA
PIONEER VALLEY					
Holyoke	53.3500	52.3500	O 71.9/71.9 x	AA1KK	KD1XP
Pelham	53.0900	52.0900	O 162.2/100.0	N1PAH	N1PAH
SOUTH SHORE					
Braintree	53.0300	52.0300	O	K1GUG	K1GUG
Braintree	53.3900	52.3900	O 71.9/71.9 e	AE1TH	B.E.M.A.
Norwell	53.3300	52.3300	O 71.9e L(224.060)	KC1HO	KC1HO

MICHIGAN

Location	Output	Input	Notes	Call	Sponsor
LOWER PEN NORTHEAST					
Roscommon	52.6400	52.1400	Oelrs	N8QOP	CRARC
Saginaw	51.8600	51.3600	Oers	K8DAC	Saginaw Valley Amat
LOWER PEN NORTHWEST					
Big Rapids	52.8600	52.3600	O 94.8	KB8QOI	BRAARC
Glen Arbor	52.9200	52.4200	O 146.2l	WI0OK	IOOK
Kalkaska	52.8200	52.3200	Oe	W8KAL	W8KAL
Muskegon	52.8400	52.3400	O 94.8e	N8CUH	N8CUH
LOWER PEN SOUTHEAST					
Ann Arbor	51.7400	51.2400	O 88.5	W2PUT	W2PUT
Holly	53.7600	53.2600	O 151.4ael x	W8FSM	W8FSM

51-54 MHz
MICHIGAN-MISSOURI

Location	Output	Input	Notes	Call	Sponsor
Lake Angelus	53.9400	53.4400	O 131.8e	NE9Y	NE9Y
Livonia	51.8400	51.3400	O 100ael	K8PLW	K8PLW
Petersburg	52.7800	52.2800	OewX	K8OF	K8OF
Pleasant Lake	51.6200	51.1200	O 100	KA8ZXX	KA8ZXX
LOWER PEN SOUTHWEST					
Cedar Springs	52.7200	52.2200	O 136.5e	NW8J	NW8J
Decatur	52.9400	52.4400	O 94.8	KF8ZF	BASR
Grand Rapids	52.7600	52.2600	O 94.8e	W8DC	Grand Rapids A
Kalamazoo	51.7200	51.2200	O 94.8	K8KZO	SW Michigan Am
Lansing	52.9600	52.4600	O 100eWX	KD8PA	KD8PA
Ovid	51.9200	51.4200	O 203.5el WX	N8TSK	N8TSK,KD8AGP
Whitehall	52.8000	52.3000	O 94.8ers	K8COP	K8COP
UPPER PEN CENT					
Menominee	53.1100	51.4100	O 114.8e	AB9PJ	AB9PJ

MINNESOTA
DULUTH
Duluth	53.0500	52.0500	O	N0BZZ	N0BZZ
Duluth	53.1300	52.1300	O 103.5	KB0QYC	LSAC
Two Harbors	53.0200	52.0200	O 103.5	KB0TNB	LSAC

METRO
Burnsville	53.3700	52.3700	O 100.0	W0BU	TCRC
Chaska	53.0300	52.0300	O	N0QNY	SMARTS
Chaska	53.2700	52.2700	O 114.8	KD0JOS	WB0ZKB
Credit River	53.3300	52.3300	O	N0KP	SCAN
Falcon Heights	53.1500	52.1500	O	W0YC	UOFM RC
Ramsey	53.5500	52.5500	O 114.8e	K0MSP	MIDWESTRA

NORTH CENTRAL
Brainerd	53.1100	52.1100	O 123.0	W0UJ	BAARC
Grand Rapids	53.2900	52.2900	O 146.2e	KB0CIM	KB0CIM

NORTH EAST
Mahtowa	53.1700	52.1700	O 103.5	KB0TNB	LSAC
Virginia	53.1500	52.1500	O 103.5	KB0QYC	LSAC

MISSISSIPPI

Location	Output	Input	Notes	Call	Sponsor
Bay Saint Louis	53.6500	51.1400	O 136.5/136.5	KB5MPW	WQRZ
Biloxi	53.3500	52.3500	O 136.5/136.5l	W6CSA	----------
Corinth	53.0700	52.0700	O 203.5/203.5elsWX	K5WHB	----------
Ellisville	53.0100	52.0100	O 136.5/136.5	N5EKR	N5EKR

MISSOURI
CENTRAL
Eldon	53.0500	51.3500	Ox	KC0KWL	----------

MISSOURI-NEW HAMPSHIRE

Location	Output	Input	Notes	Call	Sponsor
COLUMBIA/JEFF CITY					
Ashland	52.8900	51.1900	O 127.3/127.3e	KB0IRV	KB0IRV
EAST CENTRAL					
Union	52.8100	51.1100	O(CA)	WA0FYA	Zero Beaters ARC
NORTHWEST					
Amity	51.1300	52.8300	O 146.2x	KB0ALL	KB0ALL
SOUTHWEST					
Joplin	53.2500	51.5500	Oesx	KB0STN	----------
Nixa	53.2700	51.5700	O 162.2/162.2ex	K0NXA	Nixa ARC
WEST CENTRAL					
Warrensburg	53.5500	51.8500	O	W0AU	WAARCI

MONTANA
Location	Output	Input	Notes	Call	Sponsor
NORTHWEST					
Whitefish	52.8300	51.1300	O	K6KUS	K6KUS
SOUTH CENTRAL					
Bozeman	53.2900	51.5900	Ol	KB7KB	KB7KB
SOUTHEAST					
Billings	53.2900	51.5900	Ol	KF7FW	KF7FW
Worden	53.0500	52.0500	O	AE7V	AE7V
SOUTHWEST					
Anaconda	53.0300	52.0300	O 131.8l	KB7IQO	KB7IQO
Helena	53.1100	51.4100	O	WR7HLN	WR7AGT

NEBRASKA
Location	Output	Input	Notes	Call	Sponsor
GRAND ISLAND					
Grand Island	53.3500	51.6500	Oes	W0CUO	GIARS

NEVADA
Location	Output	Input	Notes	Call	Sponsor
LAS VEGAS VALLEY					
Angel Peak	53.1900	52.1900	O 110.9	N9CZV	----------
Lo Potosi	53.0100	52.0100	O	WB6TNP	TRISTATE
NORTH CENTRAL					
Elko	53.0100	52.0100	O 100	KE7LKO	WV3LMA
Elko	53.2500	52.2500	O 100l	W7LKO	WA7BWF
WEST CENTRAL					
Carson City	52.8000	52.5000	O 123	N7KP	N7KP
New Washoe City	53.0000	53.0000	O 103.5l	NH7M	NH7M
Reno	51.8000	51.3000	O 110.9e	W7NV	W7PEB
Reno	52.6100	52.6100	Ol	WA6TLW	WA6TLW
Reno	52.9900	52.4000	O 107.2	KB6TDJ	KB6TDJ
Reno/Sparks	52.5800	52.0800	O 114.8	WA7DG	KK7SL
Sparks	52.8000	52.3000	O 123e	N7KP	N7KP

NEW HAMPSHIRE
Location	Output	Input	Notes	Call	Sponsor
LAKES REGION					
Gilford	53.7700	52.7700	O 71.9/100.0 L(51.7400)sWXx	K1RJZ	CNHARC

51-54 MHz
NEW HAMPSHIRE-NEW JERSEY

Location	Output	Input	Notes	Call	Sponsor
New Durham	53.2100	52.2100	O 88.5e L(PT-442.0500)	N1EUN	N1EUN
MERRIMACK VALLEY					
Derry	53.9700	52.9700	O 71.9/71.9 eL(FT 449.8750)	N1VQQ	N1VQQ
Mason	53.4100	52.4100	O 141.3/141.3lEXPx	N1IMO	N1IMO/N1IMN
Windham	53.6500	52.6500	O 71.9/100.0 L(442.6000)x	N1WPN	N1WPN
MONADNOCK REGION					
Keene	53.7300	52.7300	O 141.3/141.3	WA1ZYX	KA1QFA
NEW JERSEY					
ATLANTIC					
Egg Harbor	53.9100	52.9100	O 131.8lrs WX	W3BXW	BEARS
BERGEN					
Hackensack	53.3500	52.3500	O	W2MR	----------
CAMDEN					
Waterford Wks	52.6000	52.8400	O 131.8els RB WX	KA2PFL	----------
CUMBERLAND					
Rosenhayn	53.9500	52.9500	O 94.8e	KE2CK	----------
HUNTERDON					
Cherryville	53.2500	52.2500	O 146.2l	N3MSK	N3ODB
MIDDLESEX CO					
Monroe Twp	53.6700	52.6700	O 151.4lrs	W2CJA	CJRA
Monroe Twp	53.7100	52.7100	O 151.4/151.4 (CA)ersz	KA2CAF	CJRA
MONMOUTH CO					
Creamridge	53.4500	52.4500	O	N3IBX	CR-MRG
MORRIS CO					
Budd Lake	53.6700	52.6700	O 151.4lr	WS2V	----------
Lake Hopatcong	53.3900	52.3900	O 146.2a TTez	WR2M	WR2M-RC
Rockaway Twnshp	53.0100	52.0100	136.5	WA2SLR	----------
PASSAIC CO					
Little Falls	51.7200	51.2200	O 141.3/141.3eL(927.8000)r	W2VER	VRACES
SALEM					
Quinton	53.7100	52.7100	O 74.4e	N2KEJ	----------
SUSSEX					
Hopatcong Boro	53.3900	52.3900	Ot(CA)lRB	WR2M	WR2M RC
Vernon	51.7200	51.2200	O 136.5r	W2VER	Vern RACES
Vernon	51.7200	51.2200	O 136.5elr s	W2VER	VRACES

100 51-54 MHz
NEW MEXICO-NEW YORK

Location	Output	Input	Notes	Call	Sponsor
NEW MEXICO					
NORTH CENTRAL					
La Cueva	53.2000	52.2000	O 107.2e	N9PGQ	N9PGQ
NORTHWEST					
Farmington	53.0100	52.0100	O 131.8	KB5ITS	KB5ITS
SOUTH CENTRAL					
Alamogordo	53.4100	52.4100	O 100a	KA5BYL	KA5BYL
SOUTHEAST					
Hagerman	52.9400	52.4400	O 100.0/100.0e	W5GNB	W5GNB
NEW YORK					
ADIRONDACKS/EAST					
Mineville	53.3500	52.3500	O 123elWXx	WA2LRE	ESSEX COUNTY RA
Plattsburgh	53.5900	52.5900	O 123.0elr	WA2LRE	Clin RACES
ALBANY/CAPITAL REGION					
Albany	53.4100	52.4100	O 100ex	W2GBO	W2GBO
Grafton	53.6300	52.6300	O	K2CBA	GURU
Grafton	53.8100	52.8100	Oe	K2RBR	K2RBR
AUBURN					
Auburn	53.0500	52.0500	O 71.9	K2INH	K2INH
BATH/HORNELL					
Hornell	51.6600	51.1600	O 107.2/107.2x	KD2WA	KD2WA
CATSKILLS/EAST					
Ashokan Rsvoir	51.7600	51.2600	O 103.5	N2NCP	N2NCP
Woodstock	53.1100	52.1100	O 77	N2WCY	N2WCY
CATSKILLS/NORTH					
Fleischmanns	53.4700	52.4700	O 107.2	WA2SEI	KNIGHT RIDERS
Schenevus	53.0300	52.0300	O 100e	KC2AWM	CTRC
Stamford	53.2700	52.2700	O 107.2e	K2NK	K2NK
ELMIRA/CORNING					
Elmira Heights	53.6900	52.6900	O	W2AC	W2AC
FRANKLIN					
Malone	53.1500	52.1500	/123.0l	WB2RYB	WB2RYB
LONG ISLAND - SUFFOLK CO					
Dix Hills	53.8500	52.8500	O 114.8e	W2RGM	------------
Mellville	53.1100	52.1100	O 107.2e L(447.950)	WB2CIK	Hilltop Gang
Yaphank	53.7900	52.7900	O 156.7s WXz	KA2RGI	------------
MID HUDSON					
Cragsmoor	53.3300	52.3300	O 100l	WB2BQW	NORTHEAST CONN
Harriman	53.1700	52.1700	O 136.5elx	W2AEE	COLUMBIA UNIVER
Mount Beacon	53.3100	52.3100	O 114.8e	K2ROB	MOUNT BEACON A
Nyack	53.3700	52.3700	O 114.8l	N2ACF	ROCKLAND REPEA
NEW YORK CITY - KINGS					
Brooklyn	53.4100	52.4100	O 136.5e L(441.100)rsBl	N2ROW	PSARN

51-54 MHz
NEW YORK-NORTH CAROLINA

Location	Output	Input	Notes	Call	Sponsor
NIAGARA					
Colden	53.5700	52.5700	O 88.5e L(BARC) RB	W2IVB	BARC
Lancaster	53.1700	52.1700	O 107.2e L(LARC)	W2SO	LARC
Royalton	51.6400	51.1400	O 107.2 L(443.450) RB	KD2WA	------------
ROCHESTER					
Rochester	53.3300	52.3300	O 123aelrz	N2HJD	ROCHESTER R
Rochester	53.4300	52.4300	O	WR2AHL	W2HYP
Rochester	53.6300	52.6300	Olx	WR2AHL	GRIDD
SOUTHERN TIER					
Delevan	51.6200	51.1200	O 88.5e L(ILS IRLP ECHOLINK)	K2XZ	------------
Limestone	53.1100	52.1100	O 127.3 L(442.750)	W3VG	------------
Sherman	53.6100	52.6100	O 127.3 L(442.75)	WB2EDV	------------
ST LAWRENCE					
Potsdam	53.1900	52.1900	O 151.4 EXP	KC2BEZ	------------
SYRACUSE					
Lafayette	53.6700	52.6700	O 103.5/103.5e	KD2SL	KD2SL
Syracuse	53.0100	52.0100	Oe	N2TUF	N2TUF

NORTH CAROLINA

Location	Output	Input	Notes	Call	Sponsor
Air Bellows Gap	53.7500	52.7500	O 151.4/151.4e	WA4PXV	------------
Alexander	53.1900	52.1900	O 100/100e l	KG4LGY	------------
Asheville	53.2700	52.2700	O 100/100	WD4BQW	WD4BQW
Boone	53.7900	52.7900	O 151.4/151.4s	WA4NC	WA4NC
Chapel Hill	53.4500	52.4500	O 107.2/107.2es	W4UNC	W4UNC
Cherry Lane	53.0500	52.0500	O 151.4/151.4	WA4PXV	------------
Cleveland	53.2500	52.2500	O 100/100	N4YR	N4YR
Cleveland	53.3100	52.3100	O 100/100l	W4SNA	W4SNA
Dobson	53.9700	52.9700	O 100/100s WX	W4DCA	W4DCA
Fayetteville	53.8100	52.8100	O 100/100e rs	K4MN	N4ZCG
Franklin	53.3900	52.3900	O 100/100	N4FNC	------------
Gastonia	53.1100	52.1100	O 100/100	K4GNC	------------
Hatteras Island	53.0100	52.0100	O 131.8/131.8els	K4OBX	------------
Hendersonville	53.1300	52.1300	O 100/100	W4FOT	------------

51-54 MHz
NORTH CAROLINA-OHIO

Location	Output	Input	Notes	Call	Sponsor
King	53.9500	52.9500	O 100/100l	W4SNA	------------
Lexington	53.7300	52.7300	O 107.2/107.2	W4PAR	------------
McCain	53.1500	52.1500	O 100/100e l	N1RIK	N1RIK
Moravian Falls	53.7700	52.7700	O 100/100e	KK4OVN	------------
Morehead City	53.0900	52.0900	O 162.2/162.2e	KF4IXW	KF4IXW
Raleigh	53.0300	52.0300	Oa(CA)	K4ITL	K4ITL
Roanoke Island	53.2900	52.2900	O 131.8/131.8	KX4KDH	------------
Tarboro	53.1100	52.1100	O 131.8/131.8	K4SER	ROANOLE ARS
Thomasville	53.0100	52.0100	O 88.5/88.5 el	KF4OVA	KF4OVA
Thomasville	53.1700	52.1700	O 88.5/88.5 l	WW4DC	------------
Williamston	53.3100	52.3100	O 131.8/131.8e	K4SER	ROANOKE ARS
Wilmington	53.3300	52.3300	O 88.5/88.5	N4JDW	------------
Wilmington	53.4300	52.4300	O 88.5/88.5	AD4DN	------------
Youngsville	53.0700	52.0700	O 100/100e l	WB4IUY	------------
Youngsville	53.3700	52.3700	O 88.5/88.5	KD4MYE	KD4MYE

NORTH DAKOTA
N W CENTRAL
Location	Output	Input	Notes	Call	Sponsor
Minot	53.4100	52.4100	O	K0AJW	SVARC

SE CENTRAL
Location	Output	Input	Notes	Call	Sponsor
Cleveland	53.0100	52.0100	O	W0FX	N0HNM

SOUTHEAST
Location	Output	Input	Notes	Call	Sponsor
Horace	52.9600	52.0600	O	W0ZOK	W0ZOK

SW-CENTRAL
Location	Output	Input	Notes	Call	Sponsor
Bismarck	52.5250	52.5250	eL(444.220)	N0FAZ	N0FAZ

OHIO
ALLEN
Location	Output	Input	Notes	Call	Sponsor
Lima	53.6300	52.6300	O 107.2e	KT8APR	LimaDARTS

BUTLER
Location	Output	Input	Notes	Call	Sponsor
Middletown	51.6200	51.1200	●l	N8COZ	N8COZ
Middletown	53.2100	52.2100	O 77.0 TTel	W8JEU	Dial ARC
Middletown	53.3500	52.3500	O(CA)l	N8COZ	N8COZ

CLARK
Location	Output	Input	Notes	Call	Sponsor
S Charleston	53.3900	52.3900	Oel	KB8GJG	KB8GJG

COLUMBIANA
Location	Output	Input	Notes	Call	Sponsor
N Waterford	53.6300	52.6300	OeRB	KB8SHE	KB8SHE
New Franklin	51.6400	51.1400	O 107.2ex	NC8W	NC8W
Salem	53.0300	52.0300	O 88.5ael RB WXz	KB8MFV	KB8MFV

OHIO

Location	Output	Input	Notes	Call	Sponsor
CUYAHOGA					
Brecksville	53.3100	52.3100		N8BHU	TCG
HighlandHills	53.2300	52.2300	O 136.5	WR8ABC	LEARA
Mayfield Hts	51.6200	51.1200	O	N8QBB	N8QBB
Shaker Hts	53.8300	52.8300	O	K8ZFR	CARS
ERIE					
Sandusky	53.3500	52.3500	O 107.2a (CA)elrWXx	W8LBZ	SREL
Vermillion	53.2900	52.2900	O 107.2a (CA)elrWXxz	KA8VDW	SREL
FAIRFIELD					
Lancaster	53.0900	52.0900	Oae	K8QIK	LanFairRC
FRANKLIN					
Columbus	52.7000	52.9400	O 123.0al	W8RRJ	CORC
FULTON					
Wauseon	53.4100	52.4100	ae	KB8MDF	KB8MDF
GEAUGA					
Newbury	52.6800	52.9200	●x	WB8APD	SMART
GREENE					
Beavercreek	53.7300	52.7300	Ot	N8NPT	N8NPT
Fairborn	51.6600	51.1600	(CA)l	KI6SZ	KI6SZ
HAMILTON					
Cincinnati	53.1900	52.1900	114.8el	KD8TE	KD8TE
HANCOCK					
Findlay	53.3700	52.3700	O	WB8PBR	WB8PBR
JACKSON					
Jackson	53.8100	52.8100	Ol	WB8LDB	WB8LDB
LORAIN					
Elyria	53.7700	52.7700	136.5e	WD8OCS	WD8OCS
MEDINA					
Brunswick	53.1900	52.1900		N8OVW	N8OVW
Leitchfield	51.6600	51.1600	e	W8EOC	M2M
MONTGOMERY					
Dayton	53.0300	52.0300	O	WF8M	MVRFG
Dayton	53.2900	52.2900	Oe	KB8CSL	KB8GDE
ROSS					
Chillicothe	53.2300	52.2300	O	KA8WWI	------------
STARK					
Canton	53.1300	52.1300	Olx	W0OZZ	W0OZZ
Canton	53.5700	52.5700	O 110.9	KB8MIB	KB8MIB
Massillon	53.0500	52.0500	O 136.5ae RBz	WA8GXM	WA8GXM
Uniontown	53.2500	52.2500	O	WD8BIW	WD8BIW
SUMMIT					
Akron	53.1700	52.1700	O 107.2e WXx	N8XPK	N8XPK
Norton	53.1500	52.1500		WB8UTW	WB8UTW
TRUMBULL					
Cortland	53.2100	52.2100	O 110.9	WA8ILI	KC8WY

51-54 MHz
OHIO-PENNSYLVANIA

Location	Output	Input	Notes	Call	Sponsor
VAN WERT					
Van Wert	51.6800	51.1800	O 156.7	N8IHP	N8IHP
VINTON					
Zaleski	53.2700	52.2700	O	KB8UIR	KB8UIR
WASHINGTON					
Marietta	53.1700	52.1700	O 141.3	N8OJ	W8JL
WAYNE					
Mt Eaton	53.3300	52.3300	100	KB8PXM	KB8PXM
West Salem	53.2700	52.2700	107.2	KE8X	KE8X
WOOD					
Perrysburg	53.6500	52.6500	Oa	KB8YVY	KA8WPC

OKLAHOMA
NORTHWEST

Location	Output	Input	Notes	Call	Sponsor
Buffalo	52.8100	51.1100	O	W5HFZ	GBARG
			131.8/131.8 E-SUN E-WINDx		

OKLAHOMA CITY METRO

Location	Output	Input	Notes	Call	Sponsor
Bethany	53.0100	52.0100	O	KD5AHH	Bojive Rad
Oklahoma City	53.0500	52.0500	O	KB5XM	KS5B
			141.3/141.3 LITZ		

SOUTHEAST

Location	Output	Input	Notes	Call	Sponsor
Broken Bow	53.0300	52.0300	O 100/100 E-SUNsx	KD5YQ	McCurtain

OREGON
CENTRAL WILLAMETTE VALLEY

Location	Output	Input	Notes	Call	Sponsor
Oakridge	53.0700	51.3700	O 100e	W7ARD	W7ARD
Salem	52.9900	51.2900	O 100	WA7ABU	WA7ABU

COAST - NORTH

Location	Output	Input	Notes	Call	Sponsor
Astoria	52.8100	51.1100		K7GA	K7GA PARC
Hebo	53.1100	51.4100	O 100e	KD7YPY	KD7YPY

COAST - SOUTH

Location	Output	Input	Notes	Call	Sponsor
Myrtle Point	52.9300	51.2300	O 131.8e	KD7IOP	WA7JAW

NORTH WEST OREGON AND SOUTH WEST WASHINGTON

Location	Output	Input	Notes	Call	Sponsor
Eugene/Monroe	53.0300	51.3300	O 100	W7ARD	W7ARD
Sandy	53.3500	51.6500	O 107.2el WX	KJ7IY	WORC
Timber	52.8500	51.1500	O 107.2 E-SUNí	KR7IS	KR7IS

PORTLAND METRO

Location	Output	Input	Notes	Call	Sponsor
Newberg	52.8300	51.1300	O 107.2el	KR7IS	WORC
Portland	53.0900	51.3900	O 107.2e	N7NLL	N7NLL

PENNSYLVANIA
BERKS

Location	Output	Input	Notes	Call	Sponsor
Earlville	53.8700	52.8700	O 131.8	N3KZ	UPenn ARC

BRADFORD

Location	Output	Input	Notes	Call	Sponsor
Towanda	53.4500	52.4500	O 82.5elrs RB BI WX	K3BM	Magic 45

51-54 MHz   PENNSYLVANIA

Location	Output	Input	Notes	Call	Sponsor
BUCKS					
Almont	53.2300	52.2300	O 146.2rs	K3MFI	W Rockhill 6
Fairless Hills	53.0300	52.0300	O 131.8 (CA)rsRB WX	W3BXW	BEARS
Warminster	53.3700	52.3700	O 131.8 (CA)	K3MFI	WarmSix
CHESTER					
Valley Forge	53.4100	52.4100	O 131.8lRB	W3PHL	PARA Group
COLUMBIA					
Bloomsburg	53.1300	52.1300	O 131.8e RB	WB3DUC	------------
DAUPHIN					
Harrisburg	53.0100	52.0100	O 123l	W3ND	CPRA Inc
ERIE					
Albion	53.5500	52.5500	O 186.2l	WA3WYZ	WA3WYZ
LACKAWANNA					
Ransom	53.4300	52.4300	Otes	N3EVW	------------
LANCASTER					
Cornwall	53.8500	52.8500	O 114.8e	N3TJJ	L.R.T.S.
Holtwood	53.6300	52.6300	O 131.8l	WA3WPA	------------
LUZERNE					
Berwick	53.5900	52.5900	OlRB	WC3H	BARS
Wilkes-Barre	53.8100	52.8100	O 82.5elrs WX	WB3FKQ	------------
MONROE					
Camelback Mtn	53.7900	52.7900	O 131.8	N3KZ	UPenn ARC
MONTGOMERY					
Eagleville	53.1100	52.1100	Ot(CA)ers	AA3E	Montco OEP
Schwenksville	51.9400	51.4400	O 88.5e	AA3RE	------------
NORTH CENTRAL					
DuBois	53.0700	52.0700	O 173.8x	N3QC	WA3UFN
Kane	53.4700	52.4700	O 173.8	WB3IGM	------------
Rockton	52.9000	52.4000	O 173.8	N5NWC	N5NWC
NORTH WEST					
Titusville	51.8200	51.3200	O 186.2	WB3KFO	WB3KFO
Vowinkel	51.7000	51.2000	O 186.2	N3GPM	N3GPM
NORTHAMPTON					
Easton	51.8200	51.3200	O 88.5 WX	N3LWY	------------
Nazareth	51.7600	51.2600	O 151.4 (CA)elrsRB WX	W3OK	DLARC
North Bangor	53.8300	52.8300	O 131.8	KA2QEP	------------
Wind Gap	53.2900	52.2900	●t	N3MSK	------------
PHILADELPHIA					
Philadelphia	53.8900	52.8900	O 131.8	N3KZ	UPenn ARC
PITTSBURGH					
Apollo	51.9000	51.4000	O 141.3ael rxz	N1RS	SARA
Bridgeville	51.9400	51.4400	O 131.8	N3WX	SHARC
Kilbuck Twp	53.2900	52.2900	O 131.8	WA3RSP	------------
Pittsburgh Homestead	51.7400	51.2400	O 131.8	WA3PBD	GtwyFM

51-54 MHz
PENNSYLVANIA-TENNESSEE

Location	Output	Input	Notes	Call	Sponsor
SOUTH WEST					
Acme	51.7800	51.2800	O 131.8	N3QZU	LHVHFS
East Monongahela	51.9800	51.4800	O 141.3e	N3OVP	N3OVP
Mt Pleasant	51.9600	51.4600	O 141.3 (CA)elx	KA3JSD	KA3JSD
New Stanton	51.8400	51.3400	O 141.3	N3HOM	N3HOM
TIOGA					
Jackson Summit	53.7500	52.7500	O 167.9 LITZ	N3NXC	————
WYOMING					
Mehoopany	53.3500	52.3500	O 131.8e	WA3PYI	————
YORK					
York	53.9700	52.9700	O 123 (CA) el	W3HZU	Keystone

PUERTO RICO

Location	Output	Input	Notes	Call	Sponsor
E					
Luquillo	51.7200	51.2200	Oe	NP4ZB	————
N					
Aguas Buenas	51.9800	51.4800	Oe	KP4IA	————
Bayamón	51.6200	51.1200	● 136.5	WP3BM	————
W					
Aguadilla	51.7400	51.2400		NP3LW	PR CW Club

RHODE ISLAND

Location	Output	Input	Notes	Call	Sponsor
EAST BAY					
Portsmouth	53.1700	52.1700	O 67.0/67.0 eL(FT 441.350)r	KA1RCI	KA1RCI
NORTHERN					
Greenville	53.8700	52.8700	146.2eWX	N1MIX	N1MIX

SOUTH CAROLINA

Location	Output	Input	Notes	Call	Sponsor
Clemson	53.4500	52.4500	O 156.7/156.7l	WD4EOG	Clemson U. ARC
Greenville	53.4100	52.4100	O 131.8/131.8elrsWX	KO4MZ	KO4MZ
Lancaster	53.8500	52.8500	O 100/100e	W4PAX	W4PAX
Leesville	53.2700	52.2700	O 162.2/162.2	N5CWH	N5CWH
Pageland	53.3700	52.3700	O 100/100e	W4JMY	W4JMY
Pickens	53.3500	52.3500	O 162.2/162.2	AC4RZ	TriCounty ARG

TENNESSEE

Location	Output	Input	Notes	Call	Sponsor
Chattanooga	53.3500	52.3500	Oel	K4VCM	K4VCM
Crossville	53.9300	52.9300	O 100/100e	W4KEV	KK4WFY
Dresden	53.1300	52.1300	O 107.2/107.2l	KB4IBW	————

51-54 MHz
TENNESSEE-TEXAS

Location	Output	Input	Notes	Call	Sponsor
Ducktown	53.9400	52.9400	O 162.2/162.2e	KM4AOO	KM4AOO
Elizabethton	53.8900	52.8900	O 88.5/88.5	KN4E	KN4E
Gallatin	53.0500	52.0500	O 114.8/114.8l	WA4BGK	WA4BGK
Knoxville	53.2500	52.2500	Oe	W4KEV	KK4WFY
Knoxville	53.4700	52.4700	O 100/100	KB4REC	KB4REC
Knoxville	53.7700	52.7700	O 100/100	W4BBB	W4BBB
Lyles	53.0300	52.0300	O 123/123e	KI4DAD	----------
Memphis	53.0100	52.0100	O	WB4KOG	WB4KOG
Memphis	53.4500	52.4500	O 107.2/107.2esWX	W4EM	Repeater Coordi
Monteagle Mtn	53.4500	52.4500	O	NQ4Y	NQ4Y
Morristown	53.2300	52.2300	O 114.8/114.8	KQ4E	KQ4E
Mountain City	53.3300	52.3300	O	K4DHT	----------
Nashville	53.0100	52.0100	O 103.5/103.5	WA4BGK	----------
Sevierville	53.9900	52.9900	O 114.8/114.8l	KD4CWB	KD4CWB
Sweetwater	53.0100	52.0100	O 100/100	WD9JGI	Trustee
Tallassee	53.1500	52.1500	O 123/123	WB4GBI	WB4GBI
Unicoi	53.9500	52.9500	O 118.8/118.8	WB4IXU	WB4IXU

TEXAS

Location	Output	Input	Notes	Call	Sponsor
Amarillo	52.6500	51.6500	O 127.3	N5LUL	----------
Austin	53.6700	52.6700	O 103.5l	WB5PCV	----------
Beeville	53.6500	52.6500	O 107.2	KD5PXB	----------
Cedar Hill	53.1100	52.1100	O	W5AHN	----------
Channelview	53.1100	52.1100	O 141.3	WA5SIX	----------
Cut And Shoot	52.3900	51.3900	O 103.5e	W5WP	----------
Dallas	52.5900	51.5900	O 110.9	W5EBQ	----------
Edge	52.5500	51.5500	O 127.3	K5ENL	----------
El Paso	53.5500	52.5500	Ol	K5WPH	SCARC
Elmendorf	53.0900	52.0900	●	W5ROS	ROOST
Fort Worth	53.1500	52.1500	O 110.9	K5SXK	----------
Goldthwaite	53.0500	52.0500	O 88.5	K5AB	----------
Helotes	53.2900	52.2900	O 123	KB5ZPZ	----------
Houston	52.2500	51.2500	O 103.5 (CA)l	K5WH	COMPAQ ARC
Houston	53.0500	52.0500	O 141.3	WB5UGT	SALT GRASS
Lufkin	53.3100	52.3100	O 141.3	N5CRW	----------
Lufkin	53.7100	52.7100	O 100	KD5TD	----------
Mesquite	52.7500	51.7500	O 110.9	AK5DX	----------
Murphy	53.0300	52.0300	O	N5ROY	----------
Overton	53.1500	52.1500	OwX	N5VGQ	----------
Pasadena	53.0300	52.0300	O 156.7	KD5QCZ	SETECG
Plano	53.6100	52.6100	O	N5TVN	----------
Rose Hill	53.2700	52.2700	O 123a	K5SOH	ALERT-HOU

51-54 MHz
TEXAS-VIRGINIA

Location	Output	Input	Notes	Call	Sponsor
San Angelo	53.6300	52.6300	O 88.5	W5RP	------------
San Antonio	53.1300	52.1300	Oe	K5SUZ	SARO
San Antonio	53.1700	52.1700	O 88.5	WA5KBQ	------------
San Antonio	53.2100	52.2100	O 141.3	K5LT	------------
Tarzan	52.6500	51.6500	O 123	K5MSO	MIDLAND SO

UTAH
WASATCH FRONT

Location	Output	Input	Notes	Call	Sponsor
Farmington	53.0100	52.0100	O	K7DAV	------------
Murray	53.1100	52.1100	O 448.125 (CA)l	N7HIW	------------
Salt Lake	53.1500	52.1500	O 448.15lx	KI7DX	------------

VERMONT
EAST CENTRAL

Location	Output	Input	Notes	Call	Sponsor
Williamstown	53.8700	52.8700	O 100.0	N1IOE	N1IOE

VIRGIN ISLANDS

Location	Output	Input	Notes	Call	Sponsor
St Thomas	51.7600	51.2600	O	KP2T	------------

VIRGINIA

Location	Output	Input	Notes	Call	Sponsor
Amelia Courthouse	53.1100	52.1100	O	KB4YKV	KB4YKV
Bluefield	53.3700	52.3700	O 103.5/103.5	N8RIG	------------
Buckingham	53.2300	52.2300	O 110.9/110.9 E-SUN E-WINDrsWX	WW4GW	WW4GW
Chesterfield	53.4300	52.4300	O	KD4SUU	KD4SUU
Fancy Gap	53.6300	52.6300	O 100/100e	N4YR	------------
Gate City	53.2100	52.2100	O	N4WWB	------------
Gum Spring	53.0700	52.0700	O 203.5/203.5	KB4MIC	KB4MIC
Lexington	53.0100	52.0100	Oers	W4ROC	------------
Pearisburg	53.4700	52.4700	O 107.2/107.2	KE4JYN	------------
Portsmouth	53.8900	52.8900	O	W4POX	W4POX
Roanoke	53.0900	52.0900	O 123/123	WB8BON	------------
Rocky Mt	53.2700	52.2700	O 107.2/107.2e	W4KZK	Franklin County Am.
South Boston	53.6300	52.6300	O 100/100	W4HCH	W4HCH
White Top Mtn	53.6500	52.6500	O 103.5/103.5	KK4EJ	KK4EJ

FREDERICKSBURG

Location	Output	Input	Notes	Call	Sponsor
Fredericksburg	51.8600	51.3600	O 127.3 (CA)el	W1ZFB	W1ZFB

FRONT ROYAL

Location	Output	Input	Notes	Call	Sponsor
Front Royal	51.9400	51.4400	O 141.3 (CA)e	K4QJZ	K4QJZ

VIRGINIA-WASHINGTON

Location	Output	Input	Notes	Call	Sponsor
WASHINGTON AREA					
Alexandria	53.1300	52.1300	O 107.2es	W4HFH	Alex RC
Ashburn	53.6100	52.6100	O 67.0	NV4FM	NVFMA
Bluemont	53.3700	52.3700	O 77.0el	K8GP	DVMS
Haymarket	53.4900	52.4900	O 77.0el	W4BRM	BRM ARA
WASHINGTON					
W WA - FREQUENCY USAGE					
All Modes	50.3000	50.6000			
Crossband	52.5700	52.5700			
Cw Only	50.0000	50.1000			
Data	52.5900	52.7900			
Packet	50.6000	50.8000			
Radio Cntrl	50.8000	51.8000			
Rptr Inputs	51.1000	52.2900			
Rptr Outputs	52.8100	53.9900			
Shared	52.9900	51.2900			
Simplex	52.3100	52.5500			
Simplex	52.5250	52.5250			
Ssb	51.0000	51.1000			
Ssb, Cw	50.1000	50.3000			
E WA - ALMIRA					
NW of Almira	53.2100	51.5100	100.0	N7BHB	N7BHB
E WA - CENTRAL					
Saddle Mtn	52.9500	51.2500	100.0	N7BHB	N7BHB
E WA - N CENTRAL					
Manson	53.0900	51.3900	O 100.0/103.5	K7SMX	LCRC
E WA - PULLMAN					
Kamiak	53.7500	52.0500	100.0elr	N7ZUF	N7ZUF
E WA - RIVERSIDE					
Tunk Mtn	53.1100	54.1100	100.0	KK7EC	OCEMgt.
E WA - SPOKANE					
Mica Peak	53.2900	51.5900	O 100.0alx	K7LVB	WA7UOJ
NORTH					
Bellingham	53.4500	51.7500	100e	W7MBY	----------
SOUTH WEST WASHINGTON					
Vancouver WA	53.1300	51.4300	O 107.2e	KB7APU	KB7APU
Yacolt	52.9500	51.2500	O 94.8	W7AIA	W7AIA
W WA - NORTH					
Cultus Mtn	53.5900	51.8900	O 100e	K7OET	----------
Ferndale	53.2100	51.5100	O 103.5r	W7SSO	WHATCOM CO
Lyman Hill	53.1500	51.5900	O 100e	W7UMH	5CECG
Sultan	53.3500	51.6500	O 100e	W7SKY	SKY VALLEY
W WA - NORTH COAST					
Blyn Mtn	53.3700	51.6700	O 100e	WR7V	----------
Shelton	53.0900	51.3900	O 110.9e	WB7OXJ	----------
W WA - SEATTLE-TACOMA					
Bainbridge Island	53.4300	51.7300	O 100	W7NPC	BAINBRIDGE IS.
Baldi Mtn	53.3300	51.6300	O 100e	N7OEP	N7OEP

110   51-54 MHz
WASHINGTON-WISCONSIN

Location	Output	Input	Notes	Call	Sponsor
Buck Mtn	53.2900	51.5900	O 100e	W7FHZ	----------
Eatonville	53.4100	51.7100	O 100	W7PFR	GOBBLERS KNOB R
Everett	51.3000	51.4300	O 100e	KF7T	----------
Grass Mtn	53.8700	52.1700	O 100e	W7SIX	FRED BAKER
Issaquah	53.8300	52.1300	O 123.0	N9VW	----------
Olalla	53.2300	51.5300	O 103.5	K7PAG	----------
Redmond	53.0700	51.3000	O 100e	KC7IYE	----------
Seattle	53.2500	51.5500	O 100e	W7ACS	SEATTLE EM
Shoreline	53.2100	51.5100	O 100	NU7Z	----------
Snohomish	53.6500	51.9500	O 100e	W7QA	----------
Tacoma	53.1900	51.4900	O 100e	K7HW	----------
Tiger Mtn W	53.1500	51.4500	O 100e	K7CR	Channel 1 RPTR GR
University Place	53.0100	51.3100	O 100l	K7NP	U.P. RPTR
Vashon Island	53.7900	52.0900	O 103.5 (CA)e	K6AJV	----------

W WA - SOUTH

Location	Output	Input	Notes	Call	Sponsor
Baw Faw Peak	52.9300	51.2300	O 100e	K7CH	K7CH
Capitol Peak	53.5700	51.8700	100#e	W7SIX	----------
South Mtn	53.0300	51.3300	O 100l	K7CH	K7CH

WEST VIRGINIA

Location	Output	Input	Notes	Call	Sponsor
Alderson	53.2300	52.2300	O 123/123	KE4QOX	----------
Beckley	53.1700	52.1700	O 123/123l	N8FWL	----------
Beckley	53.5900	52.5900	O 107.2/107.2	WB8YST	WB8YST
Belington	53.6500	52.6500	O 141.3/141.3	N8SCS	N8SCS
Birch River	53.3500	52.3500	O 103.5/103.5l	KC8AJH	N8ZAR
Buckhannon	53.1100	52.1100	O 103.5/103.5	N8ZAR	N8ZAR
Charleston	53.6300	52.6300	O 107.2/107.2	WB8YST	WB8YST
Elkins	53.0300	52.0300	O 162.2/162.2e	WV8ZH	----------
Richwood	53.7100	52.7100	O 107.2/107.2	WB8YST	WB8YST
Richwood	53.8300	52.8300	O	WA8YWO	----------
Snowshoe	53.3300	52.3300	O 156.7/156.7els	KC8CSE	KC8CSE

BERKELEY SPRINGS

Location	Output	Input	Notes	Call	Sponsor
Berkeley Springs	53.3500	52.3500	O 123.0e	W3VLG	W3VLG

WISCONSIN
WAR

Location	Output	Input	Notes	Call	Sponsor
Bayfield	53.0900	52.0900	O 110.9ers	KB0TNB	LSAC
Fitchburg	53.2300	52.2300	O 123.0aelrs	KA9VDU	KA9VDU
Holcombe	52.8100	51.1100	O 110.9ers	N9LIE	N9LIE

51-54 MHz
WISCONSIN-BRITISH COLUMBIA

Location	Output	Input	Notes		Call	Sponsor
Madison	53.0700	52.0700	O	123.0ael rs	N9KAN	SWRG
Madison	53.1500	52.1500	O	123.0ael rs	WD8DAS	NERT
Milwaukee	53.0300	52.0300	O	127.3ae s	W9DHI	WERA
Tomahawk	52.8300	51.1300	O	114.8ael r	N9MEA	N9MEA
Wausau	52.8900	51.1900	O	114.8ael r	W9SM	W.V.R.A.

WYOMING
CENTRAL

Location	Output	Input	Notes	Call	Sponsor
Lander	53.0300	52.0300	Ol	N7HYF	WYAME
Riverton	53.3500	51.6500	Ol	KB7PLA	KB7PLA

SOUTH CENTRAL

| Rawlins | 53.9300 | 51.6900 | Ol | KJ7AZ | KJ7AZ |

SOUTH EAST

| Rock River | 53.0300 | 52.0300 | Ol | K7UWR | K7UWR |

ALBERTA
CALGARY

Location	Output	Input	Notes	Call	Sponsor
Calgary	53.0300	52.0300	Oe	VE6RYC	CARA
Calgary	53.4100	52.4100	O 103.5	VE6ZV	VE6AKQ

CENTRAL WEST

| Limestone Mtn | 52.6100 | 51.6100 | Ol | VE6MTR | VE6CMM |

EDMONTON

| Edmonton | 53.0700 | 52.0700 | | VE6UFO | VE6UFO |
| Edmonton | 53.4300 | 52.4300 | Ol | VE6SSM | SARA |

HIGH RIVER

| Black Diamond | 53.5700 | 52.5700 | Ol | VE6RPX | VE6ERW |

KANANASKIS

| Fortress Mountain | 53.5100 | 52.5100 | O | VE6SHB | VE6SHB |

LETHBRIDGE

| Lethbridge | 53.4500 | 52.4500 | O | VE6ZIX | VE6HDO |
| Red Cliff | 53.0100 | 52.0100 | O | VE6TEQ | VE6TEQ |

MEDICINE HAT

| Medicine Hat | 53.4700 | 52.4700 | O | VE6MLD | VE6MLD |
| Red Cliff | 53.0100 | 52.0100 | O | VE6TEQ | VE6TEQ |

BRITISH COLUMBIA
FRASER VALLEY

Location	Output	Input	Notes	Call	Sponsor
Abbotsford	52.8500	51.1500	100.0e	VE7RVA	FVARESS

GREATER VANCOUVER

| Anvil Island | 52.9100 | 51.2100 | | VE7QRO | VE7LWB |

SOUTH CENTRAL

| Vernon | 52.0100 | 51.4100 | 110.9 | VA7VMR | VE7OHM |

VANC ISLAND SOUTH

| Victoria | 52.8300 | 51.1300 | 100 | VE7RSX | WARA |

51-54 MHz
BRITISH COLUMBIA-PRINCE EDWARD ISLAND

Location	Output	Input	Notes	Call	Sponsor
Victoria	52.9700	51.2700		VE7RFR	VE7DAT

MANITOBA
WINNIPEG
| Winnipeg | 53.4000 | 52.4000 | O | VE4KOG | PMCStaff |

NOVA SCOTIA
HALIFAX
| Halifax | 53.5500 | 52.5500 | O 151.4el | VE1PSR | HARC |

WINDSOR
| Gore | 52.6200 | 51.6200 | Oe | VE1OM | TPARC |

ONTARIO
CENTRAL
| Edgar | 53.0700 | 52.0700 | Oe | VA3LSR | LSRA |
| Georgina | 53.0900 | 520900.0000 | O(CA)e | VA3PTX | ---------- |

CENTRAL EAST
| Haliburton | 53.0500 | 52.0500 | O 162.2e RB | VE3ZHR | HARC |

FRONTENAC/LENNOX-ADDINGTON
| Kingston | 53.1300 | 52.1300 | | VE3KER | KARC |

METRO TORONTO
Ballantrae	53.1300	52.1300	O 103.5 (CA) L(443.275)	VA3PWR	----------
Brampton	53.1900	52.1900	OeWX	VE3PRC	PARC
Mississauga	53.2500	52.2500	O 103.5#	VE3MIS	MARC
Toronto	53.3500	52.3500	O 103.5e	VA3GTU	----------
Toronto	53.3900	52.3900	O 103.5	VE3ECT	TAG

NATIONAL CAPITAL REGION
| Ottawa | 53.0300 | 52.0300 | L(147.300/444.200) | VE3RVI | O6MIG |
| Ottawa | 53.2300 | 52.2300 | 141.3/110.9 | VA3LGP | VE3JGL |

NORTHEASTERN ONTARIO
| Echo Bay | 53.5400 | – | 100.0# | VE3SNT | VE3MOH |

NORTHWESTERN ONTARIO
| Thunder bay | 53.0300 | 52.0300 | | VA3OLA | ---------- |

SOUTH
Burlington	53.5900	52.5900	O 131.8	VE3BUO	----------
Carlisle	53.1100	52.1100	O 131.8	VE3WIK	----------
Kitchener	53.3700	52.3700	O 131.8e L(ERA)	VE3SED	----------

SOUTHWEST
| Essex | 53.0300 | 52.0300 | O | VE3SMR | ---------- |
| Windsor | 53.0500 | 52.0500 | O 118.8 | VE3RRR | WART |

PRINCE EDWARD ISLAND
CENTRAL
| Glen Valley | 53.5900 | 52.5900 | O | VY2SIX | VY2RU |

QUEBEC-YUKON TERRITORY

Location	Output	Input	Notes	Call	Sponsor
QUEBEC					
CENTRE-DU-QUEBEC					
Drummondville	53.2700	52.2700		VE2ROC	VE2ZRA
LANAUDIERE					
St-Calixte	53.0700	52.0700	O 141.3	VE2RVK	VE2VK
LAURENTIDES					
Lachute	53.0100	52.0100	I	VE2RCS	VE2HMA
St-Joseph Du Lac	53.0500	52.0500	O	VE2RST	VE2CRL
MAURICIE					
Shawinigan	53.3900	52.3900	O 103.5	VE2REY	VA2HMC
OUTAOUAIS					
Gatineau	53.1100	52.1100	O 110.9e	VE2REH	VE2REH
Gatineau	53.1100	52.1100	110.9/110.9 (CA) L(I 2018)	VE2REH	ARAI
Ripon	53.3100	52.3100	O 110.9ex	VE2REH	VE2REH
PAPINEAU					
Ripon	53.3100	52.3100	110.9/110.9 (CA) L(I 2018)x	VE2REH	ARAI
SASKATCHEWAN					
SASKATOON					
Saskatoon	50.2100	51.5100	#	VE5FUN	MARS
SOUTHEAST					
Estevan	53.7300	52.7300	#	VA5EST	VE5AJ
YUKON TERRITORY					
YUKON					
Carcross	52.2000	52.7000	OI	VY1RMM	YARA

144-148 MHz

ALABAMA

Location	Output	Input	Notes	Call	Sponsor
ALABAMA					
Albertville	145.1100	–	O 107.2 (CA)eWXx	KI4RYX	MCEARS
Alexander City	146.9600	–	O 179.9/179.9l	WA4KIK	96 Radio Club
Andalusia	145.3700	–	O 100.0/100.0 (CA)e	KD4LPS	KD4LPS
Andalusia	147.2600	+	O 100.0e WX	WC4M	South AL R
Anniston/Cheaha Mt	147.0900	+	O 131.800a eWXz	WB4GNA	CCARA
Anniston/Oak Mt	146.7800	–	OaelRB WXz	KG4EUD	Calhoun EMA
Arab	146.9200	–	77.0/77.0 elRBz	KE4Y	BMARA
Argo/Trussville	145.2600	–	O	K4YNZ	KE4ADV / D-STA
Ashland	147.2550	+	O 131.8ae WXz	KI4PSG	KI4PSG
Athens	145.1500	–	O 100.0/OR OFF/ARES (CA)eWXz	N4SEV	Limestone
Auburn	147.0600	–	O	KA4Y	East Alabama A
Auburn	147.2400	+	O 156.7ae	K4RY	Auburn Uni
Auburn Loachapoka	147.3000	+	O 123.0/123.0elRB	W4HOD	HODARS
B,Ham /Shades Mt	147.1400	+	O 156.7/156.7e	WA4CYA	WA4CYA
Bald Rock	145.1300	–	O 103.5/RACESerRB WX	K4SCC	St Clair Ares/Rac
Barton	146.7600	–	O 100.0/100.0/ARES	WX4CC	CCARC
Bay Minette	145.4300	–	O 123.0el	KD4HYG	KD4HYG
Bay Minette	147.0450	+	O 123.0/123.0	WB4EMA	Baldwin Co. EMA
Bessemer	145.1500	–	Oaez	WB4YRJ	T.H.E. Club
Birmingham	145.2300	–	O 203.5/203.5e	WB4TJX	UAB ARC
Birmingham	147.2800	+	O	W4TPA	Telephone Pione
Birmingham / Tuscaloosa	147.5800	146.4800	O	W4TTR	Tall Tower D-ST
Birmingham-East: Bald Rock	146.7600	–	O 114.8ae	KK4BSK	HC ARC
Birmingham-North: Springville	146.7600	–	O 103.5ae	KK4BSK	HC ARC
Birmingham-South: Pelham	146.7600	–	O 94.8ae	KK4BSK	HC ARC

144-148 MHz
ALABAMA

Location	Output	Input	Notes	Call	Sponsor
Birmingham/ East Lake	146.7600	–	O 88.5ae	KK4BSK	HC ARC
Birmingham/ Shades Mtn	146.8800	–	O 88.5/88.5 aeRB WX	W4CUE	B,ham ARC
Birmingham Ruffner	146.7600	–	O 88.5e	KK4BSK	HC ARC
Birmingham Tuscaloosa	145.3500	–	O 91.5/91.5 x	KX4I	KX4I
Boaz	147.2000	+	O 123.0/123.0el	NA4SM	MCARC
Brent	145.3900	–	O 103.5/103.5	K4DL	Bibb Co. ARES
Brewton	146.9700	–	O#	WB4ARU	Brewton ARU
Butler	146.8500	–	O 210.7	KE4ROA	KE4WYK
Camden	147.1300	+	O 123.0/123.0	N5GEB	N5GEB
Carrollton	146.6850	–	O 77.0/77.0 TT(ARES)e	K4CR	PICKENS CO EMA
Central AL Red Cross	145.2500	–	Oe	W4AP	Montgomery ARC
Citronelle	147.2250	+	O 203.5/203.5eWX	W4FRG	W4FRG
Clanton	145.1800	–	O	KF4LQK	AEMA ARC D-STAR
Clanton	147.1050	+	O 123.00 WX	WB4UQT	Clanton Am
Columbiana	147.3200	+	O 88.5/88.5	W4SHL	Shelby Co. ARC
Corner	147.1200	+	O 100.0/100.0e	KD4CIF	KD4CIF
Courtland	145.2500	–	O	W9KOP	W9KOP
Crooked Oak	145.1300	–	O 107.2/107.2elRB WX	W4ZZK	W4ZZK
Cullman	145.3100	–	O 100.0/ARES-LITZaer	N4TUN	CARC
Cullman	147.4150	146.4160	O 123.0	W4CFI	W4CFI
Decatur	145.2100	–	O/AREsel RB	N4VCN	N4VCN
Decatur	146.7200	–	Oe	W9KOP	W9KOP
Decatur	146.9800	–	O/RACESe rWX	W4ATD	DARC
Decatur/Brindlee Mt	147.0000	+	Oe	W4ATD	DARC
Demopolis	146.7900	–	OaelWX	N4QII	N4QII
Dixons Mills	147.0800	+	O 210.7/210.7	W4WTG	------------
Dothan	145.4300	–	O 186.2	WB4ZPI	WARC
Dothan	146.8500	–	O 186.200/186.200e	KE4GWW	------------
Dothan	147.1400	+	O 186.2/186.2	KC4JBF	KC4JBF
Elba	145.1400	–	O	W4NQ	Troy Radio Club

144-148 MHz ALABAMA

Location	Output	Input	Notes	Call	Sponsor
Elba	146.7800	–	○e	W4NQ	Troy ARC
Enterprise	145.3900	–	○aez	KD4BWM	EEARA
Enterprise	147.2400	+	○ 100.0/100.0aelz	WD4ROJ	EARS
Epes	146.7450	–	○ 100.0/100.0e	KK4MWS	KK4MWS
Eres	146.7450	–	○ 100.0/100.0		------------
Eufaula	147.2800	+	○ 123.0/123.0	W4EUF	Eufaula ARC
Eutaw	145.3700	–	○ 131.8e	WS4I	Druid City
Fayette	146.6600	–	○	W4WCA	Walker Co. ARE
Fayette	147.2000	+	○ 110.9	N4DSS	N4DSS
Flagg Mountain	145.2700	–	○ 146.2/146.2	WA4KIK	KB4MDD
Flint Ridge	146.8600	–	●(CA)elz	N4YI	N4YI
Florence	145.4100	144.4100	○ 131.8/131.8elWX	W4ZZK	W4ZZK / AB4RC
Florence	147.3200	+	○ 123.0/123.0	K4NDL	------------
Foley	146.6850	–	○ 82.5e	KI4ELU	KI4ELU
Foley	147.2400	+	○ 123.0/123.0	WA4MZE	WA4MZE
Fort Deposit	146.6700	–	○ 103.5/103.5elWX	K4TNS	Butler Co. EMA
Friendship	147.2000	+	107.2e	KE4LTT	KE4LTT
Ft Payne	147.2700	+	○ 100.0/ARESaelWXx	W4GBR	DeKalb ARC
Gadsden	145.4900	–	○ 107.2/107.2	KI4FLY	KI4FLY
Gadsden	146.6700	–	○ 100.0 (CA)e	K4BWR	K4BWR
Gadsden	146.8200	–	○ 192.8/RACESaerRB WXz	K4VMV	Etowah EMA
Gadsden	147.1600	+	○ 100.00/100.00aelWXz	K4JMC	Gadsden AR
Gaylesville	145.2500	–	110.9	K4JS	K4JS
Gaylesville	147.3200	+	○ 100.0/100.0e	W4CCA	CCARC
Geneva County	145.2700	–	○ 103.5/103.5 WX	W4GEN	GARS
Gold Hill	145.2300	–	○ 123.0/123.0	KE4COL	KE4COL
Goodwater	145.3300	–	○ 179.9e WX	K4YWE	Lake Martin ARC
Grove Hill	147.2800	+	○ 210.8/210.8	AB4BR	Clark Co. ARC
Guntersville	145.1700	–	○ex	K4WWN	K4WWN
Hamilton	147.0200	+	○ 123.0/123.0	KJ4I	KJ4I

144-148 MHz
ALABAMA

Location	Output	Input	Notes	Call	Sponsor
Huntsville	145.3300	−	o	W4HSV	NARA
Huntsville	145.3900	−	oTTe	W4DNR	W4DNR
Huntsville	145.4300	−	o	W4WBC	NARA/Menton ED
Huntsville	145.4700	−	●CLOSED	W9KOP	W9KOP
Huntsville	147.1000	+	o 103.5ae	W4VM	W4VM
Huntsville	147.2400	+	o 82.5ael RB	KB4CRG	KB4CRG
Huntsville	147.3000	+	o 103.5a	W4QB	NADXC
Huntsville / Brindley Mt	145.2900	−	100.00/100.00e	KB4TOV	MARA
Huntsville/ BrindleyMtn	147.1800	+	o 100.0 L(IRLP 4950)	WD4CPF	NARA
Huntsville MonteSano	145.2300	−	o 186.2/AICN L(RB) RB	W4XE	W4XE
Huntsville MonteSano	146.9400	−	o 100.0/ARESaesWX	N4HSV	NARA
Huntsville MonteSano	147.2200	+	o 136.5lr	W4HMC	Huntsville-Madison C
Huntsville MonteSano	147.5050	146.5050	o 123.0 (CA)	KC4HRX	KD4TFN
Huntsville/New Market	146.8600	−	o 100.0#	W4TCL	W4TCL
Huntsvillle	147.1400	+	o 100.0/100.0e	W4FMX	W4VM
Irvington	145.1300	−	o 203.7/203.5	KD4NGA	ARMY COE
Jasper	146.6400	−	o 123.0/123.0eWX	WR4Y	Walker ARC
Jasper	146.9000	−	o	WB4ACN	WB4ACN
Jasper	147.2600	+	o	KI4GEA	KI4GEA
Jasper	147.3900	+	o 110.9/110.9eL(6-MTR) WX	W4WCA	Walker Co. ARES
Killen	146.6800	−	o 100.0ael z	WB4NQH	WB4NQH
Lanett	147.0000	+	o 141.300/141.300	K4DXZ	Chattahoochee Valley
Leesburg	147.0750		o 100.0e WXz	KB4AEA	Cheroke EMA
Leighton	147.3400	+	o 100.0/100.0 (CA)	AC4EG	NAARC
Loxley	147.3900	+	o 118.8/118.8 ae	WB4GMQ	WB4GMQ
Millry	147.1800	+	o 114.8el	KF4ZLK	KF4ZLK
Mobile	146.8200	−	o 203.5l	W4IAX	Mobile ARC
Mobile	146.9400	−	o RACES/ARES (CA)eL(ECHOLINK) WX	WB4QEV	Mob Co EMA
Mobile	147.1500	+	oe	WB4BXM	WB4BXM
Mobile	147.3450	+	o 203.5/203.5	W4IAX	Mobile ARC
Mobile/Semmes	145.4700	−	o 123.0/123.0eWX	WX4MOB	WX4MOB

144-148 MHz
ALABAMA

Location	Output	Input	Notes	Call	Sponsor
Monroeville	147.1600	+	O 167.9 (CA)e	WB4UFT	MARC
Montevallo	145.2900	−	OeRB	N4GEG	N4GEG
Montgomery	145.4900	−	O	N4QYL	N4QYL
Montgomery	146.8400	−	OeWX	W4AP	MARC
Montgomery	147.1800	+	O 123.0/RACESerWxx	W4AP	MARC
Moody	146.6200	−	O	KF4FVH	KF4FVH
Moulton	145.2700	−	O 107.2 (CA)elsWx	KN4CI	Bankhead ARC
Moulton	146.9600	−	O(CA)elWx	N4IDX	Bankhead A
Moundville	147.2200	+	O 77.0/77.0	K4CR	HDCP
Muscle Shoals	145.4100	−	203.5/AlCNlWX	KF4MH	WB4NQ
Muscle Shoals	146.6100	−	Oae	W4JNB	MSARC
Nectar/ SkyballMtn	146.7000	−	O 203.5	W4BLT	Blount ARC
Northport	147.2400	+	● 186.2/186.2e	KR4ET	W4MD / KX4I / K
Ohatchee	147.0200	−	O 250.3e	WB4LYR	WB4LYR
Oneonta/Straight Mt	147.3800	−	O 91.5/91.5	KK4CWX	KK4CWX
Opelika	147.1200	+	Oe	W4LEE	East AL ARC
Opelika	147.1500	+	O 123.0/123.0	WX4LEE	Lee Co. EMA AR
Opelika	147.3750	+	OeWX	WX4LEE	EMA ARC
Opp	146.6400	−	O 100.0/100.0	W4ORC	Opp ARC
Ozark	146.9800	−	O 100.0/ARESe	KA4AFI	Dale ARES
Palmerdale	145.4500	−	O100lRB	KE4QCY	WB4ZNQ
Pelham	146.9800	−	Oe	W4SHL	Shelby Co. ARC
Pell City	147.0200	+	O 131.8/131.8e	K4CVH	Coosa Valley HR
Phenix City	146.6100	−	OeWXz	W4CVY	Columbus ARC
Phenix City	146.7200	−	O 123.0e	WA4QHN	WA4QHN
Phenix City	146.8800	−	O 123.0/123.0	W4CVY	Columbus ARC
Pike Road	146.9000	−	O 67.0/67.0 eRB	W2YNE	W2YNE
Ranburne/ Turkey Heaven Mtn	146.8650	−	O 131.8	N4THM	Turkey Heaven
Red Bay / Vina	146.7900	−	Oe L(I-LINK) WXx	W4AQQ	FCEMA/W4AQQ
Roanoke	145.4300	−	O	KA4KBX	PBI RC
Roanoke	147.0400	+	O 141.3/141.3aelRB WXz	WD4KTY	WD4KTY
Roanoke	147.2200	+	O 131.8/131.8	WD4KT Y	WD4KTY
Roanoke	147.2700	+	Ol 141.3/141.3aelSLITZ WX	KA4KBX	KA4KBX

144-148 MHz
ALABAMA

Location	Output	Input	Notes	Call	Sponsor
Robertsdale	147.0900	+	O 82.5/82.5 e	WB4EMA	Baldwin EMA
Rogersville	146.7400	−	O 100.0/100.0e	KJ4LEL	ELRA KJ4LEL
Russellville	147.1600	+	OewX	KE4ZIM	Franklin C
Russellville	147.2100	−	O 103.5/103.5	WX4FC	W4AQQ/ Franklin EM
Russellville	147.3600	+	O 103.5/103.5	WX4FC	FC EMA
Salem	146.9400	−	O 123.0.e WX	WA4QHN	WA4QHN
Santuck	146.6850	−	O	NJ1R	NJ1R
Scottsboro	146.9000	−	O 123.0/123.0	N4SCO	Jackson Co ARES-R
Section	147.3600	+	O 123.0/123.0elWX	K4SCO	JCAR
Selma	146.7200	−	O 100.0e	N4KTX	N4KTX
Sheffield	146.8800	−	103.5/103.5 ewX	KE4GOG	KE4GOG
Skipperville	147.0300	+	O 71.9/71.9 (CA)el	KD4KRP	KD4KRP
Smiths Station	145.3500	−	O	KF4AEJ	KE4AEJ
Sylacauga	146.6550	−	118.8/118.8eL(ECHOLINK)	AF4FN	S.T.A.R.S.
Talladega	145.1600	−	O 123.0/123.0eWX	N4WNL	EMA/TRAC
Talladega	145.3700	−	OeEXP	N4ZDY	Sleeping G
Talladega	146.7400	−	●e	N4WNL	EMA/TRAC
Talladega	146.8050	−	O 131.8/131.8elWXz	N4WNL	TRAC
Tecumseh Station	146.8500	−	O 131.8/131.8eL(144/220/440) WXx	W4RPO	W4RPO
Theodore	147.2000	+	O	N4LMZ	------------
Troy	146.8200	−	O 100.0 (CA)ez	W4NQ	Troy ARC
Troy	147.0750	147.8750	O 199.5/199.5ewX	KT4ROY	Trojan ARC
Tuscaloosa	145.1100	−	O 131.8el	WS4I	Druid City
Tuscaloosa	145.2100	−	O 103.5	W4UAL	Univ. of Alabama
Tuscaloosa	145.3500	−	●x	KX4I	Tall Twr RC
Tuscaloosa	145.4700	−	● 203.5	KX4I	KX4I
Tuscaloosa	146.7750	−	O 210.7/210.7 L(DMR)	KD9Q	KD9Q
Tuscaloosa	146.8200	−	O 118.8ae WXz	W4XI	Tuscal ARC
Tuscaloosa	146.9250	−	O 131.8e	WS4I	Druid City
Tuscaloosa	147.0600	−	O 179.9x	KX4I	KX4I
Tuscaloosa	147.3000	+	131.8/RACESa(CA)erwX	W4WYN	West AL ARS

144-148 MHz
ALABAMA-ALASKA

Location	Output	Input	Notes	Call	Sponsor
Tuscaloosa	147.5800	146.4800	●x	W4TTR	KX4I D-STAR
Tuskegee	145.4700	−	O 123.0/123.0	N4LTX	Little Texas ARC
Uriah	145.1500	−	O	N4YYX	N4YYX
Vernon	145.4300	−	O 110.9/110.9eWX	W3CO	KI4QAH
Warrior	146.8400	−	O 156.7/156.7	WA4CYA	Hueytown Repea
Winfield	147.0400	+	O 192.8e	KT4JW	KC4RNF
York	147.0000	+	Oe	KE4ROA	Sumter ARC

ALASKA
INTERIOR

Location	Output	Input	Notes	Call	Sponsor
Central/Circle	146.7000	−	103.5 E-SUN L(FAIRBANKS)x	AL7FQ	AL7FQ
Chena Dome	146.7900	−	O 103.5e E-SUN E-WINDlsx	KL7XO	AARC
Chicken	147.0900	+	O 103.5 E-SUNlx	KL7B	KL7B / NL7E
Denali Park	146.7600	−	Ol	KL7KC	ARCTIC ARC
Eagle	146.9400	−	O 103.5	KL7KC	KL7KC
Eielson AFB	147.1200	+	O 103.5	KL7KC	KL7KC
Fairbanks	146.8800	−	O 103.5ael x	KL7KC	ARCTIC ARC
Fairbanks	146.9400	−	Oa	KL7KC	ARCTIC ARC
Galena	146.7900	−	O 103.5	AL2J	AL2J
Manley	147.0300	+	O 103.5el	KL7KC	+KL7XO
Nenana	147.0600	+	O L(FAIRBANKS)	WL7TY	NARC
Northway	146.8200	−	103.5 L(FAIRBANKS)	KL7KC	ARCTIC ARC

SOUTH CENTRAL

Location	Output	Input	Notes	Call	Sponsor
Anchorage	146.9400	−	O 100.0a TTez	KL7AA	AARC
Anchorage	147.3000	+	O 141.3ers	KL7ION	PARKA
Bethel	146.1000	−	O 114.8a TTe	AL7YK	BARK
Chugiak	147.1500	+	O 107.2 E-SUN	KL5E	KL5E
Eagle River	145.4500	−	O 100.0 (CA) TTe	KL7GG	KL7GG
Elmendorf AFB	146.6700	−	O 103.5e	KL7AIR	EARS
Ft Richardson	147.1800	+	O 88.5e	KL7EV	DHS&EM
Ft Richardson	147.3900	+	O 100.0 (CA) TTeRB	KL7GG	GG/ADES
Kodiak	146.8800	−	O 141.3es	AL7LQ	KARES
Kodiak	146.9400	−	O 103.5es	KL7JBV	Kodiak ARES
Palmer	147.3300	+	O 103.5els	WL7CVG	AARC/ARES
Soldotna	146.8800	−	Oe	AL7LE	MARC

ALASKA-ARIZONA

Location	Output	Input	Notes	Call	Sponsor
SOUTHCENTRAL					
Anchorage	145.1500	−	O 123e	KL7M	KL7M
Anchorage	145.3500	−	O 123elx	KL7RW	David E. Cloyd
Anchorage	146.7900	−	O 100.0l	WL7CWE	CARA
Cordova	146.9400	−	O 100.0es	WL7CXF	CARC
Homer	146.9100	−	Oe	WL7PM	SPARC
Kodiak	145.1500	−	114.8	KL1KE	GODY ZARATE
Ninilchik	145.7900	−	O 91.5	K7AZ	AARG
Wasilla	147.0000	+	Oe	WL7CWI	AK Dstar group
Wasilla	147.2100	+	O 123	KL3K	David E. Cloyd
Wasilla	147.2400	+	103.5	WL7CWE	CARA
SOUTHEAST					
Juneau-H Ridge	146.6400	−	Oael	KL7HFI	JARC
Juneau-Tramsite	146.8200	−	Oael	KL7PF	JARC

ARIZONA

Location	Output	Input	Notes	Call	Sponsor
C AZ					
Yarnell Hill	146.6200	−	O 162.2	N7YKT	KF7XY
CENTRAL					
Black Canyon C	146.9000	−	118.8	KB7OCY	KB7OCY
Gila Bend	145.2900	−	103.5	K7PO	WB7VVD
Maricopa	145.2100	−	162.2	WY7H	W8RH
Mt Ord	146.9200	−	162.2	W7MDY	ARA
Mt Ord	147.3600	+	162.2	W7MDY	ARA
Mt Union	147.2600	+	103.5	K7YCA	ARES/RACES
Pinal Peak	145.4100	−	141.3	K7EAR	EAARS
Pinal Peak	147.2000	+	162.2	W7ARA	ARA
Signal Peak	146.7400	−	162.2	WR7GC	WR7GC
Towers Mtn	145.3700	−	162.2	W1OQ	MMRG
Usery Pass	145.4900	−	107.2	KC7WYD	N7LOQ
Usery Pass	146.6600	−	162.2	WB7TUJ	N7ULY
Usery Pass	147.0200	+	162.2	W7BSA	BSA EP 599
Wildflower Mtn	145.3500	−	162.2	W7QHC	DAWN
EAST CENTRAL					
Greens Peak	145.3100	−	110.9	W7EH	KACHINA ARC
Heber	145.8000	−	162.2	W7RIM	RCARC
S Mtn Alpine	145.2700	−	141.3	K7EAR	EAARS
EASTERN					
Guthrie Peak	147.2800	+	141.3	K7EAR	EAARS
Pinedale	145.2300	−	110.9	KB7ZIH	KB7ZIH
NE AZ					
Greens Peak	146.6200	−	O 162.2	N7QVU	ARA
NORTH CENTRAL					
Bill Williams	146.7800	−	91.5	K7NAZ	BWMRC
Lake Havasu City	146.9600	−	162.2	W7DXJ	W7MCF
Mingus Mtn	145.2900	−	127.3	K7YCA	YAV RACES
Mingus Mtn	146.8200	−	O 162.2el	W7ARA	ARA
Mingus Mtn	146.8200	−	O 162.2el	W7ARA	ARA
Mingus Mtn	147.0000	+	162.2	K7MRG	MMRG
Mingus Mtn	147.2200	+	162.2	W7EI	VVARA

ARIZONA

Location	Output	Input	Notes	Call	Sponsor
Mt Elden	146.9800	−	162.2	W7ARA	ARA
Mt Elden	147.1400	+	162.2	W7ARA	ARA
Mt Ord	146.9600	−	141.3	WR7GC	GILA CO EMG M
Navajo Mtn	146.9600	−		W7WAC	W7WAC
Prescott	145.3900	−		KC7TIL	KC7TIL
Prescott	146.8800	−	100.0	W7YRC	YAV ARC
Squaw Peak	147.1000	+	131.8	KF6FM	Tim Wilcox
NORTH EASTERN					
Clay Springs	146.8200	−	O 100.0	K7KQ	K7KQ
Golden Valley	146.9400	−	123.0	K7MCH	K7MCH
Greens Peak	146.7000	−	141.3	K7EAR	EAARS
Greens Peak	146.7200	−	162.2	W7ARA	ARA
Holbrook	146.6800	−		KA7ARZ	NCARC
Porter Mtn	146.7600	−	162.2	W7OTA	W7OTA
Roof Butte	145.2500	−	100.0	KB5ITS	KB5ITS
Roof Butte	146.8200	−	100.0	NM5SJ	SAN JUAN CO E
NORTH WESTERN					
Bullhead City	145.1700	−	131.8	W7GAA	WARC
Bullhead City	146.6400	−	123.0	K3MK	FREEDOM NT
Chloride	146.7000	−	173.8	N7NVR	Gene Stafford
Christmas Tree Pass	145.2700	−	131.8	N7SKO	WECOM
Golden Valley	147.1200	+	123.0	N7FK	N7FK
Hayden Peak	146.7600	−	131.8	N7SKO	WECOM INC
Hopi Pt Grand	147.3200	+		WB6JAA	NORTHLINK
Hualapai Peak	147.2400	+	123.0	K7MPR	MARC
Kingman	145.2100	−	123.0	KD7HVE	K. THOMAS
Kingman	147.2000	+	79.7	KC8UQP	KC8UQP
Mt Francis	147.2600	+	127.3	K7YCA	YAVAPAI RACE
Potato Patch	146.8000	−	100.0	N7DPS	N7DPS
Potato Patch	147.1600	+	131.8	WB6RER	HUALAPI ARC
NORTHERN					
Jacob Lake	147.3000	+	100.0	N7YSE	KANAB ARC
Mormon Mt	145.2700	−		KD7IC	KD7IC
Mt Elden	145.4500	−	103.5	NO7AZ	NO7AZ
PAYSON					
Payson	146.9000	−	123.0	KJ7K	KJ7K
Payson	147.3900	+	100.0	N7TAR	TARA
PHOENIX METRO					
Bell Butte	146.9800	−	100.0	AI7R	TEMPE
Chandler	145.4500	−	162.2	WW7CPU	IEARS
Mesa	145.3300	−	114.8	WB7TUJ	WB7QDR
Mesa	146.7200	−	100.0	K7DAD	MARA
Mesa	147.1200	+	162.2	WB7TJD	SUP-ARC
Phoenix	145.1700	−	162.2	W7ARA	ARA
Phoenix	145.1900	−	162.2	W7ATV	AATV
Phoenix	145.2300	−	94.8	WK7B	WK7B
Phoenix	146.8000	−	100.0	KD7LYO	WW7B
Phoenix	147.0400	+	162.2	W7TBC	TBARC
Phoenix	147.0600	+	162.2	W7UXZ	W7UXZ

144-148 MHz
ARIZONA

Location	Output	Input	Notes	Call	Sponsor
Phoenix	147.2800	+	162.2	WA7UID	MMRG
Phoenix	147.3200	+		K5VT	CADXA
Phoenix Metro	146.6400	−	162.2	W7ARA	ARA
Phoenix Metro	146.7000	−	162.2	W7TBC	TARC
Scottsdale	145.3100	−	91.5	KB6POQ	KB6POQ
Scottsdale	146.7600	−	162.2	W7ARA	ARA
Scottsdale	147.1800	+	162.2	WA7APE	SARC
Scottsdale	147.3400	+	162.2	W7MOT	MARCA
Shaw Butte	146.8400	−	162.2	W7ATV	AATV
Shaw Butte	147.2400	+	162.2	W7ARA	ARA
Sun City West	147.3000	+	162.2	NY7S	WVARC
Tempe	145.2700	−	162.2	WA2DFI	K1BOT
Thompson Peak	147.0800	+	162.2	KG7UN	MARICOPA CNTY
Usery Mtn	146.8600	−	162.2	W7ARA	ARA
White Tanks Mt	145.4300	−	100.0	N7SKT	N7ULY
White Tanks Mt	147.3800	+	79.7	N7ULY	WB7TUJ

S AZ

Location	Output	Input	Notes	Call	Sponsor
Oro Valley	147.3200	+	156.7ael	W0HF	Oro Valley ARC

SIERRA VISTA

Location	Output	Input	Notes	Call	Sponsor
Sierra Vista	145.2300	−	94.8	AD7BG	AD7BG
Sierra Vista	147.3600	+	100.0	N0NBH	N0NBH

SOUTH

Location	Output	Input	Notes	Call	Sponsor
Jacob Lake	147.3000	+	O 100.0 L(146.800 448.600)x	N7YSE	------------

SOUTH CENTRAL

Location	Output	Input	Notes	Call	Sponsor
Casa Grande	146.7800	−	O 100.0	KC7KF	KC7KF
Green Valley	145.4300	−		WB6TYP	WB6TYP
Red Mtn/Patago	146.6400	−		W7JPI	W7JPI
Rio Rico	147.0600	−	127.3	KG7DNO	WA0RTO

SOUTHEAST

Location	Output	Input	Notes	Call	Sponsor
Duncan	146.9600	−		N5IA	DRG
Green Valley	145.2700	−	107.2	WE7GV	GVARC
Haystack Mt	145.3700	−	131.8	K7SPV	SPVARC
Heliograph Peak	146.8600	−	141.3	K7EAR	EAARS
Heliograph Peak	146.9000	−	141.3	K7EAR	EAARS
Juniper Flats	146.7600	−	162.2	K7RDG	CARA
Juniper Flats	147.0200	+	162.2	K7RDG	CARA
Mt Lemmon	147.1600	+	141.3	K7EAR	EAARS
Mule Mtn	147.0800	+	141.3	K7EAR	EAARS
West Peak	145.3500	−	141.3	*K7EAR	EAARS
West Pk	145.3500	−	O 141.3el	K7EAR	EAARS

SOUTHERN

Location	Output	Input	Notes	Call	Sponsor
Green Valley	145.2900	−	107.2	WE7GV	GVARC
Keystone Peak	146.6200	−	156.7	W0HF	ORO VLY ARC
Mt Lemmon	145.2500	−	156.7	K7RST	RST
Mt Lemmon	145.3900	−	100.0	KG7KV	KG7KV
Mt Lemmon	146.8800	−	110.9	N7OEM	N7OEM
Mt Lemmon	147.1400	+	127.3	KA7SLW	KA7SLW

SOUTHWEST

Location	Output	Input	Notes	Call	Sponsor
Ajo Childs Mt	145.3100	−	100.0	W7AJO	AJO ARC-RACES

144-148 MHz
ARIZONA-ARKANSAS

Location	Output	Input	Notes	Call	Sponsor
Cunningham Peak	147.0600	+		KR7AZ	KR7AZ
Quartzsite	145.3100	−	162.2	WB7FIK	CRC
Quartzsite	147.3600	+	107.2	K6TQM	Chla Vly Races
Telegraph Pass	146.7800	−	103.5	N7ACS	YACS
SW AZ					
Yuma	146.6200	−	O 103.5 TT	N7ACS	Yuma Aux Com
TUCSON METRO					
East Tucson	146.6600	−	110.9	W7GV	OPRC
Mt Lemmon	147.1000	+	100.0	KC0 LL	KC0 LL
Oro Valley	145.1900	−	156.7	W0 HF	ORO VLY ARC
Oro Valley	147.2200	+	110.9	W7GV	OPRC
Tucson	145.1700	−		K0 DVH	K0 DVH
Tucson	145.2300	−	77.0	NR7J	NR7J
Tucson	145.3300	−	127.3	KA7LVX	KA7LVX
Tucson	145.4500	−		W7IBM	IBMARC
Tucson	146.6800	−	173.8	N7IQV	COTE-RAC
Tucson	146.7000	−	127.3	AC7IL	CARBA
Tucson	146.8000	−	156.7	K7RST	RST
Tucson	146.8200	−	110.9	W7GV	OPRC
Tucson	146.8500	−		AG7H	AG7H
Tucson	146.9400	−	110.9	WD7F	BART
Tucson	146.9600	−	127.3	K7UAZ	U OF A ARC
Tucson	147.0000	+	110.9	N7OEM	TARA
Tucson	147.3000	+	110.9	N7OEM	N7OEM
Tucson	147.3400	+	179.9	W7SA	CRC
WEST CENTRAL					
Black Peak	146.8500	−	162.2	WA7RAT	CARRA
Lake Havasu City	146.6400	−	156.7	K7LHC	LBARA
Lake Havasu City	146.7000	−	O 131.8e	K7LHC	London Bridge A
Smith Peak	146.6800	−	162.2	K7LKL	ARA
White Tanks Mtn	146.9400	−	162.2	W7EX	ARA
WESTERN					
Bullhead City	147.3600	+	123.3	KD7MIA	KD7MIA
YUMA					
Potholes Hill	146.8400	−	88.5	W7DIN	W7DIN
Yuma	146.8000	−	162.2	N7ACS	YACS
Yuma	147.3000	+	162.2	KD7GXW	MARK BUONO

ARKANSAS
CENTRAL

Location	Output	Input	Notes	Call	Sponsor
Alexander	145.2900	−	O 131.8/131.8e	N5YLE	N5YLE
Benton	146.6400	−	O 131.8elr sWX	N5CG	CAUHF
Benton	146.8050	−	O 114.8/114.8e	W5RHS	W5RHS
Benton	147.1200	+	O 114.8/114.8erwX	W5RHS	W5RHS
Cabot	145.4100	−	O 85.4/85.4 ersx	NL7RQ	NL7RQ

144-148 MHz
ARKANSAS

Location	Output	Input	Notes	Call	Sponsor
Cabot	147.1500	+	Oe	W5STR	KB5FOQ
Conway	145.2100	−	O	W5AUU	FalkCoARC
Conway	146.6250	−	114.8/114.8eL(443.525) O	W5AUU	W5AUU
Conway	146.9700	−	114.8/114.8e O	W5AUU	FalkCoARC
Conway	147.0300	−	114.8/114.8eL(443.800)rs O	W5AUU	FalkCoARC
Hot Springs	145.2700	−	114.8/114.8eL(443.200) WX O	KE5SHR	KE5SHR
Hot Springs	146.8800	−	O	W5LVB	W5LVB
Hot Springs	147.1800	+	114.8/114.8eL(146.715)rsWXx O	WB5SPA	WB5SPA
Hot Springs Village	147.0150	+	114.8/114.8e O	N5HSV	HSV ARC
Little Rock	145.1300	−	114.8/114.8e Oers	N5AT	ARES
Little Rock	145.1700	−	O 162.2e LITZ	N5UFO	N5UFO
Little Rock	145.4900	−	O 114.8elr sWX	N5CG	CAUHF
Little Rock	146.7300	−	O 141.3ex	WA5PGB	WA5OOY
Little Rock	146.7750	−	● 162.2el	N5CG	CAUHF
Little Rock	146.8500	−	Or	WA5LRU	UALR ARC
Little Rock	146.9400	−	O 114.8elr sWXx	W5DI	CAREN
Little Rock	147.0600	+	Oaelz	W5FD	CAREN
Little Rock	147.1350	+	O 114.8ex	W5DI	CAREN
Little Rock	147.3000	+	O 114.8ex	W5DI	CAREN
Malvern	145.1500	−	O 114.8 WX	W5RHS	W5RHS
Malvern	145.3100	−	88.5	KJ5YJ	MalvernARC
Malvern	147.3600	+	O 136.5ael z	W5BXJ	HSCAREN
Malvern	147.3900	+	O 136.5ae	W5BXJ	HSCAREN
Morrilton	145.5300	−	O 114.8el N5CG WX		CAUHF
Pine Bluff	146.7000	−	OerswX	K5DAK	PinBlufARC
Pine Bluff	147.1650	+	Oes	N5RN	N5RN
Prattsville	145.1900	−	O 114.8e	KD5RTO	KD5RTO
Redfield	147.1950	+	O	N5KWH	PinBlufARC
Searcy	146.6550	−	Oe	AB5ER	NCAARC
Searcy	146.8950	−	O 85.4 (CA) l	N5ZA	N5ZA
Searcy	146.9250	−	O 94.8 (CA) e	KG5S	NCAARS
Searcy	147.3900	+	O 94.8e	AC5AV	WhiteCoARC
Sheridan	146.9850	−	O(CA)er	KB5ZES	GrantCoARC
Sherwood	147.2550	+	O 114.8e	N1RQ	N5QLC
White Hall	147.2400	+	Oaesz	K5DAK	PinBlufARC

144-148 MHz ARKANSAS

Location	Output	Input	Notes	Call	Sponsor
EAST					
Forrest City	146.7600	–	O 100.0/100.0	KD5DF	KD5DF
Forrest City	147.3750	+	O 107.2ers WX	WA5CC	CrossCoARC
Gillette	146.7900	–	O 114.8l WX	N5CG	CAUHF
Helena	145.3900	–	O	WX5J	WX5J
Helena	146.6850	–	O 107.2ex	N5JLJ	N5JLJ
Marion	147.1500	+	O 103.5e	KI5XV	KI5XV
Wynne	145.3100	–	O 107.2	WB5LNG	WB5LNG
Wynne	146.8650	–	O 107.2ers WX	KD5NUB	KD5NUB
EAST CENTRAL					
Bald Knob	147.3150	–	O 114.8elx	WA5OOY	CAREN
Oakland	146.7450	–	O 107.2el RB WXx	W5BTM	W5BTM
Stuttgart	147.0000	–	Oers	KB5LN	KB5LN
NORTH					
Harrison	145.1500	–	O	KØJXI	KØJXI
Harrison	147.0000	–	O 103.5es LITZ WXx	WB5CYX	NAARS
Harrison	147.3150	+	O 103.5l	WA9SSO	GathMtARC
Mountain Home	146.8800	–	O 103.5/103.5 (CA)eL(442.300+)	K5OZK	OZARC
Mountain Home	147.0750	+	Oe	KC5RBO	OzArc
Mountain View	147.1800	+	Os	AD5TQ	AD5TQ
Yellville	147.2400	–	O 107.2e	W5YS	MarionCARC
NORTH CENTRAL					
Batesville	147.2250	+	O 107.2ers WXx	KD5HPK	KD5HPK
Batesville	147.2700	+	OelrsWXx	KD5AYE	BatsevilARC
Clinton	145.3700	–	O 114.8els WXx	W5DI	CAREN
Clinton	146.9100	–	O 114.8/114.8e	KD5GC	KD5GC
Fox	145.1100	–	O 110.9	NN5NN	NN5NN
Greers Ferry	147.3300	+	Ox	W5GFC	GFARC
Heber Springs	145.2300	145.2300	O	N5XUN	N5XUN
Heber Springs	145.4300	–	Oaez	KD5GFT	N5XUN
Jasper	146.6100	–	OeLITZ WXx	WB5CYX	NAARS
Jerusalem	145.4500	–	OeWXx	KC5WNU	ADARC
Mountain View	147.1200	+	O 100.0 (CA)elsWX	AA5EM	StonCoARC
NORTHEAST					
Blytheville	146.6700	–	O 107.2/107.2elrsWX	W5ENL	MissCoARA
Hardy	145.1900	–	Oe	W5SCR	SharpCoARC
Harrisburg	146.8350	–	O	N5OHO	PARC

144-148 MHz
ARKANSAS

Location	Output	Input	Notes	Call	Sponsor
Jonesboro	145.2900	–	OerswX	KC5TEL	RESPOND
Jonesboro	146.6100	–	OaeWX	W5JBR	JARC
Jonesboro	147.1650	+	O(CA)ers WX	N5MOT	N5MOT
Jonesboro	147.2100	+	Oe	K5CRS	K5CRS
Jonesboro	147.2400	+	O 107.2l	KØJXI	AISTC
Jonesboro	147.2850	+	O	KA5DRT	AISTC
Paragould	145.4700	–	O	W5BJR	GreenCoARS
Pocohantas	146.6400	–	O	W5KRS	W5KRS
Trumann	146.9550	–	O 107.2 (CA)el	NI5A	AISTC
Walnut Ridge	147.0450	+	OeWX	W5WRA	LawrCoARC
NORTHWEST					
Bella Vista	147.2550	+	Oe	KD5UFY	BVRG
Centerton	145.2900	–	O 110.9/110.9e	KD5DMT	BCRO
Clarksville	147.2850	+	O 114.8elr sWXx	W5OI	CAREN
Decatur	146.9250	–	O 114.8/114.8lx	N5UXE	N5UXE
Elkins	146.7000	–	O 110.9elr sWX	WC5AR/E	WashCoEOC
Fayetteville	147.0300	+	O 110.9ers WX	WC5AR/C	WashCoEOC
Fayetteville	147.1350	+	O 110.9e WX	W5YM	ARCUA
Holiday Island	146.8350	–	Oes	K5AA	LitSwitzARC
Lowell	147.2250	+	O 103.5/103.5erswX	K5SRS	K5SRS
Mountainburg	145.4900	–	Oe	KC5GMG	KC5GMG
Ozone	147.0450	+	OE-SUNrs WX	K5OO	K5OO
Prairie Grove	146.7600	–	O 110.9elr sWX	WC5AR/W	WashCoEOC
Rogers	147.3750	+	OsWX	KE5LXK	NWAUHF
Rudy	147.1650	+	O 123.0ers WX	KD5ZMO	CCARC
Siloam Springs	146.6700	–	O 110.9ael WX	KC5YZI	SSARC
Springdale	146.8650	–	O	KE5LXK	NWAUHF
Springdale	146.9550	–	O 110.9ers WX	WC5AR/N	WashCoEOC
SOUTH					
El Dorado	146.7450	–	Olwx	KC5AUP	ARKLA
Magnolia	147.1050	+	Oarsz	KC5OAS	ClmbaCoARC
SOUTH CENTRAL					
Bearden	147.3300	+	O 100.0/100.0erswX	N5IOZ	N5IOZ
Camden	146.9100	–	O 167.9e	WA5OWG	WA5OWG
Emerson	146.9550	–	O	N5PNB	N5PNB

ARKANSAS

Location	Output	Input	Notes	Call	Sponsor
SOUTHEAST					
Crossett	146.6100	–	O 127.3/127.3	WA5VSE	N5SEA
Huttig	146.6400	–	O 127.3	N5SEA	SEAARC
Monticello	147.2100	+	O 127.3/127.3 L(444.975)X	N5SEA	SEAARC
Star City	146.6700	–	O 114.8/114.8elWXx	W5DI	CAREN
SOUTHWEST					
Ashdown	147.3800	+	O 100.0 (CA)ersWX	KB5SSW	KB5SSW
Dequeen	147.0750	+	O 100.0lrs WXx	WA5LTA	SWARC
Dequeen	147.3150	–	O 100.0/100.0ersWX	N5THR	N5THR
Fouke	147.2850	+	O 77.0/77.0 ersWX	N5MFI	MilCoARES
Hope	146.6850	–	O 114.8sx	KC5FFN	H-N ARC
Nashville	147.0450	+	O 94.8/94.8 elsWX	N5THS	HEARClub
Willisville	146.6550	–	OsWXx	N5ZAY	ARKLA
WEST					
Athens	146.9250	–	O 100.0/100.0esx	KD5NUP	HowCoSAR
Fort Smith	145.4700	–	O 141.3e	KD5CCG	KD5CCG
Fort Smith	146.9400	–	O 88.5ers WXx	W5ANR	W5ANR
Fort Smith	146.9700	–	O 123.0ae LITZ	K3UNX	SPARKS
Hartford	146.8950	–	O 141.3e	KC5JBX	KC5JBX
Mena	146.7900	–	O 100.0	W5HUM	Oua. ARA
Van Buren	145.1900	–	O	KC5YQB	KC5YQB
Van Buren	145.2300	–	OWX	KE5LTZ	KE5LTZ
WEST CENTRAL					
Alpine	147.2250	+	O 114.8ers WX	KD5ARC	DARC
Atkins	145.3900	–	O 107.2/107.2	W5VUB	W5VUB
Bismarck	147.2700	+	O 114.8el WX	W5DI	WA5OOY
Danville	147.0000	+	Oe	WB5UKW	WB5UKW
DeGray Lake	145.1100	–	O 88.5ers WX	KD5ARC	DARC
Glenwood	146.8350	–	O 114.8	KC5EYQ	CaddoARC
Mount Ida	146.7150	–	O 127.3/127.3elsWXx	KA5WPC	KA5WPC
Mt Magazine	145.3500	–	O 151.4	N5XMZ	N5XMZ
Mt Magazine	147.0900	+	OWXx	W5MAG	MtMagARC
Okolona	145.3700	–	O 88.5ers WX	KD5ARC	DARC

144-148 MHz
ARKANSAS-CALIFORNIA

Location	Output	Input	Notes	Call	Sponsor
Ola	147.2100	+	O ae	WA5YHN	WA5YHN
Russellville	146.8200	−	O ersWX	K5PXP	ARVARF
WESTCENTRAL					
Lake Dardanelle	146.6850	−	O 141.3/141.3	WD5B	WD5B

CALIFORNIA
FREQUENCY USAGE - SOUTHERN CALIFORNIA

Location	Output	Input	Notes	Call	Sponsor
SO CAL	144.3900			APRS	
SO CAL	144.9100			XBND_RPT	
SO CAL	144.9300			PRPT_OUT	
SO CAL	144.9700			PACKET	
SO CAL	145.0300			PACKET	
SO CAL	145.0500			PACKET	
SO CAL	145.0700			PACKET	
SO CAL	145.0900			PACKET	
SO CAL	145.6300			PACKET	
SO CAL	145.6500			PACKET	
SO CAL	145.6700			PACKET	
SO CAL	145.6900			PACKET	
SO CAL	145.7100			ILINK	
SO CAL	145.7250			ILINK	
SO CAL	145.7400			ILINK	
SO CAL	145.7550			ILINK	
SO CAL	145.7700			ILINK	
SO CAL	145.7850			ILINK	
SO CAL	146.4300			ATV_VOICE	
SO CAL	146.4600			RMT_BASE	
SO CAL	146.5650			T_HUNTS	
SO CAL	147.5850			PRPT_IN	
E SIERRA/TAHOE					
Truckee	146.6400	−	O 131.8l	W6SAR	W6SAR
EASTERN SIERRAS					
Benton	146.6700	−	O 100	KA6HGI	KE6VVB
Bishop	146.9400	−	O	N6OV	K6BDI
IMPERIAL COUNTY					
Brawley	146.6700	−	O 103.5a (CA)	N6LVR	ECRA
Brawley	147.1200	+	●t	WM6Z	ECRA
Calexico	146.1150	−	O 100	K6JSI	WINSYSTEM
Calexico	147.0000	+	O 162.2el	K6CLX	CARS
Glamis	146.8800	−	O 162.2	WA6LAW	-----------
Glamis	147.9900	−	●t	N6JAM	DR0NK
Yuma	146.7400	−	O e	WE7G	-----------
INYO COUNTY					
Bishop	146.8200	−	O	K6PXF	-----------
Bishop	146.9100	−	O el	W6IY	-----------
Little Lake	147.2100	+	O	W6TD	SIARA
Mazourka Peak	146.7600	−	O aE-SUN	W6TD	SIARA
Silver Peak	146.9400	−	O 103.5e	W6IY	-----------

144-148 MHz CALIFORNIA

Location	Output	Input	Notes	Call	Sponsor
Silver Peak	147.0600	+	O 103.5e	W6IY	
KERN COUNTY					
Bird Spgs Pass	146.0850	+	O 141.3el	KF6FM	SWRRC
El Paso Pk	147.0000	+	O 107.2ae	WA6YBN	
El Paso Pk	147.0600	+	O 107.2	W6IY	
Randsburg	145.3400	–	O 100	WA6YBN	
Ridgecrest	146.6400	–	Oer	WA6YBN	SARC
Ridgecrest	147.9750	–	O 100el	WI6RE	WIN System
Tehachapi	147.0600	+	Oae	W6PVG	SSARS
Ventura	147.7650	+	O 123.0	KW6PMC	
LOS ANGELES COUNTY					
Arcadia	145.2000	–	O 103.5/103.5a(CA)	N6AH	Arcadia PD
Baldwin Hills	146.9250	–	O 114.8a (CA)	WA6TFD	BARC
Bel Air	147.0300	+	●ta(CA)e	K6LDO	BelAir RC
Burnt Peak	147.1500	+	O 131.8l	K6DK	
Castaic	145.2000	+	●t	KI6AIT	
Castro Peak	147.2250	+	O 94.8a (CA)er	K6DCS	DCS TEN
Catalina	147.0900	+	Oe	AA6DP	CARA
Contractor's Point	145.1200	–	●t	KC6PXL	LARMC
Contractor's Point	145.1200	–	O 146.2	N6VGU	
Covina Hills	145.2800	–	●	K6THQ	
Diamond Bar	146.6400	–	O 167.9a (CA)z	W7BF	DBARS
Disappointment	145.3000	–	O 100er	K6CPT	LACoDCS
Disappointment	147.2700	+	O 100e	WA6ZTR	LACoDCS
Disappointment	147.3600	+	●tl	K6VGP	DARN
Duarte	146.0850	+	O 110.9a (CA) E-SUNz	KA6AMR	SGVRCRA
Duck Mtn	147.2400	+	O 67	W6MEP	N6NMC
Glendale	146.0250	+	O 136.5a (CA)e	WB6ZTY	CVARC
Green Valley	147.6450	–	●E-SUN	KI6BKN	CERT
Hauser Peak	146.7300	–	O 100er	KE6KIS	
Hollywood Hills	147.0750	+	O 100ae	KD6JTD	
Hollywood Hls	144.5050	+	●ta(CA)r	N6ACS	
Hollywood Hls	147.0000	+	●ta(CA)e	WB6BJM	
Johnstone Peak	144.9500	147.4050	●ta(CA)er	W6GLN	GlendoraPd
Johnstone Peak	146.8200	–	Oel	W6FNO	Edgwd ARS
La Mirada	146.6550	+	O 114.8a (CA)	KE6UPA	
Lancaster	146.6700	–	Oae	WB6RSM	
Littlerock	145.2000	+	O 114.8a (CA)el	KD6KTQ	
Littlerock	145.3800	+	O 151.4el	K6SRT	
Littlerock	147.0750	+	●t	KN6RW	
Littlerock	147.9150	+	Ot	KE6GUC	
Long Beach	146.1450	+	O 156.7	K6CHE	LB RA

144-148 MHz
CALIFORNIA

Location	Output	Input	Notes	Call	Sponsor
Long Beach	146.7900	−	O 103.5	K6SYU	Anaheim AR
Long Beach	146.8050	−	●te	KE6HE	LBYachtCl
Los Angeles	147.1950	+	O 131.8	W6NVY	LAUSD ARA
Loyola Marymount University	147.8550	−	O 127.3	W6LMU	
Malibu	145.2600	−	O 100	N6FDR	------------
Monterey Park	146.3550	+	O 71.9a (CA)e	KF6YLB	MPEC
Mt Lukens	145.4800	−	O 100	W6AM	SCA DXClb
Mt Lukens	146.6700	−	O 192.8a (CA)	KD6AFA	SSARO
Mt Lukens	147.1950	+	●t	W6NVY	LAUSD ARA
Mt Lukens	147.4950	146.4900	●tBI	AA6TL	AA6TL
Mt Wilson	147.3600	−	●tl	K6VGP	DARN
North San Gabriel Valley	145.2000	−	O 100/103.5	N6AH	------------
Oat Mountain	147.4350	146.4000	O 103.5	N6BHU	------------
Oat Mtn	145.3400	−	O 131.8el	N7RDA	------------
Oat Mtn	147.7350	−	O 100	KB6C	MMRA
Oat Mtn	147.9450	−	O 136.5a (CA)	KF6JWT	HA ARC
Palmdale	146.7600	−	O 186.2	KC6ZQR	------------
Palmdale	146.7900	−	O 103.5	WA6YVL	------------
Palos Verdes	144.8950	+	O 186.2	KF6ZTY	MCRC
Palos Verdes	145.3800	−	O 100e	N6RBR	PVARC
Palos Verdes	146.2350	+	●ta(CA)e	KA6TSA	SCRAN
Palos Verdes	147.1950	+	O 100e	W6NVY	LAUSD ARA
Palos Verdes	147.3600	+	●tl	K6VGP	DARN
Palos Verdes	147.4200	146.4750	●t	AA6RJ	PARA-USA
Pasadena	145.1800	−	O 156.7	W6MPH	Telph ARC
Pasadena	147.1500	+	O 103.5	WR6JPL	JPL ARC
Pomona	146.0250	+	O 103.5a (CA)e	WB6RSK	------------
Redondo Beach	145.3200	−	O 114.8a (CA)ez	W6TRW	SEA ARC
Rio Hondo Peak	146.7300	−	O 103.5	KØJPK	COLA
Rowland Heights	147.0300	+	O 100a (CA)IBI	N6XPG	------------
Saddle Peak	147.0000	+	●t	WB6BJM	HH RPT
San Clem Isl	147.1950	+	●tE-SUNr	K6JCC	SD RACES
Santa Anita Ridge	147.7650	−	O 131.8e	W6QFK	SGV ARC
Santa Clarita	146.7900	−	O 123	W6JW	SCARC
Santa Clarita	146.9700	−	O 123	W6JW	SCARC
Santa Monica	145.2800	−	O 127.3e	K6FCC	------------
Sherman Oaks	145.2400	−	●ta(CA)	NK6S	Ham Watch
Sunset Ridge	145.4400	−	O 136.5	N6USO	------------
Sunset Ridge	146.7000	−	●t	K4ELE	------------
Sunset Ridge	147.2100	+	O 100	K6JSI	WinSystem
Table Mtn	145.2800	−	O 131.8el	WR6AZN	GldstnARC

144-148 MHz
CALIFORNIA

Location	Output	Input	Notes	Call	Sponsor
Topanga Canyon	146.1150	+	●	W6DRT	TCEP DRT
Tujunga	146.1600	+	O 146.2	W6JAM	SSSS
Verdugo Peak	147.3000	+	●ta(CA)elr	WA6PPS	RAAVN
Verdugo Peak	147.3600	+	●tl	K6VGP	DARN
Whittier	146.1750	+	Oel	W6GNS	RHARC
Woodland Hills	146.2650	+	O 103.5	WA6AQQ	LittonARC
Wrightwood	147.2400	+	O 91.5a (CA)e	KW6WW	WCG

MONO COUNTY

Location	Output	Input	Notes	Call	Sponsor
Mammoth Mountain	146.7300	−	O 100r	NW6C	BARC

NORCAL NORTH EAST

Location	Output	Input	Notes	Call	Sponsor
Alturas	147.0450	+	O 100.0es	N6KMR	N6KMR

NORCAL-CENTRAL COAST

Location	Output	Input	Notes	Call	Sponsor
Arroyo Grande	146.9400	−	O 127.3ers	W6SLO	SLOECC
Arroyo Grande	147.0300	+	O 127.3e	AE6HC	HVRA
Ben Lomond	147.1200	+	O 94.8els	WR6AOK	SLVARC
Big Sur	146.9400	−	O 94.8es	KI6PAU	KI6PAU
Boulder Creek	145.3500	−	O 94.8e	KI6YDR	KI6YDR
Cambria	147.2700	+	O 127.3#	KC6TOX	SLOECC
Felton	147.1800	+	O 94.8#el x	W6WLS	W6WLS
Hollister	147.3150	+	O 146.2es	N6SBC	SBC ARES
Hollister	147.3150	+	O 94.8els	N6SBC	SBC OES
King City	145.3700	−	O 100elrsx	N6SPD	N6SPD RG
Lompoc	147.1200	+	O 131.8es	WA6VPL	WA6VPL
Los Osos	146.8600	−	O 127.3ers	WB6MIA	SLOECC
Monterey	146.0850	+	●ers	WE6R	WE6R
Monterey	146.9700	−	O 94.8ers	K6LY	NPSARC
Monterey	147.7350	−	O 110.9ael x	KG6NRI	SVRG
Nipomo	147.9900	−	O 127.3rs	WB6MIA	SLOECC
Paicines	146.6250	−	O 94.8els	N6SBC	SBC ARES
Paso Robles	146.9800	−	O 127.3els	W6YDZ	PRARC
Paso Robles	147.0600	+	O 127.3ers	W6PRB	PRHS-ARC
Prunedale	146.9100	−	O 94.8ers	W6OPI	W6OPI
Salinas	145.4100	−	O 146.2#el	W6CER	CCARN
Salinas	145.4300	−	O 94.8esx	N6SPD	N6SPD RG
Salinas	145.4700	−	O 94.8ersx	K6JE	FPRA
Salinas	145.4900	−	O 100l	W6RTF	W6RTF
Salinas	146.0850	+	O 100#	KC6UDC	KC6UDC
Salinas	146.6550	+	O 94.8#es	KI6FKX	KI6FKX
Salinas	147.2700	+	O 94.8elsx	KI6FKX	W6WLS
San Ardo	146.7300	−	O 127.3els x	W6FM	W6FM
San Simeon	146.6200	−	O 127.3ers	W6SLO	SLOECC
SanLuisObispo	146.6700	−	O 127.3ers x	W6SLO	SLOECC
SanLuisObispo	146.7600	−	O 91.5aels	W6BHZ	CPARC

144-148 MHz
CALIFORNIA

Location	Output	Input	Notes	Call	Sponsor
SanLuisObispo	146.8000	−	O 127.3ers x	W6SLO	SLOECC
SanLuisObispo	147.3600	+	O 127.3ers	W6FM	W6FM
Santa Cruz	145.2500	−	O 100#s	W6PEK	W6PAD
Santa Cruz	145.3100	−	O 94.8e	AC6P	UCSC Hams
Santa Cruz	146.7450	−	O 94.8ers	W6JWS	SLVARES
Santa Cruz	146.7900	−	O 94.8aelrs	K6BJ	SCCARC
Santa Cruz	146.8350	−	O 94.8es	AE6KE	SC ARES
SantaMargarita	146.8350	−	O 127.3ers	W6SLO	SLOECC
Templeton	146.8800	−	O 127.3#el sx	W6YDZ	W6YDZ
Watsonville	145.1700	−	O 151.4#	W6UNI	W6UNI
Watsonville	145.3300	−	O 123#els x	W6DNC	W6DNC
Watsonville	146.7000	−	O 94.8#e	NS6G	GOB/R
Watsonville	146.7750	−	O 123#a	KB6MET	KB6MET
Watsonville	146.9550	−	●	W6NAD	W6NAD
Watsonville	147.0000	+	O 94.8ers	K6RMW	K6RMWK6GDI
Watsonville	147.9450	−	O 94.8elrs	KI6EH	SCCARC

NORCAL-EAST BAY

Location	Output	Input	Notes	Call	Sponsor
Alameda	147.8250	−	O 88.5es	KF6ALA	ALA FIRE
Berkeley	145.2900	−	O 131.8x	K6GOD	K6GOD
Concord	145.3300	−	O 100ex	K6POU	MDRA
Concord	147.0600	+	O 100aers x	W6CX	MDARC
Concord	147.7350	−	O 107.2ael rsx	WA6HAM	CCRA
Danville	146.3550	+	O 100ers	K6SRM	SCCC RACES
Fremont	147.0150	+	O	WA6PWW	TRICO ARC
Hayward	145.1300	−	O 127.3ers	K6EAG	Hayward RC
Hayward	145.2500	−	●DCSl	KQ6RC	KQ6RC
Hayward	147.3150	+	●l	KQ6RC	KQ6RC
Hayward	147.9750	−	O 162.2ael sx	KB6LED	KB6LED
Livermore	145.3500	−	O 100erx	AB6CR	LARK
Livermore	145.4300	−	O 100elrs	KO6PW	KO6PW
Livermore	146.7750	−	O 100ers	WA6YHJ	LLNLRC
Livermore	147.1200	+	O 100aer	AD6KV	LARK
Oakland	146.6250	−	O 156.7	W6MTF	W6MTF
Oakland	146.6700	−	O 85.4#erx	W6BUR	W6BUR
Oakland	146.8800	−	O 77aersx	W6NDJ	ORCA
Oakland	147.2100	+	O 100ex	WB6TCS	WB6TCS
Orinda	145.4900	−	O 107.2ael rsx	WA6HAM	CCRA
Orinda	146.8500	−	O 103.5el	K6LNK	CARLA
Pleasanton	147.0450	+	O 94.8elrs x	W6SRR	Sunol Ridg
San Leandro	147.0300	+	O 156.7	WB6BDD	ACRC

144-148 MHz CALIFORNIA

Location	Output	Input	Notes	Call	Sponsor
San Leandro	147.2400	+	O 107.2er	W6RGG	NCCC
San Pablo	145.1100	−	O 82.5ers	WA6KQB	CCCC
San Ramon	145.4100	−	O 107.2ael rsx	WA6HAM	CCRA
Union City	146.6100	−	O 123elrs	KM6EF	GSARC
NORCAL-NORTH BAY					
Bodega Bay	146.6700	−	O 88.5lr	WA6M	WA6YGD
Clear Lake	147.6750	−	O 88.5ex	N1PPP	LCSOOESAA
Cloverdale	146.9700	−	O 103.5ls	KI6B	SMRS
Cobb	145.1500	−	O 103.5	KI6QCU	KI6QCU
Dillon Beach	146.8650	−	O 127.3l	KI6SUD	OceanMarin
Guerneville	146.9400	−	O 88.5els	KI6B	SMRS
Inverness	145.1700	−	O 88.5elrs	KI6B	SMRS
Kelseyville	146.7750	−	O 103.5#e sx	N1PPP	Nice Amate
Middletown	145.3900	−	O 88.5el	AC6VJ	AC6VJ
Mill Valley	146.7000	−	O 179.9aer x	K6GWE	ACS
Mill Valley	146.7750	−	O 110.9e	K6BW	HWA
Napa	146.1150	+	O 127.3elr x	N6TKW	NARC
Napa	146.6550	−	O 88.5e	N6TKW	NARC
Napa	146.8200	−	O 100elrx	W6BYS	NARC
Napa	146.8200	−	O 151.4elr x	W6BYS	NARC
Napa	147.1800	+	O 151.4ers x	W6CO	SARS
Napa	147.1800	+	O 91.5elrs	W6CO	SARS
Novato	147.3300	+	O 203.5erx	K6GWE	ACS
Petaluma	146.9100	−	O 88.5ersx	WB6TMS	SMRS
Pt Reyes Stn	145.4700	−	O 88.5elrs	WB6TMS	SMRS
San Anselmo	146.7750	−	O 127.3e	K6BW	HWA
San Rafael	147.3300	+	O 173.8er	K6GWE	ACS
Santa Rosa	145.1900	−	O 88.5#aer s	K6CDF	CDF VIP
Santa Rosa	145.3500	−	O 88.5lrsx	WA6YGD	WA6YGD
Santa Rosa	146.7300	−	O 88.5erx	K6ACS	Sonoma ACS
Santa Rosa	146.7900	−	O 88.5er	KD6RC	KD6RC
Santa Rosa	146.8350	−	O 88.5es	KE6EAQ	SR ARES
Santa Rosa	147.3150	+	O 156.7es	W6SON	SCRA
Sebastopol	147.3150	+	O 88.5es	W6SON	SCRA
Sonoma	146.2050	+	O 88.5ers	AA6GV	AA6GV
Vallejo	145.3100	−	O 88.5	K6LI	NBARA
Windsor	146.9850	−	O 88.5	W6IBC	W6IBC
NORCAL-NORTH COAST					
Anchor Bay	147.2700	+	O 114.8elr	WA6RQX	SMRA
Cazadero	147.9750	−	O 88.5el	K6ACS	ACS
Covelo	147.2100	+	O 103.5ex	WB6TCS	WB6TCS
Crescent City	146.8800	−	O 136.5#a es	W6HY	DNARC

136   144-148 MHz
CALIFORNIA

Location	Output	Input	Notes	Call	Sponsor
Crescent City	147.0600	+	O 100l	K6JSI	WIN System
Crescent City	147.1800	+	O 136.5#el sx	W6HY	DNARC
Dinsmore	146.9800	–	O 103.5#l	K6FWR	FWRA
Eureka	145.4700	–	O 103.5#	W6ZZK	HARA
Eureka	146.7000	–	O 103.5#	K6FWR	FWRA
Fort Bragg	147.0300	+	O 103.5#	K6MHE	MCARA
Fortuna	147.0900	+	O 103.5x	KA6ROM	CDF/KA6ROM
Garberville	146.6100	–	O 103.5#lx	K6FWR	FWRA
Garberville	146.7900	–	O 103.5#	W6CLG	KE6WC
Garberville	146.7900	–	O 103.5ael	W6HUM	SHARC
Garberville	147.1500	+	O 103.5lrx	KA6ROM	SMRS
Gualala	147.0000	+	O 114.8el	K6LNK	CARLA
Gualala	147.8250	–	O 103.5ael	W6ABR	ABARC
Hopland	145.4700	–	O 103.5elr	WA6RQX	WA6RQX
Klamath	147.3900	+	O 103.5#e x	KA6ROM	CDF/KA6ROM
Laytonville	145.4300	–	O 103.5elr	WA6RQX	WA6RQX
Laytonville	146.6550	–	O 103.5elr x	K7BUG	SMRS
Mendocino	146.8200	–	O 103.5e	WD6HDY	MCARC
Point Arena	146.6100	–	O 88.5el	W6ABR	ABARC
Scotia	145.1700	–	O 103.5elr sx	WB6TMS	SMRS
Scotia	146.7600	–	O 103.5lx	K6FWR	FWRA
Sea Ranch	147.9450	–	O 88.5el	KI6HHA	TSRARA
Ukiah	146.9550	–	O 88.5elsx	AC6ET	SMRS
Ukiah	147.3900	+	O 103.5elr	WA6RQX	WA6RQX
Weott	147.3300	+	O 103.5ex	KM6TE	KA6ROM
Willits	145.1300	–	O 103.5ers x	K7WWA	K7WWA
Willits	147.1200	+	O 103.5ael rsx	K7WWA	K7WWA
Willow Creek	147.0000	+	O 103.5#lx	K6FWR	FWRA

NORCAL-NORTH EAST

Location	Output	Input	Notes	Call	Sponsor
Alturas	145.4900	–	O 100els	N6KMR	n6kmr
Belden	146.7000	–	O 110.9l	K6FHL	FOTHL
Burney	145.3500	–	O 107.2#er x	W6QWN	CARC
Burney	147.0300	+	O 103.5#	KI6WG	KI6WG
Chester	145.3700	–	O 123ersx	K6PLU	KF6CCP
Dunsmuir	146.8200	–	O 100aelrx	K6SIS	SCARA
FallRiverMills	147.1200	+	O 103.5#	KI6WG	KI6WG
Happy Camp	146.9100	–	O 100aelrx	K6SIS	SCARA
Lookout	147.0750	+	O 100.0lsx	N6KMR	N6KMR
Mt Shasta City	145.1100	–	O 123#elrx	KE6OUD	NCARRA
Mt Shasta City	146.6700	–	O 100#	KJ6RA	KJ6RA
Mt Shasta City	146.8800	–	O 100	W6BML	MSARC
Quincy	145.4700	–	O 123ers	K6PLU	Plumas OES
Quincy	147.9450	–	O 123rs	AF6AP	AF6AP

144-148 MHz 137
CALIFORNIA

Location	Output	Input	Notes	Call	Sponsor
Redding	146.7600	–	○ 107.2#elx	WB6CAN	WB6CAN
Redding	147.0000	+	○ 100elsx	K6MCA	Palo Cedro
Redding	147.0900	+	○ 88.5#s	NC6I	ARCA
Redding	147.2700	+	○ 131.8el	KD6LOM	KD6LOM
Sierra City	145.1700	–	○ 114.8	W7FEH	W7FEH
Weaverville	146.7300	–	○ 85.4es	N6TKY	TCARC
Weaverville	146.9250	–	○ 85.4esx	KF6OAH	TCARC
Yreka	146.7900	–	○ 100aelrx	K6SIS	SCARA
Yreka	147.1200	+	○ 136.5#a elsx	K7TVL	R.V.L.A.

NORCAL-SACRAMENTO VALLEY

Location	Output	Input	Notes	Call	Sponsor
Auburn	145.1300	–	○ 114.8elr sx	AK6OK	AK6OK
Auburn	145.2700	–	○ 156.7	W6SAR	PCSAR
Auburn	145.3100	–	○ 151.4elx	AB6LI	AB6LI
Auburn	145.4300	–	○ 162.2ae s	W6EK	SFARC
Auburn	146.7600	–	○ 136.5	N6NMZ	N6NMZ
Cameron Park	147.0300	+	○ 77#aelrs x	N6RDE	N6RDE
Camino	147.8250	–	○ 82.5aes x	AG6AU	EDCARC
Chico	145.2900	–	○ 110.9er	W6SCR	Butte SCR
Chico	146.8500	–	○ 110.9ae sx	W6RHC	GEARS
Chico	146.9400	–	○ 123elx	W6ECE	W6ECE
Chico	147.3000	+	○ 141.3#e	K6NP	GBTPRC
Chico	147.3300	+	○ 123elx	K6JSI	WIN System
Chico	147.9750	–	○ 110.9elr sx	N6TZG	N6TZG
Cool	147.2400	+	●#	N6TZG	N6TZG
Davis	145.4500	–	○ 203.5#e	K6JRB	UCDavis EO
Dobbins	147.0450	+	○ 77ex	N6NMZ	CDF VIP
ElDoradoHills	145.3700	–	○ 100#ael x	WT6G	WT6G
ElDoradoHills	147.1500	+	○ 85.4#ael x	WT6G	MEARA
Elk Creek	147.1050	+	○ 100ersx	N6YCK	N6YCK
Elk Grove	145.1100	–	○ 103.5a	KE6OBO	KE6OBO
Fair Oaks	146.7900	–	○ 100	W6HIR	RAMS
Fiddletown	146.8800	–	○ 156.7lrx	K6SCA	RMRG
Folsom	146.6100	–	○ 136.5ael x	KS6HRP	SHARP
Foresthill	146.3550	+	○ 94.8x	W6YDD	YDD 1.2
Foresthill	146.7450	–	○ 156.7	W6SAR	PCSAR
Georgetown	146.6250	–	○ 123elx	W6YDD	NCAA
Grass Valley	145.3100	–	○ 151.4e	KG6TZT	KG6TZT
Grass Valley	146.6250	–	○ 151.4ex	W6YDD	NCAA
Grass Valley	146.9250	–	○ 71.9aelx	KI6FEO	KI6FEO

144-148 MHz
CALIFORNIA

Location	Output	Input	Notes	Call	Sponsor
Grass Valley	147.0150	+	O 151.4esx	W6DD	NCARC
Grass Valley	147.2100	+	O 141.3#e	W6WEE	W6WEE
Grass Valley	147.2850	+	O 151.4ers x	W6DD	NCARC
Lincoln	147.3300	+	O 179.9e	K6PAC	WPARC
Los Molinos	145.3900	−	O 110.9ers	KI6PNB	KI6PNB
Maxwell	147.0450	+	O 156.7ex	N6NMZ	N6NMZ
Oroville	146.6550	−	O 136.5elx	K6RCO	O.A.R.S.
Placerville	148.8050	−	O 123aelrs x	KA6GWY	KA6GWY
Placerville	147.2550	+	O 136.5#a es	N6QDY	C.A.R.U.N.
Plymouth	146.6700	−	O 156.7lrx	K6SCA	RMRG
Pollock Pines	146.8650	−	O 146.2ex	WA6BTH	P&F
Red Bluff	145.4500	−	O 88.5ersx	KF6KDD	CDF VIP
Redding	146.6400	−	O 88.5s	W6STA	STARES
Redding	147.3000	+	O 123lx	K6JSI	WIN System
Redding Ca	145.2900	−	O 88.5#es	W6MAC	McCulley
Roseville	146.6400	−	O 156.7er	W6SAR	PCSAR
Roseville	147.3150	+	O 162.2ael	KD6PDD	HPRARC
Sacramento	145.1900	−	O 162.2ae	K6IS	NHRC
Sacramento	145.2300	−	O 162.2ae	KC6MHT	KC6MHT
Sacramento	145.2500	−	O 162.2x	N6NA	RCARCS
Sacramento	146.7000	−	O l	K6INC	SCAN INT'L
Sacramento	146.9100	−	O 162.2er	W6AK	SARC
Sacramento	146.9850	−	O 94.8erx	AB6OP	AB6OP
Sacramento	147.3000	+	O 136.5#e x	K6NP	GBTPRC
Sacramento	147.3900	+	●x	N6FR	WB6RVR
Shingle Springs	146.9400	−	O 136.5ael rx	N6RDE	N6RDE
Shingletown	145.3300	−	O 88.5#e	W6IO	STARC
Stonyford	146.1150	+	O 123elx	K6LNK	CARLA
Sutter	146.0850	+	O 127.3ers x	WD6AXM	YSARC
Tancred	147.2550	+	O 123ersx	N6QDY	V.E.R.A.
Vacaville	145.4700	−	O 127.3ael rsx	W6VVR	Western Va
Vacaville	146.6100	−	O 100#x	KS6HRP	SHARP
Vacaville	146.6250	−	O 100x	W6YDD	w6ydd.org
Vacaville	146.7450	−	●x	W6SAR	PCSAR
Vacaville	147.0000	−	O 136.5ex	K6MVR	MVRC
Vacaville	147.1950	+	O 123aelrs x	N6ICW	N6ICW
Vacaville	147.2700	+	O 77ex	W6AEX	SARO
Washington	147.1800	+	O 118.8#e	NN7NN	PARK RANCH
Williams	146.7600	−	O 131.8ex	N6NMZ	N6NMZ
Woodland	146.9700	−	O 123esx	KE6YUV	BARK
Yuba City	145.2100	−	O 127.3l	N6IQY	N6IQY

144-148 MHz — CALIFORNIA

Location	Output	Input	Notes	Call	Sponsor
NORCAL-SAN JOAQUIN VALLEY					
Ahwahnee	147.8250	−	O 123aex	WB6NIL	WB6NIL
Angels Camp	145.1700	−	O 100aers x	N6FRG	FPRG/CARS,
Bakersfield	145.1500	−	O 100elrs	W6LIE	KCCVARC
Bakersfield	145.1900	−	O 141.3els x	KK6AC	KERN
Bakersfield	145.2100	−	O 100ers	KF6JOQ	KF6JOQ
Bakersfield	145.4100	−	O 103.5ae x	W6LI	KRVARC
Bakersfield	145.4900	−	O 186.2elr sx	KR6DK	KR6DK
Bakersfield	146.6700	−	O 100#	WA6CLS	BRS
Bakersfield	146.9100	−	O 100lx	W6LIE	KCCVARC
Bakersfield	147.1500	+	O 100el	KG6KKV	KG6KKV
Bakersfield	147.1650	+	●#ae	KK6EUC	KK6EUC
Bakersfield	147.2100	+	O 100#rs	K6RRS	Kern Count
Bakersfield	147.2700	+	O 94.8el	K6RET	K6RET
Bakersfield Ca	145.3500	−	O 67#elrsx	KR6DK	KR6DK
Clovis	147.6750	−	O 141.3#a elsx	K6ARP	CARP
Coalinga	147.3300	+	O 100elrsx	N6DL	Kings ARC
Coarsegold	146.6400	−	O 127.3e	W6HMH	W6HMH
Columbia	147.9450	−	O 100aers x	W6FEJ	TCARES
Copperopolis	145.1500	−	O 141.3lx	KG6TXA	SALAC
Copperopolis	147.0150	+	O 114.8r	N5FDL	N5FDL
Fiddletown	147.1650	+	O 107.2lrx	W6SF	KD6FVA
Fresno	145.2300	−	O 141.3elx	W6FSC	N6MTS
Fresno	145.4300	−	O 141.3elx	N6VRC	CVRC
Fresno	145.4700	−	O 141.3ex	W7POR	FARA
Fresno	146.7750	−	O 141.3#a x	N6BYH	N6BYH
Fresno	146.7900	−	O 100elx	K6JSI	WIN System
Fresno	146.8200	−	O 141.3lx	KE6JZ	SJVARS
Fresno	146.8500	−	O 141.3sx	WQ6CWA	QCWA
Fresno	146.9400	−	O 141.3#el x	W6TO	Fresno ARC
Fresno	147.1050	+	O 141.3ex	W7POR	W7POR
Fresno	147.1500	+	O 141.3aer x	N6HEW	N6HEW
Fresno	147.1650	+	O 141.3elx	N6VRC	CVRC
Fresno	147.2550	+	O 141.3elx	N6VRC	CVRC
Fresno	147.3150	+	O 141.3e	N6VQL	N6VQL
Groveland	145.3100	−	O 127.3#	KF6OTM	WB6PHE
Hanford	145.1100	−	O 100aelrs	N6CVC	Kings ARC
Hanford	147.2850	+	O 141.3elx	N6VRC	CVRC
Lake Isabella	145.4500	−	O 156.7es	KC6OCA	KC6OCA
Lemoore	145.2700	−	O 88.5l	WB6Y	WB6Y
Lodi	147.0900	+	O 114.8lr x	WB6ASU	WB6ASU

140   144-148 MHz
CALIFORNIA

Location	Output	Input	Notes	Call	Sponsor
Los Banos	146.9250	–	O 123e	K6TJS	AA6LB
Los Banos - Ea	147.2100	+	O 123el	K6TJS	K6TJS
Madera	146.7000	–	O 141.3erx	KD6FW	KD6FW
Madera	147.7450	–	O 123#es	W6PPM	ARES/VIP
Mammoth	146.7300	–	O 100er	NW6C	BARC/CARS9
Manteca	145.3100	–	O 118.8l	KF6NQR	KF6NQR
Manteca	146.9850	–	O 100aers	K6MAN	MARC
Maricopa	145.2900	–	O 94.8ex	KK6PHE	KJ6CED
Mariposa	147.7450	–	O 146.2#e	W6PPM	VIP/ARES
Mariposa	147.0300	+	O 100aels x	W6BXN	TurlockARC
Meadow Lakes	145.2500	–	O 141.3e	KJ6CE	KJ6CE
Meadow Lakes	146.6100	–	Ox	WB6QDN	AARC
Moccasin	145.2900	–	O 100ers	K6DPB	TCARES
Modesto	145.1100	–	O 136.5es	WD6EJF	SARA
Modesto	145.3900	–	O 136.5els x	WD6EJF	SARA
Modesto	146.3550	+	O 156.7aer s	WA6OYF	WA6OYF
Oakhurst	147.1800	+	O 146.2ers x	W6WGZ	MCARC
Orange Cove	146.8950	–	O 107.2#	KC6QIT	KC6QIU
Panoche	145.4100	–	O 118.8ers	N6SBC	SBC ARES
Parkfield	147.2400	+	O 100elx	K6LLA	W6DCP
Patterson	146.7750	–	O 156.7elx	K6SCA	RMRG
Pine Grove	146.8350	–	O 100aex	K6ARC	ACARC
Pinecrest	147.9750	–	O 100ersx	K6TUO	TCARES
Pinehurst	147.3000	+	O 141.3ex	W6BLP	N6SGW
Pinehurst	147.7350	–	O 141.3elx	N6VRC	CVRC
Porterville	146.6550	–	O 123rs	KE6DWX	PARA
Soulsbyville	146.1150	+	O 100ersx	N6HUH	TCARES
Springville	145.3100	–	O 100ersx	KE6DWX	PARA
Stockton	145.2100	–	O 100erx	WA6SEK	WA6SEK
Stockton	146.3550	+	O 114.8#e	AB6IS	AB6IS
Stockton	147.1050	+	67r	KN6KO	KN6KO
Stockton	147.2100	+	O 114.8er	N5FDL	N5FDL
Tehachapi	146.7000	–	O 123e	W6SLZ	BVSET
Three Rivers	147.1950	+	O 156.7es	WA7HRG	WA7HRG
Tracy	146.6550	–	O 100aelrs x	AB6CR	LLNL
Visalia	145.3300	–	O 103.5elx	AB6BP	CVARC
Visalia	146.7300	–	O 141.3#el x	KM6OR	TuleRptrGp
Visalia	146.7600	–	O 141.3e	N6BYH	N6BYH
Visalia	146.8800	–	O 103.5elr sx	WA6BAI	TCARC
Visalia	146.9700	–	O 100ers	KE6DWX	PARA
Visalia	147.3900	+	O 123el	N6VQL	N6VQL
Westley	146.8950	–	O 114.8erx	N5FDL	California

144-148 MHz — CALIFORNIA

Location	Output	Input	Notes	Call	Sponsor
Westley	147.1200	+	O 77elx	K6RDJ	WB6PBN
Yosemite	147.0000	+	O 100aels x	W6BXN	TurlockARC
NORCAL-SOUTH BAY					
Los Gatos	145.4500	−	O 100elrsx	K6FB	LCARC
LosAltosHills	147.7450	−	O 110.9e	W6LAH	LAHEG
LosAltosHills	146.7450	−	●e	W6LAH	LAHEG
Milpitas	145.4300	−	O 85.4elrs	W6MLP	MARES
Milpitas	147.9450	−	O 77elsx	N6QDY	C.A.R.U.N.
Moffett Field	145.2500	−	O 123rs	NA6MF	Ames ARC
Morgan Hill	147.3300	+	O 103.5ae	K7DAA	MHARS
Morgan Hill	147.8250	−	O 100aers	W6GGF	GVARC
Mountain View	145.2700	−	O 100aels	W6ASH	SPECS RA
Palo Alto	145.2300	−	O 100aers x	N6NFI	SPARK/SARS
Palo Alto	147.3600	+	O 110.9esx	W6TI	NCDXC
Portola Valley	146.0850	+	O 100	WB5NVN	WB5NVN
San Jose	145.1900	−	O 151.4#a e	WA2IBM	IBM ARC
San Jose	145.2100	−	O 114.8rs	KB6FEC	AREA
San Jose	145.3100	−	O 162.2rs	KB6FEC	AREA
San Jose	146.1150	+	O 100aers x	AA6BT	SVECS
San Jose	146.3550	+	O 123.0	KE6MON	LAPU-LAPU
San Jose	146.6400	−	O 162.2#e	WR6ABD	LPRC
San Jose	146.7600	−	O 151.4alx	WB6OQS	SCVRS
San Jose	146.8200	−	O 123	K6INC	SCAN INT'L
San Jose	146.8950	−	O 110.9rs	KB6FEC	KB6FEC
San Jose	146.9700	−	●l	WA6INC	AD1U
San Jose	146.9850	−	O 114.8aer	W6UU	SCCARA
San Jose	147.0000	+	●#	AD1U	AD1U
San Jose	147.1500	+	●elx	WA6YCZ	BAYCOM
San Jose	147.1650	+	O 100rs	KB6FEC	KB6FEC
San Jose	147.1650	+	O 162.2ers	KB6FEC	KB6FEC
San Jose	147.2850	+	O 103.5aer	KF6FWO	MARA
San Jose	147.3900	+	O 151.4ael s	W6PIY	WVARA
San Jose	147.8550	−	O 100ae	WA6TEM	WA6HNE
Saratoga	146.6550	−	O 114.8elr s	K6SA	SARA
Saratoga	147.6750	−	O 162.2#	KG6LEE	KB6FEC
Soledad	145.2100	−	●el	N6HU	N6HU
Sunnyvale	145.1700	−	O 94.8ers	K6GL	SNNYVLARES
NORCAL-TAHOE					
So Lake Tahoe	145.1500	−	O 123elrx	N6ICW	N6ICW
So Lake Tahoe	146.1150	+	O 192.8ael	W6SUV	W6SUV
So Lake Tahoe	146.8500	−	O 123ex	WA6EWV	TARA
So Lake Tahoe	147.2400	+	O 123ex	NR7A	TARA
South lake Tah	145.3500	−	O 110.9ael rs	KA6GWY	KA6GWY

144-148 MHz
CALIFORNIA

Location	Output	Input	Notes	Call	Sponsor
Tahoe City	146.9400	−	O 100#	WA6FJS	Tahoe ARC
Truckee	145.1100	−	O 123elrx	K1BMW	WA6YOP
Truckee	145.3100	−	O 123#es	WA6FWU	WA6FWU
Truckee	146.6400	−	O 131.8elx	W6SAR	PCSAR
NORCAL-WEST BAY					
Belmont	147.0900	+	O 100es	WB6CKT	WB6CKT
Daly City	146.8350	−	O 123aelx	WD6INC	W1LLE
Daly City	146.9100	−	O 114.8#	K6JDE	K6JDE
Half Moon Bay	147.2850	+	O 114.8ers	WR6HMB	WR6HMB
La Honda	146.7300	−	O 114.8es	W6SCF	SC4ARC
Los Altos Hill	145.9400	−	O 123es	K6AIR	K6AIR
Pacifica	146.9250	−	O 114.8ael rsx	WA6TOW	CARC
Palo Alto	145.3900	−	O 100elsx	WW6BAY	Bay-Net
Pescadero	146.6250	−	O 114.8es	KE6MNJ	PMAC/South
Redwood City	146.8650	−	O 114.8ers x	KC6ULT	SM OES
San Francisco	145.1500	−	O 114.8ers x	W6PW	SFARC
San Francisco	146.7900	−	O 114.8elx	W6TP	GSPLRC
San Mateo	147.3000	+	O 100el	N6MPX	MSARC
Woodside	145.3700	−	O 107.2esx	N6ZX	KMARC
NORTH EAST					
Susanville	146.8350	−	O 91.5	K6LRC	K6ME
Susanville	146.8800	−	O 91.5e	K6LRC	K6ME
Susanville	146.9100	−	O 91.5e	K6LRC	K6ME
ORANGE COUNTY					
Anaheim Hills	146.2650	+	O 136.5er	K6CF	APD RC
Brea	147.8850	−	O 103.5	W6BII	BeckmanARC
Costa Mesa	147.0600	+	●t(CA)ers	WB6HRO	MESAC
Disneyland	146.9400	−	O 131.8	KE6FUZ	DisnyFC ARC
Easter Hill	145.1600	−	O ta(CA)e	KA6EEK	ALERT
Fountain Valley	145.2000	−	O 136.5er	WA6FV	FV RACES
Fountain Valley	145.2800	−	O 151.4e	W6CTR	SCIRA
Fullerton	145.4000	−	O 103.5el	N6ME	Wstrn ARA
Fullerton	146.7900	−	O 114.8	K6SYU	AARC
Fullerton	146.9700	−	O 136.5a (CA)	K6QEH	RaytheonSy
Fullerton	147.9750	−	O 114.8a (CA)l	WD6DPY	-----------
Huntington Bch	145.1400	−	●telr	KH6FL	HB RACES
Huntington Beach	147.4650	146.5050	O 103.5e	W6VLD	BEARS-HB
Laguna Beach	147.6450	−	O 110.9a (CA)er	K6SOA	SOARA
Laguna Hills	146.1600	+	O 110.9	KI6DB	LNACS
Lomas Peak	146.8950	−	O 136.5er	W6KRW	OC RACES
Newport Beach	145.4200	−	O 136.5erz	K6NBR	SOCALRACES
Orange	147.9150	−	O 136.5 (CA)e	K6COV	COVARC
Orange	147.9750	−	O 114.8a (CA)l	WD6DPY	-----------

144-148 MHz CALIFORNIA

Location	Output	Input	Notes	Call	Sponsor
Placentia	147.8550	−	O 100a (CA)e	WA6YNT	NrthropRC
San Clemente	146.0250	+	O 110.9a (CA)er	K6SOA	SOARA
Santiago Peak	145.1400	−	●ta(CA)elrz	WD6AWP	HB RACES
Santiago Peak	145.1600	−	●ta(CA)e	KA6EEK	ALERT
Santiago Peak	145.2200	−	●ta(CA)	N6SLD	CLARA
Santiago Peak	146.9250	−	O 114.8	WA6TFD	BARC
Sierra Peak	146.6100	−	O 103.5elr	KD6DDM	KD6DDM
Sierra Peak	147.4500	146.4150	O 127.3	W6NUT	----------
Signal Peak	145.1600	−	●ter	KA6EEK	ALERT
Trabuco Canyon	145.2400	−	O 110.9a (CA)er	K6SOA	SOARA
RIVERSIDE COUNTY					
Anza	145.3400	−	O 107.2r	K6JM	ANZA RC
Anza	146.0850	+	O 107.2	WB6UBG	AVRC
Beaumont	147.9150	−	O 123r	W6CDF	----------
Blythe	147.0000	+	O 203.5el	KB6LJO	PARC
Cactus City	146.0250	+	O 107.2er	NR6P	CVARC
Canyon Lake	147.9150	−	O 100	KI6IGR	Canyon Lake CE
Chuckwalla Mtn	145.3800	−	O 162.2l	W6DRA	ZIA
Corona	147.2250	−	●t	W6CPD	CoronaPD
Desert Center	147.0300	+	O 107.2	KA6GBJ	----------
Elsinore Peak	144.8950	+	O 156.7e	W6CDW	SSRC
Hemet	144.5050	+	O 100er	W6COH	CityOfHemet
Hemet	145.4200	−	O 88.5er	N7OD	LeeDeFores
Idyllwild	146.8950	−	O 118.8e	KD6OI	MHRC
Lake Elsinore	146.7600	−	O 136.5	KI6ITV	----------
Menifee	147.9750	−	O 146.2er	KB9YIQ	City's OEM
Moreno Valley	146.6550	−	O 103.5er	AB6MV	MVARA
Norco Hills	147.0600	+	O 162.2	W6PWT	----------
Palm Springs	145.4800	−	O 107.2ae	W6DRA	DesertRA
Palm Springs Tram	145.2000	−	O 131.8elr	W6DRA	Desert Radio
Perris	146.6700	−	O 123a (CA)	WA6HYQ	----------
Rancho Mirage	146.9400	−	O 107.2e	WD6RAT	Dsrt RATS
Redlands	147.1800	+	O 88.5	W6LAR	RedlandsFD
Riverside	145.3600	−	●t	KQ6ZZ	----------
Riverside	146.8800	−	O 146.2a (CA)er	W6TJ	RCARA
Sun City	146.7000	−	O 103.5	KB6SSB	----------
Wildomar	145.4000	−	O 146.2	KI6ITV	----------
Wildomar	146.8050	−	O 100	W6GTR	GldTrngARC
SAN BERNARDINO COUNTY					
Barstow	145.2200	−	O 114.8	N6SLD	CLARA
Barstow	146.9700	−	Oers	WA6TST	BarstowARC
Barstow	147.0300	+	Oa(CA)elri	WD6BNG	----------
Barstow, Flash II	147.1800	+	O 151.4elrs	WA6TST	BarstowARC

144 144-148 MHz
CALIFORNIA

Location	Output	Input	Notes	Call	Sponsor
Big Bear	147.3300	+	O 131.8 E-SUN	K6BB	BB ARC
Big Bear City	147.2250	+	O 162.2 E-SUN	WA6ITC	----------
Big Bear Lake	147.6450	–	O 103.5	KC6OKB	----------
Crestline	146.8500	–	O 146.2e	W6JBT	CBARC
Crestline	147.9450	–	O 123	K6JTH	K6SBC
Flash II	146.7600	–	O 136.5l	K6DK	----------
Grand Terrace	147.8850	–	O 100l	AE6TV	AE6TV
Heaps Pk	145.2400	–	O 118.8e	K6LLU	Arwhd RG
Hesperia	146.1750	+	O 97.4lBiz	WA6AV	----------
Jobs Peak	146.9100	–	O 151.4el	W6CTR	SCIRA
Keller Peak	146.3850	+	O 146.2e	KE6TZG	KPRA
Loma Linda	147.7350	–	O 118.8a (CA)e	K6LLU	LLU ARC
Lucerne Valley	145.1800	–	O 123.0 E-SUNr	KC6JTN	----------
Ludlow	147.8850	–	O 151.4elrs	WA6TST	BarstowARC
Newberry Spgs	146.7000	–	Oel	WA6MTZ	----------
North Yucca Valley	147.7050	–	O 123elr	WB6CDF	WB6CDF.COM
Onyx Peak	145.1200	–	●t	K6SBC	----------
Onyx Peak	146.8200	–	Oel	W6FNO	Edgwd ARS
Quartzite	147.7050	–	O 167.9es	K6ECS	----------
Running Sprgs	145.1200	–	O 131.8	WA6ISG	----------
Running Sprgs	146.6150	–	●t	N6NIK	HRAN
Running Springs	147.7050	–	O 167.9a (CA)elr	K6ECS	ROTW ARC
Shamrock Peak	147.1500	+	O 136.5l	K6DK	----------
Sunset Ridge	145.4600	–	O 77	W6IER	IEARC
Trona	146.9700	–	O 123	K6YYJ	----------
Twntynine Plms	147.0600	+	O 136.5e	W6IF	MBRG
Upland	147.3000	+	O 123a (CA)e	WB6QHB	----------
Victorville	145.4200	–	●t	WW6Y	----------
Victorville	146.1150	+	O 91.5	K7GIL	----------
Victorville	146.9400	–	O 91.5a (CA)e	WA6EFW	----------
Victorville	147.1200	+	O 91.5a	WA6EFW	----------
Victorville	147.7650	–	O 97.4l	KJ6NLG	----------
Victorville	147.8550	–	O 186.2er	WW6Y	WW6Y
Yucca Valley	146.7900	–	O 136.5a (CA)e	W6BA	MARC

SAN DIEGO COUNTY

Location	Output	Input	Notes	Call	Sponsor
Borrego Springs	147.8550	–	O 107.2	K7IKO	----------
Carlsbad	147.9150	–	●t	W6GK	CZB
Carmel Mountain Ranch	146.7900	–	O 107.2e	NG6ST	NorthGrum
Chula Vista	145.2600	–	O 107.2	KK6KD	----------

144-148 MHz   CALIFORNIA

Location	Output	Input	Notes	Call	Sponsor
Chula Vista	146.0850	+	O 100e	K6QM	SOBARS
Chula Vista	147.0600	+	O 127.3a (CA)	KF6QNJ	Hltop ARC
Coronado	147.1800	+	O 110.9a (CA)esz	W6SH	CERO ARES
Cuyamaca Pk	147.1950	+	●tr	K6JCC	SD RACES
El Cajon	146.3550	+	O 123	KN6NA	------------
Escondido	146.8800	−	O 107.2a (CA)el	N6WB	EARS
Fallbrook	146.1750	+	O 107.2ae	N6FQ	FallbrookARC
High Pass	145.2800	−	O 107.2	K6GAO	SANDRA
High Pass	147.9900	−	●tl	W6JAM	DR0 NK
La Mesa	145.2400	−	O 131.8	WA6HYQ	------------
La Mesa	146.6700	−	●ta(CA)l	N6QWD	------------
La Mesa	147.4200	146.4750	O 107.2	WA6BGS	ECARC
La Mesa	147.7050	−	●ter	WD6APP	------------
Lyons Peak	146.2650	+	O 107.2e	W6SS	SANDRA
Lyons Peak	147.1950	+	●t	K6JCC	SD RACES
Mission Hills	145.3200	−	O 107.2	WD6APP	------------
Monument Peak	147.2400	+	O 103.5a (CA)el	KA6DAC	ECRA
Mt Helix	147.9150	−	O 107.2a (CA)e	K6GHM	------------
Mt Laguna	147.1500	+	O 107.2	WB6WLV	SANDRA
Mt Otay	145.3600	−	●t	WB6WLV	SANDRA
Mt Otay	146.6400	−	O 107.2e	WB6WLV	SANDRA
Mt Otay	147.2100	+	●t	N6VVY	FILAMARS
Mt Otay	147.9900	−	●tl	W6JAM	DR0 NK
Mt San Miguel	145.1200	−	O 107.2	W6HDC	------------
Mt Woodson	145.1800	−	●t	W6HDC	------------
Oceanside	144.5050	+	O 107.2	WF6OCS	OCS CERT
Palomar Mountain	145.2800	−	O 74.4 (CA) el	KA6UAI	KA6UAI
Palomar Mtn	145.4400	−	●ta(CA)l	N6NIK	HRAN
Palomar Mtn	146.7000	−	●t	W6NWG	Palomar AR
Palomar Mtn	146.7300	−	O 107.2a (CA)e	W6NWG	Palomar AR
Palomar Mtn	147.0300	+	O 103.5e	K6RIF	ECRA
Palomar Mtn	147.0750	+	O 107.2a (CA)e	W6NWG	Palomar AR
Palomar Mtn	147.1300	+	O 107.2a (CA)el	W6NWG	Palomar AR
Palomar Mtn	147.1950	+	●t	K6JCC	SD RACES
Palomar Mtn	147.9900	−	●tl	W6JAM	DR0 NK
Paradise Hills	145.4800	−	O 127.3a (CA)	W6JVA	------------
Point Loma	145.3800	−	O 107.2a (CA)e	KA4JSR	PLARC
Poway/Rosemont	147.1950	+	●t	K6JCC	SD RACES
Ramona	145.3000	−	O 88.5	KD6RSQ	------------

146   144-148 MHz
CALIFORNIA

Location	Output	Input	Notes	Call	Sponsor
San Diego	146.1600	+	O 107.2	W6SS	
San Diego	147.7650	−	●t	AA6WS	
San Diego	147.8550	−	O 107.2a (CA)l	WA6ZMZ	SANDRA
San Diego	147.8850	−	O 107.2a (CA)z	WA6AIL	SANDRA
San Diego	147.9450	−	O 107.2a (CA)	N6WYF	
Santee	147.9150	−	O 151.4	WA6OSB	
Stephenson Peak	147.9900	−	●t	N6JAM	DR0NK
Vista	146.9700	−	O 107.2a (CA)	KA3AJM	DesComNet

SAN LUIS OBISPO COUNTY

Location	Output	Input	Notes	Call	Sponsor
Paso Robles	146.8800	−	O	W6YDZ	

SANTA BARBARA COUNTY

Location	Output	Input	Notes	Call	Sponsor
Broadcast Pk	147.0000	+	O 131.8p	WB6OBB	
Figueroa Mtn	147.2100	+	O 131.8es	K6SYV	SYVARRG
Gibraltar Peak	146.7000	−	O 131.8	N6HYM	
Goleta	145.2400	−	O 131.8p	K6TZ	SBARC
Guadalupe	146.1750	+	O 100	KA6BFB	
La Vigia Hill	146.7900	−	O 131.8aer	K6TZ	SBARC
Lompoc	145.1200	−	O 100e L(ALLSTAR)	WA6VPL	LOMPOC ARC
Lompoc	145.3600	−	O 131.8e	WB6FLY	WSB_ARES
Lompoc	145.4200	−	O a(CA)e	WA6YZV	Missn ARC
Nipomo	146.9400	−	O e	N6RAN	
Santa Barbara	145.4800	−	O 136.5	W6RFU	UCSB
Santa Barbara	147.0750	+	O 131.8	KG6TAT	
Santa Maria	145.1400	−	O 131.8	KM6DF	Satellite ARC
Santa Maria	146.6400	−	O p	N6UE	
Santa Maria	147.3000	+	O 131.8r	WB6FLY	NorSBCARES
Santa Maria	147.9150	−	O 103.5p	W6NO	
Santa Ynez Peak	145.1800	−	O 131.8ers	W6YJO	SBARC
Santa Ynez Peak	145.2000	−	O 100/131.8l	K6JSI	WIN System
Santa Ynez Peak	145.4400	−	●t	K6BVA	SBDARC
Solvang	146.8950	−	O 131.8es	K6SYV	SYVARRG

SIERRA/TAHOE

Location	Output	Input	Notes	Call	Sponsor
Truckee	145.3100	−	O 123	WA6FWU	WA6FWU

VENTURA COUNTY

Location	Output	Input	Notes	Call	Sponsor
Camarillo	145.2800	−	O 100e	KN6OK	
Camarillo H'ght	147.9150	−	O 127.3r	WB6ZTQ	
Camarillo, Ventura County	147.9150	−	O 127.3	K6ERN	SMRA-ERN
Chatsworth Peak	147.1800	+	O 186.2el	KK6NJ	
Downtown Moorpark	145.2800	−	O 100el	W6WLW	Whitaker
Grissom Pt	146.8500	−	O 94.8a (CA)er	N6EVC	EVCRA
Moorpark, Ventura County	145.4600	−	O 127.3er	K6ERN	SMRA-ERN

CALIFORNIA-COLORADO

Location	Output	Input	Notes	Call	Sponsor
Newbury Park	146.6700	–	O 127.3e	N6JMI	Bozo ARN
Newbury Park	146.9400	–	●t	KE6TOI	------------
Newbury Park	147.8850	–	O 127.3a (CA)ez	N6JMI	Bozo ARN
Ojai Valley	145.4000	–	OE-SUNr	N6FL	OJAI Vly ARC
Olivas Park Golf Course	147.7650	–	O 127.3r	K6ERN	SMRA-ERN
Oxnard	146.7300	–	●t	W6KGB	WOLF RN
Oxnard	146.8050	–	O 127.3	KJ6HCX	------------
Oxnard	146.9700	–	O 127.3a (CA)er	WB6YQN	LPMG
Red Mountain	146.8800	–	O 127.3a (CA)el	K6ERN	SMRA-ERN
San Fernando	146.9100	–	O 103.5er	W6IN	------------
SanBuenaventur	146.6100	–	O 127.3a (CA)	N3MBN	------------
Simi Valley	146.6400	–	O 127.3	WA6FGK	------------
Simi Valley	147.9300	–	O 127.3rs	K6ERN	SMRA-ERN
South Mtn	146.3850	+	O 127.3elr	WA6ZSN	SMRA-ERN
Thousand Oaks	145.3200	–	Oa(CA)p	WD8RCL	------------
Thousand Oaks	147.1500	+	O 127.3	KØ AKS	CHRS&VARS
Ventura	146.6550	–	O 131.8	WD5B	------------
Ventura	147.9750	–	O 127.3a (CA)ez	N6VUY	------------

COLORADO
FREQUENCY USAGE

STATEWIDE	145.1900	–			STATEWIDE
STATEWIDE	145.2050	–			STATEWIDE
STATEWIDE	146.7750	–			STATEWIDE
STATEWIDE	146.8350	–			STATEWIDE
STATEWIDE	146.8650	–			STATEWIDE
STATEWIDE	147.1650	+			STATEWIDE
STATEWIDE	147.3150	+			STATEWIDE

BOULDER COUNTY

Location	Output	Input	Notes	Call	Sponsor
Allenspark	147.0300	+	O 100/100e s	KIØ HG	BCARES
Boulder	145.4600	–	O 107.2/107.2 (CA)e	WØ CRA	CRA
Boulder	146.6100	–	O 100/100	WØ DK	BARC
Boulder	146.7000	–	O 100 (CA) s	WØ DK	BARC
Boulder	146.7300	–	O 91.5/91.5	KØ DK	KØ DK
Boulder	147.7600	–	O 100esx	WØ IA	RMVHFS
Gold Hill	146.8050	–	O 100/100e s	KØ ARK	BCARES
Longmont	147.2700	+	O 100 (CA) els	WØ ENO	LARC

CENTRAL

Location	Output	Input	Notes	Call	Sponsor
Bailey	146.8950	–	O 100es	ABØ PC	ParkCntyRC

144-148 MHz
COLORADO

Location	Output	Input	Notes	Call	Sponsor
Georgetown	147.2550	+	O 141.3/141.3el	KØIMT	JeffARES
Lake George	146.6850	−	O 107.2el	NXØG	MARC
Lake George	147.3600	+	O 107.2ex	KCØCVU	CMRG

COLORADO SPRINGS

Location	Output	Input	Notes	Call	Sponsor
Colorado Springs	145.1300	−	O 123/123e lx	KBØVJJ	Colo Conn
Colorado Springs	145.1600	−	O 107.2/107.2 (CA)ex	WØCRA	CRA
Colorado Springs	145.2650	−	O 100/100 (CA)elrsWx	KBØSRJ	PPFMA
Colorado Springs	145.3750	−	Oelx	KCØCVU	CMRG
Colorado Springs	146.6250	−	O 123 (CA) elRB	KFØWF	ColoSprARA
Colorado Springs	146.7600	−	O 123 (CA) es	KCØCVU	CMRG
Colorado Springs	146.8500	−	O 103.5/103.5e	WØRSH	WØRSH
Colorado Springs	146.9100	−	O 151.4/151.4e	KØIRP	GGARC
Colorado Springs	146.9700	−	O 100/100 (CA)elrsWxx	KBØSRJ	PPFMA
Colorado Springs	147.1350	+	O 100e	AAØL	AAØL
Colorado Springs	147.1800	+	● 100 (CA) E-SUNx	AAØSP	AAØSP
Colorado Springs	147.3450	+	O 107.2 (CA)elx	KCØCVU	CMRG
Colorado Springs	147.3900	+	O 103.5/103.5e	WØMOG	WØMOG
Cripple Creek	147.0150	+	O 107.2el	NXØG	MARC
Woodland Park	145.4150	−	O 179.9 (CA)e	KAØWUC	MARC
Woodland Park	146.8200	−	O 107.2el	NXØG	MARC

DENVER METRO

Location	Output	Input	Notes	Call	Sponsor
Aurora	145.4000	−	O 100aels	KBØUDD	CRRG
Como	147.0900	+	O 100/100e ABØPC ls		ParkCntyRC
Conifer	147.1200	+	O 88.5ex	KCØIAD	ARA
Denver	145.1450	−	O 107.2/107.2esx	WØCRA	CRA
Denver	145.1750	−	ODCS(73)e x	NØSZ	RMHR
Denver	145.2200	−	O 103.5 (CA)ex	WNØEHE	RMRL
Denver	145.3100	−	O 123/123e lx	KBØVJJ	Colo Conn
Denver	145.3400	−	O 103.5elx z	NØPQV	RMRL
Denver	145.4300	−	O 103.5esx	WØMTZ	RMRL
Denver	145.4750	−	O 100e	NØJOQ	IRG

COLORADO CONNECTION

Connecting Colorado's Amateur Community

#	Elev	Freq	Location
1	10,600'	145.310–	Denver/Boulder (Hub)*
2	13,600'	145.445–	Leadville (88.5Hz)*
3	12,600'	147.390+	Breckenridge (88.5Hz)*
4	11,700'	147.285+	Salida •
5	10,600'	146.850–	Glenwood Springs •
6	10,300'	VHF tba	Steamboat Springs
7	10,000'	145.355–	Grand Junction •
8	9,800'	147.345+	Vail (88.5Hz)*
9	9,500'	147.345+	Durango (pending) •
10	9,300'	145.130–	Colorado Springs*
11	9,200'	147.075+	Kremmling •
12	9,000'	145.160–	Walden •
13	4,700'	145.400–	Akron*

Colorado Connection Repeaters, Inc.
P.O. Box 22134, Denver, CO 80222
The KB0VJJ Repeaters
http://www.colcon.org/   kb0vjj@colcon.org

The Colorado Connection is a 501c3 non-profit corporation supported solely by donations. The system is open and fully linked.

The system requires a sub-audible tone on the input. We are in the process of changing the required INPUT tones on most mountain repeaters from 123.0Hz to 88.5hz. (• indicates 88.5Hz on output planned.) Not all have been changed yet. If 88.5Hz doesn't work, try the old 123.0Hz tone. (* indicates 123.0 tone is available on output).

Weekly repeater net 8pm Thursdays. National Traffic System net each evening 7:30pm. Before keying up, please allow the system to drop a few seconds after each proceed "k" signal.

144-148 MHz
COLORADO

Location	Output	Input	Notes	Call	Sponsor
Denver	145.4900	−	O 100/100el	W0TX	DRC
Denver	146.6400	−	O 100ex	WB0TUB	DRL
Denver	146.6700	−	O 100es	KB0UDD	CRRG
Denver	146.7150	−	OE-SUN	N0JXN	EARS
Denver	146.8800	−	O 100ex	WB0TUB	DRL
Denver	146.9400	−	O 103.5ex	W0WYX	RMRL
Denver	146.9850	−	O 100	K0FEZ	RADOPS EJ
Denver	147.2250	+	O 107.2/107.2 (CA)esx	W0CRA	CRA
Denver	147.3000	+	O 103.5x	N0PYY	DenPDEEB
Elizabeth	147.2100	+	O 100ael	K6AER	CRRG
Golden	145.2800	−	O 100 (CA) elrx	KE0SJ	IRG
Golden	147.1500	+	O 100	W0CBI	ARA
Northglenn	147.0450	+	O 123e	K0ML	NglennRA

EAST CENTRAL

Location	Output	Input	Notes	Call	Sponsor
Flagler	146.8950	−	O 103.5z	KA0EFF	BigSndyARC
Genoa	147.0600	+	O 103.5	KA0EFF	BSARC
Leadville	147.2400	+	O 156.7/156.7sx	N0ZSN	N0ZSN

GRAND JUNCTION

Location	Output	Input	Notes	Call	Sponsor
Grand Junction	145.1750	−	O 107.2ers WX	W0RRZ	WCARC
Grand Junction	145.2200	−	O 107.2	KE0TY	KE0TY
Grand Junction	145.3550	−	O 123elx	KB0VJJ	Colo Conn
Grand Junction	146.8200	−	O 107.2lx	KE0TY	KE0TY
Grand Junction	146.9400	−	O 107.2/107.2 (CA)elrsRB WX	W0RRZ	WCARC
Grand Junction	147.1050	+	Ot	W0SXI	W0SXI
Grand Junction	147.3900	+	O 107.2l	KE0TY	KE0TY

NORTH CENTRAL

Location	Output	Input	Notes	Call	Sponsor
Hayden	146.6400	−	O 107.2/107.2s	AB0AA	KA0BSA
Kremmling	147.0750	+	O 123l	KB0VJJ	Colo Conn
Walden	145.1600	−	O 123l	KB0VJJ	Colo Conn

NORTH FRONT RANGE

Location	Output	Input	Notes	Call	Sponsor
Estes Park	146.6850	−	O 123el	N0FH	EVARC
Fort Collins	145.1150	−	O 100ers WXx	W0UPS	NCARC
Fort Collins	147.3600	+	O 100 (CA)	W0QEY	CSUARC
Ft Collins	146.6250	−	O 100/100el	W0UPS	NCARC
Greeley	146.8500	−	O 100lsWx	W0UPS	NCARC
Greeley	146.8500	−	O 100l/100l sWX	W0UPS	NCARC
Greeley	147.0000	+	O 100/100 Z(911)	KC0KWD	WARS
Hudson	147.3300	+	O 100/100 (CA)	W0TX	DRC

144-148 MHz 151
COLORADO

Location	Output	Input	Notes	Call	Sponsor
Loveland	147.1950	+	O 100 (CA) es	WØ LRA	LRA
NORTHEAST					
Akron	145.4000	−	O 123l	KBØ VJJ	Colo Conn
Fort Morgan	147.3450	+	O 141.3/141.3	KCØ OSG	KCØ OSG
Holyoke	146.9550	−	Oe	NØ JUN	PCARC
Peetz	145.3700	−	O 88.5/88.5 e	N5SXQ	N5SXQ
Sterling	145.2950	−	Oaex	WAØ JTB	NECARA
Wray	146.7900	−	O	KØ LMD	WH
NORTHWEST					
Craig	145.2650	−	O 107.2e	WDØ HAM	NW Colo ARC
Craig	146.9700	−	O	NØ PRG	NØ PRG
Meeker	147.2700	+	Ote	NØ PRG	NØ PRG
Steamboat Springs	147.2100	+	O 107.2ls WX	KDØ H	SSARC
PUEBLO					
Pueblo	145.1150	−	O 88.5 DCS e	NDØ Q	PuebloHC
Pueblo	146.6550	−	O	KØ ST	KØ ST
Pueblo	146.7900	−	O 88.5eWX x	NDØ Q	PuebloHC
Pueblo	146.8800	−	O 88.5ex	NDØ Q	PuebloHC
Pueblo	147.0000	+	●	NEØ Z	STARS
Pueblo	147.2400	+	O 103.5/103.5eWX	KJØ T	TARA
Westcliffe	147.0600	+	O 103.5	KBØ TUC	RGARC
SOUTH CENTRAL					
Canon City	145.4900	−	O 103.5ae s	WDØ EKR	RGARC
Creede	146.9250	−	O 100e	KØ IKN	CCRC
Cripple Creek	145.4600	−	O 67 E-SUN	WBØ WDF	WBØ WDF
La Veta	145.3550	−	O 100 E-SUNl	NØ JPX	NØ JPX
Salida	145.2950	−	O 107.2lx	KCØ CVU	CMRG
Salida	147.2850	+	Otelx	KBØ VJJ	Colo Conn
Walsenburg	146.7300	−	O 88.5 E-SUN	NDØ Q	PuebloHC
SOUTHEAST					
Eads	147.2700	+	O 118.8/118.8elrsWX	KDØ LXQ	KCØ YWX
La Junta	146.7000	−	OesWX	WØ KEV	WØ KEV
Lamar	146.6100	−	O 123/123l x	KCØ HH	LAMAR ARC
Springfield	146.6400	−	O 118.8/118.8lx	KZØ DEM	BCDEARC
Springfield	147.0900	+	O 118.8/118.8elx	KZØ DEM	BCDEARC

144-148 MHz
COLORADO

Location	Output	Input	Notes	Call	Sponsor
Springfield	147.3300	+	O 118.8/118.8eWX	KZ0DEM	BCDEARC
Trinidad	145.4300	−	O 107.2elx	KC0CVU	CMRG
Trinidad	147.3750	+	O 100/100e	K0BV	K0BV
Westcliffe	147.1050	+	O 118.8/118.8ersWX	KD0LXQ	KC0YWX

SOUTHWEST

Location	Output	Input	Notes	Call	Sponsor
Cortez	146.7900	−	O 127.3	KD5LWU	KD5LWU
Durango	146.6700	−	O 100x	K0EP	DARC
Durango	146.7000	−	O 100a E-SUNx	K0EP	DARC
Durango	147.1350	+	O 100/100e lr	KB5ITS	KB5ITS
Durango	147.3450	+	O 123/123l	KB0VJJ	Colo Conn
Hesperus	145.3700	−	O 100/100e	KB0VIU	KB0VIU
Ignacio	147.1500	+	O 100/100e	KB5ITS	KB5ITS
Mancos	145.3250	−	O 100/100e x	KB5ITS	KB5ITS
Pagosa Springs	146.6100	−	O 123/123a eWX	N0JSP	DARC
Silverton	147.2700	−	O 127.3 E-SUNx	KB5ITT	KB5ITS
Silverton	147.3750	+	O 156.7 E-SUNx	KB5ITS	KB5ITS

WEST CENTRAL

Location	Output	Input	Notes	Call	Sponsor
Breckenridge	146.7000	−	O 107.2/107.2el	WB0QMR	GRARC
Breckenridge	146.7900	−	O 123elx	KB0VJJ	Colo Conn
Cedaredge	147.1950	+	OesWX	K0SX	CdrdgeRA
Cedaredge	147.3600	+	O 100	W0ALC	W0ALC
Glenwood Springs	146.8500	−	O 123elx	KB0VJJ	Colo Conn
Glenwood Springs	146.8800	−	O 107.2	KI0G	SCARC
Glenwood Springs	147.3000	+	O 107.2 E-SUNx	K0VQ	RFARC
Granby	146.8200	−	O 123/123 E-SUN	KA0YDW	GCARA
Grand Junction	146.6400	−	O 91.5/91.5	KR0NK	KR0NK
Gunnison	147.1200	+	OE-SUN	WB0QCL	GARC
Leadville	145.4450	−	O 123 E-SUNlx	KB0VJJ	Colo Conn
Montrose	146.7900	−	O 107.2/107.2e	KD5OPD	KC0UXX
Nathrop	146.7450	−	O 100 E-SUNs	W0LSD	CLARA
Paonia	147.3300	+	O 107.2/107.2	KI0MR	NFRA
Rifle	146.7600	−	O 107.2 E-SUN E-WIND	N0SWE	N0SWE

144-148 MHz
COLORADO-CONNECTICUT

Location	Output	Input	Notes	Call	Sponsor
Rulison	147.1500	+	O 107.2/107.2 E-SUNl	KØRV	SCARC
Snowmass	146.6700	−	O 107.2lx	KØCL	SCARC
Vail	146.6100	−	Otx	KØEC	ECHO
Vail	147.3450	+	O 123elx	KBØVJJ	Colo Conn

CONNECTICUT
FREQUENCY USAGE

Location	Output	Input	Notes	Call	Sponsor
Snp	145.4300	−			

FAIRFIELD & SOUTHWEST

Location	Output	Input	Notes	Call	Sponsor
Bethel	147.0300	−	O	KA1KD	BEARS
Bridgeport	146.4450	147.4450	O 77.0e	WA1RJI	GBARC
Danbury	147.1200	+	O 141.3/141.3el	W1HDN	PVRA
Danbury	147.3000	+	O 100.0/100.0	W1QI	CARA
Fairfield	146.6250	−	O 100.0/100.0e	WB1CQO	------------
Fairfield	146.8950	−	O 77.0/77.0 e	N1MUC	N1MUC
New Canaan	146.7750	−	O 100.0/100.0	W1FSM	W1FSM
Newtown	145.2300	−	O	WA1SOV	PEARS
Norwalk	146.4750	147.4750	O 100.0/100.0e	W1NLK	GNARC
Ridgefield	145.4700	−	O 100.0e	KR1COM	RCOM
Stamford	146.6550	−	O 100.0/100.0e	W1EE	StamARA

HARTFORD & N CENTRAL

Location	Output	Input	Notes	Call	Sponsor
Bloomfield	146.8200	−	O 88.5es	W1CWA	BARC
Bristol	145.3100	−	O 110.9/110.9	K1DII	------------
Bristol	146.6850	−	O 141.3r	W1DHT	CR/BRCCRBRC
Bristol	147.1500	+	O 77.0e	K1CRC	ICRC
Burlington	146.8800	−	O 77.0/77.0	K1CRC	ICRC
E Hartland	145.2300	−	Oe	K1YON	HartlandEM
Glastonbury	145.4700	−	O 77.0/77.0 e	K9EOM	K9OEM
Glastonbury	147.0900	+	O 110.9/110.9e	W1EDH	CT ARE SVC
Hartford	146.6400	−	O 141.3/141.3elz	W1HDN	PVRA
Manchester	145.3300	−	O 88.5/88.5	WB1GIC	WB1GIC
Newington	145.4500	−	O 127.3/127.3e	W1AW	NARL
Somers	147.0000	+	O 127.3/127.3e	W1TOM	MTARA
Vernon	145.1100	−	O 77.0/77.0 e	W1BRS	BearsMAN
Vernon	145.4100	−	O 141.3/141.3el	W1HDN	PVRA

144-148 MHz
CONNECTICUT

Location	Output	Input	Notes	Call	Sponsor
Vernon	146.7900	−	O 82.5/82.5 (CA)eWX	W1HDN	PVRA
Vernon	147.3450	+	O 77.0/77.0 el	KB1AEV	KB1AEV
W Hartford	146.7450	−	O 141.3/141.3	W1HDN	PVRA
Wethersfield	145.3500	−	O(CA)e	KA1BQO	----------
Windsor	147.0450	+	O 88.5/88.5	N1SPI	N1TUP

LITCHFIELD & NORTHWEST

Location	Output	Input	Notes	Call	Sponsor
Barkhamsted	147.2700	+	O 77.0/77.0 el	W1RWC	KB1AEV
New Milford	146.7300	−	O 77.0/77.0 e	NA1RA	NA1RA
Sharon	147.2850	+	O 77.0/77.0 e	WB1CEI	SBARC
Torrington	145.3700	−	O 77.0/77.0 e	W1RWC	KB1AEV
Torrington	146.8500	−	O 141.3/141.3el	W1HDN	PVRA
Torrington	147.2400	+	O 77.0/77.0 el	KB1AEV	KB1AEV
Winsted	147.3300	+	O 141.3/141.3e	W1EOO	Winsted CD

NEW HAVEN & S CENTRAL

Location	Output	Input	Notes	Call	Sponsor
Ansonia	145.1900	−	O 77.e	WK1M	----------
East Haddam	147.0150	+	O 110.9/110.9e	K1IKE	K1IKE EHEM
East Haven	147.2550	+	O 110.9/110.9e	AA1VE	SCARA
Killingworth	145.2900	−	O 110.9/110.9aeWX	W1BCG	SARC
Milford	146.9250	−	O 67.0aers	KB1CBD	MilfordARC
Milford	147.2250	+	O 77.0ae	WA1FAI	----------
Portland	147.0300	+	O 110.9/110.9	W1EDH	CT ARE SVC
Prospect	147.1800	+	O 141.3/141.3el	W1HDN	PVRA
Shelton	146.9850	−	O 141.3s	W1VAR	VLY ARA
Southington	145.1700	−	O 77.0/77.0 e	W1ECV	SARA
West Haven	146.6100	−	O 110.9/110.9es	W1GB	SCARA
West Haven	147.5050	146.5050	O 77.0/77.0 e	K1SOX	SPARC
Westbrook	146.7750	−	O 110.9e	W1BCG	SARC

NEW LONDON & SOUTHEAST

Location	Output	Input	Notes	Call	Sponsor
Baltic	146.7300	−	156.7/156.7 e	N1NW	Rason
Groton	146.6700	−	O 156.7a (CA)l	W1NLC	SCRAMS

144-148 MHz 155
CONNECTICUT-FLORIDA

Location	Output	Input	Notes	Call	Sponsor
Lebanon	147.3000	+	O 77.0/77.0e	NA1RC	NatchARA
Ledyard	145.3900	−	O 156.7/156.7l	W1DX	AWASEC
New London	146.8650	−	O 156.7	W1GCA	------------
New London	146.9700	−	O 156.7/156.7 (CA)e	W1NLC	SCRAMS
Salem	147.0600	+	O 156.7/156.7el	W1DX	AWASEC

WINDHAM & NORTHEAST

Brooklyn	147.2250	+	O 156.7e	K1MUJ	ECARA

DELAWARE
ALL

SNP	145.1700	−	O		------------

DOVER

Dover	146.7900	−	OA(*89)	N3YMS	N3YMS
Dover	146.9700	−	O 77.0es	KC3ARC	KentCoAR
Hazlettville	147.3000	+	O	N3YMS	K4CHE
Woodside	146.9100	−	O 77.0es	KC3ARC	KentCoAR

NORTH

Smyrna	146.6550	−	O 156.7ers	K3CRK	K3CRK

SOUTH

Georgetown	145.3100	−	O	W3DR	STHS
Lewes	147.3300	+	O	W3LRS	LARS
Millsboro	147.0900	+	O 156.7e	WS3ARA	Sussex ARA
Seaford	145.2100	−	O 156.7a	W3TBG	NARC
Seaford	146.7150	−	O 156.7	N3KNT	N3YMS
Selbyville	145.2500	−	O 156.7els WX	WS3ARA	Sussex ARA

WILMINGTON
Newark

Newark	146.7000	−	O 131.8e	W3DRA	DRA
Wilmington	146.7300	−	O 131.8e	W3DRA	DRA
Wilmington	146.9550	−	Oae	WA3UYJ	DVARS

DISTRICT OF COLUMBIA
ALL

Snp	145.1700	−	O		------------

WASHINGTON AREA

Washington	145.1100	−	Oaz	W3ETX	CCARS
Washington	145.1900	−	O 151.4	W3DOS	DOS ARC
Washington	147.0450	+	O	K3VOA	VOA ARC
Washington	147.3600	+	Oe L(DSTAR)	W3AGB	AlexGrahamBell

FLORIDA
CENTRAL

Dundee	146.9850	−	O 127.3/127.3eL(IR-4128	WC4PEM	PCEM EC-149429 444.950
Lake Wales	147.3300	+	O 127.3/127.3	K4LKW	LWRA

156 144-148 MHz
FLORIDA

Location	Output	Input	Notes	Call	Sponsor
Lakeland	145.2700	−	O	WP3BC	WP3BC
			127.3/127.3eL(444.300 145.130 443.350 EC) BI		
Lakeland	146.6850	−	O	K4LKL	LARC
			127.3/127.3a(CA)ers		
Lakeland	147.3750	+	O	N4KEG	N4KEG
			127.3/127.3elx		
Poinciana	146.7150	−	O	K9YCG	K9YCG
			103.5/103.5e		
Winter Haven	146.8650	−	O	KE4WDP	KE4WDP
			127.3/127.3		
Winter Haven	146.8650	−	O	KE4WDP	KE4WDP
			127.3/127.3		

CENTRAL - ORLANDO

Location	Output	Input	Notes	Call	Sponsor
Altamonte Springs	147.0900	+	O	N1FL	SARG
			103.5/103.5rs		
Altamonte Springs	147.2850	+	O	N4EH	LMARS
			103.5/103.5eL(442.975)		
Apopka	147.0150	+	O	N4UMB	OARC
			103.5/103.5a(CA)eL(146.760 443.275 146.820)s		
Bithlo	145.2300	−	O	K4IC	K4IC
			103.5/103.5e		
Bushnell	145.4900	−	O 123/123e	KI4DYE	SARESRG
			rs		
Chuluota	147.1650	+	O	N1FL	SARG
			103.5/103.5eL(147.090 442.750 EC)rs		
Clermont	147.1800	+	O	KD4MBN	KD4MBN
			127.3/127.3		
Clermont	147.2550	+	O	N4FLA	LARA
			103.5/103.5eL(442.9)sRBx		
DeLand	147.2400	+	O 123/123e	W2DU	VEOC
			r		
DeLand	147.3150	+	Oe	WV4ARS	WESTVARS
			L(EC-80113)		
Eustis	146.8950	−	O	W4ALR	LCSO
			103.5/103.5 (CA)eL(147.390 (APCO25) 147.345 (		
Groveland	147.3450	+	O	KD4MBN	LCPS
			103.5/103.5 (CA)eL(146.895 (APCO25) 147.390 (		
Kissimmee	147.2100	+	O	N4ARG	MFARRA
			103.5/103.5a(CA)eL(444.4500. 927.7000 EC-471		
Lake Buena Vista	145.1100	−	O	WD4WDW	DEARS
			103.5/103.5e		
Leesburg	147.0000	+	O	K4FC	LARA
			103.5/103.5e		
Longwood	147.1200	+	O	N4LGH	N4LGH
			103.5/103.5e		
Minneola	145.3900	−	O	KB4NXE	KB4NXE
			103.5/103.5 L(525202)		
Minneola	147.2250	+	O	W4ALR	W4ALR
			103.5/103.5 (CA)ers		
Orlando	145.1300	−	O	WD4IXD	WD4IXD
			103.5/103.5a(CA)eL(443.325) RB		

144-148 MHz
FLORIDA

Location	Output	Input	Notes	Call	Sponsor
Orlando	145.4500	−	o 103.5/103.5	N4LRX	PARC
Orlando	145.4500	−	o 103.5/103.5eBl	WP4YG	WP4YG
Orlando	146.7300	−	o 103.5/103.5ers	W4MCO	OCCA
Orlando	146.7600	−	o 103.5/103.5eL(443.275)	KB4UT	OARC
Orlando	147.3000	+	o 103.5/103.5 L(EC-632802)	WD4WDW	DEARS
Sanford	146.8050	−	o 103.5/103.5e	N4EH	LMARS
St Cloud	145.3500	−	o 103.5/103.5a(CA)eL(444.100 EC-458245)rs	KG4EOC	EOCARDS
St Cloud	146.7900	−	ot	W4SIE	OCRA
Sumterville	146.9250	−	o 123/123e rs	W4OE	SCEM
Tavares	145.3100	−	o 103.5/103.5ers	N4JTS	N4JTS
Tavares	147.3900	+	o 103.5/103.5eL(147.345 (APCO25) 146.895 (	K4AUS	LCSO
Winter Park	147.1950	+	oe L(EC-627152)	W4PLA	QCWA 45
DEEP SOUTH					
Big Pine Key	145.2100	−	o 100/100	KB4TFF	KA3KDL
Big Pine Key	145.3700	−	o 110.9/110.9 E-SUN L(EC-98518)	N2GKG	BPKRC
Cudjoe Key	147.0600	+	o 94.8/94.8 ex	AK3ML	K3MLMRC
Key West	145.1700	−	● 110.9/110.9 A(220/OFF/OFFN) (CA) TT(*05	N2GKG	KC4EGP
Key West	145.3100	−	● 110.9/110.9rsBIx	W4HN	W4HN
Key West	146.9400	−	o 110.9/110.9e	W4LLO	FKARC
Marathon	147.1050	+	oe	ND7K	ND7K
EAST CENTRAL					
Cocoa	145.1900	−	o 103.5/103.5	N4LEM	N4LEM
Cocoa	145.3700	−	o 156.7/156.7es	W2SDB	IRARC
Cocoa	147.0450	+	o 107.2/107.2e	K4NBR	NBARC
Cocoa	147.3600	+	o	N4LEM	N4LEM
Ft Pierce	147.0150	+	o 107.2/107.2eL(147.240 146.955)s	W4SLC	SLC EAR
Ft Pierce	147.2400	+	o 107.2/107.2eL(147.015 146.955)sx	W4SLC	SLC EAR
Ft Pierce	147.3450	+	o 107.2/107.2 A(325) (CA)eL(444.800 IR-4545	W4AKH	FPARC

158 144-148 MHz
FLORIDA

Location	Output	Input	Notes	Call	Sponsor
Indiantown	146.7300	–	O	AG4BV	AG4BV
Melbourne	145.4700	–	110.9/110.9ersxz O	K4HRS	HIARC
Melbourne	146.6100	–	107.2/107.2e Oa(CA)ez	W4MLB	PCARS
Melbourne	146.8500	–	O 107.2/107.2a(CA)ez	W4MLB	PCARS
Melbourne	147.0000	–	O 167.9/167.9	K4YWC	K4YWC
Mims	146.6250	–	O 100/100e s	KE4NUZ	KE4NUZ
Mims	146.7750	–	O	KD4HNW	TARC
Palm Bay	145.2500	–	O 82.5/82.5 eL(EC) Bl	WW4AL	WW4AL
Palm Bay	146.7450	–	O 107.2/107.2aL(IR EC)	KI4HZP	KI4HZP
Palm Bay	146.8950	–	Oer	K4EOC	BEARS
Palm Bay	146.9250	–	O 107.2/107.2	AD4Y	AD4Y
Port St Lucie	146.9550	–	O 107.2/107.2eL(EC-17836)rsx	K4PSL	PSLARA
Rockledge	146.8800	–	O 107.2/107.2eL(EC-340944)s	W2SDB	IRARC
Rockledge	146.9400	–	O	K4GCC	LISATS
Rockledge	147.1350	+	Oers	K4EOC	BEARS
Stuart	145.1500	–	O 107.2/107.2ers	WX4MC	MCARES
Stuart	147.0600	+	O 107.2/107.2a(CA)es	K4ZK	MCARA
Titusville	145.4900	–	O 100/100e sWX	WN3DHI	NBARC
Titusville	146.6700	–	O 103.5/103.5 E-SUN	WØLRC	WØLRC
Titusville	146.9100	–	O 103.5/103.5es	K4KSC	TARC
Titusville	146.9700	–	Os	W4CEL	TARC
Titusville	147.0750	+	O 107.2/107.2er	K4EOC	BEARS
Titusville	147.3300	+	O 107.2/107.2esWX	K4NBR	NBARC
Vero Beach	145.1300	–	O 107.2/107.2a(CA)rs	AB4AZ	TCRA
Vero Beach	145.3100	–	O 107.2/107.2ers	W4IRC	TCRA
Vero Beach	145.4100	–	O 107.2/107.2aE-SUN L(EC)	K4CPJ	K4CPJ
Vero Beach	146.6400	–	O 107.2/107.2a(CA)ers	W4PHJ	TCRA

NORTH CENTRAL

Location	Output	Input	Notes	Call	Sponsor
Anthony	146.9700	–	Oaex	KA4WJA	SCARS

144-148 MHz   FLORIDA

Location	Output	Input	Notes	Call	Sponsor
Bell	147.2850	+	O	KE4HDG	KE4HDG
			123.0/123.0es		
Chiefland	147.3900	+	O 123/123a (CA)esx	W4DAK	DARK
Dunnellon	147.3600	+	O	KI4LOB	KI4LOB
			127.3/127.3eL(443.250 EC-317403) WX(*55		
Gainesville	146.6850	–	Oers	K4GNV	GARS
Gainesville	146.8200	–	O 123/123a (CA)ersx	K4GNV	GARS
Gainesville	146.8500	–	● 123/123a (CA)ez	KD4MGR	KD4MGR
Gainesville	146.9100	–	O 123/123a W4DFU L(EC-258454)rz	W4DFU	GARC
Gainesville	146.9850	–	O 123/123e rsx	K4GNV	GARS
Hawthorne	147.1050	+	● 123/123a (CA)	K3YAN	K3YAN
High Springs	145.4700	–	O 123/123r sRB	KB4MS	WB4JEM
Hines	146.7450	–	O 123/123	K4PRY	TCARC
Lake City	145.4900	–	Oersx	NF4CQ	CARS
Lake City	146.9400	–	O 123/123.0e	WA4ZFQ	WA4ZFQ
Lake City	147.1500	+	O 110.9/110.9ersx	NF4CQ	CARS
Lake City	147.1800	+	77/77	WT2Y	WT2Y
Live Oak	145.2700	–	O 123/123r sx	W1QBI	W1QBI
Live Oak	145.4100	–	O 210.7/210.7es	N4SVC	SVARC
Live Oak	145.4100	–	O 210.7/210.7es	N4SVC	SVARC
Ocala	145.2700	–	O 123.0/123.0e	WA3YOX	WA3YOX
Ocala	146.6100	–	O 123/123a erxz	K4GSO	SSARC
Ocala	147.2100	+	O 123/123 E-SUN E-WINDx	KI4MTN	KI4MTN
Old Town	146.7000	–	O 123/123e rs	KB4MS	DARK
Starke	145.1500	–	O 127.3/127.3es	K4BAR	ARCBA
Summerfield	147.0300	+	O 123/123ex	KJ4AN	SCARESEOC

NORTH EAST

Location	Output	Input	Notes	Call	Sponsor
Bunnell	145.4500	–	O 94.8/94.8 L(224.020 EC)	KB4JDE	KB4JDE
Bunnell	147.3000	+	O 123/123e rs	KB4RSY	FCES
Crescent City	145.1900	–		KJ4UOP	KJ4UOP
			127.3/127.3eL(53.730 145.450 224.0200 4		

160 144-148 MHz
FLORIDA

Location	Output	Input	Notes	Call	Sponsor
Crescent City	145.4300	−	o	KI4NAD	KI4NAD
			127.3/127.3 E-SUN WXx		
Crescent City	146.9400	−	o	KI4NAD	KI4NAD
			127.3/127.3a(CA)eWXx		
Daytona Beach	147.1500	+	o	K4BV	DBARA
			123.7/123.7aez		
Daytona Beach	147.3750	+	o	N4ZKF	N4ZKF
			103.5/103.5e		
DeBary	146.8350	−	o	WD8JTJ	GOF
			103.5/103.5 L(EC-62180)		
Espanola	146.7450	−	o 123/123e	KG4IDD	FECA
			x		
Favoretta	145.3000	−	o	K4ROL	K4ROL
			127.3/127.3e		
Hollister	147.0600	+	o 123/123e	KF4CWI	PARC
			rs		
Holly Hill	146.6550	−	o	KI4RF	KI4RF
			103.5/103.5eL(444.175 33.05 EC-50666)		
Keystone Heights	145.1300	−	oE-SUN	WB4EN	WB4EN
New Smyrna Beach	145.3300	−	o	K4BO	CWA
			127.3/127.3ers		
Orange City	147.0450	+	o	KW4LCB	KW4LCB
			103.5/103.5eL(EC-369183)x		
Ormond Beach	145.2700	−	o	KA2AYR	KA2AYR
			156.7/156.7a(CA)eL(442.65)		
Ormond Beach	146.8650	−	ors	KE8MR	KE8MR
Ormond Beach	147.2700	+	ors	KE8MR	KE8MR
Palatka	147.3450	+	o	KI4NAD	KI4NAD
			127.3/127.3ex		
Palm Coast	145.4100	−	o 123/123e	KG4TCC	FECA
			L(145.450 145.190) WX		
Palm Coast	145.4700	−	o	KG4IDD	KG4IDD
			123.0/123.0a(CA) L(EC-24216) WXx		
Palm Coast	146.7150	−	o 123/123	W4FPC	WA3QCV
			A(123)eL(EC-130077)sWX		
Palm Coast	147.0750	+	o 123/123	W4FPC	FPCARC
			A(123)eL(EC-130077)sWX		
Umatilla	146.8500	−	o	WN4AMO	LCPS
			103.5/103.5eL(146.895 147.390 147.345)rsWXz		

NORTH EAST - JACKSONVILLE

Location	Output	Input	Notes	Call	Sponsor
Durbin	145.2500	−	o	AJ4FR	AJ4FR
			127.3/127.3		
Durbin	146.8050	−	o	KK4BD	KK4BD
			127.3/127.3		
Fernandina Beach	147.3600	+	o	KC5LPA	KC5LPA
			127.3/127.3s		
Hilliard	146.8350	−	o	W4NAS	NCARS
			146.2/146.2eL(EC-146835)s		
Jacksonville	146.6400	−	o	W4IJJ	W4IJJ
			156.7/156.7a(CA)Irz		

144-148 MHz
FLORIDA

Location	Output	Input	Notes	Call	Sponsor
Jacksonville	146.7000	−	o 127.3/127.3aeL(444.400 145.370)sxz	W4IZ	NOFARS
Jacksonville	146.7600	−	oa(CA)	W4RNG	Jax Range
Jacksonville	146.9550	−	o 131.8/131.8rs	AA4QI	AA4QI
Jacksonville	147.1350	+	o 127.3/127.3s	W4EMN	W4EMN
Jacksonville	147.3150	+	o 127.3/127.3	W4RNG	Jax Range
Jacksonville Beach	145.3500	−	o	KB4ARS	BARS
Jacksonville Beach	147.3900	+	o 127.3/127.3ers	K2LSF	K2LSF
Keystone Heights	147.2250	+	o 156.7/156.7es	KI4UWC	CC ARES
Orange Park	146.6700	−	o 123/123a e	WB4CGD	OPARC
Orange Park	146.9250	−	o 156.7/156.7es	KI4UWC	CC ARES
Orange Park	147.2550	+	o 103.5/103.5es	W4NEK	W4NEK
Ponte Vedra	147.0150	+	o 127.3/127.3es	KX4EOC	SJCARES
St Augustine	145.1700	−	o 107.2/107.2aer	AB4EY	AB4EY
St Augustine	145.2100	−	o 127.3/127.3ers	KX4EOC	SJCARES
St Augustine	146.6250	−	oe	KF4MX	KF4MX
Yulee	145.2300	−	o 127.3/127.3e	KC5LPA	KC5LPA
NORTH WEST					
Bonifay	145.1100	−	o 100/100 E-SUN RB	N4LMI	N4LMI
Bonifay	146.9100	−	o 100/100	KF4KQE	KF4KQE
Bristol	146.7150	−	o 94.8/94.8	KG4ITD	KG4ITD
Bristol	146.7150	−	o 94.8/94.8	KG4ITD	KG4ITD
Chipley	146.6250	−	o 103.5/103.5	N4PTW	N4PTW
Crawfordville	147.2550	+	o 94.8/94.8	KN4NN	KN4NN
DeFuniak Springs	147.2850	+	o 100.0/100.0ers	WF4X	WCARC
DeFuniak Springs	147.3750	+	o 100/100e	KJ4JAH	KJ4JAH
Freeport	145.2300	−	o 100.0/100.0 E-SUN L(147.2850)rs	WF4X	WCARC
Greensboro	147.3900	+	o 94.8/94.8 e	K4GFD	K4GFD
Lee	145.1900	−	o 123/123e s	W4FAO	W4FAO
Madison	145.1100	−	o 123/123s	W4FAO	MCA
Marianna	146.6700	−	oae	W4BKD	Chipola AR

144-148 MHz
FLORIDA

Location	Output	Input	Notes	Call	Sponsor
Marianna	147.0450	+	O 123/123s	WX4EC	JCARES
Marianna	147.0900	+	● 88.5/88.5 a(CA)e	WO4J	WO4J
Panama City	145.2100	–	O	W4RYZ	PCARC
Panama City	145.3300	+	O 100/100a eL(53.050 444.500)sWX	AC4QB	AC4QB
Perry	145.3500	–	O 123/123e lx	K4PRY	K4III
Port St Joe	147.3000	+	O 103.5/103.5ers	W4WEB	GARS
Wacissa	147.0000	+	O 94.8/94.8 L(147.375)x	K4TLH	TARS
Wewahitchka	146.8650	–	O 100/100e	W4FFC	GARS
NORTH WEST - PENSACOLA					
Crestview	147.3600	+	O 100/100a esx	W4AAZ	NOARC
Eglin AFB	147.1200	+	O 100/100a	W4NN	EARS
Ft Walton Beach	146.6550	–	Oa(CA)	WD4CKU	WD4CKU
Ft Walton Beach	146.7900	–	O 100/100a	W4ZBB	PARC
Ft Walton Beach	147.0000	+	O 100/100a (CA)	W4RH	PARC
Gulf Breeze	147.0300	–	O 100/100e s	W4GMS	GB VFD
Milton	145.4900	–	O 100/100 E-SUN L(KC-424886)rsx	W4VIY	Milton ARC
Milton	146.7000	–	O 100.0/100.e	K4SRC	SRCEM
Niceville	147.2250	+	Oae	W4ZBB	PARC
Pensacola	145.4500	–	O 100/100a	WA4ECY	CSARC
Pensacola	146.7600	–	O 100/100a eL(222.2)sz	W4UC	FFARA
Pensacola	146.8500	–	O 100/100e	WB4OQF	WB4OQF
Valparaiso	146.7300	–	Oae	K4DTV	TCARC
NORTH WEST - TALLAHASSEE					
Crawfordville	145.4500	–	O 94.8/94.8 E-SUNrs	K4WAK	SPARC
Havana	147.1650	+	O 94.8/94.8 es	W4EAF	W4EAF
Tallahassee	146.6550	–	O 94.8/94.8 aerx	AE4S	AE4S
Tallahassee	146.9100	–	O 94.8/94.8 aer	K4TLH	TARS
Tallahassee	147.0300	+	O 94.8/94.8 (CA)esx	K4TLH	TARS
SOUTH CENTRAL					
Arcadia	147.0750	+	O 100/100a eL(444.2)	W4MIN	DARC
Arcadia	147.1800	+	O 100/100 L(EC-213895)s	W4MIN	DARC
Avon Park	145.2900	–	O 127.3/127.3rs	N4EMH	W4ERC

144-148 MHz
FLORIDA

Location	Output	Input	Notes	Call	Sponsor
Avon Park	145.3300	−	O 100/100e sWX	W4HEM	HCEM
Clewiston	145.1400	−	O 103.5/103.5 L(EC)	WB4TWA	MRC
Clewiston	145.3500	−	O 127.3/127.3eL(443.525)	WB4TWQ	KJ4GNM 442.800 444.500 2
Clewiston	146.7600	−	O 97.4/97.4 e	KI4AYW	BLARC
Lake Placid	145.2100	−	O 100/100a esz	KF4IZT	HCARES
Lake Placid	147.0450	+	O 100/100e s	W4HCA	HCARC
Moore Haven	147.3000	+	O 100/100e rs	KJ4FJD	GCEOC
Okeechobee	147.0900	+	O 100/100e r	K4OKE	OARC
Okeechobee	147.1950	+	O 100/100 e	K4OKE	OARC
Sebring	147.2700	+	O aerz	KF4IZT	HCEOC
Wauchula	146.6250	−	O 127.3/127.3eL(442.325)rs	N4EMH	HARG

SOUTH EAST

Location	Output	Input	Notes	Call	Sponsor
Belle Glade	147.1200	+	O 110.9/110.9eL(EC-147120)rx	AB4BE	BLRA
Boca Raton	145.2900	−	O 110.9/110.9ers	N4BRF	BRARA
Boca Raton	145.2900	−	O 110.9/110.9ers	N4BRF	BRARA
Boca Raton	146.8200	−	O 110.9/110.9a(CA)eWX	W4BUG	GCARA
Boca Raton	147.2550	+	O 123/123a (CA)ers	KC4GH	BRFD
Boca Raton	147.3900	+	● 110.9/110.9ex	KS4VT	KS4VT
Boynton Beach	147.2250	+	O 107.2/107.2a(CA)eL(444.650)sx	NR4P	NR4P
Delray Beach	147.0750	+	O 103.5/103.5eL(443.625)	W2GGI	W2GGI
Jupiter Farms	145.1700	−	O 110.9/110.9ersxz	AG4BV	AG4BV
Mangonia Park	145.2300	−	O 110.9/110.9eBlx	AD4C	AD4C
Palm Beach Gardens	146.6250	−	O 110.9/110.9a(CA)ers	W4JUP	JTRG
Parkland	145.2700	−	O 110.9/110.9e	WR4AYC	WR4AYC RG
Riviera Beach	146.8800	−	O 110.9/110.9ers	KK4UKG	PBCEM
Royal Palm Beach	147.0450	+	O 110.9/110.9es	K4EEX	PWARC
Wellington	147.2850	+	O 103.5/103.5erx	K4WRC	WRC

164 144-148 MHz
FLORIDA

Location	Output	Input	Notes	Call	Sponsor
West Palm Beach	145.3900	−	O 110.9/110.9ers	KK4UKG	PBCEM
West Palm Beach	146.6700	−	O 110.9/110.9a(CA)ersx	WR4AKX	AREC RG
West Palm Beach	146.7150	−	O 110.9/110.9ersRBz	W4JUP	JTRG
West Palm Beach	146.9700	−	O 77.0/77.0 E-SUN WX	K4LJP	K4LJP
West Palm Beach	147.1650	+	O 110.9/110.9ex	WA4FAP	WA4FAP
West Palm Beach	147.3150	+	O 110.9/110.9eL(EC-342177)rsx	N4KMM	N4KMM
West Palm Beach	147.3600	+	O 110.9/110.9ers	KK4UKG	PBCEM

SOUTH EAST - MIAMI/FT LAUD

Location	Output	Input	Notes	Call	Sponsor
Aventura	147.2100	+	Oersx	K4PAL	PARC
Cooper City	146.6850	−	O	WA4STJ	WA4STJ
Coral Gables	147.7600	−	O 94.8/94.8 ers	KD4BBM	Dade Radio Club
Coral Gables	147.2400	+	O 94.8/94.8	KD4BBM	KD4BBM
Coral Springs	145.1100	−	O 110.9/110.9eL(443.850 52.525 29.600 EC)	WR4AYC	WR4AYC RG
Coral Springs	146.6550	−	O 131.8/131.8 L(EC-301334)rsRBx	N2DUI	WA4EMJ
Cutler	146.8650	−	O 94.8/94.8 elBl	KD4WET	KD4WET
Deerfield Beach	147.1050	+	O 110.9/110.9	N4ZUW	N4ZUW
Ft Lauderdale	146.9100	−	O 110.9/110.9ersWXxZ(911)	W4AB	BARC
Ft Lauderdale	147.0300	−	O 103.5/103.5a(CA) TT(456) DCSeL(444.1)rRB Bl x	W4RCC	W4RCC
Ft Lauderdale	147.3300	+	O 103.5/103.5	K4FK	SFDXA
Hialeah	145.2300	−	O 110.9/110.9	KC2CWC	KC2CWC
Hialeah	145.2500	−	O 110.9/110.9eRB Bl	AE4EQ	AE4EQ
Hialeah	145.4900	−	O 110.9/110.9a(CA)ersBlx	WB4IVM	WB4IVM
Hialeah	147.1200	+	O 110.9/110.9ersBlx	WB4IVM	WB4IVM
Hollywood	145.2100	−	O 103.5/103.5a(CA)el	AC4XQ	AC4XQ
Hollywood	147.1800	+	O 91.5/91.5 a(CA)e	WF2C	HMRH
Kendall	145.1700	−	O 141.3/141.3 L(145.230 145.270 444.500) RB Blx	KC2CWC	KJ4GNS
Miami	145.1300	−	OaBl	WD4RXD	RC de Cuba
Miami	145.1500	−	Oe	WB4TWQ	WB4TWQ

144-148 MHz
FLORIDA

Location	Output	Input	Notes	Call	Sponsor
Miami	145.3100	−	● 110.9/110.9rsBIx	W4HN	W4HN
Miami	145.3300	−	○eBl	KB4AIL	KB4AIL
Miami	145.3900	−	○	AE4WE	AE4WE
Miami	145.4100	−	○ 127.3/127.3 L(145.230 146.700) RB Blxz	KC2CWC	KJ4OBN
Miami	145.4500	−	○ 94.8/94.8	KI4BCO	KI4BCO
Miami	145.4700	−	○ 94.8/94.8	KC4MNE	KC4MNE
Miami	145.4900	−	○ 110.9/110.9 Bl	WY4P	WY4P
Miami	146.7000	−	○DCS(306) eL(442.325)x	KI4IJQ	KI4IJQ
Miami	146.7300	−	○a(CA) Bl	WD4ARC	W4HN
Miami	146.8050	−	○ 110.9/110.9e	AE4EQ	AE4EQ
Miami	146.8950	−	○ 100/100l	AE4WE	AE4WE
Miami	146.9250	−	○ 94.8/94.8 eL(443.925 927.525 444.275)rsx	KF4ACN	KF4ACN
Miami	146.9550	−	○ 110.9/110.9 L(IR-4302)	W4NR	W4NR
Miami	146.9700	−	○a(CA)ex	WD4FMQ	WD4FMQ
Miami	147.0600	+	○ 94.8/94.8	WA4PHG	Teletrol
Miami	147.0900	+	○ex	W4ILQ	W4ILQ
Miami	147.1500	+	○ 94.8/94.8	K4AG	K4AG
Miami	147.2700	+	○ 146.2/146.2rsBIx	WD4ARC	ARC
Miami	147.3000	+	○ 88.5/88.5 eL(442.525 927.025) Blx	KR4DQ	KR4DQ
Miami	147.3600	+	○ 94.8/94.8 a(CA)l	K4AG	K4AG
Miami Beach	146.6400	−	○ 103.5/103.5ez	W6BXQ	TCARS
North Miami Beach	146.8500	−	○ 91.5/91.5 eL(442.250 147.375 443.825 IR-7740)rsx	WE4B	PARC
North Miami Beach	147.1350	+	○ 127.3/127.3a(CA)	KC4MND	KC4MND
North Miami Beach	147.3750	+	○ 114.8/114.8eL(442.250 146.850 443.825)rs	K4PAL	PARC
Plantation	146.7900	−	○ 88.5/88.5 esx	W4MOT	MARC
Plantation	147.2100	+	○ 131.8/131.8aeL(EC)rsRB	N4RQY	WA4EMJ
Pompano Beach	146.6100	−	○ 110.9/110.9a(CA)lWX	W4BUG	GCARA
Princeton	146.8350	−	○ 94.8/94.8 eL(147.000 146.925 147.180 146.865 442.	KF4ACN	KF4ACN
Princeton	147.0000	−	○ 94.8/94.8 rs	W4NVU	DRC

SOUTH WEST

Location	Output	Input	Notes	Call	Sponsor
Marco Island	146.8500	−	○ 141.3/141.3	K5MI	MIRC

166 144-148 MHz
FLORIDA

Location	Output	Input	Notes	Call	Sponsor
Marco Island	146.8500	–	O 141.3/141.3	K5MI	MIRC
Naples	145.3300	144.7900	O 67.0/67.0 eL(147.105 443.100)	KC4RPP	KC4RPP
Naples	146.6400	–	O 136.5/136.5x	WA3JGC	WA3JGC
Naples	146.6700	–	O 136.5/136.5e	WB2QLP	ARA of SWF
Naples	147.1050	+	O 136.5/136.5a(CA)e	KC4RPP	KC4RPP
North Port	147.1200	+	O 136.5/136.5a(CA)e	K4NPT	NPARC

SOUTH WEST - FT MYERS

Location	Output	Input	Notes	Call	Sponsor
Cape Coral	146.6100	–	O 136.5/136.5eL(444.725 IR-4171 EC-41712) RB z	KN2R	KN2R
Cape Coral	147.2250	+	O 136.5/136.5e	W4LWZ	FMARC
Ft Myers	145.1700	–	O 136.5/136.5a(CA)eL(147.345)	KG4VDS	FMARC
Ft Myers	145.3900	–	O 136.5/136.5e	K4QCW	QCWA196
Ft Myers	146.8200	–	O 136.5/136.5ersx	AC4TM	FMARC
Ft Myers	146.8800	–	O 136.5/136.5	WX4L	WX4L
Ft Myers	147.1650	+	O 127.3/127.3ers	K4FPZ	LCEM
Ft Myers	147.3450	+	O 136.5/136.5a(CA)eL(145.17)	WG4K	FMARC
Lehigh Acres	147.2850	+	O 136.5/136.5rs	W1RP	FMARC
Lehigh Acres	147.3750	+	O 123/123e L(EC-493355 442.125 443.900 444.450 444.725	N2FSU	N2FSU
Port Charlotte	146.8650	–	O 136.5/136.5ersx	K8ONV	EARS
Port Charlotte	146.9250	–	O 136.5/136.5	N4FOB	N4FOB
Port Charlotte	147.0150	+	O 136.5/136.5a(CA)e	KB0EVM	GRA
Port Charlotte	147.2550	+	O 136.5/136.5ersx	W4DUX	PRRA
Punta Gorda	146.6850	–	O 136.5/136.5rsx	KF4QWC	LCEM
Punta Gorda	146.7450	–	O 136.5/136.5aeL(444.975)rsWXxz	WX4E	CARS
Sanibel	146.7900	–	O 136.5/136.5ers	W4SBL	SERU

WEST CENTRAL

Location	Output	Input	Notes	Call	Sponsor
Brooksville	145.3700	–	Orx	W1LBV	W1LBV
Brooksville	146.7150	–	Oaersxz	K4BKV	HCARA

144-148 MHz   FLORIDA

Location	Output	Input	Notes	Call	Sponsor
Brooksville	147.0750	+	O 103.5/103.5ex	N4TIA	N4TIA
Dade City	146.8800	−	Or	K4EX	EPARS
Dade City	146.9100	−	O 146.2/146.2	KD4QLF	KD4QLF
Lecanto	146.7750	−	O 146.2/146.2es	W4CIT	CARL
Lecanto	146.9550	−	O 103.5/103.5ers	W4CRA	CCARC
New Port Richey	145.3500	−	O 146.2/146.2ersWX	WA4T	SARC
New Port Richey	146.6700	−	O 103.5/103.5a(CA)eL(EC)rz	WA4GDN	GCARC
New Port Richey	147.1500	+	O 146.2/146.2esx	W4PEM	PCEM
Spring Hill	146.7600	−	O 123/123e sWX	KC4MTS	HCARES
Spring Hill	146.8050	−	O 123/123a esz	KF4IXU	SHARC
Wesley Chapel	145.2500	−	O 88.5/88.5	WD4LWG	WD4LWG
Zephyrhills	145.1900	−	O 146.2/146.2	NI4M	NI4M
Zephyrhills	147.1350	+	Oer	W1PB	ZARC

WEST CENTRAL - SARASOTA

Location	Output	Input	Notes	Call	Sponsor
Bradenton	145.1100	−	O 100/100 A(182)eL(EC-6420) Z(*911)	KJ3LR	KJ3LR
Bradenton	146.8200	−	O 100/100a (CA)erz	K4GG	MARC
Bradenton	146.9550	−	O 100/100e	K4BRC	BARC
Bradenton	147.1950	+	O 103.5/103.5 (CA)ers	KF4MBN	MC ARES/RACE
Englewood	146.7750	−	O 77/77	KØDGF	KØDGF
Englewood	146.8050	−	O 100/100e	W4AC	TARC
Laurel	145.1300	−	Oers	N4SER	SERC
Sarasota	145.3700	−	O 74.4/74.4 RB	WA2HCV	SSMART
Sarasota	146.7300	−	O 100/100a eL(147.12)rsx	N4SER	SERC
Sarasota	146.9100	−	O 100/100e L(EC)	W4IE	SARA
Sarasota	147.3000	+	O 141.3/141.3	KD4MZM	KD4MZM
Sarasota	147.3900	+	O 100/100e rsx	N4SER	SERC
Verna	145.4300	−	O 100/100e lrwX	NI4CE	WCFG

WEST CENTRAL - TAMPA/ST PETE

Location	Output	Input	Notes	Call	Sponsor
Brandon	146.6100	−	O 141.3/141.3erz	W4HSO	STARC
Brandon	147.1650	+	O 136.5/136.5e	K4TN	BARS

144-148 MHz
FLORIDA

Location	Output	Input	Notes	Call	Sponsor
Clearwater	145.2900	−	O 100/100e	NI4CE	WCFG
			L(442.825 145.430 442.950 443.450 442.650) x		
Clearwater	147.0300	+	O	WD4SCD	WD4SCD
			156.7/156.7eL(EC-155568)rsRB WX(70012)		
Dunedin	145.2300	−	O	K4LK	K4LK
			146.2/146.2e		
Dunedin	146.7000	−	O	KE4EMC	KE4EMC
			146.2/146.2 E-SUN		
Land O' Lakes	145.3300	−	O	WA4GDN	GCARC
			103.5/103.5		
Largo	145.1700	−	O	W4ACS	PCAC
			156.7/156.7eL(443.400 442.800 442.400)rsWX		
Largo	146.6400	−	O	N9EE	N9EE
			146.2/146.2eWX		
Largo	146.9700	−	O	K4JMH	CARS
			146.2/146.2 L(224.940 444.150 444.450 444.575)		
Palm Harbor	147.1200	+	O	W4AFC	UPARC
			146.2/146.2 L(EC-769050)		
Plant City	145.4100	−	O	W4CLL	W4CLL
			131.8/131.8		
Riverview	145.2100	−	O 77/77e	KF4MM	KF4MM
			L(443.725 EC-342674) WX(26)		
Seminole	146.8500	−	O	W4ORM	GSOTW
			146.2/146.2l		
St Petersburg	145.3100	−	O	N4AAC	N4AAC
			103.5/103.5a(CA)eL(EC)		
St Petersburg	145.3900	−	●l	KA9RIX	Homey HC
St Petersburg	147.0600	+	O	WA4AKH	SPARC
			146.2/146.2a(CA) L(224.660 444.475)		
St Petersburg	147.3150	+	Oa(CA)	N4BSA	PCRA
St Petersburg	147.3600	+	O	W4MRA	MRA
			127.3/127.3		
Sun City Center	147.0900	+	O	W4KPR	KPARC
			162.2/162.2a(CA)eL(EC-278318)		
Sun City Center	147.2250	+	O	KE4ZIP	SCCARC
			146.2/146.2a(CA)eL(EC-587115)		
Tampa	145.1500	−	O	KP4CJ	KP4CJ
			146.2/146.2eL(EC-554086)		
Tampa	145.4100	−	O	W4CLL	W4CLL
			131.8/131.8rsx		
Tampa	145.4500	−	O	KK4AFB	DISCOM
			146.2/146.2ers		
Tampa	145.4900	−	O 88.5/88.5	W4EFK	W4EFK
Tampa	146.9400	−	O	KK4AFB	DISCOM
			146.2/146.2ersx		
Tampa	147.0000	+	O	W4AQR	W4AQR
			107.2/107.2a(CA) DCS(35) E-SUN L(444.000 444		
Tampa	147.1050	+	O	N4TP	TARCI
			146.2/146.2a(CA)er		
Tampa	147.2400	+	O 88.5/88.5	KD4HVC	USF REC

144-148 MHz
FLORIDA-GEORGIA

Location	Output	Input	Notes	Call	Sponsor
Tampa	147.3450	+	O	KK4AFB	Shriners
Valrico	146.7450	−	146.2/146.2 Oe L(EC-9697)	W7RRS	W7RRS

GEORGIA

Location	Output	Input	Notes	Call	Sponsor
Albany	145.1500	−	O	W4MM	ALBANY ARC IN
Albany	146.7300	−	O 110.9/110.9s	W4MM	W4MM
Albany	146.8200	−	O 110.9/110.9esWX	W4MM	W4MM
Alma	145.2500	−	O 167.9/167.9es	KM4GFV	Alma-Bacon Cou
Americus	147.2700	+	O 131.8/131.8e	W4VIR	Americus Amate
Ashburn	145.3500	−	O 141.3/141.3	N4OME	N4OME
Ashburn	147.2850	+	O 141.3/141.3s	W4PVW	W4PVW
Athens	146.7450	−	O 123/123e sWX	KD4QHB	Athens Radio Clu
Athens	146.9550	−	O 123/123	KD4AOZ	KD4AOZ
Athens	147.3750	+	O 127.3/127.3	K4TQU	K4TQU
Atlanta	145.1500	−	O 167.9/167.9e	W4AQL	Faculty advisor
Atlanta	146.4100	−	O 100/100e	W4PME	------------
Atlanta	146.6550	−	O 151.4/151.4	N4NFP	Big Shanty Repe
Atlanta	146.8200	−	O 146.2/146.2sWX	W4DOC	W4DOC
Atlanta	146.8800	−	O 100/100e lsWX	W4BTI	KENNEHOOCH
Atlanta	146.9700	−	O 100/100	K4CLJ	K4CLJ
Atlanta	147.0300	+	O	WA4GBT	ATLANTA AIRP
Atlanta	147.1050	+	O 107.2/107.2	WB4RTH	WB4RTH
Atlanta	147.3450	+	O 151.4/151.4	N4NEQ	N4NEQ
Augusta	145.1100	−	O 71.9/71.9 WX	W4DV	ARC of Augusta
Augusta	145.2900	−	O	W4DV	ARC of AUGUST
Augusta	145.4100	−	O	K4KNS	Columbia County
Augusta	145.4900	−	O 71.9/71.9 WX	W4DV	ARC of Augusta
Augusta	147.1800	+	O 71.9/71.9	W4DV	ARC of AUGUST
Baldwin	147.1800	+	O	WD4NHW	SPARC
Barnesville	147.2250	+	Oes	W8JI	W8JI
Blackshear	145.3700	−	O 141.3/141.3	KI4LDE	PIERCE CO EM

144-148 MHz
GEORGIA

Location	Output	Input	Notes	Call	Sponsor
Blairsville	146.9550	–	O 100/100e sWX	KG4GPJ	KG4GPJ
Blairsville	147.2100	+	O 100/100	W4NGT	KF4CU
Bogart	147.0000	+	O 85.4/85.4	W4EEE	OCONEE CTY ARS
Bolingbroke	146.8350	–	O 77/77els WX	WB4NFG	WB4NFG
Boston	147.2400	+	O 141.3/141.3	W4UCJ	Thomasville ARC
Braselton	146.6250	–	O 127.3/127.3esWX	WX4TC	WX4TC
Brunswick	146.6850	–	O 100/100	KG4PXG	KG4PXG
Buford	147.0000	–	O 123/123l	W4DDM	------------
Butler	145.3100	–	O 25/25 DCSelWX	KC4TVY	WB4OLL
Calhoun	146.7450	–	O 100/100	WB4QMJ	K4WOC
Carnesville	146.8950	–	O 100/100	N4VNI	N4VNI
Carrollton	146.6400	–	O 131.8/131.8esWX	W4FWD	K4MSP
Cedar Grove	147.1500	+	O 123/123l s	WA4FRI	WA4EHO
Cedartown	147.1200	+	Oe	W4CMA	W4CMA
Clarkesville	147.1200	+	Oe	K4HCA	K4HCA
Claxton	147.0750	+	O 123/123	W4CLA	Claxton ARC
Cleveland	146.9100	–	O 100/100e	K4GAR	WC4X
Cochran	145.1100	–	OelsWX	WA4ORT	Central GA Amateur
Colbert	147.3000	+	O 123/123	KI4MHF	BUBBA RPT GROUP
Commerce	147.2250	+	O 123/123 TTesWX	NE4GA	Club
Concord	145.2500	–	110.9/110.9 WX	WB4GWA	WB4GWA
Conyers	146.6100	–	O 103.5/103.5s	K1KC	------------
Conyers	147.2100	+	O 162.2/162.2es	KF4GHF	------------
Covington	146.9250	–	O 88.5/88.5 elsWX	WA4ASI	WA4ASI
Cumming	147.1500	+	O 141.3/141.3elsWX	WB4GQX	Dennis Barrow Memo
Dahlonega	146.8350	+	O 100/100	N4KHQ	N4KHQ
Dallas	146.8950	+	O 77/77el WX	WD4LUQ	WD4LUQ
Dallas	146.9550	–	O 77/77ers WX	WB4QOJ	WB4QOJ
Dalton	145.2300	–	O 141.3/141.3es	W4DRC	Dalton Amateur Radi
Dalton	147.1350	+	O 141.3/141.3a(CA)elsWX	N4BZJ	7.135 Rpt Group
Decatur	145.4500	–	Oes	W4BOC	Alford Memorial Radi
Doerun	147.2250	+	O	KG4ABK	KG4ABK
Dublin	147.3300	+	O 77/77	KD4IEZ	KD4IEZ

144-148 MHz 171
GEORGIA

Location	Output	Input	Notes	Call	Sponsor
Dublin	147.3600	+	O 77/77	WA4HZX	KB4BKZ
Eastman	145.2100	−	O 103.5/103.5elsWX	KC4YNB	Dodge County H
Eatonton	146.6550	−	O 186.2/186.2els	K4EGA	K4EGA
Eatonton	147.0900	+	O 179.9/179.9e	KC4YHM	KC4YHM
Elberton	145.2100	−	O 118.8/118.8	KI4CCZ	AF4E
Ellijay	145.1700	−	O 100/100	W4HHH	W4HHH
Ellijay	146.9850	−	O 77/77	KC4ZGN	KC4ZGN
Evans	146.9850	−	O 100/100	K4KNS	Columbia County
Fairmount	146.6850	−	O 167.9/167.9els	K4WTD	K4WTD
Fayetteville	145.2100	−	O 131.8/131.8elsWX	KK4GQ	KK4GQ
Fayetteville	146.6850	−	O 131.8/131.8s	KK4GQ	KK4GQ
Forsyth	147.3150	+	O 88.5/88.5	KI4KHO	AA4RI
Fort Valley	145.2900	−	O 82.5/82.5 els	K4CCA	------------
Fort Valley	145.4700	−	O 82.5/82.5	KN4DS	KN4DS
Gainesville	145.3100	−	O 123/123e sWX	W4TL	W4TL
Gainesville	146.6700	−	O 131.8/131.8esWX	W4ABP	W4ABP
Glennville	146.7750	−	O	N4SFU	N4SFU
Gray	145.0400	146.4400	Oe	WR4DH	WM4F
Gray	145.3700	−	O 88.5/88.5	KG4WVL	KG4WVL
Gray	146.7300	−	O 100/100	WA4DDI	WM4F
Griffin	145.3900	−	O 110.9/110.9 WX	WB4GWA	WB4GWA
Griffin	146.9100	−	O 88.5/88.5	K4HYB	WA4FXA
Guyton	146.7450	−	O 97.4/97.4 sWX	W4ECA	Effingham Count
Hiawassee	146.8650	+	O 151.4/151.4e	KI4ENN	W4VFZ
Irwinton	147.2400	+	O 77/77els WX	WB4NFG	------------
Jackson	147.2850	+	O 131.8/131.8esWX	WX4BCA	WX4BCA
Jasper	145.3700	−	O 100/100	KB4IZF	KB4IZF
Jasper	145.4300	−	O 107.2/107.2sWX	WB4NWS	WB4NWS
Jasper	146.7000	−	O 123/123	K4UFO	N3DAB
Jasper	146.8050	+	O 100/100	KC4AQS	KC4AQS
Kibbee	146.8200	−	O 179.9/179.9	K4HVK	K4HVK
Kingsland	146.8950	−	O 127.3/127.3e	K4QHR	------------

144-148 MHz
GEORGIA

Location	Output	Input	Notes	Call	Sponsor
LaGrange	146.7000	–	O 141.3/141.3es	AB4KE	KD4BWK
Lagrange	147.3300	+	O 100/100e lsWX	WB4BXO	WB4BXO
Lake Park	147.1350	+	O 141.3/141.3ls	WR4SG	KB0Y
Lavonia	146.7150	–	O 100/100	K4NVG	K4NVG
Lawrenceville	147.0750	+	O 82.5/82.5 esWX	W4GR	W4GR
Lookout Mt	145.3500	–	O 100/100	W4GTA	W4GTA
Macon	145.4300	–	O 88.5/88.5 lsWX	AA4RI	AA4RI
Macon	146.7750	–	O 100/100	WA4DDI	WA4DDI
Macon	146.8050	–	O 77/77e	K4PDQ	K4PDQ
Macon	147.0150	+	O 88.5/88.5	WX4EMA	KJ4PEO
Macon	147.0600	–	O 141.3/141.3	WA4DDI	WA4DDI
Madison	146.8650	–	O 179.9/179.9	WB4DKY	KC4GAV
Marietta	145.2900	–	O 88.5/88.5 a(CA)e	W4IBM	------------
Marietta	145.4900	–	O 88.5/88.5 es	KK4OIO	Cobb Co. ARES
Marietta	146.7300	–	O	N4YCI	N4YCI
Marietta	146.7750	–	O 151.4/151.4	N4NEQ	Big Shanty/IRLP
Mcdonough	146.7150	–	O 146.2/146.2el	KI4FVI	KI4FVI
Milledgeville	146.7000	–	O 67/67	WB4DOJ	Milledgeville ARC
Milledgeville	147.1350	+	O 123/123	KE4UWJ	W4OY
Monroe	147.2700	+	O 88.5/88.5 sWX	WE4RC	WE4RC
Montezuma	146.6400	–	O 97.4/97.4	K4FAR	AMERICUS ARA
Morganton	147.1650	+	O 151.4/151.4	N4NEQ	N4NEQ
Moultrie	146.7900	–	O 141.3/141.3e	AA4P	Colquitt Co HRS
Nashville	145.3100	–	O 141.3/141.3lsWX	WR4SG	South Georgia Radio
Newnan	145.1300	–	O 156.7/156.7e	K4NRC	K4WPM
Newnan	146.7900	–	Oe	K4NRC	------------
Newnan	147.1650	+	O 131.8/131.8elWX	K4NRC	K4WPM
Pembroke	147.1050	+	O	KF4DG	KF4DG
Perry	146.9550	–	O 107.2/107.2	WR4MG	Middle GA Radio Ass
Pine Mt	145.1900	–	O	WB4ULJ	WA4ULK
Quitman	146.8800	–	Oe	WA4NKL	WA4NKL
Rockledge	145.1500	–	O 77/77el WX	KC4TVY	KC4TVY

144-148 MHz   GEORGIA

Location	Output	Input	Notes	Call	Sponsor
Rome	146.9400	−	O 88.5/88.5 es	W4VO	NW GEORGIA A
Rome	147.3000	+	O 100/100	N4EBY	N4EBY
Roswell	147.0600	+	O 100/100es	NF4GA	NF4GA
Sandersville	145.2700	−	O 77/77	KT4X	KT4X
Savannah	146.7000	−	O 100/100esWX	W4LHS	Chatham ARS
Savannah	146.8800		OesWX	W4HBB	------------
Savannah	146.9700	−	O 123/123sWX	W4HBB	Coastal Amateur
Savannah	147.2100	+	Os	W4LHS	Costal ARS
Savannah	147.3300	+	O 203.5/203.5esWX	W4LHS	Costal ARS
Snellville	147.2550	+	O 107.2/107.2esWX	W4GR	W4GR
Sparta	147.1950	+	O 156.7/156.7l	KC4YAP	KC4YAP
Statesboro	147.3900	+	O	KF4DG	KF4DG
Stockbridge	145.1700	−	O 146.2/146.2ersWX	KJ4KPY	AJ4GT
Stone Mountain	146.7600	−	O 107.2/107.2	W4BOC	W4BOC
Summerville	147.2250	+	O 100/100e	KK4QWH	Trustee
Sweat Mt	145.4700	−	O 100/100	NF4GA	NF4GA
Thomaston	147.3900	+	O 131.8/131.8eWX	W4OHH	W4OHH
Thomasville	145.3700	−	O	W4UCJ	W4ASZ
Thomasville	147.0600	−	O	W4UCJ	W4UCJ
Thomasville	147.1950	+	O 141.3/141.3	W4UCJ	W4UCJ
Toccoa	145.2500	−	O 71.9/71.9 esWX	K4TRS	K4TRS
Toccoa	147.3300	+	O 127.3/127.3elrsWX	N4DME	Stephens County
Townsend	146.9850		O 100/100	KT4J	------------
Trenton	146.7600	−	O 100/100s	K4SOD	W4PLP
Twin City	146.7150		O	N4SFU	N4SFU
Twin City	146.7900		O 156.7/156.7el	N4SFU	N4SFU
Twin City	147.0000	+	O 156.7/156.7	N4SFU	N4SFU
Unadilla	146.7600	−	O 107.2/107.2	WR4MG	Middle GA Radio
Valdosta	146.6700	−	Oe	KK4AXI	Retired Engineer
Valdosta	146.7600	−	O 141.3/141.3els	W4VLD	Valdosta Amateu
Valdosta	147.0750	+	O 141.3/141.3e	KC4VLJ	------------
Vidalia	146.6250	−	O 88.5/88.5 s	K4HAO	Four Rivers ARC

174 144-148 MHz
GEORGIA-HAWAII

Location	Output	Input	Notes	Call	Sponsor
Vienna	147.3750	+	O 131.8/131.8	K4WDN	K4WDN
Villa Rica	147.1800	+	O 127.3/127.3e	KB4TIW	KB4TIW
Waleska	145.2700	−	O 100/100e s	KG4VUB	KG4VUB
Waleska	147.0150	−	O 100/100	KI4GOM	KI4GOM
Warner Robins	146.6700	−	O 82.5/82.5 elsWX	WM4B	WM4B
Warner Robins	146.8500	−	O	WA4ORT	Central GA ARC
Warner Robins	147.1800	+	Oe	WB4BDP	WB4BDP
Warner Robins	147.3000	+	O 107.2/107.2e	WR4MG	Middle GA Radio Ass
Watkinsville	147.0450	+	O 123/123	KD4AOZ	KD4AOZ
Waycross	145.2700	−	O 141.3/141.3eWX	KM4DND	Tri-County ARES
Waycross	146.6100	−	O 100/100	KK4GXP	----------
Waycross	146.6400	−	O 141.3/141.3	KF4SUY	----------
Waycross	147.2550	+	O 141.3/141.3e	KM4DND	Tri-County ARES
Waynesboro	145.2300	−	O 100/100e s	K4BR	Burke ARC
Wrens	147.1200	+	Oe	KT4N	Americus ARRA POB
Wrightsville	146.9400	−	Oa(CA)s	WA4RVB	WA4RVB

GUAM

Location	Output	Input	Notes	Call	Sponsor
Upper Tumon	146.9100	−	Oe	AH2G	MARC

HAWAII
FREQUENCY USAGE

Location	Output	Input	Notes	Call	Sponsor
SNP	144.5100	+		SNP	
SNP	145.2500	−		SNP	

HAWAII

Location	Output	Input	Notes	Call	Sponsor
Hilo	145.3100	−	Or	AH6JA	AH6JA
Hilo	146.6800	−	Oaelp	KH6EJ	BIARC
Hilo	147.1000	+	O	WH6HQ	WH6HQ
Hualalai	147.1600	+	Oael	WH6DEW	KARS
Kamuela	147.2400	−	Oes	KH6BI	KH6CQ
Kau	145.2900	−	O 100ael	WH6FC	WH6FC
Kau	146.9200	−	Oal	KH6EJ	BIARC
Keaau	145.4500	−	O 100.0e	WH7FC	PERC
Kona	146.6600	−	O 100.0	WH6FC	ARES
Kona	146.7000	−	O	NH6M	KARS
Kona	146.8600	−	Oel	KH7B	KARS
Kulani Cone	146.7600	−	Oael	KH6EJ	BIARC
Mauna Kea	146.7200	−	Oaex	KH6EJ	HSVOAD
Mauna Loa	146.8200	−	Oelx	KH6EJ	BIARC
Mauna Loa	147.0400	+	Oelrx	KH6JA	RACES
Mauna Loa	147.2800	+	O 88.5elpr	AH6JA	AH6I

144-148 MHz
HAWAII

Location	Output	Input	Notes	Call	Sponsor
Naalehu	145.3500	−	O 100.0e	KH6VFD	HVFARC
Naalehu	145.4100	−	Oel	KH6VFD	KH6CA
Naalehu	145.4900	−	O 100.0e	AH6DX	KH6TA
Ocean View	146.8600	−	O 100.0el	NH6P	KH7Y
Pahoa	146.8400	−	O 100.0 TT el	K1ENT	KF7YNZ
Pepeekeo	146.8800	−	Oael	KH6EJ	BIARC
Puna	147.1200	+	O 100.0#e	WH6DYN	WH6DYN
Waimea	147.3200	+	O 100.0ael	NH7HI	KARS
Waimea	147.3800	+	OaelEXP	KH7T	KH7T
KAUAI					
Kahili	146.9200	−	Oelrs	KH6E	KARC
Kalaheo	146.9000	−	O 100.0el	KH6S	WBRA
Kalaheo	147.1600	+	Oelrs	KH6E	KARC
Kapaa	147.0800	+	O	NH6JC	RACES
Kapaa	147.3400	+	O 100e	KH6NN	W7KWS
Kilauea	146.7000	−	Oelrs	KH6E	KARC
Lihue	147.0400	+	O 103.5elrx	NH6HF	RACES
Lihue	147.0800	+	Oers	KH6E	KARC
Waimea	147.1000	+	Oelrs	KH6E	KARC
LANAI					
Lanai City	146.7400	−	O	KH6HC	KH6HC
MAUI					
Haleakala	146.9400	−	O 110.9	KH6RS	MCDA
Haleakala	147.0200	+	O 103.5elrx	KH6JPZ	RACES
Haleakala	147.0800	+	O 107.2e	NH6XO	STATE
Hana	146.6000	−	O 110.9es RB	KC7I	KC7I
Kaanapali	146.9000	−	O 136.5ael rRB	KH6RS	MCDA
Kahalui	147.1800	+	OaeRBz	AH6GR	AH6GR
Keanae	146.9000	−	O 110.9	AH6GR	AH6GR
Lahaina	146.6400	−	O 136.5az	AL4A	AL4A
Wailuku	146.7600	−	O 100.0aerz	KH6DT	MCDA
OAHU					
Aiea	147.1600	+	O	WH6PD	WH6PD
Diamond head	146.8800	−	OelWX	WH6CZB	DEM
Diamond head	147.0600	+	O 103.5elrx	AH6RH	RACES
Diamond head	147.2600	+	O 103.5l	WR6AVM	UFN
Ewa	146.6000	−	O 103.5e	WH6PD	WH6PD
Honolulu	145.2100	−	O	AH6HI	AH6HI
Honolulu	146.7800	−	O	KH6WO	HARC
Honolulu	146.8400	−	Oael	KH6JUU	RAG
Honolulu	146.9800	−	O 88.5er	KH6OCD	DEM
Honolulu	147.2200	+	Oel	KH6ICX	SFHARC
Honolulu	147.2800	+	Oe	NH6WP	SFHARC

144-148 MHz
HAWAII-IDAHO

Location	Output	Input	Notes	Call	Sponsor
Honolulu	147.3000	+	●t	AH6CP	KARA
Honolulu	147.3400	+	O e	WH7MN	WH7MN
Kaala	146.6800	−	O 107.2e	NH6XO	STATE
Kahaluu	147.1400	+	O	KH6BS	KH6BS
Kahuku	145.4500	−	O 100.0el	AH6DX	HIDXC
Kahuku	146.9800	−	O 88.5er	KH6OCD	DEM
Kailua	146.6600	−	Ol	WH6CZB	EARC
Kailua	147.0000	+	O 103.5	WR6AVM	UFN
Kaimuki	147.3600	+	O	WH6ARC	RED CROSS
Kaneohe	145.1500	−	O 103.5	AH7HI	Aloha DX
Kapolei	146.9600	−	O 107.2 TT eRB	WH6DAB	WH6DAB
Leeward	145.1300	−	Oa	KH6AZ	KH6AZ
Leeward	146.7000	−	●	KH7P	KH7P
Leeward	147.3200	+	O	AH6IH	AH6IH
Mauna Kapu	146.6200	−	O 103.5el	KH7O	UFN
Mauna Kapu	146.8000	−	Ol	WH6CZB	EARC
Mauna Kapu	147.1200	+	O(CA)eWX	KH6JPL	GTE ARC
Maunawahua	146.8600	−	O 88.5e	KH6OCD	DEM
Mokuleia	146.7600	−	O 100.0e	KH6OCD	DEM
North Shore	145.2900	−	Oae	KH6BYU	NEOARG
North Shore	146.6400	−	Oel	WH6CZB	EARC
Salt Lake	145.4700	−	ORB	WH6F	WH6F
Salt Lake	147.1000	+	O 103.5	KH6IB	KH6IB
Wahiawa	145.2300	−	O	KH7INC	WH6VP

IDAHO
FREQUENCY USAGE--IACC AREAS

Location	Output	Input	Notes	Call	Sponsor
SNP	145.1300	−			
SNP	145.2900	−			
BURLEY					
Mt Harrison	147.0000	−	O 100	KC7SNN	ISRA/Mt Harrison
BURLEY, ID					
Mt Harrison	145.3300	−	O 123.0	K7ACA	Alan Anderson
BURLEY, IDAHO					
Mt Harrison - Intermountain Intertie	145.2700	−	O 100.0lx	WA7FDR	Vance Hawley
CENTRAL					
Salmon	146.9800	−	O	NQ0O	Lemhi ARC
Stanley	147.1400	+	O 100l	AE6DX	WRARC
IDAHO FALLS					
Idaho Falls	146.9600	−	O 100.0	KE7JFA	KE7JFA
ISLAND PARK - LOCAL ACCESS - INTERTIE OFF					
Island Park	145.2300	−	O 123.0l	WA7FDR	Vance Hawley
N ID - BLANCHARD					
Hoo Doo	145.4900	−	136.5e	K7JEP	BCARC
N ID - BONNERS FERRY					
Black Mtn	146.9600	−	O 123.0r	W7BFI	BARC
Bonners Ferry	147.0400	+	O	KE7MDQ	KE7MDQ

144-148 MHz 177
IDAHO

Location	Output	Input	Notes	Call	Sponsor
N ID - CDA					
Blossom	147.2800	+	O 100.0	KF7KAE	KF7KAE
N ID - COEUR D ALENE					
Mica Peak Idaho	147.0800	+	O 100.0er	KC7ODP	KCOEM
Mica Pk Idaho	146.9800	−	O 127.3el	K7ID	KARS
N ID - COTTONWOOD					
Cottonwood Butte	146.8400	−	O 100.0	KB7VOL	CPARC
N ID - ELK RIVER					
Elk Butte	145.1900	−		KF7WOR	KBARA
N ID - EMERGENCY					
Boundary Co	147.1000	+	●	KL3EZ	BCARES
N ID - GRANGEVILLE					
Idaho Mtn	146.6800	−	100.0ae	KC7MGR	CPARC
N ID - KELLOGG					
Wardner Peak	146.9400	−	O 127.3	N7SZY	N7SZY
N ID - KOOSKIA					
Kamiah	146.6200	−	O 88.5e	KK3ARC	KK3ARC
N ID - LEWISTON					
Craig Mtn	146.9200	−	O 110.9l	K7EI	K7EI
Lewiston Hill	145.2100	−	● 192.8r	W7WWS	NPCEM
N ID - MOSCOW					
Moscow Mtn	146.8200	−	O 127.3lx	WA7HWD	NWTriSt
N ID - MULLAN					
Lookout Pass	147.0200	+	Ol	K7HPT	W7OE
N ID - NE					
Curley Creek	145.4500	−	88.5	AF7LJ	AF7LJ
N ID - OROFINO					
Orofino	145.4900	−	Oa	KC7VBT	CVARC
Peck	145.2100	−	206.5r	W7WWS	NPCEM
Wells Bench	146.7600	−	131.8e	K7NDX	CVARC
N ID - RATHDRUM					
Rathdrum	147.2200	+	O	N7ESU	N7ESU
N ID - SANDPOINT					
Sagle	145.2700	−	127.3r	AA7XM	AA7XM
Sagle	146.7800	−	100.0e	K7JEP	BCARC
Schweitzer Ski Hill	145.2300	−	Oel	N7JCT	BCEM
N ID - SPIRIT LAKE					
Spirit Lake	146.7200	−		KF7TNA	KF7TNA
N ID - WALLACE					
Goose Hump	147.1800	+	O 110.9	KB7BYR	SCHRA
N NV, SW ID					
Jarbridge, NV	147.1600	+	O 100.0 E-SUN	KA7CVV	KA7CVV
NORTH					
Burley	145.2700	−	O 100.0 L(146.430 146.850)x	WA7FDR	----------
Burley	145.3300	−	O 123.0x	K7ACA	----------
Burley	147.0000	−	O 100.0x	KC7SNN	----------
Lava Hot Sp	146.8000	−	O 88.5 A(80)x	AE7TA	BARC

144-148 MHz
IDAHO

Location	Output	Input	Notes	Call	Sponsor
REXBURG, ID - LOCAL					
BYU/I Campus	145.4100	–	O 100.0	K7WIP	BYU/I
S CENT					
Burley	145.2700	–	O 100.0e L(440)x	WA7FDR	WA7FDR
Burley	147.0000	–	O 100ex	KC7SNN	ISRA MHCH
Jerome	146.6600	–	Os	W7MVH	TF ARES
Ketchum	147.1800	+	Oel	N7ACB	WRARC
Twin Falls	146.7600	–	O(CA)e	KC7SNX	ISRA MVCh
SALMON					
Baldy Mtn	146.9800	–	O	AA7WG	Steve Harris
SOUTH					
Burley	145.3300	–	O 123	K7ACA	MKR,LLC
SOUTH WEST					
Boise	146.7000	–	O 107.2	WR7GEM	W7OHM
Boise	146.8200	–	O 100e	WR7ADL	W7OHM
Boise	146.8200	–	O 100	WR7ADL	W7OHM
Mt Home	147.0000	–	O 107.2	WR7GEM	W7OHM
SOUTHEAST IDAHO					
Driggs	146.9400	–	O 123.0	K7ENE	MCCD
Howe - Intermountain Intertie	146.8500	–	O 100l	WA7FDR	Vance Hawley
Idaho Falls	146.6400	–	Oae	K7EFZ	ERARC
Idaho Falls	146.7400	–	O	K7EFZ	ERARC
Menan Butte - SW of Rexburg	146.8800	–	O 100.0	KM7G	Idaho ERC
Pocatello	146.8200	–	O 100.0	AD7UI	Idaho ERC
Pocatello	147.0600	+	O 100	N7DN	PARC
Pocatello	147.3000	+	O	KA7MLM	KA7MLM
Rexburg - Local	146.7000	–	Ors	N7UNY	N7UNY
Sawtell - Intermountain Intertie	145.2300	–	O 100.0 L(W/PL 123.0)	WA7FDR	Vance Hawley
Sedgwick Peak - Soda Springs	146.8000	–	O 88.5ex	AE7TA	FCES
Twin Falls	146.7600	–	O	KC7SNX	KC7SNX
SW					
Boise	147.3000	+		N7DJX	N7DJX
SW ID					
Star	147.2800	+	O	KA7EWN	KA7EWN
SW IDAHO					
Emmett	146.7400	–	O 100	W7RGC	W7RGC
Idaho City	145.3100	–	O 100	KA7ERV	BC ARES
Melba	145.3500	–	O 100l	W7LCD	LC ARC
Silver City	145.2300	–	O 100 DCS(174)l	WA7FDR	WA7FDR
SW- ID					
Ontario, OR	147.1000	+	O 100	K7OJI	TVRA
SW-ID					
Boise	145.2100	–	O	W7YFX	W7YFX
Boise	145.2500	–	O 100 100.0/100.0	K3ZFF	BCARC

144-148 MHz 179
IDAHO-ILLINOIS

Location	Output	Input	Notes	Call	Sponsor
Boise	146.8400	−	O 100.0 (CA)elxz	W7VOI	VOI ARC
Boise	146.9400	−	O 100.0elrsx	K7BSE	ISRA BOICH
Boise	147.2400	+	OE-SUNlrsWXx	W7VOI	VOI ARC
Boise	147.2600	+	O	AB7HP	HP ARC
Boise	147.3200	+	Oex	N7FYZ	N7FYZ
Caldwell	147.3600	+	O 100elx	K7TRH	CCEM
Emmett	147.2000	+	O(CA)x	K7WIR	WIARA
Homedale	146.9200	−	O	KB7AOF	KB7AOF
Marsing	146.8800	−	O 100/100.0eL(C4FM)x	K7ZZL	DP ARC
Meridian	145.2900	−	O	W7VOI	VOI ARC
Weiser	145.3900	−	O 100.0aelx	K7OJI	TVARC

SW-ID, S EAST OR

Location	Output	Input	Notes	Call	Sponsor
Nyssa, OR	147.2200	+	O	W7PAG	W7PAG
Vale, OR	146.7200	−	OE-SUN	W7PAG	W7PAG
Weiser, Idaho	147.1200	+	O 100	K7OJI	TVRA

W CENT ID

Location	Output	Input	Notes	Call	Sponsor
Cascade	146.6200	−	Oelx	W7VOI	VOIARC
McCall	147.0200	+	O 100ex	KC7MCC	CIARC

ILLINOIS
BLOOMINGTON

Location	Output	Input	Notes	Call	Sponsor
Bloomington	145.3500	−	103.5ex	K9MBS	K9MBS
Bloomington	146.7900	−	103.5sWX	WD9HRU	McLNCOARES
Bloomington	146.9400	−	103.5	W9AML	CIRC
Bloomington	147.1500	+	103.5	WD9FTV	WD9FTV
Bloomington	147.1950	+	97.4	W9NUP	W9NUP
Normal	147.0150	+	88.5e	NX9M	McLEANCOAR

CENTRAL

Location	Output	Input	Notes	Call	Sponsor
Clinton	146.9850	−		KA9YPK	KA9YPK
Lincoln	145.3900	−	103.5rWX	N9EZJ	N9EJZ
Lincoln	147.3450	+	103.5	K9ZM	LOGAN ESDA
Nokomis	145.1500	−	88.5	N9TZ	W9COS
Pontiac	147.3900	+	127.3	WB9DUC	FARA
Sparland	147.1800	+	103.5	WB9NNS	WB9NNS

CHAMPAIGN

Location	Output	Input	Notes	Call	Sponsor
Allerton	147.2850	+	146.2	K9LOF	K9LOF
Champaign	146.7600	−	162.2e	K9CU	TCARC
Urbana	147.0600	+	131.8e	K9CW	CCEMA

CHICAGO

Location	Output	Input	Notes	Call	Sponsor
Chicago	145.1100	−	107.2	W9GN	UFDA
Chicago	146.7300	−	107.2 (CA)e	WB9RFQ	K9QKW
Chicago	146.7600	−	107.2 (CA)	WA9ORC	CFMC
Chicago	146.8500	−	100.0el	WA9DZO	M.A.P.S.
Chicago	146.8800	−	107.2 (CA)z	K9GFY	SARA
Chicago	147.1500	+	107.2sx	W9SRO	SRO/CFAR

144-148 MHz
ILLINOIS

Location	Output	Input	Notes	Call	Sponsor
Melrose Park	146.6700	−	107.2 (CA)lx	WB9AET	WAFAR
DECATUR					
Bement	145.4100	−	103.5eWX	K9IYP	PICO RAMS
Cadwell	145.1950	−	e	W9BIL	MARK
Cadwell	146.6550	−	162.2e	W9BIL	MARK
Decatur	146.7300	−	123.0z	K9HGX	CENOIS ARC
Decatur	147.1050	+	103.5	WA9RTI	MACONCOARC
EAST CENTRAL					
Charleston	145.3700	−	186.2e	KF9NB	KF9NB
Crescent City	147.0300	+	103.5eWX	AD9L	ICARC
Danville	146.8200	−	88.5s	W9MJL	VCARA
Kansas	147.3750	+	162.2	W9COD	W9COD
Loda	146.8500	−	179.9	W9NKX	IFARS
Martinsville	147.0300	+	O 107.2e	W9GWF	EIHC-W9GWF
Mattoon	145.3300	−	186.2	KF9NB	KF9NB
Mattoon	146.6250	−	107.2	KA9LRZ	UMRA
Oakwood	145.3100	−	162.2eLITZ	K9ADL	K9ADL
NORTH CENTRAL					
Dixon	146.9700	−	82.5ers	N9JWI	LEE CO. ES
Elizabeth	147.3300	+	250.3rsWX	W9SBA	NWIL EMA
Freeport	147.3000	+	88.5	N9WSQ	------------
Freeport	147.3900	+	114.8 (CA)e	KB9RNT	SCRA
Joliet	145.2500	−	156.7 (CA)	KB9LWY	KB9LWY
Joliet	146.8200	−	107.2e	W9OFR	WCARL
Joliet	147.3000	+	● 94.8 (CA) ez	WD9AZK	MAVERICK A
Lasalle	146.8650	−	103.5ex	KB9LNK	CECIL JR.
Lasalle	146.8950	−	103.5x	KB9LNK	CECIL JR.
Leonore	147.1200	+	103.5 (CA)ex	W9MKS	SRRC
Malta	146.7300	−	100.0e	WA9CJN	KARC
Marseilles	147.7450	−	114.8elWX	KA9FER	KA9FER
Oregon	147.0450	+	67.0 (CA)e	KB9DBG	KB9DBG
Oregon	147.1650	+	146.2 (CA)e IrsWXz	N9ECQ	OGLE C OEM
Princeton	146.9550	−	103.5x	WB9NTG	RCBARC
Roscoe	146.7750	−	100	W9USA	IHRS
Sterling	146.8500	−	114.8e	W9MEP	S/RF ARS
Utica	145.2900	−	103.5eWX	KC9CFU	TCARS
NORTHEAST					
Antioch	145.2900	−	107.2aelz	KA9VZD	STLIN ARC
Argonne	145.1900	−		W9ANL	ARGONNARC
Arlington Heig	146.9850	−	107.2a	WB9TAL	ARCOMLEAGU
Batavia	147.0600	+	103.5e	W2GZP	NIARC INC
Batavia	147.2250	+		W9CEQ	FRRL
Blue Island	146.6400	−	107.2eWX	W9SRC	STARS
Bolingbrook	147.3300	+	107.2 (CA)e lWX	W9BBK	V BOLNGBRK
Chicago	145.3500	−	114.8	WA9TQS	WA9TQS

144-148 MHz
ILLINOIS

Location	Output	Input	Notes	Call	Sponsor
Crystal Lake	145.3300	−	107.2 (CA)e	N9HEP	N9HEP
Crystal Lake	146.6550	−	107.2	KB9WGV	KB9WGV
Downers Grove	145.4300	−	107.2 (CA)e l	W9DUP	DARC
East Dundee	145.2700	−	100.0s	W9DWP	W9DWP
Elburn	145.2700	−	107.2s	W9DWP	W9DWP
Elburn	147.2100	+	103.5	W9CEQ	FRRL, INC.
Elgin	146.7900	−	107.2 (CA)e	WR9ABQ	VARA
Elk Grove Vill	147.0150	+	107.2e	KB9L	EGDXA
Glen Ellyn	145.3900	−	103.5 (CA)e z	W9CCU	WCRA
Glendale Heigh	145.1500	−	107.2aez	N9IRG	N9IRG
Glenview	147.0900	+	107.2 (CA)e z	W9AP	NORA
Gurnee	147.2400	+	127.3 (CA)e	W9MAB	GURNEE RG
Hazelcrest	146.8050	−	107.2e	WD9HSY	TRITOWN AR
Hinsdale	146.9700	−	107.2	K9ONA	SMCC
Kankakee	145.1300	−	107.2aes WX	W9AZ	KARS
Kankakee	146.9400	−	107.2a	W9AZ	KARS
Kankakee	147.1650	+	107.2a	WD9HSY	WD9HSY
Lake Villa	147.0300	−	107.2aelz	WB9RKD	WB9RKD
Libertyville	147.1800	−	127.3er	W9FUL	LAKE CO RA
Markham	147.1350	+	107.2	W9YPC	AREA
Mchenry	145.4100	−	107.2	KK9DX	ARROW
Morris	146.7150	−	94.8	KC9KKO	JP WATTERS
Morris	147.2700	+	107.2eWX	KB9SZK	GCARC
Naperville	145.1700	−	103.5	WA9WSL	IHARC
New Lenox	145.2100	−	107.2esWX	WB9IRL	WB9IRL
Niles	147.3150	+	107.2	W9FO	METRO ARC
Northbrook	147.3450	+	107.2e	NS9RC	NSRC
Schaumburg	145.2300	−	107.2 (CA)	K9IIK	SARC
Schaumburg	145.3700	−	107.2	K9SO	AMA
Schaumburg	146.7000	−	100.0 (CA)l	WB9PHK	STROKE
Schaumburg	146.9250	−	100.0 (CA)l WXx	WA9VGI	RATFAR
Schaumburg	147.2850	+	107.2 (CA)e lz	N9CXQ	NAPS
St Charles	145.4700	−	103.5e	KC9OEM	KCOEM
Union	146.6850	−	107.2	N9KHI	N9KHI
Westmont	145.4900	−	107.2aelr	WB9UGX	WSTMTESDA
Wheaton	145.3100	−	107.2	W9CCU	WCRA
Wheaton	147.3600	+	136.5l	W9BZW	NIDXA
Woodstock	146.8350	−	91.5erWX	K9ESV	MCEMA
Yorkville	147.3750	+	103.5s	W9FNS	W9FNS
NORTHWEST					
Moline	146.6400	−		W0BXR	DAVRC
Moline	146.9400	−		W0BXR	DAVRC
Morrison	145.2100	−	114.8 (CA)e	KA9QYS	S/RF ARS
Rock Island	146.7750	−	100.0ae	W9WRL	QCRG

144-148 MHz
ILLINOIS

Location	Output	Input	Notes	Call	Sponsor
Savanna	147.1350	+	e	N9FID	P.A.R.C.
Tampico	146.6250	−	114.8ae	N0ORQ	#NAME?
PEORIA					
Canton	147.2850	+	103.5 (CA)ez	K9ILS	FCARC
Dunlap	145.3700	−	156.7 (CA)el	N9BBO	N9BBO
East Peoria	145.2700	−	103.5aez	KA9GCI	PEKIN RPTG
Kickapoo	146.9700	−	103.5ae	W9BFD	BFD RC
Metamora	147.2550	+	103.5aelrs WX	K9WRA	WCRA
Pekin	145.4500	−	103.5az	KA9GCI	PEKIN RPTG
Pekin	146.6700	−	103.5	W9TAZ	TCARS
Peoria	145.1050	−		W9PIA	PAARC
Peoria	146.7600	−	103.5e	W9UFF	HIFC
Peoria	146.8500	−	103.5aez	K9PEO	PAARC
Peoria	147.3300	+	103.5eWXx	WX9PIA	PALS
Tremont	146.9100	−	77e	WA9DKO	TCEMA
Washington	147.0750	+	103.5 (CA)z	W9UVI	PAARC
ROCKFORD					
Belvidere	147.3750	+	100.0e	K9ORU	BRC
Mt Morris	145.1300	−	114.8ers WX	K9AMJ	K9AMJ
Mt Morris	147.1050	+	114.8elx	K9AMJ	K9AMJ
Rockford	146.6100	−	114.8ae	W9AXD	RARA
Rockford	146.8050	−	114.8 (CA)e l	K9AMJ	K9AMJ
Rockford	147.0000	+	114.8	W9AXD	RARA
Rockford	147.1950	+	114.8eWX	K9RFD	RTG
Rockford	147.2550	+	114.8esWXx	WX9MCS	NIRA
SOUTH					
Alto Pass	146.8500	−	O 88.5e	K9GOX	MTAVARG
Ava	147.0900	+	88.5	W9RNM	SARA
Benton	146.8050	−	88.5eWX	KB9ADK	LEARS
Burnt Prairie	147.3300	+	136.5elprs WXx	W9KXP	W9KXP
Cairo	147.1800	+	88.5	KA9SKT	KA9SKT
Carbondale	146.7300	−	88.5	W9UIH	SIU ARC
Carbondale	147.1950	+	88.5e	KA9YGR	KA9YGR
Herald	147.3000	+	136.5elrs WXx	W9KXP	W9KXP
Herod	146.8800	−	88.5el	K9TSI	SCAN
Marion	145.1900	−	88.5	AA9ET	SCAN CLUB
Marion	146.6400	−	88.5 (CA)e	W9RNM	SARA
Metropolis	145.4500	−	● 103.5	N9XWP	N9XWP
Metropolis	147.2250	+	123.0aez	N9IBS	MAMA ARC
Olive Branch	147.2550	+	118.8e	K9IM	904 ARC
Tunnel Hill	147.3450	+	88.5e	W9WG	TRGHILARA
West Frankfort	147.0450	+	97.4e	AB9ST	AB9ST

144-148 MHz
ILLINOIS

Location	Output	Input	Notes	Call	Sponsor
SOUTH CENTRAL					
Effingham	146.8950	–	110.9e	K9UXZ	NTARC
Greenville	147.1650	+	103.5e	W9KXQ	OVARC
Mt Vernon	147.1350	+	88.5e	KB9KDE	ARCOM
Salem	147.2700	+	103.5e	W9CWA	CWA
Tamaroa	146.9850	–	107.2	N9LUD	T.A.R.A.
SOUTHEAST					
Flora	146.7000	–	103.5esWX	KC9AGC	CCARC
Mt Carmel	146.9400	–	94.8aesWXz	AI9H	AI9H
Mt Carmel	147.2550	+	151.4ersWX	KC9MAK	WEMA RACES
Newton	145.4900	–	O 79.7e	K9ZN	JARS
Noble	146.7600	–	94.8esWXz	KC9RHG	US50 ARC
Olney	147.2250	+	O	KC9ZHV	----------
Robinson	147.3600	–	107.2esWX	WA9ISV	CCARC/IEMA
SPRINGFIELD					
Athens	147.0450	+	210.7elWX	WS9V	WS9V
Jacksonville	146.7750	–	103.5aez	K9JX	JARS
Pawnee	146.8050	–	94.8e	N9MAF	N9MAF
Springfield	146.6850	–	94.8	WA9KRL	WA9KRL
Springfield	147.3150	+	O 94.8	W9HJA	W9HJA
Springfield	147.3750	+	94.8	WA9KRL	WA9KRL
Taylorville	145.4300	–	79.7	N9FU	N9FU
Taylorville	146.8350	–	79.7	N9OGL	N9OGL
Taylorville	146.9550	–	79.7e	N9FU	CCARC
ST LOUIS					
Alton	145.1300	–	123.0esWXx	K9HAM	LCRC
Belleville	147.1200	+	127.3 (CA)z	K9GXU	ST CLAIR
Carlinville	145.2900	–	123	N9GGF	N9OWS
Carlyle	145.2500	–	103.5	K9XWX	K9XWX
Collinsville	146.7900	–	127.3ersWX	W9AIU	EGYPTN RC
Elsah	145.3100	–	79.7 (CA)e	N9YN	PRINCIPIA
Gillespie	146.6400	–	103.5	WB9QHK	MONTEMAC A
Gillespie	146.8200	–	103.5aez	WB9QHK	MONTEMAC A
Godfrey	145.2300	–	79.7aelz	K9HAM	LCRC
Godfrey	145.4700	–	123	N9GGF	N9OWS+
Granite City	145.4500	–	127.3e	KZ9G	KZ9G
Mascoutah	145.3900	–	l	AA9ME	AA9ME
Shiloh	145.1100	–	127.3eWXz	AA9RT	AA9RT
Valmeyer	145.4300	–	127.3aeWXz	N9OMD	N9OMD
WEST CENTRAL					
Beardstown	146.7150	–	103.5	W9ACU	IVARC
Carthage	147.1050	+	103.5e	N9MTI	HCESDA
Dallas City	145.2500	–	151.4 (CA)e	KC9JIC	KC9JIC
Dallas City	145.3300	–	82.5 (CA)e	KC9JIC	KC9JIC
Galesburg	147.0000	–	103.5aelz	W9GFD	KNOXCARC

184 144-148 MHz
ILLINOIS-INDIANA

Location	Output	Input	Notes	Call	Sponsor
Galesburg	147.2100	+	107.2	KA9QMT	KNOX CO CD
Galva	145.4900	−	225.7e L(C4FM AND FM) WX	AA9RO	AARO
Macomb	147.0600	+	103.5e	W9SSP	LEARC
Monmouth	146.6550	−	173.8	KD9J	KD9J
Pittsfield	147.2100	+	100.0es	WB9BUU	JW&DP RPTR
Pittsfield	147.2700	+	103.5	N9DO	N9DO
Quincy	146.8200	−	100.0l	WA9VGI	FISHNET
Quincy	146.9400	−	103.5esWX	W9AWE	WIARC
Quincy	147.0300	+	103.5esWX	W9AWE	WIARC
Quincy	147.1350	+	103.5	N9JI	N9JI
Quincy	147.1950	+	es	W9AWE	WIARC
Versailles	145.4300	−	103.5	KB9JVU	KB9JVU

INDIANA
EAST CENTRAL

Location	Output	Input	Notes	Call	Sponsor
Centerville	147.1800	+	O 82.5elr WX	KB9SJZ	KB9SJZ
Chassis Ridge	145.1300	−	Oe	KB9BBA	TCRA
Connersville	146.7450	−	O(CA)L	KB9RVR	Fayette
Glenwood	146.6850	−	O 131.8e WX	WB9SBI	WB9SBI
Muncie	146.7300	−	Oe	WB9HGX	MuncieARC
Muncie	146.8500	−	O 127.3	K9NZF	K9NZF
New Castle	145.4500	−	O	N9EYG	N9EYG
New Castle	147.3600	+	O 82.5rs WX	N9WB	KB9BG/N9WB
Richmond	147.2700	+	O 131.8ae s	W1IDX	W1IDX
Winchester	147.3000	+	O 110.9	WD9EXZ	Ranpolph

INDIANAPOLIS

Location	Output	Input	Notes	Call	Sponsor
Anderson	145.3900	−	O 151.4 TT es	W9VCF	MCARC
Anderson	146.8200	−	O 110.9e WX	W9OBH	AndersonRC
Anderson	147.0900	+	O 110.9er	KB9VE	AndersonRC
Belleville	147.0150	+	OesWX	K9PZ	HCARS
Danville	145.1300	−	O 88.5aelr s	WX9HC	HendrixARC
Danville	147.1650	+	OrWX	KO9F	KO9F
Franklin	145.1100	−	O 103.5e	AA9YP	AA9YP
Greenfield	145.3300	−	OersWxxs	W9ATG	HancockARC
Greenfield	147.1500	+	O	W9ATG	HancockARC
Greenwood	146.8350	−	O 151.4ers WX	WA9RDF	WA9RDF
Indianapolis	145.2100	−	O 100.0	NE9T	IndyMidARC
Indianapolis	146.6250	−	OsWX	W9IRA	Indy RA
Indianapolis	146.6700	−	O 88.5e	K9IPL	IPL ARC
Indianapolis	146.7000	−	Oes	W9IRA	Indy RA
Indianapolis	146.7600	−	O 151.4er WX	K9LPW	CentIN RA

144-148 MHz
INDIANA

Location	Output	Input	Notes	Call	Sponsor
Indianapolis	146.8800	−	O 88.5	W9RCA	RCA ARC
Indianapolis	146.9700	−	O 107.2el WX	W9ICE	ICE
Indianapolis	147.0750	+	O	KA9GIX	KA9GIX
Indianapolis	147.1200	+	OsWX	W9IRA	Indy RA
Indianapolis	147.2100	+	O 88.5ers	KC9JYA	Indpls EM
Indianapolis	147.3150	+	O 94.8el	K9DC	K9DC
Lebanon	147.1050	+	O 77.0 WX	N9HLL	N9HLL
Martinsville	147.0600	+	O 88.5es WX	K9PYI	MorganRA
Martinsville	147.2250	+	O 88.5e	W9ZSK	SGRL
Noblesville	145.1700	−	O 77.0elrs WX	N9EOC	HamCoARES
Shelbyville	145.4800	−	O	W9JUQ	BRV ARS
Stilesville	145.2900	−	O 88.5 WX	AB9D	AB9D
NORTHEAST					
Angola	147.1050	+	O 131.8el WXx	W9LKI	W9LKI
Angola	147.1800	+	O 131.8el WXx	W9LKI	W9LKI
Angola	147.2100	+	O	AA9MU	AA9MU
Auburn	147.0150	+	O 131.8ers WXx	W9OU	NE IN ARC
Berne	146.9700	−	O 97.4	KB9KYM	AdamsARC
Bluffton	145.4200	−	OelrswX	AB9HP	AB9HP
Bluffton	147.0600	+	Oe	W9SR	W9SR
Bristol	146.8950	−	O 131.8/131.8ersWX	K9TSM	Goshen ARC
Columbia City	145.2700	−	O 131.8/131.8 TT(51)ersWX	WC9AR	WCARC Inc
Decatur	145.4700	−	O 97.4ers WX	KB9KYM	AdamsARC
Elkhart	145.2500	−	O 131.8e WX	KC9GMH	KC9GMH
Elkhart	145.4300	−	O 131.8/131.8 (CA)ersWXz	AA9DG	ElkhartCRA
Elkhart	146.6400	−	O 97.4ae	W9AMR	W9AMR
Elkhart	146.7450	−	O 131.8el	N8AES	N8AES
Fort Wayne	145.3300	−	Ol	W9FEZ	MizpahARC
Fort Wayne	146.7600	−	O 131.8e	W9TE	FWRC
Fort Wayne	146.8800	−	Oaers	W9INX	ACARTS
Fort Wayne	146.9100	−	O 131.8	W9TE	FWRC
Fort Wayne	146.9400	−	Oa	W9TE	FWRC
Fort Wayne	147.1350	+	O 141.3e	KC9AUQ	KC9AUQ
Fort Wayne	147.1650	+	O 141.3e	KC9AUQ	KC9AUQ
Fort Wayne	147.2550	+	Ors	W9INX	ACARTS
Fremont	146.7750	−	O 141.3	KC9QDO	KC9QDO
Goshen	145.3900	−	O 141.3ers	N9WKU	N9WKU
Hartford City	146.6550	−	O 141.3/141.3ersWX	K9VND	BARC

144-148 MHz
INDIANA

Location	Output	Input	Notes	Call	Sponsor
Hartford City	146.9250	−	O 141.3/141.3eprsWX	WB9HLA	WB9HLA
Huntington	145.1500	−	O 141.3ers WX	KB9UMI	KB9UMI
Huntington	146.6850	−	O 141.3/141.3eWX	K9HC	HCARS
Kendallville	145.1100	−	O 97.4ls WX	K9NDU	K9NDU
Ligonier	147.1500	+	O 97.4/97.4 ersWX	N9BCP	21 Repeater Group
Marion	145.3100	−	O	WB9UCF	FisherBody
Marion	146.7900	−	O 141.3/141.3aerWXxx	W9EBN	GrantARC
Marion	147.1950	+	O 141.3er WX	W9EBN	GrantARC
Pennville	145.2100	−	O 100.0ers	WA9BFF	Jay ARC
Portland	146.8950	−	O 97.4/97.4 eL(ANALOG+C4FM)rsWX	WA9JAY	Wabash River Rptr A
Richvalley	146.9550	−	O 141.3e	WA9RRL	WA9RRL
Roanoke	146.6250	−	O 131.8	WB9VLE	WB9VLE
Spencerville	147.3600	+	O 141.3e	W9QR	W9QR
Syracuse	146.9850	−	O 131.8rsxz	KB9AVO	KB9AVO
Wabash	147.0300	+	O 131.8/131.8er	KB9LDZ	Wabash ARC
Warsaw	145.1300	−	O 141.3/141.3eWX	KC9YCZ	KC9YCZ
Wolf Lake	147.2700	+	O 97.4/97.4 e	N9MTF	N9MTF

NORTHWEST

Location	Output	Input	Notes	Call	Sponsor
Bremen	145.1900	−	O 131.8el WX	W9LRT	W9LRT
Cedar Lake	146.8350	−	O 131.8e	WB9VRG	WB9VRG
Chalmers	147.2550	+	O 131.8es	KC9PQA	WhiteARS
Crown Point	145.4500	−	O 131.8 WX	W9FXT	W9FXT
Crown Point	146.7000	−	O 131.8r WX	W9EMA	LakeEMA
Culver	146.6700	−	O 131.8e WX	K9ZLQ	Mrshl ARC
Frankfort	146.6100	−	OesWX	KC9HNP	Clinton Co. ARC
Frankfort	147.0450	+	O	N9SFA	N9SFA
Gary	146.6250	−	O 131.8e	W9SAL	W9SAL
Gary	146.9100	−	O 131.8e WXx	W9CTO	W9CTO
Hammond	147.0450	+	O 131.8el WX	KA9QJG	KA9QJG
Hammond	147.1950	+	O 131.8 (CA)elWX	W9FXT	IARA
Knox	145.4100	−	O 131.8/131.8ersWX	KN9OX	Knox Rptr

INDIANA

144-148 MHz

Location	Output	Input	Notes	Call	Sponsor
Kokomo	146.9100	−	O 173.8/173.8ersWX	W9KRC	Kokomo Rptr Clu
Kokomo	147.2400	+	O 173.8/173.8ersWX	W9KRC	Kokomo Rptr Clu
Kokomo	147.3750	+	OersWX	W9KRC	KRC
Laporte	146.6100	−	O 131.8/131.8elrsWX	K9JSI	LaPorteARC
Logansport	145.2300	−	Oes	W9VMW	CassARC
Logansport	145.3500	−	O	W9VMW	Cass ARC
Logansport	147.1800	+	O 77.0es	W9VMW	Cass ARC
Merrillville	147.0000	−	O 131.8/131.8elr	W9LJ	Lake Co ARC
Michigan City	146.9700	−	O 131.8	W9LY	MCARC
Mishawaka	147.0900	+	O 131.8	N9GVU	N9GVU
Mishawaka	147.3300	+	O 131.8ae	W9AMR	W9AMR
Peru	147.3450	+	OrsWX	K9ZEV	Miami ARC
Plymouth	147.2850	+	O 131.8/131.8elsWXx	K9WZ	K9WZ
Rochester	146.8050	−	O 131.8e WX	KB9WSL	KB9WSL
Rossville	145.3700	−	131.8/131.8esWX	WI9RES	WIRES
South Bend	147.2250	+	O 131.8/131.8	W9AB	MARC
South Bend	147.3900	+	O 131.8/131.8rsWX	WB9AGX	St Joe EMA
St John	147.2400	+	O 131.8rs WX	W9LJ	LakeCoARC
Valparaiso	146.6850	−	O 199.5e WXx	N9IAA	N9IAA
Valparaiso	146.7750	−	O 131.8esx	K9PC	PorterARC
Valparaiso	147.0750	+	O 131.8rs WX	KI9EMA	Porter Emg
Valparaiso	147.1050	+	O 131.8es WXx	KB9KRI	Duneland
West Lafayette	146.7600	−	O 131.8els	W9YB	Purdue
West Lafayette	147.1350	+	131.8/131.8aesWX	WI9RES	WIRES
Winamac	145.4800	−	O 131.8ers WXx	KC9VBQ	KC9VBQ

SOUTHEAST

Location	Output	Input	Notes	Call	Sponsor
Columbus	146.7900	−	O 103.5/103.5ersWX	W9ALQ	CARC
Floyds Knob	146.7450	−	O 151.4er	WD9HMH	FloydAMA
Frenchtown	146.8200	−	O 103.5s	W9BGW	W9BGW
Greensburg	146.9550	−	OersWX	N9LQP	DecaturARC
Lawrenceburg	147.2850	+	O 146.2ers WX	WA9BLA	LV ARC
Madison	145.1700	−	OesWX	W9EFU	Clifty ARS
Napoleon	146.8050	−	OerWX	KC9MBX	RipCoRA

144-148 MHz
INDIANA

Location	Output	Input	Notes	Call	Sponsor
Salem	146.6550	–	O 103.5ers WX	KB9KPG	WashCoARC
Scottsburg	146.6100	–	O 103.5/103.5ers	WR9G	WR9G
Seymour	145.4300	–	O 103.5elr sWX	KC9JOY	KC9JOY
Seymour	147.1350	+	O 103.5 TT	KI9G	K9IG

SOUTHWEST

Location	Output	Input	Notes	Call	Sponsor
Bedford	145.3100	–	O 107.2er WX	W9QYQ	HoosrHills
Bedford	145.4900	–	O 136.5ae	AA9WR	AA9WR
Bedford	146.7300	–	O 107.2er	W9QYQ	HoosrHills
Bedford	147.3450	+	O 107.2ae	KB9MXR	KB9MXR
Bloomfield	147.2400	+	O 103.5elr sWXx	W9HD	W9HD
Bloomington	146.6400	–	O 136.5 (CA)elrsWXxz	WB9TLH	WB9TLH
Bloomington	146.9400	–	O 136.5el	K9IU	K9IU
Chrisney	146.9100	–	Ors	KC9FTG	SpenserEMA
Dugger	146.7750	–	O 136.5ers	KC9AK	DuggerARC
Evansville	145.1100	–	O 107.2	AB9JT	AB9JT
Evansville	145.1500	–	O 107.2l WXx	KB9SGN	KB9SGN
Evansville	146.7900	–	O 88.5aelr sWXx	W9OG	TARS
Evansville	146.8350	–	O 136.5elr sWXx	W9KXP	W9KXP
Evansville	147.1050	+	Ol	W9MAR	MidwstARS
Evansville	147.1500	+	Oers	W9OG	TARS
Ferdinand	146.8500	–	O 103.5	KC9CFM	KC9CFM
Jasper	147.1950	+	O 107.2aer	KB9LHX	DuboisARC
Leopold	145.1900	–	O 107.2elr sWXx	KC9OBN	PerryCty
Levenworth	147.0150	+	O 107.2e WX	WB4ROI	WB4ROI
Linton	145.1700	–	O 100.0	KA9JOK	KA9JOK
Linton	145.3900	–	O 118.8elr sWXx	KB9HIK	GreeneCo
Lynnville	145.2500	–	O 136.5elr sWXx	W9KXP	W9KXP
Nashville	147.3000	+	O 136.5ers WX	KA9SWI	KA9SWI
Newburgh	145.4300	–	Oe	KA9VKO	KA9VKO
Petersburg	145.4500	–	Oel	WA9FGT	Petersburg
Princeton	145.4100	–	O 136.5ers WX	KB9NEJ	SoINMobEmg
Princeton	147.3900	+	O 131.8elr sWXx	W9KXP	W9KXP
Ridgeport	145.4700	–	O 136.5ael sWXx	KB9SIP	KB9TUN

144-148 MHz
INDIANA-IOWA

Location	Output	Input	Notes	Call	Sponsor
Shoals	145.2100	−	**O**ae	KA9PSX	KA9PSX
Troy	146.9550	−	**O** 146.2elrsWXx	W9KXP	W9KXP
Vincennes	146.6700	−	**O**esWX	W9EOC	OldPost
Vincennes	146.9250	−	**O** 107.2lWXx	W9EAR	EARS
Washington	147.3150	+	**O** 107.2erWX	WA9IN	DaviessDHL
Wickliffe	145.3700	−	**O**DCS(023)e	KC9WCA	KC9WCA
Winslow	147.0000	+	**O** 107.2ersWX	W9UL	PikeCoARC

WEST CENTRAL

Location	Output	Input	Notes	Call	Sponsor
Center Point	145.4200	−	**O** 151.4elrsWXx	W9SKI	ClayEmg
Clinton	146.7150	−	**O** 151.4ersWX	W9COD	W9COD
Clinton	146.7450	−	**O** 177.3	NS9M	NS9M
Covington	145.4900	−	**O** 88.5el	WB9ARC	B.A.R.C.
Crawfordsville	146.8650	−	**O** 88.5/88.5	KB9GPB	Sugar Creek Rptr
Crawfordsville	147.2250	+	**O** 88.5r	KB9GPB	MontRACES
Crawfordsville	147.2700	+	**O**	KC9QKL	Livewires
Gosport	146.8950	−	**O** 136.5aelsx	KB9SGN	K9TC
Greencastle	147.3300	+	**O**	WB9EOC	PutRACES
Rockville	146.7450	−	**O**	NS9M	NS9M
Spencer	146.9850	−	**O** 136.5ers	K9QZX	OwenCoARA
Terre Haute	145.2300	−	**O**elrsWXx	W9SKI	Skywarn
Terre Haute	145.3500	−	**O**e	NC9U	OtrCrkRC
Terre Haute	146.6850	−	**O** 151.4esWXx	K9IKQ	WVARA
Terre Haute	146.8050	−	**O**ers	K9HX	K9HX
Terre Haute	147.0900	+	**O**ersWXx	WØ DQJ	WØ DQJ
Terre Haute	147.1500	+	**O** 151.4	W9EQD	TerreHaute

IOWA
BURLINGTON

Location	Output	Input	Notes	Call	Sponsor
Burlington	146.7900	−	100.0aersz	WØ LAC	IA-ILL ARC
Burlington	147.3600	+	100.0e	WA6GUF	WA6GUF
Fort Madison	146.8650	−	100.0arsx	WFØ RT	F tMadison ARC
Mt Pleasant	147.1650	+	156.7e L(ECHOLINK 339174)	KBØ VHB	Mt Pleasant ARC
Mt Pleasant	147.3900	+	**O**ewX	WØ MME	Mt Pleasant ARC

CEDAR RAPIDS

Location	Output	Input	Notes	Call	Sponsor
Cedar Rapids	145.1500	−	192.8 (CA)x	WØ HUP	CRRA
Cedar Rapids	145.1900	−	192.8lx	NØ DX	EIDXA
Cedar Rapids	146.7450	−	192.8aersWX	WØ GQ	CVARC
Cedar Rapids	147.0900	+	192.8 (CA)lx	WØ HUP	CRRA+SEITS

144-148 MHz
IOWA

Location	Output	Input	Notes	Call	Sponsor
Coralville	147.1500	+	192.8ex	W0FDA	CRPTR
Iowa City	145.2700	−	192.8aers	KD0MJV	Johnson Co EIC
Iowa City	145.4700	−	100.0l	KE0BX	OLRG + SEITS
Iowa City	146.8500	−	192.8eWxx	W0JV	ICARC
Marion	147.0000	+	O(CA)	KB0IUQ	Rag Chewers RC
Marion	147.2100	+	192.8	N0CXX	Collins ARC
Shellsburg	145.2900	−	192.8ae L(ECHOLINK 770898)rs	AC0OQ	AC0OQ
Van Horn	145.2300	−	141.3ers WXx	KD0DKS	BCEM

CENTRAL

Location	Output	Input	Notes	Call	Sponsor
Ames	147.2400	+	OaerswX	W0YL	StCoARC
Ames	147.3750	+	114.8el	W0ISU	CyARC
Boone	146.8500	−	OaerswX	KB0TLM	BARK
Clarion	146.9550	−	103.5e	K0JDQ	K0JDQ
Des Moines	145.3500	−	● 114.8aer sx	KD0IAN	DMRAA
Fort Dodge	146.6850	−	1109aers WX	K0RJV	Web Co EMA
Marshalltown	146.8800	−	141.3	K0MIW	CIRAS
Marshalltown	147.1350	+	141.3 DCS(293 NAC)e	K0MIX	CIRAS
Mingo	146.6700	−	OaewXx	WA0AIX	WA0IHZ
Newton	147.0300	+	114.8ers WX	W0WML	Newton ARA
Perry	145.1900	−	114.8ae L(ECHOLINK 710459)rs	KD0NEB	Hiawatha ARC
Sheldahl	147.0750	+	114.8ae L(ECHOLINK 210808)rsWX	W0QFK	W0QFK
Webster City	146.9100	−	OelWxx	N0PSF	N0PSF
Webster City	147.0150	+	OerswX	K0KWO	Hamilton Co ARA

COUNCIL BLUFFS

Location	Output	Input	Notes	Call	Sponsor
Council Bluffs	146.8200	−	Oae L(ECHOLINK 673095)rs	K0SWI	SWIARC
Honey Creek	145.4100	−	97.4 TT(123)eLITZ	AB0VX	AB0VX

DAVENPORT

Location	Output	Input	Notes	Call	Sponsor
Davenport	146.7000	−	Oaers	W0BXR	Dvnprt RAC
Davenport	146.8200	−	100.0e	WB0BBM	WB0BBM
Davenport	146.8800	−	77.0aers WX	W0BXR	Dvnprt RAC
Muscatine	145.3700	−	100.0eWX	WA0AUQ	WA0AUQ
Muscatine	146.9100	−	Oe	KC0AQS	Muscatine ARC

DES MOINES

Location	Output	Input	Notes	Call	Sponsor
Alleman	145.3100	−	114.8e L(ECHOLINK 509854)	W0TWR	W0TWR
Des Moines	145.2500	−	127.3	K0CSS	K0CSS
Des Moines	146.8200	−	114.8 (CA)e lWx	W0KWM	CITS
Des Moines	146.9400	−	114.8aers WX	W0AK	DMRAA

144-148 MHz IOWA

Location	Output	Input	Notes	Call	Sponsor
Des Moines	146.9850	−	114.8e	W0 AK	DMRAA
Des Moines	147.3000	+	114.8	WA0 QBP	WA0 QBP
Grimes	146.6100	−	114.825lWXx	N0 INX	Westside Comm
Grimes	147.1050	+	telrsx	KD0 IAN	DMRAA
Indianola	146.6400	−	114.8ae L(ECHOLINK 937343)rsWx	KD0 FGV	WCEM
Indianola	146.7600	−	114.8	KC0 OWN	KC0 OWN
Johnston/Camp	146.7000	−	114.8elWXx	KC0 MTI	KC0 MTI
Johnston/Camp	147.1650	+	114.8el	KC0 MTI	KC0 MTI
Saylor Twp	145.3900	−	114.8ers LITZz	KD0 QED	STARR
Saylor Twp	146.8950	−	114.8aers LITZ WXz	KB0 NFF	STAR
DUBUQUE					
Dubuque	145.5600	−	103.5 (CA)	KD0 BML	KD0 BML
Dubuque	146.7900	−	Oep	W0 OIC	W0 OIC
Dubuque	147.0300	+	Oe	W0 YLQ	W0 YLQ
Dubuque	147.2400	+	114.8ae L(ECHOLINK 646395)rsx	W0 DBQ	GRARC
EAST CENTRAL					
Anamosa	145.3900	−	77.00els WX	WA9ENA	Jone Cty ARC
Clinton	145.4300	−	100.0aers WX	W0 CS	Clinton ARC
Clinton	146.7300	−	94.8	K0 EII	K0 EII
Clinton	147.3150	+	114.8	KD0 WY	KD0 WY
Maquoketa	147.0600	+	Ox	KB0 CAQ	Maquoketa Area
Monticello	147.1800	+	192.8eLITZ	N0 XUS	N0 XUS
Preston	146.9850	−	O	KC0 EII	KC0 EII
MASON CITY					
Mason City	146.7600	−	103.5elWXx	W0 MCW	NIARC
Mason City	147.1500	+	103.5	K0 UXA	K0 UXA
Mason City	147.3150	+	103.5#e L(PL 203.5)rsWxx	KB0 JBF	NIARC
NORTH CENTRAL					
Ackley	145.1100	−	136.5elx	WB0 EMJ	WB0 EMJ
Algona	147.2100	+	110.9ae L(ECHOLINK 51020)z	KC0 MWG	KARO Rptr
Belmond	145.2700	−	Oe	KA0 HIB	KA0 HIB
Dumont	145.4300	−	O 136.5	N0 RJJ	N0 RJJ
Forest City	147.2700	+	Oe	WB0 URC	Winnebago Hanc
Humboldt	147.1800	+	1el	K0 HU	K0 HU
Humboldt	147.3900	−	6l	K0 HU	K0 HU
NORTHEAST					
Cresco	146.9250	−	103.5 (CA) WX	W0 CYY	CrescoARC
Decorah	147.1650	+	123	K0 NRA	Nordic RA

144-148 MHz
IOWA

Location	Output	Input	Notes	Call	Sponsor
Frankville	146.6700	−	103.5 (CA)e WX	KØRTF	KØRTF
Manchester	147.3000	+	Oex	WØII	Delaware Co ARC
Monona	147.1200	+	103.5	WØSFK	WØSFK
St Ansgar	147.1950	+	103.5e L(ECHOLINK 590155)	KCØVII	KCØVII
NORTHWEST					
Cherokee	146.7150	−	110.9 DCS(NAC018)ex	NØDFF	NØDFF
Estherville	146.7000	−	Oaers	WØMDM	WØMDM
Hawarden	147.6000	−	94.8aelz	WBØYRQ	WBØYRQ
Paullina	147.1350	+	110.9	NØOYK	NØOYK
Perkins Corner	147.3000	+	110.9ers WX	WØVHQ	NIARC
Rockwell City	145.4900	−	Oaelxz	KCØRSH	Calhoon Co EM
Sheldon	145.3100	−	110.9e L(ECHOLINK 102345)	WØVHQ	NIARC
Spencer	146.8200	−	110.9eWxx	KGØCK	KGØCK
Spirit Lake	146.6100	−	110.9ae L(ECHOLINK 350195)rsWxx	WØDOG	Ia Gt Lls ARC
Storm Lake	146.7750	−	110.9 DCS(NAC \$011)eL(ECHOLINK 548437)	WAØUZI	WAØUZI
SIOUX CITY					
LeMars	147.0150	+	110.9	KIØEO	KIØEO
LeMars	147.1950	+	110.9	KDØPMM	KDØPMM
Sioux City	146.9100	−	110.9ers WXx	KØAAR	SARA/ARES
Sioux City	146.9700	−	110.9ex	KØTFT	SARA
Sioux City	147.0600	+	110.9ex	KØTFT	SARA
Sioux City	147.2700	+	110.9	KCØDXD	KCØDXD
SOUTH CENTRAL					
Chariton	146.8350	−	123.0elrs WXx	KBØAJ	S IA RA
Lamoni	146.7300	−	114.8 (CA)e rsz	WØSHQ	ASCRA
Pella	145.1700	−	Oe L(ECHOLINK 50219)xz	WBØURW	Pella ARC
Winterset	147.2700	+	114.8e	WAØO	WAØO
SOUTHEAST					
Fairfield	147.1200	+	100.0alrs WXxz	KØTE	SEITS
Fairfield	147.3300	+	OeWxx	KØBPR	Fairfield HS ARC
Keokuk	147.3000	+	146.2	WBØSBU	WBØSBU
Moravia	146.9250	−	146.2x	WØALO	WØALO
Oskaloosa	145.4900	−	146.2 (CA) xz	KBØVXL	Mahaska ARC
Ottumwa	145.4100	−	100.0 (CA)e lwx	KEØBX	OLRG + SEITS
Ottumwa	146.9700	−	100.0eWX	KEØBX	OLRG
Ottumwa	147.2850	−	146.2e L(ECHOLINK 376609)x	WAØDX	OARC

144-148 MHz 193
IOWA

Location	Output	Input	Notes	Call	Sponsor
Washington	147.0450	+	146.2e	W0 ARC	WAARC
			L(ECHOLINK 343657) WX		
SOUTHWEST					
Anita	147.3450	+	25el	N0BKK	N0 BKB
Atlantic	147.1500	+	● 151.4ael	N0 NGZ	CassCoRA
			rsx		
Avoca	147.2550	+	151.4l	N0 DYB	N0 DYB+N0 NDY
Bedford	147.1350	+	127.3ae	KA0 RDE	TCARA
			L(T = 203.5)rsWx		
Bridgewater	145.2300	–	136.5ars	WD0 FIA	WD0 FIA
Clarinda	146.9700	–	OaersWxx	K0 SKU	Page Co ARc
			z		
Creston	146.7900	–	136.5e	K0 CSQ	SW AI ARA
			L(ECHOLINK 107972)rsx		
Glenwood	145.2900	–	OalrsWxx	N0WKF	N0WKF
			z		
Greenfield	146.8650	–	146.2aelrs	N0 BKB	N0 BKB
			WX		
Lenox	146.8800	–	136.5/136.5l	KD0 TWE	KD0 TWE
			p		
Menlo	147.0450	+	114.8alrs	N0 BKB	N0 BKB
			WX		
Osceola	147.2100	+	136.5lrsWX	K0 SCQ	SW AI ARA
Prescott	145.1500	–	127.3eWX	N0 EIX	N0 EIX
Red Oak	146.6550	–	146.2ae	N0 NHB	N0 NHB
			L(ECHOLINK 509846)rsWX		
Shenandoah	145.2100	–	OlWX	KB0 NUR	KB0 NUR
Thurman/Tabor	145.3900	–	136.5e	WB0 YLA	WB0 YLA
			L(ECHOLINK 366048)rsWXx		
WATERLOO					
Cedar Falls	146.6550	–	136.5	KM0 K	CFARA
Fayette	147.3450	+	Oaers	KD0 BIJ	RI ARC
Independence	145.3300	–	103.5e	KC0 RMS	Buchanan Co AR
Waterloo	146.8200	–	136.5aers	W0 ALO	W0 ALO
			WXx		
Waterloo	146.9400	–	136.5aers	W0 MG	NE IA RAA
			WXx		
WEST CENTRAL					
Audubon	147.1200	+	OelWX	WA0 GUD	CVARC
Breda	147.2850	+	110.9elWx	N0 NAF	N0 NAF
Carroll	146.8050	–	110.9el	KC0 UIO	KC0 UIO
Castana	145.4700	–	136.5rs	K0 BVC	BVARC
Denison	147.0900	+	O	K0 CNM	Denison RA
			L(ECHOLINK 976560)r		
Denison	147.3300	+	O(CA)z	KC0 LGI	+WB0 GGI
Manilla	147.2250	+	151.4elWX	N0 JRX	N0 JRX + N0 DYB
			x		
Mondamin	145.1300	–	136.5	K0 BVC	BVARC
			TT(123)elrsLITZ WX		
Portsmouth	146.7450	–	136.5ars	K0 BVC	BVARC

144-148 MHz
KANSAS

Location	Output	Input	Notes	Call	Sponsor
KANSAS					
CENTRAL					
Abilene	145.3300	–	Oa(CA)er	K0AAC	DKCOEM
Great Bend	146.7600	–	Otaelr	KI0NN	KI0NN
Hays	146.7900	–	Ote L(IRLP#3917)	N7JYS	----------
Hays	147.0450	+	O 131.8/131.8eL(ECHOLINK ALLST)	N7JYS	N7JYS
Hays	147.1800	+	O 100.0/100.0aer	KC0PID	EllisCO
Hoisington	147.1350	+	O 88.5/88.5 eL(444.775)rs	K0HAM	NEKSUN
Junction City	146.8800	–	Oer	N0UZT	GC ARS
Lincoln	147.1950	+	O L((K-LINK))	NV8Q	POST ROCK
Marion	147.0900	+	O 162.2/162.2el	WX0RG	K-Link
McPherson	147.3300	+	Oe	W0TWU	McPhrsnRC
Russell	147.2850	+	Otelr	AB0UO	RUSSELL CO
Salina	146.7300	–	Oa(CA)er	N0KSC	N0KSC
Salina	147.0300	+	Oer	W0CY	CKARC
Salina	147.2700	+	Oer	N0KSC	N0KSC
Smolan	146.6250	–	Ol	WD0GAH	WB0OPI
Wilson	146.9700	–	O 118.8/118.8	K0BHN	K0BHN
EAST CENTRAL					
Emporia	145.3100	–	O 103.5/103.5	N0OFG	N0OFG
Emporia	146.9850	–	O 88.5/88.5 elr	K0HAM	EARS
Enterprise	145.1700	–	O	KE5MED	KE5MED
Garnett	146.8650	–	O	K0VEV	CHPPWARC
Matfield Green	147.0450	+	O 88.5/88.5 eL((K-LINK) K0HAM)	K0HAM	NEKSUN
Mound City	147.2850	+	Oer	WA0PPN	MnCrkARA
New Strawn	147.0750	+	O/91.5	N0MSA	----------
Osage City	146.9250	–	O 203.5/203.5	N0OFG	N0OFG
Osawatomie	147.3450	+	O 151.4/151.4e	AA0X	AA0X
Ottawa	147.3900	+	Oe L(IRLP#7989)	W0QW	OttawaARA
Paola	147.3600	+	O(CA)er	WS0WA	WhtStWrls
KANSAS CITY METRO					
Basehor	145.3900	–	O 88.5/88.5 elr	K0HAM	NEKSUN
Basehor	145.3900	–	O 88.5/88.5 eL(K0HAM)	K0HAM	NEKSUN
Blue Springs	147.0150	+	O 151./151. ex	KB0VBN	BluSprRPTR

KANSAS

Location	Output	Input	Notes	Call	Sponsor
Excelsior Spgs	145.1900	−	O 107. RBx	KØ BSJ	KØ BSJ
Excelsior Spgs	147.3750	+	O 156./156.e	KØ ESM	RayClay RC
Gladstone	145.4300	−	O	KDØ FW	KCATVG
Holt	147.0450	+	O	NØ TIX	NØ TIX
Independence	145.3100	−	O 151.er	KØ EJC	EJCECS
Independence	145.3700	−	O	KØ EJC	EJCECS
Independence	146.7300	−	Oaer	WØ SHQ	ASCRA, Inc
Independence	147.0900	+	Oa(CA)elr	WØ TOJ	IndFMARC
Kansas City	145.1300	−	Oa(CA)e	WAØ NQA	ArtShrnRC
Kansas City	145.1300	−	O(CA)e	WAØ NQA	ArtShrnRC
Kansas City	146.7900	−	O 107./107. a(CA)es	WAØ KHP	ClayCoARC
Kansas City	146.8200	−	Olrx	KCØ ARC	NEKSUN
Kansas City	146.9400	−	O 88.5/88.5 eL(KØHAM)rsZ(911)	KØ HAM	NEKSUN
Kansas City	146.9400	−	O 88.5/88.5 elrsZ(911)	KØ HAM	NEKSUN
Kansas City	146.9700	−	O 151./151.x	WØ WJB	WØ WJB
Kansas City	147.1500	+	O 151.4/151.4er	WØ LB	JyhwkARC
Kansas City	147.1500	+	O 151.4/151.4er	WØ LB	JyhwkARC
Kansas City	147.2100	+	O 151.4/151.4er	WØ KCK	WYCO EM
Kansas City	147.2100	+	O 151.4/151.4er	WØ KCK	WYCO EMA
Kansas City	147.2700	+	Oa(CA)ex	WAØ SMG	WAØ SMG
Kansas City	147.3300	+	Oa(CA)er	WAØ QFJ	TWA ARC
Kearney	147.3000	+	O 107.	KØ BSJ	KØ BSJ
Lee's Summit	145.4100	−	Oa(CA)	WAØ TEG	NEKSUN
Lee's Summit	146.7000	−	O 107./107. ex	KCØ SKY	KS SKY WRN
Lenexa	145.4900	−	O	KAØ VVX	KISS ARC
Lenexa	145.4900	−	O	KAØ VVX	KISS ARC
Liberty	145.1100	−	O	NØ ELK	NØ ELK
Louisburg	147.3150	+	O 88.5/88.5 eL(KØHAM)rs	KØ HAM	NEKSUN
Louisburg	147.3150	+	O 88.5/88.5 (CA)elrs	KØ HAM	NEXSUN
Olathe	145.4700	−	O 151.4/151.4a(CA)er	KØ ECS	JoCoECS
Olathe	145.4700	−	O 151.4/151.4 (CA)er	KØ ECS	JoCoECS
Olathe	147.2400	+	O 151.4/151.4a(CA)er	KAØ FMZ	SFTARC
Olathe	147.2400	+	O 151.4/151.4ers	KAØ FMZ	SFTARC
Overland Park	145.2900	−	O 151.4/151.4 (CA)er	WØ ERH	JCRAC

144-148 MHz
KANSAS

Location	Output	Input	Notes	Call	Sponsor
Overland Park	145.2900	−	O	W0ERH	JCRAC
			151.4/151.4er		
Overland Park	146.8350	−	O	W0WJB	------------
			151.4/151.4e		
Overland Park	146.9100	−	O 88.5/88.5	K0HAM	NEKSUN
			a(CA)e		
Overland Park	146.9100	−	O	WB0KKA	NEKSUN
			151.4/151.4ers		
Raymore	147.1200	+	Oes	KC0JGA	SSARC
Raytown	145.1700	−	O 151./151.e	K0GQ	Raytown AR
Shawnee	145.2100	−	Oer	WB0HAC	SRACT
Shawnee Msn	145.2100	−	O(CA)er	WB0HAC	SRACT
Shawnee Msn	145.2300	−	O(CA)el	WB0RJQ	WB0RJQ
Smithville	146.6400	−	Osx	KC0IMO	N0VER

NORTH CENTRAL

Location	Output	Input	Notes	Call	Sponsor
Beloit	145.3100	−	Oe	WA0CCW	SVRC
Clay Center	145.1500	−	O	KD7QAS	------------
			100.0/100.0 L(ECHOLINK#367513)		
Clay Center	147.1650	+	O	NV8Q	RVARC
			162.2/162.2elr		
Concordia	146.8650	−	Oer	K0KSN	KNRC
Concordia	146.9250	−	O 162.2e	K0KSN	NCK RC
			L((K-LINK))r		
Greenleaf	147.0600	+	Or	AC0I	BlueVlyRA
Minneapolis	147.2250	+	O	NV8Q	K-Link
			162.2/162.2aers		
Norton	147.3000	+	O	N0KOM	NrtnSgCrp
			131.8/131.8e		
Osborne	147.3750	+	O	NZ0M	ORUG
			162.2/162.2 L((K-LINK))r		
Phillipsburg	147.1200	+	Oel	AA0HJ	AA0HJ
Smith Center	146.6100	−	O	N0LL	USCARC

NORTHEAST

Location	Output	Input	Notes	Call	Sponsor
Effingham	146.6100	−	O	K0DXY	ACARS
			100.0/100.0a		
Hiawatha	147.1800	+	Ote	WA0W	HARC
Holton	146.7750	−	Oa(CA)e	AA0MM	JacksonARC
Junction City	147.3150	+	O	KS1EMS	K-Link
			162.2/162.2l		
Lawrence	146.7600	−	Ot	W0UK	DCARC
Lawrence	147.0300	+	O 88.5/88.5	N0APJ	DG CO EP
			er		
Leavenworth	145.3300	−	Oe	N0KOA	WB0YNE
Leavenworth	147.0000	+	O	KS0LV	PKARC
			151.4/151.4a(CA)er		
Manhattan	145.4100	−	O	W0QQQ	KSU ARC
Manhattan	147.2550	+	O 88.5/88.5	KS0MAN	MAARS
			ae		
Marysville	147.2850	+	O	W0DOD	MCARC

KANSAS

Location	Output	Input	Notes	Call	Sponsor
Mission	147.1650	+	O 151.4/151.4elr	WBØ KIA	WYCO RACES
Riley	146.6850	−	O 162.2/162.2 L((K-LINK))	KS1	K-Link
Seneca	146.7150	−	Oer	KBØ DEU	NMCOCD
Topeka	147.1950	+	O 88.5/88.5 KØ HAM eL(K0HAM)	KØ HAM	NEKSUN

NORTHWEST

Location	Output	Input	Notes	Call	Sponsor
Colby	146.8200	−	O 156.7/156.7er	NWØ K	TARC
Goodland	147.0300	+	O 88.5/88.5 (CA) L(IRLP 3769)	KSØ GLD	SCARE
Lenora	146.8800	−	O 162.2/162.2eL((K-LINK))	NØ KOM	NTNCTYRUG
Norton	145.3500	−	Olr	WDØ AVA	WDØ AVA
Oberlin	145.1900	−	O	KBØ DZB	TRI-STATE

SOUTH CENTRAL

Location	Output	Input	Notes	Call	Sponsor
Anthony	146.6850	−	Oae	NØ CR	NØ CR
Arkansas City	147.0000	+	O 97.4/97.4 r	WAØ JBW	CWLYCOARC
Beaumont	145.1300	−	O	KSØ KE	KARS
Hutchinson	146.6700	−	O 156.7/156.7er	WBØ EOC	ERCRC
Hutchinson	146.8200	−	Oe	WØ UUS	WARC
Hutchinson	147.1200	+	O 103.5/103.5elr	WØ WR	RCKARA
Kiowa	147.0150	+	Oaelr 103.5/103.5a(CA)eL(ECHOLINK#105011)	KB5MDH	KDE-TV36
Kiowa	147.1800	+	O 103.5/103.5el	W5ALZ	GSPARC
Medicine Lodge	146.8800	−	Oer	KCØ GEV	W5ALZ
Newton	145.1100	−	Oer	NØ EVF	SKYWARN
Newton	146.6100	−	O 103.5/103.5eL((K-LINK))r	WØ BZN	NEWTON ARC
Pratt	146.7000	−	Oae	WBØ OAO	WBØ OAO
Wellington	146.6400	−	O 103.5/103.5	WAØ QPY	WLNGTNARC
Wellington	147.2400	+	O	WAØ ZFE	WAØ ZFE
Winfield	145.1900	−	Orx	WAØ JBW	CWCOARC

SOUTHEAST

Location	Output	Input	Notes	Call	Sponsor
Chanute	145.3500	−	●t	NØ WXG	NØ WXG
Chanute	146.7450	−	O 100.0/100.0r	AIØ E	CAARC
Chanute	147.1050	+	O 91.5/91.5	KZØ V	------------
Coffeyville	146.6100	−	O 91.5/91.5 e	WRØ CV	COFYVLARC
Coffeyville	147.3000	+	O 91.5/91.5	NUØ B	CARC
Fort Scott	146.7150	−	O 91.5/91.5	KBØ SWH	------------
Gas	147.3750	−	O/179.9	WIØ LA	IARC
Humboldt	147.1800	+	O	WBØ SHN	WBØ SHN

144-148 MHz
KANSAS

Location	Output	Input	Notes	Call	Sponsor
Independence	145.4900	−	O 91.5/91.5	N0ID	IARC
Independence	147.0150	+	O 91.5/91.5	N0ID	IARC
Parsons	145.2500	−	O 91.5/91.5 a(CA) L(ECHOLINK#305758)	W0PIE	W0PIE
Parsons	146.6850	−	O 91.5/91.5 e	AA0PK	PAARC
Pittsburg	146.9400	−	O 91.5/91.5 a(CA)e	K0PRO	PRO
Pittsburg	147.2400	+	O 91.5/91.5 a(CA)	K0PRO	PRO

SOUTHWEST

Location	Output	Input	Notes	Call	Sponsor
Dodge City	146.6100	−	O 67.0/67.0 er	K0BAI	K0BAI
Dodge City	147.0300	+	O 123.0/123.0aeL(ECHOLINK)	KU0L	KU0L
Dodge City	147.1650	−	O 88.5/88.5 ers	K0HAM	NEKSUN
Garden City	146.9100	−	O 141.3/141.3e	W0GCK	SNDHILSARC
Hugoton	147.2400	+	Oe	W0QS	SPARK
Lakin	146.9850	−	O 156.7/156.7e	N0OMC	N0OMC
Liberal	146.8050	−	O 103.5/103.5ae	W0KKS	SPARK
Plains	147.1800	+	O	WK0DX	WK0DX
Sublette	147.3000	+	Oa(CA)	N0DRB	N0DRB/CRO
Ulysses	147.0600	+	Oe	K0ECT	SKECT

TOPEKA

Location	Output	Input	Notes	Call	Sponsor
Canton	145.2900	−	O 186.2/186.2ae	KC0IFO	----------
Carbondale	147.3000	+	O 88.5/88.5 e	KB0WTH	----------
Hoyt	145.2700	−	O 88.5/88.5 er	W0CET	KVARC
Meriden	146.8350	−	Oer	N0LFN	BARCBADS
St Marys	146.9550	−	O 88.5/88.5 eL((K-LINK) K0HAM)rs	K0HAM	NEKSUN
Topeka	145.4500	−	O 88.5/88.5 aer	W0CET	KVARC
Topeka	146.6700	−	O 88.5/88.5 aeL(ECHOLINK#157350)r	WA0VRS	911 Top

WEST CENTRAL

Location	Output	Input	Notes	Call	Sponsor
Scott City	146.7000	−	Oe	K0EQH	SNDHILSARC
Syracuse	146.7750	−	Oe	KA0TAO	KA0TAO

WICHITA

Location	Output	Input	Notes	Call	Sponsor
Derby	145.4700	−	O 156.7/156.7 L(ECHOLINK#44447)	KC0SOK	ALRERC
Derby	146.6400	−	Ote	KD0HNB	----------
Derby	146.8500	−	O 103.5/103.5elrWX	W0UUS	WARC

144-148 MHz — KANSAS-KENTUCKY

Location	Output	Input	Notes	Call	Sponsor
El Dorado	147.1500	+	O	WØRGB	FlntHlsRC
El Dorado	147.2100	+	O 100.0/100.0e	KØFAO	KARS
Goddard	147.0600	+	O 156.7/156.7 L(ECHOLINK#350393)	WFØA	ALRERC
Haysville	145.4100	−	Oa(CA)er	KAØRT	KAØRT
Haysville	147.1050	+	Oa(CA)er	KAØRT	KAØRT
Mulvane	146.7150	−	O 100.0/100.0e	NØKTA	MLVANEARC
Valley Center	147.3900	+	Or	KØFFR	KØFFR
Wichita	145.2700	−	Ote L(ECHOLINK#358668)	WØVFW	VFW3115
Wichita	146.7900	−	O 103.5/103.5e	WØSOE	WARC
Wichita	146.8950	−	Oa	KCØAHN	BEARS
Wichita	146.9400	−	Oa(CA)er	WAØRJE	TECNICHAT

KENTUCKY

Location	Output	Input	Notes	Call	Sponsor
Agnes	145.4500	−	O 77/77	W4RRA	W4XXA
Allen	147.1650	+	O 100/100e l	KJ4VF	-------------
Allen	147.3000	+	O 123/123	K4ICN	-------------
Artemus	147.3900	+	O 107.2/107.2es	N4INT	-------------
Ashland	147.2400	−	O 107.2/107.2e	KC4QK	ASHLAND 24 RP
Bardstown	145.4700	−	O 151.4/151.4e	KB4KY	KB4KY
Beaver Dam	145.1700	−	O 136.5/136.5ers	KI4HEC	KI4HEC
Benton	145.3900	−	O 118.8/118.8e	KI4HUS	N4STW
Bonnieville	146.8950	−	O 114.8/114.8e	KY4X	MCARC Inc
Bowling Green	146.6250	−	O 100/100	W4WSM	-------------
Bowling Green	147.1650	+	O 100/100l sWX	W4WSM	-------------
Bowling Green	147.3300	+	O 107.2/107.2e	KY4BG	KY4BG
Brooks	146.7000	−	O 79.7/79.7 elsWX	KY4KY	KY4KY
Buckhorn Lake	147.3750	+	O 103.5/103.5	K4XYZ	K4XYZ
Buffalo	147.2550	+	O 77/77	W4LJM	W4LJM
Buttonsberry	146.7300	−	O 82.5/82.5	KY4MA	NU4O
Cane Valley	146.6400	−	O	WA4UXJ	club
Cerulean	147.1950	+	O 136.5/136.5e	KY4KEN	WD4INS
Columbia	147.1950	+	O 136.5/136.5eWX	KY4TF	-------------

144-148 MHz
KENTUCKY

Location	Output	Input	Notes	Call	Sponsor
Corbin	146.6100	−	Oe	WD4KWV	WD4KWV
Crestwood	147.3900	+	O 151.4/151.4es	KY4OC	K4LLS
Danville	145.3100	−	O 100/100es	W4CDA	W4CDA
Dawson Springs	146.7750	−	O 103.5/103.5	KF4CWK	Dawson Springs ARC
Dewdrop	147.0300	+	O 107.2/107.2e	KD4DZE	KD4DZE
Dixon	145.3500	−	O 71.9/71.9 es	AJ4SI	------------
Dorton	146.8950	+	O 127.3/127.3el	KC4KZT	------------
Drakesboro	146.8200	−	O 107.2/107.2e	KF4DKJ	Muhlenberg Co ARS
East Bernstadt	147.1800	+	O 151.4/151.4 E-SUN	KE4GJG	------------
Edgewood	147.2550	+	O 123/123	K4CO	Northern Ky ARC
Elizabethtown	145.3500	−	O 103.5/103.5esWX	WX4HC	Emergency Coordinat
Elizabethtown	146.9800	−	Ol	W4BEJ	LINCOLN TRAIL AR
Frankfort	147.1050	+	O 107.2/107.2e	K4TG	K4TG
Franklin	147.1350	+	O 136.5/136.5s	KE4SZK	KE4SZK
Georgetown	146.6850	−	O 107.2/107.2s	NE4ST	NE4ST
Glasgow	146.9400	−	O 114.8/114.8e	KY4X	MCARC Inc
Grayson	146.7000	−	O 107.2/107.2es	KD4DZE	KD4DZE
Grethel	147.0450	+	O 100/100l	KJ4VF	KJ4VF
Halls Gap	146.7900	−	O 79.9/79.9	KT4HR	Lincoln County EMA
Hamlin	147.2400	+	O 91.5/91.5	W4GZ	K4MSU
Hardin	146.9850	−	O 123/123	KN4CG	JCRA
Harlan	147.1050	+	O 103.5/103.5esWX	KK4KCQ	------------
Hartford	147.3750	+	O 77/77	KD4BOH	------------
Hawesville	146.7150	−	O 136.5/136.5e	KY4HC	HARC
Hazard	146.6700	−	O 103.5/103.5elsWX	KY4MT	KY4MT
Henderson	145.4900	−	O 103.5/103.5	W4KVK	W4KVK
Henderson	146.9700	−	Oe	WA4GDU	WA4GDU
Highland Heights	146.7900	−	O 123/123	W4YWH	------------
Highland Heights	146.8950	−	O 123/123	K4CO	K4CO
Hopkinsville	147.0300	+	O 103.5/103.5e	KD4ULE	KD4ULE
Inez	145.2700	−	O 127.3/127.3esWX	N4KJU	------------

144-148 MHz
KENTUCKY

Location	Output	Input	Notes	Call	Sponsor
Irvine	146.8200	–	O 192.8/192.8ers	W4CMR	W4CMR
Irvine	147.0150	+	O 100/100e	AD4RT	KY4LD
Jackson	147.2700	+	O 103.5/103.5elsWX	K4TDO	------------
Jamestown	145.4500	–	O 179.9/179.9esWX	K4KAK	------------
LaGrange	147.2100	+	O 88.5/88.5	WB4WSB	------------
Lawrenceburg	145.1100	–	O 107.2/107.2e	KY4LAW	KY4LAW
Lawrenceburg	146.8350	–	O 107.2/107.2e	K4TG	K4TG
Lexington	145.2500	–	O 110.9/110.9	AD4YJ	------------
Lexington	146.7600	–	Oa(CA)e	K4KJQ	Bluegrass ARS
Lexington	146.9400	–	O 88.5/88.5 es	KY4K	------------
Lexington	147.1200	+	O 141.3/141.3esWX	K4UKH	------------
Lexington	147.1650	+	Oa(CA)	K4KJQ	Bluegrass ARS
Louisa	147.3900	+	O 127.3/127.3elsWX	WA4SWF	N8QCW
Louisville	145.4100	–	O 151.4/151.4	KK4CZ	KK4CZ
Louisville	146.8800	–	O 100/100e	W4PF	W4PF
Louisville	147.0300	+	O 151.4/151.4e	W4PJZ	LVL & JEF EME
Louisville	147.0700	+	O 151.4/151.4	N4MRM	------------
Louisville	147.1800	+	O 79.9/79.9	W4CN	W4CN
Louisville	147.2700	+	O 151.4/151.4e	WB4EJK	------------
Louisville	147.3600	+	Oe	KQ9Z	Donn Baker
Lynch	147.2100	+	O 103.5/103.5	K4BKR	------------
Madisonville	146.6100	–	O 100/100rs	KC4FRA	Hopkins County
Madisonville	147.0900	+	O 82.5/82.5	KC4FIE	KC4FIE
Madisonville	147.2700	+	Oe	KE4AIE	KE4AIE
Magnolia	146.6700	–	O 77/77	WA4FOB	------------
Manchester	146.9250	–	O 79.7/79.7 elWX	KG4LKY	------------
Marion	147.2850	+	O 100/100e	KA4FGA	------------
Mayfield	145.1100	–	O 179.9/179.9	WA6LDV	KF4GCD
Middlesboro	146.7750	–	O 79.7/79.7 e	KA4OAK	KA4OAK
Monticello	145.1500	–	O 100/100e	AC4DM	AC4DM
Monticello	146.9950	–	O 88.5/88.5 e	WB9SHH	------------

KENTUCKY

Location	Output	Input	Notes	Call	Sponsor
Morehead	145.1300	−	O 100/100e l	KJ4VF	KJ4VF
Morehead	146.9100	−	O 123/123	K4GFY	------------
Morgantown	146.6550	−	O 100/100s WX	W4WSM	W4WSM
Mt Vernon	146.7150	−	O 100/100e rs	KF4OFT	KF4OFT
Murray	146.9400	−	O 91.5/91.5 eWX	K4MSU	K4MSU
Nicholasville	145.4900	−	O	K4HH	Jessamine Amateur
Owensboro	145.3300	−	O 103.5/103.5	K4HY	Owensboro Amateur
Owensboro	146.6850	−	O	N4WJS	N4WJS
Owensboro	146.8650	−	O 82.5/82.5	KJ4TLE	KJ4TLE
Owensboro	147.2100	+	O 110.9/110.9es	K4HY	OARC
Owingsville	147.0750	+	O 123/123	N4EWW	Terry W. Stewart
Paducah	146.7600	−	O	K4CUW	K4CUW
Paducah	147.0600	+	O 179.9/179.9	W4NJA	W4NJA
Paducah	147.1200	+	O 179.9/179.9e	KD4DVI	KD4DVI
Paintsville	147.2250	+	O 127.3/127.3esWX	KY4ARC	KY4ARC
Phelps	147.0900	+	O 100/100e l	N4MWA	N4MVY
Pikeville	145.1500	−	O 127.3/127.3el	K4PDM	K4PDM
Pleasure Ridge Park	147.3750	+	O 151.4/151.4	N4MRM	------------
Powderly	146.7450	−	O 107.2/107.2e	KA4HHW	KF4DKJ
Prestonsburg	145.3100	−	O 127.3/127.3ls	KY4ARC	AMATUER RADIO C
Princeton	145.2300	−	O 179.9/179.9es	W4KBL	W4KBL
Radcliff	146.9250	−	Ol	W4BEJ	Lincoln Trail ARC
Radcliff	147.1500	+	O 103.5/103.5esWX	WX4HC	Emergency Coordinat
Richmond	145.3700	−	O 192.8/192.8a(CA)ers	KE4YVD	KE4YVD
Richmond	146.8650	−	O 192.8/192.8ers	KM4EOC	
Rosine	145.2700	−	O 77/77e	KD4BOH	KD4BOH
Russell Springs	146.9550	−	O 100/100e WX	N4SQV	------------
Salyersville	146.6250	−	O 127.3/127.3elsWX	KY4CM	------------
Sandy Hook	147.1350	+	O 107.2/107.2e	KD4DZE	KD4DZE

144-148 MHz 203
KENTUCKY-LOUISIANA

Location	Output	Input	Notes	Call	Sponsor
Shelbyville	147.0000	+	o	KE4LR	STUBBLEFIELD
Somerset	146.8800	–	o 77/77e	AC4DM	AC4DM
St Matthews	145.2900	–	o 151.4/151.4e	AC2DC	AC2DC
Stanton	145.2900	–	o	N4VOS	------------
Stanville	145.1900	145.5900	o 100/100e l	KJ4VF	KJ4VF
Tompkinsville	146.7750	–	o 151.4/151.4e	KJ4OG	------------
Uniontown	145.2900	–	o 77/77e	KJ4HNC	------------
Vanceburg	146.7750	–	o 100/100e	AE4SK	AE4SK
Versailles	145.3300	–	oes	KY4WC	Woodford County
Walton	147.3750	+	o 123/123	K4CO	K4CO
Westview	147.0600	+	o 136.5/136.5	KY3O	------------
Whitesburg	145.3500	–	o 186.2/186.2elsWx	KK4WH	------------
Winchester	145.4300	–	o 203.5/203.5eWx	W4PRC	Pioneer ARC
Winchester	147.1950	+	o 100/100l	KJ4VF	------------

LOUISIANA
REG 1 NEW ORLEANS

Location	Output	Input	Notes	Call	Sponsor
Belle Chasse	146.8950	–	o 114.8e L(444.175)rs	KA5EZQ	PPOEP
Chalmette	146.8600	–	o 114.8/114.8 (CA)er	W5MCC	SELCOM
Gretna	147.0750	+	o 114.8/114.8e	W5MCC	SELCOM
Marrero	146.9400	–	o 114.8ers	W5ABD	WARC
Marrero	147.1500	+	o 114.8 (CA)ers	N5SC	N5SC
Metairie	145.3700	–	o 114.8/114.8	W5GAD	JARC
Metairie	147.3600	+	●	W5RU	DDXA
New Orleans	146.7750	–	o 114.8esx	W5MCC	SELCOM
New Orleans	146.8200	–	o 114.8	N5OZG	N5OZG
New Orleans	146.9600	–	o 114.8	W5UNO	UNOE
New Orleans	147.0300	+	o 114.8/114.8ex	K5LZP	SELCOM
Port Shulphur	146.6550	–	o 114.8e L(444.075)rs	KA5EZQ	PPOEP

REG 2 BATON ROUGE

Location	Output	Input	Notes	Call	Sponsor
Baton Rouge	145.2300	–	o 107.2/107.2 (CA)elx	W5GQ	WAFB-TV-E
Baton Rouge	145.4500	–	oaez	WA5TQA	OMIK-BR
Baton Rouge	145.4900	–	oaelx	KD5SL	RASC
Baton Rouge	146.7900	–	o 107.2e	W5GIX	BRARC
Baton Rouge	146.9400	–	o 107.2er	KD5CQB	EBRP OEP
Baton Rouge	147.2550	+	o	N5NXL	BRRG

144-148 MHz
LOUISIANA

Location	Output	Input	Notes	Call	Sponsor
Baton Rouge	147.3450	+	O 100ael	W5DOW	Dow ARC
Fordoche	147.1800	+	Oersx	KE5WQB	F-RACES
Gonzales	145.3100	−	O 107.2	K5ARC	ASCN ARC
Gonzales	147.2250	+	O 107.2e	K5ARC	ASCN ARC
Holden	146.7300	−	O 107.2e	W5LRS	LARS
St Francisville	146.8350	−	O 114.8	KD5UZA	KD5UZA
REG 3 THIBODAUX					
Convent	146.9850	−	O 107.2e	K5ARC	ASCN ARC
LaPlace	146.8050	−	114.8	KD5CQA	Plantation ARC
Theriot	147.3000	+	O 114.8e	W5YL	THBDX ARC
Thibodaux	145.2100	−	O 114.8	WD5CFM	BRARS
Thibodaux	147.3900	+	Oe	W5YL	THBDX ARC
REG 4 LAFAYETTE					
Abbeville	147.0600	+	O	KC5Z	VARC
Berwick	146.7450	−	O 103.5/103.5a	N5BOD	N5BOD
Carencro	145.2900	−	O	W5NB	W5NB
Crowley	147.2400	+	O 127.3 (CA)e	K5ET	TV 10 RG
Duson	147.0400	+	O 103.5/103.5e	W5EXI	ACDN ARA
Franklin	147.1200	+	Oaer	N5BOD	ST MRY CD
Lafayette	145.3700	−	O 103.5/103.5e	KF5VH	LRA
Lafayette	146.8200	−	O 103.5/103.5ae	W5DDL	ACDN ARA
Morgan City	146.9100	−	Oaer	N5BOD	ST MRY CD
New Iberia	145.4100	−	O 103.5es	K5BLV	ADXA
New Iberia	146.6800	−	O 103.5/103.5aer	K5ARA	IBR PR OEP
Opelousas	147.1500	+	O 103.5/103.5 Bi	W5OPL	OPLS AARC
REG 5 LAKE CHARLES					
DeRidder	146.8500	−	O 203.5x	N5LX	N5LX
Kinder	146.9250	−	O 203.5 E-SUN	W5ELM	W5ELM
Lake Charles	145.2100	−	O 103.5	W5BII	SWLARC
Lake Charles	146.7300	−	O 173.8/173.8ae	W5BII	SWLARC
Sulphur	145.3500	−	O 103.5/103.5 (CA)e	W5BII	SWLARC
REG 6 ALEXANDIRA					
Jonesville	146.9600	−	O 127.3	N5TZH	N5TZH
REG 6 ALEXANDRIA					
Alexandria	145.4700	−	O 173.8lrs	KC5ZJY	ARCCLA
Alexandria	147.3300	+	O 173.8elr sWX	KC5ZJY	ARCCLA
Leesville	145.3100	−	O 173.8 (CA)elz	W5LSV	WCLARC
Leesville	147.3900	+	O 203.5	W5TMP	WCLARC

144-148 MHz
LOUISIANA

Location	Output	Input	Notes	Call	Sponsor
Many	146.6250	−	173.8 (CA)e	N0TRQ	SPOEP
Many	147.2800	+	O 173.8ael s	K5MNY	ARCS
Moreauville	145.1300	−	O 173.8e	KA5KON	AVOY OEP
Natchitoches	146.8800	−	O 173.8	N5LSY	N5LSY
Pineville	147.3750	+	O 173.8elr s	KC5ZJY	ARCCLA
Winnfield	147.0600	+	O 173.8esx	KE5IXL	WPARES
REG 7 SHREVEPORT					
Bossier	147.1500	+	O 186.2elr sWXz	K5BMO	B.M.O.
Coushatta	145.2700	−	O 186.2 (CA)er	K5EYG	RRARA
Haughton	147.2400	+	O 123e	KC5UCV	KC5UCV
Mansfield	146.9400	−	Oaer	KC5XR	UNTD R AC
Minden	147.3000	+	O 186.2a	N5RD	MARA
Shreveport	145.1100	−	O 186.2e	K5SAR	S.A.R.A.
Shreveport	145.4100	−	O 186.2e	KC5OKA	ARK LA TX
Shreveport	145.4300	−	Oal	KB5PKW	MARA
Shreveport	146.6700	−	O 186.2e WXx	N5SHV	ARCOS
Shreveport	146.7000	−	O 186.2e	K5SAR	SARA
Shreveport	146.7600	−	O 186.2ae	N5SHV	ARCOS
Shreveport	146.8200	−	O 186.2 (CA)e	K5SAR	S.A.R.A
Springhill	146.7300	−	Oa	W5KJN	SPHL ARC
Springhill	147.1650	+	Owx	AF5P	ARKLA ARA
REG 8 MONROE					
Bernice	145.3300	−	O 127.3	W5JC	W5JC
Bernice	147.0750	+	O 127.3	W5JC	W5JC
Columbia	147.0150	+	O 103.5ex	K5NOE	K5NOE
Farmerville	145.2300	−	Oers	KA5JNL	UP-ARES
Jonesboro	146.7900	−	Os	WB5NIN	JAARO
Kilbourne	146.7750	−		KJ5NQ	KJ5NQ
Monroe	146.8500	−	Oersx	N5DMX	N5DMX
Rayville	145.4900	−		WA5KNV	Beouf R RA
Ruston	145.1900	−	O 94.8ael LITZx	N5WLG	N5WLG
Ruston	147.1200	+	O 94.8es	WC5K	PHARA
West Monroe	145.4500	−	O 127.3els	W5KGT	W5KGT
West Monroe	146.9700	−	O	WB5SOT	WB5SOT
West Monroe	147.1350	+	O 127.3ael rsLITZ WXxZ(911)	W5KGT	W5KGT
REG 9 HAMMOND					
Hammond	145.1300	−	O 107.2/107.2e	WB5NET	SELARC
Hammond	147.0000	−	O 107.2/107.2 (CA)ez	WB5NET	SELARC
LaCombe	145.2900	−	O 114.8/114.8	W5SLA	Ozone ARC

144-148 MHz
LOUISIANA-MAINE

Location	Output	Input	Notes	Call	Sponsor
LaCombe	146.6100	+	O 114.8/114.8	W5MCC	SELCOM
LaCombe	146.6400	−	O 114.8l	N5UK	N5UK
LaCombe	147.2700	+	O 114.8/114.8e	W5SLA	Ozone ARC
Madisonville	147.3750	+	O 107.2e	W5NJJ	NLAKE ARC+
Mandeville	146.7150	−	O 107.2/107.2 (CA)e	W5NJJ	NLAKE ARC+
Sheriden	145.4300	−	O 107.2/107.2e	WA5ARC	WARC

STATEWIDE
Location	Output	Input	Notes	Call	Sponsor
Shared	145.1700	−	#		------------

MAINE
AROOSTOOK COUNTY

Location	Output	Input	Notes	Call	Sponsor
Allagash	146.7150	−	O 100.0 E-SUN	N1FG	SJVARA
Fort Fairfield	147.3900	+	O	KB1JVP	KB1JVP
Fort Kent	146.6400	−	O 100.0 E-SUNX	N1FG	SJVARA
Frenchville	147.3300	+	O 103.5	N1FCV	N1FCV
Madawaska	146.8200	−	O 179.9eBl	KB1NLQ	PChasse
Merrill	145.1700	−	O 123.0e L(147.000 LINCOLN) WXx	KB1JVP	KB1JVP
North Wade	146.7300	−	Oe	K1FS	AARA

AUGUSTA

Location	Output	Input	Notes	Call	Sponsor
Augusta	146.6700	−	O 100.0ae L(KQ1L LINK SYSTEM)rsWX	KQ1L	KQ1L
Augusta	146.7900	−	● 157.6er WX	KQ1L	KCEMA
Gardiner	147.2550	+	O 114.8 (CA)eL(147.270 KNOX)rs	KB1RAI	Late Night
Kents Hill	147.0000	+	O 100.0e L(449.275)	W1PIG	KARS
Litchfield	146.7000	−	O 100.0e L(KQ1L LINK SYSTEM)rsWXx	N1ITR	N1ITR/KQ1L
Waterville	146.9250	−	O 100.0e L(KQ1L LINK SYSTEM)r	KQ1L	KQ1L
Winslow	146.7600	−	O 103.5	KD1MM	KD1MM

CENTRAL/BANGOR

Location	Output	Input	Notes	Call	Sponsor
Bangor	145.4500	−	O 67.0eprs	WA1RES	PnbCtyARES
Beaver Cove	147.2550	+	O 131.8e	W3VNE	SDHiggins
Brownville	147.1050	+	O 103.5esx	N1BUG	N1BUG
Dixmont	146.8500	−	O 100.0e L(KQ1L LINK SYSTEM)rsWXx	KQ1L	KQ1L
East Holden	146.9400	−	O 100.0e	N1ME	PSARC
East Millinocket	146.7450	−	O 100.0 L(145.250/449.275)	KA1EKS	KA1EKS
Hampden	147.3000	+	O 100.0e WX	W1GEE	W1GEE

144-148 MHz
MAINE

Location	Output	Input	Notes	Call	Sponsor
Hermon	147.1200	+	O 77.0e	W1DLO	DLO
Lincoln	147.0000	+	O 100.0 L(KQ1L LINK SYSTEM)	KQ1L	KQ1L
Millinocket	145.2500	–	O 100.0 L(146.745/449.275)	KA1EKS	KA1EKS
Milo	147.1500	+	O 123.0epr	KB1ZQY	Ps.Cty.EMA
Orono	145.4700	–	71.9	W1YA	U ME ARC
Springfield	147.3750	+	O 100.0ex	WA1ZJL	WA1ZJL
MID-COAST					
Belfast	147.1650	+	O 136.5epr s	W1EMA	WCARA
Ellsworth	146.9100	–	O 151.4ers x	KB1NEB	HC EMCOMM
Franklin	146.6100	–	O 107.2	WB5NKJ	WB5NKJ
Hope	147.2400	+	O	WA1ZDA	WA1ZDA
Hulls Cove	147.0300	–	O 100.0e	W1TU	EAWA
Knox	145.4100	–	Oe L(D-STAR)rs	W1EMA	WCARA
Knox	147.2700	+	O 136.5e L(147.255 GARDINER)rs	W1EMA	WCARA
Palermo	145.2700	–	O 100.0 L(145.390/449.275)	W1PIG	KARS
Rockland	147.0600	+	O 91.5 (CA) eL(147.060 WASHINGTON)rsx	W1PBR	PBay RACES
Rockport-Ragged Mtn	146.8200	–	O 100.0e L(KQ1L LINK SYSTEM)rsWXx	KQ1L	KQ1L
Washington	145.4900	–	O 91.5ae L(147.135 BRUNSWICK)rs	KC1CG	KC1CG
Washington	147.0600	+	O 91.5 (CA) eL(147.060 ROCKLAND)rsx	W1PBR	PBay RACES
NORTHWEST					
Buckfield-Strkd Mtn	146.8800	–	O 100.0e L(KQ1L LINK SYSTEM)rsWXx	KQ1L	KQ1L
Farmington	145.3900	–	O 100.0 L(E15061/443.200/224.640)rsWXx	W1PIG	KenebecARS
Farmington	147.1800	+	O 123.0	W1BHR	KY1C
Hiram	147.0150	+	O 103.5ex	K1AAM	K1AAM
Madison	146.7300	–	O 91.5es	KA1C	KA1C
New Sharon	145.3500	–	O 100.0e L(KQ1L LINK SYSTEM)	N1UGR	KQ1L
Norway	147.1200	+	O 136.5ers	W1OCA	OCARES
Rumford	146.9100	–	O 100.0ex	N1BBK	N1BBK
Skowhegan	147.3450	+	O	KA1ZGC	KA1ZGC
Sugarloaf Mtn	146.9700	+	O 100.0e L(KQ1L LINK SYSTEM)rsWXx	KQ1L	KQ1L
Woodstock	146.6400	–	O 103.5 L(N1ROA)	N1ROA	N1ROA
PORTLAND/SOUTH COAST					
Alfred	145.4100	–	O 103.5e	WJ1L	RACES
Alfred	147.3450	+	O 123.0	W1BHR	BHRG/YARES

144-148 MHz
MAINE-MARYLAND

Location	Output	Input	Notes	Call	Sponsor
Arundel	146.9250	–	O 103.5 (CA)eL(444.600 WATERBORO)r	W6BZ	N East ARC
Auburn	146.6100	–	O 88.5e	W1NPP	AARC
Biddeford	147.1500	+	O 79.7 L(D-STAR)	KC1ALA	KA1JWM
Brunswick	147.1350	+	O 103.5e L(444.9)x	WZ1J	G.R.U.
Falmouth	145.3400	–	O L(DMR:CC12 NEDECN)	W1IMD	RGRS
Falmouth	146.7300	–	O 100.0ers x	W1KVI	PAWA
Falmouth	147.0900	+	O 100.0ae sWXx	W1QUI	W1QUI
Gray	147.0450	+	O 103.5e	K1MV	RRRA
Livermore Falls	147.2250	+	O 123.0	W1BHR	BHRG
Naples	146.8350	–	O 103.5x	K1AAM	K1AAM
Phippsburg	147.2100	+	O 100e L(C4FM)sx	W1ZE	MARA
Poland Spring	147.3150	+	103.5x	K1AAM	K1AAM
Portland	147.3600	+	O 100.0	K1SA	K1SA
Sanford	147.1800	+	O 131.8e L(KQ1L LINK SYSTEM)rsWxx	KQ1L	KQ1L
Shapleigh	145.1100	–	O L(DMR:CC4 NEDECN)	K1DQ	K1DQ
Waldoboro	147.3900	+	O 179.9	K1NYY	K1NYY
Wales	145.2900	–	O 100e L(145.390/449.275/145.270/443.200)sWXx	W1PIG	KARS
Westbrook	147.2700	+	O 103.5e L(444.6) WXx	N1SNR	N1ROA

WASHINGTON COUNTY

Location	Output	Input	Notes	Call	Sponsor
Calais	147.0450	+	O 162.2es	W1LH	R Holst
Cooper	146.9850	–	O 179.9e L(D-STAR DMR)sWXx	W1LH	CMRG
Cooper	147.3300	+	O 118.8s WX	W1LH	W1LH
Marshfield	146.7750	–	O 192.8 E-SUN	K1HF	K1HF
Topsfield	146.6700	–	O 100.0 L(KQ1L LINK SYSTEM)	K1HHC	COORDEXP

MARYLAND
ALL

Location	Output	Input	Notes	Call	Sponsor
SNP	145.1700	–	O		-----------

ANNAPOLIS

Location	Output	Input	Notes	Call	Sponsor
Davidsonville	147.1050	+	O 107.2ae z	W3VPR	AARC
Millersville	146.8050	–	O 107.2aer Z(911)	W3CU	MMARC

BALTIMORE

Location	Output	Input	Notes	Call	Sponsor
Baltimore	147.0300	+	O(CA)elWX	WB3DZO	BRATS

MARYLAND

Location	Output	Input	Notes	Call	Sponsor
Baltimore	147.3450	+	O 127.3	N3HIA	N3HIA
Cockeysville	145.1900	−	O 110.9	K3NXU	Boumi ARC
Columbia	147.1350	+	O 156.7er	K3CUJ	Col. ARA
Cooksville	147.3900	+	O 156.7ers WX	K3CUJ	Col. ARA
Curtis Bay	147.0750	+	O 107.2 (CA)elrswX	W3VPR	AARC
E Baltimore	147.2400	+	Ol	W3PGA	Aero ARC
Jessup	146.7600	−	O 107.2l	WA3DZD	MFMA
Jessup	146.7600	223.1600	O 107.2l	WA3DZD	MFMA
Jessup	146.7600	449.0000	O 107.2l	WA3DZD	MFMA
Towson	145.1400	−	Oe L(DSTAR) WX	W3DHS	BCACS
Towson	146.6700	−	O 107.2ael r	W3FT	BARC
CENTRAL MD					
Damascus	145.2500	−	O 146.2lrs WX	N3VNG	KK3L
CUMBERLAND					
Cumberland	145.4500	−	O 123.0elr WX	W3YMW	Mtn ARC
Cumberland	147.1050	+	O 192.8r	WX3M	WX3M
FREDERICK					
Frederick	146.6400	−	O 156.7	K3ERM	FARC
Frederick	146.7300	−	O 141.3e	W3ICF	FARG
Frederick	147.0600	+	O 146.2elr sWX	K3MAD	MADXRA
Thurmont	147.1950	+	O 179.9e	N3EJT	N3EJT
HAGERSTOWN					
Clear Spring	147.3450	+	O 123.0e	K3MAD	MADXRA
Hagerstown	146.9400	−	Oar	W3CWC	AnttmRA
Hagerstown	147.0900	+	O 100.0er	W3CWC	AnttmRA
Hagerstown	147.3750	+	Or	K3UMV	K3UMV
NORTH CENTRAL					
Manchester	146.8950	−	Ol	N3KZS	N3KZS
Sykesville	147.2850	+	O	K3PZN	CCARC
Westminster	145.4100	−	O 114.8ael rz	K3PZN	CCARC
NORTH EASTERN SHORE					
Centreville	146.9400	−	O 107.2l	N8ADN	QUAN RACES
Worton	147.3750	+	O 156.7 (CA)ersWX	K3ARS	Kent ARS
NORTHEAST MD					
Bel Air	145.1200	−	OL(DSTAR)	KB3TOG	Harford Co. RAC
Bel Air	146.7750	−	O 146.2aer	WB0 EGR	HarfdCoRACES
Bel Air	147.1200	+	O	N3EKQ	N3EKQ
Charlestown	145.4700	−	O 107.2 (CA)rz	N3RCN	N3RCN
Port Deposit	146.8500	−	O 107.2 L(53.83)	WA3SFJ	CBRA

144-148 MHz
MARYLAND

Location	Output	Input	Notes	Call	Sponsor
Shawsville	145.3300	–	O	K3HT	W3EHT
SOUTH EASTERN SHORE					
Easton	147.0450	+	O 156.7er Z(911)	K3EMD	EARS
Ocean City	147.0150	+	O 156.7a	N3KZS	Tri-Co A
Ocean Pines	145.1900	–	O 179.9er WX	N3RCC	Worcester Co. E.S.
Princess Anne	146.6250	–	O 156.7ar	KA3MRX	SCARES
Salisbury	146.8200	–	O 156.7ae	K3DRC	DARC
Salisbury	146.9250	–	O 156.7erz	W3PRO	PROS
SOUTHERN MD					
Brandywine	147.1500	+	O 114.8els WX	W3SMR	SMARC
Hollywood	147.1950	+	Oe L(DSTAR)	N3PX	SPARC
Hughesville	145.3900	–	O 186.2e	W3ZO	W7UH
LaPlata	146.8500	–	O 156.7e	W3BPT	BlossomPt. ARC
Lexington Park	146.6400	–	O 146.2es WX	K3HKI	StMary'sCoARA
Prince Frederick	145.3500	–	O 156.7el WX	N3NO	CARC
Sunderland	146.9850	–	O 156.7e L(C4FM)	K3CAL	Calvert ARA
WASHINGTON AREA					
Adelphi	145.3700	–	Oe	W3ARL	HDL ARC
Ashton	147.0000	+	Oe L(P25 NAC 293)	K3WX	ARCS
Ashton	147.0000	+	O 156.7ae	K3WX	ARCS
Bethesda	145.2900	–	O 156.7e	K3YGG	NIHRAC
Bladensburg	146.6100	–	O(CA)er	K3GMR	GMRA
College Park	145.4900	–	O	W3EAX	U of Md ARC
Germantown	147.2700	+	O 156.7 L(P25 NAC 293)	WA3KOK	NERA
Greenbelt	146.8350	–	Oe	WA3NAN	Goddard ARC
Greenbelt	146.8800	–	O(CA)er	W3GMR	GMRA
Jessup	146.7600	–	O 107.2l	WA3DZD	MFMA
Jessup	146.7600	223.1600	O 107.2l	WA3DZD	MFMA
Jessup	146.7600	449.0000	O 107.2l	WA3DZD	MFMA
Lanham	145.2300	–	O 110.9	K3ERA	PGCERA
Laurel	145.4300	–	Oes	K3MRC	DCMARC
Rockville	146.9550	–	Oer	KV3B	MARC
Silver Spring	147.1800	+	O 156.7 L(P25 NAC 293)r	KA3LAO	Tri-Co A
Silver Spring	147.2250	+	O 156.7ael	WB3GXW	WB3GXW
WESTERN MD					
Frostburg	147.2400	+	O 123.0l	KK3L	KK3L
Lonaconing	147.3150	+	O 118.8e	N3JJK	N3JJK
Midland	146.8800	–	O 123.0/141.3ar	W3YMW	Mtn ARC
Oakland	146.7000	–	O 173.8e WX	KB3AVZ	KB3AVZ

144-148 MHz
MARYLAND-MASSACHUSETTS

Location	Output	Input	Notes	Call	Sponsor
Oakland	146.8050	–	O 123.0arz	KB8NUF	GCARES

MASSACHUSETTS
BLACKSTONE VALLEY

Location	Output	Input	Notes	Call	Sponsor
Medway	147.0600	+	O 100.0 L(224.66)	W1KG	W1KG
Mendon	146.6100	–	O 146.2 L(MMRA)	AE1C	MMRA
Uxbridge	147.3900	+	O 118.8e	KB1MH	Mike Smoot

BOSTON METRO

Location	Output	Input	Notes	Call	Sponsor
Belmont	145.4300	–	O 146.2 L(MMRA/DARI)x	N1DDK	MMRA
Boston	145.2100	–	O 100.0e	KB1BEM	KB1BEM
Boston	145.2300	–	O 88.5esx	W1BOS	BARC
Boston	145.3100	–	O 123.0e	W1KBN	NUWireless
Boston	146.4900	144.9900	O L(DMR:CC1 EWARN)	N1PA	EWARN
Boston	146.8200	–	O 127.3 L(MMRA)x	K1BOS	MMRA
Brookline	145.1600	–	O L(D-STAR)	K1MRA	MMRA
Brookline	146.9850	–	O 88.5/118.8x	W1FCC	BrklineARC
Burlington	146.7150	–	O 146.2e L(MMRA)r	KC1US	MMRA
Malden	146.4300	144.9300	O L(DMR:CC1 NEDECN)	K1LVA	NEDECN
Newton	147.3600	+	O 67.0 L(E117424)	W1LJO	MDLSX ARC
Quincy	146.6700	–	O 146.2 L(MMRA)	W1BRI	MMRA
Wakefield	147.0750	+	O 151.4e	WA1RHN	WA1RHN
Waltham	146.6400	–	O 136.5 L(P25:NAC293/E490278)	W1MHL	WalthamARA

BOSTON SOUTH

Location	Output	Input	Notes	Call	Sponsor
Attleboro	147.1950	+	O 127.3ers WXx	K1SMH	SMHARC
Canton	146.7450	–	O 146.2e L(E375668/I4632)	K1BFD	EMARG
Mansfield	147.0150	+	O 67.0	KB1CYO	NWS
Norwood	147.2100	+	O 100.0 L(E313106 I4393)	W1JLI	NARC/NEMA
Sharon	146.8650	–	O 103.5rsx	K1CNX	S EMA
Taunton	145.2800	–	OL(NXDN)	WG1U	KA1DTA
Taunton	147.1350	+	O 67.0rsx	KA1GG	PAWA
Walpole	146.8950	–	O 123.0e WX	K1HRV	EMA
Wrentham	147.0900	+	O 146.2e L(E222792/I4751)	K1LBG	K1LBG

144-148 MHz
MASSACHUSETTS

Location	Output	Input	Notes	Call	Sponsor
CAPE AND ISLANDS					
Barnstable	146.7300	–	O 67.0 L(E712946)	W1SGL	CC & IARA
Dennis	146.9550	–	O 88.5e L(E20024)rsWX	K1PBO	BARC
Falmouth	145.2100	–	O L(D-STAR)	KB1ZEG	Nobska
Falmouth	146.6550	–	O 88.5e L(442.750 NEWTON)prs	K1RK	FARA
Falmouth	147.3750	+	O 110.9ers	N1YHS	N1YHS
Harwich	145.2700	–	O 67.0e L(147.255 TRURO)	WA1YFV	PARC
Nantucket	145.3100	–	O 107.2e	W1UF	W1UF
North Eastham	145.3600	–	O L(DMR:CC10 NEDECN)	NE1B	NEDECN
Truro	147.2550	+	O 67.0e L(E403358 145.27 HARWICH)x	WA1YFV	PARC
West Tisbury	147.3450	+	O 88.5e L(E 242147)rs	W1FC	MVRC
CENTRAL					
Athol	147.3900	+	O 100.0	N1WW	M.A.R.S.
Clinton	146.6550	–	O 74.4er	N1ZUZ	CEMA
Fitchburg	145.4500	–	O 74.4e L(E688832 I8433)s	W1GZ	MARA
Fitchburg	147.3150	+	O 100.0e L(442.95/53.93)x	WB1EWS	WB1EWS
Gardner	145.3700	–	O 136.5e L(I8581)rsWXx	W1GCD	GardnerOEM
Oxford	147.2550	+	O 88.5	K1AOI	K1AOI
Paxton	146.9700	–	O 114.8ex	W1BIM	CMARA
Warren	147.2100	+	O 88.5rs	K1QVR	QVARC
Worcester	145.3100	–	O 100.0a L(449.025)	W1WPI	WPIWA
Worcester	146.4800	144.9800	O 107.2 L(P25:NAC250)	N1PFC	WECT
Worcester	146.9250	–	O 100.0 L(P25:NAC293)	W1YK	WPIWA
FRANKLIN COUNTY					
Deerfield	145.1300	–	O 173.8	AB1RS	AB1RS
Leyden	146.9850	–	O 136.5ers WXx	KB1BSS	FCARC
Orange	146.6250	–	O 110.9	NA1P	NQRA
South Deerfield	147.1650	+	O 118.8e	N1PMA	N1PMA
MERRIMACK VALLEY					
Andover	146.8350	–	O 77.0ers	N1LHP	PhantomNet
Billerica	147.1200	+	O 103.5	W1DC	1200 ARC
Chelmsford	145.1800	–	O L(DMR:CC2 NEDECN)	N1IW	NEDECN
Haverhill	145.3500	–	O 136.5e	KT1S	KT1S
Lawrence	146.6550	–	O 107.2	N1EXC	MOISES

144-148 MHz
MASSACHUSETTS

Location	Output	Input	Notes	Call	Sponsor
North Andover	145.2900	–	O 167.9e	KA1LFD	ECAT
Pepperell	147.3450	+	O 100.0ers	N1MNX	N1MNX
Westford	145.3300	–	O L(D-STAR)	WB1GOF	PART
Westford	146.9550	–	O 74.4e L(E380799)rsWXx	WB1GOF	PART
METROWEST					
Acton	146.4200	144.9200	O L(DMR:CC1)	NO1A	MH3
Concord	145.1100	–	O 110.9e	N1CON	CWA
Framingham	147.1500	+	O 100.0 L(E506576/I4355/448.025 HOPKINTON)	W1FY	FARA
Harvard	145.4100	–	O 74.4arsx	W1DVC	Harvard RA
Holliston	145.1400	–	O L(DMR:CC1 MITCOM)	W1DSR	DigitalARC
Holliston	147.3750	+	O L(D-STAR)	W1DSR	DigitalARC
Marlborough	147.2400	+	O 71.9/110.9ers	WA1NPN	TH Group
Marlborough	147.2700	+	O 146.2e L(MMRA)sx	W1MRA	MMRA
Southborough	145.2700	–	O L(DMR:CC7 NEDECN)	W1EMC	EMC ARC
Wellesley	147.0300	+	O 123.0e L(COLOCATED 444.600)	W1TKZ	WellslyARS
Weston	146.7900	–	O 146.2 L(MMRA/29.68)	N1BE	MMRA
NORTH SHORE					
Beverly	147.3900	+	O 131.8er	WA1PNW	Beverly CD
Danvers	145.4700	–	O 136.5 L(E314375/I4427)	NS1RA	NSRA
Gloucester	145.1300	–	O 107.2ae L(E480139)x	W1GLO	CAARA
Ipswich	145.4900	–	O 131.8ers	W1IEM	Ipswich EM WX
Lynn	145.3300	–	O 151.4a L(E20908)	W1DVG	W1DVG
Lynn	147.0150	+	● 88.5 (CA) L(E20908)	W1DVG	W1DVG
Marblehead	145.3700	–	O L(DMR:CC0 NEDECN)	K1XML	NEDECN
Salem	146.8800	–	O 118.8e	NS1RA	NSRA
Saugus	146.9100	–	O 123.0er	K1SVP	E.M.F.r.a.
Topsfield	147.2850	+	O 100.0e	W1VYI	ECRA
West Newbury	146.6250	–	O 131.8x	K1KKM	PRA
SOUTH COAST					
Assonet	146.4400	144.9400	O L(NXDN/W7QO REFLECTOR)	N1KIM	N1KIM
Dartmouth	145.2900	–	O L(D-STAR)	K1RFI	SEMARG

144-148 MHz
MASSACHUSETTS

Location	Output	Input	Notes	Call	Sponsor
Dartmouth	145.4900	−	O 67.0 L(EI4240)sRB WX	W1SMA	SCMARG
Dartmouth	147.0000	+	O 67.0e L(E4210/I4210)	W1AEC	SEMARA
East Freetown	146.4100	144.9100	O L(D-STAR)	KB1WUW	SAF ARC
Fall River	145.1500	−	O 123.0e L(E668385)rs	WA1DGW	BCRA
Fall River	145.4200	−	O L(D-STAR)	K1RFI	SEMARG
Fall River	146.8050	−	O 67.0e	NN1D	SEMARG
New Bedford	145.1100	−	O 67.0 L(E4259/I4259) BI	NB1MA	LAARA
Swansea	145.3200	−	Oe L(NXDN)	KC1JET	PAWA

SOUTH SHORE

Location	Output	Input	Notes	Call	Sponsor
Bridgewater	147.1800	+	O 67.0e L(E451971/I4388) WXx	W1MV	MARA
Marshfield	145.3900	−	O 67.0e L(NXDN I4320)	AC1M	NS1N
Norwell	145.2500	−	O 77.0e L(D-STAR)	W1QWT	W1QWT
Plymouth	146.6850	−	O 82.5er WX	N1ZIZ	G.A.R.S.
Plymouth	147.3150	+	O 67.0e L(NXDN)x	WG1U	WG1U
West Bridgewater	146.7750	−	ODCS(244) eL(448.775 WESTBOROUGH)x	W1WNS	W1WNS
Weymouth	147.3000	+	O 67.0er	N1BGT	SSRA
Weymouth	147.3450	+	O 110.9e L(C4FM/E956523)	W1SSH	SSHARC
Whitman	147.2250	−	O 67.0 (CA) eL(E484193/I8691)	WA1NPO	WhitmanARC

SPRINGFIELD/PIONEER VALLEY

Location	Output	Input	Notes	Call	Sponsor
Agawam	146.6700	−	O 127.3es	W1TOM	MTARA
Feeding Hills	145.1500	−	Oe L(D-STAR)x	W1KK	W1KK
Florence	145.1800	−	O L(DMR:CC1 NEDECN)	KA1QFE	KA1QFE
Granville	147.0000	+	O 127.3e WX	W1TOM	MTARA
Holyoke	146.7150	−	O 100.0e	K1ZJH	K1ZJH
Holyoke	146.9400	−	O 127.3ers x	W1TOM	MTARA
Westfield	147.0750	+	O 88.5	W1JWN	GWMRC

THE BERKSHIRES

Location	Output	Input	Notes	Call	Sponsor
Egremont	145.2500	−	O 100.0ae L(I3390)x	WB2BQW	NE. Conn.
Great Barrington	145.2700	−	O 136.5 WX	KA1OA	NoBARC

144-148 MHz
MASSACHUSETTS-MICHIGAN

Location	Output	Input	Notes	Call	Sponsor
Great Barrington	146.7150	–	O 77.0e	KC1AJX	DG
Lenox	145.2900	–	O 77.0e L(E264386)		PiveroComm
Mt Greylock	146.9100	–	O 162.2e WXx	K1FFK	NoBARC
North Adams	145.4900	–	O 100.0	KC1EB	KC1EB

MICHIGAN
LOWER PEN NORTHEAST

Location	Output	Input	Notes	Call	Sponsor
Alpena	145.4900	–	O 100rsWX	WB8ZIR	N8BIT-8BIT RPT
Alpena	146.7600	–	O 88.5e	K8PA	Thunder Bay AR
Bad Axe	145.4700	–	OWX	N8LFR	LHARC
Bad Axe	146.8800	–	Oe	KA8PZP	Thumb ARC
Bay City	145.3100	–	O 131.8ers WX	N8BBR	Bay Area ARC
Bay City	147.3600	+	OaersWX	N8BBR	Bay Area ARC
Caro	146.6600	–	O 100ers WX	KC8CNN	Tuscola County
Caro	146.8200	–	O 100ers WX	WA8CKT	WA8CKT
Cheboygan	146.7400	–	O 103.5e	W8IPQ	CCARA
Gaylord	147.1200	+	O 151.4ers WXx	N8JCN	N8JCN
Harrisville	147.0400	+	O 123aers WXz	W8HUF	Alcona County E
Hemlock	145.3300	–	O 88.5e	N8ERL	N8ERL
Lewiston	145.1900	–	●tl	W8YUC	RARG
Mackinaw City	145.1100	–	O 103.5r	W8AGB	CCECPSCO
Midland	147.0000	+	O 103.5aer sWX	W8KEA	Midland ARC
Mio	145.3500	–	O	WT8G	AVARC
Oscoda	145.2300	–	O 100	WD8RNO	WD8RNO
Pleasant Valley	146.7200	–	O 103.5ex	KB8ZGU	CMARA
Rogers City	147.0200	+	O 103.5	WB8TQZ	Presque Isle Cou
Roscommon	145.4500	–	Oers	N8QOP	CRARA
Rose City	145.1100	–	O 156.7rs WX	W8DMI	W8DMI
Saginaw	147.2400	+	O 103.5es	K8DAC	Saginaw Valley A
Sandusky	146.8600	–	OesWX	W8AX	Thumb ARC
Sterling	147.0600	+	O 103.5e	K8WBR	N8CJM
West Branch	145.4100	–	O 91.5e	W8YUC	RARG
West Branch	146.9400	–	O 103.5ers	K8OAR	OARS

LOWER PEN NORTHWEST

Location	Output	Input	Notes	Call	Sponsor
Benzonia	147.0400	+	O 114.8ael rs	W8BNZ	Benzie ARC
Big Rapids	145.2900	–	O 94.8el WXxz	W8IRA	Independent Rep
Big Rapids	146.7400	–	OaersWXx	KB8QOI	BRAARC
Cadillac	146.9800	–	O (CA)exz	K8CAD	WEXARC
Cadillac	147.1600	+	O 103.5el WXxz		Independent Rep

144-148 MHz
MICHIGAN

Location	Output	Input	Notes	Call	Sponsor
East Jordan	147.2800	+	O 103.5ers WX	W8COL	COLARC
Edmore	146.8000	−	O 103.5ers WX	WB8VWK	WB8VWK
Fremont	146.9200	−	O 94.8aelr sWX	KC8MSE	NCRG
Gaylord	146.8200	−	O 118.8er WXxs	NM8RC	Top of Michigan Amat
Gladwin	147.1800	+	O 173.8e	W8GDW	GLADWIN AREA AM
Grayling	145.1300	−	O 107.2e	N8AHZ	ARA of Hanson Hills
Harrison	147.2000	+	O 103.5ers	KD8TUV	Clare County Emerge
Hart	146.6400	−	O 94.8ers WX	N8UKH	Oceana County Amat
Holton	147.3200	+	O 94.8ers WXxz	WD8MKG	WD8MKG
Kalkaska	147.3000	+	O 123e	AA8ZV	AA8ZV
Lake City	145.2100	−	O	KG8QY	The Rat Pack
Lake Leelanau	146.9200	−	O 114.8	N8JKV	N8JKV
Leland	145.3900	−	O 103.5aer s	W8SGR	Leelanau Repeater A
Ludington	145.3100	−	O 94.8el WXxz	W8IRA	Independent Repeate
Ludington	145.4700	−	O 103.5e WX	K8DXF	K8DXF
Ludington	146.6200	−	O 94.8ae	WB8ERN	WB8ERN
Mackinaw City	146.8400	−	O 103.5el WXxz	W8IRA	Independent Repeate
Mancelona	147.3800	+	●	K8WQK	K8WQK
Manistee	145.1700	−	O 94.8	KB8BIT	KB8BIT
Manistee	146.7800	−	O 94.8e	W8GJX	Western Mich. Repea
Moorestown	146.9600	−	O 103.5 (CA)e	KA8ABM	KA8ABM
Mt Pleasant	145.1500	−	O 103.5el WXxz	W8IRA	Independent Repeate
New Era	147.2200	+	●tDCSepr sWX	AB8AZ	AB8AZ
Peshawbestown	146.6600	−	●ters	W8QPO	Leelanau Repeater A
Stutsmanville	146.6800	−	O 110.9er WXx	W8GQN	SAARC
Traverse City	145.1500	−	O 114.8el WXxz	W8IRA	Independent Repeate
Traverse City	145.2700	−	O 114.8el	W8TVC	NMARC / IOOK
Traverse City	146.8600	−	O 114.8ers	W8TCM	Cherryland Amateur
Traverse City	147.1000	+	O 100rsWx	K8HIB	K8HIB
Traverse City	147.3400	+	O 114.8e	KJ4KFJ	KJ4KFJ
Vanderbilt	145.2900	−	O 103.5el WXxz	W8IRA	Independent Repeate
Walkerville	145.4300	−	O 94.8	NW8J	NW8J
White Cloud	145.4500	−	O 94.8e	KB8IFE	KB8IFE

144-148 MHz
MICHIGAN

Location	Output	Input	Notes	Call	Sponsor
Wolf Lake	146.9000	–	O 94.8er WX	AF8U	AF8U
LOWER PEN SOUTHEAST					
Adrian	145.3700	–	O 85.4es WX	W8TQE	Adrian ARC
Ann Arbor	145.2300	–	O 100e	W8UM	University of Mic
Ann Arbor	146.7400	–	O 107.2 DCSex	WB8UPM	WB8UPM
Ann Arbor	146.9600	–	O 100es	W8PGW	Arrow ARC
Burton	147.3800	+	88.5el	N8NE	FAIR
Chelsea	145.4500	–	O 100es WX	WD8IEL	Chelsea ARC
Clarkston	146.8400	–	O 100 (CA) ersWX	K8NWD	CRA
Dearborn	145.2700	–	O 100 (CA) e	K8UTT	Ford ARL
Dearborn	147.1600	+	O 100 (CA) ers	WR8DAR	N8DJP
Detroit	145.1100	–	●te	W8DET	DM&KC
Detroit	145.2100	–	O 123 (CA) ersWXx	WW8GM	GM Amateur Rad
Detroit	145.3300	–	O 100ers	WR8DAR	RADAR
Detroit	146.7600	–	O 100aes WXx	KE8HR	SpiritARC
Durand	145.2900	–	O 100elrs WX	N8IES	N8IES
Fenton	146.7800	–	O 151.4 (CA)elWXx	W8CMN	Central Michigan
Flint	147.1000	+	O 100elrs WX	KC8KGZ	Michigan Speciali
Flint	147.2600	+	O 100elrs WX	KC8KGZ	Michigan Speciali
Flint	147.3400	+	O 100	W8ACW	Genesee County
Garden City	146.8600	–	O 100 (CA) elrs	KK8GC	GCRA
Grosse Point Woods	146.7400	–	O 100e	K8BYI	SEMARA
Howell	146.6800	–	O 162.2ael rsWX	W8LRK	LARK
Lapeer	146.6200	–	O 100elrs WX	W8LAP	Lapeer County A
Livonia	145.3500	–	O 100el	K8UNS	LARC
Manchester	146.9800	–	O 100s	WD8IEL	Chelsea ARC
Milford	146.9000	–	O 100ers WX	W8OAK	Oakland Co Eme
Monroe	145.3100	–	●E-SUNrs WX	W8YZ	Monroe Emer. M
Monroe	146.7200	–	O 100 (CA) elrsWxz	K8RPT	River Raisin Rep
Mt Clemens	147.2000	+	O 100ers WX	WA8MAC	Macomb County

144-148 MHz
MICHIGAN

Location	Output	Input	Notes	Call	Sponsor
Northville	145.1700	−	O 100elrs WX	KA8SPW	KA8SPW
Oak Park	146.6400	−	O 100a (CA)rsx	W8HP	Hazel Park ARC Inc (
Owosso	147.0200	+	O 100ers WX	N8DVH	N8DVH
Port Huron	146.7200	−	O 110.9er WX	AA8K	Port Huron Area Rep
Port Huron	146.8000	−	O 100elrs WXx	KG8OU	ARCARS
Port Huron	147.3000	+	OewXx	K8DD	Port Huron Area Rep
Rankin	145.1900	−	●tel	W8YUC	RARG
Roseville	147.2200	+	Ol	N8EDV	N8EDV
Royal Oak Twp	147.1400	−	O 100ax	N8KD	SMART
South Lyon	147.0400	+	O 110.9e	K8VJ	SLARA
Sterling Heights	147.0800	+	O 100e	N8LC	L'Anse Creuse ARC
Utica	147.1800	+	O 100a	K8UO	USECA
Waterford	145.4300	−	O 100 (CA) elWX	W8JIM	W8JIM
White Lake	145.4900	−	O 67 (CA)e rsWX	N8BIT	8BITRG
Wyandotte	147.2400	+	O 100	WY8DOT	Wyandotte Amateur
Ypsilanti	146.9200	−	O 100ers WXx	KT8TD	I-94 ARC
LOWER PEN SOUTHWEST					
Allegan	147.2400	+	O 94.8ers WX	AC8RC	Allegan Co. Amateur
Alma	145.3700	−	O 100ers WX	KC8MUV	Alma Repeater Club
Bangor	147.3600	+	O 94.8ers WXx	K8BRC	BRARC
Battle Creek	145.1500	−	O 94.8el WXxz	W8IRA	Independent Repeate
Battle Creek	146.6600	−	O 94.8ae	W8DF	Southern Michigan A
Berrien Springs	145.3700	−	O(CA)x	W8YKS	DOCRG
Cassopolis	146.9200	−	O 156.7ers WX	N8VPZ	N8VPZ
Cedar Springs	146.8800	−	O 141.3e	NW8J	NW8J
Centreville	145.3100	−	O 94.8elrs WX	KC8AAF	Amateur Radio Public
Charlotte	147.0800	+	O 103.5 (CA)ersWX	K8CHR	Eaton County Amateu
Coldwater	147.3000	+	O 100ers WX	WD8KAF	BCARC
Dowagiac	145.2100	−	O 94.8er WX	KU8Y	KU8Y
Gobles	147.2000	+	O 94.8e	AC8DX	AC8DX
Grand Haven	145.4900	−	O 94.8els WX	W8CSO	North Ottawa Amateu
Grand Rapids	145.1100	−	O 94.8ers	NW8J	Kent Co Emergency

MICHIGAN

Location	Output	Input	Notes	Call	Sponsor
Grand Rapids	145.2300	–	O 94.8e	W8USA	Michigan Amateu
Grand Rapids	145.4100	–	O 94.8ers WX	K8WM	541 Inc
Grand Rapids	146.7600	–	O 94.8e	W8DC	Grand Rapids A
Grand Rapids	147.1600	+	O 94.8el WXxz	W8IRA	Independent Rep
Grand Rapids	147.2600	+	O 94.8aers	W8DC	Grand Rapids A
Holland	146.5000	147.5000	O 94.8	K8DAA	Holland Amateur
Holland	147.0600	+	O 94.8es WX	K8DAA	Holland Amateur
Jackson	145.4700	–	O 114.8 (CA)elx	KA8HDY	KA8HDY
Jackson	146.8800	–	O 114.8aer sWXz	W8JXN	CARS
Jackson	147.3600	+	O 100aers	KA8HDY	CARS
Jonesville	147.0600	+	O 151.4ers WX	KC8QVX	HCARC
Kalamazoo	145.1700	–	O 94.8e	N8FYZ	N8DXB
Kalamazoo	147.0000	+	O 94.8 (CA) WX	W8VY	Kalamazoo Amat
Kalamazoo	147.0400	+	O 94.8 (CA) e	K8KZO	SW Michigan Am
Lansing	146.7000	–	O 107.2aers	W8BCI	LCDRA
Lansing	146.9400	–	O 100ers	W8BCI	LCDRA
Lansing	147.2800	+	O 107.2	KB8LCY	KB8LCY
Lowell	145.2700	–	O 94.8aes WXxz	W8LRC	Lowell Amateur
Mattawan	146.5000	147.5000	O 94.8ers WX	W8GDS	W8GDS
Muskegon	145.3300	–	O 94.8el WXxz	W8IRA	Independent Rep
Muskegon	146.8200	–	O 94.8er WX	K8WNJ	Muskegon Co E
Muskegon	146.9400	–	O 94.8e	W8ZHO	MAARC
Muskegon	147.3800	+	O 94.8	KE8LZ	N8UKF
Niles	147.1800	+	O 94.8rs WX	KC8BRS	Four Flags ARC
Okemos	145.3900	–	O 100ers WXx	W8BCI	LCDRA
Portland	145.1300	–	O 94.8	N8ZMT	Ionia ARES
Saranac	146.5000	147.5000	O 94.8	N8MRC	N8MRC
Saugatuck	146.9600	–	O 94.8e	AC8GN	AC8GN
Sister Lakes	146.8200	–	O 88.5elrs WX	W8MAI	Blossomland Am
St Joseph	145.4700	–	O 94.8el WXxz	W8IRA	Independent Rep
St Joseph	146.7200	–	O 131.8rs	KB8VIM	SCRA/BARA
Whitehall	146.6800	–	O 94.8ers WX	K8COP	K8COP

220 144-148 MHz
MICHIGAN-MINNESOTA

Location	Output	Input	Notes	Call	Sponsor
UPPER PEN CENT					
Escanaba	145.1300	−	Oe	KB9BQX	KB9BQX
Escanaba	147.2400	+	O 107.2	N8JRT	DCARS
Gwinn	146.6400	−	O 100.l	N8RRZ	HARA
Iron Mountain	146.8500	−	O 100.ae WX	WA8FXQ	MichACon
Ishpeming	146.9100	−	Oe	K8LOD	HARA
Marquette	146.9700	−	Oe	KE8IL	MrquttRA
Marquette	147.2700	+	O 100.el	KG8YT	HARA
Menominee	147.0000	+	O 107.2e	W8PIF	M&MARC
Munising	145.4100	−	O 100.lz	KC8BAN	AlgerARC
Rapid River	147.1500	−	O 100.e	W8JRT	DCARS
Republic	146.8200	−	O 100.e	KB0P	HARA
Republic	147.0900	+	OE-SUN E-WIND	NZ8U	CUPRA
Trenary	147.0300	+	O 100.e	W8FYZ	TRA
UPPER PEN EAST					
Cooks	146.7000	−	O 110.9rs	WA8WG	WA8WG
Deer Park	147.0900	+	O 114.8e	W8NBY	LARS
Drummond Island	147.3600	−	O 110.9e	W8ON	EARS
Grand Marais	147.1950	−	O 100.lz	KC8BAN	AlgerARC
Manistique	146.7900	−	O	W8NI	MARA
Moran	146.9850	−	OEXP	K8EUP	MADARC
Newberry	146.6100	−	O	W8NBY	LARS
Pickford	146.6400	−	Oe	W8EUP	EUPAR
SaultSte Marie	147.1050	+	Oe	KB8SKC	KB8SKC
SaultSte Marie	147.2100	+	O 107.2e	W8EUP	EUPAR
Strongs	147.3300	+	Oe	W8EUP	EUPAR
UPPER PEN WEST					
Bessemer	146.7600	−	O(CA)e	K8ATX	BlkJckRA
Calumet	147.3150	+	O 100.aez	K8MDH	KewCoRA
Donken	146.6700	−	O 100.0	W8CDZ	CCRAA
Gaastra	145.1700	−	O 107.2e	N8LVQ	IRARC
Hancock	146.8800	−	O 100.0ae	W8CDZ	CCRAA
Houghton	147.3900	+	O 100.0	N8WAV	N8WAV
Ironwood	146.8050	−	O 110.9e	K9MLD	K9MLD
Watersmeet	146.6250	−	O 110.9	W0HUP	W0HUP
Winona	146.7300	−	Oe	W8UXG	SARA
MINNESOTA					
CENTRAL					
Annandale	145.2100	144.7100	O 127.3/127.3	N0GEF	N0GEF
Avon	147.1050	+	O 85.4ae WX	K0STC	STEARNS
Becker	147.3450	+	O 85.4	K0OS	+KB0RRN
Big Lake	145.4900	−	O 146.2lrs	K0SCA	K0SCA
Cambridge	146.6400	−	O 146.2e	WR0P	ICSES
Collegeville	147.0150	+	O 100.0x	W0SV	STCLOUDRC

MINNESOTA

Location	Output	Input	Notes	Call	Sponsor
Crown	145.2100	−	O 114.8	NØ GEF	NOGEF
Darwin	146.6850	−	O 146.2	WØ CRC	CRARC
Elk River	146.9700	−	O	KØ CJD	ELKRVRRA
Elk River	147.2850	+	O 131.8rs	KØ SCA	KØ SCA
Foley	147.0750	+	O 85.4es WX	KBØ PXT	BCEM
Foreston	147.7450	−	O 107.2	NØ GOI	MAGIC
Granite Falls	147.2250	+	O 141.3/141.3e	WØ YMC	ARES
Hutchinson	147.3750	+	O 146.2 WX	KBØ WJP	CITYOFHUT
Litchfield	146.6250	−	O 146.2l	AEØ GD	AEØ GD
Litchfield	147.3000	+	O 146.2e	KØ MCR	KØ MCR.com
Little Falls	147.1350	+	O 123.0e	WØ REA	LARA
Long Prairie	146.6550	−	Oe	KCØ TAF	TODDCTYES
Maple Lake	145.2300	−	O 114.8	WØ EQO	HANDIHAM
Milaca	143.5500	−	O 141.3	KDØ JOU	WBØ MPE
Paynesville	145.2700	−	O	WDØ DEH	PAYNSRA
Princeton	146.7750	−	O 146.2	KØ SCA	KØ SCA
Sauk Centre	147.2550	+	O	WØ ALX	RUNEARC
St Cloud	146.8350	−	O 85.4eWX	NØ OYQ	NØ OYQ
St Cloud	146.9400	−	O 100.0a	WØ SV	STCLDARC
Wyoming	146.8950	−	O 82.5	NØ VOW	NØ VOW
DULUTH					
Duluth	145.3100	−	O 110.9	NØ EO	SVAMATRS
Duluth	145.4100	−	Oe	KCØ HXC	NØ BZZ
Duluth	145.4500	−	O 103.5e	KCØ RTX	KCØ RTX
Duluth	146.9400	−	Oae	WØ GKP	AROWHDRC
Duluth	147.0600	+	O 110.9a	KCØ IPA	LSAC
Duluth	147.1800	−	O 103.5e	KAØ TMW	KAØ TMW
Duluth	147.3750	+	O 103.5/103.5	NØ EO	SVAMATRS
Proctor	147.3300	+	O 151.4	NØ BZZ	LSAC
EAST CENTRAL					
Carlton	146.7900	−	O 103.5e	KCØ RTX	KCØ RTX
Duxbury	145.2300	−	O 146.2/146.2es	KEØ ACL	PINE ARES
Forest Lake	146.7300	−	O 114.8	KØ HPY	KØ HPY
Isle	146.6100	−	O 141.3/141.3	WØ REA	BRNLKARA
Ogilvie	147.2400	+	O 146.2el WX	KJ9W	KCEMO
Rush City	145.3300	−	O 146.2e	KØ ECM	ECMARC
METRO					
Bayport	147.0600	+	O 114.8s	WØ JH	SARA
Blaine	146.6700	+	O 114.8ae	WØ YFZ	ANOKACRC
Bloomington	146.0900	+	O(CA)e	KDØ CL	BARA
Burnsville	147.2100	+	O 100.0ae WXx	WØ BU	TCRC
Carver	147.1650	+	O 107.2ae	WBØ RMK	SMARTS

144-148 MHz
MINNESOTA

Location	Output	Input	Notes	Call	Sponsor
Chaska	147.2700	+	O 127.3	KD0JOS	WB0ZKB
Cottage Grove	147.1800	+	O 74.4s	KS0J	SEMARC
Eden Prairie	146.8800	−	O	KD0ZIM	EPRC
Edina	145.4300	−	O 127.3e	WC0HC	HC RACES
Gem Lake	145.2300	−	O 94.8	K0LAV	K0LAV
Golden Valley	146.8200	−	O 127.3 (CA)	W0PZT	HC SHERIFF
Hampton	147.3600	+	O 136.5e	K0JTA	K0JTA
Inver Grove	146.9850	−	O	W0CGM	SARCASM
Little Canada	146.9250	−	O 127.3a	KB0UPW	RAMCOES
Maple Plain	147.0000	+	O 114.8 (CA) WX	K0LTC	MGRC
Maplewood	146.9250	−	O 127.3	KB0UPW	RAMCOES
Maplewood	147.1200	+	Oe	W0MR	MINING ARC
Minneapolis	145.1100	−	O	N0TL	TWINSLAN
Minneapolis	145.3700	−	O 107.2e	K0MSP	MIDWESTRA
Minneapolis	146.7000	−	O 127.3e	WC0HC	HC RACES
Minneapolis	147.0300	+	O	KD0JOU	WB0MPE
Minneapolis	147.1500	+	O 100.0e	W0YC	UOFM RC
Minneapolis	147.2700	+	O 114.8	WB0ZKB	WB0ZKB
Minnetonka	145.4500	−	Oel	N0BVE	MHRA
New Brighton	145.2900	−	O 114.8	N0FKM	N0FKM
Oakdale	146.8500	−	O(CA)x	WD0HWT	MARA
Plymouth	146.7000	−	O 127.3e	WC0HC	HENNRACES
Ramsey	145.3700	−	O 118.8e	K0MSP	MIDWESTRA
Richfield	145.3900	−	O 103.5e	WB0PWQ	RICHPSAF
St Louis Park	146.7600	−	Oe	W0EF	TCFMCLUB
St Paul	145.1700	−	O 100.0el WX	N0GOI	K0GOI
St Paul	145.3100	−	Oa	K0AGF	STPAULRC

NORTH CENTRAL

Location	Output	Input	Notes	Call	Sponsor
Aitkin	146.8050	−	O 156.7	KC0QXC	ACRC
Aitkin	147.3600	+	O 203.5l	N0BZZ	L.S.A.C.
Bemidji	145.4500	−	Oe	KB0MM	TURTLRVRH
Bemidji	146.7300	−	Oa	W0BJI	PBARC
Bemidji	147.1800	+	O 82.5/82.5e	WA0IUJ	WA0IUJ
Big Falls	146.9100	−	O 103.5s	N0NKC	KARES
Brainerd	145.1300	−	O	W0UJ	BAARC
Brainerd	147.2250	+	OaeWX	W0UJ	BAARC
Cohasset	146.9850	−	O 118.8e	KB0CIM	KB0CIM
Crosby	146.7000	−	O 141.3/141.3	W0UJ	BAARC
Crosslake	147.0300	+	O	W0UJ	BAARC
Grand Rapids	146.8800	−	O 123.0ae	K0GPZ	NLARC
Grand Rapids	147.0750	+	Oel	K0GPZ	NLARC
Hibbing	147.1200	+	OrsWX	W0HRF	W0HRF
International	146.9700	−	O	K0HKZ	KARES
Kelliher	147.3450	+	Oel	W0BJI	PBARC
Lengby	147.2700	+	Oel	W0BJI	PBARC

144-148 MHz
MINNESOTA

Location	Output	Input	Notes	Call	Sponsor
Park Rapids	147.3900	+	Oe	KØ NLC	CWARC
Pequot Lakes	147.0900	+	O 123.0	WØ REA	BRNLKARA
NORTH EAST					
Aurora	147.2400	+	O 156.7	NØ BZZ	NØ BZZ
Cloquet	146.6700	−	Oa	WAØ GWI	WAØ GWI
Coleraine	147.1650	+	O 114.8	KBØ QYC	LSAC
Cook	147.3600	+	O 162.2l	NØ BZZ	L.S.A.C.
Deer River	147.2550	+	O 103.5	KD6FFN	KD6FFN
Ely	146.6400	−	O 151.4e	NØ OIW	LSAC
Giese	146.8650	−	O 146.2e	KBØ QYC	LSAC
Grand Marais	146.7300	−	O 151.4 (CA)el	WØ BBN	BWARC
Grand Marais	146.8950	−	O 151.4 (CA)l	WØ BBN	BWARC
Grand Marias	147.3600	−	O 114.8l	NØ BZZ	LSAC
Grand Portage	146.6550	−	O 151.4el	WØ BBN	BWARC
Isabella	147.3000	+	O 114.8e	KBØ QYC	KGØ QR
Knife River	147.1350	−	O 103.5	KCØ RTX	KCØ RTX
Mahtowa	147.0000	−	O 103.5e	WØ GKP	MOOSELKRA
Silver Bay	147.0900	+	O 114.8	NØ BZZ	LSAC
Tofte	146.8650	−	O 151.4el	WØ BBN	BWARC
Virginia	147.0600	+	O 103.5e	KBØ QYC	LSAC
Wales	147.2700	+	O 103.5e	WBØ DGK	LSAC
NORTH WEST					
Angle Inlet	147.2100	+	O 123.0ers WX	NØ MHO	LOWRA
Barnsville	147.0600	+	O 123.0lx	KCØ SD	KCØ SD
Detroit Lakes	146.7750	−	O	NØ IZZ	NØ IZZ
Detroit Lakes	147.1950	−	Oe	WØ EMZ	DETLKSARC
Fergus falls	147.2850	+	O	KØ QIK	LRARC
Karlstad	145.4700	−	O 77.0	KAØ NWV	KAØ NMV
Karlstad	146.6550	−	O 127.3	KAØ NWV	KAØ NWV
Moorhead	145.3500	−	O 123.0el	WØ ILO	WØ ILO
Park Rapids	147.3000	+	O	KØ GUV	KØ GUV
Sabin	146.8950	−	Oes	WBØ BIN	CLAY ARES
Sebeka	147.3300	+	Oers	NØ WN	WAARC
Thief River Fa	146.8500	−	OeWX	WBØ WTI	WBØ WTI
SOUTH CENTRAL					
Blue Earth	147.0000	+	Os	KØ USR	BLUERTHCD
Fairmont	146.6400	−	O	KØ SXR	FAIRMTRC
Le Sueur	146.6100	−	O 136.5a	WBØ ERN	WBØ ERN
Mankato	147.0450	+	O 136.5ae	WØ WCL	MARC
Mankato	147.2400	+	O 136.5e WX	WØ WCL	MARC
New Ulm	146.8050	−	O 151.4	NØ VQA	NØ VQA
Sleepy Eye	147.3300	+	O 100.0	KØ MTW	NEWULMARC
St Peter	147.1350	+	O 100.0	WQØ A	SCAN
Waseca	146.7150	−	O 141.3e WX	KBØ UJL	WCEM
Waseca	146.9400	−	OeWX	WAØ CJU	VARS

144-148 MHz
MINNESOTA

Location	Output	Input	Notes	Call	Sponsor
SOUTH EAST					
Austin	145.4700	–	O 100.0	WØAZR	AUSTINRC
Austin	146.7300	–	O 100.0ae z	WØAZR	AARC
Faribault	145.1900	–	O 100.0	NØZR	NØZR
Faribault	146.7900	–	O 100.0ae	WBØNKX	WBØNKX
Glenville	146.6850	–	100.0ae	NXØP	NXØP
Glenville	146.8800	–	O 100.0	WAØRAX	ALBLEARC
La Crescent	146.9700	–	O 131.8ae WX	WR9ARC	RVRLNDARC
New Richland	145.3300	147.7300	O	NØRPJ	RØRPJ
Northfield	146.6550	–	O 136.5e	NØOTL	CCRC
Owatonna	145.4900	–	O 100.0ers WX	KØHNY	OSCAR
Owatonna	147.1050	+	O 100.0ael	WBØVAJ	WBØVAK
Red Wing	147.3000	+	O	KCØLXM	HIWATVATC
Rochester	146.6250	–	O 100.0	WØMXW	ROCHARC
Rochester	146.8200	–	O 100.0ae	WØMXW	ROCHARC
Rochester	147.2550	+	O 100.0es WX	WØEAS	OEOC
Spring Valley	147.0150	+	O 110.9e	NØZOD	SPGVLYEMS
Wabasha	146.7450	–	O 136.5e	WAØUNB	WAØUNB
Winona	146.6400	–	O 100/100a e	WØNE	WINONARC
Winona	147.1500	+	Oe	WDØHAD	WDØHAD
Winona	147.2850	+	O 100.0e	NØPDD	NØQZU
SOUTH WEST					
Fulda	147.3600	+	O 141.3/141.3e	WBØZSO	WBØZSO
Marshall	147.1950	+	O	WØBMJ	MARSHALRC
Pipestone	147.0750	+	O 141.3es WX	WØDRK	NPRRC
Redwood Falls	146.8650	–	O 141.3ae z	KBØCGJ	REDWARA
Slayton	146.7900	–	OesWX	WØDRK	NPRRC
Tracy	147.1500	+	O 141.3es WX	WØDRK	NPRRC
Tyler	145.1100	–	O 146.2e	WB6AMY	WB6AMY
Tyler	147.3150	+	O 136.5e	WB6AMY	WB6AMY
Windom	147.2550	+	O 141.3es WX	WØDRK	NPRRC
Worthington	146.6700	–	O 141.3e WX	KØQBI	WORTHTARC
WEST CENTRAL					
Alexandria	146.7900	–	Oe	WØALX	RUNESTNRC
Fergus Falls	146.6400	–	Oae	KØQIK	LKREGARC
Madison	146.7300	–	O 146.2els WXx	KØLQP	WC MN ARC
Montevideo	147.1200	+	O 146.2e	NYØI	WCMARC
Ulen	146.6850	–	Oa	WØQQK	WØQQK

144-148 MHz
MINNESOTA-MISSISSIPPI

Location	Output	Input	Notes	Call	Sponsor
Willmar	146.9100	–	OewXx	W0 SW	WILLEAR
Willmar	147.0300	–	Oe	W0 SW	WILLEAR

MISSISSIPPI

Location	Output	Input	Notes	Call	Sponsor
Amory	146.9400	–	O 192.8/192.8	KB5DWX	------------
Batesville	146.6100	–	O 107.2/107.2	KM5WX	KM5WX
Bay St Louis	146.7000	–	O 136.5/136.5	KB5MPW	WQRZ
Bay St Louis	147.3000	+	O	KB5MPW	HANCOCK CO A
Biloxi	147.3300	+	O 136.5/136.5 WX	W6CSA	------------
Booneville	145.1900	–	O 110.9/110.9	K5YD	BOONEVILLE R
Booneville	147.1500	+	O 110.9/110.9	KI5WI	------------
Brandon	145.1700	–	OerswX	K5RKN	Rankin County M
Brandon	147.3450	+	O 100/100e rsWX	K5RKN	Rankin Co. Emer
Cleveland	147.2850	+	O 107.2/107.2	N5LRL	------------
Collins	146.9850	–	O 136.5/136.5e	N5LRQ	------------
Columbia	147.2850	+	O 123/123e	N5LJC	N5LJC
Columbus	146.6250	–	O 136.5/136.5e	KC5ULN	KC5ULN
Columbus	147.0000	+	O 136.5/136.5	KC5ULN	club
Corinth	145.3900	–	O	WF5D	WF5D
Corinth	146.9250	–	O 107.2/107.2s	W5AWP	Alcorn County A
Corinth	147.0000	+	O 203.5/203.5 E-SUN	KB5YNM	------------
Corinth	147.2850	+	O 203.5/203.5a(CA)elsWX	K5WHB	CRA
Corinth	147.3450	+	O 123/123	KJ5CO	KJ5CO
Ellisville	145.2300	–	O 136.5/136.5	W5NRU	AA5SG
Ellisville	146.8650	+	O 136.5/136.5	W5NRU	AA5SG/N5HOA
Ellisville	146.9550	–	O 136.5/136.5	N5EKR	N5EKR
Fulton	145.4500	–	O 192.8/192.8	WX5P	WX5P
Grenada	146.7000	–	O	AB5FI	------------
Guntown	145.1500	–	O	WJ5D	------------
Guntown	147.0750	+	O 103.5/103.5	W5NEM	W5NEM

MISSISSIPPI

Location	Output	Input	Notes	Call	Sponsor
Hattiesburg	145.1900	−	O 136.5/136.5	W5CJR	W5CJR
Hattiesburg	146.6700	−	O 136.5/136.5e	KB5VE	Lamar ARC
Hattiesburg	146.7750	−	O 136.5/136.5	W5CJR	W5CJR
Hattiesburg	147.3150	+	O 136.5/136.5el	N5LRQ	N5LRQ
Hattiesburg	147.3600	+	O 136.5/136.5	W5CJR	HATTIESBURG ARC
Hernando	145.3700	−	O 107.2/107.2rsWX	N5PYQ	------------
Hernando	146.9100	−	O 107.2/107.2ersWX	W5GWD	W5GWD
Hernando	147.2250	+	O 107.2/107.2ersWX	KD5VMV	KD5VMV
Houston	146.8950	−	O 141.3/141.3e	KD5YBU	Sundancer Solar Radi
Iuka	146.8500	−	O 141.3/141.3	W5TCR	W5TCR
Jackson	147.0000	+	O 103.5/103.5e	W5IQ	W5IQ
Kosciusko	146.8500	−	Oers	KB5ZEA	KB5ZEA
Laurel	147.0300	−	O 136.5/136.5	WV5D	WV5D
Leakesville	147.0000	−	O 132.5/132.5	KE5WGF	GREENE CO EM CO
Lucedale	147.1200	+	O 136.5/136.5el	N5LRQ	N5LRQ
McHenry	147.3750	+	O 136.5/136.5	KA5VFU	------------
Meridian	146.7000	−	O 100/100es	W5FQ	Meridian ARC
Meridian	146.9700	−	O 100/100e	NO5C	W5LRG
Monticello	147.0150	+	O	N5JHK	N5JHK
Natchez	146.6850	−	O 100/100	W5KHB	W5KHB
Natchez	146.9100	−	O 91.5/91.5e	K5OCM	K5OCM
New Albany	146.7450	−	O 88.5/88.5 elWX	KD5YVY	------------
Olive Branch	147.2550	+	O 79.9/79.9 ersWX	KD5CKP	KD5CKP
Oxford	145.4700	−	O 107.2/107.2 DCSsWX	WB5VYH	------------
Pascagoula	146.9700	−	O 123/123s	N5OS	N5OS
Pelahatchie	145.3900	−	O 77/77e	W5PPB	W5PPB
Perkinston	147.1650	+	O 136.5/136.5	K5GVR	K5GVR
Philadelphia	147.3300	+	O	N5EPP	NESHOBA ARC
Picayune	147.0900	+	O 136.5/136.5ls	AB6Z	------------

MISSISSIPPI-MISSOURI

Location	Output	Input	Notes	Call	Sponsor
Poplarville	145.2100	–	O 136.5/136.5 TTesWX	W5PMS	------------
Poplarville	145.4100	–	O 136.5/136.5el	N5LRQ	N5LRQ
Port Gibson	146.6250	–	O 136.5/136.5e	AF5OQ	------------
Quitman	147.3900	+	O 100/100 E-SUNlsWX	KF5MWE	------------
Saltillo	146.8350	–	O 123/123	KD5YBE	KD5YBE
Sharon	145.4500	–	O 77/77el	W5PPB	W5PPB
Southaven	145.3500	–	O 107.2/107.2ersWX	W5GWD	Chickasaw Amat
Starkville	146.7300	–	O 210.7/210.7	KD5GVU	Magnolia ARC
Stennis Space Ctr	147.2100	+	O 136.5/136.5	N5GJB	N5GJB
Taylorsville	146.8950	+	O 136.5/136.5	W5NRU	AA5SG/N5HOA
Tupelo	145.4900	–	O	N5VGK	------------
Tupelo	147.2400	+	O 100/100	KK5K	TUPELO ARA
Union	147.2100	+	O 100/100e l	N5SPJ	N5SPJ
Union	147.2400	+	O 103.5/103.5e	K5SZN	3510 Erin Lucern
Van Cleave	145.1100	–	O 123/123e s	W5WA	W5WA
Vicksburg	145.4100	–	O 100/100	W5WAF	W5WAF
Vicksburg	146.8050	–	O	K5IMT	K5IMT
Vicksburg	147.2700	+	O 100/100s WX	K5ZRO	K5ZRO
Wiggins	145.2700	–	O 136.5/136.5ersWX	N5UDK	N5UDK
Winona	146.9700	–	O 110.9/110.9	N5EYM	N5EYM

MISSOURI
BRANSON

Location	Output	Input	Notes	Call	Sponsor
Branson	145.3100	–	O 186.2	WØ DLR	WØ ACE
Branson	147.1500	+	O 162.2es	NA9X	TriLks ARC
Branson	147.1950	+	Os	NA9X	TriLks ARC

CAPE GIRARDEAU

Location	Output	Input	Notes	Call	Sponsor
Cape Girardeau	146.6100	–	Oa	WØ QMF	WBØ TYV
Cape Girardeau	146.6850	–	O 100x	WØ QMF	SEARC
Cape Girardeau	146.9400	–	O	WBØ TYV	WBØ TYV

CENTRAL

Location	Output	Input	Notes	Call	Sponsor
Boonville	147.3600	+	O	WØ BRC	BnvilleRC
Brinktown	146.8950	–	Ox	NØ GYE	NØ GYE
Eldon	146.6250	–	O 131.8s	AAØ NC	NSARC
Fulton	147.3150	+	OE-SUN E-WINDr	KCØ MV	C.A.R.L.

144-148 MHz
MISSOURI

Location	Output	Input	Notes	Call	Sponsor
Gainesville	145.2900	−	o	KF0BA	------------
Hermitage	147.2550	+	oer	KB0AL	OlHickARC
Laurie	146.7300	−	oes	N0ZS	LkOzksARC
Laurie	146.9550	−	o 192.8 (CA)elx	KA0RFO	KRMS
Marshall	147.1650	+	o 127.3a	WB0WMM	IndFtHARC
Mexico	147.2550	+	olx	AA0RC	AudrainARC
Moberly	147.0900	+	o 127.3/127.3	K0MOB	TriCtARC
Paris	146.8350	−	oe	N0SYL	N0SYL
Sedalia	147.0300	−	o 179.9/179.9ers	WA0SDO	SPARK
Stover	147.3900	+	o	KB0QWQ	------------
Warsaw	146.9250	−	o 107.2/107.2e	KD0CNC	KD0CNC
Warsaw	147.0750	+	o 146.2	KI0IP	KI0IP
Warsaw	147.3000	+	oers	KC0RDO	TwnLkesARC
Windsor	147.1950	+	o 107.2/107.2p	K0UG	K0UG

COLUMBIA/JEFF CITY

Location	Output	Input	Notes	Call	Sponsor
Ashland	146.6850	−	o 77 (CA)e rs	W0DQJ	W0DQJ
Columbia	146.6100	−	o 127.3/127.3 (CA)	K4CHS	------------
Columbia	146.7600	−	o 127.3/127.3asx	K0SI	CMRA
Jefferson City	146.8650	−	o 127.3elr sx	KC0CZI	KC0CZI
Jefferson City	147.0000	−	o 127.3/127.3es	K0ETY	MidMO ARC
Linn	145.3900	−	o 127.3/127.3ex	KM0HP	MULEBARN

EAST CENTRAL

Location	Output	Input	Notes	Call	Sponsor
De Soto	146.7000	−	o	K0MGU	SHO-ME
De Soto	146.8800	−	o	K0MGU	K0MGU
Hermann	146.7450	−	o	KB0TZG	------------
Hermann	147.1350	+	oerwX	KB0WCY	KB0WCY
Hillsboro	147.0750	+	o 141.3 (CA)l	KB0TLL	JeffCoARC
Imperial	147.1050	+	o 141.3 L(446.95)	KB0TLL	JeffCoARC
Sullivan	145.1500	−	ol	K0CSM	SARC
Sullivan	146.8050	−	oe	KC0DBS	SARC
Union	147.1800	+	o	WA0FYA	Zero Beaters ARC
Warrenton	147.0450	+	o 141.3s	KA0CWU	KA0CWU
Warrenton	147.3300	+	o 123/123e r	WA0EMA	WCEMA
Washington	147.2400	+	o 141.3/141.3 (CA)erx	WA0FYA	ZBARC

144-148 MHz   MISSOURI

Location	Output	Input	Notes	Call	Sponsor
JOPLIN					
Duneweg	147.2100	+	O 91.5/91.5 ersx	WØ IN	JoplinARC
Granby	145.3900	−	O 91.5/91.5 ex	KMØ HP	MULEBARN
Joplin	145.3500	−	O 91.5/91.5 x	NØ NWS	NØ NWS
Joplin	147.0000	+	Oe	WBØ IYC	WBØ IYC
KANSAS CITY METRO					
Blue Springs	147.0150	+	O 151.4/151.4ex	KBØ VBN	BluSprRPTR
Excelsior Spgs	145.1900	−	O 107.2/107.2 RBx	KØ BSJ	KØ BSJ
Excelsior Spgs	147.3750	+	O 156.7/156.7e	KØ ESM	RayClay RC
Gladstone	145.4300	−	O	KDØ FW	KCATVG
Holt	147.0450	+	O	NØ TIX	NØ TIX
Independence	145.3100	−	Oer	KØ EJC	EJCECS
Independence	145.3700	−	O	KØ EJC	EJCECS
Independence	146.7300	−	Oaer	WØ SHQ	ASCRA, Inc
Independence	147.0900	+	O(CA)elr	WØ TOJ	IndFMARC
Kansas City	146.7900	−	O 107.2/107.2 (CA)es	WAØ KHP	ClayCoARC
Kansas City	146.8200		Olx	KCØ ARC	NEKSUN
Kansas City	146.9700	−	O 151.4/151.4x	WØ WJB	WØ WJB
Kansas City	147.2700	+	O(CA)ex	WAØ SMG	WAØ SMG
Kansas City	147.3300	+	O(CA)er	WAØ QFJ	TWA ARC
Kearney	147.3000	+	O 107.2	KØ BSJ	KØ BSJ
Lee's Summit	145.4100	−	O(CA)	WAØ TEG	NEKSUN
Lee's Summit	146.7000	−	O 107.2/107.2ex	KCØ SKY	KS SKY WRN
Liberty	145.1100	−	O	NØ ELK	NØ ELK
Raymore	147.1200	+	Oes	KCØ JGA	SSARC
Raytown	145.1700	−	O 151.4/151.4e	KØ GQ	Raytown ARC
Smithville	146.6400	−	Os	KCØ IMO	NØ VER
NORTHEAST					
Brookfield	147.3450	+	O(CA)	WØ CIT	WØ TH
Eolia	145.1900	−	Oelr	KAØ EJQ	KAØ EJQ
Glenwood	145.1100	−	O 103.5/103.5	KDØ IZE	Sch-Co-RA
Hannibal	146.6250	−	O 103.5er	WØ KEM	HannibARC
Hannibal	146.8800	−	O 103.5er	WØ KEM	HannibARC
Holliday	145.2900	−	O 127.3/127.3ex	KMØ HP	----------
Kirksville	145.1300	−	Oex	WØ CBL	NEMOARC
Lancaster	145.3300	−	O 100.0el	KEØ BX	OLRG
Macon	146.8050	−	Oer	NØ PR	MARC
Madison	146.9850	−	O 110.9e	NØ SYL	NØ SYL

144-148 MHz
MISSOURI

Location	Output	Input	Notes	Call	Sponsor
Monroe City	146.7000	–	Oel	KA0EJQ	KA0EJQ

NORTHWEST

Location	Output	Input	Notes	Call	Sponsor
Amity	147.3900	+	O 146.2	KB0ALL	------------
Chillicothe	147.2250	+	Ol	K0MPT	GHARC
Grant City	147.0600	+	O	WB0UJF	RWElliott
Guilford	146.6850	–	O	N0OEV	N0OEV
Osborn	145.1500	–	O 107.2 L(442.675) WXx	KB0UDL	------------
Plattsburg	146.8950	–	O 114.8ae L(444.925+ PL 100.0)sRB	KC0QLU	KC0QLU
Tarkio	145.3500	–	O 146.2/146.2l	N0NHB	N0NHB
Trenton	146.9550	–	Oes	KB0RPJ	NC Mo ARC

ROLLA

Location	Output	Input	Notes	Call	Sponsor
Rolla	145.4500	–	O 110.9/110.9 (CA)l	W0EEE	UMR ARC
Rolla	146.7900	–	O 88.5els	W0GS	RollaRARS

SOUTH CENTRAL

Location	Output	Input	Notes	Call	Sponsor
Ava	146.6250	–	O 110.9els	N0RFI	DouglasCoEMA
Bunker	147.2700	+	O 156.7 (CA)	KD0IM	------------
Cuba	147.3450	+	O 110.9/110.9	KD0JOX	AA0GB
Eminence	145.3100	–	O 100.0/100.0 E-SUNs	KN0D	CRARC
Gainesville	147.3900	+	O 110.9/110.9	WB0JJJ	ARCO
Grove Spgs	147.3750	+	O 88.5/88.5 e	K5HEZ	K5HEZ
Houston	147.1350	+	O 100 (CA)	KB0MPO	------------
Lebanon	145.4700	–	O 88.5/88.5 es	K0LH	LebanonARC
Lebanon	146.7000	–	O 88.5/88.5 e	K0LH	LebanonARC
Mansfield	147.0900	+	O 162.2/162.2el	K5HEZ	K5HEZ
Mountain Grove	147.2850	+	Oa	KG0LF	KG0LF
Prescott	146.8500	–	Oe	N0KBC	OMRG
Rolla	147.2100	+	O 88.5/88.5 L(146.79)	WB9KHR	WB9KHR
Salem	146.6550	–	Oer	WB0NRP	WB0NRP
Thayer	146.8050	–	O 110.9	KB0NEY	KB0NEY
Van Buren	146.8650	–	O 100/100	N0IBV	N0IBV
Viburnum	147.3000	+	O 110.9/110.9	N0WNC	N0WNC
West Plains	145.2500	–	O 110.9/110.9s	KD0AIZ	HoCoARC
West Plains	146.9400	–	O 110.9ex	W0HCA	HoCoARC

MISSOURI 144-148 MHz

Location	Output	Input	Notes	Call	Sponsor
SOUTHEAST					
Arcadia	146.9550	–	O 100/100e x	KAØ CUU	KAØ CUU
Benton	146.7900	–	O	NØ GK	CrlRDgARC
Bloomfield	147.3300	+	O 100/100e x	KMØ HP	MULE BARN
Dexter	147.0000	–	O 100	NØ GK	CR ARC
Dexter	147.1500	+	O 100	NØ DAN	----------
Farmington	147.0300	+	O 100e	KØ EOR	EtnOzkARC
Greenville	145.2300	–	O 100/100	KDØ MRV	----------
Ironton	146.8350	–	O 100/100	ABØ TL	----------
Kennett	147.1950	+	O	KCØ LAT	BARC
Kennett/Hayti	146.9850	–	O 100/100e wx	KBØ UFL	BARC
New Madrid	146.9250	–	O	KBØ UFL	BARC
Piedmont	147.3750	+	O 100/100e rx	NØ QAQ	W.C. ARC
Poplar Bluff	145.3500	–	O 100.0 (CA)	ABØ JW	SEMOARA
Poplar Bluff	146.9100	–	O 100/100e rx	KMØ HP	Mulebarn
Potosi	146.7150	–	O 88.5/88.5	NØ VOJ	NØ VOJ
Potosi	147.1950	+	O 141.3/141.3	NØ WNC	NØ WNC
Qulin	145.4500	–	O 100.0/100.0x	KBØ UFL	Bootheel ARC
St Genevieve	146.6250	–	O 100.0/100.0rs	KØ QOD	St GenCoARC
SOUTHWEST					
Aurora	146.9700	–	OE-SUNrx	WØ OAR	OzarkARS
Bolivar	147.0600	+	O 107.2els	WBØ LVR	LksAraARA
Buffalo	147.1800	+	O(CA)e	K9HOI	BARK
Cape Fair	145.4100	–	O/162.2e	KØ JPK	SC C.E.R.T.
Carthage	146.8800	–	O	WØ LF	CARC
Caulfield	145.1700	–	Oe	KBØ RPA	Cld9RptC
El Dorado Springs	146.6700	–	Oex	KØ KRB	WCFMAssn
Elkhead	146.9250	–	O 162.2	KØ RGT	KØ RGT
Highlandville	145.2300	–	O 162.2ers	WA6JGM	CC ARS
Kimberling Cty	147.3450	+	O 162.2as	KØ EI	KmbrlnARC
Lamar	147.2400	+	O 91.5/91.5 x	KØ PRO	pr
Marshfield	146.8650	–	O 156.7	KØ NI	----------
Neosho	146.8050	–	O 127.3/127.3es	KCØ NJZ	SW ARG
Nevada	147.1350	+	Oes	WBØ NYD	N.A.R.C.
Nixa	145.2700	–	O 162.2/162.2els	KØ NXA	Nixa ARC
Pineville	147.0750	+	O 162.2es	WB6ARF	McDonaldCoEM
Shell Knob	145.2100	–	O 162.2sx	ACØ JK	TableRock ARC

144-148 MHz
MISSOURI

Location	Output	Input	Notes	Call	Sponsor
Walnut Grove	147.3300	+	O 162.2	AKØC	-------------
SPRINGFIELD					
Republic	146.8200	−	O 162.2e	KØEAR	EARS
Springfield	145.3300	−	O 156.7	KCØDBU	BSAPost30
Springfield	145.4300	−	O 136.5/85.4ex	KAØFKF	MSU ARC
Springfield	145.4900	−	O 136.5/136.5elrsRBx	NØNWS	49 Rpt Group
Springfield	146.6400	−	O 162.2er	WØEBE	SW MO ARC
Springfield	146.9100	−	O 162.2elrx	WØEBE	SW MO ARC
Springfield	147.0150	+	O 162.2/162.2ex	KØNXA	Nixa ARC
Springfield	147.2250	+	O 162.2/162.2elrsx	WØPM	-------------
ST JOSEPH					
St Joseph	146.7450	−	O	WBØHNO	-------------
St Joseph	146.8500	−	O 100/100er	WØNH	MOValARC
ST LOUIS METRO					
Bridgeton	146.7300	−	O 141.3 (CA)e	WØKE	NWAR/EAsn
Clayton	146.9400	−	O 141.3ersLITZ WX	KBØMWG	SLSRC
Crystal City	146.7750	−	O 100.0/100.0	WØWHW	WØWHW
Des Peres	146.9100	−	O 141.3/141.3 (CA)e	NØTYZ	SLSRC
Ferguson	147.0000	−	O 107.2/107.2	WAØWKI	FVCC ARC
Harvester	145.4900	−	O 141.3/141.3ersLITZ	WØECA	ARESRACES
O'Fallon	145.4100	−	O/141.3e	KØRBR	RBARC
O'Fallon	146.6700	−	O/141.3e WX	WBØHSI	StChasARC
Olivette	146.8500	−	O 141.3er	WØSRC	SLSRC
St Charles	145.3300	−	O 88.5/88.5 (CA)es	KOØA	StChasARC
St Charles	145.3700	−	O 88.5/88.5	KJØA	KJØA
St Louis	145.2100	−	O 123.0 (CA)elx	WBØQXW	KØYCV
St Louis	145.2700	−	O 123.0/123.0 (CA)	KA9HNT	XEEARC
St Louis	145.3500	−	O 123.0es	NØARS	STL Metro ARES
St Louis	146.6100	−	O(CA)elr	KCØTPS	CARS
St Louis	146.7600	−	O 141.3 (CA)es	W9AIU	EgyptnRC
St Louis	146.9250	−	O 192.8/192.8 L(444.55)	KØAMC	AMARC
St Louis	146.9700	−	O 141.3ers WX	WØFF	SLSRC

144-148 MHz
MISSOURI-MONTANA

Location	Output	Input	Notes	Call	Sponsor
St Louis	147.0000	–	O	KØDO	MonsantoARA
St Louis	147.0600	+	141.3/141.3 O	WØMA	BEARS-STL
St Louis	147.2250	+	141.3/141.3e Oe	NØFLC	NØFLC
St Louis	147.2850	+	O(CA)	WØQEV	WashUARC
St Louis	147.3600	+	O/141.3 (CA)ex	KØDO	MonsantoARA
St Louis	147.3900	+	O 100/100e l	WØSLW	44405RPTR
WEST CENTRAL					
Appleton City	146.8500	–	O 107.2/107.2	WA9QME	WA9QME
Butler	147.2250	+	O 91.5/91.5 x	KDØPVP	KDØPVP
Carrollton	146.6550	–	O 94.8esx	NØSAX	NØSAX
Concordia	146.7750	–	O 156.7	AAØIY	KCØBQB
Nevada	145.4500	–	O 91.5elx	WØHL	WØHL
Warrensburg	146.8800	–	O 107.2esx	WØAU	WAARCI
MONTANA					
CENTRAL					
Lewistown	146.9600	–	O 100.0	K7VH	W7YM
EAST CENTRAL					
Fallon	147.1600	+	O 100.0	K7HWK	SEMARC
Glendive	146.7600	–	Oelx	W7DXQ	LYARC
Miles City	146.9200	–	O 100.0	K7HWK	SEMARC
Sidney	147.3800	+	Ol	W7DXQ	LYARC
NORTH CENTRAL					
Chester	146.6400	–	O	KD7JZ	Mt. Royal Rptr S
Cut Bank	146.7000	–	O 103.5el	K7HR	K7HR
Cut Bank	146.8200	–	O 100.0	K7JAQ	HARK
Cut Bank	147.2000	+	O	KE7QIP	KE7QIP
Cut Bank	147.3000	+	O	N5DJ	N5DJ
Great Falls	146.6800	–	O 100.0l	AA7GS	MRLA
Great Falls	146.7400	–	O 100.0elx	W7ECA	GFAARC
Great Falls	147.0800	+	Ol	WR7MT	MRLA
Great Falls	147.1200	+	O 100.0lx	W7ECA	GFAARC
Great Falls	147.1400	+	O	AE7HW	ECRC
Great Falls	147.2400	+	O 100.0s	AE7OC	AA7GS
Great Falls	147.3000	+	Oez	W7ECA	GFAARC
Great Falls	147.3600	+	O	W7GMC	W7GMC
Havre	146.9100	–	O 100.0	W7HAV	HI-LINE ARC
Millegan	146.7800	–	O	W7ECR	ECRC
Zortman	147.2600	+	O 100.0e	W7ECA	GFAARC
NORTHEAST					
Fort Peck	146.8400	–	O 100.0	WX7GGW	Valley RC
Plentywood	146.6600	–	Ol	KB7QWG	KB7QWG
Plentywood	147.3000	+	O	KB7QWG	KB7QWG
Plentywood	147.3400	+	O 100.0l	KD7ZEB	Sheridan County

144-148 MHz
MONTANA

Location	Output	Input	Notes	Call	Sponsor
NORTHWEST					
Bigfork	145.3300	−	O	KE7JI	KE7JI
Bigfork	146.6200	−	O 100.0ael RBxz	KA5LXG	FVRG
Eureka	145.3900	−	O 100.0	WR7DW	WR7DW
Eureka	145.4300	−	O 100.0	K7EUR	Tobacco Valley ARC
Eureka	147.2800	+	O	WR7DW	WR7DW
Eureka	147.3200	+	O 100.0	K7BIR	K7BIR
Eureka	147.3400	+	O 100.0ael RBxz	KC7CUE	FVRG
Happy's Inn	145.3100	−	O 100.0ael RBxz	KB7TPD	FVRG
Lakeside	146.7400	−	O 100.0el	KA7G	NMRG
Lakeside	146.7600	−	O 100.0l	K7LYY	FVARC
Lakeside	146.8600	−	O 100.0	W7ZKA	W7ZKA
Lakeside	147.1600	+	O 123.0	KA7G	KA7G
Lakeside	147.1800	+	O 100.0	K7LYY	FVARC
Libby	146.8400	−	O 100.0r	K7LBY	LCARG
Lookout Pass	147.0200	+	Ol	K7HPT	W7OE
Noxon	145.3300	−	O	KD7OCP	KD7OCP
Plains	146.6400	−	O 103.5	W7GET	W7GET
Plains	147.1400	+	O 103.5l	K7KTR	K7KTR
Plains	147.3600	+	O	KD8RMQ	KD8RMQ
Polson	145.3500	−	O 100.0ael RBxz	W7CMA	FVRG
Polson	145.4300	−	O	KD7YVU	KD7YVU
Ronan	146.7000	−	O 162.2a	KC7MRQ	KC7MRQ
Thompson Falls	146.6800	−	O 100.0	W1KGK	W1KGK
Whitefish	145.2700	−	O 100.0ael RBxz	KO8N	FVRG
Whitefish	147.2600	+	O 100.0 E-SUN	WR7DW	WR7DW
Whitefish	147.3800	+	O 100.0l	K7LYY	FVARC
Yaak	146.8200	−	O 88.5	W7YAK	Yaak ARC
Yaak	147.0000	+	Oa	N3AAW	N3AAW
SOUTH CENTRAL					
Big Sky	146.8200	−	O 82.5 E-SUNl	W7LR	ERA
Bozeman	145.2500	−	O 107.2l	KB7KB	BARBS
Bozeman	146.8800	−	O 100.0ael x	W7YB	ERA
Bozeman	147.1800	+	O 100.0elx	WR7MT	MRLA
West Yellowstone	145.2300	−	O 100.0l	WA7FDR	WA7FDR
West Yellowstone	146.7200	−	O 100.0	W7YB	ERA
SOUTHEAST					
Big Timber	146.6400	−	O 100.0	NU7Q	BTAR
Big Timber	146.7000	−	O	WA7KQO	WA7KQO
Billings	146.8000	−	O 100.0e	KF7TQX	KF7TQX
Billings	146.8200	−	O 100.0	WA7JDX	WA7JDX
Billings	147.0800	+	O 100.0elx	WR7MT	MRLA

MONTANA

Location	Output	Input	Notes	Call	Sponsor
Billings	147.2000	+	O 100.0	N7YHE	N7YHE
Billings	147.2400	+	O 100.0	K7EFA	YRC
Billings	147.3000	+	O 100.0l	K7EFA	YRC
Forsyth	147.2000	+	O 100.0	KC7BOB	KC7BOB
Greycliff	147.2800	+	O 100.0elx	WR7MT	MRLA
Joliet	147.1400	+	O	KF7SN	BARC
Park City	147.1000	+	O	N7YHE	N7YHE
Pompey's Pillar	147.1800	+	O 123.0l	WR7MT	MRLA
Red Lodge	147.0000	+	Oe	WB7RIS	BARC
Red Lodge	147.3600	+	O 100.0l	K7EFA	YRC
Roundup	145.4100	−	O 100.0el	K7EFA	YRC
Roundup	146.7200	−	O 100.0	KF7ELT	MARC

SOUTHWEST

Location	Output	Input	Notes	Call	Sponsor
Anaconda	147.0200	+	O 107.2	KB7IQO	KB7IQO
Anaconda	147.0800	+	O 107.2l	KØPP	AARC
Butte	146.6800	−	O	N7SKI	N7SKI
Butte	146.9400	−	O 100.0aer	W7ROE	BARC
Dillon	146.7600	−	O 107.2l	K7IMM	DARC
Drummond	147.7400	−	O 146.2	W7KNT	W7KNT
Glen	147.1400	+	O	KG7MSR	KG9OL
Helena	145.4500	−	O 100.0el WXx	WR7MT	MRLA
Helena	147.1000	+	O 100.0	WR7HLN	WR7AGT
Helena	147.2200	+	O 100.0	W7TCK	CCARC
Helena	147.3200	+	O 100.0l	W7MRI	W7MRI
Philipsburg	147.1600	+	O 107.2l	KA7NBR	AARC
Salmon, ID	146.9800	−	O	KE7NYR	LARC
Sula	146.6800	−	O 103.5	W1KGK	W1KGK
Three Forks	147.3800	+	O 100.0elx	WR7MT	MRLA
Townsend	145.3100	−	O 100.0	KE7ZVK	KE7ZVK
Wisdom	147.0600	+	O 107.2l	N7YET	DARC

STATEWIDE APRS

Location	Output	Input	Notes	Call	Sponsor
Statewide APRS	144.3900	−	O		------------

STATEWIDE EMERGENCY

Location	Output	Input	Notes	Call	Sponsor
Statewide Emergency	145.4700		O		------------

WEST CENTRAL

Location	Output	Input	Notes	Call	Sponsor
Frenchtown	146.8400	−	O 146.2	N7DWB	N7DWB
Hamilton	144.5000	147.5000	O 151.4ep	W7FTX	Bitteroot ARC
Hamilton	146.7200	−	O 203.3l	W7FTX	BARC
Hamilton	146.7800	−	O 151.4e	AE7OD	AE7OD
Lolo	146.9600	−	O 88.5l	W7PX	HARC
Missoula	146.8000	−	O 88.5	W7PX	HARC
Missoula	146.9000	−	O 88.5al	W7PX	HARC
Missoula	147.0000	+	O(CA)	NZ7S	NZ7S
Missoula	147.0400	+	O 88.5e	W7PX	HARC
Missoula	147.1200	+	O 103.5	W1KGK	W1KGK
Stevensville	145.2300	−	O 151.4	W7FTX	Ravalli County A
Stevensville	146.6600	−	O 88.5	KE7WR	KE7WR
Stevensville	147.3200	+	O 151.4el	KD7HP	KD7HP

236 144-148 MHz
MONTANA-NEBRASKA

Location	Output	Input	Notes	Call	Sponsor
Stevensville	147.3600	+	O 146.2	KK7GV	KK7GV

NEBRASKA
CENTRAL
Location	Output	Input	Notes	Call	Sponsor
Broken Bow	146.8650	−	Oe	KR0A	KR0A
Broken Bow	147.0600	+	Oe	KR0A	KR0A
Edison	146.7450	−	Oe	W0JJO	
Waco	147.2700	+	Oels	WA0HOU	Blue valley ARC

COLUMBUS
Location	Output	Input	Notes	Call	Sponsor
Columbus	146.6400	−	Oae	KA0S	Pawnee ARC
Columbus	146.7750	−	O(CA)es	N0RHM	PLATTE CO.
Columbus	146.9550	−	Oe	WA0COL	PAWNEE ARC

EAST
Location	Output	Input	Notes	Call	Sponsor
Murray	147.2100	+	Oel	KA0IJY	KA0IJY
Nickerson	145.2650	−	Oe	KD0PGV	KD0PGV

FREMONT
Location	Output	Input	Notes	Call	Sponsor
Fremont	146.6700	−	Ol	KD0EFC	KD0EFC
Fremont	147.1050	+	Oes	KF0MS	KF0MS

GRAND ISLAND
Location	Output	Input	Notes	Call	Sponsor
Aurora	147.1800	+	Ols	W0CUO	GIARS
Elba	147.2400	+	Oels	W0CUO	GIARS
Grand island	145.4150	−	O	W0CUO	NE STATE FAIR
Grand Island	146.9400	−	O#els	W0CUO	GIARS
Grand Island	147.3450	+	O L(ECHO LINK)	KD0ENX	KD0ENX

HARRISBURG
Location	Output	Input	Notes	Call	Sponsor
Harrisburg/ger	147.0000		O#l	N0NEB	Tri city ARC

HASTINGS
Location	Output	Input	Notes	Call	Sponsor
Hastings	145.1300	−	Ols	W0WWV	ARAN

KEARNEY
Location	Output	Input	Notes	Call	Sponsor
Kearney	145.2350	−	Os	KC0WZL	M.A.R.C.
Kearney	145.2950	−	Os	WB0YIG	M.A.R.C.
Kearney	146.6250	−	Oes	W0KY	M.A.R.C.
Kearney	147.3150	+	Oel	KA0RCZ	WA0LST
Kearney	147.3150	+	Oel	KA0RCZ	WA0LST
Kearney	147.3900	+	OTT(325)es	KA0DBK	KA0DBK

LEXINGTON
Location	Output	Input	Notes	Call	Sponsor
Lexington	146.8500	−	Ol	N0VL	
Lexington	147.1350	+	Oe	W0SOK	HARA

LINCOLN
Location	Output	Input	Notes	Call	Sponsor
Lincoln	145.1900	−	Oes	N0FER	
Lincoln	145.3250	−	O#e	N0FER	W0DMS/N0FER
Lincoln	145.4900	−	Oe	KA0WUX	KA0WUX
Lincoln	146.7600	−	Oes	K0KKV	LINCOLN ARC
Lincoln	146.8500	−	Oaes	K0LNE	LINCOLN ARC
Lincoln	147.0450	+	Oaesz	N0FER	N0FER
Lincoln	147.2400	+	Oes	N0FER	
Lincoln	147.3300	+	Oes	W0MAO	NE. EMA
Osceola	147.0150	+	Oe	KG0ED	KG0ED

144-148 MHz NEBRASKA

Location	Output	Input	Notes	Call	Sponsor
NORFOLK					
Norfolk	146.7300	–	O 131.8 (CA)ez	WØ OFK	EVARC
Wayne	147.0300	+	Oe	NØ ZQR	WAYNE ARA
West Point	146.8800	–	Oe	KGØ S	KGØ S
NORTH CENT					
O'Neill	146.6100	–	O	KBØ GRP	----------
Spencer	147.3300	+	O	KCØ HMN	KCØ HMN
NORTH EAST					
Sioux City	146.9700	–	O	KØ TFT	SARA
Winslow	145.4300	–	Oes	NØ YUV	LEVARA
NORTH WEST					
Alliance	146.7150	–	O	KCØ WVE	----------
Alliance	147.0150	+	O 100/100	N2VHZ	N2VHZ
Gordon	146.6700	–	Oes	NØ UVP	SHARC
OMAHA					
Bellevue	145.1150	–	Oes	WBØ QQK	WBØQQK
Bellevue	147.0600	+	er	WBØ EMU	SARPY CO. EM
Bellevue	147.3900	+	Oes	WØ WYV	BELLEVUE ARC
Omaha	145.3700	–	Oel	NØ OFQ	EWETAN ARC
Omaha	145.4500	–	Oel	KØ BOY	KØBOY
Omaha	146.9400	–	O/131.8es	KØ USA	AKSARBEN A
Omaha	147.0000	–	O/131.8ael	WBØ CMC	WBØ CMC
Omaha	147.3000	+	●e	WAØ WTL	WAØWTL
Omaha	147.3600	+	Oe	KØ BOY	KØBOY
Omaha (E)	147.0000	+	O/131.8ael	WBØ CMC	WBØ CMC
Papillion	145.2350	–	O 131.8er	WBØ EMU	SARPY CO.EMA
Papillion	146.7150	–	Oer	WBØ EMU	SARPY CO. EM
SCOTTS BLUFF					
Scotts Bluff	147.3750	+	Ol	KBØ WYT	KBØ WYT
SCOTTSBLUFF					
Harrisburg/ger	147.0000	–	O	`NØ NEB	TRI CITY ARC
Scottsbluff	145.4750	–	Oaes	WDØ BQM	RWMC
Scottsbluff	147.0750	–	Oa	NØ NEB	TRI CITY ARC
SOUTH CENT					
Alma	145.2050	–	Ols	KAØ RCZ	----------
Loomis	146.8950	–	Oes	KØ PCA	PCEMA
SOUTH EAST					
Ashland	145.3100	–	O(CA)esz	KØ ASH	KØ ASH
Beatrice	145.3400	–	Os	KCØ MLT	----------
Beatrice	147.7900	–	Oel	WBØ ORU	TRARC
Fairbury	147.1200	+	Oaels	WBØ RMO	JCARS
Falls City	147.3150	+	Oes	KBØ FVP	KBØ FVP
Humboldt	147.0750	–	Oels	WBØ YLA	WBØ YLA
Nebraska City	146.7000	–	Oael	KØ TIK	KØ TIK
Nebraska City	146.7300	–	Ol	KJØ Z	KAØ IJY
Wilber	146.9850	–	O 100.0/100.0aes	NØ YNC	Saline EMA
SOUTH WEST					
Cambridge	146.9700	–	Oe	KAØ TDT	Camb. 2M Club

144-148 MHz
NEBRASKA-NEVADA

Location	Output	Input	Notes	Call	Sponsor
McCook	147.2700	+	O ls	K0TAJ	McCOOK ARA
Ogallala	146.7600	−	O e	KB0SOL	TRAILS END
WEST					
North Platte	146.7000	−	O es	NE0NP	K0DC
North Platte	146.8350	−	O es	K0KDC	K0KDC
North Platte	146.9400	−	O e	N0UGO	N0UGO
North Platte	147.3300	+	O e	N0IQ	
NEVADA					
CENTRAL					
Dyer	147.0600	+	O e	W7WOW	W7WOW
Dyer	147.0600	+	O e	W7WOW	W7WOW
Tonopah	145.3300	−	O 151.4l	WA6MNM	WA6MNM
Tonopah	146.6400	−	O 123e	WB5KLJ	WB5KLJ
Warm Springs	146.8500	−	O	WB7WTS	WB7WTS
E SIERRA/TAHOE					
Glenbrook	146.7000	−	O 123	N3KD	N3KD
Lake Tahoe	147.2400	+	O e	NR7A	WA6EWV
S Lake Tahoe	146.1150	−	O 203.5	WA6SUV	W6SUV
EAST CENTRAL					
Ely	145.3500	−	O l	WB7WTS	WB7WTS
Ely	146.6100	−	O lx	WB7WTS	WB7WTS
Ely	146.8800	−	O 114.8l	WB7WTS	WB7WTS
Eureka	147.0600	+	O 114.8	WB7WTS	WB7WTS
Eureka	147.0600	+	O	WB7WTS	WB7WTS
Lund	147.1800	+	O 114.8lx	WB7WTS	WB7WTS
Pioche	147.2400	+	O 100l	K7NKH	K7NKH
ELKO AREA					
Elko	146.7300	−	O 123elRB x	KO7G	KF7MT
LAS VEGAS VALLEY					
Angel Peak	145.3700	−	O 123/123	N7ARR	NARRI - IRLP
Angel Peak	147.1800	−	ODCS(244) L(CC ARES/RACES)rs	N7SGV	CC ARES/RACES
Apex Mtn	147.0600	+	O 100/100	KC7TMC	Nellis RAC
Black Mountain	146.7300	−	O	KD8S	QST
Black Mtn	145.3900	−	O 100/100	NK2V	FARS
Henderson	145.4200	−	O 100/100e L(447.675)X	K7FED	
Henderson	146.6400	−	O	W6JCY	
Henderson	146.9700	−	O 100/100	KE7MWY	
Hi Potosi Mtn	146.7900	−	O 100/100 L(449.9750)	KB6XN	
Hi Potosi Mtn	146.8800	−	O 100/100	WA7HXO	LVRA
Las Vegas	145.2500	−	O 100	K6JSI	WINS System
Las Vegas	145.3500	−	O 100/100	N7LD	ALLSTAR
Las Vegas	145.3500	−	O 100/100	WR7NV	Nevada ARC
Las Vegas	146.6700	−	O 136.5/136.5	WA7CYC	
Las Vegas	146.9400	−	O 100/100	K7UGE	LVRAC

NEVADA

Location	Output	Input	Notes	Call	Sponsor
Las Vegas	147.0000	+	O 123/123	N7ARR	NARRI IRLP
Las Vegas	147.0300	+	O 100/100	WB6EGR	ALLSTAR
Las Vegas	147.0900	+	O 100/100	N7OK	SDARC
Las Vegas	147.2700	+	O	KC7DB	MARA
North Las Vegas	145.4600	–	O 100/100e N7RNR rs		————
Red Mtn	145.1100	–	O 100/100	WA7HXO	LVRA

LINCOLN COUNTY

Location	Output	Input	Notes	Call	Sponsor
Highland Peak	145.2200	–	O 100/100	WA7HXO	LVRA
Pioche	147.1200	+	O 123/123	W7AOR	IRLP
Utah Hill	146.8200	–	O 100/100	W7KVS	————

NEVADA SUPER LINK

Location	Output	Input	Notes	Call	Sponsor
Battle Mt	146.7900	–	Olx	WA6TLW	WA6TLW
Carlin	146.9400	–	O 100l	KE7LKO	WB7BTS
Elko	147.3300	+	O 100	W7YDX	W7YDX
Ely	146.6100	–	Olx	WB7WTS	WB7WTS
Eureka	147.0600	+	O 114.8	WB7WTS	WB7WTS
Hawthorne	146.7900	–	O 192.8lx	WA6TLW	WA6TLW
Wells/Wendover	146.7900	–	O 156.7lx	WA7MOC	WA7MOC
Winnemucca	146.8650	–	O 146.2lx	WB7WTS	WA6TLW

NORTH CENTRAL

Location	Output	Input	Notes	Call	Sponsor
Battle Mountain	146.7600	–	O 100e	KE7LKO	WV3LMA
Battle Mt	146.7900	–	Olx	WA6TLW	WA6TLW
Battle Mt	146.9100	–	O 100l	W7LKO	WA7BWF
Carlin	146.9400	–	O 100l	KE7LKO	WB7BTS
Elko	147.2100	+	O 100lx	W7LKO	WA7BWF
Elko	147.3300	+	O 100	W7YDX	W7YDX
Jarbidge	146.7000	–	O 100	KA7CVV	KA7CVV
Jarbidge	146.7600	–	O 100l	KA7CVV	KA7CVV
Spring Creek	146.7450	–	● 127.3	NB9E	NB9E
Valmy	147.1050	+	O 100	KF7UTO	KF7UTO
Winnemucca	146.6400	–	O 100l	W7LKO	WA7BWF
Winnemucca	146.7300	–	88.5	WO7I	WO7I
Winnemucca	146.8650	–	O 146.2lx	WB7WTS	WA6TLW
Winnemucca	146.9850	–	O 100el	KF7UTO	KF7IYC
Winnemucca	147.0900	+	O 100e	W7TKO	W7TKO

NORTH EAST

Location	Output	Input	Notes	Call	Sponsor
Carlin	146.8500	–	O 100l	W7LKO	WA7BWF
Contact	146.8500	–	O 192.8l	KA7CVV	KA7CVV
Elko	145.4900	–	O 100e	W7LKO	WA7BWF
Jackpot	147.2700	+	O 100l	W7LKO	WA7BWF
North Fork	147.3000	+	O 100l	W7LKO	WA7BWF
Oasis	147.0900	+	O 100l	W7LKO	WA7BWF
Wells	146.9600	–	O 100l	W7LKO	WA7BWF
Wells/Wendover	146.7900	–	O 156.7lx	WA7MOC	WA7MOC

NORTH LAS VEGAS VALLEY

Location	Output	Input	Notes	Call	Sponsor
Beacon Hill	145.3000	–	ODCS(244) L(CC ARES/RACES)rs	N7SGV	CC ARES/RACE
Glendale	147.3900	+	O	W7MZV	————

144-148 MHz
NEVADA

Location	Output	Input	Notes	Call	Sponsor
NORTH WEST					
Empire	146.6550	–	O	KS2R	KS2R
Gerlach	145.2300	–	O 123l	KD7YIM	KD7YIM
Gerlach	146.7000	–	O 100	KD6KAC	KD6KAC
NVLLRC					
Carson City	145.2700	–	● 141.3	KC7STW	KC7STW
NYE COUNTY					
Beatty	145.6400	–	O	AC7EL	------------
Montezuma Peak	146.6400	–	O	WB7WTS	------------
Pahrump	145.1300	–	O 100/100	W7NYE	------------
Pahrump	145.6200	–	O 100/100	W7NYE	ARES
Pahrump	146.8500	–	O 173.8/173.8	AD7DP	------------
Pahrump	146.9100	–	O 123/123	N7ARR	NARRI - IRLP
Schader Peak	145.6200	–	O	AC7EL	------------
Tonopah	146.6400	–	O 123/123	N7ARR	NARRI - IRLP
PORTABLE					
Gerlach	147.0000	+	O 100p	KD6THY	KD6THY
Portable Repeat	145.3100	–	O 123p	NK7W	NK7W
Portable Repeat	147.0000	–	O 123ep	W7TA	K7JN
SOUTH					
Las Vegas	147.1050	+	O 146.2	WØJAY	WØJAY
SOUTH CENTRAL					
Wellington	146.8800	–	O 123e	KD7NHC	KD7NHC
SOUTHERN CLARK COUNTY					
Laughlin	147.1800	+	O 127.3/127.3	N7SGV	CC ARES/RACES L(CC ARES/RACES)rs
WEST					
Rocky Point NV	146.9600	–	O	WA7BWF	EARC
WEST CENTRAL					
Carcon City	147.2700	+	O 123el	W7DI	K7VC
Carson City	145.2400	–	Oe	KB7MF	KB7MF
Carson City	145.2700	–	● 141.3	KC7STW	KC7STW
Carson City	146.8200	–	O 123lx	WA7DG	N7LPT
Dayton	147.1050	+	O 123	K7DNV	K7DNV
Fallon	145.3100	–	O 123	NK7W	NK7W
Fallon	145.3500	–	O 123el	KE6QK	KE6QK
Fallon	147.0900	+	O 123	KF7ETH	KF7ETH
Fernley	147.3600	+	O 123l	N7PLQ	N7PLQ
Hawthorne	146.7900	–	O 192.8lx	WA6TLW	WA6TLW
Hawthorne	147.1200	+	● 114.8l	KB7PPG	KB7PPG
Lovelock	145.3100	–	O 123	KE7INV	KE7INV
Lovelock	146.9250	–	O 123el	W7TA	K7JN
Minden	145.4300	–	● 141.3	KB7PDF	KC7PAO
Minden	147.2700	+	O 123	W7DI	K7VC
Minden	147.3300	+	O 123	NV7CV	WA6EYD
New Washoe City	145.4100	–	O 97.4	NH7M	NH7M
Reno	145.1500	–	O 123	KD7DTN	KD7DTN
Reno	145.2100	–	O 123l	W7RHC	W7NIK
Reno	145.2900	–	O 123e	W7UNR	NS9E

144-148 MHz
NEVADA-NEW HAMPSHIRE

Location	Output	Input	Notes	Call	Sponsor
Reno	145.3100	–	O 110.9e	W7RHC	W7NIK
Reno	145.3700	–	Ol	W7UIZ	W7UIZ
Reno	145.3900	–	O	W7UIZ	W7UIZ
Reno	145.4500	–	O 123	K7AN	W7FD
Reno	145.4900	–	O 123	W6JA	W7AB
Reno	146.5500	146.5500	O	N7PLQ	N7PLQ
Reno	146.6100	–	O 123l	W7TA	K7JN
Reno	146.6700	–	O 110.9el	W7RHC	W7NIK
Reno	146.7300	–	O 123	K7RDO	W7FD
Reno	146.7600	–	O 123	WA7SIX	W7URL
Reno	146.8650	–	O 103.5	NV7RP	KK7RON
Reno	146.9400	–	O 131	N7VXB	N7YPZ
Reno	147.1200	+	O 123e	KE7R	NN7B
Reno	147.1500	+	O 123el	WA7DG	KK7SL
Reno	147.2100	+	O 123l	WA7DG	KK7SL
Reno	147.3000	+	O 123	WA7DG	KK7SL
Reno	147.3900	+	O 123elx	WA7DG	KK7SL
Reno	147.3900	+	O 100e	W7TA	K7JN
Reno/Sparks	145.4700	–	O 123	WA7UEK	W1BUS
Reno/Sparks	146.4150	146.4150	O 88.5e	N2MOO	N2MOO
Reno/Sparks	147.0300	+	O 123e	WA7DG	KK7SL
Reno/Sparks	147.0900	+	O 100	KK7RON	KK7RON
Reno/Sparks	147.0900	+	● 100	NV7RP	KK7RON
Silver Springs	146.9700	–	O 103.5l	KE6QK	KE6QK
Sparks	145.2300	–	O	N7KP	N7KP
Sparks	146.8200	–	O 146.2	WA6TLW	WA6TLW
Sparks	146.8950	–	O 123	KA7ZAU	KA7ZAU
Sparks	147.0600	+	O 123	N7PLQ	N7PLQ
Sparks	147.1800	+	O 107.2ex	KR7EOC	KA6MTY
Sparks	147.4200	147.4200	Oe	KA7ZAU	KA7ZAU
Sun-Valley	147.4400	147.4400	O 123l	N7TGB	N7TGB
Topaz Lake	146.7150	–	O 203.5e	W6SUV	W6SUV
Virginia City	146.8650	–	Oe	KS7AA	KS7AA
WHITE PINE COUNTY					
Ely	147.1800	+	O	WB7WTS	----------
114.8/114.8 L(SALT LAKE CITY)					

NEW HAMPSHIRE
DARTMOUTH/LAKE SUNAPEE

Location	Output	Input	Notes	Call	Sponsor
Charlestown	146.9250	–	O 118.8	NX1DX	NX1DX
Claremont	147.2850	+	O 103.5es	KU1R	SCARG
Etna	147.1500	+	O 110.9e	W1UWS	CVFMA
Hanover	145.3300	–	O 100.0e	W1FN	TSRC
L(E363356)					
Sunapee	145.2500	–	● 88.5	W1VN	K1JY
Unity	147.1800	+	O 123.0	KA1BBG	KA1BBG
L(WA1UNN NH 2 METER NETWORK)					

GREAT NORTH WOODS

Location	Output	Input	Notes	Call	Sponsor
Berlin	145.1100	–	O 100.0		SCI
Bethlehem	147.3150	+	O 100.0es WX	N1PCE	N1PCE

144-148 MHz
NEW HAMPSHIRE

Location	Output	Input	Notes	Call	Sponsor
Clarksville	146.7150	−	O 100.0e	W1COS	CoosCyARES
			L(224.86 MT. WASHINGTON)rs		
Colebrook	147.3000	+	O 110.9el	W1HJF	LMRAPP
LAKES REGION					
Alton	146.8650	−	O 88.5	K1JEK	K1JEK
Franklin	147.3000	+	O 88.5es	W1JY	CNHARC
Gilford	145.3600	−	O	K1RE	NEDECN
			L(DMR:CC3 NEDECN)		
Gilford	146.9850	−	O 123.0e	W1JY	CNHARC
			L(E147390/W1JY)sWXx		
Moultonborough	145.3100	−	O 88.5	N1TZE	N1TZE
Moultonborough	147.3900	+	O 123.0es	W1JY	CNHARC
			WX		
Ossipee	147.0300	+	O 88.5e	W1BST	LRRA
Pittsfield	146.7900	−	O 88.5	N1IMO	N1IMO
			L(E336966/N1IMO-N1IMN)		
Rochester	145.2400	−	Oe	K1LTM	EWARN
			L(DMR:CC3 EWARN)		
Sanbornton	145.1800	−	O	K1JC	JAC
			L(DMR:CC6 NEDECN)		
Sanbornton	145.2700	−	O	W1CNH	CNHARC
			L(D-STAR)		
Strafford	147.2400	+	O 88.5es	N1JPB	2-Way
West Ossipee	147.0750	+	O 100.0e	K1LTM	Whittier
			L(DMR:CC6)x		
MERRIMACK VALLEY					
Bedford	146.6850	−	O 100.0e	N1QC	GSARA
			L(C4FM)s		
Bow	145.4800	−	O	NE1DS	N1PA
			L(D-STAR)		
Bow Center	145.1700	−	O	K1OX	K1OX
			L(DMR:CC8 NEDECN)x		
Candia	146.9100	−	O 136.5e	W1YVM	W1YVM
Chester	145.1900	−	O	K1OX	K1OX
			L(DMR:CC9 NEDECN)		
Concord	146.9400	−	O 114.8	K1PJS	NHRC
Concord	147.2250	+	O 100.0	KA1OKQ	KA1OKQ
Deerfield	147.0000	−	O 100.0	W1SRA	Saddlbk RA
Derry	145.3100	−	O	K1QVC	SNHDStrGrp
			L(DMR:CC1 NEDECN)		
Derry	146.7460	−	O 114.8e	NM1D	NM1D
			L(E501047)		
Derry	146.8500	−	O 85.4 (CA)	K1CA	IntrStRS
			ex		
East Derry	147.2100	+	107.2e	KC2LT	KC2LT
			L(KC2LT)x		
Goffstown	145.2000	−	O	N1PA	EWARN
			L(DMR:CC2 EWARN)		
Goffstown	147.1350	+	O 100.0e	W1AKS	NHRADIO
			L(E600646)sx		

144-148 MHz
NEW HAMPSHIRE

Location	Output	Input	Notes	Call	Sponsor
Henniker	146.8950	−	O 100.0ers	K1BKE	CVRC
Hollis	146.7300	−	O 88.5e L(E336966/N1IMO-N1IMN)	N1IMO	N1IMO
Hudson	145.2600	−	Oe L(DMR:CC5 NEDECN)	K1MOT	MARC-NE
Hudson	147.1050	+	O 88.5e L(E15837)	NE1B	RRA
Manchester	145.2200	−	Oe L(DMR:CC11 NEDECN)	W1RCF	NEDECN
Manchester	147.3300	+	O 141.3	N1SM	N1SM
Milford	147.2550	+	O 123.0	K3RQ	G.Murphy
Nashua	147.0450	+	O 100.0e	WW1Y	WW1Y
New Boston	147.3750	+	O 88.5	W1VTP	GSARA
Northwood	146.7000	−	O 88.5e L(E232623)x	K1JEK	K1JEK
Pelham	146.5000	145.0000	O L(DMR:CC5)	W1STT	W1STT
Salem	145.3200	−	O L(D-STAR)	K1HRO	K1HRO ARC
Salem	147.1650	+	O 136.5	NY1Z	MtMRH RS

MONADNOCK REGION

Location	Output	Input	Notes	Call	Sponsor
Francestown	147.0600	+	O 123.0e L(WA1UNN NH 2 METER NETWORK)	WA1UNN	KA1BGG
Gilsum	147.3600	+	O 123.0 L(WA1UNN NH 2 METER NETWORK)	KA1BBG	KA1BGG
Keene	146.8050	−	O 100.0 K1TQY (CA)eL(440 MHZ LINKING)s	K1TQY	ChsCntyDXA
Rindge	146.7750	−	O 123.0 L(WA1UNN NH 2 METER NETWORK)	KA1BBG	KA1BGG
Rindge	147.1950	+	O 88.5e L(E336966/N1IMO-N1IMN)	N1IMO	N1IMO
Walpole	147.0300	+	O 100.0e	K1PH	K1PH

SEACOAST

Location	Output	Input	Notes	Call	Sponsor
Hampton	145.4400	−	Oe L(D-STAR)	K1HBR	HBAR
Kensington	145.1500	−	O 127.3a E-SUNs	W1WQM	PCARC
Kensington	145.4000	−	O L(D-STAR)	KB1TIX	SeacoastDA
Madbury	145.3800	−	OL(D-STAR N1HIT IRCDDB)	N1HIT	NE-RDS

WHITE MOUNTAINS

Location	Output	Input	Notes	Call	Sponsor
Cannon Mountain	145.4300	−	O 114.8e WXx	K1EME	LARK
Littleton	147.3450	+	O 114.8	K1EME	LARK
Mt Washington	146.6550	−	O 100.0ers	W1NH	WA1WOK
North Conway	145.4500	−	O 100.0 L(C4FM/E671954)sWX	W1MWV	WhtMtnARC
Whitefield	145.3700	−	O 114.8 L(E707723/NNH REPEATER NETWORK)s	N1PCE	N1PCE

144-148 MHz
NEW JERSEY

Location	Output	Input	Notes	Call	Sponsor
NEW JERSEY					
ATLANTIC					
Absecon	147.2100	+	O 123 (CA) eRB	N2HQX	DVRC
Brigantine	146.7150	−	O 91.5eWX	KA2OOR	----------
Buena	146.8050	−	O 118.8	KE2CK	KC2YWJ
Egg Harbor	146.6400	−	O 131.8elr sRB WX	W3BXW	BEARS
Egg Harbor Twp	146.7450	−	O 146.2 (CA)erWX	K2BR	SCARA
Galloway Twp	147.1650	+	O 91.5eWX	AG2NJ	ACURA
W Atlantic City	146.9850	−	O 146.2 (CA)e	W2HRW	SPARC
BERGEN					
Fort Lee	145.3100	−	O 100.0/100.0 (CA)lBl	KB2RQE	----------
Franklin Lakes	146.7900	−	O/162.2	K2GCL	BCFMA
North Arlington	147.2100	+	O 088.5e	K2DCG	----------
BERGEN CO					
Alpine	146.9550	−	O 141.3a TTe	K2FJ	CRRC
Fair Lawn	145.4700	−	O 107.2	W2NPT	Fair Lawn ARC
Fort Lee	145.4500	−	O 100.0r	W2MPX	METROPLX
Paramus	146.7900	−	O 141.3	W2AKR	BCFMA
BURLINGTON					
Chatsworth	145.4700	−	O 127.3elrs	KC2QVT	BURLCO OEM
Medford Twp	145.2900	−	O 91.5 (CA) e	K2AA	SJRA
Robbinsville	147.0750	+	O 71.9 (CA) elr	KX2D	Robbinsvil
Westampton	147.1500	+	O 127.3 (CA)elrsWX	KC2QVT	BURLCO OEM
Willingboro	146.9250	−	O 131.8 (CA)e	WB2YGO	WARG Inc.
CAMDEN					
Blackwood	146.8950	−	O 192.8ers WX	K2EOC	CCOEM
Camden	146.8200	−	O 131.8es	W3PHL	PARA Group
Cherry Hill	145.3700	−	O 91.5 (CA) e	NJ2CH	CH OEM
Pine Hill	146.8650	−	O 131.8 (CA)el	K2UK	CCAPRA
Runnemede	147.2250	+	O 192.8e	WA2WUN	----------
Waterford Wks	145.2100	−	O 71.9e EXP	W2FLY	----------
Waterford Wks	147.3450	+	O 127.3er WX	WA3BXW	SNJ-ARES
Winslow	145.1500	−	O 91.5e	K2AX	JTRA

144-148 MHz
NEW JERSEY

Location	Output	Input	Notes	Call	Sponsor
CAPE MAY					
Avalon	147.1200	+	O 203.5e WX	KC2KAX	ECLWA
Cape May Ct Hse	146.6100	−	O 88.5	N2CMC	CMCARC
Cape May Ct Hse	147.2400	+	O 146.2ers	W2CMC	--------------
Ocean City	147.2850	+	O 156.7 (CA)elrRB LITZ WX	W3PS	METRO-COMM
Wildwood	145.4500	−	O 167.9er	KA3LKM	--------------
CUMBERLAND					
Bridgeton	147.2550	+	O(CA)ers WX	KC2TXB	Cum.Co.OEM
Vineland	145.4900	−	O 179.9eBl	WA2WUN	--------------
ESSEX CO					
Livingston	146.5950	147.5950	O 100.0ez	NE2S	SBARC
Newark	145.3500	−	O 107.2 Bl	W2JDS	--------------
Newark	147.2250	+	O 141.3 L(440.500)	K2MFF	NJIT
North Caldwell	147.1800	+	O 151.4	W2JT	NJDXA
West Orange	146.4150	147.4150	O 85.4 (CA) eL(224.480)rsLITZz	WA2JSB	WORA
West Orange	147.2850	+	O 141.3/141.3 (CA)elrsLITZ WXz	WA2HYO	NJRA
GLOUCESTER					
Monroe Twp	145.3900	−	O 91.5rs	K2DX	#NAME?
Pitman	147.1800	+	O 131.8 (CA)rs	W2MMD	GCARC
HUNTERDON					
Cherryville	147.3750	+	O 151.4ae	WB2NQV	W2CRA
Holland Twp	146.8500	−	O 151.4ae LITZ	WA2GWA	K2PM
Hunterdon	145.2500	−	O 110.9eprs	W2CRA	CRA-II
Mt Kipp	147.0150	+	O 151.4 (CA)elrWX	WB2NQV	W2CRA
MERCER					
Lawrenceville	146.4600	147.4600	O 131.8	N2RE	SarnoffRC
West Trenton	146.6700	−	O 131.8 (CA)ersWX	W2ZQ	DVRA
MIDDLESEX CO					
Old Bridge	147.1200	+	O 162.2/162.2 (CA)elrsz	W2CJA	PSARN
Sayreville	146.7600	−	O 156.7/156.7 (CA)eL(443.200)rsLITZ	K2GE	RBRA
MONMOUTH CO					
Creamridge	147.2400	+	O 131.8 (CA)er	N2DRM	CR-MRG
Ellisdale	145.4500	−	O 131.8e	K2NI	HRG
Middletown	145.4850	−	O 151.4 (CA)er	N2DR	MT RACES OEM
Ocean Twp	147.0450	+	O 67.0 (CA) ersLITZ WX	WB2ABT	MCRA

144-148 MHz NEW JERSEY

Location	Output	Input	Notes	Call	Sponsor
Wall Twp	145.1100	–	O 127.3es	N2MO	OMARC
Wall Twp	146.7750	–	Oe	N2CTD	WALL OEM
MORRIS					
Lake Hopatcong	145.1800	–	OTT	NJ2MC	----------
MORRIS CO					
Boonton	147.0300	+	O 151.4/151.4e	W2TW	WARC
Butler	147.1350	+	O 141.3elr sRB WX	WB2FTX	ButlrRACES
Long Valley	147.0300	+	141.3/141.3ers	N2GS	CWRACES
Morris Twp	146.8950	–	O 151.4/151.4 (CA)erWX	WS2Q	MORISOEM
Roxbury	146.9850	–	O 131.8 (CA)e	K2GG	SARA
OCEAN					
Lakewood	146.9550	–	O 103.5e	W2RAP	EARS
Manahawkin	146.8350	–	O 127.3 (CA)ers	N2OO	835UserGrp
Manchester	145.1700	–	O 131.8ers WX	WA2RES	OCARES
Toms River	146.4450	147.4450	O 131.8ae sWX	KC2GUM	O.C.R.G.
Toms River	146.6550	–	O 127.3 RB WX	WA2JWR	HCARC
Toms River	146.9100	–	O 127.3eBl	W2DOR	JSARS
Tuckerton	146.7000	–	O 192.8ers	N2NF	----------
PASSAIC CO					
Little Falls	146.9250	–	O 151.4/151.4er	W2VER	VRACES
Passaic	147.3450	+	O 067.0/067.0 (CA) TTersRB WX(845)	KC2MDA	TECNJ
Wanaque	146.4900	147.4900	a	WA2SNA	RAMPOARC
Wanaque	146.7000	–	O 141.3 (CA) TT(1070)ersLITZ WXz	W2PQG	10-70 RA
Wayne	145.2100	–	O 141.3e	W2GT	Partyline Net
West Patterson	146.6100	–	151.4	W2FCL	LND ROVERS ARC
SALEM					
Pennsville	146.6250	–	O 131.8 (CA)er	N2KEJ	S.C.R.A.
SOMERSET CO					
Green Brook	146.6250	–	O 141.3	W2QW	RVRC
Green Brook	146.9400	–	O 141.3/141.3 (CA)ers	K2ETS	ETS OF NJ
Hillsboro	147.1350	+	O 151.4/151.4ersz	K2NJ	WJDXG
Martinsville	147.2850	+	O 141.3e	W2NJR	NJRA
SUSSEX					
Newton	147.2100	+	O 151.4.rs	W2LV	SCARC
Newton	147.3000	+	O 151.4 (CA)elrs	W2LV	SCARC

144-148 MHz
NEW JERSEY

Location	Output	Input	Notes	Call	Sponsor
Newton	147.3300	+	O 151.4rs	W2LV	SCARC
Vernon	146.9250	–	O 151.4er WX	W2VER	Vern RACES
UNION CO					
Elizabeth	145.4100	–	O 107.2 RB BI	W2JDS	------------
Murray Hill	147.2550	+	O 141.3 (CA)rsWX	W2LI	TRI-CNTYARA
Roselle Park	146.6850	–	O 123.0/123.0 (CA)er	WA2ZDN	------------
Springfield	147.5050	146.5050	O 123.0 (CA) TTerz	WA2BAT	SPFD EMRC
WARREN					
Columbia	146.4750	147.4750	O 110.9e	WB2NMI	------------
Washington	146.8200	–	O 110.9r	W2SJT	PJARC

NEW MEXICO
ALBUQUERQUE

Location	Output	Input	Notes	Call	Sponsor
Albuquerque	145.1300	–	O 100.0e L(145.150)rs	K5BIQ	BC-OEM
Albuquerque	145.3300	–	O 100.0e L(444.0)X	W5CSY	ARCC
Albuquerque	146.7200	–	O 100.0/127.3ex	K5CQH	K5CQH
Albuquerque	146.9000	–	O 67.0e L(147.0600)X	K5FIQ	URFMSI
Albuquerque	146.9200	–	O 67eBI	KF5ERC	------------
Albuquerque	147.3200	+	O 100.0 (CA)	K5LXP	K5LXP
Albuquerque	147.3600	+	Oe	KB5XE	KB5XE
Isleta Pueblo	147.0400	+	O 100.0ae	AB1Q	------------
Rio Rancho	145.3700	–	O 162.2e	NM5HD	High Desert ARC
Rio Rancho	147.1000	+	O 100.0e L(443.0 443.1 147.08 145.13)rsRB	NM5RR	SCARES
Sandia Crest	147.3800	+	O 162.2e L(442.1000)X	KB5GAS	ABQ Gas Balloo
Tijeras	145.1500	–	O 100.0e L(145.130)rs	K5BIQ	BC-OEM
Tijeras	147.0000	+	O 67.0a	KF5ERC	------------

ARES/RACES NET

Location	Output	Input	Notes	Call	Sponsor
Abiquiu	147.0400	+	O 141.3ers	NM5EM	NMEMA ARC
Caprock	145.2500	–	O 141.3ers	NM5EM	NMEMA ARC
Cloudcroft	145.3700	–	O 156.7ers	NM5EM	NMEMA ARC
Clovis	145.3700	–	O 141.3ers	NM5EM	NMEMA ARC
Corona	145.1150	–	O 141.3ers	NM5EM	NMEMA ARC
Cuba	145.1750	–	O 141.3ers	NM5EM	NMEMA ARC
Davenport	147.3200	+	O 141.3ers	NM5EM	NMEMA ARC
Des Moines	145.1750	–	O 141.3ers	NM5EM	NMEMA ARC
Eagle Nest	147.0400	+	O 141.3ers	NM5EM	NMEMA ARC
Grants	146.9800	–	O 141.3ers	NM5EM	NMEMA ARC

144-148 MHz NEW MEXICO

Location	Output	Input	Notes	Call	Sponsor
Reserve	147.3400	+	O 141.3ers	NM5EM	NMEMA ARC
Santa Fe	147.0200	+	O 141.3ers	NM5EM	NMEMA ARC
Santa Rosa	147.0400	+	O 141.3ers	NM5EM	NMEMA ARC
Silver City	145.1450	−	O 141.3ers	NM5EM	NMEMA ARC
Socorro	145.1750	−	O 141.3ers	NM5EM	NMEMA ARC
Tres Piedras	145.1750	−	O 141.3ers	NM5EM	NMEMA ARC
Truth or Consequences	145.1300	−	O 141.3ers	NM5EM	NMEMA ARC
Wagon Mound	145.3700	−	O 141.3ers	NM5EM	NMEMA ARC
CENTRAL					
Belen	146.7000	−	O 100.0ers	KC5OUR	Val.CoARA
Belen	146.9600	−	O 100.0 (CA)elxZ(123)	K5URR	URFMSI
Clines Corners	147.0600	+	O 67.0 (CA) eL(146.9000) Z(123)	K5FIQ	URFMSI
La Madera	147.0800	+	O 100.0/100.0eL(147.10)rs	NM5SC	SCARES
Socorro	146.6800	−	O 100.0/123.0aexz	W5AQA	Soc. ARA
Socorro	147.1600	+	O 100.0ae prs	W5AQA	SocorroARA
EAST CENTRAL					
Clovis	147.2400	+	O 67.0ers	KA5B	ENM ARC
Clovis	147.3200	+	O 71.9/71.9 e	WS5D	WS5D
Portales	146.8200	−	O 67.0e	N5HXL	Greyhound ARC
Portales	147.0000	+	O 67.0es	W5OMU	W5OMU
MEGA-LINK					
Alamogordo	145.3500	−	O 67.0 (CA) elxZ(123)	NM5ML	Mega-Link
Albuquerque	145.2900	−	O 100.0 (CA)elxZ(123)	NM5ML	Mega-Link
Bloomfield	147.2800	+	O 67.0 (CA) elxZ(123)	NM5ML	Mega-Link
Clovis	147.2800	+	O 67.0 (CA) elxZ(123)	NM5ML	Mega-Link
Conchas Dam	147.3600	+	O 100.0 (CA)elxZ(123)	NM5ML	Mega-Link
Corona	147.2800	+	O 100.0 (CA)elxZ(123)	NM5ML	Mega-Link
Cuba	147.2400	+	O 67.0 (CA) elxZ(123)	NM5ML	Mega-Link
Datil-Davenport	147.0400	+	O 100.0 (CA)elrsxZ(123)	NM5ML	Mega-Link
Datil-Luera Peak	147.1400	+	O 100.0 (CA)elxZ(123)	NM5ML	Mega-Link
Deming	147.0200	+	O 100.0 (CA)lxZ(123)	NM5ML	Mega-Link
Ft Sumner	147.1400	+	O 100.0 (CA)elxZ(123)	KB5ZFA	Mega-Link

250 144-148 MHz
NEW MEXICO

Location	Output	Input	Notes	Call	Sponsor
Gallup	147.2200	+	O 67.0 (CA) elxZ(123)	NM5ML	Mega-Link
Grants	146.6600	−	O 100.0 (CA)elxZ(123)	NM5ML	Mega-Link
Las Cruces	147.1800	+	O 100.0 (CA)elxZ(123)	NM5ML	Mega-Link
Las Vegas	147.2600	+	O 67.0 (CA) NM5ML E-SUNlxZ(123)	NM5ML	Mega-Link
Maljamar	147.1400	+	O 67.0 (CA) elxZ(123)	NM5ML	Mega-Link
Raton	147.2800	+	O 100.0 (CA)elxZ(123)	NM5ML	Mega-Link
Reserve	147.3600	+	O 67.0 (CA) lxZ(123)	NM5ML	Mega-Link
Roswell	146.6600	−	O 67.0 (CA) lsxZ(123)	NM5ML	Mega-Link
Roswell	147.2600	+	O 100.0 (CA)elxZ(123)	NM5ML	Mega-Link
Silver City	145.1150	−	O 100.0/100.0 (CA)lxZ(123)	NM5ML	Mega-Link
Socorro	147.2400	+	O 100.0 (CA)elxZ(123)	NM5ML	Mega-Link
T or C	147.2600	+	O 100.0 (CA)elxZ(123)	NM5ML	Mega-Link
Taos Ski Valley	147.1400	+	O 67/67 (CA)lrsx	NM5ML	Mega-Link
Tijeras	147.3400	+	O 100.0/100.0 (CA)lZ(123)	NM5ML	Mega-Link
Tres Piedras	147.2200	+	O 100.0 (CA)elxZ(123)	NM5ML	Mega-Link
Tucumcari	147.2200	+	O 100.0 (CA)elxZ(123)	NM5ML	Mega-Link
Wagon Mound	147.2000	+	O 67.0/67.0 (CA)elrsZ(123)	NM5ML	Mega-Link
NORTH CENTRAL					
Angel Fire	147.3400	+	Oex	N5LEM	Taos ARC
Chama	147.0800	+	O 162.2 W5SF E-SUN L(146.82)	W5SF	SFARC
La Cueva	145.4100	−	O 100.0/100.0eLITZ	W5HO	------------
La Cueva	146.8400	−	O 107.2elx	N9PGQ	
Las Vegas	145.4500	−	Oe	KB5WEZ	KB5WEZ
Las Vegas	147.3000	+	O 162.2e W5SF L(146.82)x	W5SF	SFARC
Los Alamos	145.1900	−	O 162.2s	W5SF	SFARC
Los Alamos	146.8800	−	O	W5PDO	LAARC
Red River	145.3900	−	O/100.0e	KF5ORU	Taos ARC
Taos	147.1200	+	Oelx	W5TYL	Taos ARC
Tres Piedras	146.7600	−	O 67.0e KF5PFO Taos ARC L(146.76 146.82 147.20 147.30)x	KF5PFO	Taos ARC

144-148 MHz — NEW MEXICO

Location	Output	Input	Notes	Call	Sponsor
NORTH EAST					
Raton	145.4900	–	O 100/100 TTeLITZ WX	N0DRC	------------
NORTH WEST					
Aztec	146.7400	–	O 100.0 (CA)eL(146.85)	NM5SJ	SJC EMCOMM
Blanco	147.1000	+	O 100.0	KB5ITS	KB5ITS
Bloomfield	146.9200	–	O 100.0 (CA) L(146.85)	NM5SJ	SJC EMCOMM
Farmington	146.7600	–	O 100.0 (CA)e	KB5ITS	KB5ITS
Farmington	146.8500	–	O 100.0 (CA) L(TOTAH ARC)	NM5SJ	SJC EMCOMM
Farmington	147.0000	+	O 100.0ae	KB5ITS	KB5ITS
Lybrook	145.4900	–	O 100.0 (CA) L(146.85)	NM5SJ	SJC EMCOMM
Navajo Dam	147.3600	+	O 100.0/100.0	KB5ITS	------------
Tank Mountain	146.8800	–	O 100.0e	KB5ITS	KB5ITS
SANTA FE					
Santa Fe	146.8200	–	O 162.2e L(147.20 147.30 146.76)x	W5SF	SFARC
Santa Fe	147.2000	+	O 162.2e L(146.76 146.82 147.30)	W5SF	SFARC
SOUTH CENTRAL					
Alamogordo	146.8000	–	O 100.0e	K5LRW	Alamo ARC
Alamogordo	146.8600	–	O 100.0/100.0e	N6CID	------------
Alamogordo	146.9000	–	O 77.0a	KC5OWL	------------
Benson Ridge	145.2300	–	O 123.0lx	K5BEN	JPARA
Benson Ridge	145.2700	–	O 162.2	K5KKO	ELP Dig Int Gp
Capitan	146.6100	–	OE-SUNx	KB5ZFA	------------
Cloudcroft	146.9600	–	O 100.0e L(147.34)rsRBx	KE5MIQ	SMRC
Cloudcroft	147.2200	+	O 100.0/100.0eL(147.34)rsx	KE5MIQ	SMRC
Cloudcroft	147.3400	+	O 100.0/100.0eL(147.22)rsx	KE5MIQ	SMRC
High Rolls	147.0000	+	O 141.3/141.3 E-SUNrs	W5AKU	------------
Las Cruces	146.6400	–	O 100.0 (CA)e	N5BL	MVRC
Las Cruces	146.7800	–	Oe	N5IAC	------------
Las Cruces	147.3800	+	O 100.0a TT	W7DXX	------------
Ruidoso	145.4500	–	O 100.0/100.0eL(146.92)	KR5NM	SBARC
Ruidoso	146.9200	–	O 100.0/100.0eL(145.45)	KR5NM	SBARC
Ruidoso	146.9800	–	O 100.0/100.0eL(145.31)rsRB EXP WXx	K5RIC	ARC

144-148 MHz
NEW MEXICO

Location	Output	Input	Notes	Call	Sponsor
T or C	146.7600	−	O 100.0 (CA)ex	N5BL	MVRC
Tularosa	147.0800	+	O 100.0e	W5TWY	------------
SOUTH EAST					
Caprock	147.1800	+	Oex	KB5ZFA	------------
Carlsbad	145.3900	−	O 100.0/100.0 E-SUN EXP	KG5BOM	------------
Carlsbad	146.8800	−	O 88.5/88.5 eEXP	N5CNM	Carlsbad ARC
Carlsbad	147.2800	+	O 123.0e L(442.4500)sRB LITZx	K5CNM	Eddy Co ARES/SKY
Hobbs	147.2200	+	O 173.8e	K5INW	------------
Hope	147.3800	+	O 123.0e L(442.4500)sRB LITZx	K5CNM	Eddy Co ARES/SKY
Jal	147.1000	−	O	N5SVI	N5SVI
Loving	147.3600	+	O 123.0e L(442.4500)sRB LITZx	K5CNM	Eddy Co ARES/SKY
Queen	147.3000	+	O 123.0e L(442.4500)sRB LITZx	K5CNM	Eddy Co ARES/SKY
Roswell	146.6400	−	OTTe	N5MMI	NMMI ARC
Roswell	146.9400	−	O(CA)e	W5TD	------------
Roswell	147.3200	+	O 162.2/162.2e	W5GNB	W5GNB
SOUTH WEST					
Columbus	145.4300	−	O 88.5rs	W5DAR	DARC
Deming	146.8200	−	Oex	W5DAR	DARC
Deming	147.0800	+	O	W5JX	------------
Deming	147.1200	+	O 88.5/88.5 E-SUN	NM2J	NM2J
Jacks Peak	145.1700	−	O 100.0e L(MEGALINK)	N5IA	N5IA
Jacks Peak	145.2100	−	O 141.3 L(EAARS)	N5IA	JPARA
Jacks Peak	145.2500	−	O 88.5x	WB5QHS	JPARA
Jacks Peak	145.4700	−	O 141.3e L(147.06)x	K7EAR	JPARA
Little Florida Mtns	147.0400	+	O 127.3 L(147.06)	N5IA	N5IA
Little Florida Mtns	147.0600	+	O 127.3 L(145.47)	N5IA	N5IA
Reserve	147.3800	+	O 103.5#	K7QCW	CCARS
Silver City	146.9800	−	O 103.5 (CA)elsx	K5GAR	Gila ARS
STATEWIDE					
Statewide	147.1600	+	Oprs		ARES/SAR
WEST CENTRAL					
Gallup	147.2600	+	O 100.0rs	KC5WDV	KC5WDV
Grants	146.6400	−	O 67.0 (CA) elxZ(123)	K5URR	URFMSI
Grants	146.9400	−	O 100.0 (CA)elxZ(123)	K5URR	URFMSI

144-148 MHz
NEW MEXICO-NEW YORK

Location	Output	Input	Notes	Call	Sponsor
Grants	147.1800	+	O 100.0	WB5EKP	CARCUS
Zuni	145.4300	−	O 162.2 (CA)x	WA5SOX	MCARES

NEW YORK
ADIRONDACKS EAST

Location	Output	Input	Notes	Call	Sponsor
Blue Mtn	145.4900	−	O 123lx	N2JKG	RACES
Lake Placid	147.3000	+	O 100.0	N2NGK	N2NGK
Long Lake	146.6400	−	● 162.2/162.2ex	KCZZO	Bear Bait Radio
Lyon Mtn	147.2850	+	O 123.0e	W2UXC	ChmpVlyRC
Mineville	147.2550	+	O 123elr WX	WA2LRE	Essx RACES
Peru	145.4900	−	O 123.0	WA2LRE	Clin RACES
Plattsburgh	145.4700	−	O 100.0	WA2LRE	Clin RACES
Plattsburgh	147.1500	+	O 123.0el	W2UXC	ChmpVlyRC
Saranac Lake	147.0300	−	O 100.0	W2WIZ	Red Cross
Speculator	147.1650	+	Oer	KA2VHF	Hmltn ARC
Whiteface Mtn	145.1100	−	O 123.0elrx	N2JKG	Clin RACES

ALBANY/CAPITAL REGION

Location	Output	Input	Notes	Call	Sponsor
Albany	145.1900	−	O 103.5e	K2CT	ALBANY AMATE
Albany	147.1200	+	Oer	K2ALB	Albany County A
Albany	443.3750	+	O 100	KA2QYE	KA2QYE
Averill Park	145.3700	−	O 127.3l	W1GRM	W1GRM
Columbia	146.6700	−	O 100	N2JVE	N2JVE
Delmar	146.6400	−	Or	W2VJB	BethRACES
East Galway	147.3600	+	O	N2FEP	N2FEP
Fonda	147.1950	+	O 156.7erz	KC2AUO	MOHAWK VALL
Galway	147.2400	+	O 100e L(147.00)r	K2DLL	Saratoga County
Glenville	146.7900	−	O 100	W2IR	Schenectady Mu
Gloversville	146.7000	−	Oar	K2JJI	TRYON AMATE
Grafton	145.2500	−	O 100 (CA) e	WB2BQW	NORTHEAST C
Grafton	145.3100	−	O	K2CBA	GURU
Grafton	147.1800	+	O 100 (CA) elrsz	K2REN	RENSSELAER A
Hoosick Falls	147.3450	+	Oer	K2RBR	K2RBR
Middle Grove	145.4300	−	O 156.7	WB2BGI	WB2BGI
Rensselaer	147.3300	+	O 146.2	WB2HZT	WB2HZT
Schenectady	147.0600	−	Oaer	K2AE	SCHENECTADY
Schenectady	147.3000	+	Oa	WA2AFD	WA2AFD
Troy	145.1700	−	O 127.3elr sWx	N2TY	TROY AMATEU
Troy	145.3300	−	Olr	K2RBR	NiMo ARC
Troy	146.7600	−	O 103.5elr s	K2REN	RENSSELAER A
Troy	146.8200	−	O(CA)l	W2SZ	RPI AMATEUR
Troy	146.9400	−	Oael	W2GBO	Tel Pionrs

254 144-148 MHz
NEW YORK

Location	Output	Input	Notes	Call	Sponsor
Troy	147.2700	+	O 100elrs	KG2BH	CohEddy Ct
AUBURN					
Auburn	145.2300	−	O 71.9aep sxz	W2QYT	W2QYT
Auburn	147.0000	+	O 71.9aep xz	W2QYT	W2QYT
Auburn	147.2700	+	O 71.9aer	K2RSY	CayugaEMO
Moravia	146.6700	−	O 151.4ers WXx	AK2K	AK2K
Seneca Falls	145.1300	−	Ol	N2POH	Sen ARES
Skaneateles	147.1950	+	O 82.5e	WB2FOF	WB2FOF
BATH/HORNELL					
Alfred	146.9550	−	Oe	K2BVD	ALFRED RADIO AM
Arkport	147.0450	+	O 110.9elr	KC2FSW	Keuka LARA
Bath	145.1900	−	Oael	KB2WXV	KEUKA LAKE AMAT
Bath	146.8050	−	OelWXx	N2HLT	N2HLT
Groveland	147.0300	+	O	W2COP	W2COP
Jasper	147.3300	+	Ol	KC2JLQ	Keuka LARA
Naples	146.9250	−	Ol	NO2W	Telcourier
Prattsburg	147.2400	+	O 110.9l	K1NXG	N2PA MtnGp
Springwater	146.7600	−	O(CA)elz	WA2DHB	Lvgstn ARS
BINGHAMTON					
Bing Airport	146.8650	−	O 146.2r WX	WA2QEL	Susquehanna Valley
Binghamton	145.4700	−	O	W2EWM	W2EWM
Binghamton	146.7300	−	O 100ex	K2TDV	K2TDV
Binghamton	146.8200	−	O 146.2 WXx	WA2QEL	Susquehanna Valley
Binghamton	147.0750	+	OeWXx	K2VQ	K2VQ
Binghamton	147.3900	+	Ot#	W2OW	BINGHAMTON AMR
Endicott	145.3900	−	O 123 EXP	N2YR	W.A.G.
Endicott	147.2550	+	O 100 (CA) e	WA2VCS	N2ZOJ
Hancock	147.3450	+	O 146.2r WX	WA2QEL	Susquehanna Valley
Owego	146.7600	−	OWX	W2VDX	TIGARS
Vestal	147.1200	+	O 100l	K2ZG	K2ZG
CANANDAIGUA					
Bristol	145.1100	−	O 110.9l	WR2AHL	GRIDD
Canandaigua	146.8200	−	O 110.9ers WXx	K2BWK	SQUAW ISLAND AM
Farmington	145.4100	−	O 110.9	N2HJD	N2HJD
Geneva	147.0900	+	O 110.9er	W2ONT	ONTARIO COUNTY
Hemlock	147.3750	+	O	K2BWK	SQUAW ISLAND AR
South Bristol	145.4500	−	O 110.9er	W2ONT	ONTARIO COUNTY
CATSKILLS EAST					
Cairo	146.7450	−	O 210.7e	KB2DYB	KB2DYB
Cairo	147.0900	+	O(CA)ersz	N2SQW	GRN CTY RC
Hunter	145.1500	−	O	WB2UYR	Mtntop ARA
Jewett	145.4500	−	O	W1EQX	W1EQX

144-148 MHz — NEW YORK

Location	Output	Input	Notes	Call	Sponsor
Krumville	146.7450	–	O 123es	KC2BYY	RIDGE TOP AM
Roxbury	146.9850	–	Oe	K2AGF	Mrgrtvl RC
CATSKILLS NORTH					
Cherry Valley	145.3500	–	O 167.9e	NC2C	OTSEGO COUN
Cobleskill	146.6100	–	O 123ar	WA2ZWM	SCHOHARIE CO
Cooperstown	146.6400	–	Oer	NC2C	OTSEGO COUN
Delhi	146.7450	–	Oersz	K2NK	Del Cty ES
Oneonta	146.8500	–	O 167.9 (CA)ersWxxz	W2SEU	OARC
Stamford	145.2300	–	Orsx	W2SEU	W2SEU
Trout Creek	147.3150	+	Oer	W2LZ	WALTON RADIO
Walton	145.2500	–	O 100rLITZ WXz	WB2BQW	NORTHEAST C
Walton	146.9550	–	O 127.3ers z	K2NK	Walton RA
CORTLAND/ITHACA					
Burlington	146.7150	–	O 167.9r	W2EES	W2EES
Cortland	145.4900	–	O 151.4ae z	KB2LUV	SKYLINE AMAT
Cortland	147.0300	+	O	WA2VAM	FngrLksRA
Cortland	147.1800	–	O 71.9e	K2IWR	SKYLINE AMAT
Cortland	147.2250	+	O/71.9	KB2FAF	KB2FAF
Ithaca	146.6100	–	Oaez	W2CXM	CORNELL UNIV
Ithaca	146.8950	–	O 107.2ex	K2ZG	K2ZG
Ithaca	146.9400	–	O 103.5	KC1RM	Tompkins County
Ithaca	146.9700	–	O 103.5ae sWXxz	AF2A	TOMPKINS COU
Norwich	146.6850	–	O 110.9	W2RME	CHENANGO VA
ELMIRA/CORNING					
Corning	147.0150	+	O(CA)elz	N2IED	CARA
Elmira	146.7000	–	Ol	W2ZJ	ELMIRA AMATE
Elmira	147.3600	+	OaelrsWX xz	N3AQ	ROOKIES
FRANKLIN					
Malone	147.0900	+	a(CA)	NG2C	------------
Malone	147.2250	+	151.4/151.4l	WB2RYB	------------
Saranac lake	145.3100	–	127.3	W2TLR	TLARC
Tupper lake	147.3300	+	100.0 L(449.700)x	KA2DRE	Greater Adironda
LONG ISLAND - NASSAU CO					
Mineola	146.6400	–	●telr	W2EJ	PLAZA RPTR
Plainview	146.8050	+	O 136.5 (CA)lsRB WX	WB2WAK	NC ARES
Plainview	147.1350	+	O 136.5 (CA)rsRB	WB2CYN	PHNX ARTS
Plainview	147.3300	+	O 114.8/114.8 DCS(023)eL(927.1125)	N2BBO	------------
LONG ISLAND - SUFFOLK CO					
Bethpage	146.7450	146.1460	O 136.5	WA2LQO	Grumman ARC
Dix Hills	147.0750	+	O 136.5el Bl	W2RGM	------------

144-148 MHz
NEW YORK

Location	Output	Input	Notes	Call	Sponsor
Hauppauge	145.3300	–	O 136.5ers	WA2LQO	Grumman ARC
Hauppauge	145.4300	–	O 136.5 L(443.325)	W2LRC	LARKFIELD ARC
Holbrook	145.4100	–	O 136.5/136.5eL(927.1125) RB	N2BBO	------------
Holbrook	147.3900	+	O 136.5/136.5eL(927.1125) RB	N2BBO	------------
Huntington	147.2100	+	O 136.5 (CA)eL(443.675)rs	WR2ABA	LARKFIELD ARC
Huntington	147.2850	+	● 97.4/167.9	KB2AKH	------------
Islip	147.3450	+	O 100.0 (CA)rs	K2IRG	ISLIP RG
Manorville	145.3700	–	O 136.5 (CA)eL(442.3)rs	N2NFI	PARC
Middle Island	146.8200	–	O 151.4/151.4eL(449.7353)r	W2OQI	------------
N Babylon	147.2550	+	O 136.5 (CA)eIrsZ(911)	KB2UR	SSARC
N Lindenhurst	146.6850	–	O 110.9/110.9eL(INTERNET)rsWXx	W2GSB	GSBARC
Port Jefferson	145.1500	–	O 136.5 (CA)el	W2RC	RCARC
Rocky Point	146.5950	147.5950	O 136.5 RB WX	N2FXE	------------
Selden	146.7150	–	● 136.5a (CA)el	WA2UMD	------------
Selden	146.7600	–	O 136.5e L(52.8&448.825)	WA2VNV	SBRA
Selden	147.3750	+	136.5 (CA)e	WB2NHO	LIMARC
Setauket	146.9400	–	O 136.5elr	WB2MOT	MST ARC
Southampton	147.1950	+	O 136.5 (CA)eSWX	WA2UEG	EARS
Yaphank	145.2100	–	O 136.5 (CA)ers	W2DQ	SCRC

LOWER HUDSON - WESTCHESTER

Location	Output	Input	Notes	Call	Sponsor
Chappaqua	145.1100	–	O 123.0/123.0 (CA)ers	N2FMC	NWARA
New Rochelle	147.0400	+	O 192.8z	N2ZTE	SWRA
Vallhalla	147.0600	+	O 114.8 (CA)ersx	WB2ZII	WECA
Yonkers	146.8650	–	O 110.9 (CA)er	W2YRC	YNKRS ARC
Yorktown Hts	146.9400	–	O 123.0aer	WA2TOW	YCDARC/MSARC
Yorktown Hts	147.0150	+	O 114.8 (CA)er	WB2IXR	NWARA

MID HUDSON

Location	Output	Input	Notes	Call	Sponsor
Carmel	145.1300	–	O 136.5r	K2PUT	PUTNAM EMERGEN
Harriman	147.1050	+	O 114.8l	N2JTI	ROCKLAND REPEA
Highland	147.0450	+	O 100es	N2OXV	MOUNT BEACON A

256

Serving The Amateur Radio Community Since 1965

Our 50th Year

LIMARC
Long Island Mobile Amateur Radio Club

The **Long Island Mobile Amateur Radio Club** is an ARRL Affiliated Special Service Club serving the Amateur Radio community since 1965. LIMARC, one of the largest Amateur Radio clubs in the USA, is a nonprofit organization, dedicated to the advancement of Amateur Radio, public service and assistance to fellow amateurs.

LIMARC operates five club repeaters, all using a 136.5 PL.

Repeater Frequencies: Our two 2m repeaters are linked.
W2VL 146.850 [-]
ECHOLINK W2VL-R, Node 487981
W2KPQ 147.375 [+]
ECHOLINK W2KPQ-R, Node 503075
IRLP Access Through Reflector Node 9126
W2VL 1288.00 [-]
W2KPQ 449.125 [-] IRLP Node 4969, ECHOLINK W2KPQ-L, Node 500940
W2KPQ 224.820 [-]
Packet Node W2KPQ and BBS W2KPQ-4 on 145.07Mhz

Weekly Nets
Technical Net: Sunday @ 8:00 PM
Club Info Net: Monday @ 8:30 PM followed by the Swap & Shop Net

Other Regularly Scheduled Nets
Computer Net: 3rd and 4th Wednesday of each month @ 8:30 PM (to 10:00 PM)
Astronomy Net 1st & 3rd Tuesday of each month @ 8:30 PM (to 10:00 PM)
Nostalgia/Trivia Net @ 8:30 PM on the fifth Wednesday of those months where one occurs.

Note: All Nets are linked between the 146.850 and 147.375 Repeaters

Repeater Trustees: W2VL; W2QZ, **W2KPQ**; WB2WAK

Special Events Callsign WV2LI: Trustee N2GA

Some of LIMARC's regular activities are
General Meetings: 2nd Wednesday (except July and August) at Levittown Hall, Hicksville, NY @ 8:00 PM
VE Tests: 2nd Saturday in odd numbered months at Levittown Hall – check our web-site for additional information
Hamfests: Winter, Spring & Fall
License Classes and **Field Day**

SPONSOR OF THE SCHOOL CLUB ROUNDUP

LIMARC Officers:
President: Joe Gomez, W2BMP   **Vice President:** Bob Batchelor, W2OSR
Secretary: Ken Gunther, WB2KWC   **Treasurer:** Jerry Abrams, WB2ZEX
Past President: Rob Biamonte, WB2OMW
Directors: Lou Giudice, NY2H, John Wilson, KD2AKX,
Bill Kawka, KC2SYL, Dave Akins, AK1NS
Lew Malchick, N2RQ, Neil Goldstein, W2NDG

For more information on current LIMARC events:
Access LIMARC on the World Wide Web:
http://www.limarc.org or e-mail us at: limarc@limarc.org
Write: LIMARC, P.O. Box 392, Levittown, NY 11756
Phone 516-450-5153

144-148 MHz
NEW YORK

Location	Output	Input	Notes	Call	Sponsor
Hudson	147.2100	+	O es	K2RVW	Rip Van Winkle A
Kingston	147.2550	+	O 77erz	WA2MJM	OVERLOOK MT
Lake Peekskill	146.6700	–	O 156.7 (CA)es	W2NYW	PEEKSKILL CO
Liberty	147.1350	+	O 94.8l	KC2AXO	SOUTHERN CA
Mahopac	145.3900	–	O 74.4	NY4Z	ALIVE NETWOR
Middletown	146.7600	–	O 100ers wXx	WA2VDX	WA2VDX
Middletown	147.0750	+	O 88.5ae	KD2ANX	ORANGE COUN
Middletown	147.3900	+	O 123lx	WA2ZPX	WA2ZPX
Millbrook	146.8950	–	O 100el	N2EYH	MOUNT BEACO
Mount Beacon	146.9700	–	O 100 (CA) esWXx	KC2DAA	MOUNT BEACO
New Windsor	146.9400	–	O 88.5/88.5 e	KD2ANX	ORANGE COUN
Nyack	145.1700	–	O 114.8l	N2JTI	ROCKLAND RE
Nyack	147.1650	+	O 114.8 (CA)elsx	K2CIB	ROCKLAND RE
Pearl River	146.8350	–	O 141.3	N2HDW	StatelineRA
Washingtonville	145.2500	–	O 100el	WB2BQW	NORTHEAST C
West Point	146.7300	–	O#r	W2KGY	USMA AMATEU
MONROE COUNTY					
Churchville	145.2100	–	O 110.9	N2EPO	-----------
NEW YORK CITY - KINGS					
Brooklyn	145.2300	–	O 114.8/114.8es	WA2JNF	-----------
Brooklyn	146.6100	–	O 141.3/141.3	KB2RNI	
Brooklyn	146.7300	–	O 88.5es	KB2NQT	KCRC
NEW YORK CITY - MANHATTAN					
Manhattan	145.2900	–	O 094.8/094.8 TTlRB	K2HR	Alive Net
Manhattan	147.1500	+	O 123.0/123.0z	N2JDW	Manh RS
Manhattan	147.1950	+	O 136.5	W2ML	-----------
Manhattan	147.2700	+	O 141.3 (CA)elRB WX	W2ABC	BEARS
New York	147.3600	–	O 107.2er	WA2ZLB	MAARC
NEW YORK CITY - NEW YORK					
Manhattan	145.2700	–	O 136.5es	KC2PXT	HOSARC
NEW YORK CITY - QUEENS					
Flushing	147.0900	+	● 114.8/82.5 (CA) DCSeZ(911)	K2HAM	ELECHSTR VHF
Glen Oaks	146.8500	–	O 136.5 (CA)e	W2VL	LIMARC
NEW YORK CITY - STATEN ISLAND					
Staten Island	146.4300	147.4300	O 136.5/136.5e	KC2RA	KCRA
Staten Island	147.3150	+	Ot(CA)ez	WA2RXQ	-----------

144-148 MHz — NEW YORK

Location	Output	Input	Notes	Call	Sponsor
NIAGARA					
Boston	146.9100	–	O(CA)e L(BARRA)rsWxxz	W2EUP	BARRA
Buffalo	146.8650	+	O 151.4 L(443.525)	WB2ECR	------------
Buffalo	147.3900	+	O 88.5 L(ECHOLINK)	W2DXA	WNYDXA
Clarence Center	147.3600	+	O 107.2e	AG2AA	------------
Colden	145.3100	–	O 88.5e L(BARC) RB	W2IVB	BARC
Colden	147.0900	+	O 107.2e	WB2ELW	STARS
Kenmore	147.0000	+	O 107.2	K2LED	BARRA
Lancaster	147.2550	+	O 107.2e L(LARC IRLP) WX	W2SO	LARC
Lewiston	146.7750	–	O 107.2e	WB2NCR	RACES
Lockport	146.8200	–	O 107.2 (CA)e	W2RUI	LARA
North Tonawanda	146.9550	–	O 151.4 (CA)e	W2SEX	ARATS
Wheatfield	146.7300	–	O 107.2	KD2GBR	BARRA
OSWEGO/FULTON					
Fulton	145.3300	–	Oalr	KW2M	NiMo ARC
Fulton	147.1500	+	O 103.5r	N2GIV	NiMo ARC
Oswego	146.8500	–	O 123er	K2QQY	OswegoCEMO
ROCHESTER					
Fairport	146.6100	–	O 110.9 (CA)esz	W2COP	FLARES
Fairport	147.1350	+	O(CA)ep	WB2SSJ	WB2SSJ
Rochester	145.2900	–	Oaelxz	KE2MK	XEROX AMATEUR R
Rochester	146.6550	–	O 110.9l	WR2AHL	BARRA
Rochester	146.7150	–	O a	W2KZD	W2KZD
Rochester	146.7900	–	Oa	K2SA	Genesee RA
Rochester	146.8800	–	O 110.9 (CA)elrsz	K2RRA	ROCHESTER RADIO
Rochester	146.9250	–	O 110.9alr z	N2HJD	ROCHESTER RADIO
Rochester	147.3000	+	O	WB2TRC	WB2TRC
SOUTHERN TIER					
Alma	147.2100	+	O 123.0el WX	KA2AJH	------------
Bemus Point	145.2900	–	O 127.3	WA2LPB	STAN
Delavan	145.3900	–	O	K2XZ	------------
Frewsburg	146.7900	–	O	W2DRZ	------------
Jamestown	145.3300	–	O 127.3	KS2D	------------
Jamestown	146.9400	–	O 127.3ae L(445.225)	K2LUC	CCAFMA
Limestone	146.8500	–	O 127.3	W3VG	------------
Perrysburg	147.1350	+	O 107.2	KC2DKP	------------
Pomfret	146.6250	–	O 127.3 (CA)ex	W2SB	NCARC

144-148 MHz
NEW YORK

Location	Output	Input	Notes	Call	Sponsor
Ripley	145.4700	−	O 127.3e	N2FMM	------------
ST LAWRENCE					
Fine	147.1350	+	151.4	WA2NAN	Oswegatchie Valley A
Ogdensburg	147.1650	+		N2MX	N2MX
Parishville	147.3900	+	151.4	W2LCA	NCARC
Potsdam	146.8950	−	151.4 L(443.350) Z(*911)	K2CC	CUARC
Russell	146.9250	−	A(*+9/#)r	KD2EAD	SLVRA
SYRACUSE					
Cazenovia	147.0750	+	O 97.4e	N2LZI	James I McHerron M
Jamesville	145.1500	−	O 123eRB	KB2SWA	KB2SWA
Lafayette	145.3500	−	O	WW2N	WW2N
Phoenix	147.3450	+	O	W2ZC	SALT CITY DX ASSN
Pompey	146.7750	−	O 151.4	W2CNY	Onondaga County De
Saquoit	145.2100	−	O 71.9eWX	N2CNY	CNY Amateur Radio
Sentinel Hgts	145.3100	−	O 151.4ex	KB2RES	KB2RES
Syracuse	145.2700	−	Oe	W1MVV	W1MVV
Syracuse	145.4300	−	O 141.3l	K2SDD	K2SDD
Syracuse	146.6250	−	O 103.5 (CA)	N2PYK	N2PYK
Syracuse	146.6400	−	O 103.5ep z	W2JST	W2JST
Syracuse	146.9100	−	O 103.5z	W2CM	LARC
Syracuse	147.1050	+	Oarz	K2JVL	K2JVL
Syracuse	147.2100	+	O 103.5 (CA)	W2CM	LARC
Syracuse	147.3000	+	Oerz	N2ACO	OndgaRACES
Syracuse	147.3900	+	O 151.4lr	K2BFH	NiMo ARC
TIOGA					
Candor	147.3000	+	O 91.5/91.5 e	K2OQ	CAROUSEL RADIO
Owego	147.3900	+	O 91.5/91.5 e	K2OQ	CAROUSEL RADIO
UPPER HUDSON					
Glens Falls	146.7750	−	OeWX	KA5VVI	SoAdRG
Lake George	146.7300	−	O 100r	KT2M	Warr RACES
North Creek	147.1350	+	O 123r	KT2M	Warr RACES
Saratoga Spr	147.0000	−	O 91.5/91.5 eL(147.240)r	K2DLL	Saratoga County RA
UTICA/ROME					
Boonville	146.6550	−	Oe	KC2NBU	BRVRA
Ilion	145.1100	−	O 167.9 (CA)erswX	N2ZWO	HERKIMER COUNTY
Ilion	146.8050	−		KB3BIU	KB3BIU
Kirkland	147.2400	+	O 71.9/71.9 (CA)ers	KA2FWN	K1DCC
Mohawk	147.0900	+	O	W2JIT	Deerfld RA
Norway	147.0450	+	O 167.9ers WX	N2ZWO	HERKIMER COUNTY
Rome	146.8800	−	O 71.9/71.9 eL(ECHOLINK)sWXx	W2OFQ	ROME RADIO CLUB

144-148 MHz
NEW YORK–NORTH CAROLINA

Location	Output	Input	Notes	Call	Sponsor
Rome	147.2850	+	O(CA)	WA2ZXS	416 COMBAT S
Utica	145.4500	–	O	W2JIT	Deerfld RA
Utica	146.7600	–	O	W2JIT	Deerfld RA
Utica	146.9700	–	O	WB2FAW	RACOM
Verona	145.1700	–	Oae	KA2NIL	KA2NIL
WATERTOWN					
Lowville	146.9550	–	O 156.7aer	W2RHM	BLACK RIVER V
Watertown	146.7000	–	O 151.4ez	WB2OOY	WB2OOY
Watertown	147.2550	+	O 151.4ars WXxz	N2KFJ	CANAMARA
Watertown	147.3750	+	Ol	K2BFH	NiMo ARC
WATKINS GLEN					
Branchport	146.9850	–	O 110.9	N2LSJ	N2LSJ
Penn Yan	145.2500	–	O 100	N2HLT	N2HLT
Penn Yan	145.3700	–	Oelrsx	WA2UKX	WA2UKX
Penn Yan	146.8350	–	O	KE2BV	KE2BV
Watkins Glen	147.1650	+	Olr	KA2IFE	KA2IFE
WAYNE/NEWARK					
Clyde	145.4700	–	O	KA2NDW	KA2NDW
Newark	146.7450	–	O	WA2AAZ	DRUMLINS AMA
Sodus	146.6850	–	Oaer	WB2QKO	Wyn RACES
WEST					
Albion	145.2700	–	O 141.3	WA2DQL	OCARC
Batavia	147.2850	+	O 141.3 (CA)e	W2SO	LARC
Gainsville	145.4900	–	O 88.5e L(ILS IRLP ECHOLINK)	WB2JPQ	ILS
Wethersfield	145.1700	–	O 110.9e L(BARRA) RBx	K2ISO	BARRA
Wethersfield	146.6400	–	O 88.5	K2XZ	------------
Wethersfield	147.1050	+	O 141.3	N2FQN	------------
Wethersfield	147.3150	+	O 141.3e L(443.625) WX	KC2QNX	------------

NORTH CAROLINA

Location	Output	Input	Notes	Call	Sponsor
Ahoskie	145.1300	–	O 131.8/131.8l	WB4YNF	WB4YNF
Ahoskie	146.9100	–	O 131.8/131.8	KG4GEJ	Tri-County Amat
Albemarle	146.9850	–	O 100/100	K4OGB	------------
Albemarle	147.2100	+	O 110.9/110.9el	KD4ADL	KD4ADL
Anderson	145.1700	–	O 88.5/88.5 erWX	K4CCR	K4CCR
Andrews	147.0450	–	O 151.4/151.4e	K4AIH	WD4JEM
Apex	147.0750	+	O 118.8/118.8e	KJ4ZPE	KJ4ZPE
Apex	147.3900	+	O 88.5/88.5 el	WB4IUY	------------

144-148 MHz
NORTH CAROLINA

Location	Output	Input	Notes	Call	Sponsor
Asheville	147.1800	+	O 136.5/136.5	KF4TLA	------------
Asheville	146.9100	–	O 91.5/91.5	W4MOE	WCARS
Bakersville	145.3100	–	O 123/123es	KK4MAR	KK4MAR
Bath	146.9550	–	O 82.5/82.5el	K4BCH	Pamplico ARC
Boone	147.3600	+	O 103.5/103.5	WA4J	------------
Brevard	147.1350	+	Oe	K4HXZ	------------
Broadway	147.1050	+	O 82.5/82.5el	K4ITL	WB4UBU
Burlington	145.3200	–	O	AK4EG	------------
Burlington	146.6700	–	O 123/123	K4EG	K4EG
Butner	146.9400	–	O	WA4IZG	------------
Carthage	147.2400	+	O 91.5/91.5ers	NC4ML	Moore County ARS
Cary	145.1300	–	O 82.5/82.5	W4RNC	------------
Castle Hayne	146.9400	–	O 88.5/88.5e	N4JDW	------------
Chapel Hill	145.2300	–	O 107.2/107.2es	W4UNC	W4UNC
Chapel Hill	147.1350	+	O 82.5/82.5el	K4ITL	WB4UBU
Charlotte	145.1400	–	O	KI4WXS	------------
Charlotte	145.2900	–	O 118.8/118.8es	W4BFB	VHF Repeater
Charlotte	145.3500	–	O	WA4AOS	------------
Charlotte	146.9400	–	O 118.8/118.8esWX	W4BFB	W4BFB Repeater
Charlotte	147.0600	–	O	WB4ETF	Charlotte Amateur Ra
Charlotte	147.2700	+	O 91.5/91.5	N4HRS	NC HEARS
Cherry Mtn	147.2400	+	O 94.8/94.8	KG4JIA	------------
China Grove	145.4100	–	O 136.5/136.5	N4UH	N4YZ
Cleveland	146.7300	–	O 94.8/94.8	KU4PT	KU4PT
Clinton	146.7900	–	O	W4TLP	------------
Columbia	146.8350	–	O 131.8/131.8	KX4NC	------------
Concord	146.6550	–	Oes	K4CEB	Cabarrus Amateur Ra
Dobson	146.9250	–	O 100/100sWX	W4DCA	W4DCA
Dunn	146.7000	–	O 82.5/82.5e	W4PEQ	------------
Durham	145.4500	–	O	WR4AGC	Durham FM Assoc
Durham	146.9850	–	O 94.8/94.8	KB4WGA	------------
Elizabeth City	146.6550	–	O 131.8/131.8e	WA4VTX	------------
Elm City	145.1500	–	O 88.5/88.5	K2IMO	------------

144-148 MHz
NORTH CAROLINA

Location	Output	Input	Notes	Call	Sponsor
Englehard	146.7150	–	O 131.8/131.8	K4OBX	----------
Farmington	146.6100	–	O 100/100	N2DMC	----------
Farmville	145.2700	–	O 131.8/131.8elsWX	K4ROK	----------
Farmville	145.2700	–	O 131.8/131.8es	K4ROK	----------
Fayetteville	146.9100	–	O 100/100a (CA)ers	K4MN	club
Fayetteville	147.3300	+	O 100/100e rs	WA4FLR	----------
Forest City	146.6700	–	O 114.8/114.8	K4OI	----------
Franklin	145.4900	–	O 167.9/167.9es	K2BHQ	WB4GUD
Franklin	147.2400	+	O 151.4/151.4e	W4GHZ	W4VOA
Gastonia	145.4500	–	O 151.4/151.4lWX	WD4LCF	WD4LCF
Gastonia	146.8050	–	O 100/100e s	K4GNC	GAARC
Gastonia	147.1200	+	O 100/100e s	N4GAS	Club Repeater
Gibsonville	145.4900	–	O 107.2/107.2	WB4IKY	WB4IKY
Goldsboro	145.3300	–	O 100/100e lsWX	K4JDR	K4JDR
Goldsboro	146.8500	–	O 88.5/88.5	K4CYP	----------
Grantsboro	145.2300	–	O 85.4/85.4 e	KF4IXW	KF4IXW
Greensboro	145.1500	–	O 100/100a (CA)es	W4GSO	W4GSO
Greensboro	145.2500	–	O 88.5/88.5 s	W4GG	W4JLH
Greensboro	146.7600	–	O 156.7/156.7	WD4CVM	WD4CVM
Greenville	145.3500	–	O 131.8/131.8	WD4JPQ	----------
Grifton	146.6850	–	O 88.5/88.5 sWX	W4NBR	W4NBR
Hatteras Island	145.1500	–	O 131.8/131.8	K4OBX	----------
Hatteras Island	146.6250	–	O 131.8/131.8	K4OBX	----------
Hayesville	147.0900	+	O 151.4/151.4s	KK4JYN	Clay County ARE
Hendersonville	145.2700	–	O 91.5/91.5	WA4KNI	----------
Hendersonville	146.6400	–	O 91.5/91.5 l	WB4YAO	----------
Hendersonville	147.1050	+	O 91.5/91.5	WA4KNI	----------

144-148 MHz
NORTH CAROLINA

Location	Output	Input	Notes	Call	Sponsor
Hendersonville	147.2550	+	O 91.5/91.5	WA4KNI	----------
Hertford	147.3300	+	O 131.8/131.8eWX	WA4VTX	----------
Hickory	145.4900	–	O 146.2/146.2	KF4LUC	----------
Hickory	146.8500	–	O	WA4DSZ	----------
High Point	145.2900	–	O 88.5/88.5	NC4AR	KF4OVA
High Point	147.1650	+	O	W4UA	W4UA
Hillsborough	147.2250	+	O	WR4AGC	Durham FM Assoc
Jacksonville	145.1900	–	O 88.5/88.5 ers	WD4FVO	----------
Jacksonville	147.0000	–	O 88.5/88.5	NC4OC	Onslow ARC
Jefferson	147.3000	+	O 103.5/103.5a(CA)ersWX	W4YSB	W4YSB
Kill Devil Hills	145.1100	–	O 131.8/131.8	W4PCN	Outerbanks ARC
King	147.3150	+	O 100/100e	K4MPJ	K4MPJ
Kinston	145.4700	–	O 88.5/88.5 a(CA)e	W4OIX	W4OIX
Laurinburg	146.6250	–	Oe	KG4UMP	----------
Laurinburg	146.6250	–	O	KG4UMP	----------
Lawndale	147.0450	+	O 127.3/127.3	NA4CC	----------
Lenoir	146.6250	–	O 94.8/94.8 es	N4LNR	----------
Lenoir	147.3300	+	O 141.3/141.3el	KG4BCC	----------
Level Cross	147.2550	+	O 82.5/82.5 el	K4ITL	K4ITL
Lexington	145.3100	–	O 107.2/107.2	N4LEX	----------
Lexington	146.9100	–	O 107.2/107.2e	W4PAR	----------
Lincolnton	147.0150	+	O 141.3/141.3rsWX	NC4LC	NC4LC
Louisburg	146.8050	–	O 118.8/118.8	KD4MYE	KD4MYE
Lumberton	145.1500	–	O	W4LBT	Robeson Cty ARS
Lumberton	147.0450	+	O 82.5/82.5 el	W4LBT	Robeson CTY ARS
Lumberton	147.1650	+	O 88.5/88.5 e	KD4PBK	----------
Lumberton	147.3600	+	O 82.5/82.5	W4LBT	Robeson Cty ARC
Madison	147.3450	+	O 103.5/103.5	N4IV	----------
Malmo	147.0600	+	O 88.5/88.5 e	K4MAL	----------
Marion	146.9850	–	O 118.8/118.8a(CA)esWX	WD4PVE	WD4PVE
Mars Hill	147.1800	+	O 94.8/94.8 l	K4MFD	K4MFD

144-148 MHz
NORTH CAROLINA

Location	Output	Input	Notes	Call	Sponsor
McCain	145.2700	–	O	N1RIK	------------
			107.2/107.2el		
Millers Creek	146.7150	–	O 94.8/94.8	N4GGN	------------
Monroe	145.3900	–	O 94.8/94.8	NC4UC	------------
Moravian Falls	147.2250	+	O	N1KKD	------------
			162.2/162.2		
Morehead City	146.8050	–	O 88.5/88.5	KD4RAA	------------
Morganton	145.2100	–	O 94.8/94.8	K4OLC	------------
Morganton	146.7450	–	O 94.8/94.8	KC4QPR	------------
Morganton	147.1500	+	O 94.8/94.8	W4YIU	W4YIU
Mount Gilead	147.0900	+	O 100/100	KI4DH	------------
Mt Airy	145.1300	–	O	N4VL	------------
			103.5/103.5		
Mt Mitchell	145.1900	–	O	N2GE	------------
Mt Pisgah	146.7600	–	O	N2GE	------------
Nags Head	145.2900	–	O	K4OBX	Sponsor
			131.8/131.8elsWX		
Nashville	145.2900	–	O	WA4WPD	------------
			107.2/107.2		
Newport	145.4500	–	O 100/100e	K4GRW	
			l		
Newton	147.0750	+	O 88.5/88.5	K4CCR	K4CCR
			a(CA)r		
Oriental	147.2100	+	O	W4SLH	------------
			151.4/151.4es		
Powells Point	146.9400	–	O	W4PCN	Outerbanks ARC
			131.8/131.8		
Raeford	145.4300	–	O 100/100e	KG4HDV	------------
			WX		
Raleigh	145.1900	–	O	K4ITL	Piedmont Coasta
			156.7/156.7e		
Raleigh	145.2100	–	O 82.5/82.5	K4ITL	PCRN
			el		
Raleigh	145.4900	–	O 82.5/82.5	K4ITL	------------
			l		
Raleigh	146.6400	–	O 82.5/82.5	W4DW	------------
Raleigh	146.7750	–	O 100/100l	KD4RAA	KD4RAA Repeat
			sWX		
Raleigh	146.8800	–	OelsWX	WB4TQD	WB4TQD
Raleigh	147.0150	+	O	KAØ GMY	KAØ GMY
			110.9/110.9		
Raleigh	147.2700	+	O	AK4H	------------
Reidsville	146.8500	–	O	N4IV	------------
			103.5/103.5		
Reidsville	147.0300	+	O	W4BJF	------------
			118.8/118.8		
Riegelwood	145.1700	–	O 88.5/88.5	N4JDW	------------
			eWX		
Roanoke Rapids	146.7450	–	O	N4WFU	------------
			131.8/131.8elWX		

144-148 MHz
NORTH CAROLINA

Location	Output	Input	Notes	Call	Sponsor
Roanoke Rapids	147.1500	+	O 82.5/82.5	K4ITL	------------
Robbinsville	145.1100	–	O 151.4/151.4	N4GSM	------------
Rockingham	146.9550	–	O 88.5/88.5 e	K4RNC	K4RNC
Rocky Mount	147.1200	+	O 131.8/131.8	WR4RM	------------
Rocky Mount	147.1800	+	O 82.5/82.5 e	K4ITL	K4ITL
Rolesville	147.3150	+	O 88.5/88.5	KF4HFQ	------------
Sauratown Mt	145.4700	–	O 100/100	W4NC	------------
Sauratown Mt	146.7900	–	O 107.2/107.2l	W4SNA	------------
Shallotte	145.3700	–	O 118.8/118.8	K4PPD	------------
Shallotte	147.3150	+	O 118.8/118.8	K4PPD	------------
Shelby	147.3450	+	Oe	W4NYR	Shelby Amateur Radi
Sparta	145.4300	–	O 82.5/82.5	K4ITL	------------
Spencer Mountain	145.2300	–	O 118.8/118.8esWX	W4BFB	------------
Spruce Pine	147.2100	+	O 123/123 E-SUNs	KK4MAR	KK4MAR
Stanfield	147.3900	+	O 100/100	W4DEX	------------
Statesville	146.6850	–	O 77/77	W4SNC	W4SNC
Swansboro	146.7600	–	O 88.5/88.5	KB2XI	------------
Sylva	147.3450	+	O 151.4/151.4	KF4DTL	------------
Taylorsville	147.1950	+	O 94.8/94.8	W4ERT	------------
Thomasville	146.8350	+	O 88.5/88.5 l	WW4DC	------------
Thomasville	146.8650	+	O 88.5/88.5 l	KD4LHP	KD4LHP
Thomasville	147.0000	+	O 88.5/88.5 l	WW4DC	KD4LHP
Trenton	145.3100	–	O 82.5/82.5 elWX	WB4TQD	WB4TQD
Tryon	145.3300	–	O 91.5/91.5 E-SUNs	KF4JVI	Trustee
Tryon	147.2850	+	O	W4RCW	------------
Waxhaw	146.8650	+	O 94.8/94.8	K4WBT	------------
Whiteville	147.2100	+	O	W4WVL	------------
Wilkesboro	145.3700	–	O 94.8/94.8 e	W4FAR	W4FAR
Wilkesboro	146.8200	–	O 94.8/94.8	WB4PZA	------------
Williamston	145.4100	–	O 131.8/131.8el	K4SER	ROANOKE ARS
Wilmington	145.4100	–	O 67/67els	KB4FXC	KB4FXC
Wilmington	146.6700	–	O 88.5/88.5	AD4DN	AD4DN
Wilmington	146.7300	–	O 88.5/88.5	N4ILM	------------

144-148 MHz
NORTH CAROLINA-NORTH DAKOTA

Location	Output	Input	Notes	Call	Sponsor
Wilmington	146.8200	–	O 88.5/88.5 el	N4ILM	------------
Wilmington	146.8950	–	O 88.5/88.5 e	N2QEW	N2QEW
Wilmington	147.1350	+	O 88.5/88.5 e	WA4US	------------
Wilmington	147.1800	+	O 88.5/88.5 a(CA)e	AC4RC	AZALEA COAST
Wilmington	147.3450	+	O 82.5/82.5 el	K4ITL	919-662-9797
Wilson	146.7600	–	O 131.8/131.8	WA4WAR	Wilson ARA
Winston Salem	146.6400	–	O 100/100	W4NC	------------
Yadkinville	147.0150	–	O 100/100	N4YSB	------------
Youngsville	145.1100	–	O 88.5/88.5	KD4MYE	KD4MYE
Youngsville	145.3900	–	O 82.5/82.5 el	WB4TQD	WB4TQD

NORTH DAKOTA
FREQUENCY USAGE

Location	Output	Input	Notes	Call	Sponsor
Eastern ND	145.2300	–		SNP	
Western ND	145.4700	–		SNP	
N E CENTRAL					
Devils Lake	146.8800	–	Oae L(SUPLK 338)	WDØ FFQ	RCARC
Harlow	146.0150	+	123.0	KFØ HR	KFØ HR
Lakota	146.8200	–	Oe	KAØ FIN	KØ PVG
Maddock	147.2400	+	O 141.3e L(SUPLK 623)	KFØ HR	BCARC
Rugby	147.0600	–	Oe	NØ GUY	------------
St John	146.8500	–	O	VE4IHF	TMARC
N W CENTRAL					
Kenmare	147.3600	+	O 100.0e	KØ AJW	SVARC
Minot	146.9700	–	O	KØ AJW	SVARC
Minot	147.2700	+	Oa L(SUPLK 646)	KØ AJW	SVARC
NORHTWEST					
Williston	147.2100	+	O	KØ WSN	WBARC
NORTHEAST					
Cavalier	147.1500	+	Oal	NØ CAV	PCARC
Grand Forks	146.9400	–	Oe	WAØ JXT	FORXARC
Grand Forks	147.0300	–	O(CA)	WAØ LPV	Forx UG
Langdon	146.7900	–		KAØ BKO	KAØ BKO
Mayville	146.9100	–	O	WØ KZU	GRARC
NORTHWEST					
Stanley	146.6100	–	O	KØ WSN	WBARC
S E CENTRAL					
Carrington	146.6700	–	Oe L(SUPLK 227)	KRØ W	HN ARC
Cleveland Jamestown	147.1800	+	Oae L(SUPLK 526)	WØ FX	JARC

144-148 MHz
NORTH DAKOTA-OHIO

Location	Output	Input	Notes	Call	Sponsor
S W CENTRAL					
Bismarck	146.8500	–	O 107.2e	W0ZRT	CDARC
Bismarck	147.3900	+	Oel	W0ZRT	CDARC
Glen Ullin	147.3000	+	O 162.2/162.2	KD7RDD	KD7RDD
Hannover	145.4300	–	O L(SUPLK 426)	W0ZRT	CDARC
Mandan	146.9400	–	Oae L(SUPLK 247)	W0ZRT	CDARC
SOUTHEAST					
Fargo	145.4900	–	O 82.5el	KB0IXM	KB0IXM
Fargo	146.9700	–	OTT	W0RRW	Ernie Ande
Fargo	147.0900	+	O	W0HSC	NDSU ARS
Grandin	146.7600	–	Ox	KC0KAE	Red River
Horace	146.7150	–	O	W0ZOK	W0ZOK
Lisbon	147.0000	–	Oel	N0BQY	N0BQY
Wahpeton	147.3750	+	Oae	W0END	TRARC
Wheatland	147.2550	+	O 123.0els	W0ILO	RRRA
SOUTHWEST					
Bowman	145.3100	–	Oe L(SUPLK 269)	KB0DYA	SLARC
Dickinson	146.8200	–	Oae L(SUPLK 342)	K0ND	TRARC
Killdeer	146.6400	–	Oe L(SUPLK 545)	K0ND	TRARC
Sentinel Butte	146.7300	–	Oe L(SUPLK 736)	K0ND	TRARC
OHIO					
ADAMS					
Cherry Fork	147.0000	+	O 94.8 (CA)e	K8GE	DforestRC
Peebles	145.1700	–	O(CA)e	KJ8I	KJ8I
Wrightsville	147.1800	+	O 118.8	KF8RC	N8XGP
ALLEN					
Lima	145.1700	–	Oae	N8GCH	ShawneeRA
Lima	145.3700	–	O 107.2e	KT8APR	LimaDARTS
Lima	146.6700	–	Oaez	WB8ULC	NWOhioARC
Lima	146.7450	–	O 100.0er WX	W8AOH	ALLEN EMA
Lima	146.9400	–	Ot	W8EQ	LAARC
Lima	147.0300	+	Ote	K8TCF	OttawaVRA
ASHLAND					
Ashland	146.7450	–	O 71.9	W3YXS	AshlndARC
Polk	145.1300	–	O 110.9	N8SIW	N8SIW
Widowville	147.1050	+	O 71.9ae WX	N8IHI	AAARC
ASHTABULA					
Conneaut	147.3900	+	O 131.8ae	W8BHZ	ConntARC
Jefferson	146.7150	–	O 141.3ae	K8CY	Ash.CoARC

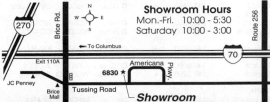

270 144-148 MHz
OHIO

Location	Output	Input	Notes	Call	Sponsor
Orwell	146.6550	−		KF8YF	KF8YF
ATHENS					
Athens	145.1500	−	O(CA)e	W8UKE	AthensARA
Athens	146.6250	−	Oae	K8TUT	K8TUT
Athens	146.7300	−	O	K8TUT	K8TUT
Athens	147.1500	+	O	KC8AAV	SCARF
Jacksonville	147.2250	+	O	KC8QDQ	KC8QDQ
AUGLAIZE					
St Marys	146.8050	−	O 107.2	W8GZ	W8GZ
St Marys	147.3300	+	O 107.2el	K8QYL	Rsvr ARA
Uniopolis	145.3900	−	O 107.2a	KC8KVO	ACARES
BELMONT					
Barnesville	146.6400	−	Ot	WB8WJT	WB8WJT
St Clarsville	145.2100	−	Oe	W8GBH	EOAWA
BROWN					
Georgetown	146.7300	−	O 162.2ae z	N1DJS	K8YGV
BUTLER					
Fairfield	145.2300	−	O	W8PRH	FARA
Fairfield	145.3900	−	Oa	W8PRH	FARA
Fairfield	147.0300	+	O 123.0	WB8CRS	Cinci FMC
Hamilton	146.9700	−	O 118.8	W8CCI	BVHFAssoc
Hamilton	147.0000	+	O 123.0	W8WRK	BCARA
Hamilton	147.3300	+	O 118.8	W8CCI	BVHFAssoc
Middletown	146.6100	−	O 77.0 TTel	W8BLV	Dial ARC
Middletown	146.7150	−	●t	N8COZ	N8COZ
Middletown	147.3150	+	O 77.0 TTel	W8JEU	Dial ARC
Oxford	145.2100	−	O 118.8	W8CCI	BVHFAssoc
CARROLL					
Carrollton	145.4300	−	O 192.8e	NC8W	NC8W
Carrollton	145.4700	−	O 79.7es WXxz	N8YDF	CCARC
Malvern	147.0750	+	OaelLITZ	K8VPJ	K8VPJ
CHAMPAIGN					
Urbana	146.9550	−	O 100.0e	K8VOR	WD8XX
Urbana	147.3750	+	O 100.0ae sWX	WB8UCD	WB8UCD
CLARK					
Springfield	145.3100	−	Oe	W8OG	CLARA
Springfield	145.4500	−	(CA)	K8IRA	IndepndRA
Springfield	146.7300	−	O 77.0 (CA) e	W8OG	CLARA
Springfield	147.2250	+	●t(CA)elx	KA8HMJ	KA8HMJ
CLERMONT					
Bethel	147.2250	+	O 118.8a TTe	WB8NJS	BARA
Felicity	146.6550	−	Oar	W8EMA	CCEMA
Owensville	147.3450	+	O 123.0	W8MRC	MilfordRC
CLINTON					
Blanchester	145.2500	−	O 162.2a	KB8CWC	KB8CWC

144-148 MHz
OHIO

Location	Output	Input	Notes	Call	Sponsor
Wilmington	147.1200	+	O 123.0el WXz	WB8ZZR	ClintonRA
COLUMBIANA					
E Liverpool	146.7000	−	O 162.2 (CA)eWX	K8BLP	TrianglRC
E Palestine	146.7750	−	Oe	W8GMM	EPARC
Lisbon	146.8050	−	OaeLITZ WX	K8GQB	LAARA
Salem	147.2550	+	O 156.7 (CA)eWX	KA8OEB	KA8OEB
Salem	147.2850	+	O 88.5ael RB WXz	KB8MFV	KB8MFV
COSHOCTON					
Coshocton	145.2300	−	O 74.4es WX	KE8XM	KE8XM
Keene	147.0450	+	O	W8CCA	CCARA
CRAWFORD					
Bucyrus	147.1650	+	88.5aeWX	W8DZN	W8DZN
Galion	146.8500	−	71.9	W8BAE	NCORA
CUYAHOGA					
Cleveland	146.7600	−	O 110.9e	WR8ABC	LEARA
Cleveland	146.8800	−	Oael	WR8ABC	LEARA
Cleveland	147.1950	+	O(CA)el	NA8SA	NGARC
Euclid	145.2100	−	O 110.9	N8CHM	N8CHM
N Royalton	145.1500	−	O 110.9e	K8KRG	NOARS
NorthRoyalton	147.3600	+	Ot	W8DXA	NOH DXAsn
Parma	145.3100	−	O 110.9elz	WA8Q	WoodchkRC
Parma	145.4100	−	O 110.9 (CA)lRB	KB8WLW	KB8RST
Parma	145.4300	−	O 186.2el	N8SO	N8SO
Parma	146.7300	−	Otsx	W8CZW	WR RA
Parma	146.8200	−	O 110.9e	K8ZFR	C.A.R.S.
South Euclid	146.7900	−	Ot(CA)elz	N8APU	HERO
DARKE					
Greenville	146.7900	−	O 94.8ae WX	W8QIY	TCARA
DEFIANCE					
Defiance	147.0900	+	O 107.2e	K8VON	DCARC
DELAWARE					
Delaware	145.1700	−	Ote	W8SMK	W8SMK
Delaware	145.1900	−	O	N8DCA	DelCoARES
Delaware	145.2900	−	O 123.0e	KA8IWB	KA8IWB
ERIE					
Berlin Height	146.8050	−	O 110.9e	WB8LLY	Firelands
Sandusky	146.6550	−	O 110.9 (CA)el	W8LBZ	SREL
FAIRFIELD					
Lancaster	146.7000	−	O 94.8ael	K8QIK	LanFarARC
Lancaster	147.0300	+	O 71.9ael	K8QIK	LanFarARC

144-148 MHz
OHIO

Location	Output	Input	Notes	Call	Sponsor
FAYETTE					
Greenfield	146.6850	−	O(CA)e	N8OOB	N8OOB
Washington CH	147.2700	+	O 77.0 (CA) e	N8EMZ	FayetteRA
FRANKLIN					
Columbus	145.1100	−	O(CA)elx	WC8OH	WCOARA
Columbus	145.2700	−	O 82.5e	WA8PYR	WA8PYR
Columbus	145.4300	−	O 123.0ael z	N8PVC	CCRA
Columbus	146.6700	−	O 131.8 (CA)e	W8ZPF	LUCENT TC
Columbus	146.7600	−	O 123.0a wx	W8AIC	CORC
Columbus	146.8050	−	Ot	WB8LAP	MARK
Columbus	146.9700	−	O 123.0al	W8RRJ	CORC
Columbus	147.0600	+	O 94.8	K8DDG	C OH ARES
Columbus	147.0900	+	O 94.8l	K8DDG	C OH ARES
Columbus	147.1500	+	O	W8CQK	Battel RC
Columbus	147.2100	+	O	N8TBQ	CCRA
Columbus	147.2400	+	O 179.9ael z	K8DRE	CCRA
Grove City	145.2300	−	Oel	WB8MMR	WB8MMR
Reynoldsburg	146.9100	−	71.9	W8FEH	W8FEH
FULTON					
Archbold	145.4100	−	O 8866ael pr	N8RLD	N8RLD
Delta	147.2850	+	O 4479lpr	K8LI	K8LI
Wauseon	147.1950	+	O	K8BXQ	FultonARC
GALLIA					
Crown City	145.2100	−	O 74.4	KD8ZU	KD8ZU
Gallipolis	147.0600	+	O 74.4 (CA)	KC8ZAB	MOVARC
GEAUGA					
Bainbridge	146.8500	−	O 110.9	W8LYD	ClevQCWA
BainbridgeTwp	147.0600	+	O 110.9	WR8ANN	CVRA
Chardon	146.9400	−	O 110.9e	W8DES	GCEMA
Montville	145.3300	−	●	N8XUA	N8XUA
Newbury	147.0150	+	Oer	W8OKE	NORMA
GREENE					
Bellbrook	146.9100	−	Oae	W8GCA	GCARES
Bellbrook	147.0450	+	Oe	W8DGN	BARC
Fairborn	145.4100	−	O 118.8e	K8FBN	UpVlyARC
Xenia	147.1650	+	O(CA)e	N8JFA	XeniaARN
GUERNSEY					
Cambridge	146.8500	−	O 91.5ael	W8VP	CARA
Cambridge	147.0000	+	O 91.5e	KB8ZMI	KB8ZMI
HAMILTON					
Cincinnati	145.1900	−	Oaelrxz	W8PRH	FARA
Cincinnati	145.2700	−	O(CA)er	W8DZ	GCARA
Cincinnati	145.3100	−	O	N8SIM	CinMilARC
Cincinnati	145.3700	−	Oer	K8YOJ	HCARPSC

OHIO

Location	Output	Input	Notes	Call	Sponsor
Cincinnati	145.4500	−	O ae	K8ORW	OcasaraUC
Cincinnati	146.6250	−	O 123.0er	K8SCH	OhKyInARS
Cincinnati	146.6700	−	O 123.0123.0 (CA)elprz	K8SCH	OhKyInARS
Cincinnati	146.7000	−	O 123.0	W8WRK	BCARA
Cincinnati	146.7600	−	O 192.8	W8MRG	W8MRG
Cincinnati	146.8500	−	O 123.0	K8YOJ	HCARPSC
Cincinnati	146.8800	−	O 123.0el WXx	WB8CRS	Cinci FMC
Cincinnati	146.9250	−	O 123.0 (CA)er	K8SCH	OhKyInARS
Cincinnati	147.0600	+	(CA)	W8YX	Unv-Cinci
Cincinnati	147.0900	+	O 123.0e	K8BIG	TRISTDSTR
Cincinnati	147.2400	+	O 123.0	W8VND	QueenCyEN
Cincinnati	147.3000	+	O	WD8NVI	OMIKEA
HANCOCK					
Findlay	147.0450	−	O 100.0	KA8HHW	FndlyARTS
Findlay	147.1500	+	O 88.5ae	W8FT	FRC
HARDIN					
Kenton	146.6250	−	O 85.4	W8VMV	KentonARC
HARRISON					
Cadiz	146.6550	−	O a	WB8FPN	HARC
HENRY					
Napoleon	147.2250	+	O e	K8TII	HCARC
Napoleon	147.3150	+	O e	K8TII	HenryCoRC
HIGHLAND					
Hillsboro	146.7450	−	O(CA)e	WA8KFB	HlsboroRC
Hillsboro	147.2100	+	100.0 (CA) WX	K8HO	HilandARA
HOCKING					
Logan	147.3450	+	O e	K8LGN	H.V.A.R.C
HOLMES					
Millersburg	146.6700	−	O 71.9e	KD8QGQ	Holmes RA
HURON					
Clarksfield	147.3150	+	O 71.9	AL7OP	AL7OP
Willard	146.8650	−	110.9aer	AC8AP	HuronEMA
JACKSON					
Jackson	146.7900	−	O 167.9	WA8YUL	JacksonRC
Jackson	146.8950	−	167.9aez	K8ZUA	KB8EGI
Ray	147.0150	+	O 100.0	KD8EAD	WO8Z
JEFFERSON					
Steubenville	147.0600	+	O 114.8 TT e	WD8IIJ	SWARC
KNOX					
Mount Vernon	146.7900	−	O 71.9 (CA)	K8EEN	MtVernRC
LAKE					
Mentor	147.1650	+	O ez	N8BC	LCARA
Mentor	147.2550	+	O	WB8PHI	WB8PHI
Mentor-O-T-Lk	145.1100	−	O 110.9 (CA)lWX	KF8YK	KF8YK

274 144-148 MHz
OHIO

Location	Output	Input	Notes	Call	Sponsor
Painesville	147.2100	+	O 110.9ael z	N8BC	LCARA
Painesville	147.3450	+	Oael	N8GAK	N8GAK
LAWRENCE					
Chesapeake	146.7150	−	O 103.5e	W8SOE	SOARA
Willow Wood	146.6100	−	e	W8SOE	SOARA
LICKING					
Alexandria	145.4700	−	Oaez	KC8EVM	KC8EVM
Amsterdam	146.8350	−	O 91.5e	KB8ZMI	KB8ZMI
Jersey	147.3300	+	O 8094lpr	W8NBA	CORC
Newark	145.3700	−	O(CA)	WD8RVK	WD8RVK
Newark	146.8800	−	O 141.3 (CA)e	W8WRP	NARA
LOGAN					
Bellefontaine	147.0000	+	O 100.0871 aTTel	W8FTV	CLARC
Lakeview	145.1300	−	O	KA8CHH	KA8QIX
LORAIN					
Amherst	146.6250	−	WX	WD8OCS	WA8WUU
Amherst	147.2250	+	Ot(CA)	W8TRT	WARS
Elyria	145.2300	−	O 110.9e	W8HF	W8HF
Elyria	146.7000	−	O 110.9	K8KRG	NOARS
Elyria	147.1500	+	O 110.9ael RB WXz	KC8BED	LCARA
Lorain	147.0000	+	O 91.5ae WX	N8VUB	N8RBI
S Amherst	145.4700	−	O 110.9 (CA)eRB	WD8CXB	SARA
LUCAS					
Oregon	147.3750	+	OaeWX	W8RZM	ToledoRAC
Toledo	146.6100	−	O 103.5e	K8ALB	GTARA
Toledo	146.9400	−	O 103.5	W8RZM	ToledoRAC
Toledo	147.1200	+	O 103.5e	K8ALB	GTARA
Toledo	147.2700	+	O 103.5123 aTTez	W8HHF	TMRA
Toledo	147.3450	+	O 103.5e	WJ8E	WJ8E
MADISON					
London	147.2850	+	O 82.5e	KE8RV	MCARC
MAHONING					
Beloit	146.8650	−	Oae	KB8MFV	KB8MFV
Canfield	145.2700	−	O 110.9ael z	KD8DWV	KC8WY
Youngstown	146.7450	−	O 110.9 (CA) WX	W8QLY	MVARA
Youngstown	146.9100	−	O	W8IZC	W8IZC
Youngstown	147.0000	+	Oael	KB8N	KB8N
Youngstown	147.3150	+	156.7a	K8TKA	TONRC
Youngstown	147.3750	+	Oaez	W8RAJ	W8RAJ
MARION					
Marion	146.8950	−	O 71.9aTT e	WW8MRN	MARC

144-148 MHz
OHIO

Location	Output	Input	Notes	Call	Sponsor
Marion	147.3000	+	O 250.3a TTe	WW8MRN	MARC
MEDINA					
Brunswick	145.2900	–	110.9 (CA)	K8SCI	N.C.A.R.C
Brunswick	147.0300	+	131.8	W8EOC	M2M
Medina	145.1900	–	110.9el	W8HAC	HAofCLEV
Medina	147.0300	+	O 141.3 (CA)ez	W8EOC	M2M
Wadsworth	146.6850	–	O 110.9a TTelRBxz	WA8DBW	WA8DBW
MEIGS					
Pomeroy	146.8650	–	88.5er	KC8LOE	MeigsCoARC
Pomeroy	147.0450	+	O 67.0r	KC8KPD	BBARC
MERCER					
Coldwater	145.2500	–	O 107.2 WX	W8MCA	MCARES
MIAMI					
Piqua	147.2100	+	Oaer	W8SWS	Piqua ARC
Tipp City	147.2400	+	O	KD8KID	84/24FMA
Troy	145.2300	–	O 100.0 (CA)e	W8FW	MiamiCoRC
MONROE					
Hannibal	147.2400	+	Oe	WB8CSW	MDARC
MONTGOMERY					
Dayton	145.1100	–	O 67.0 (CA) elx	WC8OH	WCOARA
Dayton	146.6400	–	O 123.0e WX	K8MCA	MoCoARES
Dayton	146.8200	–	O 77.0e	WA8PLZ	MWA
Dayton	146.9400	–	O 123.0a	W8BI	DARA
Dayton	146.9850	–	O 123.0l	WF8M	MVRFG
Dayton	147.1350	+	O(CA)z	WB8SMC	FaroutARC
Dayton	147.3600	+	O 77.0e	WA8PLZ	MWA
Miamisburg	145.3300	–	O(CA)e	W8DYY	MoundARA
Miamisburg	146.7750	–	O 77.0	W6CDR	W6CDR
Miamisburg	147.0150	+	O 77.0	W8NCI	W8NCI
Miamisburg	147.0750	+	O 67.0	W8KMC	KHNetwork
Miamisburg	147.1950	+	O(CA)eWX	W8DYY	MoundARA
MORGAN					
McConnelsville	147.1950	+	O	WB8VQV	WB8VQV
MORROW					
Lexington	147.0150	+	O 71.9sWX	N8YOA	N8YOA
Mt Gilead	146.7750	–	O 107.2e	W8NL	MCARA
MUSKINGUM					
Philo	146.6100	–	O 74.4	W8ZZV	Znsvl ARC
Zanesville	147.0750	+	O 91.5e	KB8ZMI	KB8ZMI
NOBLE					
Caldwell	147.2850	+	O 91.5	NC8OH	NOBLECoAR
OTTAWA					
Oak Harbor	147.0750	+	O 100.0e	K8VXH	OttawaARC

144-148 MHz
OHIO

Location	Output	Input	Notes	Call	Sponsor
PAULDING					
Paulding	146.8650	–	O	WB8EHJ	WB8EHJ
PERRY					
New Lexington	146.8200	–	O 100.0e	KB8ZMI	KB8ZMI
PICKAWAY					
Circleville	147.1800	+	O	KD8HIJ	PICWYARES
PORTAGE					
Kent	146.8950	–	O 110.9aer WX	K8IV	N8KW
Ravenna	145.3900	–	Oae	KB8ZHP	PortageRC
PREBLE					
Eaton	145.4700	–	O(CA)e	K8YR	PrebleARA
PUTNAM					
Ottawa	146.7150	–	Oaez	W8MCB	Ottawa RC
RICHLAND					
Mansfield	145.3300	–	Ote	W8NDB	RC-Mnsfld
Mansfield	146.9400	–	O 71.9aez	K8RT	IARC, INC
Mansfield	147.3600	+	O 4412ael pr	K8HF	INTERCITY
ROSS					
Bourneville	146.9250	–	O(CA)e	W8BAP	SciotoARC
Chillicothe	146.8500	–	O 74.4e	W8BAP	SciotoARC
SANDUSKY					
Clyde	145.3500	–	O 110.9a (CA)elrWXz	NF8E	ClydeARS
Fremont	145.2500	–	O 186.2	W8NCK	SVARC
Fremont	145.4900	–	O 107.2ers WX	N8SCA	SCARES
Fremont	146.9100	–	●	KC8EPF	KC8EPF
SCIOTO					
Portsmouth	145.4500	–	O 136.5aer RB WX	W8KKC	SCARES
Portsmouth	147.3600	+	O 136.5	KC8BBU	KC8BBU
South Webster	145.3900	–	O 136.5	N8QA	Portsm RC
SENECA					
Bascom	145.1500	–	O 107.2	KB8EOC	SenCoEMA
Bascom	145.4500	–	O 107.2ael rWX	W8ID	W8ID
Bascom	146.6850	–	WXx	N8VWZ	N8VWZ
Republic	147.2550	+	O 107.2	KC8RCI	WD8NFQ
SHELBY					
Maplewood	146.8350	–	156.7aeWX	K8ZUK	SCARES
Sidney	147.3450	+	O 107.2el	W8AK	W8AK
STARK					
Alliance	145.3700	–	Oaez	W8LKY	AARC
Canton	145.1100	–	O 110.9lx	W0OZZ	W0OZZ
Canton	145.4900	–	O	W8TUY	W8TUY
Canton	146.7900	–	Oae	W8AL	CantonARC
Canton	147.1200	+	Oaelrswxz	WD8AYE	----------

144-148 MHz
OHIO

Location	Output	Input	Notes	Call	Sponsor
Massillon	146.9550	−	o 110.9epz	WB8HHP	WB8HHP
Massillon	147.1800	+	o 110.9a TTex	W8NP	MARC
Uniontown	145.4500	−	o	WD8BIW	WD8BIW
SUMMIT					
Akron	145.1700	−	o	W8UPD	UofAKRON
Akron	146.6100	−	o 110.9	W8CTT	P.A.R.F.
Akron	146.6400	−	oae	WB8DJP	Cmnty ARS
Akron	147.1350	+	alz	W8CTT	P.A.R.F.
Akron	147.3000	+	o	WB8HFZ	Cmnty ARS
Akron	147.3300	+	ot	WB8CXO	AKCOM
Barberton	147.0900	+	o	WB8OVQ	WB8OVQ
Cuyahoga Fall	147.2400	+	ot	WD8MJS	IndepndRA
Cuyahoga Fall	147.2700	+	o 110.9e	W8VPV	CFRC
Hudson	145.2500	−	o 110.9ae	KD8DFL	KD8DFL
Tallmadge	146.9850	−	o 110.9	N8DXE	DXEngERC
TRUMBULL					
Cortland	147.1050	+	o 114.8aerz	N8GZE	N8GZE
Newton Falls	147.2250	+	oewx	N8VPR	N8VPR
Vienna	147.0450	+	o 141.3	N8NVI	N8NVI
Warren	146.8350	−	o 131.8	N8DOD	N8DOD
Warren	146.9700	−	o 100.0ae wx	W8VTD	WarrenARA
TUSCARAWAS					
New Philadelp	146.9250	−	o 71.9er	W8ZX	TUSCO ARC
Stone Creek	146.7300	−	o 71.9er	W8ZX	TUSCO ARC
UNION					
Marysville	145.3500	−	o 127.3	N8IG	UNION EMA
Marysville	147.3900	+	o	N8YRF	N8YRF
VAN WERT					
Delphos	147.1200	+	oa	W8YEK	TRI-CoARC
Middlepoint	146.8500	−	o	W8FY	VWARC
Van Wert	146.7000	−	●(CA)	W8FY	VWARC
VINTON					
McArthur	147.1050	+	o 88.5aer	W8VCO	VCARC
Wellston	147.3750	+	91.5l	N8OJ	W8JL
WARREN					
ClearcreekTwp	145.4300	−	o 88.5ez	WB8ART	CtrvilARS
Franklin	145.2900	−	o 118.8 (CA)r	WB8ZVL	WB8ZVL
Lebanon	146.8650	−	o 118.8a (CA)elr	WC8EMA	WarrenEMA
Mason	145.1300	−	oe	W8BRQ	MasonRC
Springboro	145.4900	−	o 77.0el	W8CYE	DRAKE ARC
WASHINGTON					
Belpre	147.3150	+	o 103.5	KI8JK	KI8JK
Constitution	146.7450	−	114.8aewX	W8TAP	WTAP
Constitution	146.9700	−	o(CA)	N8NBL	PARK

144-148 MHz
OHIO-OKLAHOMA

Location	Output	Input	Notes	Call	Sponsor
Marietta	145.3300	−	141.3aRB	W8JL	KC8GF
Marietta	146.8050	−	O 118.8	KI8JK	KI8JK
Marietta	146.8800	−	O 91.5aez	W8HH	MARC
WAYNE					
Doylestown	147.3900	+	O 114.8el WX	W8WKY	SlvrckARA
Orrville	146.7150	−	OTT	KD8SQ	OARS
Wooster	147.2100	+	O 88.54781 (CA) TTe	W8WOO	WARC
Wooster	147.3450	+	110.9	WB8VPG	WB8VPG
WILLIAMS					
Montpelier	146.8200	−	Oaelpz	KA8OFE	Wms ARC
WOOD					
Bowling Green	145.1500	−	●	KD8BTI	K5EYP
Bowling Green	146.7900	−	O 103.5	KD8BTI	WCARES
Bowling Green	147.1800	+	O 67.0e	K8TIH	WoodCoARC
WYANDOT					
Upper Sandsky	147.2100	+	107.2e	KE8PX	KE8PX

OKLAHOMA
Location	Output	Input	Notes	Call	Sponsor
ANTLERS					
Antlers	145.4900	−	Ot	KI5KC	TAAG
ATOKA					
Atoka	145.4300	−	O 114.8/114.8 E-SUNrsx	WB5VUE	Atoka E M
BLANCHARD					
Blanchard	145.4700	−	O 141.3/141.3	WA7WNM	KS5B
CLAREMORE					
Claremore	147.0900	+	OtE-SUN LITZ	N5FEE	RCWA
CLAYTON					
Clayton	146.7300	−	O 114.8/114.8	KM5VK	KM5VK
CYRIL					
Cyril	147.0450	+	O 123/123	KB5LLI	SWIRA
Grandfield	147.2550	+	O 192.8/192.8	KB5LLI	SWIRA
DAVIS					
Davis	147.1500	+	O 131.8/131.8	WG5B	WG5B
DURANT					
Durant	147.2550	+	O 114.8/114.8	K5CGE	K5CGE
EDMOND					
Edmond	147.1350	+	O 79.7/79.7 E-SUN	K5EOK	EARS
ENID					
Enid	146.9400	−	Ot	WA5NYX	----------

OKLAHOMA

Location	Output	Input	Notes	Call	Sponsor
LAWTON					
Lawton	145.4300	−	OtE-SUN	K5VHF	K5VHF
Lawton	146.8050	−	OtE-SUN	N5PYD	N5PYD
Lawton	146.9100	−	O 173.8/173.8 E-SUN	W5KS	LFSARC
Lawton	147.3600	+	OtE-SUNx	W5KS	LFSARC
LAWTON/ALTUS					
Altus	145.3900	−	O 141.3/141.3 E-SUNx	W5KS	LFSARC
Headrick	146.6400	−	OBI	WD5BBN	WD5BBN
Lawton	145.1700	−	OtBI	KC5AVY	KC5AVY
Lawton	147.3900	+	OE-SUN	AB5J	F. Phillip
NORTHEAST					
Bartlesville	145.1500	−	O 88.5/88.5	KB5KZS	KB5KZS
Bartlesville	146.6550	−	O 88.5/88.5 E-SUN	W5NS	BARC
Bartlesville	146.7600	−	O 88.5/88.5 E-SUN	W5NS	BARC
Blackwell	145.3100	−	Ot	KD5MTT	OIDAR
Chandler	147.3600	+	O 192.8/192.8	KP2CP	RASS
Chouteau	145.1300	−	OE-SUN	K5LEE	K5LEE
FT Gibson area	147.3300	+	O 88.5/88.5	WA5VMS	WA5VMS
Mounds	146.7750	−	OtE-SUN	WB5NJU	775 Group
Mounds	147.1200	+	O 88.5/88.5 E-SUN	KD5DRW	KD5DRW
Muskogee	146.7450	−	O 88.5/88.5 e	KK5I	Muskogee ARC
Muskogee	146.8500	−	Ot	KK5I	Muskoge RC
Pawhuska	147.2700	+	O 88.5/88.5	N5ZQW	270 Group
Perry	146.8650	−	O 141.3/141.3	KF5RDI	Ham Spotte
Ponca City	145.2300	−	O 123/123	WB5MRE	WB5MRE
Ponca City	146.7300	−	Ot	N5PC	KAY CTY AR
Ponca City	146.9700	−	OtLITZ	W5HZZ	KAY CTY AR
Preston	145.3300	−	O 88.5/88.5	W5KO	W5KO
Preston	147.2250	+	O 88.5/88.5 x	WX5OKM	OCSA
Pryor	147.0600	+	O 88.5/88.5 E-SUNx	WB5Y	WB5Y
Rose	146.9850	−	O 110.9/110.9	KC5DBH	KC5DBH
Stillwater	145.3500	−	O 107.2/107.2 E-SUNx	K5SRC	SWO ARC
Stillwater	146.7150	−	Ot	W5YJ	OSU ARC
Stillwater	147.2550	+	O 107.2/107.2 E-SUN	K5FVL	K5FVL
Tahlequah	147.2400	+	OtE-SUN	N5ROX	EMERG. NET
Vinita	147.3600	+	O 88.5/88.5 E-SUN	KC5VVT	NORA

144-148 MHz
OKLAHOMA

Location	Output	Input	Notes	Call	Sponsor
Winchester	147.1500	+	O 88.5/88.5	N5LW	N5LW
NORTHWEST					
Arapaho	145.1900	–	O 123/123 E-SUNx	KE5RRK	Custer Cty
Buffalo	145.1300	–	O 131.8/131.8 E-SUN E-WINDx	W5HFZ	GBARG
Buffalo	147.1200	+	O 203.5/203.5	W5GPR	GPARC
Catesby	145.1700	–	O 131.8/131.8 E-SUN E-WINDsx	W5HFZ	GBARG
Elk City	146.7600	–	O 88.5/88.5	KA5BSA	WCenOK ARC
Enid	145.2900	–	O 141.3/141.3	W5HTK	Enid ARC
Enid	147.1500	+	O	W5HTK	Enid AEC
Enid	147.3750	+	OtDCS	N5LWT	NW
Fairview	145.4500	–	OtE-SUN	WK5V	MCARA
Fairview	147.0750	+	OtE-SUN	WK5V	WK5V
Guthrie	147.1050	+	O	W5KSU	W5KSU
Guymon	147.1500	+	O 88.5/88.5 N5DFQ E-SUNx		DBARC
Kingfisher	146.6400	–	O 100/100 E-SUNr	W5GLD	W5GLD
Mayfield	147.2250	+	O 114.8/114.8e	N0GB	W5LWV
Seward	145.1700	–	O 123/123a E-SUN	KA5LSU	KF5AQR
Sharon	147.0000	+	O 100/100s x	N5WO	WX Watch
Sharon	147.3600	+	O 88.5/88.5 E-SUN	N5WO	WX Watch
Texhoma	147.3750	+	● 100/100 E-SUN	K5TSI	K5TSI
Vining	147.3000	+	O	KC0GEV	GSPARC
Watonga	146.7450	–	O 103.5/103.5 E-SUNx		
Woodward	146.6250	–	O 88.5/88.5	N5WO	WX Watch
Woodward	146.7300	–	O 103.5/103.5 E-SUNsx	K5GUD	K5GUD
			O 203.5/203.5 E-SUN	W5GPR	GPARC
NOWATA					
Nowata	145.3700	–	OtE-SUN	N5ZZX	Nowata H.C
OKLAHOMA CITY					
Edmond	147.1800	+	O 203.5/203.5 E-SUN	WA5A	WA5A
Oklahoma City	145.3300	–	O/100	WN5J	WN5J
Oklahoma City	145.4100	–	O 141.3/141.3sBlx	WX5OKC	ODCEM
Oklahoma City	145.4900	–	O 131.8/131.8	KD5AHH	Bojive RN
Oklahoma City	146.6700	–	O 141.3/141.3 E-SUN	W5PAA	MMACARC

144-148 MHz
OKLAHOMA

Location	Output	Input	Notes	Call	Sponsor
Oklahoma City	146.7600	–	O 141.3/141.3 E-SUN	W5PAA	MMACARC
Oklahoma City	146.9250	–	O 141.3/141.3 E-SUN	W5PAA	MMACARC
Oklahoma City	146.9850	–	O 141.3/141.3 LITZ	W5PAA	MMACARC

OKLAHOMA CITY METRO

Location	Output	Input	Notes	Call	Sponsor
Calumet	146.6100	–	Ot E-SUN E-WIND	KD5YUL	Wheatstraw
Choctaw	147.0900	+	O 141.3/141.3	W5RGT	Choctaw AR
Del City	146.7000	–	O 103.5/103.5	W5DEL	Del City A
Edmond	145.2100	–	O 131.8/131.8 E-SUN	K5CPT	COLE
Edmond	145.2700	–	O 100/100 E-SUNx	W5BIV	W5BIV
Edmond	146.7900	–	O 100/100	W5RLW	W5RLW
Edmond	147.0300	+	O 167.9/167.9 E-SUN	WD5AII	Edmond ARC
Elreno	147.2400	+	O 141.3/141.3	W5ELR	ERARC
Newalla	145.1500	–	O 114.8/114.8	K5UV	K5UV
Norman	146.8800	–	Ot E-SUN	N5MS	OUARC
Norman	147.0600	+	O 141.3/141.3e	W5NOR	SCARS
Oklahoma City	145.2500	–	O 141.3/141.3ar	KS5B	KS5B
Oklahoma City	145.3700	–	O 141.3/141.3	KK5FM	KK5FM
Oklahoma City	146.8200	–	O 151.4/151.4e	W5MEL	OCAPA
Oklahoma City	146.8500	–	O 141.3/141.3 E-SUN LITZ	W5PAA	MMACARC
Oklahoma City	147.2100	+	O 141.3/141.3 E-SUN	W5MEL	OCAPA

PANHANDLE

Location	Output	Input	Notes	Call	Sponsor
Forgan	147.3900	+	Ot	N5AKN	N5AKN

SOUTHEAST

Location	Output	Input	Notes	Call	Sponsor
Ada	145.2700	–	O 141.3/141.3 E-SUN	KE5GLC	PCARC
Ada	147.2850	+	O 114.8/114.8 E-SUN	WB5NBA	Ada Arc
Antlers	147.2400	+	Ot E-SUN	KD5DAR	KD5DAR
Big Cedar	147.3750	+	O 123/123	AB5CP	N5JMG
Broken Bow	147.1350	+	O 67/67 E-SUNsx	KD5ABB	McCurtain
Cavanal Mtn	146.6400	–	O 88.5/88.5 E-SUNsx	W5ANR	FSAARC

144-148 MHz
OKLAHOMA

Location	Output	Input	Notes	Call	Sponsor
Coalgate	145.2500	–	O 123/123	KF5IUL	CCARC
Coleman	147.1650	+	O 131.8/131.8	WG5B	WG5B
Daisy	145.2100	–	O 100/100x	W5CUQ	PCARC
Durant	146.9850	–	O 118.8/118.8 E-SUNx	K5BQG	Durant Br
Durant	147.3900	+	O 118.8/118.8e	K5KIE	D.A.R.A.
Enterprise	146.6850	–	O L(IRLP/ECHOLINK)	KB1HSZ	LEARC
Enterprise	147.2700	+	Otx	N5JMG	N5JMG
Honobia	145.1500	+	O 114.8/114.8 E-SUN E-WIND	KM5SB	KM5SB
Hugo	146.6100	–	O 114.8/114.8 E-SUN	KB5JTR	KARC
Liberty	145.1100	–	O 114.8/114.8 E-SUNx	W5JWT	W5JWT et a
McAlester	145.3700	–	O 71.9/71.9 E-SUN	W5CUQ	PCARC
Mt Sycamore	145.4100		Otsx	N5NHU	Leflore EM
Nashoba	145.2900	–	O 162.2/162.2 E-SUN E-WIND	KM5VK	KM5VK
Nashoba	145.3300	–	O 162.2/162.2 E-SUN E-WIND EXP	KM5VK	KM5VK
Near Davis	146.8650	–	O 192.8/192.8	K5CPT	KN6UG
Seminole	147.0150	+	O	WJ5F	WJ5F
Seminole	147.1950	+	O	WJ5F	WJ5F
Shawnee	145.3900	–	O 131.8/131.8a(CA)e	W5SXA	PCARC
Soper	145.1700	–	O 114.8/114.8	KM5SB	------------
Tecumseh	145.2900	–	O 141.3/141.3	K5DOK	K5DOK
Tecumseh	146.6250	–	O 131.8/131.8 LITZ	KD5WAV	K5DOK
Velma	147.2250	+	O 123/123	KC5JCO	KD5JCO
Wilburton	146.6250	–	O 88.5/88.5 E-SUN	KL7JW	KL7JW

SOUTHWEST

Location	Output	Input	Notes	Call	Sponsor
Alfalfa	145.1100	–	ODCS(712)	K5GSM	K5GSM
Altus	146.7900	–	O 100/100 E-SUN	WX5ASA	Altus Skyw
Altus	147.2850	+	O 100/100 BI	WB5KRH	SOKRA
Anadarko	147.2700	+	OtE-SUNx	WX5LAW	SPARS/LIRA
Arbuckle Mtns	145.2300	–	● 179.9/179.9 E-SUNsx	WG5B	WG5B
Ardmore	145.1100	–	O 192.8/192.8	KE5BAL	KE5BAL

144-148 MHz
OKLAHOMA

Location	Output	Input	Notes	Call	Sponsor
Ardmore	146.9700	−	O	W5BLW	SOARESSS
			131.8/131.8 LITZ		
Chichasha	145.1300	−	Ot	WA0 AQO	CARS
Chickasha	145.2300	−	O	WK5S	LFSARC
			141.3/141.3 LITZ		
Clinton	147.3000	+	O	KE5FBW	------------
			127.3/127.3 E-SUN		
Cyril	147.0000	+	Oe	KB5LLI	SWIRA
Davis	145.4500	−	O 100/100a	KC5TDG	KC5TDG
Davis	147.0750	+	Ot	KB5LLI	SWIRA
Duncan	146.7300	−	OtE-SUN	WD5IYF	CTARC
Duncan	147.3000	+	O 123/123	KB5LLI	SWIRA
Elmore City	146.7450	−	O	KB5LLI	SWIIRA
			141.3/141.3sx		
Granite	146.7150	−	O	KB5LLI	S.W.I.R.A
Granite	146.9850	−	O	K5XTL	K5XTL
			156.7/156.7 DCS(293) E-SUN		
Hobart	146.8950	146.3950	O 100/100	KD5WVL	HOBART ARE
			E-SUN		
Lawton	147.1800	+	Ot	WX5LAW	LIRA
Lawton	147.3300	+	Ot	WX5LAW	LIRA
Lone Grove	146.7900	−	Ot	W5BLW	SOARESSS
Mangum	147.3450	+	Ot	W5KRG	Altus Skyw
Marietta	146.8350	−	O	KF5JFZ	Arbickle T
			131.8/131.8 E-SUNx		
Marlow	146.9550	−	Ote	K5UM	Marlow ARC
Waurika	145.2900	−	O 123/123	W5KS	LFSARC
TULSA					
Mannford	147.0450	+	O 88.5/88.5	W5IAS	Tulsa ARC
Tulsa	145.1100	−	O 88.5/88.5	W5IAS	Tulsa ARC
			E-SUNsx		
Tulsa	146.8050	−	O 88.5/88.5 e	WA5LVT	TRO inc
Tulsa	146.8800	−	O 88.5/88.5 esx	WA5LVT	TRO inc
Tulsa	147.0000	+	Ot	K5JME	Am Air ARC
Tulsa	147.3900	+	OtE-SUN	WB5NJU	39 Group
West Tulsa	145.2700	−	OtE-SUN	N5FWX	N5FWX
TULSA METRO					
Broken Arrow	146.9100	−	O 88.5/88.5	W5DRZ	BAARC
East Tulsa	145.1700	−	O 88.5/88.5 e	W5IAS	Tulsa ARC
Liberty Mounds	145.2300	−	O 88.5/88.5 E-SUN	N5XBE	N5XBE
Owasso	146.7000	−	O	K5LAD	K5LAD
			100.0/100.0		
Sapulpa	145.4300	−	O 88.5/88.5 E-SUNx	KE5OKT	CCARES
Tulsa	146.9400	−	O 88.5/88.5 rs	WA5LVT	TRO inc

144-148 MHz
OKLAHOMA-OREGON

Location	Output	Input	Notes	Call	Sponsor
Tulsa	147.2850	+	O 88.5/88.5 LITZ	KC5TJT	KC5TJT

OREGON
CENTRAL EAST OREGON

Location	Output	Input	Notes	Call	Sponsor
Bend	146.7000	−	O 162.2e	W7JVO	----------
Bend	146.9400	−	O 162.2e	W7JVO	----------
Bend	147.0400	+	O 100elz	K7RPT	ARRG
Chemult	145.4700	−	O 162.2e	WA7TYD	----------
Hampton	147.2000	−	O 162.2e	W7JVO	----------
Keno	147.3200	+	O 118.8e	KE7CSD	KBRA
Klamath Falls	145.1900	−	Ote	K6QIE	----------
Mitchell	147.1800	+	O 162.2e	W7JVO	----------
Redmond	145.1300	−	Otl	K7TVL	K7TVL

CENTRAL WILLAMETTE VALLEY

Location	Output	Input	Notes	Call	Sponsor
Blue River	145.3700	−	O 100aelz	W7EUG	LCSARO
Brownsville	147.2600	+	O 100	W7EXH	W7EXH
Corvallis	146.7800	−	OeLITZ	K7CVO	BCARES
Corvallis	146.8200	−	O	WA7TUV	MPRA
Corvallis	147.1600	+	O 100az	W7OSU	W7OSU
Eugene	145.1700	−	O 100e	W7EXH	W7EXH
Eugene	145.4500	−	O 123ae	W7ARD	W7ARD
Junction City	146.6800	−	Otesx	W7EUG	W7EUG
Junction City	146.7200	−	Ote	W7PXL	----------
Lyons	147.0600	+	O 123e	W1ARK	W1ARK
Roseburg	146.9000	−	O 100aez	KC7TLY	----------
Salem	145.2900	−	Oelsx	WA7ABU	WA7ABU
Salem	145.3300	−	O 186.2ael rx	W7SRA	SRA
Salem	145.3500	−	O 186.2e	K7MRR	EHFERG
Salem	146.8600	−	O 186.2els	W7SRA	SRA
Springfield	146.7400	−	O 100e	WA7FQD	EARS

CENTRAL-EAST

Location	Output	Input	Notes	Call	Sponsor
Bend	147.3600	+	Oes	KB7LNR	KB7LNR
Sisters	146.9000	−	O 123e	W7DUX	W7DUX
Sun River	146.6400	−	O 162.2ae	WA7TYD	WA7TYD
Warm Springs	145.1100	−	O 162.2e	KB7LNR	KB7LNR

COAST - CENTRAL

Location	Output	Input	Notes	Call	Sponsor
Florence	146.8000	−	O 100e	W7FLO	OCERI
Lincoln City	147.0400	+	O 100aez	W7VTW	LCES
Lincoln City	147.0600	+	O 118.8el	N7HQR	OCRG
Newport	147.3000	+	O 127.3aez	W7VTW	LCES
Waldport	147.0000	+	O 136.5e	W7VTW	LCES

COAST - NORTH

Location	Output	Input	Notes	Call	Sponsor
Seaside	145.4900	−	O 118.8e	WA7VE	STARS

COAST - SOUTH

Location	Output	Input	Notes	Call	Sponsor
Gold Beach	146.7400	−	O 88.5e	K7SEG	K7SEG
Myrtle Point	146.9200	−	O 100e	W7EXH	W7EXH

"The Northwest's Largest Ham Convention"

SEA-PAC '15 SEA-PAC '16

June 5 - 7, 2015 **June 3 - 5, 2016**

ARRL Northwestern Division Convention
Seaside Convention Center, Seaside Oregon

- Commercial Exhibits
- Giant Flea Market
- Banquet/Entertainment
- Workshops
- Seminars
- Prizes
- VE Testing
- Special Event Station

Right near the Beautiful Pacific Northwest Ocean Beach

General Info—info@seapac.org
Registration Info—registration@seapac.org

SEA-PAC
Post Office Box 25466
Portland, OR 97298-0466

Exhibitor Info—exhibitors@seapac.org
Flea Market Info—fleamarket@seapac.org

SEA-PAC on the Web: www.seapac.org

144-148 MHz
OREGON

Location	Output	Input	Notes	Call	Sponsor
COLUMBIA RIVER GORGE					
Hood River	147.1000	+	O 100e	KF7LN	KF7LN
The Dalles	146.8200	–	O 82.5e	KF7LN	------------
LOWER COLUMBIA					
Clatskanie	145.3500	–	O 114.8e	N7EI	N7EI
Clatskanie	145.3500	–	O 114.8e	N7EI	N7EI
Deer Island	146.8800	–	O 114.8	N7EI	------------
St Helens	146.6800	–	O 114.8e	N7EI	N7EI
NORTH CENTRAL					
Hood River	145.1500	144.1500	O 94.8e	WA7ROB	WA7ROB
Sisters	147.3400	+	O 100e	W7EXH	W7EXH
The Dalles	146.7400	–	O 100	KC7LDD	KC7LLD
NORTH CENTRAL OREGON					
Antelope	147.2600	+	Oter	WC7EC	WC7EC
NORTH EAST					
Fort Rock	145.1500	–	O 162.2e	WA7TYD	WA7TYD
Joseph	147.0000	+	O 103.5e	KB7DZR	KB7DZR
NORTH EAST OREGON					
Baker City	145.2700	–	O 110.9aez	W7NYW	W7NYW
Baker City	147.0600	+	O 110.9aez	W7NYW	------------
Huntington	145.1700	–	O 110.9e	W7NYW	------------
Huntington	147.1200	+	O 100ael	K7OJI	TVRA
La Grande	145.1500	–	O 110.9a	W7NYW	EOARS
LaGrande	147.2600	+	O 100e	K7RPT	ARRG
Ontario	147.1000	+	O 100ael	K7OJI	TVRA
Pendelton	145.3300	–	O 103.5e	K7RPT	ARRG
Tri-City	147.1200	+	O 100ez	KC7UAV	------------
Weiser	145.3900	–	O 100ael	K7OJI	TVRA
NORTH WEST OREGON AND SOUTH WEST WASHINGTON					
Beaver Creek	146.9200	–	O 107.2e	AH6LE	AH6LE
Colton	146.9600	–	Oaz	W7OTV	W7OTV
Mill City	145.1900	–	O 100es	WA7ABU	WA7ABU
Newberg	145.4700	–	O 107.2el	KR7IS	WORC
Portland	145.3100	–	O 123e	W7EXH	W7EXH
Portland	146.8000	–	O 107.2ael sWX	KJ7IY	WORC
Portland	146.9600	–	Oaz	W7OTV	OTVARC
Portland	146.9800	–	O 123e	W7EXH	W7EXH
Sandy	145.4300	–	O 107.2ael sWX	KJ7IY	WORC
Timber	145.2700	–	O 107.2ael sWX	KJ7IY	WORC
NORTH WILLAMETTE VALLEY					
Forest Grove	147.3200	+	O 100ae	K7RPT	ARRG
McMinnville	146.6400	+	O 100e	W7RXJ	------------
Newberg	145.4100	–	O	N7ASM	PMRA
Newberg	145.4900	–	Oe	K7FM	K7FM
North Plains	145.4500	–	Oe	KE7DC	WA7ZNZ

OREGON

144-148 MHz 287

Location	Output	Input	Notes	Call	Sponsor
Oregon City	145.2100	−	O 110.9e	WB7QFD	WB7QFD
OREGON COAST - CENTRAL					
Coos Bay	147.3800	+	O 146.2e	W7OC	SWORA
Florence	147.1000	+	O 146.2e	W7OC	SWORA
Reedsport	147.1800	+	O 146.2e	W7OC	SWORA
Tillamook	147.1600	+	O 118.8e	W7HH	W7GC
OREGON COAST - NORTH					
Arch Cape	146.7400	−	O 118.8	W7BU	SEARC
Astoria	146.7600	−	O 118.8	W7BU	SEARC
Tillamook	147.2200	+	O 100e	W7LI	MHRG
Tillamook	147.2600	+	O 162.2e	N7QFT	--------
OREGON COAST - SOUTH					
Brookings	146.8400	−	O 88.5e	W7BKG	PBARC
Brookings	146.9600	−	O 88.5e	W7BKG	W7BKG
Brookings	147.2500	+	O 88.5e	KA7GNK	CCES
Coos Bay	147.2800	+	O 146.2er	W7OC	SWORA
Coquille	146.6100	−	O 110.9e	K7CCH	CCRC
Langlois	145.2100	−	O 100e	KA7GNK	CCES
Myrtle Point	145.1900	−	O 146.2e	W7OC	SWORA
Port Orford	147.2000	+	O 118.8e	K7POH	POARC
PORTLAND METRO					
Aloha	147.3600	+	O 107.2e	WC7EOC	N7QQU
Cedar Mill	147.3800	+	O 100e	K7RPT	--------
Portland	145.2300	−	Oae	K7LJ	K7LJ
Portland	145.3900	−	O 100aelz	K7LJ	K7LJ
Portland	146.7000	−	O 100e	KE7AWR	--------
Portland	146.8400	−	Oe	W7LT	PARC
Portland	146.9400	−	Oe	W7LT	PARC
Portland	147.0400	+	O 100aez	K7RPT	ARRG
Portland	147.2800	+	O 167.9e	WB7QIW	HARC
Scholls	145.1100	−	O	KB7PSM	IRRA
Scholls	146.9000	−	Oaelz	K7WWG	--------
Timberline	147.1200	+	O 100el	K7RPT	ARRG
SOUTH CENTRAL					
Central Point	147.3800	+	O 131.8e	KL7VK	KL7VK
Chemult	147.1400	+	O 100e	W7EXH	W7EXH
Lakeview	147.0000	+	O 100	KE7QP	KE7QP
Wolf Creek	145.2900	−	O 123e	K7TVL	RVLA
Wolf Creek	146.8400	−	O 77el	W7EXH	W7EXH
SOUTH CENTRAL OREGON					
Lakeview	147.3400	+	O 100e	KE7QP	KE7QP
Medford	147.0000	+	O 123ewX	K7RVM	K7RVM
Roseburg	147.2200	+	Otes	K7RBG	AE7ER
SOUTH EAST					
Klamath Falls	147.2000	+	O 136.5	WA6RHK	RED CROSS
Lakeview	147.0800	+	O 136.5e	WA6RHK	REDCROSS
Silver Lake	146.8000	−	O 173.8e	KE7QP	KE7QP
SOUTH EAST OREGON					
Burns	147.3000	+	O 162.2e	W7JVO	--------

144-148 MHz
OREGON-PENNSYLVANIA

Location	Output	Input	Notes	Call	Sponsor
SOUTH WEST					
Ashland	147.2600	+	O 123es LITZ WX	WX7MFR	NWSJAWS
Grants Pass	147.2200	+	Oe	WA6OTP	WA6OTP
Jacksonville	145.3300	−	O 100els	W9PCI	W9PCI
Lakeview	145.3100	−	O 100	KE7QP	KE7QP
Medford	147.0200	+	O 100	K7RPT	ARRG
Port Orford	146.8600	−	O 123el	K7TVL	K7TVL
Roseburg	145.2100	−	O 136.5e	WA6RHK	RED CROSS
Ruch	146.7200	−	O 131.8e	KL7VK	KL7VK
Wolf Creek	146.9400	−	O	K7FH	SOAR
SOUTH WEST OREGON					
Ashland	146.6200	−	O 100es	W9PCI	W9PCI
Glide	145.4300	−	O 88.5e	WA7BWT	WB7RKR
Glide	147.2400	+	O 136.5e	WB7RKR	WB7RKR
SOUTH WILLAMETTE VALLEY					
Blue River	145.1100	−	O 100e	W7EXH	W7EXH
Cottage Grove	146.6600	−	O 100	W7ZQE	W7ZQE
Dorena	146.2300	−	Oe	W7EXH	W7EXH
Eugene	145.3100	−	O	W7EXH	W7EXH
Eugene	146.8800	−	Oe	WJ7S	BHRA
Eugene	147.0800	+	O 100ae	W7CQZ	W7CQZ
Eugene	147.2600	+	O 100el	W7EXH	W7EXH
Eugene	147.3600	+	O	W7EXH	W7EXH
Oakridge	146.9800	−	Oe	W7EXH	W7EXH
Saginaw	146.7600	−	Oe	W7EXH	W7EXH
STATE WIDE					
Corvallis	145.1300	−	O 100e	K7TVL	------------

PENNSYLVANIA
FREQUENCY USAGE - ALL WPA SECTION

APRS	144.3900	
APRS	145.7900	
D-STAR VOICE SX	145.6700	
FM VOICE SX	145.5100	
FM VOICE SX	145.5300	
FM VOICE SX	145.5500	
FM VOICE SX	145.5700	
FM VOICE SX	145.5900	
FM VOICE SX	145.6100	
FM VOICE SX	145.6300	
FM VOICE SX	145.6500	
FM VOICE SX	146.5200	
FM VOICE SX	146.5350	
FM VOICE SX	146.5500	
FM VOICE SX	146.5650	
FM VOICE SX	146.5800	
FM VOICE SX	146.5950	
FM VOICE SX	147.5250	

PENNSYLVANIA

Location	Output	Input	Notes	Call	Sponsor
FM VOICE SX	147.5400				
FM VOICE SX	147.5550				
FM VOICE SX	147.5700				
FM VOICE SX	147.5850				
Packet	144.9100				
Packet	144.9300				
Packet	144.9500				
Packet	144.9700				
Packet	144.9900				
Packet	145.0100				
Packet	145.0300				
Packet	145.0500				
Packet	145.0700				
Packet	145.0900				
Packet	145.6900				
Packet	145.7100				
Packet	145.7300				
Packet	145.7500				
Packet	145.7700				
Repeater Input	147.4150				
Repeater Input	147.4300				
Repeater Input	147.4450				
Repeater Input	147.4600				
Repeater Input	147.4750				
Repeater Input	147.4900				
Repeater Input	147.5050				
Repeater Output	146.4150				
Repeater Output	146.4300				
Repeater Output	146.4450				
Repeater Output	146.4600				
Repeater Output	146.4750				
Repeater Output	146.4900				
Repeater Output	146.5050				
ADAMS					
Gettysburg	145.3500	−	O 103.5 (CA)er	W3KGN	ACARS
ALTOONA					
Altoona	146.6100	−	O 123.0aez	W3QZF	HARC
Altoona	146.8200	−	O 123.0aez	W3QW	HARC
BEAVER					
Beaver	146.8500	−	O 88.5er	N3TN	TAARA
Beaver	147.1350	+	O 88.5er	N3TN	TAARA
Beaver	147.1650	+	O 100.0r	N3CYR	N3CYR
Beaver Falls	145.3100	−	O 100.0aelrz	W3SGJ	B.V.A.R.A.
Industry	146.4150	147.4150	O 100.0 (CA)e	N3CYR	RESCUE40

144-148 MHz
PENNSYLVANIA

Location	Output	Input	Notes	Call	Sponsor
BERKS					
Pine Grove	145.1700	–	O 110.9el	AA3RG	A.A.R.G.
Pine Grove	146.6400	–	O 82.5 (CA)ersWX	AA3RG	A.A.R.G.
Pottstown	147.2100	+	O 131.8 (CA)er	K3ZMC	P.A.R.T.
Reading	145.4900	–	O 114.8ae	K3TI	DDXA
Reading	146.9100	–	O 131.8e	W3BN	RDGRADIOCL
Reading	147.1800	+	O 110.9 (CA)ersWX	K2SEH	BCEMA
Reading	147.1800	+	O 110.9 (CA)ersWX	WB3FPL	BerksCoEMA
BRADFORD					
Seeley	146.7900	–	O 179.9e WX	N3YCT	----------
Towanda	147.2850	+	O 82.5ers RB LITZ WX	K3ABC	NTRG
BUCKS					
Doylestown	145.3500	–	O 131.8 (CA)erwX	WA3EPA	WRC ARC
Fairless Hills	147.3000	+	O 131.8elr sRB WX	W3BXW	BEARS
Hilltown	145.3300	–	O 131.8 (CA)e	W3HJ	HiPointRA
Hilltown	147.3900	+	O 100 (CA)e	W3HJ	CBRA
Morrisville	145.2500	–	O 103.5 (CA)eL(ALLSTAR 28254)	WBØYLE	LITZ
Perkasie	145.3100	–	O 131.8 (CA)e	W3AI	RF Hill ARC
Southampton	146.7900	–	O 131.8 (CA)rs	W3SK	PWA
Upper Bucks	146.8050	–	O 127.3 RB	N3ITN	----------
Warminster	147.0900	+	O 131.8 (CA)elrs	K3DN	WARC
Warrington	147.0000	+	Oe	WA3ZID	----------
CARBON					
Jim Thorpe	147.2550	+	O 162.2 (CA)ers	W3HA	CARC
CENTRAL					
Huntingdon	145.3100	–	O 123.0el	W3WIV	LTRA
Huntingdon	146.7000	–	O 123.0	W3VI	----------
Lewistown	146.9100	–	O 123.0	K3DNA	JVARC
Philipsburg	146.4300	147.4300	O 173.8	W3PHB	PARA
Philipsburg	146.6400	–	O 173.8	W3PHB	PARA
Punxsutawney	146.7150	–	O 173.8el	N5NWC	W3KKC
State College	145.4500	–	O 173.8ael	K3CR	PSARC
State College	146.7600	–	O 146.2ael	W3GA	NtnyRC
State College	146.8500	–	O 146.2l	W3YA	NtnyRC

PENNSYLVANIA

144-148 MHz

Location	Output	Input	Notes	Call	Sponsor
CHESTER					
Paoli	145.1300	−	O 131.8 (CA)ers	WB3JOE	MidAtlARC
Parkesburg	146.9850	+	O 94.8aersRB	WA3GMS	------------
Valley Forge	146.7600	−	O 131.8 (CA)l	W3PHL	PARA Group
West Chester	146.9400	−	O 131.8els LITZ	W3EOC	PARA/CCAR
COLUMBIA					
Berwick	147.2250	+	O 203.5 (CA)erswX	KB3BJO	CMARC
Bloomsburg	147.1200	+	O 131.8 (CA)elWX	WB3DUC	WB3DUC
CUMBERLAND					
Mt Holly	145.4300	−	O 67erswX	N3TWT	SMRA
DAUPHIN					
Ellendale	147.0750	+	O 123ers	KB3NIA	HRAC
Harrisburg	145.1100	−	O 131.8er	W3ND	CPRA Inc.
Harrisburg	145.2100	−	O 123e	WB3EYB	------------
Harrisburg	145.2700	−	O 74.4l	W3WAN	WAN-RS
Harrisburg	145.2900	−	O 123r	W3ND	CPRA Inc.
Harrisburg	145.4700	−	O 123 (CA)erwX	W3ND	CPRA Inc.
Harrisburg	146.7600	−	O 100 (CA)es	W3UU	HRAC
Harrisburg	147.3750	+	O 123	W3ND	CPRA Inc.
Steelton	147.3000	+	O 100e	N3NJB	HBG REACT
DELAWARE					
Darby	147.3600	+	O 131.8 (CA)esRB	WB3JOE	MARC
Media	145.2300	−	O 131.8a	W3AWA	Mobl 6ers
Media	146.9400	−	O 131.8ers	W3AEC	PARA
Newtown Square	147.0600	+	O 131.8 (CA)esWX	WB3JOE	MidAtlARC
Newtown Square	147.1950	+	O 100 (CA) elWX	W3DI	MNARC
ERIE					
Cherry Hill	146.7600	−	O 186.2aelx	N8XUA	N8XUA
Corry	147.0900	+	O 186.2	W3YXE	RAC
Erie	146.4300	147.4300	O 146.43l	KE3JP	KE3JP
Erie	146.4900	147.4900	O 186.2/186.2e	K3FRT	------------
Erie	146.6100	−	O 186.2elrs	W3GV	RAErie
Erie	147.2700	+	O 186.2ae	N3APP	N3APP
Union City	146.7300	−	O 186.2a	WA3PGL	WA3PGL
Waterford	146.8200	−	O 186.2elrs	W3GV	RAErie

144-148 MHz
PENNSYLVANIA

Location	Output	Input	Notes	Call	Sponsor
JOHNSTOWN					
Carroltown	147.0600	+	O 167.9elr	K3WS	W3KKC
Ebensburg	146.7750	−	O 123.0	WA3WGN	CRC
Johnstown	145.3900	−	O 123.0er	N3YFO	N3YFO
Johnstown	146.9400	−	O 123.0 (CA)erz	WA3WGN	W3KKC
Johnstown	147.3750	+	O 123.0 (CA)lRBz	N3LZX	N3LZX
N Cambria	146.6550	−	O 123.0	KE3DR	W3KKC
New Germany	145.2100	−	O 123.0 (CA)elrz	KC3DES	CCDES
JUNIATA					
Tuscarora Mtn	147.0450	+	O 146.2ae WX	K3TAR	T.A.R.A.
LACKAWANNA					
Scranton	146.8350	−	O 127.3el LITZ	KB3BIU	BgmU RS
Scranton	146.9400	−	O (CA)ers WX	K3CSG	SPARK
LANCASTER					
Cornwall	145.3900	−	O 118.8e	W3AD	L.R.T.S.
Ephrata	145.4500	−	O 100 (CA) eRB Bl LITZ WX	W3XP	EphrataARS
Holtwood	146.7450	−	O 114.8e	KX3B	------------
Lancaster	145.3100	−	O 118.8elr sWX	N3FYI	RVARG
Lancaster	147.0150	+	O 118.8ael rsWX	W3RRR	R.R.R.A.
Manheim	145.2300	−	O 118.8aer sWX	K3IR	SPARC Inc.
LEBANON					
Cornwall	147.1050	+	O 141.3lRB	N3KYR	SVARC
Grantville	147.1650	+	O 82.5ers	K3LV	------------
Lebanon	146.8800	−	O 74.4l	W3WAN	WAN-RS
Lebanon	147.2400	+	O 82.5es WX	W3BFD	LVSRA
Lebanon	147.3150	+	O 82.5 (CA) ers	K3LV	LVSRA
Newmanstown	147.2850	+	O 131.8 (CA)e	N3SWH	SPARK
LEHIGH					
Allentown	146.9400	−	O 71.9ers LITZ WX	W3OI	LVARC
Allentown	147.1350	+	O 71.9 (CA) ersBl WX	W3OI	LVARC
Allentown	147.2250	+	O 151.4 (CA)	WA3VHL	------------
LUZERNE					
Berwick	145.1300	−	O 77.0l	WC3H	BARS
Berwick	145.1300	−	O 77 (CA)r s	NQ3G	B.A.R.S.

144-148 MHz   PENNSYLVANIA

Location	Output	Input	Notes	Call	Sponsor
Bunker Hill	145.4500	–	O e	K3YTL	Murgas ARC
Fairmount Twp	146.8800	–	O 77.0ers	N3VTH	------------
Hanover Twp	147.3300	+	O 88.5 (CA) e	WA3CPW	------------
Hazleton	146.6700	–	O 103.5 (CA)	W3OHX	A.R.A.
Hazleton	147.0300	+	O 103.5e	K3BS	A.R.A.
Hunlock Creek	146.8050	–	O 94.8 (CA) e	AD3L	JMRA
Wilkes-Barre	146.4600	147.4600	O 100ae WX	N3FCK	------------
Wilkes-Barre	146.6100	–	O 82.5elrs WX	WB3FKQ	------------
Wilkes-Barre	147.1500	+	O 74.4el	W3WAN	WANRS.COM
LYCOMING					
Huntersville	145.4500	–	O 167.9ers LITZ WX	KB3DXU	LycCoEMA
Montoursville	145.4900	–	O 167.9	KB3HLL	B.E.R.A.
Trout Run	145.1500	–	O 167.9ers LITZ WX	KB3DXU	LycCoEMA
Waterville	145.3500	–	O 167.9ers LITZ WX	KB3DXU	LycCoEMA
Williamsport	145.3300	–	O 167.9ers LITZ WX	KB3DXU	LycCoEMA
Williamsport	146.7300	–	Oael	W3AVK	WestBranch
Williamsport	147.0900	+	O 167.9 (CA)el	KB3HLL	B.E.R.A.
Williamsport	147.3000	+	O 151.4 (CA)elrsRB WX	W3AHS	MARC
MONROE					
Jackson Twp	145.2300	–	O 77elWX	W3WAN	WAN-RS
Tannersville	146.8650	–	OersRB	N3SEI	MCOES
MONTGOMERY					
Eagleville	146.8350	–	O 88.5 (CA) ers	AA3E	Montco OEP
Hatfield	147.3300	+	O(CA)el	WA3RYQ	H.A.R.A.
Horsham	147.1650	+	O 162.2	K3JJO	DELMONT R.C.
Meadowbrook	146.7150	–	O 131.8 (CA)eWX	WA3UTI	HRH-ARC
Souderton	145.1900	–	O 131.8 (CA)ers	N3ZA	TARA
Stowe	145.2500	–	O 100e	KB3OZC	------------
MONTOUR					
Liberty Twp	145.2900	–	Oe	WA2JOC	MCEMA
NORTH CENTRAL					
Bradford	147.2400	+	O 173.8	KD3OH	KD3OH
Coudersport	146.6850	–	O 173.8	N3PC	HARC
Emporium	146.8050	–	O 173.8 (CA)	N3FYD	CCARC
Emporium	147.1800	+	O 173.8 (CA)e	WA3WPS	CCARC

144-148 MHz
PENNSYLVANIA

Location	Output	Input	Notes	Call	Sponsor
Galeton	147.3450	+	O 173.8 (CA)	KB3EAR	NTRS
James City	146.7300	–	O 173.8	WB3IGM	WB3IGM
Lock Haven	147.3600	+	O 173.8elr	K3KR	K3KR
Ludlow	145.2700	–	O 173.8	AB3AA	W3KKC
Ridgway	147.0000	+	O 173.8	N3NIA	WA8RZR
Ridgway	147.2850	+	O 173.8	N3NWL	N3NWL
Rockton	147.3150	+	O 173.8	N3QC	QCARC
Rockton	147.3900	+	O 173.8rx	KE3DR	W3KKC
Sigel	147.1050	+	O 173.8	N3JGT	JCEMA
Ulysses	145.4300	–	O 127.3 (CA)r	KB3HJC	PCEMA

NORTH WEST

Location	Output	Input	Notes	Call	Sponsor
Clarion	146.8650	–	O 186.2	N3GPM	KE3EI
Edinboro	146.9850	–	O 186.2	KB3PSL	
Franklin	145.2300	–	O 186.2ael z	W3ZIC	FVM&KC
Greenville	146.4450	147.4450	O 131.8	KE3JP	KE3JP
Guys Mills	147.0300	+	O 186.2	W3MIE	CARS
Marienville	146.8950	–	O 186.2	N2EVA	N2EVA
Meadville	145.1300	–	O 186.2elr	W3MIE	CfdARS
Meadville	147.2100	+	O 186.2aer z	W3MIE	W3MIE
Pleasantville	147.1200	+	O 186.2alr z	W3ZIC	FVM&KC
Scandia	145.2100	–	O 186.2lr	W3GFD	W3KKC
Springboro	146.4600	147.4600	O 100.0el	KF8YF	KF8YF
Tionesta	145.4900	–	O 186.2e	KE3EI	
Union City	146.7000	–	O 186.2e	WA3UC	WA3UC
Vowinkel	147.0750	+	O 110.9	N3UOH	N3UOH
Warren	145.1100	–	O 186.2elr	W3GFD	W3KKC
Warren	145.1500	–	O 186.2elr	W3GFD	W3KKC
Warren	146.7600	–	O 88.5e	K3BDO	CCAFMA
Warren	147.0150	+	O 186.2elr	W3GFD	W3KKC
Warren	147.3750	+	O 186.2ael r	W3KKC	N5NWC
Waterford	145.4300	–	O 186.2	KE3JP	KE3JP
Youngsville	146.9700	–	O 186.2e	W3YZR	CCAFMA

NORTHAMPTON

Location	Output	Input	Notes	Call	Sponsor
Bethlehem	146.7750	–	O 136.5 (CA)	K3LPR	
Lehigh Valley	146.6550	–	O 136.5el	N3LWY	
Nazareth	145.1100	–	O 151.4ers	W3OK	DLARCNCEMA
Nazareth	146.7000	–	O 151.4 (CA)elrsRB	W3OK LITZ WX	DLARC

NORTHUMBERLAND

Location	Output	Input	Notes	Call	Sponsor
Milton	146.9850	–	O(CA)eWX	WA3AMI	Milton ARC
Sunbury	147.2700	+	O 100 (CA) erswX	N3JIW	SVARC

PENNSYLVANIA

Location	Output	Input	Notes	Call	Sponsor
PERRY					
Newville	146.4600	147.4600	O 67ers	N3TWT	SMRA Inc.
PHILADELPHIA					
Center City	146.6850	–	O 146.2 (CA)ls	WM3PEN	HARC
Philadelphia	145.2700	–	O 131.8 (CA)e	W3PVI	ChSixARC
Philadelphia	145.4100	–	O 127.3 (CA)e	KD3WT	Schuylkill
Philadelphia	147.2700	+	O 77e	N3KZ	UPenn ARC
Roxborough	147.0300	+	O 91.5 (CA) el	W3QV	Phil-Mont
PIKE					
Dingmans Ferry	145.3300	–	O 141.3 (CA)e	AA2HA	------------
Schahola	145.3500	–	O 100elrs WX	K3TSA	TSARA
PITTSBURGH					
Apollo	146.9700	–	O 131.8aer xz	N1RS	SARA
Bridgeville	145.1300	–	O 131.8 (CA)	KS3R	SHARC
Carnegie	147.0300	+	O 131.8e	W3KWH	SCARC
Clinton	147.2100	+	O 100.0a E-SUNlz	K3KEM	K3KEM
Derry	146.4900	147.4900	O 131.8ael x	N1RS	SARA
Irwin	147.1200	+	O 131.8 (CA)	W3OC	TRARC
Jeanette	146.9250	–	O 131.8e	W3NDP	IwnARA
Mt Lebanon	146.9550	–	O 131.8	N3SH	WASH
New Kensington	145.3700	–	O 131.8e	WA3WOM	WA3WOM
New Kensington	146.4900	147.4900	O 131.8ael x	N1RS	SARA
New Kensington	146.6400	–	O 131.8ae	K3MJW	Skyview
Pittsburgh Baldwin	145.3300	–	O 131.8	AB3PJ	AB3PJ
Pittsburgh/Carrick	146.6100	–	O 131.8ael z	W3PGH	GPVHFS
Pittsburgh Hazelwood	145.4700	–	O 71.9aex	WA3PBD	GtwyFM
Pittsburgh Homestead	146.7300	–	O 100.0ae x	WA3PBD	GtwyFM
Pittsburgh/N Hills	147.0900	+	O 88.5 (CA) er	W3EXW	NHARC-RPT
Pittsburgh Oakland	146.8800	–	O 88.5 (CA) er	W3EXW	NHARC-RPT
Saxonburg	145.2900	–	O 131.8el	WA3UQD	W3KKC
Washington	147.3450	+	O 131.8	W3PLP	W3PLP

144-148 MHz
PENNSYLVANIA

Location	Output	Input	Notes	Call	Sponsor
SCHUYLKILL					
Delano	145.3700	−	O t(CA)e WX	W3EEK	SARA
SNYDER					
Selinsgrove	147.1800	+	O 100 (CA) rsWX	NR3U	SVARC
SOMERSET					
Central City	146.6250	−	O 123.0 (CA)lz	WR3AJL	W3KKC
Meyersdale	145.2700	−	O 123.0lxz	KQ3M	W3KKC
Seven Springs	146.8350	−	O 123.0lrxz	W3WGX	W3KKC
Somerset	147.1950	+	O 123.0aerz	K3SMT	SARC
SOUTH CENTRAL					
Bedford	145.4900	−	O 123.0	K3NQT	BCARS
Blue Knob	147.1500	+	O 167.9aelx	KB3KWD	BKRA
Fort Loudon	147.2250	+	O 123.0	N3NRI	N3NRI
McConnellsburg	145.2500	−	O 123.0l	KB3UAG	N3XCC
Upper Strasburg	147.1200	+	O 100.0	W3ACH	CVARC
SOUTH WEST					
Acme	146.6700	−	O 131.8aerz	W3SDR	LHSS
Bentleyville	147.2700	+	O 131.8	WB3CCN	MARC
California	145.1100	−	O 131.8ae	KA3FLU	
Connellsville	145.1700	−	O 131.8	WB3JNP	WB3JNP
Connellsville	146.8950	−	O 131.8er	W3NAV	CCRC
Derry	145.1500	−	O 131.8a TTer	W3CRC	CRARC
Greensburg	147.1800	+	O 131.8 (CA) TTe	W3LWW	FARC
Indiana	146.9100	−	O 131.8	W3BMD	ICARC
Monongahela	147.2250	+	O 131.8 (CA)	KA3BFI	MARC, Inc
Mt Pleasant	147.0150	+	O 131.8 (CA)elx	KA3JSD	KA3JSD
Uniontown	147.0450	+	O 131.8ax	W3PIE	UARC
Uniontown	147.2550	−	O 131.8	W3PIE	UARC
Washington	145.4900	−	O 131.8	W3CYO	W3CYO
Washington	146.7900	−	O 131.8a	K3PSP	K3PSP
Waynesburg	146.4300	147.4300	O 131.8e	N3GC	GCARA
West Alexander	145.2500	−	O 131.8	N3TIR	----------
SULLIVAN					
Laporte	145.3100	−	O 167.9el	N3XXH	EndlessMtn
Laporte	146.9250	−	O 82.5 (CA) ersRB LITZ WX	W3NOD	SCESARA
SUSQUEHANNA					
Elk Mountain	145.4300	−	O 77	N3KZ	UPenn ARC
Elk Mountain	146.7450	−	O 141.3l	N3DUG	----------
Montrose	147.2400	+	O 107.2e LITZ	K3SQO	Susq Cty

144-148 MHz
PENNSYLVANIA

Location	Output	Input	Notes	Call	Sponsor
Montrose	147.3750	+	O 77	N3KZ	UPenn ARC
Silver Lake	145.2900	−	O 131.8 (CA)els	N3HPY	B&B
Susquehanna	145.2500	−	O 100aels	WB2BQW	----------
TIOGA					
Bloss Mt	145.2700	−	O 127.3er RB WX	NR3K	PAGCRG
Blossburg	146.9100	−	O 127.3ers WX	N3FE	----------
Dutch Hill	147.0600	+	O 127.3aer WX	NR3K	PAGCRG
Tioga	146.6250	−	O 131.8 (CA)l	KB3EAR	N.T.R.S
UNION					
Lewisburg	146.6250	−	O 110.9elr sRB WX	K3FLT	Milton ARC
WAYNE					
Waymart	146.6550	−	O 146.2ae Bl WX	WB3KGD	----------
WEST CENTRAL					
Butler	147.3000	+	O 131.8r	N3LEZ	----------
Butler	147.3600	+	O 131.8 (CA)e	W3UDX	BCARA
Cowansville	146.5050	147.5050	O 131.8elrx	N1RS	SARA
Fombell	146.4750	147.4750	O 131.8	N3ZJM	N3ZJM
Independance	145.4500	−	O 123.0	KA3IRT	KA3IRT
Kittanning	145.4100	−	O 173.8	K3QY	----------
Leechburg	147.3300	+	O 131.8er	WA3JVG	WA3JVG
Mercer	146.6850	−	O 186.2	W8IZC	----------
New Castle	146.6250	−	O 131.8	WA3VRD	B.DeSANZO
New Castle	147.1950	+	O 131.8aelz	N3ETV	N3ETV
Parker	145.1900	−	O 186.2alr	W3ZIC	FVM&KC
Sharon	145.3500	−	O 186.2ael rxz	W3LIF	MercerCARC
Warrendale	147.2400	+	O 131.8e	K3SAL	BCFMA
WYOMING					
Mehoopany	147.2100	+	O 141.3e	WA3PYI	----------
YORK					
Hanover	147.3300	+	O 123ers WX	W3MUM	PMRC Inc
Red Lion	146.8650	−	O 123elWX	W3ZGD	Hilltoppers
Reesers Summit	146.7900	−	O 114.8e RB	KA0JQO	----------
Shrewsbury	146.7000	−	O 123es	K3AE	SoPaCommGp
York	146.9250	−	O 74.4el	W3WAN	WAN-RS
York	146.9700	−	O 123 (CA) elrsLITZ WX	W3HZU	Keystone

144-148 MHz
PUERTO RICO

Location	Output	Input	Notes	Call	Sponsor
PUERTO RICO					
E					
Adjuntas	147.3500	+	O	KP4ST	----------
Canovanas	147.1700	+	O	WP4JP	MRPR
Ceiba	147.2700	–	O 88.5	KP4FGL	----------
Fajardo	145.1900	–	O	KP3AB	----------
Fajardo	145.2500	–	● 88.5	WP3CB	----------
Fajardo	145.3500	+	O	KP3AB	CRAN
Fajardo	146.9900	–	O	NP3H	----------
Las Piedras	146.6500	–	Oe	KP4PF	EARCLUB
Las Piedras	146.8900	–	O	KP4MCR	PREAHR-NV+
Maricao	147.0700	+	O	WP4CPV	----------
Rio Grande	146.9900	–	Oae	NP3H	CEC
Rio Grande	147.3100	+	● 88.5	NP3EF	----------
San Lorenzo	147.0300	+	O	WP4LTR	SAMGRP
San Lorenzo	147.1900	+	O	KP4MCR	----------
Yabucoa	145.3300	–	O	WP4BV	----------
N					
Aguas Buenas	145.2300	–	O 77	WP4OCD	----------
Aguas Buenas	145.3700	–	O	KP4IA	----------
Aguas Buenas	146.8500	–	O 127.3a (CA)eBlxz	KP4CK	[PRARL]
Barranquitas	147.3300	+	Oe	KP3AJ	----------
Bayamon	145.1500	–	O	KP4ILG	----------
Bayamon	145.3100	–	●	WP4F	----------
Bayamon	146.7300	–	O	KP3AB	----------
Caguas	145.4700	–	O	WP4MJP	----------
Ciales	145.3500	–	O	KP3AB	----------
Corozal	146.6100	–	O#	WP4ENA	----------
Corozal	146.6700	–	●a(CA)	KP4DH	----------
Corozal	146.8300	–	O	KP4FRA	[FRA/1]
Guaynabo	145.4500	–	O	WP4OCD	----------
Gurabo	145.1700	–	● 136.5	WP4WC	----------
Gurabo	145.2100	–	O	WP3Z	----------
Gurabo	146.7900	–	O	WP4WC	----------
Gurabo	146.8700	–	O	WP4SE	----------
Gurabo	147.3700	+	O	KP4QW	----------
Lares	146.7900	–	O	KP4ARN	----------
Naranjito	147.0100	+	O	WP4FHR	ARG
Naranjito	147.2300	+	●	WP4NPC	POL
Orocovis	146.7100	–	O	KP4DEU	----------
San Juan	147.3900	+		KP4FAK	----------
Toa Baja	145.2700	–		WP3ZQ	----------
Utuado	145.4300	–	O	KP4BOL	----------
NORTH					
Cayey	145.1100	–	O 127.23e	KP4QD	NONE
S					
Barranquitas	145.3900	–		KP4OG	----------
Barranquitas	145.4100	–	OBlx	KP4RF	----------
Barranquitas	145.4900	–	O	KP4LP	MOLINO

144-148 MHz
PUERTO RICO-RHODE ISLAND

Location	Output	Input	Notes	Call	Sponsor
Cayey	145.1300	–	O	WP4MXB	-----------
Cayey	146.7700	–	O 100.0	KP3AB	-----------
Jayuya	146.7500	–	O	KP4ILO	LTRGp.
Jayuya	147.1500	+	O	WP4IFU	ARG
Jayuya	147.2100	+	O	KP4CAR	-----------
Maricao	146.9300	–	O	KP4FRA	[FRA/2]
Ponce	145.2900	–	O 136.5	NP4A	-----------
Ponce	147.3900	+	O	KP4JLQ	-----------
Villalba	145.1900	–	O	KP3AB	-----------
Villalba	147.0500	+	Oex	WP4AZT	-----------
Yauco	145.3500	–	O	KP3AB	-----------
Yauco	145.4700	–	O	WP4MJP	-----------
Yauco	147.3500	+	O	NP4FL	-----------
SOUTH					
	145.3500	–	O	KP3AB	-----------
W					
Aguada	145.3300	–	O	NP4WX	-----------
Aguada	146.7700	–	O	KP3AB	-----------
Aguada	147.0300	+	l	WP4S	RAA
Maricao	147.1300	+	● 100.0e	WP3L	-----------
Maricao	147.2300	+	● 146.2	WP4CPV	CRG
Maricao	147.2900	+	O 123	NP3SE	PepinoRG
			L(C4FM AND FM)		
Quebradillas	146.8700	–	●	WP3OF	-----------

RHODE ISLAND
EAST BAY

Location	Output	Input	Notes	Call	Sponsor
Bristol	145.3300	–	O 94.8	K1CW	K1CW
Newport	146.8800	–	O 100.0 (CA)e	WC1R	WC1R
Portsmouth	145.3000	–	O L(D-STAR)	W1AAD	NCRC
Portsmouth	145.4500	–	O 100.0e	W1SYE	NwptCntyRC
Portsmouth	147.0750	+	O 67.0e L(E524799/RCI NETWORK)rsx	KA1RCI	NBARC

NORTHERN

Location	Output	Input	Notes	Call	Sponsor
Coventry	145.2100	–	O 192.8e	N1JL	N1JL
Coventry	145.3700	–	O 67.0 L(E55920/I5920/QRN)	N1JBC	N1JBC
Cranston	147.1050	+	O 103.5es	W1PHR	PHARRG
Cumberland	145.4300	–	OL(NXDN)	KB1ISZ	KB1ISZ
Cumberland	146.6250	–	O 146.2 L(DMR:CC1/HYT-TRBO)	W1DMR	N3LEE
Cumberland	146.9400	–	O 67.0es WXx	KR1RI	RIAFMRS
East Providence	147.3300	+	O 173.8e L(E147330/I4907)s	W1AQ	W1AQ
Foster	146.9100	–	O 67.0e L(E524799/RCI NETWORK)rsx	KA1RCI	NBARC
Greenville	146.8500	–	O 146.2e	N1MIX	N1MIX

144-148 MHz
RHODE ISLAND-SOUTH CAROLINA

Location	Output	Input	Notes	Call	Sponsor
Johnston	146.8350	–	● 192.8e L(C4FM)rx	KB1TOT	WA1QCA
Lincoln	145.1700	–	O 67.0e L(E524799/RCI NETWORK)x	KA1RCI	NBARC
Lincoln	146.4600	144.9600	O 67.0e L(E524799/RCI NETWORK)rsx	KA1RCI	NBARC
North Providence	146.6250	–	O 67.0 L(E524799/RCI REPEATER NETWORK)rsx	K1RSR	RI REACT
North Providence	146.7000	–	O 123.0er	K1CR	K1CR
North Scituate	146.7600	–	O 67.0es WXx	KR1RI	RIAFMRS
Providence	145.3500	–	O 67.0e L(E524799/RCI NETWORK)	N1BS	NBARC
Providence	147.1200	+	O 67.0 L(E507890)	N1RWX	N1RWX
Scituate	147.1650	+	O 67.0 L(E55920 I5920 QRN)	N1JBC	N1JBC
West Warwick	145.1300	–	O 77.0e	W1RI	JARCORI
West Warwick	147.0450	+	O 141.3 L(D-STAR)	W1HDN	PVRA
SOUTH COUNTY					
Exeter	146.9850	–	O 67.0e L(E524799/RCI NETWORK)rsx	KA1RCI	NBARC
Saunderstown	146.7150	–	O 67.0e	K1NQG	FARC
West Greenwich	145.1900	–	O 67.0 L(KA1RCI)	KA1RCI	KA1RCI
Westerly	147.2400	+	O 100.0e L(449.675/446.575/147.27/448.425)	N1LMA	N1LMA
Westerly	147.3900	+	O 67.0e L(E524799 RCI NETWORK)rsx	KA1RCI	NBARC
SOUTH CAROLINA					
Aiken	145.3500	–	O 156.7/156.7ers	N2ZZ	N2ZZ
Anderson	146.7900	–	O 123/123e rs	N4AW	Anderson Radio Club
Anderson	146.9700	–	Oers	N4AW	N4AW
Awendaw	146.7600	–	O 123/123e lrs	WR4SC	SCHEART
Aynor	146.7150	–	O 162.2/162.2elrs	WR4SC	SCHEART
Bamberg	145.3300	–	O 156.7/156.7	KB4REH	------------
Barnwell	147.0300	+	O 156.7/156.7elrs	KK4BQ	SARS
Batesburg Leesville	147.2550	+	O 123/123e	W4RRC	RARC
Beaufort	145.1300	–	O 88.5/88.5 es	W4BFT	BARS

144-148 MHz
SOUTH CAROLINA

Location	Output	Input	Notes	Call	Sponsor
Beaufort	146.6550	–	Oes	W4BFT	BARS
Beech Island	147.3450	+	O 91.5/91.5 elrs	WR4SC	SCHEART.US
Blacksburg	146.8800	–	Oes	W4NYR	Shelby Amateur
Charleston	145.2500	–	O 123/123e lrsWX	W4HRS	HEART
Charleston	145.4100	–	O 123/123e lrsWX	WA4USN	CARS
Charleston	145.4500	–	O 123/123e rsWX	W4HRS	HEART
Charleston	146.7300	–	O 123/123e lrsWX	W4HRS	HEART
Charleston	146.7900	–	OelrsWX	WA4USN	CARS
Charleston	147.1050	+	O 123/123e lrs	WR4SC	SCHEART
Charleston	147.3450	+	OelrsWX	W4ANK	TARC
Chester	145.3100	–	O 167.9/167.9	W4CHR	W4CHR
Clemson	145.4500	–	O 156.7/156.7	WD4EOG	Clemson U. ARC
Columbia	146.7150	–	O 91.5/91.5 elrs	WR4SC	SCHEART
Columbia	147.3300	+	O 156.7/156.7ers	W4CAE	Columbia ARC
Columbia	147.3600	+	O 100/100e	K4HI	------------
Conway	147.2400	+	O 85.4/85.4 s	K2PJ	Horry County AR
Cordesville	145.3500	–	O 162.2/162.2e	KK4B	General & Emerg
Dillon	146.7450	–	O 82.5/82.5 elrs	W4PDE	GPDARC
Dorchester	147.1800	+	O 123/123e rs	W4HNK	W4HNK
Edgefield	146.8500	–	O 91.5/91.5 es	WR4EC	ECARC
Florence	146.6850	–	O 91.5/91.5 elrs	WR4SC	SCHEART
Florence	146.8500	–	O 123/123e s	W4ULH	Florence Amateu
Florence	146.9700	–	O 167.9/167.9a(CA)e	W4GEY	W4GEY
Florence	147.1950	+	O 123/123e lwx	W4APE	PALS
Florence	147.2550	+	O 162.2/162.2e	KB4RRC	KB4RRC
Fort Mill	145.1100	–	O 110.9/110.9	K4YS	------------
Fort Mill	147.1800	+	O	W4DXA	W4DXA
Ft Jackson	146.7750	–	O 156.7/156.7ers	W4CAE	Columbia ARC

144-148 MHz
SOUTH CAROLINA

Location	Output	Input	Notes	Call	Sponsor
Gaffney	145.2500	–	O 123/123e ls	KG4JIA	KG4JIA
Georgetown	146.7000	–	O 123/123e l	W4HRS	HEART
Georgetown	147.3750	+	O 123/123 wx	NE4SC	NE4SC
Greeleyville	145.2300	–	O 123/123e l	KG4AQH	W4APE
Greenville	145.1300	–	O 123/123e lrs	WR4SC	SCHEART
Greenville	145.3700	–	O 123/123e lrs	WR4SC	SCHEART.US
Greenville	145.4700	–	O 91.5/91.5 ersWX	K9OH	K9OH
Greenville	146.6100	–	OelWX	W4NYK	Blue Ridge ARS
Greenville	146.8200	–	Oa(CA)	W4NYK	Blue Ridge ARS
Greenville	146.9400	–	O 107.2/107.2e	W4IQQ	GREER ARC
Greenwood	147.1650	+	O 107.2/107.2	W4GWD	Greenwood Amateur
Hilton Head	145.3100	–	O 100/100e	W4IAR	Islander ARA
Hilton Head	147.2400	+	O 100/100e l	W4IAR	Lslander ARA
Kingstree	145.3100	–	O 123/123l	NE4SC	NE4SC
Knightsville	146.9400	–	O 123/123e lrsWX	WA4USN	CARS
Lancaster	146.7000	–	O 123/123e	W4PAX	W4PAX
Laurens	146.8650	–	O 107.2/107.2	KD4HLH	KD4HLH
Lexington	147.0000	–	O 123/123s	K1TCB	-----------
Lexington	147.3900	+	O 156.7/156.7	KA4FEC	KA4FEC
Little Mt	147.2100	+	O 156.7/156.7e	K4AVU	MID-CAROLINA RPT
Loris	147.2850	+	O 85.4/85.4 es	K2PJ	Horry County ARES
Lucknow	146.9250	–	O 123/123e lWX	W4APE	PALS
Manning	145.1500	–	O 91.5/91.5 ersWX	KM4ABW	-----------
Marion	147.0000	–	O 91.5/91.5	KO4L	KO4L
Moncks Corner	145.4900	–	O 103.5/103.5elrsWX	W4HRS	HEART
Moncks Corner	146.6100	–	O 123/123e rs	W4BRK	Berkeley County ARE
Moncks Corner	147.1500	+	O 91.5/91.5 ers	WD4NUN	Berkeley County ARE
Mount Pleasant	147.3900	+	O 123/123e lrsWX	W4HRS	HEART
Mountain Rest	147.0300	–	O 123/123	KJ4YLP	-----------

144-148 MHz 303
SOUTH CAROLINA

Location	Output	Input	Notes	Call	Sponsor
Mt Pleasant	146.6850	–	O 162.2/162.2e	KK4ZBE	Active Amateurs
Mullins	145.4700	–	O 123/123e lWX	W4APE	PALS
Myrtle Beach	145.1100	–	O 85.4/85.4 a(CA)es	W4GS	Grand Strand Am
Myrtle Beach	145.2900	–	O 85.4/85.4	W4GS	Grand Strand Am
Myrtle Beach	146.6550	–	O 123/123	NE4SC	K4SHP
Myrtle Beach	146.8050	–	O 85.4/85.4 elrs	W4GS	Grand Strand Am
Myrtle Beach	147.0900	+	O 123/123a (CA)elWX	NE4SC	NE4SC
Myrtle Beach	147.1200	+	O 85.4/85.4 ers	W4GS	Grand Strand Am
Nixonville	147.0300	+	O 123/123	NE4SC	N4JTH
North Augusta	146.9400	–	O 146.2/146.2e	KE4RAP	------------
Orangeburg	146.8800	–	O 123/123e lrs	WR4SC	SCHEART
Pageland	146.8950	–	O 123/123e lWX	W4APE	PALS
Pickens	146.7000	–	O 107.2/107.2e	WT4F	Foothills ARC
Pickens	147.0000	–	O 151.4/151.4el	WB4YXZ	------------
Pine Ridge	145.2700	–	O 156.7/156.7	KE4IFI	------------
Ridgeland	147.0600	+	O 123/123e s	KK4ONF	KK4ONF
Rock Hill	147.0300	–	O 88.5/88.5 elrs	K4YTZ	YCARS-SCHEA
Russelleville	147.3000	+	O 162.2/162.2	KK4B	------------
Saluda	146.9100	–	O 123/123	W4DEW	W4DEW
Savannah River Site	145.4500	–	O 123/123	KK4KFP	SRS Repeater
Sececa	145.2900	–	O 162.2/162.2	K4WD	K4WD
Simpsonville	146.7300	–	O 100/100	WA4UKX	WA4UKX
Six Mile	145.1700	–	O 162.2/162.2	W4TWX	President
Spartanburg	147.0900	+	O 162.2/162.2elrs	WR4SC	SCHEART
Spartanburg	147.3150	+	O 123/123	K4JLA	Spartanburg Am
St George	146.8350	–	O 103.5/103.5	K4ILT	------------
St George	147.0450	+	O 103.5/103.5el	K4ILT	------------
St Matthews	146.6700	–	O 156.7/156.7e	AD4U	------------

SOUTH CAROLINA-SOUTH DAKOTA

Location	Output	Input	Notes	Call	Sponsor
Summerville	146.8650	−	O 123/123	N2OBS	N2OBS
Summerville	146.9850	−	O 123/123e lsWX	W1GRE	W1GRE
Summerville	147.2700	+	O 123/123e lrs	W4ANK	W4ANK
Sumter	146.6400	−	O	W4GL	SUMTER ARA
Sumter	147.0150	+	O 156.7/156.7elrs	W4GL	SARA SCHEART
Union	145.1500	−	O	K4USC	Union County ARC
Union	146.6850	−	O	K4USC	Union County ARC
Wallace	145.4900	−	O 123/123e lWX	W4APE	PALS
Wallace	147.1350	+	O 123/123	K4CCC	Chesterfield Co ARS
Wedgefield	145.4300	−	O 156.7/156.7	WB4BZA	WARS
White Hall	146.9100	−	O 156.7/156.7e	WA4SJS	------------
Whitehall	146.7150	−	O 123/123e lrs	WR4SC	SCHEART
York	147.2700	+	110.9/110.9e	N4HRS	N4HRS

SOUTH DAKOTA
FREQUENCY USAGE

Location	Output	Input	Notes	Call	Sponsor
Statewide	145.2300	−		SNP (PRI)	
Statewide	145.4700	−		SNP (SEC)	

CENTRAL

Location	Output	Input	Notes	Call	Sponsor
Huron	147.0900	+	O	KØOH	KØOH
Mitchell	146.6400	−	O 146.2ae	WØZSJ	MARC
Murdo	147.3000	+	O 146.2 L(SDLINK)x	AAØCT	SDARC
Pierre	145.3500	−	O 146.2a	KDØS	PARC
Pierre	146.7300	−	O 146.2 L(SDLINK)	WØCQN	SDARC
Reliance	146.9400	−	O 146.2e L(SDLINK)x	NØNPO	MB ARC
Wessington Spr	147.3450	+	O 146.2 L(SDLINK)x	AAØF	SDARC

EAST

Location	Output	Input	Notes	Call	Sponsor
Toronto	146.7750	−	O 146.2 L(SD LINK SYSTEM)	KCØOVC	SDARC

EAST CENTRAL

Location	Output	Input	Notes	Call	Sponsor
Brookings	146.9400	−	O 110.9a	WØBXO	BR ARC

NORTH CENTRAL

Location	Output	Input	Notes	Call	Sponsor
Aberdeen	146.9100	−	O 146.2el	WBØJZZ	HubCtyARC
Aberdeen	147.0300	+	O 146.2 L(GL LINK)	WBØTPF	WBØTPF
Bowdle	147.1200	+	O 146.2 L(GL LINK)	NØAHL	GLARA
Mobridge	147.2100	+	Oe L(GL LINK)	WØYMB	MARC

144-148 MHz
SOUTH DAKOTA-TENNESSEE

Location	Output	Input	Notes	Call	Sponsor
Redfield	147.1500	+	O	WDØ BIA	S ARC
NORTHEAST					
Crandall	146.7900	−	O 146.2 L(SD LINK SYSTEM)	NØ AHL	SDARC
Gary	145.3900	+	O	KØ TY	KØ TY
Pierpont	147.3300	+	O 146.2 L(GL LINK)	WØ JOZ	GLARA
Sisseton	146.8800	−	Oe	WAØ BZD	WAØ BZD
Watertown	146.8500	−	O(CA)e	WØ WTN	LARC
NORTHWEST					
Reva	147.1500	+	Oe	KDØ KMT	KDØ KMT
SOUTHEAST					
Beresford	147.2400	+	O 141.3	KAØ VHV	PD ARC
Flandreau	146.9850	−	146.2	KØ TGA	KØ TGA
Humboldt	147.2850	+	O 146.2 L(SDLINK)x	NØ LCL	SDARC
Sioux Falls	146.8950	−	O 146.2e	WØ ZWY	SEARC
Springfield	147.2100	+	O 146.2	WØ OJY	PDARC
Tabor	147.3150	+	Oe	KCØ TOW	KCØ TOW
Vermillion	147.3750	+	O 146.2l	WØ MMQ	PD ARC
Yankton	146.8500	−	O 146.2	WØ OJY	PD ARC
SOUTHWEST					
Custer	146.8500	−	Olx	KCØ BXH	Northern Hills-AR
Custer	147.0900	+	O 146.2e	WN6QJN	WN6QJN
Custer	147.1200	+	O 146.2	WN6QJN	WN6QJN
Hot Springs	147.6000	−	Oe	KØ HS	HS ARC
WEST					
New Underwood	146.9700	−	114.8#	KA1OTT	KA1OTT
Phillip	147.3750	+	O 146.2e L(SDLINK)	NØ OMP	SDARC
WEST CENTRAL					
Lead/Terry Peak	146.7600	−	O 146.2lx	KBØ BXH	Northern Hills-AR
Rapid City	146.9400	−	Ol	WØ BLK	BlkHlsARC
Rapid City	147.2400	+	Oe	KBØ BUT	KBØ BUT
Terry Peak	147.0300	+	O 146.2 L(SDLINK)	WBØ JEK	SDARC
TENNESSEE					
Alamo	147.1350	+	O 131.8/131.8lsWX	K4WWV	----------
Allons	147.0450	+	Ot	KG4NPF	----------
Altamont	146.6550	−	O 167.9/167.9	KF4TNP	KF4TNP
Altamont	146.8800	−	O 167.9/167.9es	KF4TNP	KF4TNP
Arnold AFB	147.1950	+	O 114.8/114.8erswWX	N4HAP	----------
Athens	145.1500	−	O 141.3/141.3	KG4FZR	KG4FZR

TENNESSEE

Location	Output	Input	Notes	Call	Sponsor
Athens	147.0600	−	O 141.3/141.3	KG4FZR	MC MINN COUNTY A
Blountville	147.0000	+	O	W4CBX	W4FXO
Bluff City	146.7000	−	O 103.5/103.5	KE4CCB	KE4CCB
Briceville	145.4700	−	O 118.8/118.8esWX	WB4GBI	----------
Bristol	146.6700	−	Oe	W4UD	W4UD
Brownsville	146.6550	−	O 156.7/156.7	KI4BXI	KI4BXI
Camden	145.4900	−	O 123/123 WX	KF4ZGK	TN VALLEY ARC
Carthage	146.7300	−	O 127.3/127.3l	W4HTL	W4RYR
Centerville	147.2550	+	O 123/123e lWX	KI4DAD	----------
Chattanooga	145.1300	−	O	K4CMY	K4CMY
Chattanooga	145.3900	−	Oes	W4AM	W4AM
Chattanooga	146.6100	−	O 107.2/107.2esWX	W4AM	W4AM
Clarksville	147.0000	+	O 123/123e	KT4FQ	----------
Clarksville	147.3900	+	O 123/123r sWX	KF4L	CATS CLUB
Cleveland	146.9250	−	O 114.8/114.8a(CA)ers	W4GZX	----------
Cleveland	147.1050	+	O	KD4NEC	KD4NEC
Cleveland	147.1800	+	O 118.8/118.8	WD4DES	WD4DES
Cleveland	147.3750	+	O 123/123e rsWX	KA4ELN	----------
Coker Creek	146.8200	−	O 141.3/141.3ersWX	K4EZK	Charles H. Satterfield
Collegedale	147.0000	+	O 131.8/131.8e	KA6UHV	KA6UHV
Collierville	145.4100	−	O 107.2/107.2	K5FE	FedEx ARC
Columbia	147.1200	+	O 127.3/127.3esWX	W4GGM	W4GGM
Cookeville	145.1100	−	O	KK4TD	Amateur radio club --
Cookeville	145.2700	−	O 123/123e l	N4ECW	N4ECW
Cookeville	145.4300	−	O	WA4UCE	ARS OF TTU
Cookeville	147.2100	+	Oe	W4HPL	W4HPL
Covington	145.4900	−	O	KE4ZBI	KE4ZBI
Cross Plains	145.4100	−	O 127.3/127.3	AG4QK	AG4QK
Cross Plains	147.3450	+	O 114.8/114.8sWX	AF4TZ	AF4TZ
Crossville	146.8050	−	O 131.8/131.8	W4EYJ	W4EYJ

144-148 MHz   TENNESSEE

Location	Output	Input	Notes	Call	Sponsor
Crossville	146.8650	–	O 118.8/118.8 E-SUNs	W8EYU	Cumberland Plat
Crossville	146.8950	–	O 118.8/118.8	W8EYU	Cumberland Plat
Crossville	147.3450	+	O 118.8/118.8el	W4KEV	KK4WFY
Cumberland Furnace	145.3300	–	O 114.8/114.8el	N4FOX	N4FOX
Dandridge	146.8950	–	O 151.4/151.4	WD4EGD	WD4EGD
Dayton	147.3900	+	Oer	K4DPD	Rhea County am
Dover	145.2500	–	O 100/100	KR4WG	KR4WG
Dresden	145.1500	–	O 100/100e l	KB4IBW	------------
Dresden	145.4700	–	O 100/100e WX	KA4BNI	------------
Dyersburg	145.1900	–	O 100/100e rsWX	K4DYR	Dyer County Am
Dyersburg	146.7450	–	O 88.5/88.5	W4MV	K4ACT
Eaton	145.1900	–	O 100/100e rsWX	K4DYR	Dyer County Am
Elizabethton	147.2700	+	O 88.5/88.5	K4LNS	K4LNS
Elizabethtown	145.1100	–	O	WM4T	WM4T
Elizton	145.2900	–	O 103.5/103.5ls	WR4CC	------------
Erwin	147.1650	+	Oa(CA)es	KC4DSY	KC4DSY
Fairview	145.1300	–	O 156.7/156.7	WC4EOC	WCDEC
Fayetteville	147.0300	+	O 114.8/114.8esWX	W4BV	President
Franklin	145.1500	–	O 123/123	WC4EOC	WCDEC
Gallatin	145.3900	–	O 114.8/114.8elrsWX	W4LKZ	W4LKZ
Gallatin	146.8050	–	O 114.8/114.8lrsWX	WD4BKY	W4LKZ
Gallatin	146.8800	–	O 114.8/114.8	W4LKZ	SUMNER CO RA
Gallatin	147.3000	+	O 114.8/114.8sWX	W4CAT	CATS
Gatlinburg	146.8500	–	O 127.3/127.3	WB4GBI	Trustee
Gatlinburg	147.1950	+	O 100/100e l	W4KEV	KK4WFY
Georgetown	145.3100	–	O 141.3/141.3ersWX	WM4RB	WM4RB
Germantown	146.6250	–	O 107.2/107.2e	W4BS	Delta Amateur R
Gray	145.2500	–	O 123/123	WM4T	------------
Greenbrier	147.0750	+	O 114.8/114.8ers	WQ4E	WQ4E

144-148 MHz
TENNESSEE

Location	Output	Input	Notes	Call	Sponsor
Greeneville	145.1500	–	O 118.8/118.8l	K4MFD	------------
Greeneville	145.3900	–	O 186.2/186.2	W4WC	W4WC
Greeneville	145.4100	–	O 127.3/127.3elrsWX	KI4OTR	Trustee
Greeneville	147.0600	+	O 123/123	N4FV	N4FV
Greenfield	145.3500	–	O 107.2/107.2	KE4OVN	KE4OVN
Henderson	147.1050	+	O 156.7/156.7	W4FHU	FREED HARDEMAN
Hohenwald	146.8950	–	O 100/100e lsWX	K4TTC	K4TTC
Huntingdon	146.8350	–	O 123/123 WX	KF4ZGK	TN Valley ARC
Indian Mound	146.9250	–	O 110.9/110.9eWX	AA4TA	------------
Jackson	145.1700	–	O 107.2/107.2rsWX	WF4Q	WTARS
Jackson	145.3100	–	O 107.2/107.2rsWX	KF4SC	WF4Q
Jackson	146.7750	–	O 107.2/107.2rsWX	WF4Q	WTARS
Jackson	147.2100	+	O 107.2/107.2ersWX	WF4Q	WTARS
Jasper	145.1900	–	O 127.3/127.3er	KD4XV	KD4XV
Johnson City	146.7900	–	Ot	W4ABR	W4ABR
Jonesborough	147.1200	+	OE-SUNl	K4DWQ	K4DWQ
Joyner	147.1500	+	O 82.5/82.5 ersWX	K4EAJ	AC4DR
Kingsport Bays Mt	146.9700	–	O 123/123e	W4TRC	Kingsport Amateur R
Knoxville	145.1700	–	O 118.8/118.8l	WB4GBI	------------
Knoxville	145.2100	–	O 100/100	W4BBB	------------
Knoxville	145.2300	–	Oe	W4KEV	KK4WFY
Knoxville	145.3700	–	O 100/100e ls	W4KEV	BRANDON DUPLAN
Knoxville	145.4300	–	O 127.3/127.3	WB4YLC	KERBELA ARS
Knoxville	146.9100	–	O 203.5/203.5	KC4ROG	KC4NNN
Knoxville	147.0000	–	O 100/100	KD4CWB	KD4CWB
Knoxville	147.0750	+	Oa(CA)e	WB4GBI	------------
Knoxville	147.3000	+	O 100/100	W4BBB	------------
Lafollette	145.1300	–	O 100/100a (CA)ersWX	KA4OAK	KA4OAK
Lafollette	147.3600	+	O 100/100e rsWX	KA4OAK	KA4OAK

144-148 MHz **309**
TENNESSEE

Location	Output	Input	Notes	Call	Sponsor
Laverne	145.2300	–	O 114.8/114.8elsWX	W4CAT	CATS
Lawrenceburg	146.6550	–	O 100/100e sWX	KG4LUY	Lawrence EMA D
Lebanon	147.1050	+	O 100/100s WX	WC4AR	Wilson Amateur
Lebanon	147.2400	+	O 107.2/107.2	W4RYR	------------
Lexington	147.0750	+	O 107.2/107.2elrsWX	WF4Q	WTARS
Livingston	146.7150	–	O 131.8/131.8e	KG4NPF	KG4NPF
Lobelville	145.4300	–	O 114.8/114.8elWX	WA4VVX	------------
Lynchburg	145.4500	–	O 127.3/127.3es	KF4TNP	KF4TNP
Lynchburg	147.2700	+	O 156.7/156.7lrsWX	KF4TNP	AJ4YS
Manchester	146.6250	–	O 143/143 DCSl	KI4FIQ	KF4TNP
Manchester	146.7000	–	O	K4EGC	AF4JJ
Martin	146.6250	–	O 114.8/114.8 E-SUNs	W4UTM	------------
Maryville	146.6550	–	O 107.2/107.2	W4OLB	SMOKY MTN AR
Maryville	146.6850	–	O 88.5/88.5 es	K4DSZ	K4DSZ
McEwen	147.2250	+	O 114.8/114.8	NO4Q	NO4Q
Mcminnville	146.9700	–	O 151.4/151.4e	WD4MWQ	WD4MWQ
Medina	146.9700	–	O 107.2/107.2	WT4WA	INDIVIDUAL
Memphis	145.2100	–	O 107.2/107.2esWX	W4EM	Mid-South Amate
Memphis	145.2500	–	O 146.2/146.2e	N4ER	N4ER
Memphis	145.4500	–	O 79.9/79.9	WB4KOG	WA4KOG
Memphis	146.7300	–	O 107.2/107.2	N4GMT	N4GMT
Memphis	146.7900	–	O 107.2/107.2 E-SUN WX	N8DNZ	Trustee
Memphis	146.8200	–	O 107.2/107.2eWX	W4BS	Delta Amateur R
Memphis	146.8500	–	O	WB4KOG	WA4KOG
Memphis	146.8800	–	O 107.2/107.2	WB4KOG	WA4KOG
Memphis	147.0300	+	O 107.2/107.2ersWX	W4EM	W4EM
Memphis	147.0600	+	O 107.2/107.2e	WA4MQQ	------------

144-148 MHz
TENNESSEE

Location	Output	Input	Notes	Call	Sponsor
Memphis	147.0900	+	O 107.2/107.2er	W4GMM	W4GMM
Memphis	147.3000	+	O 107.2/107.2	N4GMT	N4GMT
Memphis	147.3600	+	O 107.2/107.2e	W4BS	Delta Amateur Radio
Monteagle Mtn	145.4100	–	O 114.8/114.8	NQ4Y	NQ4Y
Mooresburg	147.1350	+	O 114.8/114.8lsWX	KE4KQI	KJ4TKV
Morgan	147.3300	+	O 82.5/82.5 ersWX	WD4ORB	AC4DR
Morristown	145.4500	–	O	KQ4E	KQ4E
Morristown	147.0300	+	O 100/100e WX	W2IQ	N4PH
Morristown	147.2250	+	O	WB4OAH	------------
Morristown	147.3900	+	O 141.3/141.3e	KQ4E	KQ4E
Moscow	145.1100	–	O 107.2/107.2	WA4MJM	KF4OID
Mountain City	145.4700	–	O 103.5/103.5	W4MCT	Johnson COunty Ama
Mountain City	146.6100	–	O 103.5/103.5	K4DHT	------------
Nashville	145.1100	–	O 250.3/250.3	W4RFR	Scott Smith
Nashville	145.4700	–	Ol	N4ARK	N4ARK
Nashville	146.6400	–	O 114.8/114.8	AF4TZ	AF4TZ
Nashville	146.6700	–	O 114.8/114.8elsWX	AF4TZ	AF4TZ
Nashville	146.7900	–	O 114.8/114.8	W4SQE	MUSIC CITY ARA
Nashville	146.8500	–	O 114.8/114.8	W4AY	W4AY
Nashville	146.9550	–	O 114.8/114.8elsWX	W4CAT	CATS
Nashville	147.0150	+	O 114.8/114.8esWX	AF4TZ	AF4TZ
Nashville	147.3150	+	O 123/123	N4ARK	N4ARK
Newport	146.7300	–	O 118.8/118.8esWX	WB4GBI	WB4GBI
Newport	147.0900	+	O 203.5/203.5	KG4LHC	KG4LDK
Nolensville	145.3500	–	O 114.8/114.8	WD4JYD	------------
Oak Ridge	146.8800	–	O 88.5/88.5 E-SUNrs	W4SKH	A. C. Morris Jr.
Oak Ridge	146.9700	–	O 88.5/88.5 ers	W4SKH	A. C. Morris Jr.

TENNESSEE 144-148 MHz

Location	Output	Input	Notes	Call	Sponsor
Oakfield	147.3900	+	O	WA4BJY	WA4BJY
Oakland	146.9400	−	O 162.2/162.2	WB4KOG	WA4KOG
Paris	145.2700	−	O 103.5/103.5esWX	N4ZKR	N4ZKR
Paris	147.3300	+	O 131.8/131.8esWX	N4ZKR	N4ZKR
Petros	147.2550	+	O	KJ4SI	KJ4SI
Philadelphia	145.2500	−	O 100/100e l	W4YJ	W4YJ
Pikeville	147.2850	+	Oe	KF4JPU	KF4JPU
Pleasantville	147.0900	+	O 123/123e lWX	KI4DAD	------------
Pulaski	146.7750	−	O	WA4UOF	WA4UOF
Pulaski	147.3300	+	O 100/100	WD4RBJ	WD4RBJ
Ripley	145.2300	−	O 100/100e s	KE4NTL	KE4NTL
Rockwood	147.1200	+	O 82.5/82.5 ersWX	K4EAJ	AC4DR
Rogersville	147.3150	+	O 114.8/114.8	KD4HZN	KD4HZN
Rossville	145.1300	−	O 107.2/107.2es	WA4MJM	WA4MJM
Sardis	147.1950	+	O 94.8/94.8	AF4OQ	AF4OQ
Savannah	146.7000	−	O 123/123e sWX	KA4ESF	KA4ESF
Selmer	146.8050	−	O 107.2/107.2er	KK4UTX	McNariy Co. AR
Sevierville	146.9400	−	OesWX	WB4GBI	WB4GBI
Shelbyville	146.7450	−	O 110.9/110.9elsWX	AJ4YS	------------
Shelbyville	147.0600	+	O	KI4NJJ	KI4NJJ
Shiloh	145.2900	−	O 107.2/107.2elWX	WF4Q	WARS
Short Mtn	145.4900	−	O 114.8/114.8sWX	KU4B	KU4B
Sneedville	147.2400	+	O 114.8/114.8lsWX	KE4KQI	KI4YWW
Sparta	147.1650	+	O 123/123	KR4BT	K44BT & TRI-CT
Springfield	145.1900	−	O 88.5/88.5 E-SUN	N8ITF	N8ITF
Tallassee	146.6250	−	O 118.8/118.8	WB4GBI	WB4GBI
Telford	146.9250	−	O 103.5/103.5	K4DHT	------------
Tellico Plains	147.3150	+	O 141.3/141.3	KE4VQM	KE4VQM
Trenton	146.8650	−	O	KN4KP	GIBSON CTY E
Union City	146.7000	−	O 100/100	WA4YGM	WA4YGM
Union City	147.0150	+	O 107.2/107.2lWX	WF4Q	WTARS

312 144-148 MHz
TENNESSEE-TEXAS

Location	Output	Input	Notes	Call	Sponsor
Walland	145.3300	−	O 100/100	AC4JF	AC4JF
White Bluff	147.3750	+	O	KG4HDZ	KG4HDZ
			146.2/146.2eWX		
Williston	147.1800	+	O	WB4KOG	WB4LHD
Winchester	146.8200	−	O	W4UOT	MTARS
			114.8/114.8		
Woodbury	146.9100	−	O	W4YXA	SHORT MTN.REP C
			114.8/114.8		

TEXAS

Location	Output	Input	Notes	Call	Sponsor
	147.2000	0	O	WR5DC	----------
Abilene	145.3500	−	O 110.9ae	KC5PPI	AAHTC
Abilene	145.4900	−	O 88.5	KI5ZS	----------
Abilene	146.7600	−	O 146.2 (CA)e	KC5OLO	KCARC
Abilene	146.9600	−	O 146.2e	KC5OLO	KCARC
Allen	147.1800	+	O 107.2 (CA) WX	WD5ERD	PARK
Alpine	145.2300	−	O 146.2	AD5BB	BIGBENDARC
Alpine	145.3300	+	O 146.2	AD5BB	BIGBENDARC
Alpine	146.7200	−	Oel	AD5BB	BIGBENDARC
Alto	146.9800	−	O 141.3rs	W5IRP	DETARC Inc.
Alvarado	147.2200	+	O 110.9e	K5AEC	TX ADVENT EM CO
Alvin	145.1100	−	O 123	KA5QDG	----------
Alvin	145.2100	−	O 167.9	K5PLD	PEARLAND ARC
Alvin	145.2500	−	O 141.3	KA9JLM	AARC
Alvin	146.7400	−	O 123	KA5QDG	HAMS
Amarillo	146.7400	−	O 88.5	N5ZLU	SWL SYSTEM
Amarillo	146.9200	−	O 88.5el	N5LTZ	CRI
Amarillo	146.9400	−	O 88.5	W5WX	PARC
Amarillo	147.3400	+	O 88.5	W5WX	PARC
Anahuac	145.3300	−	O 123e	KK5XQ	CCOEM
Angleton	147.1800	+	O 141.3es	N9QXT	BCARES
Angleton	147.3400	+	O 103.5l WX	WB5UGT	SALTGRASS
Anhalt	145.1300	−	O 131.8l	W5DK	----------
Archer City	146.8400	−	O 192.8ar	W5GPO	WF VHF ARC
Arlington	146.8600	−	O 110.9 (CA)	WD5DBB	MCR GROUP
Arlington	147.1400	+	O 110.9 (CA)	K5SLD	AARC
Athens	147.2200	+	O 136.5e WX	K5EPH	AARC
Atlanta	145.2500	−	O 123	K5JRK	----------
Atlanta	146.9800	−	Oa	K5HCM	RACC
Aubrey	145.2600	−	O 100	K5RNB	----------
Austin	145.1100	−	O 103.5 E-SUNl	N5ZUA	----------
Austin	145.1700	−	O 88.5 (CA)	KB5HTB	----------
Austin	145.2100	−	O 97.4e	KA9LAY	----------

144-148 MHz 313
TEXAS

Location	Output	Input	Notes	Call	Sponsor
Austin	146.6100	−	O 103.5e	WB5PCV	------------
Austin	146.6800	−	O 123	KE5ZW	------------
Austin	146.7800	−	O 107.2e	W5KA	AARC
Austin	146.8400	−	O 103.5	W5WXW	------------
Austin	146.8600	−	O 146.2	NØGSZ	------------
Austin	146.8800	−	O 100a	W5KA	AARC
Austin	146.9000	−	Oael	W3MRC	3M ARC
Austin	146.9400	−	O 107.2	W5KA	AARC
Austin	147.1800	+	O(CA)	W5HS	------------
Austin	147.3600	+	O 131.8e	WA5VTV	------------
Azle	147.1600	+	O 110.9	WB5IDM	------------
Baird	147.2600	+	O 88.5l	KK5MV	------------
Baird	147.3000	+	O 146.2a	KF5YZ	------------
Bandera	145.3100	147.7100	O 210.7	N4MUJ	------------
Bandera	145.3500	−	O 82.5	N5XO	------------
Bangs	147.0000	+	O 94.8e	KB5ZVV	------------
Bastrop	147.3400	+	O 100	NA6M	------------
Bay City	146.7200	−	O 146.2e	W5WTM	MCARC
Bayside	147.2000	+	O 107.2	AD5TD	------------
Baytown	145.3100	−	O 167.9el	N5JNN	------------
Baytown	146.7800	−	O 123e	K5BAY	BAARC
Beaumont	145.4500	−	O 100	N5YX	------------
Beaumont	146.6400	−	O 103.5	KW5C	------------
Beaumont	146.7000	−	O 107.2e	W5RIN	BARC
Beaumont	146.7600	−	O 107.2l	W5GNX	BEARC
Beaumont	146.8200	−	O 127.3e	N5TZV	TARMA
Beaumont	147.3000	+	O 103.5	W5XOM	EMERC
Beaumont	147.3400	+	O 118.8l	W5RIN	BARC
Bedias	147.1200	+	O 123	NQ5D	------------
Beeville	147.3000	+	O 103.5	KC5DYC	------------
Bellville	145.4100	−	O 100el	W5SFA	SFARC
Belton	146.7200	−	O 88.5l	NU5D	------------
Belton	147.3000	+	O 123	W5AMK	------------
Big Bend	146.8200	−	O 146.2elr	AD5BB	BIGBENDARC
Big Spring	146.8200	−	O 88.5 (CA)	W5AW	BSARC
Big Spring	147.0400	+	O 88.5el	KE5PL	WTXC
Big Spring	147.2400	+	O	W5AW	BSARC
Boerne	146.6400	−	O 88.5	KB5TX	KARS
Bonham	145.4700	−	Oa	K5FRC	FCRC
Borger	147.0600	+	O	WA5CSF	NWTARC
Bowie	145.3900	−	O 192.8er WX	K1RKH	------------
Bowie	146.9600	−	OaerWX	WX5ECT	Montague ECT
Boyd	146.9800	−	Oa	K5JEJ	------------
Brackettville	146.8800	−	O 127.3	KD5HAM	BARS
Brady	146.6200	−	O 114.8 (CA)l	AA5JM	------------
Brady	146.9000	−	O 162.2ael	KC5EZZ	------------
Brenham	145.3900	−	O 103.5	W5AUM	BRENHAM ARC
Brenham	147.2600	+	O 103.5	W5AUM	Brenham ARC

144-148 MHz
TEXAS

Location	Output	Input	Notes	Call	Sponsor
Bridge City	145.4700	–	O 103.5a	W5SSV	JCARC
Brookston	146.7000	–	O 114.8	KD5HIS	
Brownsville	147.0400	+	O 114.8els WX	W5RGV	STARS
Brownwood	146.9400	–	O 94.8ae	K5BWD	BWDARC
Bruceville	147.2400	+	O 97.4	W5NCD	
Bryan	146.6200	–	O 88.5	KZ5M	
Buffalo	147.2800	+	O 146.2ls WX	W5UOK	
Buna	145.3900	–	O 118.8	W5JAS	LAREAARC
Burkburnett	146.7000	–	O 192.8e	W5DAD	
Burkburnett	146.8800	–	O 192.8ae WX	KD5INN	
Burnet	145.2900	–	O 114.8	KB5YKJ	
Burnet	147.0200	+	O 88.5	K5HLA	HGLD LKE
Byers	146.8200	–	O 192.8	KF5DFD	CCARC
Cameron	147.0200	+	O 123eWX	KE5URD	MCARES
Canyon Lake	146.9200	–	O 131.8	W5DK	
Carlton	145.2700	–	O 110.9er WX	W5GKY	
Carlton	147.3000	147.0000	O 100rsWX	W5GKY	
Carrollton	145.2100	–	O 110.9ers	N5MJQ	METROARC
Carrollton	146.6100	–	O 110.9	K5ZYZ	NORTH DALLAS RP
Carrollton	147.3200	+	●	K5MOT	MOTOROLA ARC
Carthage	146.7200	–	O	KA5HSA	
Castroville	146.8000	–	O 162.2	K5YDE	
Castroville	147.2000	+	O 162.2	KD5DX	MCARC
Cat Spring	146.8800	–	O 203.5x	WR5AAA	HRRC
Cedar Hill	147.0600	+	O 110.9 (CA)e	W5WB	SWDCARC
Cedar Hill	147.2600	–	O(CA)	W5AHN	
Cedar Hill	147.3200	+	●	K5MOT	MOTOROLA ARC
Cedar Park	145.3700	–	O 103.5	KC5WLF	HAMBUDSARC
Cedar Park	146.9800	–	O 103.5	W2MN	
Cedar Park	147.1200	+	O 103.5	W2MN	
Celina	146.9000	–	O	K5XG	
Centerville	145.2100	–	●	K3WIV	
Centerville	145.4500	–	O 114.8 WX	W5VSD	LCARC
Centerville	147.3000	+	O 114.8 E-SUN	KD0RW	
Chalk Mountain	145.4300	–	O 162.2rx	W5DNT	
Childers	147.2400	+	O	KM5PM	
Chita	145.3500	–	O 131.8	W5IOU	ULLWA
Chocolate Bayou	145.3900	–	O 71.9	KA5QDG	HAMS
Clear Lake	146.8600	–	O 100ael	K5HOU	CLARC
Cleburne	145.4900	–	O 88.5aer	KB5YBI	JCARC
Cleveland	146.9000	–	Oae	N5AK	SHARK
Clifton	147.1800	+	O 123ex	W5BCR	BCRA
Clute	145.3500	–	O 103.5l	WB5UGT	

144-148 MHz TEXAS

Location	Output	Input	Notes	Call	Sponsor
Coldspring	147.1600	+	O 103.5e	WB5HZM	LLRR
College Station	146.6800	–	O 88.5 (CA) e	W5BCS	BARC
College Station	146.8200	–	O 88.5	W5AC	TAMUARC
Columbus	147.1400	+	O 103.5	W5SFA	SFARC
Concan	147.2000	+	O 77 WX	KS5TX	COYOTE ARC
Conroe	147.0200	+	O 136.5ers	N5PJY	CARE
Conroe	147.1400	+	O 136.5e	N5KWN	------------
Copperas Cove	147.2600	+	O 88.5 E-SUNx	K5CRA	CRA
Corinth	145.1700	–	O 110.9 WX	W5FKN	LTARC
Corpus Christi	146.8200	–	O 107.2	N5CRP	STARC
Corpus Christi	146.8400	–	O 88.5	N5IUT	------------
Corpus Christi	146.8800	–	O 107.2ae	N5CRP	STARC
Corpus Christi	147.0600	+	O 107.2e WX	K5GGB	------------
Corpus Christi	147.1000	+	O 107.2ae WX	W5DCH	W5DCH
Corsicana	145.2900	–	O 146.2els WX	KD5OXM	NARC
Crockett	145.3100	–	O 103.5	W5DLC	HCARC
Crockett	146.7000	–	O 123ae	WA5EC	HCARC
Daingerfield	145.2300	–	O 151.4 (CA)	W5DLT	ETARC
Dallas	145.1300	–	Ors	W5FC	Dallas ARC
Dallas	145.1900	–	O 110.9 (CA)	KA5CTN	------------
Dallas	145.4300	–	O 110.9	K5UTD	UTD ARC
Dallas	146.6400	–	O 118.8	K5AHT	RECA
Dallas	146.7000	–	O 110.9e	W5EBQ	------------
Dallas	146.8200	–	O	N5IUF	TRUSTEE
Dallas	146.8800	–	O 110.9 (CA)r	W5FC	DARC
Dallas	146.9600	–	O 110.9 (CA)r	W5DCR	Dallas County R
Dallas	147.3000	+	O	N5GAR	------------
Del Rio	146.8200	–	O 127.3	KD5HAM	BARS
Denison	145.3300	–	O 100	W5DWH	------------
Denton	146.9200	–	O 110.9 (CA)	W5NGU	DCARC
Devers	146.9800	–	O 103.5	N5FJX	HAMS
Donna	146.7400	–	O 114.8a	KC5YFP	------------
Doss	147.1600	+	O 162.2ael	W5RP	HOTROCS
Doucette	147.2200	+	O	W5VNO	TCARA
Duccette	146.6800	–	O	KF5HRF	------------
Eagle Pass	146.6400	–	O 100	N5UMJ	------------
Eddy	145.3100	–	O 123eWX x	N5ZXJ	------------
Eddy	147.1400	+	O 123eWX	W5BEC	BELL COUNTY

144-148 MHz
TEXAS

Location	Output	Input	Notes	Call	Sponsor
Eden	147.3900	+	O 114.8 (CA)l	KD5FUN	------------
Edinburg	146.7600	–	O 114.8ls WX	W5RGV	STARS
Edom	146.2600	–	OaesWX	W5ETX	E TX Emergency Co
El Paso	145.1100	–	●	W5ELP	WTX Dig RC
El Paso	145.3300	–	O 67l	K5WPH	SCARC
El Paso	145.4100	–	O 88.5	WX5ELP	EP SKYWARN
El Paso	146.7000	–	O 114.8al	K5ELP	WTRA
El Paso	146.8800	–	Os	K5ELP	WTRA
El Paso	147.0600	+	●	KJ5EO	El Paso Races
El Paso	147.1000	+	●	KJ5EO	El Paso Races
El Paso	147.1400	+	O 67	NM5ML	MEGA LINK
El Paso	147.2000	+	O 67a	K5ELP	WTRA
El Paso	147.2400	+	O 162.2	K5WPH	SCARC
El Paso	147.2800	+	O 67l	KD6CUB	------------
El Paso	147.3200	+	O 162.2	K5KKO	EPDIG
El Paso	147.3600	+	●	KE5OIB	------------
Eldorado	146.7200	–	O 100elWXx	KC5EZZ	------------
Eldorado	147.2600	+	O	W5AHN	------------
Elmendorf	146.8600	–	O 123 (CA)	W5ROS	ROOST
Emory	146.9200	–	O 88.5es	W5ENT	RAINS ARA
Fairfield	145.1100	–	O 146.2	WB5YJL	NAVARRO ARC
Florence	147.3800	+	O 100	K5AB	------------
Flower Mound	145.2300	–	O 110.9es	N5ERS	ERS
Fort Davis	146.6200	–	O 146.2elr	AD5BB	BIGBEND ARC
Fort Stockton	145.3700	–	O 88.5	KB5GLA	------------
Fort Stockton	146.6800	–	O 88.5l	N5SOR	WTC
Fort Stockton	146.9200	–	O 146.2 E-SUN	AD5BB	BIGBEND ARC
Fort Worth	145.1100	–	O 110.9	K5FTW	FWTXVHFFM
Fort Worth	145.3300	–	O 110.9	W5NRV	Next Generation ARC
Fort Worth	146.6800	–	O 110.9	W5URH	------------
Fort Worth	146.7600	–	O 110.9	K5FTW	FWTX VHFFM
Fort Worth	146.8000	–	O 110.9	W5URH	------------
Fort Worth	146.8400	–	O 110.9	W5SH	FWKCCL
Fort Worth	146.9400	–	O 110.9r	K5FTW	FWTX VHFFM
Fort Worth	147.2800	+	O 110.9 (CA)	W5SJZ	CARC
Franklin	146.9600	–	O 146.2es WXx	W5KVN	------------
Freeport	147.3800	+	O 110.9	KA5VZM	BCARS
Freer	146.7200	–	O 77	KB5ZXD	CACTUS PATCH
Fritch	147.3000	+	Ol	WA5CSF	NWTXRC
Gainesville	145.2900	–	O 100a	K5AGG	------------
Gainesville	147.3400	+	O 100ae	WB5FHI	CCARRA
Galveston	146.6800	–	O 103.5e	WB5BMB	UTMB/ECG
Galveston	147.0200	147.0000	● O 100l	N5ZUA	------------
Galveston	147.0400	+	●	WB5BMB	------------

144-148 MHz TEXAS

Location	Output	Input	Notes	Call	Sponsor
Garland	146.6600	−	O 110.9	K5QHD	GARC
Garland	147.2400	+	O(CA)e	K5QBM	RSARC
Gatesville	146.9600	−	O 123 (CA) eWX	W5AMK	Central Texas A
Geneva	146.7400	−	O 118.8e WX	K5TBR	TBARC
George West	146.9800	−	O 107.2	K5YFL	Live Oak County
Georgetown	146.6400	−	O 162.2e	N5TT	WCARC
Georgetown	147.0800	+	O 100el	NA6M	-------------
Giddings	147.2200	+	O 114.8	NE5DX	-------------
Goldthwaite	147.1000	+	O 100	K5AB	-------------
Goliad	146.7400	−	O 103.5	WB5MCT	VICTORIA ARC
Graham	147.0000	+	O	N5SMX	Young County A
Granbury	146.7400	−	O 162.2	KE5WEA	-------------
Granbury	147.0800	+	O 110.9 (CA)	WD5GIC	NTARA
Granbury	147.2400	+	O 162.2er	KE5WEA	-------------
Grapevine	145.4000	−	O 136.5	N5EOC	NE TARRANT A
Greenville	147.1600	+	Oa	WD5GSL	MFRC
Halletsville	147.0800	+	O 173.8	KD5RCH	-------------
Hamilton	146.9200	−	O 100	K5AB	-------------
Hamilton	147.2000	+	O 88.5	AB5BX	HARC
Harlingen	145.3900	−	O 114.8elr	K5VCG	-------------
Harlingen	146.7000	−	O 114.8els WX	W5RGV	STARS
Harlingen	146.8000	−	O 114.8l	W5RGV	STARS
Harlingen	146.9600	−	Or	K5DG	EARTH ARC
Harlingen	147.1000	+	O 114.8ls WX	W5RGV	STARS
Harlingen	147.1400	+	O 114.8els WX	W5RGV	STARS
Harlingen	147.2000	+	O 114.8ael r	AG5B	VBMC-HRL
Harlingen	147.3900	+	O 114.8ls WX	W5RGV	STARS
Helotes	145.1100	−	O 141.3	KB5ZPZ	-------------
Hemphill	146.9000	−	O 141.3rs	KA5BQM	-------------
Henderson	146.7800	−	O 131.8 WX	KB5NXW	-------------
Henrietta	146.6800	−	O 192.8 (CA)	KF5DFD	Clay County Ama
Henrietta	146.8000	−	O 192.8	KA5WLR	-------------
Henrietta	146.8600	−	O 192.8er	KF5DFD	CCARC
Hillsboro	146.7800	−	O 123eWXx	WB5YFX	-------------
Hondo	145.2700	−	O 162.2 (CA)	WA5PPI	-------------
Hondo	145.2900	−	O 162.2e	KD5DX	MCARC
Houston	145.1700	−	O 103.5	KA5QDG	-------------
Houston	145.1700	−	O 123	KA5QDG	-------------

144-148 MHz
TEXAS

Location	Output	Input	Notes	Call	Sponsor
Houston	145.1900	−	O 123	W5BSA	
Houston	145.3700	−	O 123	N5TRS	Harris County Transta
Houston	145.3900	−	O 123	KA5QDG	
Houston	145.4500	−	O 103.5e	KD5HKQ	TARMA
Houston	145.4700	−	O 123	W5RPT	MERA
Houston	146.6200	−	O 123 (CA)	KB5NNP	LHOURA
Houston	146.6400	−	O	W5RRR	JSCARC
Houston	146.6600	−	O 141.3	W5NC	NARS
Houston	146.7000	−	O 103.5	WA5TWT	HTTY
Houston	146.7400	−	O 71.9	KA5QDG	HAMS
Houston	146.7600	−	O 103.5 (CA)el	K5WH	COMPAQ AMATEUR
Houston	146.8200	−	O 103.5	K5GZR	GCRC
Houston	146.8400	−	O 103.5	KF5GDR	CHEM
Houston	146.8800	−	O 103.5x	WR5AAA	HRRC
Houston	146.9200	−	O 103.5l	WB5UGT	SALTGRASS WX
Houston	146.9400	−	O 167.9e	KG5EEO	PRRL
Houston	146.9600	−	O 103.5	W5JUC	SFA
Houston	147.0000	+	O 103.5	KR5K	CYPRESS REPEATE
Houston	147.0800	−	O 103.5ae	W5ATP	ECHO
Houston	147.1000	+	O 114.8	K1BDX	
Houston	147.2400	−	O 127.3ae	KD5HKQ	TARMA
Houston	147.3000	+	O 151.4	KD0RW	
Houston	147.3200	+	O 100ae	WA5QXE	ECHO
Houston	147.3600	+	O 100	K5DX	TDXS
Humble	146.8000	−	O 103.5	N5HOU	
Humble	147.2800	+	O 103.5el	W5SI	TEAC
Huntsville	145.2700	−	O 103.5	W5RJV	
Huntsville	146.6400	−	O 131.8e	AE5EP	WCARG
Huntsville	146.8600	−	O 131.8	W5HVL	
Hurst	147.1000	+	O	W5HRC	HURST ARC
Irving	145.4500	−	●	N2DFW	DFW REPEATER AS
Irving	146.7200	−	O 110.9 (CA)	WA5CKF	IRVARC
Ivanhoe	145.1300	−	O 100	K5FRC	Fannin County RC
Jacksonville	145.4300	−	O 136.5	KR5Q	
Jacksonville	146.8000	−	O 136.5	K5JVL	CCARC
Jasper	147.0000	−	O 118.8l	W5JAS	LAREAARC
Johnson City	145.2700	−	O 13	KR4K	6.25 kHz RAN 13
Junction	146.8400	−	O	WB5FNZ	
Katy	147.2000	+	O 141.3e	KT5TX	KARS
Kaufman	146.8400	−	O 136.5s	KE5IGO	KAUFMAN ARES
Kaufman	146.9800	−	●	N5RSE	
Keller	147.2000	+	O	KA5HND	ERG
Kerrville	145.1500	−	O 162.2ael	W5RP	HOTROCS
Kerrville	145.9800	−	O 162.2a	N5HR	HCARC
Kilgore	145.4500	−	O 136.5 (CA)	W5CKO	EAST TX ARC
Killeen	147.0400	+	O 173.8	KK5AN	

TEXAS

Location	Output	Input	Notes	Call	Sponsor
Kingsville	146.6200	–	O 107.2	KD5QWJ	WILD HORSE D
Kingsville	146.6800	–	O 107.2	K5WHD	WHDH
Kingwood	145.4300	–	Oe	W5SI	TEAC
Kountze	145.2300	–	O 103.5e	N5BTC	BTARC
La Coste	146.6800	–	O 162.2	K5YDE	----------
La Grange	145.2700	–	O	WB5HVH	----------
La Grange	146.8000	–	O 100	KG5YH	FCRC
Lakeway	145.4100	–	O 103.5l	WB5PCV	----------
Lakeway	147.3000	+	O 131.8	K5GJ	T441/LKY EOC
Lamarque	146.9000	–	O 103.5e	KE5AIL	GCARC
Lamesa	145.1500	–	O 100	N5BNX	----------
Lampasas	147.2200	+	O 88.5eWX	KB5SXV	----------
Laredo	145.1500	–	O 100	W5EVH	----------
Laredo	146.8400	–	O	N5LNU	RRGRC
Laredo	146.8800	–	O 100elr WX	W5EVH	----------
Laredo	146.9400	–	O 100elr WX	W5EVH	----------
Laredo	147.1200	+	O 100elWX	W5EVH	----------
League City	145.4100	–	O 131.8e WX	WR5GC	GCECG
Leonard	145.4100	–	O	KW5DX	DX CONTEST C
Levelland	146.6800	–	O 103.5e	W5CP	EDXS
Levelland	146.8800	–	O 103.5	WB5EMR	HCARC
Levelland	147.1200	+	O 162.2al	N5SOU	----------
Livingston	147.0400	+	O 136.5	WB5HZM	ULLWA
Lockhart	145.1500	–	O 136.5as	AD5JT	----------
Longfellow	147.3400	+	88.5e	N5BPJ	----------
Longview	145.3500	–	O 136.5e	KD5UVB	----------
Longview	146.6400	–	O 136.5a	K5LET	EAST TEXAS A
Longview	147.0600	+	O	K5LET	----------
Longview	147.3400	+	Oa	K5LET	LETARC
Lubbock	147.2600	+	O	KF5QIR	----------
Lubbock	147.3000	+	O 88.5e	N5ZTL	----------
Lufkin	145.3700	–	O 100	KD5TD	----------
Lufkin	146.9400	–	O 141.3ers	W5IRP	DETARC
Lufkin	147.2600	+	O 141.3	K5RKJ	----------
Luling	145.2300	–	O 123elx	W5CTX	----------
Madisonville	146.7800	–	O 103.5s WX	WA5GED	MCARC
Magnolia	146.9800	–	O 156.7	W5JSC	----------
Marathon	147.0200	+	Oelr	AD5BB	BIGBENDARC
Marathon	147.3200	+	O 88.5l	N5SOR	WTXC
Marble Falls	145.3900	–	O 103.5	N5KUQ	----------
Marquez	146.9200	–	O 146.2e WX	KV5SIX	----------
Marshall	146.8600	–	O	KB5MAR	MARC
Mathis	145.1500	–	O 233.6	KC5QPP	----------
Mayflower	147.1200	+	O 203.5l	W5JAS	LAARC
Mcallen	145.2300	–	O 114.8	N5SIM	EARTH

144-148 MHz
TEXAS

Location	Output	Input	Notes	Call	Sponsor
Mckinney	145.3500	−	O 100x	N5GI	NTRA
Mckinney	146.7400	−	O 110.9e	W5MRC	MARC
Mesquite	145.2500	−	O 110.9	AK5DX	----------
Mesquite	145.3100	−	O 110.9er WX	WJ5J	HAM
Mesquite	147.0400	+	O 136.5	KD6FWD	----------
Mexia	145.3900	−	O 146.2es WX	W5NFL	NARC
Miami	145.1100	−	O 88.5lWX	KA5KQH	CRII
Midland	145.1300	−	O 88.5l	W5LNX	SWLS
Midland	146.7600	−	O 88.5	W5QGG	MARC
Midland	146.9000	−	O 88.5l	N5XXO	WTC
Midland	147.2200	+	O 29325e	K5MSO	MIDLAND SO
Midland	147.3000	+	O	W5QGG	MARC
Midland	145.3800	+	O	W5CAF	MARC
Minden	145.2500	−	O 123	WB5WIA	----------
Mineral Wells	147.0200	+	O 77e	KX5TX	Socal ARC
Mission	146.6600	−	O 114.8	KC5ZVC	----------
Moody	145.1500	−	O 123 WX	W5ZDN	HOTARC
Mount Pleasant	146.9400	−	O 151.4	WA5YVL	MT PLEASANT ARC
Mount Vernon	147.3200	+	O 151.4	WA5YVL	Mt Vernon ARC
Nacogdoches	146.8400	−	O 141.3e	W5NAC	NARC
Nacogdoches	147.3200	+	O 141.3e	W5NAC	NARC
Nassau Bay	145.1500	−	Oae	NB5F	BAARC
Navasota	146.7400	−	O 156.7	W5JSC	
New Braunfels	147.0000	−	O 103.5 (CA)	WB5LVI	GVARC
New Waverly	147.1800	+	O 136.5	W5SAM	WCARES
New Waverly	147.3400	+	●	NA5SA	----------
Nocona	147.3600	+	O 110.9ers WX	N5VAV	----------
North Richland Hills	145.3700	−	O 110.9	K5NRH	N. Richland Hills ARC
Notrees	147.0200	+	O 88.5l	N5XXO	SWLS
Oak Hill	147.3200	+	O 114.8 (CA)	W5MOT	CMARC
Oakville	146.8000	−	O 141.3	W5CTX	----------
Odessa	145.3900	−	O 88.5	WT5ARC	WTXARC
Olmito	147.1800	+	O 114.8	KC5WBG	----------
Orange	147.0600	+	O 103.5e	AA5P	DUPONTARC
Orange	147.1800	+	O 103.5e WX	W5ND	OrangeARC
Palestine	145.4900	−	O 136.5	KR5Q	----------
Palestine	146.7400	−	O	KR5Q	----------
Palestine	147.0800	+	O 103.5e WX	W5DLC	----------
Palestine	147.1400	+	O 103.5e	W5DLC	----------
Paradise	146.6200	−	O 131.8	KJ5HO	----------
Paris	146.7600	−	O 203.5er WX	WB5RDD	RRVARC

144-148 MHz — TEXAS

Location	Output	Input	Notes	Call	Sponsor
Paris	147.0400	+	O 100	KC5OOS	----------
Pasadena	145.2500	−	O 167.9	KD5HKQ	TARMA
Pasadena	145.2700	−	O 123 WX	W5PAS	PECG
Pasadena	145.2900	−	O 103.5er WX	W5PAS	PECG
Pasadena	147.0600	+	O 123	KA5QDG	----------
Pasadena	147.1200	+	O 167.9 (CA)	WB5WOV	ARMS
Payne Springs	146.9000	−	O 136.5es WX	K5CCL	Cedar Creek AR
Pearland	147.2200	+	O 167.9e	K5PLD	PARC
Pipe Creek	147.2800	+	O 156.7 (CA)	WD5FWP	BARK
Pittsburg	147.2600	+	O 151.4	WW5DC	----------
Plainview	146.7200	−	O 88.5 (CA)	W5WV	PARC
Plano	145.2500	−	O 123	WD5ERD	----------
Plantersville	145.2300	−	O 203.5	KB5JJE	Cochran
Pleasanton	147.3400	+	O 123	W5ROS	ROOST
Point	146.8000	−	O 141.3	WR5L	----------
Port Aransas	145.2900	−	O 110.9elx	KG5BZ	----------
Port Aransas	147.0400	+	O 107.2alx	KG5BZ	----------
Port Arthur	146.8600	−	O 103.5	WD5GJP	PARG
Port Arthur	147.2000	+	O 118.8e	KC5YSM	----------
Port Lavaca	147.0200	−	O 103.5a	W5KTC	PLARC
Quanah	146.6400	−	O	KY7D	----------
Quitman	147.3600	+	O 136.5	W5CKO	ETARS
Ranger	147.0600	+	O 131.8	N5RMA	----------
Ranger	147.3800	+	O 88.5	K6DBR	----------
Red Rock	145.4300	−	O	WB6ARE	----------
Refugio	147.1800	+	O 136.5e	AD5TD	----------
Resiel	147.3600	+	O 123	W5BCR	Bosque County A
Richardson	147.1200	+	O(CA)r	K5RWK	RWC
Richmond	145.4900	−	O 123erwx	KD5HAL	EMROG
Robert Lee	147.3400	+	O 88.5ewXx	KC5EZZ	----------
Rockport	147.2600	+	O 103.5	KM5WW	ROCARC
Rose Hill	146.7200	−	O 123	K5IHK	TMBLRPTCRP
Rosston	145.4900	−	O 85.4e	WD5U	----------
Round Rock	146.7000	−	O 110.9e	N5MNW	----------
Rusk	147.0400	+	O 110.9	NJ5C	----------
Sachse	145.2500	−	O 141.3	N5LOC	----------
San Angelo	145.2700	−	O 88.5x	W5QX	SAARC
San Angelo	146.8800	−	O 88.5	K5CMW	----------
San Angelo	146.9400	−	O 103.5 WX	KC5EZZ	SAARC
San Angelo	147.0600	+	O 103.5	N5DE	----------
San Angelo	147.3000	+	O 88.5	N5SVK	----------
San Antonio	145.1700	−	O 141.3el	W5DK	LONE STAR LIN
San Antonio	145.2100	144.8100	O 162.2	K5NNN	----------
San Antonio	145.3300	−	O 146.2	KC5RXY	----------

144-148 MHz
TEXAS

Location	Output	Input	Notes	Call	Sponsor
San Antonio	145.3700	−	O 114.8als	KE5HBB	------------
San Antonio	145.3900	−	O 100	W5SC	SARC
San Antonio	145.4500	−	O 141.3	N5UAP	------------
San Antonio	146.6600	−	O 110.9e	W5STA	STARS
San Antonio	146.7000	−	O 173.8	KA5IID	------------
San Antonio	146.8200	−	O 179.9 (CA)	WA5FSR	SARO
San Antonio	146.8400	−	O 123a	KB5OZC	------------
San Antonio	146.9000	−	O (CA)	KD5GAT	SAHARA
San Antonio	146.9400	−	O 179.9e WX	WB5FWI	SARO
San Antonio	146.9600	−	O 162.2	WB5FNZ	SWLS
San Antonio	147.0200	+	O	W5RRA	SWRCARC
San Antonio	147.0400	+	O 123e	KK5LA	------------
San Antonio	147.0600	+	O 141.3	K5DSF	------------
San Antonio	147.0800	+	O 162.2	N5CSC	EXPLO700
San Antonio	147.1200	+	O 82.5	N5XO	------------
San Antonio	147.1400	+	O 179.9 (CA)	WD5FWP	------------
San Antonio	147.1800	+	O 103.5	K5EOC	SAEM
San Antonio	147.2400	+	●	K5GE	------------
San Antonio	147.2600	+	O 103.5	K5SOJ	------------
San Antonio	147.2800	+	O 162.2 (CA)	WD5FWP	------------
San Antonio	147.3000	+	O 107.2e	W5XW	BEARS
San Antonio	147.3600	+	O 179.9 (CA)	K5SUZ	SARO
San Antonio	147.3800	+	O 162.2 (CA)	AA5RO	AARO
Santa Anna	147.1200	+	O 94.8	KE5NYB	------------
Schertz	147.2200	+	O 172	W5TXR	------------
Seabrook	147.2600	+	O 162.2	WB5KCA	LYCRC
Seguin	145.4900	−	O 123alx	W5CTX	------------
Seguin	146.7600	−	O 141.3	WA5GC	C.A.R.C.
Seminole	145.4500	−	O 88.5	N5SOR	------------
Seminole	146.7800	−	O 88.5l	N5SOR	WTC
Sherman	147.0000	+	O 100	W5RVT	GCVHFSOC
Sherman	147.2800	+	O 107.2	W5COP	------------
Shiner	147.1200	+	O 141.3	W5CTX	------------
Sinton	147.0800	+	O 107.2	W5CRP	W5CRP
Smithville	145.3500	−	O 114.8	KE5FKS	BCARC
Smithville	147.2000	+	O 103.5el	N5ZUA	------------
Snook	147.1600	+	O 88.5	K5ZY	------------
Socorro	147.0100	+	O	W5WIN	Dig Bilingual Radio Cl
South Padre Island	147.1200	+	O 114.8ls WX	W5RGV	STARS
South Padre Island	147.2400	+	O 114.8	KE5KLY	------------
Spearman	147.0400	+	O 88.5el WX	N5DFQ	DUST BOWL LINK S

144-148 MHz — TEXAS

Location	Output	Input	Notes	Call	Sponsor
Stephenville	147.3600	+	O 110.9e WX	K5IIY	CTARC
Sterling City	146.6400	−	O 88.5l	N5FTL	WTXC
Sulphur Springs	146.6800	−	O 151.4er	K5SST	HCARC
Sulphur Springs	147.0600	0	O	K5SST	DStar of SS
Sweetwater	145.2500	−	O 162.2l WX	KC5NOX	NCARA
Sweetwater	146.6800	−	O 186.2	KJ5CQ	————
Sweetwater	147.0800	+	O 162.2	KE4QFH	————
Taft	147.0000	−	O 107.2x	W5CRP	W5CRP
Taylor	145.4500	−	O 162.2s	WC5EOC	WC-ARES
Taylor	145.4700	−	O 114.8	KB2PMD	————
Temple	146.8200	−	O 123	W5LM	TARC
Temple	147.3400	+	O	W5ARO	————
Texarkana	145.4500	−	O 100e	KD5RCA	FOUR STATES
Texarkana	146.6200	−	O 100eWX	KD5RCA	FOUR STATES
Texarkana	147.1200	+	O 100e	KC5NTG	————
Texas City	147.1400	+	O 167.9ae	WR5TC	GCRA
The Colony	147.3800	+	O 110.9	K5LRK	LAARK
Timpson	145.1500	−	O 107.2e	KK5XM	————
Tomball	147.3800	+	●	W5ZMV	————
Trinity	145.3300	−	O 103.5	N5ESP	————
Tyler	145.2100	−	O 88.5e	W5ETX	ETMC TYLER T
Tyler	145.3700	−	O 88.5el WX	N1EW	————
Tyler	146.9600	−	O 136.5ar WX	K5TYR	Tyler ARC
Tyler	147.0000	−	O 110.9er WX	K5TYR	TYARC
Tyler	147.2400	+	O 88.5 (CA) e	W5ETX	E TX Emergency
Tyler	147.3800	+	O	W5ETX	ETECS
Uvalde	146.9000	−	O 100a	N5RUI	————
Venus	145.3900	−	O 136.5er WX	WA5FWC	————
Vernon	147.0200	+	O	NC5Z	————
Victoria	145.1300	−	O 103.5e	W5DSC	VARC
Victoria	145.1900	−	O 103.5ex	W5DSC	VCARC
Victoria	147.1600	−	O 141.3el	W5DK	————
Waco	146.6600	−	O 123a	AA5RT	————
Waco	147.1600	+	O	WA5BU	BAYLOR ARC
Waco	147.3200	−	O 123e	W5TSG	Texas State Gua
Weatherford	145.2500	−	O 103.5	WØBOD	————
Weatherford	146.9000	−	O 110.9	KG5CW	————
Weatherford	147.0400	+	O 110.9	W5URH	————
Weesatche	147.3200	+	O 162.2el	W5DK	————
Weslaco	146.7200	−	O 114.8	KC5WBG	————
Wharton	145.3300	−	O 167.9	W5DUQ	Golden Crescent
Whitewright	145.2500	−	O 114.8	KE5HWQ	————
Whitney	146.6200	−	O 123eWX	NZ5T	LWARS

324 144-148 MHz
TEXAS-UTAH

Location	Output	Input	Notes	Call	Sponsor
Wichita Falls	146.6200	−	O 156.7	KD5INN	----------
Wichita Falls	146.6600	−	O 192.8 (CA)	K5WFT	----------
Wichita Falls	146.9400	−	O 192.8ar	W5US	WF VHF CLUB
Wichita Falls	147.0600	+	O 156.7ar	W5GPO	Wichita Falls RC
Wichita Falls	147.1200	+	O 192.8lx	N5LEZ	----------
Wichita Falls	147.1400	+	O 192.8 (CA)	N5WF	Morton
Wills Point	145.2700	−	O 136.5	WB5HGI	TVARC
Wills Point	147.2800	+	O 136.5er WX	KK5AU	ESARA
Wimberley	147.0600	+	O 103.5	W5FUA	----------
Wimberley	147.1000	+	O 141.3alx	W5CTX	WARS
Winnsboro	147.1400	+	O 118.8e	KG5E	----------
Yoakum	147.0400	+	O	WA5VIO	LCRC
Yorktown	146.6400	−	O 103.5	KD5BXV	CCARC
Zapata	147.0200	+	O 114.8	KJ5HW	----------

UTAH
CENTRAL

Location	Output	Input	Notes	Call	Sponsor
East Salina	146.7200	−	O 131.8a L(146.66 448.275)	WB7REL	Skyline
Ephraim	146.6600	−	Oa L(146.86)x	W7DHH	Skyline
Holden	147.1000	+	O 100 (CA) L(433.650)x	N7GGN	Skyline
Indianola	146.7200	−	O 100.0a L(146.66)z	WB7REL	Skyline
Manti	145.2900	−	O 131.8a L(146.660)xz	WB7REL	----------
Marysvale	147.2000	+	Ox	K1ENT	----------
Monroe	146.6400	−	Oa L(146.72)	W7JVN	----------
Monroe	146.8400	−	O 100.0e L(145.27 146.94)x	WA7VHF	UVHFS
Monroe	146.8600	−	O 100.0a L(146.66)	WB7REL	Skyline

NORTH

Location	Output	Input	Notes	Call	Sponsor
Bear Lake	147.0200	+	O 100.0e L(147.180 147.120)x	K7OGM	K7JL
Logan	145.4100	−	O 103.5	AC7O	BARC
Logan	146.6400	−	Oa	WA7MXZ	BARC
Logan	146.7200	−	O 103.5 (CA) L(147.260)xz	AC7O	BARC/UVHFS
Logan	147.2000	+	O 103.5e L(146.720)	AC7O	BARC
Logan	147.2400	+	O 79.7 L(449.325)	N7RRZ	----------
Logan	147.3200	+	O	KA7FAP	----------
Malad	146.4300	146.4300	OL(146.850 147.180)	WA7FDR	----------

144-148 MHz — UTAH

Location	Output	Input	Notes	Call	Sponsor
Montpelier	147.1200	+	O 123	AG7BL	K7OGM
Montpelier	147.3800	+	O	AC7TJ	----------
Red Spur	145.3100	−	O 103.5 (CA) L(146.720 147.260 449.625)x	WA7KMF	BARC
Riverside	147.2200	+	O 123.0 L(448.300 / 145.290 / 145.430)x	AB7TS	GSARC
Tremonton	145.4300	−	O 123ael	KK7DO	GSARC
NORTH EAST					
Altamont	146.7400	−	O 136.5a	WB7CBS	----------
Coalville	147.2400	+	O 136.5a L(147.140 / 147.160)x	K7HEN	----------
Duchesne	147.2600	+	O	N7PQD	BARC
Myton	145.4900	−	Oa L(147.32)	W7BAR	W7BYU
Roosevelt	146.9200	−	O 136.5e	W7BYU	
Vernal	147.0400	+	O 136.5e L(147.32)x	W7BAR	BARC
Vernal	147.1000	+	O 136.5ae x	W7BAR	BARC
Vernal	147.3400	+	O 136.5x	KK7EX	----------
PRICE					
Castledale	147.0600	+	O 147.32 (CA) L(147.320)rx	K7SDC	SDARC
Castledale	147.1400	+	O 88.5 (CA) L(147.320)rx	K7SDC	SDARC
Price	147.2000	+	O 88.5	K7GX	
Scofield	145.3100	−	O 88.5 (CA) L(147.320)rx	K7SDC	SDARC
Scofield	147.0800	+	O 88.5 (CA) L(147.320)rx	K7SDC	SDARC
Sunnyside	147.3200	+	O 88.5 (CA) L(147.080 IRLP3270)rx	K7SDC	SDARC
SOUTH					
Bryce Canyon	145.3500	−	O 123x	W6DZL	----------
Kanab	146.8800	−	O	W7NRC	KCARC
Kanab	147.3600	+	O	WI7M	----------
Page AZ	146.9600	−	O 100.0lx	W7WAC	----------
SOUTH EAST					
Boulder	146.9200	−	O	KE7ZDV	----------
Hanksville	147.0800	+	O 136.5 (CA) L(147.320)rx	K7SDC	SDARC
Mexican Hat	145.4100	−		KD7HLL	----------
Moab	146.7600	−	O 88.5 (CA) L(147.32)rx	K7QEQ	----------
Moab	146.9000	−	O 88.5 (CA) L(146.76)r	K7QEQ	SDARC
Monticello	146.6100	−	O 88.5 (CA) L(147.320 IRLP3270)rx	K7SDC	SDARC
SOUTH WEST					
Cedar City	145.4700	−	O	WV7H	----------

144-148 MHz
UTAH

Location	Output	Input	Notes	Call	Sponsor
Cedar City	146.7600	−	O 123.0 (CA)x	K7JH	
Cedar City	146.8000	−	O 100.0 L(146.94)x	WV7H	
Cedar City	146.9800	−	O	N7KM	
Cedar City	147.0600	+	O	N7AKK	
Delta	147.3800	+	O	KB7WQD	
Duck Creek	147.1800	+	O 127.3	N7SGV	
Enterprise	146.7400	−	O 100x	NR7K	
Glendale	146.7200	−	O 100.0a L(146.86 447.450)	W7NRC	Skyline
Hinckley	147.2600	+	O	N7WPF	
Kannaraville	146.6800	−	O	WA7GTU	
Milford	146.9400	−	O 100.0 L(146.800 147.180)x	WR7AAA	WA7GTU
New Harmony	146.6800	−	O 100.0	WA7GTU	
Panguitch	147.1600	+	O 100x	N7NKK	ERC
St George	145.4900	−	O 100x	W7DRC	DARC
St George	146.6400	−	Oa	W7DRC	
St George	146.7000	−	100.0 (CA)	KA7STK	
St George	146.8200	−	O 100.0 L(146.94)x	NR7K	DARC
St George	146.9100	−	O 100.0ex	NR7K	
St George	147.2600	+	OtE-SUNx	K7SG	
Toquerville	145.4500	−	OeL(145.49 146.640)x	KD7HUS	

WASATCH FRONT

Location	Output	Input	Notes	Call	Sponsor
Antelope Is	147.0400	+	O 123 (CA) exz	K7DAV	DCARC/VHFS
Bountiful	147.3000	+	O 123	W7CWK	
Brigham City	145.2900	−	O 123e L(145.430 448.300)	N7WFM	GSARC
Brighton	145.2700	−	O 100.0e L(147.180 147.120 449.525)x	K7JL	
Brighton	146.6200	−	OL(146.62)x	W7SP	UARC
BYU Campus	145.3300	−	O(CA) L(E96806)	N7BYU	KI7TD
Coalville	147.3600	+	O 100x	WA7GIE	
Coalville	147.3800	+	Ox	WB7TSQ	
Huntsville	145.2100	−	O	W7DBA	
Huntsville	146.6800	−	Oa L(145.49)x	N7JSQ	ARI
Layton	146.9600	−	O 100.0x	K7MLA	ERC
Levan	145.2700	−	O 103.5e L(147.120 147.180)x	K7JL	
Magna	145.3700	−	Ox	K7MLA	ERC
Mapleton	146.8000	−	O 100.0 E-SUN L(448.25)	N6EZO	
Midway	147.2000	+	O 88.5 L(449.525)	N7ZOI	

144-148 MHz
UTAH

Location	Output	Input	Notes	Call	Sponsor
Mirror Lake	147.3800	+	O x	WA7GIE	----------
Morgan	147.0600	+	O	KB7ZCL	----------
Murray	145.3500	–	O 100.0	NM7P	UVHFS
			L(HF REMOTE 7.272 KHZ)rRB		
Ogden	145.2500	–	O a	KE7FO	----------
Ogden	145.4100	–	O 123	WB7TSQ	SNP
Ogden	145.4900	–	O a	K7HEN	ARI
			L(146.68)		
Ogden	146.8200	–	O 123	W7SU	OARC/UVHFS
Ogden	146.9000	–	O 123	W7SU	OARC/UVHFS
Ogden	146.9200	–	O 123.0	N7TOP	----------
			L(449.775)		
Ogden	147.2600	+	O 103.5	AC7O	BARC
			(CA) L(146.720 / 449.625)x		
Ogden	147.3800	+	O x	WB7TSQ	----------
Orem	145.4700	–	O 100a	N7BSA	ExPst1973
Orem	146.7800	–	O ax	N7PKI	----------
Payson	147.0200	+	O 100.0a	K7MLA	ERC
Payson	147.3400	+	O 100x	K7UCS	UTCOARES
Powder Mtn	145.4700	–	O 123	KC7SUM	----------
Promentory	145.4100	–	O	N7TOP	SNP
			L(146.920)z		
Provo	145.2300	–	O 131.8ers	K7UCS	UTCOARES
Provo	146.7600	–	O(CA)e	W7SP	UARC
			L(I-3352)x		
Provo	147.2200	+	O a	WA7YZR	KR7D
			L(145.250)		
Provo	147.2800	+	O 141.3e	K7UCS	UTCOARES
			L(449.675 / 448.325)x		
Salt Lake	145.1900	–	O 123.0	W7IHC	IHC
Salt Lake	145.2100	–	O a	AA7JR	UVHFS
Salt Lake	145.4100	–	O 162.2	KE7GHK	SNP
Salt Lake	145.4500	–	O 100ex	WA7UAH	ERC
Salt Lake	146.6200	–	O e	W7SP	UARC
			L(146.62)x		
Salt Lake	146.7000	–	O 100e	KD0 J	SLCOARES
Salt Lake	146.7400	–	O 114.8	KD7NX	MARA
Salt Lake	146.8400	–	O aers	N7PCE	SLCOARES
Salt Lake	146.8800	–	O 88.5aers	KD0 J	SLCOARES
Salt Lake	146.9400	–	O 88.5e	WA7VHF	UVHFS
			L(YAESU FUSION)x		
Salt Lake	147.0600	+	O	K7CEM	UVHFS
Salt Lake	147.0800	+	O 77.0	WX7Y	SDARC
			L(147.320)x		
Salt Lake	147.1200	+	O 100.0e	K7JL	----------
			L(147.180 145.270 449.525)x		
Salt Lake	147.1400	+	O 127.3e	K7MLA	----------
			L(147.160 / 147.240)x		
Salt Lake	147.1600	+	O 127.3a	K7MLA	----------
			L(147.14 147.24)		

144-148 MHz
UTAH-VERMONT

Location	Output	Input	Notes	Call	Sponsor
Salt Lake	147.3200	+	O 100.0e	N7HIW	Salt Lake City
Snowbird	147.1800	+	O 100.0e	K7JL	------------
			L(147.120 145.270 449.525)x		
Sundance	145.2500	–	O	KR7D	------------
			L(147.220)		
WEST					
Delle	145.3500	–	O	K7HK	------------
Tooele	146.9800	–	Oa	W7EO	TCARES
			L(145.39)x		
Tooele	147.3000	+	O 100	W7EO	------------
Vernon	145.3900	–	O 100.0a	W7EO	TCARES
			L(146.980)x		
Wendover	147.2000	–	O 100.0	W7EO	------------
			L(146.980)		
Wendover	147.2000	+	O 146.98l	W7EO	TCARES

VERMONT
BURLINGTON

Location	Output	Input	Notes	Call	Sponsor
Bolton	145.1500	–	O 100.0elx	WB1GQR	RANV
Burlington	146.6100	–	O 100.0e	W1KOO	BrlngtnARC
Essex Jct	146.7900	–	O 103.5	W1HIO	W1HIO
Essex Jct	146.8500	–	O 100.0	W1CTE	Essex HS
Mt Mansfield	146.9400	–	O 100.0	W1CTE	BrlngtnARC

CENTRAL

Location	Output	Input	Notes	Call	Sponsor
Fayston	145.4100	–	O 100.0	K1VIT	VT Intercnt
Killington	146.8800	–	O 110.9ex	W1ABI	NFMRA

EAST CENTRAL

Location	Output	Input	Notes	Call	Sponsor
Barre	147.3900	+	O 100.0	N1IOE	N1IOE
Cabot	146.8200	–	O 100.0	W1BD	CentVtARC
Corinth	147.2100	+	O 100.0l	KB1FDA	KB1FDA
Norwich	145.1300	–	O 100.0	N1CIV	N1CIV
Tunbridge	146.9700	–	O	K1MOQ	K1MOQ
Williamstown	146.6250	–	O 100.0e	W1BD	CentVtARC

NORTHEAST

Location	Output	Input	Notes	Call	Sponsor
Jay Peak	146.7450	–	O 100.0	K1JAY	StAlbansRC

NORTHWEST

Location	Output	Input	Notes	Call	Sponsor
St Albans	145.2300	–	O 100.0	N1STA	StAlbansRC

SOUTHEAST

Location	Output	Input	Notes	Call	Sponsor
Marlboro	147.0150	+	O 100.0e	N1HWI	N1HWI
Mt Ascutney	146.7600	–	O 110.9e	W1UWS	CtVlyFMA
Newfane	147.0900	+	O 110.9l	WA1KFX	NFMRA

SOUTHWEST

Location	Output	Input	Notes	Call	Sponsor
Mt Equinox	145.3900	–	O 100.0ex	WA1ZMS	WA1ZMS
Shaftsbury	146.8350	–	O 100	K1SV	SOVARC

WEST CENTRAL

Location	Output	Input	Notes	Call	Sponsor
Middlebury	147.3600	+	O 100.0	WA1NRA	Add Co ARA
Rutland	147.0450	–	O 100.0e	W1GMW	GreenMtWS

144-148 MHz
VIRGIN ISLANDS-VIRGINIA

Location	Output	Input	Notes	Call	Sponsor
VIRGIN ISLANDS					
USVI					
St Croix	147.1100	+	O 100	NP2VI	St. Croix ARC
St Croix	147.2500	+	Oae	NP2VI	St Croix ARC
St John	146.6300	−	O 100	NP2L	St. John ARC
St John	146.9100	−	Oe	NP2OW	St John ARC (KP
St Thomas	146.8100	−	Oa(CA)el	KP2O	-----------
St Thomas	146.9700	−	O	KP2T	-----------
VIRGINIA					
Abingdon	147.3450	+	O 103.5/103.5	NM4L	-----------
Accomac	147.2550	+	O 156.7/156.7a(CA)elrs	K4BW	Eastern Shore A
Altavista	146.6550	−	O 100/100a (CA)e	WA4ISI	WA4ISI
Amelia Courthouse	145.1900	−	O	WB3R	-----------
Amelia Courthouse	145.2500	−	O	KB4YKV	KB4YKV
Amherst	145.4900	−	O 136.5/136.5	K4CQ	K4CQ
Ashland	146.8050	−	O	KD4RJN	-----------
Bald Knob	146.9100	−	O 77/77e	KD4BNQ	KD4BNQ
Bassett	145.1700	−	O 107.2/107.2l	KF4RMT	KF4RMT
Bedford	146.6850	−	O 100/100e rs	WA1ZMS	WA1ZMS
Bedford	147.1050	+	O 136.5/136.5es	WB4JBJ	-----------
Bedford	147.1650	+	O 151.4/151.4 E-SUNl	KF6UTH	-----------
Blacksburg	146.7150	−	O	W9KIC	K4KDJ
Bland	145.3500	−	O 103.5/103.5	KD4LMZ	-----------
Bluefield	145.2500	−	O 100/100	KD8XK	-----------
Bluefield	145.4900	−	O 103.5/103.5	W8MOP	W8MOP
Bluefield	146.9550	−	O 100/100l	WZ8E	-----------
Bristol	146.8800	−	O	WD4CYZ	WD4CYZ
Bristol	147.0750	−	O 77/77	KK4MW	-----------
Buckingham	146.7900	−	O 110.9/110.9 E-SUN E-WINDrswX	WW4GW	WW4GW
Charlottesville	145.4500	−	O 151.4/151.4	K4DND	K4DND
Charlottesville	146.7300	−	O 151.4/151.4rs	K4DND	-----------
Charlottesville	146.7600	−	O 151.4/151.4rsWX	WA4TFZ	Albemarle Amate

330 144-148 MHz
VIRGINIA

Location	Output	Input	Notes	Call	Sponsor
Charlottesville	146.8950	–	o 151.4/151.4	WA4TFZ	Albemarle Amateur R
Charlottesville	146.9250	–	o 151.4/151.4	WA4TFZ	Albemarle Amateur R
Chesapeake	145.1500	–	o 103.5/103.5e	W4FOS	K4AMG Memorial AR
Chesapeake	146.6100	–	o 162.2/162.2es	W4CAR	W4CAR
Chesapeake	146.7900	–	oe	N4SD	Hampton Roads Radi
Chesapeake	146.8200	–	o 162.2/162.2e	W4CAR	Chesapeake Amateur
Chesterfield	145.3100	–	o 127.3/127.3	KA4CBB	------------
Chesterfield	147.3600	+	o 127.3/127.3e	KA4CBB	KA4CBB
Clinchco	147.1500	+	o 88.5/88.5	KB4RFN	------------
Clinchco	147.2550	+	o	WD4CYZ	WD4CYZ
Colonial Heights	145.3900	–	o 74.4/74.4 e	KE4EUE	------------
Courland	146.7450	–	o 131.8/131.8elsWX	N4WFU	N4WFU
Covington	146.8050	–	o 107.2/107.2l	WA4HTI	------------
Dublin	147.1800	+	o 103.5/103.5	N4NRV	------------
Eastville	147.3450	+	o 156.7/156.7	KN4GE	ESHARC
Elk Creek	147.2400	+	o 107.2/107.2l	N4MGQ	------------
Fancy Gap	145.3300	–	o 77/77e	N4VRD	repeater co- (new)
Farmville	146.9550	–	o 136.5/136.5elrsWX	WR4CV	CVRA
Floyd	147.2100	+	o 114.8/114.8erWX	W4FCV	Repair guy
Franklin	147.2700	+	o 131.8/131.8	WT4FP	FRANKLIN PD
Galax	147.0900	+	o	W4BRC	------------
Gate City	146.8200	–	o 103.5/103.5	N4WWB	------------
Gloucester	145.3700	–	o 100/100e s	W4HZL	Middle Peninsula AR
Goochland	147.0900	+	o	N4TZE	------------
Grundy	147.3150	+	o	K4NRR	------------
Gum Spring	147.2700	+	o 203.5/203.5	WB4IKL	WB4IKL
Hampton	145.1700	–	o 131.8/131.8	WA4ZUA	WA4ZUA
Hampton	145.4600	–	o 100/100e r	K4HPT	------------
Hampton	145.4900	–	o 100/100e r	K4HPT	------------

144-148 MHz **331**
VIRGINIA

Location	Output	Input	Notes	Call	Sponsor
Hampton	145.4900	–	O 100/100e	KE4UP	KE4UP
Hampton	146.6700	–	O 173.8/173.8e	KG4NJA	NASA Langley A
Hampton	146.7300	–	O 100/100	W4QR	SPARK
Hampton	146.9250	–	O	K4TM	KI4JNI
Hampton	147.2250	+	O 136.5/136.5	KA4VXR	KA4VXR
Hansonville	145.3700	–	O	WR4RC	--------
Heathsville	147.3300	+	O 100/100e 103.5/103.5	W4NNK	W4NNK
Hillsville	145.2700	–	O 103.5/103.5lr	W4GHS	--------
Hillsville	147.0450	+	O 103.5/103.5l	K4EZ	W4VSP
Hillsville	147.3900	+	O 103.5/103.5	K4EZ	--------
Jarratt	146.6250	–	O 100/100	N4LLE	K4SVA
Kilmarnock	146.8350	–	O 173.8/173.8	W4NNK	--------
Lexington	147.3000	+	Ors	W4ROC	--------
Lexington	147.3300	+	Oers	W4ROC	--------
Lynchburg	145.3700	–	O 186.2/186.2	KC4RBA	--------
Lynchburg	146.6100	–	O	NN4RB	NN4RB
Lynchburg	147.0150	–	O 136.5/136.5ls	AB4FU	--------
Marion	146.6400	–	O 131.8/131.8	KM4X	--------
Martinsville	147.1200	+	O 103.5/103.5	WG8S	KC4SUE
Martinsville	147.2850	+	O 107.2/107.2	K4MVA	PATRICK HENR
Mechanicsville	147.0600	+	O 74.4/74.4	KJ4IT	--------
Mechanicsville	147.0600	+	O 74.4/74.4	KJ4IT	--------
Mechanicsville	147.2850	+	Oe	W4TTL	Hanover Electric
Mecklenburg	147.0000	+	O 77/77els WX	KB2AHZ	KB2AHZ
Monterey	147.1800	+	O 100/100e rs	WD4ITN	--------
Montpelier	145.2500	–	O 107.2/107.2	KQ4RH	KQ4RH
Mountain Lake	146.8650	+	O 110.9/110.9	WZ8E	--------
New Kent	145.4100	–	O 74.4/74.4	NK4AR	K2QIJ
Newport News	145.2300	–	O 100/100	W4MT	W4MT
Newport News	147.0750	+	O 100/100	AD4ZK	AD4ZK
Newport News	147.1650	+	O	W4CM	--------
Norfolk	145.3300	–	O 131.8/131.8	W4VB	K4DA

144-148 MHz
VIRGINIA

Location	Output	Input	Notes	Call	Sponsor
Norfolk	147.3750	+	O 131.8/131.8	W4VB	W4VB
Norton	146.8650	−	O 103.5/103.5	KG4VFO	KG4VFO
Norton	147.0150	−	O 88.5/88.5 s	WD4GSM	KE4SCJ
Pearisburg	147.1350	+	O 100/100	KD4BNQ	----------
Pennington Gap	145.4900	−	O 131.8/131.8	KG4OXG	----------
Petersburg	146.9850	−	O 127.2/127.2l	KE4SCS	same as holder of rec
Petersburg	147.3900	+	O 74.4/74.4	KK4QAK	KE4EUE
Poquoson	145.2700	−	O 100/100e rs	N4TGR	Samuel Swindler - P
Portsmouth	146.7000	−	O 100/100	AA4AT	K4SM
Portsmouth	146.8500	−	O	W4POX	PORTSMOUTH ARC(
Pungoteague	145.1100	−	O 156.7/156.7	N4TIK	N4TIK
Radford	147.0000	+	O 107.2/107.2e	KB4RU	----------
Richmond	145.1100	−	O	WA4MAS	----------
Richmond	146.8800	−	O 74.4/74.4 eWX	W4RAT	RATS
Richmond	146.9400	−	O 74.4/74.4 e	N4VEM	VDEM
Richmond	147.1350	+	O	KC4VDZ	Paul D. Hoppes
Richmond	147.1800	+	O 74.4/74.4	KK4QAK	KE4EUE
Riner	145.1500	−	O 100/100	N3ZE	N3ZE
Roanoke	145.2100	−	O 107.2/107.2e	N2EDE	N2EDE
Roanoke	145.3900	−	O 107.2/107.2l	N4MGQ	----------
Roanoke	146.7450	−	O 107.2/107.2	K1GG	----------
Roanoke	146.9400	−	O 107.2/107.2	W4KDN	----------
Roanoke	146.9850	−	O 107.2/107.2	W4CA	----------
Roanoke	147.2700	+	O 82.5/82.5 l	K4ITL	----------
Salem	146.8800	−	O 107.2/107.2e	KF4RGH	----------
Saluda	145.4500	−	O	W4VAH	----------
Smithfield	147.1950	+	O 100/100a (CA)erswX	WT4RA	WT4RA
South Boston	145.3500	−	O 100/100	W4HCH	W4HCH
South Boston	147.0600	−	Ol	NM4V	NM4V
South Hill	145.4700	−	O	N4ZCM	----------
South Hill	147.2400	+	O 74.4/74.4	KK4QAK	KE4EUE

144-148 MHz VIRGINIA

Location	Output	Input	Notes	Call	Sponsor
Staunton	146.7000	–	O 131.8/131.8	KD4WWF	————
Staunton	146.8500	–	O 131.8/131.8	WA4ZBP	————
Stuarts Draft	147.3600	+	O	KB4OLM	————
Vesta	145.1100	–	O 100/100l	NJ1K	NJ1K
Virginia Beach	146.8950	–	O	W4KXV	VBEARS
Virginia Beach	146.9700	–	O 141.3/141.3	W4KXV	VBEARS
Virginia Beach	147.0450	+	O	WA4TCJ	WA4TCJ
Virginia Beach	147.3750	+	O	W4NV	TIDEWATER AR
Waynesboro	147.0750	+	O	W4PNT	————
Williamsburg	146.7600	–	Oa(CA)es WX	KB4ZIN	KC4CMR
Williamsburg	147.1050	+	O	KB4ZIN	KC4CMR
Wytheville	146.7750	–	O 103.5/103.5	K4EZ	W4VSP
Wytheville	146.8950	–	O 103.5/103.5	K4EZ	W4VSP

ALL OF TMARC AREA

Location	Output	Input	Notes	Call	Sponsor
SNP	145.1700	–	O		————

CULPEPER

Location	Output	Input	Notes	Call	Sponsor
Culpeper	147.1200	+	O 146.2e	W4CUL	ClpprARA

DAHLGREN

Location	Output	Input	Notes	Call	Sponsor
King George	146.7450	–	O 107.2er	W4KGC	NNARC

FREDERICKSBURG

Location	Output	Input	Notes	Call	Sponsor
Fredericksburg	147.0150	+	Oe	K4TS	RVARC
Quantico	147.3450	+	O 167.9	K3FBI	FBI ARA
Stafford	145.2700	–	O 79.7 (CA) eWX	WS4VA	SARA
Stafford	145.3200	–	OL(DSTAR)	WS4VA	SARA
Stafford	147.3750	+	O 79.7aer	WS4VA	SARA

FRONT ROYAL

Location	Output	Input	Notes	Call	Sponsor
Front Royal	145.2100	–	O 141.3 A(*911)e	K4QJZ	K4QJZ

HARRISONBURG

Location	Output	Input	Notes	Call	Sponsor
Harrisonburg	145.1300	–	O 131.8es WX	K4MRA	MARA
Harrisonburg	147.3150	+	O 131.8	K4MRA	MARA
Singers Glen	147.2250	+	O 131.8	K4KLH	K4KLH

LURAY

Location	Output	Input	Notes	Call	Sponsor
Mt Jackson	146.7150	–	O 146.2e	KB6VAA	ShenCo ARES
New Market	146.6250	–	O 131.8e WX	KQ4D	Big Mtn RA

SPOTSYLVANIA

Location	Output	Input	Notes	Call	Sponsor
Spotsylvania	146.7750	–	O 156.7 (CA)el	AE4ML	AE4ML

WARRENTON

Location	Output	Input	Notes	Call	Sponsor
Warrenton	147.1650	+	O 167.9 L(C4FM)	W4VA	Fauquier ARA

144-148 MHz
VIRGINIA-WASHINGTON

Location	Output	Input	Notes	Call	Sponsor
WASHINGTON AREA					
Alexandria	145.3800	–	O L(DSTAR)	W4HFH	Alex RC
Alexandria	146.6550	–	O 141.3 (CA)eZ(911)	K4US	MVARC
Alexandria	147.3150	+	O 107.2	W4HFH	Alex RC
Arlington	145.1500	–	O	WB4MJF	WB4MJF
Arlington	145.4700	–	O 107.2	W4WVP	Arlington ARC
Arlington	146.6250	–	O 107.2elr	W4AVA	ARPSC
Dulles	147.3300	+	O 203.5e	K4IAD	E-STAR
Dulles Airport	145.3100	–	O 77.0 (CA) e	W4DLS	DARG
Fairfax	146.7900	–	O ae	NV4FM	NVFMA
Fairfax	146.7900	222.5000	O(CA)elz	NV4FM	NVFMA
Haymarket	145.1300	–	O 107.2	N3KL	N3KL
Haymarket	145.4500	–	O L(DSTAR)	N4USI	AO-27 Ctrl Op
Loudoun	146.7000	–	O 77.0ae WX	WA4TXE	WA4TXE
Manassas	146.8650	–	O L(DSTAR)	W4OVH	OVHARC
Manassas	146.9700	–	O 100.0e	W4OVH	OVHARC
Tysons Corner	145.3400	–	O L(DSTAR)	NV4FM	NVFMA
Tysons Corner	145.9100	–	O a(CA)el LITZz	NV4FM	NVFMA
Vienna	146.6850	–	O e	K4HTA	VWS
Vienna	147.2100	+	O ae	W4CIA	AMRAD
Woodbridge	147.2400	+	O 107.2 (CA)e	W4IY	WWI
WEST					
Page Co	146.6700	–	O 114.8es	W4GSB	W4GSB
WESTMORELAND					
Montross	146.8950	–	O 146.2es	W4GMF	W4GMF
WINCHESTER					
Bluemont	147.3000	+	O 146.2ar	WA4TSC	WA4TSC
Winchester	146.8200	–	O 146.2e	W4RKC	SVARC

WASHINGTON
FREQUENCY USAGE--IACC AREAS

Snp	145.1300	
Snp	145.2900	
W WA - FREQUENCY USAGE		
Crossband	146.6000	146.6000
Experimental	145.5000	145.8000
Rptr Inputs	144.5100	144.8900
Rptr Inputs	146.0200	146.4000
Rptr Inputs	147.6200	147.9800
Rptr Outputs	145.1000	145.4900
Rptr Outputs	146.6200	147.3800
Satellite	145.8000	146.0000
Shared	145.1300	145.1300
Shared	145.2900	145.2900
Simplex	146.4200	146.5800

144-148 MHz
WASHINGTON

Location	Output	Input	Notes	Call	Sponsor
Simplex	146.5200	146.5200			
Simplex	147.4000	147.5800			
UNB #2 Repeater Input	147.3950	147.3950			
UNB#1 Repeater Input	146.6050	146.6050			
UNB #2 Repeater Output	147.9950	147.9950			
VNB Repeater Inputs	147.40625	147.50625			
VNB Repeater Output	146.40625	146.50625			
E - WA WINTHROP					
Winthrop	145.2100	–	127.3el	NO7RF	NO7RF
E WA - ALMIRA					
Almira	147.0000	+	100.0l	W7OHI	LCRG
E WA - CENTRAL					
Saddle Mtn	145.3500	–	100.0a	N7MHE	N7MHE
E WA - CHELAN					
Manson	146.8200	–	103.5/103.5	K7YR	LCRC
McNeal Canyon	147.1000	+	O	K7SMX	LCRC
N Central Wa	147.3200	+	O	AK2O	SpoRptGr
E WA - CLARKSTON					
Clarkston	145.3500	–	O 114.8e	N7SAU	N7SAU
Potter Hill	145.3900	–	O(CA)r	KA7FAJ	KA7FAJ
E WA - CLE ELUM					
Cle Elum	147.1600	+	O 131.8ae z	WR7UKC	UKCARC
Sky Meadows	147.3600	+	O 131.8el	WR7KCR	KCRA
E WA - COLFAX					
Kamiak Butte	146.7400	–	Oelx	W7HFI	W7OE
E WA - COLVILLE					
Monumental Mtn	146.6200	–	O 77.0elrx	K7JAR	PARC
NE Wash	147.3200	+	O	K7SRG	SpoRptGr
E WA - COULEE DAM					
Coulee Dam	146.8600	–	O 100.0	KE7NRA	CDRC
E WA - DAVENPORT					
Teel Hill	147.0400	+	Ol	W7OHI	LCRP
E WA - ELLENSBURG					
Ellensburg	145.2100	–	151.4e	W7HMT	W7HMT
Ellensburg	146.7200	–	O 131.8z	WR7KCR	KCRA
E WA - EPHRATA					
Beezly Hill	145.3100	–	O 100.0 (CA)z	W7TT	W7TT
E WA - GOLDENDALE					
Emer Only	145.3300	–	● 173.8p	KC7SR	KC7SR
Juniper Point	146.8200	–	82.5el	KF7LN	KF7LN
Simcoe Mtn	146.9200	–	88.5a	KC7UTD	KC7UTD
E WA - KENNEWICK					
Kennewick	147.3200	+	Ol	K7SRG	SpoRptGr.

144-148 MHz
WASHINGTON

Location	Output	Input	Notes	Call	Sponsor
E WA - MOSES LAKE					
Wheeler Rd	146.7000	−	100.0	N7MHE	N7MHE
E WA - NEWPORT					
Cooks Mtn	147.1200	+	O 100.0	WB7TBM	Pend ARC
E WA - NORTHEAST					
Chewelah Pk	145.4300	−	O 100.0e	WR7VHF	IEVHF
Stranger	145.2500	−	O	N7BFS	N7BFS
Stranger Mtn	147.3600	+	O(CA)lx	KF7QLH	W7OE
E WA - OKANOGAN					
Pitcher Mtn	146.7200	−	Oz	KK7EC	OCEC
E WA - OMAK					
Omak	147.2000	+	O 127.0lx	AK2O	SpoRptGr
E WA - OROVILLE					
Buckhorn Mtn	147.1400	+	O 103.5e	KD7ITP	KD7ITP
E WA - PLYMOUTH					
Sillusi Butte	145.4900	−	67.0	KC7RWC	UMESRO
Sillusi Butte	147.0200	+	O 103.5	AI7HO	HARC
E WA - PROSSER					
Prosser	147.1800	+	123.0	KA7SSB	KA7SSB
E WA - REPUBLIC					
Republic	145.1900	−	Olrz	N7XAY	FCARES
E WA - RICHLAND					
Rattlesnake	146.7600	−	100.0e	W7VPA	TCARC
E WA - RITZVILLE					
Ritzville	146.7200	−	Oa	WD7C	WD7C
E WA - RIVERSIDE					
Tunk Mtn	145.4500	−	O 100.0ex	KK7EC	OCEM
E WA - SPOKANE					
Browns Mtn	147.3000	+	O 100.0erx	W7GBU	SPO CO DES
Farm Bank	147.3400	+	123.0e	WR7VHF	IEVHF
Krell	145.3900	−	O 127.3el	W7UPS	W7UPS
Krell	146.8800	−	O 123.0ae	WR7VHF	IEVHF
Lookout Point	147.0600	+	77.0l	N7BFS	N7BFS
Mica Peak	145.1100	−	O 118.8l	WA7UOJ	WA7UOJ
Mica Peak	145.1500	−	118.8l	WA7RVV	WA7RVV
Mica Peak	147.2400	+	Oelx	WA7HWD	NW Tri. St.
Mica Peak	147.3800	+	O 131.8el	W7OE	W7OE
Spokane	145.2100	−	100.0 (CA)e	W7TRF	SpoHRC
Spokane	146.6600	−	100.0	N7FM	N7FM
Spokane	147.1000	+	100.0	KG7SD	WA6HSL
Spokane	147.1600	+	● 136.5	K7EKM	K7EKM
Spokane	147.3200	+	O	K7SRG	SpoRptGr
Spokane Vly	145.1700	−	114.8	K7MMA	K7MMA
Spokane Vly	145.3300	−	100.0	N7FM	WA6HSL
Spokane Vly	147.1400	+	O 127.3e	AD7DD	AD7DD
Spokane [1]	147.2000	+	O 141.3el	AK2O	SpoRptGr
Spokane [2]	147.2000	+	● 141.3	AK2O	SpoRptGr
Tower Mtn	145.3700	−	O 141.3	KA7ENA	KA7ENA
E WA - SPRAGUE					
Sprague	145.1900	−	100.0	W7OHI	LCRG

144-148 MHz
WASHINGTON

Location	Output	Input	Notes	Call	Sponsor
E WA - TONASKET					
Aeneas Vly	145.3300	–	O 100.0	KK7EC	OCEM
E WA - TRI-CITIES					
Horse Heaven Hills	145.3900	–	103.5l	W7UPS	W7UPS
Joe Butte	145.4100	–	O 100.0	N7LZM	N7LZM
Johnson Butte	146.6400	–	O 100.0e	W7AZ	TCARC
Jump Off Joe	147.0800	+	● 94.8e	KC7WFD	KC7WFD
Kennewick Water Tank	147.2200	+	Oae	N7LZM	N7LZM
E WA - TROUT LAKE					
King Mtn	147.0800	+	O 123.0	WA7SAR	YCS&R
E WA - TWISP					
McClure Mtn	147.2200	+	100.0l	KB7SVP	KB7SVP
Ne Wa	145.4100	–	100.0	KK7EC	OCEM
E WA - WALLA WALLA					
Dixie	146.9600	–	O 74.4er	AL1Q	AL1Q
Pikes Peak	147.2800	+	Oelx	KD7DDQ	KD7DDQ
Walla Walla	147.1400	+	94.8e	KH6IHB	KH6IHB
E WA - WENATCHEE					
Birch Mtn	146.6800	–	156.7 (CA)rz	W7TD	ACARC
E Wenatchee	146.7800	–	156.7	N7RHT	N7RHT
Mission Ridge	146.9000	–	O 173.8ex	WR7ADX	MRRA
Naneum	147.2600	+	O 156.7elx	KB7TYR	KB7TYR
Wenatchee	147.2000	+	●tl	AK2O	SpoRptGr
E WA - YAKIMA					
Ahtanum Ridge	146.9400	–	173.8	W7CCY	W7CCY
Bethel Ridge	145.1700	–	123.0	WA7SAR	YakSO
Bethel Ridge	147.3000	+	O 123.0erx	W7AQ	YakARC
Darland Mtn	146.8600	–	123.0e	WA7SAR	YCS&R
Eagle Pk	145.4700	–	103.5	WA7AAX	WA7AAX
Moxee	146.8400	–	123.0 (CA)lrz	W7AQ	YakARC
Moxee	147.2000	+	O 141.3	AK2O	SpoRptGr
Quartz Mtn	145.2700	–	123.0 E-SUN	WA7SAR	YakSO
Selah	147.2400	+	192.8	KC7VQR	KC7VQR
Yakima	147.0600	+	O 123.0	KB7HDX	BCARES
Yakima Ridge	146.6600	–	123.0 (CA)erz	W7AQ	YakARC
NORTH WEST OREGON AND SOUTH WEST WASHINGTON					
Vancouver WA	145.3700	–	O 123el	AB7F	AB7F
SOUTH WEST WASHINGTON					
Vancouver	147.2400	+	Oe	W7AIA	W7AIA
W WA - NORTH					
Bellingham	146.7000	–		WC7SO	W7CDC
Camano Is	147.3600	+	O 127.3el	W7PIG	CAMANO IS
Coupeville	146.8600	–	O 127.3l	W7AVM	ICARC
Friday Harbor	145.2500	–	O 131.8	N7JN	San Juan Cnty A

144-148 MHz
WASHINGTON

Location	Output	Input	Notes	Call	Sponsor
Granite Falls	146.9200	−	O 123/123rs	WA7DEM	SNOHOMISH DEM
Green Mtn	146.9200	−	O 103.5e	KD7VMK	KD7VMK
King Mtn	147.1600	+	O 103.5	K7SKW	MT. BAKER
Lookout Mtn	146.7400	−	O 127.3 (CA)elz	K7SKW	MT BAKER ARCRG
Lyman Hill	145.1900	−	O 127.3esx	N7GDE	R.A.S.C.
Lyman Hill	147.2000	+	O 118.8el	K7MMI	PSMRG
Mt Constitution	146.7400	−	O 103.5e	K7SKW	MT BAKER A
Orcas Island	145.2500	−	O 131.8	N7JN	San Juan Cnty ARS
Orcas Island	146.9000	−	O 131.8e	N7JN	SAN JUAN C
Sumas Mtn	145.2300	−	O 103.5el	W7BPD	Blaine P.D

W WA - NORTH COAST

Location	Output	Input	Notes	Call	Sponsor
Forks	145.3700	−	O 114.8ael	K7MMI	PSMRG
Friday Harbor	146.4750	147.4750	O	N7JN	San Juan County AR
Mt Octopus	147.2800	+	O 123.0 (CA)el	K7PP	K7PP
Port Angeles	145.1300	−	O 100aez	WF7W	-----------
Port Townsend	145.1500	−	O 114.8ae	W7JCR	Jefferson Cnty
Striped Peak	146.7600	−	O 100ael	W7FEL	Clallam Cn

W WA - SEATTLE

Location	Output	Input	Notes	Call	Sponsor
Seattle	147.0000	−	O 103.5	W7DX	W.W. DX Club

W WA - SEATTLE-TACOMA

Location	Output	Input	Notes	Call	Sponsor
Auburn	147.2400	+	O 123	K7SYE	Auburn Val
Baldi Mtn	146.9800	+	O 107.2e	K7MMI	COUGAR MT
Belfair	145.1700	−	O 103.5 (CA)e	NM7E	-----------
Burien	146.5000	147.5000	#	KF7CLD	Highline Repeater Gr
E Tiger Mountain	147.0800	+	O 103.5e	W7WWI	SEATAC RPT
Edmonds	146.0050	+	O	NW7DR	Northwest Digital Rad
Enumclaw	147.3000	+	O 88.0e	WB7DOB	-----------
Everett	145.3900	−	O 123	W2ZT	SCARES
Everett	147.1800	+	O 103.5 (CA)e	WA7LAW	SNOHOMISH
Federal Way	146.7600	−	O 103.5e	WA7FW	FEDERAL WA
Federal Way	147.0400	+	O 103.5e	WA7FW	FWARC
Gold Mtn	146.6200	−	O 103.5 (CA)ez	WW7RA	W W RPTR A
Grass Mtn	145.3700	−	O 136.5e	W7AAO	Pierce Cnt
Green Mtn	146.8800	−	O 88.5e	WR7V	WR7V
Kirkland	145.4900	−	O 103.5	K7LWH	Lake Wa. Ham Club
Lakewood	145.4100	−	O 103.5ael z	K7EK	KC7J
Langley	147.2200	+	O 127.3ae W7AVM z	W7AVM	ISLAND COU
Lynnwood	145.1300	−	O 136.5 TT e	W7UFI	SCARES
Lynnwood	146.7800	−	O 103.5	NU7Z	NU7Z
Lynnwood	146.8000	−	O 136.5 TT e	W7UFI	SCARES

144-148 MHz
WASHINGTON

Location	Output	Input	Notes	Call	Sponsor
Maple Valley	147.2600	+	O#	KF7NPL	Maple Valley Em
Mercer Island	147.1600	+	O 146.2e	W7MIR	Mercer Is. ARES
Olalla	145.3500	–	O 103.5e	W7ZLJ	W7ZLJ
Rattlesnake Mtn	145.1100	–	O 103.5el	KC7SAR	KC SAR Ass
Redmond	145.3100	–	O 103.5e	KC7IYE	KC7IYE
Seatac	146.6600	–	O 103.5	WA7ST	WA7ST
Seattle	146.9000	–	O 103.5el	W7SRZ	WWMST
Seattle	146.9600	–	O 103.5	W7VHY	PSRG
Shelton	146.7200	–	O 103.5e	N7SK	MASON COUN
Silverdale	145.4300	–	O 179.9 (CA)ez	KD7WDG	KITSAP CNT
Skykomish	145.1100	–	O 123el	KC7SAR	KC SAR Ass
Tacoma	145.2100	–	O 141.3	W7DK	Radio Club
Tacoma	146.6400	–	O 103.5 (CA)elz	KB7CNN	KB7CNN
Tacoma	146.9400	–	O 103.5ez	K7HW	K7HW
Tacoma	147.2800	+	O 103.5e	W7DK	R.C. of Ta
Tiger Mtn East	145.2300	–	O 146.2	N3KPU	CH 1 Rptr
Tiger Mtn East	146.8200	–	O 103.5e	K7LED	MIKE & KEY
Tiger Mtn East	147.1000	+	O 123.0	KC7RAS	KC7RAS
Tiger Mtn West	145.3300	–	O 179.9el	K7NWS	Boeing/ be
Woodinville	147.3400	+	O 100 (CA)e	K6RFK	Alan Chand

W WA - SOUTH

Location	Output	Input	Notes	Call	Sponsor
Alder	145.4500	–	O 110.9ael	KB7CNN	KB7CNN
Ashford	145.2500	–	O	K7DNR	DNR ARC
Baw Faw Pk	147.0600	+	O 110.9e	N7PRJ	BAW FAW RP
Capitol Peak	145.4700	–	O 100ael	K7CPR	Capitol Pea
Chehalis	145.4300	–	O 110.9	WA7UHD	Chehalis V
Chehalis	146.7400	–	O 110.9	K7KFM	K7KFM
Crawford Mtn	147.3800	–	O 103.5	W7DK	R.C. of Ta
Eatonville	146.7000	–	103.5e	W7EAT	-----------
Graham	145.2300	–	O 146.2e	N3KPU	-----------
Graham	147.1400	+	O 103.5l	K7EK	K7EK
Kelso	147.2000	+	O 91.5al	K7MMI	PSMRG
Lacey	146.8000	–	O 97.4ae	WC7I	WC7I
Longview	147.2600	+	O 114.8e	W7DG	Lower Colu
Mineral	146.6800	–	O 103.5e	K7HW	K7HW
Olympia	145.1500	–	O 103.5e	W7PSE	PSE ARG
Olympia	147.3600	+	O 103.5ael z	NT7H	OLYMPIA AR
South Mtn	145.2700	–	O 103.5	W7UVH	W7UVH
Tumwater	147.1200	–	O 173.8e	N7EHP	N7EHP
Woodland	147.3000	+	O 114.8e	W7DG	Lwr Clmbia

W WA - SOUTH COAST

Location	Output	Input	Notes	Call	Sponsor
Aberdeen	147.1600	+	O 88.5a	W7ZA	GRAYS HARB
Cathlamet	147.0200	+	O 118.8el	NM7R	BEACHNET
Cosmopolis	145.3900	–	O 118.8e	W7EOC	ARES Dist.
Grayland	145.3100	–	O 118.8	NM7R	Beachnet
Ilwaco	146.8600	–	O 114.8	W7RDR	-----------

144-148 MHz
WASHINGTON–WEST VIRGINIA

Location	Output	Input	Notes	Call	Sponsor
KO Peak	147.2000	+	O 127.3ael	K7MMI	PSMRG
Meglar Mtn	145.4500	–	O 118.8 (CA)elz	W7BU	Sunset Empire ARC
Megler	147.1800	+	O 82.5	NM7R	PACIFIC CO
Neilton	146.9600	–	O 203.5l	WA7ARC	NDCRT
Ocean Park	145.1700	–	O 118.8	NM7R	BeachNet
Raymond	147.2400	+	O 103.5 (CA)	KA7DNK	KA7DNK
Saddle Mtn	146.9000	–	O 88.5el	W7ZA	GRAYS HARB
South Bend	147.3400	+	O 82.5	NM7R	NM7R

WWA – PACIFIC COUNTY

Location	Output	Input	Notes	Call	Sponsor
Ocean Park	145.1700	–	O 118.5	NM7R	BeachNet

WEST VIRGINIA

Location	Output	Input	Notes	Call	Sponsor
Ansted	146.7900	–	O 100/100e sWX	WV8HF	Plateau Amateur Radi
Beckley	145.2300	–	O 100/100l	N8FWL	-------------
Beckley	145.3700	–	O 100/100	WV8BD	WV8BD
Beckley	147.0750	–	O 100/100	WV8CH	-------------
Beckley	147.3600	+	O 123/123l	N8FWL	-------------
Birch River	145.2700	–	O 103.5/103.5l	N8FMD	KC8AJH
Bolt Mtn	145.1700	–	O 100/100el	WV8B	-------------
Bridgeport	147.1200	+	O 118.8/118.8	W8SLH	-------------
Buckhannon	146.8500	–	O 103.5/103.5	K8VE	K8VE
Buckhannon	146.9250	–	O 103.5/103.5	AA8CC	-------------
Buckhannon	147.0300	+	O 103.5/103.5l	N8ZAR	KC8AJH
Charleston	145.3500	–	O 91.5/91.5 e	W8GK	Kanawha Amateur Ra
Charleston	145.4300	–	O 107.2/107.2	WB8YST	WB8YST
Charleston	147.0000	–	O 91.5/91.5	W8XF	Kanawha Amateur Ra
Clarksburg	146.6850	–	O 103.5/103.5	N8FMD	Doug Cutlip
Clarksburg	147.1650	+	O 91.5/91.5 els	WV8HC	-------------
Clarksburg	147.2100	+	O 103.5/103.5	N8FMD	Doug Cutlip
Crawford	145.1300	–	O 123/123e ls	W8DDW	W8DDW
Crawford	147.0600	+	O 103.5/103.5els	W8DDW	-------------
Danville	146.6850	–	O 203.5/203.5e	W8NAM	-------------
Danville	147.1200	+	O 203.5/203.5e	W8NAM	-------------

144-148 MHz
WEST VIRGINIA

Location	Output	Input	Notes	Call	Sponsor
Davis	147.1350	+	O 103.5/103.5l	KC8AJH	KC8AJH
Elkins	145.2100	−	O 162.2/162.2	WV8ZH	------------
Elkins	146.7450	−	O 103.5/103.5	K8VE	K8VE
Elkins	146.7750	−	Oe	KB8BWZ	KB8BWZ
Fairmont	145.3500	−	O 103.5/103.5	W8SP	------------
Fenwick	146.9400	−	O 100/100e	WB8YJJ	------------
Flat Top	146.6250	−	O 100/100e	WV8B	------------
Flattop	146.8500	−	O 100/100e lsWX	KC8AFH	------------
Flatwoods	146.6550	−	O 123/123	K8VE	------------
Franklin	147.3450	+	O 179.9/179.9	KC8FPC	------------
Frost	145.1100	−	O 107.2/107.2e	N8RV	Eight Rivers ARC
Gassaway	146.6100	−	O 103.5/103.5	N8YOW	------------
Gassaway	147.2400	+	O 123/123	K8SLR	K8SLR
Glenville	145.2900	−	O 91.5/91.5	WB8WV	------------
Grafton	147.3750	+	O 103.5/103.5	W8SLH	------------
Harmon	146.6400	−	O 103.5/103.5	N8JUR	------------
Hernshaw	146.8200	−	O 203.5/203.5l	WB8CQV	------------
Hillsboro	147.2850	+	O 136.5/136.5	W3ATE	------------
Hillsboro	147.3150	+	O 136.5/136.5e	W3ATE	------------
Hillsboro	147.3900	+	O 100/100e E-SUNls	KC8CSE	------------
Hinton	147.2550	+	O 100/100e	KC8CNL	BLUESTONE AR
Huntington	146.6400	−	O	N8HZ	WPBY-TV RPTR
Huntington	146.7600	−	O 131.8/131.8	W8VA	------------
Huntington	146.9850	−	O 131.8/131.8	N8OLC	------------
Keyser	147.3900	+	O 123/123l	N8RCG	------------
Laeger	146.6550	−	O 100/100	N8SNW	------------
Layland	145.3100	−	O 100/100e l	WV8B	------------
Lewisburg	146.7300	−	O 100/100	KC8CSE	------------
Lewisburg	146.7600	−	O 162.2/162.2	KD8BBO	KD8BBO
Logan	146.9700	−	O 100/100e	KA8GMX	------------
Madison	147.1950	+	O 100/100e rs	KB8GLY	------------

144-148 MHz
WEST VIRGINIA

Location	Output	Input	Notes	Call	Sponsor
Marlinton	147.0900	+	O 162.2/162.2	N8PKP	N8PKP
McMechen	146.9100	−	Os	KC8FZH	------------
Morgantown	145.4300	−	O 103.5/103.5	W8MWA	------------
Morgantown	147.0750	+	O 103.5/103.5	KD8BMI	------------
Moundsville	146.7150	−	O 110.9/110.9	KC8FZH	------------
Mount Hope	146.7000	−	O 123/123	WV8BSA	K2BSA
Mt Zion	145.4500	−	O 107.2/107.2	N8LGY	------------
Mullens	147.0300	+	O	KC8IT	------------
Parkersburg	147.2550	+	O 131.8/131.8	WC8EC	WOOD COUNTY EM
Parkersburg	147.3900	+	O 91.5/91.5	WD8CYV	and PARK repeater cl
Parsons	145.3700	−	O 103.5/103.5es	KC8SIG	------------
Philippi	145.1500	−	O 103.5/103.5	K8VE	K8VE
Philippi	145.2300	−	O 103.5/103.5l	KC8AJH	KC8AJH
Princeton	146.9250	−	O	WJ1N	------------
Ravenswood	146.7000	−	O	WD8JNU	------------
Richwood	145.1900	−	O 146.2/146.2	WB8YJJ	------------
Richwood	147.1500	+	O 100/100	WA8YWO	------------
Ripley	146.6700	−	O 107.2/107.2es	WD8JNU	Jacskon County ARC
Rockport	147.1350	+	O 123/123	KC8LTG	KA8JPF
Salt Rock	145.1100	−	O 110.9/110.9	K8SA	------------
Scott Depot	147.2700	+	O 123/123	WV8AR	WV AR INC.
Skyline	147.3600	+	O 127.3/127.3el	K7SOB	K7SOB
South Charleston	146.8800	−	O 203.5/203.5el	WB8CQV	License Holder of Re
Spencer	147.1050	+	O 107.2/107.2	KA8AUW	------------
Sumerco	147.3450	+	O 100/100	KY8B	------------
Summersville	145.4700	−	O 100/100	WB8YJJ	------------
Summersville	147.0150	+	O 123/123l	N8FWL	------------
Terra Alta	147.0000	+	O 103.5/103.5e	KC8KCI	------------
Valley Head	146.6700	−	O 103.5/103.5l	KC8AJH	KC8AJH
Webster Springs	146.8950	−	O 123/123s	KC8HFG	KC8HFG
Welch	145.4500	−	O 100/100	WV8ED	Mcdowell County AR
Weston	145.3900	−	O	WD8EOM	N8MIN
Weston	147.3300	+	O 103.5/103.5	N8MIN	------------

144-148 MHz
WEST VIRGINIA-WISCONSIN

Location	Output	Input	Notes	Call	Sponsor
Wheeling	145.1900	–	O 156.7/156.7rs	KA8YEZ	------------
Wheeling	146.7600	–	O	W8ZQ	------------
Windmill Gap	147.0600	–	O 123/123	W8MOP	W8MOP
ALL OF TMARC AREA					
SNP	145.1700	–	O		------------
BERKELEY SPRINGS					
Berkeley Springs	146.7450	–	O 123.0elr	KK3L	KK3L
CHARLES TOWN					
Charles Town	146.8500	–	O 77.0	WA4TXE	WA4TXE
MARTINSBURG					
Martinsburg	145.1500	–	O 179.9	W8ORS	Opequon R.S.
Martinsburg	147.2550	+	O 123.0	WB8YZV	WB8YZV
MOOREFIELD					
Moorefield	145.1900	–	O 118.8	N8VAA	N8VAA
Moorefield	146.9850	–	O 123.0e	KD8IFP	PHARC

WISCONSIN
WAR
Location	Output	Input	Notes	Call	Sponsor
Algoma	146.8050	–	O 100.0aers	K9KEW	K9KEW
Antigo	145.3100	–	O 114.8aelr	KC9JZY	LCARA
Antigo	147.2550	+	O 114.8aelr	KC9JZY	LCARA
Antigo	147.3150	+	O 114.8aelr	N9TEV	N9TEV
Appleton	145.3300	–	O 100.0aers	W9ZL	FCARC
Appleton	146.6550	–	O 100.0aers	KB9BYP	ECR LTD
Appleton	146.7600	–	O 100.0aers	W9ZL	FCARC
Appleton	147.1650	+	O 100.0aers	AB9PJ	AB9PJ
Baldwin	145.2500	–	O 110.9ers	WE9COM	WeComm,Ltd
Balsam Lake	147.1950	+	O 110.9ers	N9XH	PCARA
Baraboo	146.8800	–	O 123.0aelrs	WR9ABE	C.W.R.A.
Baraboo	147.3150	+	O 123.0aelrs	WB9FDZ	YTARC
Beetown	146.8950	–	O 131.8es	NØWLU	HVARC
Beldenville	146.9550	–	O 110.9ers	NØNIC	B.A.T.S.
Beldenville	147.2250	+	O 110.9ers	NØNIC	B.A.T.S.
Beloit	147.1200	+	O 123.0aelrs	WA9JTX	K9GJN
Big Flats	146.6250	–	O 123.0aelrs	N9WYQ	N9WYQ
Black River Falls	145.3900	–	O 131.8es	KC9GEA	N9PPB
Bluff Siding	146.8350	–	O 131.8es	WØNE	Winona ARC

144-148 MHz
WISCONSIN

Location	Output	Input	Notes	Call	Sponsor
Cambria	147.0150	+	O 123.0ael rs	KC9CZH	KC9CZH
Cambridge	147.3600	+	O 123.0ael rs	WE9COM	WeComm,Ltd
Cedarburg	146.9700	−	O 127.3ae s	W9CQO	O.R.C.
Chaffey	147.1050	+	O 110.9ers	KC9EMI	AB9AC
Chippewa Falls	145.2300	−	O 110.9ers	N9MMU	N.V.W.A.
Chippewa Falls	147.2400	+	O 110.9ers	W9EAU	E C ARC
Chippewa Falls	147.3750	+	O 110.9ers	WD9HFT	WD9HFT
Clam Lake	145.2100	−	O 110.9ers	K9JWM	K9JWM
Clinton	146.7150	−	O 123.0ael rs	WB9SHS	RCRA
Coloma	146.7000	−	O 123.0ael rs	W9LTA	W9LTA
Delafield	146.8200	−	O 127.3ae s	K9ABC	SEWFARS
Durand	145.3500	−	O 131.8es	WB9NTO	WB9NTO
Earl	145.1100	−	O 110.9ers	N9MMU	N.V.W.A.
Eau Claire	146.9100	−	O 110.9ers	W9EAU	E C ARC
Eau Galle	145.2100	−	O 110.9ers	KB9LUK	KB9LUK
Egg Harbor	146.7300	−	O 100.0aer s	W9AIQ	DCARC
Elkhorn	146.8650	−	O 123.0ael	W9ELK	LAARC
Fond Du Lac	145.4300	−	O 100.0aer s	K9FDL	F.A.R.A.
Fond Du Lac	147.0900	+	O 100.0aer s	K9DJB	FDL RPT
Fond Du Lac	147.3750	+	O 100.0aer s	KB9YET	FOX1
Galesville	147.0000	+	O 131.8es	N9TUU	W.I.N.
Gilmanton	145.4300	−	O 131.8es	WE9COM	WeComm,Ltd
Granton	146.7750	−	O 114.8ael r	N9RRF	N9RRF
Green Bay	146.6850	−	O 100.0aer s	KB9GKC	KB9GKC
Green Bay	147.0750	+	O 100.0aer s	N9DKH	ATC
Green Bay	147.1200	+	O 100.0aer s	K9GB	G B M&K
Green Bay	147.2700	+	O 100.0aer s	KB9ALN	PASS
Green Bay	147.3600	+	O 100.0aer s	K9EAM	G B M&K
Hayward	147.2550	+	O 110.9ers	N9MMU	NVWA
High Bridge	147.2100	+	O 110.9ers	KC9GSK	KC9GSK
Holcombe	145.4700	−	O 110.9ers	N9LIE	N9LIE
Holcombe	147.3450	+	O 110.9ers	N9MMU	N.V.W.A.
Hollandale	146.6550	−	O 123.0ael rs	N9QIP	WIN

WISCONSIN

Location	Output	Input	Notes	Call	Sponsor
Hudson	145.1300	−	O 110.9ers	K9ZMA	SCC RACES
Hurley	147.1650	+	O 110.9ers	KCØ IPA	LSAC
Irma	146.6400	−	O 114.8ael	KB9QJN	M.A.R.G.
Irma	146.9700	−	O 114.8ael r	KC9NW	KC9NW
Janesville	145.4500	−	O 123.0ael rs	WB9SHS	RCRA
Janesville	147.0750	+	O 123.0ael rs	K9FRY	K9FRY
Jefferson	145.4900	−	O 123.0ael rs	W9MQB	TCARC
Juneau	146.6400	−	O 123.0ael rs	W9TCH	ROCK R RC
Kewaskum	146.7900	−	O 127.3ae s	N9NLU	KMCG
Kewaunee	146.8050	−	O 100.0aer s	K9KEW	K9KEW
La Crosse	146.9700	−	O 131.8es	WR9ARC	RVRLND ARC
Lac Du Flambeau	146.6700	−	O 114.8ael r	N9AFN	N9AFN
Lac Du Flambeau	146.7000	−	O 114.8ael r	W9BTN	W9BTN
Lampson	146.6550	−	O 110.9ers	N9PHS	NorWesCo
Lohrville	145.2700	−	O 123.0ael rs	KB9JJB	KB9JJB
Madison	145.3700	−	O 123.0ael rs	KC9FNM	Empire
Madison	146.6850	−	O 123.0ael rs	W9YT	UW BARS
Madison	146.7600	−	O 123.0ael rs	W9HSY	M A R A
Madison	146.9400	−	O 123.0ael rs	WR9ABE	C W R A
Madison	147.1500	+	O 123.0ael rs	W9HSY	M A R A
Madison	147.1800	+	O 107.2	WD8DAS	NERT
Manitowish Waters	145.3900	−	O 114.8ael r	KB9WCK	KB9WCK
Manitowoc	145.1100	−	O 100.0aer s	K9MTW	ManCoRad
Manitowoc	146.6100	−	O 100.0aer s	W9MTW	ManCoRad
Marinette	147.0000	+	O 114.8ael r	W8PIF	W8PIF
Markesan	146.9550	−	O 123.0ael	WB9RBC	G FOX ARC
Marshfield	147.1800	+	O 114.8ael	AA9US	MAARS
Mauston	146.8500	−	O 123.0ael rs	KB9WQF	JCARC

144-148 MHz
WISCONSIN

Location	Output	Input	Notes	Call	Sponsor
Mauston	147.1050	+	O 123.0ael rs	K9UJH	K9UJH
Medford	145.4900	−	O 114.8ael r	N9LIE	N9LIE
Medford	147.1500	+	O 114.8ael r	KB9OBX	BRARA
Melrose	145.4500	−	O 131.8es	W9LLB	W9LLB
Menomonie	146.6100	−	O 110.9ers	K9KGB	R CDR RA
Menomonie	146.6850	−	O 110.9ers	N9QKK	N9QKK
Meteor	147.0750	+	O 110.9ers	WE9COM	WeComm
Milwaukee	145.1300	−	O 127.3ae s	N9LKH	MAARS
Milwaukee	145.2500	−	O 127.3ae s	KA9WXN	KA9WXN
Milwaukee	145.2700	−	O 127.3ae s	W9HHX	MSOE ARC
Milwaukee	145.3900	−	O 127.3ae s	W9RH	MRAC
Milwaukee	146.6250	−	O 127.3ae s	N9BMH	N9BMH
Milwaukee	146.9100	−	O 127.3ae s	WI9MRC	MKE RPTR
Milwaukee	146.9400	−	O 127.3ae s	N9PAY	GFD/EOC
Milwaukee	147.0000	+	O 127.3ae s	W9PY	PHANTOM
Milwaukee	147.0450	+	O 127.3ae s	WBØAFB	MATC RC
Milwaukee	147.1050	+	O 127.3ae s	K9IFF	K9IFF
Milwaukee	147.1650	+	O 127.3ae s	W9WK	AREC, INC.
Monroe	145.1100	−	O 123.0ael rs	KO9LR	GCARA
Montello	146.7450	−	O 123.0ael rs	KC9ASQ	Marq EM
Mount Sterling	147.3600	+	O 131.8es	W9DMH	W9DMH
Necedah	147.2100	+	O 123.0ael rs	KC9IPY	JCARC
New Holstein	147.3000	+	O 100.0aer s	KA9OJN	C.A.R.E.S
New Richmond	145.2700	−	O 110.9ers	N9LIE	N9LIE
Oconto Falls	146.8350	−	O 114.8ael r	KB9DSV	KB9DSV
Ogdensburg	146.9250	−	O 114.8ael r	W9GAP	W9GAP
Oshkosh	147.3450	+	O 100.0aer s	N9GDY	N9GDY
Osseo	145.3300	−	O 131.8es	N9LIE	N9LIE
Park Falls	147.0000	+	O 110.9ers	W9PFP	PCRA

WISCONSIN

Location	Output	Input	Notes	Call	Sponsor
Plymouth	147.0600	+	O 100.0aer s	WE9R	SHEB ARC
Port Washington	147.3300	+	O 127.3ae s	WB9RQR	OZARES
Prairie Du Chien	147.1200	+	O 131.8es	W0 SFK	W.I.N.
Racine	147.2700	+	O 127.3ae s	KR9RK	LRA Racine
Rhinelander	145.1500	−	O 114.8ael r	NS9Q	NS9Q
Rhinelander	146.9400	−	O 114.8ael r	KC9HBX	KC9HBX
Rice Lake	146.7150	−	O 110.9ers	W9GDH	Barron EM
Richland Center	146.9100	−	O 131.8es	W9PVR	PVRARC
Roberts	147.3300	+	O 110.9ers	N9KMY	SCVRA
Rubicon	145.3500	−	O 123.0ael rs	WB9KPG	WB9KPG
Sayner	145.1300	−	O 114.8ael r	WE9COM	WeComm
Shawano	145.3500	−	O 114.8ael r	KA9NWY	KA9NWY
Shawano	147.2250	+	O 114.8ael r	N9FZH	N9FZH
Shell Lake	147.0450	+	O 110.9ers	N9PHS	NORWESCO
Siren	146.6250	−	O 110.9ers	N9PHS	NORWESCO
Sister Bay	147.1800	+	O 100.0aer s	W9AIQ	DC ARC
Slinger	147.2100	+	O 127.3ae s	KC9PVD	KC9PVD
Solon Springs	145.4900	−	O 110.9ers	N9QWH	DC RACES
Spooner/Hertel	145.1900	−	O 110.9ers	KB9OHN	BARS
Spooner/Hertel	147.3000	+	O 110.9ers	KB9OHN	BARS
Stevens Point	146.6700	−	O 114.8ael r	WB9QFW	CWRA LTD
Stevens Point	146.9850	−	O 114.8ael r	WB9QFW	CWRA LTD
Sturgeon Bay	147.2100	+	O 100.0aer s	W9AIQ	DC ARC
Superior	146.7600	−	O 110.9ers	K9UWS	UWS-ARC
Superior	146.8200	−	O 110.9ers	WA9VDW	T P T G
Suring	145.2900	−	O 114.8ael r	WE9COM	WeComm,Ltd
Suring	145.4700	−	O 114.8ael r	AB9PJ	AB9PJ
Sussex	147.3900	+	O 127.3ae s	W9CQ	WARC, Inc
Three Lakes	147.1950	+	O 114.8ael r	N9GHE	N9GHE
Tomah	146.8050	−	O 131.8es	N9BOE	N9BOE
Tomahawk	145.4300	−	O 114.8ael r	N9CLE	TOM RP A

144-148 MHz
WISCONSIN-WYOMING

Location	Output	Input	Notes	Call	Sponsor
Tripoli	147.1200	+	O 114.8ael r	KC9HBX	KC9HBX
Two Rivers	147.0300	+	O 100.0aer s	N9XFD	N9GHE
Union Grove	146.7450	−	O 127.3ae s	N9OIG	N9OIG
Unity	145.4100	−	O 114.8ael r	W9BCC	RMRA
Viroqua	145.1700	−	O 131.8es	N9TUU	N9TUU
Wabeno	145.1100	−	O 114.8ael r	K9ARF	PASS
Watertown	145.1900	−	O 123.0ael rs	K9LUK	W.I.N.
Wausau	145.2450	−	O 114.8ael r	W9BCC	RMRA
Wausau	146.8200	−	O 114.8ael r	W9BCC	RMRA
Wausau	146.8650	−	O 114.8ael r	W9SM	WVRA
Wausau	147.0600	+	O 114.8ael r	KC9NW	Rich Maier
Wausau	147.1350	+	O 114.8ael r	W9SM	W.V.R.A.
Wausaukee	146.8800	−	O 114.8ael r	WA8WG	WA8WG
West Milwaukee	147.1350	+	O 127.3ae s	N9FSE	Viking Com
Willard	147.2700	+	O 114.8ael r	N9UWX	N9UWX
Wisconsin Rapids	146.7900	−	O 114.8ael r	W9MRA	MSRA
Wisconsin Rapids	147.3300	+	O 114.8ael r	W9MRA	MSRA

WYOMING
CENTRAL

Location	Output	Input	Notes	Call	Sponsor
Atlantic City - Limestone Mtn	147.0300	+	O 100.0	KD7BN	KD7BN
Casper	145.1450	−	O aersxz	N7OSW	N7OSW
Casper	145.2350	−	O 100.0rs	W7VNJ	CARC
Casper	147.2800	+	O 107.2a WX	W7VNJ	CARC
Casper	147.3450	+	O aex	K7KMT	K7KMT
Casper - Grand View	145.3250	−	O (CA)e	NG7T	NG7T
Casper Mountain	146.6400	−	O 173.8 L(449.575)x	KD7AGA	CDK Net
Casper Mountain	146.9400	−	O 123.0ars x	W7VNJ	CARC
Lander	145.4450	−	110.9	KC7CJN	KC7CJN

144-148 MHz
WYOMING

Location	Output	Input	Notes	Call	Sponsor
Lander	146.7900	−	O	WB7AHL	WB7AHL
Lander	147.0600	+	Ol L(448.200)	N7HYF	WYAME
Riverton	145.1150	−	O 100.0es wx	KØ FOP	WYAME
Riverton	145.2800	−	O 100.0ae z	KC7BNC	KC7BNC
Shoshoni	147.3000	+	O(CA)	KB7PLA	KB7PLA
Shoshoni - Copper Mtn	146.8050	−	O 100.0 L(HERC)x	KD7BN	KD7BN
Wheatland - Laramie Peak	145.4150	−	O 100.0 E-SUN L(147.300)x	KD7QDM	NWARA

EAST CENTRAL

Location	Output	Input	Notes	Call	Sponsor
Douglas	145.2650	−	Ot L(449.575)	KD7AGA	CDK Net
Douglas	146.9100	−	146.9l	WB7AEM	GPARA
Douglas	147.1500	+	Oe	KK7BA	CCARC
Esterbrook	147.0300	+	100.0a	KT7V	KT7V
Glenrock	145.2650	−	O	KB7FGN	KB7FGN
Lusk	147.3300	+	Oe	KK7LI	W7IFW

HERC - STATEWIDE

Location	Output	Input	Notes	Call	Sponsor
Casper Mountain	147.4600	147.4600	O 100.0# L(HERC)x	KD7BN	HERC
Cheyenne - Laramie Summit	146.8200	−	O 114.8 L(HERC)x	KC7SNO	ShyWy ARC
Douglas	147.5300	147.5300	O 100.0# L(HERC)x	KD7BN	HERC
Dubois	146.8200	−	O 100.0 L(HERC)x	KD7BN	HERC
Gillette	147.5800	147.5800	O 100.0# L(HERC)x	KD7BN	HERC
Lander	147.4300	147.4300	O 100.0# L(HERC)x	KD7BN	HERC
Medicine Bow	147.5000	147.5000	O 100.0# L(HERC)	KD7BN	HERC
Rawlins - Nine Mile Hill	147.3900	147.3900	O 100.0#el x	N7RON	N7RON
Rock Springs - Aspen Mtn	146.9400	−	O 100.0 L(HERC)x	KC7LOR	SWARC
Shell Mountain	146.6700	−	O 100.0 L(HERC)x		HERC
Shoshoni - Copper Mtn	146.8050	−	O 100.0 L(HERC)x	KD7BN	HERC

NORTH CENTRAL

Location	Output	Input	Notes	Call	Sponsor
Basin	147.1350	+	O	WB7S	WB7S
Powell	147.2550	+	O	WA7QNS	WA7QNS
Shell	146.6100	−	O 103.5lrx	KI7W	BHBARC
Shell	146.6700	−	O	WA7NZI	CMARC
Sheridan	146.7300	−	Oa	N7KEO	N7KEO
Sheridan	146.8200	−	O 100.0	W7GUX	SRAL

350 144-148 MHz
WYOMING

Location	Output	Input	Notes	Call	Sponsor
Thermopolis	147.1650	+	O E-SUN	WA7JRF	WA7JRF
Worland	147.2250	+	O	KB7PLA	KB7PLA
NORTH EAST					
Evanston	145.3300	−	O	N7EYQ	------------
Evanston	146.8600	−	O 100.0 L(147.180 145.270)x	K7JL	UVHFS
Gillette - Antelope Butte	147.3600	+	O 123.0 L(147.300 AND 146.790)x	NE7WY	NWARA
Newcastle - Little Thunder	147.0900	+	O 100.0 L(147.300) WXxz	NE7WY	NWARA
Newcastle - Mt Pisgah	147.3000	+	O 162.2 L(147.360 AND 146.790)rx	NE7WY	NWARA
Rocky Point - Dinosaur	147.2700	+	O 123.0 E-WIND L(147.300)x	K7WIZ	NWARA
Sundance - Warren Peak	146.7900	−	O 100.0e L(147.360 AND 147.300)x	NE7WY	NE7WY
Wright	146.9850	−	Ot L(449.575)	KD7AGA	CDK Net
Wright - Little Thunder	147.0600	+	O 100.0 L(147.300) WXxz	NE7WY	NWARA
NORTH WEST					
Cody - Cedar Mountain	146.8500	−	O 103.5els	KI7W	CMARC
SOUTH CENTRAL					
Baggs	147.0600	+	O	WB7CBQ	CCARS
Rawlins	147.0450	+		WD4MYL	HAMS
Rawlins	147.1800	+		KI7QG	CCARS
Rawlins - Choke Cherry	146.7600	−	Oer	KC7CZU	CCARS
Rawlins - EOC	147.2400	+	O	N7GCR	CCARS
Rawlins - Nine Mile Hill	147.3900	+	O 100.0elx	N7RON	N7RON
Rawlins - R Hill	146.7000	−	O 162.2	N7RON	CCARS
SOUTH EAST					
Albin	147.1650	+	O 114.8e L(146.775)rWXx	KC7SNO	ShyWy ARC
Cheyenne	145.2350	−	O 127.3	KB7SWR	KB7SWR
Cheyenne	146.7750	−	O 114.8 TT eL(147.165)rWXxz	KC7SNO	ShyWy ARC
Cheyenne	147.1050	+	O 91.5elr	KC7SNO	ShyWy ARC
Cheyenne - CJHS	147.0150	+	Ox	KC7OEK	Carey ARC
Cheyenne - Cowboy Estates	147.0300	+	O 131.8el	WB4UIC	WB4UIC
Laramie	145.4450	−	O 123.0 L(COLO CONN)	KBØVJJ	KBØVJJ
Laramie	146.6100	−	Oz	N7UW	UARC
Laramie - Jelm Mtn	146.7900	−	O 146.2ers x	N7UW	UARC
Laramie - Sherman Hill	146.8200	−	O 114.8 L(HERC)x	KC7SNO	ShyWy ARC

WYOMING-ALBERTA

Location	Output	Input	Notes	Call	Sponsor
Torrington	146.7300	–	o	KF7BR	KF7BR
Torrington	146.8050	–	o	N7CFR	N7CFR
Wheatland	146.8800	–	L(446.975)	WA7SNU	GPARA
SOUTH WEST					
Cokeville	147.3000	+	o	N7BRQ	N7BRQ
Evanston	145.3300	–	o	WA7MEK	UCRACES
Evanston	146.8600	–	100.0l	K7JL	K7JL
Evanston - Medicine Butte	147.0200	+	ol	K7OGM	------------
Kemmerer	147.0900	+	oarx	W7PIF	LCRACES
Kemmerer	147.3900	+	o	W7PIF	W7PIF
Rock Springs - Aspen Mtn	146.6100	–	o 100.0arxz	N7ERH	SWRACES
Rock Springs - Aspen Mtn	146.6700	–	o 100.0# TTelx	N7ABC	N7ABC
Rock Springs - Aspen Mtn	146.9400	–	o 100.0x	KC7LOR	SWARC
WEST CENTRAL					
Afton - The Narrows	146.9700	–	100.0ers	KD7LVE	SVARC
Big Piney - Hogback Mtn	146.8800	–	o 100.0erx	KC7BJY	SCARC
Dubois	146.8200	–	o 100.0e L(HERC)x	KD7BN	KD7BN
Dubois	147.3150	+	oelx	KG7ST	KG7ST
Jackson - Rendezvous Mtn	146.7300	–	o 123.0rx	W7TAR	TARRA
Jackson - Snow King East	146.9100	–	o 123.0erx	W7TAR	TCEM
Marbleton	145.1450	–	o 100.0 (CA)er	KC7BJY	KC7BJY
Pinedale - Mt Airy	146.7750	–	o 100.0e L(448.100)rx	KC7BJY	SCARC
Smoot - Salt River Pass	145.2500	–	oers	W7UY	SVARC

ALBERTA
BANFF

Location	Output	Input	Notes	Call	Sponsor
Banff	146.6700	–	o	VE6MPR	WRN
Canmore	147.3600	+	o 110.9/110.9el	VE6RMT	CARA
Lake Louise	146.8800	–	ol	VE6BNP	WRN
Lake Louise	147.3300	+	oE-SUNsx	VE6HWY	CARA
CALGARY					
Airdrie	145.3100	–	os	VE6AA	ARES
Calgary	145.2900	–	olx	VA6CTV	VA6DD
Calgary	146.6100	–	o/114.8es	VE6OIL	SARA
Calgary	146.6400	–	110.9/110.9 ep	VE6NQ	CARA
Calgary	146.7300	–	oa	VE6MX	VE6MX

144-148 MHz
ALBERTA

Location	Output	Input	Notes	Call	Sponsor
Calgary	146.7600	–	o 110.9/110.9a	VE6NOV	CARA
Calgary	146.8500	–	o 110.9/110.9el	VE6RYC	CARA
Calgary	146.9400	–	o 131.8/131.8l	VE6RPT	WRN
Calgary	147.0600	–	o 110.9/110.9e	VE6AUY	CARA
Calgary	147.1800	+	o	VE6REC	CARA
Calgary	147.2100	+	o	VE6RPC	CARA
Calgary	147.2400	+	oes	VE6QCW	VE6NLF
Calgary	147.2700	+	o 110.9/110.9	VE6RY	CARA
Calgary	147.3900	+	oael	VE6WRT	VE6CPT
Crossfield	147.1350	+	ol	VE6TPA	FARS/CCC
CENTRAL					
Clive	145.4300	–	o	VE6GAS	VE6ONE
CENTRAL EAST					
Alix/Bashaw	147.2100	+	oael	VE6PAT	VE6ZH
Stettler	146.7000	–	oa	VE6STR	------------
Three Hills	147.3150	–	o	VE6TRO	WRN
Youngston	145.4700	–	o	VE6YSR	VE6NBR
CENTRAL NORTH					
Camrose	146.7600	–	o	VE6WW	RCARC
Pigeon Lake	146.8800	–	oex	VE6SS	------------
Wetaskiwin	145.3700	–	o	VE6WCR	VE6KP
CENTRAL SOUTH					
Carbon	146.7150	–	oe	VE6RCB	CARA
Kathryn	145.3900	–	ol	VE6OTR	WRN
Olds	145.4900	–	oal	VE6OLS	VE6KN
Wimborne	146.9700	–	oelx	VE6BT	THARC
CENTRAL WEST					
Limestone Mountain	145.2700	–	ol	VE6MTR	SARA
Nordegg	145.2100	–	ol	VE6PZ	CAARC
Rocky Mtn House	146.9100	–	oaelx	VE6VHF	CAARC
Sundre	147.0750	+	o 100.0e E-SUNlx	VE6GAB	VE6GAB
DRUMHELLER					
Hanna	146.8200	–	ol	VE6HB	THARC
EDGERTON-WAINWRIGHT					
Edgerton	145.2900	–	o 123l	VE6RWC	SARC
EDMONTON					
Beaumont	147.1800	+	oa	VE6BUZ	LEMIRE
Devon	146.6850	–	o	VE6LOS	VE6FQ
Edmonton	145.4100	–	ol	VE6NHB	SARA
Edmonton	146.6400	–	o	VE6QCR	QCARC
Edmonton	146.7150	–	o	VE6TCK	VE6TCK
Edmonton	146.8500	–	oae	VE6ETR	VE6BJP
Edmonton	146.9400	–	o	VE6MR	VE6MR

144-148 MHz
ALBERTA

Location	Output	Input	Notes	Call	Sponsor
Edmonton	147.0600	−	Oa	VE6HM	NARC
Edmonton	147.1200	+	OaeWX	VE6RES	RAES
Edmonton	147.2400	+	Ol	VE6JN	NARC
Edmonton	147.2850	+	O	VE6OSM	VE6JDD
Ft Saskatchewan	147.2700	+	O	VE6CWW	------------
Ft Saskatchewan	147.2700	+	O	VE6FSR	VE6TCK
Ft Saskatchewan	147.3600	+		VE6GNS	VE6TCK
North Morinville	146.9400	−	O	VE6LAW	VE6ZA
Sherwood Park	145.2900	−	O	VE6SRV	------------
FT McMURRAY					
Ft McMurray	146.9400	−		VE6TAC	------------
Ft McMurray	147.0000	+	Oae	VE6TRC	TARC
GRANDE PRAIRIE					
Grande Prairie	146.3600	146.3600	Oa	VE6LGL	PCARC
Grande Prairie	146.8500	−	O	VE6BL	PCARC
Grande Prairie	147.0600	−	Ox	VE6OL	PCARC
Grande Prairie	147.1500	+	O	VE6XN	PCARC
Rycroft	146.9700	−	O	VE6MAR	VE6BHH
Valleyview	147.2400	+	O	VE6YK	------------
LETHBRIDGE					
Lethbridge	146.8800	−	Oe	VE6CAM	VE6CAM
Lethbridge	147.1500	+	Oa	VE6UP	CCRG
Raymond	145.3700	−	O	VE6EEK	VE6FIE
LLOYDMINSTER					
Lloydminster	146.9400	−	Olx	VE5RI	SARC
MEDICINE HAT					
Brooks	147.1200	+	Oel	VE6EID	BARC
Brooks	147.2700	+	Oa	VE6NEW	BARC
Medicine Hat	145.4100	−	Ol	VE6CDR	VE6GLF
Medicine Hat	146.7000	−	O	VE6HHO	MHARC
Medicine Hat	147.0600	−	Oalx	VE6HAT	MHARC
Medicine Hat	147.1800	+	O	VE6MHT	MHARC
NORTH					
Athabaska	146.7300	−	Oe	VE6BOX	VE6BOY
NORTH EAST					
Andrew	146.7000	−	Oa	VE6JET	VE6BIK
Ashmont	147.1800	+	EXP	VE6TTL	VE6ARJ
Bonnyville	146.7150	−	Ol	VE6ADI	VE6XLR
Cold Lake	147.0900	+	Oae	VE6ADI	CLARC
Elk Island	146.6100	−	O	VE6REI	VE6BEX
Glendon	145.4500	−		VE6HOG	VE6XLR
La Corey	143.3750	+	O	VE6MBJ	CLARC
Lloydminster	145.2900	−	Ol	VE6YLL	------------
May Lakes	147.1500	+	Ol	VE6TBC	VE6RMB
Poe	145.4900	−	O	VE6POE	VE6TCK
Slave Lake	147.0300	+	O	VE6SLR	VE6AMY
St Paul	146.6700	−	Oa	VE6SB	VE6SB
Willingdon	146.7900	−	Oelx	VE6RJK	VE6BIK
NORTH WEST					
Grande Cache	147.3900	+	Ol	VE6YGR	------------

144-148 MHz
ALBERTA-BRITISH COLUMBIA

Location	Output	Input	Notes	Call	Sponsor
Whitecourt	146.8200	−	●x	VE6PP	QCARC
PEACE RIVER					
Fairview	147.3750	+	●	VE6AZZ	VE6NN
Peace River	146.7900	−	●	VE6PRC	PRARC
Peace River	146.8200	−	●a	VE6PRR	--------
Peace River	146.9400	−	●a	VE6AAF	--------
RED DEER					
Red Deer	147.1500	+	●aelx	VE6QE	CAARC
Red Deer/Penhold	145.3300	−	●lx	VE6REP	SARA
SOUTH					
Claresholm	146.7900	−	●e	VE6ROT	PHARTS
High River	145.1900	−	●	VE6HWC	FARS
High River	147.0000	+	●ae	VE6CQM	VE6BGL
Milk River	146.7600	−	●al	VE6BRC	VE6BRX
Nanton	145.1700	−	●elsx	VE6HRB	FARS
Warner	146.6700	−	●	VE6BBR	VE6BD
SOUTH WEST					
Black Diamond	145.3700	−	●lsx	VE6HRD	FARS
Burmis/Crowsnest Pass	145.3900	−	●	VE6HRP	FARS
			A(*ON/#OFF)lsx		
Chain Lakes	147.0300	+	●l	VE6WRO	WRN
Claresholm	145.2100	−	●	VE6AAH	VE6ARS
Coleman	145.4900	−	●	VE6CNP	FARS
Millarville	145.1900	−	●l	VE6HRC	FARS
Pigeon Mtn	145.1500	−	●	VE6SAL	VE6CID
Pincher Creek	145.4500	−	●	VE6PAS	VE6COM
Turner Valley	147.3000	+	●	VE6CBI	VE6CBI
SUNDRE					
Barrier Mountain	147.0300	−	● 131.8#lx	VE6AMP	WRN
VERMILION					
Vermilion	147.3150	+	●l	VE6YVG	SARC
YELLOWHEAD					
Hinton	146.7600	−	●aex	VE6YAR	VE6YAC
Jasper	146.9400	−	●	VE6YPR	YARC
Jasper	147.4800	−	●	VE6KMC	--------

BRITISH COLUMBIA
FRASER VALLEY

Location	Output	Input	Notes	Call	Sponsor
Abbotsford	145.0300	+	●	VE7PKV	FVARESS
Abbotsford	146.6100	−	● 110.9	VE7RVA	FVARESS
Abbotsford	147.2800	+	110.9	VE7ASM	AARESS
Aldergrove	147.3800	+	203.5e	VE7RLY	Langley AR
Chilliwack	145.1100	−	●	VA7RSH	Cheam Rptr
Chilliwack	146.8600	−	88.5	VE7VCR	VE7HD
Chilliwack	146.9600	−	110.9	VA7CRC	VE7BHG
Chilliwack	147.1000	+	110.9e	VE7RCK	VE7BHG
Hope	146.7000	−	77	VE7UVR	VE7HZR
Hope	147.0800	+	● 110.9	VE7RVB	FVARESS
Langley City	147.3800	+	77.0e	VE7RLY	Langley AR

144-148 MHz
BRITISH COLUMBIA

Location	Output	Input	Notes	Call	Sponsor
Langley South	147.3800	+	110.9e	VE7RLY	Langley AR
Maple Ridge	146.8000	−	156.7	VE7RMR	Maple Ridge
GREATER VANCOUVER					
Burnaby	145.1700	−	e	VE7TEL	TPARC
Burnaby	145.3500	−	127.3	VE7RBY	BARC
Burnaby	147.0600	+	O	VE7FVR	IPARN
Coquitlam	145.3100	−	O	VE7MFS	Coq. Fire
Delta	147.3400	+	107.2	VE7SUN	VE7DID
New Westminster	145.3900	−	O 100el	VE7NWR	NWARC
Pemberton	146.9800	−	O	VE7PVR	Squamish A
Port Coquitlam	145.4900	−	94.8e	VA7RPC	Poco Fire
Richmond	147.1400	+	79.7	VE7RMD	Richmond A
Sea-to-Sky	146.9600	−	151.4	VA7SQU	VE7IDQ
Squamish	147.0000	+	O 77.0/77.0	VE7SQR	Squamish A
Surrey	147.3600	+	110.9e	VE7RSC	Surrey ARC
Vancouver	145.1500	−	O 123.0l	VE7ROX	VE7ROX
Vancouver	145.2100	−	O	VE7RTY	VE7BBL
Vancouver	145.2700	−	100	VE7RHS	UBC ARS
Vancouver	145.2900	−	100	VA7IP	VE7LTD
Vancouver	145.4500	−	●	VE7TOK	VE7MBG
Vancouver	145.5100	−	O	VE7VCT	VECTOR
Vancouver	146.7200	−	O	VE7RBC	CBC ARC
Vancouver	146.7200	−	O	VE7RBI	CBC ARC
Vancouver	146.9400	−	●el	VE7RPT	BCFMCA
Vancouver	147.0400	+	O	VE7RCH	Cheam Rptr
Vancouver	147.1200	+	156.7l	VE7VAN	VE7DBK
Vancouver	147.2600	+	e	VE7RHB	VE7QH
Vancouver	147.2600	+	e	VE7RNS	VE7QH
Vancouver	147.3000	+	●	VE7RDX	BCDX Club
Whistler	146.8200	−	O 100/100	VE7WHI	VE7MCJ
Whistler	147.0600	+	O	VE7WHR	VE7WHR
White Rock	146.9000	−	91.5	VE7RWR	WRARC
NORTH COAST					
Hazelton	146.9400	−	O	VE7RHD	BVARC
Kitimat	146.8200	−	O	VE7SNO	Kitimat AR
Kitimat	147.0600	+	O	VE7RAF	VE7ACF
Prince Rupert	146.8800	−	O	VE7RPR	PRARC
Prince Rupert	146.9400	−	O	VE7RKI	VE7EDZ
Prince Rupert	147.2800	+	O	VE7RMM	Prince Rup
Queen Charlotte	146.6800	−	O	VE7RQI	QCI ARC
Terrace	146.0000	+	O	VE7RTK	Terrace AR
Terrace	146.8000	−	O	VE7FFU	VE7IJJ
Terrace	146.9400	−	O	VE7RDD	Doug Davie
NORTH INTERIOR					
Burns Lake	146.9400	−	100	VE7LRB	LDARC/VE7L
Fishpot - Nazko	147.1500	+	l	VE7MBM	QRES
Fort St James	147.2400	+	100	VE7RFF	VE7XJC
Fort St James	147.3300	+	100	VE7DPG	VA7RC
Fraser Lake	146.8400	−	100l	VE7RES	PGARC
Horsefly	147.1800	+	162.2	VE7WLP	VE7PW

144-148 MHz
BRITISH COLUMBIA

Location	Output	Input	Notes	Call	Sponsor
Houston	147.0600	+	100l	VE7RHN	BV ARC
Hudson's Hope	146.8800	–	100	VA7RHH	Hudson's H
Loos	146.8800	–	100.el	VE7RES	PGARC
Mackenzie	146.8200	–	100l	VE7MKR	VE7MKR
Mackenzie	147.3300	–	●e	VE7ZBK	Mackenzie
McBride	146.7600	–	100	VE7RMB	PGARC
Pine Pass	146.6400	–	100	VE7RES	PGARC
Prince George	145.4300	–	100el	VE7RES	Prince Geo
Prince George	146.7000	–	100l	VE7FFF	Prince Geo
Prince George	146.9100	–	100l	VE7RWT	Prince Geo
Prince George	146.9400	–	100el	VE7RPM	Prince Geo
Prince George	147.3000	+	100el	VE7RES	PGARC
Quesnel	146.9700	–	100	VE7GPC	VE7JIU
Quesnel	147.0600	–	o	VE7RQL	Quesnel AR
Quesnel	147.2100	+	100el	VE7RES	PGARC
Smithers	146.8800	–	l	VE7RBH	BV ARC
Valemont	147.0000	+	100el	VE7RES	PGARC
Vanderhoof	146.8000	–	100l	VE7RSM	Nechako Cl
Vanderhoof	146.8800	–	o	VE7RON	VE7UP
Verdun	146.7600	–	100	VE7LRB	LDARC
Wells/Barkerville	147.3800	+	100	VE7RLS	QARC
Williams Lake	146.6200	–	100	VE7RTI	QARC/VE7EQ
Williams Lake	146.8800	–	o	VE7WLR	VE7PW
Williams Lake	147.1200	+	100	VE7RWL	VE7PW
Williams Lake	147.3000	+	162.2el	VE7KDL	VE7PW
PEACE RIVER					
Chetwynd	146.9100	–	l	VE7ATY	BC Oil Cou
Dawson Creek	146.7600	–	100l	VE7RMS	BC Oil Cou
Dawson Creek	146.9400	–	o	VE7RDC	VE7DSD
Fort Nelson	146.9400	–	Ol	VE7VFN	FNARC
Fort St John	146.6400	–	100l	VE7RSJ	BC Oil Cou
Fort St John	147.2100	+	100l	VE7RUC	BC Oil Cou
Pouce Coupe	146.2500	+	o	VE7AGJ	VE7AGJ
SOUTH CENTRAL					
100 Mile House	146.7400	–	a	VE7SCQ	Kevin Lars
Alexis Creek	146.8000	–	162.2	VA7TRU	VE7PW
Apex Mtn	146.9200	–	Ol	VE7OKN	Penticton
Barriere	147.2400	+	o	VE7RTN	Kevin Lars
Barriere	147.3000	+	o	VE7RTN	VE7PW
Barriere	147.3800	+	o	VA7RTN	VE7MOB
Blackpool	146.9000	–	o 100	VE7RBP	Wells Gray
Christina Lake	146.7600	–	e	VE7RCL	Grand Fork
Clearwater	146.9200	–	o	VE7RWG	Wells Gray
Clinton	146.6800	–	o	VE7RKL	IPARN
Clinton	147.3600	+	o	VE7LMR	VE7PW
Coquihalla	146.9800	–	123.0	VE7TYN	Kamloops A
Coquihalla	147.1000	+	o	VE7LGN	VE7FFK
Ellison	147.2600	444.7000	88.5	VA7UN	VA7UN
Ellison	147.2600	+	88.5	VA7UN	VA7UN
Granite Peak	146.7600	–	el	VE7RNH	Shuswap AR

144-148 MHz — BRITISH COLUMBIA

Location	Output	Input	Notes	Call	Sponsor
Kamloops	146.9400	−	o	VE7DUF	Kamloops A
Kamloops	147.1800	+	Oe	VE7KEG	VE7EFL
Kamloops	147.2400	+	o	VE7KIG	VE7LGF
Kamloops	147.3200	+	el	VE7RLO	Kamloops A
Kelowna	145.4900	−	88.5	VE7HWY	OCARC
Kelowna	146.6200	−	Oa	VE7ROK	OCARC
Kelowna	146.6800	−	o	VE7OGO	OCARC
Kelowna	146.7000	−	e	VA7NBC	VA7UN
Kelowna	146.7200	−	o	VE7EJP	VA7UN
Kelowna	146.7200	−	l	VE7OGO	OCARC
Kelowna	146.7800	−	88.5	VE7SFX	VE7EQN
Kelowna	146.8200	−	o	VE7ROC	OCARC
Kelowna	146.8400	−	88.5	VA7CNN	VA7UN
Kelowna	146.8600	−	88.5l	VE7RBG	OCARC
Kelowna	147.0000	+	l	VE7ROW	OCARC
Kelowna	147.1400	+	o	VE7VTC	VE7VTC
Kelowna	147.2400	+	o	VE7RIM	VE7KHQ/IPA
Kelowna	147.3000	+	e	VE7KTV	VA7UN
Kelowna	147.3600	+		VA7JPL	VA7UN
Lone Butte	147.2200	+	88.5	VE7AZQ	VE7LX
Lytton	147.0600	−	o	VE7HGR	IPARN
Manning Park	147.0600	+	o	VE7MPR	IPARN
Merritt	146.6600	−	o	VE7IRN	IPARN
Merritt	147.0800	+	110.9	VE7RIZ	VE7RIZ
Monashee Pass	146.7400	−	123	VE7SMT	NORAC
Mt Avola	145.3500	−	o	VE7RBP	Wells Gray
Okanagan Shuswap	147.0600	+	o	VE7RNR	NORAC
Oliver	147.1600	+	e	VE7RBD	Oliver ARC
Oliver	147.3800	+	o	VE7ROR	OARC
Osoyoos	145.2700	−	107.2	VE7OSY	KARTS
Osoyoos	145.2900	−	107.2	VE7EHF	KARTS
Osoyoos	146.9400	−	o	VE7STA	VA7UN
Osoyoos	147.1800	+	88.5	VE7OJP	VA7UN
Osoyoos	147.3400	+	o	VE7STA	VA7PN
Penticton	146.6400	−	●131.8elp	VE7RCP	Penticton
Penticton	147.1200	+	o	VE7RPC	VE7EBR
Redstone	147.2400	+	162.2	VE7BYC	VE7YY
Revelstoke	147.2000	+	l	VE7RJP	VE7UN
Robson Valley	146.7600	−		VE7RMB	McBride AR
Salmon Arm	146.1600	+	a	VE7CAL	Shuswap AR
Salmon Arm	146.6400	−	o	VE7RAM	VE7LOG
Salmon Arm	147.0200	+	o	VE7RSA	Salmon Arm
Shuswap	147.0800	+	o	VE7LIM	VE7DTN
Sicamous	145.4700	−	#EXP	VE7QMR	Shuswap ARC
Silver Star	146.9000	−	123	VE7RHW	VE7HW/VE7O
Sorrento	146.6400	−	o	VE7RXX	VE7EHL
Sorrento	147.1400	+	el	VA7AHR	Shuswap AR
South Okanagan	147.3400	+	107.2e	VE7RSO	VA7WCN
Tatlayoko Valley	147.2800	+	162.2	VA7TKR	VA7XK

144-148 MHz
BRITISH COLUMBIA

Location	Output	Input	Notes	Call	Sponsor
Valemont	146.6000	−	Oel	VE7YCR	Wells Gray
Vernon	146.8000	−	Olpr	VE7EGO	NORAC
Vernon	146.8800	−	1849lpr	VE7RSS	NORAC
Vernon	147.0400	+	a	VE7RIP	NORAC
Vernon	147.2200	+	O	VA7VMR	VE7OHM
SOUTH EAST					
Cranbrook	146.9400	−	lpr	VE7CAP	EKARC
Creston	146.8000	−	O	VE7RCA	EKARC
FairmontHotSpring	146.8500	−	O	VE7RIN	EKARC
Golden	147.1600	+	l	VE7DMO	EKARC
Grand Forks	146.9400	−	100el	VE7RGF	Grand Fork
Grand Forks	147.2800	+	e	VE7RGF	Grand Fork
Kootenay Lake	147.0600	−	O	VE7BTU	WKARC
Kootenay Nat Park	146.7000	−	131.8el	VE7KNP	Wild Rose
Nakusp	146.9400	−	1811elpr	VE7RDM	VE7EDA
Nelson	146.6400	−	O	VE7RCT	WKARC
Rossland	147.1400	+	O	VE7OGM	Ben Peach
Sparwood	147.3000	+	100	VE7RSQ	Karl Ehrle
Trail	146.8400	−	O	VE7CAQ	BVARC
VANC ISLAND CENTRAL					
Alberni Valley	145.2900	−	141.3	VE7RTE	VE7TFM
Chemainus	146.6800	−	141.3	VE7RNA	Cowichan V
Comox	147.1600	+		VE7KIG	VE7LGF
Lund	147.0000	+	100.0	VA7LND	Powell Riv
Nanaimo	145.4300	−	141.3l	VA7DJA	NARA
Nanaimo	146.6400	−	l	VE7ISC	NARA
Nanaimo	146.9800	−	141.3	VE7TUB	NARA
Nanaimo	147.1800	+	100l	VE7RBB	VE7PI
Parksville	145.3700	−	100.0/141.3	VE7RPQ	Mid Island
Parksville	147.0800	+	141.3p	VA7RFR	VA7DMN
Parksville	147.2800	+	O 141.3ael	VE7PQA	ORCA
Port Alberni	147.1500	+	151.4	VE7RPA	Arrowsmith
Port Alberni	147.2400	+	141.3el	VE7KU	Arrowsmith
Powell River	147.2000	+	141.3	VE7PRR	Powell Riv
Sunshine Coast	147.2200	+	100.0l	VE7RXZ	VE7ALT
Tofino	146.8800	−	141.3	VE7TOF	Comox Vall
Ucluelet	147.0000	−	100.0l	VE7RWC	VE7CM
VANC ISLAND NORTH					
Campbell River	146.7600	−	O	VE7XJR	VE7BMR
Campbell River	146.8200	−	O	VE7RVR	VE7DAY
Campbell River	146.9600	−	O	VE7CRC	VE7BMR
Comox Valley	146.7800	−	141.3e	VE7RCV	Comox Vall
Courtenay	146.6200	−	141.3	VE7NIR	North Isla
Courtenay	146.9100	−	141.3lpr	VE7RAP	Comox Vall
Port McNeil	146.9200	−	e	VA7RNI	North Isla
Port McNeil	146.9400	−	O	VE7RNI	North Isla
Sayward	146.7000	−	O	VE7RNC	North Isla
Woss Lake	146.8800	−	O	VE7RWV	NIARS

144-148 MHz 359
BRITISH COLUMBIA-MANITOBA

Location	Output	Input	Notes	Call	Sponsor
VANC ISLAND SOUTH					
Duncan	145.4700	–	127.3e	VE7RVC	CVARS
East Sooke	145.4300	–	100	VE7RAH	Base ARC
Malahat	146.9800	–	O 123.0	VE7XMR	CERT-BC
Oak Bay	146.8400	–	107.2	VE7XIC	WARA
Saanich	145.2900	–	167.9e	VE7SER	Saanich EP
Saltspring Is	146.6600	–	100	VE7RMT	WARA
Saltspring Is	147.3200	+	O 88.5 L(C4FM FUSION)	VE7RSI	Saltspring
Sidney	146.6600	–	123.0	VE7MXT	WARA
Sooke	145.4100	–	103.5	VE7RWS	VE7ED
Sooke	146.8400	–	123.0	VE7XSK	WARA
Sooke	147.2200	+	O	VE7RSK	Paul Johns
Triangle Mtn	146.8400	–	131.8	VE7RMT	WARA
Victoria	145.1300	–	114.8e	VE7US	CRERCC
Victoria	146.8400	–	100	VE7VIC	WARA
Victoria	146.9800	–	103.5e	VE7RWS	VE7ED
Victoria	147.1200	+	100l	VE7RBA	VE7IA
Victoria	147.2400	+	el	VE7RFR	VE7DAT
MANITOBA					
INTERLAKE					
Ashern	146.7000	–	O	VE4SHR	VE4KE
East Selkirk	146.7300	–	O	VE4SLK	SelkirkARC
Gimli	146.8500	–	Otae	VE4GIM	MANRS
Lundar	146.9700	–	Ol	VE4LDR	VE4GM
Teulon	145.4100	–	O	VE4TEU	ILARC
Woodlands	145.4300	–	Ol	VE4SIX	----------
NORTH					
Thompson	146.9400	–	#	VE4TPN	THOMPSON AR
NORTHWEST					
Dauphin	146.6400	–	Oa	VE4DPN	DARC
Dauphin	147.0300	–	Ox	VE4BMR	MANRS
Flin Flon	146.9400	–	Ox	VE4FFR	FliFlonRC
Swan River	146.9400	–	Ol	VE4SRR	SWANARC
The Pas	145.3500	–	O	VE4PAS	----------
SOUTH CENTRAL					
Austin	146.9100	–	O	VE4MTR	VE4RE
Basswood	145.1500	–	O 127.3	VE4BAS	VE4TOM
Bruxelles	146.8800	–	Olx	VE4HS	SWARC
Elie	147.2400	+	O 127.3	VE4RAG	VE4TOM
Morris	145.2700	–	Oae	VE4CDN	MANRS
Neepawa	147.2100	+	Oae	VE4NEP	MANRS
Portage	147.1650	+	O	VE4PTG	VE4KE
Winkler	145.1900	+	O	VE4VRG	WinklerARC
SOUTHEAST					
Falcon Lake	146.6400	–	Ol	VE4FAL	VE4AS
Hadashville	147.3600	+	Oers	VE4EMB	MANRS
Lac Du Bonnet	145.3700	–	Ox	VE4PIN	PARC

144-148 MHz
MANITOBA-NEW BRUNSWICK

Location	Output	Input	Notes	Call	Sponsor
SOUTHWEST					
Brandon	146.7300	–	●a	VE4TED	BrandonRC
Brandon	146.9400	–	●x	VE4BDN	BrandonRC
Killarney	146.8500	–	●x	VE4KIL	VE4RO
WEST CENTRAL					
Foxwarren	147.0600	+	●l	VE4PCL	PCLRS
Russell	147.2400	+	●l	VE4BVR	RARC
WINNIPEG					
Bird's Hill	146.8200	–	●	VE4INT	----------
Milner Ridge	145.2100	–	●ae	VE4MIL	----------
Starbuck	146.6100	–	●lrs	VE4MAN	MANRS
Winnipeg	145.2300	–	● 127.3	VE4ARC	----------
Winnipeg	145.3500	–	●a	VE4WNR	VE4VE
Winnipeg	145.7600	–	●	VE4CNR	PMCStaff
Winnipeg	147.1200	+	●l	VE4AGA	VE4AGA
Winnipeg	147.2700	+	●	VE4UMR	UMARS
Winnipeg	147.3000	+	●l	VE4EDU	MANRS
Winnipeg	147.3300	+	●	VE4RRC	RedRvrCC
Winnipeg	147.3900	+	●lrsx	VE4WPG	MANRS
Winnipeg	147.7800	–	⬤	VE4WDX	WnpgDXClb
NEW BRUNSWICK					
ACADIEVILLE					
Acadieville	145.4300	–	●el	VE9ACD	IRG
BATHURST					
Allardville	147.3150	+	●el	VE1BRD	IRG
BELLEDUNE					
Elmtree	145.4100	–	●el	VE9ELM	IRG
CAMPBELLTON					
7 Mile Ridge	147.3900	+	●el	VE9VDR	IRG
Campbellton	146.6550	–	●	VE9CTN	VE2FXM
Campbellton	146.9550	–	●	VE9SMR	VE2FXM
DALHOUSIE					
Dalhousie	145.3900	–	●	VE9LED	----------
Dalhousie	145.4900	–	●	VE9DNB	VE9YN
Dalhousie	146.9700	–	●	VE9MDM	----------
DOAKTOWN					
Doaktown	146.9100	–	●el	VE1XI	IRG
EDMUNDSTON					
Edmundston	147.3000	+	●l	VE9TMR	CRAM
Riceville	145.1300	–	●el	VE9RCV	IRG
FREDERICTON					
Crabbe Mtn	146.7600	–	●el	VE1PD	IRG
Fredericton	146.6550	–	●/123.0 L(446.650)p	VE9CWM	VE9HAM
Fredericton	147.1200	+	●el	VE1BM	IRG
Fredericton	147.1650		● 123.0/123.0 L(DMR)	VE9FTN	VE1KO
Fredericton	147.2550	+	● 123.0	VE9HAM	VE9HAM
Fredericton	147.3000	+	●L(IRLP)	VE9FNB	FARC

144-148 MHz
NEW BRUNSWICK

Location	Output	Input	Notes	Call	Sponsor
Fredericton	147.3600	+	O	VE9DGP	VE9AI
Oromocto	145.3100	–	Oe	VE9OPH	Hospital
FUNDY					
Fundy Park	145.1700	–	Ol	VE9TCF	------------
GRAND FALLS					
Grand Falls	146.9400	–	Ol	VE9GFL	------------
GRAND MANAN IS					
Grand Manan Is	146.9550	–	Ol	VE9GMI	IRG
MINTO					
Minto/Chipman	145.1900	–	O/123.0	VE9GLA	------------
MIRAMICHI					
Chapin Is Rd	147.1500	+	Oel	VE9MIR	IRG
Newcastle	146.7300	–	O	VE1NCW	VE1DAB
MONCTON					
Moncton	146.8800	–	O	VE1RPT	VE1ACA
Moncton	146.9250	–	OL(DMR)	VE9DMR	DMR Digital
Moncton	147.0900	+	Oel	VE1MTN	IRG
Moncton	147.3450	+	OL(IRLP)	VE9TCR	TCARC
PERTH					
Kintore Mtn	147.0600	–	Oel	VE9KMT	IRG
SACKVILLE					
Fairfield	145.2300	–	Oel	VE9SKV	IRG
SAINT JOHN					
Grove Hill	145.3300	–	Oel	VE9STM	IRG
Hampton	145.1300	–	O	VE9HPN	LCARC
Otter Lake	147.3900	+	O	VE9PSA	VE1BAC
Saint John	145.1100	–	O	VE9SNB	VE9SNB
Saint John	145.9500	–	OL(DMR)	VE9SJN	DMR Digital
Saint John	146.8200	–	O	VE9STJ	IRG
Saint John	147.2700	+	O/100.0e L(IRLP)	VE9SJN	LCARC
Spruce Lake	146.8950	–	O	VE9SJW	LCARC
SHEDIAC					
Shediac	147.2250	+	O	VE9SBR	SBRG
Shediac	147.3750	+	O	VE9DRB	------------
ST GEORGE					
St George	147.2250	+	Ol	VE9STG	IRG
ST LEONARD					
St Leonard	145.3500	–	Olbl WX	VE9STL	IRG
ST QUENTIN					
St Quentin	145.2300	–	Oel	VE9SQN	IRG
St Quentin	145.4500	–	O	VE9MIK	VE1MIK
ST STEPHEN					
Pleasant Ridge	146.7000	–	Oel	VE1BI	IRG
STANLEY					
Stanley	147.0300	+	Oe	VE9NRV	IRG
SUSSEX					
Scotch Mtn	146.6100	–	Oel	VE9SMT	IRG
TRACADIE					
Pokemouche	147.0300	+	O	VE1AZU	VE1BKU

144-148 MHz
NEW BRUNSWICK-NEWFOUNDLAND AND LABRADOR

Location	Output	Input	Notes	Call	Sponsor
St Isidore	146.7000	−	Oel	VE9SID	IRG
Tracadie	145.4700	−	O	VE9CR	------------
WOODSTOCK					
Skiff Lake	145.3700	−	Oel	VE9IRG	IRG
Woodstock	146.9700	−	Oa	VE9CCR	CCARC
Woodstock	147.1800	+	O	VE9TOW	CARC
NEWFOUNDLAND AND LABRADOR					
AVALON EAST					
Cape Pine	147.1200	+	O	VO1CPR	ILARC
Ferryland	147.2800	+	O	VO1CQD	ILARC
Holyrood	146.7600	−	Oal	VO1BT	SONRA
Paradise	146.8800	−	OL(EIRLP)	VO1CGR	VO1VCP
Portugal Cove South	147.0300	+	O	VO1ILR	ILARC
St John's	146.7900	−	O 100e L(IRLP)	VO1AAA	SONRA
St John's	146.9400	−	OTTel	VO1GT	SONRA
St John's	147.0600	−	Oe	VO1NTV	VO1ST
St John's	147.3450	+	O 100 L(ECHO)	VO1RCR	AVRAC
Transportable	146.6100	−	ep	VO1RNC	VO1RWT
Transportable	147.0000	−	ep	VO1NET	VO1EMO
AVALON WEST					
Carbonear	147.3000	+	O	VO1TBR	UTARC
Goulds	147.2200	+	OL(ECHO)	VO1PBR	VO1IRA
Heart's Content	146.9700	−	O	VO1TCR	BARK
New Harbour	147.0900	+	L(IRLP)	VO1PCR	VO1BIL
Placentia	146.8200	−	OL(IRLP)	VO1ARG	PARA
Placentia	147.0100	+	OL(ECHO)	VO1PAR	PARA
Placentia	147.3850	−	O	VO1AWS	VO1ANJ
Transportable	147.0000	−	ep	VO1NET	VO1EMO
BURIN PEN					
Marystown	146.8500	−	L(EIRLP)	VO1MST	VO1EE
Transportable	147.0000	−	ep	VO1NET	VO1EMO
CENTRAL NF					
Botwood	147.3850	+	O	VO1BOT	VO1AJ
Gander	146.8800	−	Oa	VO1ADE	ARCON
Gander	147.1800	+	Ol	VO1GLR	ARCON
Grand Falls	146.6000	−	Oe	VO1HHR	EVARC
Grand Falls	146.7600	−	Oe	VO1JY	EVARC
Lewisporte Junction	147.3200	+	Ol	VO1LJR	ARCON
Red Cliff	146.9100	−	O	VO1GFR	EVARC
Shoal Hr	146.6600	−	Ol	VO1SHR	ARCON
Transportable	147.0000	−	ep	VO1NET	VO1EMO
LABRADOR					
Goose Bay	146.3400	+	O	VO2GB	GARS
Labrador City	146.9400	−	O	VO2KG	HOWL
Labrador City	147.7600	−	Oa	VO2LMC	HOWL

144-148 MHz
NEWFOUNDLAND AND LABRADOR-NOVA SCOTIA

Location	Output	Input	Notes	Call	Sponsor
Transportable	147.0000	–	ep	VO1NET	VO1EMO
WESTERN AVALON					
Carbonear	147.9850	–	o#	VO1FRR	VO1FRR
WESTERN NF					
Baie Verte	146.9700	–	o	VO1BVR	BVARC
Corner Brook	147.3600	+	ol	VO1MO	HUMBARS
Ramea	147.2800	+	o	VO1RIR	VO1UG
St Anthony	147.9650	–	o	VO1GNP	SAARA
Transportable	147.0000	–	ep	VO1NET	VO1EMO
WESTERN REGION					
Birchy Lake	146.6400	–	ol	VO1BLR	HUMBARS

NORTHWEST TERRITORIES

Location	Output	Input	Notes	Call	Sponsor
FT RAE					
Ft Rae	145.1500	–	o	VE8RAE	Yellowknife ARS
YELLOWKNIFE					
Yellowknife	146.9400	–	o L(224.940/224.340)	VE8YK	Yellowknife ARS

NOVA SCOTIA

Location	Output	Input	Notes	Call	Sponsor
AMHERST					
Amherst	147.2850	+	OL(IRLP)	VE1WRC	WCARC
ANTIGONISH					
Antigonish	146.8200	–	oel	VE1RTI	AARC
BARRINGTON					
Barrington Passage	146.8800	–	o	VE1JNR	VE1MM
French Lake	147.2550	+	oel	VE1OPK	SCARC
BRIDGETOWN					
Bridgetown	147.0600	–	oel	VE1BO	NSARA
BRIDGEWATER					
Bridgewater	147.1200	+	OL(IRLP)	VE1KIN	LCARC
Italy Cross	147.0900	+	oel	VE1VL	LCARC
CHESTER					
Sherwood	147.3300	+	oel	VE1LUN	LCARC
DARTMOUTH					
Dartmouth	147.1500	+	oae	VE1DAR	DARC
DIGBY					
Digby	147.0150	+	oel	VE1AAR	FARC
EAST KEMPTVILLE					
East Kemptville	147.1050	+	oel	VE1EKV	YARC
GREENWOOD					
Greenwood	145.2100	–	ol	VE1VAL	VE1II
Greenwood	147.2400	+	OL(IRLP)	VE1WN	GARC
GUYSBOROUGH					
Lundy	146.7000	–	oel	VE1GYS	AARC
HALIFAX					
BeaverBank	147.0450	+	oe	VE1MTT	TPARC
Halifax	146.9400	–	o/82.5e L(IRLP)	VE1HNS	HARC

144-148 MHz
NOVA SCOTIA

Location	Output	Input	Notes	Call	Sponsor
Halifax	147.2700	+	Oel	VE1PSR	HARC
Hammonds Plains	146.6850	–	Oel	VE1PKT	VE1YZ
HFX Airport	146.9700	–	Oel	VE1CDN	VE1YZ
HALIFAX-ALL NS					
Halifax Portable	145.2500	–	Oep	VE1ECT	HARC
Halifax Portable	145.4100	–	Oep	VE1HRM	VE1AJP
INVERNESS					
Kiltarllty Mtn	146.7300	–	Oel	VE1KIL	SARC
KEJIMKUJIK					
Kejimkujik Nat Park	147.1950	+	OE-SUNl	VE1KEJ	QCARC
KENTVILLE					
Glenmount	147.1800	+	Oael	VE1AEH	KCARC
LIVERPOOL					
Granite Village	147.3600	+	Oe	VE1BBY	QCARC
Liverpool	147.0600	+	O	VE1QW	QCARC
Liverpool	147.3000	+	Oael	VE1VO	QCARC
Middlefield	147.3900	+	O	VE1AVA	QCARC
LOCKEPORT					
Lockeport	147.2250	+	O	VE1LFD	------------
MUSQUODOBOIT					
Musquodoboit Hrbr	147.0300	+	Oel	VE1MHR	ESARC
NEW GERMANY					
Church Lake	145.2900	–	O	VE1DSR	DSTAR
NEW GLASGOW					
Pictou	146.7600	–	Oel	VE1HR	PCARC
PARRSBORO					
Parrsboro	145.4700	–	OE-SUNl	VE1PAR	VE1BXK
Parrsboro	146.7450	–	Ol	VE1NET	VE1BXK
PICTOU					
Rocky Mtn	147.0150	–	Oe	VE1JCF	NSARA
SAND RIVER					
Sand river	145.2700	–	Ol	VE1SDR	------------
SHEET HARBOUR					
Sheet Harbour	145.4500	–	Oel	VE1ESR	ESARC
SHELBURNE					
Middle Ohio	146.6100	–	Oael	VE1SCR	SCARC
SHERBROOKE					
Sherbrooke	145.3900	–	Oel	VE1SAB	ESARC
SPRINGFIELD					
Springfield	146.8350	–	Oel	VE1LCA	LCARC
SPRINGHILL					
Lynn Mtn	147.0000	–	Oel	VE1SPR	VE1ZX
Springhill	146.8050	–	Oel	VE1SPH	WARC
Sugarloaf	145.3500	–	OEL(IRLP) WX	VE1BHS	VE1ZX
ST PETERS					
Oban	147.1050	+	Oel	VE1OBN	NSARA

144-148 MHz
NOVA SCOTIA-ONTARIO

Location	Output	Input	Notes	Call	Sponsor
SYDNEY					
Cape Smokey	147.2400	+	Oael	VE1CBI	SARC
Glace Bay	147.3900	+	OL(?)	VE1QSL	VE1APE
Hunter's Mtn	146.6100	−	Oel	VE1HK	SARC
Rear Boisdale	146.8800	−	Oel	VE1HAM	SARC
Sydney	146.9400	−	Oal	VE1CR	SARC
Sydney	146.9700	−	OL(X)	VE1QRZ	VE1APE
TRURO					
Harmony	147.1350	+	OeL(IRLP)	VE1HAR	VE1II
Nuttby Mtn	146.7900	−	Oel	VE1XK	TARC
Nuttby Mtn	147.2100	+	Oe	VE1TRO	TARC
WINDSOR					
Gore	146.6400	−	Oe	VE1OM	TPARC
Windsor	146.9100	−	O	VE1HCA	HCARC
YARMOUTH					
Yarmouth	146.7300	−	Oae L(IRLP)	VE1YAR	YARC
Yarmouth	146.8650	−	Oes	VE1LN	EMO
ONTARIO					
CENTRAL					
Barrie	147.0000	+	O 156.7e L(IRLP ECHOLINK)	VE3RAG	BARC
Barrie	147.1500	+	O 127.3as	VE3KES	VE3OKS
Berkeley	145.2900	−	O 156.7e	VA3CAX	RARC
Caledon	146.7000	−	O 103.5e	VE3RDP	PARC
Dwight	145.2700	−	O 156.7e L(IRLP ECHOLINK COARC)	VE3MUS	VE3MUS
Dwight	146.7750	−	O 156.7e L(IRLP ECHOLINK)	VE3MUS	VE3MUS
Dwight	146.8200	−	O 156.7e L(IRLP ECHOLINK COARC)	VE3MUS	VE3MUS
Edgar	146.8500	−	O 156.7e	VE3LSR	LSRA
Edgar	147.3150	+	O 156.7e L(IRLP)	VE3LSR	LSRA
Edger	147.2850	+	O 156.7e L(ANALOG & P25)	VA3IMB	----------
Keswick	147.2250	+	O 118.8e L(IRLP)	VE3YRC	YRARC
Lions Head	146.7150	−	O 156.7e	VE3CAX	RARC
Midland	146.7600	−	O	VE3SGB	SGBARC
Midland	146.7900	−	O 156.7e	VE3BMR	BMARC
Midland	146.9100	−	OL(ULR)	VE3UGB	SGBARC
Orillia	146.6550	−	O 156.7 L(ECHOLINK)	VA3OPS	----------
Orillia	147.2100	+	O 156.7	VE3ORR	OARC
Parry Sound	145.4900	−	OaL(IRLP) WX	VE3RPL	PARRA
Port Sydney	146.8650	−	O 156.7	VA3MRR	MRG
Sarnia	146.9550	−	O(CA)e L(IRLP)	VE3WHO	----------

144-148 MHz
ONTARIO

Location	Output	Input	Notes	Call	Sponsor
Shelburne	146.6850	−	O 88.5 (CA) eL(VE3ULR) WX	VE3ZAP	----------
CENTRAL EAST					
Colborne	147.1650	+	O 162.2 L(TFMCS)	VE3RTY	----------
Dysart Township	147.1050	+	Oe	VA3LTX	----------
Essonville	147.2400	+	Oae L(IRLP ECHOLINK TFMCS)	VE3TBF	TBFRA
Haliburton	145.2100	−	O 162.2	VA3MIN	VHARA
Lindsay	147.1950	+	Oe L(IRLP ECHOLINK)	VE3LNZ	VHARA
Minden	147.0750	+	O 162.2 (CA) L(443.55)	VE3VHH	----------
Omemee	147.0900	+	O 162.2 L(IRLP)	VA3OME	----------
Oshawa	147.1200	+	O 156.7	VE3OSH	NSARC
Peterborough	146.6250	−	O(CA)el	VE3PBO	PARC
CENTRAL WEST					
Kincardine	146.6100	−	Oe	VE3TIV	BRUCE ARC
Meaford	146.8950	−	O 156.7e L(VE3OSR)	VE3GBT	GBARC
Owen Sound	146.6400	−	O 156.7	VA3YOS	----------
Owen Sound	146.9400	−	Oae L(146.895)	VE3OSR	GBARC
Port Elgin	146.8200	−	O 97.4/97.4 e	VE3PER	Port Elgin A.R.C.
FRONTENAC/LENNOX-ADDINGTON					
Clarendon Station	147.0900	+	O 151.4/151.4es	VE3KAR	KARC
Kingston	146.7750	−	O	VE3KNR	Kingston ARES
Kingston	146.8050	−	O 151.4/151.4	VE3FRG	Frontenac ARES
Kingston	146.9400	−	L(I 2750)sx	VE3KBR	KARC
HASTINGS					
Eldorado	145.4100	−	O 118.8/118.8 (CA)e	VA3SDR	Tri-County ARC
McRae	146.6100	−	O 100.0/100.0	VE3BNI	GTARC
HASTINGS/PRINCE EDWARD					
Bancroft	147.2850	+	O/118.8ae WX	VA3FOY	VE3ATP
Belleville	146.9850	−	/118.8 L(I 2090)s	VE3QAR	QARC
Mcarthur Mills	147.1800	+	OE-SUN L(442.700 +)	VA3PLA	Planica ARC
Picton	146.7300	−	O/118.8	VE3TJU	PERC
Stockdale	147.0150	+	O 91.5/91.5	VE3TRR	VA3CAF
Tweed	145.3700	−	(CA)e L(KJG/ I 2947)sx	VE3RNU	VE3LCA

ONTARIO

Location	Output	Input	Notes	Call	Sponsor
LANARK/LEEDS-GRENVILLE					
Almonte/Union Hall	147.2400	+	O 100.0/100.0	VA3ARE	Almonte ARC
Brockville	146.8200	−	O 100.0/100.0 L(444.000 E.)x	VE3IWJ	VA3TN
Christie Lake	145.2300	−	151.4/151.4 L(KJG/I 2947)	VA3TEL	VE3LCA
Lansdowne	146.6250	−	100.0/100.0	VA3LGA	LGAREsS
Lavant	146.6400	−	A(*74 / #)e L(RNU/I 2947)sx	VE3KJG	VE3LCA
Mount Pakenham	145.3300	−	110.9/110.9 (CA)eL(I2018)	VE2REH	ARAI
Perth	146.9550	−	L(KJG)ps	VE3GWS	Lanark North Lee
Smiths Falls	147.2100	+	/100.0a	VE3RLR	RLARC
Toledo	146.8650	−	a	VE3HTN	HTMLUG
METRO TORONTO					
Ajax	147.3750	+	O 103.5e L(IRLP)	VE3SPC	SPARC
Ballantrae	145.4700	−	O 103.5e L(CANWARN)	VE3ULR	VE3ULR RA
Ballantrae	147.3300	+	O 103.5 (CA) L(IRLP COARC)x	VA3BAL	COARC
Baltimore	145.1500	−	O 186.2 L(CANWARN)	VE3RTR	VE3ULR RA
Brampton	146.8800	−	Oe L(443.550) WX	VE3PRC	PARC
Dufferin	145.4500	−	O 85.4	VE3YPL	-----------
Grand Valley	146.8350	−	O 103.5	VE3POR	-----------
King City	145.3100	−	O 103.5 L(IRLP ECHOLINK)	VE3GSR	VE3GSR
King City	145.3500	−	O 103.5e	VE3YRA	YRARC
King City	146.6100	−	O 103.5e WX	VE3WAS	-----------
Mississauga	145.4300	−	O 103.5 (CA)e	VE3MIS	MARC
Scarborough	146.7450	−	O 131.8	VA3RTC	-----------
Scarborough	146.9400	−	O 103.5	VE3TOR	ETRG
Toronto	145.1100	−	O 82.5	VE3WOO	-----------
Toronto	145.1300	−	O 103.5e L(GTU)	VA3GTU	-----------
Toronto	145.2300	−	O 103.5l	VE3OBN	SSPBD
Toronto	145.3700	−	O 103.5e L(CANWARN)	VE3CTV	CTV ARC
Toronto	145.4100	−	O 103.5e L(TFM IRLP)	VE3TWR	TFMCS
Toronto	146.9850	−	OL(IRLP)	VE3SKY	SARC
Toronto	147.1800	+	O 103.5e L(VE3YRC)	VE3YRK	-----------
Toronto	147.2700	+	O	VE3TNC	-----------

144-148 MHz
ONTARIO

Location	Output	Input	Notes	Call	Sponsor
Uxbridge	146.6700	−	O 67.0	VE3PIC	PRA
Uxbridge	147.0600	+	O 103.5e L(IRLP TFM)z	VE3RPT	TFMCS
Whitby	146.9700	−	O 156.7e	VA3SUP	------------
Whitby	147.1500	+	O 103.5e	VE3WOM	WARC
NATIONAL CAPITAL REGION					
Cumberland	145.2100	−	O 77.0/77.0 es	VA3EMV	EMRG
Kanata	147.0300	−	/100.0	VE3TEL	PARC
Orleans	147.1500	+	O 100.0/100.0aeL(444.400 +)	VE3MPC	RCMP EOG
Ottawa	145.1900	−	al	VA3OTW	SARC
Ottawa	145.4500	−	/151.4	VE3RIX	MARG
Ottawa	146.6700	−	136.5sx L(l 2596)	VA3EMV	EMRG
Ottawa	146.7000	−	136.5/136.5 L(l 2210)x	VE3TST	VE3HXP
Ottawa	146.7900	−	/156.7a	VA3LCC	Cite Collegiale
Ottawa	146.8800	−	/136.5ps	VA3EMV	EMRG
Ottawa	147.3000	+	/100 L(444.2/53.03)	VE3TWO	OVMRC
Ottawa (E/W)	146.9850	−	123.0/123.0 s	VA3EMV	EMRG
Ottawa area	145.1100	−	/136.5ps	VA3EMV	EMRG
NIAGARA					
Dunnville	147.0750	+	O 107.2e	VE3HNR	DARC
Fonthill	147.3000	+	O 107.2e L(IRLP)	VE3WCR	NPARC
Ridgeway	147.1650	+	O 107.2e L(TFM) RB	VE3RAC	------------
Thorold	145.1900	−	O 107.2 L(VE3RAF)	VE3RAF	RAFMARC
Thorold	147.2400	+	O 107.2 (CA)e	VE3NRS	NPARC
NIPPISSING					
Madawaska	147.2550	+		VA3RRR	------------
NORTHEASTERN ONTARIO					
Cobalt	146.9700	−		VE3TAR	------------
Driftwood	147.3600	+	L(VE3AA)	VE3XAA	------------
Elliot lake	147.0000	+	a	VE3TOP	Elliot Lake ARC
Gogama	146.6100	−	L(VE3AA)	VE3OPO	------------
Hearst	146.7000	−	a(CA) Z(911)	VA3YHF	------------
Hearst	146.9400	−	a	VA3GJY	------------
Heyden	145.4700	−	100.0#	VE3SNS	VE3MOH
Heyden	145.5700	−	O 100.0/100.0 E-WINDI	VE3SNS	SN Cluster
Kagawong	146.6700	−	Oex	VE3LTR	MARC
Kapuskasing	146.6400	−	a	VE3KKC	------------
Kapuskasing	146.9400	−		VE3NWA	------------

144-148 MHz
ONTARIO

Location	Output	Input	Notes	Call	Sponsor
Kirkland lake	146.8800	−		VE3KLR	------------
Little Current	145.3100	−	O	VE3RXR	VE3AJB
			156.7/156.7elx		
Little current	146.6700	−		VE3LTR	------------
Little Current	147.2700	+	OaesWXx	VE3RMI	MARC
Little Current	147.2700	+	a	VE3RMI	------------
Mattawa	145.4100	−	123.0	VE3EOR	------------
Mattawa	147.1500	+		VE3NBR	------------
Montreal River Harbour	145.2100	−	O	VA3SNR	------------
			L(442.650)		
Powassan / north bay	145.1100	−	a(CA)l	VE3NFM	------------
Ramore	147.2100	+	L(VE3AA)	VE3TIR	------------
Richards landing	146.8800	−	L(442.650)	VE3SJI	AARC
Sault Ste Marie	146.9400	−	O 107.2az	VE3SSM	AARC
Sault Ste Marie	147.0600	+	L(l 2330)	VA3SSM	VE3KD
Sault Ste Marie	147.1500	−	a	VE3YAK	------------
Sudbury	146.7000	−	a	VE3JPF	------------
Sudbury	147.0600	+		VE3SRG	------------
Sudbury	147.0900	+		VA3SRG	------------
Sudbury	147.3900	+		VE3RKN	------------
Temagami	146.9100	−	O	VE3TEM	------------
Timmins	147.0600	+	l	VE3AA	------------
Valley east	147.1200	+		VE3VLY	------------
Wawa	146.9400	−	a	VE3WAW	------------
NORTHWESTERN ONTARIO					
Atikokan	147.1200	+		VE3RIB	------------
Blackhawk	147.0600	+	l	VE3RBK	------------
Dryden	147.2400	+	O	VE3DRY	DARRC
Dryden	147.2550	+	aez	VE3DRY	------------
Ear falls/red lake	147.0000	+		VE3RLD	------------
Fort Frances	146.8200	−	al	VE3RLC	------------
Fort Frances	147.0600	−		VE3FHS	------------
Geraldton	147.9000	−	a	VE3GLD	------------
Ignace	146.5200	146.5200	O	VE3XAK	WARG
Kenora	146.9100	−	a	VE3YQK	------------
Kenora	147.0300	−	al	VE3LWR	------------
Longlac	147.0600	−		VE3LLT	------------
Sioux lookout	146.8500	−		VE3YXL	------------
Sioux narrows	146.9400	−	al	VE3RSN	------------
Thunder bay	146.8200	−	az	VE3TBR	------------
Thunder bay	146.9400	−		VE3WNJ	------------
Thunder bay	147.0600	−	a	VE3YQT	------------
			L(VE3TBB)		
Thunder Bay	147.2700	+	●	VE3RUM	------------
Thunderbay	145.4500	−	O	VE3BGA	VE3OJ
Upsala	145.4700	−	aL(147.060)	VE3TBB	------------
PRESCOTT-RUSSELL					
Alfred	145.4700	−	O	VA3PRA	PR ARES
			110.9/110.9aeL(l 2115)sx		

144-148 MHz
ONTARIO

Location	Output	Input	Notes	Call	Sponsor
Embrun	147.1950	+	O 110.9/110.9e	VE3EYV	VE3GF
Hammond	147.3300	+	O 110.9/110.9ls	VE3PRV	PR ARES
RENFREW					
Bissett Creek	147.1200	+	A(#22/#) L(146.760)sx	VE3ZBC	RCARC
Foymount	145.4300	−	L(147.000)	VE3UCR	RCARC
Mt St Patrick	147.0600	−	114.8x	VE3STP	CRRA
Pembroke	146.7600	−	/100.0 A(*22/#) L(ZBC/ I 2520)sx	VE3NRR	RCARC
Pt Alexander	146.7900	−	sx	VA3RBW	RCARC
Renfrew	146.9100	−	114.8/114.8 L(E 131218)x	VE3ZRR	ZRRRG
SOUTH					
Acton	147.0300	+	Os	VE3RSS	-----------
Ancaster	145.2700	−	O 131.8e	VE3RDM	-----------
Brantford	147.1500	+	Oe	VE3TCR	BARC
Burlington	147.2100	+	O 131.8e	VE3RSB	BARC
Cambridge	146.7900	−	O 131.8e	VE3SWR	SWARC
Carlisle	146.7150	−	O 131.8 L(ERA)	VEWIK	-----------
Fonthill	147.0450	+	O 107.2 L(ERA)	VE3WIK	-----------
Georgetown	147.1350	+	O 131.8ae L(IRLP)	VE3OD	HARC
Goring	147.1050	+	O 156.7e L(ERA)	VE3MBR	ERA
Greens Corner	147.2250	+	O 131.8e	VE3BIC	-----------
Guelph	145.2100	−	Oesz	VE3ZMG	G.A.R.C.
Kitchener	146.8650	−	O 131.8ez	VE3RCK	KWARC
Kitchener	146.9700	−	O 131.8	VE3KSR	KWARC
New Dundee	145.3300	−	O 131.8e	VE3WIK	ERA System
Oakville	147.0150	+	O(CA)e	VE3OAK	OARC
Simcoe	146.9250	−	O 131.8e L(IRLP)	VE3SME	NARC
Stoney Creek	147.3450	+	O 131.8e	VE3OBP	-----------
Waterloo	147.0900	+	O 131.8 (CA) L(IRLP)	VE3WFM	-----------
Woodstock	146.6550	−	131.8	VA3OHR	OCARC
SOUTHWEST					
Chatham	147.1200	+	O 100.0ael WXz	VE3KCR	CKARC
Dorchester	147.2400	+	O	VE3NDT	-----------
Dutton	147.3600	+	O 114.8	VE3ISR	-----------
Goderich	146.9100	−	O 123.0	VE3OBC	SRAR
Goderich	147.0300	−	O 123.0	VE3GOD	BWRC
Goderich	147.1950	+	O 123.0e	VE3DFJ	SRARC
Grand Bend	146.7600	−	Oe	VE3RGB	GBRA
Ingersoll	145.1700	−	O 114.8e	VA3PLL	PCARC

144-148 MHz
ONTARIO-PRINCE EDWARD ISLAND

Location	Output	Input	Notes	Call	Sponsor
Ingersoll	147.2700	+	O 114.8	VE3OHR	OCARC
Ipperwash	146.9400	–	O 114.8 VE3TCB (CA) L(VE3SUE)		SORT
Leamington	147.3000	+	O	VE3TOM	SPARC
Leamington	147.3300	+	O 118.8	VA3PPL	PARC
London	145.3500	–	O 114.8e	VE3GYQ	SORT
London	145.3900	–	O 114.8	VA3MGI	LARC
London	145.4500	–	O 114.8 VE3OME L(CANWARN) WX		------------
London	147.0600	+	O 114.8e	VA3LON	LARC
London	147.1800	+	O 114.8e VE3TTT L(VE3SUE ECHOLINK)		SORT
Lucan	147.0000	+	O 114.8	VE3MCR	MCRA
McGregor	145.4100	–	O 118.8 VE3EOW WX		ARES
Mitchell	147.2850	+	O 114.8e VE3XMM L(VE3RFC) WX		FCARC
Paris	145.4900	–	O 131.8e	VE3DIB	------------
Richmond	145.2300	–	O 131.8 VE3XXL L(IRLP)		------------
Sarnia	145.3700	–	O 123.0e	VE3SAR	LCRC
Sarnia	146.9550	–	O 118.8 VE3WHO (CA)eL(442.350 IRLP)		------------
St Marys	147.3750	+	O 114.8	VE3SDF	SMARC
St Thomas	147.3300	+	O 114.8	VE3STR	EARS
Stratford	145.1500	–	O 114.8el VE3RFC WX		FCARC
Windsor	145.3900	–	O(CA)	VE3SXC	WART
Windsor	145.4700	–	O 118.8e VE3RRR L(444.5)		WARC
Windsor	147.0600	+	O 118.8ae VE3III L(IRLP)		SPRARC

STORMONT-DUNDAS-GLENGARRY

Location	Output	Input	Notes	Call	Sponsor
Cornwall	145.1700	–	a(CA)	VE3YGM	VE3IGM
Cornwall	147.1800	+	110.9/110.9 VE3SVC aL(443.650)		------------
Iroquois	145.2900	–	123.0/123.0 a	VE3IRO	IARG
Lancaster	147.5250	145.6700	O 131.8/131.8l	VE2REH	ARAI
Moose creek	145.3700	–		VE3OJE	EOVHFRG
Morrisburg	146.7600	–	110.9es	VE3SVR	VA3OW
Winchester	146.9700	–	O 100.0/100.0	VA3NDC	Iroquois ARC

PRINCE EDWARD ISLAND
CAVENDISH

Location	Output	Input	Notes	Call	Sponsor
Cavendish	145.1500	–	Oel	VY2PEI	VY2RU

CENTRAL

Location	Output	Input	Notes	Call	Sponsor
Glen Valley	146.7150	–	Ol	VE1UHF	VE1AIC

144-148 MHz
PRINCE EDWARD ISLAND-QUEBEC

Location	Output	Input	Notes	Call	Sponsor
CHARLOTTETOWN					
Charlottetown	146.6700	−	Oae L(IRLP)	VE1CRA	VE1AIC
Charlottetown	147.3900	+	O	VY2CRS	CARC
Stratford	147.2550	+	OeL(X)	VY2VB	VY2ROB
MONTAGUE					
Montague	147.1650	+	OeL(X)	VY2EKR	VY2ROB
OLEARY					
OLeary	147.1200	+	Oel	VY2CFB	SPARC
SUMMERSIDE					
Summerside	146.8500	−	Oae L(IRLP) WX	VE1CFR	SPARC
QUEBEC					
ABITIBI-TEMISCAMINGUE					
La Sarre	146.7000	−	Oe	VE2RSL	VE2NOQ
Lac Larouche	145.4900	−	O	VE2RPV	VE2NOQ
Rouyn-Noranda	146.6400	−	Oex	VE2RNR	VE2NOQ
Rouyn-Noranda	146.8200	−	Oex	VE2RON	VE2NOQ
Val-D'Or	146.7600	−	O 114.8x	VE2RYL	VE2NOQ
ARGENTEUIL					
Grenville	146.7150	−	O 123.0/123.0	VE2RCS	VE2HMA
BAS-ST-LAURENT					
Canton Richard (Faribault)	147.0900	+	O	VA2RSJ	VA2CMQ
Cap-A-L'Aigle	145.2900	−	O	VA2RKT	VE2CSQ
Le Bic	145.4500	−	O 141.3	VE2RXY	VE2RNI
Matane (Grosses-Roches)	145.3700	−	O	VA2RLJ	VA2CMQ
Matane (Saint-Luc)	146.8800	−	Oe	VA2RAM	VA2CMQ
Matane (Saint-Luc)	147.1200	+	Oae	VA2RAS	VA2CMQ
Matane (Saint-Rene)	145.3500	−	O	VE2RFK	VA2CMQ
Mont-Carmel	147.2700	+	O	VE2RMQ	VE2RGP
Rimouski	145.1700	−	O 141.3e	VE2RNJ	VE2RNI
Rimouski	146.9400	−	Oe	VE2CSL	VE2CSL
Rimouski	147.1400	+	O 107.2	VE2RWO	VE2RNI
Rimouski	147.3400	+	O 141.3	VE2RIM	VE2RNI
Rimouski	147.3600	+	O	VE2ROE	VE2CSL
Saint-Cleophas (Parc 031a)	147.0750	+	141.3e	VE2RNI	VE2RNI
St-Athanase	145.1900	−	O 107.2e	VE2RQA	VE2MEL
St-Honore	147.2250	+	O 100e	VA2RMV	VE2AQC
St-Jogues	146.8200	−	Ox	VE2RIN	VE2CAB
St-Medard De Trois-Pistoles	147.0300	+	O 141.3	VA2RXY	VE2RNI
St-Pacome	146.7000	−	Oe	VE2RAK	VE2RGP

144-148 MHz
QUEBEC

Location	Output	Input	Notes	Call	Sponsor
St-Pascal	147.0600	+	Oe	VE2RGP	VE2RGP
St-Pascal-De Kamouraska	145.4300	–	O 107.2	VE2RLB	VE2MEL
Trois Pistoles	147.1050	+	O 97.4 E-SUNx	VE2SLJ	VE2LPF
Val-D'Irene	146.7600	–	Oex	VE2RKH	VE2CSL
CAPITALE-NATIONALE					
Lac Aux Sables	147.2100	+	OE-SUN	VA2RSA	VE2CSP
Lac-A-L'Epaule	145.4900	–	O	VE2RPL	VE2CSQ
Mont Belair	146.6550	–	O 100	VE2UCD	VE2RAU
Mont Triquet	145.4500	–	O 107.2	VE2RAG	VE2CSQ
Mont-Belair	146.7900	–	O 100e	VE2RAX	VE2EZZ
Mont-Belair	145.9400	–	O 100	VE2OM	VE2AQC
Mont-Belair	147.4350	147.4350	O	VE2RAJ	VE2CQ
Mont-Gladys	147.0900	+	O 100e	VE2RMG	VE2CQ
Mont-Noir	147.0000	–	Oex	VE2CTT	VE2CCR
Mont-O'Neil	147.3900	+	O 100ex	VE2RMF	VE2CQ
Mont-Ste-Anne	146.8200	–	O 100ex	VE2RAA	VE2CQ
Notre-Dame-De Montauban	145.3900	–	O 100	VE2RSV	VA2GRJ
Petite-Riviere Saint-Francois	147.3900	+	O	VA2RAT	VE2CCR
Province-De Quebec	147.0150	+	O 100p	VE2RUR	VE2AQC
Province-De Quebec	147.0150	+	Op	VE2RUK	VE2AQC
Quebec	146.4900	146.4900	O	VE2DBR	VE2AB
Quebec	146.6100	–	O 100e	VE2RQR	VE2CQ
Quebec	146.8800	–	O 100e	VE2RIG	VE2SIG
Quebec	147.2550	+	O 100	VE2RQE	VE2MEW
Quebec	147.3000	+	O 100e	VE2RCQ	VE2CQ
St-Aime-Des Lacs	147.1350	+	OE-SUNx	VE2RJO	VE2CCR
St-Tite-Des-Caps	145.4700	–	Oe	VE2RTI	VE2CSQ
St-Tite-Des-Caps	147.0450	+	O 100x	VA2RSL	VE2RAU
St-Ubalde	146.8500	–	O 100ex	VE2RPW	VE2CSP
St-Urbain	146.9100	–	O	VE2RAT	VE2CCR
CHAUDIERES-APPALACHES					
Levis-Lauzon	147.1500	+	O	VA2RSB	VE2JW
Mt Fournier	147.3150	+	O 100x	VA2RWW	VE2JJN
Pontbriand	147.3750	+	O 151.4ex	VE2RSQ	VE2CSQ
Saint-Georges De-Beauce	146.9100	–	O	VE2RCT	VE2JW
St-Come-Linieres	146.9850	–	O 100	VE2RSG	VE2CRB
St-Come-Linieres	147.4350	147.4350	O	VE2RCN	VE2CRB
St-Elzear	146.7600	–	O 100x	VE2RVD	VE2CQ
St-Philemon	145.3700	–	O 100	VA2RMS	VE2RAU
COTE-NORD					
Amariton	147.1650	+	O 151.4ex	VA2RGV	VE2CMH
Baie-Comeau	146.9700	–	Oex	VE2RMH	VE2CMH

144-148 MHz
QUEBEC

Location	Output	Input	Notes	Call	Sponsor
Baie-Comeau	147.0450	+	O e	VA2LMH	VE2CMH
Baie-Comeau	147.3000	+	O ex	VE2RBC	VE2CMH
Baie-Trinite	145.4700	−	O e	VA2RBT	VE2CMH
Lac St-Pierre	146.8200	−	O ex	VA2RSP	VE2CMH
Manic 5	145.2300	−	O e	VA2RRB	VE2CMH
Sept-Iles	145.1900	−	O 88.5	VE2RDO	VE2CSI
Sept-Iles	146.6400	−	O 88.5	VE2RSM	VE2CSI
Sept-Iles	146.7900	−	O 88.5ex	VE2RRU	VE2CSI
Sept-Iles	146.8800	146.8200	O	VE2RFD	VE2CSI
Sept-Iles	146.9400	−	O	VE2RSI	VE2CSI
Tadoussac	145.3500	−	O	VE2RSB	VE2CSQ
Valant	147.3900	+	O ex	VE2RDE	VE2CMH

ESTRIE

Location	Output	Input	Notes	Call	Sponsor
Coaticook	147.3600	+	O 118.8	VE2RDM	VE2DPD
Kingsbury	147.2550	+	O 123	VA2RHP	VE2RAU
Melbourne	145.4900	−	O 123x	VA2TB	VE2TBU
Mont Yamaska	146.7750	−	O 123ex	VE2RAU	VE2RAU
Mont-Orford	145.2700	−	O 103.5ex	VE2RTO	VE2EKL
Mont-Orford	147.3300	+	O 123x	VE2TA	VE2RAE
Rock Forest	146.8950	−	O	VA2LGX	VE2LGX
Sherbrooke	145.1900	−	O 123e	VE2RFX	VE2RAE
Sherbrooke	145.2300	−	O	VE2RGX	VE2DPD
Sherbrooke	145.3300	−	O 123x	VA2TB	VE2TBU
Sherbrooke	146.9700	−	O 118.8ae	VE2RSH	VA2HF
Sherbrooke	147.2250	+	O 123	VE2RHE	VE2RAU

GASPESIE-ILES-DE-LA-MADELEINE

Location	Output	Input	Notes	Call	Sponsor
Gaspe	147.1200	+	O	VE2KKO	VE2OK
Grande-Riviere	145.1700	−	O aex	VE2RDI	VE2AIY

GATINEAU

Location	Output	Input	Notes	Call	Sponsor
Aylmer	146.6650	146.0550	O 123.0/123.0	VE2AAR	VE2AAR

LANAUDIERE

Location	Output	Input	Notes	Call	Sponsor
Joliette	147.1950	+	O 103.5e	VE2RHO	VE2BFK
Joliette	147.3000	+	O e	VE2RLJ	VE2CLJ
Lac Ouachishmana	147.0900	+	O E-SUN	VA2RLL	VE2KIK
St Calixte	145.1900	−	O 141.3e	VA2RLD	VA2DU
St-Calixte	146.7900	−	O 100	VE2ROR	VA2OZ
St-Calixte	146.8650	−	141.3e	VE2RVK	VE2VK
St-Damien-De-Brandon	145.2900	−	O 103.5x	VE2RGC	VE2CLJ
St-Donat	147.0900	+	O 103.5 E-SUN	VE2RRA	VE2BFK
St-Jean De Matha	145.4100	−	O 103.5x	VE2RMM	VE2GMV
St-Michel Des Saints	145.4700	−	O 141.3ex	VA2HMC	VA2HMC
St-Michel-Des Saints	145.3300	−	O 103.5e	VE2RLP	VE2CWQ
St-Zenon	147.3600	+	O 103.5	VA2KIK	VE2KIK

QUEBEC — 144-148 MHz

Location	Output	Input	Notes	Call	Sponsor
Ste-Marcelline	147.0300	−	O 103.5e	VE2RMA	VE2BFK
LAURENTIDES					
Blainville Nord	146.8200	−	O 103.5	VE2RNO	VE2THE
Lac-Echo	146.7600	−	O 103.5x	VE2RMP	VE2RMP
Lachute	146.8050	−		VE2RWC	Brownsburg Ama
Mont Laurier	146.9700	−	O	VE2RMC	VE2CRL
Mont-Laurier	147.1050	+	O 131.8ex	VE2REH	VE2REH
Rigaud	147.0000	−		VE2RM	------------
Saint-Lin Laurentides	147.0900	+	103.5p	VE2RFO	VE2BFK
Saint-Lin Laurentides	147.3600	+	O 103.5e	VE2RFO	VE2BFK
St-Adolphe D'Howard	146.6550	−	O 141.3	VE2RYV	VE2UMS
St-Hippolyte	146.8500	−	O 107.2	VE2ROR	VA2OZ
St-Jerome	145.2900	−	141.3p	VE2RFR	VE2BFK
St-Joseph-Du Lac	145.1300	−	O 123e	VE2RST	VE2CRL
St-Joseph-Du Lac	147.3150	+	Oe	VE2REL	VE2CRL
Ste-Adele	146.7300	−	O 103.5x	VA2RPP	VA2RPP
MAURICIE					
Drummondville	146.8350	−	O 110.9	VA2RCQ	VA2CCQ
Grand-Mere	146.9250	−	O 110.9ex	VE2RGM	VE2RGM
Grand-Mere	147.1650	+	O 103.5	VE2REY	VA2HMC
Grande-Anse	147.0000	−	O(CA)e	VE2RLT	VE2CLT
La Tuque	146.7900	−	Oe	VE2RTL	VE2CLT
La Tuque	146.9400	−	Oe	VE2RLF	VE2BGX
Lac Edouard	147.2250	+	Oe	VE2RCL	VE2CLT
Lac St-Arnaud, Zec Du Gros Brochet	147.2400	+	103.5 E-SUN	VA2ZGB	VA2HMC
Parent	145.1900	−	O(CA)e	VE2CQW	VE2CRL
Rapide Blanc	146.6100	−	Ox	VE2RRB	VE2CLT
Relai 22 Milles (La Tuque)	146.8350	−	Oex	VA2RVD	VE2CLT
Zec Gros Brochet	147.3900	+	O 103.5	VA2ZGB	VA2HMC
MONTEREGIE					
Beloeil	147.1650	+	Oe	VE2RGB	VE2GAB
Contrecoeur	145.3500	−	O 141.3	VE2CKC	VE2ZT
Covey Hill	146.6850	−	Oex	VE2REX	VE2CYH
Covey Hill	147.2100	+	O	VE2RBV	VE2CEV
Granby	147.1800	+	O 94.8e	VE2RTA	VE2CRG
Longueuil	145.3900	−	O 103.5ae x	VE2RSM	VE2CLM
Mont-Rougemont	145.3100	−	O 103.5e	VE2RAW	VE2AW
Mont-Rougemont	146.7000	−	Oex	VE2RXW	VE2AQC
Mont-Saint-Hilaire	145.4500	−	O 103.5e	VE2RMR	VE2CWQ
Sorel	145.3700	−	O 103.5e	VE2RBS	VE2CBS
St-Bruno	146.4150	146.4150	O 103.5	VE2REY	VA2HMC
St-Hubert	147.3000	+	O	VA2CSA	VA2ASC

376 144-148 MHz
QUEBEC

Location	Output	Input	Notes	Call	Sponsor
St-Hyacinthe	146.9550	–	O	VE2RBE	VE2CAM
St-Jean-Sur Richelieu	147.2400	+	O 103.5e	VE2RVR	VE2CVR
Varennes	145.1700	–	Oe	VE2REQ	VE2HQJ
MONTREAL					
Montreal	146.9100	–	O 141.3ex	VE2RWI	VE2CWI
Montreal	147.0150	+	O 103.5	VE2REM	VE2UMS
Montreal	147.0450	+	Oex	VE2RCU	VE2CUA
Montreal	147.0750	+	O 103.5e	VE2RVL	VE2AQC
Montreal	147.1200	+	O 103.5e	VE2MRC	VE2MRC
Montreal	147.2700	+	O 103.5	VE2RED	VE2ARC
Pointe-Claire	147.0600	+	Oe	VE2BG	VE2ARC
NATIONAL CAPITAL REGION					
Chelsea	146.9400	–	O 100.0/100.0eL(I 2040)x	VE2CRA	OARC
Chelsea	147.3600	+	203.5/203.5 #ex	VE2KPG	VE2CV
NORD-DU-QUEBEC					
Matagami	146.9100	–	O(CA)x	VE2RBO	VE2SGS
OUTAOUAIS					
Bois-Franc	145.1700	145.1700	100e	VE2REH	VE2REH
Buckingham	145.4900	–	O 110.9ex	VE2REH	VE2REH
Campbell'S Bay	147.3900	+	O 114.8ex	VE2REH	VE2REH
Cantley	147.1050	+	O 110.9e	VE2REH	VE2REH
Cantley	147.1050	+	110.9/110.9 (CA) L(I 2018)	VE2REH	ARAI
Chelsea	147.3600	+	O 203.5e	VE2KPG	VE2REH
Gatineau	145.3500	–	O 162.2e	VA2XAD	VA2XAD
Gatineau	145.3500	–	● 162.2/162.2 (CA)e	VA2XAD	VA2XAD
Gatineau	145.4900	–	110.9/110.9 (CA) L(I 2018)	VE2REH	ARAI
Gatineau	146.7450	–	123.0/123.0 A(*/#) L(RBH)	VE2RAO	CRAO
Hull	146.7450	–	O 123ae	VE2RAO	VE2CRO
Lac Cayamant	147.1950	+	O	VE2RBL	VE2CRO
Lac Ste-Marie	146.6100	–	110.9/110.9 (CA) L(I 2018)x	VE2REH	ARAI
Mansfield	147.5100	147.5100	100e	VE2REH	VE2REH
Montagne Noire, Ripon	145.4100	–	O 123e	VE2RBH	VE2CRO
Mt Ste-Marie	146.6100	–	O 110.9ex	VE2REH	VE2REH
Rigaud	145.2100	–	O 110.9ex	VE2RQP	VE2AQC
Ripon	147.3900	+	O 146.2ex	VE2REH	VE2REH
PAPINEAU					
Ripon	145.4100	–	123.0/123.0 A(*78/#) L(RAO)x	VE2RBH	CRAO
PONTIAC					
Campbell's Bay	147.3900	+	O 114.8/114.8	VE2REH	ARAI

144-148 MHz
QUEBEC

Location	Output	Input	Notes	Call	Sponsor
Mansfield	147.5100	147.5100	O 100.0/100.0	VE2REH	ARAI
Ripon	147.3900	+	O 146.2/146.2l	VE2REH	ARAI
SAGUENAY-LAC-ST-JEAN					
Albanel	147.3750	+	Oe	VA2TFL	VA2TGL
Alma	146.6700	–	O	VE2RCA	VE2CRS
Alma	147.3600	+	O	VE2LPO	VE2CXP
Anse St-Jean	146.7750	–	85.4x	VA2RUA	VA2BCA
Camp 3 Mistassibi	147.1650	+	O 136.5 (CA) E-SUN	VA2RRM	VE2PR
Chibougamau Chapais	147.3900	+	O 131.8 (CA)e	VA2RRC	VE2PR
Chicoutimi	145.4300	–	O 85.4	VE2RMI	VA2BCA
Chicoutimi	147.1200	+	O 127.3	VE2RCC	VE2CRS
Chicoutimi	147.3000	+	Oe	VE2RPA	VE2CRS
Chicoutimi	147.4700	147.4700	O	VE2DDT	VE2DDT
Chicoutimi - Portatif	147.1800	+	Op	VE2RCF	VE2CRS
Chigoubiche	147.0300	–	O	VE2RTG	VA2CRR
Chute Des Passes	147.2700	+	Oe	VE2RFN	VE2CRS
Dolbeau	146.7000	–	O	VE2RCD	VE2CRS
Hebertville	146.7900	–	127.3x	VE2RCV	VE2CRS
Jonquiere	145.1700	–	O 127.3	VE2RHJ	VA2RQY
Jonquiere	146.8200	–	Oe	VE2VP	VE2CRS
L'Anse-St-Jean	145.1500	–	Oex	VE2RME	VE2XIT
La Baie	145.4900	–	O 85.4	VE2RCE	VA2BCA
La Baie	146.6100	–	O 85.4e	VE2RCX	VA2BCA
La Baie	146.7300	–	O 85.4	VA2RU	VE2LRE
Lac Castor	145.3300	–	x	VA2RLC	VE2CSQ
Lac Castor	146.6850	–	O 85.4x	VA2RUR	VA2BCA
Lac Daran	145.2900	–	x	VE2RLD	VE2CSQ
Lac Ha! Ha!	147.3300	+	127.3x	VE2RCK	VE2CRS
Lac Lisette	147.6900	–	O 127.3	VA2RHS	VE2RA
Lac Papillon	146.9850	–	O 136.5 (CA) E-SUN	VA2RRL	VE2PR
Mont Ste-Marguerite	147.2550	+	x	VE2RCB	VE2CRS
Mont-Apica	145.3500	–	O	VE2RHX	VE2CSQ
Mont-Apica	146.9100	–	O 127.3	VE2RCP	VE2CRS
Mont-Valin	146.8800	–	127.3x	VE2RES	VA2CRR
Mont-Valin	147.2100	+	127.3x	VE2RJZ	VA2CRR
Mt Valin	147.3450	+	OE-SUNx	VE2RTV	VE2CRS
Parc De Chibougamau	145.1100	–	O 136.5 (CA)e	VA2RRH	VE2PR
Roberval	146.7450	–	O 136.5 (CA)e	VA2RRA	VE2PR
Saguenay	145.2300	–	O 127.3	VE2RHS	VA2CRR
Saint-Felicien	147.0150	+	O 1365 (CA) E-SUN	VE2RSF	VE2PR

QUEBEC-SASKATCHEWAN

Location	Output	Input	Notes	Call	Sponsor
Secteur Bonard	147.0300	+	E-SUN	VE2RKJ	VA2CRR
St-Charles-De Bourget	146.9400	−	x	VE2RCR	VE2CRS
St-Felix D'Otis	145.3100	−	O 85.4	VE2RUS	VA2BCA
St-Francois-De Sales	145.4700	−	O	VE2RRR	VE2CJQ
St-Honore De Chicoutimi	145.3900	−	O	VA2RCH	VE2CSQ
St-Nazaire	145.3700	−	O 85.4	VA2RUB	VA2BCA
Ville De La Baie	145.2700	−	O 127.3	VE2RCZ	VE2CRS

SASKATCHEWAN
CENTRAL

Location	Output	Input	Notes	Call	Sponsor
Bruno	147.2100	+	OL(IRLP)	VE5DNA	VE5RY
Davidson	145.1900	−		VE5RPD	VE5NED
Kenaston	147.2700	+	O	VE5DPR	VE5NED
Last Mtn	146.8500	−	OE-SUN	VE5AT	VE5UJ
Leroy	146.9100	−	Ol	VE5HVR	VE5HV
Watrous	146.7000	−	Oal	VE5IM	VE5IM

EAST CENTRAL

Location	Output	Input	Notes	Call	Sponsor
Canora	147.3000	+	L(IRLP)	VE5RJM	PARC
Endeavour	147.0800	+	#L(IRLP)	VA5INV	VE5RJM
Norquay	147.3900	+	L(IRLP)	VE5PWO	VE5SS
Preeceville	146.6100	−	L(IRLP)	VE5SS	VE5SS
St Gregor	146.7600	−	Ol	VE5NJR	VE5RY
Theodore	147.3300	+	Ol	VE5CNR	------------
Yorkton	145.4900	−	L(IRLP)	VA5PAR	VE5RJM

LLOYDMINSTER

Location	Output	Input	Notes	Call	Sponsor
Lloydminster	146.9400	−	O	VE5RI	S-A R

MELFORT

Location	Output	Input	Notes	Call	Sponsor
Little Bear Lk	146.8500	−	O	VE5NLR	VE5KRB
Melfort	146.8800	−	Oae L(IRLP)	VE5MFT	MARC
Nipawin	146.7900	−	Oal(IRLP)	VE5NIP	MARC
Tisdale	146.7000	−	OL(IRLP)	VE5FXR	VE5FX

MOOSE JAW

Location	Output	Input	Notes	Call	Sponsor
Moose Jaw	146.9400	−	O	VE5CI	Pioneer

NORTH BATTLEFORD

Location	Output	Input	Notes	Call	Sponsor
Lizard Lake	145.3900	−	O	VA5LLR	VE5WDB
Meadow Lake	147.3300	+	OL(IRLP)	VE5MLR	VE5RAE
N Battleford	146.8800	−	aL(IRLP)	VE5BRC	BARC
Unity	147.0000	−	O	VE5URC	VE5BBH

PRINCE ALBERT

Location	Output	Input	Notes	Call	Sponsor
Birch Hills	145.4300	−		VE5VY	VE5VY
Christopher Lk	146.6100	−	Oal(IRLP)	VE5LAK	VE5QU
Elk Point	143.3500	−	l	VE5QU	VE5QU
La Ronge	146.9700	−	O	VE5LAR	------------
Minitinas	147.1500	+	Oel	VE5RPA	NSARC
Prince Albert	146.8200	−	O 100a L(IRLP)	VE5IOU	VE5QU

144-148 MHz
SASKATCHEWAN-YUKON TERRITORY

Location	Output	Input	Notes	Call	Sponsor
Prince Albert	147.0600	–	a	VE5PA	N SK ARC
Snowden	147.0900	+	OL(IRLP)	VE5NDR	VE5ND
Waskesiu	146.7600	–	eI	VE5BBI	NSARC
Yellow Creek	147.1800	+	OEXP	VE5AG	VE5AG
REGINA					
Regina	147.1200	+	aL(IRLP)	VE5YQR	RARA
Regina	147.2100	+	Os	VE5RTV	ARES
SASKATOON					
Saskatoon	145.2900	147.9900	O 107.2 RB EXP	VE5UFO	MARS
Saskatoon	145.3300	–	I	VA5SV	VE5WDB
Saskatoon	145.4100	–	O	VE5SD	VE5SD
Saskatoon	146.6400	–		VE5SK	VE5AA
Saskatoon	146.7900	–	O	VE5NER	------------
Saskatoon	146.9400	–	O(CA) TT L(IRLP)s	VE5SKN	MARS
Saskatoon	146.9700	–	OL(IRLP)	VE5CC	VE5HG
Saskatoon	147.0900	+	O	VE5EMO	ARES
Saskatoon	147.2700	145.2700	O	VE5ZH	VE5HZ
SOUTH CENTRAL					
Avonlea	147.0600	–	O	VE5ARG	ARG
SOUTHEAST					
Arcola	146.8200	–	EXP	VE5MMR	MooseMtRC
Balgonie	146.6400	–	O	VE5REC	RARA
Estevan	147.0300	+	O	VA5EST	VE5AJ
Estevan	147.1800	+	IEXP	VE5EST	VE5HD
Melville	147.0000	+	OL(IRLP)	VE5MDM	VE5MDM
Moosomin	146.7900	–		VE5MRC	MARC
Weyburn	146.7000	–	L(IRLP)	VE5WEY	VE5HD
Wolseley	146.6700	–	a	VE5WRG	VE5DC
SOUTHWEST					
Eyebrow	147.3600	+	O	VE5YMJ	VE5BBB
Lucky Lake	146.7300	–	O	VE5XW	VE5TT
Stranraer	147.0300	–	OI	VE5UB	VE5HG
Tompkins	146.6700	–		VE5TOM	SWARC
SWIFT CURRENT					
Swift Current	146.7900	–	OL(IRLP)	VE5SCR	SW ARC
Swift Current	146.8800	–	O	VE5SCC	SW ARC

YUKON TERRITORY
YUKON

Location	Output	Input	Notes	Call	Sponsor
Atlin	147.3400	+	O	VA7ATN	YARA
Atlin Mountain	146.3400	+	OI	VA7ATN	YARA
Bennett Lake	146.9400	–	OI	VE7RFT	YARA
Bennett Lake	147.2400	+	O	VE7RFT	YARA
Carcross	146.8200	–	OI	VY1RMM	YARA
Carmacks	146.8200	–	OI	VY1RMB	YARA
Dawson City	146.8200	–	OI	VY1RMD	YARA
Faro	147.0600	+	OI	VY1RRH	YARA
Fraser Mountain	146.9400	–	OI	VE7RFT	YARA

144-148 MHz
YUKON TERRITORY

Location	Output	Input	Notes	Call	Sponsor
Haines Junction	146.8200	−	o l	VY1RHJ	YARA
Haines Junction	146.8800	−	o 322804el	VY1RPM	YARA
Hayes Peak	147.0600	+	o l	VY1RHP	YARA
Keno	146.9400	−	o l	VY1RBT	YARA
Stewart Crosng	147.0600	+	o l	VY1RFH	YARA
Watson Lake	146.8200	−	o	VY1RTM	YARA
Whitehorse	146.8800	−	100	VY1IRL	YARA
Whitehorse	146.9400	−	o l	VY1RPT	YARA
Whitehorse	147.1800	+	o l	VY1RM	YARA
Whitehorse	147.2800	+	o	VY1ECH	YARA

222-225 MHz

Location	Output	Input	Notes	Call	Sponsor
ALABAMA					
Albertville	224.6600	–	O 100.0	N4TZV	KF4EYT
Alexander City	223.3500	449.5250	O 146.2/146.2	KB4MDD	KB4MDD
Auburn	224.8400	–	O 88.5	W4KEN	W4KEN
Birmingham/ Pilots Knob	224.2200	–	O 100.0a TTeL(146/222/440)rRB	K4TQR	H&H RA
Dadeville	224.2400	–	O 146.2/146.2	KB4MDD	KB4MDD
Decatur	224.6200	–	O	W9KOP	W9KOP
Huntsville	224.3000	–	O 100.0/100.0e	W4FMX	W4FMX
Huntsville	224.9400	–	O 100.0/100.00e	N4HSV	NARA
Loxley	224.8600	–	O 118.8/118.8	WB4GMQ	WB4GMQ
Mentone	224.7200	–	O 114.8el	W4OZK	W4OZK
Miller Ridge	224.4000	–	O 218.1/218.1	KK4OWL	AA4YY
Opelika	224.9800	–	O 123.0/123.0eWX	KK4ICE	KK4ICE
Roanoke	224.9200	–	Oae	KA4KBX	KA4KBX
Russellville	224.3400	–	OeEXP	NV4B	NV4B/PCRS
Santuck	224.8800	–	O	W4KEN	W4KEN
Shelby Co	224.5000	–	O 100.0/100.0eWX	N4PHP	N4PHP
Warrior	224.1200	–	O	W4GQF	W4GQF
ALASKA					
INTERIOR					
Fairbanks	224.8800	–	O 103.5el	AL7FG	+KL7XO
SOUTH CENTRAL					
Anchorage	224.9400	–	Oe	KL7AA	AARC
SOUTHEAST					
Lena Point	224.0400	–	Oel	KL7PF	JARC
ARIZONA					
CENTRAL					
Towers	224.0400	–	O	KA6CAT	CMRA
Union Hills	224.5600	–	O 67.0	N6IME	J.D.Ward
EAST CENTRAL					
Clay Springs	224.9400	–	O	N7KQ	MCRG
NORTH CENTRAL					
Mingus Mt	224.0800	223.4800	O 156.7e	KI6FH	Rod Rosenbarge

222-225 MHz
ARIZONA-ARKANSAS

Location	Output	Input	Notes	Call	Sponsor
Mt Elden	223.8400	–	O 107.2	K6DLP	Don Petrone
Prescott	224.7800	–	O	KJ7DX	Matt Strandberg
NORTHWEST					
Dolan Springs	224.1400	–	O	WA7ICI	Allen Tobin
Kingman	224.3000	–	O 107.2#e	W6DY	Lawrence Fleming
PHOENIX METRO					
Goodyear	224.9600	–	O	KF6LCC	KF6LCC
Mesa	224.6800	–	O 156.7a	W7ARA	ARA
Phoenix	223.9400	–	O 156.7	WK7B	Gary Duffield
Phoenix	224.6400	–	O 88.5	N0FPE	Dan Nicholson
Phoenix	224.8000	–	O 94.8	KA7ATV	KA7IOG c/o Lavern H
Phoenix	224.9400	–	O 156.7	K7ZWI	MCRG
Shaw Butte	224.9000	–	O 156.7ae	W7ARA	ARA
Tempe	224.2000	–	O	WA2DFI	Scott Cowling
Tempe	224.4000	–	O	WA2DFI	Scott Cowling
Usery Pass	224.0200	–	O	N7TWW	FHART
White Tanks	223.9800	–	O 156.7	N6IME	J.D. Ward
White Tanks	224.6000	–	O 156.7	KD7TKT	Condor Connection
White Tanks	224.8400	–	O 156.7#l	KE7JVX	Ed Buelow
SOUTH CENTRAL					
Maricopa	223.8600	–	O 156.7	KE7JVX	Monty Dana
Maricopa	224.1600	–	O 156.7	W7YH	MARA
Maricopa	224.9200	–	O 156.7	KE7JVX	Monty Dana
Pima	224.4400	–	O	WB7ONJ	David Wells
Pinal Peak	224.1000	–	O 156.7	N7MK	Chris Radicke
SOUTHEAST					
Sierra Vista	224.9600	–	O 100.0	N0NBH	Paul Herman
SOUTHWEST					
Yuma	224.0800	–	O 88.5	W7DIN	Desert Intertie Networ
TUCSON METRO					
Mt Lemmon	224.0600	–	O 156.7	KA7LFX	Paul Van Beverhoudt
Mt Lemmon	224.5000	–	O 156.7	N7EOJ	U.S.E.R.S.
Oro Valley	224.7600	–	O 156.7	W0HF	Oro Valley ARC
Tucson	223.9400	–	O	N7EOJ	U.S.E.R.S.
Tucson	224.1800	–	O	N7EOJ	Budd Turner
Tucson	224.3000	–	O	K7IOU	BART
Tucson	224.4800	–	O	K6VE	Mountain Repeater A
Tucson	224.7000	–	O 179.9	W7SA	Catalina Radio Club
Tucson	224.7400	–	O 136.5	K7IOU	BART
Tucson	224.9800	–	O 156.7	N7EOJ	U.S.E.R.S.
WEST CENTRAL					
Black Peak	224.0000	–	O	K7ZEU	CARRA
Bullhead City	224.9600	–	O 123.0	KD7MIA	William Smith
Guadalupe Peak	224.8800	–	O 156.7	KJ6KW	Condor
Lake Havasu City	224.2400	–	O 156.7	KF7X	James Gould
Lake Havasu City	224.8600	–	●tl	WC6MRA	CMRA
ARKANSAS					
EAST CENTRAL					
Forrest City	224.8400	–	O 107.2ers	N0HNQ	N0HNQ

222-225 MHz
ARKANSAS-CALIFORNIA

Location	Output	Input	Notes	Call	Sponsor
NORTH					
Harrison	224.4000	–	◐l	WA9SSO	GathMtARC
Harrison	224.5600	–	◐e	KF0 PB	KF0 PB
NORTHEAST					
Batesville	224.5000	–	● 107.2	N5TSC	N5TSC
NORTHWEST					
Prairie Grove	224.6000	–	◐ae L(444.7(+))	WA5VTW	WA5VTW
SOUTHWEST					
Centerpoint	224.9000	–	◐x	KB5RYP	KB5RYP
WEST CENTRAL					
Russellville	224.7000	–	◐e	KE5EIY	KE5EIY

CALIFORNIA
FREQUENCY USAGE - SOUTHERN CALIFORNIA ----> SEE 220SMA ORG

222.0000	222.1000	WEAK SIG, CW, SSB
222.0001	222.0250	EME
222.0500	222.0600	PROPAGATION BEACONS
222.1000		CW&SSB CALLING FREQ
222.1200		FM SIMP~NO AUTO BASE
222.1400		FM SIMP~NO AUTO BASE
223.4000		FM SIMPLEX (T~HUNTS)
223.4200		FM SIMPLEX
223.4400		FM SIMPLEX
223.4600		FM SIMPLEX
223.4800		FM SIMPLEX (ARES)
223.5000		FM NATIONAL CALL FREQ
223.5200		FM SIMPLEX
223.5400		DIG INTER~AREA LINKING
223.5600		DIG SIMPLEX LAN
223.5800		DIG INTER~AREA LINKING
223.6000		DIG GENERAL USE
223.6200	223.6650	AUTOMATED SIMP(<5W)
223.6800	223.7400	COORD LNKS&CNTL15KH

Location	Output	Input	Notes	Call	Sponsor
NORCAL-CENTRAL COAST					
Bonny Doon	224.0600	–	◐ 110.9el	N6NAC	N6NAC
Monterey	224.2400	–	◐ 123aelrsx	N6SPD	N6SPD RG
Salinas	224.3200	–	◐ 146.2el	N6LEX	CCARN
SanLuisObispo	224.5800	–	◐ 151.4#elx	WB6NYS	WB6NYS
SanLuisObispo	224.6800	–	◐ 94.8#	WB6JWB	WB6JWB
SanLuisObispo	224.8600	–	●ex	WC6MRA	CMRA
SanLuisObispo	224.9200	–	●#elx	N6HYM	TCARS
Shandon	224.7400	–	◐ 131.8#	WB6NYS	ShandonRG
Watsonville	224.3800	–	●#	KB6MET	KB6MET
Watsonville	224.8400	–	◐ 156.7#	KB6MET	KB6MET
NORCAL-EAST BAY					
Berkeley	223.7800	–	◐ 131.8x	K6GOD	K6GOD
Berkeley	224.9000	–	◐ 131.8ers	N6BRK	NALCO

222-225 MHz
CALIFORNIA

Location	Output	Input	Notes	Call	Sponsor
Concord	224.7800	–	O 77aelrsx	W6CX	MDARC
Dublin	224.4000	–	●l	W6WCN	KQ6RC
Fremont	223.9000	–	O	WA6PWW	TRICO ARC
Fremont	224.1800	–	O 94.8elx	KU6V	KU6V
Fremont	224.8400	–	O 127.3r	NC6EO	N. CA Assn
Hayward	223.7600	–	O 123#el	K6GOD	K6GOD
Hayward	223.9400	–	●lrx	KQ6RC	KQ6RC
Livermore	224.7400	–	O 100aelrs	KO6PW	SANDIA RAC
Livermore	224.8800	–	O 94.8	K6LRG	L.A.R.G.E.
Moraga	223.9800	–	O 100elx	W6AV	NRA
Oakland	224.0000	–	O 123x	W6JMX	NCHR
Oakland	224.1600	–	O 156.7ex	W6JR	Mabuhay
Oakland	224.6800	–	O 114.8elx	W6MTF	W6MTF
Oakland	224.7600	–	O 85.4lrx	W6YOP	WA6YOP
San Lorenzo	224.7000	–	O 156.7	KQ6YG	BAARC
San Pablo	224.3000	–	O 82.5ers	WA6KQB	CCCC
NORCAL-NORTH BAY					
Healdsburg	223.3600	–	O 88.5rx	NN6J	Sonomarin
Petaluma	224.9600	–	O 103.5ex	AC6ET	SMRS
Rohnert Park	223.9000	–	O 156.7#a	WD6FTB	NORCAL ARG
Santa Rosa	223.7600	–	O 85.4elrx	KE6N	KE6N
Santa Rosa	223.8000	–	O 156.7l	AC6VJ	CONDOR
Santa Rosa	224.8200	–	O 103.5aer x	K6ACS	ACS
Sebastopol	224.4800	–	O 88.5ers	W6SON	SCRA
Vacaville	223.9200	–	●	K6INC	SCAN INT'L
NORCAL-NORTH COAST					
Crescent City	224.6200	–	O 91.5ael	KA7PRR	KA7PRR
Gasquet	224.7200	–	O 103.5ael x	KA7PRR	KA7PRR
Klamath	224.8600	–	O 110.9elx	KA7PRR	KA7PRR
Willits	224.1600	–	O 156.7#lx	AC6VJ	CONDOR
NORCAL-NORTH EAST					
Redding	224.8600	–	O 107.2e	KR7CR	W6QWN
NORCAL-SACRAMENTO VALLEY					
Arbuckle	224.5400	–	O 118.8e	N6NHI	N6NHI
Auburn	223.8600	–	O 162.2e	W6EK	SFARC
Auburn	223.9000	–	O 100	N6NMZ	N6NMZ
Auburn	224.0200	–	O 100elx	W7FAT	W7FAT
Auburn	224.5800	–	O 100#e	W4WIL	W4WIL
Carmichael	224.8800	–	O 162.2#	KJ6JD	CE ARC
Chico	223.9600	–	●a	WA6UHF	WA6UHF
Chico	224.2800	–	O 110.9x	WA6UHF	WA6UHF
Citrus Heights	224.8000	–	O 131.8es	AB6OP	Jim
Cohassett	224.3600	–	O 110.9ex	N6YCK	N6YCK
Concord	224.9200	–	O 85.4elrx	W6YOP	WA6YOP
Fairfield	224.3800	–	O 77#rx	W6ER	Solano/ACS
Folsom	223.8200	–	O 136.5elx	N6NMZ	N6NMZ
Folsom	224.7200	–	O 136.5elx	KS6HRP	SHARP
Foresthill	223.7600	–	O 100e	W6SAR	PCSAR

222-225 MHz
CALIFORNIA

Location	Output	Input	Notes	Call	Sponsor
Georgetown	224.8400	–	O 100x	W6HIR	RAMS
Grass Valley	224.3200	–	O 151.4els x	AB6LI	AB6LI
Grass Valley	224.4800	–	O 131.8lx	KF6GLZ	N6UG
Grass Valley	224.9000	–	O 151.4ael rsx	KD6GVO	KD6GVO
Lincoln	224.0400	–	O 123lx	KU6V	KU6V
Oroville	224.5000	–	O 110.9ex	WA6UHF	WA6UHF
Paradise	224.4400	–	O 100#l	K6JSI	The WIN Sy
Plymouth	224.9800	–	Olx	AB6MJ	AB6MJ
Rancho Cordova	224.1000	–	O 100r	W6AK	SARC
Red Bluff	224.8000	–	O 110.9ex	N6YCK	N6YCK
Rescue	224.0600	–	O 127.3#e x	AG6AU	EDCARC
Sacramento	223.8800	–	O 100#	K6TTD	K6TTD
Sacramento	224.2200	–	O 123ae	KC6MHT	KC6MHT
Sacramento	224.4000	–	O 162.2el	K6IS	NHRC
Sacramento	224.5600	–	O 94.8#es x	WA6ZZK	WA6ZZK
Sacramento	224.7000	–	O 107.2el	AA6IP	AA6IP
Sacramento	224.8200	–	O 67#e	KJ6JD	KJ6JD
Vacaville	223.8400	–	O 141.3lx	AC6VJ	CONDOR
Vacaville	223.9000	–	O 136.5	N6NMZ	N6NMZ
Vacaville	224.1200	–	O 141.3ex	KJ6MB	KJ6MB
Vacaville	224.2000	–	O 127.3ael rsx	WV6F	Western Va
Vacaville	224.2400	–	O 136.5elx	KG6TXA	salac
Vacaville	224.4200	–	O 100	N6NMZ	N6NMZ
Vacaville	224.7600	–	O 100lrx	W6YOP	YOP HLLS
Williams	224.2600	–	O 100elx	N6NMZ	Colusa SO
Yuba City	224.9600	–	O 100#x	W6GNO	W6GNO
NORCAL-SAN JOAQUIN VALLEY					
Bakersfield	224.0600	–	O 100elx	W6LIE	KCCVARC
Bakersfield	224.4200	–	O 156.7#l	W6PVG	W6PVG
Bakersfield	224.5200	–	O 100el	KG6KKV	KG6KKV
Clovis	224.3800	–	O 141.3ael x	N6JXL	CARP
Coalinga	224.4400	–	O 100elrsx	KD6OM	KARC
Coalinga	224.8200	–	O 100elrsx	N6DL	Kings ARC
Copperopolis	224.3400	–	O 141.3ex	KG6TXA	SALAC
Fresno	223.7800	–	O 141.3#el	K6JSI	CCAC
Fresno	223.9400	–	O 141.3#el x	W6TO	Fresno Ama
Fresno	224.7600	–	●elrx	W6SCE	EARN
Fresno	224.9400	–	O 141.3ex	W7POR	FARA
Glennville	224.3200	–	●elrx	W6SCE	EARN
Ione	224.0000	–	O 107.2#	K6KBE	K6KBE
Lake Isabella	224.6400	–	O 156.7#el x	WB6RHQ	CONDOR

222-225 MHz
CALIFORNIA

Location	Output	Input	Notes	Call	Sponsor
Maricopa	224.9800	–	●elx	KC6WRD	FCC
Mariposa	224.1600	–	O 74.4ex	KF6CLR	Delhi ARC
Mariposa	224.3000	–	O 74.4ex	KF6CLR	Delhi ARC
Mariposa	224.5000	–	O 123#els x	W6BRB	W6DNC
Mariposa	224.9600	–	O 156.7ers x	W6BXN	W6BXN
Merced	224.4600	–	O 88.5l	AB6BP	W6RTF
Modesto	224.1400	–	O 136.5esx	WD6EJF	SARA
Oakhurst	224.9000	–	O 156.7elx	WB6BRU	CONDOR
Patterson	224.0800	–	●elsx	NV6RN	VARN
Shaver Lake	223.8200	–	O 114.8ex	K6HJ	SRG
Shaver Lake	224.7000	–	O 156.7x	KE6JZ	SRG
Stockton	223.9400	–	●elx	KD6ITH	KH7I
Stockton	224.6200	–	O 192.8#e x	WA6TCG	VHF-FM
Tehachapi	224.7000	–	O 100ex	W6SCE	EARN
Tehachapi	224.7800	–	O 100el	K6RET	K6RET
Visalia	223.8800	–	O 103.5elx	N6VYT	TCARC
Visalia	224.1800	–	O 88.5	KM6OU	KM6OU
Walnut Grove	224.6800	–	O#	N6MDJ	N6MDJ
WoffordHeights	224.5400	–	O 74.4#ae x	KB6DJT	KB6DJT

NORCAL-SOUTH BAY

Location	Output	Input	Notes	Call	Sponsor
Fremont	223.7800	–	O 110.9elx	K6GOD	K6GOD
Los Gatos	223.8200	–	O 156.7el	KB6LCS	KB6LCS
Los Gatos	223.8800	–	O 100ersx	K6FB	LCARC
Los Gatos	224.4800	–	●ex	K6INC	AD1U
Los Gatos	224.5800	–	O 107.2#el	K6RPT	K6RPT
Los Gatos	224.8000	–	O 118.8ae x	NU6P	NU6P
Los Gatos	224.8800	–	O 88.5e	N6DVC	K6UB
Milpitas	224.7200	–	O 100ers	W6MLP	MARES
Morgan Hill	223.8000	–	O 107.2#el	WA6YBD	WA6YBD
Mountain View	224.1400	–	O 100aelrs	W6ASH	SPECS RA
Palo Alto	223.8600	–	O 107.2ex	K6GOD	K6GOD
San Jose	223.9600	–	O 156.7ael s	W6PIY	WVARA
San Jose	224.0200	–	O 88.5elx	K6UB	K6UB
San Jose	224.0400	–	O 100elx	KU6V	KU6V
San Jose	224.0800	–	O 107.2#l	K6RPT	K6RPT
San Jose	224.1000	–	O 156.7#a e	WA2IBM	IBM ARC
San Jose	224.2600	–	O 123alx	WB6OQS	SCVRS
San Jose	224.2800	–	O 100ex	WA6GFY	LMERA ARC
San Jose	224.3400	–	O 88.5el	NV6RN	VARN
San Jose	224.3600	–	O 156.7#	NV6RN	BKRN
San Jose	224.4500	–	●elx	KC6WRD	Friends Co
San Jose	224.6000	–	O 156.7elx	KB6ABM	CONDOR
San Jose	224.6200	–	O 110.9elr sx	KA2FND	KA2FND

222-225 MHz CALIFORNIA

Location	Output	Input	Notes	Call	Sponsor
San Jose	224.6400	–	O 110.9elx	N6NAC	N6NAC
San Jose	224.6600	–	●elsx	NV6RN	VARN
San Jose	224.6800	–	O 107.2	WB6KHP	CFMA
San Jose	224.8600	–	O 100#	KB6HDA	KB6HDA
San Jose	224.9400	–	Oex	WA6YCZ	BAYCOM
San Jose	224.9800	–	O 110.9l	NT6S	NT6S
San Martin	223.9200	–	O 100el	KU6V	KU6V
Santa Clara	223.9400	–	●elx	KQ6RC	KQ6RC
Saratoga	224.4600	–	●aelrx	K6BEN	W2NYC
NORCAL-TAHOE					
So Lake Tahoe	224.0200	–	Oex	NR7A	TARA
So Lake Tahoe	224.6400	–	O 203.5ael	W6SUV	W6SUV
Tahoe City	224.7600	–	O 123#elx	W6AV	W6AV
Truckee	223.8200	–	O 100lx	W6SAR	PCSAR
NORCAL-WEST BAY					
San Francisco	224.2200	–	O 100elrx	NC6EO	NCAERO
San Francisco	224.4200	–	O 136.5alx	KB6LCS	KB6LCS
San Francisco	224.5000	–	O 114.8#	W6TP	GSPLRC
San Francisco	224.5200	–	O 136.5#el	KA6TGI	KA6TGI
San Francisco	224.8400	–	O 141.3#e	KF6QCH	KF6QCH
Woodside	224.4400	–	O 107.2ex	KC6ZIS	Echo Club
Woodside	224.5600	–	O 100l	KB6LED	KB6LED
SIERRA/TAHOE					
Truckee	223.8200	–	O 100	N6NMZ	W6SAR
SOCAL-IMPERIAL COUNTY					
Quartz Pk	224.9600	–	●(CA)e	WB6YFG	COUVRA
SOCAL-KERN COUNTY					
Inyokern	224.9800	–	●(CA)x	W5WH	------------
Rosamond	224.6600	–	O 110.9 (CA)e	KK6KU	------------
Shirley Peak	224.6400	–	O 156.7lx	WB6RHQ	Condor
Tehachapi	224.4400	–	O 94.8x	WB6FYR	------------
Tehachapi	224.7000	–	●lx	W6SCE	EARN
SOCAL-LOS ANGELES COUNTY					
Blueridge	224.0200	–	O 110.9 L(IRC)x	KC6JAR	------------
Blueridge	224.4800	–	O 100.0	W6CPA	IRC
Catalina	224.4200	–	O 110.9	AA6DP	CARA
Contractor Pt	224.2400	–	O 162.2x	W6WAX	------------
Contractor Pt	224.2600	–	●(CA)x	KF6HKM	------------
Contractor Pt	224.4800	–	O 110.9e L(IRC)x	K6VE	MRA
Contractor Pt	224.5200	–	O 103.5/103.5 (CA) RB Blx	KC6PXL	------------
Covina	223.8400	–	O 151.4/151.4 (CA)eRB	WA6NJJ	------------
Flint Pk	224.9200	–	●	WB6FYR	ASTRO
Hollywood Hls	224.6800	–	O 114.8 (CA)eE-SUN L(WCRN)sRBx	WA6MDJ	BHARC
Inglewood	224.4600	–	O 131.8	WS6C	

222-225 MHz
CALIFORNIA

Location	Output	Input	Notes	Call	Sponsor
Johnstone Pk	223.9800	–	O 103.5e	W6NRY	EARS
La Canada	224.0800	–	O 156.7/156.7x	WR6JPL	JPL ARC
Lancaster	223.9200	–	O 100.0	WA6YVL	------------
Long Beach	224.5000	–	O 156.7	K6SYU	AARA
Loop Cyn-FS	224.8600	–	●x	WC6MRA	CMRA
Los Angeles	224.7000	–	O 114.8	WR6JPL	JPL ARC
Mt Lukens	223.8600	–	●(CA)ex	WS6RG	WestsidARC
Mt Lukens	223.9000	–	O 136.5 L(IRC)x	W6CPA	------------
Mt Lukens	224.0400	–	●BI	KF6JBN	KARA
Mt Lukens	224.7800	–	●	KF6JWT	
Mt Wilson	224.9400	–	O 94.8	WA6DVG	------------
MtDisappntment	224.3000	–	O 100.0rx	K6CPT	LACoDCS
Newhall	223.9800	–	O 110.9 (CA)elRB	WB6DZO	VRA
Oat Mtn	224.3600	–	O 107.2 (CA) TT(361)esx	K6VER	VERA
Oat Mtn	224.4000	–	●lx	WD6FZA	PAPA
Oat Mtn	224.6200	–	O 82.5x	K6LRB	
Oat Mtn	224.7400	–	●lx	W6SCE	EARN
Palos Verdes	223.7800	–	O 100.0e L(IRLP)rRBx	WA6LA	WALA
Palos Verdes	224.3800	–	O 192.8 (CA)e	W6SBA	SBayARC
Palos Verdes	224.6000	–	O 82.5	K6ZMI	------------
Santa Anita Rg	224.2800	–	O 107.2	WA6CGR	SCEARA
Signal Hill	223.8000	–	O 156.7s	K6CHE	LB CD&DR
Sunset Ridge	224.0000	–	O 146.2	K6TSG	Sunset Gp
Sunset Ridge	224.0600	–	●	KB6MQQ	------------
Sunset Ridge	224.1600	–	O 71.9 L(WINS)	K6JSI	WIN System
Sunset Ridge	224.8400	–	O 151.4	WA6NJJ	------------
Table Mtn	223.9600	–	O 156.7	WR6AZN	JPL ARC
Verdugo Pk	224.2000	–	O 123.0 (CA)	N6MQS	------------
West Hollywood	224.5600	–	O 77.0	K6CBS	------------
Whittier Hills	223.9400	–	O 100.0/100.0elrsx	W6GNS	RHARC
Whittier Hills	224.1200	–	O 151.4 (CA)e	N6DHZ	SERG

SOCAL-ORANGE COUNTY

Location	Output	Input	Notes	Call	Sponsor
Costa Mesa	224.3200	–	O 151.4	AD6HK	CARA
Fullerton Hills	224.1800	–	O 103.5/103.5 L(145.40)rs	N6ME	WARA
Huntington Bch	223.7600	–	O 94.8ers	KD6KQ	
La Habra	224.5000	–	O 162.2	K6SYU	AARA
Mission Viejo	223.9600	–	●	N6QLB	SOC ARES
Pleasants Pk	224.8000	–	●	W7BF	SPARK
Santiago Pk	223.8200	–	●x	KD6ZLZ	------------

222-225 MHz
CALIFORNIA

Location	Output	Input	Notes	Call	Sponsor
Santiago Pk	224.2200	–	●	WR6AAC	Vulture
			151.4/151.4 (CA)elsRB BI		
Santiago Pk	224.5400	–	●x	W6YQY	------------
Santiago Pk	224.6200	–	O 74.8x	K6LRB	------------
Santiago Pk	224.6400	–	●x	K6SOA	------------
Santiago Pk	224.7600	–	●e	W6SCE	EARN
			L(EARN)x		
Santiago Pk	224.8000	–	●x	W7BF	SPARK
Santiago Pk	224.8200	–	O 156.7x	K6AEQ	Condor
Santiago Pk	224.8800	–	O 107.2x	KB6TRD	HRAN
Santiago Pk	224.9600	–	●#x	KF6JWT	------------
Temple Hill	224.1000	–	O 110.9	K6SOA	SOARA
SOCAL-RIVERSIDE COUNTY					
Blythe	224.3200	–	●lx	W6SCE	EARN
Box Springs	224.4600	–	O 110.9r	W6CDF	RivRACES
Chuckwalla Mtn	224.0400	–	●x	WC6MRA	CMRA
Chuckwalla Mtn	224.7000	–	●x	W6YQY	------------
Chuckwalla Mtn	224.7600	–	●lx	W6SCE	EARN
Hemet	224.1200	–	O 97.4pr	W6COH	HemetRACES
Indio	224.3200	–	●lx	W6SCE	EARN
Palm Desert	224.9200	–	O 156.7e	W6DRA	Desert RC
Riverside	224.9800	–	●	KA6RVK	------------
Santa Rosa Mtn	223.8800	–	O 110.9e	WA6HYQ	------------
			L(CA ACS)rx		
Sierra Pk	223.7600	–	O 110.9ers	W6KRW	OC RACES
Sierra Pk	224.9000	–	●	WA6TQQ	------------
Toro Pk	224.1000	–	●x	W6YQY	------------
Toro Pk	224.1800	–	O 156.7	WB6RHQ	Condor
Winchester	224.3600	–	O	WR6AAC	------------
			151.4/151.4 (CA)eL(224.22)sRB		
SOCAL-SAN BERNARDINO COUNTY					
Barstow	224.0400	–	O 156.7	WR6AZN	JPL ARC
Crestline	224.8600	–	O 77.0	W6JBT	CBARC
Keller Pk	224.3400	–	●L(CMRA)	KD6ODU	CMRA
			sx		
Mt Rodman	224.0800	–	O 131.8x	KC6KUY	------------
Ord Mtn	224.3200	–	●lx	W6SCE	EARN
Rim Forest	224.2600	–	O 110.9rsx	W6CDF	------------
Twin Peaks	224.5600	–	O 100.0	WA6TJQ	------------
Upland	224.5800	–	O 88.5 (CA)	K6PQN	------------
Wrightwood	224.4000	–	O 91.5	KW6WW	WCG
SOCAL-SAN DIEGO COUNTY					
Chula Vista	224.9400	–	O 107.2	KK6KD	CV ARC
El Cajon	224.0800	–	O 107.2	WA6BGS	------------
La Mesa	223.8800	–	O	WA6HYQ	------------
			107.2/107.2 (CA)eL(CA ACS)rRB		
Lyons Pk	223.8000	–	●	K6JCC	SDC RACES
Lyons Pk	223.9400	–	O 141.3x	W2IRI	Condor
Mission Hills	223.8000	–	●	WD6APP	SDC RACES
Mt Laguna	224.0600	–	O 107.2	WB6WLV	SANDRA

CALIFORNIA-COLORADO

Location	Output	Input	Notes	Call	Sponsor
Mt Otay	223.8600	–	O 107.2	KN6KM	SoBay RG
Mt Otay	224.1600	–	O 107.2lrx	WA6HYQ	------------
Mt Otay	224.2000	–	O 107.2	N6ICC	SANDRA
Mt Otay	224.2600	–	O 107.2	N6VVZ	FILAMARS
Mt Otay	224.6800	–	O 107.2	W6CRC	------------
Mt Palomar	223.9800	–	O 107.2	WA6RKK	------------
Mt Palomar	224.9000	–	O 107.2e	WD6HFR	220 of SD
San Diego	223.9600	–	O 107.2	WD6APP	------------
San Diego	224.7400	–	O 107.2	WD6APP	------------
San Diego	224.9200	–	O 107.2 (CA)	KD6GNB	ECRA
San Marcos	224.1400	–	O 156.7/156.7	AE6GM	------------
Woodson	223.8000	–	●	K6JCC	SDC RACES

SOCAL-SAN LUIS OBISPO COUNTY

Location	Output	Input	Notes	Call	Sponsor
San LuisObispo	224.5800	–	O 151.4elx	WB6NYS	------------

SOCAL-SANTA BARBARA COUNTY

Location	Output	Input	Notes	Call	Sponsor
Brush Peak	224.0000	–	O 156.7	N6HYM	Condor
Gibraltar Pk	224.0400	–	●l	WC6MRA	CRMA
Goleta	224.1600	–	O 131.8ers	K6TZ	SBARC
Goleta	224.6600	–	O 131.8	K6RCL	CMRA
La Cumbre Pk	224.0800	–	O 131.8/131.8ersRBx	K6TZ	SBARC
Santa Barbara	224.3200	–	O 131.8	N6HYM	------------
Santa Barbara	224.8600	–	O 131.8	WB9KMO	------------
Santa Barbara	224.9000	–	O 131.8	WB6OBB	SBCoRA
Santa Cruz Is	223.9200	–	O 131.8/131.8 E-SUNrsRBx	K6TZ	SBARC
Santa Ynez Pk	224.1200	–	O 131.8/131.8ersRBx	K6TZ	SBARC
Santa Ynez Pk	224.8000	–	●	K6RCL	CMRA

SOCAL-VENTURA COUNTY

Location	Output	Input	Notes	Call	Sponsor
Frazier Mtn	224.7200	–	O 156.7lx	WB6RHQ	Condor
La Conchita	224.7600	–	●lx	W6SCE	EARN
Rasnow Pk	223.9600	–	O 141.3	N6CFC	------------
Red Mtn	224.0200	–	O 127.3/127.3ersx	K6ERN	SMRA
South Mtn	224.1000	–	O 127.3ers WXx	WA6ZSN	SMRA
Thousand Oaks	224.7000	–	O 156.7 (CA)e	K6HB	------------

COLORADO
FREQUENCY USAGE

Location	Output	Input	Notes	Call	Sponsor
STATEWIDE	224.0400	–		STATEWIDE	
STATEWIDE	224.2800	–		STATEWIDE	
STATEWIDE	224.4400	–		STATEWIDE	
STATEWIDE	224.5000	–		STATEWIDE	
STATEWIDE	224.5400	–		STATEWIDE	
STATEWIDE	224.6600	–		STATEWIDE	

222-225 MHz
COLORADO-CONNECTICUT

Location	Output	Input	Notes	Call	Sponsor
STATEWIDE	224.9200	–		STATEWIDE	
BOULDER COUNTY					
Boulder	224.0200	–	Ol	W0 IA	RMVHFS
Rolliinsville	224.6000	–	O 100	W0 RM	W0 RM
COLORADO SPRINGS					
Colo Sprs	224.7200	–	O 103.5/103.5 RB	W0 MOG	W0 MOG
Colorado Springs	224.0600	–	●elx	KB0 SRJ	PPFMA
Colorado Springs	224.9000	–	O 107.2/107.2l	WD0 C	WD0 C
DENVER METRO					
Aurora	223.9800	–	O 100 (CA)	KE0 JM	KE0 JM
Denver	224.0000	–	O 103.5 (CA)	N0 MHU	RMRL
Denver	224.1000	–	O 107.2/107.2l	WR0 AEN	CARN
Denver	224.3800	–	O 100/100e l	W0 TX	DRC
Denver	224.9800	–	O 107.2/107.2 (CA)ex	W0 CRA	CRA
Golden	224.7400	–	O 88.5	N0 POH	ARA
GRAND JUNCTION					
Grand Junction	224.2600	–	● 107.2 (CA)ersWX	WA4HND	GMRA
NORTH FRONT RANGE					
Fort Collins	224.5200	–	O 100el	W0 UPS	NCARC
Fort Collins	224.8400	–	Ox	W0 UPS	NCARC
Fort Lupton	224.9600	–	O	AC0 KC	AC0 KC
Loveland	224.3200	–	O 100/100 (CA)e	KN6VV	KN6VV
PUEBLO					
Canon City	223.9600	–	O 103.5es RB	WD0 EKR	RGARC
Pueblo	224.2600	–	O 88.5ex	ND0 Q	PuebloHC
SOUTH CENTRAL					
Cripple Creek	224.9400	–	O 67/67el	WB0 WDF	WB0 WDF
Walsenburg	224.3200	–	O 88.5e	ND0 Q	PuebloHC
WEST CENTRAL					
Glenwood Springs	224.0200	–	●	KI0 G	SCARC
Vail	224.8000	–	Ot	N0 AFO	ECHO

CONNECTICUT

Location	Output	Input	Notes	Call	Sponsor
FREQUENCY USAGE					
SNP Pair	224.1400	–			
SNP Pair	224.4400	–	O		
FAIRFIELD & SOUTHWEST					
Bridgeport	224.9600	–	O 77.0/77.0	N1LXV	N1LXV
Danbury	223.9600	–	O 91.5/91.5	W1QI	CARA
Fairfield	224.1000	–	O	N3AQJ	FUARA

222-225 MHz
CONNECTICUT-FLORIDA

Location	Output	Input	Notes	Call	Sponsor
HARTFORD & N CENTRAL					
Avon	224.9400	–	O e	W1JNR	------------
Bristol	224.1600	–	O 77.0/77.0 l	KB1AEV	KB1AEV
Bristol	224.2200	–	O 118.8/118.8ex	W1IXU	W1JJA
Newington	224.8400	–	O 127.3e	W1AW	NARL
Rocky Hill	224.6800	–	O 123.0	N1JBS	N1JBS
Vernon	224.1200	–	O 82.5/82.5 el	W1HDN	PVRA
Vernon	224.3600	–	O 77.0/77.0 el	KB1AEV	KB1AEV
Vernon	224.6000	–	O 123.0/123.0	K1WMS	K1WMS
W Hartford	224.2800	–	O 114.8	N1XLU	N1XLU
LITCHFIELD & NORTHWEST					
Torrington	223.7800	–	O 82.5/82.5 el	W1HDN	PVRA
NEW HAVEN & S CENTRAL					
Meriden	224.8000	–	O 77.0/77.0 el	K1HSN	Southingtn
Milford	223.8800	–	O 77.0	N1JKA	CARA
New Haven	224.5000	–	O 77.0/77.0 e	K1SOX	SPARC
NEW LONDON & SOUTHEAST					
Ledyard	224.3800	–	O 103.5	W1DX	AWASEC
Salem	224.1400	–	O 103.5/103.5e	W1DX	AWASEC
Waterford	223.9600	–	O 156.7/156.7	W1NLC	SCRAMS
DELAWARE					
ALL					
SNP	223.8000	–	O		------------
SOUTH					
Greenwood	224.4400	–	O	W3WMD	CSARC
Millsboro	224.8400	–	OaeZ(911)	WS3ARA	Sussex ARA
WILMINGTON					
Newark	224.0000	–	O 100.0e	KB3MEC	KB3MEC
Newark	224.7200	–	Oa	N3JCR	+N3JFS
Wilmington	224.5200	–	O 131.8l	W3DRA	DRA
DISTRICT OF COLUMBIA					
ALL					
SNP	223.8000	–	O		
FLORIDA					
CENTRAL - ORLANDO					
Clermont	224.8200	–	O	KR4Q	KR4Q
Umatilla	224.1400	–	Oe	KA4OPN	SHRA

222-225 MHz
FLORIDA

Location	Output	Input	Notes	Call	Sponsor
EAST CENTRAL					
Cocoa	224.5000	–	o	N4LEM	N4LEM
NORTH CENTRAL					
Anthony	224.1000	–	o	N4TSV	SCARS
			103.5/103.5ex		
Gainesville	224.1600	–	Ors	K4GNV	GARS
NORTH EAST					
Bunnell	224.0200	–	oL(145.45)	KB4JDE	KB4JDE
Holly Hill	223.8500	–	o	KI4RF	KI4RF
			131.8/131.8eL(29.66 53.05 146 655 444.17		
NORTH EAST - JACKSONVILLE					
Middleburg	224.0000	–	o	N4RVD	N4RVD
SOUTH CENTRAL					
Okeechobee	224.1000	–	o	KF4EA	KF4EA
SOUTH EAST - MIAMI/FT LAUD					
Coral Springs	224.6800	–	o	N2DUI	WA4EMJ
			131.8/131.8 L(444.575)rsRB LITZx		
Ft Lauderdale	224.4000	–	o	KF4LZA	KF4LZA
			110.9/110.9 L(927.7)		
Ft Lauderdale	224.7600	–	o	W4AB	BARC
			110.9/110.9		
Hialeah	223.9400	–	o	WB4IVM	WB4IVM
			110.9/110.9a(CA)ersBlx		
Hialeah	224.0600	–	o	WB4IVM	WB4IVM
			110.9/110.9a(CA)ersBlx		
Hialeah	224.5800	–	o	WB4IVM	WB4IVM
			110.9/110.9a(CA)ersBlx		
Miami	224.0000	–	o	AE4EQ	AE4EQ
			110.9/110.9 Bl		
Miami	224.1000	–	o	KC4MND	KC4MND
Miami	224.1400	–	●t	AE4WE	AE4WE
Miami	224.1600	–	o	WB4TWQ	WB4TWQ
			118.8/118.1e		
Miami	224.8200	–	o	WB4DD	WB4DD
			103.5/103.5		
Miami	224.9200	–	oBl	KB4AIL	KB4AIL
Pembroke Pines	224.8800	–	o 88.5/88.5	KP4BM	KP4BM
Plantation	224.1800	–	o	N4RQY	WA4EMJ
			131.8/131.8ersLITZ		
Plantation	224.9600	–	o	N4RQY	WA4EMJ
			103.5/103.5eL(EC)rsRB		
Wilton Manors	224.8000	–	o	N4RQY	WA4EMJ
			131.8/131.8		
SOUTH WEST					
Naples	224.3800	–	●	KD4OZW	KD4OZW
			131.8/131.8 L(444.450 443.900 444.075 44		
SOUTH WEST - FT MYERS					
Ft Myers	224.5200	–	o	WA4PIL	FMARC
			103.5/103.5e		

222-225 MHz
FLORIDA-GEORGIA

Location	Output	Input	Notes	Call	Sponsor
WEST CENTRAL					
New Port Richey	224.5400	–	O 103.5/103.5	WA4GDN	GCARC
Port Richey	224.8000	–	O 146.2/146.2	WD8U	WD8U
WEST CENTRAL - SARASOTA					
Bradenton	224.6200	–	O 100.0/100.0 L(EC-395804)	K4CVL	MARC
WEST CENTRAL - TAMPA/ST PETE					
Clearwater	224.9400	–	Oe L(146.970 444.150 444.450 444.575)	K4JMH	CARS
Largo	224.2200	–	Oa(CA)el	KO4CR	KO4CR
St Petersburg	224.0200	–	Oe	NØRW	NØRW
St Petersburg	224.6600	–	O 146.2/146.2a(CA) L(147.060 444.475)	WA4AKH	SPARC
Tampa	224.2800	–	O 103.5/103.5 DCS(36)e	KB9MCI	KB9MCI
Tampa	224.7400	–	● 146.2/146.2eL(444.250 443.675 442.725 IR-488)	W4RNT	RANT
GEORGIA					
Alpharetta	224.6200	–	O 100/100	W4PME	W4ZF
Atlanta	224.2200	–	O 151.4/151.4	N4NEQ	----------
Atlanta	224.3400	–	O 146.2/146.2	W4DOC	W4DOC
Atlanta	224.4400	–	O 151.4/151.4	N4NEQ	----------
Atlanta	224.6200	–	O 100/100	W4PME	MATPARC
Atlanta	224.9600	–	O 100/100e lsWX	K4RFL	GA International Radi
Cave Spring	224.6400	–	O 141.3/141.3	WB4LRA	repeater trustee
Chatsworth	224.8600	–	O 100/100	KC4AQS	KC4AQS
Concord	224.4600	–	O 110.9/110.9 WX	WB4GWA	WB4GWA
Cumming	224.8200	–	O	W4FRT	W4PX
Dahlonega	224.4800	–	O 100/100	N4KHQ	N4KHQ
Dallas	224.7000	–	O 77/77	W4TIY	K4RJJ
Dalton	224.4600	–	O 141.3/141.3es	N4BZJ	N4BZJ
Dalton	224.6800	–	O 141.3/141.3a(CA)elsWX	N4BZJ	----------
Dalton	224.7400	–	O 141.3/141.3	N4KVC	7.135 rpt Group
Decatur	224.7600	–	O	W4BOC	W4BOC
Eastanollee	224.6400	–	O 100/100	W4BNG	W4BNG
Fayetteville	224.5600	–	O 131.8/131.8elsWX	AG4ZR	AG4ZR

222-225 MHz
GEORGIA-ILLINOIS

Location	Output	Input	Notes	Call	Sponsor
Jasper	224.4000	–	O 100/100	KC4AQS	KC4AQS
Jasper	224.6000	–	O 100/100	KC4AQS	NP2Y
Jasper	224.9800	–	O 100/100	N4KHQ	-------------
Lagrange	224.7200	–	O 100/100e lsWX	WB4BXO	WB4BXO
Lookout Mt	224.5600	–	O	W4RRG	KS4QA
Macon	224.6400	–	88.5/88.5	WA4DDI	WA4DDI
Marietta	224.6200	–	O 100/100e	W4PME	-------------
Pine Log Mtn	224.5200	–	Oe	K4AIS	
Pine Mtn	224.6600	–	O	WB4ULJ	W4OM
Pine Mtn Valley	224.3600	–	O	WB4ULJ	WA4ULK
Ray City	224.2200	–	O 141.3/141.3 ls	WR4SG	KB0Y
Thomasville	224.3200	–	O 141/141 ls	WR4SG	South Georgia R
Union	224.8800	–	O 77/77el WX	WD4LUQ	WD4LUQ
Valdosta	224.4600	–	O 141.3/141.3 E-SUNls	WR4SG	South Georgia R
Villa Rica	224.3000	–	O 131.8/131.8	KB4TIW	KB4TIW
Waleska	224.9400	–	O	KJ4JJX	KJ4JJX
Warner Robins	224.8400	–	O 107.2/107.2	WR4MG	Middle GA Radio
Watkinsville	224.4200	–	O 123/123	KD4AOZ	KD4AOZ

HAWAII
OAHU

Location	Output	Input	Notes	Call	Sponsor
Honolulu	223.9400	–	O	KH6OJ	Ohana ARC
Leeward	224.9200	–	O	NH7QH	NH7QH

IDAHO
FREQUENCY USAGE - IACC AREAS

Location	Output	Input	Notes	Call	Sponsor
# Snp	224.7200	–			
# Snp	224.8400	–			

N ID - WALLACE

Location	Output	Input	Notes	Call	Sponsor
Goose Hump	224.7600	–	O 131.8	WB7BTU	SCHRA

SOUTH CENT

Location	Output	Input	Notes	Call	Sponsor
Burley	223.2300	224.9200	O	K6ZVA	K6ZVA

SOUTHEAST IDAHO

Location	Output	Input	Notes	Call	Sponsor
Shelley	224.7600	–	O	W7QJR	w7qjr

SW-ID

Location	Output	Input	Notes	Call	Sponsor
Boise	224.5000	–	Oel	KA7EWN	KA7EWN
Emmett	224.8800	–	O 100	K7WIR	WIARA

ILLINOIS
BLOOMINGTON

Location	Output	Input	Notes	Call	Sponsor
Bloomington	224.4600	–	107.2e	K9MBS	K9MBS

CENTRAL

Location	Output	Input	Notes	Call	Sponsor
Forest City	223.9800	–		WI9MP	WI9MP

222-225 MHz
ILLINOIS

Location	Output	Input	Notes	Call	Sponsor
CHICAGO					
Chicago	223.8800	–	110.9	KC9EBB	KC9EBB
Chicago	224.0200	–	103.5	W9TMC	TMCARC
Chicago	224.0600	–	110.9	WD9GEH	WD9GEH
Chicago	224.1000	–	(CA)	WA9ORC	CFMC
Chicago	224.3400	–	103.5	W9RA	DONFAR
Chicago	224.5200	–	110.9x	WM9W	220MHzGuys
DECATUR					
Lovington	223.8600	–	103.5e	KR9X	LRA
EAST CENTRAL					
Danville	224.8400	–	100.0 (CA)l	KC9USH	KC9USH
NORTH CENTRAL					
Freeport	224.9200	–	100.0 (CA)l	W9FN	W9FN
Joliet	223.8200	–	●ael	W9OFR	WCARL
NORTHEAST					
Batavia	224.4000	–	110.9el	W9XA	W9XA
Bloomingdale	224.2200	–	110.9	K9NB	BARK
Bolingbrook	225.4000	–	110.9e	K9BAR	BARS
Bridgeview	224.4800	–	110.9	KB9EPL	KB9EPL
Brookfield	224.1600	–	110.9aelz	K9SAD	SADFAR
Buffalo Grove	224.5800	–	110.9 (CA)l	WB9TAL	ARCOMLEAGU
Crystal Lake	224.7000	–	100.0el	K9VI	K9QI
Deerfield	224.2400	–	110.9e	KA9REN	CHINET
Downers Grove	224.6800	–	110.9 (CA)e l	W9DUP	DARC
Glen Ellyn	224.1400	–	110.9aelz	W9CCU	WCRA
Glenview	224.6000	–	110.9	W9AP	NORA
Gurnee	224.0800	–	127.3 (CA)l	W9MAB	GURNEE RG
Hampshire	223.9200	–	● 114.8	W9ZS	W9ZS
Itasca	224.5000	–	192.8	WA9ZZU	WA9ZZU
Lake Zurich	223.8400	–	110.9	K9SA	K9SA
Lake Zurich	224.8600	–	110.9s	W9SRO	SRO/CFAR
Lisle	224.3600	–	110.9	WB9QXJ	FUBAR
Lisle	224.6200	–	110.9 (CA)e	W9AEK	W9AEK LITZ
Lockport	224.9400	–	114.8	N2BJ	ANDREW RC
Lombard	224.2600	–	110.9	WA9VGI	FISHFAR
Naperville	224.2000	–	110.9	W9NPD	NPDARC
New Lenox	224.4200	–	114.8	N2BJ	N2BJ
North Riversid	224.8200	–	110.9	K9ONA	SMCC
Oswego	224.9200	–	110.9	NK9M	NK9M ATVN
Park Forest	223.9600	–	110.9 (CA)	WB9UAR	WB9UAR
Park Ridge	224.7800	–	110.9e	WA9ZMY	FAROUT
Rolling Meadow	224.3800	–	110.9al	WB9WNK	MATS
Schaumburg	223.9400	–	110.9l	N9EP	N9EP
Schaumburg	224.5600	–	110.9l	K9EL	EGDXA
Schaumburg	224.6600	–		WB9YBM	WB9YBM
Schaumburg	224.7600	–	110.9 (CA)e lz	N9CXQ	NAPS
Schaumburg	224.8800	–	110.9	KB2MAU	RAYJACK

222-225 MHz
ILLINOIS-INDIANA

Location	Output	Input	Notes	Call	Sponsor
Schiller Park	224.9800	–	110.9 (CA)	WB9AET	WAFAR
Techny	224.3200	–	110.9e	NS9RC	NSRC
West Chicago	224.6400	–	110.9	N9XP	N9XP
West Chicago	224.7200	–	103.5l	W9DMW	MOOSEFAR
Westmont	223.8600	–	110.9	N9TO	N9TO
Worth	224.1800	–		WA9ORC	CFMC
NORTHWEST					
Lanark	224.8600	–		WB9NLQ	SRG
Rock Island	224.1000	–	110.9e	N9TPQ	N9TPQ
PEORIA					
Dunlap	224.0800	–	156.7 (CA)e l	N9BBO	N9BBO
ROCKFORD					
Mt Morris	224.1200	–	118.8elx	K9AMJ	K9AMJ
Mt Morris	224.8400	–	118.8elx	K9AMJ	K9AMJ
Rockford	223.8800	–	118.8	W9AXD	RARA
Rockford	224.0400	–	118.8 (CA)e l	K9AMJ	K9AMJ
Rockford	224.2800	–	114.8a	N9CWQ	ARECOMM
Rockford	224.4400	–	118.8 (CA)e l	K9AMJ	K9AMJ
SOUTH					
Eagleton	224.8500	–		W9IMP	OTHG
Tunnel Hill	224.8600	–	88.5ers	WB9F	L. CLORE
SOUTH CENTRAL					
Greenville	224.4400	–	103.5e	W9KXQ	OVARC
Mulberry Grove	224.1400	–	103.5	W9KXQ	W9KXQ
SPRINGFIELD					
Tallula	224.4800	–	94.8	K9KGO	K9KGO
ST LOUIS					
Belleville	224.1200	–	127.3az	K9GXU	ST CLAIR
Collinsville	224.0600	–	127.3ers WX	W9AIU	EGYPTN RC
Godfrey	224.3000	–	123.0el	N9GGF	N9OWS+
Maryville	224.7000	–	151.4e	KG9OV	KG9OV
Mascoutah	224.2000	–	l	AA9ME	AA9ME
WEST CENTRAL					
Dallas City	224.0200	–	100.0ex	KC9JIC	KC9JIC
Versailles	224.9200	–	103.5	KB9JVU	------------

INDIANA
EAST CENTRAL

Location	Output	Input	Notes	Call	Sponsor
Brookville	224.2800	–	●e	N9HHM	N9HHM
Brookville	224.3200	–	●	N9HHM	N9HHM
Muncie	223.9200	–	●e	WB9HXG	MuncieARC
Muncie	224.7000	–	●aer	WD9HQH	Evans/Rust
New Castle	224.1800	–	●rs	N9EYG	N9EYG
Parker City	224.0400	–	●ewX	K9EKP	K9EKP
Richmond	224.7400	–	●erswX	W1IDX	W1IDX

222-225 MHz
INDIANA

Location	Output	Input	Notes	Call	Sponsor
INDIANAPOLIS					
Franklin	223.9600	–	O 151.4e	KC9LGZ	KC9LGZ
Indianapolis	224.5000	–	O	KC9COP	KC9COP
Indianapolis	224.5400	–	O	KB9RBF	KB9RBF
Indianapolis	224.5800	–	O 127.3 (CA)el	N9ILS	N9ILS
Indianapolis	224.8000	–	O 88.5r	K9XV	K9XV
Indianapolis	224.9800	–	O 77.0e	W9ICE	ICE
Martinsville	224.6600	–	OesWX	K9PYI	MorganRA
Mccordsville	224.9200	–	O 88.5	WA4QQR	WA4QQR
Shelbyville	224.4400	–	OesWX	W9JUQ	BRV ARS
NORTHEAST					
Angola	224.9400	–	O 131.8e	WB9DGD	WB9DGD
Columbia City	223.9000	–	O 141.3/141.3e	K9BLU	Blueline Users Group
Columbia City	224.8600	–	Oer	N9FGN	N9FGN
Decatur	224.3600	–	O 97.4ers WX	KB9KYM	AdamsARC
Elkhart	223.9400	–	O 131.8e WX	N8AES	N8AES
Elkhart	224.0800	–	O 131.8e WX	KC9GMH	KC9GMH
Elkhart	224.9000	–	O 131.8 (CA)ex	W9LZX	ElkhartCRA
Hartford City	224.5600	–	OersWX	WB9HLA	WB9HLA
Marion	224.5200	–	O	KA9IYJ	KA9IYJ
Roanoke	224.4000	–	O 131.8	WB9VLE	WB9VLE
Warren	224.4600	–	O 171.3e	N9QVI	N9QVI
NORTHWEST					
Crown Point	224.7400	–	O 131.8el WX	KA9QJG	KA9QJG
Gary	224.4600	–	O 131.8e	W9CTO	W9CTO
Munster	224.0000	–	O 131.8el WX	W9FXT	IARA
Plymouth	224.5000	–	O 131.8	K9ZLQ	MrshlARC
South Bend	223.9800	–	O 131.8ael	WB9YPA	WB9YPA
Valparaiso	224.1200	–	O 131.8lx	KB9KRI	Duneland
Valparaiso	224.2800	+	O 131.8	KC9YNM	KIC9YNM
West Lafayette	224.9600	–	O 131.8e	W9YB	Purdue
SOUTHEAST					
Floyds Knob	224.8200	–	Oe	W9BGW	W9BGW
Frenchtown	224.7000	–	O 103.5e	WB9GNA	WB9GNA
Greensburg	224.7800	–	OrsWX	N9LQP	DecaturARC
Seymour	224.8600	–	O 203.5	KC9JOY	KC9JOY
Versailes	224.4600	–	OerWX	KC9MBX	KC9MBX
SOUTHWEST					
Bloomington	224.6400	–	O 107.2	K9SOU	BlmHS-ARC
Springville	223.8000	–	O 107.2	N9HXU	N9HXU
Vincennes	223.0000	–	Oe	W9DP	W9DP

222-225 MHz
INDIANA-KENTUCKY

Location	Output	Input	Notes	Call	Sponsor
WEST CENTRAL					
Terre Haute	224.8800	–	O 123.0	W9TLC	W9TLC
IOWA					
CEDAR RAPIDS					
Cedar Rapids	224.9400	–	O(CA)l	WØ HUP	CRRA+SEITS
DES MOINES					
Des Moines	224.9800	–	● 114.8 (CA)elrsWXx	WDØ FIA	WDØ FIA+NAØ R
Grimes	224.5400	–	114.8elWXx	NØ INX	Westside Comm
EAST CENTRAL					
Clinton	224.1800	–	O	KNØ BS	BSARC
SIOUX CITY					
Sioux City	224.1200	–	O	KØ TFT	SARA
SOUTHWEST					
Bridgewater	224.8200	–	136.5 (CA)e rsWXx	WDØ FIA	WDØ FIA
WATERLOO					
Waterloo	224.9000	–	136.5e	NKØ T	NKØ T
KANSAS					
CENTRAL					
Hays	224.2800	–	O	N7JYS	N7JYS
McPherson	223.9400	–	131.8/131.8eL(ECHOLINK#3917) O	WBØ UUB	WBØ UUB
KANSAS CITY METRO					
Basehor	224.5400	–	O 88.5/88.5 ers	KØ HAM	NEKSUN
Basehor	224.5400	–	O 88.5/88.5 rs	KØ HAM	NEKSUN
Gardner	224.7800	–	Oa(CA)er	KØ NK	KØ NK
Kansas City	224.1000	–	Oaer	WBØ KIA	KC220ARA
Kansas City	224.1000	–	Oaer	WBØ KIA	KC220-BYRG
Kansas City	224.2000	–	Or	WBØ KIA	KC220ARA
Kansas City	224.2000	–	Oar	WBØ KIA	KC220ARA
Kansas City	224.3000	–	Oar	WBØ KIA	KC220ARA
Kansas City	224.3000	–	Oar	WBØ KIA	KC220ARA
Olathe	224.9400	–	Oa(CA)e	WØ QQ	SFTARC
Olathe	224.9400	–	Oers	WØ QQ	SFTARC
Shawnee	223.9400	–	Oe	WAØ CBW	WAØ CBW
Shawnee Msn	223.9400	–	Oe	WAØ CBW	WAØ CBW
WICHITA					
El Dorado	224.5800	–	O	KØ FCQ	------------
Wichita	224.0600	–	Oe	KFØ M	KFØ M
KENTUCKY					
Artemus	224.6000	–	O 100/100e l	KF4FWF	KF4FWF

222-225 MHz
KENTUCKY-MAINE

Location	Output	Input	Notes	Call	Sponsor
Ashland	223.9400	–	O	KC4QK	ASHLAND 24 RPTR
Corbin	224.8200	224.2200	O 100/100e l	WR4AMS	WR4AMS
Dorton	224.5200	–	O 203.5/203.5el	WR4AMS	WR4AMS
Hazard	224.7200	–	O 203.5/203.5elsWX	WR4AMS	WR4AMS
Hopkinsville	224.7800	–	Oe	WD9HIK	WD9HIK
Irvine	224.7600	–	O 100/100	KA4PND	----------
Irvine	224.9400	–	O	AD4RT	KY4LD
Lynch	224.3200	–	O 203.5/203.5el	KK4WH	----------
Madisonville	224.2600	–	O 103.5/103.5	KC4FIE	KC4FIE
Manchester	224.9800	–	O 203.5/203.5 DCSel	WR4AMS	WR4AMS
Mayfield	224.8200	–	O 179.9/179.9	WA6LDV	KF4GCD
Middlesboro	224.1200	–	O 100/100	AJ4G	----------
Nancy	224.1000	–	O 100/100e	AC4DM	----------
Pikeville	224.6200	–	O	KD4DAR	----------
Somerset	224.3000	–	O	N4AI	----------
Somerset	224.8800	–	O	N4AI	N4AI
Stanville	224.6800	–	O 100/100	KJ4VF	----------
Versailles	224.2200	–	Oes	KY4WC	Woodford County Am
Whitesburg	224.9600	–	O 203.5/203.5els	KK4WH	----------
Winchester	224.7600	–	O 100/100	KJ4VF	----------

LOUISIANA
REG 1 NEW ORLEANS

Location	Output	Input	Notes	Call	Sponsor
New Orleans	224.0000	–	O 114.8	W5MCC	SELCOM

REG 8 MONROE

Location	Output	Input	Notes	Call	Sponsor
West Monroe	224.9000	–	O 127.3e	K5RUS	K5RUS

REG 9 HAMMOND

Location	Output	Input	Notes	Call	Sponsor
LaCombe	224.6600	–	● 114.8	AA5UY	AA5UY-RA
Madisonville	224.1400	–	O 114.8e	W5NJJ	NLAKE ARC+

STATEWIDE

Location	Output	Input	Notes	Call	Sponsor
Shared	224.6000	–	#	SNP	----------

MAINE
ALL AREAS

Location	Output	Input	Notes	Call	Sponsor
Shared	224.1400	–	O	SNP	NESMC

Non-Protected Pair

AUGUSTA

Location	Output	Input	Notes	Call	Sponsor
Augusta	224.7200	–	O 103.5 L(224.24)	KQ1L	KQ1L

CENTRAL/BANGOR

Location	Output	Input	Notes	Call	Sponsor
Corinna	224.8400	–	OE-SUN E-WIND L(E625971)	KB1UAS	RPS

222-225 MHz
MAINE-MARYLAND

Location	Output	Input	Notes	Call	Sponsor
Exeter	224.2400	–	O 103.5	AA1PN	AA1PN
MID-COAST					
Hope	224.0000	–	O 100.0	WA1ZDA	WA1ZDA
Washington	224.2800	–	O 91.5aex	KC1CG	KC1CG
NORTHWEST					
Hebron	224.6200	–	O 103.5 L(I8718)	W1IF	W1IF
Woodstock	223.9400	–	O 103.5e L(53.09/449.025)	W1IMD	FrtnlARTS
PORTLAND/SOUTH COAST					
Falmouth	223.7800	–	● 103.5 L(RGRS)	W1IMD	W1IMD
Nobleboro	224.3200	–	O 103.5e L(224.72 AUGUSTA)	W1AUX	W1AUX
Waldoboro	224.7800	–	O 103.5e L(224.72 AUGUSTA)sWX	KQ1L	KQ1L
WHITE MOUNTAINS					
Mt Washington	224.8600	–	O 103.5	W1IMD	RGRS
MARYLAND					
ALL					
SNP	223.8000	–	O		------------
ANNAPOLIS					
Davidsonville	223.8800	–	O 107.2ae Z(911)	W3VPR	AARC
BALTIMORE					
Baltimore	224.9600	–	O(CA)elwX	WB3DZO	BRATS
Columbia	224.8600	–	O	W3CAM	W3CAM
Ellicott City	224.3200	–	O	N3EZD	N3EZD
Glen Burnie	224.6000	–	O	N3MIR	N3MIR
Jessup	224.7600	146.1600	O 107.2l	WA3DZD	MFMA
Jessup	224.7600	–	O 107.2l	WA3DZD	MFMA
Jessup	224.7600	449.0000	O 107.2l	WA3DZD	MFMA
Millersville	224.5600	–	O 107.2	W3VPR	AARC
Perry Hall	223.8400	–	O	W3JEH	W3JEH
Randallstown	224.8000	–	O	WB3DZO	BRATS
S Baltimore	224.6800	–	O	KS3L	SummitAR
FREDERICK					
Frederick	224.2000	–	O 123.0e	K3MAD	MADXRA
NORTH CENTRAL					
Manchester	224.1200	–	Oa	N3KZS	N3KZS
NORTH EASTERN SHORE					
Galena	224.0000	–	O 131.8e	KB3MEC	KB3MEC
NORTHEAST MD					
Bel Air	223.9600	–	O(CA)	N3EKQ	N3EKQ
Shawsville	224.9200	–	O	N3UR	N3UR
SOUTHERN MD					
Lexington Park	223.9000	–	O	WA3UMY	WA3UMY
WASHINGTON AREA					
Ashton	224.5400	–	O 156.7ae	K3WX	K3WX

222-225 MHz
MARYLAND-MASSACHUSETTS

Location	Output	Input	Notes	Call	Sponsor
Jessup	224.7600	146.1600	O 107.2l	WA3DZD	MFMA
Jessup	224.7600	–	O 107.2l	WA3DZD	MFMA
Jessup	224.7600	449.0000	O 107.2l	WA3DZD	MFMA
Rockville	224.9400	–	O(CA)er	K3ATV	MACS

MASSACHUSETTS
ALL AREAS
Location	Output	Input	Notes	Call	Sponsor
Shared Non-Protected Pair	224.1400	–	O	SNP	NESMC

BLACKSTONE VALLEY
Location	Output	Input	Notes	Call	Sponsor
Medway	224.6600	–	OL(147.06)	W1KG	W1KG

BOSTON METRO
Location	Output	Input	Notes	Call	Sponsor
Belmont	223.8600	–	O 100.0/131 L(I4314)	KB1FX	+KB1GXW
Milton	224.3600	–	Oe	N1MV	MVARG
Quincy	224.4000	–	O 103.5 L(MMRA)	N1KUG	MMRA
Wakefield	223.8000	–	OeEXP	WA1RHN	N1CSI
Wakefield	224.2600	–	O 67.0ae	WA1WYA	Wake EMA
Waltham	224.9400	–	Oe	W1MHL	WalthamARA

BOSTON SOUTH
Location	Output	Input	Notes	Call	Sponsor
Walpole	224.3200	–	O 118.8er WX	W1ZSA	WalpoleEMA
Wrentham	224.7800	–	O 146.2	N1UEC	EMARG

CAPE AND ISLANDS
Location	Output	Input	Notes	Call	Sponsor
Harwich	224.3400	–	O 100.0 L(E468451)	K1KEK	K1KEK

CENTRAL
Location	Output	Input	Notes	Call	Sponsor
Douglas	224.9000	–	O 103.5	AA2S	AA2S
Fitchburg	224.3400	–	O 103.5e	AB1GF	WB1EWS
Leominster	224.7600	–	O 85.4 L(224.44 WINCHENDON)x	AA1JD	MEGASYSTEM
Paxton	224.3800	–	O 136.5e	W1XOJ	NYNES
Spencer	224.5400	–	O	N1VOR	PC Wood
Winchendon	224.4400	–	Oe L(224.76 LEOMINSTER)rsx	AA1JD	MEGASYSGRP
Worcester	224.4800	–	O L(KA1AQP-R)	N1EKO	KA1AQP

MERRIMACK VALLEY
Location	Output	Input	Notes	Call	Sponsor
Andover	224.5200	–	O 88.5r	N1LHP	AndoverEMA
Haverhill	224.1200	–	O 103.5e	N1IRS	N1IRS
Lawrence	224.3000	–	O 88.5	N1EXC	N1EXC
Methuen	224.9600	–	O 103.5e	KX1M	N1IMO
North Andover	224.6800	–	O 88.5 L(PHANTOMNET)	N1LHP	NA EMA
Pepperell	224.6400	–	O L(919.10/1270.40)	WA1VVH	WA1VVH
Wilmington	224.1600	–	O 67.0/71.9 e	K1KZP	Wilm-Emerg

222-225 MHz
MASSACHUSETTS-MICHIGAN

Location	Output	Input	Notes	Call	Sponsor
METROWEST					
Framingham	224.2400	–	O 103.5x	WB1CTO	222 Club
Hopkinton	223.9400	–	O 103.5 L(MMRA)x	K1KWP	MMRA
Marlborough	224.8800	–	O 103.5 L(MMRA)	W1MRA	MMRA
Weston	224.7000	–	O 103.5 L(MMRA)	N1NOM	MMRA
NORTH SHORE					
Danvers	223.8800	–	Oex	NS1RA	NSRA
Gloucester	224.9000	–	Oe	W1GLO	CAARA
SOUTH COAST					
Dartmouth	224.8000	–	O 67.0 L(E4215/I4215/QRN) RB	W1AEC	SEMARA
Swansea	224.1800	–	O 67.0 L(E783892)	KB1NYT	JTH
SOUTH SHORE					
Norwell	224.0600	–	O 103.5e L(QRN/53.33) RB	N1ZZN	N1ZZN
Weymouth	224.5800	–	O 110.9e	W1SSH	SSHARC
SPRINGFIELD/PIONEER VALLEY					
Pelham	224.7400	–	O 88.5	WA1VEI	MSRA
THE BERKSHIRES					
Adams	224.1000	–	O 100.0	K1FFK	NoBARC

MICHIGAN

Location	Output	Input	Notes	Call	Sponsor
LOWER PEN NORTHEAST					
Lewiston	224.4200	–	●tl	N8SCY	RARG
Saginaw	224.2800	–	Oers	K8DAC	Saginaw Valley A
West Branch	224.2200	–	●tl	W8YUC	RARG
LOWER PEN NORTHWEST					
Manistee	224.1200	–	O 100	KB8BIT	KB8BIT
Stutsmanville	224.5600	–	O 100x	WB8DEL	WB8DEL
LOWER PEN SOUTHEAST					
Ann Arbor	224.3400	–	Oe	W8UHW	W8UHW
Ann Arbor	224.3800	–	O	W8PGW	Arrow ARC
Canton	224.7400	–	O 100 (CA)	W8PMN	W8KFN
Chelsea	224.1600	–	O	WD8IEL	CARC
Clio	224.0600	–	O 100	N8NJN	FAIR
Dearborn	224.5200	–	O 100	K8UTT	Ford ARL
Detroit	224.3600	–	O 103.5ex	KC8LTS	KC8LTS
Durand	224.8600	–	O 100elrs WX	N8IES	N8IES
Flint	224.1800	–	O 88.5el	KF8UI	KF8UI
Flint	224.4800	–	O 100 (CA) elrsWXz	KC8KGZ	N8IES/MSCG
Glennwood	224.8400	–	O 94.8elrs WXx	W8GDS	W8GDS
Holly	224.6200	223.0600	O 100 (CA) elrsx	W8FSM	W8FSM

222-225 MHz
MICHIGAN-MISSISSIPPI

Location	Output	Input	Notes	Call	Sponsor
Inkster	224.5800	–	O 100lrs WX	K8DNS	K8DNS
Livonia	224.8400	–	O 100els	K8PLW	K8PLW
Monroe	224.7800	–	O 100elrs WX	K8RPT	River Raisin repeater
Pontiac	224.5600	–	O	WD8INW	WD8INW
Rankin	224.9600	–	●telWX	W8YUC	RARG
Roseville	224.4600	–	Ol	N8EDV	N8EDV
Waterford	224.4200	–	●t(CA)e WX	W8JIM	W8JIM
Wayne	224.0000	–	O 107.2ael	W8RIF	W8RIF
Westland	224.6800	–	●tl	W2PUT	W2PUT
LOWER PEN SOUTHWEST					
Battle Creek	224.2400	–	Oael	W8DF	Southern Michigan A
Berrien Springs	224.3000	–	O(CA)x	W8YKS	DOCRG
Buchanan	224.2000	–	O(CA)x	N8NIT	DOCRG
Cedar Springs	224.1400	–	O 94.8	NW8J	NW8J
Grand Rapids	224.4400	–	O 91.5	KB8YNC	KB8YNC
Grand Rapids	224.6400	–	O 94.8ae	W8DC	Grand Rapids Amate
Grand Rapids	224.7600	–	Oae	K8SN	K8SN
Lansing	224.9800	–	O 100ers	W8BCI	LCDRA
Moline	223.9200	–	O 94.8ael WXx	N8JPR	N8JPR
Muskegon	224.7000	–	●tael	N8KQQ	N8KQQ

MINNESOTA
CENTRAL

Location	Output	Input	Notes	Call	Sponsor
Paynesville	224.8000	–	O	KD0ILS	DARC
DULUTH					
Duluth	223.9400	–	O	N0BZZ	N0BZZ
METRO					
Arden Hills	223.9400	–	O 100.0l	KA0PQW	HANDIHAMS
Burnsville	224.5400	–	O 100.0a	W0BU	TCRC
Columbia Hts	224.5000	–	O 114.8l	N0FKM	N0FKM
Columbia Hts	224.6600	–	O 114.8l	N0FKM	N0FKM
Gem Lake	224.1000	–	O	K0LAV	K0LAV
Maplewood	224.8800	–	O	N0FKM	N0FKM
SOUTH CENTRAL					
St Peter	224.5200	–	O	N0KP	SCAN
SOUTH EAST					
Ellendale	224.6400	–	O 110.9	KA0PQW	HANDIHAM

MISSISSIPPI

Location	Output	Input	Notes	Call	Sponsor
Biloxi	224.3000	–	O 136.5/136.5a(CA) WX	W6CSA	----------
Corinth	224.5200	–	O	WF5D	WF5D
Diamondhead	224.1200	–	O 136.5/136.5elr	K0NNO	----------
Ellisville	224.4000	–	O	N5EKR	----------

222-225 MHz
MISSISSIPPI-NEVADA

Location	Output	Input	Notes	Call	Sponsor
Taylorsville	224.4800	–	O 136.5/136.5	W5NRU	AA5SG

MISSOURI
CENTRAL

Location	Output	Input	Notes	Call	Sponsor
Belle	224.6000	–	O	NØ VHN	------------
Eldon	224.5800	–	Ox	NØ GYE	------------

EAST CENTRAL

Location	Output	Input	Notes	Call	Sponsor
Union	224.9400	–	O(CA)	WAØ FYA	Zero Beaters AR

NORTHEAST

Location	Output	Input	Notes	Call	Sponsor
Troy	224.5400	–	Oel	KAØ EJQ	PkeLincCo

SOUTHWEST

Location	Output	Input	Notes	Call	Sponsor
Nixa	224.2800	–	O 162.2/162.2ex	KØ NXA	Nixa ARC

ST LOUIS METRO

Location	Output	Input	Notes	Call	Sponsor
Clayton	224.3400	–	O	WBØ RPN	------------
Imperial	224.0400	–	O	WAØ PEZ	------------
Olivette	224.5200	–	O 141.3/141.3ers	WØ SRC	SLSRC
St Louis	224.9800	–	O/141.3 (CA)e	KØ GOB	UHF ARA
St Paul	224.6600	–	Or	NØ EEA	NØ EEA

WEST CENTRAL

Location	Output	Input	Notes	Call	Sponsor
Sedilia	224.4400	–	O 107.2/107.2	WBOLRX	RATS
Warrensburg	224.8800	–	O	WØ AU	WAARCI

NEBRASKA
FREMONT

Location	Output	Input	Notes	Call	Sponsor
Fremont	224.6600	–	Oe	WNØ L	------------

LINCOLN

Location	Output	Input	Notes	Call	Sponsor
Lincoln	224.3000	–	O	NØ GMR	NØGMR
Lincoln	224.9800	–	Oae	NØ FER	NØ FER

OMAHA

Location	Output	Input	Notes	Call	Sponsor
Omaha	223.9400	–	Oael	WBØ CMC	------------
Omaha/KPTM	224.8200	–	Olx	WBØ CMC	------------
Omaha/KPTM	224.9400	–	Ox	KØ USA	AKSARBEN A

NEVADA
CENTRAL

Location	Output	Input	Notes	Call	Sponsor
Warm Springs	222.1000	+	O	WB7WTS	WB7WTS

E SIERRA/TAHOE

Location	Output	Input	Notes	Call	Sponsor
Lake Tahoe	224.0200	–	Oe	NR7A	WA6EWV
South Lake Tahoe	224.6400	–	O 123	W6SUV	W6SUV

LAS VEGAS VALLEY

Location	Output	Input	Notes	Call	Sponsor
Angels Peak	224.5000	–	O 131.8/131.8	K7EET	------------
Las Vegas	223.5800	223.5800	O L(145.050)	W7EB	------------

NEVADA-NEW HAMPSHIRE

Location	Output	Input	Notes	Call	Sponsor
Lo Potosi Mtn	224.4800	–	O 110.9/110.9	W7EB	------------
NORTH CENTRAL					
Elko	224.1400	–	O 100	KE7LKO	WV3LMA
NORTH EAST CLARK COUNTY					
Moapa/Coyote Springs	223.9200	–	O	N7MLF	------------
NYE COUNTY					
Pahrump	223.8400	–	O	N7HYV	------------
SOUTHERN CLARK COUNTY					
Christmas Tree Pass	223.8400	–	O 107.2/107.2	K6DLP	------------
Christmas Tree Pass	224.9800	–	O 100/100	N7LD	NARC
WEST CENTRAL					
Carson City	224.6200	–	O 110.9	N7KP	N7KP
Reno	224.1000	–	O	W7UIZ	W7UIZ
Reno	224.1800	–	O 156.7l	KB6TDJ	KB6TDJ
Reno	224.3000	–	O 156.7	W7DED	W7DED
Reno	224.5400	–	O 100lx	AE7I	AE7I
Reno	224.5800	–	O 107.2elx	AE7I	AE7I
Reno	224.7000	–	Oe	KA7ZAU	KA7ZAU
Reno/Sparks	224.4600	–	O 156.7l	W7DED	W7DED
Reno/Sparks	224.5000	–	O 123	N7KP	N7KP
Reno/Sparks	224.8000	–	O 114.8	N7OVC	N7OVC
Sparks	223.4000	223.4000	O	KA7ZAU	KA7ZAU
Sparks	223.9200	–	O 103.5	KK7RON	KK7RON
Sparks	224.7000	–	O	KA7ZAU	KA7ZAU

NEW HAMPSHIRE

Location	Output	Input	Notes	Call	Sponsor
ALL AREAS					
Shared Non-Protected Pair	224.1400	–	O	SNP	NESMC
DARTMOUTH/LAKE SUNAPEE					
Claremont	224.0600	–	O 97.4eWX	WX1NH	GMARS
LAKES REGION					
Pittsfield	224.5400	–	O 103.5x	N1AKE	N1AKE
Rochester	224.7800	–	O 131.8	WM1P	MLP
MERRIMACK VALLEY					
Candia	224.8200	–	O 88.5e	W1YVM	W1YVM
Chester	224.2000	–	O 103.5	K1OX	K1OX
Derry	224.4600	–	O 85.4	K1CA	IntrStRS
Goffstown	223.9000	–	O 103.5esx	W1AKS	NHRADIO
Goffstown	224.5000	–	O 88.5e L(E336966/N1IMO-N1IMN)	N1IMO	N1IMO
Mont Vernon	224.1800	–	O	WB1CMG	WB1CMG
MONADNOCK REGION					
Spofford	223.9800	–	O 100.0e EXP	KK1CW	SLR

222-225 MHz
NEW HAMPSHIRE-NEW JERSEY

Location	Output	Input	Notes	Call	Sponsor
SEACOAST					
Exeter	224.2200	–	O 67.0 L(E54908)	K1KN	K1KN
WHITE MOUNTAINS					
Cannon Mtn	224.0800	–	O 114.8	K1EME	LARK
NEW JERSEY					
ATLANTIC					
Absecon	224.1400	–	●(CA)	N2LXK	------------
BERGEN CO					
Glen Rock	224.3400	–	OtelrsBl	N2SMI	------------
Saddle Brook	224.4200	–	O 88.5	WB2IZC	------------
Saddle Brook	224.5200	–	O	WA2UXC	------------
Wanaque	224.8400	–	O 141.3 (CA)erswX	W2PQG	10-70 RA
BURLINGTON					
Browns Mills	224.8600	–	O 131.8eBl	K2JZO	------------
Willingboro	223.8800	–	O 131.8 (CA)e	WB2YGO	WARG Inc.
CAMDEN					
Waterford Wks	224.6200	–	Oer	W2MX	MSARC
CAPE MAY					
Ocean City	223.9800	–	O 156.7 (CA)elrRB LITZ WX	W3PS	METRO-COMM
CUMBERLAND					
Bridgeton	224.8200	–	O 127.3el	KB3LRA	K3PHL
ESSEX CO					
Newark	224.2200	–	O 74.4 TTl RB Bl	KE2TT	------------
Newark	224.2800	–	O 123.0er	W2KB	------------
Verona	224.4800	–	Oe	K2DEE	ESSEX OEM
GLOUCESTER					
Washington Twp	224.6600	–	O 131.8rs	W2MMD	GCARC
HUDSON CO					
Union City	224.2000	–	O 131.8 Bl	KD2VN	------------
HUNTERDON					
Mt Kipp	224.1200	–	O 203.5 (CA)el	K2PM	W2CRA
MIDDLESEX CO					
Old Bridge	224.5000	–	O 131.8/131.8 (CA)elrsz	W2CJA	CJRA
Sayreville	224.7800	–	O 123.0	NE2E	------------
MONMOUTH CO					
Ellisdale	224.1800	–	O 131.8a TT	K2NI	HRG
Hazlet	224.9600	–	O(CA)ers EXP WX	KB2SEY	HazltTpOEM
Ocean Twp	224.3800	–	O 156.7el WX	W2UG	AERIALS

408 222-225 MHz
NEW JERSEY-NEW MEXICO

Location	Output	Input	Notes	Call	Sponsor
MORRIS CO					
Boonton	224.8600	–	O	WA2PTD	------------
Budd Lake	223.8600	–	O 136.5/136.5	WR2M	------------
Butler	224.7000	–	O 141.3/141.3eE-SUNlrsRB	WB2FTX	Butler RACES EXP
Lk Hopatcong	224.6200	–	O/107.2 L(INT)	WA2EPI	------------
Morris Twp	224.9400	–	O 107.2/107.2er	WS2Q	------------
OCEAN					
Barnegat	224.2800	–	OersWX	N2NF	
Brick	224.7600	–	O 131.8e RB	N2QKV	
Dover Twp	224.7200	–	O 82.5e LITZ	N4TCT	
Forked River	224.7000	–	O 146.2	KE2HC	
Jackson	224.3000	–	O 127.3r	N2RDM	CrmRdgRG
Lakewood	223.8200	–	O 162.2el	N2AYM	
Toms River	223.9200	–	O 151.4 Bl	NJ2AR	JSARS
PASSAIC CO					
Clifton	224.3600	–	O(CA)e	KB2N	CliftonOEM
SALEM					
Salem	224.4600	–	O 77ersWX	N2KEJ	SCOEM
SOMERSET					
Hillsborough	224.7600	–	O 151.4/151.4 (CA)elRB	KB2EAR	
SOMERSET CO					
Martinsville	224.6400	–	O 151.4	N2ZAV	
Martinsville	224.8800	–	O 103.5 (CA) TTeLITZ WX	WX3K	SOMERSET
Warrenville	224.0000	–	O 151.4 TT eRB LITZ	K2PM	
Watchung	223.9600	–	Oers	K2ETS	ETS
SUSSEX					
Newton	224.5000	–	O 151.4elr sRB	W2LV	SCARC
UNION CO					
Newark	224.0200	–	O 123.0	NE2E	
Springfield	224.1400	–	O 123.0	W2FCC	
WARREN					
Washington	223.7800	–	● 110.9ers	WC2EM	WC EMCOMM
NEW MEXICO					
ALBUQUERQUE					
Albuquerque	223.8200	–	Oe	WA5VJY	NM 220 S
Albuquerque	224.0000	–	O 100.0/127.3x	K5CQH	JRANM
Albuquerque	224.4800	–	O 100.0	K6LIE	
Albuquerque	224.5800	–	O 100ae L(146.58)	KH6JTM	KH6JTM

222-225 MHz
NEW MEXICO-NEW YORK

Location	Output	Input	Notes	Call	Sponsor
Sandia Park	224.9400	–	O L(444.1500) RB	W5AOX	W5AOX
NORTH CENTRAL					
Los Alamos	224.0400	–	O 100.0e L(442.000)	KA5BIW	KA5BIW
SOUTH CENTRAL					
Almogordo	224.6000	–	O	WA5IPS	WA5IPS
Dona Ana	224.3400	–	Os	KC5SJQ	KC5SJQ
Las Cruces	223.9400	–	O	N5IAC	N5IAC
SOUTH EAST					
Carlsbad	222.4600	–	O 127.3/127.3#ae	N5MJ	------------
STATEWIDE					
Statewide	224.1600	–	Otprs		ARES/SAR
NEW YORK					
ADIRONDACKS EAST					
Peru	224.0200	–	O 123.0r	WA2LRE	Clin RACES
ADIRONDACKS/EAST					
Blue Mtn Lake	224.0400	–	O 123lx	N2JKG	RACES
ALBANY/CAPITAL REGION					
Albany	224.1400	–	O 100 (CA) elx	K2AD	MT Assoc
Gloversville	224.7000	–	OrwX	K2JJI	TRYON AMATE
Schenectady	224.0600	–	Oae	K2AE	SCHENECTADY
Troy	224.4200	–	O(CA)l	W2SZ	RPI AMATEUR
Troy	224.6400	–	Oe	KB2HPW	ARDVARC
BINGHAMTON					
Vestal	224.4800	–	O 88.5 (CA) l	AA2EQ	AA2EQ
CANANDAIGUA					
Bristol	224.6800	–	O 110.9	W2IMT	W2IMT
South Bristol	224.4600	–	O 110.9 E-WIND	NR2M	QHRA
CATSKILLS NORTH					
Schenevus	223.9600	–	O 100e	KC2AWM	CTRC
Sprngfld Ctr	224.9800	–	O	NC2C	OTSEGO COUN
ELMIRA/CORNING					
Elmira	223.9800	–	Oal	NR2P	RATS
Elmira	224.2200	–	O	WB2VPY	CHEMUNG CO
LONG ISLAND - NASSAU CO					
East Rockaway	225.5400	–	O 131.8/131.8 (CA) TT(131.8)e	WA2YUD	------------
LONG ISLAND - SUFFOLK CO					
Bayshore	224.1200	–	O 131.8 (CA)lrs	KB2UR	SSARC
Dix Hills	224.5600	–	O 136.5e L(443.525)	W2RGM	------------
East Hampton	224.6000	–	O(CA)e	W2HLI	------------
Smithtown	224.6200	–	● 136.5elr	W2LRC	LARKFIELD AR

222-225 MHz
NEW YORK

Location	Output	Input	Notes	Call	Sponsor
West Islip	223.8600	–	O 110.9/110.9aeL(HRDWIRE)rsRB WX	W2GSB	GSBARC
Yaphank	224.6800	–	O 103.5e	W2DQ	SCARC
LOWER HUDSON - WESTCHESTER					
Armonk	224.3000	–	O 114.8	W2TWY	YARCKidz
Valhalla	224.4000	–	O 114.8 (CA)eIRB WX	WB2ZII	WECA
White Plains	224.2600	–	O 074.4/074.4sRB	NY4Z	Alive Network
Yonkers	224.0800	–	O 114.8	N2PAL	----------
Yonkers	224.9400	–	O 088.5 (CA)ersBlz	W2YRC	Yonkers ARC
MID HUDSON					
Cragsmoor	224.6000	–	O	W2NYX	W2NYX
Harriman	223.8000	–	O 107.2elx	W2AEE	COLUMBIA UNIVER
Hudson	224.2800	–	Oes	K2RVW	Rip Van Winkle Amat
Mahopac	224.0000	–	O 74.4al	K2HR	ALIVE NETWORK A
Mahopac	224.7000	–	O 141.3al	K2HR	ALIVE NETWORK A
Middletown	225.4000	–	O 156.7lsx	WR2MSN	METRO 70 CM NET
Mount Beacon	223.9200	–	O 100 (CA) e	W2GIO	MOUNT BEACON A
New Windsor	224.7600	–	O 88.5/88.5 e	W2TRR	W2TRR
Nyack	224.3800	–	O 114.8 (CA)el	WA2MLG	ROCKLAND REPEA
Nyack	224.9000	–	O 114.8x	WR2I	WR2I
Patterson	224.8800	–	O 88.5e	KC2CQS	KC2CQS
Pomona	223.8200	–	O 114.8l	N2ACF	ROCKLAND REPEA
NEW YORK CITY - KINGS					
Brooklyn	223.9400	–	O 107.2er	WA2ZLB	MAARC
Brooklyn	223.9800	–	141.3	KB2PRV	LARA
Brooklyn	224.1000	–	O 136.5rs	W2CXN	AVARA
Brooklyn	224.6000	–	O 100.0	W2SN	----------
NEW YORK CITY - MANHATTAN					
Manhattan	223.7600	–	● 151.7 TT DCS(23) L(430.175)rs	WR2MSN	METRO 70cm
Manhattan	223.9000	–	OeBl	KD2TM	----------
Manhattan	224.0600	–	O	WA2HDE	----------
Manhattan	224.4400	–	O 74.4	NY4Z	K2VZG
Manhattan	224.4600	–	Oelz	N2XBA	LEARC
Manhattan	224.6600	–	O	WA2HDE	66 Rptr Club
NEW YORK CITY - QUEENS					
Glen Oaks	224.8200	–	O 136.5 (CA)eLITZ	WB2NHO	LIMARC
NEW YORK CITY - STATEN ISLAND					
Staten Island	223.8400	222.4000	O 141.3/141.3el	W2RJR	----------
NIAGARA					
Buffalo	224.7600	–	O 107.2	WB2ECR	----------
Buffalo	224.8200	–	O(CA)e L(BARRA)rs	W2EUP	BARRA

222-225 MHz — NEW YORK–NORTH CAROLINA

Location	Output	Input	Notes	Call	Sponsor
Lackawanna	224.5600	–	O 88.5e	W2RFL	------------
Lancaster	224.6400	–	O 107.2e L(LARC IRLP) WX	W2SO	LARC
Lockport	224.3600	–	O 107.2	K2MJ	------------
Newfane	223.9400	–	O 88.5 (CA) L(224.94)	N2CVQ	NCARA
Newfane	224.9400	–	O 88.5 (CA) eL(223.94) RB	K2AER	NCARA
Niagara Falls	224.4200	–	O 107.2e L(443.925 ECHOLINK)	N3AU	------------
ROCHESTER					
Rochester	224.2600	–	Oaelxz	KE2MK	Xerox ARC
Rochester	224.5800	–	O 110.9ael rz	N2HJD	ROCHESTER R
Rochester	224.9000	–	O	WS2F	GRIDD
SOUTHERN TIER					
Delevan	224.2000	–	O	K2XZ	------------
Ripley	224.9200	–	O 127.3	N2LXD	------------
ST LAWRENCE					
Canton	224.7400	–	r	KA2JXI	SLVRA
SYRACUSE					
Lafayette	224.1200	–	O 103.5e	KD2SL	LARC
UTICA/ROME					
Utica	224.6600	–	Oa	WA2CAV	WA2CAV
Verona	224.2600	–	O	KA2NIL	KA2NIL
WAYNE/NEWARK					
Ontario	224.0200	–	O	KA2CKR	DrmInsARC
WEST					
Orangeville	224.7000	–	O	K2XZ	------------

NORTH CAROLINA

Location	Output	Input	Notes	Call	Sponsor
Ahoskie	224.1200	–	O 131.8/131.8	WB4YNF	WB4YNF
Andrews	224.8800	–	O 151.4/151.4	K4AIH	WD4JEM
Asheville	224.5200	–	O 91.5/91.5	W4MOE	------------
Asheville	224.6600	–	O 94.8/94.8	KI4DNY	------------
Barium Springs	224.3000	–	O	WA4WRS	------------
Big Knob	224.6600	–	O 100/100e	N2GE	------------
Charlotte	224.4000	–	O	W4BFB	W4BFB
Cherry Mtn	224.6400	–	O 71.9/71.9	KG4JIA	------------
Cherryville	224.9600	–	O 167.9/167.9	N4DWP	N4DWP
Clemmons	224.7000	–	O 100/100s	WB9SZL	W4NC
Cleveland	224.7600	–	O	KU4PT	------------
Clinton	224.2800	–	O 91.5/91.5	W4TLP	------------
Coats	224.7000	–	O 88.5/88.5 lsWX	K4JDR	Carolina 440 / S
Dallas	224.0200	–	O 82.5/82.5 el	KA4YMZ	------------

412 222-225 MHz
NORTH CAROLINA-OHIO

Location	Output	Input	Notes	Call	Sponsor
Denton	224.9000	–	O 114.8/114.8l	W4WAU	----------
Gastonia	224.6200	–	O 127.3/127.3	KC4IRA	Scott Greene
Greensboro	224.9600	–	O 107.2/107.2 TT	KD4TPJ	----------
Hendersonville	224.2400	–	O	WA4KNI	----------
Hillsborough	224.2600	–	O	WR4AGC	Durham FM Assoc
Jefferson	224.2200	–	O 88.5/88.5	W4JWO	----------
Kernersville	224.2400	–	O 107.2/107.2l	KF4OVA	KF4OVA
Kernersville	224.3400	–	O 88.5/88.5 l	KF4OVA	----------
King	224.7200	–	O 114.8/114.8l	W4WAU	----------
Lenoir	224.1600	–	O	KG4BCC	----------
Locust	224.4800	–	O	W4DEX	W4DEX
Lumberton	224.9200	–	O 91.5/91.5 el	K4ITL	----------
Marshall	224.3600	–	O 79.7/79.7	KF4ZDS	----------
Middletown	224.1000	–	O 131.8/131.8	WB4YNF	Trustee
Moravian Falls	224.1200	–	O 123/123	KA2NAX	----------
Mount Airy	224.6000	–	O 107.2/107.2	N4YR	N4YR
Mt Mitchell	224.5400	–	Oe	N2GE	----------
Mt Pisgah	224.2600	–	Oe	N2GE	----------
Raleigh	224.1600	–	O 91.5/91.5	K4ITL	----------
Rocky Mount	224.5800	–	O	KR4AA	----------
Shelby	224.0600	–	Oe	W4NYR	Shelby Amateur Radi
Shelby	224.4600	–	O	N4DWP	N4DWP
Thomasville	224.8200	–	O 107.2/107.2l	KD4LHP	KD4LHP
West Jefferson	224.8400	–	O 103.5/103.5	W4TRP	W4TRP
Wilmington	224.2000	–	O 127.3/127.3	WA4US	----------
Wilmington	224.6800	–	O 91.5/91.5 e	AD4HZ	----------
Zebulon	224.8000	–	O 88.5/88.5 el	WB4IUY	----------

NORTH DAKOTA
FREQUENCY USAGE

Location	Output	Input	Notes	Call	Sponsor
Statewide	224.2400	–		SNP	

OHIO
ALLEN

Location	Output	Input	Notes	Call	Sponsor
Lima	224.9000	–	O 118.8	WB8PJZ	LimaUHFRA

222-225 MHz — OHIO

Location	Output	Input	Notes	Call	Sponsor
ASHLAND					
Widowville	224.5800	–	O 110.9	KD8BIW	OH220GRP
ASHTABULA					
Austinburg	224.6200	–	Ota	K8PEX	Ash.CoARC
Geneva	223.9600	–	O 146.2	N8WPZ	N8WPZ
ATHENS					
Athens	224.1400	–		K8WJW	K8WJW
AUGLAIZE					
Uniopolis	223.8800	–	O 107.2a	KC8KVO	ACARES
BROWN					
Mt Orab	224.1800	–	Oa	W8UJM	WA8CFX
BUTLER					
Fairfield	224.1200	–	OaeRB	KA8YRN	FARA
Hamilton	224.8800	–	t	W8AJT	HAMARC
Oxford	224.3400	–	O 77.0	N8ECH	Oxford RS
Oxford	224.6400	–	Oe	N8FTS	------------
CHAMPAIGN					
Cable	224.8600	–	O 100.0s	WB8UCD	WB8UCD
St Paris	224.6000	–	O 100.0s	WB8UCD	WB8UCD
Urbana	224.9800	–	O 100.0	K7GUN	K7GUN
CLERMONT					
Batavia	224.0000	–	O 123.0rs	K8YOJ	ARPSC
CLINTON					
Blanchester	224.5200	–	t	KB8CWC	KB8CWC
Wilmington	224.0800	–	O 123.0	K8IO	K8IO
CUYAHOGA					
Cleveland	224.9000	–	O 141.3e	WB8CQR	LEARA
Cleveland	224.9400	–	O	WX8CLE	ND8B
N Royalton	224.7600	–	O	K8SCI	N Cst ARC
Parma	224.3000	–	O 141.3el	N8SO	N8SO
Parma	224.4800	–	O 131.8l	KB8WLW	KB8RST
Shaker Hts	223.9200	–	O	K8ZFR	C.A.R.S.
Walton Hills	224.1000	–	O 141.3l	KA8WDX	KA8WDX
DARKE					
Greenville	224.3800	–	O	N8NR	N8NR
FRANKLIN					
Columbus	224.0600	–	O	K8DDG	C OH ARES
Columbus	224.2800	–	O 131.8	W8KHW	CODIG
Columbus	224.4600	–	Ol	AA8EY	C OH ARES
Columbus	224.6600	–	Oal	W8RUT	C OhioARG
Columbus	224.8400	–	O 179.9ael z	K8DRE	CCRA
GEAUGA					
Thompson	224.9600	–	O 141.3 (CA)eWX	KB8FKM	KB8FKM
GREENE					
Beavercreek	224.5800	223.9800	O 118.8	N8DCP	N8DCP
Xenia	224.8200	–	O	W8RTL	KB8III
HAMILTON					
Cincinnati	224.0600	–	O	K8YOJ	HmltARPSC

414 222-225 MHz
OHIO

Location	Output	Input	Notes	Call	Sponsor
Cincinnati	224.2400	–	O 114.8el	KD8TE	AWARE
Cincinnati	224.6200	–	O 110.9er	W8ESS	E.S.S.
LAKE					
Fairport Hrbr	224.0800	–	O 141.3e	N8JCV	N8JCV
Painesville	224.5000	–	O 141.3	N8BC	LCARA
LICKING					
Newark	223.9400	–	Ol	KA8PCP	KA8PCP
LOGAN					
Bellefontaine	224.5000	–	O(CA)elz	KA8GRP	TopOfOhio
LORAIN					
Elyria	224.0400	–	O 141.3	WD8CHL	WD8CHL
LUCAS					
Oregon	224.4400	–	O 103.5e	WJ8E	WJ8E
Toledo	224.1400	–	O 103.5123 aTTez	W8HHF	TMRA
Toledo	224.5400	–	103.5aTTez	WB8OET	WB8OET
MEDINA					
Brunswick	224.8600	–	Oe	W8UQZ	W8UQZ
Valley City	224.6800	–	●	K8WW	K8WW
MIAMI					
Ludlow Falls	224.1000	–	Oa	WD8JPP	WD8JPP
Tipp City	224.3000	–	O	NO8I	HHARC
Troy	223.9800	–	O	N8OWV	N8OWV
Troy	224.9400	–	O(CA)l	WB8PMG	WB8PMG
MONTGOMERY					
Dayton	223.9400	–	Oa	W8BI	DARA
Dayton	224.0200	–	O(CA)elz	WB8SMC	FaroutARC
Dayton	224.1600	–	O(CA)el	WC8OH	WCOARA
Dayton	224.6800	–	Oe	KB8CSL	KB8GDE
Dayton	224.7200	–	Oe	KB8CSL	KC8YEX
Dayton	224.8000	–	OeRB	KC8NDF	KC8NDF
Fairborn	224.2600	–	●(CA)	KI6SZ	KI6SZ
Miamisburg	223.9000	–	Oel	WC8OH	WCOARA
Trotwood	224.2000	–	Oa	W8KEL	W8KEL
Vandalia	224.7600	–	O	KB8CSL	KC8YEX
MORROW					
Mt Gilead	224.9400	–	O 71.9e	WY8G	MCRG
MUSKINGUM					
Zanesville	224.9400	–	Oae	KJ8N	Y-City WC
Zansville	224.1000	–	74.4	W8ACE	W8ACE
PORTAGE					
Atwater	224.1400	–	O	WA8LCA	WA8LCA
Kent	224.0200	–	O 141.3e	N8BHU	N8BHU
PREBLE					
Eaton	224.4800	–	el	K8YR	PrebleARA
ROSS					
Bainbridge	224.9200	–	O	KD8EAD	KD8EAD
STARK					
Canton	224.6000	–	OaEXP	W8TUY	W8TUY

222-225 MHz
OHIO-OREGON

Location	Output	Input	Notes	Call	Sponsor
Canton	224.7800	–	●ae	KB8LWP	KB8LWP
SUMMIT					
Akron	223.9400	–	●al	WB8CXO	AKCOM
Hudson	224.6400	–	●	N8FNF	WRARG
Norton	224.0600	–		WB8UTW	WB8UTW
TRUMBULL					
Warren	224.1600	–	131.8	N8DOD	N8DOD
VAN WERT					
Van Wert	224.0600	–	● 156.7	N8IHP	N8IHP
WARREN					
Franklin	224.9600	–	● 118.8	KD8EYB	BCAREC
Springboro	223.8200	–	●	K8DZ	K8DZ
Springboro	224.2200	–	● 100.0	N8RXL	N8RXL
WASHINGTON					
Marietta	224.2600	–	●alp	W8JL	W8JL

OKLAHOMA
NORMAN
Location	Output	Input	Notes	Call	Sponsor
Norman	224.4400	–	●t	K9KK	K9KK
NORTHEAST					
Bartlesville	224.2600	–	● 88.5/88.5	W5RAB	W5RAB
Ft Gibson	224.3400	–	●	KK5I	Muskogee ARC
OKLAHOMA CITY					
Oklahoma City	224.1000	–	●tE-SUN	W5PAA	MMACARC
Oklahoma City	224.8800	–	●t	WN5J	WN5J
OKLAHOMA CITY METRO					
Bethany	224.9600	–	● 103.5/103.5 E-SUN	N5USR	N5USR
Oklahoma City	224.3000	–	● 123/123	NZ5W	NZ5W
Oklahoma City	224.4000	–	● 141.3/141.3 E-SUN	KK5FM	KK5FM
SOUTHEAST					
Nashoba	224.5600	–	● 114.8/114.8 E-WIND	KM5VK	KM5VK
Poteau	224.8800	–	● 88.5/88.5 E-SUNsx	W5ANR	WC5I
SOUTHWEST					
Granite	224.9200	–	● 151.4/151.4 E-SUN	KE5HRS	--------
TULSA METRO					
Keetonville	223.9400	–	●	AE5RH	AE5RH
Tulsa	224.4800	–	● 88.5/88.5	KC5YSH	KC5YSH
TUTTLE					
Tuttle	224.6800	–	●t	WA7WNM	KS5B

OREGON
CENTRAL WILLAMETTE VALLEY
Location	Output	Input	Notes	Call	Sponsor
Eugene	224.4000	–	●e	WB7RKR	--------
Monmouth	224.5000	–	● 162.2e	KE7AAJ	KE7AAJ
Salem	224.1600	–	● 100e	KE7DLA	KE7DLA

222-225 MHz
OREGON-PENNSYLVANIA

Location	Output	Input	Notes	Call	Sponsor
Salem	224.6000	–	O 100e	KE7DLA	KE7DLA
NORTH WEST OREGON AND SOUTH WEST WASHINGTON					
Colton	223.9400	–	Oe	W7OTV	------------
Government Camp	224.0000	–	Ote	KB7APU	KB7APU
Longview	224.6600	–	O 114.8rs	NU7D	NU7D
NORTH WILLAMETTE VALLEY					
Salem	224.2400	–	Oe	WB7RKR	WB7RKR
Sheridan	224.5600	–	O 100e	AC7ZQ	AC7ZQ
PORTLAND METRO					
Estacada	224.4600	–	O 107.2l	KD7DEG	KD7DEG
Gresham	224.1800	–	Oers	K7MCE	K7MCE
Newberg	224.0600	–	O 107.2el	KR7IS	WORC
Portland	224.9400	–	O 100e	K7RPT	ARRG
SOUTH WEST OREGON					
Roseburg	224.1000	–	O 114.8e	WB7RKR	WB7RKR

PENNSYLVANIA
FREQUENCY USAGE - ALL WPA SECTION

Location	Output	Input	Notes	Call	Sponsor
WPA SNP	223.8000	–		SNP	
BEAVER					
Beaver	224.8800	–	O 88.5	N3TN	TAARA
Freedom	224.4600	–	O 88.5	N3TN	N3TN
BERKS					
Pottstown	224.0200	–	O 131.8e	K3ZMC	P.A.R.T.
Reading	224.6400	–	O 114.8	K3TI	DDXA
BUCKS					
Chalfont	223.9000	–	O 107.2e	W3DBZ	------------
Feasterville	223.8000	–	O 131.8	N3SP	------------
Feasterville	224.9800	–	O	WB3BLG	PARA Group
Hilltown	224.5800	–	Ote	W3CCX	Packrats
Morrisville	224.5400	–	O 141.3e L(ALLSTAR 27294)	WBØYLE	------------
CARBON					
Palmerton	224.2600	–	O 94.8 (CA) ersRB	N3DVF	EPA-VHF
CHESTER					
Thorndale	224.3600	–	O	AA3VI	------------
Valley Forge	224.9000	–	O 77el	WN3A	------------
Valley Forge	224.9400	–	O	W3PHL	PARA Group
DELAWARE					
Booth's Corner	224.2200	–	O 91.5elrs WX	KA3TWG	Penn-Del
Darby	224.5000	–	O 131.8 (CA)elsRB	WB3JOE	MARC
Glenolden	224.1000	–	O 77 (CA)e s	N3FCX	------------
ERIE					
Albion	223.9400	–	O 186.2	WA3USH	N8XUA

222-225 MHz   PENNSYLVANIA

Location	Output	Input	Notes	Call	Sponsor
JOHNSTOWN					
Johnstown	224.2600	–	O 123.0	W3IW	W3IW
Johnstown	224.6800	–	O 123.0aer RB	KC3DES	CCDES
LANCASTER					
Cornwall	224.8200	–	O 114.8el	N3TPL	LRTS
Cornwall	224.8400	–	O 131.8	KA3CNT	R.H.R.A.
Lititz	224.4400	–	O 131.8al RB	KA3CNT	R.H.R.A.
Rawlinsville	224.3200	–	O 131.8el	WA3WPA	------------
LYCOMING					
Williamsport	224.2800	–	O 85.4elBl	N3XXH	EMRG
MONROE					
Long Pond	224.3400	–	O 131.8 (CA)e	KB3WW	------------
Long Pond	224.9200	–	O 127.3el RB	K4MTP	STORM Group
Tannersville	224.6600	–	O 71.9	KB3DCM	------------
MONTGOMERY					
Abington	223.7600	223.1600	O 131.8el	WA3DSP	------------
Bryn Mawr	224.4200	–	O (CA)ers	WB3JOE	MidAtlARC
Fairview Village	224.2000	–	O 88.5e	N3CVJ	------------
Norristown	223.8600	–	O	N3CDP	PARA Group
Wyncote	224.3800	–	O 107.2 (CA)e	N3FSC	------------
NORTH WEST					
Corry	224.0600	–	O 186.2	KE3PD	KE3PD
Franklin	224.7400	–	O 186.2er	N3QCR	N3MBR
Guys Mills	224.3400	–	O 186.2	KM3P	------------
Titusville	224.8200	–	O 74.4	WB3KFO	WB3KFO
NORTHAMPTON					
Easton	224.7400	–	O 100e	KB3AJF	------------
PHILADELPHIA					
Philadelphia	224.0000	–	O 69.3e	KB3MEC	------------
Philadelphia	224.0600	–	O 131.8eBl	WB3EHB	------------
Philadelphia	224.8000	–	O 131.8 (CA)elRB	K3TU	TUARC
PITTSBURGH					
Apollo	224.3000	–	O 131.8aerz	N1RS	SARA
New Kensington	224.6400	–	O 131.8	K3MJW	Skyview
Pittsburgh/Carrick	223.9800	–	O 131.8l	W3PGH	GPVHFS
Pittsburgh Homestead	223.9400	–	O 118.8	WA3PBD	GtwyFM
Pittsburgh Homestead	224.1400	–	O 131.8	KA3IDK	KA3IDK
Pittsburgh/N Hills	224.1000	–	O 88.5er	W3EXW	NHARC-RPT
SOMERSET					
Boswell	224.9600	–	O 123.0ael	N3XCC	N3XCC
Meyersdale	224.5200	–	O 123.0l	W3KKC	AHRA

222-225 MHz
PENNSYLVANIA-SOUTH CAROLINA

Location	Output	Input	Notes	Call	Sponsor
SOUTH CENTRAL					
Bedford	224.4800	–	O 123.0	K3NQT	BCARS
SOUTH WEST					
Bentleyville	224.5800	–	O 146.2	WA3QYV	M.A.R.C.
E Monongahela	223.9000	–	O 131.8 (CA)el	N3OVP	N3OVP
Rochester Mills	224.9000	–	O 131.8	KB3CNS	------------
Washington	224.4000	–	O 131.8	W3CYO	W3CYO
WEST CENTRAL					
Cowansville	224.1800	–	O 131.8ar	KA3HUK	WPA-220
Evans City	224.9800	–	O 131.8ar	KA3HUK	WPA-220
Mars	224.9400	–	O 131.8el	WB3FAD	WB3FAD
Prospect	224.2400	–	O 131.8 (CA)er	N3HWW	MRG
Slippery Rock	224.8400	–	O 131.8alr	KA3HUK	M.R.G.

PUERTO RICO
E

Location	Output	Input	Notes	Call	Sponsor
Rio Grande	224.2200	–	O	WP4N	------------

N

| Corozal | 224.4600 | – | O E-SUN | KP4DH | CACIQUE |

S

Barranquitas	224.0800	–	O	KP4LP	------------
Cayey	223.9800	–	O	KP3AB	------------
Cayey	224.0200	–	O	KP3AB	------------

W

| Aguada | 224.9200 | – | O | KP3AB | ------------ |

RHODE ISLAND
ALL AREAS

Location	Output	Input	Notes	Call	Sponsor
Shared Non-Protected Pair	224.1400	–	O	SNP	NESMC
NORTHERN					
Briston	224.0200	–	O 67.0	N1GTR	K. Machado
Coventry	224.1000	–	O 67.0 L(E55920/I5920/QRN)	N1JBC	N1JBC
Johnston	223.9800	–	O	W1OP	ProvRA
Lincoln	224.0400	–	O 67.0a L(RCI NETWORK)	KA1RCI	KA1RCI
North Providence	224.9200	–	O 67.0 L(E55920/I5920/QRN)	N1JBC	N1JBC
West Warwick	224.3000	–	O 100.0e	K1WYC	K1WYC
SOUTH COUNTY					
Exeter	224.5600	–	O 100.0e L(RCI NETWORK)	KA1RCI	KA1RCI
Westerly	224.9800	–	Oe L(446.575/449.675/448.425/147.27)	N1LMA	N1LMA

SOUTH CAROLINA

| Dillon | 224.1400 | – | O 123/123a (CA)e | NE4SC | NE4SC |

222-225 MHz
SOUTH CAROLINA-TENNESSEE

Location	Output	Input	Notes	Call	Sponsor
Fort Mill	224.8000	–	O 110.9/110.9	K4YS	W4LOT
Gaffney	224.5000	–	O 123/123e sWX	KG4JIA	------------
Greenville	224.2000	–	Oe	W4IQQ	GREER ARC
Leesville	224.5600	–	O 162.2/162.2	N5CWH	N5CWH
Pickens	224.1400	–	O 131.8/131.8ersWX	WR4XM	WX4PG
Pickens	224.3200	–	Oes	W4IT	Site Trustee
Pickens	224.4000	–	O 131.8/131.8ersWX	WR4XM	Pickens Commu
Rock Hill	224.8400	–	O 123/123	KB4GA	KB4GA
Six Mile	224.1000	–	O 131.8/131.8	KK4SM	Trustee
Spartanburg	224.4400	–	Oe	K4II	Spartanburg Am

SOUTH DAKOTA
SOUTH EAST

Location	Output	Input	Notes	Call	Sponsor
Sioux Falls	223.8600	–	146.2	W0FSD	SEARES

TENNESSEE

Location	Output	Input	Notes	Call	Sponsor
Arlington	224.1200	–	O 107.2/107.2	N4GMT	N4GMT
Blountville	224.2000	–	O	W4CBX	W4FXO
Chattanooga	224.4200	–	Oe	K4VCM	KA4EMA
Chattanooga	224.7800	–	O	K4VCM	W4AM
Cleveland	224.1000	–	O 123/123e rsWX	KA4ELN	KA4ELN
Dyersburg	224.6000	–	O 100/100e rsWX	K4DYR	Builder and Trust
Elizabethton	224.8800	–	O 88.5/88.5	K4LNS	K4LNS
Erwin	224.1800	–	O 88.5/88.5	KB8FPK	KB8FPK
Gallatin	223.9800	–	O 107.2/107.2sWX	W4CAT	CATS
Greenbrier	224.7600	–	Oers	WQ4E	------------
Greenbrier	224.8000	–	Oers	WQ4E	------------
Greeneville	224.3000	–	O 192.8/192.8	WD2E	WD2E
Greeneville	224.4400	–	O 118.8/118.8l	K4MFD	------------
Greeneville	224.9000	–	O 100/100	W4WC	W4WC
Hartford	224.9200	–	O 203.5/203.5	KG4LDK	Chris Sutton
Jackson	224.2400	–	O 131.8/131.8e	KA4BNI	------------
Knoxville	224.3800	–	O 100/100	N4OQJ	KB4FZK
Knoxville	224.4000	–	Oe	K4KKH	K4KKH
Knoxville	224.4600	–	O 100/100e	N4KFI	------------

420 222-225 MHz
TENNESSEE-TEXAS

Location	Output	Input	Notes	Call	Sponsor
Knoxville	224.5000	–	O 100/100	W4BBB	————
Knoxville	224.5800	–	O 103.5/103.5e	N4KFI	N4KFI
Knoxville	224.7600	–	O	K4PCK	K4PCK
Lafollette	224.2800	–	O 118.8/118.8e	KA4OAK	KA4OAK
Memphis	224.4200	–	Oe	W4BS	Delta Amateur Radio
Memphis	224.7800	–	O	WB4KOG	WB4KOG
Morristown	224.8600	–	O	AK4EZ	————
Mountain City	224.2800	–	O 103.5/103.5	K4DHT	————
Newport	224.5600	–	O 100/100	AC4JF	AC4JF
Rockwood	224.8400	–	O 88.5/88.5 ersWX	AC4DR	AC4DR
Rogersville	224.4800	–	O	KD4HZN	KD4HZN
Sevierville	224.8600	–	O 100/100	KD4CWB	KD4CWB
Shelbyville	224.5000	–	O 127.3/127.3	W4WRB	————
Short Mtn	224.2000	–	O 127.3/127.3elWX	KF4TNP	KF4TNP
Sweetwater	224.9000	–	O 127.3/127.3	WD9JGI	WD9JGI
Tallassee	224.3400	–	O	WB4GBI	WB4GBI
Unicoi	224.7800	–	O	WB4IXU	WB4IXU
Walland	224.2200	–	O 100/100	N4OQJ	David Waters

TEXAS

Location	Output	Input	Notes	Call	Sponsor
Alto	223.7800	–	Or	KB2EF	————
Argyle	223.8600	–	O	WB5NDJ	————
Arlington	224.8000	–	O 110.9	K5SLD	AARC
Austin	224.8000	–	O	W5KA	AARC
Austin	224.9400	–	Ol	WB5PCV	————
Blanket	224.7200	–	O	N5AG	————
Burleson	224.7400	–	O 110.9a	W8KPJ	KONTAK FAMILY RA
Cedar Hill	224.1000	–	●	AI5TX	————
Cedar Hill	224.5000	–	●	W5MAY	SBE 220
Cleveland	224.7800	–	O 206	N5AK	SHARK
Corpus Christi	224.3400	–	O 107.2e	W5FOF	————
Cut And Shoot	223.9800	–	O 103.5e	W5WP	————
Dallas	224.4800	–	O 110.9	K5JOI	————
Dallas	224.6000	–	–	N5MIJ	————
Dallas	224.7000	–	●	N5MIJ	————
Dallas	224.8800	–	O	W5FC	DARC
Devers	224.9200	–	O 123	KA5QDG	————
El Paso	224.8200	–	O 100	KD6CUB	————
Euless	224.5600	–	O 110.9	WB4QHM	————
Everman	224.8600	–	O	AB5XD	————
Forest Hill	224.1400	–	O	KA5GFH	————
Fort Worth	224.3200	–	O(CA)e	W0BOD	————
Fort Worth	224.4200	–	O 110.9	W5SJZ	CARC

TEXAS-UTAH

Location	Output	Input	Notes	Call	Sponsor
Fort Worth	224.6800	–	O ae	W0BOD	------------
Fort Worth	224.7800	–	O 110.9	N5UN	FW220
Fort Worth	224.9400	–	O 110.9r	K5FTW	FWCTVHFFM
Granbury	223.3400	–	O 88.5 (CA)	WD5GIC	NTXARA
Houston	223.8000	–	O 123	KA5QDG	------------
Houston	223.9600	–	O 123	KA5QDG	HAMS
Houston	224.1000	–	O 103.5	KR5K	CYPRESS
Houston	224.1400	–	●	KA5QDG	HAMS
Houston	224.1600	222.0000	O 103.5e	KB5IAM	HCTA
Houston	224.2000	–	O	WA5TWT	HTTY
Houston	224.2600	–	O	W5WP	HOUSTON ECH
Houston	224.3000	–	O 103.5el	KD5HKQ	TARMA
Houston	224.3200	–	O 123	KA5QDG	HAMS
Houston	224.8000	–	O 103.5	NA5CW	------------
Houston	224.9600	–	O 88.5	K5ILS	------------
Hurst	224.3000	–	O	WB5TCD	------------
Idalou	223.9000	–	O 123	KC5MVZ	------------
Irving	224.4000	–	O 110.9	WA5CKF	IARC
Jasper	224.8600	–	O	K5PFE	------------
Karnes City	224.4600	–	Oel	WA5S	------------
Lampasas	223.3000	–	O	K6STU	------------
Lubbock	224.8200	–	O(CA)elx	WB5R	------------
Lucas	224.6600	–	O 110.9	K5XG	------------
Marshall	223.9400	–	O	K5HR	------------
Murphy	223.8200	–	O 110.9	W5RDW	------------
North Richland Hills	223.9400	–	O	W5URH	------------
Parker	224.9600	–	O	K5RA	ESIARC
Pasadena	224.4000	–	O 103.5	KD5HKQ	TARMA
Pasadena	224.4800	–	O 156.7	KD5QCZ	SETECG
Pflugerville	224.4800	–	O 110.9	KG5BZ	------------
Port Aransas	224.4800	–	O 107.2lx	KG5BZ	------------
Prosper	224.4400	–	Oe	N5TPS	------------
Rose Hill	223.8400	–	O	K5SOH	------------
San Antonio	224.3800	–	Oe	K5SUZ	SARO
San Antonio	224.6600	–	O	KA5OHJ	------------
Schertz	224.0000	–	O 156.7e	W5TXR	------------
Schertz	224.5000	–	Oer	W5TXR	------------
Spring Branch	224.5800	–	O 131.8	W5DK	------------
Sulphur Springs	224.5800	–	O 151.4	N5REL	------------
Trinity	224.6000	–	O 103.5	N5ESP	------------
Vernon	224.4200	–	O 192.8	WB5AFY	------------
Weatherford	223.9000	–	O	KA5HND	RREPGRP
Weatherford	224.2600	–	O	W5URH	------------
Willis	224.2400	–	O 103.5	WD5CFJ	------------

UTAH
CENTRAL

Location	Output	Input	Notes	Call	Sponsor
Ephriam	223.9200	–	O 88.5rx	WX7Y	------------

222-225 MHz
UTAH-VIRGINIA

Location	Output	Input	Notes	Call	Sponsor
NORTH					
Thiokol	224.4000	–	Oa	KE7FO	MTARC
NORTH EAST					
Vernal	223.9000	–	Ol	WX7Y	------------
PRICE					
Scofield	224.9800	–	Oerx	WX7Y	------------
SOUTH EAST					
Monticello	223.9400	–		K7QEQ	GMRA
Monticello	223.9600	–	Ol	WX7Y	------------
WASATCH FRONT					
American Fork	224.4200	–	O	W7WJC	UCRC
Clearfield	223.8600	–	O	NJ7J	------------
Lehi	223.3800	+	Oerx	WX7Y	------------
Lehi	224.5600	–	O 123x	KB7M	------------
Lehi	224.6400	–	●x	N7IMF	UHDARC
Lehi	224.9000	–		N7IMF	UHDARC
Ogden	224.5000	–	O 167.9ae	WB6CDN	IREAN
Orem	224.8800	–	O	N7IMF	UHDARC
Payson	224.6000	–		WD7N	------------
Pleasant Grove	223.8800	–	O	KB7YOT	------------
Powder Mtn	224.0000	–	O 167.9lr	N7TOP	IREAN
Provo	224.7000	–	O 107.2x	KE7AU	------------
Riverton	224.5400	–		K7HEN	------------
Salt Lake	223.8400	–		WB6CDN	IREAN
Salt Lake	223.9400	–	O 100aers	KD0J	SLCOARES
Salt Lake	224.7800	–	O 100e	KD0J	------------
Salt Lake	224.8200	–	Oaelrxz	WB6CDN	IREAN
Snowbird	224.1000	–	Ox	K7JL	------------
Syracuse	224.9600	–	O	NJ7J	------------

VERMONT
WEST CENTRAL

Location	Output	Input	Notes	Call	Sponsor
Wells	224.9600	–	O	N1VT	GreenMtWS

VIRGINIA

Location	Output	Input	Notes	Call	Sponsor
Abingdon	224.1000	–	O 77/77l	K4YW	------------
Bedford	224.1800	–	O 100/100e lwx	WA1ZMS	WA1ZMS
Bluefield	224.4400	–	O 123/123l	N8FWL	------------
Buckingham	224.0000	–	O 110.9/110.9 E-SUN E-WINDlr	KF4UCI	KF4UCI
Charlottesville	224.1400	–	O 88.5/88.5	N4HRV	N4HRV
Charlottesville	224.7600	–	O	WA4TFZ	Albemarle Amateur R
Chesapeake	224.7400	–	O 100/100e	WF4R	800 MHz Administrat
Deltaville	224.9000	–	O	AA4HQ	AA4HQKB4JlRKB4N
Hampton	224.5400	–	O 100/100	WB4PVT	WB4PVT
Hillsville	224.3200	–	O 77/77	K4YW	------------
Marshall Manor	224.6000	–	O 151.4/151.4l	KG4HOT	------------

222-225 MHz VIRGINIA

Location	Output	Input	Notes	Call	Sponsor
Norfolk	224.4000	–	O	W4VB	W4VB
Norton	224.2200	–	O 131.8/131.8	WD4GSM	KC4ATS
Pearisburg	224.8600	–	O	KQ4Q	2nd Repeater Jo
Petersburg	224.3400	–	O 74.4/74.4	WA4FC	FieldComm Asso
Poor Mountain	224.7800	–	O 127.3/127.3	K5JCT	K5JCT
Richmond	224.4200	–	O 74.4/74.4	W4MEV	W4MEV
Richmond	224.5200	–	O 74.4/74.4 l	WA4FC	FieldComm Asso
Ridgeway	224.3800	–	O 88.5/88.5 e	WS4W	WS4W
Roanoke	224.6200	–	O 77/77l	K4YW	------------
Roanoke	224.9000	–	Oe	K4YDG	Repeater sponso
Roanoke	224.9400	–	O 107.2/107.2e	N2EDE	N2EDE
Roanoke	224.9800	–	Ol	WB4TQD	WB4TQD
Rocky Mountain	224.5800	–	O 136.5/136.5l	KG4HOT	------------
Waynesboro	224.6800	–	O 131.8/131.8	KA4RCL	------------
Wytheville	224.5600	–	O 77/77	K4YW	------------
Wytheville	224.6800	–	O 123/123l	N8FWL	------------
ALL OF TMARC AREA					
SNP	223.8000	–	O		------------
CULPEPER					
Clark Mtn	224.1800	–	Oe	K3VB	K9SP
Madsion	224.9000	–	O 156.7lrs	AE4ML	AE4ML
FRONT ROYAL					
Blue Mt	224.1600	–	O(CA)e	KR4DO	KR4DO
Linden	224.2800	–	O 100.0el	K8EP	EPARC
SPOTSYLVANIA					
Spotsylvania	224.2600	–	OawX	WW4EMC	KD4QNA
WASHINGTON AREA					
Alexandria	224.8200	–	O 107.2	W4HFH	Alex RC
Arlington	224.0600	–	O	WA4HIS	WA4HIS
Arlington	224.6200	–	O	WB4MWF	WB4MWF
Bluemont	224.3400	–	O 77.0el	K8GP	DVMS
Fairfax	224.1000	146.1900	O(CA)elr LITZz	W4YHD	NVFMA
Fairfax	224.1000	–	Oel	W4YHD	NVFMA
Gainesville	224.4600	–	●	W4LAM	W4LAM
Haymarket	224.4000	–	O 77.0el	W4BRM	BRM ARA
Manassas	224.6600	–	O 100.0e	W4OVH	OVHARC
Woodbridge	224.7800	–	O(CA)e	W4IY	WWI
WINCHESTER					
Winchester	224.2200	–	O(CA)	N3HXT	N3HXT

222-225 MHz
WASHINGTON

Location	Output	Input	Notes	Call	Sponsor
WASHINGTON					
FREQUENCY USAGE - IACC AREAS					
Snp	224.7200	–	t		
Snp	224.8400	–	t		
W WA - FREQUENCY USAGE					
Control	223.5200	223.5400			
Crossband	224.0000	224.0000			
Hi Speed Data	223.5600	223.6000			
Hi Speed Data	223.6600	223.7600			
Rptr Inputs	222.1800	222.3800			
Rptr Inputs	222.4200	223.0000			
Rptr Inputs	223.2600	223.3800			
Rptr Outputs	223.7800	223.9800			
Rptr Outputs	224.0200	224.8200			
Rptr Outputs	224.8600	224.9800			
Shared	224.7200	224.7200			
Shared	224.8400	224.8400			
Simplex	223.4000	223.4800			
Simplex	223.5000	223.5000			
COLUMBIA RIVER GORGE					
Carson	224.0200	–	O 136.5 E-SUNs	KB7APU	KB7APU
E WA - CHEWELAH					
Chewelah	223.8800	–	O	AK2O	SpoRG
E WA - NORTHEAST					
Springdale	223.9000	–	Olx	AK2O	SpoRG
E WA - SPOKANE					
Spokane	223.9400	–	O	AK2O	SpoRG
Spokane	223.9800	–	O	AK2O	SpoRG
Spokane	224.4000	–	O 114.8ex	K7MMA	WA6HSL
Spokane	224.9200	–	●	AK2O	SRG
Spokane	224.9400	–	Ol	AK2O	SpoRG
E WA - WENATCHEE					
Mission Ridge	224.7400	–	O	WR7ADX	W7CCY
E WA - YAKIMA					
Moxee	224.9000	–	O 123.0erz	W7AQ	YakARC
NORTH WEST OREGON AND SOUTH WEST WASHINGTON					
Yacolt	224.4200	–	94.8ers	K7CLL	K7CLL
PORTLAND METRO					
Vancouve WA	224.6400	–	O 123lwx	AB7F	AB7F
SOUTH WEST WASHINGTON					
Vancouver WA	224.3600	–	O 94.8s	W7AIA	CCARC
W WA - NORTH					
Bellingham	224.8600	–	O 103.5	N7FYU	-------------
Blyn Mtn	224.2400	–	O 103.5e	N7NFY	-------------
Buck Mtn	224.5800	–	O 100	K5IN	-------------
Camano Island	223.8800	–	O 103.5	W7MBY	5 Cnty Grp
East Sound	224.9800	–	O 103.5e	WA6MPG	-------------
Lyman Hill	223.8600	–	O 103.5e	WA7ZWG	5 Cnty Grp
Lyman Hill	224.7800	–	O 103.5e	N7IPB	-------------

222-225 MHz   WASHINGTON-WEST VIRGINIA

Location	Output	Input	Notes	Call	Sponsor
Marysville	224.3800	–	O 103.5er	WA7DEM	SNO COUNTY D
Mt Constitution	224.4800	–	O 103.5	N7JN	San Juan C
Mt Constitution	224.5400	–	O 67	WA6PMG	------------
W WA - NORTH COAST					
Bellingham	224.1600	–	O 156.7	W7SSO	Watcom ECG (W
Pt Angeles	224.0600	–	O 107.2a (CA)e	W6MPD	W6MPD
W WA - SEATAC					
Brier	224.2200	–	O 77	WA7FUS	------------
Lake Forest Park	224.2200	–	O 103.5	WA7FUS	------------
Monroe	224.1000	–	O 123e	K7MJ	
Tiger Mtn East	224.1200	–	O 103.5e	K7LED	MIKE AND K
Tiger Mtn West	224.3400	–	O 110.9 (CA)e	K7NWS	BEARS
W WA - SEATTLE-TACOMA					
Bainbridge Island	224.4200	–	O 88.5	WA6PMX	------------
Baldi Mtn	224.7600	–	O 103.5 (CA)	WB7DOB	GERMAN SHEP
Carnation	223.9000	–	O 103.5ael	KA7AEF	------------
Gold Mtn	224.6600	–	O 103.5e	W7UFI	------------
Kirkland	224.3600	–	O 103.5e	NU7Z	5 Cnty Grp
Seattle	224.6800	–	O 103.5e	W7SRZ	WWMST
Tacoma	224.5200	–	O 103.5	K7HW	------------
Three Sisters	223.9200	–	O 103.5l	WB7DOB	German Shep S
Tiger Mtn	223.9800	–	O 100.0	N7NW	
W WA - SOUTH					
Capitol Peak	224.0800	–	O 103.5l	K5IN	K5IN
Capitol Peak	224.2800	–	103.5	K5IN	------------
Crawford Mtn	224.4600	–	O 103.5ael z	NT7H	OLYMPIA AR
Eatonville	224.1800	–	O 103.5e	W7EAT	
Longview	224.1400	–	114.8e	W7DG	Lower Columbia
South Mtn	224.9200	–	O 103.5	W7FHZ	CH 1 RPTR
W WA - SOUTH COAST					
Raymond	224.0400	–	O 118.8e	N7AXC	Beach Net
Raymond	224.8600	–	O 103.5e	KA7DNK	------------
South Bend	224.8200	–	O 82.5e	NM7R	NM7R

WEST VIRGINIA

Location	Output	Input	Notes	Call	Sponsor
Ansted	224.8400	–	O 123/123l	N8FWL	------------
Beckley	224.2400	–	O 123/123l	N8FWL	------------
Beckley	224.3400	–	O 123/123l	N8FWL	------------
Beckley	224.5400	–	O 123/123l	N8FWL	------------
Beckley	224.6400	–	O 123/123l	N8FWL	------------
Beckley	224.7400	–	O 123/123l	N8FWL	------------
Buckeye	224.6000	–	O 123/123e ls	KC8CSE	------------
Charleston	224.3600	–	O 107.2/107.2	WB8YST	------------

222-225 MHz
WEST VIRGINIA-WISCONSIN

Location	Output	Input	Notes	Call	Sponsor
Charleston	224.7000	–	O 123/123	WS8L	HUNT KNOB RPTR
Flat Top	224.1200	–	O 100/100	WV8B	-------------
Green Bank	224.5200	–	O 123/123 E-SUNls	KC8CSE	KC8CSE
Lewisburg	224.1400	–	O 123/123l	N8FWL	-------------
Richwood	223.8600	–	O 107.2/107.2	WB8YST	WB8YST
Webster Springs	224.6600	–	O 123/123e ls	KC8CSE	KC8CSE

ALL OF TMARC AREA

Location	Output	Input	Notes	Call	Sponsor
SNP	223.8000	–	O		-------------

BERKELEY SPRINGS

Location	Output	Input	Notes	Call	Sponsor
Berkeley Springs	224.7000	–	Oel	W3VLG	222-West

WISCONSIN
WAR

Location	Output	Input	Notes	Call	Sponsor
Appleton	224.5000	–	O 100.0aers	WJ9K	W9RIC
Baraboo	224.6600	–	O 123.0aelrs	KC9FNM	Empire
Beldenville	224.8400	–	O 110.9ers	N0NIC	B.A.T.S.
Cedarburg	224.1800	–	O 127.3aes	W9CQO	O.R.C.
Green Bay	223.9400	–	O 100.0aers	K9JQE	K9JQE
Madison	224.1600	–	O 123.0aelrs	WB9RSQ	WB9RSQ
New Berlin	224.9600	–	O 127.3ae	WD9EUF	WD9EUF
Niagara	223.8200	–	O 114.8aelr	W9MB	W9MB
Oshkosh	223.9000	–	O 100.0aers	W9OSH	W9OSH
Racine	223.8000	–	O 127.3aes	N9WWR	N9WWR
Racine	224.8000	–	O 127.3aes	KC9QKJ	ARLOW
Sheboygan Falls	224.9400	–	O 100.0aers	KB5ZJU	KB5ZJU
Spooner/Hertel	224.5000	–	O 110.9ers	KB9OHN	BARS
Three Lakes	224.5400	–	O 114.8aelr	N9GHE	N9GHE
Tomahawk	223.7600	–	O 114.8aelr	N9CLE	TOM RP A
Wausau	224.6400	–	O 114.8aelr	W9SM	W.V.R.A.
West Allis	224.5200	–	O 127.3aes	KA9JCP	KA9JCP
Wisconsin Dells	223.8600	–	O 123.0aelrs	N9ROY	N9ROY

222-225 MHz
WYOMING-MANITOBA

Location	Output	Input	Notes	Call	Sponsor
WYOMING					
CENTRAL SOUTH					
Rawlins	223.8600	–	o	KD7SU	KS7SU
SOUTH EAST					
Wheatland	224.6800	–	o	AE7AF	AE7AF
ALBERTA					
CALGARY					
Calgary	224.8500	–	o 110.9/110.9	VE6RYC	CARA
Calgary	224.9400	–	●	VE6AMC	VE6AMC
EDMONTON					
Edmonton	224.7600	–	o	VE6TTC	VE6TTC
NORTH EAST					
St Paul	223.5000	–	ox	VE6SB	------------
RED DEER					
Red Deer	224.8000	–	oa	VE6KLM	VE6MB
BRITISH COLUMBIA					
FRASER VALLEY					
Abbotsford	224.2600	–	110.9	VE7RVA	FVARESS
Maple Ridge	224.8800	–	o	VE7RMR	Maple Ridg
GREATER VANCOUVER					
Burnaby	224.8000	–	127.3e	VE7RBY	VE7BYY
Burnaby	224.9600	–	o	VE7VYL	VE7EWS
Coquitlam	223.9200	–	o	VE7VFB	VA7LNX
Coquitlam	224.9200	–	o	VE7MFS	VE7NZ
Vancouver	224.3000	–	●e	VE7RPT	BCFMCA
Vancouver	224.6000	–	127.3	VE7NYE	PJ Van Bag
Vancouver	224.6400	–	e	VE7VCT	VECTOR
Vancouver	224.7000	224.1000	1011lpr	VE7RHS	UBC ARS
Vancouver	224.8400	–	o	VE7TOK	Murray Gje
SOUTH CENTRAL					
Kelowna/Vernon	224.9400	–	ol	VA7OKN	VE7OHM
Osoyoos	222.6000	+	156.7	VE7OSY	KARTS
VANC ISLAND CENTRAL					
Chemainus	224.9400	–	141.3e	VE7RNA	Cowichan A
Cowichan Valley	224.9000	–	141.3	VE7RNA	CVARS
Ladysmith	224.0400	–	131.8e	VA7DXH	VA7DN
VANC ISLAND NORTH					
Sayward	224.6200	–	o	VE7RNC	NIARS
VANC ISLAND SOUTH					
Sidney	222.5400	146.0600	100	VE7XMT	WARA
Victoria	224.1400	–	100.0	VE7VIC	WARA
Victoria	224.5000	–	o	VE7RGP	Rogers Cab
MANITOBA					
WINNIPEG					
Winnipeg	224.9400	–	ox	VE4RPT	VE4ABA

222-225 MHz
ONTARIO-QUEBEC

Location	Output	Input	Notes	Call	Sponsor
ONTARIO					
CENTRAL EAST					
Essonville	224.8400	–	Oae L(TFMCS)	VE3TBF	TBFRA
LANARK/LEEDS-GRENVILLE					
Lavant	224.7800	–	#	VE3KNA	VA3WK
METRO TORONTO					
Mississauga	224.6200	–	O 103.5ae L(444.250 IRLP) WX	VE3RSD	------------
Oakville	224.2400	–	O 131.8e L(PMO / TNK ASTERISK)	VE3RSD	------------
Toronto	224.4000	–	O 103.5	VE3KRC	KAO
Uxbridge	224.8600	–	O 103.5e L(TFM IRLP)	VE3BEG	TFMCS
York	224.8400	–	O 105.3e	VE3EBX	------------
METRO TOTONTON					
Scarborough	224.5000	–	O 103.5	VE3JOP	VE3JOPUG
NATIONAL CAPITAL REGION					
Ottawa	223.5400	223.5400	EXP	VE3YMK	VE3BYT
Ottawa	224.6000	–	EXP	VE3IGN	VE3IGN
Ottawa	224.8000	–		VE3OTT	MARG
NIAGARA					
Fonthill	224.5800	–	O 107.2	VE3NRS	NPARC
Fonthill	224.8000	–	O 107.2 RB	VE3PLF	COBRA
Niagara Falls	224.1800	–	O 107.2e L(ERA IRLP)	VE3WAJ	------------
SOUTH					
Acton	224.7200	–	O 103.5e L(442.125)	VE3PAQ	PRO-ARA
Burlington	224.7400	–	O 131.8e	VE3RSB	BARC
Carlisle	224.9600	–	O 131.8 L(ERA)	VE3WIK	ERA
Hamilton	224.5200	–	O 131.8 L(ERA)	VE3WIK	ERA
Kitchener	224.3400	–	O 131.8e	VE3IXY	KWARC
Woodstock	224.4400	–	O 131.8	VA3OHR	OCARC
SOUTHWEST					
St Thomas	224.7800	–	O 114.8	VE3STR	EARS
Windsor	224.6600	–	O	VE3OOO	------------
Windsor	224.7000	–	O 118.8e	VE3RRR	WARC
QUEBEC					
CHAUDIERES-APPALACHES					
Pontbriand	223.9600	–	O 100	VE2RSC	VE2PEP
LANAUDIERE					
Joliette	224.6200	–	O	VE2RHO	VE2BFK
LAURENTIDES					
Blainville Nord	224.4000	–	O	VE2RNO	VE2THE
Saint-Lin Laurentides	224.9200	–	O 103.5e	VE2RFO	VE2BFK

QUEBEC-SASKATCHEWAN

Location	Output	Input	Notes	Call	Sponsor
MONTEREGIE					
Lacolle	224.2200	–	O 103.5	VE2RVR	VE2CVR
OUTAOUAIS					
Buckingham	224.5000	–	O 110.9e	VE2REH	VE2REH
Buckingham	224.5000	–	110.9/110.9 (CA) L(I 2018)	VE2REH	ARAI
Gatineau	224.7600	–	O 110.9	VE2REH	VE2REH
Hull	224.7600	–	O 110.9/110.9 (CA)eL(I 2018)	VE2REH	ARAI
SAGUENAY-LAC-ST-JEAN					
Chicoutimi	224.5000	–	O 85.4	VA2RDI	VA2BCA

SASKATCHEWAN

Location	Output	Input	Notes	Call	Sponsor
SASKATOON					
Saskatoon	222.7000	+	O	VE5UFO	VE5SD
SOUTHEAST					
Estevan	224.7000	223.7000	O	VA5EST	VE5AJ

222-225 MHz

QUEBEC-SASKATCHEWAN

Location	Output	Input	Notes	Call	Sponsor
MONTEREGIE					
Lacolle	224.2200	—		VE2RVA	VE2CVR
OUTAOUAIS					
Buckingham	224.8000	—	G 110.9b	VE2REH	VE2RSH
Buckingham	224.5100		(-0.5/+0.5 225.1015)	VE2REH	APAI
Gatineau	224.7100	—	C_L	VE2REH	VE2RSH
Hull	224.7900	—	G	VE2REH	APAI
			(-0.34 to-3 (224.51-51.015))		
SAGUENAY LAC-ST-JEAN					
Chicoutimi	224.5000	—	C PEJ, 1	VA2RCI	VA2BOA
SASKATCHEWAN					
SASKATOON					
Saskatoon	.229.7000		O	VE0UFO	VE6SU
SOUTHEAST					
Estevan	224.7000	223.7000	O	VA6ST	VE2A7

420-450 MHz

ALABAMA

Location	Output	Input	Notes	Call	Sponsor
ALABAMA					
Alabaster/Shelby County	444.5500	+	O 100.0e WX	N4RON	N4RON
Albertvfille	442.9500	+	OtelrRB WXx	KI4RYX	MCEARS
Anniston	444.0500	+	O 131.8 (CA)eWX	KF4RGR	------------
Anniston / Oak Mtn	443.3500	+	Oe	KJ4JGK	EMA / DHS
Anniston/Cheaha Mt	444.7500	+	O 131.8e	WB4GNA	Calhoun ARC
Arab	443.2250	+	O 77.0/77.0 eL(EL/640610)z	KE4Y	BMARC
Argo/ Trussville	442.1250	+	O	K4YNZ	KE4ADV
Ashcroft Corner Pickens Co	444.4000	+	O 110.9/110.9 DCS(DS)eRB WX	W4GLE	Fayette Co ARE
Athens	442.8500	+	O	KD4NTK	WD4LPG
Auburn	444.1250	+	O/ARESae rWXz	W4LEE	East AL: ARC
Auburn	444.8000	+	O 156.7ae	K4RY	AUARC
Battleground / Cullman	444.9500	+	O 107.2/107.2	WR4JW	WR4JW
Bay Minette	444.1750	+	O 203.5/203.5	K4JIE	North Baldwin A
Bessemer	443.7000	+	O 131.8/131.8e	KK4BSK	HC ARC
Birmingham	442.1000	+	OeRB	KK4YOE	KC4ANB
Birmingham	443.4500	+	O 131.8/131.8e	KK4BSK	HC ARC
Birmingham	443.9000	+	O	W4CUE	BARC
Birmingham	444.4250	+	● 131.8e L(52.525) RBx	KE4ADV	KE4ADV
Birmingham	444.6250	+	O 100.0	KA4KUN	ALABEARS
Birmingham	444.8750	+	O	W4TPA	Telephone Pione
Birmingham Red Mt	443.1750	+	O 131.8/131.8	KK4BSK	HC ARC
Birmingham/ Red Mtn	444.6500	+	O 131.8	KA5GET	KA5GET
Birmingham/ Ruffner Mtn	444.1000	+	O 162.2e L(ECHOLINK 146760)	K4TQR	H&H Repeat
Birmingham/ RuffnerMtn	444.8250	+	O 131.8/131.8ae	AG4ZV	AG4ZV
Birmingham/ ShadesMtn	444.9750	+	● 156.7/156.7	KB4TUE	KB4TUE

420-450 MHz
ALABAMA

Location	Output	Input	Notes	Call	Sponsor
Blountsville	442.7500	+	O al	W4BLT	Blount ARC
Bluff / Fayette	443.0750	+	O 203.5el	N7OEY	N7OEY
Boaz	443.0500	+	O 123.0el RB	KC0ONR	KC0ONR
Brewton	444.6500	+	Oe L(ECHOLINK)	KI4GGH	KI4GGH
Brewton	444.7250	+	O	WB4ARU	Brewton ARU
Chalkville/Pinson	442.6500	+	O 131.8	KA5GET	KA5GET
Cherokee County	444.4000	+	O 100.0ez	KC4OR	KC4OR
Clanton EMA	443.3500	+	O/RACESr	KF4LQK	Montgomery
Columbiana	444.6000	+	O 156.7/156.7	KC4EUA	WA4CYA
Crooked Oak	444.8750	+	O 107.2/107.2eL(IRLP/ECHOLINK) RB	W4ZZK	AB4RC
Cullman	444.9000	+	O	N4UAI	N4UAI
Dadeville	444.5250	+	O 146.2ae RB WXz	KB4MDD	KB4MDD
Decatur	442.3500	+	Oe	W9KOP	W9KOP
Decatur	442.6750	+	Oe	W9KOP	W9KOP
Decatur/ Brindley Mtn	443.8500	+	Oe	W4ATD	DARC
Dothan	444.0250	+	O 107.2/107.2	KD1Z	KD1Z
Dothan	444.6750	+	O 156.7/RACESer	KI4ZP	KI4ZP
Dothan	444.7750	+	O	WB4ZPI	WARC
Dothan	444.8500	+	O 186.200/186.200e	KE4GWW	------------
Dothan	444.9000	+	O	WA4MZL	WA4MZL
Douglas	442.4500	+	O 100.0/100.0e	KK4CWX	KK4CWX
Douglas	442.6250	+	203.5elRB WXx	KI4RYX	MCEARS
Eufaula	444.9250	+	O 151.4e	WB4MIO	WB4MIO
Falkville	444.3250	+	O 107.2/107.2 RB	WR4JW	WR4JW
Fayette	444.8500	+	O	N4GRX	N4GRX
Flint Ridge	444.2000	+	O 179.9/179.9 (CA) DCSe	W4AI	Bankhead DX Club
Florence	442.2500	+	O 100.0/100.0	WA4FYN	WA4FYN
Florence	444.1250	+	O 123.0/123.0e	K4NDL	NFRA
Florence	444.2000	+	O 123.0/123.0	KI4SP	KI4SP
Florence	444.7750	+	O 100.0/100.0 E-SUNs	KF4GZI	EMA ARES
Florence, North	444.6500	+	O 123.0/123.0el	KQ4RA	KQ4RA
Foley	444.7500	+	O 186.2/186.2	KG4LWP	KG4LWP

ALABAMA

Location	Output	Input	Notes	Call	Sponsor
Fort Payne	442.6000	+	○	KF4FWZ	KF4FWZ
Fort Payne	444.6250	+	100.0/100.0elWX W4OZK		ALBDR
Fort Payne	444.8000	+	○RB	KF4FWX	KF4FWX
Friendship	444.5750	+	○ 100.0e	KE4LTT	KE4LTT
Gadsden	444.7750	+	○ 100.0 (CA)ex	K4BWR	K4BWR
Gadsden	444.8500	+	○ 100.0	N4NAK	N4NAK
Gadsden/ Hensley Mtn	444.6750	+	○ 100.0/100.0	K4VMV	K4VMV
Georgiana	444.9000	+	103.5/103.5 e	K4TNS	Jim Bell Wireless
Grant	442.4000	+	○	WA4OXX	WA4OXX
Greenhill	442.4750	+	○ 131.8/131.8	AB4RC	AB4RC
Gurley/ Keel Mt	442.9750	+	○ 100.0/100.0 (CA) RB	K4DED	K4DED
Haleyville	442.2250	+	○ 203.5/203.5e	W4ZZA	W4ZZA
Helicon	442.7250	+	○	W4FSH	W4FSH
Holtville	444.9500	+	○ 88.5	K4IZN	K4IZN
Hoover	442.7000	+	○	W4EAE	W4EAE
Hoover / Shades Mt	444.9750	+	● 156.7/156.7a	KB4TUE	WA4CYA
Horton	443.7250	448.7350	● 203.5 (CA)el	AG4LU	AG4LU
Hueytown	443.9500	+	○ 156.7/156.7	WA4CYA	WA4CYA
Huntsville	442.0000	+	○ 203.5	KE4BLC	KE4BLC
Huntsville	442.3750	+	● 156.7/156.7	KC4HRX	KI4QWP
Huntsville	443.0000	+	○TTe	W4DNR	W4DNR
Huntsville	443.1250	+	○ 107.2e	WA1TDH	WA1TDH
Huntsville	443.1500	+	● 103.5	W4DYN	Dynatics ARC
Huntsville	443.2500	+	○ 103.5lRB	KE4LRX	W4VM
Huntsville	443.3000	+	○ 156.70	KE4GNN	R.F. HSV
Huntsville	443.4750	+	○ 103.5a RB	W4VM	W4VM
Huntsville	443.7500	+	○ 186.2/186.2	W4LDX	W4LDX
Huntsville	443.8000	+	○ 110.9	W4PS	NARA
Huntsville	444.2250	+	○ 100.0/100.0	N4DTC	AI4PJ
Huntsville	444.3500	+	○ 114.8/114.8	W4TCL	W4TCL
Huntsville	444.3750	+	○ 100.0 L(ECHOLINK)	W4XE	W4XE
Huntsville	444.5000	+	●	WB4LTT	WB4LTT
Huntsville	444.5750	+	○ 100.0e RB	KB4CRG	KB4CRG

420-450 MHz
ALABAMA

Location	Output	Input	Notes	Call	Sponsor
Huntsville	444.9750	+	O 103.5/103.5	W4FMX	W4FMX
Huntsville South	441.4750	146.3400	O 100.0/100.0	N4HSV	NARA
Huntsville/ Brindley Mt	444.5250	+	O DCS(143)	W4WLD	W4WLD
Huntsville/ Drake Mtn	442.7750	+	O 107.2/107.2l	KB4CRG	KB4CRG
Huntsville/ Green Mtn	444.3000	+	O 103.5ae	W4XE	W4XE
Huntsville/ Monte Sano	443.6250	+	O 127.3/127.3 (CA) L(RB) RB	W4XE	W4XE
Huntsville/ MonteSano	443.5000	+	O 110.9a RB	W4HSV	NARA
Huntsville/ MonteSano	444.1750	+	O 151.4 (CA)el	KD4TFV	KD4TFV
Huntsville/New Market	442.5250	+	O	JW4TCL	W4TCL
Jasper	441.8000	+	O 123.0e	W4JMT	WA4JUJ
Jasper	443.2750	+	O 123.0/123.0eWx	WR4Y	Walker Co. ARC
Jasper	443.9250	+	O 123.0/123.0elWXxx	N4MYI	N4MYI
Jemison	444.4750	+	O	WB4UQT	----------
Killen	444.0250	+	O 77.0/77.0	KJ4LEL	ELRA
Killen	444.4250	+	O 203.5/203.5 (CA)eE-SUN E-WIND WX	KS4QF	WX4LC/ELFS
Lanett	442.0500	+	O 141.3	K4DXZ	Chattahoochee Valley
Leesburg	443.1750	+	O 100.0	N4GIS	N4GIS
Leesburg	444.0250	+	O 100.0ae WXz	KB4AEA	Cherokee EMA
Lineville	444.0000	–	O	WB4VBA	WB4VBA
Loxley	443.2000	+	O 118.8/118.8	WB4GMQ	WB4GMQ
Loxley	443.6500	+	O 118.8/118.8	WB4GMQ	WB4GMQ
Madison	443.0250	+	O 110.9/110.9 L(IRLP)	W4WWM	W4WWM
Magnolia Springs	444.5500	+	O 82.5	WA4VSH	WA4VSH
Mentone	443.4000	+	O 103.5el WX	W4OZK	W4OZK
Minor	444.9250	+	O 203.5/203.5el	N7OEY	----------
Minor / B,ham	444.9250	+	O 203.5el	N7OEY	N7OEY
Mobile	442.5000	+	O 100.0/100.0	KI4ADV	KI4ADV
Mobile	444.5000	+	O 123.0/ARES eL(ECHOLINK/IRLP) WX	WB4QEV	Mobile EMA
Mobile County	444.5250	+	O 123.0/123.0eWX	WX4MOB	WX4MOB

420-450 MHz ALABAMA

Location	Output	Input	Notes	Call	Sponsor
Monroeville	444.7750	+	O	K8IDX	K8IDX
			123.0/123.0ae		
Montgomery	444.4500	+	O 100.0ael z	WD4JRB	WD4JRB
Montgomery	444.5000	+	O	W4AP	MARC
			100.0/100.0 (CA)el		
Montgomery	444.6250	+	●	W4OZK	ALBDR
			141.3/141.3e		
Moulton	442.4250	+	OeRB WX	N4IDX	Bankhead ARC
Moulton	444.7750	+	Oe	N4IDX	Bankhead ARC
Muscle Shoals	444.4000	+	O 79.7/79.7	K4VFO	K4VFO
Nectar/Skyball Mt	443.7750	+	O	W4BLT	Blount Co. ARC
Odenville/ Bald Rock	443.7750	+	O	K4JDH	K4YNZ
Opelika	442.1750	+	O 203.5e	N4TKT	N4TKT
Opelika	442.9000	+	O	W4LEE	EAARC/EAMC
Opelika	444.4250	+	OeWX	WX4LEE	EMA ARC
Parrish	442.3000	+	O	W4WCA	Walker Co. ARE
			110.9/110.9		
Pelham	444.1500	+	O	N4NR	N4NR
Pelham	444.1500	+		W4TPA	Telephone Pione
Pelham	444.3000	+		W4TPA	Telephone Pione
Pelham	446.4000	29.5600	Ol	KR4UD	KR4UD
Pell City	443.0500	+	O	K4DSS	K4DSS
			203.5/203.5e		
Phenix City	444.2000	+	O 123.0 (CA)elz	WA4QHN	WA4QHN
Piedmont	443.6250	+	O	KJ4MTX	KJ4MTX
			131.8/131.8		
Rainsville	442.5500	+	● 100.00	KF4BCR	KF4BCR
Ranburne/Turkey Heaven	444.1750	+	●x	N4THM	Turkey Heaven R
Roanoke	444.2750	+	O	KA4KBX	KA4KBX
			141.3/141.3aelsWX		
Roanoke	444.9000	+	O	KJ4JNX	D-STAR
Robertsdale	444.6250	+	O	W4OZK	ALBDR
			141.3/141.3e		
Rogersville	442.0250	+	O	KF4GZI	EMA/ARES
			100.0/100.0elrWX		
Rogersville	442.5000	+	Ol	KJ4LEL	ELRA/KJ4LEL
Rogersville	442.9250	+	O	AE4HF	AE4HF
			203.5/203.5a(CA)elr		
Rogersville	444.4750	+	88.5l	KF4CSZ	KF4CSZ
Ruffner Mt	439.5750	146.1600	O 88.5/88.5 e	KK4BSK	HC ARC
Russellville	444.6750	+	O	KI4OKJ	PCRS
Salem	444.1000	+	O	WA4QHN	WA4QHN
			123.0/123.0e		
Santuck	444.2250	+	O 88.5e	K4GR	K4GR
Saraland	444.7000	+	O	N4FIV	N4FIV
			100.0/100.0 L(NXON DIGITAL)		

420-450 MHz
ALABAMA-ALASKA

Location	Output	Input	Notes	Call	Sponsor
Shelby / Lay Lake	444.3500	+	o	WB4CCQ	WB4CCQ
Shelby Co Signal Mt	444.7000	+	o 156.7/156.7e	WA4CYA	WA4CYA
Smith	444.8500	+	o 118.8/118.8eL(ECHOLINK)	KF4AEJ	KF4AEJ
South Community	444.8250	+	o 100.0	KI4ONH	KI4ONH
Spanish Fort	444.6000	+	o	KC4JPD	KC4JPD
Springville	443.7500	+	o 103.5/103.5	KJ4SQP	KJ4SQP
Springville/ SimonsMtn	443.6500	+	o 131.8	KA5GET	KA5GET
Straight Mt /Oneonta	443.8750	+	● 77.0/77.0 ex	KK4CWX	KK4CWX
Theodore	444.1000	+	o	N4LMZ	N4LMZ
Troy	442.7000	+	o 199.5/199.5	KT4ROY	Trojan ARC
Troy	443.0000	+	100.0l	W4NQ	Troy Radio
Tuscaloosa	442.1500	+	oeRB	W4MD	W4MD
Tuscaloosa	442.3750	+	oa	N4BWP	N4BWP
Tuscaloosa	442.5500	+	173.8	KX4I	KX4I
Tuscaloosa	443.3000	+	o 131.8/131.8lRB	W4ELX	Druid City ARC
Tuscaloosa	443.8250	+	o 118.8ae WXz	W4XI	Tuscaloosa ARC
Tuscaloosa	444.1250	+	o 210.7/210.7	W4UAL	University of AL ARC
Tuscaloosa	444.1750	+	o 210.7/210.7 #	W4UAL	University Of AL ARC
Tuscaloosa	444.5750	+	o 210.7/210.7	N9YAY	KD9Q
Tuscaloosa	444.9000	+	oeL(DMR)	N9YAY	KD9Q
Tuscaloosa/ Birmingham	443.5750	+	●lx	KX4I	AICN Hub
Tuskegee	444.8750	+	o 123.0/123.0	N4LTX	Little Texas ARC
Union Hill	442.8000	+	● 162.2	W5MEI	W5MEI
University of North AL	442.3250	+	o 77.0/77.0	W4UNA	UNA ARC
Vernon	444.2500	+	● 110.9/110.9	W3CO	KI4QAH
Vinemont	444.2750	+	110.9l	W4CFI	W4CFI
Waterloo	442.1250	+	o 100.0el	KF4GZI	Lauderdale EMA/ARE
Wood Mtn	443.8250	+	o	W4CCA	CCARC

ALASKA
INTERIOR

Location	Output	Input	Notes	Call	Sponsor
Canyon Creek	444.9000	+	103.5lx	KL7KC	ARCTIC ARC
Delta Junction	449.6000	−	103.5	KL2AV	KL2AV
Fairbanks	444.1000	+	Ox	KL7NO	KL7NO
Fairbanks	444.8000	+	o 103.5ael x	KL7KC	ARCTIC ARC

ALASKA-ARIZONA

Location	Output	Input	Notes	Call	Sponsor
Nenana	449.6500	–	O 103.5	WL7BDO	WL7BDO
SOUTH CENTRAL					
Anchorage	444.7000	+	O 103.5ae z	KL7AA	AARC
Bethel	444.1000	+	O 100e	AL7YK	BARK
Eagle River	444.1000	+	O 100.0 (CA) TTe	KL7GG	KL7GG
Ft Richardson	444.5000	+	O 100.0 (CA) TTeRB	KL7GG	GG/ADES
Kodiak	444.5500	+	O 136.5lRB	WL7AML	WL7AML
Palmer	443.9000	+	O 103.5els	WL7CVG	AARC/ARES
SOUTHCENTRAL					
Anchorage	444.8500	+	O 103.5l	WL7CWE	CARA
Ninilchik	443.2750	+	O 91.5 TTl	K7AZ	AARG
State Wide (aeronautical)	444.9750	+	O 203.5p	KL8DW	KL8DW

ARIZONA
CENTRAL

Location	Output	Input	Notes	Call	Sponsor
Anthem	442.5250	+	114.8	W6PAT	Griffin A.R.C.
Bill Williams Mtn	448.0200	–		NR7G	K7FY
Bill Williams Mtn	448.2750	–		K6DLP	Don Petrone
Bill Williams Mtn	449.7500	–	91.5	K7NAZ	Bill Williams Mt.
Chino Valley	449.2500	–	192.8	K7POF	Bob Sitterley
Clarkdale	441.7750	+	156.7	K9FUN	K9FUN
Crown King	447.3000	–	88.5	W7WHP	W7WHP
Glassford Hill	442.3500	+	100.0	N7KPU	N7KPU
Mingus Mtn	442.1500	+	100.0	WA7UID	M.M.R.G.
Mingus Mtn	449.4250	–		WA6LSE	WA6LSE
Mingus Mtn	449.7000	–		N7CI	S.A.R.B.A.
Mingus Mtn	449.7250	–		K6DLP	Donald Petrone
Mt Ord	444.5000	+	100.0	W7MDY	A.R.A.
Mt Ord	444.9000	+		WB7TUJ	S.A.R.B.A.
Mt Tritle	442.1000	+		W1OQ	NORTHLINK
Paulden	446.5500	–	O 100.0	W7BNW	W7BNW
Prescott	441.8500	+	151.4	K7CBK	Lee T. Cunningh
Prescott	449.6750	–		WB7BYV	Steve Crumley
Prescott Valley	443.0500	+	136.5	WB6ALS	WB6ALS
Squaw Peak	447.4000	–		KB7EDI	KB7EDI
Squaw Peak	447.5000	–	100.0	WA6LSE	WA6LSE
Squaw Peak	447.7000	–		K6DLP	Don Petrone
Squaw Peak	448.2000	–		WB7EVI	NORTHLINK
Towers Mtn	448.5750	–	100.0	WB7EVI	W1OQ
Towers Mtn	448.6000	–		KA7MIZ	KA7MIZ
Towers Mtn	449.0000	–		K7STA	S.A.R.B.A.
Towers Mtn	449.1750	–	100.0	WB7EVI	NORTHLINK
Wild Flower	447.2250	–		K7YXD	K7YXD
Wild Flower	449.2250	–	123.0	WW7B	D.A.W.N.

EAST CENTRAL

Location	Output	Input	Notes	Call	Sponsor
Clay Springs	442.8000	+	100.0	N7KQ	H.T.A.W.A.

420-450 MHz
ARIZONA

Location	Output	Input	Notes	Call	Sponsor
Greens Peak	448.3750	–	100.0	W7ARA	A.R.A.
Greens Peak	448.8500	–	110.9	W7IXA	S.A.R.B.A.
Greens Peak	449.3500	–	162.2	W7OTA	W7OTA
Greens Peak	449.8500	–		K7KI	S.A.R.B.A.
Porter Mtn	449.0500	–	100.0	W7OTA	W7OTA
Red Sky Ranch	449.6250	–	136.5	NR7G	NR7G
Show Low	449.1500	–	110.9	W7EH	K.A.R.C.
Signal Peak	449.6500	–	100.0	WR7GC	Gila County Emergen
FLAGSTAFF					
Flagstaff	440.4000	+	100.0	W7LUX	W7LUX
Mormon Mtn	449.6000	–	162.2	KD7IC	Jonathan P. Koger
Mt Elden	448.1000	–		K6DLP	Donald Petrone
Mt Elden	448.4750	–	100.0	W7ARA	A.R.A.
Mt Elden	448.6250	–		N7MK	S.A.R.B.A.
Mt Elden	448.8750	–	100.0	W7ARA	A.R.A.
Mt Elden	449.3250	–	103.5	NO7AZ	John Lindsey
NORTH CENTRAL					
Grand Canyon	442.0750	+	100.0	N7FHQ	NORTHLINK
Navajo Mtn	448.7500	–		NA7DB	NA7DB
NORTHEASTERN					
Overgaard	446.6000	–	100.0	N7QVU	Jerry Wyatt
South Mtn - Alpine	448.7250	–		WB5QHS	J.P.A.R.A.
NORTHWEST					
Golden Valley	449.8750	–	127.3	W8MIA	August Hoecker
Hualapai Mtn	446.4000	–		N7DPS	N7DPS
Hualapai Mtn	448.5500	–	123.0	K7MPR	M.A.R.C.
Kingman	443.1750	+	156.7	WA7I	Jack Gunnoe
Kingman	447.1000	–	100.0	KA6NLS	Kevin Walsh
Kingman	449.5500	–	151.4	W6EZU	Michael Kazmierczak
Kingman	449.7500	–	79.7	KC8UQP	KC8UQP
Potato Patch	447.1250	–	156.7	KA6NLS	Kevin Walsh
PHOENIX					
Bell Butte	447.7500	–	100.0	AI7R	City of Tempe
Cactus & 24th St	446.5500	–	123.0	KE7HR	Paul Jorgenson
Casagrande Mtn	448.5250	–	127.3	KB0BWG	David Bohmke
Chandler	442.9750	+	100.0	W7MOT	M.A.R.C.A.
Chandler	444.2750	+	100.0	KE7JVX	Monte Dana
Chandler	447.5000	–	100.0	WB5DYG	Sgt. Scott Picquet
Chandler	448.4500	–	136.5	N0FPE	N0FPE
Chandler	448.9250	–	123.0	N7SCE	N7SCE
Chandler	448.9500	–	100.0	WW7CPU	I.E.A.R.S
Desert Hills	448.3750	–	136.5	KE7KMI	Daisy Mountain Fire
Far North Mountain	448.8500	–	136.5	K7PNX	City of Phoenix, EOC
Fountain Hills	447.7750	–		N7MK	F.H.A.R.T.
Gilbert	449.8250	–	100.0	AJ7T	Ron McKee
Glendale	445.6000	–		KB7NAS	Steve Mendelsohn
Glendale	446.6000	–	100.0	KF6QBW	Jim Frederick
Glendale	447.4000	–	100.0	KD7HJN	Glendale Radio Club

420-450 MHz ARIZONA

Location	Output	Input	Notes	Call	Sponsor
Glendale	447.5750	−	151.4	KC7GHT	KC7GHT
Glendale	448.3250	−	100.0	KB7FQO	KB7FQO
Glendale	449.5750	−	100.0	KB7OBJ	N6IME
Goodyear	446.5500	−	100.0	KD7YAT	Monty Dana
Mesa	440.4000	+		K7DMK	David M. Kaczor
Mesa	440.4250	+		KF7EUO	Tim Owen
Mesa	442.1750	+	100.0	KD7DR	David Cowley
Mesa	444.1250	+		WB7NNP	L.R.G.
Mesa	446.5750	−	141.3	KF7RTS	Kent Kleiner
Mesa	449.5500	−	100.0	KA7ZEM	The WIN System
Mesa	449.6000	−	100.0	WB7TJD	SUP-ARC
Mesa	449.6250	−	100.0	W7ARA	A.R.A.
Mesa	449.8500	−		W5WVI	W5WVI
Mesa	449.9500	−		WB7TUJ	Doug Pelley
North Mountain	449.0250	−	136.5	K7PNX	City of Phoenix,
Peoria	441.1750	+		KA7ATV	KA7ATV
Peoria	444.7500	+		KA7PTW	KA7PTW
Phoenix	441.2000	+	77.0	KB7CGA	Gary L. Duddy
Phoenix	441.8000	+		WA7UID	WB7CWW
Phoenix	442.0500	+	100.0	W7MOT	M.A.R.C.A.
Phoenix	442.6000	+	100.0	N1KQ	M.C.R.G.
Phoenix	442.6750	+	123.0	WW7B	Morgan E. Hoagli
Phoenix	442.7000	+		WW7B	Morgan E. Hoagli
Phoenix	444.3000	+	100.0	W7ARA	A.R.A.
Phoenix	446.1500	−	100.0	W7TBC	T.A.R.C.
Phoenix	446.2250	−	114.8	WA7MKS	WA7MKS
Phoenix	446.5250	−	141.3	W5VXJ	John R. Ure
Phoenix	447.9500	−		N7TWB	N7TWB
Phoenix	449.2000	−	100.0	KC5CAY	KC5CAY
Queen Creek	446.6000	−	136.5	N2QOJ	Bruce Barnes
Queen Creek	449.4750	−	136.5	KF6EZT	Bruce Barnes
Sacaton Peak	448.0250	−	136.5	K7PNX	City of Phoenix,
San Tan Valley	449.3250	−		N7DJZ	Doug Pelley
Scottsdale	440.0000	+	100.0	WA7APE	S.A.R.C.
Scottsdale	440.4500	+	100.0	W7JSW	W7JSW
Scottsdale	441.1000	+	103.5	W0 NWA	Jeff Daugherty
Scottsdale	441.6250	+	100.0	W7ARA	A.R.A.
Scottsdale	442.0500	+	100.0	W7MOT	M.A.R.C.A.
Scottsdale	443.1500	+	100.0	W7MOT	M.A.R.C.A.
Scottsdale	444.0750	+		WB7NNP	L.R.G.
Scottsdale	445.9000	−	91.5	KB6POQ	KB6POQ
Scottsdale	448.6750	−		W7IXA	S.A.R.B.A.
Scottsdale	448.9000	−		WA7VEI	WA7VEI
Scottsdale	449.0500	−		WA7VEI	P.M.C. Inc
Scottsdale	449.4250	−	100.0	K0 NL	Gregory Banks
Shaw Butte	442.8500	+	100.0	WB7EVI	Steve Whitver
Shaw Butte	447.3250	−		KB7OBJ	Chris Barford
Shaw Butte	447.6250	−		WA7ZZT	S.M.U.G.
Shaw Butte	449.3500	−		N7ULY	WB7TUJ
Shaw Butte	449.5250	−	100.0	W7ARA	A.R.A.

440 420-450 MHz
ARIZONA

Location	Output	Input	Notes	Call	Sponsor
South Mtn	442.0000	+		WA7ZZT	S.M.U.G.
South Mtn	442.1250	+	100.0	N7AUW	NORTHLINK
South Mtn	442.2000	+	136.5	K7PNX	City of Phoenix, EOC
South Mtn	442.5500	+	100.0	WA7ZZT	W.S.R.G.
South Mtn	442.8000	+	100.0	KX7KW	M.C.R.G.
South Mtn	442.9000	+	100.0	W7ZAA	Zachary Altman
South Mtn	443.0500	+	100.0	W7MOT	M.A.R.C.A.
Sun City	449.8000	−	100.0	W7JHQ	W.V.A.R.C.
Sun City West	442.4500	+	146.2	KA7G	Gerald R. McManus
Tempe	443.1250	+	100.0	WD8MHM	WD8MHM
Tempe	447.3000	−		W7INC	Peter Gibbs
Tempe A Mtn	442.3750	+	100.0	K7TMP	Joshua Barutha
Thompson Peak	448.8250	−	100.0	W7IFH	W7IFH
Thompson Peak	449.4000	−	136.5	K7PNX	City of Phoenix EOC
Tolleson	448.0750	−	100.0	AJ9Y	AJ9Y
Usery Mtn	447.2500	−		WB7TUJ	Harold Pierson
Usery Mtn	447.4250	−	107.2	KC7WYD	Roger Chico M. Lope
Usery Mtn	447.6500	−	186.2	W7SGK	Doug Pelley
Usery Mtn	448.8000	−	100.0	W7BSA	Explorer Post 599
Usery Mtn	449.1000	−	100.0	W7ARA	A.R.A.
Usery Pass	448.9750	−		N7DJZ	S.A.R.B.A.
White Tanks E Peak	446.4000	−	100.0	W7GDY	Tri City ARA
White Tanks E Peak	446.6750	−	146.2	KC7WVE	Felix H. Pinto
White Tanks E Peak	448.2250	−		N7ULY	WB7TUJ
White Tanks E Peak	448.4000	−		W7ATN	ATN-AZ
White Tanks E Peak	448.8750	−		K6DLP	Don Petrone
White Tanks E Peak	449.1500	−		WA7GBL	S.A.R.B.A.
White Tanks Mid Peak	441.7250	+	100.0	W7EX	A.R.A.
White Tanks Mid Peak	442.2750	+	100.0	W1OQ	NORTHLINK
White Tanks Mid Peak	442.9250	+	114.8	AE7JG	Zachary A. Altman
White Tanks W	448.7500	−		KD7GC	W.T.M.R.G., Inc.
PHOENIX METRO					
Mesa	440.6750	+	⭕ 107.2	N7OKN	N7OKN
Mesa	449.3750	−	100.0	K7DAD	M.A.R.A.
SOUTH CENTRAL					
AZ City	440.7500	+	⭕DCS(800)	AE7RR	AE7RR
Casa Grande	446.8250	−	88.5	KJ7YM	KJ7YM
Childs Mtn	448.1000	−	100.0	KL7DSI	A.A.R.C.
Coolidge	446.6000	−	151.4	KC7KMM	Tony Starns
Elephant Head Peak	449.3750	−	107.2	WE7GV	G.V.A.R.C.

420-450 MHz — ARIZONA

Location	Output	Input	Notes	Call	Sponsor
Elephant Head Peak	449.8500	−		WA7BGX	C.A.R.B.A.
Elgin	448.5000	−	91.5	K6RCK	K6RCK
Green Valley	449.2250	−	100.0	AA7RP	AA7RP
Keystone Mtn	444.8750	+	100.0	KCØ LL	KCØ LL
Maricopa	449.1250	−	136.5	WY7H	M.A.R.A.
Mt Lemmon	444.9750	+	100.0	KCØ LL	KCØ LL
Mt Lemmon	445.2250	−	103.5	W7ATN	ATN-AZ
Mt Lemmon	448.3500	−	107.2	N1DHS	N1DHS
Mt Lemmon	448.6250	−		AK7Z	C.A.R.B.A.
Mt Lemmon	449.7750	−		N7SAR	Marvin G. Staffor
Sacaton Peak	447.7250	−	100.0	N7ULY	WB7TUJ
Vail	446.5500	−	100.0	KE7ULC	Ronald P. Barton
Vail	446.5500	−	O 100.0e	KE7ULC	KE7ULC
Vail	449.5500	−	107.2	K7LHR	Don Stiver
SOUTHEAST					
Benson	445.3000	−	131.8	K7SPV	S.P.V. ARC
Benson	448.8250	−	107.2	WA7PIQ	WA7PIQ
Dragoon	449.7000	−		WA7PIQ	C.A.R.B.A.
Guthrie Peak	448.9750	−		N7GP	J.P.A.R.A.
Guthrie Peak	449.3750	−		K7EAR	E.A.A.R.S. Inc.
Heliograph Peak	440.6500	+	141.3	K7EAR	E.A.A.R.S. Inc.
Heliograph Peak	440.7600	+	141.3	K7EAR	E.A.A.R.S. Inc.
Heliograph Peak	447.8250	−	100.0	K7EAR	E.A.A.R.S. Inc.
Heliograph Peak	448.6750	−		K7JEM	C.A.R.B.A.
Heliograph Peak	449.4000	−		K7EAR	E.A.A.R.S. Inc.
Juniper Flats	449.5250	−	100.0	K7RDG	C.A.R.A.
Mule Mtn	448.7500	−		KC7IM	C.A.R.B.A.
Oracle	448.7000	−		WA7ELN	WA7ELN
Pinal Peak	448.1750	−		WB5QHS	J.P.A.R.A.
Pinal Peak	448.4250	−	103.5	KD7DR	S.A.R.B.A.
Pinal Peak	448.4750	−	100.0	W7ARA	A.R.A.
Pinal Peak	448.6500	−		WA7KUM	S.A.R.B.A.
Red Mountain	449.9500	−		W7JPI	C.A.R.B.A.
Sierra Vista	444.1250	+		W6SEL	Dx-Pony
Sierra Vista	447.9500	−	100.0	K7RDG	C.A.R.A.
Sierra Vista	449.8250	−	100.0	NØ NBH	NØ NBH
Tombstone	444.6000	+	100.0	N7BOO	N7BOO
Tonopah	442.0750	+	O 123.0l	WT9S	WT9S
SOUTHWEST					
Oatman Mtn	448.3000	−		KD7DR	S.A.R.B.A.
Quartzsite	447.9750	−		NJ6J	Steve Bednarczy
Telegraph Pass	448.6250	−		WA6JBD	Cactus Intertie
Telegraph Pass	449.0750	−	88.5	W7DIN	D.I.N.
Yuma	445.6800	−	123.0	KE7LVR	Peter Efroymson
Yuma	446.6000	−	162.2	KD7GXW	Mark Buono
Yuma	449.9250	−	88.5	W7DIN	D.I.N.
Yuma	449.9750	−		W7DIN	D.I.N.
TUCSON					
Catalina	440.4000	+	156.7	WØ HF	O.V.A.R.C

420-450 MHz
ARIZONA

Location	Output	Input	Notes	Call	Sponsor
Marana	448.0000	−	100.0	KC7CPB	Michael Ellis
Mt Lemmon	444.9250	+	156.7	K7RST	R.S. of T.
Mt Lemmon	448.5500	−	110.9	N7OEM	Pima County
Oro Valley	445.7375	−		KF0X	Randy Malick
Oro Valley	447.4250	−	107.2	WB7NUY	S.A.R.A.
Tucson	441.7500	+	107.2	K7PCC	P.C.C.A.R.C.
Tucson	442.1500	+		AB7AA	AB7AA
Tucson	444.1000	+	156.7	W0HF	O.V.A.R.C
Tucson	446.9000	−	100.0	K7ICU	N7ZQT
Tucson	447.5000	−	136.5	N7XJQ	N7XJQ
Tucson	447.6250	−		W7HSG	C.A.R.B.A.
Tucson	447.8750	−		KB7RFI	KB7RFI
Tucson	448.3000	−		W7RAP	C.A.R.B.A.
Tucson	448.3250	−	156.7	K7RST	R.S. of T.
Tucson	448.7750	−	179.9	W7SA	C.R.C.
Tucson	448.9000	−		KG7KV	S.P.A.R.C.
Tucson	448.9750	−		N7CK	C.A.R.B.A.
Tucson	449.3000	−	156.7	K7RST	R.S. of T.
Tucson	449.4750	−	107.2	N7DQP	N7DQP
Tucson	449.6750	−	77.0	NR7J	N7OXL
Tucson	449.8000	−	DCS(503)	N1DHS	N1DHS
Vail	449.6250	−	123.0	N7ZQT	K7ICU

WEST CENTRAL

Location	Output	Input	Notes	Call	Sponsor
Black Peak	448.2750	−		K6DLP	Don Petrone
Black Peak	448.6500	−		K7FAY	Cactus Radio Club
Bullhead City	448.9500	−	123.0	K7PFK	Paul Krick
Bullhead City	449.3750	−	123.0	K7REW	Darryl Whiteside
Bullhead City	449.9750	−	123.0	K7REW	Darryl Whiteside
Crossman Peak	447.5400	−		WB6T	KB6CRE
Fort Mohave	449.9500	−	100.0	K9TLT	Thomas L. Tatroe
Golden Valley	448.4000	−	123.0	N7FK	N7FK
Golden Valley	448.5000	−	123.0	K7MCH	K7MCH
Guadalupe Peak	448.9000	−		WD6FM	Sw.R.R.C.
Guadalupe Peak	448.9750	−		WB7FIK	Cactus Radio Club
Hualapai Mtn	446.3000	−	123.0	K3MK	Matt Krick
Hualapai Mtn	448.2500	−	131.8	N7SKO	WECOM, INC
Kingman	446.1500	−	100.0	W7KDS	N.A.D.R.S.
Lake Havasu	449.1250	−	67.0	K6PNG	Tim Lotspeich
Lake Havasu City	448.7250	−		W7DXJ	W7DXJ
Lake Havasu City	449.9500	−	141.3	W7DXJ	W7DXJ
Oatman Mtn	448.6200	−		WD6ASB	Cactus Radio Club
Parker	447.7250	−		KE6PCV	KE6PCV
Potato Patch	448.1000	−		K6DLP	K6DLP
Potato Patch	448.6800	−		W6PNM	Cactus Radio Club
Ram Peak	448.0200	−		WR7RAM	K7FY
Smith Peak	443.7750	+	100.0	W7ARA	A.R.A.
Topock	449.3500	−	67.0	K6PNG	Ray Retzlaff

ARKANSAS

Location	Output	Input	Notes	Call	Sponsor
ARKANSAS					
CENTRAL					
Alexander	444.3000	+	O 131.8/131.8e	N5TKG	N5TKG
Bauxite	443.8250	+	O 141.3	KJ5ZT	KJ5ZT
Cabot	442.4750	+	O 85.4/85.4 ersx	NL7RQ	NL7RQ
Cabot	442.5500	+	O 210.7ep	W5STR	STARS
Cabot	443.6500	+	O 82.5lrs WX	W5RHL	W5RHL
Center Ridge	444.1000	+	O 114.8e	N5XF	N5XF
Conway	443.5250	+	O	W5AUU	FaulkCoARC
Conway	443.8000	+	114.8/114.8eL(145.210) O	W5AUU	FalkCoARC
Conway	443.9500	+	114.8/114.8eL(146.970) O 114.8/114.8eL(53.210)	W5AUU	W5AUU
Damascus	442.1000	+	O	KD5GMX	KD5GMX
Greers Ferry	443.6500	+	O 88.5lrs WX	W5RHL	W5RHL
Hot Springs	444.0000	+	O	WB5PIB	WB5PIB
Hot Springs	444.6000	+	O 114.8ers WXx	W5LVB	W5LVB
Hot Springs Village	444.7250	+	O 114.8	W5HSV	HSV ARC
Little Rock	443.0000	+	O 100.0elr sWX	N5CG	CAUHF
Little Rock	443.1250	+	O 114.8el	AC5XV	AC5XV
Little Rock	443.2000	+	O 114.8elr sWX	N5CG	CAUHF
Little Rock	444.0750	+	● 114.8	WA5OOY	WA5OOY
Little Rock	444.2000	+	O 114.8el	W5DI	CAREN
Little Rock	444.4000	+	O 114.8l	WA5OOY	WA5OOY
Little Rock	444.4500	+	O 100.0	W5FD	CAREN
Little Rock	444.8000	+	● 146.2e WX	K5XT	K5XT
Little Rock	444.8500	+	O 114.8lrs WX	N5CG	CAUHF
Malvern	442.2250	+	O 114.8el	N5CG	CAUHF
Malvern	443.5000	+	O 136.5ael WXx	W5BXJ	W5BXJ
Malvern	443.6000	+	O 114.8 (CA)elrswx	N5CG	CAUHF
Malvern	444.1500	+	O 88.5elx	K5TAC	K5TAC
Maumelle	442.7000	+	O 114.8ae	K6MFM	K6MFM
North Little Rock	442.3250	+	O 85.4/85.4	NT5LA	ElksARC
North Little Rock	443.9000	+	O 114.8	N5QLC	N5QLC
North Little Rock	444.6500	+	O 114.8	W5RXU	W5RXU
North Little Rock	444.7000	+	O 114.8elr sWX	N5CG	CAUHF

444 420-450 MHz
ARKANSAS

Location	Output	Input	Notes	Call	Sponsor
Prattsville	442.8750	+	O 85.4/85.4	KD5RTO	PVARC
White Hall	442.1750	+	O 85.4ers	KJ5PE	PinBlufARC
White Hall	443.7000	+	OesWX	AF5AR	WhtHallCC
Wrightsville	444.4250	+	O 85.4el	N5CG	CAUHF
EAST					
Forrest City	443.4500	+	O 100.0/100.0	KD5DF	KD5DF
Helena	444.8750	+	O 91.5x	N5JLJ	N5JLJ
EAST CENTRAL					
Searcy	444.5000	+	O 192.8e	N5QS	NCAARS
Stuttgart	443.2500	+	O	KB5LN	KB5LN
Vilonia	444.8250	+	O 84.5e	W5AMI	W5AMI
NORTH					
Green Forest	442.4500	+	OWX	KE5LXK	NWAUHF
Harrison	442.9000	+	O	W5NWA	NWARG
Harrison	443.5000	+	Oelx	KC0UJZ	KC0UJZ
Harrison	444.8500	+	O 100.0l	WA9SSO	GathMtARC
Mountain Home	442.3000	+	O 103.5/103.5e	K5OZK	OZARC
Mountain Home	442.5500	+	s	K5BAX	K5BAX
Mountain Home	443.1250	+	O	WB5QGJ	WB5QGJ
Mountain Home	444.0000	+	O 100.0	WB5NFC	WB5NFC
Mountain Home	444.9750	+	O 100.0lRB	WB5NFC	NAR VoIP
Mtn View	442.8500	+	O 97.4/97.4ex	K5EJ	WRMC ARC
Yellville	444.0250	+	Oe	W5YS	Marion Cty
NORTH CENTRAL					
Clinton	443.3000	+	O 114.8el	W5DI	CAREN
Heber Springs	443.3750	+	O 146.2e	W4GXI	W4GXI
Heber Springs	443.3750	+	O 91.4/91.4e	W5HSC	N5XUN
Marshall	443.0500	+	O 103.5/103.5elx	W5NWA	NWARG
Quitman	444.0500	+	O 127.3e	KC5PLA	KC5PLA
NORTHCENTRAL					
Edgemont	444.8750	+	DCS(265)	KF5TPF	KF5TPF
Jerusalem	442.6000	+	Oe	K5GTO	K5GTO
NORTHEAST					
Batesville	444.2500	+	O 94.8rsWX	KD5HPK	KD5HPK
Batesville	444.7500	+	O 94.8 L(CAUHF SYS) WX	KD5AYE	BARC
Batesville	444.9000	+	O 94.8rs	N5TSC	N5TSC
Black Rock	442.4000	+	O	W5WEC	W5WEC
Dell	444.6500	+	O 131.8e L(146.670)rsWX	W5ENL	MissCoARA
Harrisburg	445.5250	+	O	N5OHO	PARC
Jonesboro	443.1500	+	O 107.2e	K5NEA	NEARC
Jonesboro	443.5750	+	O 100.0erWX	KE5HKW	CC RACES

420-450 MHz
ARKANSAS

Location	Output	Input	Notes	Call	Sponsor
Jonesboro	443.8750	+	O 94.8	W5BE	W5BE
Jonesboro	444.1500	+	O 94.8/94.8 ex	KF5OTW	KF5OTW
Jonesboro	444.4750	+	Ol	K5CRS	K5CRS
Jonesboro	444.6000	+	O 107.2el	NI5A	AISTC
Lake City	443.3250	+	OersWX	KC5TEL	RESPOND
Lepanto	443.3250	+	O 107.2e	KD5HAN	KD5HAN
Trumann	443.5000	+	O 107.2l	NI5A	AISTC
NORTHWEST					
Bentonville	442.9500	+	O 97.4	KE5LXK	NWAUHF
Berryville	443.8000	+	O 131.8 L(IRLP 9100)	N6WI	N6WI
Brentwood	442.0750	+	O 97.3	KE5LXK	NWAUHF
Cedarville	444.9000	+	O 141.3/141.3e	W5BUB	W5BUB
Decatur	442.8500	+	O 123.0/123.0l	N5UXE	N5UXE
Decatur	443.9250	+	O 114.8/114.8lx	N5UXE	N5UXE
Elkins	444.1750	+	O	K5HOG	K5HOG
Eureka Springs	444.7500	+	O 110.9ersWX	WC5AR	WashCoEM
Farmington	442.5250	+	O 103.5	KC5PET	KC5PET
Fayetteville	442.5000	+	O	AB5UB	AmRedCross
Fayetteville	443.1000	+	O(CA)el	KA9UBD	KA9UBD
Fayetteville	443.1500	+	O	KA5TGN	KA5TGN
Fayetteville	444.0750	+	O 141.3/141.3	W4GYV	W4GYV
Fayetteville	444.9250	+	O	N5SRA	N5SRA
Holiday Island	444.2500	+	O 100.0es	K5AA	LitSwtzARC
Lamar	442.1250	+	O 118.8 E-SUN	KE5SQC	KE5SQC
Lamar	442.1250	+	O 118.8 E-SUN	KE5SQC	KE5SQC
Ozone	442.6250	+	Oe	KC5LVW	KC5LVW
Prairie Grove	444.7000	+	Oe L(224.6(-))	WA5VTW	WA5VTW
Rogers - Mercy	443.1750	+	O 97.4e	N5KWL	N5KWL
Rudy	443.7250	+	O 123.0ersWX	KD5ZMO	CCARC
Siloam Spgs	443.3250	+	O 114.8e	N5YEI	N5YEI
Springdale	442.0500	+	O 110.9ael	WC5AR	WC5AR
Springdale	443.6500	+	O	WA5NUO	WA5NUO
SOUTH					
Bearden	444.7750	+	O 100.0/100.0ersWX	N5IOZ	N5IOZ
Camden	443.4250	+	O 100.0e	W5EKL	W5EKL
Crossett	444.9750	+	O 127.3e	N5SEA	SEAARC
SOUTH CENTRAL					
Sheridan	444.9000	+	O 114.8	KB5ZES	Grant ARC

ARKANSAS-CALIFORNIA

Location	Output	Input	Notes	Call	Sponsor
SOUTHEAST					
Monticello	444.8250	+	O 127.3/127.3lx	W5GIF	W5GIF
SOUTHWEST					
Arkadelphia	444.8750	+	O 114.8/114.8ersWX	KB5ILY	KB5ILY
Athens	444.9750	+	O 100.0/100.0esx	KD5NUP	HowCoSAR
Dequeen	444.8000	+	O 85.4	WA5LTA	SWARC
Manning	444.6750	+	O 114.8/114.8elWX	W5RHS	W5RHS
Nashville	444.3500	+	O 88.5/88.5 esWX	N5BAB	N5BAB
Nashville	444.9750	+	O 88.5/88.5 es	KD5NUP	HowCoSAR
Willisville	444.9250	+	O 100.0l	KB5ROZ	ARKLA
WEST					
Brentwood	442.3000	+	O 100.0/100.0ex	N5KWL	N5KWL
Fort Smith	444.3000	+	O 88.5l	W5ANR	FSAARC
Fort Smith	444.4000	+	O	K5GTO	K5GTO
Hartford	442.4250	+	O 136.5e	WD5MHZ	WD5MHZ
Mena	443.3500	+	O 100.0/100.0#ersWXx	W5HUM	Oua ARA
Mt Magazine	442.8250	+	O 88.5/88.5 ex	WD5MHZ	WD5MHZ
Van Buren	444.7750	+	Ot	KC5YQB	KC5YQB
WEST CENTRAL					
Malvern	442.0500	+	O 114.8/114.8 WX	WA3UTY	WA3UTY
Mount Ida	444.4750	+	O 114.8ex	KA5WPC	KA5WPC
Mt Magazine	443.2500	+	O 123.0/123.0 WX	N5XMZ	N5XMZ
Ola	444.5500	+	Oa	WA5YHN	WA5YHN
Russellville	442.7500	+	O 114.8e	K5RLB	K5RLB
Russellville	443.4000	+	O	K5PXP	ARVARF
Russellville	444.5750	+	O 114.8e	W5MAN	W5MAN
WESTCENTRAL					
Adona	442.1500	+	Oe	W5SRE	W5SRE
Lake Dardanelle	443.8750	+	O 79.9/79.9 RB	WD5B	WD5B

CALIFORNIA
FREQUENCY USAGE - SOUTHERN CALIFORNIA

Location	Output	Input	Notes	Call	Sponsor
SOCAL	431.0000		O		PACKET
SOCAL	439.0000		O		PACKET
SOCAL	440.0000		O		SIMPLEX
SOCAL	441.0000		●		CONTROL
SOCAL	441.5000		O L(BW 16K0 (5 KHZ) MAX)		PACKET

420-450 MHz
CALIFORNIA

Location	Output	Input	Notes	Call	Sponsor
SOCAL	441.5200		●	CONTROL	
SOCAL	445.0000		O	SIMPLEX	
SOCAL	446.0000		O	SIMPLEX	
SOCAL	446.5000		O	SIMPLEX	
SOCAL	446.5200		O	SIMPLEX	
SOCAL	446.8600	–	O	TEST PAIR	
			L(BW-16K0 (5KHZ))		
SOCAL	446.8800	–	O	TEST PAIR	
			L(BW-16K0 (5KHZ))		
SOCAL	449.4625	–		DIGITALTESTPAIR	
			L(BW 11K0 MAX)		
SOCAL ATV	439.5000		O	SIMPLEX	
			L(BW-16K0 (5 KHZ))		
E SIERRA/TAHOE					
Tahoe city	440.9250	+	● 94.8l	KH8AF	KH8AF
Tahoe city	442.1750	+	O 167.9l	KH6AF	KH8AF
Truckee	440.7000	+	O 131.8el	W6SAR	W6SAR
EASTERN SIERRAS					
Bishop	444.2000	+	● 94.8	K6BDI	K6BDI
Bishop	444.7250	+	O 131.8e	W6KGB	W6KGB
Bishop	444.8000	+	O 88.5	WA6ZFT	WA6ZFT
Laws	444.6500	+	O 94.8	WA6TLW	WA6TLW
NORCAL-CENTRAL COAST					
Aptos	441.9250	+	O 100	WA6HHQ	WA6HHQ
Arroyo Grande	443.9750	+	O 127.8elrs	W6SLO	SLOECC
Bonny Doon	441.3000	+	O 156.7a	WB6ECE	WB6ECE RG
Bonny Doon	441.3000	+	O 100elx	WB6ECE	WB6ECE RG
Bonny Doon	444.1500	+	O 123el	KG6NRI	SVRG
Carmel	443.8000	+	O 110.9el	KG6UYZ	KG6UYZ
Casmalia	444.2750	+	O 131.8l	WA6VPL	WA6VPL
Coalinga	441.8250	+	●x	K6INC	SCAN INT'L
Greenfield	442.0750	+	O 114.8el	K6LNK	CARLA
Grover Beach	442.0250	+	O 100	N6ADU	A UNTALAN
King City	441.6500	+	O 94.8elrsx	N6SPD	N6SPD RG
King City	443.9750	+	●lx	WB6FRM	NCCRA
King City	444.0750	+	●elsx	WB6ORK	WB6ORK
King City	444.5500	+	●ex	W6FM	W6FM
Lompoc	443.2750	+	●el	K7AZ	K7AZ
Lompoc	444.8000	+	●ls	WA6VPL	WA6VPL
Los Osos	444.9750	+	O 127.3ers	WB6MIA	SLOECC
Monterey	440.4500	+	O 110.9ael	KG6NRI	SVRG
Monterey	441.3000	+	O 136.5ex	WB6ECE	WB6ECE RG
Monterey	441.3250	+	●elrs	WE6R	WE6R
Monterey	441.6500	+	O 123aelrsx	N6SPD	N6SPD RG
Monterey	444.2750	+	O 100aelrsx	N6SPD	N6SPD RG
Monterey	444.5250	+	O 123ersx	W6JSO	W6JSO

448 420-450 MHz
CALIFORNIA

Location	Output	Input	Notes	Call	Sponsor
Monterey	444.7000	+	O 123ers	K6LY	NPSARC
Nipomo	443.7000	+	O 100#	KA7DXP	KA7DXP
Nipomo	444.7000	+	O 100#e	KB6Q	KB6Q
Panoche	442.6500	+	O 141.3e	WR6E	AC6E
Paso Robles	442.6750	+	O 110.9ae	W6HD	RadioRanch
Pismo Beach	444.6000	+	O 131.8e	KB6BF	KB6BF
Prunedale	441.1250	+	O 123#	KC6UDC	KC6UDC
Prunedale	442.7750	+	O 110.9l	KG6NRI	KG6NRI
Prunedale	443.9000	+	O 123ers	N6SPD	N6SPD RG
Salinas	440.7000	+	O 100l	W6RTF	w6rtf
Salinas	441.4500	+	O 123ersx	K6JE	FPRA
Salinas	442.0250	+	O 146.2#el	N6LEX	CCARN
Salinas	442.6000	+	O 110.9el	KG6UYZ	KG6UYZ
Salinas	443.6000	+	O 110.9ex	W6MOW	W6MOW
San Luis Obispo	443.3000	+	O 91.5#el	K7AZ	AARG
San Simeon	444.1000	+	O 127.3elr sx	W6SLO	SLOECC
SanLuis Obispo	443.5000	+	O 100elx	K6LNK	CARLA
SanLuisObispo	441.0750	+	O 94.8#	WB6JWB	WB6JWB
SanLuisObispo	442.3000	+	O 127.3elr s	W6BHZ	CPARC
SanLuisObispo	442.7000	+	O 127.3ers x	W6SLO	SLOECC
SanLuisObispo	442.8750	+	●#elrsx	WB6FMC	WB6FMC
SanLuisObispo	443.5750	+	●ex	W6FM	W6FM
SanLuisObispo	443.8000	+	●#el	N6HYM	N6HYM
SanLuisObispo	444.0500	+	O 127.3elr sx	W6SLO	SLOECC
SanLuisObispo	444.4750	+	●elx	W6FM	W6FM
SanLuisObispo	444.5250	+	O 127.3ex	W6FM	W6FM
SanLuisObispo	444.9000	+	●e	KC6WRD	FCC
Santa Cruz	440.5500	+	O 94.8els	AB6VS	LPARC
Santa Cruz	440.8500	+	O 94.8aers x	W6JWS	W6JWS
Santa Cruz	440.9250	+	O 123ers	K6BJ	SCCARC
Santa Cruz	441.6750	+	Oers	K6BJ	SCCARC
Santa Cruz	443.6750	+	O 136.5ae s	WA6NMF	WA6NMF
SantaMargarita	444.1500	+	O 127.3elr sx	W6SLO	SLOECC
Scotts Valley	444.0000	+	O 94.8l	W6WLS	W6WLS
Soledad	440.5250	+	O 146.2#el	N6LEX	CCARN
Soledad	444.3750	+	O 100er	WA6RQX	WEST COAST
Watsonville	441.7750	+	●	W6NAD	W6NAD
Watsonville	443.0500	+	O 94.8ers	K6RMW	K6RMWK6GDI
Watsonville	443.3500	+	O 123#	KB6MET	KB6MET
NORCAL-EAST BAY					
Alameda	444.5750	+	O 88.5es	K6QLF	A.R.C.A
Antioch	440.6500	+	O 127.3ers	K6RGK	O.T.H.E.R.
Antioch	444.7250	+	O 114.8l	KD6QDW	NORCALRUG

420-450 MHz
CALIFORNIA

Location	Output	Input	Notes	Call	Sponsor
Bakersfield	442.7500	+	O 141.3elrx	WA6RQX	WCRN
Berkeley	440.1750	+	O 156.7x	K6GOD	K6GOD
Berkeley	440.8250	+	O 114.8lx	WI6H	WI6H
Berkeley	440.9000	+	O 131.8ers	N6BRK	NALCO
Berkeley	440.9250	+	●DCselx	KH8AF	KH8AF
Berkeley	442.2750	+	O 100#	WA6ZTY	WA6ZTY
Berkeley	442.6750	+	●elsx	WB6UZX	WB6UZX
Berkeley	442.7250	+	●elx	K6DJR	CALNET
Berkeley	443.1750	+	O 179.9x	K6ATF	K6ATF and
Concord	440.3000	+	●aelx	N6AMG	ERG
Concord	440.3250	+	●#lx	WB6FRM	NCCRA
Concord	440.8750	+	O 79.7aelrsx	WA6HAM	CCRA
Concord	441.2000	+	●aelx	N6GVI	CATS
Concord	441.3250	+	O 100aelrsx	W6CX	MDARC
Concord	441.7500	+	O 127.3elrx	W6YOP	YOP HLLS
Concord	442.4500	+	●#elrsx	KI6O	KI6O
Concord	443.8000	+	O 100ex	K6POU	MDRA
Dublin	442.1500	+	O 123ael	WD6INC	W1LLE
El Cerrito	444.7000	+	●ael	N6GVI	CATS
Frement Ca	443.7000	+	●lx	W6JCA	W6JCA
Fremont	440.0000	+	●110.9l	WA6FSP	WA6FSP
Fremont	440.0250	+	O 167.9e	KI6KGN	KI6KGN
Fremont	440.1750	+	O 131.8ersx	K6GOD	SPV FIRE
Fremont	441.1250	+	O 100es	N3MMQ	ACWD
Fremont	442.6000	+	O 107.2	WA6PWW	TRICO ARC
Fremont	443.4000	+	●#ex	WA6KPX	YAARC
Fremont	443.7250	+	O 127.3#elrsx	N6HWI	WB6PHE
Fremont	444.8000	+	●erx	WA6GEL	Red Carpet
Hayward	440.0500	+	O 156.7#	KQ6YG	KQ6YG
Hayward	440.1750	+	O 131.8e	K6GOD	GOD
Hayward	440.4750	+	O 71.9aels	KK6AN	NorCal RUG
Hayward	440.8500	+	O 146.2lx	KC6IAU	KC6IAU
Hayward	440.9500	+	O 100	KB6LED	KB6LED
Hayward	441.8000	+	●l	KQ6RC	KQ6RC
Hayward	442.1000	+	O 141.3lx	W6JMX	W6JMX
Hayward	442.3500	+	O 107.2	K6GOD	GOD
Hayward	442.8750	+	O 100	K6DDR	K6DDR
Hayward	443.3250	+	O 114.8el	K6LNK	CARLA
Hayward	444.5500	+	O 77	K6EMV	K6EMV
Hayward	444.8250	+	O 127.3#ers	K6EAG	Hayward RC
Livermore	444.1250	+	O 100e	K7FED	K7FED
Martinez	444.4500	+	O 107.2ers	KF6HTE	MtzARC
Monterey	442.2250	+	●e	WH6KA	WH6KA

450 420-450 MHz
CALIFORNIA

Location	Output	Input	Notes	Call	Sponsor
Moraga	440.5500	+	O 123.0e	KD7DNM	KD7DNM
Moraga	442.4500	+	●#ersx	KI6O	KI6O
Newark	444.1500	+	O 103.5e	N3EL	DX2N CLUB
Oakland	440.3500	+	O 123elrs	KM6EF	GSARC
Oakland	440.4000	+	●elx	WB6WTM	WB6WTM
Oakland	440.4750	+	O 97.4l	KI6VYL	KB6LED
Oakland	440.5750	+	O 118.8ers x	W6EBW	EBMUD
Oakland	440.7500	+	O 114.8	N6QOP	CARLA
Oakland	441.2250	+	O 100#lx	W6RCA	W6RCA
Oakland	441.4000	+	●#ex	N6EOC	N6EOC
Oakland	441.4250	+	O 114.8#	WT6L	WT6L
Oakland	441.4750	+	O 127.3lrx	W6YOP	YOP HLLS
Oakland	442.2000	+	●elx	KH8AF	KH8AF
Oakland	442.2500	+	O 103.5lx	KD6QDW	KD6QDW
Oakland	442.4000	+	O 77aersx	WB6NDJ	ORCA
Oakland	443.2000	+	●aelx	N6GVI	CATS
Oakland	443.3500	+	O 186.2rsx	AC6OT	OARC
Oakland	443.3750	+	O 114.8#e x	WB6SHU	W6BUR
Oakland	443.8750	+	●l	W6MTF	W6MTF
Oakland	443.9750	+	O 100elx	WW6BAY	Bay Net
Oakland	444.2500	+	O 100ex	WB6TCS	WB6TCS
Oakland	444.6500	+	●#lx	W6PUE	NORCAL
Oakland	444.6750	+	●#elx	W6RCA	W6CBS
Oakland	444.7250	+	O 114.8	KK6RQ	KK6RQ
Oakland	444.8000	+	●#	KD6GLT	KD6GLT
Orinda	440.6250	+	O 79.7aelr sx	WA6HAM	CCRA
Orinda	440.9750	+	O 123#es	K6ORI	K6ORI
Orinda	441.9750	+	●#elx	W6CBS	W6CBS
Orinda	443.0500	+	O 114.8el	N6QOP	CARLA
Orinda	444.0000	+	O 100aex	K6NOX	Knox LaRue
Orinda	444.7750	+	O 127.3lrx	W6YOP	YOP HLLS
Pittsburg	442.6500	+	●l	KF6ZOO	KF6ZOO
Pleasanton	442.0750	+	O 103.5el	K6LNK	CARLA
Pleasanton	442.6250	+	O 94.8elrs x	W6SRR	Sunol Ridg
Pleasanton	442.9250	+	●rx	W6RGG	W6RGG
Pleasanton	443.6500	+	●DCSx	K6TEA	K6TEA
Pleasanton	444.2750	+	●el	N6LDJ	HORK
Richmond	442.1500	+	O 100ae	WA6DUR	WA6DUR
Richmond Heigh	441.6500	+	O 100#l	K6JSI	WIN System
San Francisco	441.5750	+	O 146.2l	KC6IAU	KC6IAU
San Leandro	442.7750	+	●#el	KB6NCL	KG6KCL
San Leandro	444.2000	+	O 107.2er	W6RGG	AC RACES
San Pablo	444.2750	+	O 82.5ers	WA6KQB	CCCC
San Ramon	440.4250	+	O 79.7aelr sx	WA6HAM	CCRA
San Ramon	442.5500	+	●#	N6APB	N6APB

420-450 MHz
CALIFORNIA

Location	Output	Input	Notes	Call	Sponsor
South San Fran	440.6000	+	●l	KR6WP	KR6WP
Truckee	441.7500	+	O 123elrx	K1BMW	WA6YOP
Union City	441.9250	+	O 88.5al	AA6QP	THROPA MPL
Walnut Creek	442.5250	+	O 88.5e	K6MFM	K6MFM
Walnut Creek	443.4750	+	O 114.6el	K6LNK	CARLA
Walnut Creek	443.8250	+	●e	KK6BSN	WC CERT
NORCAL-NORTH BAY					
American Canyo	443.9000	+	O 173.8#el	W6FMG	MARRN
Benicia	441.2500	+	O 100er	KR6BEN	BeniciaARC
Benicia	442.7500	+	O 100aer	KR6BEN	BeniciaARC
Calistoga	441.6750	+	O 123elrx	WA7G	WIN System
Calistoga	441.9000	+	O 151.4ers	W6CO	SARS
			x		
Calistoga	444.1500	+	●elrsx	N6PMF	YOP HLLS
Calistoga	444.1750	+	O 151.4el	N6TKW	NARC
Calistoga	444.4750	+	●#elx	K6IRC	ARN
Cazadero	444.0000	+	O 88.5ex	K6CHG	K6CHG
Clear Lake	442.8250	+	●elx	WR6COP	K6COP
Geyserville	442.0500	+	O 100#e	WA6OYK	WA6OYK
Geyserville	443.4750	+	O 110.9el	K6LNK	CARLA
Kelseyville	441.3500	+	O 100#ex	KG6UFR	CRS
Kelseyville	441.4250	+	O 100#ex	N6GJM	CDF/VIP
Laytonville	440.8250	+	O 114.8el	WI6H	WI6H
Mill Valley	440.9250	+	●DCSel	KH8AF	KH8AF
Mill Valley	442.2000	+	●DCSelx	KH8AF	KH8AF
Mill Valley	443.2500	+	O 179.9erx	K6GWE	ACS
Napa	440.0500	+	Oers	W6CO	SARS
Napa	441.6750	+	O 107.2erx	WA7G	WA7G
Napa	441.8000	+	O 151.4erx	W6CO	SARS
Napa	442.2500	+	O 151.4elr	N6TKW	HAMSEXY
Napa	443.4500	+	O 127.3er	WU7Q	WU7Q
Napa	444.5250	+	OaDCSel	K6ZRX	K6ZRX
Novato	440.2500	+	●aelx	N6GVI	CATS
Novato	440.9250	+	●DCSelx	KH8AF	KH8AF
Novato	442.2000	+	●elx	KH8AF	KH8AF
Novato	443.6000	+	●elsx	KI6B	SMRS
Petaluma	444.2250	+	●elr	NI6B	SMRS
Pt Reyes Stn	444.5250	+	●el	WB6TMS	SMRS
San Rafael	440.9250	+	●DCSel	KH8AF	KH8AF
San Rafael	442.1750	+	●DCSel	KH8AF	KH8AF
San Rafael	443.5250	+	82.5er	K6GWE	ACS
Santa Rosa	440.2000	+	O 88.5elrs	KD6CJQ	KD6CJQ
Santa Rosa	440.4500	+	O 88.5	K6EAR	EARA
Santa Rosa	441.3000	+	O 88.5lrs	KV6A	SKM
Santa Rosa	441.3750	+	O 114.8es	W6SON	SCRA
Santa Rosa	444.3750	+	●lrx	WB6RUT	WB6RUT
Santa Rosa	444.9000	+	O 88.5#es	KF6SZA	KF6SZA
Sausalito	442.5250	+	O 114.8#e	K6ER	K6ER
Sebastapol	440.4000	+	O 127.3#lx	WB6WTM	WB6WTM RG
Sebastopol	441.1000	+	O 192.8ers	WA6FUL	WA6FUL

420-450 MHz
CALIFORNIA

Location	Output	Input	Notes	Call	Sponsor
Sebastopol	441.3750	+	O 88.5ers	W6SON	SCRA
Sebastopol	442.3250	+	●el	N6AMG	ERG
Sebastopol	443.4250	+	O 88.5#elrs	WA6FUL	Sebastopol
Sebastopol	444.8250	+	O 131.8	WA6TIP	WA6TIP
Vallejo	442.8500	+	●l	K6INC	SCAN INT'L
Willits	444.1500	+	●elr	WB6TMS	SMRS
Yountville	444.7250	+	O 151.4es	N6TKW	NARC

NORCAL-NORTH COAST

Location	Output	Input	Notes	Call	Sponsor
Crescent City	442.2500	+	O 127.3ael	KA7PRR	KA7PRR
Crescent City	443.0500	+	O 100#	KD6GDZ	KD6GDZ
Eureka	442.0000	+	O 100#	AE6R	AE6R
Eureka	442.2250	+	●elrx	WA6RQX	WA6RQX
Hopland	444.7500	+	O 100elrx	WA6RQX	WA6RQX
Hopland	444.8750	+	O 141.3#elr	WA6RQX	SMRA
Laytonville	443.0000	+	O 100#l	K6JSI	WIN System
Laytonville	444.8000	+	●elrx	WA6RQX	WA6RQX
McKinleyville	440.1000	+	O 100#e	KJ6BDK	ESARA
Pt Arena	443.0750	+	O 100el	N6MVT	CARLA
Scotia	443.2500	+	O 103.5#l	K6FWR	FWRA
Smith River	443.1000	+	O 100l	K6SLS	WIN System
Ukiah	440.0250	+	O 141.3#elrx	WA6RQX	SMRA
Ukiah	440.8500	+	O 141.3elr	WA6RQX	WA6RQX
Ukiah	444.0750	+	O 141.3elr	WA6RQX	WCRN
Ukiah	444.7750	+	O 141.3elr	WA6RQX	WCRN
Willits	440.0750	+	●elrx	WA6RQX	WA6RQX
Willits	443.1750	+	O 123elx	K7WWA	K7WWA
Willits	444.5000	+	O 103.5ex	WD6FGX	LLVRG
Willits	444.9250	+	O 100elrsx	K7WWA	K7WWA

NORCAL-NORTH EAST

Location	Output	Input	Notes	Call	Sponsor
Alturas	441.2250	+	O 100#el	K6PRN	KJ6RA
Alturas	442.3500	+	O 85.4#ex	WB6HMD	WB6HMD
Alturas	444.2500	+	O 100#el	N6KMR	n6kmr
Burney	440.7500	+	O 123el	K6LNK	CARLA
Canby	444.6750	+	O 156.7#el	K6PRN	KJ6RA
Chester	444.5000	+	O 103.5e	KF6CCP	KF6CCP
Cohasset	444.1250	+	●DCSlx	KH8AF	KH8AF
Lakehead	442.1750	+	●ex	KH8AF	KH8AF
McCloud	443.4750	+	O 100l	K6JKL	CARLA
Mineral	440.9750	+	O 100#elx	N6TZG	N6TZG
Mount Shasta	444.8750	+	O 167.9aelx	KH8AF	KH8AF
Mt Shasta City	444.3500	+	●#elx	K6PRN	Patio RS
Mt Shasta City	444.4750	+	O 100#ael sx	K7TVL	Ore Conn
Mt Shasta City	444.8250	+	O 100e	AB6MF	AB6MF
Paynes Creek	440.8500	+	O 97.4	KJ6NTL	KJ6NTL
Quincy	440.7250	+	O 100el	K6LNK	CARLA

420-450 MHz — CALIFORNIA

Location	Output	Input	Notes	Call	Sponsor
Quincy	441.6250	+	O 100#x	W6RCA	W6CBS
Quincy	444.7000	+	O 123#ers	KR6G	KR6G
Red Bluff	444.1500	+	●lx	KH8AF	KH8AF
Redding	440.0500	+	●#elx	NA0 SA	N.A.S.A.
Redding	442.8500	+	●el	WR6TV	W6QWN
Redding	443.0500	+	O 110.9#el	WR6TV	W6QWN
Redding	444.3250	+	O 100elx	K6LNK	CARLA
Redding	444.5500	+	O 100#elrsx	NC6SV	SCARS
Redding	444.6500	+	O 131.8	KD6LOM	KD6LOM
Shasta Lake	442.0750	+	O 114.8el	K6JKL	CARLA
Susanville	443.9000	+	O 91.5elsx	K6LRC	K6LRC
Susanville	444.9750	+	O 91.5elrsx	K6LRC	K6LRC
Westwood	442.2000	+	●DCselx	KH8AF	KH8AF
Yreka	443.7500	+	O 100aelrx	K6SIS	SCARA
Yreka	444.4250	+	●#elx	K6PRN	Patio RS
Yreka	444.9000	+	O 100e	AB6MF	AB6MF

NORCAL-SACRAMENTO VALLEY

Location	Output	Input	Notes	Call	Sponsor
Alleghany	444.9250	+	O 88.5x	WR6ASF	WA6HWT
Auburn	445.5750	+	O 162.2e	W6EK	SFARC
Auburn	440.7250	+	O 100.0#l	W7FAT	AK6OK
Auburn	443.6000	+	O 141.3elx	N6LYE	N6LYE
Auburn	444.4750	+	O 94.8elrsx	K6IOK	PCEN
Auburn	444.6000	+	O 192.8e	N6NMZ	N6NMZ
Auburn	444.9000	+	O 100elx	W7FAT	W7FAT
Auburn	444.9250	+	O 151.4#	AB6LI	AB6LI
Cameron Park	440.1250	+	●aelx	N6RDE	N6RDE
Camino	441.2250	+	O 82.5ael x	N6YBH	N6YBH
Chico	440.5000	+	●a	WA6UHF	WA6UHF
Chico	440.5500	+	●#el	WB6RHC	WB6RHC
Chico	440.6500	+	O 110.9#a esx	W6RHC	GEARS
Chico	440.6750	+	●#elrsx	N6EJX	N6EJX
Chico	440.9000	+	O 110.9er	W6SCR	Butte SCR
Chico	441.2250	+	O 114.8#	W6CBS	W6CBS
Chico	441.4000	+	O 110.9#el x	WB6RHC	WB6RHC
Chico	442.3750	+	O 100ex	W6ECE	CARA
Chico	444.4000	+	O 136.5#	KE6ADC	BARE
Citrus Heights	441.1750	+	O 123e	KG6ZTE	PARA
Citrus Heights	444.7250	+	●ae	KA6FTY	KA6FTY
Colfax	440.9500	+	O 192.8l	N6NMZ	N6NMZ
Cool	440.9750	+	●	N6TZG	N6TZG
Diamond Spring	444.0750	+	●lx	W6AW	ADC Assc.
Dixon	445.5250	+	●l	K6JWN	K6JWN
El Dorado	444.8000	+	●	N2THD	The Group
El Dorado Hill	441.1000	+	O 123el	N6QDY	N6QDY

454 420-450 MHz
CALIFORNIA

Location	Output	Input	Notes	Call	Sponsor
ElDoradoHills	444.4500	+	O 85.4#ael x	WT6G	WT6G
Elk Creek	444.2000	+	O 100#ers x	N6YCK	N6YCK
Elk Grove	443.1750	+	O 100.0#	W5RTQ	W5RTQ
Fairfield	440.9250	+	●DCselx	KH8AF	KH8AF
Fairfield	441.1500	+	O 77elr	K6SOL	SCARS
Fairfield	442.2250	+	●elx	KH8AF	KH8AF
Fairfield	442.7750	+	O 77e	KC6UJM	KC6UJM
Fairfield	443.4000	+	●	WL3DZ	DX-PINOY
Fairfield	444.1250	+	●l	KE3RQ	KE3RQ
Fiddletown	443.8750	+	O 156.7elr x	K6SZQ	RMRG
Folsom	440.3500	+	O 156.7elx	AB6LI	AB6LI
Folsom	441.4500	+	●e	KJ6KO	CACTUS
Folsom	442.3500	+	O 136.5e	KS6HRP	SHARP
Folsom	442.5250	+	O 77ae	K6MFM	K6MFM
Foresthill	442.7000	+	O 114.8#a e	KA6ZRJ	KA6ZRJ
Foresthill	442.8750	+	O 131.8ae	N6NMZ	PCSAR
Georgetown	441.5750	+	O #lx	K6IRC	ARN
Georgetown	443.5500	+	●#lx	K6SRA	NCCRA
Georgetown	443.8500	+	●#x	WA6APX	WA6APX
Grass Valley	440.1000	+	O 151.4lsx	KO6CW	KO6CW
Grass Valley	440.5250	+	O 192.8ael x	KB6LCS	KB6LCS
Grass Valley	441.0250	+	O 100#elx	W6RCA	W6CBS
Grass Valley	442.1500	+	O 151.4	AB6LI	AB6LI
Grass Valley	442.4250	+	●elx	KF6GLZ	N6ZN
Grass Valley	442.6250	+	O 151.4#	W6AI	W6AI
Grass Valley	442.9500	+	O 107.2#el	N6VYQ	INTERCITY
Grass Valley	443.0250	+	O 114.8ael rsx	WA6WER	CPRA
Grass Valley	443.6500	+	O 118.8es	KG6BAJ	CPRA
Grass Valley	444.0500	+	O 136.5#e x	K6NP	GBTPRC
Grass Valley	444.7500	+	O 167.9e	K6RTL	NCAA
Jackson	443.6750	+	O 156.7elx	W6LP	RMRG
Kelsey	444.8250	+	O #	W6TIQ	W6TIQ
Lincoln	443.2250	+	O 167.9el	W6LHR	LHARG
Los Molinos	440.0000	+	O 100ers	KI6PNB	KI6PNB
Lotus	441.7250	+	O 82.5ls	AG6AU	EDCARC
Marysville	440.4250	+	O 123#	KG6PND	KG6PND
Maxwell	442.2750	+	O 100el	N6NMZ	Patio RS
Mt Shasta	440.2750	+	O 118.8elr	N6QGZ	WA6YOP
Nevada City	444.9500	+	O 100e	W6JP	W6JP
Norden	441.8000	+	O 100#ael x	K6NOX	CalNet
Norden	443.0000	+	O 114.8#a elx	K6NOX	K6NOX

420-450 MHz
CALIFORNIA

Location	Output	Input	Notes	Call	Sponsor
Oroville	441.4750	+	O 114.8elrx	W6YOP	YOP HLLS
Oroville	442.3500	+	O 110.9ex	WA6UHF	WA6UHF
Penryn	443.1250	+	O 100	W6YDD	YDD 1.2
Placerville	440.7000	+	O 123elx	WA6BTH	P&F
Placerville	441.0500	+	O 127.3#	N6UUI	TEL PNRS
Placerville	441.6250	+	●#e	W6RCA	W6CBS
Placerville	441.9500	+	●#el	W6RCA	W6RCA
Placerville	442.4750	+	O 110.9lx	WA6BTH	P&F
Placerville	443.9250	+	O 179.9#aes	N6QDY	CARUN
Plymouth	442.0500	+	O 156.7lx	K6SCA	RMRG
Pollock Pines	442.4750	+	O 123#aelx	WA6KQV	P&F
Quincy	441.9250	+	O 127.3lx	W6PBX	WA6YOP
Red Bluff	442.4000	+	O 110.9#e	W6QWN	W6QWN
Red Bluff	442.9500	+	O 67elx	KI6FEO	KI6FEO
Red Bluff	443.1000	+	O 100#	N6YCK	N6YCK
Redding	444.1000	+	O 131.8#	KD6LOM	KD6LOM
Rocklin	442.9500	+	O 67el	KI6FEO	KI6FEO
Roseville	442.1250	+	O 179.9#	N6UG	N6UG
Roseville	442.5750	+	O 162.2e	KD6PDD	HPARCS
Sacramento	440.2000	+	O 131.8	KU6P	SCCESA
Sacramento	441.4500	+	O 100#alr	KJ6KO	KJ6KO
Sacramento	441.7750	+	●er	N6ICW	N6ICW
Sacramento	441.8500	+	O 77#e	NA6DF	SHARK
Sacramento	442.3250	+	●#elx	KF6BIK	W6GU
Sacramento	442.4000	+	●#elx	WB6GWZ	WB6GWZ
Sacramento	442.6000	+	O 100	N6NA	RCARCS
Sacramento	442.8000	+	O 100#alr	W6AK	SARC
Sacramento	442.9000	+	O 136.5#e	K6NP	GBTPRC
Sacramento	443.1500	+	●l	K6INC	SCAN INT'L
Sacramento	443.2750	+	●e	KJ6JD	WU7Q
Sacramento	443.4500	+	●e	NØ RM	WB6RVR
Sacramento	443.9000	+	O 136.5aelrs	W6YDD	YDD 1.2
Sacramento	444.3000	+	●ers	N6ICW	N6ICW
Sacramento	444.4250	+	●#elx	K6PRN	Patio RS
Sacramento	444.6250	+	O 123#ael	KC6MHT	KC6MHT
Shingle Spring	441.3000	+	O 127.3e	N2THD	The Group
Shingletown	440.2250	+	O 100.0e	W6IO	STARC
Stonyford	443.0750	+	O 114.8elx	K6LNK	CARLA
Vacaville	440.0250	+	O 127.3aelrsx	WV6F	Western Va
Vacaville	440.5250	+	O 136.5	KB6LCS	KB6LCS
Vacaville	440.7500	+	O 100elx	K6LNK	CARLA
Vacaville	441.6000	+	●#al	W6RCA	W6CBS
Vacaville	441.7750	+	●#elrx	N6ICW	N6ICW
Vacaville	441.9750	+	●#alx	W6RCA	W6CBS
Vacaville	442.0000	+	O 179.9	N6UG	N6UG

420-450 MHz
CALIFORNIA

Location	Output	Input	Notes	Call	Sponsor
Vacaville	442.0250	+	O 179.9lx	W6KCS	W6KCS
Vacaville	442.3000	+	●elx	W6NQJ	N6ZN
Vacaville	442.5500	+	●#ex	N6APB	N6APB
Vacaville	443.7500	+	●#elr	K6NOX	CALNET
Vacaville	443.9500	+	O 136.5#x	K6MVR	MVRC
Vacaville	444.5250	+	●lsx	AA6GV	SMRS
Vacaville	444.7500	+	O 107.2#ex	WA6RTL	NCAA
Vacaville	444.8500	+	●#lx	W6PUE	NORCAL
Volcano	440.4500	+	O 127.3x	W6KAP	W6KAP
Walnut Grove	443.7000	+	●#ex	WA6JIV	WA6JIV
Woodland	440.4750	+	O 192.8#ers	KC6UDS	YoloARS
Woodland	444.1000	+	O 71.9esx	KE6YUV	BARK
Zamora	440.1500	+	●x	W6OF	HQPPARC

NORCAL-SAN JOAQUIN VALLEY

Location	Output	Input	Notes	Call	Sponsor
Ahwahnee	444.5000	+	O 131.8aex	WB6NIL	WB6NIL
Angels Camp	441.1250	+	O 156.7lrx	K6SCA	RMRG
Angels Camp	443.3250	+	●x	K6KJQ	K6KJQ
Auberry	444.2750	+	O 127.3#lrsx	KG6IBA	KG6IBA
Bakersfield	440.8500	+	O 141.3el	KK6AC	KERN
Bakersfield	441.2000	+	O 123el	K6ARN	KPARN
Bakersfield	441.9250	+	●elx	AB6MJ	AB6MJ
Bakersfield	443.0000	+	O 141.3lsx	KI6HHU	KERN
Bakersfield	443.2750	+	O 141.3#x	N6RDN	N6RDN
Bakersfield	443.5500	+	●el	WA6KLB	CII
Bakersfield	443.9000	+	O 100e	W6LIE	KCCVARC
Bakersfield	444.6750	+	O 107.2#el	KG6FOS	KG6FOS
Bakersfield	444.7500	+	O N6SMU	N6SMU	
Bakersfield	444.8000	+	141.3#e	KK6EUC	KK6EUC
Bakersfield	444.9250	+	O 103.5el	K6RET	K6RET
Bakersfield	447.6400	−	O 100#elx	K6JSI	WIN System
Bakersfield	447.7200	−	●#elx	KB6OOC	CALNET
Clovis	440.1000	+	●#ars	W6NBK	Nigel Keep
Clovis	440.3500	+	O 141.3el	NI6M	CARP
Clovis	443.8000	+	O 114.8e	KE6JZ	KE6JZ
Clovis	444.0500	+	O 141.3#	K6ARP	CARP
Clovis	444.7250	+	O 141.3aelx	K6ARP	CARP
Coalinga	440.5250	+	O 146.2#el	N6LEX	CCARN
Coalinga	440.6750	+	O 146.2#aelrsx	W6EMS	CNARN
Coalinga	440.6750	+	O 146.2elx	WW6CP	CNARN
Coalinga	440.7500	+	O 114.8el	K6JKL	CARLA
Coalinga	441.6750	+	O 100#elx	K6JSI	WIN System
Coalinga	441.9000	+	O 100elrsx	N6OA	Kings ARC
Coalinga	442.0250	+	O 146.2#elx	N6LEX	PBI

420-450 MHz
CALIFORNIA

Location	Output	Input	Notes	Call	Sponsor
Coalinga	442.2750	+	O 141.3l	N6VRC	CVRC
Coalinga	442.4250	+	●lx	KF6FM	SwRRC
Coalinga	443.3250	+	O 94.8elx	K6JJC	RMRG
Coalinga	443.3250	+	O 141.3#elx	W6WYT	W6WYT
Coalinga	443.7250	+	O 107.2lx	K6NOX	N6LYE
Coalinga	444.7750	+	O 141.3el	WA6RQX	WA6RQX
Coarsegold	442.9000	+	O 127.3e	W6HMH	W6HMH
Coarsegold	444.3750	+	O 123al	W6IZK	self
Columbia	440.8500	+	O 146.2	K6DEL	DELCOM
Columbia	440.9750	+	O 103.5aers	N6EUO	TCARES
Columbia	442.2750	+	O 103.5#e	K6LPG	MCRA
Columbia	444.7500	+	O 100#aelx	K6NOX	CalNet
Concord	440.7750	+	●elrx	K6NOX	CALNET
Copperopolis	441.6500	+	O 156.7	KD6FVA	KD6FVA
Copperopolis	442.3750	+	●elrsx	N6MAC	N6MAC
Copperopolis	444.4000	+	O 114.8#lr	N5FDL	GRARC
Fiddletown	442.2500	+	O 107.2lrx	W6SF	KD6FVA
Fresno	440.3750	+	●elx	N6AMG	ERG
Fresno	441.4000	+	●elx	K6TVI	Calnet
Fresno	441.8000	+	O 141.3elx	N6LYE	N6LYE
Fresno	442.1000	+	O 103.5elx	AB6BP	CC-ARLS
Fresno	442.8000	+	O 94.8	KJ6NKZ	KJ6NKZ
Fresno	442.9500	+	O 141.3els	KK6AC	KERN
Fresno	443.1250	+	O#e	N6PNZ	N6PNZ
Fresno	443.2500	+	O 107.2sx	WQ6CWA	QCWA
Fresno	443.3000	+	O 107.2x	K6NOX	N6LYE
Fresno	443.3750	+	●lx	KE6JZ	SRG
Fresno	443.4000	+	●lx	WB6FRM	NCCRA
Fresno	443.4250	+	O 141.3#elx	W6WYT	W6WYT
Fresno	443.4500	+	O 141.3elx	W6FSC	N6MTS
Fresno	443.6000	+	O 114.8ex	N6LYE	N6LYE
Fresno	443.6500	+	O 141.3#	KE6SHK	KE6SHK
Fresno	443.8750	+	O 107.2ael	N6LDG	N6LDG
Fresno	443.9500	+	O 141.3aelx	N6VRC	CVRC
Fresno	443.9750	+	●#lx	K6SRA	NCCRA
Fresno	444.1000	+	O 100e	W6NIF	Jim Erbe
Fresno	444.2000	+	O 141.3x	W6TO	Fresno ARC
Fresno	444.2500	+	O 100#elx	K6JSI	CCAC
Fresno	444.9750	+	OaDCSel	N6VRC	CVRC
Grant Grove	440.3000	+	O 94.8aelsx	W6BXN	TARC
Hanford	444.9500	+	O 100aelrs	N6CVC	Kings ARC
Lemoore	442.1500	+	O 123	KG6OOD	KG6OOD
Lodi	444.2500	+	O 114.8elrx	WB6ASU	WB6ASU

420-450 MHz
CALIFORNIA

Location	Output	Input	Notes	Call	Sponsor
Los Banos	443.1500	+	O 123	AA6LB	LB-ARC
Los Banos	444.0000	+	O 123e	K6TJS	AA6LB
Madera	443.6000	+	O 186.2e	N6LYE	N6LYE
Madera CA	442.1000	+	O 103.5elx	AB6BP	CC-ARLS
Maricopa	443.0750	+	●es	KC6WRD	FCC
Mariposa	441.3500	+	O 107.2#e x	K6SIX	K6SIX
Mariposa	441.4250	+	O 74.4ex	KF6CLR	Delhi ARC
Mariposa	442.3500	+	O 141.3elx	N6VRC	CVRC
Mariposa	442.7000	+	O 88.5lx	AB6BP	CC-ARLS
Mariposa	443.0750	+	O 107.2ael sx	K6IXA	K6IXA
Mariposa	443.8500	+	O 146.2es	W6PPM	ARES/VIP
Mariposa	444.7000	+	O 94.8elsx	W6BXN	TurlockARC
Merced	440.8000	+	O 114.8ex	N6LYE	N6LYE
Merced	442.2000	+	O 141.3#lx	KM6OR	KM6OR
Merced	442.4000	+	●elx	KF6FM	SwRRC
Merced	442.6750	+	O 107.2elx	KI6HHU	ARRL
Modesto	440.2250	+	O 136.5esx	WD6EJF	SARA
Modesto	440.8000	+	O 107.2elx	N6LYE	N6LYE
Modesto	442.0750	+	O 123elx	K6LNK	CARLA
Modesto	442.1750	+	O 110.9	WB6PBN	K6RDJ
Modesto	442.5500	+	●x	N6APB	K6PBX
Modesto	443.1750	+	O 107.2ex	K6JJC	RMRG
Modesto	443.5250	+	O 107.2lx	K6JSI	WIN System
Modesto	444.2250	+	O 107.2#x	N6OGN	KI6AG
Mount Bullion	441.5500	+	O 77elx	K6RDJ	WB6PBN
Mountain Ranch	440.9000	+	●aelx	N6GVI	CATS
Oakhurst	441.1750	+	O 146.2erx	W6WGZ	MCARC
Parkfield	443.7000	+	O 141.3elx	N6GSM	N6GSM
Pine Grove	441.5250	+	O 100aesx	K6ARC	ACARC
Pine Mountain	442.2500	+	O 100.0	KJ6CED	KJ6CED
Pinehurst	441.4750	+	●lx	WC6HP	W6JCA
Pinehurst	442.0500	+	●rsx	AB6MJ	AB6MJ
Pioneer	443.6250	+	●#lx	K6MSR	MSR
Porterville	440.2500	+	●elrsx	WC6HP	AB6MJ
Porterville	440.8250	+	●elx	W6KGB	GRONK
Porterville	441.5250	+	O 67aelrs	WC6HP	KR6DK
Porterville	443.0500	+	O 100ex	KE6YF	KE6YF
Porterville	443.8250	+	O 141.3ael x	N6IB	N6IB
Porterville	443.9250	+	O 141.3#e x	AE6WR	AE6WR
Reedley	443.5750	+	ODCSx	K6ORJ	K6ORJ
San Andreas	441.7000	+	●#ex	W6ALL	W6ALL
San Andreas	443.3500	+	O 156.7lrx	K6SCA	RMRG
San Benito	440.6000	+	O 67elx	KI6FEO	KI6FEO
Selma	444.6000	+	O 141.3ael x	KJ6WPM	CVRC
Sonora	440.4000	+	●lx	WB6WTM	WB6WTM

420-450 MHz
CALIFORNIA

Location	Output	Input	Notes	Call	Sponsor
Sonora	440.5750	+	●	K6KVA	K6KVA
Sonora	442.9750	+	O#e	KJ6NRO	GFYnetwork
Sonora	443.4750	+	O 103.5ael	K6LNK	CARLA
Sonora	444.6500	+	O 114.8ex	K6KVA	K6KVA
Sonora	444.9000	+	O 114.8#	K6KVA	K6KVA
Springville	441.9750	+	O 100elrsx	KE6DWX	KE6DWX
Stockton	440.0750	+	O 131.8x	KE6DXF	KE6DXF
Stockton	440.7750	+	O 100aex	K6NOX	K6NOX
Stockton	440.8250	+	O 107.2ae x	K6NOX	Knox LaRue
Stockton	442.7250	+	O 77#elx	KI6FEO	KI6FEO
Stockton	442.8250	+	●l	K6INC	SCAN INT'L
Stockton	443.1000	+	●ael	N6GVI	CATS
Stockton	444.0000	+	O 107.2	AB6IS	AB6IS
Stockton	444.3250	+	O 94.8e	K6KJQ	K6KJQ
Stockton	444.5000	−	O 114.8l	K6TRK	CEVOL
Stockton	444.5500	+	O 123	KC6TTZ	kc6ttz
Stockton	444.5750	+	O 107.2e	W6SF	W6SF
Stockton	444.6750	+	O 123e	KC6TTZ	kc6ttz
Tehachapi	440.6250	+	O 88.5l	W6SLZ	BVSET
Tehachapi	442.9250	+	O 131.8ex	KI6HHU	KI6HHU
Tehachapi	444.4250	+	O 100el	KG6KKV	KG6KKV
Three Rivers	440.5500	+	O 156.7es	WA7HRG	WA7HRG
Tracy	443.0000	+	●el	KH7I	KH7I
Tracy	444.8500	+	O 127.3#er	KB6EMK	KB6EMK
Tuolumne - Son	442.4750	+	O 136.5ael x	KJ6NRO	KJ6NRO
Twain Heart	441.9250	+	O 123lrx	W6YOP	YOP HLLS
Valley Springs	441.0750	+	O 118.8ers	W6EBW	EBMUD
Visalia	440.4000	+	O 103.5elr sx	WA6BAI	TCARC
Visalia	440.4500	+	O 141.3#e x	N6BYH	N6BYH
Visalia	442.5000	+	O 141.3#el r	N6VRC	CVRC
Visalia	442.5250	+	O 141.3el	N6VRC	CVRC/N6IB
Visalia	443.0250	+	O 88.5#ae	WA6BLB	WA6BLB
Visalia	443.2000	+	●#elx	KM6OR	KM6OR
Visalia	443.3500	+	O 141.3ex	WA6YLB	WA6YLB
Visalia	444.4500	+	O 127.3#	WA6MSN	WA6MSN
Visalia	444.8250	+	O 141.3ers x	W6BLP	N6SGW
Visalia	444.8750	+	O 192.8lrx	WA6RQX	WCRN
Weldon	444.0500	+	O 131.8el	KA6IYS	KA6IYS
West Point / W	440.1000	+	O 100ers	WS6P	WS6P
Westley	440.5000	+	●elx	N6AMG	ERG
Westley	440.7250	+	O 123#e	WB6JKV	WB6JKV
Westley	441.2750	+	O 77elx	K6RDJ	KF6EQR
Westley	443.6250	+	●aelx	K6MSR	MSR
Westley	443.8250	+	O 107.2erx	N5FDL	N5FDL

420-450 MHz
CALIFORNIA

Location	Output	Input	Notes	Call	Sponsor
Westley	444.1750	+	O 141.3elrx	WA6RQX	WA6RQX
Yosemite	444.9250	+	O 94.8#aels	W6BXN	TARC
NORCAL-SOUTH BAY					
Boulder Creek	441.3000	+	O 100elx	WB6ECE	WB6ECE RG
Campbell	440.0250	+	O 156.7ers	NO1PC	NO1PC - Ca
Campbell	442.1750	+	O 100el	NO1PC	CalNet
Cupertino	440.1250	+	O 114.8#l	W6AMT	AMT ARC
Cupertino	440.1500	+	O 100ers	W6TDM	Cupertino
Cupertino	441.5500	+	●aels	W6VB	W6VB
Cupertino	442.1250	+	#aesx	WR6BAT	K6LLK
Cupertino	442.3500	+	●e	K6GOD	GOD
Cupertino	443.1500	+	O 100lrs	K6SA	SARA
Daly City	442.6500	+	●el	KQ6RC	KQ6RC
Fremont	443.4250	+	O 100lrx	NC6EO	N. CA Assn
Gilroy	443.3000	+	O #l	NA6MD	NA6MD
Gilroy	443.5250	+	O 123#e	KJ6WZS	GilroyRPTR
Hollister	441.9000	+	O 110.9el	W6MOW	W6MOW
Los Altos	440.8750	+	O 100rs	KH6N	KH6N
Los Altos	441.2500	+	●el	WB6WTM	WB6WTM
Los Altos	443.6750	+	●ael	K6MSR	MSR
Los Gatos	440.6500	+	O 94.8#ex	KC6TYG	WA6JZN
Los Gatos	441.0500	+	O 100ex	K6NN	T&BC
Los Gatos	441.6250	+	O 100#	W6RCA	W6CBS
Los Gatos	441.7000	+	O 127.3el	K6UB	K6UB
Los Gatos	441.8250	+	●	AD1U	AD1U
Los Gatos	442.3000	+	O 114.8elx	K6INC	SCAN INT'L
Los Gatos	443.0250	+	●aex	WA6ABB	WA6ABB
Los Gatos	443.7500	+	O 100elrx	NO1PC	NO1PC
Los Gatos	443.9500	+	●	K6INC	SCAN INT'L
Los Gatos	444.9250	+	O 156.7elx	KB6LCS	WA6HWT
Los Gatos	444.9750	+	O 127.3ex	WB6KHP	CFMA
LosAltosHills	443.8500	+	●el	W6BUG	Bay Users
LosAltosHills	444.2250	+	O 131.8#aex	KE6JTK	KE6JTK
Milpitas	441.3000	+	O 100ex	WB6ECE	WB6ECE RG
Milpitas	442.3500	+	O 100e	K6GOD	GOD
Milpitas	443.0250	+	●ers	K6EXE	K6EXE
Milpitas	444.3750	+	●l	N6INC	N6INC
Moffett Field	443.8250	+	O 100#e	W6CMU	W6EI
Morgan Hill	442.9750	+	O 100elx	K7DAA	MHARS
Morgan Hill	444.5750	+	●	W6NAD	W6NAD
Mountain View	440.8000	+	O 100aelrs	W6ASH	SPECS RA
New Almaden	442.5375	+	O 127.3ex	WB6PHE	WB6PHE
Palo Alto	440.2000	+	O 123ers	N6BDE	N6BDE
Palo Alto	441.1000	+	O 114.8elrsx	K6GOD	K6GOD
Palo Alto	441.5750	+	●#elx	K6IRC	ARN
Palo Alto	441.8500	+	O 114.8x	K6OTR	SCAR

420-450 MHz CALIFORNIA

Location	Output	Input	Notes	Call	Sponsor
Palo Alto	442.0000	+	O 151.4ex	WW6HP	HPSRVC
Palo Alto	442.5750	+	O 100elrsx	K6FB	LCARC
Palo Alto	442.8000	+	O 114.8	K6OTR	SCAR
Palo Alto	443.0000	+	●aex	W6OOL	W6OOL
Palo Alto	443.2250	+	O 100elx	WW6BAY	Bay Net
Palo Alto	444.3500	+	●elx	KJ6VU	NCCRA
Palo Alto	444.4250	+	O 127.3ers	KJ6VU	Bay-Net
			x		
Palo Alto	444.9500	+	O 162.2ex	KB6LED	KB6LED
San Jose	440.1000	+	O 127.3#el rsx	W6SMQ	W6SMQ
San Jose	440.2250	+	O 123#e	K6LLC	LAPU-LAPU
San Jose	440.2750	+	O 127.3elr x	W6YOP	YOP HLLS
San Jose	440.3750	+	●elx	N6TLR	ERG
San Jose	441.1500	+	O 100e	KC6BJO	KAISER HP
San Jose	441.1750	+	O 103.5aer	KF6FWO	MARA
San Jose	441.2750	+	●elrx	K6BEN	W2NYC
San Jose	441.3000	+	O 100elx	WB6ECE	WB6ECE RG
San Jose	441.3500	+	O 88.5aels	W6PIY	WVARA
San Jose	441.7250	+	●elx	WA6QDP	WA6QDP
San Jose	441.7750	+	●	W6NAD	W6NAD
San Jose	441.8250	+	●l	AD1U	AD1U
San Jose	441.9500	+	O 100el	N6MPX	MSARC
San Jose	442.1750	+	●#elx	N1UFD	CALNET
San Jose	442.3500	+	O 123	K6GOD	K6GOD
San Jose	442.3750	+	O 114.8	K6JDE	K6JDE
San Jose	442.4250	+	O 107.2er	W6UU	SCCARA
San Jose	442.4500	+	O 100	WB6KHP	C.F.M.A.
San Jose	442.5000	+	O 100ersx	WB6ZVW	CPRA
San Jose	442.7000	+	O 100e	N6MNV	Rolm ARC
San Jose	442.7750	+	O 131.8e	KU6V	KU6V
San Jose	442.8250	+	●elx	WR6COP	K6COP
San Jose	442.9000	+	O 162.2elx	WR6ABD	LPRC
San Jose	442.9500	+	O 85.4#ex	K6YZS	K6YZS
San Jose	443.0750	+	●l	K6LNK	CARLA
San Jose	443.2750	+	O 107.2ers x	K6SNY	SARES-RG
San Jose	443.3000	+	●elx	WA6INC	NA6MD
San Jose	443.4500	+	●el	K6MF	K6MF
San Jose	443.4750	+	O 123elx	K6LNK	CARLA
San Jose	443.5500	+	●elx	WB6FRM	NCCRA
San Jose	443.5750	+	O 110.9al	KE6STH	KE6STH
San Jose	443.6250	+	●aelx	K6MSR	MSR
San Jose	443.7750	+	O 100ex	WA6GFY	LMERA ARC
San Jose	443.9000	+	O 100#	K6RDC	CCARC
San Jose	444.0000	+	●	WA6INC	AD1U
San Jose	444.0250	+	O 136.5elx	K6JJC	RMRG
San Jose	444.0500	+	O 88.5als	KB6FEC	KB6FEC
San Jose	444.1000	+	●er	N6TLQ	N6TLQ

420-450 MHz
CALIFORNIA

Location	Output	Input	Notes	Call	Sponsor
San Jose	444.1750	+	O 192.8elrx	WA6RQX	WA6RQX
San Jose	444.3000	+	O 162.2aers	W7AFG	AREA-Amate
San Jose	444.3000	+	O 173.8ersx	W7AFG	AREA-Amate
San Jose	444.3250	+	●	KD6YYJ	KD6YYJ
San Jose	444.4000	+	●elx	WA6YCZ	BAYCOM
San Jose	444.4500	+	O 100e	WB6JSO	WB6JSO
San Jose	444.6000	+	O 141.3alx	WB6OQS	SCVRS
San Jose	444.6250	+	O 110.9ael sx	N6NAC	N6NAC
San Jose	444.7000	+	O 127.3	WB6KHP	CFMA
San Jose	444.8000	+	●#e	WA6GEL	Red Carpet
San Jose	444.9000	+	O 110.9elx	KU6V	KU6V
Santa Clara	442.0250	+	O 100rs	K6SNC	SCARS
Santa Clara	444.7500	+	O 100e	N9JIM	N9JIM
Santa Clara	444.8750	+	●elx	KQ6RC	KQ6RC
Saratoga	443.1250	+	●aelr	K6BEN	W2NYC
Soledad	441.6000	+	●el	N6HU	N6HU
Woodside	442.1000	+	O 141.3lx	W6JMX	W6JMX
NORCAL-TAHOE					
Cisco Grove	443.4750	+	O 100el	K6LNK	CARLA
Incline	441.5500	+	O 127.3elx	K6LNK	CARLA
InclineVillage	440.8500	+	O 100#e	NU7Y	NU7Y
Loyalton	440.1000	+	●	N5TEN	N5TEN
Meyers	442.0750	+	O 127.3el	K6LNK	CARLA
Rubicon Spring	444.9875	+	O 156.7elrs	KA6GWY	KA6GWY
So Lake Tahoe	442.4750	+	O 114.8el	WA6EWV	TARA
So Lake Tahoe	442.8250	+	O 88.5el	W6SUV	W6SUV
So Tahoe Ca	444.1750	+	O 85.4el	W6SUV	W6SUV
Tahoe City	440.2750	+	O 114.8elrx	K1BMW	YOP HLLS
Tahoe City	440.9250	+	●#DCSelx	KH8AF	KH8AF
Tahoe City	441.1750	+	O 107.2#elx	N7VXB	N7VXB
Tahoe City	442.1750	+	●elx	KH8AF	KH8AF
Tahoe City	442.9500	+	O 131.9.#	WA6FJS	Tahoe ARC
Tahoe City	443.9750	+	●#lx	K6SRA	NCCRA
Tahoe City	444.9500	+	●#lx	W6PUE	NORCAL
Truckee	440.7000	+	O 131.8elx	W6SAR	PCSAR
NORCAL-WEST BAY					
Belmont	440.0750	+	O 114.8e	KR6WP	KR6WP
Belmont	444.6750	+	O 114.8	K6JDE	K6JDE
Brisbane	440.7000	+	●elx	K6CV	K6CV
Daly City	440.5000	+	●elx	N6AMG	ERG
Daly City	440.5250	+	O 225.7	N3TC	N3TC
Daly City	440.6750	+	●DCSlx	K6TEA	K6TEA
Daly City	441.3750	+	O 146.2l	KC6IAU	KC6IAU

420-450 MHz
CALIFORNIA

Location	Output	Input	Notes	Call	Sponsor
Daly City	442.3250	+	●	KC6YDH	KC6YDH
Daly City	442.3750	+	O 114.8	K6JDE	K6JDE
Daly City	442.4750	+	O 114.8ae	KF6REK	BAARC
Daly City	444.8000	+	●elx	WA6GEL	Red Carpet
La Honda	440.1000	+	O 114.8#a es	WA6DQP	WA6DQP
Los Altos Hill	441.5250	+	O 123es	K6AIR	K6AIR
Los Altos Hills	442.2500	+	O 100.0	KJ6ORX	KJ6ORX
Pacifica	440.0250	+	O 114.8e	N6TZE	Casey Vill
Pacifica	440.7250	+	O 114.8el	WB6JKV	CARLA
Pacifica	441.0750	+	O 114.8ersx	WA6TOW	CARC
Pacifica	441.7250	+	●DCSl	KR6WP	KR6WP
Pescadero	442.3250	+	●el	KD6KGE	KD6KGE
Redwood City	440.4000	+	O 127.3l	WB6WTM	WB6WTM RG
Redwood City	441.4000	+	O 114.8#e	WD6GGW	WD6GGW
Redwood City	444.5000	+	O 100es	K6MPN	SCARES
San Bruno	442.8500	+	O 114.8	K6JDE	K6JDE
San Carlos	444.1250	+	●alx	W6CBS	W6CBS
San Francisco	440.5750	+	O 123.0#ex	W6VSY	STARC
San Francisco	440.8250	+	O 114.8	WI6H	WI6H
San Francisco	441.4500	+	O 85.4#e	W6EE	W6EE
San Francisco	442.0500	+	O 127.3elr	WA6GG	Northern C
San Francisco	442.0750	+	O 100ael	N6MVT	CARLA
San Francisco	443.1000	+	O 114.8elx	W6TP	GSPLRC
San Francisco	443.6750	+	●ix	K6MSR	MSR
San Francisco	444.8500	+	O 114.8el	K6KYA	K6KYA
San Francisco	444.9250	+	O 136.5	KB6LCS	N6NMZ
SoSanFrancisco	441.2500	+	O 141.3es	K6DNA	GNEARC
SoSanFrancisco	442.7000	+	O 173.8ae	N6MNV	N6MNV
SoSanFrancisco	443.9250	+	O 136.5	KG6TN	KG6TN
Woodside	440.4500	+	O 107.2es	N6ZX	KMARC
Woodside	440.9500	+	O 162.2x	KB6LED	KB6LED
Woodside	441.3000	+	O 123e	WB6ECE	WB6ECE RG
NORTH EAST					
Susanville	443.0250	+	O 91.5e	K6LRC	K6ME
Susanville	443.9000	+	O 91.5e	K6LRC	K6ME
Susanville	444.9750	+	O 91.5	K6LRC	K6ME
NORTH WEST					
Golden Valley	448.0500	−	● 100lx	WB7BTS	WB7BTS
Portola	444.1000	+	O 100l	N7PLQ	N7PLQ
SIERRA/TAHOE					
Meyers	442.0750	+	O 127.3l	K6LNK	K6LNK
Truckee	440.2750	+	● 114.8l	KJ6GM	KJ6GM
SOCAL-#29 PALMS					
Yucca Valley	447.0000	−	O 136.5	N6GIW	------------
SOCAL-#BARSTOW					
Barstow	447.5800	−	O 107.2	KE6JZS	------------

420-450 MHz
CALIFORNIA

Location	Output	Input	Notes	Call	Sponsor
SOCAL-#BIG BEAR					
Big Bear	446.4000	–	O 162.2a	WA6ITC	------------
SOCAL-#CAMARILLO					
Camarillo Hills	447.0000	–	O 103.5	K6ERN	SMRA
Las Posas Hills	445.6000	–	O 141.3	WD6EBY	WD6EBY
SOCAL-#CHINO					
Chino Hills	445.5600	–	O 136.5	K6OPJ	CHINO RACES
SOCAL-#CORONA-WIDE					
Sierra Pk	445.7600	–	O 103.5x	KD6DDM	------------
SOCAL-#EL CENTRO					
Calexico	449.7000	–	O 162.2 BI	K6CLX	CARS
Heber	449.3000	–	O 123.0 BI	KN6M	AD6D
SOCAL-#FALLBROOK					
Red Mtn	445.6000	–	O 107.2	N6FQ	FARC
SOCAL-#INDIO					
Cactus City	447.5800	–	O 100.0	W6KSN	------------
Indio	445.6400	–	O 131.8	K6IFR	------------
SOCAL-#LA CENTRAL					
Cerro Negro	445.2000	–	O 103.5	WR6JPL	JPLARC
Mt Thom	445.6800	–	O 136.5x	N6JLY	CVRC
SOCAL-#LA CENTRAL WIDE					
Mt Lukens	449.2000	–	88.5x	KO6TD	------------
Mt Wilson	449.7000	–	O 131.8x	W6NVY	LAUSDARC
SOCAL-#LA EAST					
Altadena	445.6400	–	O 156.7	W6TOI	------------
Rosemead	445.9000	–	O 123.0 BI	KB6MRC	------------
Whittier Hills	445.5600	–	O 100.0	W6GNS	RHARC
SOCAL-#LA EAST WIDE					
Johnstone Peak	446.4000	–	O 103.5ex	WA6FZH	WA6FZH
Johnstone Peak	447.9000	–	O	WD6AML	CII
			L(DMR CC1 BW 11K0)x		
Sunset Ridge	449.5000	–	O 100.0x	K9KAO	------------
SOCAL-#LA NORTH					
Contractors	447.6400	–	82.5	W6JLL	W6JLL
Santa Clarita	448.3400	–	67.0	N6NMC	------------
Simi Valley	445.5800	–	O 100.0	K6ERN	SMRA
SOCAL-#LA NORTH WIDE					
Oat Mtn	445.1000	–	82.5x	WB6NIL	------------
Oat Mtn	447.2000	–	O	KI6JKA	PAPA
			L(DSTAR - NB 11K0)x		
SOCAL-#LA SOUTH					
Palos Verdes	445.3000	–	O 127.3x	K6RH	------------
Palos Verdes	445.6600	–	O	N6DVA	------------
			L(DMR CCI - 11K0)		
Palos Verdes	447.0000	–	O 100.0x	W6TRW	TRW ARC
Signal Hill	449.7800	–	O 131.8	K6CHE	LBARC
SOCAL-#LA WEST					
Calabasas	445.5200	–	O 100.0	KF6BIX	------------
Culver City	445.6000	–	O 131.8	K6CCR	CCARES
El Segundo	445.6200	–	O 127.3	W6HA	HARC

420-450 MHz — CALIFORNIA

Location	Output	Input	Notes	Call	Sponsor
Pac Palisades	445.5200	–	O 123.0	K6BDE	BDE ARC
WLA VA Building	447.3200	–	O 103.5	WA6QAG	VA Hospital
SOCAL-#LAKE ELSINORE					
Elsinore	445.6200	–	O 173.8	W6CDW	----------
Menifee	445.6600	–	O 118.8	K6KEN	MENIFEE CITY
SOCAL-#OJAI					
Sulphur Mtn	445.7000	–	O L(DMR CC1 11K0)	K6OJI	N6BMW
SOCAL-#ONTARIO					
Alta Loma	447.2000	–	O 114.8	K6ONT	ONT RACES
SOCAL-#ORANGE					
Fountain Valley	447.3200	–	O 94.8er	WA6FV	FVACT
Huntington Bch	445.5800	–	O 94.8	W6VLD	BOEING
Knotts Berry Farm	445.5200	–	O 85.4	K6KBF	KNOTTS ARC
Seal Beach	446.4000	–	O 88.5	WA6FZH	----------
Seal Beach	449.3000	–	O 141.3	KC6YNQ	----------
SOCAL-#ORANGE SOUTH					
Aliso Viejo	445.1000	–	O 100.0	KI6DB	LNACS
Laguna Hills	445.6600	–	O 110.9	K6SOA	SOARA
Laguna Hills	445.7000	–	OL(DSTAR)	K6SOA	SOARA
SOCAL-#ORANGE-WIDE					
Santiago	449.0375	–	O L(DMR CC1 BW 11K0)	N6GGS	INLAND
SOCAL-#OXNARD					
Laguna Mtn	445.6400	–	O 141.3	WD6EBY	WD6EBY
SOCAL-#PALM SPRINGS					
Goat Mtn	447.5800	–	O 136.5	WB6QFE	----------
Palm Desert	447.3200	–	O 107.2	W6DRA	Desert Rptr Asso
Palm Springs Tram	449.7000	–	O 107.2	W6DRA	Desert Rptr Asso
Thousand Palms	447.2000	–	O 107.2	KA6GBJ	----------
SOCAL-#PALMDALE					
Mc Dill	445.5200	–	O 162.2x	K6LMA	Lockeed-Martin
Quartz Hill	445.5600	–	O 110.9	KG6SLC	----------
Quartz Hill	446.4000	–	O 100.0	KD6PXZ	----------
Ten-Hi	445.6000	–	O 100.0	KJ6W	----------
SOCAL-#POMONA					
Cal Poly	445.5800	–	O 156.7	K6CPP	CPARC
SOCAL-#RIVERSIDE					
Box Springs	449.3000	–	O 103.5 BI	N6BOX	Moreno Valley A
SOCAL-#ROSAMOND					
Rosamond	445.6600	–	O 173.8	W6QIZ	----------
SOCAL-#SAN BERNARDINO					
Fontana	447.3200	–	O 136.5	KA6GRF	RACES
Rialto	445.5200	–	O 127.3	K6RIA	----------
Running Springs	445.7000	–	O 151.4...136.5...110.9x	K6AMS	----------
SOCAL-#SAN BERNARDINO-WIDE					
Heaps	445.1000	–	O 136.5x	WW6Y	----------

420-450 MHz
CALIFORNIA

Location	Output	Input	Notes	Call	Sponsor
SOCAL-#SAN DIEGO					
Black Mtn	445.6800	–	O 123.0	N6DCR	-----------
Dictionary Hill	445.6200	–	O	WA6NVL	-----------
			L(DMR CC1 BW 11K0)		
El Cajon	445.9000	–	O 107.2	WA6BGS	ARC EL CAJON
Kearny Mesa	447.3200	–	O 107.2	WB6WLV	SANDRA
Mt San Miguel	447.5800	–	O 123.0	KF6HPG	CORA
Otay	449.7000	–	O 151.4	WA6OSB	WA6OSB
			L(ANA/P25-N293)		
San Diego	445.2000	–	O 123.0 BI	W2NOR	-----------
SOCAL-#SAN DIEGO NORTH					
Mt Woodson	449.7800	–	O 141.3	KI6BJN	San Diego 6 Shooters
			L(ANALOG&C4FM)		
Palomar Mtn	447.0000	–	O 107.2	W6NWG	PARC
Palomar Mtn	449.3000	–	O 100.0	W6ZN	-----------
Vista	445.5600	–	O 146.2	KJ6ZD	-----------
SOCAL-#SAN DIEGO WIDE					
Laguna Pk	449.5000	–	O 107.2x	WB6WLV	SANDRA
Otay Mtn	447.6400	–	O 100.0x	W6PL	WIN
Otay Mtn	449.2000	–	O 107.2x	WB6WLV	SANDRA
SOCAL-#SANTA BARBARA					
Broadcast Pk	449.3000	–	O 131.8	WB6OBB	-----------
Painted Cave	447.2000	–	O 131.8	N6HYM	-----------
Santa Barbara	446.4000	–	O 131.8	K6TZ	SBARC
SOCAL-#SIMI					
Chatsworth Pk	445.9000	–	O 141.3	WD6EBY	WD6EBY
			L(PATTERN WEST)		
SOCAL-#VENTURA					
South Mtn	447.3200	–	O 100.0	WA6ZSN	SMRA
Ventura	448.3400	–	O 141.3	W6NE	-----------
SOCAL-#VICTORVILLE					
Apple Valley	445.6800	–	O 141.3	KB6BZZ	-----------
Quartzite	449.7000	–	O 141.3x	W6NVY	W6NVY
Spring Valley	449.2000	–	O 146.2	KK6SVL	-----------
Table Mtn	447.2000	–	O 94.8x	WR6AZN	JPLARC
SOCAL-IMP,LA,OR,RIV,SBER,SD					
Covers Area	446.2600	–	●	N6CIZ	-----------
Covers Area	446.6800	–	●	WA6LWW	BFI
Covers Area	448.9400	–	●	KE6VK	DRONK
Covers Area	449.3400	–	●	KB6CRE	BARN
Covers Area	449.4400	–	●	WR6OP	-----------
Covers Area	449.5200	–	●	WB6SLC	-----------
Covers Area	449.7200	–	●	WB6TZL	GRONK
SOCAL-IMP,RIV,SBER,SD					
Covers Area	447.1400	–	●	WB6SLR	GRONK
Covers Area	447.7200	–	●	WB6DIJ	CALNET
Covers Area	447.8000	–	●	WA6SYN	ECRA
Covers Area	448.7800	–	●	K6JB	-----------
Covers Area	448.8000	–	●	K6JSI	WIN
Covers Area	449.1800	–	●	N6LVR	ECRA

420-450 MHz
CALIFORNIA

Location	Output	Input	Notes	Call	Sponsor
SOCAL-IN,KE,LA,MO,SBER					
Covers Area	447.1600	–	●	K6RFO	GRONK
Covers Area	447.4800	–	●	N6SRC	SWRRC
Covers Area	447.7200	–	●	KB6OOC	CALNET
Covers Area	448.8000	–	●	WI6RE	WIN
SOCAL-KE,LA,OR,RIV,SBAR,SBER,VE					
Covers Area	447.0800	–	●	WA6LWW	BFI
Covers Area	447.1000	–	●	WB6ORK	SARS
Covers Area	447.1600	–	●	K6KMN	GRONK
Covers Area	447.2800	–	●	N6ME	WARN
Covers Area	447.4400	–	●	KD6OFD	CALNET
Covers Area	447.5400	–	●	KB6CRE	BARN
Covers Area	447.8600	–	●	KK6AC	----------
Covers Area	448.3800	–	●	WD6AWP	----------
Covers Area	448.4600	–	●	N6RTR	----------
Covers Area	449.3800	–	●	WD6FZA	PAPA
SOCAL-KE,LA,SBER					
Covers Area	445.0800	–	●	AD6VR	----------
Covers Area	445.2400	–	●	KW6WW	----------
Covers Area	445.4800	–	●	KA6YTT	----------
Covers Area	446.0600	–	○	KA6P	INLAND
			L(DMR CC2)		
Covers Area	446.1000	–	●	K7GIL	HDRN
Covers Area	446.3000	–	●	K7GIL	HDRN
Covers Area	446.3800	–	●	K7GIL	HDRN
Covers Area	446.5400	–	●	N6LXX	PIN
Covers Area	446.9000	–	●	WD6DIH	ALERT
Covers Area	446.9000	–	●	WA6WDB	----------
Covers Area	446.9400	–	●	WB6BVY	----------
Covers Area	447.2200	–	●	W6IER	IEARC
Covers Area	447.5600	–	●	KB6CRE	BARN
Covers Area	447.8200	–	●	W6IY	----------
Covers Area	447.9000	–	●	WD6AML	SARS
Covers Area	448.0800	–	●	KC6WRD	----------
Covers Area	448.4200	–	●	WB6IOJ	----------
Covers Area	448.4600	–	●	N6RTR	----------
Covers Area	449.4000	–	●	WA6SBH	----------
Covers Area	449.6800	–	●	K7GIL	HDRN
Covers Area	449.7800	–	●	K7GIL	HDRN
Covers Area	449.8000	–	●	WB6BWU	----------
SOCAL-LA,OR					
Covers Area	445.1200	–	●	KK6HS	----------
Covers Area	445.3600	–	●	N6RDK	BARC
Covers Area	445.4000	–	●	K6BBB	----------
Covers Area	446.1000	–	●	WB6NLU	----------
Covers Area	446.3000	–	●	N6SIM	----------
Covers Area	446.4400	–	●	KB6VWN	----------
Covers Area	446.4400	–	●	K6QEH	Raytheon
Covers Area	446.4400	–	●	WA6FZH	----------
Covers Area	446.5400	–	●	N6MIK	----------

420-450 MHz
CALIFORNIA

Location	Output	Input	Notes	Call	Sponsor
Covers Area	446.6000	–	●	W6KGB	GRONK
Covers Area	446.9200	–	●	W6SCE	EARN
Covers Area	447.1000	–	●	WD6AML	SARS
Covers Area	447.9800	–	●	NW6B	SWAN
Covers Area	448.3400	–	●	KB6MRC	KPARN
Covers Area	448.3400	–	●	K6ARN	KPARN
Covers Area	448.5400	–	●	W6YRA	UCLA RC
Covers Area	448.8000	–	●	K0VAC	PALMTREE
Covers Area	449.0800	–	●	WB6HTS	----------
Covers Area	449.1200	–	●	N6KHZ	AARC
Covers Area	449.3200	–	●	WD6CZH	ZARC
Covers Area	449.3600	–	●	N6WZK	MCARC
Covers Area	449.6200	–	●	WA6TFD	BHARC
Covers Area	449.8400	–	●	NG6Q	----------
Covers Area	449.8400	–	●	NG6Q	----------
Covers Area	449.9800	–	●	K6IUM	RTD ARC
SOCAL-LA,OR,RIV,SBAR,SBER,SD,VE					
Covers Area	445.0200	–	●	W6CDF	----------
Covers Area	445.1600	–	●	KE6FQA	----------
Covers Area	445.1800	–	●	W6NVY	WB9RNW
Covers Area	445.3200	–	●	N6EW	BHARC
Covers Area	445.4200	–	●	WD6FZA	PAPA
Covers Area	445.5400	–	●	WB6AJE	ABC RC
Covers Area	445.8000	–	●	WA6IBL	----------
Covers Area	445.8200	–	●	K6VGP	DARN
Covers Area	445.8600	–	●	K6IFR	----------
Covers Area	445.8800	–	●	W6OC	----------
Covers Area	445.9400	–	●BI	K6JP	SCJHC
Covers Area	445.9800	–	●	WZ6A	SWAN
Covers Area	446.0200	–	●	K6BFS	WEEVIL
Covers Area	446.0800	–	●	N6AOL	SRARC
Covers Area	446.1000	–	●	WB6NLU	----------
Covers Area	446.1200	–	●	WB6MIE	----------
Covers Area	446.2400	–	●	K6VGP	DARN
Covers Area	446.3800	–	●	KD6KQ	BRAVO
Covers Area	446.4200	–	●	W6YJ	----------
Covers Area	446.4200	–	●	W6YJ	----------
Covers Area	446.4800	–	●	WA6LSE	FASTNET
Covers Area	446.5800	–	●	WD6FZA	PAPA
Covers Area	446.7200	–	●	KB6CRE	BARN
Covers Area	446.7400	–	●	K6VGP	DARN
Covers Area	446.7800	–	●	WA6LWW	BFI
Covers Area	446.8200	–	●	WA6LIF	----------
Covers Area	446.8400	–	●	W6OCS	----------
Covers Area	446.9000	–	●	WD6DIH	ALERT
Covers Area	446.9400	–	●	K6PVC	----------
Covers Area	446.9600	–	●BI	KG6ALU	----------
Covers Area	447.0800	–	●	K6ZXZ	BFI
Covers Area	447.0800	–	●	K6ZXZ	BFI
Covers Area	447.1200	–	●	K6PV	PV ARC

420-450 MHz
CALIFORNIA

Location	Output	Input	Notes	Call	Sponsor
Covers Area	447.1400	–	●	WB6TZL	GRONK
Covers Area	447.1600	–	●	WB6TZL	GRONK
Covers Area	447.1800	–	●	KG6GI	HROC
Covers Area	447.2400	–	●	AA4CD	-----------
Covers Area	447.2400	–	●	WA6UZS	CDMARC
Covers Area	447.2600	–	●	AA4CD	-----------
Covers Area	447.2600	–	●	WA6UZS	CDMARC
Covers Area	447.3800	–	●	W6YJ	-----------
Covers Area	447.5400	–	●	KB6CRE	BARN
Covers Area	447.7000	–	●	W6YQY	-----------
Covers Area	447.7600	–	●	KB6OOC	CALNET
Covers Area	447.8800	–	●	K6DLP	-----------
Covers Area	447.9600	–	●	NW6B	SWAN
Covers Area	448.0400	–	●	WD6AWP	-----------
Covers Area	448.0600	–	●	K6JSI	WINSYSTEM
Covers Area	448.1200	–	●	KA6JRG	CALNET
Covers Area	448.2600	–	●BI	K6IRF	-----------
Covers Area	448.3000	–	●	WA6ZJT	-----------
Covers Area	448.3200	–	●	W6KRW	CPRA
Covers Area	448.4000	–	●	KE6PCV	CALNET
Covers Area	448.4200	–	●	WJ6A	-----------
Covers Area	448.4400	–	●	WA6ZJT	-----------
Covers Area	448.4800	–	●	KB6C	FRN
Covers Area	448.5000	–	●	WA6VLD	-----------
Covers Area	448.5600	–	●	WA6ZRB	SWAT
Covers Area	448.9200	–	●	N6SLD	CRA
Covers Area	448.9600	–	●	K6MOT	MARC
Covers Area	448.9600	–	●	K6MOT	MARC
Covers Area	449.0200	–	●	N6JAM	DRONK
Covers Area	449.0200	–	●	WB6DTR	-----------
Covers Area	449.0600	–	●	W6NVY	-----------
Covers Area	449.1000	–	●	W6KRW	OC RACES
Covers Area	449.1800	–	●	W6KRW	OC RACES
Covers Area	449.2200	–	●	WB6CYT	GFRN
Covers Area	449.2200	–	●	WB6YMH	GFRN
Covers Area	449.2600	–	●	W6NVY	-----------
Covers Area	449.3400	–	●	WB6UKD	-----------
Covers Area	449.3800	–	●	WD6FZA	PAPA
Covers Area	449.4000	–	●	WA6SBH	-----------
Covers Area	449.4000	–	●	WA6SBH	-----------
Covers Area	449.4400	–	●	WB6SSO	-----------
Covers Area	449.4400	–	●	W6AMG	-----------
Covers Area	449.4400	–	●	K6XI	-----------
Covers Area	449.5200	–	●	WB6SLC	-----------
Covers Area	449.5400	–	●	WB6BBE	-----------
Covers Area	449.5600	–	●	WB6BBE	-----------
Covers Area	449.6200	–	●	WB6DTR	DRONK
Covers Area	449.6400	–	●	WA6VLF	-----------
Covers Area	449.6600	–	●	W6YJ	-----------
Covers Area	449.6800	–	●	KC6N	-----------

420-450 MHz
CALIFORNIA

Location	Output	Input	Notes	Call	Sponsor
Covers Area	449.7400	–	●	W6KGB	GRONK
Covers Area	449.7600	–	●	WB6YMI	GFRN
Covers Area	449.8000	–	●	WB6BWU	-----------
Covers Area	449.8000	–	●	WB6BWU	-----------
Covers Area	449.8200	–	●	KE6LE	-----------
Covers Area	449.9000	–	●	WB6IOS	-----------
SOCAL-LA,OR,RIV,SBER					
Covers Area	445.1400	–	●	K6IFR	AARC
Covers Area	445.2400	–	●	WB6VMV	ELSEG ARC
Covers Area	445.3400	–	●	W6LAR	-----------
Covers Area	445.3600	–	●	W6JJR	-----------
Covers Area	445.3800	–	●	WA6LSE	FASTNET
Covers Area	445.3800	–	●e	K6CCC	-----------
Covers Area	445.4000	–	●	K6BBB	-----------
Covers Area	445.4000	–	●	WD6DIH	ALERT
Covers Area	445.4400	–	●	W6UE	CALTECH ARC
Covers Area	445.5000	–	●	WB6ZSU	SCEARA
Covers Area	445.7800	–	●	N6RTR	-----------
Covers Area	445.8400	–	●	W6AJP	-----------
Covers Area	446.2000	–	●	W6FNO	SJARC
Covers Area	446.2200	–	●	KI6QK	-----------
Covers Area	446.2200	–	●	KI6QK	-----------
Covers Area	446.2800	–	●	KF6JEE	-----------
Covers Area	446.5600	–	●	WD6FZA	PAPA
Covers Area	446.6600	–	●	W6KGB	GRONK
Covers Area	447.1400	–	●	WB6TZL	GRONK
Covers Area	447.1600	–	●	WB6IZC	GRONK
Covers Area	447.1600	–	●	WB6TZL	GRONK
Covers Area	447.8200	–	●	KE6PGN	MARS
Covers Area	447.9200	–	●	KD6LVP	-----------
Covers Area	448.0000	–	●	N6RDK	-----------
Covers Area	448.0800	–	●	KD6ZLZ	-----------
Covers Area	448.2800	–	●	K6MIC	-----------
Covers Area	448.7800	–	●	WH6NZ	-----------
Covers Area	448.9400	–	●Bl	AC6PT	-----------
Covers Area	449.0800	–	●	K6JR	-----------
Covers Area	449.1600	–	●	AB6Z	-----------
Covers Area	449.2800	–	●	WB6VSJ	-----------
Covers Area	449.3400	–	●	N3RP	-----------
Covers Area	449.4800	–	●	N6YN	LAX RB
Covers Area	449.6400	–	●	W6NVY	-----------
Covers Area	449.6800	–	●	W6KRW	OC RACES
Covers Area	449.7400	–	●	W6KGB	GRONK
Covers Area	449.8000	–	●	WB6VPQ	-----------
Covers Area	449.8000	–	●	WB6BWU	-----------
Covers Area	449.8400	–	●	N6JXI	-----------
Covers Area	449.8800	–	●	K6TEM	HAMWATCH
Covers Area	449.9000	–	●	WB6IOS	-----------
SOCAL-LA,OR,RIV,SBER,SD					
Covers Area	445.0200	–	●	W6CDF	-----------

420-450 MHz
CALIFORNIA

Location	Output	Input	Notes	Call	Sponsor
Covers Area	445.0400	–	●	K6HOG	----------
Covers Area	445.2600	–	●	N6AJB	----------
Covers Area	445.2600	–	●	K6VGP	DARN
Covers Area	445.2800	–	●	K6AHM	DARN
Covers Area	445.4600	–	●	NO6B	LARG
Covers Area	445.4800	–	●	K6TEM	HAMWATCH
Covers Area	445.5000	–	●	N6EX	SCEARA
Covers Area	445.7400	–	●	AF6HP	----------
Covers Area	445.8400	–	●	WB6ALD	----------
Covers Area	445.9400	–	●BI	K6JP	SCJHC
Covers Area	445.9600	–	●	KE6QH	AARC
Covers Area	445.9600	–	●	AA6FV	----------
Covers Area	446.1600	–	●	KA6KVX	----------
Covers Area	446.2000	–	●	K6BB	----------
Covers Area	446.5600	–	●	WD6FZA	PAPA
Covers Area	446.5800	–	●	WD6FZA	PAPA
Covers Area	446.6200	–	●	WB6TZL	----------
Covers Area	446.6400	–	●	N6RTR	----------
Covers Area	446.6600	–	●	WA6PPC	----------
Covers Area	446.6800	–	●	WA6LWW	BFI
Covers Area	446.7600	–	●	WD6FZA	PAPA
Covers Area	446.8000	–	●	N6LXX	----------
Covers Area	446.9000	–	●	WD6DIH	ALERT
Covers Area	446.9200	–	●	W6SCE	EARN
Covers Area	446.9800	–	●	WA6WLZ	----------
Covers Area	447.0200	–	●	N6AJB	----------
Covers Area	447.0600	–	●	AA1Z	----------
Covers Area	447.0600	–	●	WA6DYX	----------
Covers Area	447.3000	–	●	W6NRY	EARS
Covers Area	447.3400	–	●	KE6BVI	----------
Covers Area	447.4000	–	●RBX	W6LKO	LKO ARC
Covers Area	447.4800	–	●	NA6S	----------
Covers Area	447.5200	–	●	K6CF	----------
Covers Area	447.5600	–	●	WB6LST	BARN
Covers Area	447.6000	–	●I	WB6DAO	LPARG
Covers Area	447.7200	–	●	N6DKA	CALNET
Covers Area	447.7400	–	●	KE6PCV	CALNET
Covers Area	447.7600	–	●	WB6DIJ	CALNET
Covers Area	447.8000	–	●	WB6EGR	----------
Covers Area	447.8800	–	●	K6DLP	----------
Covers Area	447.9400	–	●	W6BRP	----------
Covers Area	447.9800	–	●	KV6D	SWAN
Covers Area	447.9800	–	●	N6ACV	SWAN
Covers Area	448.1800	–	●RB	WB6TZU	SKYLINE
Covers Area	448.4000	–	●	N6AJB	CALNET
Covers Area	448.4200	–	●	K6IOJ	----------
Covers Area	448.4800	–	●	KB6C	FRN
Covers Area	448.5400	–	●	N6MQS	A-TECH
Covers Area	448.5800	–	●	KF6JBN	KARA
Covers Area	448.9000	–	●	K6JSI	WIN

420-450 MHz
CALIFORNIA

Location	Output	Input	Notes	Call	Sponsor
Covers Area	448.9400	–	●BI	KF6ITC	------------
Covers Area	448.9600	–	●	K6MOT	MARC
Covers Area	449.1400	–	●	W6OY	------------
Covers Area	449.3200	–	●	WD6CZH	------------
Covers Area	449.4000	–	●	WA6SBH	------------
Covers Area	449.4200	–	●	KE6TZF	SRRG
Covers Area	449.5200	–	●	WA6HJW	------------
Covers Area	449.5800	–	●	N6IPD	IREC/ALERT
Covers Area	449.6000	–	●	AF6HP	------------
Covers Area	449.6600	–	●	W6YJ	------------
Covers Area	449.7200	–	●	WB6IZG	GRONK
Covers Area	449.8000	–	●	WA6DPB	------------
Covers Area	449.9000	–	●	WB6IOS	------------
Covers Area	449.9400	–	●	W6JBO	------------
Covers Area	449.9400	–	●	WB6NVD	------------
Covers Area	449.9800	–	●	KA6MEP	RTD ARC
Covers Area	449.9800	–	●	K6IUM	RTD ARC

SOCAL-LA,OR,SBAR,VE

Location	Output	Input	Notes	Call	Sponsor
Covers Area	447.0200	–	●	KC6IJM	Ventura OES/ACS

SOCAL-LA,OR,VE

Location	Output	Input	Notes	Call	Sponsor
Covers Area	445.4600	–	●	K6LAM	------------

SOCAL-LA,SBAR,SD,VE

Location	Output	Input	Notes	Call	Sponsor
Covers Area	447.7400	–	●	W6AMS	CALNET
Covers Area	447.9200	–	●	N6HYM	------------
Covers Area	449.3600	–	●BI	N6VVY	------------

SOCAL-LA,SBAR,VE

Location	Output	Input	Notes	Call	Sponsor
Covers Area	445.3400	–	●	KC6JAR	------------
Covers Area	446.2000	–	●	WB6TZL	------------
Covers Area	446.2800	–	●	KC6YIO	SPEAR
Covers Area	446.6000	–	●	W6KGB	GRONK
Covers Area	446.7600	–	●	WD6FZA	PAPA
Covers Area	446.7800	–	●	WA6LWW	BFI
Covers Area	446.9000	–	●	WD6DIH	ALERT
Covers Area	447.3400	–	●	W6FRT	OFARTS
Covers Area	447.5000	–	●	KE6HGO	------------
Covers Area	447.5400	–	●	KB6CRE	BARN
Covers Area	447.6000	–	●	KE6DTF	LPARG
Covers Area	447.6000	–	●el	K6DVD	LPARG
Covers Area	448.1800	–	●RB	K6ERN	SMRA
Covers Area	448.3800	–	●	WD6AWP	------------
Covers Area	448.4000	–	●	N6NHJ	CALNET
Covers Area	448.4800	–	●	KB6C	FRN
Covers Area	448.8000	–	●	WD5B	------------
Covers Area	449.1400	–	●	W6NM	GRONK
Covers Area	449.1400	–	●	WA6VPL	------------
Covers Area	449.3600	–	●	N6WZK	MCARC

SOCAL-OR

Location	Output	Input	Notes	Call	Sponsor
Covers Area	446.1400	–	●	W6OPD	------------
Covers Area	446.7200	–	●	N6KXK	IDEC
Covers Area	449.9800	–	●	K6IUM	RTD ARC

420-450 MHz — CALIFORNIA-COLORADO

Location	Output	Input	Notes	Call	Sponsor
SOCAL-OR,SD					
Covers Area	448.7600	–	●	WD6APP	------------
SOCAL-RIV,SBER					
Covers Area	445.3000	–	●	W6CDF	------------
Covers Area	447.9200	–	●	WB6AMY	------------
SOCAL-SBAR					
Covers Area	445.4800	–	●	N6VMN	------------
SOCAL-SD					
Covers Area	445.2200	–	●	KF6ATL	CALNET
Covers Area	445.7400	–	●	K6ODB	------------
Covers Area	446.1400	–	●	WB6FMT	------------
Covers Area	446.1800	–	●	N6JOJ	------------
Covers Area	446.4200	–	●	W6CRC	------------
Covers Area	446.8000	–	●	KG6HSQ	------------
Covers Area	447.0400	–	●	KK6KD	------------
Covers Area	447.3600	–	●	AA4CD	------------
Covers Area	447.6000	–	●	AA4CD	------------
Covers Area	447.9400	–	●	N6CRF	------------
Covers Area	448.2800	–	●	WB6NIL	------------
Covers Area	448.7800	–	●	K6JCC	RACES
Covers Area	449.0800	–	●	K6JSI	WIN
Covers Area	449.1200	–	●	K6XI	------------
Covers Area	449.1400	–	●	N6VCM	ECRA
Covers Area	449.1600	–	●	WA6SYN	ECRA
Covers Area	449.2400	–	●	N6WB	Escondido ARC
Covers Area	449.3200	–	●	W6YJ	------------
Covers Area	449.8200	–	●Bl	W6LKK	------------
Covers Area	449.9000	–	●	K6RYA	------------
Covers Area	449.9800	–	●	WA6SYN	ECRA
SOCAL-VE					
Covers Area	446.6600	–	●	W6KGB	GRONK
Covers Area	447.1400	–	●	WB6TZL	GRONK
Covers Area	447.1800	–	●	W6KGB	GRONK
SOUTH CENTRAL					
Independence	442.3000	+	● 131.8l	W6TD	W6TD

COLORADO

Location	Output	Input	Notes	Call	Sponsor
FREQUENCY USAGE					
STATEWIDE	447.0500	–		STATEWIDE	
STATEWIDE	447.3000	–		STATEWIDE	
STATEWIDE	448.0500	–		STATEWIDE	
STATEWIDE	448.3250	–		STATEWIDE	
STATEWIDE	448.8250	–		STATEWIDE	
STATEWIDE	449.0750	–		STATEWIDE	
STATEWIDE	449.1000	–		STATEWIDE	
STATEWIDE	449.2750	–		STATEWIDE	
STATEWIDE	449.4250	–	○	STATEWIDE	
BOULDER COUNTY					
Boulder	447.7500	–	○ 141.3/141.3l	N0SZ	RMHR

420-450 MHz
COLORADO

Location	Output	Input	Notes	Call	Sponsor
Boulder	447.9750	–	O 107.2/107.2 (CA)x	W0CRA	CRA
Boulder	448.9000	–	O 100 (CA)	W0DK	BARC
Boulder	449.4000	–	O 91.5	K0DK	K0DK
Boulder	449.5500	–	O 100l	W0IA	RMVHFS
Longmont	448.5250	–	O 151.4l	N0EPA	N0EPA
Longmont	448.8000	–	O 88.5es	WENO	LARC
Longmont	449.3750	–	●	N7ONI	N7ONI

CENTRAL

Location	Output	Input	Notes	Call	Sponsor
Aspen	447.0500	–	O 136.5/136.5lx	K0VQ	RFARC
El Jebel	447.1500	–	O 136.5/136.5l	K0VQ	RFARC
Lake George	448.5750	–	O 103.5/103.5x	WZ0N	WZ0N
Lake George	449.7000	–	O 107.2elx	KC0CVU	CMRG
Salida	449.9250	–	O 103.5/103.5x	WZ0N	WZ0N

COLORADO SPRINGS

Location	Output	Input	Notes	Call	Sponsor
Colorado Springs	447.0250	–	O 123 (CA) elRB	KF0WF	CSARA
Colorado Springs	447.1000	–	O 107.2/107.2l	WD0C	WD0C
Colorado Springs	447.3500	–	O 151.4/151.4e	K0IRP	GGARC
Colorado Springs	447.4750	–	O 107.2 (CA)el	NX0G	MARC
Colorado Springs	447.5500	–	O 123e	WA6IFI	WA6IFI
Colorado Springs	447.6000	–	Or	NC0JW	----------
Colorado Springs	448.0000	–	O 107.2/107.2 (CA)	N0CAM	CMRG
Colorado Springs	448.1000	–	O 192.2 (CA)elx	KC0CVU	CMRG
Colorado Springs	448.2500	–	O 123	N0KG	N0KG
Colorado Springs	448.3000	–	O 100/100e	AA0L	AA0L
Colorado Springs	448.4500	–	OtelrsWxx	KB0SRJ	PPFMA
Colorado Springs	448.6000	–	O 114.8l	W0MOG	W0MOG
Colorado Springs	448.7250	–	O 123	KA0TTF	KA0TTF
Colorado Springs	448.8000	–	O 100 (CA) el	KB0SRJ	PPFMA
Colorado Springs	449.4750	–	O 110.9/110.9e	K0HYT	K0HYT
Colorado Springs	449.5750	–	●	W9USN	RMHARC
Monument	447.7250	–	O 100/100 (CA) RB	K0NR	K0NR
Palmer Divide	449.7250	–	O 100	N0PWZ	N0PWZ
Woodland Park	447.6750	–	O 179.9/179.9 DCS(205)els	KA0WUC	MARC
Woodland Park	448.6500	–	O 107.2el	NX0G	MARC
Woodland Park	449.0250	–	O 141.3ls	KA0WUC	MARC

420-450 MHz
COLORADO

Location	Output	Input	Notes	Call	Sponsor
DENVER METRO					
Arvada	448.6250	–	O 100/100e l	WØ TX	DRC
Aurora	448.2750	–	O 156.7/156.7 (CA)e	WØ BG	WØ BG
Aurora	448.4000	–	O 94.8/94.8	NØ ZUQ	NØ ZUQ
Aurora	448.7000	–	O 146.2/146.2	WQ8M	WQ8M
Aurora	449.1500	–	O 136.5/136.5el	WRØ AEN	CARN
Brighton	449.9250	–	O	KDØ BJT	KDØ BJT
Broomfield	448.9250	–	O 131.8 RB	WØ LMA	WØ LMA
Broomfield	449.8250	–	O 103.5el WXx	WØ WYX	RMRL
Castle Pines North	449.9500	–	● 77	W9SL	W9SL
Como	448.1750	–	O 100/100e ls	ABØ PC	ParkCntyRC
Conifer	447.5000	–	O 88.5ex	NØ OWY	ARA
Denver	447.0750	–	O 156.7/156.7	WAØ MJX	WAØ MJX
Denver	447.1500	–	O 107.2/107.2 (CA)ex	WØ CRA	CRA
Denver	447.5250	–	O 203.5/146.2rsWX	NØ ESQ	EmCommCO
Denver	447.5750	–	O 107.2/107.2esx	WØ CRA	CRA
Denver	447.8250	–	O 100/100e s	WØ TX	DRC
Denver	447.8750	–	O 107.2/107.2 (CA)el	N6LXX	N6LXX
Denver	447.9000	–	●	WBØ TPT	WBØ TPT
Denver	447.9250	–	● 100 (CA)	KØ FEZ	RADOPS EJ
Denver	448.0750	–	O 123	WØ IG	WØ IG
Denver	448.5000	–	O 100e	KBØ UDD	CRRG
Denver	448.5500	–	O 82.5e	WØ KIZ	HPRA
Denver	448.6750	–	O 100x	WØ CFI	WØ CFI
Denver	448.7500	–	Ote	NØ ELY	NØ ELY
Denver	449.0000	–	O 136.5/136.5elx	WRØ AEN	CARN
Denver	449.0500	–	O 107.2/107.2ex	WGØ N	WGØ N
Denver	449.2250	–	O 141.3/141.3 (CA)esx	NØ SZ	RMHR
Denver	449.3500	–	O 100/100e x	WØ TX	DRC
Denver	449.4500	–	O 103.5e WXx	WB5YOE	RMRL
Denver	449.6000	–	O 100e	WBØ TUB	DRL
Denver	449.6500	–	O 136.5/136.5lWX	WRØ AEN	CARN

420-450 MHz
COLORADO

Location	Output	Input	Notes	Call	Sponsor
Denver	449.6750	–	O 136.5/136.5el	WRØAEN	CARN
Denver	449.7500	–	●	WNØEHE	RMRL
Denver	449.8750	–	O 103.5exz	NØMHU	RMRL
Devils Head	447.5250	–	O 146.2/146.2erswX	NØESQ	EmCommCO
Evergreen	448.2250	–	O 141.3/141.3el	NØSZ	RMHR
Fairplay	447.1250	–	O 103.5/103.5e	WZØN	WZØN
Golden	448.1250	–	O 107.2	NØPYY	DenPDEEB
Golden	448.3750	–	●	WØOX	WØOX
Golden	448.8500	–	O 88.5e	KØIBM	ARA
Golden	448.9750	–	O 123x	WØGV	FRG
Golden	449.5250	–	O 100elr	KEØSJ	KEØSJ
Golden	449.6250	–	O 141.3/141.3el	WØKU	RMHR
Lakewood	449.7750	–	● 100/100 (CA)	WAØYOJ	WAØYOJ
Lakewood	449.9750	–	●	WNØEHE	WNØEHE
Parker	448.4250	–	●	KØVKM	CRA
Red Feather Lakes	447.3250	–	O 100/100	KTØL	KTØL
Sedalia	449.1250	–	O 103.5x	WØWYX	RMRL
Westminster	449.3000	–	O 100/100l	N1UPS	N1UPS

EAST CENTRAL

Location	Output	Input	Notes	Call	Sponsor
Limon	449.2500	–	O 123/123	KØUPS	N1UPS
Punkin Ctr	449.9000	–	O 107.2/107.2	N1FSX	N1FSX

GRAND JUNCTION

Location	Output	Input	Notes	Call	Sponsor
Collbran	449.5000	–	O 107.2/107.2 E-SUN E-WINDlrsWx	KBØSW	GMRA
Grand Junction	447.5000	–	O 114.8/114.8	KCØARV	KCØARV
Grand Junction	448.1500	–	O 107.2	KEØTY	KEØTY
Grand Junction	449.0000	–	●te	KBØSW	KBØSW
Grand Junction	449.2000	–	O 107.2/107.2 (CA)elrsRB WX	NØNHP	GMRA
Grand Junction	449.3000	–	O 107.2/107.2 (CA)elrsWxx	WA4HND	GMRA
Grand Junction	449.5750	–	O 131.8/131.8elrsRB WXxx	WA4HND	GMRA
GrandJct	448.9500	–	O 127.3/127.3	KDØNDG	KDØNDG
Loma	447.0000	–	O 107.2/107.2elrsx	KBØSW	GMRA

NORTH CENTRAL

Location	Output	Input	Notes	Call	Sponsor
Winter Park	447.4500	–	O 103.5/103.5	WA4CCC	WØIG

420-450 MHz
COLORADO

Location	Output	Input	Notes	Call	Sponsor
NORTH FRONT RANGE					
Estes Park	449.8000	–	O 123/123el	NØ FH	EVARC
Fort Collins	447.2750	–	O 100 (CA)ersWxx	WØ UPS	NCARC
Fort Collins	447.4500	–	O 123/123lx	KCØ RBT	WØ IG
Fort Collins	447.7000	–	O 100/100elwX	WØ UPS	NCARC
Fort Collins	449.8500	–	O 100 (CA)	WØ QEY	CSUARC
Ft Collins	447.7250	–	O 100 E-SUN	W7RF	W7RF
Greeley	448.4750	–	O 100/100	KCØ KWD	WARS
Greeley	449.3250	–	O 136.5/136.5el	WRØ AEN	CARN
Greeley	449.7250	–	O 127.3ars WX	KØ OJ	KØ OJ
Loveland	448.0250	–	O 100/100s WX	WØ UPS	NCARC
Loveland	449.5750	–	O 100 (CA) es	WØ LRA	LRA
Severance	447.2000	–	O 82.5/82.5	N6RFI	N6RFI
NORTHEAST					
Greeley	447.3500	–	O 91.5/91.5e	KCØ FNE	KCØ FNE
NORTHWEST					
Steamboat Springs	449.6250	–	Otex	NØ PRG	NØ PRG
PUEBLO					
Boone	447.2750	–	O 100/100 (CA)els	KØ JSC	KØ JSC
Canon City	447.7500	–	O 103.5es	WDØ EKR	RGARC
Canon City	447.9750	–	O 100/100ls	KØ JSC	KØ JSC
Fremont Pk	447.2500	–	O 100/100l (CA)ex	KØ JSC	KØ JSC
Pueblo	447.1750	–	O 88.5ex	NDØ Q	PuebloHC
Pueblo	447.7000	–	O 107.2/107.2 (CA)	KFØ KR	KFØ KR
Pueblo	447.9500	–	O 88.5ex	NDØ Q	PuebloHC
Pueblo	448.9750	–	O 100/100ls	KØ JSC	KØ JSC
Pueblo	449.6250	–	O 186.6el	KCØ CVU	CMRG
Pueblo	449.8000	–	O 118.8/118.8elrsWxx	KCØ YWX	KCØ YWX
Pueblo	449.8500	–	O	WAØ VTO	STARS
Pueblo	449.9750	–	O 103.5/103.5lRB	KØ JSC	KØ JSC
Westcliffe	448.1500	–	O 103.5e	KBØ TUC	RGARC

420-450 MHz
COLORADO

Location	Output	Input	Notes	Call	Sponsor
SOUTH CENTRAL					
Canon City	449.0000	–	O 67 E-SUNl	WBØWDF	WBØWDF
Cripple Creek	447.4000	–	O 67 E-SUNl	WBØWDF	WBØWDF
Salida	449.6500	–	Oelx	KCØCVU	CMRG
SOUTHEAST					
La Junta	449.6500	–	O 100/100e	KØIKN	CCRC
Lamar	449.5000	–	O 123l	KCØHH	LAMAR ARC
Springfield	449.2000	–	O 118.8/118.8elrsWx	BCDEARC	BCDEARC
Trinidad	449.6000	–	O 107.2elx	KCØCVU	CMRG
SOUTHWEST					
Cortez	449.1750	–	O 127.3	KD5LWU	KD5LWU
Durango	449.8500	–	O	KØEP	DARC
Mancos	447.3750	–	O 100/100e	KB5ITS	KB5ITS
Montrose	448.8000	–	O 131.8/131.8	KDØSMZ	KDØSMZ
Pagosa Springs	448.7250	–	● 82.5	N7EX	N7TX
Silverton	447.5250	–	OE-SUNx	KB5ITS	KB5ITS
WEST CENTRAL					
Breckenridge	447.8500	–	O 100/100ex	NØSZ	RMHR
Carbondale	449.7250	–	O 179.9x	KØELK	RFARC
Cedaredge	447.3500	–	O 107.2/107.2elrsWx	KDØEH	GMRA
Cedaredge	449.8250	–	O 100/100	WØALC	WØALC
Delta	449.4000	–	O 131.8/131.8 E-SUNlrsWx	NØMOR	GMRA
Delta	449.7500	–	O 173.8/173.8l	KDØSMZ	KDØSMZ
Douglas Pass	448.6500	–	O 151.4/151.4lrsWxy	KBØYNA	KBØYNA
Glenwood Springs	447.1000	–	O 107.2	KIØG	SCARC
Glenwood Springs	447.6000	–	●	KIØG	SCARC
Glenwood Springs	449.6000	–	O 107.2/107.2elrsWx	NØXLI	GMRA
Grand Junction	449.6500	–	O 151.4/151.4e	KBØYNA	KBØYNA
Grand Junction	449.6500	–	O 151.4/151.4#elrsWxx	KBØYNA	KBØYNA
Gunnison	449.9500	–	O	K5GF	K5GF
Montrose	447.2000	–	O 107.2/107.2elrsWx	WA4HND	GMRA
Parachute	449.8000	–	O 107.2/107.2 (CA)elrsWx	N2XYY	GMRA
Rio Blanco	449.7000	–	O 107.2/107.2 (CA)elrsWx	N2XYY	GMRA

Location	Output	Input	Notes	Call	Sponsor
Vail	449.9000	–	O 107.2/107.2	N0AFO	ECHO

CONNECTICUT
FREQUENCY USAGE

Location	Output	Input	Notes	Call	Sponsor
SNP Pair	442.0000	+	O		
FAIRFIELD & SOUTHWEST					
Ansonia	442.9000	+	O 77.0e	WK1M	----------
Bridgeport	441.5000	+	77.0ae	N1LXV	----------
Bridgeport	443.5500	+	77.0	WA1YQE	----------
Danbury	443.6500	+	O 114.8/114.86el	W1HDN	PVRA
Danbury	447.7750	–	O 100.0	W1QI	CARA
Fairfield	446.8250	+	O 100.0	N3AQJ	FUARA
Greenwich	443.4000	+		N1LNA	----------
New Canaan	447.2750	+	O 123.0/123.0a	W1FSM	W1FSM
Norwalk	448.0750	–	O 114.8/114.8 (CA)	W1NLK	GNARC
Stamford	447.1250	+	O 114.8/114.8e	W1EE	SARA
HARTFORD & N CENTRAL					
Bolton	448.8250	–	77.0/77.0	W1TTL	W1TTL
Bolton	448.8250	–	77.0/77.0	W1TTL	W1TTL
Bristol	442.8500	+	77.0/77.0 l	K1CRC	ICRC
Bristol	444.6500	+	77.0/77.0 el	KB1AEV	KB1AEV
Bristol	448.8750	+	O 110.9	W1IXU	W1JJA
E Hartford	443.2500	–	O 141.3/141.3e	W1EHC	EH CERT
E Hartland	448.0000	–	O 162.2e	W1XOJ	YANKEE NET
Enfield	442.4000	+	O 94.8/94.8 e	K1ENF	K1ENF
Farmington	442.7000	+	O 173.8e	N1GCN	N1GCN
Glastonbury	449.6250	–	O 110.9/110.9e	W1EDH	CT ARES
Hartford	443.1000	+	O 114.8e	W1HDN	PVRA
Manchester	449.2250	–	O 77.0/77.0	WA1YQB	----------
Newington	443.0500	–	O 100.0/100.0	W1OKY	NARL
Newington	449.5750	–	O 79.7 (CA) el	WA1UTQ	----------
Plainville	447.0750	–	O 110.9/110.9e	AA1WU	N1GLA
Vernon	442.6000	+	O 77.0/77.0 el	KB1AEV	KB1AEV
Vernon	443.3000	+	114.8/114.8	W1HDN	PVRA
Vernon	443.7500	+	O 77.0/77.0 e	W1BRS	BEARS MAN

420-450 MHz
CONNECTICUT-DELAWARE

Location	Output	Input	Notes	Call	Sponsor
LITCHFIELD & NORTHWEST					
Torrington	443.6000	+	O 82.5/82.5 (CA)el	W1HDN	PVRA
Torrington	447.2250	−	O 77.0/77.0 aelz	KB1AEV	KB1AEV
Torrington	449.7750	−	O 141.3/141.3e	K1KGQ	K1KGQ
Washington	441.8500	+	O 77.0/77.0 els	NA1RA	NARA
Watertown	441.6500	+	O 77.0/77.0 el	KB1AEV	KB1AEV
NEW HAVEN & S CENTRAL					
Bethany	441.1000	+	Olr	W1EDH	MARA
Branford	449.3250	−	O 103.5/103.5eWX	N1HUI	BFD-OEM
Durham	446.9250	−	O 77.0/77.0 el	KB1MMR	------------
East Haven	449.8250	−	O 110.9/110.9e	KA1MJ	SCARA
EastHaddam	440.8000	+	O 110.9	K1IKE	Ares/Races
Guilford	449.4750	−	O 110.9ael r	NI1U	KM1R
Hamden	444.4500	+	● 100.0/100.0e	WA1MIK	WA1MIK
Meriden	448.0000	−	192.8	W1XOJ	NYNES
Middletown	446.8750	−	O 156.7elr	K1IKE	------------
Milford	441.7000	+	O 77.0 (CA) el	N1KGN	------------
Woodbridge	442.5000	+	O#(CA) DCS(073)e	W1WPD	SPARC
NEW LONDON & SOUTHEAST					
Groton	448.9750	−	O 156.7	W1NLC	SCRAMS
Mystic	446.5750	+	O 127.3/127.3	KB1CJP	KB1CJP
Norwich	441.9500	+	O 67.0/67.0	W1HLO	------------
WINDHAM & NORTHEAST					
E Killingly	444.8000	+	O 156.7/156.7	K1MUJ	K1MUJ

DELAWARE

Location	Output	Input	Notes	Call	Sponsor
ALL					
SNP	442.9000	+	O		------------
SNP	447.8750	−	O		------------
DOVER					
Dover	444.5000	+	O 114.8	N3IOC	N3IOC
Dover	449.7250	−	O 131.8 (CA)lWX	W3BXW	BEARS
Harrington	442.4500	+	O 127.3	KB3IWV	DelMarVa
Wyoming	449.7750	−	O 114.8	N3IOC	N3IOC

420-450 MHz
DELAWARE-FLORIDA

Location	Output	Input	Notes	Call	Sponsor
NORTH					
Delaware City	448.8250	−	O 131.8	N3JLH	DelMarVa
Middletown	442.5000	+	O 100.0el	W3CER	ChristianaHosp
Smyrna	443.0500	+	O 156.7ers	K3CRK	K3CRK
SOUTH					
Lewes	443.5500	+	O 156.7e	W4ALT	STAR-NET
Millsboro	449.8250	−	O 156.7e	WS3ARA	Sussex ARA
Roxana	448.7250	−	O 131.8elr sWX	W3BXW	BEARS
WILMINGTON					
Newark	444.9500	+	O 100.0	W3CER	ChristianaHosp
Newark	449.0250	−	O 131.8	W3DRA	DRA
Wilmington	442.0000	+	O 131.8el	N3KZ	UPennARC
Wilmington	444.0000	+	O 100.0	W3CER	ChristianaHosp
Wilmington	448.3750	−	O 131.8	W3DRA	DRA

DISTRICT OF COLUMBIA
Location	Output	Input	Notes	Call	Sponsor
ALL					
SNP	442.9000	+	O	------------	
SNP	447.8750	−	O	------------	
WASHINGTON AREA					
Washington	444.1625	+	Oe L(DSTAR)	W3AGB	AlexGrahamBell
Washington	447.6750	−	O 123.0elr WX	K3WS	K3WS
Washington	448.5750	−	O	K3VOA	VOA ARC
Washington	448.8750	−	O	KC3VO	RACES/AR
Washington	449.9750	−	O 107.2a L(P25 NAC 293)	WA3KOK	NERA

FLORIDA
Location	Output	Input	Notes	Call	Sponsor
CENTRAL					
Bartow	444.9500	+	O 127.3/127.3eL(IR-4156	WC4PEM EC-3363 444.625 4	PCEM
Davenport	442.1500	+	O 103.5/103.5es	WA1VHF	WA1VHF
Davenport	444.6250	+	O 127.3/127.3eL(IR-4156	WC4PEM EC-3363 444.950 4	PCEM
Lake Wales	442.4250	+	O 127.3/127.3es	K4LKW	LWRA
Lakeland	442.2750	+	O 82.5/82.5 BI	N4AMC	N4AMC
Lakeland	442.9750	+	O 100/100x	W4CLL	W4CLL
Lakeland	443.9000	+	O 127.3/127.3eL(IR-4156	WC4PEM EC-3363 146.985 4	PCEM
Lakeland	444.8500	+	O 103.5/103.5	W4VCO	W4VCO
Pebbledale	442.8250	+	O 100/100e L(145.290 145.430 442.550 442.950 443.4	NI4CE	WCFG
The Villages	443.1500	+	O 103.5/103.5	K4LFK	K4LFK

420-450 MHz
FLORIDA

Location	Output	Input	Notes	Call	Sponsor
The Villages	443.2250	+	○ 103.5/103.5e	K4VRC	VARC
The Villages	444.5750	+	○ 91.5/91.5 WA1UTQ e	WA1UTQ	WA1UTQ
CENTRAL - ORLANDO					
Altamonte Springs	442.7500	+	○ 103.5/103.5eL(147.090 147.165)rs	N1FL	SARG
Altamonte Springs	442.9750	+	○ 103.5/103.5e	N4EH	LMARS
Bushnell	443.1250	+	○tae	W1LBV	W1LBV
Christmas	442.6250	+	○ 103.5/103.5 DCS(172)eL(145.29) RB	K4IC	K4IC
Clermont	442.4500	+	○ 103.5/103.5	KG4RPH	KG4RPH
Clermont	442.4750	+	○ 103.5/103.5 E-SUN	K4VJ	K4VJ
Clermont	442.6000	+	○ 103.5/103.5	WA2UPK	WA2UPK
Deland	444.1500	+	○ 88.5/88.5 K4HEK E-SUN L(IR-4563)	K4HEK	K4HEK
Deland	444.8000	+	○ 88.5/88.5 E-SUN	K4HEK	K4HEK
Eustis	443.5500	+	○ 103.5/103.5e	K4VJ	KD4MBN
Eustis	444.5500	+	○ 103.5/103.5eL(444.05)rsWXxz	K4AUS	LCSO
Eustis	444.8750	+	○ 103.5/103.5	N4ZSN	N4ZSN
Groveland	444.0500	+	○ 103.5/103.5eL(444.55)rsWXxz	K4AUS	LCPS
Kissimmee	442.1000	+	○ 103.5/103.5 DCS(411) L(147.210 444.450 443.40	N4OTC	OTARC
Kissimmee	444.4500	+	○ 103.5/103.5a(CA) L(147.210 927.7000 IR-4338	NO9S	NO9S
Lake Buena Vista	442.5000	+	○ 103.5/103.5e	WD4WDW	DEARS
Lake Buena Vista	444.0000	+	○ 103.5/103.5e	WD4WDW	DEARS
Longwood	443.7000	+	○ 103.5/103.5eL(927.65)	KD4JYD	KD4JYD
Orange City	442.8750	+	○DCS(411) e	W4ORL	W4ORL
Orlando	442.0750	+	○ 103.5/103.5x	W4LOV	KD4JYD
Orlando	442.1750	+	○ 103.5/103.5a(CA)e	W4MFC	LMARA
Orlando	442.2500	+	○ 103.5/103.5e	KD4Z	KD4Z
Orlando	442.3750	+	● 100/100 DCS(411)el	NN4TT	NN4TT

420-450 MHz
FLORIDA

Location	Output	Input	Notes	Call	Sponsor
Orlando	442.7000	+	O	W4MCO	OCCA
			103.5/103.5ers		
Orlando	443.0500	+	O	W4MCO	OCCA
			103.5/103.5ersWX		
Orlando	443.1000	+	O	K4ZPZ	K4ZPZ
			103.5/103.5 L(IR-4949 EC-44310)		
Orlando	443.3250	+	O	WD4IXD	WD4IXD
			103.5/103.5a(CA)eRB		
Orlando	443.3750	+	O	K4UCF	ARCUCF
			103.5/103.5eL(IR-4775 EC-225634)		
Orlando	443.5250	+	O	W4MCO	OCCA
			103.5/103.5ers		
Orlando	443.8500	+	O	N4ATS	N4ATS
			103.5/103.5a(CA)ex		
Orlando	443.9750	+	O	KA4QXP	KA4QXP
			103.5/103.5		
Orlando	444.1250	+	O	W4AES	AESOARC
			103.5/103.5e		
Oviedo	442.9500	+	O	WD4DSV	WD4DSV
			103.5/103.5a(CA)e		
St Cloud	444.1000	+	O 123/123e	KG4EOC	EOCARDS
			L(145.350 EC-458245)rsx		
Tavares	442.9000	+	O	K4FC	LARA
			103.5/103.5 (CA)eL(EC-347254)rs		
Winter Park	442.5250	+	O	W4MCO	OCCA
			103.5/103.5ers		

DEEP SOUTH

Location	Output	Input	Notes	Call	Sponsor
Big Pine Key	442.3750	+	●	NQ2Z	N2GKF
			110.9/110.9 A(220-111-110) TT(*05ON/#05O		
Islamorada	442.8500	+	O	WB4HIS	WB4HIS
			114.8/114.8ex		
Key West	443.1000	+	O	WA4JFJ	FKARC
			156.7/156.7		
Key West	443.3750	+	●	W4HN	W4HN
			110.9/110.9rsBIx		
Marathon	444.0250	+	O 94.8/94.8	KA4EPS	ATTATA
			eIWX		

DELAND

Location	Output	Input	Notes	Call	Sponsor
North East	444.2000	+	O	W2RPT	Interlink
			103.5/103.5 L(IR-9050)		

EAST CENTRAL

Location	Output	Input	Notes	Call	Sponsor
Cocoa	444.4000	+	O	W4JAZ	ARJS
			103.5/103.5e		
Cocoa	444.6750	+	O	WB4OEZ	WB4OEZ
			103.5/103.5		
Cocoa	444.7500	+	●	N4LEM	N4LEM
			107.2/107.2r		
Cocoa Beach	444.6500	+	O	W4NLX	IRARC
			107.2/107.2esx		
Ft Pierce	443.4750	+	O	W4SLC	SLC EAR
			107.2/107.2eL(444.600 442.000)s		

484 420-450 MHz
FLORIDA

Location	Output	Input	Notes	Call	Sponsor
Ft Pierce	444.6000	+	O	W4SLC	SLC EAR
			141.3/141.3eL(443.475 442.000)sWX		
Ft Pierce	444.8000	+	O	W4AKH	FPARC
			107.2/107.2a(CA)eL(147.345 IR-4545 EC-2004)r		
Indiantown	444.4500	+	O	AG4BV	AG4BV
			110.9/110.9ersxz		
Melbourne	443.0000	+	●a(CA)l	WB2GGP	WB2GGP
Melbourne	443.8000	+	O	W4OEZ	WB4OEZ
			103.5/103.5		
Melbourne	444.4250	+	O 100/100a	W4MLB	PCARS
			(CA)e		
Melbourne	444.5750	+		WB4OEZ	WB4OEZ
			103.5/103.5		
Melbourne	444.8250	+	●	KI4SWB	KI4SWB
			167.9/167.9e		
Merritt Island	444.7750	+	O	KC2UFO	SKYANDCOM
			107.2/107.2a(CA) E-SUN L(IR-4227 EC-302025)		
Palm Bay	444.4750	+	O	KI4HZP	KI4HZP
			107.2/107.2aTT(# * IN # OUT)eL(IR-4954 EC-255		
Palm Bay	444.5750	+	O	KI4HZP	KI4HZP
			151.4/151.4aTT(# *)		
Palm Bay	444.9500	+	O	KM4OP	KM4OP
			107.2/107.2 Bl		
Port Saint Lucie	442.5750	+	O	W4RCC	W4RCC
			110.9/110.9l		
Port St John	444.3500	+	O	W4PLT	W4PLT
			103.5/103.5e		
Port St Lucie	442.0000	+	O	W4SLC	SLC EAR
			107.2/107.2eL(444.600 443.475)s		
Port St Lucie	443.6500	+	O	K4PSL	PSLARA
			107.2/107.2es		
Port St Lucie	444.0000	+	O	K4NRG	NRG
			107.2/107.2eL(927.6625 IR)rsWXxz		
Rockledge	444.5250	+	O	K4EOC	BEARS
			103.5/103.5er		
Stuart	444.9000	+	O	WX4MC	MCARES
			107.2/107.2eL(EC-315546)rs		
Stuart	444.9750	+	O	K4NRG	NRG
			107.2/107.2e		
Titusville	442.1500	+	O	KF4SEK	KF4SEK
			107.2/107.2e		
Titusville	442.8500	+	O	N3EH	N3EH
			107.2/107.2es		
Valkaria	444.7000	+	●77/77e	K4HV	K4HV
Vero Beach	444.7250	+	O	K4CPJ	TCRA
			107.2/107.2aeL(EC)		
Vero Beach	444.8500	+	O	KA4EPS	ATTATA
			107.2/107.2elWX		
Vero Beach	444.8750	+	O	W4VRB	RATS
			107.2/107.2		

420-450 MHz — FLORIDA

Location	Output	Input	Notes	Call	Sponsor
LAKE PLACID					
South Central	443.9500	+	O	NI4CE	WCFG
			100.0/100.0eL(145.290 145.430 442.450 4		
NORTH CENTRAL					
Gainesville	444.9250	+	OE-WINDr	K4GNV	GARS
			s		
Lake City	444.9000	+	O	NF4CQ	CARS
			110.9/110.9eL(442.100 442.900)rsx		
Live Oak	442.9250	+	O	KC4GOL	KC4GOL
			127.3/127.3e		
Live Oak	443.6000	+	O	KC4GOL	KC4GOL
			127.3/127.3a(CA)eL(EC-198563) Bl		
Macclenny	444.0750	+	O 100/100	AB4GE	AB4GE
Ocala	444.3250	+	Oe	KA2MBE	KA2MBE
			L(145.43)x		
Summerfield	443.2500	+	O	KI4LOB	KI4LOB
			141.3/141.3a(CA)eL(147.360 EC-317403)		
NORTH EAST					
Bunnell	444.0000	+	O 123/123	KB4JDE	KB4JDE
			L(145.450 224.020 145.190 EC-158400)		
Daytona Beach	444.8500	+	O	W4TAM	W4TAM
			127.3/127.3		
Deltona	444.2500	+	O	NP4ND	NP4ND
			103.5/103.5e		
Hollister	443.9000	+	O 94.8/94.8	W4OBB	PARCI
			e		
Holly Hill	444.1750	+	O	KI4RF	KI4RF
			156.7/156.7eL(146 655 53.05 EC-50666)		
Marineland	442.8000	+	O	KC5LPA	KC5LPA
			127.3/127.3		
Orange City	442.9250	+	O	KW4LCB	KW4LCB
			103.5/103.5eL(EC-369183)x		
Ormond Beach	442.6500	+	O	KA2AYR	KA2AYR
			127.3/127.3a(CA)e		
Ormond Beach	443.8250	+	O	KE4NZG	KE4NZG
			118.8/118.8a(CA)		
Ormond Beach	443.8750	+	O	KE8MR	KE8MR
Palatka	444.9500	+	O	KI4NAD	KI4NAD
			127.3/127.3e		
Palm Coast	443.1500	+	O	AF2C	FECA
			107.2/107.2es		
Palm Coast	443.3000	+	O	KF4I	FECA
			107.2/107.2		
NORTH EAST - JACKSONVILLE					
Durbin	444.5750	+	O	AJ4FR	AJ4FR
			127.3/127.3esx		
Jacksonville	444.2000	+	O	K4QHR	K4QHR
			127.3/127.3eL(EC-444200 442.100 444.900		
Jacksonville	444.3500	+	O	KJ4GBI	KJ4GBI
			218.1/218.1ex		

420-450 MHz
FLORIDA

Location	Output	Input	Notes	Call	Sponsor
Jacksonville	444.4000	+	O 127.3/127.3aeL(146.700 145.370)rsxz	W4IZ	NOFARS
Jacksonville	444.6750	+	O 127.3/127.3e	W4RNG	Jax Range
Jacksonville	444.8250	+	O 156.7/156.7er	W4IJJ	W4IJJ
Jacksonville Beach	442.4250	+	O 127.3/127.3	KM4CTB	KM4CTB
Jacksonville Beach	444.8750	+	O 127.3/127.3	KB4ARS	BARS
Orange Park	444.5000	+	O 127.3/127.3	WB4CGD	OPARC
St Augustine	443.5000	+	Oe	KF4MX	KF4MX
Yulee	442.9000	+	O 127.3/127.3e	KC5LPA	KC5LPA
NORTH WEST					
Chattahoochee	444.9750	+	O 94.8/94.8 e	K4GFD	K4GFD
Chipley	443.2000	+	O 103.5/103.5	KJ4BDU	KJ4BDU
Chipley	444.7500	+	O 103.5/103.5s	WA4MN	WA4MN
Greensboro	444.1250	+	O 94.8/94.8 e	K4GFD	K4GFD
Lee	442.0000	+	O 123/123e SRB	W4FAO	W4FAO
Madison	444.3000	+	O 94.8/94.8 ex	W4FAO	K4III
Marianna	444.9500	+	O	W4BKD	Chipola AR
Perry	444.1000	+	O 100.0/100.0ex	K4III	K4III
NORTH WEST - PENSACOLA					
Crestview	442.9500	+	ODCS(23)e sx	N4NID	N4NID
Crestview	444.9500	+	ODCS(23)e sz	N4NID	N4NID
Eglin AFB	444.8000	+	O 100.0/100.0a	W4NN	EARS
Milton	443.9750	+	O 100/100 E-SUN L(EC-20273)	N3CMH	N3CMH
Milton	444.4000	+	O 100/100 E-SUN L(EC-629157)sx	W4VIY	Milton ARC
Navarre	444.2000	+	O 131.8/131.8	KC4ERT	NCERT
Pensacola	443.7000	+	O 100/100e	WB4OQF	WB4OQF
Pensacola	443.8500	+	O 100/100e	WA4ECY	CSARC
NORTH WEST - TALLAHASSEE					
Crawfordville	444.4500	+	O 94.8/94.8 E-SUNrs	K4WAK	SPARC
Tallahassee	442.1000	+	O 94.8/94.8 esx	K4TLH	TARS

420-450 MHz
FLORIDA

Location	Output	Input	Notes	Call	Sponsor
Tallahassee	442.8500	+	O 94.8/94.8 esx	K4TLH	TARS
Tallahassee	443.9500	+	O 94.8/94.8 aerx	AE4S	AE4S
Tallahassee	444.0000	+	O 94.8/94.8 eL(EC-1922)	KD4MOJ	KD4MOJ
Tallahassee	444.1750	+	O 94.8/94.8 e	K4GFD	K4GFD
Tallahassee	444.4000	+	O 131.8/131.8	N4NKV	N4NKV
Tallahassee	444.8000	+	O 94.8/94.8 ersx	K4TLH	TARS
SOUTH CENTRAL					
Arcadia	444.2000	+	O 100/100e L(147.075)	W4MIN	DARC
Avon Park	442.3500	+	O 100/100e	W4HCA	HCARC
Avon Park	444.8250	+	O 100/100e s	W4HEM	HCEM
Brighton	444.9250	+	O 100/100e s	W4HEM	HCEM
Clewiston	443.5250	+	O 82.5/82.5 L(145.150 442.800 443.525 224.160) Bl	WB4TWA	WB4TWQ
Clewiston	444.4000	+	O 82.5/82.5 eL(145.350 443.525 444.500 442.800 29.6	WB4TWQ	WB4TWQ
Lake Placid	444.5250	+	O 206.5/206.5 rs	WW4EOC	WW4EOC
Lake Placid	444.9000	+	O 100.0/100.0	W3AVI	W3AVI
Okeechobee	444.0500	+	O 100/100	K4OKE	OARC
Wauchula	442.3250	+	O 127.3/127.3eL(146.625)rs	N4EMH	HARG
SOUTH EAST					
Boca Raton	442.8750	+	O 110.9/110.9ers	N4BRF	BRARA
Boca Raton	443.5000	+	O 131.8/131.8 e	N4GCR	WEBARK
Boca Raton	444.7000	+	O 123/123a (CA)e	KC4GH	BRFD
Boca Raton	444.7500	+	O 110.9/110.9ex	KF4LZA	KF4LZA
Boynton Beach	443.1000	+	O 110.9/110.9e	KG4DWP	BBFR
Boynton Beach	444.6500	+	O 127.3/127.3a(CA)eL(147.225)sz	NR4P	NR4P
Jupiter	443.8250	+	O 103.5/103.5ewx	KA4EPS	ATTATA
Jupiter Farms	444.4000	+	O 110.9/110.9ex	AG4BV	AG4BV
Key Largo	444.4000	+	O 127.3/127.3eL(EC-855265 145.150 44.2800	WB4TWQ	KB4TFF

420-450 MHz
FLORIDA

Location	Output	Input	Notes	Call	Sponsor
Lake Worth	443.3750	+	O ex	WX3C	WX3C
Lake Worth	444.8500	+	O 103.5/103.5eIWX	KA4EPS	ATTATA
Mangolia Park	444.3250	+	O 179.9/179.9ersBlz	AG4BV	AG4BV
Palm Beach	443.2750	+	● 110.9/110.9eRB	WB2BQK	SMMC
Palm Beach Gardens	444.2250	+	O 110.9/110.9a(CA)ers	W4JUP	JTRG
Palm City	442.8500	+	O 107.2/107.2ex	KA3COZ	KA3COZ
Royal Palm Beach	443.9750	+	O 110.9/110.9es	K4EEX	PWARC
Wellington	442.0500	+	O 103.5/103.5eL(IR-4394 EC)rx	K4WRC	WRC
West Palm Beach	444.3000	+	O 110.9/110.9eL(EC-512895)	KA2UFO	KA2UFO
West Palm Beach	444.7250	+	O 110.9/110.9x	KG4GOQ	KG4GOQ

SOUTH EAST - MIAMI/FT LAUD

Location	Output	Input	Notes	Call	Sponsor
Andytown	442.8250	+	O 110.9/110.9	NØLO	NØLO
Aventura	442.2500	+	O 114.8/114.8 L(46.850 147.375 443.825 IR-4022)	K4PAL	PARC
Aventura	443.8250	+	O 114.8/114.8eL(IR-4022)	K4PAL	PARC
Belle Glade	443.9000	+	O 131.8/131.8eL(443.925 927.525) WX	KF4ACN	KF4ACN
Coral Gables	444.0750	+	O 103.5/103.5e	KB4MAG	KB4MAG
Coral Springs	443.8500	+	O 110.9/110.9eL(145.110 EC-46246) WX	WR4AYC	WR4AYC RG
Coral Springs	444.5750	+	O 131.8/131.8eL(224.68)rsRB LITZx	N2DUI	WA4EMJ
Davie	443.6750	+	O 131.8/131.8eIrsRB	N4RQY	WA4EMJ
Deerfield Beach	442.7500	+	O 110.9/110.9a(eL(444.125 444.850 IR-4983 EC)	KA4EPS	KA4EPS
Deerfield Beach	444.4250	+	O 110.9/110.9	N4ZUW	N4ZUW
Ft Lauderdale	442.3000	+	ODCS(205) eL(EC-402814 443.370 444.250 441.850)	WX3C	WX3C
Ft Lauderdale	442.5000	+	O 110.9/110.9el	W4BUG	GCARA
Ft Lauderdale	442.5500	+	O 131.8/131.8eIrsRB	N4RQY	WA4EMJ
Ft Lauderdale	443.0000	+	O 131.8/131.8esx	N4MOT	MARC
Ft Lauderdale	443.0500	+	ODCS(732) ez	K4BRY	K4BRY

420-450 MHz FLORIDA

Location	Output	Input	Notes	Call	Sponsor
Ft Lauderdale	443.4000	+	●tewX	K4MAP	N4BIF
Ft Lauderdale	443.5750	+	O 110.9/110.9 L(EC)	KK4YKE	KK4YKE
Ft Lauderdale	443.6250	+	O 110.9/110.9 L(IR-4864 EC-48646 147.0750)	W2GGI	KF4LZA
Ft Lauderdale	443.7500	+	O 110.9/110.9a(CA)eL(927.700 IR-4787 EC-4	KF4LZA	CCRC
Ft Lauderdale	443.8000	+	O 131.8/131.8e	KD4CPG	KD4CPG
Ft Lauderdale	444.0500	+	●DCS(25)e WX	KB2TZ	KB2TZ
Ft Lauderdale	444.8250	+	O 110.9/110.9a(CA)e	W4AB	BARC
Hiaheah	442.3750	+	O 103.5/103.5a(CA) TT(*05ON/#05OFF) E-SU	N2GKK	N2GKK
Hialeah	441.8500	+	ODCS(205) BI	W4PHR	W4PHR
Hialeah	442.9250	+	O 110.9/110.9lBI	WD4DPS	WD4DPS
Hialeah	443.9500	+	O 110.9/110.9a(CA)ersBIx	WB4IVM	WB4IVM
Hialeah	444.2250	+	● 67/67a (CA)e	KE4YUW	KE4YUW
Hialeah	444.3500	+	O 94.8/94.8 e	KA4EPS	ATTATA
Hialeah	444.8000	+	O 110.9/110.9a(CA)ersBIx	WB4IVM	WB4IVM
Hollywood	442.7750	+	O 110.9/110.9 L(EC-329701) BI WX(99*)	K4ABB	K4ABB
Hollywood	442.9000	+	O 88.5/88.5 E-SUN BI WX(99*)	K4ABB	K4ABB
Hollywood	443.2500	+	Oa(CA)	N2VNG	KZ4TI
Hollywood	444.1500	+	O 88.5/88.5 a(CA)	WF2C	HMRH
Hollywood	444.1750	+	O 107.2/107.2a(CA)eL(53.030 145.210) LITZ x	AC4XQ	AC4XQ
Kendall	444.6250	+	O 97.4/97.4 eL(145.230 145.170 145.410 444.500) RB	KJ4OBN	KC2CWC
Lake Worth	444.2500	+	●DCS(205) ex	WX3C	WX3C
Margate	444.0250	+	O 107.2/107.2eWX	KA4EPS	ATTATA
Miami	442.0250	+	O 100/100 BI	KK4GLE	KK4GLE
Miami	442.0750	+	● 88.5/88.5 el	KI4GQO	KI4GQO
Miami	442.1000	+	O 88.5/88.5 W4CSO eL(EC-4410)	W4CSO	W4CSO
Miami	442.1500	+	● 94.8/94.8 rsBIx	K4AG	K4AG

420-450 MHz
FLORIDA

Location	Output	Input	Notes	Call	Sponsor
Miami	442.1750	+	O 94.8/94.8	W4ILQ	W4ILQ
			ex		
Miami	442.2750	+	Ot	AE4WE	AE4WE
Miami	442.3250	+	O	KI4IJQ	KI4IJQ
			156.7/156.7eL(146.7) BIx		
Miami	442.4750	+	O 94.8/94.8	KI4BCO	KI4BCO
Miami	442.5250	+	O 88.5/88.5	KR4DQ	KR4DQ
			eL(147.300 927.025)x		
Miami	442.6250	+	O	KC4SJL	KC4SJL
			103.5/103.5eBI		
Miami	442.6500	+	O 94.8/94.8	KB4ELI	KB4ELI
			eL(IR-4489 EC-44891)rsBIx		
Miami	442.7250	+	O	KC4MND	KC4MND
Miami	442.8000	+	O	WB4TWQ	WB4TWQ
			118.8/118.8e		
Miami	442.9750	+	Oa(CA) BI	WD4RXD	RC de Cuba
Miami	443.0750	+	O	KZ4TI	KZ4TI
			107.2/107.2ex		
Miami	443.1750	+	●	AC4XQ	AC4XQ
			107.2/107.2exz		
Miami	443.2250	+	O 94.8/94.8	KD4BBM	KD4BBM
Miami	443.3500	+	O 94.8/94.8	KB4AIL	KB4AIL
Miami	443.4250	+	O 94.8/94.8	W2GGI	W2GGI
			L(IR-8369 EC-83690)		
Miami	443.4500	+	O	AE4EQ	AE4EQ
			110.9/110.9rsRB BIx		
Miami	443.4750	+	Ot	KB4AIL	KB4AIL
Miami	443.5250	+	O	WB4TWQ	KE4QZD
			110.9/110.9		
Miami	443.5500	+	O	KG4TRV	KC2CWC
			146.2/146.2eL(145.41) RB BIxz		
Miami	443.6000	+	O	N4LJQ	N4LJQ
			103.5/103.5a(CA) L(EC-210790) WX		
Miami	443.7750	+	OBI	KS4WF	KS4WF
Miami	443.9250	+	O	AE4EQ	AE4EQ
			110.9/110.9a(CA) BI		
Miami	444.1250	+	O 94.8/94.8	KA4EPS	ATTATA
			e		
Miami	444.2000	+	O 94.8/94.8	KA4HLO	DRC
			eL(442.075 442.350 146.835 146.925 147.000)r		
Miami	444.2500	+	Ot	AE4WE	AE4WE
Miami	444.2750	+	O 94.8/94.8	K4PCS	K4PCS
Miami	444.3000	+	O	WB4DD	WB4DD
			103.5/103.5		
Miami	444.3750	+	O 94.8/94.8	KC4MNE	KC4MNE
			L(145.470 224.600 147.045 145.170 442.950 2		
Miami	444.4500	+	●	WA4PHG	TELETROL
			110.9/110.9ersBI		
Miami	444.5000	+	O	KC2CWC	KI4RAL
			127.3/127.3 L(145.230 146.700) RB BIxz		

420-450 MHz   FLORIDA

Location	Output	Input	Notes	Call	Sponsor
Miami	444.5250	+	O	KD4IMM	KD4IMM
			114.8/114.8e		
Miami	444.6000	+	O 94.8/94.8	K4AG	K4AG
Miami	444.6750	+		WB4TWQ	WB4TWQ
			110.9/110.9 L(29.620 145.150 444.800 443		
Miami	444.9500	+	O	WY4P	WY4P
			110.9/110.9 Bl		
Miami	444.9750	+	O	W4NR	W4NR
			179.9/179.9eL(EC-10725) Blx		
Miramar	444.1000	+	O	N2YAG	N2YAG
			103.5/103.5a(CA) TT(*789 #987) DCS(23)eL		
North Dade	443.1250	+	●	AC4XQ	AC4XQ
			107.2/107.2ersWxx		
Pembroke Pines	441.9000	+	O	K2HXC	K2HXC
			110.9/110.9 L(EC-468418)		
Pembroke Pines	444.5500	+	●	KC4MNI	KC4MNI
			146.2/146.2 E-SUN E-WIND Bl		
Pembroke Pines	444.7750	+	O 88.5/88.5	KP4BM	KP4BM
			Bl		
Plantation	441.4250	+	O	K4GET	K4GET
			110.9/110.9 L(IR-8091)		
Plantation	442.8500	+	O	WA4YOG	WA4YOG
			110.9/110.9e		
Plantation	443.2000	+	O	N4RQY	WA4EMJ
			131.8/131.8eL(EC)rsRB		
Princeton	442.3500	+	O 94.8/94.8	KF4ACN	KF4ACN
			eL(442.075 444.200 146.835 146.925 147.		
Riviera Beach	443.9250	+	O	KF4ACN	KF4ACN
			131.8/131.8eL(443.900 927.525)s		
Southwest Ranches	442.5750	+	O	W4RCC	W4RCC
			103.5/103.5l		
Wilton Manors	442.6750	+	O	N4RQY	WA4EMJ
			131.8/131.8		
SOUTH WEST					
Ave Marie	444.0750	447.0750	O	N4DJJ	KC1AR
			103.5/103.5 RB		
Ft Myers	444.4500	+	O 77/77	WB4FOW	WB4FOW
			L(443.900 444.075 442.125 224.380)		
Marco Island	443.4000	+	O	K5MI	MIRC
			141.3/141.3		
Marco Island	443.6500	+	O	K5MI	MIRC
			141.3/141.3		
Murdock	444.6000	+	O 82.5/82.5	AC4XQ	AC4XQ
			eL(442.3000 444.8750)		
Naples	442.7500	+	O 67/67 RB	KC1AR	KC1AR
Naples	443.1000	+	O	KC4RPP	KC4RPP
			136.5/136.5a(CA)e		
Naples	443.9000	+	● 67/67	N5ICT	N5ICT
			L(444.450 442.125 444.075 224.380)		

420-450 MHz
FLORIDA

Location	Output	Input	Notes	Call	Sponsor
SOUTH WEST - FT MYERS					
Cape Coral	442.4250	+	O	KN2R	KN2R
			136.5/136.5eL(146.61 444.725 IR-4171 EC-4171		
Cape Coral	444.7250	+	O	KN2R	KN2R
			136.5/136.5eL(IR-4171 EC-41712)SRB WX(AA)		
Estero	442.1250	+	●	N5ICT	GAS
			131.8/131.8 L(444.450 449.900 444.075 224.380		
Ft Myers	442.2250	+	O	WB4FOW	WB4FOW
			103.5/103.5eL(444.450 443.900) RB		
Ft Myers	442.4500	+	O	WB2FAU	FMARC
			136.5/136.5e		
Ft Myers	442.5000	+	●DCS	NQ6U	NQ6U
Ft Myers	443.0500	+	O	NG2F	NG2F
			141.3/141.3eL(EC-326006)		
Lehigh Acres	442.8000	+	O 82.5/82.5	WB4TWQ	WB4TWQ
			eL(145.150 442.800 443.525 224.160 29.620)		
Lehigh Acres	444.5000	+	O 67/67e	WB4TWQ	AE4ES
			L(145.150 442.800 443.525 224.160 29.620)		
Naples	444.9000	+	O 67.0/67.0	WA1QDP	WA1QDP
			e		
Port Charlotte	442.9250	+	O	W4DUX	PRRA
			136.5/136.5e		
Punta Gorda	444.8500	+	●	KØRTU	KØRTU
			136.5/136.5eL(52.525)rs		
Punta Gorda	444.9750	+	O	WX4E	CARS
			136.5/136.5 L(146.7450)rs		
Punta Gorda	444.9750	+	O	WX4E	CARS
			136.5/136.5 L(146.7450)rs		
WEST CENTRAL					
Brooksville	442.1250	+	Or	K4BKV	HCARA
Dade City	443.6000	+	O	KD4QLF	KD4QLF
			146.2/146.2 E-SUN		
New Port Richey	444.2000	+	O	KJ4ZWW	UPARC
			146.2/146.2		
Port Richey	442.6500	+	O	KG4YZY	KG4YZY
			146.2/146.2eWX(*)		
Port Richey	443.0750	+	O	WB8VTW	WB8VTW
			146.2/146.2		
Port Richey	444.6500	+	O	WA4GDN	GCARC
			103.5/103.5		
Spring Hill	443.8250	+	O	N4TIA	N4TIA
			103.5/103.5e		
WEST CENTRAL - SARASOTA					
Bradenton	442.1250	+	O 100/100e	KF4MBN	MC ARES/RACES
			rsZ(*911)		
Bradenton	443.2250	+	O	KF4MBN	MC ARES/RACES
			103.5/103.5ers		
Bradenton	443.8750	+	O 100/100	NI4MX	MCARES
			RB		
Bradenton	444.2750	+	●	K4MPX	K4MPX
			103.5/103.5		

FLORIDA

Location	Output	Input	Notes	Call	Sponsor
Bradenton	444.7000	+	O 100/100e L(145.13)s	N4SER	SERC
Bradenton	444.8750	+	O 82.5/82.5 eL(442.3000 444.6000)	AC4XQ	AC4XQ
Englewood	444.6250	+	O 77/77	KØDGF	KØDGF
Sarasota	442.3000	+	O 82.5/82.5 eL(444.6000 444.8750)	AC4XQ	AC4XQ
Sarasota	443.5500	+	O 100/100e rsx	WC4EM	SCEM
Sarasota	444.5500	+	O 141.3/141.3e	KD4MZM	KD4MZM
Sarasota	444.8250	+	O 100/100 RB	WA2HCV	SSMART
Sarasota	444.9250	+	Oae L(146.91)	W4IE	SARA
Venice	443.7500	+	O 100/100r s	WC4EM	SCEM
Venice	444.1000	+	O 100/100e	W4AC	TARC
Verna	442.9500	+	O 100/100e lrwx	NI4CE	WCFG

WEST CENTRAL - TAMPA/ST PETE

Location	Output	Input	Notes	Call	Sponsor
Brandon	443.5000	+	O 127.3/127.3	K4TN	BARS
Brandon	443.7250	+	O 77/77ers BI	WA8ZZC	WA8ZZC
Dunedin	444.0750	+	●l	KA9RIX	Homey HC
Dunedin	444.1500	+	O 146.2/146.2eL(146.970 224.940 444.450 4	K4JMH	CARS
Dunedin	444.9750	+	O 100.0/100.0 E-SUN	KE4EMC	KE4EMC
Holiday	443.4500	+	O 100/100e L(145.290 145.430 224.280 442.550 442.8	NI4CE	WCFG
Holiday	444.1250	+	O	KJ4VMW	TBP25G
Largo	442.1500	+	O 103.5/103.5e	N4PK	N4PK
Largo	442.9250	+	O 146.2/146.2es	KJ4RUS	KJ4RUS
Largo	443.4000	+	O 156.7/156.7eL(145.17)rs	W4ACS	PCAC
Largo	444.4000	+	O 146.2/146.2eL(145.43)	KA4CNP	KA4CNP
Largo	444.5000	+	●l	KA9RIX	Homey HC
Lutz	443.6750	+	O 146.2/146.2eL(224.740 442.725 444.250 l	W4RNT	RANT
Lutz	444.2500	+	O 146.2/146.2 L(443.675 442.725 224.74 IR-4	W4RNT	RANT
Palm Harbor	442.5000	+	O 146.2/146.2	KJ4ZWW	UPARC
Palm Harbor	442.7000	+	O 110.9/110.9e	W4AFC	UPARC

494   420-450 MHz
FLORIDA

Location	Output	Input	Notes	Call	Sponsor
Palm Harbor	442.8000	+	O	W4ELC	ELCERT
			146.2/146.2e		
Riverview	442.5500	+	O 100/100e NI4CE WCFG IrwX		
Seffner	444.0000	+	O	W4AQR	W4AQR
			103.5/103.5aeL(444.675 443.425 1291.500 147.		
Seminole	442.6250	+	O	W4ORM	GSOTW
			103.5/103.5l		
Seminole	443.4250	+	O 88.5/88.5	K3AAF	FDWS
			E-SUN L(444.0000 147.0000 444.2250) Bl		
St Petersburg	442.9000	+	O	N4AAC	N4AAC
			103.5/103.5eL(145.31)		
St Petersburg	443.9250	+	●	W4ABC	W4ABC
			127.3/127.3l		
St Petersburg	444.0625	+	ODCS(546)	KA9RIX	KA9RIX
			L(145.110 444.725)		
St Petersburg	444.1750	+	O 88.5/88.5	KA9RIX	BEARS
			aeL(444.000 444.725 145.390) RBz		
St Petersburg	444.4750	+	O	WA4AKH	SPARC
			146.2/146.2a(CA) L(147.060 224.660)		
St Petersburg	444.7250	+	OtaTT(*)	KA9RIX	Homey HC
			E-SUN L(145.390 444.175 444.275 444.075) RB		
Sun City Center	442.4500	+	O	W4KPR	KPARC
			162.2/162.2a(CA)e		
Sun City Center	443.2500	+	O	KE4ZIP	SCCARC
			146.2/146.2		
Sun City Center	443.2500	+	O	KE4ZIP	SCCARC
			146.2/146.2		
Tampa	442.6000	+	O	KM0SI	MOSI ARC
			146.2/146.2		
Tampa	442.7250	+	O	W4RNT	RANT
			146.2/146.2eL(224.740 443.675 444.250 IR-488		
Tampa	442.8500	+	O	NX4Y	NX4Y
			146.2/146.2ers		
Tampa	443.0000	+	O	KK4AFB	DISCOM
			162.2/162.2		
Tampa	443.0250	+	O	N4TP	TARCI
			146.2/146.2a(CA)z		
Tampa	443.3500	+	O	KP4PC	KG4GYO
			127.3/127.3eRB Bl		
Tampa	443.4750	+	O	KG4GAK	KG4GAK
			103.5/103.5eL(EC-99089)		
Tampa	443.7750	+	O	WA4SWC	WA4SWC
			103.5/103.5x		
Tampa	443.9875	+	O 88.5/88.5	KJ4ARB	FDWS
			E-SUN L(444.0000 443.4250 1291.500 147.000		
Tampa	444.0000	+	O 88.5/88.5	W4AQR	W4AQR
			a(CA) E-SUN L(444.675 443.425 1291.500 147.		
Tampa	444.6000	+	O 88.5/88.5	W4EFK	W4EFK
Tampa	444.6000	+	O 88.5/88.5	W4EFK	W4EFK

420-450 MHz 495
FLORIDA-GEORGIA

Location	Output	Input	Notes	Call	Sponsor
Tampa	444.7500	+	O	N4TP	TARCI
			146.2/146.2ers		
Tampa	444.9000	+	O	W4HSO	STARC
			141.3/141.3a(CA)ers		
Tarpon Springs	444.4500	+	O	K4JMH	CARS
			146.2/146.2eL(146.1		224.940 444.150 4
Valrico	443.1500	+	O	W7RRS	W7RRS

GEORGIA

Location	Output	Input	Notes	Call	Sponsor
Adairsville	443.7250	+	O	WB4AEG	WB4AEG
			167.9/167.9s		
Albany	444.5000	+	OesWX	W4MM	W4MM
Ashburn	444.8000	+	O	W4PVW	----------
			141.3/141.3 E-SUNsWX		
Athens	442.9500	+	O	N4ZRA	KD4AOZ
			179.9/179.9		
Atlanta	442.0250	+	O	W4CML	----------
			127.3/127.3l		
Atlanta	442.2250	+	O 100/100	WB5EGI	WB5EGI
Atlanta	442.4500	+	O	W7QO	----------
			127.3/127.3		
Atlanta	442.6250	+	Oe	WD4EIW	WD4EIW
Atlanta	442.8000	+	O	N4NFP	----------
			103.5/103.5		
Atlanta	442.8750	+	O 100/100e lsWX	K4RFL	GA International
Atlanta	442.9750	+	O 100/100	W4OO	W4OO
Atlanta	443.0500	+	O	W7QO	W7QO
			127.3/127.3l		
Atlanta	443.6500	+	O	W4CML	W4CML
			123.7/123.7		
Atlanta	444.0500	+	O	N4NEQ	N4NEQ
			151.4/151.4ls		
Atlanta	444.1500	+	O 100/100e	W4PME	----------
Atlanta	444.7750	+	O	N4NEQ	BSRG
			151.4/151.4		
Atlanta	444.8250	+	O	W4DOC	W4DOC
			146.2/146.2sWX		
Atlanta	444.9750	+	O 100/100	W4OO	W4OO
Augusta	444.3500	+	O	W4EFS	W4EFS
			131.8/131.8		
Austell	442.8250	+	O 100/100	WA4YUR	WA4YUR
Bainbridge	443.0000	+	O 100/100e	W4DXX	W4DXX
Baldwin	442.3500	+	O	WD4NHW	SPARC
Biskey Mtn	443.5000	+	O 100/100	KC4JNN	KC4JNN
Blairsville	444.6000	+	O 100/100	W6IZT	----------
Bogart	443.4750	+	O	W4EEE	OCONEE CTY A
			203.5/203.5		
Braselton	441.8250	+	O 88.5/88.5 sWX	WX4TC	----------

420-450 MHz
GEORGIA

Location	Output	Input	Notes	Call	Sponsor
Brunswick	442.2000	+	O 110/110e	KG4PXG	-----------
Buford	443.4000	+	O 123/123l	W4DDM	-----------
Calhoun	443.6750	+	O 100/100e	K4WOC	Cherokee Capital AR
Canton	443.0750	+	O	WA4EOC	WB4NWS
			107.2/107.2elrswX		
Cartersville	443.1750	+	O 100/100	N4GIS	N4GIS
Cedartown	443.1000	448.0000	O 123/123	KK4JDZ	-----------
Cedartown	443.5750	+	O	KD4EKZ	KD4EKZ
			107.2/107.2		
Chatsworth	443.0000	+	O	W4DRC	KI4IG
			141.3/141.3es		
Chatsworth	443.8000	+	O	KJ4SPI	Bert Coker
			141.3/141.3esWX		
Chatsworth	444.8500	+	O	N4DMX	-----------
Clayton	442.6750	+	O	N4DME	-----------
			127.3/127.3elrswX		
Clayton	444.5000	+	Oe	KK4BSA	WB2OGY
Cleveland	443.3250	+	O	WC4DK	WC4DK
Cleveland	443.5500	+	O 123/123e	K4GAR	WC4X
Cobb County	443.4500	+	O	WC4RAV	WC4RAV
			103.5/103.7elrWX		
Columbus	441.9750	+	O	WB4ULK	WB4ULK
Commerce	441.9750	+	O	NE4GA	Club
			162.2/162.2e		
Concord	443.4000	+	O	WB4GWA	WB4GWA
			110.9/110.9 WX		
Conyers	444.5500	+	O	K1KC	-----------
			103.5/103.5s		
Covington	443.3500	+	O 88.5/88.5	WA4ASI	-----------
			elrswX		
Covington	444.8000	+	O 88.5/88.5	WA4ASI	-----------
			elswX		
Cumming	441.9000	+	O	WB4GQX	WB4GQX
			141.3/141.3elsWX		
Cumming	443.8750	+	O	W4PX	W4PX
Cumming	444.6250	+	O 123/123e	W4CBA	W4CBA
			sWX		
Dahlonega	443.1000	+	O 100/100	N4KHQ	N4KHQ
Dallas	442.6750	+	O 411/411	WB4BQX	-----------
			DCS E-SUN		
Dallas	443.4750	+	O 77/77ers	WX4PCA	WB4QOJ
			WX		
Dallas	443.7000	+	O	W4TIY	K4RJJ
			167.9/167.9		
Dallas	444.7000	+	O 77/77el	WD4LUQ	WD4LUQ
			WX		
Dalton	421.2500	1255.0000	O	N4BZJ	N4BZJ
Dalton	442.1750	+	O	N4BZJ	N4BZJ
			141.3/141.3a(CA)els		
Decatur	444.2500	+	O	W4BOC	W4BOC
			131.8/131.8		

496

420-450 MHz
GEORGIA

Location	Output	Input	Notes	Call	Sponsor
Devereux	443.1000	+	O 156.7/156.7el	KC4YAP	KC4YAP
Devereux	444.0500	+	O 156.7/156.7el	KC4YAP	------------
Doraville	442.1500	+	O 103.5/103.5	WB4HRO	------------
Dry Branch	444.6500	+	O 77/77el WX	KC4TVY	KF4CXL
Dublin	442.6000	+	O 123/123s WX	K4DBN	K4DBN
Eastanollee	442.5000	+	O 88.5/88.5	W4BNG	------------
Eatonton	444.4250	+	O 186.2/186.2els	K4EGA	K4EGA
Elberton	444.7000	+	O 118.8/118.8el	KI4CCZ	KI4CCZ
Ellijay	442.7000	+	O 77/77	KC4ZGN	KC4ZGN
Evans	444.9000	+	O	K4KNS	K4KNS
Fayetteville	444.6000	+	O 77/77ls	W4PSZ	W4PSZ
Gainesville	444.9500	+	O 131.8/131.8esWX	W4ABP	W4ABP
Glennville	443.6000	+	O 94.8/94.8	N4SFU	N4SFU
Gray	442.2750	+	O 123/123e	WA4DDI	WM4F
Gray	443.7000	+	O 100/100e rs	N5BI	Gary Branch
Gray	444.4875	+	Oe	WR4DH	WM4F
Griffin	441.8500	+	Oe	KF4QLF	KF4QLF
Griffin	443.5500	+	Oe	NQ4AE	/Trustee
High Pt	443.4500	+	O 77/77e	KB4VAK	------------
Irwinton	443.2750	+	O 77/77els WX	WB4NFG	WB4NFG
Irwinton	444.9250	+	O 77/77els WX	WB4NFG	WB4NFG
Jackson	443.3250	+	O 123/123e s	WX4BCA	WX4BCA
Jasper	441.6750	+	O	N4GIS	------------
Jasper	442.7500	+	O 141.3/141.3e	N3DAB	N3DAB
Jasper	443.3750	+	O 100/100	KC4AQS	KC4AQS
Jasper	443.5625	+	O	KC4AQS	KC4AQS
Jasper	443.7500	+	O 103.5/103.5e	N2UGA	N3DAB
Jasper	443.9500	+	O 131.8/131.8e	KB3KHP	KB3KHP
Jasper	444.1750	+	O 103.5/103.5l	W4MAA	------------
Jasper	444.3250	+	O 103.5/103.5l	W4MAA	------------
Jasper	444.4250	+	O 100/100	KD4YDD	KD4YDD
Lafayette	443.0125	+	O 127.3/127.3sWX	N2YYP	N2YYP

498 420-450 MHz
GEORGIA

Location	Output	Input	Notes	Call	Sponsor
Lafayette	444.5500	+	O 100/100e ls	KS4QA	KS4QA
Lavonia	442.4750	+	O 203.5/203.5	K4NVG	K4NVG
Lavonia	443.2000	+	O 151.4/151.4	N4VNI	N4VNI
Lawrenceville	442.4000	+	O 100/100e sWX	KJ4PXX	KJ4PXX
Lawrenceville	442.8500	+	O 82.5/82.5 e	WB4HJG	WB4HJG
Lawrenceville	442.9000	+	O 123/123	N5JMD	N5JMD
Lawrenceville	444.0000	+	O 127.3/127.3eSWX	WB4QDX	WB4QDX
Lawrenceville	444.0250	+	O 127.3/127.3	W4CML	------------
Lawrenceville	444.2000	+	O 100/100e	KF4HQV	KF4HQV
Lookout Mt	442.6500	+	O 100/100	W4RRG	W4RRG
Lula	444.4000	+	O 71.9/71.9	WB4HJG	WB4HJG
Macon	442.2000	+		WA9DDK	WA9DDK
Macon	443.0750	+	O 88.5/88.5 eSWX	WX4EMA	KJ4PEO
Macon	444.2750	+	O 123/123e	W4OCL	W4OCL
Macon	444.7000	+	O 103.5/103.5	WA4DDI	WA4DDI
Madras	442.2500	+	O 141.3/141.3e	K4NRC	K4NRC
Marietta	442.0000	+	O 107.2/107.2	N1KDO	N1KDO
Marietta	442.3500	+	O 100/100 WX	KG4PTO	KG4PTO
Marietta	442.4250	+	O 107/107e s	WK4E	WK4E
Martinez	441.9000	+	O 123/123e s	WE4GW	WE4GW
McDonough	444.8750	+	O 100/100e rs	KE4UAS	KE4UAS
Monroe	442.0500	+	O 88.5/88.5 eSWX	WE4RC	WE4RC
Newnan	441.8750	+	O	WX4ACS	WX4ACS
Nicholls	444.4000	+	O 141.3/141.3e	W4JSF	------------
Norcross	442.1000	+	O 82.5/82.5 eSWX	W4GR	W4GR
Peachtree City	442.5000	+	O 77/77ls WX	W4PSZ	W4PSZ
Perry	444.6250	+	O 83/83	KN4DS	UHF Machine NE of
Perry	444.9500	+	O 107.2/107.2	WR4MG	Middle GA Radio Ass
Pine Mountain	444.4000	+	O	WB4ULJ	WA4ULK
Quitman	444.6000	+	O 141.3/141.3	WA4NKL	WA4NKL

GEORGIA

Location	Output	Input	Notes	Call	Sponsor
Ringgold	442.3500	+	O 156.7/156.7e	KK4LPW	
Rome	441.8250	+	O 100/100	KA4MLK	N4GIS
Rome	443.2000	+	O 100/100e	WA4OKJ	Rome 440 Repe
Rossville	442.4750	+	O 100/100	W4RRG	KS4QA
Rutledge	443.8250	+	O 123/123	W4VZB	W4VZB
Savannah	442.7000	+	OesWX	W4LHS	Costal ARS
Smyrna	444.6500	+	O	N4IBW	
Snellville	445.5250	+	O 82.5/82.5 esWX	W4GR	W4GR
Sparta	444.5000	+	O 156.7/156.7l	KC4YAP	
Split Silk	444.1000	+	O 77/77	KD4HLV	KD4HLV
Statham	442.3000	+	O 100/100 E-SUN	WW4T	
Stockbridge	443.2250	+	O 146.2/146.2erswX	KJ4KPY	
Sugar Hill	443.7750	+	O 82.5/82.5 s	NY4F	NY4F
Sumner	444.9000	+	O 141.3/141.3e	W4CCS	W4CCS
Sweat Mt	444.4750	+	O 100/100	NF4GA	NF4GA
Sycamore	444.9250	+	O 141.3/141.3	KF4BI	KF4BI
Thomasville	442.6000	+	O 141.3/141.3	W4UCJ	W4ASZ
Tifton	444.8750	+	O 141.3/141.3s	KE4RJI	KE4RJI
Toccoa	441.9250	+	O 100/100e sWX	KI4AEM	KI4AEM
Trenton	441.9125	+	Oes	KG4WBI	
Twin City	444.2500	+	O	N4SFU	N4SFU
Tyrone	444.6750	+	O 77/77es WX	KN4YZ	KD4YDC
Valdosta	444.3500	+	O 141.3/141.3s	WR4SG	WR4SG
Valdosta	444.7000	+	O 141.3/141.3ls	W4VLD	Valdosta Amateu
Vidalia	442.5000	+	O 88.5/88.5	KE4PMP	KE4PMP
Villa Rica	442.7750	+	O 131.8/131.8e	KB4TIW	KB4TIW
Waleska	441.6250	+	O	N4GIS	N4GIS
Waleska	443.8500	+	O 192.8/192.8	K4PLM	
Warner Robins	442.9000	+	O 107.2/107.2	WR4MG	Middle GA Radio
Warner Robins	443.1500	+	O 82.5/82.5 elsWX	WM4B	WM4B
Watkinsville	444.7250	+	O 123/123	KD4AOZ	KD4AOZ
Waycross	444.0250	+	O 141.3/141.3e	KM4DND	Tri-county ARES

420-450 MHz
GEORGIA-HAWAII

Location	Output	Input	Notes	Call	Sponsor
Waynesboro	444.1000	+	Oes	K4BR	------------
Winder	443.0000	+	O 77/77	AK4GA	AK4GA
Woodstock	442.2750	+	O 123/123	KF4RMB	Technician
Wrightsville	443.0250	+	O 156.7/156.7s	WA4RVB	WA4RVB

HAWAII
FREQUENCY USAGE
SNP	443.3750	+		SNP	
HAWAII					
Hilo	443.2750	+	O 107.2e	NH6XO	NH6XO
Hilo	444.7750	+	O 127.3e	NH6XO	NH6XO
Hilo	444.9250	+	Oel	KH6KL	KH6KL
Kahua	442.2750	+	O 136.5	AH6GR	MCDA
Kau	443.4000	+	O 77.0es	KH7MS	KH7MS
Kau	444.1500	+	O 100.0e	KH7MS	KH7MS
Kau	444.6000	+	Oael	KH6EJ	BIARC
Kau	444.9500	+	O 100.0ae sz	KH7MS	KH7MS
Keaau	442.5000	+	O	KH6EJ	BIARC
Kohala	444.4500	+	O	KH6EJ	BIARC
Kona	443.4000	+	O 100.0els	KH7MS	KH7MS
Kona	443.6500	+	O 100.0	KH6BFD	KH6BFD
Mauna Loa	444.7500	+	O 103.5elx	KH6HPZ	RACES
Naalehu	443.4000	+	O 100.0es	KH7MS	KH7MS
Naalehu	444.2000	+	O 100.0e	AH6DX	HIDXC
Puna	442.1500	+	O 100.0e	WH6ECW	WH6ECW
Waikoloa	444.9750	+	Oes	KH6CQ	KH6CQ
KAUAI					
Kalaheo	444.1750	+	Oers	KH6E	KARC
Kalaheo	444.9750	+	O 100.0el	KH6S	WBRA
Kapaa	443.3000	+	O	WH6TF	WH6TF
Kilauea	444.6000	+	O 100.0el	KH6S	WBRA
Lihue	442.2500	+	O 100.0el	KH6S	WBRA
Lihue	443.2750	+	O 107.2e	NH6XO	NH6XO
Lihue	444.6750	+	● 100.0	KH6CVJ	KH6CVJ
Lihue	444.9250	+	O 123.0e	NH6XO	NH6XO
Lihue	448.8250	–	Oelrs	KH6E	KARC
Lihue	449.2500	–	Oers	KH6E	KARC
LANAI					
Lanai City	442.2250	+	O 110.9	KH6RS	MCDA
Puu Kilea	442.0750	+	O 110.9	KH6RS	MCDA
MAUI					
Crater	442.8500	+	O 110.9	AH6GR	AH6GR
Haleakala	442.1000	+	O 136.5el RB	AH6GR	AH6GR
Haleakala	443.1500	+	O(CA)eRB z	KH6DT	KH6DT
Haleakala	443.9250	+	O 123.0e	NH6XO	NH6XO
Haleakala	444.2250	+	O 110.9	AH6GR	MCDA

420-450 MHz   HAWAII

Location	Output	Input	Notes	Call	Sponsor
Hana	442.3000	+	O 110.9	AH6GR	MCDA
Kaanapali	442.3500	+	O 136.5	KH6RS	MCDA
Kapalua	442.0000	+	O 110.9	KH6RS	MCDA
Portable	443.8000	+	O 100.0	AH6GR	MCDA
Puu Mahoe	442.0500	+	O 136.5	KH6RS	MCDA
Wailuku	442.7500	+	O 136.5el RB	AH6GR	AH6GR
Wailuku	443.2250	+	O 110.9	AH6GR	MCDA
Wailuku	444.9500	+	O(CA)pr	KH6DT	KH6DT
MOLOKAI					
Puu Hoku	442.1250	+	O 110.9	AH6GR	MCDA
Puu Nana	442.3000	+	O 136.5	AH6GR	MCDA
OAHU					
Diamond head	442.0000	+	O#erx	KH6HPZ	RACES
Diamond Head	443.3500	+	O 103.5erx	AH6CP	RACES
Diamond head	444.5000	+	Oel	WH6CZB	DEM
Ewa	442.0250	+	O 103.5	WH6PD	WH6PD
Honolulu	442.2500	+	O 118.8e	WH6DWF	WH6DWF
Honolulu	442.3000	+	O 103.5	WH6DIG	HIPRN
Honolulu	443.3000	+	Ol	WH6F	WH6F
Honolulu	443.4500	+	O 103.5l	KH6OJ	Ohana ARC
Honolulu	443.6750	+	O	WH6UG	WH6UG
Honolulu	444.0000	+	O	NH6WP	SFHARC
Honolulu	444.0500	+	O	KH6OCD	DEM
Honolulu	444.2000	+	Oae	WH6CZB	DEM
Honolulu	444.4250	+	O	AH6HI	AH6HI
Honolulu	444.4750	+	O 77.0e	WH7MN	WH7MN
Honolulu	444.5250	+	O 103.5el	AH6CP	AH6CP
Honolulu	444.8250	+	O	AH6HI	AH6HI
Honolulu	444.8750	+	O	KH6MP	KH6MP
Honolulu	444.9000	+	O 103.5elr	AH6CP	AH6CP
Kaaawa	443.4750	+	O 100.0el	KH6HFD	HFD
Kaala	444.7750	+	O 123.0el	NH6XO	NH6XO
Kahuku	443.7250	+	O 88.5	KH7HO	KH7HO
Kailua	443.9750	+	O 88.5	KH7HO	KH7HO
Kailua	444.1500	+	Ol	WH6CZB	EARC
Kailua	444.6000	+	O 88.5	KH7HO	KH7HO
Kaimuki	443.1000	+	Oel	NH6WP	Ohana ARC
Kaimuki	444.6500	+	O 114.8e	KH6FV	KH6FV
Kaimuki	444.8500	+	O 114.8e	KH6FV	KH6FV
Kaneohe	442.9250	+	O 123.0	NH6XO	NH6XO
Kapolei	442.1250	+	O 103.5#	KH6WOW	KH6WOW
Kapolei	442.1250	+	O 103.5#	KH6WOW	KH6WOW
Kapolei	444.1250	+	O 100.0e	KH6WOW	KH6WOW
Kokohead	442.7750	+	O 123.0el	NH6XO	NH6XO
Leeward	444.8000	+	O 171.3	NH7QH	NH7QH
Manawahua	443.4750	+	O 100.0el	KH6HFD	HFD
Manawahua	443.5500	+	O 114.8e	KH6HFD	HFD
Mauna Kapu	442.4500	+	O 167.9	KH7O	RED CROSS
Mauna Kapu	442.4750	+	Oel	WR6AVM	UFN

502 420-450 MHz
HAWAII-IDAHO

Location	Output	Input	Notes	Call	Sponsor
Mauna Kapu	444.1000	+	O l	WH6CZB	EARC
Mokuleia	443.4000	+	O 114.8e	KH6HFD	HFD
Mokuleia	443.6000	+	O 100.0el	KH6HFD	HFD
Mokuleia	444.5500	+	O 114.8e	KH6OCD	KH6OCD
North Shore	442.6250	+	O 88.5	KH7HO	KH7HO
Portable	444.0250	+	O	KH6OCD	DEM
Portable	444.0750	+	O	KH6OCD	DEM
Portable	444.1750	+	O	KH6OCD	DEM
Portable	444.2500	+	O	KH6OCD	DEM
Portable	444.2750	+	O	KH6OCD	DEM
Round Top	443.4250	+	O 114.8e	KH6HFD	HFD
Round Top	443.8250	+	O 100.0el	KH6HFD	HFD
Round Top	444.7000	+	O 100.0	KH6MEI	KH6MEI
Salt Lake	442.1750	+	O 103.5	KH6MEI	KH6MEI
Waimanalo	443.6000	+	O 100.0el	KH6HFD	HFD
Waimanalo	444.3750	+	O 114.8el	KH6HFD	HFD

IDAHO
FREQUENCY USAGE - IACC AREAS
Snp	443.0000	+	t		

FREQUENCY USAGE - N ID LINK
Mullan	439.0500				
Mullan	439.2000				

CENT ID
McCall	442.5000	+	O 100	KC7MCC	CI ARC

CENTRAL
New Meadows	447.7000	–	O 100	KE7KQE	KE7KQE

N ID
Blanchard	443.3750	+	136.5e	K7JEP	BCARC

N ID - BONNERS FERRY
Bonners Ferry	443.0250	+	100.0	KE7MDQ	KE7MDQ
Moyie Springs	444.2750	+	O	KF7MJA	NSDAssn

N ID - CDA
Coeur D Alene	443.9750	+	O 100.0l	K7ID	KARS

N ID - COEUR D ALENE
Coeur D Alene	444.4500	+	91.8 (CA)el	N5IEX	N5IEX

N ID - COTTONWOOD
Cottonwood Butte	444.7250	+	O 100.0lx	K7EI	K7EI

N ID - KELLOGG
Wardner Pk	444.0000	+	O 127.3	N7SZY	N7SZY

N ID - LEWISTON
Craig Mtn	442.1000	+	● 103.5	K7EI	K7EI
Craig Mtn	444.9250	+	O 100.0lx	K7EI	K7EI
Lewiston Hill	444.9000	+	O 100.0lx	K7EI	K7EI

N ID - MOSCOW
Moscow Mtn	444.9750	+	O 100.0lx	K7EI	K7EI
Troy, Id	442.8000	+	103.5	W7NGI	W7NGI

N ID - OROFINO
Wells Bench	444.8750	+	100.0l	K7EI	K7EI

IDAHO

Location	Output	Input	Notes	Call	Sponsor
N ID - PRIEST RIVER					
Hoodoo Vly	444.4000	+	107.2e	K7MEE	K7MEE
Priest River	443.8750	+	123.0e	K7JEP	BCARC
N ID - RATHDRUM					
Rathdrum	442.8500	+	● 110.9	KC7TIG	KC7TIG
Rathdrum	444.2500	+	110.9	KC7TIG	KC7TIG
N ID - SANDPOINT					
Baldy	442.5000	+	131.8x	K7LNA	K7LNA
Cocolalla	444.7750	+	● 127.3	N7LNA	K7LNA
Sagle	444.0250	+	100.0	KD6PGS	KD6PGS
Sandpoint	443.6250	+	136.5l	K7LNA	K7LNA
Schweitzer	444.0750	+	O 100.0l	N7JCT	BCEM
N ID - SPIRIT LAKE					
Spirit Lake	442.0000	+	110.9e	K7ZOX	K7ZOX
NORTH					
Burley	449.2000	−	Ox	WA7UHW	----------
Lava Hot Spr	449.3750	−	Oax	AE7TA	BARC
S CENT					
Burley	449.2000	−	O	KC7SNN	ISRA MHCH
Twin Falls	442.6000	+	O	W7CTH	W7CTH
S WEST ID					
Vale, Oregon	444.1500	+	O 100	K7OJI	TVRA
S-CENT					
Cascade	441.9250	+	O 100 RB	W7CIA	W7CIA
McCall	444.1250	+	O 100 RB	N7IBC	N7IBC
SOUTH EAST IDAHO					
Pocatello - N42 55 15.0 / W112 20 42.7	449.1250	−	●	WB6EVM	Bruce Begich
Rexburg	447.8750	−	O 100.0/100.0	W7RUG	W7RUG
SOUTH WEST					
Boise	444.5000	+	O 100	WR7ID	W7OHM
SOUTHEAST IDAHO					
Bliackfoot - N43 15 00.0 / W112 23 05.0	447.9500	−	●	WB6EVM	Bruce Begich
Howe - Jump-Off Peak	447.6200	−	O 88.5/100.0	W7RUG	W7RUG
Idaho Falls	443.0000	+	O 100.0	WA4VRV	WA4VRV
Idaho Falls	448.1750	−	O 100.0	K6LOV	K6LOV
Idaho Falls	448.8000	−	O 100	KE7JFA	Kris Balch
Menan Butte, SW of Rexburg	449.9000	−	O 100.0/100.0	KM7G	Idaho ERC
Mt Harrison - Burley	449.2000	−	O 100	KC7SNN	----------
Pocatello	447.7500	−	O 100.0	W7RSR	----------
Pocatello	449.6750	−	O	K0 IP	----------
Rexburg - BYU/I	448.6000	−	O 100	K7WIP	BYU/I
SW					
Melba	444.1750	+	O	K7LCD	LCHARC
SW Marsing	442.9000	+	O 100	K7TRH	Canyon County -

504   420-450 MHz
IDAHO-ILLINOIS

Location	Output	Input	Notes	Call	Sponsor
SW ID					
Boise	443.2000	+	O 100 RB	KB7SYE	KB7SYE
Boise	443.8000	+	O	N7DJX	N7DJX
Boise	444.6750	+	O 156.7/156.7alx	N7KNL	N7KNL
Marsing	443.5500	+	O 100/100e L(C4FM)x	K7ZZL	DP ARC
SW ID / E OR					
Nyssa, OR	442.3500	+	O 100	W7PAG	W7PAG
SW ID, E OR					
Ontario, OR	443.0500	+	O	NB7C	NB7C
SW IDAHO					
Boise	443.0000	+	O 100	W7NCG	W7NCG
Idaho City	443.3500	+	O 100	KD7LXW	KD7LXW
SW-ID					
Boise	443.2500	+	O 110.9/110.9eIRB	K7ZZL	DP ARC
Boise	443.6000	+	OE-SUNlrs WXx	W7VOI	VOI ARC
Boise	444.0250	+	O	N7FYZ	N7FYZ
Boise	444.2750	+	O 123/123e	W7VWR	Vy Wide React
Boise	444.3000	+	O(CA)	W7VOI	VOI ARC
Boise	444.3250	+	O 100 RB	KE7NKF	KE7NKF
Boise	444.6500	+	O 110.9ex	KA7EWN	KA7EWN
Boise	444.9000	+	O 100	W7VOI	VOIARC
Cascade	443.3000	+	O 110.9/110.9eIRB	K7ZZL	W7ZRQ+DPARC
Centerville	443.6750	+	O 100p	KA7ERV	ID Rly Grp
Centerville	443.9750	+	Op	KA7ERV	ID Rly Grp
Centerville	444.0750	+	p	KA7ERV	KA7ERV
Fruitland	443.6500	+	O	KC7BSA	KC7BSA
ILLINOIS					
BLOOMINGTON					
Athens	444.9750	+	210.7els WX	KD9Q	KD9Q
Bloomington	444.9500	+	97.4	W9NUP	W9NUP
El Paso	444.3500	+	107.2	KE9HB	KE9HB
Heyworth	442.8250	+	141.3e	KG9DW	KG9DW
Normal	442.7000	+	107.2eWX	WB9UUS	WB9UUS
CENTRAL					
Litchfield	444.4500	+	103.5	AC9P	AC9P
Nokomis	442.1500	+	88.5	N9TZ	W9COS
Odell	444.1250	+	127.3ex	WA9SGJ	WA9SGJ
CHAMPAIGN					
Champaign	443.48125	+		W9YR	Synton ARC
Champaign	444.1000	+	162.2e	K9SI	K9SI
Champaign	444.5250	+	162.2	K9BF	Ben Fisher
Champaign	444.6500	+	103.5	W9YH	SYNTON ARC

420-450 MHz — ILLINOIS

Location	Output	Input	Notes	Call	Sponsor
CHICAGO					
Chicago	440.3000	+	114.8	W9BMK	DUCFAR
Chicago	440.7500	+	114.8e	W9DMW	MOOSEFAR
Chicago	441.2750	+	114.8	KA2DRQ	KA2DRQ
Chicago	441.90625	+		WA9ORC	CFMC
Chicago	442.09375	+	e	NS9RC	NSRC
Chicago	442.1250	+	203.5	WD9GEH	WD9GEH
Chicago	442.1750	+	107.2	AA9RA	AA9RA
Chicago	442.4000	+	114.8e	K9NBC	PARC
Chicago	442.4500	+	●	K9QKB	MRCA
Chicago	442.5750	+	131.8	N9OZG	SATURN
Chicago	442.7250	+	114.8e	NS9RC	NSRC
Chicago	442.9750	+	114.8 (CA)l WXx	WA9VGI	FISHFAR
Chicago	443.3750	+	114.8	K9QKW	WB9RFQ
Chicago	443.6750	+	114.8 (CA) WX	KC9DFK	CHI-TOWN
Chicago	443.7500	+	114.8 (CA)	WA9ORC	CFMC
Chicago	443.8000	+	114.8a	K9SAD	SADFAR
Chicago	443.8750	+	114.8ae	WA9TQS	WSNSTVARC
Chicago	443.9250	+	114.8	K9VO	CHIFAR
Chicago	443.9750	+	114.8	KB9PTI	AIRA
Chicago	444.3750	+	114.8 (CA)z	K9GFY	SARA
Chicago	444.6250	+	110.9	N9SHB	N9SHB
Chicago	444.7250	+	114.8l	W9TMC	TMC ARC
Homewood	442.3750	+	114.8lWX	WA9WLN	WALDOFAR
Schiller Park	443.6000	+	114.8 (CA)	WB9AET	WAFAR
Tinley Park	441.8000	+	107.2 (CA)	W9IC	W9IC
DECATUR					
Bement	443.5750	+	103.5 (CA)e	KB9WEW	PCESDA
Cadwell	440.64375	+	e	W9BIL	MARK
Decatur	442.2500	+	103.5e	WA9RTI	MACONCOARC
Decatur	442.64375	+		WA9RTI	MACONCOARC
Decatur	443.8000	+	123	K9HGX	CENOIS ARC
Decatur	444.1750	+	100.0elWX	K9MCA	KC9CWL
Lovington	444.2750	+	103.5e	WC9V	KR9X
Monticello	442.7250	+	103.5esWX	KB9ZAM	UBIQUITOUS
Mt Zion	444.8000	+	103.5 (CA)e	KO9I	#NAME?
EAST CENTRAL					
Arcola	444.3750	+	192.8	WA9WOB	ARC NET
Clinton	442.3750	+	91.5es	KA9KEI	DARC
Danville	443.7250	+	100	NE9RD	NERD
Hoopeston	444.8250	+	127.3	KB9YZI	KB9YZI
Kansas	443.6250	+	162.2	W9COD	W9COD
Loda	442.4250	+	179.9 (CA)	K9UXC	K9UXC
Watseka	444.6250	+	103.5 WX	AD9L	ICARC
NORTH CENTRAL					
Channahon	444.6000	+	114.8e	W9PXZ	W9PXZ
Dixon	443.8250	+	136.5	KA9PMM	KA9PMM
Dixon	444.8000	+	114.8	W9DXN	RRARC

420-450 MHz
ILLINOIS

Location	Output	Input	Notes	Call	Sponsor
Freeport	442.0000	+	146.2ers WX	W9SBA	NWIL ARES
Freeport	443.2750	+	114.8	KB9RNT	KB9RNT
Joliet	440.1500	+	114.8 (CA)	KB9LWY	KB9LWY
Joliet	442.3000	+	114.8e	W9OFR	WCARL
Joliet	442.9250	+	114.8 (CA)l WXx	WA9VGI	FISHFAR
Malta	442.9500	+	131.8 (CA)l WXx	WA9VGI	FISHFAR
Marseilles	442.6000	+	23elWx	KA9FER	KA9FER
Oregon	443.9500	+	141.3e	KB9DBG	KB9DBG
Roscoe	440.8750	+	88.5	N9EIM	N9EIM
Roscoe	442.7500	+	131.8ers WX	WX9WAS	WX9WAS
Sterling	444.0250	+	82.5el	N9JWI	N9JWI
Winnebago	442.3500	+	88.5 (CA)e	W9TMW	W9TMW

NORTHEAST

Location	Output	Input	Notes	Call	Sponsor
Algonquin	444.0250	+	103.5	N9IVM	N9IVM WEST
Arlington Heig	444.0250	+	100.0e	N9IVM	N9IVM EAST
Aurora	443.4250	+	114.8e	W9LSL	W9LSL
Barrington Hil	442.1500	+		WD9IAE	WD9IAE
Batavia	442.10625	+		W9CEQ	FRRL
Batavia	443.08125	+	1.0l	WB9PHK	STROKE
Batavia	443.6500	+	114.8 (CA)l	W9XA	W9XA
Batavia	444.1000	+	100.0ex	KA9LFU	ELFAR
Batavia	444.2250	+	114.8	WB9IKJ	FERMI RC
Batavia	444.3000	+	114.8	W9CEQ	FRRL, INC.
Bellwood	444.5750	+	114.8	KC9ZI	KC9ZI
Berwyn	444.1500	+	146.2	WA9HIR	WA9HIR
Blue Island	442.6750	+	131.8	W9SRC	STARS
Bolingbrook	443.5250	+	114.8e	K9BAR	BARS
Bolingbrook	443.7000	+	114.8 (CA)e lWxz	W9BBK	V BOLNGBRK
Calumet City	443.9500	+	131.8	KA9OOI	CHUMPS
Cherry Valley	442.6250	+	100	W9FT	PIGFAR
Chicago	443.8250	+	114.8	K9OB	K9OB
Crystal Lake	443.2000	+	131.8l	N9EAO	FROGFAR #2
Crystal Lake	443.4750	+	114.8e	N9HEP	N9HEP
Crystal Lake	444.1750	+	114.8	KA9ATL	KA9ATL
Crystal Lake	444.8000	+	203.5	KB2MAU	RAYFAR
Deer Park	444.0000	+	114.8	KP4EOP	KP4EOP
Dekalb	444.4500	+	114.8px	KB9FMU	KB9FMU
Downers Grove	442.5500	+	114.8 (CA)	W9DUP	DARC
Downers Grove	442.8750	+	114.8x	W9YRC	York RC
Downers Grove	443.2000	+	100	N9EAO	FROGFAR #3
Downers Grove	443.9000	+	114.8	N9ATO	SERCOMM
Downers Grove	444.4750	+	114.8	W9CCU	WCRA
East Dundee	443.0250	+	114.8	W9DWP	W9DWP
Elburn	442.4250	+		K9NRO	K9NRO
Elburn	444.5250	+	er	N9NLE	N9NLE

420-450 MHz ILLINOIS

Location	Output	Input	Notes	Call	Sponsor
Elgin	444.9500	+	114.8	WR9ABQ	VARA
Elmhurst	440.8500	+	114.8	KB9UUU	KB9UUU
Elwood	441.9750	+	114.8eWX	W0 COP	W0 COP
Frankfort	443.3250	+	114.8	WD9HSY	WD9HSY
Frankfort	444.5500	+	114.8ers WX	WW9AE	PRL WCEMA
Glendale Heigh	440.10625	+		KC9PWC	SPRAG-SWC
Glendale Heigh	444.8750	+	114.8epx	K9XD	K9XD
Grant Park	441.3000	+	114.8lWX	WA9WLN	WALDOFAR
Grant Park	441.8750	+	131.8	W9LEO	W9LEO
Grayslake	444.6000	+	114.8	W9GWP	W9GWP
Gurnee	443.1500	+	114.8e	N9OZB	ARG
Gurnee	443.5000	+	127.3 (CA)e	W9MAB	GURNEE RG
Hampshire	444.6750	+	114.8 (CA)e lz	W8ZS	SKYHAWK
Hampshire	444.7000	+	114.8l	W8ZS	SKYHAWK
Hinsdale	444.2000	+	114.8e	KB9OYP	KB9OYP
Ingleside	440.81875	+		K5TAR	NILDSTAR C
Ingleside	444.5500	+	107.2	N9IFG	WeLCARS
Kankakee	444.8000	+	100.0ael	W9AZ	KARS
La Grange Park	443.3000	+	114.8	K9ONA	SMCC
Lake In The Hi	440.5750	+	114.8	N9SRW	N9SRW
Lake Villa	444.4000	+	114.8aelz	WB9RKD	WB9RKD
Lake Zurich	441.23125	+		KC9OKW	SUHFARS
Lake Zurich	443.2500	+	114.8	K9SA	SUHFARS
Lake Zurich	443.3500	+	114.8el	K9SA	K9SA
Lake Zurich	443.8500	+	114.8ers WX	KD9GY	LC RACES
Libertyville	442.5250	+	114.8ers WX	K9IQP	LKCNTRACES
Lisle	442.2250	+	114.8l	WA9WSL	IHARC
Lisle	442.7000	+	203.5 (CA)e LITZ	W9AEK	W9AEK
Lockport	442.0250	+	100	NC9T	P.A.D.X.A.
Lockport	443.2250	+	141.3	KB9KV	ANDREW RC
Lombard	444.2500	+	114.8 (CA)e lWX	N9ECQ	LOMBRD OEM
Marengo	442.3750	+	151.4l	W9DMW	MOOSEFAR
Mchenry	444.0750	+	●88.5	KB9I	KB9I
Melrose Park	442.6250	+	114.8	W9FT	PIGFAR
Morris	442.0000	+	94.8	KC9KKO	JP WATTERS
Morris	443.3250	+	114.8eWX	KB9SZK	GCARC
Naperville	443.0500	+	114.8erWX	NE9MA	NEMA
New Lenox	444.4000	+	141.3l	N2BJ	N2BJ
North Chicago	442.3250	+	107.2e	N9FJS	LBRG
Northbrook	441.21875	+	l	AA9VI	AA9VI
Oak Brook	443.1250	+	114.8	N9XKY	SRA
Oak Forest	443.2750	+	114.8	N9ZD	N9ZD
Oak Lawn	444.6500	+	110.9	KB9WGA	BCRC
Oak Lawn	444.9000	+	114.8 (CA)e lz	W9OAR	W9OAR

420-450 MHz
ILLINOIS

Location	Output	Input	Notes	Call	Sponsor
Orland Park	444.7750	+	114.8 (CA)	WA9PAC	PIONEER
Orland Park	444.8500	+	71.9	WD9HGO	WD9HGO
Palatine	443.0000	+	114.8r	KA9ORD	KA9ORD
Plainfield	440.0750	+	162.2ep	KC9QHH	PARC
Plainfield	442.8500	+	114.8	W9CJC	ARP
Plato Center	444.9750	+	● 114.8	W9ZS	VARA
Rolling Meadow	442.8000	+	114.8l	N9EP	SPRAG-N9EP
Rolling Meadow	442.8000	+		KC9RBB	SPRAG-N9EP
Round Lake Bea	443.7750	+	127.3	N9JSF	KC9PDU
Sandwich	444.4250	+	131.8ers WX	KA9QPN	SEMA
Schaumburg	440.8000	+	114.8 (CA)	KC9GFU	ANTFACTORY
Schaumburg	442.2750	+	114.8	K9IIK	SARC
Schaumburg	442.9000	+	114.8 (CA)l WXx	WA9VGI	FISHFAR
Schaumburg	443.06875	+	l	WB9PHK	STROKE
Schaumburg	443.1000	+	114.8 (CA)l	WB9PHK	STROKE
Schaumburg	443.4000	+	114.8	KB2MAU	RAYFAR
Schaumburg	443.5750	+	114.8e	N9KNS	MARC MOTO1
Schaumburg	443.6250	+	114.8 (CA)e lz	N9CXQ	NAPS
Schaumburg	443.7250	+	114.8el	N9KNS	MARC MOTO2
Schaumburg	444.5000	+	114.8	K9PW	CARP
Schaumburg	444.8000	+	203.5	KB2MAU	RAYFAR
Schiller Park	441.3250	+	114.8	K9TOW	TOWFAR
Sugar Grove	442.4750	+	a	KA9HPL	KA9HPL
Wasco	444.9250	+	411e	N9MEP	GFAR
Wauconda	442.5000	+	114.8	K9SGR	K9SGR
Waukegan	441.3750	+	88.5	KA9VMV	KA9VMV
Wayne	440.26875	+	eswX	W9DPA	DCERA
Wayne	442.0500	+	114.8eswX	W9DPA	DCERA
West Chicago	441.8500	+	114.8e	KC9JBW	WC ESDA
Wheaton	441.0500	+	114.8e	WA9E	Tower ARC
Wheaton	444.2750	+	114.8 (CA)e l	KA9KDC	KA9KDC
Wheeling	444.3250	+	114.8	WB9OUF	WB9OUF
Yorkville	443.5500	+	114.8	WA9JON	WA9JON
Zion	448.8250	+	74.4	KA9VMV	KA9VMV

NORTHWEST

Location	Output	Input	Notes	Call	Sponsor
Rock Island	440.83125	+	erx	W9WRL	QCRG
Rock Island	444.9000	+	100.0e	W9WRL	QCRG
Stockton	443.9750	+	127.3	N9NIX	N9NIX

PEORIA

Location	Output	Input	Notes	Call	Sponsor
Brimfield	442.2000	+	103.5ewX	WX9PIA	PALS
Canton	444.7250	+	103.5e	K9ILS	FCARC
Dunlap	443.1250	+	156.7	N9BBO	N9BBO
East Peoria	443.0000	+	103.5aez	KA9GCI	PEKIN RPTG
Kickapoo	444.2000	+	103.5e	W9HOI	HIFC
Metamora	444.7500	+	103.5 (CA)e	KC9GQR	KC9GQR

p

420-450 MHz
ILLINOIS

Location	Output	Input	Notes	Call	Sponsor
Pekin	444.0000	+	103.5az	KA9GCI	PEKIN RPTG
Peoria	442.1250	+	103.5e	W9GAO	HIFC
Peoria	443.46875	+		W9PIA	PAARC
Peoria	444.0500	+	103.5e	WX9PIA	PALS
Peoria	444.3750	+	156.7 (CA)	N9BBO	N9BBO
Peoria	444.4750	+	103.5	W9JWC	BUARC
Tremont	444.1500	+	77.0eWX	W6PC	W6PC
Tremont	444.5500	+	e	W9TAZ	TCARS
ROCKFORD					
Belvidere	442.8250	+	114.8e	N9KUX	N9KUX
Mt Morris	442.6750	+	114.8elrsx	K9AMJ	K9AMJ
Rockford	442.0750	+	114.8a	N9CWQ	ARECOMM
Rockford	442.1750	+	118.8elx	K9AMJ	K9AMJ
Rockford	442.6500	+	192.8eWX	K9RFD	RTG
Rockford	442.7750	+	118.8	WW9P	P.A.R.S.
Rockford	443.3250	+	123.0ae	KE4CLD	RVCITHAMS
Rockford	443.4500	+	114.8e	WB9TFX	WB9TFX
Rockford	443.9250	+	118.8elx	K9AMJ	K9AMJ
Rockford	444.3500	+	114.8 (CA)e l	K9AMJ	K9AMJ
Rockford	444.7250	+	107.2esWX x	WX9MCS	NIRA
Rockford	444.8500	+	114.8 (CA)e l	K9AMJ	K9AMJ
SOUTH					
Carbondale	442.0250	+	88.5	W9UIH	SIU ARC
Carbondale	442.65625	+		W9UIH	SIU ARC
Carbondale	443.5250	+	88.5e	KA9YGR	KA9YGR
Eagleton	443.4000	+		W9IMP	OTHG
Metropolis	444.9750	+	123.0 (CA)e z	N9IBS	MAMA ARC
SOUTH CENTRAL					
Effingham	444.1250	+	110.9e	K9UXZ	NTARC
Farina	443.0500	+	103.5	W9FIU	ROGER RIES
Geff	444.4000	+	123.0esWX	KC9GMX	WC ARES
Greenville	442.9250	+	103.5e	KB9EGI	OVARC
Johnsonville	442.6250	+	123.0ers WX	KC9NPJ	KC9NPJ
Mattoon	444.9250	+	103.5e	W9MBD	MARK
Salem	442.2000	+	103.5ez	W9CWA	CWA
SOUTHEAST					
Herod	444.8000	+	88.5	K9OWU	SCAN
Mt Carmel	442.3250	+	114.8sWX	AI9H	W9GH
Mt Carmel	444.7750	+	114.8eswX	AI9H	K9BJE
Oblong	444.8750	+	156.7	W9DJF	W9DJF
Olney	442.5250	+	141.3	KC9ZHV	KC9ZHV
Olney	444.9750	+	114.8 (CA)e sWX	N9QZA	RADIO
Robinson	442.8000	+	107.2esWX	WA9ISV	CCARC/IEMA

510 420-450 MHz
ILLINOIS

Location	Output	Input	Notes	Call	Sponsor
SPRINGFIELD					
Jacksonville	444.6750	+	103.5 (CA)e z	K9JX	JARS
Pawnee	442.6000	+	94.8	N9MAF	N9MAF
Springfield	443.3750	+	94.8	WA9KRL	WA9KRL
Springfield	443.78125	+	e	W9DUA	SVRC
Springfield	444.1000	+	(CA)	K9PLR	PIONEER AR
Springfield	444.4000	+	103.5	K9CZ	K9CZ
Springfield	444.5000	+	103.5ae	WX9DX	WX9DX
Springfield	444.6000	+	103.5 (CA)e lxz	WS9V	MR DX
Tallula	442.6750	+	151.4	K9KGO	K9KGO
Tallula	444.9000	+	151.4	K9KGO	K9KGO
Taylorville	442.0500	+	79.7	N9HW	CCARC
ST LOUIS					
Albers	444.7750	+	151.4 (CA)	WD9IQN	WD9IQN
Alton	442.3500	+	123.0e	KB9GPF	KB9GPF
Alton	442.7750	+	123.0	K9HAM	LCRC
Alton	442.9000	+	123.0aelz	K9HAM	LCRC
Belleville	442.2750	+	127.3lrs	K9GXU	ST CLAIR
Belleville	444.6250	+	127.3	K9GXU	ST CLAIR
Carlinville	442.2750	+	100.0e	N9OWS	N9OWS
Carlinville	443.7500	+	107.2e	N9OWS	N9OWS
Carlyle	443.1750	+	103.5	K9XWX	K9XWX
Collinsville	442.1750	+	103.5 (CA)	KD6TVP	KD6QKX
Collinsville	443.1250	+	103.5	KA9YMH	KA9YMH
Edwardsville	442.4000	+	127.3ers wx	W9AIU	EGYPTN RC
Gillespie	444.2500	+	103.5 (CA)e sWXxz	WS9V	MR DX
Godfrey	442.2250	+	123.0aelz	K9HAM	LCRC
Godfrey	443.2750	+	123	N9GGF	N9GGF
Godfrey	443.4000	+	123	N9GGF	N9OWS
Granite City	442.5500	+	127.3	KZ9D	KZ9D
Maryville	443.2000	+	103.5e	KB9KLD	KB9KLD
Mascoutah	443.9000	+	l	AA9ME	AA9ME
Mascoutah	443.9750	+	l	AA9ME	AA9ME
Mascoutah	444.2250	+	l	AA9ME	AA9ME
Mascoutah	444.8750	+	110.9l	KB9QKR	KB9QKR
O'fallon	443.1000	+	127.3	K9AIR	SPARC
Shiloh	444.3000	+	127.3e	AA9RT	AA9RT
Troy	442.0750	+	al	AA9MZ	AA9MZ
Troy	444.5750	+	al	AA9MZ	AA9MZ
Waterloo	444.7000	+	127.3aez	N9OMD	N9OMD
WEST CENTRAL					
Beardstown	443.9500	+		W9ACU	IVARC
Dallas City	444.9250	+	123.0eWxx	KA9JNG	KA9JNG
Galesburg	444.4500	+	103.5l	W9GFD	KNOXCARC
Galva	443.3000	+	103.5	WA9BA	AARO
Galva	443.3500	+	225.7ep	W9YPS	AARO

420-450 MHz
ILLINOIS-INDIANA

Location	Output	Input	Notes	Call	Sponsor
Geneseo	444.5000	+	136.5ex	W7COK	SIMS MEM
Geneseo	444.8750	+	136.5e	W9MVG	SHAFER MEM
Griggsville	442.5250	+	100.0elrs WXx	WS9V	MR DX
Kewanee	442.1750	+	225.7	N9ZK	AARO
Macomb	444.3000	+	103.5	WB9TEA	LEARC
Monmouth	444.3250	+	173.8	KD9J	KD9J
Quincy	442.9000	+	114.8l	WA9VGI	FISHNET
Quincy	443.6750	+	186.2ex	KC9JBD	H.R.G.
Quincy	443.89375	+	es	W9AWE	WIARC
Quincy	443.9000	+	103.5es	W9AWE	WIARC
Versailles	443.9250	+	88.5	KB9JVU	KB9JVU

INDIANA
DMR
Marion	444.7500	+	O	WB9VLE	WB9VLE
			141.3/141.3 L(ANALOG+HOOSIER DMR-NO		

EAST CENTRAL
Brookville	442.2500	+	OewX	KB9YSN	KB9YSN
Connersville	442.0500	+	OersWX	N9TU	N9TU
Dalton	441.9500	+	O 127.3ers	KG9ND	KG9ND
Eaton	444.1000	+	O	K9NZF	K9NZF
Liberty	444.8000	+	O 186.2e WX	KB9YSN	KB9YSN
Modock	443.3250	+	OewX	K9NZF	K9NZF
Muncie	441.8250	+	O 110.9e WXx	N9CZV	N9CZV
Muncie	442.8750	+	O 110.9 (CA)	N9TIG	N9TIG
Muncie	443.4500	+	O 127.3aer	WD9HQH	Evans/Rust
Muncie	444.3750	+	Oe	WB9HXG	MuncieARC
New Castle	441.4000	+	O 141.3e WX	KC9SQW	KC9SQW
New Castle	444.2750	+	O 131.8rs	N9EYG	N9EYG
Winchester	441.8000	+	O 110.9	N9CZV	N9CZV
Yorktown	441.7000	+	O 127.3es WX	W9YFD	EmCommECI

INDIANAPOLIS
Anderson	441.9750	+	O 151.4	W2IBC	W2IBC
Anderson	443.3500	+	O 110.9er	WA9CWE	MadisonEMA
Anderson	444.6750	+	O 131.8els WX	WA9EOC	ChfAndARC
Brownsburg	444.2000	+	O 88.5	W9BU	W9BU
Danville	442.9000	+	Oelr	KO9F	KO9F
Danville	444.5750	+	O 88.5aelr sWXx	WX9HC	HendrixARC
Danville	444.7000	+	O 88.5ers	KB9DJA	KB9DJA
Edinburgh	444.7750	+	O 88.5e	KC9AWX	KC9AWX
Fishers	441.6250	+	O 88.5	KB9RZ	KB9RZ
Franklin	443.5250	+	O 118.8	AA9YP	AA9YP

512 420-450 MHz
INDIANA

Location	Output	Input	Notes	Call	Sponsor
Franklin	444.6250	+	O 151.4e	KC9LGZ	KC9LGZ
Greenfield	444.4500	+	Oers	W9ATG	HancockARC
Greenfield	444.7250	+	Or	W9ATG	HancockARC
Indianapolis	442.0000	+	O	KA9GIX	KA9GIX
Indianapolis	442.3750	+	ODCS(043)	K9DC	K9DC
Indianapolis	442.5000	+	O 100.0	WA9MVP	CentralIN
Indianapolis	442.6500	+	O 77.0eWX	W9ICE	ICE
Indianapolis	442.7250	+	Oer	W9SEM	InHomeSec
Indianapolis	442.8500	+	O 100.0	NF9K	NF9K
Indianapolis	442.9500	+	O	KB9RBF	KB9RBF
Indianapolis	443.0000	+	O 100.0e	WB9PGW	WB9PGW
Indianapolis	443.2000	+	O 127.3 (CA)el	N9ILS	N9ILS
Indianapolis	443.2500	+	O 100.0el WX	KM9E	HarrisnARA
Indianapolis	443.4250	+	O/94.8l	K9IP	DREG's
Indianapolis	443.7500	+	O 100.0r WX	K9LPW	Cent IN RA
Indianapolis	443.8000	+	O	KC9COP	KC9COP
Indianapolis	443.8500	+	OsWX	W9IRA	Indy RA
Indianapolis	443.9500	+	O(CA)e	WB9OLI	WB9OLI
Indianapolis	444.0000	+	O 100.0	NE9T	IndyMidARC
Indianapolis	444.3250	+	O 136.5els WXx	KB9SGN	KB9SGN
Indianapolis	444.8750	+	O	KA9GIX	KA9GIX
Martinsville	444.2500	+	Oe	W9ZSK	WGRL
Martinsville	444.9500	+	O 100.0e WX	K9PYI	MorganRA
New Whiteland	444.0750	+	O 100.0	KM9S	KM9S
Nineveh	442.1500	+	Oe	KA9SWI	KA9SWI
Noblesville	443.5500	+	O 77.0elrs WX	N9EOC	HamCoARES
Noblesville	443.6250	+	88.5el	K3HTK	K3HTK
Noblesville	443.9000	+	O 118.8l	W9ICE	ICE
Shelbyville	444.9750	+		W9JUQ	BRV ARS

NORTHEAST

Location	Output	Input	Notes	Call	Sponsor
Angola	442.8750	+	O 131.8e	KC9QDO	KC9QDO
Angola	443.5250	+	OersWX	KC9LUT	KC9LUT
Angola	444.3500	+	O 131.8 (CA)e	WB9DGD	WB9DGD
Angola	444.9000	+	O 131.8el WXx	W9LKI	W9LKI
Auburn	442.4500	+	O 131.8e	KA9LCF	TCXO
Bluffton	443.8750	+	O 141.3elr sWX	K9SLQ	EMA
Columbia City	442.5500	+	O 141.3/141.3ersWX	N9WNH	N9WNH
Columbia City	442.9000	+	O 141.3/141.3e	K9BLU	Blueline Users Group
Columbia City	444.5500	+	O 131.8/131.8ersWX	WC9AR	Whitley Co. ARC

420-450 MHz   INDIANA

Location	Output	Input	Notes	Call	Sponsor
Decatur	441.3250	+	97.4	KC9WAE	KC8WAE
Decatur	443.7250	+	o	KB9KYM	AdamsARC
Decatur	443.3250	+	o 94.7	K9OMW	K9OMW
Elkhart	442.3750	+	o 131.8e WX	KC9GMH	KC9GMH
Elkhart	442.6000	+	o 131.8rs	N8AES	N8AES
Elkhart	443.1500	+	o 131.8 WX	KC9OHC	KC9OHC
Elkhart	443.3250	+	o 131.8e WX	KC9GMH	KC9GMH
Elkhart	443.4750	+	o 131.8ers x	AA9JC	AA9JC
Fort Wayne	443.2750	+	o 131.8e	KC9AUQ	KC9AUQ
Fort Wayne	443.8000	+	oers	W9INX	ACARTS
Fort Wayne	444.2500	+	o 131.8e	WD9AVW	WD9AVW
Fort Wayne	444.3000	+	o 131.8	W9VD	W9VD
Fort Wayne	444.8000	+	ol	W9FEZ	MizpahARC
Fort Wayne	444.8750	+	o	W9TE	WFRC
Hartford City	443.5750	+	o 141.3/141.3erswX	WB9HLA	WB9HLA
Huntington	443.9750	+	o 131.8ls	KC9GX	KC9GX
Kendallville	443.6000	+	o 97.4els WX	K9NDU	K9NDU
Lagrange	443.6750	+	o 131.8rs	WS9S	WS9S
Larwill	444.4250	+	o 131.8	N9STR	N9STR
Marion	444.2250	+	o 141.3aer	KB9CRA	KB9CRA
Middlebury	442.4750	+	o 131.8ers x	AA9JC	AA9JC
Nappanee	443.0250	+	o 97.4e	WD9ATU	WD9ATU
Portland	442.2000	+	o 97.4/97.4 eL(ANALOG+C4FM)rsWX	WA9JAY	Wabash River R
Portland	443.4750	+	o 100.0 WX	W9JKL	W9JKL
Roanoke	441.3750	+	o 141.3ep s	WD9JFC	WD9JFC
Roanoke	444.1500	+	o	WB9VLE	WB9VLE
Syracuse	444.2750	+	o 131.8elr sWX	AA9JC	AA9JC
Wabash	442.3250	+	o 131.8er	KB9LDZ	WabashARC
Warsaw	443.0500	+	o 131.8l WXx	KA9OHV	KA9OHV
Warsaw	444.2000	+	o	K9CDW	KoosrLaks
Warsaw	444.2000	+	oeprs	K9CWD	HoosrLaks
Wolf Lake	442.8000	+	o 97.4/97.4	N9MTF	N9MTF
NORTHWEST					
Crown Point	443.4500	+	o 131.8r WX	W9EMA	Lake EMA
Crown Point	444.7500	+	o 131.8ael WX	KA9QJG	KA9QJG
Culver	444.9250	+	o 131.8 TT ersWX	N9GPY	N9GPY

420-450 MHz
INDIANA

Location	Output	Input	Notes	Call	Sponsor
Delong	443.9250	+	O 131.8 TT ersWX	N9GPY	N9GPY
Frankfort	442.0750	+	O 131.8	W9FAM	W9FAM
Frankfort	442.5750	+	O	N9SFA	N9SFA
Fulton	442.7000	+	OesWX	WD8IEJ	WD8IEJ
Gary	442.7500	+	O 131.8e WX	W9CTO	W9CTO
Hammond	442.2000	+	O 173.8 (CA)eWX	W9FXT	W9FXT
Hebron	442.3500	+	O 131.8ep	N9TAX	N9TAX
Knox	442.9500	+	Oe	W9QN	W9QN
Kokomo	442.3000	+	O 173.8/173.8e	W9KRC	Kokomo Rptr Club
Kokomo	442.4000	+	O 131.8	KA9GFS	KA9GFS
Kokomo	443.3000	+	O	KA9GFS	KA9GFS
Kokomo	444.0250	+	O 131.8e	N9KYB	N9KYB
Kokomo	444.0250	+	O 131.8l	N9LLO	N9LLO
Lafayette	442.0250	+	O 151.4e	K9IN	IN-Radio
Laporte	442.9500	+	O 131.8	W9SAL	W9SAL
Logansport	443.6500	+	Oes	W9VMW	Cass ARC
Lowell	443.9500	+	O 131.8	KA9OOI	KA9OOI
Merrillville	442.0750	+	O 131.8elr sWXx	W9LJ	LakeCoARC
Michigan City	441.9500	+	O 131.8	W9LY	MCARC
Mishawaka	442.0500	+	O 131.8ae	W9AMR	W9AMR
Mishawaka	444.1000	+	O 131.8	N9GVU	N9GVU
Notre Dame	443.3500	+	O 131.8	ND1U	ND ARC
Peru	443.1750	+	O 131.8ers	K9ZEV	Miami ARC
Rossville	443.5000	+	O 131.8/131.8esWX	WI9RES	WIRES
Russiaville	442.5250	+	O 131.8e	N9KYB	N9KYB
Sharpsville	443.7000	+	O 88.5elrs WX	K9TRC	TiptonARC
South Bend	440.4750	+	O 192.8els WX	N9UPW	N9UPW
South Bend	442.1000	+	O 100.0ael rWX	WB9AGX	StJoe EMA
South Bend	442.6500	+	O 131.8	KC9MEC	KC9MEC
South Bend	444.1750	+	O 131.8e	KA9MXW	KA9MXW
South Bend	444.7000	+	O 131.8 (CA)e	W9TEW	W9TEW
South Bend	444.9750	+	O 107.2e	K9SIQ	K9SIQ
Tipton	443.1250	+	Oe	K9TRC	TiptonARC
Valparaiso	442.2500	+	O 131.8ers	K9PC	PorterARC
Valparaiso	443.3500	+	O 131.8x	KB9KRI	Duneland
Valparaiso	444.4500	+	O 131.8r WX	KI9EMA	Porter Emg
West Lafayette	444.1750	+	O 88.5eps	WB9CZC	WB9CZC
West Lafayette	444.5000	+	O 131.8es	W9YB	Purdue
Wolcott	442.1500	+	O 131.8e	WA9RAY	WA9RAY

420-450 MHz
INDIANA

Location	Output	Input	Notes	Call	Sponsor
SOUTHEAST					
Clarksville	442.9000	+	O 67.0elrs WXz	W9WKY	W9WKY
Columbus	443.0750	+	O 136.5ers WX	WB9AEP	CARC
Floyds Knob	442.3000	+	O 146.2/146.2e	WB9GNA	WB9GNA
Floyds Knob	444.2000	+	O 67.0 (CA) e	N9CVA	N9CVA
Greensburg	444.5250	+	OerswX	N9LQL	N9LQL
Lawrenceburg	443.8750	+	O 146.2rs	K9GPS	LV ARC
New Albany	442.8500	+	O 79.7l	W4CN	AR-X-Lou
North Vernon	442.9750	+	O 103.5s WX	KC9TME	JCARC
Salem	444.9250	+	O 136.5els WXx	KB9SGN	KB9SGN
Seymour	441.5500	+	OWX	KC9JOY	KC9JOY
Versailles	441.7750	+	OesWXx	WY9L	WY9L
SOUTHWEST					
Alfordsville	441.9000	+	OelrsWX	KC9QAG	KC9QAG
Bedford	442.2500	+	O 136.5elr sWXx	N9UMJ	N9UMJ
Bedford	442.6750	+	O(CA)e	N9WEV	N9WEV
Bedford	444.0500	+	O 107erwX	W9QYQ	HoosrHills
Bloomington	442.8250	+	O 136.5es	K9IU	K9IU
Bloomington	442.9250	+	O 107.2	K9SOU	BlmHS-ARC
Bloomington	443.7750	+	O 136.5elr sWXx	KB9SGN	KB9SGN
Carlisle	444.2250	+	O 107.2	AB9NO	AB9NO
Chrisney	443.6000	+	O	W9DRB	SpencerEMA
Evansville	443.5500	+	O 107.2	K9RVB	K9RVB
Evansville	444.1500	+	O 88.5 (CA) erswX	WB9KQF	WB9KQF
Evansville	444.5000	+	O	W9MAR	MidwstARS
Francisco	442.0500	+	O 210.7	KC9MEW	KC9MEW
Jasper	444.6750	+	O 107.2er WX	N9MZF	N9MZF
Kirksville	443.0500	+	O 136.5e	WB9TLH	WB9TLH
Linton	444.4250	+	O 100.0el	KA9JOK	KA9JOK
Lynnville	443.8500	+	O 136.5elr sWXx	W9KXP	W9KXP
Magnet	443.0000	+	O 67.0el WX	W9WKY	W9WKY
Marengo	443.3000	+	OrsWX	KC9OLF	SoInARC
Monroe City	442.7500	+	O 136.5el WXx	W9KXP	W9KXP
Nashville	443.2750	+	O 136.5elr sWX	KA9SWI	KA9SWI
Petersburg	444.0000	+	O	KB9EDT	KB9EDT
Springville	442.8750	+	O 107.2	N9HXU	N9HXU

516   420-450 MHz
INDIANA-IOWA

Location	Output	Input	Notes	Call	Sponsor
Vicksburg	442.4250	+	O 118.8els WXx	KB9SIP	KB9TUN
Vincennes	443.6750	+	OesWX	W9EOC	OldPost
Vincennes	443.9250	+	O 107.2l WXx	W9EAR	EARS
Washington	442.7000	+	O 107.2	KB9LOW	KB9LOW

WEST CENTRAL

Location	Output	Input	Notes	Call	Sponsor
Clinton	442.1750	+	O 151.4ers WX	W9COD	W9COD
Clinton	442.4750	+	O 192.8	NS9M	NS9M
Cloverdale	444.4750	+	O 136.5els WXx	KB9SGN	KB9SGN
Crawfordsville	444.8000	+	88.5/88.5	KB9GPB	KB9GPB
Greencastle	442.2250	+	OelrsWX	WB9EOC	PutRACES
Otterbein	444.0750	+	O 88.5e	KC9BPE	KC9BPE
Terre Haute	442.5500	+	Oe	NC9U	NC9U
Terre Haute	443.0250	+	O	NS9M	NS9M
Terre Haute	444.3500	+	OelrsWXx	W9SKI	Skywarn
Terre Haute	444.6000	+	O 77.0els WX	W0THI	W0THI
Terre Haute	444.7500	+	O 151.4	W9EQD	TerreHaute
Terre Haute	444.8500	+	O 151.4	K9EDP	K9EDP
Williamsport	443.6750	+	O 156.7el	WB9ARC	BARC

IOWA
BURLINGTON

Location	Output	Input	Notes	Call	Sponsor
Burlington	444.7000	+	100.0e	WA6GUF	WA6GUF
Mt Pleasant	444.5250	+	1e L(TRBO-6)	WB0VHB	WB0VHB
Winfield	444.3500	+	O	WB0VHB	WB0VHB

CEDAR RAPIDS

Location	Output	Input	Notes	Call	Sponsor
Cedar Rapids	443.0000	+	192.8e	W0VCK	Venture2K
Cedar Rapids	443.6000	+	192.8	W0GQ	CVARC
Cedar Rapids	443.8000	+	192.8	N0MA	rf.org
Cedar Rapids	444.0750	+	Oe	N3AVA	N3AVA
Cedar Rapids	443.3000	+	192.8 (CA)e	NN0V	NN0V
Cedar Rapids	444.6000	+	t(CA)ez	WB0VVZ	FIAR
Coralville	444.7500	+	O 192.8ex	K0GH	CRPTR
Homestead	442.4250	+	151.4l	WC0C	WC0C+WACCI
Iowa City	442.1500	+	192.8aeprs	KD0MJV	Johnson Co EIC
Iowa City	443.1500	+	192.8eprs WX	KD0MJV	Johnson Co EIC
Marion	444.3750	+	192.8	KX9Y	rf.org
Morse	443.2000	+	151.4l	WC0C	WC0C+WACCI
Van Horne	444.4000	+	136.5p	W0RTM	W0RTM

CENTRAL

Location	Output	Input	Notes	Call	Sponsor
Afton	442.4000	+	151.4el	K0CSQ	SWIARA
Ames	443.2500	+	●	KI0Q	W0DP/KI0Q
Ames	443.3750	+	114.8elW	W0ISU	Cyclone ARC
Ames	444.2500	+	●p	W0DP	-------

420-450 MHz IOWA

Location	Output	Input	Notes	Call	Sponsor
Baxter	444.2250	+	151.4elWX	KC0 NFA	KC0 NFA
Boone	443.9000	+	Oaers	KB0 TLM	BARK
Chelsea	442.1250	+	151.4l	WD0 GAT	WD0 GAT+WAC
Grundy Center	444.3250	+	110.9elrs WX	N0 MXK	N0 MXK
Herndon	444.2750	+	151.4e	N2DRP	N2DRP
Laurel	444.8000	+	151.4elWX	WC0 C	WC0 C
Madrid	443.8500	+	151.4l	KC0 MTE	KC0 MTE
Marshalltown	443.3250	+	110.9elrs	N0 MXK	N0 MXK
Newton	442.3000	+	151.4elWX	KC0 NFA	NewtonARA
Perry	443.3750	+	151.4aers	KD0 NEB	Hiawatha ARC
Sheldahl	442.2000	+	O	W0 QFK	W0 QFK
COUNCIL BLUFFS					
Council Bluffs	442.5250	+	100.0e L(ECHOLINK 51503)rs	WB0 GXD	WB0 GXD
Honey Creek	444.8000	+	97.4e L(IRLP 3584)	AB0 VX	AB0 VX
DAVENPORT					
Davenport	444.4250	+	O#	WB0 VQP	WB0 VQP
Davenport	444.4750	+	186.2#e	WB0 BBM	WB0 BBM
Muscatine	444.2750	+	192.8e	WA0 VUS	WA0 VUS
DES MOINES					
Alleman	444.6750	+	114.8#el	W0 TWR	W0 TWR
Des Moines	442.1000	+	127.3	K0 CSS	K0 CSS
Des Moines	442.7250	+	151.4ep	KC0 ZMT	KC0 ZMT
Des Moines	443.5500	+	151.4e	W0 KWM	CITS
Des Moines	444.1000	+	151.4ers	K0 DSM	Polk Co ARES
Des Moines	444.5250	+	151.4e	KA0 OMM	KA0 OMM
Des Moines	444.5750	+	151.4e L(IRLP 4110)x	W0 KWM	CITS
Des Moines	444.6250	+	151.4	WA0 QBP	WA0 QBP
Gilman	444.1500	+	151.4e L(IRLP 3162) WX	NF0 T	NF0 T
Grimes	443.4000	+	151.4elWX x	N0 INX	Westside Comm
Grimes	444.7250	+	151.4 DCS(P25)eL(ECHOLINK 460526)x	N0 INX	N0 INX
Indianola	444.1250	+	114.8ae L(ECHOLINK 960996)rsWX	N0 FAM	N0 FAM
Johnston	442.5750	+	151.4aeprs	N0 VPR	N0 VPR
Johnston/Camp Dodge	442.8000	+	151.4elWX	KC0 MTI	KC0 MTI
Johnston/Camp Dodge	444.4250	+	151.4elWX x	KC0 MTI	KC0 MTI
Madrid	442.6000	+	151.4e	N0 SFF	N0 SFF
Saylor TWP	444.1750	+	151.4eLITZ	KB0 NFF	STAR
DUBUQUE					
Dubuque	444.2250	+	114.8ex	W0 DBQ	GRARC
EAST CENTRAL					
Clinton	444.6500	+	te	KN0 BS	BSARC

420-450 MHz
IOWA

Location	Output	Input	Notes	Call	Sponsor
Grand Mound	444.8250	+	100.0e	W1HAM	W1HAM
Maquoketa	442.2250	+	o	KB0CAQ	Maquoketa ARG
MASON CITY					
Mason City	443.2000	+	103.5	K0UXA	K0UXA
NORTH CENTRAL					
Algona	444.8250	+	110.9e	KC0MWG	KARO
Belmond	444.2000	+	103.5	KA0HIB	BARC
Humboldt	442.4000	+	110.9e	K0HU	K0HU
			L(ECHOLINK 442400 IRLP3245)rs		
West Bend	443.3000	+	110.9e	W0IOA	W0IOA
Williams	444.5000	+	151.4lWxx	KB0JBF	WCRA
NORTHEAST					
Frankville	444.1000	+	103.5	K0RTF	K0RTF
NORTHWEST					
Alta	444.7500	+	110.9ex	WB0FNA	WB0FNA
Cherokee	444.4000	+	110.9epx	N0DFF	N0DFF
Gillette Grove	444.7000	+	110.9e	KG0CK	KG0CK
			L(ECHOLINK 224040)x		
Hawarden	444.6250	+	94.8aelz	WB0YRQ	WB0YRQ
Scranton	444.3000	+	151.4alrs Wxx	N0VPR	WCRA
SIOUX CITY					
Burnsville	444.2250	+	110.9lrs	KD0XD	KD0XD+K0NH
LeMars	444.6750	+	110.9	KI0EO	KI0EO
			L(ECHOLINK 56352)		
Sioux City	443.5750	+	110.9a	KS0F	West Com Net
			L(ECHOLINK 77463)rsWxx		
Sioux City	443.8750	+	●aersx	KS0F	West Com Net
Sioux City	444.4750	+	110.9	KC0DXD	KC0DXD
Sioux City	444.7250	+	110.9l	K0NH	K0NH
SOUTHEAST					
Fairfield	444.7750	+	100.0az	K0TE	K0TE
Moravia	444.4750	+	146.2lWxx	W0ALO	W0ALO
Oskaloosa	443.9750	+	157.4e	N0QZV	N0QZV
Ottumwa	444.8500	+	100.0 (CA)e lWx	KE0BX	OLRG
SOUTHWEST					
Avoca	443.9500	+	151.4l	N0DYB	N0DYB+N0NDY
Bedford	443.7000	+	136.5aelrs Wx	KA0RDE	Taylor Co ARA
Bridgewater	443.8000	+	o	WD0FIA	WD0FIA
Corning	444.4500	+	127.3l	N0DTS	N0DTS
Elk Horn	444.9000	+	151.4l	N0DYB	N0DYB
Glenwood	444.0250	+	●elWxx	N0WKF	N0WKF
Glenwood	444.3250	+	oaelrsWxx xz	N0WKF	N0WKF
Greenfield	444.7000	+	114.8151.4 aelrsWx	N0BKB	N0BKB
Menlo	444.5500	+	151.4aelrs Wx	N0BKB	N0BKB

420-450 MHz 519
IOWA-KANSAS

Location	Output	Input	Notes	Call	Sponsor
Minden	442.0750	+	136.5e	NØ ZHX	NØ ZHX
			L(ECHOLINK 736067)x		
Mineola	442.0250	+	OelrsWxx	NØ WKF	NØ WKF
Pacific Jct	443.0250	+	O	NØ WKF	NØ WKF
Shenandoah	444.8250	+	91.5	KBØ NUR	KBØ NUR
Thurman/Tabor	444.5000	+	136.5ers WX	WBØ YLA	WBØ YLA

WATERLOO

Location	Output	Input	Notes	Call	Sponsor
Ackley	443.7500	+	136.5ex	WBØ EMJ	WBØ EMJ
Fayette	443.9500	+	Oers	KDØ BIJ	RIARC
Readlyn	442.3250	+	136.5e	KØ CLR	C-L REACT
Waterloo	444.5500	+	103.5el	KBØ VGG	KBØ VGG
Waterloo	444.9000	+	136.5203.5 WXx	WØ ALO	WØ ALO
Waterloo	444.9250	+	136.5ex	WØ ALO	WØ ALO
Waterloo	444.9750	+	136.5e L(IRLP 3442)	WØ MG	NE IA RAA

WEST CENTRAL

Location	Output	Input	Notes	Call	Sponsor
Denison	444.0000	+	Oe	KCØ LGI	KCØ LGI+WBØ G
Mondamin	444.9250	+	136.5a L(IRLP 3328)rs	KØ BVC	BVARC
Woodbine	443.3500	+	136.5a TT(123)elrs	KØ BVC	BVARC

KANSAS
CENTRAL

Location	Output	Input	Notes	Call	Sponsor
Belpre	444.6000	+	O 88.5/88.5	KCØ EVO	KCØ EVO
Ellsworth	444.7750	+	O 162.2/162.2eL((K-LINK))rs	KØ HAM	WØ DOB
Hays	442.4500	+	O 162.2/162.2eL((K-LINK) IRLP#3917)	N7JYS	N7JYS
Hays	443.6000	+	O 107.2/107.2e	KCØ PID	EllisCo
Hays	444.8250	+	O 100.0/100.0aelr	NØ ECQ	FHSU ARC
Hill City	443.7000	+	O 131.8/131.8eL(IRLP 7672)	N7JYS	----------
Hillsboro	442.5000	+	O 162.2/162.2 L((K-LINK))	NØ SGK	K-Link
Hoisington	443.6500	+	●a(CA)el	WA6LIF	T2 RADIONE
McPherson	442.3750	+	O 88.5/88.5 lrs	KØ HAM	MCRC
McPherson	443.8500	+	O 110.9/110.9	N5NIQ	N5NIQ
McPherson	444.6000	+	O 162.2/162.2eL((K-LINK))	NØ SGK	N5NIQ
Pawnee Rock	443.3250	+	O 88.5/88.5 elrs	KØ HAM	WØ DOB
Russell	442.8500	+	O 141.3/141.3eL(ECHOLINK#3917)	KCØ HFA	KCØ HFA

520   420-450 MHz
KANSAS

Location	Output	Input	Notes	Call	Sponsor
Russell	444.9500	+	O	AB0UO	RUSSELL CO
Salina	442.2000	+	162.2/162.2eL((K-LINK)) O	N0KSC	N0KSC
Salina	443.9000	+	162.2/162.2 L((K-LINK))r O	W0CY	CKARC
St Marys	443.5750	+	O	K0HAM	NEKSUN
Sterling	444.4500	+	162.2/162.2 L((K-LINK)) K0HAM)rs O	WB0LUN	WB0LUN
			162.2/162.2 L((K-LINK))r		

EAST CENTRAL

Location	Output	Input	Notes	Call	Sponsor
Burlingame	443.8750	+	O 88.5/88.5	N0OFG	-------
Emporia	443.0000	+	O	K0ESU	ESUARC
			103.5/103.5eL(ECHOLINK#929140)		
Eskridge	444.9750	+	O 88.5/88.5	WL7LZ	-------
			eL(IRLP)		
Mound City	444.4250	+	Oer	W0PT	MnCrkARC
New Strawn	444.9250	+	O	N0MSA	-------
Paola	442.4750	+	O 151.4	N0SWP	WSWA K0HAM
Towanda	443.0000	+	O	N0RDZ	-------

KANSAS CITY METRO

Location	Output	Input	Notes	Call	Sponsor
Basehor	443.5500	+	Oel	N0GRQ	N0GRQ
Basehor	443.5500	+	Oel	N0GRQ	N0GRQ
Basehor	443.6500	+	●t(CA)elrs	K0SUN	NEKSUN
Belton	442.8000	+	O 151./151.	KA0OXO	BARC
Blue Springs	444.9500	+	O 107.eRB	KB0VBN	BluSprRPTR
			x		
Edgerton	442.4750	+	Oe	WB0OUE	WB0OUE
Excelsior Spgs	443.3250	+	● 141./141.	K0AMJ	K0BSJ
			a(CA)elx		
Excelsior Spgs	444.6500	+	O 156.	K0ESM	RayClay RC
Holden	444.3750	+	O 107./107.	N0NDP	N0NDP
			x		
Hoover	442.0750	+	O 151.	KA0FKL	-------
Independence	444.5750	+	O 186.l	N0OEV	-------
Kansas City	443.3250	+	151.4/151.4	KU0MED	-------
			e		
Kansas City	442.5500	+	O	WB0YRG	BYRG
			186.2/186.2eL(ECHOLINK#375305)		
Kansas City	442.8500	+	O	WD0GQA	BYRG
			186.2/186.2a(CA)		
Kansas City	442.8500	+	O	WD0GQA	BYRG
			186.2/186.2 (CA)		
Kansas City	442.9750	+	O 151./151.	K0ORB	SJMC ARC
			x		
Kansas City	442.9750	+	O	KA0QVN	-------
			151.4/151.4e		
Kansas City	443.1000	+	O	NG0N	BYRG
Kansas City	443.1750	+	●x	W0WJB	-------
Kansas City	443.2500	+	O 131./131.	W0OEM	W0OEM
			esx		

420-450 MHz
KANSAS

Location	Output	Input	Notes	Call	Sponsor
Kansas City	443.3500	+	O a(CA)	WVØ T	SEIDKR
Kansas City	443.7750	+	O 110./110.	WAØ NQA	ArtShrnRC
Kansas City	443.8500	+	O 107.2/107.2a(CA)	WDØ GQA	BYRG
Kansas City	443.8500	+	O 107.2/107.2 (CA)	WDØ GQA	BYRG
Kansas City	444.0000	+	O e	NØ HYG	NØ HYG
Kansas City	444.0000	+	O	NØ HYG	NØ HYG
Kansas City	444.0250	+	O 186./186.ae	WBØ YRG	BYRG
Kansas City	444.1250	+	O 123./123.	NØ NKX	NØ NKX
Kansas City	444.2500	+	O 151.4/151.4	KØ HAM	NEKSUN
Kansas City	444.3500	+	O	NØ AAP	NØ AAP
Kansas City	444.8500	+	O 151.4/151.4elr	WBØ NSQ	WBØ NSQ
Kansas City	444.8500	+	O 151.4/151.4elr	WBØ NSQ	WBØ NSQ
Kearney	443.9000	+	O 127.e	KBØ EQV	KBØ EQV
Kearney	444.2000	+	O a(CA)e	KØ KMO	MJARS
Leavenworth	442.3500	+	O 100.0/100.0e	NØ MIJ	----------
Leavenworth	442.3500	+	O 107.2/107.2e	NØ MIJ	----------
Lee's Summit	444.3000	+	O 131.	KØ MRR	----------
Lee's Summit	444.4500	+	O 151./151. eL(PAOLA KS REPEA)x	NØ NDP	NØ NDP
Lenexa	442.0500	+	O 151.4/151.4eL(IRLP#5870)	KCØ EFC	KCØ EFC
Lenexa	442.0500	+	O 151.4/151.4l	KCØ EFC	KCØ EFC
Lenexa	442.6000	+	O 186.2/186.2a(CA)el	WBØ YRG	BYRG
Lenexa	442.6000	+	O 186.2/186.2 (CA)el	WBØ YRG	BYRG
Mission	442.1000	+	O 167.9/167.9r	NØ WIZ	WB6DWW
Mission	442.1000	+	O 167.9/167.9r	NØ WIZ	WB6DWW
Oak Grove	444.2750	+	O 123./123.	KBØ THQ	PHRRL
Olathe	442.2000	+	O 151.4/151.4a(CA)eL(IRLP#3534)	KE5BR	SFTARC
Olathe	442.2000	+	O 151.4/151.4 (CA)el	KE5BR	SFTARC
Olathe	442.6250	+	O 91.5/91.5	NØ CRD	----------
Olathe	444.2500	+	O 88.5/88.5 L(KØHAM)	KØ HAM	NEKSUN
Overland Park	442.1500	+	● 82.5/82.5	WØ LHK	WØ LHK
Overland Park	443.7250	+	O 151.4/151.4er	WØ ERH	JCRAC

420-450 MHz
KANSAS

Location	Output	Input	Notes	Call	Sponsor
Peculiar	442.0250	+	●a(CA)el	W0MCJ	BYRG
Platte City	444.1500	+	O 88./88.e	W0USI	W0USI
Platte Woods	444.0500	+	O 151./151. elsLITZx	KD0EAV	PlatteCoAR
Platte Woods	444.5500	+	O 151./151. lLITZx	KD0EAV	KD0EAV
Roeland Park	443.7250	+	O 151.4/151.4 (CA)er	W0ERH	JCRAC
Shawnee Msn	442.2500	+	●/141.3a (CA)e	K0GXL	SMMC
Shawnee Msn	443.5250	+	● 167.9/167.9e	K0GXL	SMMC
Smithville	443.6250	+	O 114.	N0VER	N0VER

NORTH CENTRAL

Location	Output	Input	Notes	Call	Sponsor
Beloit	442.8000	+	Oae L(ECHOLINK)	WA0CCW	SVRC
Clay Center	442.7500	+	O 162.2/162.2 L((K-LINK))	N0XRM	N0XRM
Miltonvale	442.1000	+	Oe L((K-LINK))	WB0SRP	WB0SRP
Minneapolis	442.5000	+	O 110.9/110.9 E-SUNl	KC0NPM	NV8Q
Minneapolis	444.8500	+	O 162.2/162.2eL((K-LINK)) IRLP 7275)rs	KS0LNK	K-LINK
Phillipsburg	442.7250	+	Ol	KD0ARW	KD0ARW

NORTHCENTRAL

Location	Output	Input	Notes	Call	Sponsor
Phillips	443.2750	+	100.0/100.0	AA0HJ	-------------

NORTHEAST

Location	Output	Input	Notes	Call	Sponsor
Alma	444.5250	+	O 162.2/162.2eL((K-LINK) K0HAM)rs	W0KHP	K-Link
Carbondale	443.1250	+	Oe	WB0PTD	-------------
Home City	444.3500	+	O 88.5/88.5 aer	N0NB	N0NB
Lawrence	444.9000	+	O 88.5/88.5 elrs	K0HAM	NEKSUN
Leavenworth	444.8000	+	O 151.4/151.4aer	KF4LM	JARA
Lecompton	444.8250	+	O 88.5/88.5 eL(ECHOLINK#399595)	K0USY	BFARC
Manhattan	444.1750	+	O 88.5/88.5	W0QQQ	KSU ARC
Ottawa	444.1000	+	O 88.5/88.5 e	KX0N	-------------
Stilwell	444.0750	+	Otel	K0HQ	WB0JQM-SMC

NORTHWEST

Location	Output	Input	Notes	Call	Sponsor
Colby	444.4000	+	O 141.3/141.3el	K0ECT	SKECT
Colby	444.7500	+	O 162.2/162.2 L((K-LINK) IRLP 7644)	KS0LNK	K-Link
Hays	443.6250	+	O 156.7/156.7	KD0EQY	-------------

KANSAS

Location	Output	Input	Notes	Call	Sponsor
Logan	442.3000	+	O 162.2/162.2 L(IRLP 7446)	N0 KOM	
SOUTH CENTRAL					
Arkansas City	444.6250	+	O 110.9/110.9 L(ECHOLINK 48439)	N5API	
Derby	443.2250	+	O 103.5/103.5e	KC0 KCJ	
Eldorado	443.1000	+	O 162.2/162.2eL(IRLP 7551)r	K0 JWH	K-Link
Haviland	444.1250	+	O 156.7/156.7a(CA)	KB0 VFV	N0 FEK
Haysville	444.9750	+	O 103.5/103.5 L(ECHOLINK#6895)	W0 SY	
Isabel	442.0250	+	O 103.5/103.5	K0 HPO	LZR/RAP
Kingman	442.1250	+	O 103.5/103.5e	KD0 SLE	KD0 SDS
Kingman	442.4000	+	O 103.5/103.5l	W5ALZ	GSPARC
Kiowa	442.1500	+	Oael	KB5MDH	KDE-TV36
Pratt	444.8000	+	O 100.0/100.0ers	WG0 Q	WG0 Q
Wellington	444.2500	+	O	WA0 ZFE	WA0 ZFE
Winfield	442.1000	+	O 97.4/97.4 L(ECHOLINK#48439)	N5API	
Winfield	444.0250	+	O 97.4/97.4	KD0 HNA	
Winfield	444.3000	+	O 97.4/97.4 e	KD0 HNA	
SOUTHEAST					
Coffeyville	442.8750	+	O 91.5/91.5 r	WR0 MG	CARC/MGARC
Coffeyville	444.5500	+	O 91.5/91.5 e	N0 TAP	COFYVLARC
Elk Falls	442.8250	+	O	WX0 EK	
Fort Scott	444.1750	+	O	KB0 SWH	FT. SCOTT
Gas	442.4500	+	O 179.9	WI0 LA	IARC
Humboldt	442.9000	+	● 156.7/156.7	KZ0 V	KZ0 V
Independence	443.5250	+	O 91.5/91.5 e	N0 VDS	
Independence	443.7000	+	OE-SUN	N0 VDS	N0 VDS
Parsons	442.2000	+	O L(ECHOLINK#453003)	AA0 PK	PAARC
Parsons	443.4750	+	O L(ECHOLINK#305758)	W0 PIE	W0 PIE
Pittsburg	444.8000	+	O 91.5/91.5 a(CA)e	K0 PRO	PRO
Pittsburg	444.9000	+	O 91.5/91.5	K0 PRO	PRO
SOUTHWEST					
Dodge City	442.3750	+	O 123.0/123.0ae	KU0 L	KU0 L

420-450 MHz
KANSAS

Location	Output	Input	Notes	Call	Sponsor
Dodge City	443.6750	+	O 162.2/162.2	KC0AUH	K0HAM
Dodge City	444.5500	+	O 141.3/141.3el	K0ECT	SKECT
Ensign	444.3750	+	Or	KU0L	KU0L
Garden City	442.5000	+	O 141.3/141.3el	K0ECT	SKECT
Garden City	443.2250	+	O 100.0/100.0	W0MI	SANDHILLS
Hugoton	444.5250	+	O 141.3/141.3el	K0ECT	SKECT
Hugoton	444.9000	+	O 88.5/88.5 el	W0QS	SPARK
Jetmore	444.5000	+	O 141.3/141.3el	K0ECT	SKECT
Montezuma	444.2500	+	O 141.3/141.3e	K0ECT	SKECT
Plains	443.5000	+	O 141.3/141.3a(CA)ls	WK0DX	------------
Pratt	444.6250	+	O 141.3/141.3	KC0AUH	------------
Russell Spring	444.3000	+	O 162.2/162.2	K0ECT	SKECT
Syracuse	444.0000	+	O 141.3/141.3el	K0ECT	SKECT

TOPEKA

Location	Output	Input	Notes	Call	Sponsor
Hoyt	444.7250	+	O 88.5/88.5 K0HAM a(CA)elrs	K0HAM	NEKSUN
Topeka	442.2250	+	O 88.5/88.5 eL(ECHOLINK#157353)r	W0CET	KVARC
Topeka	443.8000	448.3000	O 88.5/88.5	W0CET	KVARC
Topeka	443.9250	+	O 88.5/88.5 eL(ECHOLINK)	WA0VRS	------------
Topeka	444.4000	+	O 88.5/88.5 er	N0CBG	GldnCyRA

WEST CENTRAL

Location	Output	Input	Notes	Call	Sponsor
Horace	442.1750	+	O	KD0EZS	------------
Ransom	443.5750	+	O 88.5/88.5 elrs	K0HAM	NEKSUN
Syracuse	443.1250	+	O 100.0/100.0#	KA0TAO	KA0TAO

WICHITA

Location	Output	Input	Notes	Call	Sponsor
College Hill	444.5750	+	O 100.0/100.0eL(ECHOLINK)	N0EQS	CHARS
Colwich	444.2000	+	O 94.8/94.8	W0KA	------------
Derby	443.2750	+	O 156.7/156.7 L(ECHOLINK#44447)	KC0SOK	ALRERC
El Dorado	444.1500	+	O	K0CKN	FlntHlsRC
Haysville	442.6000	+	Oa(CA)er	KA0RT	KA0RT
Mulvane	443.5500	+	O	N0KTA	MLVANEARC

Location	Output	Input	Notes	Call	Sponsor
Rose Hill	442.7000	+	O 103.5/103.5	KF0AO	KF0AO
Wichita	442.0000	+	O(CA)	N0ITL	NCRARC
Wichita	443.3250	+	O 103.5/103.5eL(IRLP 7552)	W0VFW	VFW 3115
Wichita	444.0000	+	Oa(CA)er	WA0RJE	TECNICHAT
Wichita	444.0750	+	O 82.5/82.5 (CA)r	N0HM	I.C.U.C
Wichita	444.2750	+	O	AG0B	------------

KENTUCKY

Location	Output	Input	Notes	Call	Sponsor
Agnes	442.6000	+	O 179.9/179.9	W4RRA	W4XXA
Allen	444.7750	+	O 123/123	N4IWZ	------------
Anchorage	442.0000	+	O 123/123l	N4ORL	------------
Artemus	443.9250	+	O 100/100e l	KF4FWF	KF4FWF
Ashland	444.9750	+	O 107.2/107.2	KC4QK	ASHLAND 24 RP
Bardstown	442.0500	+	O 91.5/91.5 e	W4CMY	------------
Bardstown	443.0000	+	O 91.5/91.5 e	K4KTR	------------
Black Mt	444.3500	+	O 131.8/131.8	W4TYO	------------
Bonnieville	444.8500	+	O 114.8/114.8e	KY4X	MCARC Inc
Bowling Green	444.1000	+	OlsWX	W4WSM	
Brooks	443.7000	+	O 79.7/79.7 esWX	KY4KY	KY4KY
Brooksville	444.2000	+	O 141.3/141.3es	WB4CTX	WB4CTX
Brushy Fork	444.6000	+	O 107.2/107.2e	KD4DZE	------------
Buckhorn Lake	449.1000	−	O 103.5/103.5	K4XYZ	------------
Buckner	442.7500	+	O 88.5/88.5	WB4WSB	------------
Cerulean	444.6500	+	O 179.9/179.9e	KY4KEN	WD4INS
Clearfield	441.8750	+	O 107.2/107.2	KD4DZE	KD4DZE
Corbin	444.9000	+	O 100/100	WB4IVB	/Sponser
Dixon	443.1500	+	O 77/77es	AJ4SI	------------
Dorton	442.1500	+	O 167.9/167.9el	KC4KZT	KC4KZT
Dry Ridge	444.4250	+	O 107.2/107.2esWX	WA4ZKO	NKDXE-NKRA
Earlington	443.9500	+	O 179.9/179.9	KG4WCQ	KG4WCQ

420-450 MHz
KENTUCKY

Location	Output	Input	Notes	Call	Sponsor
East Bernstadt	443.2000	+	O E-SUNl	KE4GJG	
Edgewood	444.3500	+	O 123/123	K4CO	Northern Ky ARC
Elizabethtown	444.8000	+	O l	W4BEJ	LINCOLN TRAIL AR
Fairdealing	443.5000	+	O 118.8/118.8	KI4HUS	KI4HUS
Fort Wright	441.8500	+	O 107.2/107.2	KY4JD	------------
Fort Wright	442.5250	+	O 123/123l	KY4JD	------------
Foster	443.1250	+	O 123/123	KU4ML	------------
Frankfort	443.3250	+	OersWX	WA4CMO	KY Emergency Opera
Georgetown	443.6250	+	O	NE4ST	NE4ST
Glasgow	444.9250	+	Oe	KY4X	MCARC Inc
Graefenburg	443.5500	+	O 123/123e lWX	N4HZX	N4HZX
Grayson	441.9750	+	O 107.2/107.2e	KD4DZE	KD4DZE
Harned	443.3250	+	O 107.2/107.2elWx	KG4LHQ	------------
Hartford	442.6750	+	O 77/77	KD4BOH	KD4BOH
Hartford	444.0750	+	O 77/77	KD4BOH	KD4BOH
Hawesville	444.6250	+	O 136.5/136.5es	KY4HC	HARC
Hazard	441.7000	+	O 225.7/225.7el	K4TDO	WR4AMS
Hazard	443.9750	+	O 103.5/103.5e	K4TDO	------------
Henderson	444.7250	+	O 82.5/82.5 e	WA4GDU	WA4GDU
Highland Heights	444.9000	+	O 123/123	W4YWH	------------
Hindman	444.4000	+	O 162.2/162.2esWX	K4TDO	------------
Hollyhill	443.5750	+	O 100/100e rsWX	AD4WB	AD4WB
Hopkinsville	444.7500	+	O 103.5/103.5	KE4AIF	KE4AIF
Irvine	443.4750	+	O 100/100	KA4PND	------------
Irvine	444.0000	+	O 100/100	AD4RT	KY4LD
Jenkins	444.2500	+	O 107.2/107.2elsWx	KK4WH	------------
LaGrange	443.7500	+	O 88.5/88.5	WB4WSB	------------
Latonia	442.4000	+	O	AA4XV	AA4XV
Lawrenceburg	444.3750	+	O 107.2/107.2	KY4LAW	Anderson Co Dpt of P
Lexington	443.0250	+	O 123/123e l	KE4OOL	------------
Lexington	444.1250	+	O 88.5/88.5	KB8QLC	KB8QLC
Lexington	444.7250	+	O	AD4YJ	------------
Lexington	444.9500	+	O 88.5/88.5 el	KK4PQU	------------
London	442.1250	+	O 77/77	KJ4JCP	KJ4JCP

KENTUCKY

Location	Output	Input	Notes	Call	Sponsor
London	442.9000	+	O 77/77 E-SUN	KI4FRJ	----------
London	443.3000	+	Ol	KK4ODL	----------
Louisville	441.3500	+	O 67/67el	KK4CZ	KK4CZ
Louisville	443.9750	+	O 100/100e	N4KWT	Sponsered
Louisville	444.3000	+	O 141.3/141.3	KY4NDN	KY4NDN
Louisville	444.5500	+	O 107.2/107.2	KE4JVM	----------
Louisville	444.9000	+	O 100/100e	W4PF	W4PF
Louisville Area	442.4500	+	O 151.4/151.4er	KD4CLR	KD4CLR
Lynch	442.3500	+	O 100/100	WB4IVB	WB4IVB
Madisonville	442.7750	+	O	KC4FIE	KC4FIE
Madisonville	444.6000	+	O 103.5/103.5	KC4FIE	KC4FIE
Magnolia	443.6500	+	O 77/77	WA4FOB	----------
Manchester	444.2750	+	O 79.7/79.7	KF4IFC	KF4IFC
Mayfield	441.8750	+	O 179.9/179.9	WA6LDV	KF4GCD
Maysville	441.9500	+	O 186.2/186.2e	KE4YEY	----------
McKee	444.7000	+	O 118.8/118.8e	W4CPT	----------
Middlesboro	442.3250	+	O 100/100	AJ4G	----------
Middlesboro	443.9500	+	O 100/100	W4HKL	WM4MD
Middlesboro	444.1500	+	O 100/100	WB4IVB	Henry M Hamblin
Monticello	444.7500	+	O 100/100e	WB9SHH	----------
Morehead	442.5000	+	O 123/123e	K4GFY	K4GFY
Morehead	443.2500	+	O 100/100l	KJ4VF	----------
Mt Sterling	442.0500	+	O 100/100l	KD4ADJ	NX4B
Murray	443.8000	+	O 91.5/91.5e	K4MSU	K4MSU
Nancy	443.6000	+	O 100/100e	AC4DM	AC4DM
Nicholasville	444.9750	+	O	K4HH	Jessamine Amat
Olive Hill	444.9250	+	O 107.2/107.2	WC4WC	----------
Owensboro	443.1000	+	O 110.9/110.9	N4WJS	N4WJS
Owensboro	443.6500	+	O 110.9/110.9	N4WJS	N4WJS
Owensboro	444.5500	+	O 103.5/103.5	KI4JXN	KI4JXN
Owingsville	442.0000	+	O 100/100s WX	W4WOO	----------
Paducah	443.0000	+	O 179.9/179.9e	KD4DVI	KD4DVI
Paintsville	441.5250	+	O 127.3/127.3elsWX	N4KJU	N4KJU
Pendleton	442.3250	+	O 179/179e sWX	K4RSI	----------

420-450 MHz
KENTUCKY-LOUISIANA

Location	Output	Input	Notes	Call	Sponsor
Pikeville	444.3750	+	O	KD4DAR	KD4DAR
Pleasure Ridge Park	444.6000	+	O 151.4/151.4	N4MRM	----------
Richmond	444.6250	+	O 192.8/192.8	KE4ISW	KE4ISW
Shelbyville	442.3750	+	O	KE4YRE	KF4ALP
Simpsonville	444.4500	+	O 100/100	KO4OT	KE4YRI
Somerset	443.4000	+	O 136.5/136.5e	KY4TB	----------
Stanton	442.0750	+	O	N4VOS	N4VOS
Union	441.8000	+	O 179.9/179.9	AD4CC	----------
Versailles	443.7750	+	Oes	KY4WC	Woodford County Am
Versailles	444.2500	+	O	AD4CR	AD4CR
Waynesburg	442.9750	+	O 179.9/179.9	KT4HR	Lincoln County EMA
Williamsburg	444.0500	+	O 100/100e l	KB4PTJ	----------
Winchester	441.9000	+	O 203.5/203.5e	W4PRC	Pioneer ARS

LOUISIANA
REG 1 NEW ORLEANS

Location	Output	Input	Notes	Call	Sponsor
Belle Chasse	444.1750	+	O 114.8elrs	KA5EZQ	PPOEP
Gretna	444.2000	+	O 114.8l	W5UK	GNOARC
Gretna	444.2750	+	O 114.8/114.8e	W5MCC	SELCOM
Kenner	444.3750	+	O 114.8/114.8	N5MWM	N5MWM
Metairie	444.0000	+	O 114.8	W5GAD	JARC
Metairie	444.5750	+	O 114.8	N5OZG	N5OZG
Metairie	444.7750	+	O 114.8	N5OZG	N5OZG
New Orleans	444.7000	+	O 114.8ae	WB5HVV	WB5HVV
New Orleans	444.8000	+	Oe L(146.61)	W5MCC	SELCOM
New Orleans	444.8250	+	O 114.8el	W5MCC	SELCOM
New Orleans	444.9500	+	O 114.8/114.8el	N5UXT	N5UXT
New Orleans	444.9750	+	O 110.9ael	KB5AVY	KB5AVY
Port Sulphur	444.0750	+	O 114.8e L(146.655)rs	KA5EZQ	PPOEP

REG 2 BATON ROUGE

Location	Output	Input	Notes	Call	Sponsor
Baton Rouge	442.4000	+	●elrs	WB5LHS	GOHSEP
Baton Rouge	442.9250	+	O 107.5er	KD5CQB	EBRP OEP
Baton Rouge	443.1000	+	O 107.2/107.2el	KD5QZD	KD5QZD
Baton Rouge	443.5500	−	O 107.5er	KD5CQB	EBRP OEP
Baton Rouge	443.9250	−	O 107.5er	KD5CQB	EBRP OEP
Baton Rouge	444.3000	+	O	N5UHT	N5UHT

420-450 MHz
LOUISIANA

Location	Output	Input	Notes	Call	Sponsor
Baton Rouge	444.3500	+	O	N5NXL	BRRG
Baton Rouge	444.4000	+	O 107.2e	W5GIX	BR ARC
Baton Rouge	444.4500	+	O 107.2/107.2e	W5GSU	OMIK-BR
Baton Rouge	444.6000	+	O 136.5/136.5 (CA)e	W5GQ	WAFB-TV-E
Baton Rouge	444.6750	+	●elrs	WB5LHS	GOHSEP
Baton Rouge	444.8500	+	O 107.2elr	KC5BMA	RASC
Baton Rouge	444.9500	+	O 107.2el	KE5QJQ	CARCC
Ravenswood	443.2000	+	●elrs	WB5LHS	GOHSEP
Walker	445.5250	+	O 107.2e	W5LRS	LARS
REG 3 THIBODAUX					
Convent	444.7250	+	Oe	K5ARC	ASCN ARC
LaPlace	443.8250	+	O 114.8/114.8e	KD5CQA	Plantation ARC
LaPlace	444.6750	+	O 114.8/114.8el	KD5CQA	Plantation ARC
Schriever	444.5000	+	Oe	W5YL	THBDX ARC
REG 4 LAFAYETTE					
Carencro	443.8000	+	Oel	W5NB	DRCC
Eunice	444.8250	+	O(CA)e	KE5CTU	KE5CTU
Lafayette	443.0000	+	O 103.5/103.5el	W5DDL	ACDN ARA
Lafayette	443.1500	+	O 103.5/103.5	NG5T	TV-10 RG
Morgan City	444.6250	+	O 100 (CA) ez	KB5GON	N5DVI
Opelousas	444.8750	+	O 103.5 (CA)eBl	N5TBU	N5TBU
REG 5 LAKE CHARLES					
Kinder	444.9250	+	O 131.8.ex	W5ELM	W5ELM
Lake Charles	444.2250	+	O 103.5	KI5EE	KI5EE
Lake Charles	444.3000	+	O 88.5	W5BII	SWLARC
REG 6 ALEXANDRIA					
Alexandria	443.3000	+	O 173.8ael rsz	KC5ZJY	ARCCLA
Alexandria	444.9750	+	O 173.8lrs	KC5ZJY	ARCCLA
Jonesville	444.5750	+	O 1273	N5TZH	N5TZH
Leesville	444.7000	+	O 118.8e	W5LSV	WCLARC
Many	444.2000	+	O 173.8rz	K5MNY	ARCS
Moreauville	444.7000	+	O 173.8	KA5KON	KA5KON
REG 7 SHREVEPORT					
Bossier City	444.3000	+	●ters	N5FJ	N5FJ
Shreveport	444.5000	+	O 186.2e	KC5OKA	ARK-LA-TEX
Shreveport	444.9000	+	O 186.2	N5FJ	SARA
REG 8 MONROE					
Bernice	444.0750	+	O	W5JC	W5JC
Calhoun	444.1000	+	OE-SUN L(145.17)prsRB	W5KGT	NELA-ARES
Calhoun	444.7000	+	OarsRB LITZ WXz	W5KGT	W5KGT

530 420-450 MHz
LOUISIANA-MAINE

Location	Output	Input	Notes	Call	Sponsor
Columbia	444.5250	+	O	K5NOE	K5NOE
Jonesboro	444.8000	+	O	WB5NIN	JAARO
Rayville	444.9500	+	O	WA5KNV	WA5KNV
Ruston	443.3500	+	O 94.8 (CA) e	W5MCH	PHARA
Ruston	444.8750	+	O	AD5AQ	AD5AQ
West Monroe	443.7000	+	Oe	KB5VJY	KB5VJY
West Monroe	443.8000	+	Oe	KB5VJY	KB5VJY
West Monroe	443.3000	+	O	WB5SOT	WB5SOT
REG 9 HAMMOND					
Franklinton	444.4250	+	●elrs	WB5LHS	GOHSEP
Hammond	442.3250	+	●elrs	WB5LHS	GOHSEP
Hammond	444.2500	+	O 107.2e	WB5NET	SELARC
Kentwood	442.0500	+	O 107.2el	WB5ERM	WB5ERM
LaCombe	443.2000	+	O 114.8lx	W5UK	N5UK
LaCombe	444.1000	+	O 114.8/114.8e	W5SLA	Ozone ARC
Loranger	443.8750	+	O 107.2el	KC5WDH	KC5WDH
Madisonville	444.0500	+	Oe	W5NJJ	NLAKE ARC+
Slidell	444.4250	+	O 114.8e	W5SLA	Ozone ARC
STATEWIDE					
Shared	440.5500	+	O#p	------------	
Shared	442.9000	+	O#	------------	

MAINE
FREQUENCY USAGE

Location	Output	Input	Notes	Call	Sponsor
Statewide	441.4500	+	OpEXP	SNP	
AUGUSTA					
Belgrade Lakes	449.2750	−	O 88.5e L(W1PIG)sx	W1PIG	KARS
Fayette	443.2000	+	O 88.5ae L(E15061 W1PIG)rsWxx	W1PIG	KARS
CENTRAL/BANGOR					
Millinocket	449.2750	−	O	KA1EKS	KA1EKS
MID-COAST					
Franklin	444.8000	+	O 100.0es	N1DP	N1DP
Hope	449.5250	−	O	WA1ZDA	WA1ZDA
Knox	443.5000	+	O 103.5erx	KD1KE	KD1KE
Knox	444.3000	+	OL(D*V)rs	W1EMA	WCARA
Washington	444.9000	+	O 91.5ae L(147.135)x	WZ1J	WZ1J
NORTHWEST					
Farmington	449.9250	−	O 123	W1BHR	BHRG
Saint Albans	449.7250	−	O 103.5	N1GNN	N1GNN
Skowhegan	446.3250	−	O 203.5	W1LO	W1LO
Woodstock	449.0250	−	O 82.5/136.5x	W1IMD	W1IMD
PORTLAND/SOUTH COAST					
Alfred	448.7250	−	O 103.5aer	WJ1L	YCEMA
Arundel	449.2750	−	O 167.9	N5YXK	N5YXK

420-450 MHz 531
MAINE-MARYLAND

Location	Output	Input	Notes	Call	Sponsor
Auburn	443.3000	+	OL(D*V)	W1NPP	Andy ARC
Biddeford	443.0500	+	OL(D*V)	KC1ALA	KA1JWM
Brunswick	444.4000	+	O 88.5 E-WINDsx	KS1R	MARA
Cornish	444.0000	+	O 167.9/167.9 L(DMR:CC1 CCS NET)	N1KMA	CLEOSYS
Phippsburg	447.5750	−	OeL(D*V)s	KS1R	MARA
Sanford	441.6000	+	O 203.5e	W1LO	W1LO
Scarborough	444.1000	+	O 82.5	W1KVI	PAWA
West Newfield	441.7000	+	O 127.3/127.3eL(DMR:CC0 DSTAR CCS NET)	N1KMA	CLEOSYS
Westbrook	444.6000	+	O 82.5e L(E44600 N1ROA) WXx	N1SNR	N1ROA
Windham	444.9500	+	O 146.2e L(29.68)	N1FCU	N1FCU

WASHINGTON COUNTY
Location	Output	Input	Notes	Call	Sponsor
Cooper	444.3000	+	O 100.0esx	W1LH	W1LH

MARYLAND
ALL
Location	Output	Input	Notes	Call	Sponsor
SNP	442.9000	+	O	------------	
SNP	447.8750	−	O	------------	

ANNAPOLIS
Location	Output	Input	Notes	Call	Sponsor
Annapolis	442.3000	+	O 107.2ael rsz	KB3CMA	AARC/MMARC
Davidsonville	444.4000	+	O 107.2	W3VPR	AARC
Millersville	442.4000	+	O 100.0e	KP4IP	KP4IP
Millersville	449.1250	−	O 107.2aer z	W3CU	MMARC

BALTIMORE
Location	Output	Input	Notes	Call	Sponsor
Baltimore	443.8500	+	Oe L(MOTOTRBO CC6 TS 1/ID-1 TS2/ID-2)	K3OCM	K3OCM
Baltimore	447.5250	−	O	N3MCQ	N3MCQ
Baltimore	448.3250	−	Oaelz	WB3DZO	BRATS
Baltimore	449.6750	−	O 167.9els	N3ST	N3ST
Baltimore City	448.2750	−	O 156.7	K3CUJ	Col.ARA
Cockeysville	448.5250	−	O 82.5	KB3BHO	Boumi ARC
Columbia	449.4750	−	O 156.7	K3CUJ	Col. ARA
Dayton	443.9500	+	te	W3YVV	W3YVV
E Baltimore	449.5750	−	Ol	W3PGA	Aero ARC
Ellicott City	449.5250	−	O 100.0	N3EZD	N3EZD
Jessup	444.0000	146.1600	O 107.2l	WA3DZD	MFMA
Jessup	444.0000	+	O 107.2l	WA3DZD	MFMA
Jessup	444.0000	223.1600	O 107.2l	WA3DZD	MFMA
Randallstown	443.3500	+	O	WB3DZO	BRATS
Towson	442.1125	+	Oe L(DSTAR) WX	W3DHS	BCACS
Towson	442.2750	−	O 107.2ael	N3CDY	N3CDY
Towson	449.6250	−	O 107.2ael r	W3FT	BARC

420-450 MHz
MARYLAND

Location	Output	Input	Notes	Call	Sponsor
CENTRAL MD					
Glen Burnie	442.6000	+	O 127.3 (CA)	N3MIR	GBURG
CUMBERLAND					
Cumberland	442.3000	+	O 167.9 (CA)ersWX	AB3FE	AB3FE
Cumberland	444.0000	+	O 123.0el	KK3L	KK3L
Cumberland	444.5000	+	O 118.8	W3YMW	Mtn ARC
Midland	442.7500	+	O 167.9ers WX	AB3FE	AB3FE
FREDERICK					
Boonsboro	442.9500	+	O 94.8e	KD3SU	KD3SU
Braddock Hghts	444.3500	+	O 100.0el	N3JDR	N3JDR
Frederick	442.8000	+	O 79.7 L(P25 NAC 797)	N3ITA	N3ITA
Frederick	443.4000	+	O 136.5l	WA3KOK	NERA
Frederick	444.1000	+	O 167.9 L(DSTAR)s	N3ST	N3ST
Frederick	444.8000	+	OL(DSTAR)	KB3YBH	FARG
Frederick	448.1250	−	O 146.2e L(P25 NAC 734)	K3MAD	MADXRA
Frederick	448.4250	−	O 100.0e	K3ERM	FARC
Jefferson	443.3000	+	O 100.0	K3LMS	K3LMS
Thurmont	448.0250	−	O 103.5	K3KMA	K3KMA
HAGERSTOWN					
Clear Spring	442.6500	+	O 79.7eWX	N3UHD	N3UHD
Hagerstown	447.1250	−	O 123.0l	N3JDR	N3JDR
Hagerstown	447.9750	−	O 100.0e L(C4FM)	W3CWC	Anttm RA
NORTH CENTRAL					
Westminster	449.8750	−	O 127.3el	K3PZN	CCARC
NORTH EASTERN SHORE					
Centreville	448.2250	−	O 107.2e	N8ADN	QUAN RACES
Chestertown	449.1750	−	O 156.7 (CA)rsWX	K3ARS	Kent ARS
NORTHEAST MD					
Bel Air	447.9875	−	OL(DSTAR)	KB3TOG	HarfdCoRACES
Bel Air	449.7750	−	O 162.2aer	WBØEGR	HarfdCoRACES
Charlestown	442.9500	+	O 103.5a	N3RCN	+N3AJJ
Elkton	447.3250	−	O 131.8 (CA)lWX	W3BXW	BEARS
Elkton	447.7250	−	O 94.8r	N3XJT	Cecil Co. DES
HavreDeGrace	444.1500	+	O 131.8el	N3KZ	UPennARC
Jarrettsville	448.4750	−	O	N3UR	N3UR
Port Deposit	449.8250	−	O 167.9	WA3SFJ	CBRA
Shawsville	449.3750	−	Ol	W3EHT	W3EHT
SOUTH EASTERN SHORE					
Ocean City	443.4500	+	O 151.4 WX	N3HF	N3HF
Salisbury	442.6500	+	O 156.7	N3HQJ	Muddy Hole

420-450 MHz
MARYLAND-MASSACHUSETTS

Location	Output	Input	Notes	Call	Sponsor
Salisbury	444.2000	+	O L(DSTAR)	W3PRO	K3RIC
SOUTHERN MD					
Accokeek	444.5000	+	O	W3TOM	W3TOM
Aquasco	447.0750	−	O 167.9els	N3ARN	CMRG
Brandywine	443.6000	+	O 103.5 L(C4FM)	WA3YUV	WA3YUV
Golden Beach	447.1250	−	O 131.8	WX3SMD	W3SMD
Indian Head	442.4500	+	O	K3WTF	K3WTF
LaPlata	443.7000	+	O 179.9a	KA3GRW	CCARC2
Lexington Park	443.0500	+	Oaelrbz	WA3UMY	WA3UMY
Mechanicsville	443.1875	+	Oe L(MOTOTRBO CC7 TS 1/ID-1 TS2/ID-2)	K3OCM	K3OCM
WASHINGTON AREA					
Ashton	443.3150	+	O 156.7ae	K3WX	ARCS
Berwyn Heights	447.3750	−	O 123.0elr sWX	K3WS	K3WS
Bowie	442.1500	+	O	W3XJ	W3XJ
Burtonsville	444.0500	+	O|	WA3KOK	NERA
Germantown	444.2000	+	OL(DSTAR)	KV3B	MARC
Jessup	444.0000	146.1600	O 107.2l	WA3DZD	MFMA
Jessup	444.0000	223.1600	O 107.2l	WA3DZD	MFMA
Jessup	444.0000	+	O 107.2l	WA3DZD	MFMA
Laurel	442.5000	+	O 156.7e	W3LRC	LARC
Laurel	444.7000	+	O 167.9els	WA3GPC	CMRG
Rockville	442.7500	+	O 156.7r	KV3B	MARC
Rockville	443.9000	+	Or	WA3YOO	MontCoRACES
Silver Spring	443.4500	+	O 156.7 WX	N3HF	N3HF
Silver Spring	444.2500	+	Oa	WB3GXW	WB3GXW
Silver Spring	449.0250	−	O 156.7el	N3AUY	+KD3R
Silver Spring	449.0250	29.5600	O 141.3el	N3AUY	+KD3R
Suitland	448.9250	−	O 167.9ls	N3ST	CMRG
Upper Marlboro	444.6500	+	Oe L(MOTOTRBO CC6/TS1/TS2/ID-1)rs	N3LHD	N3LHD
WESTERN MD					
Oakland	444.2750	+	O 110.9e WX	KB3AVZ	KB3AVZ
MASSACHUSETTS					
FREQUENCY USAGE					
Statewide	441.4500	+	OpEXP	SNP	
BLACKSTONE VALLEY					
Milford	446.8250	−	O 100.0e L(E3819 MMRA)	WA1QGU	GMARG
Uxbridge	447.3250		ODCS(244) L(P25:NAC353 WESTBORO MA 448.775)	W1WNS	ATT
Uxbridge	447.4750		O 118.8 E-SUN L(C4FM)	KB1MH	KB1MH
BOSTON METRO					
Boston	443.5500	+	O 110.9e	W1BOS	BARC

420-450 MHz
MASSACHUSETTS

Location	Output	Input	Notes	Call	Sponsor
Boston	444.7000	+	O 88.5e	W1KRU	BPSRG
Boston	448.7250	−	ODCS(343) L(P25:NAC444) EXP	W1NAU	W1NAU
Braintree	442.5000	+	O 118.8 L(I4086)	AE1TH	BraintreeEMA
Brookline	446.3250	−	O 146.2e L(E4942 I4942 CLAYNET)	W1CLA	ClayCtrARC
Burlington	446.7750	−	O 88.5 L(MMRA)	W1DYJ	MMRA
Burlington	447.0250	−	O 146.2 L(CLAYNET)	W1CLA	ClayCtrARC
Cambridge	449.7250	−	O 114.8ex	W1XM	MIT UHF
Newton	442.7500	+	O 141.3ae L(146.655 FALMOUTH)r	WA1GPO	FARA
Reading	446.5250	−	O 151.4	WA1RHN	WA1RHN
Waltham	443.0500	−	O 107.2e L(KC2LT)x	KC2LT	KC2LT
Waltham	449.0750	−	O 88.5e	W1MHL	WalthamARA
Woburn	449.8250	−	O 136.5e L(444.75)	N1OMJ	N1OMJ
BOSTON SOUTH					
Canton	449.4250	−	O 88.5ers	K1BFD	EMARG
Mansfield	446.9250	−	O 100.0	KB1JJE	MansEMA
North Attleborough	447.9750	−	O 88.5e	KA1IG	NAEMA
Walpole	446.4375	−	O 123.0e L(D*V)rsEXP	W1ZSA	WEMA
Walpole	448.9750	−	O 141.3ers	W1ZSA	WEM
Walpole	449.6750	−	O 146.2epr s	N1UEC	ARCEM
Wrentham	444.4500	+	O 127.3 E-SUN	K1LBG	WEMA
Wrentham	448.5750	−	O 88.5ex	K1LBG	WEMA
CAPE AND ISLANDS					
Brewster	444.9000	+	O 141.3ep s	N1ZPO	N1ZPO
CENTRAL					
Auburn	443.9000	+	O 100.0e	K1WPO	K1WPO
Auburn	448.1250	−	O 88.5er	K1WPO	K1WPO
Clinton	442.3000	+	O 74.4e	N1KUB	CEMA
Fitchburg	442.9500	−	O 88.5 L(147.315 & 53.83)	WB1EWS	WB1EWS
Gardner	442.1000	+	O 88.5ers WXx	W1GCD	GardnerOEM
North Oxford	447.2750	−	OL(D*V)	KC1ACI	W1MSG
Paxton	447.9875	−	O 136.5/162.2 L(YANKEE NETWORK)	W1XOJ	NYNES
Sutton	442.8500	+	OL(D*V)	KC1AZZ	Sutton RC
West Millbury	444.9000	+	O 100.0e	KA1AQP	KA1AQP
Worcester	443.3000	+	O 100.0	N1OHZ	N1OHZ

MASSACHUSETTS 420-450 MHz

Location	Output	Input	Notes	Call	Sponsor
Worcester	449.0250	−	O 88.5a L(E460920 145.310)	W1WPI	WPIWA
Worcester	449.8750	−	O 103.5 L(P25:NAC250)	N1PFC	WECT
FRANKLIN COUNTY					
Deerfield	443.4500	+	O 173.8	AB1RS	AB1RS
Greenfield	448.8750	−	O 136.5e L(29.6)	KB1BSS	FCARC
South Deerfield	442.5000	+	O 136.5ex	N1PMA	N1PMA
MERRIMACK VALLEY					
Lawrence	446.3750	−	O 100.0l	KB1SFG	KB1SFG
Lawrence	447.6250	−	O 88.5 L(P25)	N1EXC	N1EXC
Lowell	442.2500	+	O 88.5e L(MMRA)	K1LVF	MMRA
Lowell	444.9625	+	O 179.9e	KB2KWB	Coqui HRC
Nashua	446.4250	−	O 156.7 L(DMR:CC5)	N1DAS	N1DAS
North Andover	444.1000	+	O 123.0e L(PHANTOM NET)	N1LHP	N1LHP
North Reading	446.8750	−	O 88.5	N1FOS	N1FOS
Pepperell	442.9000	+	O 100.0ers	N1MNX	N1MNX
Westford	442.4500	+	OL(D*V)	WB1GOF	PART
METROWEST					
Concord	447.5750	−	O 110.9e	N1CON	CWA
Framingham	444.7500	+	O 88.5e L(449.825)	N1OMJ	N1OMJ
Framingham	448.1750	−	O 88.5 L(I4610 WA1NVC)	WA1NVC	WA1NVC
Harvard	448.4750	−	O 100.0 L(WYOCOMM (WY))	KB5JR	KB5JR
Holliston	447.0750	−	OL(D*V)	W1DSR	DigitalARC
Hopkinton	448.0250	−	O 88.5er	W1FY	FARA
Marlborough	446.6750	−	O 88.5	N1EM	AARC
Marlborough	447.8750	−	O 136.5 L(53.81) RB	K1IW	K1IW
Marlborough	448.2250	−	OL(D*V)	W1MRA	MMRA
Marlborough	449.9250	−	O 88.5e L(E4133 I4133 MMRA)sx	W1MRA	MMRA
Medfield	441.5000	+	O 88.5r	N1KUE	MEMA
Natick	447.6750	−	O 203.5er	KB1DFN	NATICK EMA
Natick	449.1250	−	O 146.2e L(CLAYNET)	W1CLA	ClayCtrARC
Northborough	441.6000	+	O 88.5	K1WPO	W1DXH
Southborough	449.5750	−	O 88.5 L(MMRA)	W1BRI	MMRA
Wellesley	444.6000	+	O 88.5e L(147.030)	W1TKZ	WellslyARS
Westborough	448.7750	−	ODCS(244) L(P25:NAC353)	W1WNS	ATT

420-450 MHz
MASSACHUSETTS-MICHIGAN

Location	Output	Input	Notes	Call	Sponsor
Weston	442.7000	+	O 88.5 L(MMRA)	KG1H	MMRA
NORTH SHORE					
Beverly	442.8500	+	O 103.5er	WA1PNW	BEMA
Beverly	444.9500	+	O 100.0	N1GSC	N1GSC
Danvers	442.8000	+	O 136.5ers x	NS1RA	NSRA
Gloucester	443.7000	+	O	W1GLO	CAARA
Gloucester	447.5250	−	O 114.8e	W1RAB	W1RAB
Lynn	442.4000	+	O 88.5	N1VGJ	LYNN
Lynn	442.6500	+	O 100.0 L(E542179)	W1LRX	W1DVG
Lynn	444.6500	+	O 103.5a L(E542179)	W1DVG	W1DVG
Salem	446.6250	−	O 88.5	NS1RA	NSRA
SOUTH COAST					
East Freetown	449.7750	−	OL(D*V)	KB1WUW	SAF ARC
Fall River	449.5250	−	OeL(D*V) EXP	K1RFI	SEMARG
SOUTH SHORE					
Bridgewater	444.5500	+	O 88.5e L(C4FM)	W1MV	MARA
Brockton	449.2750	−	OL(D*V)	KB1YAC	OC D-Star
West Bridgewater	449.9875	−	Oe L(NXDN)	KA1GG	PAWA
SPRINGFIELD/PIONEER VALLEY					
Belchertown	443.7000	+	O 71.9e	N1SIF	N1SIF
Feeding Hills	449.1750	−	OeL(D*V)x	W1KK	W1KK
Florence	449.5250	−	OE-SUN E-WIND L(DMR:CC1 NEDECN)x	KA1OAN	KA1QFE
Granville	442.7500	+	O 77.0 L(KB1AEV LINK SYSTEM)	KB1AEV	KB1AEV
Granville	449.8250	−	O 107.2ex	N1PAH	N1PAH
Holyoke	443.2000	+	O 127.3es	W1TOM	MTARA
Holyoke	447.3750	−	OeL(D*V) REF010C	AA1KK	W1KK
THE BERKSHIRES					
Great Barrington	443.4000	+	O 114.8	KC1AJX	KC1AJX
Mt Greylock	449.4250	−	O 162.2ex	K1FFK	NBARC
MICHIGAN					
LOWER PEN NORTHEAST					
Alpena	442.2750	+	O 131.8	KD8KUB	KD8KUB
Alpena	442.4750	+	O 100elrs WX	WB8ZIR	8BITRG
Alpena	443.9750	+	O 131.8rs WX	KD8RKL	Northern Michigan A
Bad Axe	443.5500	+	O 114.8e WXx	KA8WYN	KA8WYN
Bay City	444.5000	+	O 123eWX	KB8YUR	Bay Area ARC

420-450 MHz 537
MICHIGAN

Location	Output	Input	Notes	Call	Sponsor
Breckenridge	442.6500	+	O 103.5rs WX	W8QPO	W8QPO
Burt	442.2000	442.7000	O 103.5lrs WX	K8JSL	K8JSL
Cheboygan	444.8500	+	O 110.9ex	WB8DEL	WB8DEL
Clio	443.4000	+	O 156.7e	KB5TOJ	KB5TOJ
Farwell	443.0250	+	O 103.5rs	KG8XS	KG8XS
Harrison	442.8500	+	O 103.5ers	KD8TUV	KA8DCJ
Mackinaw City	444.3750	+	O 107.2r	W8AGB	CCECPSCO
Mayville	443.7750	+	O 100lx	KB8ZUZ	KB8ZUZ
Midland	443.3250	+	O 103.5elr sWX	W8QN	Midland County
Midland	444.3500	+	O 131.8	WB8WNF	Phoenix Amateur
Oscoda	444.9000	+	O 156.7 (CA)ersWxx	KB8RWG	Alcona ARA
Roscommon	443.1000	+	Oers	N8QOP	CRARC
Saginaw	443.6000	+	O 103.5el	N8VDS	N8VDS
Ubly	442.3250	+	O 103.5e	KC8KOD	KC8KOD
LOWER PEN NORTHWEST					
Alanson	443.2000	+	O 151.4 (CA)el	KC8YGT	KC8YGT
Big Rapids	443.9000	+	OarsWX	KB8QOI	BRAARC
Cadillac	444.8250	+	O	K8CAD	WEXARC
Edmore	444.7000	+	O 103.5e	KC8LEQ	KC8LEQ
Frankfort	442.2000	+	O 114.8elrs	W8BNZ	KF8KK
Glen Arbor	444.7250	+	O 114.8el	WIØ OK	N7LMJ
Harrison	443.5000	+	O 103.5e	KD8TUV	Clare County Em
Hart	443.6750	+	O 94.8ers	W8VTM	OCARES
Holton	444.6750	+	O 94.8ep WXxz	N8DWZ	WD8MKG
Kalkaska	444.9250	+	Oe	AA8ZV	AA8ZV
Lake City	444.5250	+	O 100e	KA8ABM	KA8ABM
Mancelona	442.8000	+	Oe	K8WQK	K8WQK
Morley	442.0750	+	O 103.5 (CA)el	K8SN	K8SN
Mt Pleasant	442.8250	+	O 100ers WX	KC8RTU	KC8RTU
Pellston	444.9500	+	O 103.5	WA8EFE	WA8EFE
Stutsmanville	442.3750	+	O 107.2elr WXx	N8DNX	N8DNX
Traverse City	442.5000	+	O 114.8ers	W8TCM	Cherryland Amat
Traverse City	442.9000	+	O 94.8ers	W8QPO	Grand Traverse
Traverse City	443.0000	+	O 114.8e	KJ4KFJ	KJ4KFJ
LOWER PEN SOUTHEAST					
Adrian	443.3750	+	O 107.2e WX	K8ADM	K8ADM
Ann Arbor	443.5000	+	O 100es	W8PGW	Arrow ARC
Ann Arbor	443.6500	+	O 100	N8AMX	Washtenaw Adva
Ann Arbor	444.0750	+	O 82.5	WR8DAR	RADAR

420-450 MHz
MICHIGAN

Location	Output	Input	Notes	Call	Sponsor
Ann Arbor	444.9750	+	O 107.2el	WD8DPA	WD8DPA
Beverly Hills	443.2250	+	O 107.2 (CA)ersx	W8HP	Hazel Park ARC Inc (
Brooklyn	443.9000	+	●t(CA)	N8GY	N8GY
Chelsea	443.5750	+	O 100els WX	WD8IEL	Chelsea ARC
Clio	444.3750	+	Oel	N8NJN	FAIR
Dansville	444.5750	+	O 107.2 (CA)elWx	N8OBU	N8OBU
Davison	442.8750	+	O(CA)	N8XCW	N8XCW
Dearborn	442.8000	+	O 107.2 (CA)ers	WR8DAR	RADAR
Dearborn	443.4250	+	O 107.2	K8UTT	Ford ARL
Dearborn	444.3500	+	82.5l	K8UH	K8UH / W2PUT
Detroit	442.1750	+	O 123elWX x	KC8LTS	KC8LTS
Detroit	442.4500	+	O 100 (CA) e	N8PYN	N8PYN
Detroit	443.0250	+	O 107.2e WX	KC8DCS	SpiritARC
Detroit	443.0750	+	O 123 (CA) ersx	WW8GM	GM Amateur Radio Cl
Detroit	443.4750	+	O 88.5ers	WR8DAR	N8COP
Detroit	444.0000	+	O 100aesx	KE8HR	DRCG/Spirit of 76 AR
Detroit	444.2250	+	O 107.2 DCS	N8XN	Ind Repeater Soc
Dexter	446.1500	−	O 100lWXx	W8SRC	W8SRC
Dundee	442.8250	+	O 100elrs	K8RPT	RRRA
Durand	442.6250	+	O 100lrs WX	N8IES	N8IES
East Lansing	442.9000	+	O 77	W8MSU	MSUARC
Farmington Hills	442.7000	+	O 100	WA8SEL	Farmington Amateur
Fenton	442.3500	+	O 107.2 (CA)elsWXx	W8FSM	W8FSM
Fenton	443.2000	+	O 151.4 (CA)elx	KC8YGT	KC8YGT
Fenton	443.9750	+	O 67 (CA)e WXx	KB8PGF	KB8PGF
Flint	442.0000	+	O 107.2	N8UMW	N8UMW
Flint	443.6750	+	●t(CA)	WB8YWF	WB8YWF
Flint	444.2000	+	O 107.2	W8ACW	Genesee County Rad
Flint	444.4500	+	O 100 (CA)l	N8JYI	N8JYI
Flint	444.6000	+	Oe	W8JDE	FAIR
Frankenmuth	444.0250	+	O 100lWXx	KB8SWR	KB8SWR
Garden City	444.7250	+	O 107.2 (CA)ers	KA8SPW	KA8SPW
Grosse Ile	444.9000	+	O 107.2e WX	N8ZPJ	N8ZPJ

420-450 MHz — MICHIGAN

Location	Output	Input	Notes	Call	Sponsor
Grosse Pointe Woods	446.5000	–	●t(CA)z	N8ZVZ	N8ZVZ
Holly	442.2500	+	O 100 WXz	KA8ZAU	KA8ZAU
Howell	444.5250	+	O 100elrs WXx	W8LRK	LARK
Ida	442.6500	+	O 100elrs WX	K8RPT	RRRA
Lapeer	442.7500	+	O 123ersx	W8LAP	Lapeer County A
Livonia	442.1000	+	O 107.2ael	K8PLW	K8PLW
Livonia	444.8750	+	O 123el	K8UNS	Livonia ARC
Luna Pier	444.5500	+	O 100e	N8OSC	N8OSC+RRRA
Mason	443.7000	+	O	WB8RJY	WB8RJY
Milan	444.1000	+	O 82.5el	W2PUT	W2PUT
Milford	442.1500	+	O 107.2ae	WB8CRK	DRCG
Milford	444.4250	+	O 118.8	WR8DAR	N8PO
Millington	444.6500	+	O 100rs	KC8KGZ	KF8UI / Michigan
Mt Clemens	443.6250	+	O 151.4 (CA)elrsWXx	KC8UMP	KC8UMP
Munith	442.3250	+	O 77e	KB8UB	KB8UB
New Hudson	442.7750	+	●tel	N8BK	N8BK
North Branch	443.4500	+	O 100el	KG8ID	KG8ID
Northville	443.1000	+	O 82.5er	WR8DAR	W8ICN
Novi	444.8000	+	O 110.9e	N8OVI	NARC
Ovid	444.0000	+	O 173.8elr sWX	N8TSK	N8TSK
Owosso	442.4000	+	O 100 (CA) ersWX	N8DVH	N8DVH
Petersburg	442.2000	+	●eWX	K8OF	K8OF
Pinckney	442.6750	+	O 141.3 (CA)elWXz	W2GLD	W2GLD
Pontiac	443.8250	+	O	WN8G	WN8G
Pontiac	444.3250	+	O 107.2ers WX	W8OAK	Oakland Co Eme
Rankin	442.3000	+	O 91.5l	W8YUC	RARG
Rochester	443.7250	+	O 100e	K8ZKJ	K8ZKJ
Romeo	442.5500	+	O 110.9e	WA1APX	WARTS
Romulus	442.2750	+	O 107.2	W8TX	W8TX
Romulus	445.5000	–	O 136.5elp	KD8NNY	KD8NNY
Roseville	440.5000	+	●talp	N8MET	N8MET
Saginaw	444.9500	+	O 100elrs WXx	KB8VGJ	KB8VGJ
Sterling Heights	442.9250	+	O 100e	N8LC	L'Anse Creuse A
Swartz Creek	444.1500	+	●tel	WD8JOF	RARG
Warren	443.5500	+	O 107.2 (CA)elWXx	KA8WYN	KA8WYN
Waterford	442.3750	+	●t(CA)el WX	N8EPL	N8EPL
Waterford	442.4750	+	●t(CA)el WXz	W8JIM	W8JIM
Wayne	443.1500	+	O 107.2ae	W8RIF	W8RIF

540 420-450 MHz
MICHIGAN

Location	Output	Input	Notes	Call	Sponsor
Westland	443.1250	+	O 107.2lrs	N8DJP	N8DJP
Westland	443.2750	+	O 107.2elrs	N8ISK	N8ISK
Yale	443.3000	+	O 100ers WX	N8ERV	N8ERV
LOWER PEN SOUTHWEST					
Allegan	442.3500	+	O 94.8ers WX	AC8RC	Allegan Amateur Radi
Aurelius	443.8750	+	O 136.5l WXx	KC8LMI	KC8LMI
Battle Creek	443.9500	+	O 94.8ael	W8DF	Southern Michigan A
Berrien Springs	442.8250	+	O(CA)x	W8YKS	DOCRG
Bridgman	442.7750	+	O 88.5elrs WX	W8MAI	Blossomland Amateur
Buchanan	443.6500	+	O(CA)x	N8NIT	DOCRG
Cassopolis	443.5500	+	O 131.8ers WX	N8VPZ	N8VPZ
Cedar Springs	443.0750	+	O 94.8	NW8J	NW8J
Centreville	442.1500	+	O 94.8e	KC8BRO	ARPSA
Charlotte	443.6250	+	O 100aers WX	N8HEE	N8HEE
Coldwater	443.3000	+	O 123ers WX	WD8KAF	Branch County ARC
Crystal Lake	442.1250	+	O 107.2l	KB8LCY	KB8LCY
Dimondale	442.0500	+	O 100ae	N9UV	N9UV
Eagle	443.3500	+	O 100 (CA) elsWX	K8VEB	EARS
Eaton Rapids	443.2500	+	O 100a	KD8JGN	KD8JGN
Edwardsburg	443.0750	+	O 131.8ael WX	KD8BHP	KD8BHP
Fruitport	442.3000	+	●t	KE8LZ	N8UKF
Glennwood	443.4000	+	O 94.8elrs WXx	W8GDS	W8GDS
Grand Haven	443.7750	+	●tx	W8GVK	W8GVK
Grand Ledge	442.5250	+	O 107.2el	KC8QYW	KB8HWT
Grand Rapids	442.0000	+	●tex	K8EFK	K8EFK
Grand Rapids	443.8000	+	O 94.8ael WXxz	KA8YSM	IRA
Grand Rapids	444.1000	+	O 94.8 (CA) WX	N8NET	N8NET
Grand Rapids	444.3250	+	O 82.5	N8WKN	N8WKN
Grand Rapids	444.4000	+	O 94.8el WXx	W8DC	Grand Rapids Amate
Grand Rapids	444.7750	+	O 94.8	K8WM	K8WM
Holland	443.8250	+	O 94.8elrs WX	K8DAA	Holland Amateur Radi
Holland	444.8000	+	O 103.5e	N8XPQ	N8XPQ
Holt	444.9250	+	Oae	KE8DR	KE8DR
Hudsonville	442.2500	449.2500	●t	K8TB	K8TB
Hudsonville	444.9000	+	O 94.8e	K8IHY	K8IHY

420-450 MHz 541
MICHIGAN

Location	Output	Input	Notes	Call	Sponsor
Jackson	443.1750	+	O 77ersWXx	WD8EEQ	WD8EEQ
Jackson	444.1750	+	O 100ersx	KA8YRL	KA8YRL
Jerome	444.8250	+	O 107.2rsWX	KC8QVX	KC8QVX
Kalamazoo	444.6500	+	O 94.8e	W8VY	Kalamazoo Amat
Kalamazoo	444.8750	+	O	K8KZO	SW Michigan Am
Lansing	442.4250	+	O 100elWX	KD8PA	KD8PA
Lansing	442.7250	+	O 100ex	KB8SXK	KB8SXK
Lansing	444.1250	+	O 107.2er	N8DEF	WIRE
Lansing	444.7500	+	O 100	KC8BFK	KC8BFK
Lansing	446.5000	−	Oel	W9WSW	MSU Alumni Ass
Lawton	444.4750	+	●t	N8GH	N8GH
Lowell	443.8500	+	O 94.8	AA8JR	Lowell Area Scho
Moline	442.1750	+	●tersWxXx	K8SN	K8SN
Muskegon	442.9500	+	O 94.8ael	N8KQQ	N8KQQ
Muskegon	443.2000	+	O 94.8	N8UKF	N8UKF
Muskegon	444.5500	+	O 94.8e	W8ZHO	MAARC
Muskegon	444.9500	+	O 94.8er	K8WNJ	Muskegon Co E
Niles	442.2250	+	O 94.8r	KC8OVZ	KC8OVZ
Niles	444.1250	+	O 94.8el	WB9WYR	BRRG
Ovid	445.0000	−	O 94.8elrsWX	KD8AGP	KD8AGP
Potterville	442.0250	+	O 173.8erWXx	N8JI	N8JI
Saranac	444.7250	+	O 94.8 (CA) e	KD8LZS	Saranac Comm
Saugatuck	442.7000	+	O 94.8e	AC8GN	AC8GN
Sister Lakes	442.2750	+	O 88.5e	W8MAI	Blossomland Am
St Johns	443.5250	+	O 100ersWX	W8CLI	Clinton County A
St Johns	444.8500	+	O 141.3lrsWX	WC8CLI	CCARA
Sturgis	443.7500	+	O 151.4pWX	KC8DEE	KC8DEE
Whitehall	443.2500	+	O 94.8rs	K8COP	K8COP
Zeeland	445.5000	−	O 94.8	KD8CAO	KD8CAO

UPPER PEN CENT

Location	Output	Input	Notes	Call	Sponsor
Escanaba	444.3000	+	O	WD8RTH	WD8RTH
Gladstone	444.4500	+	O	N8OYR	N8OYR
Iron Mountain	444.8500	+	O 100.0aeWX	WA8FXQ	MichACon
Marquette	443.4500	+	O 100.0e	K8LOD	HARA
Marquette	443.5000	+	O 100.0	KB0 P	KB0 P
Marquette	444.8000	+	Oe	KE8IL	MrquttRA
Menominee	444.0750	+	O 107.2e	W8PIF	M&MARC

UPPER PEN EAST

Location	Output	Input	Notes	Call	Sponsor
Moran	444.6250	+	OeEXP	K8EUP	MADARC
Newberry	444.9000	+	O 131.8	W8ARS	EUPAR
SaultSte Marie	442.8500	+	Oe	KB8SKC	KB8SKC

542 420-450 MHz
MICHIGAN-MINNESOTA

Location	Output	Input	Notes	Call	Sponsor
UPPER PEN WEST					
Calumet	442.5500	+	O 100.0e	W8CDZ	CCRAA
Calumet	443.1500	+	O 100.0e	K8MDH	KewCoRA
Copper Harbor	444.1500	+	O 107.2e	K9SJ	K9SJ
Gaastra	444.1750	+	O 107.2e	N8LVQ	IRARC
Houghton	444.5000	+	Oe	W8YY	HuskyARC
MINNESOTA					
CENTRAL					
Avon	443.6500	+	O 85.4e	KG0CV	KG0CV
Becker	443.4750	+	O 85.4	KB0RRN	KB0RRN
Big Lake	443.6000	+	O 114.8e	N0JDH	SHERBCRG
Buffalo	444.3750	+	O 156.7/114.8	N0FWG	N0FWG
Cambridge	443.9750	+	O 114.8e	WR0P	ICSES
Crown	442.9250	+	O 127.3	N0GEF	N0GEF
Foreston	443.6750	+	O 114.8	N0GOI	MAGIC
Green Isle	443.8250	+	O 141.3es	KC0QNA	SERTeam
Hutchinson	443.4000	+	O 146.2e	KB0WJP	CRARC
Isanti	443.3250	+	O 146.2el	KB0QYC	LSAC
Litchfield	443.8000	+	O 146.2	KC0CAP	KC0CAP
Little Falls	443.0750	+	O 146.2	N0RND	N0RND
Little Falls	443.1250	+	O 123.0	KA0JSW	LARA
Morris	444.4000	+	O 103.5e	NG0W	NG0W
Princeton	444.7000	+	O 146.2ers	K0SCA	SCRG
St Cloud	442.2250	+	O 85.4e	W0SV	STCLDARC
St Cloud	443.4500	+	O 123.0/123.0e	K0VSC	K0VSC
St Cloud	443.8500	+	O	KD0YLG	DARC
DULUTH					
Duluth	442.8000	+	O	KB0QYC	LSAC
Duluth	444.1000	+	Ol	W0GKP	ARAC
Duluth	444.2000	+	O 103.5e	KC0RTX	KC0RTX
Duluth	444.3000	+	O 103.5	N0EO	SVAMTRS
EAST CENTRAL					
Center City	443.6250	+	O 146.2a	KC0ASX	CCARES
METRO					
Arden Hills	442.0750	+	O 110.9l	WI9WIN	W.I.N.
Bloomington	442.2000	+	O 114.8/114.8e	KF0B	KF0B
Bloomington	444.3250	+	O 131.8	N0BVE	N0BVE
Burnsville	444.3000	+	O 114.8ae	W0BU	TCRC
Chaska	442.1250	+	O 114.8	KD0JOS	WB0ZKB
Chaska	443.0000	+	O 100.0	KA0KMJ	KA0KMJ
Cologne	444.6000	+	Oe	N0KP	SCAN
Columbia Hts	444.5500	+	O 114.8e	N0FKM	N0FKM
Columbia Hts	444.7500	+	O 114.8l	N0FKM	N0FKM
Columbus	444.9750	+	O 94.8e	K0MSP	MIDWESTRA
Edina	444.1250	+	O 114.8	W0EF	TCFMCLUB
Edina	444.2000	+	O 127.3e	WC0HC	HC RACES

MINNESOTA

Location	Output	Input	Notes	Call	Sponsor
Edina	444.8500	+	O 114.8	KG0 BP	HANDIHAM
Edina	444.9000	+	O 114.8	KG0 SG	KG0 SG
Falcon Heights	442.7000	+	O 167.9	KB0 UPW	RAMCOES
Falcon Heights	444.4250	+	O 114.8	W0 YC	UOFM RC
Forest Lake	442.0500	+	O 114.8	N0 ODK	N0 ODK
Gem Lake	444.9500	+	O 114.8	K0 LAV	K0 LAV
Golden Valley	441.1750	+	O 127.3e	WC0 HC	HENNRACES
Hugo	443.0500	+	O 118.8/118.8	N0 SBU	N0 SBU
Maple Grove	442.4000	+	O 100.0	KE0 L	KE0 L
Maplewood	442.6000	+	O 156.7	KC0 MQW	SPEARS
Maplewood	448.8250	+	O 114.8e	W0 MR	MINING ARC
Minneapolis	443.0000	+	● 118.8	N0 YNT	UofM ARC
Minneapolis	443.3000	+	O 114.8	N0 NKI	N0 NKI
Minneapolis	443.3750	+	O 179.9	KA0 JQO	KA0 JQO
Minneapolis	443.5750	+		KD0 OWL	MAGIC
Minneapolis	444.4250	+	O 114.8	KA0 KMJ	KA0 KMJ
Minneapolis	444.6500	+	O	N0 BVE	MRHA
Minneapolis	444.8750	+	O	KD0 JOU	WB0 MPE
Moundsview	444.0750	+	O 114.8/114.8	K9EQ	K9EQ
Moundsview	444.5250	+	O 114.8	W0 MDT	BAKKEN ARS
New Brighton	443.4250	+	● 114.8e	N0 YNT	+K0 BEN
Oakdale	444.2750	+	O 67.0	K0 LAV	K0 LAV
Plymouth	444.3750	+	O 114.8	N0 FWG	N0 FWG
Plymouth	444.5000	+	O 127.3e	W0 PZT	HC SHERIFF
Prior Lake	442.1750	+	O 100.0/100.0	N0 AGI	CROSSCITY
Ramsey	444.9750	+	O 114.8e	K0 MSP	MIDWESTRA
Richfield	444.4750	+	O 118.8e	WB0 PWQ	RICHPSAF
Robbinsdale	444.7250	+	O 162.2	K0 LTC	RARC
Robbinsdale	444.7750	+	O 114.8e	K0 YTH	MNYARC
St Louis Park	444.1000	+	O 114.8	W0 EF	TCFMCLUB
St Paul	443.1000	+	O 114.8ae	N0 NKI	N0 NKI
St Paul	444.0500	+	O 114.8l	N0 GOI	MAGIC
St Paul	444.8000	+	O 114.8	WD0 HWT	MARA
West St Paul	442.5500	+	O 100.0e	KC0 NPA	DC ARES
White Bear Lake	444.2500	+	O 100.0	WD0 HWT	MARA

NORTH CENTRAL

Location	Output	Input	Notes	Call	Sponsor
Bemidji	444.0250	+	O 71.9	W0 BJI	PBARC
Bertha	444.7500	+		N0 WSH	N0 WSH
Brainerd	444.9250	+	O	W0 UJ	BAARC
Crosby	444.1750	+	O 127.3/127.3s	W0 UJ	BAARC
Grand Rapids	444.1500	+	O 114.8e	KB0 CIM	KBOCIM
Grand Rapids	444.5500	+	Oae	K0 GPZ	NLARC
Nisswa	443.9250	+	O 123.0	W0 UJ	BAARC
Pinewood	442.2250	+	O 118.8l	KC0 FTV	KC0 FTV

NORTH EAST

Location	Output	Input	Notes	Call	Sponsor
Gilbert	443.5000	+	O 141.3	KB0 QYC	LSAC

420-450 MHz
MINNESOTA-MISSISSIPPI

Location	Output	Input	Notes	Call	Sponsor
Grand Marais	444.2500	+	O 151.4	WØBBN	BWARC
Hinkley	444.5750	+	O 146.2e	KBØQYC	LSAC
Littlefork	444.9000	+	O 103.5s	KAØWRT	KARES
Mcgregor	444.4500	+	O 151.4e	N4TGO	N4TGO
Tamarack	443.2000	+	O 114.8	NØBZZ	NØBZZ
NORTH WEST					
Bemidji	444.9500	+	123.0e	NIØK	+KCØOQR
Fergus Falls	444.2000	+	O 151.4ae	KØQIK	LKREGARC
Karlstad	444.9750	+	O 100.0	KAØNWV	KAØNWV
Mahnomen	444.5000	+	O	WØBJI	PBARC
Moorhead	444.8750	+	O 123.0el	WØILO	WØILO
Thief River Fa	444.8000	+	OewX	WBØWTI	WBØWTI
SOUTH CENTRAL					
Albert Lea	443.5250	+	O 100.0e	WAØRAX	ALARC
Fairmont	443.9250	+	O	K6ZC	CMARS
Fairmont	444.3500	+	O 136.5	NØPBA	PBANET
Mankato	442.8250	+	O 136.5/136.5ae	WA2OFZ	WA2OFZ
Mankato	443.6500	+	O 114.8e	WA2OFZ	WA2OFZ
Mankato	444.6750	+	O 100.0e	WØWCL	MARC
St Peter	444.1500	+	O	WQØA	SCAN
Waseca	442.3000	+	O 141.3e WX	KBØUJL	WCEM
SOUTH EAST					
Austin	443.5000	+	Oa	NØRZO	AUSTIN ARC
Ellendale	442.9250	+	O 114.8	KAØPQW	HANDIHAM
Faribault	444.5750	+	● 136.5er	NØPQK	NØPQK
Faribault	444.6250	+	O 100.0ae	WBØNKX	WBØNKX
Owatonna	444.4500	+	O 100.0ael	WBØVAK	WBØVAK
Red Wing	442.2500	+	O 136.5	KCØLXM	HIWATVATC
Spring Valley	444.5250	+	Oae	NØZOD	BLUFLDSER
Winona	444.2250	+	O 100/100a e	WØNE	WINONARC
SOUTH WEST					
Tyler	444.6750	+	O 136.5e	KBØNLY	KBØNLY
Wabasso	444.5250	+	O 141.3ael	KBØCGJ	REDWARA
Worthington	444.8500	+	O 141.3es WX	WØDRK	NPRRC
STATEWIDE					
Statewide	443.7000	+	O 173.8p	NØGEF	NOGEF
Statewide	443.7000	+	O 186.2ep	KØYTH	MNYARC
Statewide	444.7250	+	Op	NØHOY	NØHOY
WEST CENTRAL					
Alexandria	442.0250	+	O 88.5e	WØALX	RUNESARC
Madison	444.9000	+	O 136.5e	NYØI	WCARC
Willmar	444.8000	+	O 146.2	KBØMNU	KCEM

MISSISSIPPI

Location	Output	Input	Notes	Call	Sponsor
Batesville	447.2500	−	O 107.2/107.2esWX	KE5WUN	----------

420-450 MHz 545
MISSISSIPPI

Location	Output	Input	Notes	Call	Sponsor
Bay St Louis	444.7500	+	O 179.9/179.9	WO5V	WO5V
Biloxi	442.3000	+	O 136.5/136.5 WX	W6CSA	------------
Biloxi	444.2500	+	O 77/77	KB5CSQ	KB5CSQ
Booneville	442.9750	+	O 203.5/203.5	WB5DO	------------
Brandon	444.8250	+	OersWX	K5RKN	Rankin Co Emer
Brandon	444.9000	+	O 100/100e rsWX	K5RKN	Rankin Co. Emer
Clinton	444.0000	+	O 100/100	W5PFR	JARC INC
Columbus	444.0000	+	O 136.5/136.5el	KC5ULN	club
Corinth	441.8000	+	O 103.5/103.5s	W5AWP	Alcorn County A
Corinth	443.9000	+	O 123/123	KJ5CO	KJ5CO
Ellisville	442.2500	+	O 136.5/136.5	AA5SG	AA5SG/N5HOA
Ellisville	443.8750	+	O 136.5/136.5	N5EKR	N5EKR
Grenada	444.7000	+	O 107.2/107.2esWX	AD5IT	AD5IT
Gulfport	444.1500	+	O 77/77	WD5BJT	WD5BJT
Gulfport	444.3500	+	O 77/77	N5UCF	SCMSRC
Hattiesburg	442.7250	+	O 167.9/167.9el	N5LRQ	------------
Hattiesburg	443.3500	+	O 136.5/136.5	W5CJR	W5CJR
Hattiesburg	443.7000	+	O 136.5/136.5	W5CJR	HATTIESBURG
Hernando	444.9250	+	O 107.2/107.2	N5PYQ	SRA
Laurel	442.3750	+	O 136.5/136.5	WV5D	WV5D
Laurel	443.6500	+	O 100/100	W5NRU	AA5SG/N5HOA
Leakesville	444.2250	+	O 132.5/132.5	KE5WGF	GREEN CO EM
Lucedale	444.2000	+	O 136.5/136.5s	KD4VVZ	------------
Meridian	444.1000	+	O 131.8/131.8	KB5BRZ	WB5AKR
Meridian	444.5000	+	O 107.2/107.2e	W5LRG	W5LRG
New Albany	444.1500	+	O 241.8/241.8	WB5YCR	NEMARC
Nicholson	442.1500	+	O 136.5/136.5ls	AB6Z	------------
Olive Branch	444.7000	+	O 107.2/107.2ers	W5OBM	Olive Branch AR
Pascagoula	443.4500	+	O 123/123s	KC5LCW	KC5LCW

546 420-450 MHz
MISSISSIPPI-MISSOURI

Location	Output	Input	Notes	Call	Sponsor
Perkinston	442.4750	+	O 136.5/136.5	K5GVR	K5GVR
Petal	444.8250	+	O	N5YH	Petal Amateur Wirele
Picayune	443.7250	+	O 179.9/179.9	KE5LT	KE5LT
Port Gibson	444.5750	+	O 141.3/141.3	AF5OQ	----------
Ridgeland	443.7000	+	O 77/77	N5WDG	N5WDG
Rienzi	444.9000	+	O 100/100s WX	WS0Q	----------
Robinsonville	444.3000	+	O 107.2/107.2rsWX	W5GWD	W5GWD
Soso	444.2750	+	O 136.5/136.5	WV5D	WV5D
Starkville	444.7500	+	O 136.5/136.5	KD5GVU	Magnolia ARC
Taylorsville	442.2000	+	O 167.9/167.9	AA5SG	AA5SG
Tishomingo	444.9750	+	O 203.5/203.5	KE5IPO	KE5IPO
Tupelo	444.8250	+	O 141.3/141.3e	N5VGK	----------
Tupelo	444.9500	+	O 141.3/141.3e	N5VGK	----------
West Point	443.4500	+	O	N5WXD	N5WXD
Wiggins	443.1000	+	O 136.5/136.5l	W6CSA	----------
Woodland	442.3250	+	O 233.6/233.6elWX	KF5RQN	----------

MISSOURI
CAPE GIRARDEAU

Location	Output	Input	Notes	Call	Sponsor
Cape Girardeau	444.2000	+	Ox	W0RMS	W0RMS

CENTRAL

Location	Output	Input	Notes	Call	Sponsor
Barnett	442.9250	+	O 127.3	AA0IY	AA0IY
Boonville	442.7000	+	O 77/77e	KA0GFC	KA0GFC
Boonville	444.7000	+	O 77e	KA0GFC	KA0GFC
Centralia	444.8000	+	O 103.5 (CA)ers	AF0AM	----------
Freeburg	443.7000	+	O 77/77elx	KA0GFC	KA0GFC
Mexico	444.8250	+	Oax	AA0RC	AudrainARC
Moberly	443.9750	+	O	K0MOB	TriCtARC
Osage Beach	442.2000	+	O 100.0/100.0el	KB8KGU	KB8KGU
Osage Beach	444.5000	+	O 127.3e LITZ	N0QVO	----------
Stover	444.9250	+	O 127.3/127.3	KB0QWQ	KB0QWQ
Windsor	442.7250	+	O 107.2/107.2	W0OA	W0OA

420-450 MHz
MISSOURI

Location	Output	Input	Notes	Call	Sponsor
Windsor	443.8750	+	O 107.2/107.2x	NØ TLE	BYRG
COLUMBIA/JEFF CITY					
Ashland	444.1750	+	O 107.2/107.2el	KAØ GFC	KAØ GFC
California	444.6250	+	O 127.3rsx	KØ MCA	MOCtyARES
Centralia	443.0250	+	O 77/77elx	NØ PBM	WØ SMI
Columbia	444.4250	+	O 77/77l	KØ SI	CMRA
Columbia	444.9750	+	O(CA)erx	NØ LBA	NØ LBA
Holt's Summit	443.8000	+	O	KMØ S	Mid MO ARC
Holts Summit	444.8750	+	O 127.3/127.3 L(147.42)	KB4VSP	KB4VSP
Jefferson City	442.1500	+	O 127.3/127.3	KØ ETY	Mid MO ARC
Jefferson City	443.1750	+	O 77elsx	WØ SMI	ShowMeINT
EAST CENTRAL					
Arnold	442.4500	+	O	KDØ TJM	Rock Community
Barnhart, Mo	443.7250	+	O 192.8/192.8 RBx	KØ AMC	KØ RWU
De Soto	442.8500	+	O	KØ MGU	KØ MGU
Defiance	443.5250	+	O	NØ RVC	NØ RVC
Foristell	444.4750	+	O 77/77elr s	WØ ECA	ECA OF STC
High Hill	444.0250	+	O 77/77l	WØ SMI	ShowMeINT
Sullivan	444.6000	+	O 141.3/141.3	KCØ NRO	-----------
Washington	444.1000	+	O 151.4	NØ MFD	NØ MFD
Washington	444.3500	+	O 141.3/141.3ex	WAØ FYA	ZBARC
JOPLIN					
Joplin	443.4750	+	O	WBØ UPB	4StARCP
Joplin	444.5000	+	O 100/100	WD6FIC	WD6FIC
KANSAS CITY					
Raymore	443.4750	+	Oex	NØ DAN	
KANSAS CITY METRO					
Belton	442.8000	+	O 151.4/151.4	KAØ OXO	BARC
Blue Springs	444.9500	+	O 107.2e RBx	KBØ VBN	BluSprRPTR
Excelsior Spgs	444.6500	+	O 156.7	KØ ESM	RayClay RC
Holden	444.3750	+	O 107.2/107.2x	NØ NDP	NØ NDP
Hoover	442.0750	+	O 151.4	KAØ FKL	-----------
Independence	443.5750	+	O 186.2l	NØ OEV	-----------
Kaansas City	443.2750	+	Oe	NOWW	-----------
Kansas City	442.5500	+	O 186.2/186.2elRB	WBØ YRG	BYRG
Kansas City	442.9750	+	O 151.4/151.4x	KØ ORB	SJMC ARC
Kansas City	443.1000	+	O	NGØ N	BYRG

548   420-450 MHz
MISSOURI

Location	Output	Input	Notes	Call	Sponsor
Kansas City	443.2500	+	O 131.8/131.8esx	W0OEM	W0OEM
Kansas City	443.3500	+	O(CA)	WV0T	SEIDKR
Kansas City	443.4500	+	Olx	W0WJB	W0WJB
Kansas City	443.7750	+	O 110.9/110.9	WA0NQA	ArtShrnRC
Kansas City	444.0250	+	O 186.2/186.2ae	WB0YRG	BYRG
Kansas City	444.1250	+	O 123/123	N0NKX	N0NKX
Kansas City	444.3500	+	O	N0AAP	N0AAP
Kearney	443.9000	+	O 127.3e	KB0EQV	KB0EQV
Kearney	444.2000	+	O(CA)e	K0KMO	MJARS
Lee's Summit	443.6000	+	O 151.4/151.4	K0MGS	K0MGS
Lee's Summit	444.3000	+	O 131.8	K0MRR	----------
Lee's Summit	444.4500	+	O 151.4/151.4eL(PAOLA KS REPEATER 442.475)x	N0NDP	N0NDP
Oak Grove	444.2750	+	O 123/123	KB0THQ	PHRRL
Platte City	444.1500	+	O 88.5/88.5 e	W0USI	W0USI
Platte Woods	444.0500	+	O 151.4/151.4elsLITZx	KD0EAV	PlatteCoARG
Platte Woods	444.5500	+	O 151.4/151.4lx	KD0EAV	KD0EAV
Smithville	443.6250	+	O 114.8	N0VER	N0VER

NORTHEAST

Location	Output	Input	Notes	Call	Sponsor
Ewing	444.8750	+	O 100	KB0YKI	----------
Marceline	443.1500	+	O 110.9/110.9sx	KD0ETV	----------

NORTHWEST

Location	Output	Input	Notes	Call	Sponsor
Amity	443.1250	+	O 146.2	KB0ALL	KB0ALL
Bethany	443.0750	+	O 100/100x	N2OYJ	N2OYJ
Graham	444.4750	+	O 146.2	N0GGU	N0GGU
Osborn	442.6750	+	O 127.3/127.3	N0SWP	N0SWP
Rockport	444.7750	+	O 100/100x	N2OYJ	N2OYJ

ROLLA

Location	Output	Input	Notes	Call	Sponsor
Rolla	443.8250	+	O(CA)l	W0EEE	UMR ARC

SOUTH CENTRAL

Location	Output	Input	Notes	Call	Sponsor
Belle	442.6000	+	O 127.3	N0VHN	----------
Mountain Grove	444.9500	+	Oae	K0KNC	ToARC
Newberg	443.4250	+	O 100/100	KB0WD	----------
Rolla	443.6000	+	O 114.8/114.8l	WB9KHR	----------
Willow Spgs	443.9750	+	O	KC5DGC	----------

SOUTHEAST

Location	Output	Input	Notes	Call	Sponsor
Dexter	443.9000	+	O 100x	N0DAN	N0DAN
Park Hills	442.0500	+	O 100/100x	KD0KIB	KD0KIB
Poplar Bluff	444.9250	+	O 179.9/179.9x	AB0JW	SEMOARA

420-450 MHz
MISSOURI

Location	Output	Input	Notes	Call	Sponsor
Southeast	444.5750	+	O 107.2/107.2	KCØ LAT	KMS
SOUTHWEST					
Bolivar	443.6750	+	O 107.2/107.2x	WBØ LVR	LksAraARA
Carthage	442.3250	+	O 103.5/103.5	WØ LF	CARC
Crane	442.1500	+	O 162.2/162.2ex	KØ NXA	Nixa ARC
Elkhead	443.9250	+	O 162.2	KØ DCA	KAØ SAB
Highlandville	442.1250	+	O 162.2/162.2ers	WA6JGM	CC ARC
Highlandville	444.8750	+	Oer	WA6JGM	CC ARC
Kimberling Cty	444.3000	+	O	NØ NWP	NØ NWP
Monett	444.6500	+	O 123	KØ SQS	KØ SQS
Neosho	444.5250	+	O 127.3/127.3esx	KCØ NJZ	SWARG
Nevada	444.0000	+	O	KØ CB	KØ CB
Nevada	444.2250	+	O 127.3x	WØ HL	WØ HL
Nixa	442.4250	+	O 162.2/162.2ex	KØ NXA	Nixa ARC
Stockton Lake	444.9750	+	O 162.2/162.2elsx	KØ NXA	Nixa ARC
SPRINGFIELD					
Fordland	444.2000	+	O 100/100x	NØ NWS	Southern Missou
Springfield	442.3750	+	Oex	WØ PM	WØ PM
Springfield	444.0500	+	O 77e	WBØ QIR	------------
Springfield	444.4000	+	O 162.2 (CA)e	WØ EBE	SW MO ARC
Springfield	444.6000	+	O 77e	W6OQS	EARS
Springfield	444.7250	+	O 136.5	WØ YKE	SMSU ARC
ST JOSEPH					
St Joseph	443.9500	+	O 151.4/151.4ex	KMØ HP	MULEBARN - KØ
St Joseph	444.9250	+	O 100ex	WAØ HBX	WAØ HBX
ST LOUIS METRO					
Bridgeton	443.4500	+	O 146.2e	WØ KE	NWAR/EAsn
Clayton	442.1000	+	O 141.3ers	KBØ MWG	SLSRC
Clayton	444.0000	+	O	KØ CEH	------------
Creve Coeur	440.0500	+	Oe	WØ SLW	14739Rpt
Crystal City	443.6250	+	O 100/100	WØ WHW	WØ WHW
High Ridge	444.5500	+	O 192.8/192.8el	KØ AMC	AMARC
High Ridge	444.7500	+	O 192.8/192.8 RB	KØ AMC	AMARC
High Ridge	444.8500	+	O 192.8/192.8 RB	KØ AMC	AMARC
Imperial	442.5000	+	O(CA)e	KEØ PE	KEØ PE
New Haven	444.9000	+	O	KAØ BWH	------------
Olivette	443.0750	+	O 141.3/141.3ers	WØ SRC	SLSRC

550   420-450 MHz
MISSOURI-MONTANA

Location	Output	Input	Notes	Call	Sponsor
St Charles	443.2500	+	O 151.4l	N0KQG	------------
St Charles	444.6500	+	Oa	WB0HSI	StChasARC
St Louis	442.8250	+	O 127.3el	K0GFM	SMARC
St Louis	442.8750	+	O 141.3/141.3 (CA)e	W0MA	BEARS-STL
St Louis	443.1500	+	O	N0FLC	N0FLC
St Louis	443.3000	+	O 123	KA9HNT	XEEARC
St Louis	443.4750	+	O 77/77elrs	WD0EFP	WD0EFP
St Louis	443.5500	+	O/141.3 (CA)ex	K0GOB	UHF ARA
St Louis	443.7750	+	Oe	W0XEU	------------
St Louis	444.1500	+	O(CA)e	WB0QXW	------------
St Paul	444.2000	+	Ol	KA0EJQ	KA0EJQ
St Peters	444.2750	+	O 141.3/141.3ers	KB3HF	KB3HF
Webster Groves	443.8500	+	O 141.3 (CA)es	N0UHJ	KC0VSL
WEST CENTRAL					
Clinton	443.3000	+	O 107.2e L(147.195)	W0DR	RATS
Kingston	443.3750	+	O 192.8	W0BYU	W0BYU
Lawson	443.8250	+	O 151.4/151.4	KZ0G	KZ0G
Marshall Junction	442.1750	+	O 127.3/127.3ex	KM0HP	KM0HP - MO HWY P
Richmond	442.0250	+	O	AC0JR	KC0VNB
Richmond	442.9000	+	O 94.8/94.8	W0RAK	W0RAK
Warrensburg	443.2000	+	O 107.2e	W0AU	WAARCI
MONTANA					
CENTRAL					
Lewistown	442.0000	+	O 100.0	K7VH	W7YM
EAST CENTRAL					
Sidney	444.5000	+	Ol	W7DXQ	LYARC
NORTH CENTRAL					
Cut Bank	441.2000	+	O	KE7QIP	KE7QIP
Cut Bank	442.2000	+	O	N5DJ	N5DJ
Cut Bank	443.3000	+	O	W7DPK	HARK
Cut Bank	443.3250	+	O 100.0	K7IQA	HARK
Cut Bank	443.3750	+	O 88.5eRB	W7DPK	HARK
Cut Bank	444.4250	+	O 118.8	N5DJ	N5DJ
Great Falls	444.3500	+	O 100.0ae	W7ECA	GFAARC
Great Falls	449.5000	−	O 100.0l	W7ECA	GFAARC
Havre	444.7000	+	O 100.0	W7HAV	Hi-Line ARC
Havre	447.1250	−	O 100.0	W7HAV	Hi-Line ARC
Millegan	444.4500	+	O	W7ECR	ECRC
NORTHEAST					
Plentywood	444.0000	+	Ol	KB7QWG	KB7QWG
Plentywood	444.6000	+	Ol	KB7QWG	KB7QWG

420-450 MHz
MONTANA

Location	Output	Input	Notes	Call	Sponsor
Plentywood	448.3500	−	O	KD7ZEB	Sheridan County.
Scobey	443.5000	+	O	NØPL	NØPL
NORTHWEST					
Bigfork	442.0750	+	O 88.5ael RBxz	KA5LXG	FVRG
Bigfork	444.6000	+	O 103.5	KE7JI	KE7JI
Columbia Falls	444.4000	+	O	W7HGM	W7HGM
Columbia Falls	447.5000	−	O 100.0	W7YP	W7YP
Eureka	443.8000	+	O 100.0	WR7DW	WR7DW
Eureka	444.1500	+	O	KU7R	KU7R
Eureka	444.2500	+	O 100.0	WR7DW	WR7DW
Kalispell	442.2000	+	O 100.0	N7ONV	N7ONV
Kalispell	448.9750	−	● 107.2l	N7XVF	W7HSG
Lakeside	442.6250	+	O 100.0el	NW7RG	KA7G
Lakeside	444.3250	+	O	KA7G	NWMRG
Lakeside	448.6750	−	● 107.2l	W7HSG	W7HSG
Libby	444.3500	+	O	KB7SQE	KB7SQE
Libby	444.8250	+	O	KB7SQE	KB7SQE
Lookout Pass	444.2000	+	O 131.8	WR7HLN	WR7AGT
Plains	449.0750	−	Ot	W7GET	W7GET
Somers	448.4500	−	O 100.0 RB	N7LT	N7LT
Whitefish	443.7750	+	O 100.0	K7LYY	FVARC
Whitefish	444.6500	+	O 100.0 E-SUN	WR7DW	WR7DW
Whitefish	444.7500	+	O 100.0e	K6KUS	K6KUS
Whitefish	444.8750	+	O	K6KUS	K6KUS
Whitefish	444.9750	+	O 100.0	K7LYY	FVARC
Yaak	444.2250	+	O 88.5	W7YAK	Yaak ARC
SOUTH CENTRAL					
Bozeman	447.7000	−	O 77.0a	KI7XF	ERA
Bozeman	447.9500	−	O 100.0	WA7U	WA7U
Bozeman	448.3500	−	O 100.0	KB7KB	KB7KB
Bozeman	449.9000	−	O 100.0l	KL7JGS	KL7JGS
SOUTHEAST					
Billings	449.0000	−	O 100.0	K7EFA	YRC
Billings	449.2500	−	O 100.0	WB6EHV	WB6EHV
Billings	449.7000	−	O 103.5	KE7YDB	KE7YDB
Billings	449.7500	−	O	N7VR	N7VR
Billings	449.8250	−	O 100.0	KF7TQX	KF7TQX
Red Lodge	449.9000	−	O 100.0	KE7FEL	KE7FEL
Worden	447.9000	−	O	AE7V	AE7V
SOUTHWEST					
Boulder	449.2000	−	O 131.8l	WR7HLN	WR7AGT
Butte	449.4000	−	O 131.8	WR7HLN	KB8ML
Dillon	444.1000	+	O 100.0	WR7HLN	WR7AGT
Dillon	449.7750	−	Ol	K7IMM	DARC
Drummond	444.9000	+	O 146.2	W7KNT	W7KNT
Gold Creek	449.3000	−	O 131.8l	WR7HLN	WR7AGT
Helena	444.1000	+	O 131.8l	WR7HLN	WR7AGT
Helena	448.9000	−	O 131.8	WR7HLN	WR7AGT

552 420-450 MHz
MONTANA-NEBRASKA

Location	Output	Input	Notes	Call	Sponsor
Helena	449.5500	−	O 123.0l	W7MRI	W7MRI
Toston	449.3000	−	O 131.8l	WR7HLN	WR7AGT
Whitehall	448.2000	−	O	KG7MSR	KG9OL
WEST CENTRAL					
Frenchtown	449.0500	−	O 146.2	N7DWB	N7DWB
Hamilton	447.5500	−	O 186.2l	W7FTX	BARC
Hamilton	448.3000	−	O 151.4	AE7OD	AE7OD
Missoula	444.8000	+	O 88.5	W7PX	HARC
Missoula	448.9000	−	O 131.8l	WR7HLN	WR7AGT
Stevensville	442.2500	+	O 88.5	KE7WR	KE7WR
Stevensville	447.7000	−	O 146.2	W7KNT	W7KNT
Stevensville	449.4250	−	O 151.4 E-SUN	KD7HP	KD7HP
Victor	442.3750	+	O 100.0	KJ4VXR	KJ4VXR
NEBRASKA					
CENTRAL					
York	444.2000	+	O	WAØHOU	BVARC
COLUMBUS					
Columbus	442.0500	+	O	WAØCOL	PAWNEE ARC
EAST					
Murray	442.5750	+	Oel	KAØIJY	-----------
Wahoo	443.6000	+	Os	KBØDYY	KBØDYY
FREMONT					
Fremont	444.1750	+	O	WØUVQ	WØUVQ
Fremont	444.3750	+	Oes	KFOMS	-----------
GRAND ISLAND					
Grand Island	443.9500	+	O 123rs	WYØF	GI 440 ASSN
Grand Island	444.7500	+	O	KDØENX	KDØENX
Lexington	442.2250	+	Ol	NØUGO	NØUGO
Lexington	444.7250	+	O	KGØS	KGØS
St Libory	444.9250	+	O 123els	WYØF	GI 440 ASSN
HASTINGS					
Hastings	443.2000	+	Ols	WØWWV	ARAN
KEARNEY					
Axtell	444.6250	+	Ol	KAØRCZ	KAØRCZ
LINCOLN					
Lincoln	442.3000	+	Oe	KGØS	KGØS
Lincoln	443.0000	+	Oes	NØFER	-----------
Lincoln	443.5000	+	Oal	NØGVK	NØGVK
Lincoln	443.6750	+	Oes	WØMAO	NEMA
Lincoln	444.3000	+	Oae	NØGVK	-----------
Lincoln	444.3000	+	Oae	NØGVK	NØGVK
Lincoln	444.6750	+	O(CA)e	KAØWUX	KAØWUX
LINCOLN/OMAHA					
Gretna	444.9000	+	Oes	WØMAO	NE. GOVT
NORFOLK					
Norfolk	444.2500	+	O	WØOFK	EVARC
West Point	444.1250	+	Oe	KGØS	KGØS

420-450 MHz
NEBRASKA

Location	Output	Input	Notes	Call	Sponsor
NORTH CENT					
O'Neill	444.8750	+	o	KB0 GRP	------------
NORTH WEST					
Gering	444.2500	+	oe	N0 NEB	TRI CITY ARC
OMAHA					
Bellevue	443.3500	+	o 179.9/179.9sz	WB0 QQK	WB0 QQK
Bellevue	443.8250	+	o 179.9/179.9 (CA)sz	WB0 QQK	WB0 QQK
Bellevue	444.8750	+	o 179.9/179.9eL(29.64)s	WB0 QQK	WB0 QQK
Omaha	442.3500	+	o	KF6SWL	KF6SWL
Omaha	442.4750	+	oel	KA0 IJY	KJ0 Z
Omaha	442.9000	+	oe	N0 UP	N0 UP
Omaha	442.9500	+	o 146.2e	KC0 YUR	KC0 UAD
Omaha	443.4500	+	oael	KB0 SMX	PLATTSMOUTH
Omaha	443.7250	+	o	KF6SWL	KF6SWL
Omaha	443.7750	+	os	W0 EQU	ARC DIS SVC
Omaha	443.9250	+	ol	KG0 S	KG0 S
Omaha	443.9750	+	o 146.2	KC0 YUR	KC0 UAD
Omaha	444.0500	+	o	KA0 JTI	KA0 JTI
Omaha/KPTM	444.9500	+	ox	WB0 CMC	WB0CMC
Papillion	442.7250	+	oer	WB0 EMU	SARPY CO EMA
Valley	443.5500	+	oels	K0 AWB	K0AWB
OMAHA/VALLEY					
Valley	443.5500	+	oels	K0 AWB	K0 AWB
PLATTSMOUTH					
Plattsmouth	443.1000	+	o	N0 AKA	------------
SCOTTSBLUFF					
Scottsbluff	444.1250	+	ols	N0 NEB	SBCEMA
Scottsbluff	444.8250	+	oaesz	W0KAV	W0KAV/KW0 R
SOUTH CENT					
Campbell	444.4750	+	o 123els	W0 WWV	ARAN
SOUTH EAST					
Beatrice	443.0750	+	oes	KC0 SWG	KC0 SWG
Brownville	444.2250	+	ol	K0 TIK	------------
Fairbury	442.2750	+	oaels	WB0 RMO	JCARS
Fairbury	444.4500	+	oels	WB0 RMO	JCARS
Falls City	443.7500	+	oe	KB0 FVP	KB0 FVP
Humboldt	443.5750	+	oels	K0 HAM	NEKSUN
Julian	444.6250	+	oes	W0 MAO	NE. GOVT
Murray	443.2250	+	oael	KB0 SMX	PLATTSMOUTH
Nebraska City	442.1000	+	oael	K0 TIK	K0 TIK
Wilber	443.4000	+	oes	N0 YNC	Saline EMA
WEST					
North Platte	442.2500	+	oel	N0 UGO	N0 UGO
North Platte	444.4000	+	oe	N0 IQ	------------

554 420-450 MHz
NEVADA

Location	Output	Input	Notes	Call	Sponsor
NEVADA					
CARSON CITY					
Carson City	440.1500	+	O 141.3e	K7TBY	K7TBY
CENTRAL					
Dyer	443.6000	+	O 131.8el	W7WOW	W7WOW
Tonopah	444.3500	+	● 67l	KB7PPG	KB7PPG
Warm springs	444.8500	+	● 94.8l	WA6TLW	WA6TLW
E SIERRA/TAHOE					
Incline Village	443.2250	+	● 114.8	WA6OOU	WA6OOU
Lake Tahoe	442.4750	+	Oel	WA6EWV	WA6EWV
S Lake Tahoe	443.7000	+	●l	WA6EWV	WA6EWV
South Lake Tahoe	442.8250	+	O 88.5	W6SUV	W6SUV
South Lake Tahoe	444.1750	+	O 146.2e	W6SUV	W6SUV
Tahoe city	444.9500	+	● 94.8l	WA6TLW	WA6TLW
EAST CENTRAL					
Ely	444.5750	+	Ol	WB7WTS	WB7WTS
Ely	444.6500	+	O 94.8l	WB7WTS	WB7WTS
EASTERN CLARK COUNTY					
Opal Mtn	448.8000	−	●	WB6TNP	TRISTATE
Red Mtn	449.1000	−	●	WA7HXO	LVRA
LAS VEGAS VALLEY					
Angel Peak	447.4750	−	O 110.9/110.9	N7OK	SDARC
Angel Peak	448.5750	−	●	WB6TNP	------------
Angel Peak	448.7750	−	●	WH6CYB	------------
Angel Peak	448.9250	−	O	WB6TNP	------------
Angel Peak	449.0000	−	●	N7TND	LVRA
Angel Peak	449.6500	−	● 146.2/146.2 (CA)elx	WR7NV	NARC
Angel Peak	449.8000	−	O 131.8/131.8 Bl	N6JFO	PINOYHAM
Apex Mtn	447.6250	−	O 114.8/114.8	N7YOR	HDRA
Apex Mtn	447.8500	−	O	KD5MSS	------------
Apex Mtn	449.8750	−	O 127.3/127.3	KC7TMC	------------
Black Mtn	447.7750	−	O 114.8/114.8	KP4UZ	ECHO/IRLP
Black Mtn	448.0000	−	●	KD8S	------------
Black Mtn	448.6250	−	O 114.8/114.8	NX7R	HDRA
Black Mtn	448.9500	−	O 146.2/146.2	WA0VJR	FARS
Blue Diamond Hill	446.2000	−	O 77/77 E-SUN WX	W7HTL	IRLP
Blue Diamond Hill	446.2250	−	● 85.4/85.4 E-SUN L(146.52)	W7HTL	------------
Blue Diamond Hill	447.0000	−	O 123/123	N7ARR	NARRI - IRLP

420-450 MHz
NEVADA

Location	Output	Input	Notes	Call	Sponsor
Blue Diamond Hill	447.0250	–	o	KI6VEJ	------------
Blue Diamond Hill	447.9500	–	o 100	K6JSI	WINS System
Blue Diamond Hill	447.9750	–	o E-SUN	W7HTL	------------
Blue Diamond Hill	448.1250	–	o 127.3/127.3	AK7DB	HELLDORADO
Henderson	447.3750	–	●	KH7R	------------
Henderson	447.6500	–	o 123/123	KE7OPJ	ECHO/IRLP
Henderson	447.6750	–	o 100/100e L(145.420) WXx	K7FED	------------
Henderson	448.8750	–	o 114.8/114.8	K7RSW	HDRA - ECHOLI
Hi Potosi Mtn	449.0000	–	●	N6DD	Cactus
Hi Potosi Mtn	449.1750	–	●	WA7HXO	LVRA
Hi Potosi Mtn	449.9500	–	●	KB6CRE	------------
Hi Potosi Mtn	449.9750	–	● 203.5/203.5 L(146.790)	KB6XN	------------
Las Vegas	445.0000	–	o DCS(606)	WB6EGR	ALLSTAR
Las Vegas	446.6250	–	o	N7ARR	------------
Las Vegas	446.6750	–	o 118.8/118.8	KF7LVG	------------
Las Vegas	446.7250	–	o	K2RIC	------------
Las Vegas	446.7500	–	o	KB2ZHE	------------
Las Vegas	446.7750	–	o 114.8/114.8	AB8TN	------------
Las Vegas	447.0750	–	o 100/100	NK2V	------------
Las Vegas	447.1000	–	o	WR7NV	------------
Las Vegas	447.1250	–	o	K7RRC	------------
Las Vegas	447.1500	–	o	N7LD	------------
Las Vegas	447.2750	–	o 110.9/110.9	KG7SS	------------
Las Vegas	447.3000	–	o 100.0/100.0	KG7SS	------------
Las Vegas	447.4250	–	o 173.8/173.8 (CA) L(447.25)	WB9STH	ECHO/IRLP
Las Vegas	448.0500	–	o	KF6QYX	------------
Las Vegas	448.0750	–	o 127.3/127.3	WN9ANF	------------
Las Vegas	448.2250	–	o 123/123	W7AOR	NARRI - IRLP
Las Vegas	448.3000	–	o	KE7KD	------------
Las Vegas	448.4500	–	o	WB6EGR	------------
Las Vegas	448.4750	–	o 100/100 RB	WB6EGR	ALLSTAR
Las Vegas	448.5000	–	o 100/100	K7UGE	LVRAC
Las Vegas	448.6750	–	o	N8DBM	------------
Las Vegas	448.7250	–	●	WB6TNP	------------
Las Vegas	449.0250	–	o	W7AOR	------------
Las Vegas	449.6750	–	o 192.8/192.8	WA7CYC	------------
Las Vegas	449.9250	–	o	KE7OPJ	------------
Lo Potosi Mtn	447.2250	–	o 151.4/151.4	N6LXX	------------

556   420-450 MHz
NEVADA

Location	Output	Input	Notes	Call	Sponsor
Lo Potosi Mtn	447.8750	–	O 107.2/107.2	K6DLP	-----------
Lo Potosi Mtn	447.9000	–	O	WB6ORK	-----------
Lo Potosi Mtn	448.2750	–	O 141.3/141.3	KF6FM	-----------
Lo Potosi Mtn	448.5250	–	●	WR7BLU	SCRN
Lo Potosi Mtn	448.8250	–	●	KG6ALU	KARC
Lo Potosi Mtn	449.2500	–	●	WB6TNP	TRISTATE
Lo Potosi Mtn	449.4000	–	●	W7OQF	LVRA
Lo Potosi Mtn	449.4750	–	O 151.4/151.4	N6LXX	-----------
North Las Vegas	447.2500	–	O 100/100 L(447.425)	WB9STH	ALLSTAR
Red Mountain	447.3250	–	O 100/100 L(CC ARES/RACES)rs	N7SGV	CC ARES/RACES
Sunrise Mtn	447.8000	–	O 100/100	K7IZA	ALLSTAR
Sunrise Mtn	448.9000	–	O	K7IZA	ALLSTAR
Sunrise Mtn	449.7250	–	O 94.8/94.8	N7ARR	NARRI - IRLP
NORTH CENTRAL					
Battle Mountain	442.6500	+	O 100	KE7LKO	KE7LKO
Battle Mountain	444.9750	+	O 100el	KE7LKO	WB7BWV
Battle Mountain	443.9000	+	O	KC7LCY	N7EV
Battle Mt	444.8500	+	O 94.8l	WA6TLW	WA6TLW
Battle Mt	446.9750	–	O 186.2l	W7LKO	N7EV
Carlin	441.9750	+	O 186.2	W7LKO	WA7BWF
Carlin	443.8500	+	O 100	KE7LKO	KE7LKO
Carlin	444.3500	+	O 100	KE7LKO	WV3LMA
Elko	443.3750	+	O 100e	KE7LKO	WV3LMA
Elko	443.9500	+	O 100e	KE7LKO	WB7BTS
Elko	444.1000	+	O 100	KC7YNS	KC7YNS
Elko	444.7000	+	Ol	W7LKO	WA7BWF
Elko	444.8000	+	O	W7LKO	WA7BWF
Elko	446.9750	–	O 186.2l	W7LKO	N7EV
Spring Creek	442.1250	+	● 127.3	NB9E	NB9E
Tuscarora	444.6500	+	O 94.8l	WA6TLW	WA6TLW
Winnemucca	442.3500	+	O 100e	KH6QAI	KH6QAI
Winnemucca	442.8250	+	O 141.3	WO7I	WO7I
Winnemucca	443.7000	+	O 103.5	WA6MNM	WA6MNM
Winnemucca	444.9500	+	O 94.8	KA7HQZ	KA7HQZ
NORTH EAST					
Elko	444.9500	+	O 100l	W7LKO	WA7BWF
North Fork	444.5000	+	O 100l	W7LKO	WA7BWF
Wells	444.8500	+	● 94.8l	WA6TLW	WA6TLW
NORTH WEST					
Black Rock	444.2000	+	O 100el	KF7EHY	KF7EHY
Empire	444.6750	+	O	KS2R	KS2R
Gerlach	440.1750	+	O 100	KD6KAC	KD6KAC
Gerlach	444.3250	+	O 107.2e	N9NPF	N9NPF
Sparks	444.0500	+	● 156.7elp x	W6US	W6US

420-450 MHz
NEVADA

Location	Output	Input	Notes	Call	Sponsor
Sparks	444.1250	+	● 156.7elp x	W6US	W6US
Winnemucca	444.0750	+	O 100el	KF7UTO	KF7UTO
NORTHERN CLARK COUNTY					
Mesquite	448.0200	–	●	WA7HXO	LVRA
Mesquite	449.8250	–	O	N7ARR	IRLP
NVLLRC					
Gardnerville	440.3000	+	O 141.3	KD7FPK	KC7STW
Gardnerville	442.1500	+	O 123elx	KD7FPK	KD7FPK
Reno/Sparks	442.2000	+	O 123elx	N7ACL	N7ACL
Sun-Valley	440.3000	+	O 141.3	KC7STW	KC7STW
NYE COUNTY					
Pahrump	447.4000	–	O 100	K6JSI	WINS System
Pahrump	447.5000	–	O 123/123	W7NYE	------------
Pahrump	447.7000	–	O 123/123	W7NYE	------------
Pahrump	448.3500	–	O 103.5/103.5	N7MRN	ECHO/IRLP
Pahrump	448.7250	–	O	WB6TNP	TRI STATE
Pahrump	448.8500	–	O 127.3/127.3	N7HYV	------------
Pahrump	449.2750	–	O 100/100	WB7DRJ	------------
Pahrump	449.7500	–	O 123/123	N7ARR	NARRI - IRLP
PORTABLE					
Gerlach	441.6750	+	O 123ep	KD7VMK	KD7VMK
Gerlach	442.8000	+	O 123p	KD7VMK	KD7VMK
Gerlach	443.4500	+	O 100p	KD6THY	KD6THY
Portable	440.8000	+	O 123ep	W7TA	K7JN
Portable	441.8000	+	O 100ep	KA7FOO	KA7FOO
Portable	442.4000	+	O 110.9ep	W7RHC	N7KP
SOUTH					
Las Vegas	448.7750	–	● 131.8	WH6CYB	NH7M
Laughlin	448.7500	–	●e	K7RLW	K7RLW
SOUTHERN CLARK COUNTY					
Christmas Tree Pass	448.2000	–	●	WR7RED	SCRN
Christmas Tree Pass	448.7000	–	●	WB6TNP	TRISTATE
Christmas Tree Pass	449.3000	–	O	N6JFO	------------
Spirit Mtn	447.5250	+	O 141.3/141.3	KF6FM	------------
WEST					
Wells NV	449.7500	–	Olx	WA7BWF	EARC
WEST CENTRAL					
Carcon City	441.2500	+	O 123el	W7DI	K7VC
Carson	444.2000	+	O 110.9el	W7RHC	W7NIK
Carson City	441.9750	+	Ol	KB7MF	KB7MF
Carson City	443.3250	+	O 127.3	K6LNK	K6LNK
Carson City	443.4500	+	● 131.8l	NH7M	NH7M
Carson City	444.4750	+	O 162.2	KI6SSF	KI6SSF

420-450 MHz
NEVADA

Location	Output	Input	Notes	Call	Sponsor
Carson City	444.5500	+	O 127.3	WA6JQV	WA6JQV
Cold Springs	443.6500	+	O 100lx	KE7DZZ	KE7DZZ
Dayton	441.9250	+	O 123l	K7DNV	K7DNV
Dayton	441.9250	+	O 123eRB	K7DNV	K7DNV
Fallon	442.1250	+	O 123eRB	K5BLS	K5BLS
Fallon	443.6500	+	O 126e	KE6UNR	KE6UNR
Fallon	444.7250	+	● 100	N9AMI	N9AMI
Fernley	443.5000	+	O 100l	N7PLQ	N7PLQ
Fernley	443.3000	+	O 88.5	KK7ECV	KK7ECV
Gardnerville	440.3000	+	O 141.3e	KD7FPK	KC7STW
Gardnerville	440.3000	+	O 141.3	KD7FPK	KC7STW
Gardnerville	442.1500	+	O 123elx	KD7FPK	KD7FPK
Gardnerville	442.1500	+	O 123el	KD7FPK	KD7FPK
Gardnerville	443.7750	+	● 131.8l	NH7M	NH7M
Gardnerville	443.9750	+	O 123e	KD7FPK	KD7FPK
Hawthorne	440.7250	+	O 127.3	K6LNK	K6LNK
Hawthorne	444.8500	+	● 94.8lx	WA6TLW	WA6TLW
Lovelock	444.5000	+	● 94.8	WA6TLW	WA6TLW
Minden	442.7500	+	●	NV7CV	WA6EYD
Minden	443.7500	+	O 123el	W7DI	K7VC
New Washoe City	440.3750	+	O 97.4	NH7M	NH7M
Reno	440.2000	+	O 107.2	KB6TDJ	KB6TDJ
Reno	440.4250	+	O 123e	W7ROZ	K7JN
Reno	440.5500	+	O 110.9el	W7RHC	W7NIK
Reno	440.6500	+	O 141.3el	NV7RP	KK7RON
Reno	440.7250	+	O 123	KD7DTN	KD7DTN
Reno	440.7500	+	O 127.3	K6LNK	K6LNK
Reno	441.3000	+	O 114.8l	KD7DTN	KD7DTN
Reno	441.4000	+	O 123	NV7L	NV7L
Reno	441.5500	+	O 127.3	K6LNK	K6LNK
Reno	441.6500	+	O 123e	N7ARR	W7AOR
Reno	441.8500	+	O 123	W7UNR	NS9E
Reno	442.0250	+	O 156.7	W6KCS	W6KCS
Reno	442.1750	+	● 94.8l	WA6TLW	WA6TLW
Reno	442.3750	+	O 123	W7RHC	W7NIK
Reno	442.5500	+	O 110.9	W7NIK	W7NIK
Reno	442.8500	+	O 141.3	N7ACM	N7ACM
Reno	442.8750	+	O 141.3ep	N7ACM	N7ACM
Reno	443.0250	+	● 114.8	K7JN	K7JN
Reno	443.0750	+	O 123e	W7TA	K7JN
Reno	443.4500	+	O 103.5	NH7M	NH7M
Reno	443.7750	+	● 131.8	NH7M	NH7M
Reno	443.8000	+	O 131.8e RB	AE7I	AE7I
Reno	444.0250	+	●	WA7RPS	WA7RPS
Reno	444.3500	+	O 123e	KE7R	NN7B
Reno	444.4000	+	● 118.8	K6ALT	KL2P
Reno	444.4250	+	O 131.8e	K7HVY	K7HVY
Reno	444.5250	+	Ol	N7PLQ	N7PLQ
Reno	444.6000	+	● 123	W9CI	W9CI

420-450 MHz
NEVADA-NEW HAMPSHIRE

Location	Output	Input	Notes	Call	Sponsor
Reno	444.6250	+	○ex	N7NDS	W7AOR
Reno	444.6500	+	● 94.8l	WA6TLW	WA6TLW
Reno	444.7000	+	● 110.9	W7RHC	W7NIK
Reno	444.7500	+	● 94.8l	WA6TLW	WA6TLW
Reno	444.7750	+	○ 100e	KD7DPW	KK7RON
Reno	444.8250	+	○ 123elx	WA7DG	W7DED
Reno	444.9000	+	○ 123e	KD7DTN	KD7DTN
Reno	445.0000	−	○ 123	KB2LUC	KB2LUC
Reno	448.6250	−	○ 100	KE7DZZ	KE7DZZ
Reno/Sparks	440.9750	+	○ 123lx	W7ACF	KK7RON
Reno/Sparks	440.9750	+	● 123lx	W7ACF	KK7RON
Reno/Sparks	440.9750	+	○ 123lx	W7ACF	KK7RON
Reno/Sparks	442.2000	+	○ 123elx	N7ACL	N7ACL
Reno/Sparks	442.2000	+	○ 123el	N7ACL	N7ACL
Reno/Sparks	442.2500	+	○ 103.5	KK7RON	KK7RON
Reno/Sparks	442.2500	+	● 103.5	NV7RP	KK7RON
Reno/Sparks	443.4000	+	● 88.5e	KD7DPW	KD7DPW
Reno/Sparks	443.6000	+	○ 103.5e	N7KP	N7KP
Reno/Sparks	444.9250	+	○ 100elx	WA7DG	KK7SL
Silver Springs	444.5000	+	○	KE7CRZ	KE7CRZ
Sparks	440.0000	+	○ 110.9l	W7NIK	W7NIK
Sparks	440.0250	440.0250	○ 123l	N7PLQ	N7PLQ
Sparks	440.0500	+	○ 100l	N7PLQ	N7PLQ
Sparks	441.6500	+	○ 123e	N7ARR	W7AOR
Sparks	443.0500	+	○ 123	N7PLQ	N7PLQ
Sparks	443.6250	+	○ 103.5	N7KP	N7KP
Sparks	443.6750	+	○ 103.5	KK7RON	KK7RON
Sparks	443.9500	+	○ 100	AE7CW	AE7CW
Sparks	444.1750	+	○ 123l	KC5CZX	KC5CZX
Sparks	444.2500	+	○ 146.2	KR7EK	KR7EK
Sparks	444.2750	+	○ 123el	KY7Y	KY7Y
Sparks	444.3000	+	○ 88.5	KK7ECV	KK7ECV
Sparks	444.8000	+	○ 123	N7PLQ	N7PLQ
Sparks	444.9750	+	○ 123	N7PLQ	N7PLQ
Sun Valley	440.3000	+	○ 141.3	KC7STW	KC7STW
Sun Valley	443.1750	+	○ 123	N7TGB	N7TGB
Sun-Valley	440.3000	+	○ 141.3	KC7STW	KC7STW
Sun-Valley	444.1500	+	○ 146.2l	KR7EK	KR7EK
Topaz	443.4750	+	○ 110.9	K6LNK	K6LNK
Verdi	440.0750	+	○ 123	N7PLQ	N7PLQ
Wellington	440.0500	+	○ 94.8	KD7NHC	KD7NHC
Yerington	444.8750	+	○ 100lx	W7DED	W7DED

NEW HAMPSHIRE
FREQUENCY USAGE

Location	Output	Input	Notes	Call	Sponsor
Statewide	441.4500	+	○pEXP	SNP	

DARTMOUTH/LAKE SUNAPEE

Location	Output	Input	Notes	Call	Sponsor
Claremont	443.9500	+	○ 103.5	KU1R	SCARG
Claremont	447.0750	−	○ 131.8	KA1UAG	KA1UAG
			L(KA1UAG UHF/ NEFMA UHF)		

560 420-450 MHz
NEW HAMPSHIRE

Location	Output	Input	Notes	Call	Sponsor
Enfield	444.9000	+	O 131.8　L(KA1UAG UHF/ NEFMA UHF)	KA1UAG	KA1UAG
Hanover	443.5500	+	O 136.5ae　L(E363356 KB1FDA 147.21 VT)s	W1FN	TSRC
Hanover	444.9500	+	O 88.5	W1ET	DARA
Sunapee	442.3500	+	O 88.5	K1JY	K1JY
West Lebanon	443.5000	+	O 131.8　L(KA1UAG UHF/ NEFMA UHF)	KA1UAG	KA1UAG

LAKES REGION

Location	Output	Input	Notes	Call	Sponsor
Alton	444.0500	+	O 88.5　L(146.700 NORTHWOOD)	K1JEK	K1JEK
Center Barnstead	446.4750	−	O 88.5e　L(E511025) WX	K1DED	K1DED
Gilford	447.7750	−	O 123.0　L(C4FM W1JY PART TIME)	W1JY	CNHARC
Northfield	446.6250	−	OeL(D*V)	W1CEN	CNHARC
Pittsfield	442.1500	+	O 88.5　L(N1IMO-N1IMN)s	N1IMO	N1IMO
Rochester	441.4000	−	O 88.5e	N1UBB	N1UBB
Sanbornton	449.6750	−	OL(D*V)	W1VN	CNHARC
West Ossipee	442.6500	+	OeL(D*V)s EXPx	N1ATV	Kencom

MERRIMACK VALLEY

Location	Output	Input	Notes	Call	Sponsor
Bedford	444.1500		O 131.8　L(ALCANET)	KD6LFW	Alcanet
Bow	447.3250	−	O 88.5ex	KA1SU	KA1SU
Bow	448.6750	−	O	KB1IIT	KB1IIT
Bow	449.1750	−	O 167.9	N1IIC	WA2SLO
Chester	442.5500	+	O 88.5	K1JC	K1JC
Chester	449.3250	−	Oe	WA1DMV	WA1DMV
Deerfield	449.2250	−	O 88.5	K1JY	K1JY
Deerfield	449.4500	−	O 123.0	WA1ZYX	Saddlbk RA
Derry	441.3000	+	O 107.2e　L(KC2LT 448.275 HUDSON NH)x	KC2LT	KC2LT
Derry	441.5500	+	O 127.3　L(I7220)	N1TEC	N1TEC
Derry	447.2250	−	OL(D*V)	NN1PA	NN1PA
Derry	447.3750	−	O 85.4es	K1QVC	SNHDStrGrp
Derry	447.8250	−	O 88.5e　L(N1VQQ HOLLIS)	N1VQQ	N1VQQ
Derry	449.6250	−	O 85.4x	K1CA	IntrStRS
Epsom	443.8500	+	O 88.5e　L(P25:NAC353)x	W1ASS	W1ASS
Goffstown	444.2000	+	O 186.2s	N1PA	EWARN
Goffstown	446.5750	−	OL(D*V)	NE1DV	EWARN
Hollis	443.5500	+	O 88.5　L(N1IMO-N1IMN)	N1IMO	N1IMON1IMN
Hollis	444.2500	+	O 107.2e　L(447.825 53.97)	N1VQQ	N1VQQ
Hudson	447.7250	−	O 　L(DMR:CC1 NEDECN)	K1MOT	MARC-NE

420-450 MHz — NEW HAMPSHIRE

Location	Output	Input	Notes	Call	Sponsor
Hudson	448.2750	−	O 107.2e	KC2LT	KC2LT
			L(KC2LT 443.05 WALTHAM AND 441.8 GEO		
Hudson	449.9750	−	O 88.5a	KB1UAP	WA1SOT
			L(D*V E355114 ALLSTAR: 2370 FREE-STA		
Londonderry	442.0000	+	O 100.0e	K1DED	K1DED
			L(E511025)		
Manchester	441.4625	+	O	W1RCF	EWARN
			L(D*V IRCDDB)		
Manchester	441.8000	+	OL(D*V	K1COM	EWARN
			IRCDDB)		
Mont Vernon	447.1250	−	O 88.5	WA1HCO	WA1HCO
			L(I4881)		
Mont Vernon	448.4250	−	O 88.5	K3RQ	K3RQ
Nashua	444.8000	+	O 131.8	K1SI	Alcanet
			L(ALCANET)		
Nashua	448.8250	−	O 88.5e	N1IMO	N1IMON1IMN
			L(N1IMO-N1IMN SYSTEM)s		
Newton	443.2500	+	O 88.5	KA1LCR	KA1LCR
			L(E290466)		
Pembroke	443.6500	+	O 131.8	KA1OKQ	NHRC
			L(NHRC NETWORK)		
Salem	444.3500	+	OeL(D*V)	K1HRO	K1HRO ARC
Salem	448.3250	−	O 88.5	N1WPN	N1WPN
			L(53.65)		
Salem	449.7750	−	O	NY1Z	MtMRH RS
Windham	442.6000	+	O 88.5	N1WPN	N1WPN
			L(53.650 PL 71.9)		

MONADNOCK REGION

Location	Output	Input	Notes	Call	Sponsor
Alstead	444.7500	+	O 110.9	WR1NH	NFMRA
			L(WRRC AND NFMRA)rs		
Francestown	448.5250	+	O 123.0e	WA1UNN	KA1BBG
			L(WA1UNN HUB)		
New Ipswich	443.1500	+	71.9 EXP	N3LEE	W1DMR
Peterborough	449.3750	+	O 88.5	N1IMO	N1IMON1IMN
			L(N1IMO-N1IMN)		
Temple	447.4250	−	O 141.3ex	WA1ZYX	Temple Mt
Walpole	443.8000	+	O 141.3e	WA1ZYX	KA1QFA
			L(STATEWIDE)		
Walpole	444.8500	+	O 110.9e	W2NH	WRRC
			L(WRRC AND NFMRA)rs		

SEACOAST

Location	Output	Input	Notes	Call	Sponsor
Greenland	444.4000	+	O 100.0s	W1WQM	PCARC
Greenland	446.7250	−	OL(D*V	KB1UVE	Seacoast
			TCP/IP LINK ONLY)		
Hampton	449.4750	−	OeL(D*V)	K1HBR	HBAR
Kensington	443.4500	+	O 88.5e	KB1VTL	Seacoast Dig
			L(C4FM)		
Madbury	448.8750	−	OL(D*V	N1HIT	NE-RDS
			IRCDDB)		
Portsmouth	441.9500	+	OL(D*V)	KB1ZDR	PRRC

420-450 MHz
NEW HAMPSHIRE-NEW JERSEY

Location	Output	Input	Notes	Call	Sponsor
WHITE MOUNTAINS					
Mt Washington	448.9750	–	O 141.3es	W1NH	W1NH
Sargent's Purchase	449.9250	–	Oe L(DMR:CC2 NEDECN)x	W1IMD	RGRS
Sargents Purchase	448.2250	–	O 88.5	WA1PBJ	NETARC
Whitefield	449.8250	–	O 82.5 L(NNH REPEATER NETWORK)s	N1PCE	N1PCE
NEW JERSEY					
ATLANTIC					
Absecon	442.9000	+	● 110.9 (CA)	N2LXJ	N2LXK
Atlantic City	444.3500	+	O 107.2 (CA)	AA2BP	N2JVM
Atlantic City	447.5750	–	O 156.7e	K2ACY	----------
Brigantine	445.23125	–	OlEXP	K2ACY	----------
Brigantine	449.4250	–	O 131.8 (CA) RB	KA2OOR	----------
Egg Harbor	449.3250	–	O 131.8elr sRB WX	W3BXW	BEARS
Egg Harbor Twp	448.7750	–	O 118.8 (CA)el	K2BR	SCARA
W Atlantic City	443.2500	+	O 146.2e	W2HRW	SPARC
BERGEN CO					
Alpine	442.7000	+		W2MR	----------
Alpine	442.9000	+	O 141.3/141.3aTTe	K2FJ	CRRC
Cliffside Park	445.7750	–	O 141.3/141.3	N2OFY	----------
Englewood	448.9750	–	Oesz	W2LGY	ST BARNABAS
Fort Lee	441.3000	+	O 114.8a	W2IP	BCFMA
Fort Lee	442.9500	+	O 141.3 (CA) TTelLITZ	K2QW	----------
Fort Lee	443.9500	+	O 100r	W2MPX	METROPLX
Franklin Lakes	443.1000	+	O 141.3	K2GCL	BCFMA
Hasbrouck Hts	442.5000	+	● 141.3 (CA)e	K2OMP	----------
Little Ferry	441.8500	+	O 136.5	W2NIW	----------
Midland Park	444.9000	+	O 114.8 (CA)	WA2CAI	----------
Montvale	446.9750	–	O 141.3	K2ZD	----------
Paramus	441.7500	+	O 136.5/136.5lrsBl	N2SMI	----------
Paramus	444.1000	+	O 141.3	W2AKR	BCFMA
Paramus Park	441.9500	+	O 114.8e	KA2MRK	----------
WoodRidge	443.7500	+	O 141.3 (CA)eL(442.950) RB LITZ	W2RN	----------
BURLINGTON					
Bordentown	449.0250	–	O 203.5eBl LITZ	K2JZO	----------

420-450 MHz
NEW JERSEY

Location	Output	Input	Notes	Call	Sponsor
Browns Mills	448.3250	–	● 127.3 (CA)ersWX	KC2QVT	BURLCO OEM
Browns Mills	449.6750	–	O 141.3 Bl WX	K2JZO	------------
Burlington	447.6750	–	O 103.5e	WA2EHL	------------
Cinnaminson	445.6250	–	O 127.3e	K2CPD	CINNPDOEM
Willingboro	442.0500	+	O 118.8 (CA)e	WB2YGO	WARG Inc.
CAMDEN					
Blue Anchor	445.1250	–	O 91.5ers WX	KB2AYS	------------
Camden	442.1500	+	O 156.7e EXP	N2KDV	------------
Camden	444.3000	+	O 131.8eBl	WB3EHB	------------
Camden	448.0250	–	O 131.8es	N2HQX	DVRC
Cherry Hill	444.9000	–	O 131.8 (CA)elRB	K3RJC	------------
Gloucester City	447.7750	–	O 146.2ers	NJ2GC	GCARC
Pine Hill	442.3500	+	O 131.8 (CA)el	K2UK	CCAPRA
Sicklerville	446.3750	–	O 131.8e	N3PUU	------------
Waterford Wks	442.3000	+	O 131.8 (CA)elsRB WX	KA2PFL	------------
Waterford Wks	442.7000	+	O 131.8 (CA)el	N3KZ	UPenn ARC
Waterford Wks	444.4500	+	●teRB EXP	W2FLY	------------
CAPE MAY					
Cape May	449.8750	–	O 146.2ers	KC2JPP	------------
Cape May CH	447.4750	–	Oters	NJ2DS	------------
Ocean City	448.6250	–	O 131.8	WA3UNG	------------
CUMBERLAND					
Centerton	448.1250	–	O 192.8e EXP	KE2CK	------------
Greenwich	443.7000	+	O 131.8 (CA)elRB	N3KZ	UPenn ARC
Vineland	447.4250	–	O 131.8 (CA)elrsRB WX	W3BXW	BEARS
Vineland	448.5250	–	O 156.7	N2EHS	------------
ESSEX CO					
Irvington	449.4750	–	O 114.8 (CA)eprsz	N2JGC	I-ART
Newark	446.1250	–	O 141.3 TT RB Blz	N2NSS	PARA
Newark	446.9000	–	O 141.3 (CA)elrz	N2BEI	SCJRA
Verona	448.8750	–	O 151.4/151.4 (CA)	W2UHF	MEARC
West Orange	440.0500	+	O 141.3	W2NJR	NJRA
West Orange	442.6000	+	O 141.3lRB	N2MH	------------

420-450 MHz
NEW JERSEY

Location	Output	Input	Notes	Call	Sponsor
West Orange	445.0250	−	O 141.3/141.3 (CA) TTelrsLITZxz	W2NJR	NJRA
GLOUCESTER					
Franklinville	443.4500	+	O 162.2e	W2RM	------------
Mantua	449.9750	−	O 131.8 (CA) WX	W2FHO	------------
Pitman	442.1000	+	O 131.8	W2MMD	GCARC
Williamstown	445.2750	−	O 131.8eBI	AA2QD	------------
HUDSON CO					
Bayonne	446.6250	−	O 141.3 E-SUN BI WX	AA2QD	BARC
Cliffside Park	447.4250	−	● 127.3/127.3 BI	KB2OOJ	LARA
Guttenberg	441.7500	+	O 114.8elr sBI	N2SMI	------------
Hudson City	441.2000	+	O 192.8/192.8ez	N2DCS	------------
Jersey City	440.6250	+	O 141.3 (CA)eRB WX	WB2TAW	------------
Secaucus	441.5500	+	O 91.5 (CA) ersz	KC2IES	Secaucus RACES
HUNTERDON					
Bloomsbury	449.5750	−	O 151.4 (CA)elrRB WX	N3MSK	N3ODB
Cherryville	444.8500	+	O 141.3 (CA)e	W2CRA	------------
Frenchtown	448.1250	−	O 151.4el RB LITZ	K2PM	FrenchtownRG
Mt Kipp	446.4750	−	O 203.5eBI	W2CRA	------------
MERCER					
Princeton	442.8500	+	O 131.8 (CA)elRB	N3KZ	UPenn ARC
West Trenton	442.6500	+	O 131.8 (CA)erswX	W2ZQ	DVRA
MIDDLESEX CO					
Carteret	447.6750	−	O 136.5 TT	K2ZV	------------
Edison	449.9000	−	O 141.3/141.3rs	KC2VRJ	------------
New Brunswick	440.0500	445.4500	O 123.0/123.0lBIz	NE2E	------------
Old Bridge	444.0500	+	O 141.3/141.3e	WB2HKK	------------
Old Bridge	446.1750	−	O 131.8/131.8 (CA)elrsz	W2CJA	PSARN
S Plainfield	445.2750	−	O 067.0e LITZ	W2LPC	------------
Sayerville	443.2000	+	O 141.3/141.3 (CA)eL(146.760)rsLITZx	K2GE	RBRA
Sayreville	444.2500	+	O 123.0/123.0lBIz	NE2E	------------

NEW JERSEY 420-450 MHz

Location	Output	Input	Notes	Call	Sponsor
South Amboy	446.9000	−	◐ 118.8 (CA)elrz	N2BEI	SCJRA
South River	443.5000	+	◐ 141.3 (CA)eL(IRLP4287)rsLITZ	WB2SNN	South Rvr EM
MONMOUTH CO					
Asbury Park	449.5250	−	◐ 141.3	W2NJR	NJRA
Brown Mills	440.4250	+	● 203.5 TT DCS(23) L(430.175)rsWXz	WR2MSN	Metro 70
Ellisdale	447.5250	−	◐ 131.8 (CA)	K2NI	HRG
Howell Twp	440.3000	+	◐ 141.3r	KB2RF	Howell TwpPD
Middletown	448.7250	−	◐ 151.4r	N2DR	MT RACSOEM
Ocean Twp	443.0000	−	◐ 127.3/127.3eL(IRLP)	WW2ARC	AERIALS
Tinton Falls	448.9250	−	◐ 094.8	K2EPD	
Union Beach	442.1500	+	◐ 192.8	KC2QVK	
Wall Township	444.3500	+	◐(CA)r	WB2ANM	Wall Tsp EM
Wall Twp	448.1250	−	◐ 141.3	W2NJR	NJRA
MORRIS					
Ledgewood	447.7750	−	136.5/136.5 N2XPer	N2XP	N2XP OEM Rptr
MORRIS CO					
Boonton	449.7750	−	◐ 151.4/151.4eL(IRLP)	N2WNS	
Budd Lake	448.6750	−	◐ 94.8/94.8 LITZ WX	WS2P	W.A.R.C.
Budd Lake	448.9250	−	◐ 136.5r LITZ	N2VUG	
Butler	449.9250	−	◐ 151.4/151.4elrRB EXP	WB2FTX	Butler RACES
Chatham	449.1750	−	◐ 141.3/141.3er	WB2CMK	
Landing	446.6250	−	◐ 100.0/100.0 TT DCS(23)ez	WK3SS	TSARC
Lk Hoptacong	441.8000	+	◐DCS L(INT)	NJ2MC	NNJDSA
Long Branch	440.8500	−	◐ 94.8 (CA) elRBz	WR2M	WR2M RC
Long Valley	444.0000	+	◐ 141.3/141.3ers	N2GS	CWRACES
Morris Twp	443.2500	+	◐ 141.3/141.3er	WS2Q	
Parsippany	440.1000	+	◐ 141.3/141.3er	WB2JTE	PTHOEM
Randolph	441.5000	+	◐ 141.3/141.3e	WA2SLH	
OCEAN					
Barnegat	449.4750	−	◐ 131.8 (CA)elrsLITZ WX	KA2PFL	
Beach Haven	448.5750	−	◐ 141.3er WX	WA2NEW	BeachHavEM

420-450 MHz
NEW JERSEY

Location	Output	Input	Notes	Call	Sponsor
Eagleswood Twp	442.7500	+	O 131.8 (CA)elsWX	KA2PFL	-----------
Lakehurst	443.3500	+	O 141.3e	W2DOR	JSARS
Lakehurst	447.2250	–	O 131.8 (CA)elrsRB WX	W3BXW	BEARS
Lakewood	449.3750	–	O 141.3 (CA)elBI LITZ	NE2E	-----------
Lakewood	449.8250	–	O 103.5ers	W2RAP	EARS
Manahawkin	448.0750	–	O 131.8 (CA)elrsRB WX	W3BXW	BEARS
Toms River	444.0000	+	O 141.3	WA2OTP	-----------
PASSAIC CO					
Garrett Mtn	440.9500	+	● 097.4/097.4 TTersz	WX2KEN	WX2KEN RG
Little Falls	443.0500	+	O 141.3/141.3 (CA)	WV2ZOW	A.R.R.L.
Little Falls	449.0750	–	O 141.3/141.3eL(927.8000)r	W2VER	VRACES
Paterson	444.6000	+	● 131.8/131.8erswXz	KC2MDA	TECNJ
Wanaque	444.1500	+	O 141.3 (CA)erswX	W2PQG	10-70 RA
Wanaque	446.1750	–	Oa	WA2SNA	RAMPO ARC
Wayne	446.8500	–	Oe	W2GT	Party Line
West Patterson	442.5500	+	O 141.3	W2FCL	Lnd Rovers
SOMERSET CO					
Bedminster	443.9000	+	O 151.4/151.4 (CA) RB	W2UHF	MEARC
Green Brook	442.2500	+	141.3	W2QW	RVRC
Green Brook	444.5000	+	O 131.8/141.3 (CA) L(444.2)rsWX	N2NSV	BEARS
Green Brook	447.1250	–	O 141.3e	N2IKJ	WATCHUNG
Martinsville	447.0750	–	O DCS(DRM)e	K1DO	-----------
Somerville	448.7250	–	ODCS(205) s	KC2YOG	NJDHSS MCC
Warrensville	443.6500	+	O 131.8/131.8l	N3KZ	UPARC
SUSSEX					
Hopatcong	446.7750	–	O 136.5elr RB	WS2V	-----------
Hopatcong	448.1750	–	O 151.4e	N2OZO	-----------
Hopatcong Boro	440.8500	+	Ot(CA)el RB	WR2M	WR2M RC
Newton	443.0000	+	O 103.5rs	W2LV	SCARC
Stanhope	448.4250	–	O 141.3l	WW2BSA	-----------
Vernon	449.0750	–	O 141.3elr s	W2VER	VRACES
Vernon	449.0750	–	O 141.3er RB	W2VER	Vern RACES

420-450 MHz
NEW JERSEY-NEW MEXICO

Location	Output	Input	Notes	Call	Sponsor
UNION CO					
Murray Hill	449.9750	−	O 141.3/141.3 (CA)rsWx	W2LI	TRI-CTY RA
Roselle Park	445.9750	−	141.3 (CA) TTelrsLITZ WX	NJ5R	----------
Springfield	446.3750	−	O 141.3 (CA) TTerz	W2FCC	RAHWAY VLY
Summit	440.0500	+	O 141.3/141.3 (CA)elrsLITZ WXz	W2NJR	NJRA
WARREN					
Mont Mt	444.3500	+	Ote	N3FHN	----------
Washington	443.8500	+	O 110.9r	W2SJT	PJARC
Washington	446.4250	−	O 162.2lRB WX	K2FN	----------
NEW MEXICO					
ALBUQUERQUE					
Albuquerque	442.0500	+	O 100.0e L(145.15 145.13)rs	K5BIQ	BC-OEM
Albuquerque	442.6000	+	O 100.0 (CA)x	K5FSB	----------
Albuquerque	443.5000	+	O 123.0	KB5XE	----------
Albuquerque	443.6500	+	O 100.0	K5LXP	----------
Albuquerque	443.7500	+	O 100.0/100.0	WA6CCB	----------
Albuquerque	444.0000	+	O 100e L(145.33)x	W5CSY	ARCC
Albuquerque	449.5500	−	O 71.9e	K5FIQ	URFMSI
Albuquerque	449.8750	−	O 77.0/77.0 e	NM5DL	NM5DL
Bernalillo	442.6500	+	O 114.8/114.8	NØWJE	----------
Isleta Pueblo	442.1500	+	O 100.0/100.0ae	AB1Q	----------
Rio Rancho	442.3500	+	O 100a	WA5OLD	----------
Rio Rancho	443.0000	+	O 100.0e L(147.10 443.10 147.08)rs	NM5RR	SCARES
Rio Rancho	443.7000	+	O 100.0 E-SUN	KC5IZR	KC5IZR
Rio Rancho	444.1800	+	O 100.0epr s	W5SCA	SCARES
Rio Rancho	444.7000	+	O 100.0e	K5CPU	Intel EARS
Sandia Crest	442.1000	+	O 162.2e L(147.38)x	KB5GAS	Albuq. Gas
Sandia Crest	442.7500	+	O 162.2ex	KC5IPK	----------
Sandia Peak	442.4750	+	O 100ex	WA5IHL	----------
Tijeras	443.8500	+	O 67.0a L(147.000)	KF5ERC	----------
Tijeras	444.1500	+	O 100.0 L(224.9400)x	W5AOX	----------

420-450 MHz
NEW MEXICO

Location	Output	Input	Notes	Call	Sponsor
CENTRAL					
Belen	442.7000	+	O 100	KC5OUR	VCARA
Los Lunas	444.1750	+	O 100.0 (CA)e	WA5TSV	LLARA
Mountainair	444.0750	+	O 100.0	WB5NES	----------
Socorro	444.2750	+	O 100.0	WB5QZD	----------
EAST CENTRAL					
Clovis	443.4500	+	O 131.8 (CA)e	KA5B	ENM ARC
Clovis	444.4500	+	O 88.5/88.5 e	WS5D	----------
Clovis	444.9250	+	O 131.8ers	KA5B	ENMARC
McAlister	447.4000	–	Ors	W5DDR	
Portales	442.7000	+	O 67.0ers	W5OMU	Greyhound ARC
Texico	442.7500	+	O 162.2/162.2aers	KB5TZK	----------
Tucumcari	443.7500	+	O.	WA5EMA	----------
MEGA-LINK					
Albuquerque	444.3250	+	O 100.0 (CA)exZ(123)	NM5ML	Mega-Link
Carlsbad	449.2750	–	O 67 (CA)lr sZ(123)	NM5ML	Mega-Link
Clovis	442.5250	+	O 67.0/67.0	NM5ML	MegaLink
Eagle Nest	444.3500	+	O 100.0 (CA)exZ(123)	NM5ML	Mega-Link
Ruidoso	444.3750	+	O 67.0 (CA) exZ(123)	NM5ML	Mega-Link
NORTH CENTRAL					
La Cueva	442.1250	+	O 107.2e	N9PGQ	----------
Los Alamos	442.0000	+	Oe L(224.040)	KA5BIW	KA5BIW
Los Alamos	444.7750	+	O 131.8e RB	WD9CMS	
Pajarito Peak	443.1000	+	O 100.0e L(147.10)rs	NM5SC	SCARES
Santa Fe	448.8250	+	O 131.8a	KB5ZQE	----------
Santa Fe	449.2750	–	O	K9GAJ	----------
Taos Ski Valley	444.9750	+	146.2/146.2ersLITZ O 123.0x	N5TSV	----------
NORTH EAST					
Taos	449.8750	–	O 123.0/123.0eL(147.34)	KF5PFO	Taos ARC
Wagon Mound	444.4000	+	O 100.0	N7JNI	Mora ARC
NORTH WEST					
Aztec	442.2500	+	O L(442.325)	N5UBJ	----------
Aztec	447.4500	–	O 107.2 E-SUN RB	KB5ITS	----------
Farmington	447.6250	–	O 100e L(448.675)rs	KA5DVI	----------

420-450 MHz
NEW YORK

Location	Output	Input	Notes	Call	Sponsor
Chatham	444.1000	+	Oe	WA2PVV	Col CRA
Cohoes	449.8250	−	O 136.5elrs	KG2BH	CohEddy Ct
Defreestville	444.3000	+	O 100l	K2CWW	RENSSELAER A
Grafton	442.2000	+	Oel	N2LOD	N2LOD
Grafton	442.9500	+	O	K2CBA	GURU
Grafton	444.6000	+	O 136.5	N2ZQF	N2ZQF
Grafton	444.6500	+	Oe	K2RBR	K2RBR
Halfmoon	448.8750	−	O 203.5	W2GBO	W2GBO
Knox	444.3500	+	O	WB2QBQ	WB2QBQ
Knox	444.5000	+	O 127.3l	KB2IXT	HMARC
Schenectady	443.5500	+	O 203.5	W2EWY	W2EWY
Schenectady	443.7500	+	Oe	WZ2X	WZ2X
Schenectady	444.2000	+	Oal	K2AE	SCHENECTADY
Troy	443.0000	+	O	W2SZ	RPI AMATEUR
Troy	444.8500	+	Ol	K2RBR	NiMo ARC
Troy	447.0750	−	O 127.3/127.3e	N2TY	TROY AMATEU
Troy	447.2250	−	O 100 (CA)	KD3NC	KD3NC
Troy	448.4250	−	Oel	W2GBO	Tel Pionrs
Troy	448.9750	+	O 100e	W2GBO	W2GBO
AUBURN					
Auburn	444.1500	+	O 71.9ae	W2QYT	W2QYT
Auburn	444.5000	+	O 100l	N2HLT	N2HLT
Auburn	444.6500	+	O 71.9	K2INH	K2INH
Poplar Ridge	449.9750	444.9250	O 71.9	W2FLW	W2FLW
Skaneateles	442.3000	+	Oae	W8JGP	W8JGP
BATH/HORNELL					
Alfred	444.8000	+	O 100	N2HLT	N2HLT
Bath	442.0500	+	O 131.8 (CA)l	N3KZ	UNIV OF PENNS
Bath	442.9500	+	Ol	KB2WXV	Keuka LARA
Branchport	422.6000	+	O 110.9	N2LSJ	N2LSJ
BINGHAMTON					
Binghamton	442.7000	+	O 100	K2ZG	K2ZG
Binghamton	444.1000	+	O 146.2	WA2QEL	Susquehanna Va
Endicott	444.3000	+	O 173.8e	N2YOW	N2YOW
Owego	444.7000	+	O 131.8 (CA)l	N3KZ	UNIV OF PENNS
Vestal	444.5500	+	O 88.5 (CA) l	AA2EQ	AA2EQ
CANANDAIGUA					
Bristol	443.6000	+	O 110.9	W2IMT	W2IMT
Bristol	444.5500	+	O 110.9l	WR2AHL	W2HYP
Hemlock	443.5000	+	O	K2BWK	SQUAW ISLAND
Middlesex	442.5000	+	Ol	W2CSA	W2CSA
South Bristol	442.2000	+	O 110.9e	W2ONT	ONTARIO COUN
South Bristol	442.9250	+	O 110.9alrs	N2HJD	RRRA

572 420-450 MHz
NEW YORK

Location	Output	Input	Notes	Call	Sponsor
CATSKILLS NORTH					
Cooperstown	442.3500	+	Oer	NC2C	OTSEGO COUNTY A
Schenevus	447.1250	–	O 100	KC2AWM	KC2AWM
Sharon Springs	449.2750	–	O 167.9	KF2JT	KF2JT
Stamford	448.7250		Opx	WA2MMX	WA2MMX
Summit	442.5000	+	O 100	KB2NSE	KB2NSE
Walton	443.0000	+	Oers	K2NK	Del Cty ES
CORTLAND/ITHACA					
Cortland	442.8500	+	Oe	KB2FAF	KB2FAF
Cortland	443.1500	+	O 127.3e	KB2FAF	KB2FAF
Cortland	444.4500	+	O	WA2VAM	FngrLksRA
Dryden	449.0250	–	O 103.5	AF2A	TOMPKINS COUNTY
Norwich	442.6500	+	O	K2DAR	CHENANGO VALLE
Norwich	443.6000	+	O	K2DAR	ChngoARA
ELMIRA/CORNING					
Corning	444.3500	+	O(CA)elz	N2IED	CORNING AMATEU
Elmira	443.5500	+	O 100	N2HLT	N2HLT
Elmira	444.2000	+	O(CA)erxz	KA3EVQ	ROOKIES
FRANKLIN					
Malone	444.6500	+	110.9a(CA) L(KW2F)	NG2C	------------
LONG ISLAND - NASSAU CO					
Carle Place	445.9750	–	O 123.0/123.0 DCS(073)eRB BI	N2YXZ	------------
East Meadow	443.3250	+	O 136.5/136.5 TTelrs	K2CX	ROCK HILL RA
East Meadow	443.8000	+	O 141.8.3er	AA2UC	N2TJV
East Meadow	444.7500	+	O 110.9/110.9elrs	WB2ERS	INTERPLEX NETWO
East Meadow	444.8875	+	O 179.9/179.9ers	NC2PD	NCPARC
Huntington	448.2250	–	● 156.7 L(147.33;147.93)	W2ATT	MIDDLE ISLNY
Mineola	441.3500	+	● 107.2e	W2EJ	PLAZA RPTR GROU
Mineola	443.3250	+	O 123.0/123.0 RB BI	KC2DVQ	RC os Pirates
Oceanside	447.9250	–	O 114.8lrs RB	N2ION	------------
Plainview	446.4250		O 136.5/136.5 DCSes	WB2WAK	------------
Plainview	446.4750		O 136.5 (CA)lsRB WX	WB2WAK	PHOENIX
Plainview	447.3500	–	O 114.8	N2FLF	NCWA
Plainview	449.1250	–	O 136.5 (CA)e	WB2NHO	LIMARC
Syosset	444.5500	+	O 141.3/141.3e	W2MRK	------------
Syosset	447.9750	–	O 136.5 (CA)lRB	WB2CYN	PHOENIX
Syosset	448.0250	–	O 136.5/136.5el	N2HBA	NCAPD

420-450 MHz 573
NEW YORK

Location	Output	Input	Notes	Call	Sponsor
Valley Stream	444.6500	+	O 103.5 (CA)e	WB2IIQ	----------
Valley Stream	448.6250	–	O 136.5 (CA)e	N2ZEI	----------

LONG ISLAND - SUFFOLK CO

Location	Output	Input	Notes	Call	Sponsor
Babylon	446.7750	–	O 114.8 (CA)ers	KB2UR	SSARC
Bay Shore	448.1750	–	O 107.2	WA2RYY	----------
Bethpage	449.3000	–	O 110.9 TT el	K2ATT	NYT PIONRS
Brookhaven	444.8500	+	O 123.0/123.0e	W2OFD	----------
Dix Hills	448.5000	–	O 114.8 L(443.475)	W2RGM	----------
Dix Hills	448.5250	–	O 114.8e L(443.5)	W2RGM	----------
Greenlawn	447.6250	–	O 114.8	WA2AMX	----------
Greenport	440.0500	+	O 107.2/107.2aersz	W2AMC	Peconic ARC
Hauppauge	442.8500	+	O 151.4/151.4	WB2ROL	----------
Hauppauge	448.4250	–	O 136.5l	W2LRC	LARKFIELD AR
Holtsville	442.0500	+	O 114.8 (CA)	AG2I	Symbol Tech
Huntington	448.6750	–	O 141.3 (CA)l	WR2ABA	LARKFIELD AR
Islip Terrace	447.7750	–	● 114.8 (CA)elRB	WA2UMD	----------
Manorville	444.7000	+	● 114.8 RB	WR2UHF	GABAMFKRA
Mattituck	448.6750	–	● 141.3/141.3 (CA) TT(*911)sRBz	K1IMD	Radio Guys
Melville	442.9500	+	O 114.8e L(53.11)rs	WB2CIK	----------
N Lindenhurst	440.2500	+	Ot TT(DSTAR)elrs	W2TOB	GSBARC
Port Jefferson	449.5250	–	O 136.5 (CA)el	W2RC	RADIO CENTRL
Riverhead	449.0750	–	O 114.8lrs RB	N2ION	----------
Rocky Point	443.9000	+	O 136.5 WX	N2FXE	----------
Sag Harbor	449.6750	–	O 94.8/94.8	K1IMD	Radio Guys
Selden	445.7250	–	O 091.5/091.5 TTelrs	K2LI	----------
Selden	447.5250	–	●t(CA)el RB	WA2UMD	----------
Selden	447.8000	–	●t(CA)el RB	WA2UMD	----------
Selden	448.8250	–	O 114.8e L(146.76)	WA2VNV	SBRA

574 420-450 MHz
NEW YORK

Location	Output	Input	Notes	Call	Sponsor
Setauket	449.1750	−	O 114.8er	W2SBL	Symbol Tch ARC
Upton	442.4000	+	O 114.8/114.8 (CA)	K2BNL	BNL RC
Wading River	442.3000	+	O 100.0 (CA)eL(447.3)rsz	N2NFI	------------
West Islip	440.8500	−	O 110.9/110.9elrsRB WXz	W2GSB	GSBARC
Woodbury	441.4000	+	O 151.4/151.4e	KC2AOY	LIRRARC
Yaphank	446.6250	−	O 110.9ers	W2DQ	SCRC

LOWER HUDSON - WESTCHESTER

Location	Output	Input	Notes	Call	Sponsor
Briarcliff Manor	441.9000	+	O 114.8/114.8e	WI2RES	WIRES
Hastings	443.6000	+	O 110.9ls RB EXPz	N2ION	------------
Mt Vernon	446.7250	−	O 141.3/141.3 L(224.700)sRB	NY4Z	Alive Network
Valhalla	440.6500	+	Ot(CA)elr RB Bl	WR2I	------------
Valhalla	447.4750	−	O 114.8elr sRB WX	WB2ZII	WECA
Yonkers	440.1500	+	Ot(CA)erBl WX	W2YRC	Yonkers ARC
Yonkers	440.4250	+	O 136.5/136.5e	N2QNB	------------
Yorktown Heights	443.1500	+	O 88.5	AF2C	YCDARC/MSARC

MID HUDSON

Location	Output	Input	Notes	Call	Sponsor
Beacon	441.0500	+	O 114.8/114.8eL(147.27)x	W2ABC	BEARS, INC
Beacon	443.5500	+	O 156.7/156.7ersWX	KC2OUR	ORANGE CO. ARES
Carmel	447.5750	−	O 123.0	KC2ZPK	KC2ZPK
Clove Mountain	449.9750	444.9250	O 88.5e	N2CJ	DutchRACES
Cragsmoor	445.7250	−	O 100	WB2BQW	NORTHEAST CONN
Cragsmoor	448.6250	−	O 162.2	K2UG	HUDSON VALLEY C
Goshen	449.6750	−	O 162.2/162.2#ersWX	KC2OUR	ORANGE COUNTY A
Hudson	449.9250	−	Oes	K2RVW	Rip Van Winkle Amat
Kingston	442.0500	+	O 103.5	K2HVC	HUDSON VALLEY S
Lake Peekskill	449.9250	−	O 179.9es	KB2CQE	PEEKSKILL CORTLA
Livingston	449.0250	−	O 114.8l	N2LEN	N2LEN
Mahopac	448.9250	−	O 74.4al	K2HR	ALIVE NETWORK A
Marlboro	447.7250	−	O 100e	WA2BXK	WA2BXK
Middletown	442.8500	+	Ox	WA2ZPX	WA2ZPX
Middletown	443.3500	−	O 156.7ls	WR2MSN	METRO 70 CM NET
Middletown	449.5250	−	O 123rsWX x	WA2VDX	WA2VDX
Mohonk Lake	447.9250	−	O 118.8	K2MTB	K2MTB
Mount Beacon	449.5750	−	O 100 (CA) e	WA2GZW	MOUNT BEACON A

420-450 MHz
NEW YORK

Location	Output	Input	Notes	Call	Sponsor
Newburgh	449.4750	−	O 71.9	N2HEP	N2HEP
Nyack	443.8500	+	O 114.8l	N2ACF	ROCKLAND RE
Pawling	448.1250	−	O 88.5	KA2NAX	KA2NAX
Pomona	444.4500	+	O 114.8l	N2ACF	ROCKLAND RE LITZx
Port Jervis	445.9250	−	O 114.8# TT(CALL INVALID - OPEN PAIR ?)ers	KB2TM	KB2TM
Putnam Valley	448.7250	−	O 107.2es	N2CBH	PCARA
Washingtonville	447.5250	−	O 82.5x	KQ2H	KQ2H
Woodstock	449.1750	−	O 82.5x	KQ2H	KQ2H
Wurtsburo	449.2250	−	O 107.2x	KQ2H	KQ2H
Wurtsburo	449.8750	−	O 114.8lx	N2ACF	N2ACF
MONROE COUNTY					
Churchville	443.1000	+	O 110.9e L(ECHOLINK)	KB2CHM	----------
Greece	444.8750	+	O 110.9 L(443.8) RB	N2KG	----------
Ogden	443.8000	+	O 110.9	K1NXG	----------
Rochester	444.8500	+	O 110.9e L(ECHOLINK)x	WB2KAO	----------
NEW YORK CITY - BRONX					
Bronx	440.6000	+	O 141.3l	NY4Z	Alive Network
Bronx	440.8000	+	O 162.2/162.2	N2CUE	----------
Bronx	440.8000	+	O 173.80/173.80 DCS Bl	N2YN	----------
Bronx	442.7500	+	O 77.0/77.0 (CA)rsBl	N2YN	----------
Bronx	443.3000	+	O 123.0/123.0sRB Blz	N2NSA	----------
Bronx	443.3500	+	O TT(MTURBO) DCS	N2NSA	----------
Bronx	447.6250	−	O 136.5/136.5el	N2HBA	NCAPD
Bronx	447.7250	−	O 141.3/141.3eL(443.325;448.325)rs	WA2LYQ	----------
NEW YORK CITY - KINGS					
Brooklyn	440.2000	+	O 88.5/88.5	KB2NGU	----------
Brooklyn	440.5000	+	O 136.5/136.5 L(440.500;447.225) Bl	N2XPK	----------
Brooklyn	440.6750	+	O TT(DSTAR) DCS(516)e	KB2NGU	----------
Brooklyn	441.1000	+	O 136.5/136.5 (CA) TTrsBl EXPz	N2ROW	----------
Brooklyn	441.1500	+	O 141.3/141.3	KB2RNI	----------
Brooklyn	445.4750	−	ODCSelWx	WG2MSK	KCRA
Brooklyn	446.6750	−	O 114.8es	WA2JNF	----------
Brooklyn	447.2250	−	114.8lBl	N2CHP	----------
Brooklyn	448.3750	−	O 162.2/162.2e	KB2NGU	----------

420-450 MHz
NEW YORK

Location	Output	Input	Notes	Call	Sponsor
Brooklyn	448.9750	−	● 136.5/136.5 Bl	KB2PRV	LARA
Brooklyn	449.3750	−	O 136.5rs	W2CXN	BTHS ARC
Brooklyn	449.7750	−	O 088.5/088.5 DCS(114)eBl	K2MAK	----------

NEW YORK CITY - MANHATTAN

Location	Output	Input	Notes	Call	Sponsor
Manhattan	440.0000	+	O 114.8 (CA)lBl	N2KPK	MARC
Manhattan	440.4250	+	O 156.7 TT DCS(23) L(430.175)rsWXz	WR2MSN	Metro 70
Manhattan	441.4500	+	O 141.3/141.3 DCS(075)lRB Blz	NE2E	----------
Manhattan	441.7000	+	O 100.0	K2IRT	
Manhattan	442.0500	+	O 141.3	NY4Z	Alive Network
Manhattan	442.4500	+	O 179.9/179.9 Bl	KB2RQE	LARA
Manhattan	443.7000	+	O 141.3 (CA)el	K2JRC	BEARS
Manhattan	444.2000	+	O 136.5/136.5es	WB2ZZO	HOSARC
Manhattan	445.0750	−	O 114.8 (CA)el	WA2CBS	BCARS
Manhattan	445.1750	−	O(CA)elr RBz	NB2A	LAW ENFCMT
Manhattan	445.9000	−	● 206.5el	KQ2H	----------
Manhattan	446.2750	−	O 74.4 (CA) lRB	NY4Z	Alive Netwrk
Manhattan	446.9000	−	O 136.5 (CA)elrz	N2BEI	SCJRA
Manhattan	446.9250	−	O	KF2GV	----------
Manhattan	447.1750	−	● 141.3el	WB2ZTH	ARCECS
Manhattan	447.8250	−	O 107.2er	WA2ZLB	MAARC
Manhattan	448.4750	−	O 127.3 L(443.5)	W2RGM	----------
Manhattan	448.5000	−	O 127.3	W2RGM	----------
Manhattan	449.0250	−	O 114.8/114.8z	N2JDW	Manh RS
Manhattan	449.3250	−	O 136.5 RB	W2ML	----------
New York	442.8000	+	O 123.0/123.0eEXPz	KC2YU	----------
New York	448.2750	−	O 088.5/088.5eBlz	K2MAK	----------

NEW YORK CITY - QUEENS

Location	Output	Input	Notes	Call	Sponsor
Beechurst	445.5250	−	O 136.5/136.5 TTers	K2AAU	----------
Far Rockaway	442.1000	+	O 074.4/074.4e	NY4Z	Alive Network
Flushing	449.7250	−	O 114.8 DCS(1DMR)eBl	KC2CQR	----------
Glen Oaks	447.0250	−	O 107.2/107.2 TTelrs	K2TC	NE NET

420-450 MHz 577
NEW YORK

Location	Output	Input	Notes	Call	Sponsor
Maspeth	449.2750	–	O 88.5/88.5	KB2YHS	----------
Queens Village	442.6500	+	● 141.3e	WB2QBP	ARCECS
Whitestone	447.3250	–	O 107.2/107.2 L(223.650) BI	KC2EFN	HARA

NEW YORK CITY - RICHMOND

Location	Output	Input	Notes	Call	Sponsor
Staten Island	442.3000	+	141.3/141.3 es	KC2RQR	----------

NEW YORK CITY - STATEN ISLAND

Location	Output	Input	Notes	Call	Sponsor
Staten Island	440.5500	+	O 141.3 L(445.575)	KC2LEB	SIRS
Staten Island	445.1250	–	O 141.3/141.3	KC2GOW	----------
Staten Island	445.3250	–	O 156.7	W2CWW	SI ARA
Staten Island	445.8250	–	O 156.7/156.7 (CA) TTeL(146.880)sRB EXP	KA2PBT	SI UHF RA
Staten Island	445.8750	–	O 136.5/136.5 TTeL(927.2125)	N2BBO	----------
Staten Island	447.2250	–	O 192.8 DCS(2051-2510)eEXP	N2CBU	NBFFRC
Staten Island	447.3750	–	O 141.3/141.3 TTrsz	KC2CIG	NYCRA
Staten Island	447.7250	–	O 71.9/71.9 TT BI	KB2EA	----------

NIAGARA

Location	Output	Input	Notes	Call	Sponsor
Buffalo	442.6250	+	O 107.2e	KC2KOO	----------
Buffalo	443.5250	+	O 151.4 L(146.865)	WB2ECR	----------
Buffalo	444.0000	+	Oe L(BARRA ECHOLINK IRLP)x	WA2HKS	BARRA
Colden	442.1000	+	O 88.5e L(BARC) RB	W2IVB	BARC
Colden	442.3250	+	O 107.2	WB2ELW	STARS
Colden	444.9250	+	● 88.5	WB2FXY	----------
Eden	442.1500	+	O 107.2	W2BRW	----------
Eden	444.2000	+	O 88.5 L(IRLP)	WB2JPQ	ILS
Gasport	443.6875	+	O L(D-STAR)	KD2STR	FARC
Hamburg	443.4000	+	O 107.2 (CA)e	WB2DSS	----------
Kenmore	443.8750	+	O 107.2	KC2KOO	----------
Kenmore	444.7500	+	O 151.4	WB2DSS	BARRA
Lackawanna	444.1500	+	O 88.5e L(ILS IRLP)	WB2JPQ	ILS
Lancaster	443.8500	+	O 107.2e L(LARC IRLP)	W2SO	LARC
Lewiston	443.9250	+	O 151.4 L(224.420 ECHOLIONK)	N3AU	----------
Lockport	444.6250	+	Oer	W2OM	NCRACES
Newfane	444.8000	+	O 107.2 (CA)el	K2AER	NCARA

420-450 MHz
NEW YORK

Location	Output	Input	Notes	Call	Sponsor
Orchard Park	443.9750	+	O 141.3e	WB2ECR	-----
Orchard Park	444.6750	+	O 88.5e L(IRLP)	N2XFX	-----
Royalton	443.4500	+	O 107.2e L(51.640) RB	KD2WA	-----
Sanborn	442.5750	+	O 107.2e	N3AU	-----
West Seneca	442.4000	+	O 100.0 (CA)e	WA2OLW	-----
Wheatfield	444.8375	+	Oe	KD2GBR	BARRA

OSWEGO/FULTON

Location	Output	Input	Notes	Call	Sponsor
Hannibal	442.3500	+	O	K2QQY	ARES

ROCHESTER

Location	Output	Input	Notes	Call	Sponsor
Canadice	443.7500	+	O 100	N2HLT	N2HLT
Canandaigua	443.0750	+	O	KC2NFU	KC2NFU
Fairport	444.9000	+	O 110.9	N2BZX	N2BZX
Fairport	447.1750	−	O(CA)ep	WB2SSJ	WB2SSJ
Rochester	442.6500	+	Ol	K2SA	Genesee RA
Rochester	442.7000	+	O 110.9elrs	K2RRA	ROCHESTER RADIO
Rochester	442.8000	+	O 110.9aelrz	N2HJD	ROCHESTER RADIO
Rochester	442.9000	+	O 110.9alrz	N2HJD	RRRA
Rochester	443.0000	+	Or	N2WPB	ROCHESTER RADIO
Rochester	443.7000	+	Oaz	K2SA	Genesee RA
Rochester	443.9000	+	O 110.9e	KB2CHY	ROCHESTER RADIO
Rochester	444.4000	+	O	W2RFC	R F COMMUNICATIO
Rochester	444.7000	+	O 110.9alrz	N2HJD	ROCHESTER RADIO
Rochester	444.8250	+	Oex	KE2MK	Xerox ARC
Rochester	444.8500	+	O 110.9 (CA)x	WB2KAO	WB2KAO
Rochester	444.9500	+	O	WR2AHL	GRIDD

SOUTHERN TIER

Location	Output	Input	Notes	Call	Sponsor
Alma	444.1000	+	O 107.2e L(146.955 147.210 145.430 ECHOLINK) WX	KA2AJH	-----
Celeron	444.9750	+	O 127.3	AB2WL	-----
Delevan	444.1750	+	O 88.5	K2XZ	-----
Ivory	444.5000	+	O 88.5e L(442.7500)	AC2JC	-----
Jamestown	442.1750	+	O 88.5 L(442.750)	KC2DZU	-----
Limestone	444.6500	+	O 88.5 L(442.750)	W3VG	-----
Mayville	444.4500	+	O 88.5 L(442.75)	WB2EDV	-----
Olean	442.1250	+	O 127.3e	N2XFX	-----
Olean	444.8500	+	O	K2XZ	-----
Perrysburg	443.0000	+	O 107.2 L(53.610)	WB2DSS	-----

420-450 MHz
NEW YORK

Location	Output	Input	Notes	Call	Sponsor
Perrysburg	444.9000	+	O 107.2e	KC2DKP	------------
Pomfret	444.3500	+	O 88.5e L(442.750)rsx	W2SB	NCARC
Ripley	443.1250	+	O 127.3e	N2FMM	------------
Sherman	442.7500	+	O 88.5el	WB2EDV	------------
ST LAWRENCE					
Ogdensburg	443.5250	+		N2MX	------------
Parishville	444.8500	+	123.0	W2LCA	NCARC
Potsdam	443.3500	+	151.4 L(146.895) Z(*911)	K2CC	CUARC
Russell	443.5250	+	O 151.4	KD2EAD	SLVRA
SYRACUSE					
Camillus	444.7500	+	O 103.5e	KB2ZBI	KB2ZBI
Canastota	443.0000	+	O	N2UDF	N2UDF
Cayuga	444.8000	+	Owx	K2JMA	K2JMA
Cazenovia	444.0000	+	O 151.4ae	N2LZI	James I McHerro
Clay	444.1000	+	O 110.9el	WA2U	WA2U
Dewitt	448.5750	−	O 141.3 (CA)	K2OOP	K2OOP
Liverpool	443.2000	+	O 103.5e	W2ISB	W2ISB
Pompey	442.5500	+	O 71.9e	W2JST	W2JST
Syracuse	442.2000	+	O	WA2VAM	WA2VAM
Syracuse	442.4000	+	O 123aesx z	W2QYT	W2QYT
Syracuse	442.7500	+	O 100	N2HLT	N2HLT
Syracuse	442.9000	+	O 103.5 TT(CALL CANCELLED)	N2NUP	N2NUP
Syracuse	443.1000	+	O 103.5	WA2AUL	WA2AUL
Syracuse	443.3000	+	O 103.5	W2CM	LARC
Syracuse	443.3500	+	O 103.5p	KA2CTN	KA2CTN
Syracuse	443.4000	+	O 103.5elz	KA2CTN	KA2CTN
Syracuse	443.4500	+	O 131.8	N2UQG	N2UQG
Syracuse	444.2000	+	Oa	K2IV	NiMo ARC
Syracuse	448.8750	−	O 141.3l	K2OOP	K2OOP
Syracuse	448.9250	−	O	K2OOP	K2OOP
UPPER HUDSON					
Corinth	448.1250	−	Oer	WA2UMX	SARATOGA CO
Lake George	443.4500	+	O 100r	KT2M	Warr RACES
Lake George	444.7500	+	O 110.9l	WA2DDQ	N.E. FM As
Saratoga Spr	448.2250	−	O 100elrz	WA2UMX	SARATOGA CO
UTICA/ROME					
Ilion	444.4000	+	O	KB3BIU	KB3BIU
Kirkland	443.8500	+	O 103.5r	KA2FWN	KA2FWN
Utica	442.1000	+	O 100elx	KR1TD	MT Assoc
Utica	444.8500	+	O	W2JIT	Deerfld RA
Verona	443.6500	+	Oael	KA2NIL	KA2NIL
WATERTOWN					
Dry Hill	442.5000	+	Oz	N2YQI	N2YQI
Watertown	442.4500	+	O 100	N2HLT	N2HLT
Watertown	443.1500	+	Oaelx	KE2UA	TIARA

420-450 MHz
NEW YORK-NORTH CAROLINA

Location	Output	Input	Notes	Call	Sponsor
Watertown	444.0500	+	O z	KA2QJO	KA2QJO
WATKINS GLEN					
Branchport	442.6000	+	O 110.9	N2LSJ	N2LSJ
Penn Yan	442.2500	+	O 100alz	N2HLT	N2HLT
Watkins Glen	442.1500	+	O 123l	N2IED	CARA
WAYNE/NEWARK					
Clyde	449.0750	–	O	KA2NDW	KA2NDW
Palmyra	444.2500	+	O e	W2RFM	GRID
Sodus Point	444.9500	+	O a	WA2AAZ	DRUMLINS AMATEU
WEST					
Albion	442.8750	+	O 141.3e	K2SRV	Community ARC
Attica	444.0500	+	O 88.5e L(443.600)	N2XFX	----------
Batavia	444.2750	+	O 141.3 (CA)e	W2SO	LARC
Wethersfield	442.0000	+	O 110.9e L(BARRA ECHOLINK IRLP)	WR2AHL	BARRA RBx
Wethersfield	443.6250	+	O 141.3e L(147.315)	KC2QNX	WC ARES WX

NORTH CAROLINA

Location	Output	Input	Notes	Call	Sponsor
Ahoskie	444.2000	+	O 131.8/131.8l	WB4YNF	WB4YNF
Ahoskie	444.7500	+	O 131.8/131.8	WB4YNF	WB4YNF
Air Bellows Gap	442.1500	+	O 192.8/192.8e	WA4PXV	----------
Albemarle	444.9000	+	O 110.9/110.9el	N4HRS	KD4ADL
Alexander	441.6500	+	O 100/100e l	KG4LGY	----------
Alexander	443.2250	+	O 100/100e l	KG4LGY	----------
Anderson Mt	444.0750	+	O 88.5/88.5 TTl	WX4BRW	WX4BRW
Andrews	442.6000	+	O 151.4/151.4e	WD4NWV	----------
Andrews	443.6500	+	O 151.4/151.4	K4AIH	WD4JEM
Asheville	442.4250	+	O 186.2/186.2e	AC4JK	----------
Asheville	442.5500	+	O	WA4TOG	----------
Asheville	443.2750	+	O 103.5/103.5	KF4TLA	----------
Asheville	443.9000	+	O 91.5/91.5 el	N4HRS	N4HRS
Banner Elk	444.4000	+	O 103.5/103.5l	K4DHT	----------
Bath	442.5500	+	O 82.5/82.5 lrs	WU2V	----------

420-450 MHz
NORTH CAROLINA

Location	Output	Input	Notes	Call	Sponsor
Beech Mountain	444.5750	+	o 151.4/151.4esWX	WA4NC	------------
Benson	444.0250	+	o 100/100l sWX	K4JDR	K4JDR
Boone	443.5250	+	o 103.5/103.5ls	KB4W	KB4W
Bostic	442.5000	+	o 94.8/94.8	KG4JIA	KG4JIA
Brevard	442.8500	+	oe	AG4AZ	------------
Bryson City	443.4000	+	o 151.4/151.4	NØSU	co-
Bunn	444.2500	+	o 88.5/88.5	KC4WDI	------------
Burgaw	442.0250	+	o 88.5/88.5 ewX	N4JDW	------------
Burgaw	444.0750	+	o 88.5/88.5	N4JDW	------------
Burlington	443.0250	+	o 107.2/107.2	WB4IKY	WB4IKY
Burlington	443.6000	+	o 123/123	K4EG	K4EG
Burlington	444.3500	+	o 107.2/107.2	WB4IKY	WB4IKY
Burnsville	441.9250	+	oe	KD4GER	------------
Burnsville	444.1250	+	o 118.8/118.8	KI4M	KI4M
Buxton	442.4250	+	o 100/100lr sWX	K4OBX	Sponsor
Calabash	444.7500	+	o 118.8/118.8ls	KD4GHL	------------
Cane Mt	443.4500	+	o 100/100	KD4RAA	KD4RAA
Carthage	443.9250	+	o 107.2/107.2e	KB4CTS	KB4CTS
Cary	444.7750	+	o 100/100e lsWX	K4JDR	Carolina 440 / S
Chapel Hill	442.1500	+	o 131.8/131.8es	W4UNC	W4UNC
Chapel Hill	443.4750	+	o 131.8/131.8es	W4UNC	W4UNC
Charlotte	442.4125	+	o 612/612 DCSl	W4ZO	W4ZO
Charlotte	442.6500	+	o 88.5/88.5	WØUNC	------------
Charlotte	442.7250	+	o 110.9/110.9e	KD4ADL	KD4ADL
Charlotte	443.8625	+	o	KI4WXS	------------
Charlotte	444.1750	+	o 110.9/110.9l	N4HRS	N4HRS
Charlotte	444.3500	+	o 151.4/151.4e	K4KAY	K4KAY
Charlotte	444.6000	+	o 118.8/118.8esWX	W4BFB	Mecklenburg AR
Charlotte	444.6750	+	o	W4WBT	------------
Charlotte	444.9500	+	o 136.5/136.5s	WA1WXL	KQ1E

420-450 MHz
NORTH CAROLINA

Location	Output	Input	Notes	Call	Sponsor
Chaylebete Springs	443.1000	+	O 100/100	W4RLH	------------
Cherry Lane	443.5750	+	O 173.8/173.8	WA4PXV	------------
China Grove	441.5500	+	O 136.5/136.5	KQ1E	------------
China Grove	443.2500	+	O 136.5/136.5	N4UH	N4YZ
Cleveland	442.9250	+	O 127.3/127.3l	K4CH	N4TZD
Cleveland	443.7000	+	O 127.3/127.3l	K4CH	------------
Clinton	443.0750	+	O 88.5/88.5	N4JDW	------------
Clyde	444.0250	+	O 118.8/118.8es	NG4O	------------
Clyde	444.2750	+	O 94.8/94.8	KW4P	WD4A
Coats	444.5500	+	O 100/100l sWX	K4JDR	Carolina 440 / SECN
Columbia	442.7250	+	O 131.8/131.8elsWX	K4OBX	W4HAT
Columbia	443.3000	+	O 131.8/131.8	KX4NC	------------
Concord	442.5250	+	O 94.8/94.8	N2QJI	N2QJI
Concord	444.2500	+	O 162.2/162.2l	W4ZO	W4ZO
Concord	444.7750	+	O 110.9/110.9el	KD4ADL	N4HRS
Crowder's Mt	443.6750	+	O	KD4FRP	------------
Cruso	444.0500	+	O 47/47	KJ4VKD	KJ4VKD
Cullowhee	444.9750	+	O 131.8/131.8	K4WCU	------------
Dallas	444.0250	+	O 82.5/82.5 el	KA4YMY	KA4YMY
Dallas	444.2250	+	O 110.9/110.9el	N4HRS	N4HRS
Dallas	444.4500	+	O 82.5/82.5 e	W4CQ	Charlotte Amateur Ra
Denton	443.4000	+	O 127.3/127.3l	K4AE	------------
Denton	443.6500	+	O 127.3/127.3l	K4AE	------------
Dobson	444.5250	+	O 100/100s WX	W4DCA	W4DCA
Duck	444.2250	+	O 100/100e lrs	K4OBX	Sponsor
Durham	444.1000	+	O	WR4AGC	Durham FM Asoc
Durham	444.9250	+	O 94.8/94.8 ers	KB4WGA	KB4WGA
Elizabeth City	444.3000	+	O 131.8/131.8e	WA4VTX	------------

420-450 MHz 583
NORTH CAROLINA

Location	Output	Input	Notes	Call	Sponsor
Fayetteville	444.4000	+	O 100/100ers	K4MN	Club
Forest City	442.0000	+	O 114.8/114.8	AI4M	Sponser
Forest City	443.3000	+	O 114.8/114.8	AI4M	Sponser
Fountain	444.4250	+	O 88.5/88.5e	N4HAJ	N4HAJ
Franklin	444.3750	+	O 131.8/131.8	K4KSS	------------
Gastonia	443.4375	+	O	W9HPX	Charlotte Digital
Gastonia	444.1500	+	O 141.3/141.3	AG4EI	------------
Gastonia	444.5500	+	O 100/100es	N4GAS	GCARS Club Ma
Gastonia	444.7500	+	O 162.2/162.2	K4GNC	------------
Goldsboro	443.0000	+	O 88.5/88.5el	K4CYP	KD4FV
Graham	442.2750	+	O 103.5/103.5e	KE4LGX	------------
Grantsboro	444.3500	+	O	KR4LO	------------
Grantsboro	444.8750	+	O 85.4/85.4e	KF4IXW	KF4IXW
Greensboro	443.9000	+	O	W4UA	W4UA
Greensboro	444.2250	+	O 146.2/146.2	W4GG	W4JLH
Greenville	444.6250	+	O 131.8/131.8	KE4TZN	------------
Greenville	444.7250	+	O 91.5/91.5e	N4HAJ	N4HAJ
Greenville	444.8000	+	O 131.8/131.8	WB4PMQ	WB4PMQ
Hampstead	443.5500	+	O 100/100esWX	NC4PC	------------
Hatteras Island	444.9250	+	O 131.8/131.8els	K4OBX	Sponser
Henderson	444.3750	+	O 100/100lrs	KB4WGA	------------
Hendersonville	442.4500	+	O	WA4TOG	------------
Hendersonville	444.2250	+	O 91.5/91.5el	WA4KNI	------------
Hickory	442.3750	+	Oe	WA4PXV	------------
Hickory	444.3750	+	O 107.2/107.2	KC4FM	------------
Hickory	444.8000	+	O 94.8/94.8	KF4LUC	------------
Hillsborough	444.4500	+	O 100/100	WR4AGC	WR4AGC
Holly Springs	444.3250	+	O 100/100	KF4AUF	------------
Hubert	444.6750	+	O 88.5/88.5e	KE4FHH	------------

420-450 MHz
NORTH CAROLINA

Location	Output	Input	Notes	Call	Sponsor
Huntersville	443.2250	+	O 110.9/110.9l	WG8E	WG8E
Jefferson	443.0750	+	O 94.8/94.8	W4JWO	----------
Kernersville	442.9750	+	O 107.2/107.2	KF4OVA	KF4OVA
Kernersville	444.6250	+	O 107.2/107.2l	KF4OVA	KF4OVA
King	444.7500	+	O 100/100l	W4SNA	----------
Kinston	442.0000	+	O 88.5/88.5 e	N4HAJ	N4HAJ
Kinston	444.5750	+	O 88.5/88.5 e	N4HAJ	N4HAJ
Kornegay	444.1250	+	O 91.5/91.5 e	N4HAJ	N4HAJ
Lansing	444.3000	+	O 103.5/103.5ls	W4MLN	W4MLN
Lawndale	442.5750	+	O 82.5/82.5	NA4CC	NA4CC
Level Cross	442.8250	+	O 82.5/82.5 a(CA)el	K4ITL	K4ITL
Lexington	441.9000	+	O 127.3/127.3l	K4AE	----------
Lexington	442.5500	+	O 107.2/107.2	KJ4SPF	KJ4SPF
Lexington	444.5000	+	O 146.2/146.2	W4PAR	----------
Lincolnton	442.3500	+	O 141.3/141.3e	WA4YGD	WA4YGD
Linville	442.9500	+	O 162.2/162.2e	KI4M	----------
Lumberton	444.6250	+	O 88.5/88.5	WB4DVN	WB4DVN
Mars Hill	442.7250	+	O 100/100	KI4DNY	----------
McCain	442.2500	+	O 107.2/107.2el	N1RIK	N1RIK
Mebane	443.9500	+	O 136.5/136.5e	K2MZ	K2MZ
Midway	444.1250	+	O 100/100e	K4IL	----------
Mills River	442.0250	+	O 88.5/88.5	W4ENC	----------
Mint Hill	444.8250	+	O 110.9/110.9el	KD4ADL	KD4ADL
Monroe	444.3000	+	O 100/100l	W4ZO	W4ZO
Monroe	444.4250	+	O 94.8/94.8 el	NC4UC	----------
Mooresville	443.8250	+	O 110.9/110.9el	WG8E	KD4ADL
Moravian Falls	442.6750	+	O 88.5/88.5	KA2NAX	----------
Morganton	442.3000	+	O 94.8/94.8 l	KC4QPR	----------
Morrisville	444.0750	+	O 100/100	KC4SCO	----------
Mount Airy	443.5000	+	O 107.2/107.2	N4YR	N4YR

420-450 MHz
NORTH CAROLINA

Location	Output	Input	Notes	Call	Sponsor
Mount Gilead	442.2000	+	O 100/100	KI4DH	----------
Mt Airy	443.4250	+	O 110.9/110.9el	KD4ADL	N4HRS
Mt Mitchell	443.6000	+	O	N2GE	----------
Needmore	444.5500	+	O 88.5/88.5	KT4WO	----------
New Bern	442.0750	+	O 100/100e	N4HAJ	N4HAJ
Newell	442.1250	+	O 156.7/156.7e	WT4IX	BSA Troop 49 S
Newland	444.6250	+	O 110.9/110.9l	N4HRS	KD4ADL
Newport	444.8250	+	O 88.5/88.5 es	N4HAJ	N4HAJ
Newport	444.9750	+	O	W4YMI	----------
Ocracoke	444.2250	+	O 131.8/131.8esWX	K4OBX	Sponsor
Pikeville	444.4750	+	O 88.5/88.5 e	KI4RK	----------
Pineview	444.2750	+	O 100/100l sWX	K4JDR	Carolina 440 / S
Polkville	444.9750	+	O	N4DWP	N4DWP
Powells Point	442.8500	+	O 131.8/131.8	W4PCN	Outerbanks ARC
Raeford	442.1000	+	O 100/100e WX	KG4HDV	----------
Raleigh	441.4250	+	Oel	WB4TQD	WB4TQD
Raleigh	441.7250	+	O 100/100l sWX	K4JDR	Carolina 440 / S
Raleigh	442.5750	+	O 94.8/94.8 e	W4MLU	K4ITL
Raleigh	442.6750	+	O 100/100	KD4RAA	----------
Raleigh	442.9500	+	O 94.8/94.8	W4MLU	----------
Raleigh	443.2250	+	O	N4ZCM	N4ZCM
Raleigh	443.3750	+	O 103.5/103.5	W1IFL	W1IFL
Raleigh	444.5250	+	O 82.5/82.5	W4RNC	----------
Raleigh	444.6750	+	O 100/100	KD4RAA	----------
Raleigh	444.8250	+	O 146.2/146.2e	K4ITL	K4ITL
Reidsville	443.9750	+	Ot	W4BJF	----------
Res Triangle Pk	443.6250	+	O	W4EUS	----------
Research Triangle Park	443.8750	+	O	N4ZBB	----------
Rocky Mount	441.7500	+	O 107.2/107.2	NC4FM	----------
Rocky Mount	444.7000	+	O 107.2/107.2	WU2V	----------
Rocky Mount	444.8500	+	O 131.8/131.8	WN4Z	----------
Rolesville	444.9500	+	O 88.5/88.5	KF4HFQ	----------
Rosman	444.8750	+	O 110.9/110.9	W4TWX	Tricounty Amate

420-450 MHz
NORTH CAROLINA

Location	Output	Input	Notes	Call	Sponsor
Rougemont	443.2750	+	O 100/100	NC4CD	-----------
Salisbury	443.1500	+	O 136.5/136.5	N3DMS	WA4PVI
Sanford	441.9500	+	O 136.5/136.5	KB4HG	KB4HG
Sauratown Mtn	443.0500	+	O 136.5/136.5	KQ1E	-----------
Scotland Neck	444.0750	+	O 203.5/203.5	NC4FM	-----------
Selma	444.0000	+	O 100/100e WX	N4HAJ	N4HAJ
Selma	444.1500	+	O 100/100l sWX	K4JDR	Carolina 440 / SECN
Shelby	442.2750	+	O 127.3/127.3 E-SUN	AE6JI	-----------
South Nags Head	444.1250	+	O 100/100e lrsWX	K4OBX	Sponsor
Southport	444.9500	+	O 118.8/118.8e	K4GHL	-----------
Sparta	441.4750	+	Ol	WB4TQD	WB4TQD
Sparta	442.6000	+	O 94.8/94.8 e	WA4PXV	-----------
Sparta	444.4250	+	O 162.2/162.2	KI4M	KI4M
Spruce Pine	443.9250	+	O 123/123e s	KK4MAR	KK4MAR
Stanfield	443.2000	+	O 77/77	W4DEX	W4DEX
Sugar Mountain	442.1750	+	O 206.5/206.5	W4JJO	-----------
Summerfield	444.4750	+	O 88.5/88.5	KD4DNY	KD4DNY
Sylva	444.1500	+	O 516/516	KJ4VKD	KJ4VKD
Sylva	444.7000	+	O 131.8/131.8el	K4RCC	K4RCC
Tarboro	444.5000	+	O 100/100	NC4FM	-----------
Tarboro	444.9250	+	O 118.8/118.8e	N4NTO	-----------
Taylorsville	441.6250	+	O 123/123	W4ERT	-----------
Thomasville	441.8000	+	O 127.3/127.3l	W4TNC	-----------
Thomasville	442.7500	+	O 118.8/118.8l	KD4LHP	KD4LHP
Thomasville	443.3250	+	O 88.5/88.5 l	KD4LHP	KD4LHP
Vass	444.2000	+	O 107.2/107.2l	N1RIK	N1RIK
Wade	443.9000	+	O 100/100	KN4ZZ	KN4ZZ
Waves	443.3250	+	O 131.8/131.8els	K4OBX	Sponsor
Waxhaw	444.5250	+	O 94.8/94.8	K4WBT	-----------
Waynesville	443.8500	+	O 91.5/91.5	K4KGB	-----------

420-450 MHz
NORTH CAROLINA

Location	Output	Input	Notes	Call	Sponsor
Waynesville	449.8750	–	O 131.8/131.8el	K4RCC	K4RCC
Weaverville	442.2750	+	O 141.3/141.3 WX	KC0VGJ	------------
Welcome	442.4500	+	O 97.4/97.4	KK4UTT	------------
Wendell	444.8750	+	O 100/100	KD4RAA	KD4RAA
Wilkesboro	443.5500	+	O 94.8/94.8	WB4PZA	------------
Williamston	444.2500	+	O 131.8/131.8e	K4SER	ROANOKE ARS
Willow Spring	443.5000	+	O 100/100	W4ZWA	------------
Wilmington	442.1750	+	O	WA4US	------------
Wilmington	442.2000	+	O 88.5/88.5	WA4US	------------
Wilmington	442.5000	+	O 88.5/88.5 e	AC4RC	AZALEA COAST
Wilmington	442.7500	+	O 67/67l	KB4FXC	KB4FXC
Wilmington	443.4000	+	O 88.5/88.5	AD4DN	AD4DN
Wilmington	443.8500	+	O	WA4US	------------
Wilmington	443.9500	+	O	WA4US	------------
Wilmington	444.0500	+	O 88.5/88.5 e	N4JDW	------------
Wilmington	444.1750	+	O 88.5/88.5 e	N4JDW	------------
Wilmington	444.2000	+	O	WA4US	------------
Wilmington	444.4500	+	O	WA4US	------------
Wilmington	444.5000	+	O 67/67els	KB4FXC	KB4FXC
Wilmington	444.6500	+	O	WA4US	------------
Wilmington	444.7750	+	O 131.8/131.8e	N2QEW	------------
Wilmington	444.8500	+	O 88.5/88.5	N4ILM	------------
Wilson	442.3250	+	O 88.5/88.5 s	K2IMO	K2IMO
Wilson	444.9000	+	O 179.9/179.9	W4EJ	W4EJ
Wingate	443.9500	+	O 110.9/110.9	N4HRS	------------
Winston Salem	444.8500	+	O 100/100	K4GW	------------
Winston-Salem	444.2750	+	O 100/100	W4NC	------------
Yadkinville	442.0250	+	O 100/100e	KD4KMK	Barry Norman
Yadkinville	442.8000	+	O 100/100a (CA)	N4AAD	N4AAD
Youngsville	442.1750	+	O 82.5/82.5 es	N4TAB	K4ITL
Youngsville	442.3000	+	O 100/100e l	WB4IUY	------------
Zebulon	442.4000	+	O 88.5/88.5 el	WB4IUY	WB4IUY

420-450 MHz
NORTH DAKOTA-OHIO

Location	Output	Input	Notes	Call	Sponsor
NORTH DAKOTA					
FREQUENCY USAGE					
Statewide	443.7000	+		SNP	
Statewide	444.3250	+		SNP	
Statewide	444.7250	+		SNP	
N E CENTRAL					
Maddock	442.2500	+	O 141.3	KF0HR	KF0HR
N W CENTRAL					
Minot	442.3000	+	O	K0AJW	SVARC
Minot	444.4000	+	O	W0CQ	W0CQ
Minot	444.8000	+	O	K0AJW	SVARC
NORTHWEST					
Williston	443.8500	+	Oe	K0WSN	WBARC
S E CENTRAL					
Jamestown	444.2500	+	O	N0HNM	N0HNM
Jamestown	444.9250	+	O	WB0TWN	WB0TWN
S W CENTRAL					
Bismarck	444.2000	+	Oae L(52.525)	N0FAZ	N0FAZ
Bismarck	444.6500	+	Oe	KC0AHL	Hillside A
Center	444.9000	+	O	KE0VF	KE0VF
SOUTHEAST					
Fargo	443.9000	+	O 100.0e	KE0VN	KE0VN
Horace	443.7500	+	O	W0ZOK	W0ZOK
Wahpeton	443.8000	+	O 107.2	W0END	TRARC
SOUTHWEST					
Dickinson	442.6750	+	O	K0ND	TRARC
Killdeer	444.6750	+	O	K0ND	TRARC
Sentinel Butte	443.6750	+	O	K0ND	TRARC
OHIO					
ADAMS					
Peebles	442.6750	+	O(CA)e	KJ8I	----------
Peebles	444.0250	+	O	WD8LSN	WD8LSN
Seaman	444.5125	+	O(CA)e	KC8FBG	KC8FBG
ALLEN					
Bluffton	444.0000	+	O 107.2	W8AK	W8AK
Lima	444.0750	+	Oae	N8GCH	ShawneeRA
Lima	444.7750	+		WB8PJZ	WB8PJZ
ASHLAND					
Ashland	442.8000	+	O	W8IVG	KB8GF
Hayesville	443.3250	+	O 131.8	KD8JBF	KD8JBF
Polk	442.1500	+	O 88.5	KG8FV	LLWA
Polk	443.3250	+	131.8 (CA)l	N8SIW	N8SIW
Polk	443.6250	+	O 2162.2a (CA)elrWxx	KA8VDW	SREL
ASHTABULA					
Geneva	443.6250	+	O 146.2	N8WPZ	N8WPZ
Kingsville	443.6500	+	O 103.5e	N8XUA	N8XUA
Orwell	444.2500	+	ael	KF8YF	KF8YF

420-450 MHz — OHIO

Location	Output	Input	Notes	Call	Sponsor
ATHENS					
Athens	442.1000	+	O	K8LGN	HVARC
AUGLAIZE					
Cridersville	444.9250	+	O	W8EQ	LAARC
St Marys	444.2000	+	O 107.2el	K8QYL	Rsvr ARA
Wapakoneta	442.1500	+	107.2arwX	KD8CQL	A.C.E.M.A
BUTLER					
Fairfield	443.6500	+	Oae	W8PRH	FARA
Hamilton	442.6500	+	O 118.8	KD8TUZ	KB8PMY
Hamilton	443.3375	+	O 123.0	W8WRK	BCARA
Hamilton	444.1125	+	O 118.8	KD8EYB	BCAREC
Hamilton	444.6500	+	O 123.0	K8KY	K8KY
Middletown	443.5375	+	O 118.8e	W8MUM	MiamiUARC
Middletown	444.4750	+	O 100.0 TT el	AG8Y	AG8Y
Middletown	444.8250	+	O 77.0el	W8BLV	Dial ARC
Monroe	442.5500	+	O 118.8e	WA8MU	WA8MU
Monroe	443.0875	+	Oep	KC8ECK	KC8ECK
West Chester	443.3250	+	123	WC8RA	N8ESD
West Chester	442.7000	+	●l	W8VVL	QCEN
CARROLL					
Carrollton	442.4000	+	Ot(CA)e	K8VPJ	K8VPJ
Carrollton	442.5875	+	Oe	N8RQU	N8RQU
Carrollton	442.6250	+	●(CA)e	K8VPJ	K8VPJ
Carrollton	443.2750	+	O	KC8RKA	KC8RKA
Carrollton	444.2125	+	Oe	NC8W	NC8W
Malvern	443.2000	+	aelRB LITZ	K8NNC	CC ARES
CHAMPAIGN					
Urbana	443.1750	+	O 123.0e	WB8UCD	WB8UCD
Urbana	443.3500	+	O	KA8HMJ	KA8HMJ
CLARK					
N Hampton	444.3750	+	O 127.3e	K8IRA	IndepndRA
South Vienna	444.6375	+	Oe	WX8U	WX8U
Springfield	443.3000	+	O 146.2	W8BUZ	W8BUZ
Springfield	443.4125	+	O 123.0	KC8NYH	KC8NYH
Springfield	444.4125	+	●t(CA)elx	KA8HMJ	KA8HMJ
CLERMONT					
Batavia	444.3250	+	Oaelrwxx	N8NKS	N8NKS
Cincinnati	444.0750	+	O 110.9	KB8SBN	KB8SBN
Cincinnati	444.9250	+	a	K8CF	K8CF
Goshen	443.4500	+	O 146.2	K8DV	K8DV
Loveland	442.7750	+	Oar	WD8KPU	WD8KPU
Loveland	444.5250	+	O 100.0	WU8S	WU8S
CLINTON					
Blanchester	442.0250	+	t	KB8CWC	KB8CWC
Wilmington	443.2375	+	O	AB8KD	AB8KD
Wilmington	443.2750	+	O	N8ASB	N8ASB
Wilmington	443.3750	+	O	K8IO	K8IO
Wilmington	444.5750	+	141.3er	WB8ZZR	WB8ZZR

420-450 MHz
OHIO

Location	Output	Input	Notes	Call	Sponsor
COLUMBIANA					
E Liverpool	442.1750	+	O(CA)e	K8BLP	TrianglRC
Lisbon	442.5250	+	162.2ae	KD8XB	KD8XB
Lisbon	444.4625	+	O 162.2	K8DXB	K8DXB
Lisbon	444.9125	+	O 162.2 RB WXx	W8MMN	W8MMN
Minerva	442.9500	+	O 162.2ar RBx	KD8XB	KD8XB
Salem	442.1000	+	O 88.5ael RB WXz	KB8MFV	KB8MFV
Salem	444.6750	+	O 156.7 (CA)eWX	KA8OEB	KA8OEB
Salem	444.9625	+	162.2ers WX	K8BTP	SAARA
COSHOCTON					
Fresno	443.5375	+	O	KB9JSC	KB9JSC
CRAWFORD					
Bucyrus	442.5250	+	88.5ae	W8DZN	W8DZN
Bucyrus	443.8750	+	OWX	KD8NCL	KD8NCL
CUYAHOGA					
Brecksville	442.6500	+	Otaz	K8IIU	B.A.R.F.
Brook Park	442.0500	+	●	WB8ZQH	WB8ZQH
Brookpark	443.1250	+	O 131.8ez	N8LXM	N8LXM
Cleveland	442.7750	+	464 (CA)	KF8YK	KF8YK
Cleveland	444.1000	+	O(CA)el	NA8SA	NGARC
Cleveland	444.2750	+	●l	N8OND	N8OND
Cleveland	444.3500	+	131.8e	N8OOF	OBES
Cleveland	444.7000	+	O 131.8e	WR8ABC	LEARA
Euclid	442.8125	+	131.8	N8KXX	N8KXX
Euclid	444.4750	+	O 110.9	N8CHM	N8CHM
Highland Hill	444.9500	+	151.4	WB8APD	SMART
Highland Hils	441.1250	+	O 82.5 (CA) elRB WX	WX8CLE	CLEWARN
N Olmsted	444.0125	+	O 131.8	W8IZ	W8IZ
N Royalton	443.1500	+	O 131.8	K8SCI	N Cst ARC
N Royalton	443.9000	+	Ot(CA)l	WA8CEW	WA8CEW
N Royalton	444.0750	+	O 6563el	K8YSE	K8YSE
Parma	442.2250	+	O(CA)elRB	KB8WLW	KB8RST
Parma	442.4500	+	O 131.8 RB	KB8WLW	KB8RST
Parma	443.8250	+	O 131.8	K8ZFR	C.A.R.S.
Parma	444.0500	+	Otel	W8DRZ	W8DRZ
Parma	444.7750	+	●	WR8SS	SSARS
Parma	444.9000	+	131.8	W8CJB	WR RA
Shaker Hts	443.8000	+	●	KD8LDE	KD8LDE
Shaker Hts	444.7500	+	Oa	K8ZFR	C.A.R.S.
DARKE					
Greenville	441.1750	+	O(CA)	N8OBE	N8OBE
Greenville	444.3500	+	O	N8KPJ	N8KPJ
DEFIANCE					
Defiance	442.5750	+	O 107.2el WX	K8VON	DCARC

420-450 MHz OHIO

Location	Output	Input	Notes	Call	Sponsor
DELAWARE					
Ashley	444.6250	+	O 162.2	KC8BVF	KC8BVF
Delaware	443.5500	+	O 4186lpr	W8NX	W8NX
Powell	443.6125	+	O 103.5elp r	KI4IVP	KI4IVP
Westerville	443.2125	+	O	K8MDM	K8MDM
ERIE					
Berlin Hts	443.3500	+	lRB	WD8OCS	WD8OCS
Birmingham	443.5250	+	●elWX	K8KXA	K8KXA
Sandusky	442.7250	+	O(CA)e	WA8VOE	N8BPE
Sandusky	444.3750	+	O 110.9e	W8LBZ	SREL
Vermilion	443.0500	+	O 131.8l	W8DRZ	W8DRZ
FAIRFIELD					
Lancaster	443.8750	+	O 71.9ael	K8QIK	LanFarARC
Pickerington	443.9500	+	O	W8LAD	W8LAD
Pickerington	444.2250	+	t	K8VKA	K8VKA
Thurston	444.6500	+	O 179.9	KB8TRL	KB8TRL
FAYETTE					
Greenfield	444.7750	+	O(CA)e	N8OOB	N8OOB
Washington CH	442.0750	+	O 77.0	N8QLA	N8QLA
Washington CH	444.6125	+	Ot(CA)	N8EMZ	FayetteRA
FRANKLIN					
CanalWinchstr	443.7000	+	el	KA8ZNY	KB8LJL
Columbus	442.6000	+	114.8	W8LT	OSUARC
Columbus	442.8000	+	O 151.4ae WX	K8NIO	CORC
Columbus	443.4250	+		N8RQJ	N8RQJ
Columbus	443.4750	+	192.8	N8IHU	N8IHU
Columbus	443.5250	+	Ol	WB8YOJ	WB8YOJ
Columbus	443.5750	+	Ol	WB8YOJ	WB8YOJ
Columbus	443.8125	+	t	K8MK	K8MK
Columbus	444.1000	+	Oel	WB8MMR	WB8MMR
Columbus	444.1750	+	O 82.5e	WA8PYR	WA8PYR
Columbus	444.2000	+	151.4	W8AIC	CORC
Columbus	444.2750	+	O 94.8/94.8 ae	K8DDG	COARES
Columbus	444.3000	+	Oal	WB8YOJ	WB8YOJ
Columbus	444.4000	+	O	W8RW	W8RW
Columbus	444.5250	+	O 179.9ael z	K8DRE	CCRA
Columbus	444.5500	+	O 123.0ael	N8PVC	CCRA
Columbus	444.8000	+	O 94.8/94.8 ae	K8DDG	COARES
Columbus	444.8500	+	●	N8EXT	N8EXT
Columbus	444.9000	+	O	N8ADL	N8ADL
Columbus	444.9750	+	O 131.8 TT	WR8ATV	ATCO
Gahanna	442.5000	+	O	KB8SXJ	CCRA
Gahanna	444.6875	+	O 123.0	KC8OZA	KC8OZA
Groveport	442.5500	+	O(CA)	WA8DNI	WA8DNI

420-450 MHz
OHIO

Location	Output	Input	Notes	Call	Sponsor
FULTON					
Delta	444.4500	+	O 4479lpr	K8LI	K8LI
Fayette	442.0750	+	Oe	AB8RC	AB8RC
Wauseon	443.4000	+	ae	KB8MDF	KB8MDF
GALLIA					
Gallipolis	442.0000	+	O 74.4	KC8ZAB	MOVARC
GEAUGA					
Bainbridge	444.2250	+	O 131.8e	KF8YK	KF8YK
Chardon	444.5625	+	(CA)	KF8YK	KF8YK
Chardon	444.8125	+	O 131.8ae	KF8YK	KF8YK
Chesterland	444.6000	+	O 131.8l	K9IC	K9IC
Middlefield	442.2500	+	O 131.8e	KC8IBR	WRARA
Montville	443.4500	+	●	N8XUA	N8XUA
Newbury	444.6250	+	O	WB8QGR	WB8QGR
Newbury	444.9750	+		K8SGX	K8SGX
GREENE					
Bellbrook	442.6750	+	O(CA)e	W8TOG	W8TOG
Bellbrook	442.7250	+	Oae	W8GCA	GCARES
Bellbrook	443.6750	+	Oe	W8DGN	BARC
Bellbrook	444.8750	+	O 94.8	N8NQH	N8NQH
Fairborn	442.3750	+	O 118.8	K8FBN	UpVlyARC
Fairborn	442.5750	+	127.3 (CA)z	N8QBS	N8QBS
Fairborn	442.8250	+	186.2	N8QBS	N8QBS
Xenia	443.1000	+	Oaelz	N8JFA	N8JFA
Xenia	444.4375	+	O 123.0	NB8K	NB8K
GUERNSEY					
Cambridge	444.3750	+	O 91.5e	KB8ZMI	KB8ZMI
HAMILTON					
Cincinnati	442.1250	+	●RB	W8MM	W8MM
Cincinnati	442.2000	+	O(CA)l	N8JRX	WhiprSnap
Cincinnati	442.4750	+	O 114.8elp	KD8TE	KD8TE
Cincinnati	443.3125	+	88.5	W8MRG	W8MRG
Cincinnati	443.7000	+	O(CA)	W8NWS	W.A.R.N.
Cincinnati	443.7625	+	O 123.0e	K8SCH	OhKyInARS
Cincinnati	444.2250	+	O 110.9l	W8ESS	E.S.S.
Cincinnati	444.3000	+	O 118.8	KD8EYB	BCAREC
Cincinnati	444.7500	+	O(CA)l	KB8BWE	CinciUHFG
Cincinnati	444.8625	+	O	K8YOJ	HCARPSC
Colerain Twp	443.5750	+	123.0	W8KJ	W8KJ
Harrison	442.8000	+	O(CA) TTe	N8WYF	N8WYF
HANCOCK					
Findlay	442.8750	+	O 100.0	N8RTN	FndlyARTS
Findlay	444.1500	+	O 88.5	W8FT	FRC
Findlay	444.5750	+	O	WB8PBR	WB8PBR
HARDIN					
Kenton	442.4000	+	O	N8MTZ	N8MTZ
HENRY					
Deshler	444.9375	+	Oe	KC8QYH	KC8QYH
HIGHLAND					
Hillsboro	444.3875	+	O 100.0	N8INT	N8INT

420-450 MHz
OHIO

Location	Output	Input	Notes	Call	Sponsor
Hillsboro	444.6750	+	Oe	WA8KFB	HlsboroRC
HOCKING					
Logan	443.1250	+	e	K8LGN	H.V.A.R.C
HOLMES					
Millersburg	444.8750	+	131.8	KD8QGQ	HARA
HURON					
Greenwich	442.9000	+	O 110.9e	KA8LKN	KA8LKN
Norwalk	442.6750	+	O 162.2a (CA)elrwXxxz	KA8VDW	SREL
JACKSON					
Jackson	442.2250	+	Ol	WB8LDB	WB8LDB
Oak Hill	444.1125	+	O	K8NDM	K8NDM
JEFFERSON					
Wintersville	443.7750	+	O	WD8IIJ	WD8IIJ
KNOX					
Fredericktown	442.3250	+	O(CA)	N8NMQ	N8NMQ
Mt Vernon	442.1000	+	O 71.9el	KD8EVR	KD8EVR
Mt Vernon	444.7500	+	O	KC8YED	KC8YED
LAKE					
Eastlake	443.7000	+	O(CA)	N8KT	CLARA
Mentor-O-T-Lk	444.1875	+	(CA) WX	KF8YK	KF8YK
Painesville	444.6500	+	131.8aelz	N8BC	LCARA
Painesville	444.8625	+	OteRB	W8SKG	W8SKG
Wickliffe	443.1500	+	O(CA)l	WA8PKB	WA8PKB
Wickliffe	444.7250	+	(CA) RB	WA8PKB	WA8PKB
LAWRENCE					
Willow Wood	444.6250	+	O	W8SOE	SOARA
LICKING					
Amsterdam	443.9250	+	91.5e	KB8ZMI	KB8ZMI
Johnstown	442.7750	+	O 151.4	W4TLB	COARES
Newark	442.0500	+	O(CA)	WD8RVK	WD8RVK
Newark	444.5000	+	O 141.3 (CA)l	W8WRP	NARA
LOGAN					
Bellefontaine	443.0250	+	O	KA8GRP	KA8GRP
Bellefontaine	443.2500	+	O 186.2	N8IID	N8IID
Bellefontaine	443.8250	+	O 186.2ael z	W8FTV	LognCoEMA
East Liberty	444.4500	+	O 127.3771 TTelz	KA7UUC	Honda-Ame
LORAIN					
Amherst	442.5000	+	Oe	NA8VY	NA8VY
Elyria	443.9875	+	O 162.2a (CA)elrwXxxz	KA8VDW	SREL
Elyria	444.1750	+	O 11 RB	KC8BED	LCARA
Elyria	444.8000	+	O 131.8	K8KRG	NOARS
Lorain	444.1250	+	Ol	WD8CHL	WD8CHL
Lorain	444.5875	+	O 131.8ae p	N8VUB	N8VUB
N Ridgeville	444.5000	+	O 131.8	K8IC	K8IC

594   420-450 MHz
OHIO

Location	Output	Input	Notes	Call	Sponsor
Wellington	444.6625	+	o	K8TV	K8TV
LUCAS					
Maumee	444.7000	+	o 103.5	W8TER	W8TER
Oregon	443.3000	+	o 103.5e	N8UAS	N8UAS
Oregon	443.7500	+	o 103.5ae	KI8CY	KI8CY
Oregon	443.9750	+	●a	KG8EE	KG8EE
Oregon	444.9250	+	o 103.5	W8MTU	LCARES
Sylvania	443.7750	+	o 103.5	KC8GWH	KC8GWH
Toledo	442.8500	+	o 103.5123 aTTez	W8HHF	TMRA
Toledo	442.9500	+	o(CA)elr WX	WJ8E	WJ8E
Toledo	444.0250	+	taers	W8MTU	LucasARES
Toledo	444.2750	+	o 107.2	W8AK	W8AK
Toledo	444.9500	+	o 103.5	N8LPQ	N8LPQ
MAHONING					
Canfield	442.7500	+	o 131.8aelz	KC8WY	KC8WY
New Springfld	443.5250	+	o	KF8YF	KF8YF
Salem	444.7625	+	o 162.2	N8TPS	N8TPS
Youngstown	443.2250	+	o 156.7a	N8FAL	------------
Youngstown	443.2500	+	o	W8IZC	W8IZC
MEDINA					
Brunswick	443.0250	+	o 131.8	N8OVW	N8OVW
Brunswick	444.9250	+	o 110.9	W8EOC	M2M
Hinckley Twp	443.4250	+	o 131.8e WX	W8WGD	B.A.R.C.
Hinkley	443.3625	+	o 131.8l	KB8WLW	KB8WLW
Medina	442.2750	+	●l	N8OND	N8OND
Medina	444.9250	+	o 131.8	W8EOC	M2M GP.
Wadsworth	442.4750	+	o 131.8	AL7OP	AL7OP
Wadsworth	444.4250	+	oaeWxz	WA8DBW	WA8DBW
West Salem	443.3000	+	o 131.8	KE8X	KE8X
MEIGS					
Pomeroy	443.7000	+	● 91.5	KD7RYP	KD8RYP
Pomeroy	444.0500	+	oewX	KC8KPD	BBARC
MERCER					
Celina	442.2250	+	o 107.2107.2	W8ARG	W8ARG
Celina	443.0750	+	o 107.2 WX	KC8KVO	ACARES
Ft Recovery	442.6750	+	o 107.2ae WX	KB8SCR	KB8SCR
MIAMI					
Piqua	442.1250	+	o 123.0	N8OWV	N8OWV
Piqua	444.7250	+	4267lpr	W8AK	W8AK
Piqua	444.8375	+	o	WF8M	MVRFG
Tipp City	444.5375	+	t	N8RVS	N8RVS
Troy	442.9750	+	(CA)z	WD8CMD	WB8CMD
Troy	443.6375	+	o	KB8MUV	KB8MUV

420-450 MHz
OHIO

Location	Output	Input	Notes	Call	Sponsor
West Milton	444.5625	+	●	N8EIO	N8EIO
MONTGOMERY					
Clayton	442.1750	+	●te	N8PS	N8PS
Dayton	442.0000	+	●	WB8HSV	WB8HSV
Dayton	442.1000	+	●	W8BI	DARA
Dayton	442.7500	+	● 77.0	W6CDR	W6CDR
Dayton	443.6000	+	●e	KB8CSL	KB8GDE
Dayton	443.7250	+	●	WB8YXD	WB8YXD
Dayton	443.7500	+	● 123.0	W8AK	W8AK
Dayton	443.7750	+	● 4267lpr	WF8M	MVRFG
Dayton	444.0500	+	● 103.5l	KA8PGJ	NationalC
Dayton	444.2125	+	● 123.0e	KD8SMP	M V HOSP
Dayton	444.2500	+	● 123.0e	K8MCA	MVUS
Dayton	444.7625	+	77.0 (CA)e	W8NCI	KI8FT
Englewood	443.5000	+	● 103.5	KB8ZR	3Z
Englewood	444.6000	+	●	KC8QGP	K7DN
Fairborn	444.3125	+	●(CA)l	KI6SZ	KI6SZ
Huber Heights	442.9250	+	● 4523lpr RB	W8AK	W8AK
Huber Heights	442.9500	+	● 118.8l	NO8I	HHARC
Huber Hts	443.3375	+	●	KD8IVF	KD8IVF
Kettering	444.6625	+	● 123.0 (CA)	W8GUC	W8GUC
Miamisburg	442.3000	+	● 4235 (CA)lpr	WB8VSU	KX8O
Miamisburg	442.4500	+	123	NV8E	NV8E
Miamisburg	443.2250	+	77.0 (CA)e	WC8OH	WCOARA
Miamisburg	444.7000	+	●(CA)el	N8BYT	N8BYT
Trotwood	443.9250	+	●(CA)	W8ZOL	W8ZOL
Trotwood	443.9750	+	●	W8PB	W8PB
Union	442.8500	+	● 118.8a	WA8ZWJ	Union RC
W Carrollton	443.8500	+	●	N8ZS	N8ZS
W Carrollton	444.5000	+	●aelz	K8ZQ	WCARG
W Carrollton	444.7875	+	●	N8ZS	N8ZS
MUSKINGUM					
Roseville	442.1750	+	● 91.5	N8ROA	TRI CO RC
Zanesville	442.2500	+	● 91.5e	KB8ZMI	KB8ZMI
Zanesville	444.9500	+	● 91.5aex	W8TJT	W8TJT
OTTAWA					
Oak Harbor	442.2500	+	●e	K8VXH	OttawaARC
Oak Harbor	444.2500	+	●IRB WX	KI8CY	KI8CY
Oak Harbor	443.8500	+	eWX	WB8JLT	WB8JLT
PICKAWAY					
Circleville	442.7000	+	●	KD8HIJ	KC8ITN
PIKE					
Elm Grove	442.3500	+	●	KC8BBU	KC8BBU
Lucasville	443.2000	+	114.8p	KB8SDC	KB8SDC
PORTAGE					
Kent	442.0250	+	131.8	N8ZPS	N8ZPS
Kent	444.3000	+	131.8	N8BHU	N8BHU

420-450 MHz
OHIO

Location	Output	Input	Notes	Call	Sponsor
Ravenna	442.8750	+	o	KB8ZHP	PortageRC
PREBLE					
Eaton	442.9000	+	173.8	KB8RQD	KB8RQD
Eaton	444.0250	+	4106elpr	W8VFR	W8VFR
Eaton	444.9125	+		N8ZRD	N8ZRD
Eaton	444.9375	+	o 4106elpr	W8VFR	W8VFR
PUTNAM					
Miller City	443.5625	+	o 107.2	NO8C	NO8C
Ottawa	442.7000	+	o	N8PCO	N8PCO
Ottawa	443.8875	+	o 107.2e	N8PFM	N8PFM
RICHLAND					
Lexington	443.2250	+	o 146.242 TT	KD8KEK	MASER
Mansfield	443.0750	+	o 151.4a (CA)elrWXxz	KA8VDW	SREL
Mansfield	443.1000	+	o 71.9	AL7OP	AL7OP
Mansfield	444.0250	+	o 71.9	W8NW	W8NW
Mansfield	444.7000	+	o 146.2	N8DPW	ICARC
ROSS					
Bainbridge	443.6250	+	o	KD8FJH	SE OH.NET
Chillicothe	444.4250	+	o	W8BAP	SciotoARC
Londonderry	444.3500	+	o	KD8EAD	KD8EAD
SANDUSKY					
Bellevue	442.6250	+	o 110.9ael rWX	NF8E	ClydeARS
Fremont	443.0000	+	o 107.2e	N8FIS	N8FIS
Fremont	443.4500	+	o	KC8EPF	KC8EPF
Gibsonburg	443.1875	+	107.2	KC8RCI	WD8NFQ
Gibsonburg	444.7625	+	o 103.5el WX	K8KXA	K8KXA
SCIOTO					
McDermott	443.3250	+	a	KB8RBT	KB8RBT
SENECA					
Attica	443.6750	+	oeRB	NØCZV	NØCZV
Republic	444.4375	+	o 107.2	KC8RCI	WD8NFQ
Tiffin	443.8000	+	o 107.2	K8EMR	K8EMR
Tiffin	444.8250	+	o 188650a el	W8MTD	CTS
SHELBY					
Anna	442.3500	+	otel	KC8CFI	Honda-Ame
Ft Loramie	444.9625	+	o	KC8OIG	KC8OIG
Sidney	442.4750	+	oe	W8JSG	W8JSG
Sidney	443.2000	+	156.7ael WXz	AA8OF	SCARES
Sidney	443.9000	+	o 156.7	N8YFM	YFMRC
Sidney	444.8875	+	o 107.2	N6JSX	N6JSX
STARK					
Alliance	442.3500	+	oaez	W8LKY	AARC
Canton	442.0750	+	o 131.8	N8GNO	N8GNO
Canton	442.3000	+	o 131.8lx	WØOZZ	WØOZZ

420-450 MHz
OHIO

Location	Output	Input	Notes	Call	Sponsor
Canton	443.3750	+	●ae	KB8LWP	KB8LWP
Canton	443.8500	+	●e	W8TUY	WD8PTW
Canton	444.5750	+	● 131.8a	N8EOO	KC8GL
Massillon	442.8500	+	● 131.8ae W8NP z		MARC
Massillon	443.6750	+	● 131.8ae WA8GXM RBz		WA8GXM
North Canton	443.9750	+	●(CA)e	WB8AVD	WB8AVD
Uniontown	442.0000	+	●t	WB8OVQ	WB8OVQ
Waynesburg	442.2000	+	●	KC8ONY	K8SFD
SUMMIT					
Akron	442.6000	+	●	WD8MDF	WD8MDF
Akron	442.7000	+	●ael	K8JK	K8JK
Akron	443.1125	+	(CA)	W8UPD	U/AkrnRC
Akron	443.5875	+	●	KD8YCF	AB8SX
Akron	444.2000	+	● 131.8 TT elRBxz	WA8DBW	WA8DBW
Akron	444.4875	+	a	KC8MXW	KC8MXW
Akron	444.5125	+	●	WB8AVD	WB8AVD
Akron	444.5500	+	●arwx	W8ODJ	N8NOQ
Cuyahoga Fls	444.8500	+		K8EIW	K8EIW
CuyahogaFalls	443.7875	+	t	W8DFA	W8DFA
Fairlawn	443.7500	+	●aeWxz ● 131.8	N8NOQ	N8NOQ
Hudson	443.4750	+	●t(CA)z	KD8DFL	WRARG
Macedonia	443.5500	+	● 131.8	K8ICV	NERTNORTH
Macedonia	444.0000	+	● 131.8	WR8ABC	LEARA
Norton	442.5750	+		W8MBF	AmishNERT
Norton	444.0000	+	●	WD8KNL	WD8KNL
Richfield	442.5500	+	●	N8CPI	N8CPI
Richfield	443.9250	+	● 131.8e	KA8JOY	KA8JOY
Stow	442.4250	+	● 131.8	AF1K	AF1K
TRUMBULL					
Cortland	443.8750	+	●	WA8ILI	WA8ILI
Cortland	444.8375	+	●	WA8ILI	WA8ILI
Fowler	443.5750	+	●el	WD8PVC	WD8PVC
Girard	443.1000	+	●	W8IZC	W8IZC
Warren	442.8250	+	131.8aer WX	N8NVI	N8NVI
Warren	443.0000	+	●(CA)e	W8VTD	WarrenARA
Warren	443.7250	+	● 131.8	N8DOD	N8DOD
TUSCARAWAS					
Uhrichsville	443.5000	+	●	K8CQA	K8CQA
UNION					
Jerome	444.1250	+	192.8	N8IJV	W8RW
VAN WERT					
Delphos	443.1500	+	● 107.2	KB8UDX	KB8UDX
Van Wert	442.0250	+	● 156.7	N8IHP	N8IHP
Van Wert	444.8500	+	136.5	W8FY	VWARC
VINTON					
McArthur	442.5250	+	●t(CA)l	KB8TNN	KB8TNN

420-450 MHz
OHIO-OKLAHOMA

Location	Output	Input	Notes	Call	Sponsor
WARREN					
Franklin	442.4250	+	○ 77.0a (CA)e	WE8N	BEARS
Franklin	443.1500	+	○ 118.8 (CA)r	WB8ZVL	WB8ZVL
Lebanon	444.1875	+	○ar	WC8EMA	WCARES
Loveland	443.8000	+	●a	WB8BFS	WB8BFS
Mason	442.2750	+	○ 110.9l	W8ESS	E.S.S.
Mason	444.1500	+	○	WB8WFG	WB8WFG
Mason	444.9500	+	○ 131.8ae	W8SAI	W8SAI
Morrow	444.6250	+	○ 123.0	N8GCI	N8GCI
WASHINGTON					
Constitution	444.1000	+	te	N8ILO	N8ILO
Marietta	442.6000	+	taRB	W8JL	KC8GF
Marietta	442.9000	+	●alp	W8JL	W8JL
Marietta	443.0500	+	○ 186.2el RB	W8JTW	W8JTW
Marietta	443.4000	+	91.5al	W8HH	M.A.R.C.
Marietta	444.0000	+	○l	WD8BRZ	WD8BRZ
Marietta	444.9250	+	○ 146.2	N8MDG	N8MDG
WAYNE					
Doylestown	442.2750	+	○ 110.9el	W8WKY	SlvrckARA
Rittman	442.3750	+	●	N8CD	SARTECH
Wooster	443.1750	+	○(CA)	W8WOO	WARC
Wooster	443.4000	+	○	K8WAY	K8WAY
Wooster	444.2500	+	○ 131.8e	WB8VPG	WAYNE ARG
WILLIAMS					
Bryan	444.4000	+	○ 107.2	N8VO	N8VO
WOOD					
Bowling Green	442.1250	+	○ 67.0	K8TIH	WoodCoARC
Bowling Green	443.5125	+	○ 103.5	KD8BTI	WCARES
Bowling Green	444.4750	+	○ 67.0ae	K8TIH	WCARC
Perrysburg	445.5125	+	○	W8ODR	W8ODR
Perrysburg	444.6500	+	○a	KB8YVY	KA8WPC
OKLAHOMA					
ADA					
Ada	443.8000	+	○ 114.8/114.8	WB5NBA	Ada ARC
ANTLERS					
Antlers	444.2000	+	○ 88.5/88.5 E-SUNx	KD5DAR	KD5DAR
BETHANY					
Bethany	444.0500	+	○ 192.8/192.8	WA5CZN	Bojive RN
BRIDGE CREEK					
Bridge Creek	445.4700	445.4700	●t	WA7WNM	KS5B
CAVANAL MTN					
Cavanal Mtn	444.5000	+	○ 88.5/88.5 E-SUNSLITZx	W5ANR	FSAARC

OKLAHOMA 420-450 MHz

Location	Output	Input	Notes	Call	Sponsor
DEL CITY					
Del City	443.3000	+	O 162.2/162.2	W5DEL	Del City A
DUNCAN					
Duncan	444.8250	+	O 118.8/118.8 E-SUN	WD5IYF	CTARC
EDMOND					
Edmond	443.1500	+	O 179.9/179.9	KC5GEP	KC5GEP
Edmond	443.4250	+	O 88.5/88.5	K5EOK	EARS
ENID					
Enid	443.0000	+	Ot	WD5GUG	WD5GUG
Enid	443.2000	+	Ot	WD5GUG	WD5GUG
Enid	444.8250	+	Ot	N5LWT	N5LWT
LAVERNE					
Seiling	444.9250	+	O 103.5/103.5 E-SUNsLITZx	W5OKT	TSARG
LAWTON					
Lawton	443.8500	+	Ot	W5KS	LFSARC
Lawton	444.9000	+	O 118.8/118.8 E-SUN	K5VHF	K5VHF
LAWTON/ALTUS					
Altus	442.0500	+	O 100/100 E-SUN	WX5ASA	Altus Skyw
Headrick	444.1000	+	Ot	WD5BBN	------------
Hollis	442.0250	+	O 100/100	WX5ASA	Altysa Sky
Lawton	443.6000	+	O 123/123	N5PLV	N5PLV
Medicine Park	442.1750	+	O 123/123	AF5Q	WJ5G
Medicine Park	444.0750	+	O 123/123 E-SUN	WX5LAW	LIRA
NE					
Ponca City	444.7500	+	O	K5BOX	K5BOX
NEWCASTLE					
Newcastle	444.6750	+	O 141.3/141.3 E-SUN	KB5LSB	KB5LSB
NORMAN					
Norman	444.3500	+	O 141.3/141.3 E-SUN	N5KUK	N5KUK
NORTHEAST					
Bartlesville	442.1750	+	O 88.5/88.5	W5RAB	W5RAB
Bartlesville	443.1250	+	O 88.5/88.5	KB5KZS	KB5KZS
Bartlesville	444.4250	+	O 88.5/88.5 LITZx	W5IAS	TARC
Bartlesville	444.7750	+	O 88.5/88.5 E-SUNsLITZx	W5NS	BARC
Blackwell	444.9500	+	OE-SUN	KD5MTT	Oidar
Hichita	444.6000	+	O 88.5/88.5	W5IAS	Tulsa ARC
Ketchum	444.2750	+	O 88.5/88.5 sx	W5IAS	TARC/W5RAB
Ketchum	444.8750	+	O 88.5/88.5	W5RAB	W5RAB

600 420-450 MHz
OKLAHOMA

Location	Output	Input	Notes	Call	Sponsor
Miami	442.6500	+	O	KF5UDY	WA5FLV
Muskogee	443.1000	+	O 88.5/88.5 L(443.850)sWXx	W5IAS	WA5VMS/TARC
Okmulgee	444.8250	+	Ot E-SUN	W5KO	W5KO
Pawhuska	444.9750	+	O 167.9/167.9	W5RAB	W5RAB
Ponca City	444.6000	+	O 167.9/167.9	W5RAB	270 GROUP
Preston	444.1750	+	O 88.5/88.5	KD5FMU	------------
Pryor	444.6750	+	O 88.5/88.5 E-SUN	WB5Y	WB5Y
Skiatook	444.7250	+	Ot	WA5LVT	TRO inc
Stillwater	442.6000	+	O 103.5/103.5	K5FVL	K5FVL
Stillwater	443.8750	+	Ot E-SUN	W5YJ	OSU ARC
Stillwater	444.4750	+	O 100/100 E-SUN	K5FVL	K5FVL
Stillwater	444.5250	+	O 88.5/88.5 E-SUNx	K5FVL	K5FVL/TARC
Stillwater	444.9000	+	O 141.3/141.3 E-SUNx	K5FVL	K5FVL
Tahlequah	442.2250	+	O 88.5/88.5	N5ROX	Emerg Net/
Vinita	444.3750	+	O 88.5/88.5 E-SUN	KC5VVT	NORA

NORTHWEST

Location	Output	Input	Notes	Call	Sponsor
Alva	443.4500	+	O 103.5/103.5x	KC0GEV	GSPARC
Alva	444.9000	+	O 103.5/103.5x	W5ALZ	GSPARC
Blanchard	444.6250	+	O 127.3/127.3 E-SUN	W5LHG	------------
Buffalo	442.0750	+	O 131.8/131.8 E-SUN E-WINDx	W5HFZ	GBARG
Camp Houston	442.0500	+	O 131.8/131.8 E-SUN E-WINDsx	W5HFZ	GBARG
Enid	444.0000	+	Ot	WA5QYE	Enid ARC
Fairview	444.7250	+	Ot	N5RHO	N5RHO
Guymon	444.9750	+	O 88.5/88.5 E-SUNx	N5DFQ	DBARC
Kingfisher	444.9750	+	Ot E-SUN	W5GLD	W5GLD
Lindsay	444.8750	+	O 131.8/131.8	N5RAK	KE5KK
Mooreland	444.6750	+	O 103.5/103.5 E-SUNsx	K5GUD	TSARG
Perry	442.9250	+	O 141.3/141.3 E-SUN	KL7MA	NCRG
Pond Creek	442.3000	+	O 141.3/141.3 E-SUN	KW5FAA	MMACARC/SW
Seiling	442.3000	+	O 162.2/162.2 DCS(712) E-SUN LITZ	K5GSM	K5GSM

OKLAHOMA

Location	Output	Input	Notes	Call	Sponsor
Seward	442.0750	+	O	KA5LSU	KA5LSU
Vici	444.9500	+	O 88.5/88.5	N5WO	WX Watch
Woodward	442.2000	+	O 88.5/88.5	N5DFQ	DBARC
Woodward	444.8750	+	O 103.5/103.5 E-SUNsx	K5GUD	TSARG

OKLAHOMA CITY

Location	Output	Input	Notes	Call	Sponsor
Oklahoma City	442.5000	+	O 203.5/203.5e	N5KNU	N5KNU
Oklahoma City	442.5750	+	O 131.8/131.8	AD5RM	AD5RM
Oklahoma City	442.6250	+	O 146.2/146.2 EXP	WD5AII	EARC
Oklahoma City	442.7000	+	O 141.3/141.3	W5PAA	MMACARC
Oklahoma City	443.0500	+	O 100/100	W5RLW	W5RLW
Oklahoma City	443.1000	+	O /100	WN5J	WN5J
Oklahoma City	444.1000	+	O 141.3/141.3 E-SUN	W5PAA	MMACARC
Oklahoma City	444.2000	+	O 167.9/167.9 E-SUN	WD5AII	Edmond ARC
Oklahoma City	444.3000	+	O 141.3/141.3 E-SUN	W5MEL	OCAPA

OKLAHOMA CITY METRO

Location	Output	Input	Notes	Call	Sponsor
Bethany	442.8500	+	O 103.5/103.5 E-SUN	N6USR	N5USR
Edmond	442.2250	+	O 131.8/131.8 E-SUN	K5CPT	L & M Radi
Elreno	442.2500	+	O 141.3/141.3	K5OL	K5OL
Elreno	444.2500	+	Ot	W5ELR	ERARC
Guthrie	443.2500	+	O 88.5/88.5 x	W5IAS	Tulsa ARC
Mid-West City	444.0000	+	O 151.4/151.4	W5MWC	Mid-Del AR
Norman	442.1250	+	O 107.2/107.2	WA5LKS	WA5LKS
Norman	443.7000	+	O 141.3/141.3	W5NOR	SCARS
Oklahoma City	442.1500	+	O 141.3/141.3	KE5IOB	KOKH FOX
Oklahoma City	442.7750	+	O 141.3/141.3 E-SUN	KK5FM	------------
Oklahoma City	443.8750	+	O 162.2/162.2	AD5RM	AD5RM
Oklahoma City	444.2250	+	O 141.3/141.3 E-SUN LITZ	WX5OKC	ODCEM
Oklahoma City	444.6750	+	O	KB5LSB	KB5LSB
Seward	444.7750	+	O 141.3/141.3 E-SUN	KK5FM	KK5FM
The Village	443.4000	+	O 141.3/141.3	KB5QND	KB5QND

602 420-450 MHz
OKLAHOMA

Location	Output	Input	Notes	Call	Sponsor
PONCA CITY					
Ponca City	444.7000	+	O L(443.850)sWX	W5HZZ	KAY COUNTY
SOUTHEAST					
Antlers	444.9250	+	O 114.8/114.8 E-SUN	KI5KC	KI5KC
Clarita	442.0250	+	O 114.8/114.8	KF5IUL	------------
Daisy	442.4000	+	O 88.5/88.5	W5CUQ	PCARC/TARC
Durant	444.1250	+	O 114.8/114.8	AB5CC	AB5CC
Enterprise	442.1000	+	O 123/123 E-SUN	KA5HET	KA5Het
Enterprise	444.6250	+	O 88.5/88.5	W5CUQ	PCARC/TARC
Kingston	443.4500	449.4500	O 127.3/127.3	N4SME	NTXRA
McAlester	444.9750	+	O 88.5/88.5 x	W5CUQ	PCARC/TARC
Mt Cavanal	442.2500	+	O 88.5/88.5	W5IAS	Tulsa ARC
Nashoba	442.9000	+	O 114.8/114.8 E-SUN E-WIND	KM5VK	KM5VK
Pocola	444.0250	+	O	KB5SWA	KB5SWA
Poteau	444.5500	+	● 136.5/136.5 E-SUNsx	K6CKS	Leflore Ct
Purcell	444.5500	+	O 141.3/141.3	W5IF	W5IF
Seminole	444.8000	+	O 107.2/107.2	WJ5F	WJ5F
SOUTHWEST					
Arbuckle Mtns	443.0750	+	●tE-SUNsx	WG5B	WG5B
Ardmore	444.0750	+	OE-SUNx	KE5BAL	KE5BAL
Blanchard	442.0000	+	O 141.3/141.3	WØDXA	WØDXA
Cement	444.4000	+	O 141.3/141.3 E-SUN	KW5FAA	MMACARC/SW
Cement	444.4500	+	O 123/123 E-SUN	WX5LAW	LIRA
Cyrill	442.2750	+	O 123/123 E-SUN	KB5LLI	SWIRA
Davis	443.0000	+	O 100/100	KC5LBP	KC5LBP
Grandfield	442.2000	+	O 123/123	WX5LAW	LIRA
Granite	442.0750	+	O 141.3/141.3 E-SUN	K5XTL	k5XTL
Granite	444.6500	+	O 100/100	WX5ASA	Altus Skyw
Headrick	443.3000	+	O 123/123	WX5LAW	LIRA
Lawton	444.6000	+	O 123/123	N5PLV	N5PLV
Lawton	444.7000	+	Ot	KD5IAE	SWAN
Oklahoma City	444.8500	+	O 141.3/141.3 E-SUN	KW5FAA	MMACARC/SW

420-450 MHz
OKLAHOMA-OREGON

Location	Output	Input	Notes	Call	Sponsor
TULSA METRO					
Broken Arrow	444.0000	+	O tE-SUN	W5DRZ	BAARC
Broken Arrow	444.5750	+	O	KC5JKU	KC5JKU 8 K
Claremore	442.0750	+	O 88.5/88.5 E-SUN	WB5Y	WB5Y
Claremore	444.3500	+	O E-SUN	KC5ARC	RCWA
Jenks	442.0500	+	O 88.5/88.5	NO5R	NO5R
Mannford	442.0000	+	O 88.5/88.5 x	W5IAS	Tulsa ARC
Owasso	444.3000	+	O 100.0/100.0	K5LAD	K5LAD
Tulsa	443.8500	+	O 88.5/88.5 E-SUNrsx	W5IAS	TARC
Tulsa	444.1000	+	O 88.5/88.5 E-SUN	WA5LVT	TROinc
Tulsa	444.9500	+	O 88.5/88.5 E-SUNr	WA5LVT	TRO inc
OREGON					
CENTRAL EAST OREGON					
Bend	444.2500	+	O 103.5e	W7JVO	----------
Bend	444.4500	+	O tael	KC7DMF	----------
Bend	444.7500	+	O 156.7e	W7JVO	----------
Chemult	444.9250	+	O 100e	WA7TYD	WA7TYD
CENTRAL WILLAMETTE VALLEY					
Albany	444.9750	+	O 100	KD6VLR	KD6VLR
Coburg	444.8250	+	O te	K7TVL	K7TVL
Corvallis	434.9100	+	Oe EXP	KF7LDG	NH6Z
Corvallis	440.4250	+	O 100e	K7TVL	K7TVL
Corvallis	442.3000	+	O 162.2e	N8GFO	BCARES
Eagle Crest	442.5000	+	O 100e	KE7DLA	KE7DLA
Eagle Crest	442.5000	+	O 100e	KE7DLA	KE7DLA
Eugene	441.1250	+		K7QT	K7QT
Myrtle Creek	444.1500	+	O 186.2e	KC7UAV	WA6KHG
Newberg	444.1250	+	O 100	K7RPT	ARRG
Oakridge	441.6750	+	O 100ael	K7UND	K7UND
Roseburg	440.6250	+	O 114.8e	WA7JAW	WA7JAW
Salem	440.0750	+	O el	N7PIR	N7PIR
Salem	440.2750	+	O TT	AC7RF	AC7RF
Salem	441.3750	+	O 123iIRB WX	AB7F	AB7F
Salem	441.7000	+	O 186.2	KC7NOS	KC7NOS
Salem	443.1750	+	O 88.5e	AD7ET	AD7ET
Salem	443.4500	+	Oe	KC7CFS	KC7CFS
Salem	444.9500	+	O 100els	K7LWV	WA7ABU
Silverton	444.2500	444.9500	O 100e	W7SAA	W7SAA
Sisters	441.6250	+	O 100el	K7UND	K7UND
CENTRAL-EAST					
Bend	442.1250	+	O 123el	K7UND	K7UND
Bend	443.0500	+	O 162.2es	KB7LNR	KB7LNR
Bend	443.6500	+	O 162.2e	KB7LNR	KB7LNR

420-450 MHz
OREGON

Location	Output	Input	Notes	Call	Sponsor
COAST - CENTRAL					
Florence	442.5750	+	O 100el	W7FLO	OCERI
Hebo	440.9000	+	O 118.8elr sWX	W7GC	OCRG
Lincoln City	442.6000	+	O 100e	N7HQR	OCRG
Newport	444.7500	+	O 118.8elr sWX	W7CG	OCRG
Waldport	444.4750	+	O 103.5e	W7VTW	LCES
COAST - NORTH					
Hebo	441.3000	+		KD7YPY	KD7YPY
Manzanita	440.1750	+	O 100e	KD7YPY	KD7YPY
Tillamook	440.5250	+	O 100e	KD7YPY	KD7YPY
Tillamook	442.9750	+	O 100aep	N7IS	N7IS
COAST - SOUTH					
Coos Bay	440.8000	+	O 103.5e	WA7JAW	WA7JAW
Coos Bay	442.0750	+	O 77ael	W7EXH	W7EXH
Port Orford	440.7250	+	O 114.8e	KD7IOP	WA7JAW
COLUMBIA RIVER GORGE					
The Dalles	444.7000	+	O 100e	KF7LN	KF7LN
LOWER COLUMBIA					
Saint Helens	444.6250	+	O 107.2el	N7EI	------------
NORTH CENTRAL					
Corvalis	441.9750	+	O 100e	W7CQZ	W7CQZ
NORTH CENTRAL OREGON					
Government Camp	443.8750	+	O 103.5el	N7PIR	N7PIR
Prineville	444.1750	+	Otelx	N7PIR	N7PIR
NORTH EAST					
Joseph	444.7800	+	OtE-SUNl	KB7DZR	------------
Weston	444.6500	+	OE-SUN	N7DWC	N7DWC
NORTH EAST OREGON					
Hermiston	443.7500	+	O	AI7HO	HARC
Huntington	444.1500	+	O 100ael	K7OJI	TVRA
NORTH WEST OREGON AND SOUTH WEST WASHINGTON					
Aloha	442.5250	+	O 107.2el	KA7OSM	WORC
Astoria	440.8250	+	O 118.8e	N7HQR	W7GC
Astoria	444.5000	+	O 118.8e	K7GA	K7GA PARC
Colton	440.2500	+	Oe	W7OTV	------------
Colton	442.9250	+	O 107.2ael sWX	WB7DZG	WORC
Deer Island	441.9250	+	O 114.8e	N7EI	N7EI
Newberg	443.4250	+	O 107.2el	KR7IS	WORC
Portland	440.2000	+	O 100e	N7BAR	N7BAR
Portland	440.4500	+	O 103.5el	N7PIR	K7QDX
Portland	443.0500	+	O 123e	WA7BND	WA7BND
Portland	443.1500	+	O 107.2ael sWX	KJ7IY	WORC
Sandy	442.4250	+	O 100e	KE7AWR	------------
Sandy	442.8750	+	O 107.2ael sWX	KJ7IY	WORC

420-450 MHz
OREGON

Location	Output	Input	Notes	Call	Sponsor
Sherwood	442.2750	+	O 146.2ael rsWX	KJ7IY	WORC
Timber	441.8250	+	O 107.2ael sWX	KJ7IY	WORC
NORTH WILLAMETTE VALLEY					
Canby	442.9000	+	O 123e	WB7QAZ	WB7QAZ
Cottage Grove	441.6500	+	O 100el	K7THO	K7THO
Estacada	440.8500	+	O 107.2l	KD7DEG	KD7DEG
Forest Grove	442.3250	+	O 100ae	K7RPT	ARRG
McMinnville	441.7250	+	O 127.3e	W7TRP	W7TRP
McMinnville	441.8000	+	O 100el	W7YAM	YCARES
Newberg	441.8750	+	O 100el	AH6LE	AH6LE
Newberg	442.7250	+	O	N7ASM	PMRA
Newberg	444.3000	+	O 127.3	K7WWG	--------
North Plains	442.4000	+	Oel	KE7DC	WA7ZNZ
NORTHWEST					
Banks	440.8750	+	O 103.5	KC7UQB	KC7UQB
OREGON COAST - NORTH					
Astoria	440.9250	+	O 100e	W7BU	--------
Hebo	441.2500	+	O 118.8e	W7LI	W7LI
Seaside	443.8750	+	O 100e	N7PIR	N7PIR
OREGON COAST - SOUTH					
Coos Bay	443.1250	+	O 146.2e	W7OC	SWORA
Myrtle Point	444.1750	+	O 146.2e	W7OC	SWORA
Myrtle Point	444.5250	+	O 123e	WA7JAW	WA7JAW
PORTLAND METRO					
Aloha	442.0500	+	●	K7WWG	--------
Aloha	443.0250	+	O 146.2	WN7VHF	WN7VHF
Beaverton	444.7500	+	O 123e	WB7CRT	WB7CRT
Beaverton	444.8500	+	O 123e	W7PSV	PSTVHOSP
Boring Oregon	441.9500	+	O 100e	KE7AWR	--------
Cedar Mill	443.7500	+	O 100e	K7RPT	K7RPT
Gresham	442.6250	+	O	WB7SKD	IRRA
Gresham	444.3750	+	●	K7KL	--------
Hillsboro	443.6500	+	Oel	K7AUO	TERAC
Hillsboro	444.9750	+	O 107.2e	K7CPU	IEARS
Oregon City	440.0500	+	Oe	WB7QFD	--------
Oregon City	442.0750	+	O 103.5e	KD7LNB	OC RACES
Portland	440.3000	+	Oe	KC7MZM	KC7MZM
Portland	440.3500	+	O 127.3az	KB7OYI	KB7OYI
Portland	440.4000	+	O 123elx	W7RAT	--------
Portland	440.6500	+	O 100l	N7FWL	--------
Portland	440.6750	+	O 136.5	WB2QHS	WB2QHS
Portland	440.8250	+	O 107.2e	KF7JJN	K7LHS
Portland	442.0250	+	O 100aez	N7NLL	N7NLL
Portland	442.2250	+	O 100aex	K7RPT	ARRG
Portland	442.7000	+	O 100ae	K7LTA	K7LTA
Portland	442.8000	+	O 123e	W7EXH	W7EXH
Portland	443.2250	+	O 107.2e	W7PMC	W7PMC
Portland	443.4750	+	O 167.9e	WB7QIW	HARC

420-450 MHz
OREGON

Location	Output	Input	Notes	Call	Sponsor
Portland	443.6250	+	O	W7DTV	DIGITAL TV
Portland	443.8500	+	O 107.2e	KB7OYI	KB7OYI
Portland	444.5750	+	O 167.9	KG0D	KG0D
Sandy	443.2500	+	Oel	W7RY	W7RY
Scholls	442.1500	+	O	KB7PSM	IRRA
Sherwood	442.6750	+	O 100e	AH6LE	AH6LE
Tigard	440.1000	+	O 162.2e	K7ICY	K7ICY
Tigard	442.5750	+	Ote	KK7TJ	KK7TJ
Timberline	444.2250	+	O 100el	K7RPT	ARRG
West Linn	441.6500	+	O 107.2e	WA7DRO	WA7DRO
West Linn	443.0500	+	O 123e	WA7BND	WA7BND
West Linn	444.1750	+	O 123e	WA7BND	WA7BND
SOUTH CENTRAL					
Ashland	442.3000	+	O 123el	K7VTL	K7TVL
Cave Junction	442.8250	+	O 203.5e	K7TVL	K7TVL
Central Point	443.1500	+	O 136.5e	KL7VK	KL7VK
Keno	440.6750	+	O 173.8el	K7TVL	K7TVL
Rogue River	440.8500	+	O 100e	K7TVL	K7TVL
Wolf Creek	444.5000	+	O 173.8e	K7TVL	K7TVL
SOUTH CENTRAL OREGON					
Keno	442.5250	+	esRBx	KD7TNG	----------
Klamath Falls	443.4500	+	O 100e	K7LZR	K7LZR
Klamath Falls	443.9000	+	Oaelz	KE7CSD	----------
SOUTH EAST					
Applegate	444.9750	447.9750	O 100e	K7TVL	K7TVL
Gilbert Peak	444.5500	+	O 173.8e	K7TVL	K7TVL
Phoenix	444.7500	+	O 100e	K7TVL	K7TVL
SOUTH WEST					
Ashland	440.7000	+	O 162.2es LITZ	WX7MFR	NWSJAWS
Central Point	440.8250	+	O 136.5	WA6RHK	WA6RHK
Central Point	444.1000	+	O 100el	W9PCI	W9PCI
Crescent CA	443.3750	+	O 100el	K7TVL	K7TVL
Grants Pass	440.5500	+	O 173.8	K7TVL	RVLA
Jacksonville	444.2000	+	O	W9PCI	W9PCI
Jacksonville	444.3000	+	Oael	W9PCI	W9PCI
Rogue River	444.8250	+	O 100e	K7TVL	RVLA
SOUTH WEST OREGON					
Glide	444.6250	+	O 91.5e	WB7RKR	WB7RKR
Glide	444.8750	+	O 127.3e	WB7RKR	WB7RKR
Medford	444.4500	+	O 100e	K7RVM	K7RVM
Roseburg	440.3000	+	O 88.5e	WB6MFV	----------
Roseburg	441.8750	+	O 186.2e	WB6MFV	----------
SOUTH WILLAMETTE VALLEY					
Blue River	442.0750	442.0750	O 100ael	W7EXH	W7EXH
Blue River	443.1000	+	O 100	K7SLA	W7ZQD
Cottage Grove	440.8500	+	O 100e	W7ZQD	----------
Cottage Grove	443.0250	+	O 156.7e	W7ZQD	W7ZQD
Eugene	442.1250	+	O 100e	K7THO	K7THO
Eugene	442.9000	+	Oe	W7EXH	W7EXH

420-450 MHz
OREGON-PENNSYLVANIA

Location	Output	Input	Notes	Call	Sponsor
Eugene	443.2750	+	O 100	W7EXH	W7EXH
Eugene	443.5000	+	O 100e	W7EXH	W7EXH
Eugene	443.8000	+	O 100e	K7RPT	---------
Roseburg	441.8500	+	O 100e	K7TVL	K7TVL
Saginaw	440.1000	+	●	W7EXH	W7EXH
Walton	443.0500	+	O 162.2e	W7SLA	W7ZQD

PENNSYLVANIA
FREQUENCY USAGE - ALL WPA SECTION

Location	Output	Input	Notes	Call	Sponsor
Mobile Repeaters	446.4000	446.4000			CROSS-BAND
Mobile Repeaters	446.4250	446.4250			CROSS-BAND
Mobile Repeaters	446.4500	446.4500			CROSS-BAND
Mobile Repeaters	446.4750	446.4750			CROSS-BAND
Mobile Repeaters	446.5000	446.5000			CROSS-BAND
Mobile Repeaters	446.5250	446.5250			CROSS-BAND
Mobile Repeaters	446.5500	446.5500			CROSS-BAND
Mobile Repeaters	446.5750	446.5750			CROSS-BAND
Mobile Repeaters	446.6000	446.6000			CROSS-BAND
WPA SNP	442.0000	+			SNP
WPA SNP	442.0250	+			SNP

ADAMS

Location	Output	Input	Notes	Call	Sponsor
BigFlatSoMt	443.0500	+	Ot	W3BD	KRAP
Biglerville	443.1000	+	O 103.5 (CA)elr	W3KGN	ACARS

ALTOONA

Location	Output	Input	Notes	Call	Sponsor
Altoona	442.1000	+	O 167.9	NU3T	BKRA
Altoona	444.6000	+	O 123.0ae	W3VO	HARC

BEAVER

Location	Output	Input	Notes	Call	Sponsor
Beaver	442.4500	+	O 131.8ael	KA3IRT	KA3IRT
Beaver Falls	442.9750	+	O 100.0	W3SGJ	B.V.A.R.A.
Fombell	443.6250	+	O 131.8	N3ZJM	---------
Freedom	444.2500	+	O 88.5	N3TN	TAARA

BERKS

Location	Output	Input	Notes	Call	Sponsor
Earlville	443.5500	+	O 131.8e	K3ZMC	PART
Pottstown	442.7500	+	O 141.3e	KI3I	---------
Reading	443.3500	+	O 114.8a	K3TI	DDXA
Reading	449.6250	–	O 114.8el	K3CX	---------
Texter Mt	449.0750	–	O 131.8e	N3SWH	SPARK

BRADFORD

Location	Output	Input	Notes	Call	Sponsor
Sylvania	442.9000	+	O 131.8 (CA)elRB	N3KZ	UPenn ARC
Towanda	444.2500	+	O 151.4e	WA3GGS	---------
Troy	444.0500	+	O 100 (CA) LITZ WX	KB3DOL	---------

BUCKS

Location	Output	Input	Notes	Call	Sponsor
Bensalem	444.2000	+	O 131.8 (CA)elrsRB WX	W3BXW	BEARS
Fairless Hills	447.1250	–	O(CA) DCS lrsRB WX	WA3BXW	BEARS
Hilltown	442.9000	+	O 123e	W3HJ	HighpointRA

420-450 MHz
PENNSYLVANIA

Location	Output	Input	Notes	Call	Sponsor
Plumstead	449.7250	–	O 136.5ers	K3BUX	UpperBucksRC
Plumsteadville	447.9750	–	O 131.8 (CA)e	KB3AJF	------------
Quakertown	443.2000	+	O 114.8 (CA)e	WA3KEY	BLURA
Southampton	448.2250	–	O 131.8rs	W3SK	PWA
Springtown	442.9500	+	O 131.8 (CA)elrsRB WX	W3BXW	BEARS
Warminster	443.9500	+	O 131.8 (CA)ers	K3DN	WARC
West Rockhill	444.7500	+	103.5ers	W3AI	RF Hill ARC

CARBON

Location	Output	Input	Notes	Call	Sponsor
Lake Harmony	442.1000	+	O 131.8 (CA)elRB	N3KZ	UPenn ARC
Nesquehoning	447.6250	–	O 103.5 (CA)	N3REA	------------
Palmerton	449.3750	–	O 100ers	W3EPE	EPAD2
White Bear	449.4750	–	O 103.5a	AA3TL	------------

CENTRAL

Location	Output	Input	Notes	Call	Sponsor
Pennfield	442.3500	+	O 173.8er	N3RZL	ElkOES
Philipsburg	444.7500	+	O 173.8e	W3PHB	PARA
Punxsutawney	442.4750	+	O 173.8elr	N3GPM	JCEMARS
Ridgway	442.2000	+	O 173.8	N3RZL	ElkOES
Rossiter	444.5750	+	O 131.8	N3FXN	N3FXN
State College	442.3000	+	O 173.8 (CA)l	N3KZ	WN3A
State College	443.6500	+	O 173.8 (CA)e	K3CR	PSARC
State College	444.7000	+	O 114.8	N3EB	N3EB

CHESTER

Location	Output	Input	Notes	Call	Sponsor
Bucktown	446.1750	–	O 100aelrs LITZ WX	W3EOC	CCAR
Cochranville	449.6750	–	O 94.8 (CA) RB	WB3LGG	------------
Honeybrook	447.1250	–	O 131.8 (CA)elrsRB WX	W3BXW	BEARS
New London	448.9750	–	O 107.2	KB3DRX	------------
Oxford	448.8750	–	O 100aelrs WX	W3EOC	CCAR
Paoli	445.6750	–	O 131.8 (CA)el	WB3JOE	MARC
Thorndale	447.0750	–	O 123 (CA) LITZ	AA3VI	------------
Valley Forge	443.8000	+	O 131.8 (CA)elRB	N3KZ	UPenn ARC
Valley Forge	443.9000	+	O	W3PHL	PARA Group
West Chester	446.5250	–	O 100elrs LITZ WX	W3EOC	CCAR

CUMBERLAND

Location	Output	Input	Notes	Call	Sponsor
Harrisburg	442.4500	+	O 131.8 (CA)elRB WX	W3BXW	BEARS

420-450 MHz — PENNSYLVANIA

Location	Output	Input	Notes	Call	Sponsor
Mechanicsburg	443.3000	+	o 67ers	N3TWT	SMRA
Mt Holly Springs	444.3000	+	o 127.3e	KB3HJC	------------
Summerdale	442.2000	+	o 131.8 (CA)lRB	N3KZ	UPenn ARC
DAUPHIN					
Harrisburg	444.4500	+	o 123 (CA)r	W3ND	CPRA Inc
Harrisburg	448.0750	–	o 123er	W3ND	CPRA Inc.
Hershey	449.9250	–	o 123ewX	KA3RMP	------------
DELAWARE					
Darby	444.0500	+	o 131.8 (CA)elrsRB	WB3JOE	MARC
Deepwater	446.9250	–	o 173.8elrsEXP	KA3TWG	Penn-Del
Lawrence Park	447.3750	–	o 100lWX	W3DI	M-N ARC
Newtown Square	442.2500	+	o 131.8 (CA)l	W3DI	M-N ARC
Newtown Square	442.6000	+	o 131.8 (CA)l	WA3NNA	------------
Newtown Square	444.0000	+	e	W3KG	ACARS
ERIE					
Cherry Hill	444.9250	+	o 186.2elx	N8XUA	N8XUA
Corry	444.8000	+	o 186.2ar	W3YXE	RACorry
Erie	444.5000	+	o 186.2	KA3MJN	KA3MJN
Erie	444.8750	+	o 186.2ae	W3ERC	RAE
Meadville	444.0750	+	o 186.2	W3MIE	C.A.R.S.
Union City	443.5000	+	o 186.2	N3UBZ	N3UBZ
JOHNSTOWN					
Carrolltown	443.5250	+	o 107.2l	KC3BGR	W3KKC
Johnstown	442.8250	+	o 110.9l	KC3DES	CCDES
LACKAWANNA					
Scranton	442.5500	+	o 100erwX	N3FCK	------------
Scranton	448.8250	–	o 136.5arWX	N3EVW	------------
LANCASTER					
Cornwall	442.1500	+	o 131.8 (CA)elrsRB WX	W3BXW	BEARS
Cornwall	447.9250	–	o 82.5l	K3LV	LVSRA
Cornwall	449.0250	–	o 162.2	W3AD	LRTS
Ephrata	444.6500	+	o 131.8 (CA)eBl	W3XP	EphrataARS
Holtwood	448.6250	–	o 114.8elRB	N3TPL	------------
Lancaster	446.4750	–	o 94.8elrsEXP WX	N3FYI	RVARG
Lancaster	449.2250	–	o 131.8eLITZ	KA3CNT	R.H.R.A.
Lancaster	449.3250	–	o 173.8ael	KA3CNT	R.H.R. Assoc
Lancaster	449.5750	–	o 114.8e	W3RRR	R.R.R.A.
Manheim	443.2500	+	o 114.8aersWX	K3IR	SPARC Inc.

420-450 MHz
PENNSYLVANIA

Location	Output	Input	Notes	Call	Sponsor
Manheim	449.9750	−	O 114.8aer sWX	K3IR	SPARC Inc.
Quarryville	448.1750	−	O 94.8	N3EIO	KC3LE
LEBANON					
Eagles Peak	442.4000	+	O 131.8 (CA)lRB	N3KZ	UPenn ARC
Grantville	448.2250	−	O 192.8e	AA3RG	A.A.R.G.
Lebanon	447.6750	−	O 82.5ers RB	K3LV	LVSRA
Schaefferstown	448.9250	−	Ote	N3JOZ	------------
LEHIGH					
Allentown	443.3500	+	O 100ersBl LITZ	N3XG	EPA D2
Allentown	443.5000	+	O 156.7 (CA)e	N3HES	------------
Allentown	444.1000	+	O 151.4ers	KA3NRJ	KeystoneRG
Allentown	444.1500	+	O 131.8 (CA)elRB	N3KZ	UPenn ARC
Allentown	448.7750	−	O 131.8e RB	N3MFT	------------
Center Valley	444.3000	+	O 179.9a	W3LR	NLCRA
Coopersburg	443.5900	+	O 154.e	W3LR	------------
Coopersburg	449.2750	−	O 151.4l	W3LR	NLCRA
Ironton	449.8750	−	O 131.8	KA3ZAT	------------
Slatington	447.7250	−	O 131.8 (CA)elrsRB WX	W3BXW	BEARS
LUZERNE					
Berwick	447.9250	−	O 74.4	N3OAP	BARS
Berwick	447.9250	−	O 79.7lRB	WC3H	RF Hill ARC
Dallas	449.2750	−	O 151.4	W3LR	------------
Hazleton	449.4250	−	O 103.5e RB	W3HZL	A.R.A.
Jenkins Twp	443.6000	+	O 82.5	W3LR	------------
Wilkes-Barre	442.2000	+	O 131.8 (CA)lRB	N3KZ	UPenn ARC
Wilkes-Barre	443.4000	+	O 77 (CA)el	WX3N	------------
Wilkes-Barre	449.8250	−	O 82.5elrs WX	WB3FKQ	------------
LYCOMING					
Montoursville	443.5000	+	● 167.9ers WX	KB3DXU	LycCoEMA
Williamsport	443.0500	+	O 167.9 (CA)e	N3SSL	------------
Williamsport	443.2000	+	O 77 (CA)el	WX3N	------------
Williamsport	444.0000	+	O	W3AVK	WestBranch
Williamsport	444.9000	+	O 173.8 (CA)elrsRB LITZ WX	KB3AWQ	------------
MONROE					
Blakeslee	446.5750	−	O 151.4e	KG3I	------------
Camelback Mtn	442.5000	+	O 131.8 (CA)elRB	N3KZ	UPenn ARC

420-450 MHz — PENNSYLVANIA

Location	Output	Input	Notes	Call	Sponsor
Camelback Mtn	444.4500	+	O 131.8 (CA)elrsRB WX	W3BXW	BEARS
Long Pond	448.2750	−	O 131.8 (CA)e	N3BUB	------------
Long Pond	448.4750	−	O 123el LITZ	N3VAE	------------
Pohopoco Mtn	445.3750	−	O 131.8el WX	K4MTP	------------
Ross Twp	446.2250	−	O 131.8el	N3TXG	------------
Wooddale	448.3750	−	O 91.5 (CA) e	N3JNZ	------------
MONTGOMERY					
Eagleville	449.9250	−	O 100	K3CX	------------
Green Lane	449.1250	−	O 88.5elrs WX	AA3E	Montco OEP
Horsham	444.5500	+	O 100	WA3TSW	------------
Meadowbrook	443.1500	+	O 131.8 (CA)elWX	WA3UTI	HRH-ARC
Norristown	448.6750	−	O 131.8 (CA)	N3CB	------------
UpperPotsgrove	445.8250	−	O 156.7ael RB LITZ WX	W3PS	METRO-COMM
NORTH CENTRAL					
Bradford	444.4000	+	O 173.8e	KD3IJ	KD3IJ
Clearfield	444.6250	+	O 173.8	K3EDD	K3EDD
Coudersport	443.3000	+	O 173.8	KB3EAR	KB3EAR
Du Bois	443.8500	+	O 173.8	N3QC	N3QC
Grand Valley	443.8250	+	O 186.2	AJ3T	------------
Kane	443.0250	+	O 173.8	WB3IGM	------------
Ludlow	442.7750	+	O 173.8el	K3EMM	W3KKC
Rockton	443.4750	+	O 173.8	N5NWC	W3KKC
Sigel	443.2750	+	O 173.8e	N3GPM	N3GPM
St Marys	443.6750	+	O 173.8	WA8RZR	------------
NORTH WEST					
Clarion	442.6500	+	O 186.2	KE3EI	KE3EI
Clarion	444.3250	+	O 110.9a	N3HZX	------------
Greenville	443.4250	+	O 131.8	KE3JP	KE3JP
New Bethlehem	444.4250	+	O 186.2	N3TNA	N3TNA
Oil City	444.1250	+	O 186.2e	W3ZIC	FVMKC
Ridgeway	443.8000	+	O 173.8	N3NIA	N3NIA
Tionesta	442.4000	+	O 186.2e	KE3EI	KE3EI
Utica	442.6000	+	O 186.2	KE3JP	KE3JP
Vowinkel	443.6750	+	O 186.2	N3GPM	N3GPM
Waterford	443.9500	+	O 100.0el	KF8YF	KF8YF
NORTHAMPTON					
Bangor	445.21875	−	OelEXP	N2DCE	------------
Bangor	447.2250	−	O 131.8 (CA)elLITZ	N3TXG	------------
Little Offset	448.5250	−	O 131.8e	KA2QEP	------------
Nazareth	443.4500	+	O 127.3	KB3KKZ	------------

420-450 MHz
PENNSYLVANIA

Location	Output	Input	Notes	Call	Sponsor
Northampton	444.9000	+	O 151.4e	W3OK	DLARC
Wind Gap	443.7000	+	O 151.4el	KA3HJW	K3LZ
Wind Gap	447.5750	−	O 131.8 (CA)elrsRB WX	W3BXW	BEARS
PERRY					
Newport	444.5500	+	O 123elWX	W3ND	CPRA Inc.
PHILADELPHIA					
Philadelphia	440.1500	+	O 151.4el	K3CX	------------
Philadelphia	441.7000	+	O 74.4 (CA)l	W3WAN	WAN-RS
Philadelphia	442.4000	+	O 131.8 (CA)lRB	N3KZ	UPenn ARC
Philadelphia	442.5500	+	O 91.5e	W3SBE	SBE Ch. 18
Philadelphia	442.8000	+	O 131.8 (CA)elRB	K3TU	TUARC
Philadelphia	446.8750	−	O 131.8e	KD3WT	OARA
Philadelphia	449.7750	−	O 141.3 RB	WB0CPR	------------
Roxborough	444.8000	+	O 186.2 (CA)el	W3QV	Phil-Mont
PIKE					
Bushkill	449.7750	−	O 156.7 (CA)l	KC2UFO	Skywatchers
Greentown	444.6500	+	O 114.8 (CA)	WA2AHF	------------
Lake Wallenpaupack	442.3500	+	●tl	WA2ZPX	------------
PITTSBURGH					
Apollo	444.9000	+	O 131.8aerxz	N1RS	SARA
Apollo	444.9250	+	O 131.8elr	N1RS	SARA
Bridgeville	442.5000	+	O 131.8 (CA)z	KS3R	SHARC
Canonsburg	443.6500	+	O 131.8el	N3FB	N3FB
Carnegie	444.4500	+	O 103.5e	W3KWH	SCARC
Clinton	443.0000	+	O 131.8 E-WIND	K3KEM	K3KEM
Clinton	444.8500	+	O 131.8 E-WINDl	K3KEM	K3KEM
Coraopolis	444.1500	+	O 131.8alx	KA3IRT	KA3IRT
Irwin	442.2500	+	O 131.8e	W3OC	TRARC
Leechburg	442.8000	+	O 131.8elr	N1RS	SARA
Monroeville	444.0000	+	O 131.8e	K3SYJ	Dot0RG
Mt Lebanon	442.5500	+	O 131.8	N3SH	WA3SH
Murrysville	443.5000	+	O 131.8	W3GKE	W3GKE
N Huntingdon	444.7750	+	O 131.8l	N3FQG	K3CFY
New Kensington	442.8000	+	O 131.8elr	N1RS	SARA
New Kensington	442.8000	29.5800	O 141.3elr	N1RS	SARA
New Kensington	442.8000	29.5800	O 141.3elr	N1RS	SARA
Pittsburgh	443.4000	+	O 131.8	W3SLL	------------
Pittsburgh/Carrick	444.9500	+	O 131.8aelz	W3PGH	GPVHFS

420-450 MHz PENNSYLVANIA

Location	Output	Input	Notes	Call	Sponsor
Pittsburgh Downtown	442.6250	+	O 131.8al	K3DUQ	DUARC
Pittsburgh Hazelwood	443.1000	+	O 131.8	WA3PBD	GtwyFM
Pittsburgh Hazelwood	444.0500	+	O 131.8	KA3IDK	------------
Pittsburgh Homestead	444.1000	+	O 131.8ae x	KB3CNN	GtwyFM
Pittsburgh/N Hills	444.4000	+	O 88.5 (CA)er	W3EXW	NHARC-RPT
Pittsburgh Oakland	443.4500	+	O 100.0 (CA)e	W3YJ	U of Pitt
Pittsburgh Oakland	443.5500	+	O 131.8 (CA)	WA3YOA	NHARC
Pittsburgh Oakland	444.6500	+	O 131.8 (CA)e	W3VC	CMUARC
Pittsburgh/W Mifflin	444.5000	+	O 131.8ae	KA3IDK	KA3IDK
Pittsburgh/W Mifflin	444.5500	+	O 131.8	KA3IDK	------------
SCHUYLKILL					
Pottsville	443.0000	+	O 77 (CA)el	WX3N	------------
Snyders	447.1750	−	O 131.8 (CA)elsRB WX	W3BXW	BEARS
SOMERSET					
Central City	443.5750	+	O 123.0	KE3UC	W3KKC
Jennerstown	444.4750	+	O 123.0r	NJ3T	------------
Meyersdale	442.2000	+	O 131.8 (CA)l	N3KZ	W3KKC
Meyersdale	444.3750	+	O 123.0l	W3KKC	W3KKC
Mt Davis	443.7250	+	O 103.5lrz	WA3P	W3KKC
Seven Springs	443.9250	+	O 123.0lrz	KB9WCX	W3KKC
Somerset	443.2500	+	O 123.0	K3SMT	SCARC
Somerset	443.9500	+	O 88.5 (CA) lrz	N3VFG	W3KKC
Windber	443.1500	+	O 123.0r	N3LZV	------------
SOUTH CENTRAL					
Bedford	444.2000	+	O 123.0	K3NQT	BCARS
Chambersburg	443.7000	+	O 131.8 (CA)elx	N3KZ	UofPA ARC
Huntingdon	442.6000	+	O 123.0	WO3T	WO3T
SOUTH WEST					
Bentleyville	443.8000	+	O 146.2 (CA)e	KA3GIR	MARC
Brentwood	443.6000	+	O 131.8/131.8	KW3LO	AB3PJ
Connellsville	444.8250	+	O 151.4 TTl	N3LGY	SWPDA
Derry	442.2750	+	O 131.8r	KE3PO	KE3PO
E Monongahela	442.4250	+	O 131.8 (CA)	W3CSL	MARC

420-450 MHz
PENNSYLVANIA

Location	Output	Input	Notes	Call	Sponsor
E Monongahela	443.3500	+	O 131.8 (CA)l	W3CDU	MARC
Georgeville	442.8500	+	O 131.8	KB3CNS	KA3SXQ
Hopwood	443.7500	+	O 131.8	W3PIE	UARC
Indiana	444.9750	+	O 110.9	W3BMD	ICARC
Laurel Mtn	442.3750	+	O 131.8 (CA)elx	KA3JSD	KA3JSD
Long Branch	443.1250	+	O 146.2 (CA)e	W3RON	W3RON
Mt Pleasant	444.8750	+	O 131.8 (CA)l	KA3JSD	KA3JSD
New Kensington	444.5250	+	O 131.8	K3MJW	------------
New Stanton	442.5750	+	O 131.8 (CA)	N3HOM	N3HOM
Perryopolis	444.6250	+	O 131.8	K3MI	K3MI
Washington	442.1250	+	O 131.8	W3PLP	W3PLP
Washington	443.3000	+	O 131.8	W3CYO	W3CYO
West Newton	442.7000	+	O 131.8 (CA)elp	N3OVP	N3OVP
SULLIVAN					
Laporte	446.9250	–	O 82.5 (CA) elrsRB LITZ WX	W3NOD	SCDES
Laporte	449.9250	–	O 82.5 (CA) elrsRB LITZ WX	W3NOD	SCDES
SUSQUEHANNA					
Elk Mountain	447.3750	–	O 131.8 (CA)elsLITZ WX	N3HPY	B&B
Elk Mountain	448.7750	–	O 141.3l	N3DUG	------------
TIOGA					
Jackson Summit	443.1000	+	O 127.3 (CA)e	N3FE	
Wellsboro	444.6000	+	O 127.3e	N3FE	------------
Wellsboro	447.3250	–	O 103.5 (CA)eRB	KB3EAR	N.T.R.S.
WARREN					
Grand Valley	443.0500	+	O 186.2	W3GFD	------------
Scandia	444.4750	+	O 186.2elr	W3GFD	W3KKC
Sheffield	442.7000	+	O 186.2el	N3KZ	W3KKC
Warren	442.9250	+	O 186.2	K3EMM	W3KKC
Warren	443.9000	+	O 186.2	N3MWD	N3MWD
Youngsville	442.0750	+	O 186.2	W3GFD	W3KKC
WAYNE					
Waymart	448.8750	–	O 146.2aer sWX	WB3KGD	------------
WEST CENTRAL					
Brookville	444.2750	+	O 173.8elr	N3GPM	JCEMARS
Butler	442.3000	+	O 186.2r	KA3HUK	KA3HUK
Butler	443.3250	+	O 131.8	KV3N	KV3N
Butler	443.9000	+	O 131.8aer	N3LEZ	BCEMA
Cowansville	444.3000	+	O 131.8r	N1RS	SARA

PENNSYLVANIA-PUERTO RICO

Location	Output	Input	Notes	Call	Sponsor
Ford City	443.9750	+	O 131.8	K3TTK	FAWA
Mars	443.7000	+	O 131.8r	K3SAL	K3SAL
N Washington	442.9000	+	O 131.8 (CA)er	K3PGS	MRG
New Bethlehem	442.7250	+	O 186.2	N3TNA	N3TNA
New Castle	444.7250	+	O 131.8 (CA)el	N3ETV	N3ETV
Sandy Lake	443.1750	+	O 186.2	WA3NSM	WA3NSM
Saxonburg	443.2000	+	O 131.8elr	K3PSG	Butler Co
Sharpsville	444.3750	+	O 186.2ael z	KE3JP	KE3JP
Strattanville	444.2250	+	O 186.2ar	N3HZV	N3HZV
Vandergrift	444.3000	+	O 131.8elr	N1RS	SARA
WYOMING					
Forkston	442.0000	+	O 131.8 (CA)elRB	N3KZ	UPenn ARC
YORK					
Hanover	443.5000	+	O 146.2e	KG3S	Shorb
Hellam	443.5000	+	O 146.2el	W3SBA	SRC
Peach Bottom	444.9000	+	O 100ers	W3FJD	YARS
Red Lion	444.2500	+	O 146.2el	W3SBA	SRC
Red Lion	449.4250	–	O 123e	N3NRN	----------
Reesers Summit	446.4250	–	O 123elWX	W3ND	CPRA Inc.
Shrewsbury	449.7250	–	O 123es	K3AE	SoPaCommGp
York	442.0500	+	O 131.8 (CA)el	N3KZ	UPenn ARC
York	447.2750	–	O(CA)e	W3HZU	Keystone
PUERTO RICO					
E					
Ceiba	448.5500	–	O	WP4DE	RODE
Fajardo	448.2500	–	O	NP3H	----------
Fajardo	448.7250	–	O	WP4NGX	----------
Juncos	447.4750	–	O	WP4NGX	----------
Luquillo	447.8250	–	O	KH2RU	----------
Luquillo	447.9000	–	● 100	N2JBM	----------
Luquillo	449.5500	–	O	WP4KER	NV
Luquillo	449.7500	–	O	NP3EF	----------
Patillas	447.1500	–	O 107.2	KP4KGZ	----------
Rio Grande	448.1500	–	● 100	KB9EZX	----------
Rio Grande	448.6750	–	● 100.0	KP4IP	----------
Rio Grande	449.7500	–	O	NP3EF	----------
San Lorenzo	447.5500	–	O 100	WP4LTR	----------
Yabucoa	447.6250	–	● 100	KP4MCR	----------
Yabucoa	447.6750	–	● 100	KP4DDF	----------
Yabucoa	448.3500	–	O	WP4BV	----------
EAST					
Yabucoa	447.4125	–	O 123.0#e	KP4DMR	----------
N					
Aguas Buenas	447.1750	–	● 136.5	WP4YF	----------

420-450 MHz
PUERTO RICO

Location	Output	Input	Notes	Call	Sponsor
Aguas Buenas	447.2250	–	77.0	KP3BR	------------
Aguas Buenas	449.1250	–	o	KP4PQ	PRARL
Arecibo	449.2500	–	o 100	WP4DCB	NV
Bayamón	447.1000	–	o	WP4CIE	------------
Bayamón	447.1250	–		WP4IWJ	------------
Bayamón	447.3500	–	o	KP4DH	------------
Bayamón	448.4500	–	o	KP3CB	------------
Bayamón	449.6000	–	o#	KP4ILG	------------
Bayamón	449.6250	–	o#	WP4KMB	------------
Bayamón	449.6500	–	● 67.0a (CA)	KP4KSL	------------
Bayamon	449.6750	–	o	KP4XC	NV
Corozal	447.5000	–	o 94.8	WP4AIX	------------
Corozal	447.7000	–	● 151.4	KP3I	NV
Corozal	447.9500	–	o	KP4AOB	NV
Corozal	448.2250	–	o	WP4F	------------
Corozal	449.2000	–	o	KP3AV	NV
Guaynabo	447.8500	–	o	KP4GA	------------
Gurabo	448.9000	–	oa	WP4WC	------------
Gurabo	449.0000	–	oe	WP4KAG	------------
Naranjito	449.9250	–	o	WP4FUI	------------
San Juan	449.1750	–	oEXP	NP3A	NV
San Juan	449.9500	–	o	N1TKK	------------
Toa Baja	447.2750	–	● 100	WP3TM	NV
Toa Baja	448.0750	–	oe	WP3ZQ	NV
Utuado	448.6250	–	100#	KP4IP	HOLD
Vega Baja	448.3750	–	o	KP3JD	------------
NORTH					
Carolina	448.1250	444.1250	o	KP4EGM	------------
Corozal	448.4750	–	o	KP3CB	------------
Gurabo	448.9000	–	o	WP4YF	------------
Lares	449.4000	440.4000	o 67.0e	NP4PS	NONE
S					
Adjuntas	448.8250	–	o 127.3	WP4NQR	NV
Barranquitas	447.2500	–	o	KP4LP	NV
Barranquitas	447.6500	–	● 127.3e	WP4YF	------------
Barranquitas	448.7750	–	67	NP3EF	------------
Barranquitas	449.4250	–	oa(CA)	NP4UG	NV
Barranquitas	449.5750	–	● 100.0ae	KP3JD	------------
Cayey	447.2000	–	o 127.3	WP4MXB	------------
Cayey	449.9750	–	o	KP3AB	------------
Jayuya	447.0500	–	●	WP4AZT	------------
Jayuya	447.7250	442.7260	o	WP4CBC	------------
Jayuya	447.8000	–	o#	WP4IT	NV
Jayuya	448.1000	–	o	KP3AB	------------
Jayuya	448.5000	–	o	WP4AZT	------------
Jayuya	448.7000	–	o	KP4QY	NV
Jayuya	449.1000	–	o	KP4GBF	------------
Orocovis	447.3250	–	o 136.5	NP4TX	------------
Orocovis	447.5250	–	o 136.5	KP4FRE	NV

PUERTO RICO-RHODE ISLAND

Location	Output	Input	Notes	Call	Sponsor
Ponce	449.2250	–	a	NP3MQ	NV
Villalba	448.0250	443.0025	O 173.8	WP4NVY	----------
Villalba	448.6000	–	O	KP4IP	----------
SOUTH					
Cayey	447.3750	–	O 127.3e	WP4MXB	NONE
Jayuya	448.9500	–	O 151.4	KP3IV	----------
Jayuya, PR	448.5250	–	O#	KP4IS	NONE
Maricao	449.7750	–	O 127.3/127.3	KP4NIN	----------
Orocovis	448.9250	–	Oe	KP4VY	----------
Orocovis	449.3500	–	O	KP4JLQ	----------
Ponce	447.7750	–	●e	KP4ALA	NV
Ponce	448.1750	–	O	WP3KI	NONE
Ponce	449.1500	–	O 110.9 (CA)	KP4ASD	NV
Salinas	448.8500	–	O	WP4NWR	----------
Salinas	449.3250	–	O 123#	WP4NZE	----------
Utuado	449.2750	–	O 110.9#	KP4ASD	----------
Villalba	448.4000	–	O	KP4QI	FRA
Villalba	449.6375	–	● 123.0#e	WP4JK	----------
W					
Aguada	447.9250	–	O	WP4MJP	----------
Aguada	448.5750	–	● 100.0	KP4IP	----------
Aguadilla	447.4250	–	O	WP4KZN	----------
Aguadilla	447.9750	–	O	WP4IR	CDXC
Isabela	447.4000	–	Oe	WP4MMR	----------
Maricao	448.6500	–	O	KP4IP	----------
Maricao	449.9750	–	O	KP3AB	----------
Sabana Grande	449.8500	–	O	WP4MJP	----------
San German	448.3250	–	O 100	WP4GAV	----------
San Sebastian	448.2000	–	O	WP4KJI	----------
San Sebastian	449.4500	–	O	WP4HVS	PepinoRG
WEST					
Moca	447.6375	–	O 88.5	KP4JED	----------
X					
Temp/Emerg	447.0000	–	O	EMERG.	PR/VI
Temp/Emerg	448.0000	–		EMERG.	PR/VI

RHODE ISLAND
FREQUENCY USAGE

Location	Output	Input	Notes	Call	Sponsor
Statewide	441.4500	+	OpEXP	SNP	
EAST BAY					
Bristol	443.1500	+	O 94.8	K1CW	K1CW
Middletown	448.5250	–	O 67.0	N1GTR	N1GTR
Newport	448.3250	–	O 67.0e L(QRN)	KC2GDF	KC2GDF
NORTHERN					
Cranston	448.9250	–	O 88.5e	K1CR	K1CR
Greenville	448.0750	–	O 146.2l	N1MIX	S.E.M.A
Johnston	441.5500	+	O 88.5	NN1U	NN1U

420-450 MHz
RHODE ISLAND–SOUTH CAROLINA

Location	Output	Input	Notes	Call	Sponsor
Johnston	449.3250	–	O 127.3 (CA)eL(KA1RCI)x	KA1RCI	KA1RCI
Lincoln	444.5000	+	O 67.0e L(RCI NETWORK)	NB1RI	NBARC
Lincoln	447.7750	–	O 67.0 L(KA1RCI)	KA1RCI	KA1RCI
North Providence	449.2250	–	O 141.3 L(E55920 I5920 QRN)	N1JBC	N1JBC
Providence	441.3500	+	O 103.5 L(E524799 RCI NETWORK)	KA1RCI	NBARC
Providence	444.2000	+	O 88.5 L(E524936) BI	N1RWX	N1RWX
Providence	446.4750	–	O 146.2el WX	N1MIX	N1MIX
Smithfield	446.4250		O L(DMR:CC1 HYT-TRBO)	KB1ISZ	KB1ISZ
Warwick	447.0250		O 67.0 L(E55920 I5920 QRN)	WA1ABC	CCRI RC
West Warwick	446.7250	–	O 100.0e	K1WYC	K1WYC
SOUTH COUNTY					
Exeter	443.8500	+	O 141.3 L(146.76)	AA1PL	RIAFMRS
West Greenwich	449.9375		ODCS(244) eL(WESTBORO MA 448.775)	W1WNS	ATT
Westerly	449.6750		O 127.3e L(147.24 224 98 446.575 448.425)	N1LMA	N1LMA

SOUTH CAROLINA

Location	Output	Input	Notes	Call	Sponsor
Aiken	441.5250	+	O 91.5/91.5 elrs	WR4SC	WR4SC
Anderson	441.5250	+	O 203.5/203.5er	KN4SWB	KN4SWB
Anderson	442.8250	+	O 127.3/127.3el	KJ4VLT	KJ4VLT
Augusta	444.9500	+	O 71.9/71.9	W4DV	ARC of AUGUSTA
Awendaw	441.7250	+	O 123/123e lrs	WR4SC	SCHEART
Aynor	441.6750	+	O 162.2/162.2elrs	WR4SC	SCHEART
Barnwell	442.0000	+	O 91.5/91.5 elrs	WR4SC	SCHEART
Barnwell	449.2500	–	O 156.7/156.7	KK4BQ	SARS
Beaufort	443.8500	+	O 123/123e	W4BFT	BARS
Beech Island	443.1250	+	O 91.5/91.5 elrs	WR4SC	WR4SC
Bennettsville	443.0000	+	O 123/123e	KG4HIE	KG4HIE
Blacksburg	444.3250	+	Oe	W4NYR	Shelby Amateur Radi
Bluffton	442.6750	+	O 100/100e	W4IAR	Islander Amateur Rad

420-450 MHz SOUTH CAROLINA

Location	Output	Input	Notes	Call	Sponsor
Calhoun Falls	444.0000	+	O 118.8/118.8	KI4CCZ	KI4CCZ
Calhoun Falls	444.5750	+	O 103.5/103.5	KI4CCZ	KI4CCZ
Ceasers Head	443.1250	+	O 123/123e lrs	K4ECG	K4ECG
Charleston	441.5750	+	O 123/123e lrs	WR4SC	SCHEART
Charleston	442.1500	+	O 123/123e lrsWX	W4HRS	HEART
Charleston	444.7750	+	O 123/123e rsWX	W4HRS	HEART
Charleston	444.8250	+	O 123/123e lrs	W4HRS	HEART
Clemson	444.6250	+	O	WD4EOG	Clemson U. ARC
Clover	443.7250	+	O 156.7/156.7l	KC4KPJ	KC4KPJ
Columbia	441.7250	+	O 127.3/127.3	WR4SC	SCHEART
Darlington	444.6000	+	O 91.5/91.5 elrs	KJ4OEF	McLeod Health R
Dillon	443.9750	+	O 162.2/162.2el	NE4SC	K4SHP
Dillon	444.9500	+	O 123/123	KJ4OEF	McLoed Health R
Donalds	442.6000	+	O 162.2/162.2el	WJ4X	WJ4X
Dorchester	443.8000	+	O 107.2/107.2	W4HNK	W4HNK
Easley	444.9250	+	O 123/123e rs	AC4RZ	AC4RZ
Florence	441.5750	+	O 103.5/103.5	WR4SC	SCHEART
Florence	441.8750	+	O 91.5/91.5 elrs	WD4CHS	WD4CHS
Florence	442.0500	+	O 123/123	W4APE	PALS
Florence	444.0000	+	O 123/123e lwx	W4ULH	Florence Amateu rs
Florence	444.8000	+	O 123/123e s	KB4RRC	KO4L
Florence	444.8500	+	O 91.5/91.5 e	KJ4OEF	Mcleod Health R
Fort Mill	443.4750	+	O 162.2/162.2el	K4YS	------------
Gaffney	443.0000	+	O 110.9/110.9	KG4JIA	KG4JIA
Georgetown	444.9250	+	O 123/123e s	NE4SC	NE4SC
Greeleyville	444.7500	+	O 123/123e l	KG4AQH	W4APE
Greenville	441.5750	+	O 371/371 DCSe	KK4SM	TriCounty ARC

620   420-450 MHz
SOUTH CAROLINA

Location	Output	Input	Notes	Call	Sponsor
Greenville	441.6750	+	O 91.5/91.5 elrs	WR4SC	SCHEART
Greenville	442.2500	+	O 123/123	KB4PQA	KB4PQA
Greenville	443.3500	+	Oe	W4IQQ	GREER ARC
Greenwood	443.9000	+	O	W4GWD	Greenwood Amateur
Greenwood	444.8250	+	O 107.2/107.2	KK4SM	Tricounty Amateure R
Hilton Head	444.3500	+	O 162.2/162.2l	W4IAR	Islander ARS
Honea Path	443.7750	+	O 123/123elr wx	KJ4VLT	KJ4VLT
Knightsville	441.4500	+	Oelrs	WA4USN	CARS
Ladson	443.7750	+	O 123/123	N2OBS	N2OBS
Lake Murray	444.6500	+	O 131.8/131.8	N4UHF	N4UHF
Lake Wylie	444.0500	+	O 136.5/136.5	KQ1E	------------
Lancaster	444.1000	+	O 192.8/192.8e	W4PAX	W4PAX
Laurens	443.1750	+	O 146.2/146.2	KD4HLH	KD4HLH
Leesville	443.5000	+	O 162.2/162.2	N5CWH	N5CWH
Lexington	441.8500	+	O 123/123	N4ULE	N4ULE
Lexington	444.2500	+	O 82.5/82.5	KE4ZOX	------------
Liberty	443.9750	+	O 103.5/103.5	N4VDE	------------
Lugoff	441.8000	+	O 91.5/91.5	KI4RAX	------------
Mountain Rest	442.2000	+	O 123/123el	KJ4YLO	------------
Mountain Rest	442.7750	+	O 127.3/127.3l	N4LRD	N4LRD
Mountain Rest	443.5250	+	O 162.2/162.2	KJ4YLP	------------
Mountain Rest	443.7000	+	O 91.5/91.5 e	KJ4YLO	------------
Myrtle Beach	442.1000	+	O 123/123e	NE4SC	K4SHP
Myrtle Beach	443.0000	+	O 162.2/162.2e	W2SOC	W2SOC
Myrtle Beach	444.6750	+	O 85.4/85.4 a(CA)ers	W4GS	Grand Strand Amateu
Myrtle Beach	444.9000	+	O 123/123el	NE4SC	SCHEART.US
Myrtle Beach	444.9750	+	O 123/123	NE4SC	K4SHP
Nichols	441.7750	+	O 123/123l	NE4SC	K4SHP
North Augusta	444.8000	+	O 146.2/146.2e	KE4RAP	KE4RAP
Orangeburg	441.7500	+	O 123/123e lrs	WR4SC	SCHEART

SOUTH CAROLINA-SOUTH DAKOTA

Location	Output	Input	Notes	Call	Sponsor
Orangeburg	444.9750	+	o 156.7/156.7	AD4U	----------
Pelzer	442.9250	+	o 162.2/162.2	AC4RZ	AC4RZ
Pendleton	443.0250	+	o 127.3/127.3l	N4LRD	N4LRD
Pickens	442.1250	+	o	WT4F	Foothills ARC
Pickens	442.4000	+	o 127.3/127.3ersWX	WR4XM	Pickens Comm G
Pickens	443.4500	+	o 110.9/110.9	AC4RZ	AC4RZ
Pickens	444.3500	+	o 127.3/127.3elr	KN4SWB	KN4SWB
Rock Hill	441.5250	+	o 162.2/162.2elrs	WR4SC	SCHEART
Rock Hill	444.7250	+	o 110.9/110.9l	W4PSC	York County Publ
Six Mile	441.8000	+	o 110.9/110.9	W4TWX	W4TWX
Six Mile	441.8750	+	o 110.9/110.9	W4TWX	W4TWX
Spartanburg	441.9500	+	o 162.2/162.2elrs	WR4SC	SCHEART
Spartanburg	442.0750	+	o 103.5/103.5e	K4II	Spartanburg Am
Sumter	441.6250	+	o 123/123e lrs	WR4SC	SCHEART.US
Sumter	444.1500	+	o 123/123	W4GL	SARA ARA
Union	442.1000	+	o	K4USC	Union County AR
Wallace	444.3750	+	o 91.5/91.5 e	KG4HIE	KG4HIE
Walterboro	444.8500	448.8500	o 123/123e lrs	W4HRS	HEART
Ware Shoals	441.6250	+	o 91.5/91.5 elrs	WR4SC	SCHEART
Whitehall	441.6750	+	o 123/123e lrs	WR4SC	SCHEART
York	443.3750	+	o 110.9/110.9el	W4PSC	W4PSC

SOUTH DAKOTA
FREQUENCY USAGE

Location	Output	Input	Notes	Call	Sponsor
Statewide	443.3250	+		SNP	
Statewide	443.7000	+		SNP	

CENTRAL

Location	Output	Input	Notes	Call	Sponsor
Huron	443.8500	+		WØNOZ	Huron ARC

EAST

Location	Output	Input	Notes	Call	Sponsor
Madison SD	440.1750	+	131.8#	KBØMRG	KBØMRG

EAST CENTRAL

Location	Output	Input	Notes	Call	Sponsor
Brookings	444.0500	+	o 136.5	NØVEK	NØVEK

420-450 MHz
SOUTH DAKOTA-TENNESSEE

Location	Output	Input	Notes		Call	Sponsor
Brookings	444.7000	+	O 103.5		KG0XM	KG0XM
Bruce	444.2500	+	O		KC0FLK	KC0FLK
Bruce	444.2500	+	O		KC0FLK	KC0FLK
Clear Lake {E}	444.3000	+	136.5/136.5 #L(446.325)		W0BXO	N0VEK
NORTH CENTRAL						
Bath	443.4000	+	O		WB0JZZ	HubCtyARC
NORTHEAST						
Clear Lake {W}	444.9500	+	O 136.5 L(446.325)		W0GC	DCARC
Watertown	442.0000	+	O 146.2/146.2 L(SD LINK SYSTEM)		K0TY	K0TY
Watertown	443.7250	+	O 146.2		KB0LCR	KB0LCR
Webster	442.1000	+	O 88.5/88.5 e		KC0MYX	KC0MYX
SOUTHEAST						
Sioux Falls	444.2000	+	O 82.5/82.5 a		W0ZWY	SEARC
Sioux Falls	444.7750	+	O 146.2/146.2		AD0BN	AD0BN
Sioux Falls	444.8250	+	O 146.2/146.2 ae L(SDLINK 146.2) RB		KD0ZP	SDARC
Sioux Falls	444.9000	+	#		KD0ZP	KD0ZP
Turkey Ridge Hill	444.9750	+	O 146.2/146.2 elx		W0SD	SDARC
SOUTHWEST						
Martin	444.7250	+	O		N3NTV	N3NTV
WEST CENTRAL						
Rapid City	443.8500	+	O 146.2/146.2		N0YOL	N0Y)L
Rapid City	444.2000	+	O 82.5/82.5 e		N0YOL	N0YOL
Rapid City	444.5750	+	146.2 RB		W0BLK	BlkHills ARC
Rapid City	444.8250	+	O 146.2		W0BLK	NQ0F
TENNESSEE						
Alamo	443.7500	+	O 131.8/131.8 lsWX		K4WWV	----------
Arlington	442.7750	+	O 107.2/107.2		N4GMT	N4GMT
Arnold AFB	443.9500	+	O 107.2/107.2 elrsWX		N4HAP	----------
Athens	442.2750	+	O 141.3/141.3		KG4FZR	MC MINN COUNTY A
Athens	443.2750	+	O 100/100		KG4FZR	MC MINN COUNTY A
Bean Station	443.4500	+	O 100/100e WX		W2IQ	N4PH
Benton	444.8000	+	O 123/123		KA4ELN	KA4ELN
Bluff City	442.2000	+	O 100/100		KE4CCB	KE4CCB

420-450 MHz
TENNESSEE

Location	Output	Input	Notes	Call	Sponsor
Brentwood	442.4750	+	o 88.5/88.5 es	KD4VVC	------------
Brownsville	444.5250	+	o 107.2/107.2	KI4BXI	KI4BXI
Brunswick	443.7000	+	o 107.2/107.2	KF4BB	BELL VIEW
Carthage	443.6500	+	o 107.2/107.2	W4RYR	------------
Caryville	444.5500	+	o 77/77el	KB4PNG	------------
Centerville	442.5500	+	o 107.2/107.2	KI4DAD	KI4DAD
Chattanooga	442.1500	+	oelrs	KG4OVQ	KG4OVQ
Chattanooga	442.4250	+	ol	W4YI	W4YI
Chattanooga	443.1250	+	oe	K4VCM	KA4EMA
Chattanooga	444.1000	+	oe	W4AM	W4AM
Chattanooga	444.8750	+	o 156.7/156.7el	N4YH	N4YH
Chattanooga	444.9000	+	ol	W4YI	W4YI
Cleveland	442.2500	+	o 118.8/118.8	WD4DES	WD4DES
Cleveland	442.4000	+	o 123/123e	KA4ELN	KA4ELN
Cleveland	442.9250	+	o 100/100e swx	W4OAR	Local Club Conte
Cleveland	444.2750	+	o 114.8/114.8ersWX	W4GZX	------------
Clinton	442.1500	+	o 100/100	WX4RP	WX4RP
Collegedale	443.5750	+	o 131.8/131.8e	KA6UHV	KA6UHV
Collierville	443.3000	+	o 107.2/107.2l	KA7UEC	KA7UEC
Collierville	443.6250	+	o 107.2/107.2	KA7UEC	KA7UEC
Collierville	444.1250	+	o 107.2/107.2e	KJ4FYA	KJ4FYA
Collinwood	443.9500	+	o 100/100l swx	KF4AKV	Lawrence EMA
Columbia	441.8500	+	o 107.2/107.2l	KJ4JEK	User Supporter
Columbia	443.1750	+	o 100/100e lwx	W4GGM	W4GGM
Cookeville	442.3000	+	o 107.2/107.2	WA4UCE	WA4UCE
Cookeville	443.1750	+	o 173.8/173.8	KB4TEN	931-979-0591
Cookeville	443.2000	+	o 107.2/107.2el	N4ECW	trustee and
Cookeville	444.6000	+	o 107.2/107.2l	KB4TEN	W4EOC
Cross Plains	441.2000	+	ot	AG4QK	------------
Cross Plains	443.9000	+	o 107.2/107.2	AG4QK	AG4QK

420-450 MHz
TENNESSEE

Location	Output	Input	Notes	Call	Sponsor
Crossville	442.3250	+	O 118.8/118.8esWX	WA4NEJ	----------
Crossville	443.8750	+	O 88.5/88.5 l	W4KEV	KK4WFY
Crossville	443.9250	+	O 127.3/127.3l	KE4CGL	KE4CGL
Crossville	444.9500	+	O 118.8/118.8	W4EYJ	W4EYJ
Culleoka	443.4250	+	O 91.5/91.5	AG4TI	AG4TI
Cumberland Furnace	444.4750	+	O 114.8/114.8el	N4FOX	N4FOX
Dayton	442.0750	+	O 110.9/110.9	KK4GGK	KK4GGK
Deason	443.3500	+	O 127.3/127.3	W4WRB	W4WRB
Decaturville	443.3250	+	O 131.8/131.8	KA4P	DECATUR CO GEN
Dresden	442.1500	+	O 131.8/131.8el	KA4BNI	----------
Dripping Springs	443.9250	+	O 162.2/162.2	N4PYI	Sponsor
Ducktown	443.3500	+	O 74.4/74.4 E-SUNl	KM4AOO	email is my call
Dunlap	442.6000	+	O 100/100	KB4ACS	----------
Dyersburg	444.4750	+	O 100/100e lrsWX	K4DYR	Dyer Co. Amateur Ra
Eaton	442.3000	+	O 100/100e lsWX	KJ4HRM	----------
Elizabethton	442.2500	+	O 88.5/88.5 e	KN4E	KN4E
Elizabethton	442.7500	+	O 88.5/88.5	KN4E	KN4E
Elizabethton	442.8250	+	Oa(CA)	KT4TD	KT4TD
Elizabethtown	441.8000	+	O 88.5/88.5	WM4T	WM4T
Etowah	442.3500	+	O 100/100	KG4FZR	KC4KUZ
Fayetteville	442.3000	+	O 127.3/127.3s	KF4TNP	----------
Fisherville	443.1250	+	O 107.2/107.2el	W4RSG	W4RSG
Franklin	444.0250	+	O 110.9/110.9	WC4EOC	WCDEC
Gallatin	444.3500	+	O 114.8/114.8	W4LKZ	SUMNER CO ARA
Gallatin	444.4500	+	O 107.2/107.2elsWX	W4CAT	CATS
Gallatin	444.7750	+	O 107.2/107.2l	WA4AKM	DCRA
Gatlinburg	443.3000	+	O 100/100e	WA4KJH	----------
Gatlinburg	444.9000	+	O 88.5/88.5 l	W4KEV	KK4WFY
Georgetown	442.0250	+	O 100/100e l	WE4MB	WM4RB

420-450 MHz TENNESSEE

Location	Output	Input	Notes	Call	Sponsor
Greenback	443.0500	+	O 100/100e	W4WVJ	LOUDON COUN s
Greenbrier	444.2500	+	O 107.2/107.2ers	WQ4E	----------
Greeneville	441.8500	+	O 100/100e lrsWX	KI4OTR	Trustee
Greeneville	443.1500	+	O 100/100	N4CAG	----------
Greeneville	443.2000	+	O 100/100	W4WC	W4WC
Greeneville	444.2000	+	O 118.8/118.8l	K4MFD	K4MFD
Greeneville	444.6500	+	O 100/100	WB4NKL	KC4JHF
Greeneville	444.7500	+	O 192.8/192.8	WD2E	WD2E
Harrogate	442.8500	+	O 103.5/103.5el	WA4ROB	----------
Hendersonville	444.0000	+	O 107.2/107.2	W4LKZ	WD4BKY
Henry	442.4500	+	O 114.8/114.8e	KB9MY	----------
Hixson	444.4500	+	O 131.8/131.8a(CA) E-SUNlrsWX	WJ9J	WJ9J
Hohenwald	442.0000	+	O 100/100e lWX	K4TTC	K4YN
Hohenwald	442.2500	+	O 100/100 WX	K5SNL	----------
Hohenwald	444.8500	+	O 100/100e lsWX	K4YN	K4YN
Hornbeak	442.4000	+	O 131.8/131.8elWX	KA4BNI	KA4BNI
Indian Mound	442.6250	+	O 107.2/107.2el	AA4TA	TEMA
Jackson	442.9000	+	O 114.8/114.8elrs	WF4Q	WTARS
Jackson	444.4500	+	O 123/123e lrsWX	NE4MA	WA4VVX
Jackson	444.5500	+	O 114.8/114.8ersWX	WF4Q	WTARS
Jackson	444.8750	+	O 131.8/131.8elWX	KA4BNI	----------
Jamestown	443.6250	+	O 100/100e	KC4MJN	KC4MJN
Jasper	442.0500	+	O 127.3/127.3er	KD4XV	KD4XV
Jasper	443.1000	+	O 88.5/88.5 a(CA)eWX	KD4ATW	KD4ATW
Jefferson City	444.9500	+	O 100/100	KG4GVX	KG4GVX
Johnson City	442.5000	+	O 118.8/118.8	KK4FPB	----------
Johnson City	443.2500	+	O	W4BUC	KT4TD
Johnson City	444.1000	+	O 88.5/88.5 e	K4LNS	K4LNS

420-450 MHz
TENNESSEE

Location	Output	Input	Notes	Call	Sponsor
Jonesborough	442.0500	+	O 100/100 E-SUN	K4DWQ	K4DWQ
Jonesborough	443.1000	+	O 118.8/118.8e	K4ETN	George D Odom Sr
Joyner	444.4000	444.9000	O 82.5/82.5 ersWX	K4EAJ	AC4DR
Keith Springs	444.9500	+	O 107.2/107.2el	KF4TNP	KF4TNP
Kingsport	443.3250	+	O 123/123e sWX	W4TRC	Kingsport Amateur R
Kirkland	443.8750	+	O 107.2/107.2	WC4EOC	WCDEC
Knoxville	442.5000	+	O 100/100el	W4KEV	BRANDON dUPLANT
Knoxville	443.0000	+	O 100/100 DCS	AA4UT	AA4UT
Knoxville	443.0750	+	O 100/100	KD4CWB	KD4CWB
Knoxville	443.2500	+	O 88.5/88.5	WA4FLH	KA4OAK
Knoxville	443.3000	+	O 107.2/107.2elrsWX	W4LKZ	W4LKZ
Knoxville	443.4500	+	O	K4KKH	K4KKH
Knoxville	443.5000	+	O 100/100	KD4CWB	----------
Knoxville	443.8000	+	O 100/100	KD4CWB	KA4AZQ
Knoxville	444.0000	+	O 100/100	KD4CWB	KD4CWB
Knoxville	444.2250	+	O 123/123 E-SUNrsWX	AJ4NO	AJ4NO
Knoxville	444.3250	+	O 100/100e	N4KFI	N4KFI
Knoxville	444.4250	+	O 203.5/203.5	KC4NNN	KC4NNN
Knoxville	444.5000	+	O 100/100e	W4KEV	KK4WFY
Knoxville	444.5250	+	O 123/123	KB4REC	KB4REC
Knoxville	444.5750	+	O 100/100	W4BBB	W4BBB
Knoxville	447.3750	–	O 100/100	KJ4VXR	KJ4VXR
Lawrenceburg	443.4000	+	O 100/100l sWX	KF4AKV	KF4AKV
Lebanon	443.2750	+	O 107.2/107.2	W4RYR	W4RYR
Lebanon	444.2750	+	O 107.2/107.2	W4RYR	----------
Lebanon	444.9500	+	O 118.8/118.8eWX	KM4GHM	----------
Lenior City	444.2500	+	O 127.3/127.3rs	W4IC	----------
Lewisburg	442.1000	+	O 156.7/156.7ls	KF4TNP	KF4TNP
Lexington	442.0750	+	O 131.8/131.8lWX	KA4BNI	----------
Linden	443.5000	+	O 100/100l WX	K4YN	K4TTC

420-450 MHz TENNESSEE

Location	Output	Input	Notes	Call	Sponsor
Lobelville	442.8500	+	O 107.2/107.2elrsWX	WA4VVX	WA4VVX
Loudon	442.1000	+	O 100/100 K1AT		Individual
Lyles	443.8500	+	O 123/123	KI4DAD	KI4DAD
Lynchburg	442.5750	+	O 127.3/127.3s	KF4TNP	------------
Madisonville	443.6000	+	O 100/100e s	KJ4OOY	KJ4OOY
Manchester	443.2250	+	O 127.3/127.3elsWX	KF4TNP	KF4TNP
Manchester	444.0750	+	O 127.3/127.3elrsWX	KF4TNP	KF4TNP
Maryville	441.8250	+	O	W1BEW	W1BEW
Maryville	442.7000	+	O 127.3/127.3l	KJ4JNO	KJ4WFO
Maryville	444.7000	+	O 127.3/127.3	KJ4JNO	KJ4JNO
Maryville	444.7750	+	O 94.8/94.8 rs	W4IC	W4IC
Mason	442.7500	+	O 107.2/107.2	N4GMT	N4GMT
Mcminnville	444.8500	+	O 151.4/151.4	WD4MWQ	WD4MWQ
Memphis	442.1750	+	O 107.2/107.2er	W4GMM	W4GMM
Memphis	443.1000	+	O 107.2/107.2e	W4RSG	W4RSG
Memphis	443.2000	+	O 107.2/107.2	W4BS	Delta Amateur R
Memphis	443.2500	+	O 107.2/107.2erwX	W4EM	W4EM
Memphis	443.9500	+	O 146.2/146.2	N4ER	W4XF/WD4T
Memphis	444.1000	+	O 107.2/107.2e	W4RSG	W4RSG
Memphis	444.1750	+	O 107.2/107.2esWX	W4EM	MARA Club Call
Memphis	444.7750	+	O 107.2/107.2	WB4KOG	WB4KOG
Memphis	444.8250	+	O 107.2/107.2	K5FE	FEDEX ARC
Memphis	444.8500	+	O 107.2/107.2e	K7AG	------------
Milan	442.1000	+	O	WD4PAX	------------
Milan	442.6750	+	O 131.8/131.8elWX	KA4BNI	------------
Monteagle Mt	441.2500	+	O 107.2/107.2	NQ4Y	NQ4Y
Morristown	442.9500	+	Oe	AK4EZ	------------
Morristown	444.6000	+	O 100/100	KG4GVX	KG4GVX

628 420-450 MHz
TENNESSEE

Location	Output	Input	Notes	Call	Sponsor
Morristown	444.8000	+	O 141.3/141.3e	WB4OAH	----------
Morristown	444.9750	+	O	KQ4E	KQ4E
Mount Juliet	444.7500	+	O 156.7/156.7	N4PYI	Sponsor
Mountain City	441.6000	+	O 151.4/151.4	K4DHT	----------
Mountain City	443.9250	+	O 103.5/103.5lr	K4DHT	----------
Mt Juliet	444.4000	+	O 167.9/167.9	N4PYI	Sponsor
Mt Pleasant	442.7250	+	O 100/100e lsWX	KG4LUY	Lawrence EMA Deput
Murfreesboro	442.1750	+	O 107/107	KA4VFD	KA4VFD
Nashville	442.7500	+	O 100/100e lsWX	WA4RCW	WA4RCW
Nashville	442.8000	+	O 107.2/107.2elrsWX	NE4MA	WA4VVX
Nashville	444.0500	+	O 107.2/107.2	N4PYI	Trustee
Nashville	444.1500	+	O 107.2/107.2	AF4TZ	RPT SOC OF MIDDL
Nashville	444.2000	+	O 85.4/85.4	N4ARK	----------
Nashville	444.2250	+	O 114.8/114.8l	N4ARK	N4ARK
Nashville	444.5250	+	O 107.2/107.2l	WA4BGK	WA4BGK
Nashville	444.6250	+	O 107.2/107.2	WA4TOA	WA4TOA
Nashville	444.8000	+	O 110.9/110.9	N4PYI	Sponsor
Nashville	444.8750	+	O 107.2/107.2	WA4AKM	F3 Inc.
Nashville	444.9750	+	O 107.2/107.2l	WA4AKM	DCRA
Newport	442.9250	+	O 103.5/103.5 TTesWX	N2UGA	N2UGA
Newport	443.7500	+	O 203.5/203.5	KG4LHC	KG4LDK
Nolensville	443.7250	+	O 107.2/107.2sWX	W1ARN	MTEARS / TEMA
Nunnely	444.0750	+	O 100/100	KG4UHH	KG4UHH
Oakfield	442.2000	+	O 162.2/162.2	WA4BJY	----------
Oneida	442.8250	+	O	KT4PN	KE4QQF
Paris	444.9000	+	O 131.8/131.8elsWX	N4ZKR	N4ZKR
Pasquo	443.9750	+	O 107.2/107.2esWX	W4CAT	CATS/TEMA
Pleasantville	443.7000	+	O 123/123e lWX	KI4DAD	----------

420-450 MHz TENNESSEE

Location	Output	Input	Notes	Call	Sponsor
Pulaski	442.1500	+	O 118.8/118.8	WD4RBJ	WD4RBJ
Pulaski	443.5500	+	O 100/100e s	K4NVX	K4NVX
Ripley	443.6000	+	O 131.8/131.8l	KA4BNI	------------
Rockwood	443.9750	+	O 110.9/110.9s	KE4RX	KD4GT
Rossville	444.0750	+	O 107.2/107.2eswX	WA4MJM	personal repeate
Savannah	443.4250	+	O 131.8/131.8elWX	KA4BNI	Hardin County 91
Selmer	442.8000	+	O 131.8/131.8elWX	KA4BNI	------------
Sevierville	443.2250	+	O 100/100	KJ4HPM	KJ4HPM
Sevierville	444.3000	+	O 118/118e	WB4GBI	------------
Seymour	444.8500	+	O 100/100	K4ARO	------------
Shelbyville	442.4000	+	O 127.3/127.3s	KF4TNP	------------
Shelbyville	442.7000	+	O 100/100l	KK4LFI	KK4LFI
Shelbyville	443.8250	+	O	KC4KRM	KC4RSR
Short Mt	444.6500	+	O 107.2/107.2lsWX	W4CAT	CATS
Signal Mountain	444.1500	+	OesWX	K4VCM	------------
Signal Mountain	444.7000	+	O 100/100	KB4ACS	------------
Smithville	442.0000	+	O 107.2/107.2	AB4ZB	AB4ZB
Smithville	444.8250	+	O 107.2/107.2	N4PYI	Sponsor
Sneedville	442.4500	+	O 100/100s	KE4KQI	KJ4TKV
Soddy Daisy	442.9000	+	O 156.7/156.7el	N4YH	N4YH
Sparta	444.3750	+	O 123/123	KD4WX	KD4WX
Spring Hill	442.6500	+	O 127.3/127.3	N5AAA	N5AAA
Springfield	443.0500	+	O 88.5/88.5 E-SUN	N8ITF	------------
Sweetwater	442.5500	+	O 141.3/141.3elrsWX	K4EZK	Charles H. Satter
Tallassee	442.3000	+	O 110.9/110.9es	AD4WS	AE4SC
Thompsons Station	443.0750	+	O 107.2/107.2	WC4EOC	WCDEC
Tullahoma	444.3250	+	O 186.2/186.2lsWX	KG4JZX	Sponsor
Unicoi	443.0250	+	O	WB4IXU	------------
Walden	443.3750	+	O 118.8/118.8es	W4WQS	W4WQS
Walland	443.5500	+	O 88.5/88.5	AC4JF	AC4JF
Wartburg	443.1000	+	O 107.2/107.2	KJ4HDY	------------

630 420-450 MHz
TENNESSEE-TEXAS

Location	Output	Input	Notes	Call	Sponsor
White Bluff	442.2250	+	O 123/123e WX	KG4HDZ	KG4HDZ
White Bluff	442.3750	+	O 123/123e	KG4HDZ	KG4HDZ
White House	443.4000	+	O 107.2/102.2elrsWX	W4LKZ	W4LKZ
Williston	442.4250	+	O 131.8/131.8elWX	KA4BNI	----------
Williston	444.4000	+	O	WB4KOG	WB4LHD
Winchester	442.2000	+	O 127.3/127.3s	KF4TNP	----------

TEXAS

Location	Output	Input	Notes	Call	Sponsor
Abilene	443.5000	+	●	AI5TX	ARMADILLO
Abilene	444.0000	+	O 167.9 WX	KD5YCY	BCARN
Abilene	444.2500	+	O 88.5lWX	KK5MV	CPARC
Adkins	444.7750	+	O 123e	KK5LA	----------
Albany	444.9000	+	O 114.8l	N5TEQ	CPARC
Aledo	443.2000	+	O 110.9l	KA5HND	----------
Allen	441.5000	+	O	N5LTN	ESIARC
Allen	441.5750	+	O	K5PRK	Plano Amateur Radio
Allen	442.5500	+	Ox	WB5WPA	----------
Allen	444.2500	+	O	K5PRK	PARK
Alpine	443.9250	+	●	WX5II	INTERTIE
Alvin	442.2000	+	O 103.5	KA5QDG	----------
Alvin	442.7750	+	O 141.3 (CA)	KA9JLM	AARC
Alvin	443.9250	+	●	AI5TX	----------
Alvin	444.0500	+	O 103.5	W5ITI	----------
Alvin	444.7500	+	O	KA5AXV	----------
Amarillo	443.5000	+	●	N5LTZ	ARMADILLO
Amarillo	444.0500	+	O 88.5l	KC5EZO	----------
Amarillo	444.2000	+	O 88.5	N5LTZ	CRI
Amarillo	444.4750	+	O 88.5	W5WX	PARC
Amarillo	444.9625	+	Olx	KA3IDN	----------
Anahuac	442.1000	+	O 103.5	KB5FLX	ARCDCT
Anahuac	443.5000	+	●	AI5TX	----------
Anahuac	444.8750	+	O 103.5l	WB5UGT	SALTGRASS
Angleton	442.3000	+	O 127.3	KE5WFD	----------
Angleton	444.4250	+	O 103.5l	WB5UGT	SALTGRASS
Anhalt	442.6750	+	O 131.8l	W5DK	----------
Anna	440.5250	440.5250	O	WS5W	----------
Anthony	442.9500	+	O 67l	N5ZRF	AMIGO
Argyle	443.2250	+	O	KA0BRN	----------
Argyle	443.5500	+	O 110.9	WB5NDJ	----------
Arlington	441.3500	+	●	NR5E	ALERT
Arlington	443.4000	+	O 110.9	WD5DBB	MCRG
Arlington	443.6750	+	●	AI5TX	----------
Arlington	443.8500	+	●	WA5VHU	----------
Arlington	444.2000	+	O 100	K5SLD	AARC

TEXAS

Location	Output	Input	Notes	Call	Sponsor
Arlington	444.5500	+	●	W5PSB	------------
Athens	441.7250	+	O 100	KF5WT	BSA CAMP
Athens	443.3000	+	O 100	KF5WT	------------
Athens	443.7000	+	●	AI5TX	------------
Austin	441.7750	+	O 131.8 (CA)	W5JWB	------------
Austin	441.8000	+	O 100	W5AAF	------------
Austin	441.8750	+	O 100	N5JGX	------------
Austin	441.9750	+	O 97.4ae	KA9LAY	------------
Austin	442.0250	+	O 114.8	W5TRI	ATT LABS
Austin	442.1500	+	O 186.2e	AA5BT	------------
Austin	442.2000	+	O 100s	K5AB	------------
Austin	442.2750	+	●	KN5X	------------
Austin	442.4000	+	●	K5FX	------------
Austin	442.4500	+	O 141.3	WB5UGT	SALTGRASS
Austin	442.5000	+	O 141.3el	W5LNX	SW LYNX SYS
Austin	442.6000	+	O 162.2ls WX	K5TCR	TCREACT
Austin	443.0750	+	O 141.3	K5TRA	------------
Austin	443.8000	+	O 123	WA5VTV	------------
Austin	443.9500	+	O 131.8e	AI5TX	------------
Austin	444.0000	+	●	WB5PCV	------------
Austin	444.1000	+	O 107.2l	W5KA	AARC
Austin	444.2000	+	O 103.5	W5KA	Austin Amateur
Austin	444.6000	+	O 107.2	W3MRC	3M ARC
Austin	444.7750	+	Oael	AA5R	HELPS
Austin	444.9500	+	O 110.9 (CA)	N5RVD	------------
Azle	442.1500	+	O 110.9x	WB5IDM	------------
Baird	442.3500	+	O 110.9	KK5MV	------------
Bandera	443.3000	+	O 162.2l	N4MUJ	------------
Bastrop	441.9500	+	O 210.7	WB6ARE	------------
Bastrop	442.7250	+	●	WB6ARE	------------
Bastrop	443.1750	+	O 114.8ls	WB6ARE	------------
Bastrop	443.7500	+	O 114.8e	KE5FKS	BCARC
Baytown	443.8000	+	O 114.8	K5BAY	BAARC
Baytown	443.8750	+	O 123	N5XUV	HCTA
Beaumont	444.5000	+	O 173.8	WB5ITT	Triangle Repeate
Beaumont	444.7000	+	O 100 (CA) elWXxx	W5RIN	BARC
Beaumont	444.9000	+	O 107.2l	W5XOM	EXOMERC
Bedford	442.3000	+	O 103.5	KA5SYL	------------
Bedford	442.8250	+	●	N5VAV	TRAIN
Bee Cave	443.6250	+	O 110.9e	AI5TX	------------
Bee Cave	443.9250	+	●	K5GJ	------------
Beeville	443.5250	+	●	W5DK	LONE STAR LIN
Bellare	441.8250	+	O 141.3el	AK5G	------------
Bellville	444.8750	+	Oael	W5SFA	SFARC
Benbrook	441.6250	+	O 103.5el	K5SXK	BBRC
Big Lake	442.3000	+	●	N5SOR	------------
		+	O 162.2		

420-450 MHz
TEXAS

Location	Output	Input	Notes	Call	Sponsor
Big Spring	440.6875	+	O	W5AW	Big Spring ARC
Big Spring	442.1000	+	O 162.2el	KE5PL	WTXC
Big Spring	443.9500	+	●	KE5PL	ARMADILLO
Big Spring	444.4750	+	Oel	KK5MV	-----------
Black	444.4250	+		N5LTZ	CRI
Blanco	443.9750	+	●	WA5JEC	INTERTIE
Boerne	444.7500	+	O 162.2l	W5VEO	SWLS
Boerne	444.9000	+	O 123e	W5VEO	-----------
Bonham	443.7500	+	O	K5FRC	FCARC
Boonsville	443.9000	+	O 100	K5RHV	-----------
Bowie	441.1750	+	OerWX	WX5ECT	Montague ECT
Bowie	444.4750	+	O	K2RXH	Montague ECT
Boyd	444.8250	+	O 110.9	W5OYS	-----------
Brackettville	443.6250	+	●	WB5TZJ	INTERTIE
Brady	444.8750	+	O 162.2ael WX	WA5HOT	HOT-HOG
Brazos	442.4500	+	O 156.7l WX	KA5PQK	-----------
Brenham	443.2500	+	O 103.5	W5AUM	BRENHAM ARC
Brownfield	444.8250	+	O 118.8	W5HFT	-----------
Brownsville	441.3000	+	O 151.4	N5XWO	-----------
Brownsville	443.3750	+	O 114.8l	KC5MAH	-----------
Brownsville	444.6000	+	O 114.8	W5RGV	STARS
Brownwood	443.9000	+	O 94.8	WD9ARW	-----------
Brownwood	443.9250	+	O	AI5TX	-----------
Bruceville	440.6250	+	●	W5HAT	DIGTRX AMATEUR
Bruceville	444.4750	+	O	W5NCD	-----------
Bryan	443.4500	+	O 127.3ex	KD5DLW	-----------
Buchanan Dam	444.2750	+	O	WA5PJE	-----------
Buffalo	444.2750	+	Oars	W5UOK	-----------
Bulverde	443.2500	+	O 103.5l	WA5KBQ	-----------
Bulverde	444.3500	+	O 131.8	W5DK	-----------
Buna	442.4250	+	O 118.8	W5JAS	LAREAARC
Burkburnett	444.0250	+	O 192.8r WX	N5JDD	Witchita Falls Repeat
Burkburnett	444.5000	+	O 192.8	W5DAD	BURKRGR
Caddo	444.7250	+	O 110.9el WX	KB5WB	-----------
Canadian	443.7500	+	●	N5LTZ	-----------
Canton	443.2000	+	●	N4RAP	-----------
Canyon	443.6500	+	O 88.5l	N5LTZ	CRI
Canyon Lake	444.4500	+	O 114.8	W5ERX	-----------
Carrizo Springs	443.3000	+	O 100lrs	W5EVH	-----------
Carrollton	441.6250	+	O 100	K5JG	-----------
Carrollton	441.8250	+	●	K5GWF	-----------
Carrollton	442.4750	+	●	WO5E	-----------
Carrollton	442.6500	+	O 110.9r	N5MJQ	METROCARC
Carrollton	444.4500	+	O 110.9l	K5AB	-----------
Carrollton	444.8750	+	●	K5MOT	MORTOROLA
Carthage	444.8000	+	O 151.4	KA5HSA	-----------

420-450 MHz — TEXAS

Location	Output	Input	Notes	Call	Sponsor
Cat Spring	444.9500	+	O 103.5el	WB5UGT	Salt Grass
Cedar Creek	444.0500	+	O 141.3	W5CTX	------------
Cedar Hill	442.1000	+	O 100rs	N5IUF	TRS
Cedar Hill	442.3250	+	●	KM5R	------------
Cedar Hill	442.4000	+	O 110.9	W5MAY	SBE
Cedar Hill	443.5000	+		AI5TX	------------
Cedar Hill	443.7250	+	●	W5AHN	ASHCRAFT REP
Cedar Hill	443.9750	+	●	N5UN	FW 440
Cedar Hill	444.5000	+	O	W5AUY	SWDCARC
Cedar Hill	444.9500	+	O 110.9	N5DRP	Texas Disaster R
Cedar Park	441.5000	+	O 162.2	W5CGU	------------
Cedar Park	442.6500	+	O 114	KE5ZW	------------
Cedar Park	442.6250	+	O 100a	K5KTF	------------
Celina	444.0000	+	O	K5XG	------------
Celina	444.5125	+	O 123e	KE5UT	------------
Centerville	441.6500	+	O 103.5es	WA5GED	------------
Centerville	442.7750	+	●	K3WIV	------------
Centerville	442.9750	+	●	K3WIV	GULLS
Centerville	443.6750	+	●	AI5TX	------------
Channel View	442.8500	+	O 100	N5LUY	------------
Channelview	441.6000	+	O 203.5e WX	KC5TCT	CVFDRC
Channelview	443.6000	+	O 103.5el	KC5TCT	------------
Childress	444.7250	+	O	KM5PM	------------
Choate	443.6500	+	●	K5ZZT	INTERTIE
Christine	443.7750	+	O 141.3el	W5DK	LONE STAR LIN
Clarendon	442.2750	+	O 127.3	KE5NCA	------------
Clear Lake	442.7500	+	O 103.5ael	K5HOU	CLARC
Cleburne	444.0000	+	O 136.5 WX	KY5O	------------
Cleveland	444.6500	+	O	N5AK	SHARK
Clifton	444.4000	+	O 123e	W5BCR	BOSQUECOAR
Clute	444.7250	+	O 103.5l	KB5HII	SALTGRASS
College Station	443.0500	+	O 88.5	W5AC	TAMU ARC
College Station	443.6250	+	●	W6TRO	------------
College Station	444.5500	+	127.31	N1WP	------------
Colleyville	441.9000	+	O 110.9e WX	W5RV	------------
Colleyville	442.9500	+	O 110.9	N5SVZ	------------
Colorado City	444.8500	+	O 162.2l	K5WTC	WTXC
Columbus	442.7500	+	O 141.3l WX	WB5UGT	SALTGRASS
Commerce	444.5250	+	O 103.5e	W5AMC	TAMUC
Conroe	441.7500	+	O 123el	KE5PTZ	------------
Conroe	442.1250	+	O 123e	WM5E	------------
Conroe	442.1500	+	O 192.8e	WD5CFJ	------------
Conroe	442.1750	+	O 192.8e	WD5CFJ	------------
Conroe	442.2500	+	O 103.5	WB5DGR	------------
Conroe	442.5250	+	O 127.3	W5SAM	------------
Conroe	442.9000	+	O 151.4	WB5DGR	------------

420-450 MHz
TEXAS

Location	Output	Input	Notes	Call	Sponsor
Conroe	443.4250	+	O 203.5l	KC0EJX	NSLS
Conroe	444.4250	+	O 203.5	KB5HII	-----------
Conroe	444.8000	+	O 100 (CA)el	WB5ITT	TRA
Coppell	441.8000	+	O 107.2aer	KD5OEW	Coppell ARC
Coppell	442.2250	+	O 110.9er	K5CFD	-----------
Copperas Cove	443.3250	+	O 88.5	K5CRA	CRA
Corpus Christi	442.6000	+	O 162.2	N5IUT	LYNX
Corpus Christi	443.5000	+	●	N5HN	INTERTIE
Corpus Christi	443.7000	+	●	WA2MCT	-----------
Corpus Christi	443.9500	+	●	N5HN	INTERTIE
Corpus Christi	444.3500	+	●	WD5FJX	-----------
Corpus Christi	444.6000	+	O 114.8e	K5GGB	NONE
Corpus Christi	444.8500	+	O 103.5esx	W5LEX	SOUTH TEXAS AMA
Corpus Christi	444.9000	+	O 107.2	K5GGB	NONE
Corsicana	442.7250	+	O 110.9l	KE5CDK	Navarro ARC
Corsicana	442.9250	+	O 146.2ls WX	W5NFL	Navarro ARC
Corsicana	444.7750	+	O 100	N5ZUA	-----------
Crockett	443.6000	+	O 100e	WA5FCL	HCARC
Crockett	444.2250	+	O 107.2l	WB5UGT	SALTGRASS
Crosby	441.5500	+	●	KB5OVJ	-----------
Crosby	442.0500	+	O 103.5e	KB5IJF	-----------
Crosby	442.4000	+	●	KB5OVJ	-----------
Crosby	443.7000	+	●	AI5TX	-----------
Crosby	444.1250	+	O 103.5	KB5NNP	-----------
Crosby	444.7750	+	O 103.5e	W5TWO	Two Two Club of Tex
Crosbyton	442.2750	+	O 107.2	KC5MVZ	-----------
Cypress	442.6500	+	O 156.7al	N5LUY	-----------
Dale	443.0000	+	O 114.8	KE5AMB	-----------
Dallas	440.6375	+	O 5	W5EBQ	-----------
Dallas	441.9250	+	O 110.9elr	W5EBQ	-----------
Dallas	441.9500	+	O 162.2er	AB5U	-----------
Dallas	442.0250	+	O 127.3	K5TIT	K5TIT
Dallas	442.0750	+	O 110.9 (CA)er	N5IAG	DCREACT
Dallas	442.2750	+	O 110.9	N5ZW	-----------
Dallas	442.4250	+	O 110.9 (CA)erWX	W5FC	DARC
Dallas	443.4750	+	●	K5TIT	K5TIT
Dallas	443.8250	+	O 103.5	K5XG	-----------
Dallas	443.9500	+	●	AI5TX	-----------
Dallas	444.0750	+	O 110.9er	K5MET	-----------
Dallas	444.1500	+	O 100rs	N5IUF	TRS
Dallas	444.6500	+	●	W5DS	DART
Davy	443.1250	+	O 141.3el	W5DK	LONE STAR LINK SY
Decatur	444.4000	+	O 156.7l WX	KA5PQK	-----------
Del Rio	443.5000	+	●	WB5TZJ	INTERTIE
Del Rio	443.7250	+	O 100	KD5HAM	BARS

420-450 MHz   TEXAS

Location	Output	Input	Notes	Call	Sponsor
Denton	440.6625	+	O	N5LS	-------------
Denton	440.7125	+	Oar	KE5YAP	-------------
Denton	441.3250	+	O 88.5e	W5NGU	DCARA
Denton	442.7250	+	O 100	N5IUF	TRS
Denton	443.5250	+	O 118.8	WA5LIE	4SQR
Denton	444.0500	+	O 110.9ar	W5NGU	DCARA
Devers	442.5750	+	O 123	KA5QDG	-------------
Dickens	444.3250	+	O 162.2 WX	WX5LBB	SPSST
Doss	442.3000	+	O 162.2l	W5RP	HOTROCS
Double Mountain	443.7000	+	●	AI5TX	Armadillo
Dripping Springs	444.3250	+	O 186.2 (CA)	W5MOT	CMARC
Dumas	444.3500	+	O 88.5	N5LTZ	CRI
Duncanville	441.3500	+	O 114.8	W5GSR	-------------
Duncanville	441.5500	+	O 110.9	KG5LL	-------------
Eagle Pass	442.1000	+	O 100	N5UMJ	-------------
Eden	443.9750	+	●	AI5TX	ARMADILLO
El Campo	442.1250	+	O 103.5l	K5SOI	-------------
El Campo	442.2750	+	O 103.5l WX	WB5UGT	-------------
El Paso	442.0000	+	Ol	K5KKO	EPDIG
El Paso	442.1000	+	O 123l	N5FAZ	EPDIG
El Paso	442.1250	+	O 103.5l	N5FAZ	RAVE RADIO
El Paso	442.2500	+	O 100l	K5WPH	SCARC MEGALI
El Paso	442.5500	+	O 100	K5JAL	JPARA
El Paso	442.6000	+	●	KJ5EO	EPACS
El Paso	442.8250	+	O 100l	K5ELP	-------------
El Paso	443.3750	+	O 100 (CA)	N6TOC	-------------
El Paso	443.4000	+	O 100l	K5WPH	SCARC
El Paso	443.6500	+	●	W5DPD	MARIE
El Paso	443.7000	+	●	WB5LJO	JACKS PK
El Paso	443.9250	+	●	KA5CDJ	MARIE
El Paso	444.2000	+	O 100al	K5ELP	WTRA
El Paso	444.3250	+	O 103.5l	K5ELP	ROCKET BOX
El Paso	444.7500	+	O 192.8	KE5OIB	-------------
Elgin	442.8000	+	O 114.8	KC5WXT	Bastrop ARES
Emory	443.6250	+	O 151.4	W5ENT	Rains Amateur R
Euless	441.3250	+	O	KC5GVN	-------------
Euless	442.9000	+	O	W5EUL	-------------
Eustace	444.4750	449.4740	O	W5IB	-------------
Everman	441.5250	+	O 110.9	AB5XD	-------------
Flatonia	443.8250	+	O 141.3	WB5UGT	SALTGRASS
Florence	442.9000	+	O 100	K5AB	-------------
Floresville	441.8500	+	O 179.9	WB5LOP	-------------
Flower Mound	444.8500	+	O 110.9er	N5ERS	EMERGENCY R
Fort Davis	443.6750	+	●	AI5TX	Armadillo
Fort Davis	444.6250	+	O 146.2 (CA)elr	AD5BB	BIGBEND ARC
Fort Stockton	443.6500	+	●	N5SOR	INTERTIE

420-450 MHz
TEXAS

Location	Output	Input	Notes	Call	Sponsor
Fort Stockton	444.8000	+	○ 162.2	N5SOR	----------
Fort Worth	423.9750	+	●	N5UN	FW440
Fort Worth	440.5375	+	○	K5FTW	Fort Worth Chapter
Fort Worth	441.3000	+	●	W7YC	----------
Fort Worth	441.3250	+	○ar	KE5DPN	----------
Fort Worth	441.3750	+	○ 110.9	KB5ZMY	HANDLEY AMATEU
Fort Worth	441.6000	+	○ 100100a es	W5FWS	----------
Fort Worth	441.6750	+	○	K5AMM	GBARC
Fort Worth	442.1250	+	○ 156.7l WX	KA5GFH	----------
Fort Worth	442.2000	+	○ 110.9 (CA)	W5SJZ	LMRARC
Fort Worth	442.2250	+	●	K5HIT	SWAUARC
Fort Worth	443.0125	+	○	N5WD	Northwest HS ARC
Fort Worth	443.0500	+	● 88.5	WD5GIC	NTARA
Fort Worth	443.1500	+	○ 110.9	N5PMB	NTARA
Fort Worth	443.4500	+	●	N4MSE	NTXRA
Fort Worth	443.9250	+	●	K5SXK	INTERTIE
Fort Worth	443.9750	+	●	N5UN	FW 440
Fort Worth	443.9750	+	●	N5UN	FW440
Fort Worth	444.1000	+	○ 110.9	K5FTW	FWTX VHFFM
Fort Worth	444.3000	+	○ 110.9	K5MOT	----------
Fort Worth	444.6000	+	●	K5TIT	----------
Fort Worth	444.9000	+	○ 110.9	W5NRV	NGARC
Fredericksburg	443.7000	+	●	AI5TX	ARMADILLO
Fredericksburg	444.1750	+	○ 162.2	W5FJD	----------
Freeport	444.9000	+	○ 141.3el	KA5VZM	BCARS
Freestone	441.8250	+	○ 123	AK5G	----------
Friendswood	441.6500	+	○	KD5GR	----------
Ft Davis	442.0250	+	○ 100	W5RHN	----------
Ft Worth	442.9750	442.9750	○	N5UA	DFW Remote Base A
Gail	443.7500	+	○ 162.2l	KK5MV	----------
Gainesville	442.7750	+	○ 100	WB5FHI	CCOARC
Gainesville	443.1250	+	○ 100	K5AGG	----------
Galveston	443.2750	+	○ 103.5	N5FOG	GCATS
Galveston	443.9500	+	●	AI5TX	----------
Galveston	444.9500	+	●	WB5BMB	----------
Garland	441.3500	+	○	AB6ST	----------
Garland	442.7000	+	○ 110.9 (CA)er	K5QHD	GARC
George West	443.6750	+	●	KD5FVZ	INTERTIE
George West	444.2375	+	○	WD5FJX	----------
Georgetown	441.5750	+	○ 100ae	N5KF	----------
Georgetown	441.6250	+	○ 103.5ae	K5SCT	SCARS
Georgetown	443.7750	+	○ 131.8	KE5ZW	----------
Georgetown	444.5250	+	○ 100el	NA6M	----------
Giddings	442.5750	+	○ 114.8	NE5DX	----------
Goldthwaite	441.9000	+	○	K5AB	----------
Goldthwaite	442.6000	+	○ 100	K5AB	----------

420-450 MHz
TEXAS

Location	Output	Input	Notes	Call	Sponsor
Granbury	442.0250	+	O 88.5 (CA)	WD5GIC	NTARA
Granbury	443.6250	+	●	AI5TX	------------
Grand Prairie	441.3000	+	O	K5NEB	------------
Grangerland	444.7000	+	O 100 (CA)	KC5DAQ	HARS
Grapevine	443.8750	+	O 110.9	N5EOC	NETARC
Greenville	443.9000	+	O 100	N5SN	GREENVILLE R
Harlingen	443.6000	+	O 114.8er	K5VCG	AK5Z
Harlingen	444.9750	+	O 114.8els WX	W5RGV	STARS
Haslet	444.3250	+	O 110.9	K9MK	------------
Heath	441.3750	+	O 141.3	KK5PP	------------
Helotes	442.0000	+	O 123ae	W5ROS	ROOST
Hemphill	443.9250	+	●	WX5II	INTERTIE, INC
Henrietta	444.7250	+	O 192.8	K5REJ	CCARC
Henrietta	444.8500	+	O 192.8 (CA)	KA5WLR	------------
Hillsboro	443.2750	+	O 123ae WX	WB5YFX	------------
Hondo	443.3500	+	O 141.3e	KD5DX	MCARC
Houston	441.3000	+	O	KB5ELT	------------
Houston	441.3250	+	O	KB5ELT	------------
Houston	441.5250	+	O 103.5	KD5HKQ	TARMA
Houston	441.5750	+	O 88.5	KF5AHR	------------
Houston	441.6750	+	O 88.5	W5INP	------------
Houston	441.7000	+	O	W5OMR	------------
Houston	441.7750	+	●	KD5DFB	------------
Houston	441.8750	+	O 114.8	W5ICF	------------
Houston	442.0000	+	O 103.5	K5DX	TDXS
Houston	442.0750	+	O 100	KG4BON	------------
Houston	442.4250	+	O 103.5	KF5TFC	------------
Houston	442.4500	+	O 103.5l	WB5UGT	SALTGRASS
Houston	442.5000	+	O 123 (CA)	WA5F	RACFE
Houston	442.6000	+	O 156.7	KD5DFB	------------
Houston	442.9250	+	O 103.5	KB5IAM	HCTA
Houston	443.1000	+	O 123	K5IHK	TMBLRPTCRP
Houston	443.1750	+	O 103.5	KB5IAM	HCTA
Houston	443.2000	+	O 123 (CA) e	W5QV	------------
Houston	443.3250	+	O 103.5l	KB5FLX	ARCDCT
Houston	443.5250	+	O 136.5	AD5OU	------------
Houston	443.5750	+	O 103.5	KB5IAM	HCTA
Houston	443.6500	+	●	N5TZ	------------
Houston	443.6750	+	O 103.5	N5TRS	Transtar
Houston	443.7250	+	O 146.2	KB5TFE	------------
Houston	443.7500	+	O 94.8	KB5TFE	------------
Houston	443.8250	+	O 103.5l WX	WB5UGT	SALTGRASS
Houston	443.9000	+	O 114.8	K1BDX	------------
Houston	443.9000	+	O 77	K1BDX	------------
Houston	444.0250	+	O 156.7l	W5JSC	------------

638 420-450 MHz
TEXAS

Location	Output	Input	Notes	Call	Sponsor
Houston	444.2000	+	○ 114.8e	W5AVI	------------
Houston	444.2250	+	○ 103.5	KR5K	------------
Houston	444.2500	+	●	WD5X	------------
Houston	444.2500	+	●	W5TMR	------------
Houston	444.3000	+	○ 100l	N5XWD	TRS
Houston	444.3250	+	●	KB5OVJ	------------
Houston	444.3750	+	○ 103.5	W5NC	NARS
Houston	444.4000	+	○ 103.5	WD5BQN	ECHO
Houston	444.4500	+	○ 103.5 (CA)	K5WH	COMPAQ
Houston	444.5000	+	○ 103.5	WB5CEM	------------
Houston	444.5500	+	○ 123	W5RPT	MERA
Houston	444.5750	+	○ 123	KK5TC	------------
Houston	444.6000	+	○ 71.9lWX	WR5AAA	HRRC
Houston	444.6250	+	●	W5ZMV	------------
Houston	444.7250	+	○ 103.5203.5	WB5UGT	------------
Howe	442.4500	+	○	KD5HQF	------------
Hubbard	442.6000	+	○	KE5YPH	------------
Humble	443.5500	+	○ 103.5el	W5SI	TEAC
Huntsville	442.8500	+	○ 127.3e	W5SAM	W.C. ARES
Huntsville	443.9750	+	●	AI5TX	------------
Hurst	442.8500	+	○ 110.9	KM5HT	Hurst ARC
Hurst	443.5750	+	○ 110.9l	WB5TCD	------------
Idalou	443.0000	+	○ 67ae	N5TYI	------------
Idalou	443.2750	+	○ 107.2	KC5MVZ	------------
Ingram	443.9250	+	●	AI5TX	------------
Iraan	443.9500	+	●	AI5TX	Armadillo
Irving	442.3750	+	○ 110.9	WA5CKF	Irving ARC
Irving	442.6750	+	○ 110.9	WA5CKF	IRVINGARC INC.
Irving	444.8000	+	○ 110.9er WX	AL7HH	------------
Jacksonville	444.5250	+	○ 136.5	K5JVL	CCARC
Jasper	442.2000	+	○ 192.8l	W5JAS	LAARC
Jasper	444.5500	+	○ 118.8	W5JAS	LAARC
Junction	443.6500	+	●	AI5TX	------------
Katy	441.9750	+	○ 123	W5EMR	------------
Katy	442.3250	+	○ 103.5	KB5FLX	ARCDT
Katy	442.3500	+	○ 131.8e	WD8RZA	------------
Katy	444.0750	+	○ 103.5l	WB5UGT	SALTGRASS
Katy	444.9250	+	○ 123	K5ILS	------------
Keene	443.1250	+	○ 110.9e	KC5PWQ	------------
Keller	443.1750	+	○ 100	NT5J	TRS
Keller	444.7000	+	○ 110.9	N5EOC	NETARC
Kempner	443.4750	+	○ 88.5	KD5CO	------------
Kent	443.9250	+	●	KE5PL	ARMADILLO
Kerrville	436.6250	+	●	K5ZZT	INTERTIE
Kingsville	444.2250	+	○ 107.2el	WA5SWC	------------
Kingwood	444.8250	+	○ 103.5	W5SI	TEAC
La Grange	443.7000	+	●	AI5TX	------------

420-450 MHz — TEXAS

Location	Output	Input	Notes	Call	Sponsor
La Grange	444.7250	+	O 141.3l WX	WB5UGT	SALTGRASS
La Marque	442.0250	+	O 103.5e	K5BS	TARS
Lago Vista	444.8500	+	O 103.5	AE5WW	HAMBUDS
Lake Shores	442.3750	+		WA5LQR	-----------
Lakeway	444.4000	+	O 103.5	WB5PCV	-----------
Lamesa	443.5000	+	●	KE5PL	-----------
Lamesa	444.7500	+	O 162.2l	K5WTC	WTXC
Lamesa	444.9500	+	O 100	N5SVF	-----------
Lampasas	443.6500	+		KE5ZW	ARMADILLO
Lampasas	444.4250	+	O E-SUN	K6STU	-----------
Laredo	440.6000	+	O	KE5WFB	DCC
Laredo	441.6625	+		KE5WFB	D-STAR COMM
Laredo	442.1000	+	O 100	W5EVH	-----------
Laredo	442.3000	+	●	N5LNU	-----------
Laredo	442.7000	+	O 88.5ax	N5LNU	RRGRC
Laredo	444.0000	+	O 100elr WX	W5EVH	-----------
Laredo	444.2000	+	O	KE5WFB	DSTAR COMM C
Laredo	444.4000	+	O 100lrs	W5EVH	-----------
League City	442.2250	+	O 131.8ex	WR5GC	GCECG
Leander	441.6000	+	O 100e	KE5RS	-----------
Levelland	442.0000	+	O 67a	N5SOU	-----------
Levelland	443.1250	+	O 103.5e	W5CP	EDXS
Levelland	443.1500	+	O 136.5 (CA)	KC5TAF	-----------
Little Elm	444.3500	+	O	WA5YST	-----------
Livingston	442.3000	+	O 146.2	WA5QLE	-----------
Livingston	443.1250	+	O 103.5l WX	WB5UGT	SALTGRASS
Llano	443.5000	+	●	AI5TX	-----------
Lockhart	444.3000	+	O 203.5l	WB5UGT	SALTGRASS
Longfellow	443.9750	+	●	WX5II	INTERTIE
Longview	443.9750	+	O	K5LET	-----------
Longview	444.7250	+	O 136.5 WX	KD5UVB	GCEC
Los Fresnos	444.7750	+	O 114.8e	KF5INZ	-----------
Lubbock	443.0750	+	O 88.5	K5LIB	LARC
Lubbock	443.9250	+		AI5TX	Armadillo
Lubbock	444.1000	+	O 146.2	K5TTU	TTARC
Lubbock	444.4500	+	O 114.8	KZ2JOE	-----------
Lubbock	444.6875	+	O lx	KA3IDN	-----------
Lubbock	444.8750	+	O 162.2elrx	N5UQF	-----------
Lufkin	444.1000	+	O 91.5	KD5NWH	-----------
Lufkin	444.4250	+	O 203.5l	WB5UGT	SALTGRASS
Lufkin	444.9000	+	O 107.2	KD5TD	-----------
Lufkin	444.9750	+	O 107.2ers	W5IRP	DETARC
Magnolia	441.6000	+	O 127.3 (CA)	KB5FLX	-----------

640 420-450 MHz
TEXAS

Location	Output	Input	Notes	Call	Sponsor
Magnolia	442.9500	+	O 123	W5JON	
Magnolia	443.0250	+	O 103.5	KB5FLX	ARCDT
Magnolia	443.8500	+	O 156.7	W5JSC	------------
Magnolia	444.6750	+	O 192.8	KD0RW	------------
Manchaca	442.3250	+	O 167.9	KE5AST	------------
Manor	442.4250	+	O 100e	KI4MS	------------
Marathon	443.5000	+	●	AI5TX	Armadillo
Marathon	448.0000	−	Oelr	AD5BB	BIGBENDARC
Marble Falls	442.8500	+	O 103.5	N5KUQ	------------
Marietta	443.2250	+	O	W5YME	------------
Markham	444.7000	+	O 146.2	WA5SNL	MCARC
Marshall	444.1500	+	O	KB5MAR	Marshal ARC
Mcallen	444.3000	+	O 114.8ls WX	W5RGV	STARS
Mccamey	444.7000	+	●	N5SOR	------------
Mcelroy Mt	443.9500	+	●	N5HYD	INTERTIE
Mckinney	442.3500	+	O 100	KF5TU	PAGER
Mckinney	442.5750	+	O 127.3elx	N5GI	N. Texas Repeater A
Melissa	443.2000	+	O 100e	W5MRA	MERA
Mercedes	441.6000	+	O	KR4ZAN	------------
Mesquite	441.3000	+	O 110.9 (CA)r	AK5DX	------------
Mesquite	442.6250	+	O 110.9 (CA)	AK5DX	------------
Mesquite	443.3750	+	O 162.2er WX	N5AIB	------------
Mesquite	444.4250	+	O 156.7l WX	KA5PQK	------------
Miami	444.8500	+	O 88.5l	N5LTZ	CRI
Midland	441.3750	+		KF5WDJ	------------
Midland	441.7000	+	O	W5QGG	MARC
Midland	442.0250	+	O 162.2	N5MXE	------------
Midland	442.2000	+	O 162.2l	W5LNX	SWLS
Midland	442.9750	+	O 162.2e	K5PSA	PSARAPB
Midland	443.2750	+	O 162.2	N5XXO	------------
Midland	443.3000	+	O 123	W5WRL	------------
Midland	443.5750	+	●	KE5PL	------------
Midland	443.6500	+	●	KE5PL	ARMADILLO
Midland	443.7250	+	●	N5SOR	INTERTIE
Midland	443.8000	+	O 162.2e	KK5MV	NONE
Midland	443.9750	+	●	KE5PL	ARMADILLO
Midland	444.2000	+	O 162.2	W5QGG	MARC
Midland	444.3625	+	Ol	KE5PL	------------
Mineral Wells	442.7000	+	O 85.4	WB5TTS	------------
Missouri City	444.0000	+	●	W5XC	------------
Missouri City	444.1500	+	O 103.5	W5XC	CYPRESS
Mont Belvieu	441.8000	+	O 103.5	KK5XQ	CCOEM
Montgomery	441.7250	+	O 103.5	WA5AIR	SALTGRASS
Moody	442.3000	442.3000	O 123	AA5RT	SV70RC
Moody	443.9250	+	●	AI5TX	------------

420-450 MHz
TEXAS

Location	Output	Input	Notes	Call	Sponsor
Mound Creek	441.9250	+	●	W5DK	LONE STAR LIN
Mount Pleasant	442.1000	+	O 173.8l	KA5FGJ	RAILS
Mount Pleasant	444.9500	+	O 151.4l	W5XK	ETXARC
Murphy	441.7000	+	●	AA5BS	------------
Nacogdoches	443.9500	+	●	KD5MBZ	------------
Nacogdoches	444.0500	+	O 141.3e	W5NAC	NARC
Nassau Bay	442.4750	+	O	NB5F	BAARC
New Boston	442.0750	+	OeWX	KE5ZHF	------------
New Braunfels	443.5000	+	O 141.3l	W5DK	LONE STAR LIN
New Braunfels	443.8500	+	O 103.5	WB5LVI	------------
New Waverly	442.2750	+	●	NA5SA	------------
New Waverly	442.7250	+	O 103.5l	WA5AIR	SALTGRASS
North Richland Hills	441.7500	+	O 100	K5NRH	N. Richland Hills
North Richland Hills	443.6000	+	O 110.9	W5URH	------------
Notrees	442.5000	+	O 162.2l	N5SOR	WTC
Notrees	443.7000	+	●	AI5TX	Armadillo
Notrees	443.8875	+	Olx	KA3IDN	------------
Notrees	444.6750	+	O 162.2l	N5XXO	SWLS
Oak Ridge North	441.3250	+	O 123 WX	KW5O	------------
Oakville	444.8250	+	O 141.3	W5CTX	------------
Odessa	443.6250	+	●	KE5PL	Armadillo
Odessa	444.1000	+	O 162.2el	W5CDM	WTC
Odessa	444.2375	+	Ol	KA3IDN	------------
Odessa	444.4250	+	O 162.2	WT5ARC	WTARC
Odessa	444.9750	+	O 179.9el	K5PSA	PSARAPB
Onalaska	443.0250	+	O 67	WB5HBU	------------
Ovalo	444.9750	+	O 103.5e	KD5YCY	------------
Ozona	443.6250	+	●	KE5PL	------------
Palestine	442.3750	+	O 136.5	KR5Q	------------
Palestine	444.6000	+	O 103.5e	K5PAL	PACARC
Pandale	443.9250	+	●	WB5TZJ	------------
Paris	442.1250	+	O 151.4e	N4RAP	RRVARC
Paris	444.4750	+	O	KI5DX	------------
Paris	444.5000	+	●	W5KJC	RAILS
Pasadena	441.6250	+	O 103.5 (CA)	KD5HKQ	TARMA
Pasadena	443.3750	+	O 103.5	KD5HKQ	TARMA
Pasadena	443.4500	+	O 114.8	WB5ZMY	PASADENA OE
Pasadena	443.7750	+	O 156.7	KD5QCZ	SETECG
Pasadena	444.2750	+	O 103.5ae WX	W5PAS	PECG
Pearland	441.9250	+	●	N5KJN	------------
Pearland	443.0500	+	O 167.9	K5PLD	PARC
Pearland	443.4000	+	O 141.3el	N5KJN	------------
Penwell	443.6750	+	●	N5SOR	INTERTIE,INC
Pflugerville	441.8250	+	O 114.8	KC5CFU	------------
Pflugerville	444.3500	+	●	K5UUT	------------
Pine Springs	444.0500	+	O	N5SOR	ZIA

642 420-450 MHz
TEXAS

Location	Output	Input	Notes	Call	Sponsor
Pipe Creek	442.3750	+	O 141.3 (CA)	WD5FWP	BARK
Plainview	443.9500	+	●	AI5TX	ARMADILLO
Plano	441.3000	+	OarWX	K5PDT	-----------
Plano	443.6500	+	●	AI5TX	-----------
Plano	444.1750	+	●	W5SUF	-----------
Pleasanton	443.9750	+	●	NU5P	INTERTIE, INC.
Plum Grove	444.1750	+	O 103.5el	WB5UGT	SALTGRASS
Port Aransas	444.1000	+	O 107.2l	KG5BZ	-----------
Port Arthur	444.8000	+	O 118.8e	KC5YSM	-----------
Port Lavaca	442.6750	+	O 103.5	W5KTC	PLARC
Portable	440.6000	0	Oar	K5MIJ	ROCKWALL DIGITAL
Potosi	443.1000	+	O 88.5e	KD5YCY	-----------
Prosper	442.0500	+	O	N5TPS	-----------
Ranger	443.6750	+	●	AI5TX	-----------
Ranger	444.9500	+	O 88.5	K6DBR	-----------
Rankin	443.9250	+	●	KE5PL	ARMADILLO
Refugio	443.0500	+	O 103.5ex	K5WAG	RCARC
Refugio	443.8750	+	O 103.5	AD5TD	-----------
Richardson	441.3750	+	●	KG5JL	-----------
Richardson	441.8750	+	O 131.8a	W5ROK	RCARC
Richardson	443.3250	+	O 110.9e	NT5NT	NNARC
Richardson	444.0250	+	O 110.9l	WX5O	-----------
Richardson	444.3750	+	O 127.3	N5GI	-----------
Richardson	444.6750	+	O	N5UA	DFW Remote Base A
Richland Hills	441.8500	+	O 110.9elr	N5VAV	-----------
Richmond	443.3500	+	O 103.5l WX	WB5UGT	SALTGRASS
Richmond	444.5250	+	O 123erWX	KD5HAL	FBCOEM
Riesel	444.6750	+	O 5	W5BCR	Bosque County ARC
Rockwall	441.5250	+	O 141.3er	KK5PP	-----------
Rockwall	442.2500	+	O	N5MIJ	-----------
Rockwall	443.5500	+	O 162.2e	K5GCW	-----------
Rosenberg	442.5500	+	●	WB5TUF	-----------
Round Rock	441.7000	+	O 110.9	KM5MQ	RRARE
Round Rock	442.8250	+	O 114.8	W5TEY	-----------
Round Rock	443.1000	+	O 110.9	N5ECG	-----------
Round Rock	443.6750	+	●	AI5TX	-----------
Rowlett	441.3125	+	●	KR5EOC	-----------
Rowlett	441.3250	+	O 162.2er WX	AB5U	-----------
Rowlett	441.9500	+	O 110.9elr	AB5U	-----------
Sachse	444.7625	+	O	AC5BC	-----------
Saginaw	441.9750	+	O	N5GMJ	-----------
Saint Hedwig	440.0750	+	O 123	WA5FSR	SHARC
San Angelo	441.7500	+	O 162.2l WX	KC5EZZ	-----------
San Angelo	442.2500	+	O 162.2	W5RP	-----------
San Angelo	443.7000	+	●	AI5TX	Armadillo
San Angelo	444.1250	+	O 71.9l	KC5EZZ	-----------

420-450 MHz
TEXAS

Location	Output	Input	Notes	Call	Sponsor
San Angelo	444.2250	+	O 162.2el WX	KC5EZZ	----------
San Angelo	444.3500	+	O 162.2e	N5SVK	----------
San Angelo	444.5500	+	O	KC5EZZ	----------
San Antonio	441.3000	+	O 100	KD8BVD	----------
San Antonio	441.3250	+	●	W5DK	LONE STAR LIN
San Antonio	441.7000	+	O 82.5	N5XO	----------
San Antonio	441.9000	+	O 103.5	KE5HBB	----------
San Antonio	441.9500	+	O 77	KG5ENO	----------
San Antonio	442.0750	+	O 100	W5SC	SARC
San Antonio	442.3500	+	Oa	KB5UJM	----------
San Antonio	442.3750	+	O 141.3 (CA)	WD5FWP	----------
San Antonio	442.6250	+	O 127.3	KB5ZPZ	----------
San Antonio	443.0250	+	O 82.5	N5XO	----------
San Antonio	443.4750	+	O 162.2l	WB5FNZ	----------
San Antonio	443.5500	+	O 141.3	WA5LNL	----------
San Antonio	443.5750	+	O 141.3 E-SUNl	W5DK	----------
San Antonio	443.6750	+	●	AI5TX	----------
San Antonio	443.7000	+	●	W5FQA	INTERTIE
San Antonio	443.7250	+	●	WX5II	Intertie, Inc.
San Antonio	443.8750	+	O 162.2l	AA5RO	AARO
San Antonio	443.9500	+	●	WX5II	INTERTIE
San Antonio	444.0250	+	O	K5DSF	----------
San Antonio	444.1000	+	O 179.9ae	WB5FWI	SARO
San Antonio	444.1250	+	O 179.9	K5SUZ	SARO
San Antonio	444.3250	+	●	W5DKK	----------
San Antonio	444.5750	+	O 141.3l	WB5UGT	SALTGRASS
San Antonio	444.6000	+	O 141.3	AB5QW	----------
San Antonio	444.6250	+	O 141.3el	W5DK	LONE STAR LIN
San Antonio	444.8500	+	O 162.2	AA5RO	----------
San Antonio	444.9500	+	O 103.5l	WA5KBQ	----------
San Marcos	443.6500	+	●	AI5TX	----------
Santa Anna	444.0250	+	O 94.8	KE5NYB	----------
Santa Fe	443.4750	+	●	N5NWK	----------
Santa Maria	444.2750	+	O 114.8els WX	W5RGV	STARS
Seabrook	443.3500	+	O 127.3e	KE5VJH	----------
Sealy	442.0250	+	O 123	WØCFM	----------
Seguin	441.7250	+	O 156.7e	K5RGD	----------
Seguin	442.2250	+	O 141.3alx	W5CTX	----------
Seymour	444.9250	+	O 192.8	N5LEZ	----------
Sheffield	442.0750	+	O 162.2	KK5MV	----------
Sheffield	443.5000	+	●	N5SOR	INTERTIE
Sherman	444.7500	+	O 100	W5RVT	SHERMAN
Shiner	443.4500	+	O 141.3el	W5DK	LONE STAR LIN
Shiner	444.2750	+	O 141.3	W5CTX	----------
Slidell	442.9250	+	O 110.9 WX	W5FKN	LTARC

420-450 MHz
TEXAS

Location	Output	Input	Notes	Call	Sponsor
Snook	441.5000	+	O 103.5	W5FFP	------------
Snyder	443.6250	+	●	AI5TX	Armadillo
Socorro	444.4000	+	O 192.8	W5WIN	BDRC
Sonora	443.9750	+	●	N5SOR	INTERTIE
South Padra Island	444.8750	+	O 114.8	W5RGV	SOUTH TEXAS REP
Southlake	440.5000	+	O	N5EOC	NE TARRANT ARC
Southlake	442.1750	+	O	N1OZ	------------
Speaks	442.5250	+	O	K5SOI	------------
Spearman	442.0000	+	O 88.5el WX	N5DFQ	DUST BOWL LINK S
Spring	441.3750	+	O 100	KC2EE	------------
Spring	441.5250	+	O 151.4 (CA)	KC5DAQ	HARS
Spring	442.6750	+	O 103.5l	KB5FLX	ARCDCT
Spring	442.7000	+	O 103.5l WX	WB5UGT	SALTGRASS
Spring	442.8000	+	O 88.5e	K5JLK	SMCARC
Spring	444.3500	+	O 103.5	KA2EEU	------------
Stephenville	444.7750	+	O 88.5	KD5HNM	------------
Sterling City	443.6750	+	●	AI5TX	ARMADILLO
Sugarland	443.0000	+	●	KC5EVE	------------
Sulphur Springs	442.6000	+	O	N5TMC	------------
Sweet Home	442.0500	+	O 103.5	K5SOI	K5SOI
Sweet Home	443.8250	+	O 203.5	WB5UGT	------------
Sweetwater	441.3125	+	O	KE4QFH	------------
Sweetwater	443.6500	+	●	AI5TX	Armadillo
Sweetwater	444.7750	+	O 162.2el	KE5YF	NCARA
Tabor	443.5250	+	O 127.3e	KD5DLW	------------
Taft	444.2000	+	O 103.5	W5CRP	W5CRP
Taft	444.8000	+	O 107.2ex	K5YZZ	------------
Taylor	444.7500	+	O 114.8	KB2PMD	------------
Temple	444.7000	+	O 123	W5LM	TARC
Terrell	441.6750	+	O 110.9	K5RCP	------------
Texas City	443.8500	+	O 156.7	W5JSC	------------
Texas City	444.9250	+	●	WB5BMB	------------
The Woodlands	443.2250	+	O 203.5	KC0EJX	NSLS
The Woodlands	443.3000	+	O 203.5l	KC0EJX	NSLS
Timpson	444.6750	+	O 107.2e	KK5XM	------------
Tom Bean	441.6500	+	●	N5MRG	NTRS
Trinity	444.9250	+	O 103.5	N5ESP	------------
Troy	444.5000	+	O 123eWX	W5AMK	------------
Tuxedo	442.0250	+	O 88.5	KD5YCY	BCARN
Tyler	443.3250	+	O	KC5KCT	------------
Tyler	444.0000	+	O 110.9elrx	K5TYR	TYLER ARC
Tyler	444.7500	+	O 110.9e	WB5UOM	------------
Uvalde	443.9250	+	●	K5DRT	INTERTIE
Van Alstyne	443.8000	+	O 103.5e	W5VAL	VARC
Vanhorn	444.9500	+	O 162.2l	N5SOR	------------

420-450 MHz
TEXAS-UTAH

Location	Output	Input	Notes	Call	Sponsor
Venus	443.7750	+	O 110.9l	WS5J	JARS
Vernon	444.1500	+	O 192.8	NC5Z	-----------
Victoria	443.2250	+	O 141.3el	W5DK	-----------
Victoria	443.8000	+	O 103.5e	W5DSC	VARC
Victoria	443.9750	+	●	W5DK	LONE STAR LIN
Victoria	444.6500	+	O 103.5	K5SOI	K5SOI
Victoria	444.6750	+	O 162.2	WB5MCT	-----------
Vidor	443.6750	+	●	AI5TX	-----------
Waco	442.4500	+	Oa	WA5BU	BARC
Waco	442.8750	+	O 123	W5ZDN	HOTARC
Waco	444.1500	+	O 123	AA5RT	SV70RC
Waco	444.7250	+	O 123	AA5RT	-----------
Walburg	443.3000	+	O 88.5	K5AB	-----------
Waller	444.9000	+	O 100e	KF5GXZ	-----------
Walnut Springs	442.5750	+	O	WC5WC	-----------
Watauga	443.5750	+	O 110.9	W7YC	-----------
Watauga	444.6250	+	O	W5URH	-----------
Wayside	443.9750	+	●	N5LTZ	ARMADILLO
Wayside	444.5750	+	O 88.5l	N5LTZ	CRI
Weatherford	443.2500	+	O 110.9l	W5URH	-----------
Weatherford	443.7000	+	●	AI5TX	-----------
Weatherford	443.8000	+	O 110.9	W5URH	-----------
Weatherford	444.1750	+	●	W5SUF	-----------
Weatherford	444.2750	+	O 103.5	W0 BOE	-----------
Weatherford	444.7500	+	O 110.9ae	K5RNB	-----------
Webster	442.9750	+	●	KE5LYY	GULLS
Weslaco	444.2000	+	O 114.8	KC5WBG	-----------
West Columbia	443.6250	+	●	AI5TX	-----------
Wharton	444.1250	+	O 167.9	W5DUQ	Golden Crescent
Wharton	444.6500	+	O 203.5l	WB5UGT	SALTGRASS
Whitesboro	444.7500	+	O 100 WX	WC5GC	Texoma Emerge
Wichita Falls	444.0000	+	O 192.8 (CA)	N5WF	Morton
Wichita Falls	444.2000	+	O 118.8	WB5ALR	TFR GROUP
Wichita Falls	444.7500	+	O 192.8	KD5INN	-----------
Wichita Falls	444.7750	+	O 173.8	K5HRO	-----------
Wichita Falls	444.8000	+	O 192.8 WX	W5GPO	-----------
Wichita Falls	444.9750	+	O 192.8	N5LEZ	-----------
Willis	442.6250	+	O 156.7	W5JSC	-----------
Wimberley	442.5500	+	O 141.3el	W5CTX	WARS
Wimberley	444.1500	+	O 114.8 (CA)	WA5PAX	-----------
Woodlands, The	444.1000	+	O 136.5el	W5WFD	TWARC
Wortham	443.9000	+	O 136.5	KE5DFY	-----------

UTAH
CENTRAL

Location	Output	Input	Notes	Call	Sponsor
Fairview	449.0250	–	Oex	WA7X	-----------
Fish Lake	449.2500	–	O 145.29lx	WB7REL	-----------

420-450 MHz
UTAH

Location	Output	Input	Notes	Call	Sponsor
Holden	449.3000	–	O 88.5x	WB7REL	W7DHH
Horseshoe	447.3000	–	O 223.92lx	WB7REL	
Manti	448.2750	–	O 146.66al	WB7REL	Skyline
Manti	448.9750	–	●lx	WA7FFM	DARS
Manti	449.7500	–	O 131.8 (CA)	N7YFZ	
Marysvale	449.8000	–	Ox	N7ZSJ	
Monroe	447.4500	–	O 146.86lx	W7DHH	Skyline
Salina	447.1500	–	O 52.525rx	KD7YE	WB7REL
Sterling	447.8500	–	O 131.8	WB7REL	

NORTH

Location	Output	Input	Notes	Call	Sponsor
Bear Lake	448.4500	–	OtL(I3188)pr	K7OGM	
Bear Lake	448.9750	–	●l	K7OGM	DARS
Bear Lake	449.7000	–	O 100.0	K7OGM	
Logan	447.0000	–	Olpr	WA7MXZ	
Logan	449.2500	–	O 103.5	AC7II	SNP
Logan	449.3000	–	O 7576lpr	W7BOZ	
Logan	449.3250	–	O 156.7a	N7RRZ	
Logan	449.6250	–	O 103.5x	AC7O	BARC
Preston ID	448.7500	–	O	KE7EYY	
Wellsville	449.8000	–	O 103.5	WA7KMF	BARC

NORTH EAST

Location	Output	Input	Notes	Call	Sponsor
Powder Mtn	447.7750	–	O 123x	N7TOP	
Vernal	449.7000	–	O 136.5x	W7BYU	W7BYU
Vernal	449.9000	–	O 136.5e L(IRLP 7705 YAESU FUSION)	W7BAR	BARC

PRICE

Location	Output	Input	Notes	Call	Sponsor
Castledale	447.6250	–	● 100x	K7YI	
Castledale	447.7000	–	O 3280 (CA)lprx	WX7Y	
Castledale	448.0750	–	O	K2NWS	
Castledale	448.5500	–	O 88.5rx	WX7Y	
Cedar Mtn	447.1250	–	● 100x	K7YI	
Helper	447.0250	–	O 88.5x	K7SDC	N7TAG
Indian Canyon	447.3250	–	O	N7KYY	
Price	448.3000	–	O	K7GX	
Price	449.3500	–	O	KA7LEG	
Sunnyside	449.0500	–	O 147.32 (CA)lrx	K7SDC	SDARC

SOUTH

Location	Output	Input	Notes	Call	Sponsor
Kanab	449.1000	–	O 100.0 L(2 MTR REMOTE) RBx	N7YSE	KCARC
Kanab	449.8500	–	O	W7NRC	
Page AZ	448.6000	–	O 100.0 L(146.800)x	WA7VHF	UVHFS
Page AZ	448.7500	–	Ox	NA7DB	
Page, Az	449.9250	–	Ox	W7CWI	LPARG

SOUTH EAST

Location	Output	Input	Notes	Call	Sponsor
Mexican Hat	449.9000	–	O 123	KD7HLL	

UTAH
420-450 MHz

Location	Output	Input	Notes	Call	Sponsor
Moab	449.1000	–	●lx	K7QEQ	GMRA
Monticello	447.1000	–	O 107.2x	NØNHJ	------------
Monticello	447.4000	–	●lx	K7QEQ	GMRA
SOUTH WEST					
Cedar City	448.1000	–	O	N7DZP	------------
Cedar City	448.4000	–	Or	WA7GTU	------------
Cedar City	448.6500	–	●lrx	KB6BOB	DARS
Cedar City	448.8000	–	O 100	K7JH	RCARC
Cedar City	449.5000	–	O 100.0	WA7GTU	WA7GTU
			L(2 MTR REMOTE) RBx		
Cedar City	449.9000	–	O 3574elpr	WA7GTU	------------
Cedar City	449.9250	–	O 100.0	WA7GTU	------------
			L(2 MTR REMOTE) RBx		
Duck Creek	447.3250	–	O 127.3	N7SGV	------------
Kolob Peak	448.5000	–	●	K7WS	------------
Milford	448.6750	–	●lx	K7JL	DARS
St George	446.7000	446.7000	Oa	KA7STK	------------
St George	448.7250	–		WB6TNP	------------
St George	449.3250	–	Ox	NR7K	------------
St George	449.3500	–	O	KI2U	------------
St George	449.4250	–	O 3310	KA7STK	------------
			(CA)elpr		
St George	449.7000	–	O	K7SG	------------
St George	449.7250	–	Oa	KD7YK	------------
St George	449.7500	–	O	W7AOR	N7ARR
St George	449.9500	–	O	NR7K	------------
St George	449.9750	–	Oa	NR7K	------------
WASATCH FRONT					
Alpine	449.3750	–	O	N7XHO	------------
American Fork	449.1750	–	O 447.875l	KA7EGC	------------
Antelope Is	447.2000	–	O 127.3ex	K7DAV	DCARC
Bountiful	448.8000	–	● 88.5r	KA7SLC	RMRA
Bountiful	449.3500	–	O 123	W7CWK	------------
Bountiful	449.9250	–	O 147.42er x	K7DAV	DCARC
Brighton	449.5250	–	O 131.8x	K7JL	------------
Cedar Fort	449.7000	–	O 127.3	KO7R	------------
Clearfield	447.1500	–	O 114.8	KR7K	------------
Clearfield	447.3250	–	O 118.8	W7UTA	------------
Clearfield	447.3500	–	O	N7CRG	CSERG
Clearfield	448.8250	–	O 4654elpr	KØNOD	CSERG
Clearfield	449.9500	–	O 3876 (CA)lpr	NJ7J	------------
Clinton	447.0500	–	O 114.8ar	KK7AV	------------
Coalville	448.6500	–	●x	WA7GIE	DARS
Coalville	448.9000	–	Orx	WB7TSQ	------------
Coalville	449.5500	–	O 100lprx	WA7GIE	------------
Draper	447.0000	–	O 88.5	KE7QGT	------------
Draper	447.1000	–	O 100	KG7EGM	DHRA
Draper	447.3750	–	O	AA7XY	------------

420-450 MHz
UTAH

Location	Output	Input	Notes	Call	Sponsor
Draper	448.3500	–	Oer	N7GAD	------------
Eagle Mtn	449.2500	–	O 110.9	WD7N	------------
Eden	447.6000	–	O	KJ7YE	------------
Erda	447.3000	–	O 88.5	N7SLC	------------
Herriman	449.2500	–	O	KC1F	SNP
Huntsville	448.0250	–	O 3211lpr	W7DBA	------------
Kamas	448.7500	–	Olpr	WA7GIE	DARS
Kaysville	449.7000	–	O 100e	K7DOU	DCARC
Lake Mtn	448.7000	–	● 114.8x	N7IMF	UHDARC
Layton	449.2500	–	O 136.5	AI7J	SNP
Layton	449.8750	–	O 167.9x	W7MVK	------------
Lehi	447.6000	–	O	KD7RBR	------------
Lehi	447.8750	–	O 449.175l	KA7EGC	------------
Lehi	448.8750	–	●x	WB7RPF	ERC
Lehi	449.9750	–	O 131.8x	K7UCS	UTCOARES
Midway	449.9500	–	O	N7ZOI	------------
Murray	447.0250	–	O 100.0	WØHU	SLCOARES
Murray	447.2500	–	O 100x	KE7LMG	SLCOARES
Murray	448.1250	–	O 100.0 (CA)	N7HIW	------------
Murray	448.8250	–	O	N7TGX	------------
Ogden	448.2750	–	Ox	WB7TSQ	------------
Ogden	448.5750	–	Oa	W7SU	OARC
Ogden	448.6000	–	O 146.82l	W7SU	OARC
Ogden	449.6000	–	O 136.5x	AI7J	------------
Ogden	449.7750	–	OE-SUN L(2 MTR REMOTE) RB	N7TOP	N7TOP
Orem	447.2750	–	100aers	K7UCA	UTCOARES
Park City	447.5000	–	O	NZ6Z	------------
Park City	448.4750	–	Ox	KB7HAF	------------
Payson	447.0000	–	O	NV7V	------------
Payson	447.1250	–	100aers	K7UCA	UTCOARES
Payson	448.0250	–	O 131.8r	N7HMF	------------
Payson	448.2500	–	O	N6QWU	------------
Payson	448.9500	–	O	WA7FFM	------------
Payson	449.2250	–	O 100e	K7MLA	ERRS
Pleasant Grove	449.3250	–	O 114.8	N7UEO	------------
Provo	447.4250	–	O	N7EVC	------------
Provo	448.3250	–	O 103.5x	K7UCS	UTCOARES
Provo	449.2000	–	O	WA7FFM	------------
Provo	449.4750	–	O 449.425l prx	WA7GIE	------------
Provo	449.6750	–	O 173.8a	K7UCS	UTCOARES
Provo	449.7750	–	O	K8BKT	------------
Provo	449.8250	–	O 167.9	KB7YOT	------------
Provo	449.8500	–	O	WA7FFM	UVRMC
Provo BYU	449.0750	–	O	N7BYU	KI7TD
Riverside	447.1250	–	O L(MOTOTRBO)	WA7KMF	------------
Salem	447.0750	–	O 131.8	N7FQ	------------

420-450 MHz UTAH

Location	Output	Input	Notes	Call	Sponsor
Salem	449.2500	–	O	W7TTK	------------
Salt Lake	433.6000	423.6000	449.55lpr	WA7GIE	------------
Salt Lake	447.5250	–	O	K2NWS	------------
Salt Lake	447.7000	–	O 100	KF7YXL	------------
Salt Lake	447.9000	–	O 114.8erx	WD7SL	OLRC SoJor
Salt Lake	448.0000	–	O 100lpr	W7DES	------------
Salt Lake	448.0500	–	O 100	K7CSW	SLPEAKARC
Salt Lake	448.0750	–	O 145.125l	KF6RAL	------------
Salt Lake	448.1500	–	O 53.15lx	KI7DX	WA7X
Salt Lake	448.1750	–	Ox	N7HIW	------------
Salt Lake	448.4000	–	O	W7IHC	IHC
Salt Lake	448.4250	–	O 100	WD7SL	ERC
Salt Lake	448.4500	–	O	KD0J	SLCOARES
Salt Lake	448.5250	–	O	N7GXT	------------
Salt Lake	448.5250	–	O 100.0 L(YAESU FUSION)	KB7JBH	SLCARC
Salt Lake	448.5500	–	O 100.0	W7IHC	------------
Salt Lake	448.6250	–	●rx	WA7GIE	DARS
Salt Lake	448.7250	–	O 147.38l	WA7GIE	------------
Salt Lake	448.8500	–	●x	KD7PB	------------
Salt Lake	449.0000	–	●lrx	WA7GIE	DARS
Salt Lake	449.0250	–	O 146.2ax	WA7X	YOUARK
Salt Lake	449.1000	–	O 146.2ax	WA7X	YOUARK
Salt Lake	449.1500	–	O 100.0 L(YAESU FUSION)x	K7JL	K7JL
Salt Lake	449.2500	–	O 88.5	W7XDX	SNP
Salt Lake	449.2750	–	O 3407lprx	K7OJU	------------
Salt Lake	449.4000	–	O 100e L(2 MTR REMOTE) RBx	K7JL	K7JL
Salt Lake	449.4250	–	O 449.475l prx	WA7GIE	------------
Salt Lake	449.5000	–	O 100elx	K7JL	------------
Salt Lake	449.5250	–	O 100x	K7JL	------------
Salt Lake	449.6500	–	O 167.9	W7YDO	------------
Salt Lake	449.7250	–	151.4ex	WA7UAH	ERC
Salt Lake	449.9000	–	O 100	KD0J	SLCOARES
Sandy	448.3750	–	O 100	W7ROY	------------
Saratoga Springs	447.0500	–	O 100.0 L(IRLP 3205)pr	KC7WSU	------------
Spanish Fork	447.4000	–	Ox	K7DSN	------------
Springville	447.4750	–	O 186.2	WD7N	------------
Thiokol	448.3000	–	O 123l	KK7DO	GSARC
U of U Hospital	448.1000	–	O	KD7NX	------------
West Haven	448.7750	–	O 449.775l	N7TOP	------------
West Jordan	447.5750	–	O 114.8	K7LNP	------------
West Jordan	447.7500	–	O 100.0 L(YAESU FUSION)	WD7P	------------
West Jordan	449.7500	–	O	KA7OEI	------------
West Point	447.0750	–	O 123	W7WPC	------------
Woodland Hills	449.8000	–	O L(MOTOTRBO)	KC7WSU	------------

650 420-450 MHz
UTAH-VIRGINIA

Location	Output	Input	Notes	Call	Sponsor
WEST					
Grantsville	447.4750	–	O 114.8	KK7AV	----------
Tooele	449.3500	–	O 100	W7EO	
Vernon	448.9750	–	●lx	WA7GIE	DARS
Vernon	449.9500	–	O 100	W7EO	TCARES
Wendover	448.6750	–	●lrx	WA7GIE	DARS
Wendover	449.5500	–	O 100lprx	WA7GIE	----------
VERMONT					
BURLINGTON					
Bolton	445.0250	–	●tel	WB1GQR	RANV
Burlington	443.1500	+	O 100.0	W1FP	NETARC
Monkton	444.6500	+	O 110.9el	W1AAK	NFMRA
Mt Mansfield	447.1750	–	O 110.9l	W1IMD	Brlngtn ARC
CENTRAL					
Killington	444.5500	+	O 110.9el	W1ABI	NFMRA
Pico Peak	444.5000	+	O 71.9l	KA1UAG	KA1UAG
EAST CENTRAL					
Cabot	449.6250	–	O 67.0	K1US	K1US
Corinth	443.9000	+	O 131.8	KA1UAG	KA1UAG
White River Jct	444.0000	+	O 141.3	N1DAS	N1DAS
Williamstown	444.6000	+	O 110.9l	W1JTB	NFMRA
Williamstown	447.8750	+	O 100.0l	N1IOE	N1IOE
NORTHEAST					
Burke	449.1250	+	O 110.9l	W1AAK	NFMRA
Jay Peak	447.2250	+	O 100.0	K1JAY	StAlbansRC
NORTHWEST					
St Albans	443.4000	+	O 162.2	N1STA	StAlbansRC
SOUTHEAST					
Mt Ascutney	448.1250	+	O 110.9l	W1IMD	NFMRA
Newfane	444.7000	+	O 110.9l	WA1KFX	NFMRA
SOUTHWEST					
Mt Equinox	444.0500	+	O 100.0l	K1EQX	NFMRA
WEST CENTRAL					
Rutland	449.1750	–	O 100.0e	WA1ZMS	WA1ZMS
VIRGINIA					
Abingdon	442.9750	+	O 100/100	KB8KSP	----------
Accomac	444.3000	+	O 156.7/156.7a(CA)elrs	K4BW	Eastern Shore Amate
Altavista	444.4250	+	O 100/100e	WA4ISI	WA4ISI
Amelia	443.2000	+	O	KB4YKV	KB4YKV
Ashland	443.1375	+	Ot	KD4RJN	----------
Bald Knob	441.9500	+	O 107.2/107.2e	KD4BNQ	KD4BNQ
Bedford	442.6500	+	O 100/100e lrsWX	WA1ZMS	WA1ZMS
Bedford	443.8000	+	O 100/100e	WA1ZMS	WA1ZMS
Bedford	444.9000	+	O 151.4/151.4 E-SUNl	KF6UTH	----------

VIRGINIA

Location	Output	Input	Notes	Call	Sponsor
Bent Mountain	444.7750	+	O 107.2/107.2el	W4KZK	W4KZK
Big A Mtn	444.8750	+	O	KB4WTP	----------
Blacksburg	444.6500	+	O 107.2/107.2	N4NRV	----------
Bland	443.8500	+	O 103.5/103.5	KD8DZP	KD8DZP
Bluefield	442.4500	+	O 103.5/103.5	W8MOP	W8MOP
Bluefield	443.6250	+	O 100/100	WZ8E	----------
Bluefield	444.6250	+	O	WZ8E	----------
Broadway	444.4000	+	O 74.7/74.7	KC4TJY	----------
Buckingham	444.9500	+	O 110.9/110.9 E-SUN E-WINDrsWX	WW4GW	WW4GW
Charlottesville	441.5250	+	O 151.4/151.4ersWX	WA4TFZ	----------
Charlottesville	442.0750	+	O 151.4/151.4elrs	KF4UCI	KF4UCI
Charlottesville	443.0000	+	O 151.4/151.4rs	W4UVA	----------
Charlottesville	444.2500	+	O 151.4/151.4	WA4TFZ	Albemarle Amate
Check	443.3500	+	O 114.8/114.8	KG4MAV	Repeater builder/
Chesapeake	444.0000	+	O 162.2/162.2e	W4CAR	Chesapeake Am
Chesterfield	442.1500	+	O 162.2/162.2e	KA4CBB	KA4CBB
Clifton Forge	444.3750	+	O 103.5/103.5	N4HRS	----------
Clincho	444.9500	+	O 103.5/103.5	KK4RID	KK4RID
Copper Ridge	444.5500	+	O 103.5/103.5	KB4WTP	KB4WTP
Covington	442.2500	+	O 100/100	WA4PGI	----------
Daleville	444.4750	+	O 103.5/103.5el	N4HRS	----------
Danville	443.8500	+	O	KQ4I	----------
Elon	444.7500	+	O 136.5/136.5e	K4LBG	K4LBG
Fancy Gap	442.2250	+	O 107.2/107.2e	N4YR	----------
Fancy Gap	442.4250	+	O 107.2/107.2el	KF4OVA	KF4OVA
Fancy Gap	442.5750	+	O 100/100	K4IL	----------
Fancy Gap	444.0500	+	O 103.5/103.5	W4VSP	Sponsor
Fancy Gap	444.1000	+	O 136.5/136.5eWX	WA4LOY	WX4F
Farmville	443.3000	+	O 136.5/136.5elrsWX	WR4CV	CVRA

420-450 MHz
VIRGINIA

Location	Output	Input	Notes	Call	Sponsor
Franklin	444.8250	+	O 131.8/131.8	WT4FP	KG4BKI
Galax	443.1250	+	O 100/100l	KI4AVS	KI4AVS
Gate City	441.9000	+	O 103.5/103.5ers	K4GV	----------
Gate City	444.7000	+	Ot	N4WWB	----------
Gretna	443.0000	+	O 100/100e	WA4ISI	WA4ISI
Gum Spring	442.8000	+	O 203.5/203.5	KB4MIC	KB4MIC
Hampton	443.5000	+	O 100/100e rs	W4HPT	KC4F
Hampton	443.6500	+	O 173.8/173.8	KG4NJA	WB5POJ
Hampton	444.5500	+	O 100/100	W4QR	SPARK
Hillsville	442.1250	+	O 103.5/103.5	KK4EJ	KK4EJ
Hillsville	442.3250	+	O 100/100	KB4GHT	KB4GHT
Independence	443.3750	+	O 103.5/103.5l	W4TOW	----------
Jonesville	442.5750	+	O 100/100	AJ4G	AJ4G
Kilmarnock	443.6000	+	O 100/100	K2DUV	----------
Lexington	444.1500	+	Oers	W4ROC	----------
Lexington	444.3000	+	Oers	W4ROC	----------
Louisa	442.2250	+	O 131.8/131.8esWX	KD4OUZ	KD4OUZ
Lynchburg	420.0500	426.0500	O 136.5/136.5	K4CQ	K4CQ
Lynchburg	420.0500	426.0500	O 136.5/136.5ls	NN4RB	NN4RB
Lynchburg	442.9500	+	O 138/138	AB4FU	----------
Lynchburg	443.4500	+	O 186.2/186.2	KC4RBA	----------
Lynchburg	443.5000	+	O 103.5/103.5l	N4HRS	----------
Lynchburg	444.5000	+	O 136.5/136.5	K4CQ	----------
Martinsville	441.7500	+	O 77/77l	KF4RMT	----------
Martinsville	443.3000	+	O 107.2/107.2el	N4HRS	----------
Martinsville	443.8250	+	O 107.2/107.2l	KF4RMT	----------
Midlothian	441.8000	+	O 74.4/74.4 tTl	K8OI	----------
Newport News	442.9000	+	O 100/100	W4MT	W4MT
Newport News	444.7750	+	Oe	KI4LAO	----------
Norfolk	442.9500	+	O 131.8/131.8	W4VB	K4DA
Norfolk	444.4750	+	O 74.4/74.4 elrs	W4NMH	http://www.Norfolk-A
Oilville	444.8000	+	O 203.5/203.5	KB4MIC	KB4MIC

420-450 MHz — VIRGINIA

Location	Output	Input	Notes	Call	Sponsor
Pearisburg	444.6750	+	O 103.5/103.5el	N4HRS	KD4ADL
Pearisburg	444.9750	+	O 103.5/103.5	KD4BNQ	----------
Pennington Gap	443.8500	+	O 100/100e	W4NFR	W4NFR
Petersburg	443.8250	+	O	WB4KZI	WB4KZI
Petersburg	444.9000	+	O	KK4QAK	KE4EUE
Poor Mtn	442.3000	+	O 127.3/127.3	K5JCT	K5JCT
Portsmouth	443.7500	+	OE-SUNs	KI4KWR	----------
Portsmouth	443.8000	+	O	W4POX	PORTSMOUTH
Powhatan	443.1000	+	O	KN4YM	AC4QG
Prince George	444.2750	+	O 103.5/103.5	KG4YJB	KG4YJB
Pulaski	442.0750	+	O 107.2/107.2	K4XE	----------
Pulaski	444.6000	+	O 103.5/103.5l	N4VL	----------
Radford	443.2000	+	O 107.2/107.2e	KB4RU	----------
Richmond	442.3000	+	O 114.8/114.8	KC4VDZ	Bubba Phillips
Richmond	442.5500	+	O 74.4/74.4 eWX	W4RAT	RATS
Richmond	444.6500	+	O 203.5/203.5	W4FEG	----------
Richmond	444.8500	+	O 114.8/114.8e	AB4SF	----------
Richmond	444.9750	+	O 74.4/74.4	KK4QAK	KE4EUE
Roanoke	442.5000	+	O 107.2/107.2	W4CA	----------
Roanoke	442.7000	+	O 167.9/167.9	W7CP	W7CP
Roanoke	442.7500	+	O 107.2/107.2el	W4KZK	W4KZK
Roanoke	442.8500	+	O 100/100	N3ZE	----------
Roanoke	443.6500	+	O	WB8BON	----------
Roanoke	443.6750	+	O 110.9/110.9	K5JCT	K5JCT
Roanoke	444.1750	+	O 103.5/103.5el	N4HRS	----------
Roanoke	444.2750	+	O 103.5/103.5	N4HRS	----------
Roanoke	444.8500	+	O 107.2/107.2	W4KZK	W4KZK
Roanoke	444.9250	+	O 107.2/107.2l	WB8BON	----------
South Boston	443.9250	+	O 100/100	NM4V	NM4V
South Boston	444.6250	+	O 100/100	W4HCH	W4HCH
South Hill	443.5250	+	O 100/100e lsWX	KB2AHZ	KB2AHZ

420-450 MHz
VIRGINIA

Location	Output	Input	Notes	Call	Sponsor
South Hill	444.1250	+	O	KK4QAK	KE4EUE
Standardsville	443.9000	+	O 151.4/151.4elrs	KF4UCI	KF4UCI
Stuarts Draft	444.0500	+	O	KB4OLM	------------
Virginia Beach	442.8750	+	O 88.5/88.5 E-SUN WX	WS4W	------------
Virginia Beach	444.4000	+	O	W4BBR	W4RVN
Virginia Beach	444.9500	+	O 141.3/141.3	W4KXV	VBEARS
Waynesboro	444.7750	+	O 151.4/151.4elrs	KF4UCI	------------
Whitetop	443.0000	+	O 103.5/103.5e	KM4X	KI4PAY
Williamsburg	444.1000	+	Oa(CA)e	KB4ZIN	KC4CMR
Williamsburg	444.7000	+	O 100/100e l	N4ARI	WC4R
Willis	442.9000	+	O 114.8/114.8e	N4USA	Head repair guy
Wintergreen	444.5500	+	O 136.5/136.5	K4CQ	K4CQ
Wytheville	442.5250	+	O 103.5/103.5elWX	W4VSP	K4EZ
Wytheville	444.3250	+	O 103.5/103.5e	W4VSP	Fariss Larry M.

ALL OF TMARC AREA
Location	Output	Input	Notes	Call	Sponsor
SNP	442.9000	+	O		------------
SNP	447.8750	–	O		------------

CULPEPER
Location	Output	Input	Notes	Call	Sponsor
Fork Mtn	443.2500	+	O 107.2l	WA3KOK	NERA
Gordonsville	444.4000	+	O 151.4ers	KF4UCI	KF4UCI
Madison	442.5750	+	O 79.7elrs	AE4ML	AE4ML

DAHLGREN
Location	Output	Input	Notes	Call	Sponsor
King George	448.4750	–	O 79.7e	K4GVA	KGARO

FREDERICKSBURG
Location	Output	Input	Notes	Call	Sponsor
Fredericksburg	442.8500	+	O 107.2el	AE4ML	AE4ML
Quantico	443.5500	+	O 167.9	K3FBI	FBI ARA
Spotsylvania	442.7000	+	O 114.8 WX	KD4QNA	KD4QNA
Stafford	444.4500	+	O 79.7 (CA) eWX	WS4VA	SARA
Stafford	447.2750	–	OL(DSTAR)	WS4VA	SARA

FRONT ROYAL
Location	Output	Input	Notes	Call	Sponsor
Front Royal	442.7250	+	O 107.2el	NO4N	K4QJZ +NERA
Linden	442.3500	+	O 123.0a	N3UR	N3UR

HARRISONBURG
Location	Output	Input	Notes	Call	Sponsor
Basye	444.6000	+	O 131.8rs	K4MRA	MARA
New Market	443.3500	+	O 203.5es	KQ4D	KQ4D
Penn Laird	443.1500	+	O 131.8	KC4GXI	N4DSL

WARRENTON
Location	Output	Input	Notes	Call	Sponsor
Warrenton	442.2500	+	O 167.9	W4VA	Fauquier ARA

420-450 MHz
VIRGINIA-WASHINGTON

Location	Output	Input	Notes	Call	Sponsor
WASHINGTON AREA					
Alexandria	442.0600	+	OL(DSTAR)	W4HFH	Alex RC
Alexandria	443.1000	+	O 107.2	KI4PIW	TJHSST
Alexandria	444.6000	+	O 107.2	W4HFH	Alex RC
Arlington	443.2000	+	O 114.8e L(ICOM NXDN)	AB4YP	AB4YP
Arlington	444.5500	+	O 88.5	K4AF	Pentagon ARC
Arlington	448.6250	–	O 107.2er	W4AVA	ARPSC
Arlington	449.3250	–	O 151.4e	WB7VUM	WB7VUM
Ashburn	448.8250	–	O 77.0	KQ4CI	KQ4CI
Bull Run Mtn	447.7750	–	O 67.0	WA3KOK	NERA
Burke	448.6750	–	O 100.0e	WA3TOL	WA3TOL
Dulles Airport	444.7500	+	O 100.0e	K4IAD	E-Star
Fairfax	448.3750	–	O	K4XY	VWS
Falls Church	447.6250	–	O 107.2elr	W4AVA	ARPSC
Haymarket	448.2250	–	O 77.0el	W4BRM	BRM ARA
Haymarket	448.3250	–	O 77.0el	K8GP	DVMS
Haymarket	448.9750	–	Oe L(MOTOTRBO CC6 TS 1/ID-1 TS2/ID-2)	W4YP	W4YP
Haymarket	449.0250	–	O 156.7el	N3AUY	+KD3R
Herndon	443.0000	+	O 88.5	N2LEE	N2LEE
Loudoun	442.1000	+	O 77.0al WX	WA4TXE	WA4TXE
Manassas	442.2000	+	O 100.0e	W4OVH	OVHARC
Manassas	442.5125	+	Oe L(DSTAR)s	W4OVH	OVHARC
Manassas	443.5000	+	O 110.9els RB	K4GVT	K4GVT
Nokesville	442.6000	+	O 100.0elr s	WC4J	PWC ARES
Reagan Airport	443.5125	+	OL(DSTAR)	K4DCA	E-STAR
Reagan Airport	444.7500	+	O 203.5e	K4DCA	E-STAR
Tysons Corner	447.0250	–	O 100.0 (CA)ez	NV4FM	NVFMA
Tysons Corner	448.0350	–	OL(DSTAR)	NV4FM	NVFMA
Woodbridge	444.9000	+	O 127.3 (CA)e	W4IY	WWI
WINCHESTER					
Bluemont	443.6500	+	O 77.0el	K8GP	DVMS
Bluemont	449.9250	–	O 146.2	WA4TSC	WA4TSC
Maurertown	442.4750	+	O 77.0lWX	N3UHD	N3UHD
Winchester	442.0000	+	O 146.2	W3IF	W3IF
Winchester	442.0500	+	O 179.9e	N2XIF	N2XIF
Winchester	448.7750	–	O 146.2	W4RKC	SVARC
Winchester	449.1750	–	O 141.3 A(888)erWX	WA4RS	WinchesterARS

WASHINGTON
FREQUENCY USAGE - EAST WASH LINK

Spokane	430.0750	439.0750		AK2O	

420-450 MHz
WASHINGTON

Location	Output	Input	Notes	Call	Sponsor
Spokane	430.1750	439.1750		AK2O	
Spokane	439.0750	430.0750		AK2O	
Spokane	441.2500			AK2O	
Spokane	446.2250	–		AK2O	
Spokane	446.2500	446.2500		AK2O	
Wenatchee	430.0250			AK2O	
Wenatchee	430.1000			KB7TYR	
Wenatchee	430.3500			KB7TYR	
Wenatchee	439.0250	430.0250		AK2O	
Wenatchee	439.1000			KB7TYR	
Wenatchee	439.1750	430.1750		AK2O	
Wenatchee	439.3500			KB7TYR	
Wenatchee	440.8750			WA7PUD	
Wenatchee	441.2250	+		AK2O	
Yakima	442.6250	+	●	WA7SAR	

FREQUENCY USAGE - IACC AREAS

Location	Output	Input	Notes	Call	Sponsor
Snp	443.0000	+	t		

W WA - FREQUENCY USAGE

Location	Output	Input
Crossband	440.0250	440.0250
Data - Nat'l Simplex	441.0000	441.0000
Data - Rptr Output	440.7000	440.7750
Data -Simplex	440.8000	440.9000
Data Rptr Input	445.7000	445.7750
Nat'l Calling Freq'y	446.0000	446.0000
Rptr Inputs	445.0000	445.6750
Rptr Inputs	446.0500	449.8750
Rptr Outputs	440.0500	446.7500
Rptr Outputs	440.9250	444.9750
Simplex - Voice	445.8000	445.9000
Simplex - Voice	445.9750	446.0250
SNP #1 Input	445.0000	445.0000
SNP #1 Output	440.0000	440.0000
SNP #2 Input	448.0000	448.0000
SNP #2 Output	443.0000	443.0000

E WA - CHELAN

Location	Output	Input	Notes	Call	Sponsor
McNeal Canyon	444.5250	+	● 94.8	K7SMX	K7SMX

E WA - CHEWELAH

Location	Output	Input	Notes	Call	Sponsor
Chewelah	443.7250	+	110.9	W7GHJ	NE WA ARC

E WA - CLARKSTON

Location	Output	Input	Notes	Call	Sponsor
Clarkston	444.3750	+	● 131.8ez	N7SAU	N7SAU

E WA - CLE ELUM

Location	Output	Input	Notes	Call	Sponsor
Cle Elum	444.9250	+	● 131.8ez	W7HNH	W7HNH
Sky Meadows	442.2000	+	● 131.8l	WR7KCR	KCRA

E WA - DAVENPORT

Location	Output	Input	Notes	Call	Sponsor
Link Only	443.0750	+	●l	N7YPT	LCRG

E WA - DAYTON

Location	Output	Input	Notes	Call	Sponsor
Skyline Rd Tower	444.4750	+	● 123.0el	N7LZM	N7LZM

420-450 MHz
WASHINGTON

Location	Output	Input	Notes	Call	Sponsor
E WA - DEER PARK					
Scoop	444.6500	+	123.0	KA7ENA	KA7ENA
Scoop Link Only	444.9500	+	O 110.9l	WA7UJO	WA7UJO
E WA - ELLENSBURG					
Ellensburg	444.8250	+	100.0	K7RMR	K7RMR
E WA - EPHRATA					
Beezley Hill	443.9000	+	Or	W7TT	CWARC
Beezley Hill	444.9000	+	O 103.5	W7DTS	W7DTS
E WA - GOLDENDALE					
Juniper Point	443.3500	+	82.5el	KF7LN	KF7LN
E WA - LIND					
Lind Hill Link Only	443.7000	+	● 123.0l	W7UPS	W7UPS
E WA - MABTON					
Missouri Falls	443.8250	+	O 100.0	KB7CSP	KB7CSP
E WA - MEDICAL					
Medical Lake	443.6000	+	100.0	WA7RVV	WA7RVV
E WA - MOSES LAKE					
Moses Lake	444.6750	+	100.0	N7BHB	N7BHB
E WA - NEWPORT					
Cooks Mtn	444.5750	+	O 100.0	KB7TBN	PCARC
E WA - OKANOGAN					
Pitcher Mtn	443.5500	+	100.0	W7GSN	ORA
E WA - PROSSER					
Prosser	442.3000	+	O 103.5#e	N7QNM	N7QNM
Prosser	444.8750	+	141.3	WB7WHF	WB7WHF
E WA - PULLMAN					
Pullman	444.3000	+	103.5	KC7AUI	KC7AUI
E WA - RICHLAND					
Banton Co	442.8750	+	● 203.5	KD7MQM	BCARES
E WA - SPOKANE					
Foothills	443.9250	+	O 100.0	K7MMA	K7MMA
Hwy 27	444.4250	+	O 100.0	N7FM	N7FM
Lookout Mtn	444.1750	+	84.5	N7BFS	N7BFS
Mica Peak	444.3500	+	192.8	N1NG	N1NG
Riblets	444.9000	+	123.0	WR7VHF	IEVHF
Spo Vly Link Only	443.6500	+	●l	W7TRF	SHRC
Spokane	442.0250	+	O	W6LNB	W6LNB
Spokane	444.5000	+	O 100.0e	K7EMF	K7EMF
Spokane	444.7000	+	141.3l	AK2O	SpRptGrp
Spokane Co Emer	443.4000	+	O 100.0ep	W7UWC	W7UWC
Spokane Vly	443.4750	+	88.5l	W7TRF	SHRC
Tower Mtn	443.8000	+	123.0	KA7ENA	KA7ENA
E WA - TRI-CITIES					
Kennewick	443.7750	+	O 203.5	W7JWC	W7JWC
Kennewick	443.9500	+	123.0 (CA)l	W7UPS	W7UPS
Rattlesnake	444.1000	+	100.0	W7AZ	TCARC
E WA - WALLA WALLA					
Walla Walla	443.4500	+	123.0	AL1Q	AL1Q
Walla Walla	444.2500	+	O	KL7NA	KL7NA

420-450 MHz
WASHINGTON

Location	Output	Input	Notes	Call	Sponsor
E WA - WENATCHEE					
Badger Mtn	444.7500	+	O 100.0ael	N7RHT	N7RHT
Link Only	442.2500	+	●	N7RHT	N7RHT
Wenatchee	443.6500	+	●	KB7MWF	KB7MVF
E WA - WINTHROP					
Mazama	444.8500	+	127.3	NO7RF	NO7RF
E WA - YAKIMA					
Bethel Ridge	444.6000	+	123.0	WA7SAR	YakSO
Moxee Link Only	442.6250	+	●	WA7SAR	YAKSO
Selah	444.2750	+	O 110.9	KC7VQR	KC7VQR
Tieton Orchard	444.2250	+	123.0	AB7XQ	NHRA
Tieton Site B	442.7250	+	127.3	N7YRC	N7YRC
Yakima	444.7500	+	131.8e	N7YRC	N7YRC
Yakima Link Only	444.6250	+	●	WA7SAR	yAKIMA S&R
E WA-MEDICAL					
Medical Lake	444.8500	+	100.0l	K7EI	K7EI
E WA-SPOKANE					
Spokane	444.0500	+	123.0	KG7SD	WA6HSL
IACC					
E WA-Kennewick	444.0500	+	100.0	W7UPS	W7UPS
NORTH WEST OREGON AND SOUTH WEST WASHINGTON					
Vancouver	440.0125	+	Oers	K7CLL	CCARES
Vancouver WA	442.3750	+	O 123ael RB WX	AB7F	AB7F
Vancouver WA	443.9750	+	O 123el	KB7APU	KB7APU
Woodland	440.5750	+	O 100el	N8VJP	N8VJP
PORTLAND METRO					
Camas	444.5250	+	O 103.5	KE7AWR	
Vancouver WA	440.1500	+	O	KB7PSM	KB7PSM
Vancouver WA	443.6750	+	O 107.2	KE7FUW	KE7FUW
SOUTH WEST WASHINGTON					
Battle Ground	444.6500	+	O 118.8	N7QXO	N7QXO
Hazel Dell	443.8000	+	O 100	KC7QPD	KC7QPD
LaCenter	444.9250	+	O 94.8	K7ABL	K7ABL
Longview	440.3750	+	O 123lRB WX	AB7F	AB7F
Vancouver WA	443.9250	+	O 94.8e	W7AIA	CCARC
Yacolt	440.3250	+	O	W7RY	W7RY
Yacolt	443.1250	+	O 94.8s	W7AIA	CCARC
W WA - NORTH					
Anacortes	441.7250	+	O 103.5el	W7PSE	PSE ARG
Arlington	440.4000	+	O 123ae	N7XCG	----------
Bellingham	440.4750	+	O 103.5	WC7SO	----------
Bellingham	441.9250	+	O 103.5e	N7FYU	N7FYU
Bellingham	442.7500	+	O 103.5el	W7UMH	5cecg
Buck Mtn	441.1250	+	O 123el	WBØCZA	WBØCZA
Buckley	443.0250	+	O 107.2	WA7LDS	Rainier Amateur Radi
Camano Island	441.0500	+	O 103.5	W7MBY	5 CNTY ERG
Cultas Mtn	444.6250	+	O 103.5	W6TOZ	----------
Cultus Mtn	444.3500	+	O 100e	K7OET	----------

420-450 MHz
WASHINGTON

Location	Output	Input	Notes	Call	Sponsor
Darrington	442.6750	+	O 127.3ael	W7MB	------------
Darrington	443.8750	+	O 103.5e L(441.850)	W7UFI	------------
Ferndale	442.8250	+	O 156.7ael z	W7SSO	Whatcom Co
King Mtn	443.6500	+	O 103.5l	W7SKW	MT. BAKER
Lookout Mtn	442.2500	+	O 156.7e	W7SSO	W7SSO
Lookout Mtn	443.7500	+	O 103.5e	WA7ZWG	MT. BAKER
Lyman Hill	442.4000	+	O 107.2e	W7UMH	Mt Baker A
Lyman Hill	442.8000	+	O 123.0e	N7NFY	N7NFY
Lyman Hill	444.5000	+	O 103.5	WA7ZUS	MIKE OLDS
Marysville	444.2000	+	O 103.5r	K7MLR	------------
Matts Matts	442.5250	+	O 103.5a	WR7V	MARK MC KI
Maynard Hill	441.1250	+	O 123l	WB0 CZA	WB0 CZA
Maynard Hill	442.4250	+	O 103.5e	W7UDI	PSE ARG
Mt Constitution	442.0000	+	O 110.9e	K7SKW	MT. BAKER
Mt Constitution	442.0500	+	O 103.5 (CA)elz	K7SKW	MT BAKER A
Roche Harbor	441.6000	+	● 131.8 (CA)e	W6QC	------------
Roche Harbor	443.4500	+	O 103.5e	W6QC	SAN JUAN CNT
Sumas Mtn	440.3750	+	O 131.8el	W7MBY	SUMAS MT R
W WA - NORTH COAST					
Buck Mtn	441.9500	+	O 97.4 L(224.580)	K5IN	------------
Neilton	444.7000	+	O 118.8aer LITZ	W7EOC	AUX EMERGE
Ocean Shores	444.2000	+	O 118.8e	W7EOC	Aux Emergency
Port Townsend	443.8250	+	O 88.5e	N7WGR	------------
Poulsbo	441.2750	+	O 123.0	W7LOR	------------
Pt Angeles	443.7000	+	O 103.5e	WA7EBH	CHARLES ST
Sequim	442.0500	+	O 103.5 (CA)el	KO6I	------------
Sequim	442.1000	+	O 100e	KC7EQO	------------
Sequim	442.1250	+	O 123el	KC7LGT	------------
Sequim	444.2750	+	O 100 (CA) e	AF7DX	------------
Sequim	444.9000	+	O 131.8e	K6MBY	------------
W WA - SAN JUAN COUNTY					
Lopez Island	443.4750	+	O 162.2	KD7KAB	------------
W WA - SEATTLE					
Cougar Mnt	444.8500	+	O 103.5	W7DME	------------
Rattlesnake	441.6500	+	O 141.3e L(444.350)	N7NFY	------------
Seattle	443.4750	+	O 141.3	W7ACS	Seattle ACS
Tiger Mtn East	443.3000	+	O 156.7	K7KG	N6OBY
W WA - SEATTLE SOUTH					
Enumclaw	440.0750	+	O 107.2	N7OEP	------------
Renton	443.6000	+	O 103.5	K7FDF	City of Renton

660 420-450 MHz
WASHINGTON

Location	Output	Input	Notes	Call	Sponsor
W WA - SEATTLE-EAST					
Cougar Mountain	441.8250	+	O 103.5es	KF7GFZ	Snooqualmie ARC
W WA - SEATTLE-TACOMA					
Bainbridge Island	444.4750	+	O 103.5	W7NPC	BAINBRIDGE
Baldi Mtn	441.6250	+	O 100	KE7KKA	KE7KKA
Baldi Mtn	441.7000	+	O 103.5el	W7PSE	PSE AMATEU
Baldi Mtn	442.3250	+	● 107.2l	K7MMI	Cougar ARG
Baldi Mtn	442.6250	+	O 103.5	K7EK	GARY KOHTA
Baldi Mtn	444.8000	+	O 141.8	K7OET	
Bellevue	441.1000	+	O 156.7	KC7IYE	KC7IYE
Bellevue	441.6000	+	O 156.7	KC7IYE	
Bothell	442.5500	+	O 103.5	WA7HJR	PSRRG
Buckley	442.8500	+	● 141.3l	K7MYR	
Cougar Mountain	442.3000	+	O 123.0#	N9VW	
Cougar Mtn	441.5500	+	O 103.5e	W7GLB	
Cougar Mtn	443.3250	+	O 131.8	K7MMI	COUGAR MT
Cougar Mtn	443.4000	+	O 123 (CA)el	K7PP	K7PP
Cougar Mtn	443.7000	+	O 103.5e	WA7EBH	
Cougar Mtn	444.3250	+	O 100 (CA)	K7OET	EMERALD CI
Dash Point	443.9500	+	O 131.8	N7QOR	N7QOR
Edmonds	440.3750	+	O 103.5	WE7SCA	ESCA
Edmonds	444.0250	+	O 103.5l	WE7SCA	ESCA
Enumclaw	443.1750	+	O 107.2	N7OEP	N7OEP
Everett	441.6500	+	O 123.0	N7NFY	
Everett	441.8750	+	O 103.5e	W7EAR	Ev'grn ARS
Everett	443.9250	+	O 100lolLITZ	W7FLY	BEARS
Everett	444.5750	+	O 103.5a (CA)l	WA7LAW	WA7LAW
Fall City	441.8500	+	O 203.5e	N6TJQ	Mark Mille
Federal Way	442.9500	+	O 103.5ae	WA7FW	DAVID SWAR
Federal Way	443.3000	+	O 103.5e	WA7WKT	
Gold Bar	442.1750	+	O 103.5	W7EAR	EVERGREEN
Gold Mtn	441.2000	+	O 123	K7PP	K7PP
Gold Mtn	442.6500	+	O 103.5 (CA)ez	WW7RA	W WASH RPT
Green Mtn	441.7500	+	O 103.5el	W7PSE	PSE ARG
Haystack Mtn	444.9750	+	O 114.8e	KD7GWM	
Highline	443.3750	+	O 103.5	N7IO	
Kingston	442.2250	+	O 100e	W7KWS	
Kirkland	441.0750	+	O 103.5el	K7LWH	Lake Washi
Kirkland	443.2000	+	O 103.5	K7PAR	PUGET AMAT
Lake Forest Park	442.0000	+	O 141.3	WE7SCA	ESCA
Lakewood	441.3750	+	O 103.5l	K7EK	K7EK
Mercer Island	440.1500	+	O 103.5e	W7MIR	MERCER IS
Monroe	443.1250	+	O 110.9	K7SLB	
Monroe	443.2250	+	O 103.5e	K7MJ	
Mountlake Terrace	443.7250	+	O 103.5	WE7SCA	ESCA RACES
North Bend	440.2500	+	O 123	N9VW	

420-450 MHz
WASHINGTON

Location	Output	Input	Notes	Call	Sponsor
North Bend	442.7250	+	O 123e	W7EFR	EFR ARC
Olalla	440.2250	+	O 103.5 (CA)lz	WR7HE	HERMAN ENT
Port Ludlow	441.5750	+	O 103.5a (CA)ez	N7PL	PORT LUDLO
Poulsbo	442.2000	+	O 103.5el	WA6PMX	WA6PMX
Quilcene	443.4250	+	O 103.5e	WO7O	------------
Rattlesnake Mtn	441.7750	+	O 103.5el	W7PSE	PSE ARC
Redmond	440.6750	+	O 103.5el	N6OBY	REDMOND AR
Renton	441.4750	+	10.3.5	K7FDF	City of Renton
Roosevelt Hill	443.6500	+	O 141.3e	W7ACS	Seattle AC
Sammamish	440.2500	+	O 123	W7SRG	------------
Seatac	441.4500	+	O 186.2l	KF6VTA	------------
Seatac	443.1000	+	O 103.5	KE7WMH	SeaTac FD
Seattle	440.5250	+	O 141.3	WA7UHF	WA7UHF
Seattle	441.8000	+	O 141.3e	W7AW	West Seatt
Seattle	442.8750	+	O 141.3	WA7UHF	Seattle UH
Seattle	442.9000	+	●DCS	WA7LZO	Sea Amat Radio
Seattle	443.0000	+	O 141.3e	W7ACS	Seattle AC
Seattle	443.5500	+	O 103.5el	W7SRZ	WW MST
Seattle	444.0000	+	O 103.5	K7SPG	------------
Seattle	444.2250	+	O 123e	KC7LFW	NWFACARA
Seattle	444.3750	+	● 88.5	AJ7JA	------------
Seattle	444.5500	+	O 141.3	WW7SEA	COLUMBIA C
Seattle	444.7000	+	O 103.5e	WW7SEA	WW7SEA
Seattle	444.7750	+	O 173.9	KB7FHQ	CHILDRENS
Seattle	444.8250	+	O 103.5el	W7SRZ	ARES DISTR
Shelton	443.2500	+	O 100e	N7SK	MASON COUN
Shoreline	440.3000	+	O 103.5	KC7ONX	Shoreline
Shoreline	442.8250	+	O 103.5	K7UW	SHORELINE
Shoreline	444.7250	+	O 103.5	WB7UFR	K7CHN
Snohomish	442.9750	+	O 103.5er	W7ERH	Bill Rourk
Snoqualmie	444.9250	+	● 85.4e	N7SNO	------------
Squak Mtn	444.5250	+	O 103.5e	N7KGJ	Joe Basta
Sultan	444.1250	+	O 103.5e	W7SKY	SKY VALLEY
Sumner	443.6250	+	O 103.5e	W7PSE	PSE ARG
Tacoma	440.6250	+	O 103.5e	W7DK	Radio Club
Tacoma	443.6750	+	O 103.5el	WW7MST	WWMST
Tacoma	444.1750	+	O 103.5a (CA)ez	K7HW	------------
Tacoma	444.7500	+	O 192.8ael	KB7CNN	KB7CNN
Three Sisters	444.6750	+	O 136.5e	N7BUW	BOB MIZENE
Tiger Mtn East	442.0250	+	O 103.5	W7GLB	------------
Tiger Mtn East	442.6000	+	● 127.3e	K7TGU	------------
Tiger Mtn East	443.3250	+	O 103.5#	N6OBY	REDMOND AR
Tiger Mtn East	444.6500	+	O 131.8	WA7HTJ	------------
Tiger Mtn West	441.1250	+	O 123l	WB0CZA	WB0CZA
Tiger Mtn West	442.0750	+	O 110.9e	K7NWS	BEARS
University Place	442.3750	+	O 103.5e	K7NP	U.P. Rptr
University Place	443.1500	+	O 173.8e	N7EHP	------------

420-450 MHz
WASHINGTON

Location	Output	Input	Notes	Call	Sponsor
Vashon Island	443.5000	+	O 103.5	W7VMI	W7VMI
Woodinville	442.7750	+	O 100e	WA7TZY	WA7TZY&K6R
W WA - SOUTH					
Ashford	442.5750	+	O 141.3e	K7DNR	WADNR ARC
Capitol Peak	440.5000	+	O 110.9ae	K5IN	K5IN
Capitol Peak	443.5250	+	O 173.8	WB7DPF	----------
Capitol Peak	444.9500	+	O 118.8	W7EOC	GRAYS HARB
Chehalis	443.2750	+	O 123l	AB7F	AB7F
Chehalis	443.4500	+	O 110.9e	K7KFM	----------
Crawford Mtn	441.4000	+	O 103.5ael z	NT7H	OLYMPIA AR
Eatonville	442.7250	+	O 103.5	WW7CH	----------
Eatonville	443.9750	+	O 103.5e	W7PFR	Gobblers Knob ARC
Electron	444.2500	+	O 103.5el	W7PSE	PSE ARG
Graham	442.3500	+	O 141.3l	K7EK	K7EK
Graham	444.6750	+	O 127.3e	N7BUW	BOB MIZENE
Kalama	442.8250	+	O 131.8 TTl	WB7DFV	R.F. ASSOC
Lacey	440.5500	+	O 103.5el	W6TOZ	WW7MST
Lacey	442.4750	+	O 100ae	WC7I	----------
Longview	442.1250	+	O 114.8el	N3EG	----------
Longview	444.9000	+	O 114.8e	W7DG	Lower Colu
Olympia	443.0750	+	O 103.5	KC7CKO	----------
Olympia	443.8000	+	O 146.2el	W7USJ	W7USJ
Randle	444.8750	+	O 100	AB7F	AB7F
Renton	441.9750	+	O 103.5	K7FDF	City of Renton
Rooster Rock	444.9750	+	O 110.9e	KB7WVX	MICHAEL DA
South Mtn	440.6500	+	O 100l	K7CH	----------
South Mtn	441.9250	+	O 100e	W7UVH	W7UVH
South Mtn	444.4500	+	O 100	KD7HTE	K7CH
Tacoma	442.4500	+	O 103.5 (CA) RB	W7TED	Two Extra Diodes AR
Woodland	444.4750	+	O 100l	K7LJ	K7LJ
W WA - SOUTH COAST					
Aberdeen	444.6000	+	O 100e	KA7DNK	KA7DNK
Aberdeen	444.8250	+	O 118.8er LITZ	N7UJK	----------
Chinook	440.9250	+	O 100.0e	W7BU	Sunset Empire ARC
Chinook	444.9250	+	O 82.5el	NM7R	Beachnet
Cosmopolis	444.3750	+	O 100l	WA7ARC	NDCRT
Ko Peak	441.6750	+	O 118.8e	N7XAC	NM7R&N7XAC
Long Beach	444.8000	+	O 118.8el	NM7R	PACIFIC CO
Minot Peak	440.4500	+	O 118.8ers	N7UJK	----------
Naselle Ridge	440.6750	+	O 118.8	NM7R	Beachnet
Pacific	444.4000	+	O 118.8l	NM7R	PACIFIC CO
Raymond	441.3000	+	Ol	K7PP	K7PP
Raymond	442.1500	+	O 127.3 TTl	KB7IEU	KB7IEU
Raymond	443.8250	+	O 103.5 (CA)	KA7DNK	KA7DNK
South Bend	442.6750	+	O 118.8ael	NM7R	BEACH-NET

420-450 MHz
WEST VIRGINIA

Location	Output	Input	Notes		Call	Sponsor
WEST VIRGINIA						
Alum Creek	444.5500	+		103.5/103.5 E-SUN	KC8TLT	------------
Beckley	443.0500	+	O 123/123l		N8FWL	------------
Beckley	443.1000	+		107.2/107.2	KE4QOX	------------
Beckley	443.2250	+	O 100/100		W8LG	------------
Beckley	444.5250	+	O	110.9/110.9	WB8YST	WB8YST
Beckley	444.8000	+	O 100/100		WV8B	------------
Beckley	446.7250	–	O 123/123		KE4QOX	------------
Beckley	449.6000	–	O 100/100l WX		KB8QEU	Individual
Belington	444.9000	+	O	141.3/141.3	N8SCS	N8SCS
Belle	444.8250	+	O 123/123		N8RKU	N8RKU
Bolt	444.4250	+	O 100/100e lsWX		KC8AFH	------------
Buckhannon	441.6000	444.6000	O	162.2/162.2	K8VE	K8VE
Buckhannon	442.6750	+	O	103.5/103.5	W8LD	WV WESLEYAN
Buckhannon	444.2500	+	O	103.5/103.5	N8ZAR	N8ZAR
Buckhannon	444.4750	+	O	146.2/146.2	K8VE	K8VE
Charleston	441.3000	+	O 91.5/91.5		W8GK	Kanawha Amate es
Charleston	443.3000	+	O 123/123		WS8L	HUNT KNOB RP
Charleston	444.3500	+	O	107.2/107.2	WB8YST	------------
Charleston	444.7500	+	O		WS8L	GR. KANAWHA
Clarksburg	441.4375	+	O		N8FMD	Doug Cutlip
Clarksburg	444.1750	+	O	103.5/103.5	N8FMD	Doug Cutlip
Crawford	443.9750	+	O	103.5/103.5er	W8DDW	W8DDW
Cross Lanes	444.5000	+	O	151.4/151.4e	AB8DY	AB8DY
Danville	443.9750	+	O	203.5/203.5el	W8NAM	Montgomery E. D
Danville	444.9000	+	O	203.5/203.5el	W8NAM	------------
Dawson	444.7250	+	O	192.8/192.8e	KR8AM	------------
Elkins	442.1000	+	O	162.2/162.2	KD8JCS	WV8ZH
Elkins	444.8500	+	O	162.2/162.2e	N8RLR	N8RLR

420-450 MHz
WEST VIRGINIA

Location	Output	Input	Notes	Call	Sponsor
Fairmont	443.8750	+	O	W8SP	----------
			103.5/103.5		
Flat Top	441.3500	+	Ol	WV8B	----------
Flattop	444.8500	+	O 100/100e	KC8AFH	----------
			lsWX		
Grafton	444.7500	+	O	W8SLH	----------
			118.8/118.8		
Hamlin	443.9500	+	O 123/123e	N8IKT	----------
			rs		
Harts	443.7500	+	O 123/123	N8IKT	----------
Hernshaw	444.7000	+	O	WB8CQV	----------
			203.5/203.5l		
Hinton	443.9000	+	O 100/100e	KC8CNL	BLUESTONE ARC
Huntington	443.0000	+	O	N8HZ	WPBY-TV RPTR GR
Huntington	443.5500	+	O	KB8TGK	KB8TGK
			162.2/162.2ers		
Huntington	443.8500	+	O	KB8TGK	KB8TGK
			162.2/162.2elrs		
Keyser	444.1250	+	O	N8RCG	----------
			103.5/103.5l		
Letart	444.3000	+	O 91.5/91.5	KD8OMT	----------
			elsWX		
Morgantown	444.7000	+	O	W8MWA	----------
			103.5/103.5		
Moundsville	444.0750	+	O 123/123s	KC8FZH	----------
Mount Hope	444.0250	+	O 123/123	WV8BSA	K2BSA
Parkersburg	441.8500	+	O	AB8WV	AB8WV
			146.2/146.2		
Parsons	444.6750	+	O	AC8HQ	----------
			103.5/103.5		
Pennsboro	442.8500	+	O	WB8NSL	----------
			103.5/103.5		
Petersburg	442.1500	+	O	KC8VBC	KC8VBC
			127.3/127.3el		
Richwood	442.2750	+	O 123/123	K8VKB	----------
Richwood	443.3750	+	O 100/100	WA8YWO	----------
Ripley	444.1500	+	Os	WC8EC	----------
Rockport	443.3500	+	O 123/123	N8LHL	N8LHL
Snowshoe	441.6500	+	O 123/123e	KC8CSE	KC8CSE
			ls		
South Charleston	444.9500	+	O	WB8CQV	----------
			203.5/203.5el		
St Joseph	444.8750	+	O 123/123	KC8FZH	----------
Stanaford	443.4000	+	O 67/67	KD8PIQ	----------
			E-SUN		
Thomas	441.9000	+	O	K7SOB	K7SOB
			103.5/103.5el		
Waverly	443.1750	+	O 123/123e	WC8EC	WC8EC
			rs		
Wheeling	443.0250	+	O	KA8YEZ	----------
			156.7/156.7rs		

420-450 MHz
WEST VIRGINIA-WISCONSIN

Location	Output	Input	Notes	Call	Sponsor
Windmill Gap	444.4500	+	O 123/123	W8MOP	------------
ALL OF TMARC AREA					
SNP	442.9000	+	O		------------
SNP	447.8750	−	O		------------
BERKELEY SPRINGS					
Berkeley Springs	442.4500	+	O 107.2al	WA3KOK	NERA
Berkeley Springs	443.8500	+	O 123.0l	KK3L	KK3L
Berkeley Springs	444.7500	+	O 127.3	K7SOB	K7SOB
Ridge	444.9500	+	O 123.0e	N8RAT	N8RAT
MARTINSBURG					
Martinsburg	442.8500	+	O 100.0e	N8RAT	N8RAT
MOOREFIELD					
Moorefield	442.4000	+	O 127.3a	K7SOB	K7SOB
Moorefield	444.4000	+	O 103.5e	KD8IFP	PHARC
Moorefiled	447.3250	−	O 103.5e	KD8AZC	KD8AZC

WISCONSIN
WAR

Location	Output	Input	Notes	Call	Sponsor
Allenton	442.3500	+	O 127.3aes	N9GMT	FM38
Amberg	443.7000	+	O 114.8aelr	WI9WIN	W.I.N.
Appleton	442.1750	+	O 100.0aers	W9RIC	W9RIC
Appleton	443.6500	+	O 100.0aers	W9ZL	FCARC
Arlington	443.3500	+	O 123.0ers	KC9HEA	KC9HEA
Baraboo	443.5750	+	O 123.0aers	N9BDR	Empire Twr
Baraboo	443.7250	+	O 123.0aers	KØ VSC	KØ VSC
Baraboo	443.9000	+	O 123.0aers	WI9WIN	W.I.N.
Baraboo	444.5000	+	O 123.0aers	N9GMT	FM38
Beldenville	443.2250	+	O 110.9ers	NØ NIC	B.A.T.S.
Berlin	444.9500	+	O 123.0aers	N9GMT	FM38
Big Flats	444.7250	+	O 123.0aers	N9WYQ	N9WYQ
Brookfield	444.2000	+	O 127.3aes	KB9YQU	KB9YQU
Burlington	442.8500	+	O 127.3aes	WB9COW	COWFAR
Cedarburg	442.1000	+	O 127.3aes	K9QLP	CFD/WERA
Chaffey	444.9500	+	O 110.9ers	KC9AEG	AB9AC
Chilton	444.8000	+	O 100.0aers	KD9TZ	KD9TZ

420-450 MHz
WISCONSIN

Location	Output	Input	Notes	Call	Sponsor
Chippewa Falls	442.3000	+	O 110.9ers	WD9HFT	WD9HFT
Chippewa Falls	444.0000	+	O 110.9ers	WD9HFT	WD9HFT
Clinton	443.1750	+	O 123.0ael rs	WB9SHS	RCRA
Colfax	442.8000	+	O 110.9ers	WI9WIN	W.I.N.
Colfax	444.3500	+	O 110.9ers	W9RMA	W9RMA
Coloma	442.6750	+	O 123.0ael rs	W9LTA	W9LTA
Delafield	444.1250	+	O 127.3ae	K9ABC	SEWFARS
East Troy	440.7750	+	O 123.0ael rs	N9WMN	N9WMN
Eau Claire	443.3000	+	O 110.9ers	KB9R	KB9R
Edgerton	442.3000	+	O 123.0ael rs	WI9WIN	W.I.N.
Elkhorn	443.7000	+	O 123.0ael rs	N9LOH	LAARC
Fitchburg	444.0000	+	O 123.0ael rs	KA9VDU	KA9VDU
Fond Du Lac	442.4000	+	O 100.0aer s	WI9WIN	W.I.N.
Fond Du Lac	443.8750	+	O 100.0aer s	N9WQ	NFDL ARS
Fond Du Lac	444.6000	+	O 100.0aer s	N9GMT	FM38
Galesville	442.5000	+	O 131.8es	WI9WIN	W.I.N.
Germantown	442.8750	+	O 127.3ae s	W9CQ	WARC, Inc
Germantown	444.5250	+	O 127.3ae	WD9IEV	WD9IEV
Gillett	444.2250	+	O 114.8ael r	WØLFE	WØLFE
Granton	444.0500	+	O 114.8ael r	W9EYN	N9RRF
Green Bay	443.4000	+	O 100.0aer s	WI9WIN	W.I.N.
Green Bay	443.5000	+	O 100.0aer s	KB9AMM	TEARUG
Green Bay	444.5500	+	O 100.0aer s	KB9GKC	KB9GKC
Green Bay	444.7500	+	O 100.0aer s	W9OSL	W9HAM
Green Bay	444.7750	+	O 100.0aer s	K9EAM	G B M&K
Hancock	442.7250	+	O 123.0ael rs	WI9WIN	W.I.N.
Holcombe	444.5250	+	O 110.9ers	N9LIE	N9LIE
Hollandale	444.5500	+	O 123.0ael rs	WI9WIN	W.I.N.
Irma	442.7750	+	O 114.8ael r	KB9QJN	M.A.R.G.

WISCONSIN

Location	Output	Input	Notes	Call	Sponsor
Ixonia	442.0250	+	O 123.0ael rs	WA9YVE	WARC
Janesville	443.2250	+	O 123.0ael rs	KC9KUM	KC9KUM
Janesville	444.7500	+	O 123.0ael rs	WB9SHS	RCRA
Jefferson	444.9000	+	O 123.0ael rs	AB9KL	AB9KL
Kaukauna	444.4500	+	O 100.0ael s	ND9Z	ND9Z
Kewaskum	444.2750	+	O 127.3ael s	N9NLU	KMCG
La Crosse	444.4750	+	O 131.8es	AB9TS	AB9TS
La Crosse	444.7500	+	O 131.8es	NØ EXE	NØ EXE
Madison	441.4000	+	O 123.0ael rs	WI9WIN	W.I.N.
Madison	442.5750	+	O 123.0ael rs	KØ VSC	KØ VSC
Madison	443.4000	+	O 123.0ael rs	N9KAN	SWRG
Madison	443.6000	+	O 123.0ael rs	W9YT	UW BARS
Madison	443.7750	+	O 123.0ael rs	WI9HF	UWHC
Madison	444.2000	+	O 107.2	WD8DAS	NERT
Madison	444.3750	+	O 123.0ael rs	N9BDR	Empire Twr
Madison	444.5750	+	O 123.0ael rs	KB9DRZ	Empire Twr
Madison	444.7750	+	O 123.0ael rs	NG9V	NG9V
Manitowoc	443.1500	+	O 100.0ael s	W9RES	W9RES
Marinette	444.5000	+	O 114.8ael r	AB9PJ	AB9PJ
Marshfield	444.8500	+	O 114.8ael r	WI9WIN	WIN
Mauston	442.2750	+	O 123.0ael rs	K9TD	K9UGJ
Medford	444.8250	+	O 114.8ael r	N9LIE	N9LIE
Merton	444.6250	+	O 127.3ae s	W9JPE	W9JPE
Milwaukee	442.0500	+	O 127.3ae s	K9MAR	R.A.M.W.L.
Milwaukee	442.4250	+	O 127.3ae s	N9UUR	N9UUR
Milwaukee	443.0250	+	O 127.3ae s	W9HHX	MSOE ARC
Milwaukee	443.2750	+	O 127.3ae s	WI9WIN	W.I.N.

420-450 MHz
WISCONSIN

Location	Output	Input	Notes	Call	Sponsor
Milwaukee	443.5500	+	O 127.3ae s	N9LKH	N9LKH
Milwaukee	443.8000	+	O 127.3ae s	N9GMT	FM38
Milwaukee	443.9500	+	O 127.3ae s	AA9JR	AA9JR
Milwaukee	444.4500	+	O 127.3ae s	W9EFJ	W9EFJ
Milwaukee	444.8500	+	O 127.3ae s	W9DHI	WERA
Necedah	444.1250	+	O 123.0ael rs	K9UJH	K9UJH
New Berlin	442.6750	+	O 127.3ae s	WA9AOL	WA9AOL
New Berlin	443.0000	+	O 127.3ae s	W9LR	WERA
New Richmond	444.6750	+	O 110.9ers	N9LIE	N9LIE
North Freedom	443.6750	+	O 123.0ael rs	KD9UU	SWRG
Northfield	443.5500	+	O 131.8es	WI9WIN	W.I.N.
Oshkosh	442.0750	+	O 100.0aer s	N9GDY	N9GDY
Oshkosh	443.6250	+	O 100.0aer s	N9GMT	FM38
Osseo	444.2000	+	O 131.8es	N9LIE	N9LIE
Park Falls	444.7500	+	O 110.9ers	W9PFP	PCRA
Platteville	444.3250	+	O 131.8es	KC9KQ	HVARC
Plover	442.0500	+	O 114.8ael r	W9SM	WVRA
Plymouth	443.2250	+	O 100.0aer s	KD9TZ	S CTY 440
Plymouth	444.3500	+	O 100.0aer s	WE9R	WERA
Port Washington	443.5250	+	O 127.3ae s	WB9RQR	OZARES
Port Washington	443.7500	+	O 127.3ae s	W9CQO	O.R.C.
Porterfield	444.4000	+	O 100.0aer s	W4IJR	W4IJR
Pound	442.0000	+	O 114.8ael r	WI9WIN	W.I.N.
Prairie Du Chien	444.4500	+	O 131.8es	WI9WIN	W.I.N.
Prairie Du Sac	444.2500	+	O 123.0ael rs	N9KXX	N9KXX
Racine	442.0000	+	O 127.3ae s	KR9RK	LRA Racine
Racine	444.0500	+	O 127.3ae s	KA9LOK	KA9LOK
Rice Lake	442.1000	+	O 110.9ers	WI9WIN	W.I.N.
Rice Lake	443.6500	+	O 110.9ers	W9GDH	ARC2

420-450 MHz
WISCONSIN

Location	Output	Input	Notes	Call	Sponsor
Richland Center	442.7000	+	O 131.8es	W9PVR	WIN / PVR
River Falls	443.0250	+	O 110.9ers	WI9WIN	W.I.N.
Rudolph	444.3250	+	O 114.8ael r	WD9GFY	WERA
Sayner	444.4000	+	O 114.8ael r	WI9WIN	W.I.N.
Slinger	442.6500	+	O 127.3ae	WB9BVB	WB9BVB
Slinger	443.8250	+	O 127.3ae s	KC9PVD	KC9PVD
Spooner/Hertel	443.5000	+	O 110.9ers	KB9OHN	BARS
Stevens Point	444.7000	+	O 114.8ael	KC9NW	KC9NW
Sturgeon Bay	444.0000	+	O 100.0aer s	K9KJM	K9KJM
Suring	442.5500	+	O 114.8ael r	AB9PJ	AB9PJ
Tomah	444.8000	+	O 131.8es	WI9WIN	W.I.N.
Tomahawk	444.5750	+	O 114.8ael r	N9CLE	TOM RPT A
Town Of Lisbon	444.2250	+	O 127.3ae	KC9HBO	N9AAO
Trevor	442.6000	+	O 127.3ae s	KA9VZD	KA9VZD
Union Grove	442.2500	+	O 127.3ae s	N9OIG	N9OIG
Watertown	440.1500	+	O 123.0ael rs	WI9WIN	W.I.N.
Waupaca	444.6750	+	O 114.8ael r	AA9NV	AA9NV
Waupaca	444.9000	+	O 114.8ael	N5IIA	N5IIA
Wausau	442.2000	+	O 114.8ael	WI9WIN	W.I.N.
Wausau	443.3250	+	O 114.8ael	KA9HQE	KA9HQE
Wausau	443.5250	+	O 114.8ael r	W9SM	WVRA
Wausau	443.7500	+	O 114.8ael	KC9NW	KC9NW
Wausau	444.1000	+	O 114.8ael	W9SM	W.V.R.A.
Wausau	444.3000	+	O 114.8ael r	W9BCC	RMRA
Wausau	444.4250	+	O 114.8ael	W9SM	W.V.R.A.
West Allis	444.4250	+	O 127.3ae s	N9MKX	R.R.A.R.C.
Wisconsin Dells	443.8500	+	O 123.0ael rs	N9ROY	N9ROY

420-450 MHz
WYOMING

Location	Output	Input	Notes	Call	Sponsor
WYOMING					
CENTRAL					
Casper	449.5000	–	o	NB7I	NB7I
Casper	449.7500	–	oeE-SUN	N7EUE	N7EUE
Casper	449.9250	–	o	W7TOY	W7BLM
Casper Mountain	447.5000	–	ox	KD7AGA	CARC
Casper Mountain	449.5750	–	ot L(146.640)	KD7AGA	CDK Net
Casper Mountain	449.9000	–	o 100.0 L(IRLP)	K7YE	CDK Net
Lander	449.9000	–	ol	N7HYF	WYAME
Riverton	448.2000	–	oe	KD7BN	KD7BN
Riverton	449.2000	–	ol	KD7BN	W7PAW
Riverton - Griffy Hill	449.9750	–	● DCS(DCS261N)elsWX	N7HYF	WYAME
Shoshoni	449.4500	–	o	KB7PLA	KB7PLA
Shoshoni - Copper Mtn	449.0000	–	o 100.0 L(HERC)x	KD7BN	KD7BN
Thermopolis	449.6750	–	o 114.8 L(52.525)	WA7JRF	WA7JRF
Worland	449.6000	–	o	KB7PLA	KB7PLA
EAST CENTRAL					
Douglas	449.7000	–	o	NX7Z	NX7Z
HERC - STATEWIDE					
Copper Mountain	449.0000	–	o 100.0lx	KD7BN	KD7BN
Rawlins - Nine Mile Hill	449.8000	–	o 146.2e L(HERC)x	N7RON	N7RON
Wright - Pumpkin Butte	449.2000	–	o 100.0l	KD7BN	------------
NORTH					
Kemmerer	447.3250	–	o 100	N7ERH	------------
NORTH CENTRAL					
Shell	449.6500	–	o	WB7QQA	CMARC
Sheridan	449.7000	–	o	W7GUX	SRAL
Sheridan	449.8500	–	o	N7KEO	N7KEO
NORTH EAST					
Evanston	448.8000	–	● 131.8	K6JR	------------
Evanston	449.1500	–	o 100.0 L(449.500)x	K7JL	K7JL
Evanston	449.3250	–	ox	N7LMN	------------
Gillette	448.0000	–	o	K7VU	K7VU
Gillette	449.7500	–	o 123.0e L(IRLP NODE 3307)	WR7CW	K7RDC
Gillette	449.9500	–	o	KJ7UG	KJ7UG
NORTH WEST					
Cody	448.3500	–	o 42.0l	KC7NP	KC7NP
Jackson - Snow King West	447.7000	–	o 123.0e L(IRLP 3464)rWxXx	W7TAR	TARRA
Worland	448.2500	–	o 42.0l	KC7NP	KC7NP

420-450 MHz
WYOMING-ALBERTA

Location	Output	Input	Notes	Call	Sponsor
SOUTH CENTRAL					
Rawlins	448.3000	–	O	KD7SU	KD7SU
Rawlins	449.4000	–	O 147.5l	KJ7AZ	HAMS
Rawlins - Nine Mile Hill	449.8000	–	O 146.2e L(HERC)x	N7RON	N7RON
SOUTH EAST					
Cheyenne	447.0250	–	O 131.8	N7DEN	N7DEN
Cheyenne - Archer Tower	449.9750	–	Oe L(MOTOTRBO)rsx	WY7EOC	Laramie Co Eme
Cheyenne - Chalk Bluffs	443.3000	–	O 131.8 (CA) L(ECHOLINK - IRLP)xz	WU7G	WU7G
Cheyenne - Crystal Lake	448.1500	–	O 100.0x	KB7SWR	KB7SWR
Cheyenne - Terry Ranch Rd	449.9375	–	O L(MOTOTRBO)rsx	K7PFJ	RMHAM
Laramie	447.1000	–	O 114.8	N7QJL	N7CTM
Laramie	449.0750	–	O	WB7CJO	WB7CJO
Torrington	448.6000	–	O	N7CFR	N7CFR
Wheatland	449.6000	–	O	WA7SNU	WA7SNU
Wheatland	449.6250	–	O	WA7SNU	GPARA
Wheatland	449.7750	–	100.0	N7UCL	N7UCL
SOUTH WEST					
Evanston	448.1500	–	O	N7LMN	N7LMN
Evanston	449.3250	–	O	N7LMN	N7LMN
Evanston - Runge Hill	448.8000	–	● 131.8l	K6JR	K6JR
Fort Bridger	449.7250	–	O 123.0	KF7ELU	KF7ELU
Kemmerer	449.0750	–	123.0	KC7FDO	KC7FDO
Kemmerer	449.8250	–	O	N7HCH	ORARC
WEST CENTRAL					
Bedford - Lone Star Ranch	447.0000	–	● 100.0rs	W7UY	W7UY
Pinedale - Mt Airy	448.1000	–	O 100.0e L(146.775)rx	KC7BJY	SCARC

ALBERTA
CALGARY

Location	Output	Input	Notes	Call	Sponsor
Calgary	444.0000	+	Ox	VE6RYC	CARA
Calgary	444.0750	+	OE-SUN	VE6AQK	VE6AQK
Calgary	444.1250	+	O	VE6WRT	VE6CPT
Calgary	444.2750	+	O 110.9	VE6ZV	VE6AQK
Calgary	444.3500	+	O	VE6EHX	CARA
Calgary	444.4000	+	Ol	VE6NOV	CARA
Calgary	444.4750	+	O	VE6DDC	VE6FH
Calgary	444.4750	+	O	VE6GAB	VE6GAD
Calgary	444.5750	+	O 110.9	VE6RY	CARA
Calgary	444.6500	+	O	VE6RPN	VE6DNY
Calgary	444.6750	+	O	VE6FIL	FARS
Calgary	444.7500	+	Ol	VE6KQ	VE6KQ
Calgary	444.9000	+	Olx	VE6WRT	WRN

420-450 MHz
ALBERTA

Location	Output	Input	Notes	Call	Sponsor
Calgary	444.9250	+	o	VE6CPT	VE6CPT
Calgary	449.4500	–	o	VE6SPR	VE6NZ
CENTRAL EAST					
Hardisty	444.0250	+	o	VE6TDW	VE6TDW
Legal	444.6500	+	o	VE6DFW	VE6DFW
Legal	444.7250	+	o	VE6DFW	VE6DFW
CENTRAL NORTH					
Pigeon Lake	443.1500	+	o	VE6LPR	------------
EDMONTON					
Beaumont	444.9750	+	o	VE6SBE	VE6AVK
Edmonton	444.1000	+		VE6HM	VE6NC
Edmonton	444.4000	+	o	VE6GPS	VE6JTM
Edmonton	444.8000	+	o	VE6SBR	VE6SBS
Edmonton	444.9750	+		VE6EAR	VE6ETU
Ft Saskatchewan	444.4500	+	o	VE6TCK	VE6TCK
Sherwood Park	444.3000	+	o	VE6DXX	VE6DXX
Sherwood Park	448.2500	–	o	VE6SBR	VE6SBS
Wabamun	449.2750	–	ol	VE6PLP	NARC
LETHBRIDGE					
Lethbridge	444.0500	+	o	VE6HDO	VE6HDO
Lethbridge	444.1000	+	o	VE6IRL	VE6COM
Lethbridge	444.6750	+	o	VE6COM	VE6COM
Lethbridge	444.7000	+	op	VE6DES	VE6DES
Lethbridge	444.8500	+	ol	VE6XA	VE6XA
Lethbridge	449.7500	–	ol	VE6CAM	SARC
MEDICINE HAT					
Medicine Hat	444.0750	+	o	VE6MHU	VE6MLD
Medicine Hat	444.4750	+	o	VE6MLT	------------
Medicine Hat	444.8000	+	o	VE6GLF	VE6GLF
Medicine Hat	449.9250	–	o	VE6VOA	VE6MLD
NORTH					
Slave Lake	444.3500	+	o	VE6AMY	VE6AMY
NORTH EAST					
Ashmont	444.1500	+	ol	VE6TTL	VE6ARJ
Cold Lake	442.2000	+	o	VE6TAR	CLARC
Elk Island	444.3750	+	o	VE6REI	VE6REI
Glendon	444.9750	+	o	VE6COW	VE6XLR
Lloydminster	444.7250	+	oa	VE5FD	VE6FF
St Paul	444.5000	+	o	VE6SB	------------
PEACE RIVER					
Peace River/Tangent	444.6000	+	o	VE6AAF	------------
RED DEER					
Alix/Bashaw	448.9750	–	o	VE6PAT	VE6ZH
Red Deer	443.3750	+	o	VE6ONE	VE6ONE
Red Deer	444.5500	+		VE6SCR	VE6AQK
Red Deer	444.5500	+	o	VE6YX	VE6CIA
SOUTH					
Claresholm	444.4750	+	o	VE6CC	VE6CC
High River	444.1500	+	o	VE6HRB	FARS

420-450 MHz
ALBERTA-BRITISH COLUMBIA

Location	Output	Input	Notes	Call	Sponsor
High River	444.7250	+	o	VE6HRB	FARS
YELLOWHEAD					
Hinton	447.8250	–	o	VE6YAR	YARC
BRITISH COLUMBIA					
FRASER VALLEY					
Abbotsford	442.0250	+	110.9el	VE7RVA	FVERESS
Chilliwack	442.8000	+	o 110.9	VA7RSH	Cheam Repe
Chilliwack	444.6250	+	o#	VE7RCK	VE7BHG
Chilliwack	444.7000	+	Oel	VE7RAD	VE7IHR & V
Langley	441.3750	+	Oe	VE7RMH	VE7AVM
Langley	443.9750	+	o	VE7RLY	Langley AR
Langley	444.1250	+	127.3	VE7NPN	VE7NPN
Maple Ridge	443.6250	+	156.7	VE7RMR	Maple Ridg
GREATER VANCOUVER					
Burnaby	442.0500	+	o	VE7REM	VE7AFZ
			156.7/156.7#		
Burnaby	442.2000	+	o	VE7LNK	VE7KED
			110.9/110.9		
Burnaby	442.4750	+	e	VA7PRE	VE7RMY
Burnaby	442.8500	+	o	VE7RBY	Burnaby AR
Burnaby	442.8750	+	e	VE7TEL	TPARC
Burnaby	443.6750	+	o	VE7CBN	VE7XL
			114.8/114.8		
Burnaby	444.7500	+	123.0l	VE7ROX	VE7ROX
Delta	440.7250	+	o	VE7SUN	VE7DID
Delta	443.3500	+	127.3e	VE7EPP	VA7NY
Delta	443.3500	+	VE7EPP	VA7NY	
			127.3/127.3 EXP		
Delta	443.5500	448.3500	#TT(100)	VE7RPA	VE7DU
Delta	444.4250	+	107.2	VE7RDE	Delta ARS
New Westminster	440.6000	+	#p	VE7NWC	VE7KSA
New Westminster	442.3750	+	110.9	VA7HPS	VE7ISV
New Westminster	444.6000	+	EXP	VE7NWR	VE7KA
North Vancouver	430.9500	439.9500	o	VE7RYZ	VE7PSA
Port Coquitlam	443.1000	+	94.8	VE7UDX	VE7ZZX
Richmond	442.3750	+	203.5	VE7RMD	Richmond A
Surrey	443.6000	+	lpr	VE7MAN	VE7MAN
Surrey	443.7750	+	110.9e	VE7RSC	Surrey ARC
Vancouver	441.9750	+	o	VE7RHS	UBC ARS
Vancouver	442.2250	+	o 88.5/88.5	VE7RPS	VE7MMA
Vancouver	443.2500	+	100	VE7VHF	VE7CIM
Vancouver	442.5750	+	o	VE7ZIT	Radio Fili
Vancouver	442.8500	447.9500	#EXP	VE7AAU	RadioArts
Vancouver	442.9500	+	elpr	VE7AAU	RADIO ATS
Vancouver	443.2000	+	el	VE7NSR	VE7QH
Vancouver	443.2500	+	o	VE7RCH	VE7EX
Vancouver	443.2750	+	o	VE7RCI	VE7EX
Vancouver	443.4000	+	el	VE7RAG	BCFMCA
Vancouver	443.5250	+	●e	VE7RPT	BCFMCA

420-450 MHz
BRITISH COLUMBIA

Location	Output	Input	Notes	Call	Sponsor
Vancouver	443.5500	+	●el	VA7RPA	Radio Pino
Vancouver	443.7250	+	●	VE7RDJ	VE7AOV
Vancouver	443.8000	+	●t	VE7UHF	VE7MQ
Vancouver	444.0000	+	156.7	VE7URG	VE7DBK
Vancouver	444.0750	+	●	VE7TOK	VE7MBG
Vancouver	444.1000	+	●	VE7ROY	VE7COT
Vancouver	444.2250	+		VE7RFI	Rogers Cab
Vancouver	444.4000	+	103.5	VE7BAS	VE7BAS
Vancouver	444.4750	+	●	VE7PRA	Pacific Ri
Vancouver	444.8250	+	156.7	VE7VYL	BCFMCA
Vancouver	444.9500	+	1015elpr	VE7RNV	VE7QH
Vancouver	444.9750	+	●t	VE7SKY	VE7WF
Whistler	443.8500	+	#EXP	VE7SLV	VA7BC
NORTH COAST					
Terrace	444.9750	+	●	VE7RDD	Doug Davie
NORTH INTERIOR					
Nimpo Lake	444.8250	+	88.5	VA7SPY	VE7EWS
Quesnel	444.8000	+	100	VE7RES	PGARC
Williams Lake	444.1000	+	●	VE7ZIG	VE7IG
SOUTH CENTRAL					
Barriere	442.6500	+	l	VA7RTN	VE7MOB
Barriere	442.8750	+	l	VE7RTN	VE7PW
Blackpool	444.0000	+	●	VE7RBP	WELLS GRAY
Clinton	442.6500	+	●	VE7LMR	VE7PW
Clinton	442.8250	+	●	VE7LMR	VE7PW
Edgewood Nakusp	449.2500	−	●	VE7SMT	NORAC
Kamloops	432.4750	+	l	VE7TSI	Kamloops A
Kamloops	442.0500	+	103.5	VE7CRW	VE7NI
Kamloops	442.1500	147.9200	e	VE7RLO	Kamloops A
Kamloops	442.1750	147.9200	e	VE7RLO	Kamloops A
Kamloops	449.2500	−	●	VE7RLO	Kamloops A
Kamloops	449.3000	−	●	VE7RHM	VE7LDM
Kamloops	449.5000	−	●	VE7KIG	IPARN
Kelowna	440.9500	+	EXP	VA7DIG	OCARC
Kelowna	443.7750	+	l	VE7HWY	OCARC
Kelowna	444.3000	+	el	VE7KTV	VA7UN
Kelowna	444.8250	+	88.5	VA7KEL	OCARC
Kelowna	447.3000	−	88.5	VA7UN	VA7UN
Kelowna	447.7750	−	●	VE7KEL	OCARC
Kelowna	449.1250	−	●	VE7ROW	OCARC
Osoyoos	444.6000	+	107.2	VE7OSY	VA7WCN
Peachland	447.2250	−	88.5	VA7OKV	OCARC
Penticton	444.5000	+	●	VE7RPC	Penticton
Salmon Arm	442.4500	+	●	VE7RAM	VE7LOG
Sorrento	444.1000	+	●	VE7SPG	Shuswap AR
Vernon	441.1500	147.5550	l	VA7NWS	VA7JMP
Vernon	444.3500	+	●100	VE7RFM	VE7DQ
SOUTH EAST					
Cranbrook	443.6250	+	●	VE7CAP	EKARC

420-450 MHz
BRITISH COLUMBIA

Location	Output	Input	Notes	Call	Sponsor
Nelson	444.5500	+	o	VE7RCT	WKARC
VANC ISLAND CENTRAL					
Chemainus	442.6000	+	141.3	VE7RNA	Cowichan A
Gibsons	442.6500	+	o 123.0e	VE7RXZ	VE7ALT
Ladysmith	440.7000	+	EXP	VA7DXH	VA7DN
Ladysmith	444.8000	+	156.7e	VE7RNX	VA7DN
Lund	444.3500	+	100	VA7LND	Powell Riv
Nanaimo	442.5250	+	o	VA7ZSU	Mount Bens
Nanaimo	443.9000	+	141.3l	VE7DJA	NARA
Nanoose Bay	444.3000	+	o 1130lpr	VA7LPG	VE7IT
Parksville	440.8500	+	100.0	ME7MIR	Mid-Island
Parksville	442.2750	+	136.5	VA7JPS	VE7PI
Parksville	444.2000	+	oael	VE7PQD	ORCA
Port Alberni	444.4500	+	o	VE7KU	Arrowsmith
Port Alberni	444.7500	+	o	VE7RTE	Arrowsmith
Port Alberni	449.4500	−	o	VE7KU	Arrowsmith
Powell River	444.5000	+	e	VE7PRR	Powell Riv
Qualicum Beach	442.2500	144.7700	141.3l	VE7RPQ	VE7PI
Qualicum Beach	445.0000	144.7700	o	VE7RQR	Mid Island
Saanich	449.4500	−	100	VE7SLC	Saanich Em
Texada Island	444.0250	+	141.3	VE7TIR	Powell Riv
VANC ISLAND NORTH					
Campbell River	442.4500	+	o	VE7NVI	VE7JZ
Campbell River	443.6500	+	100.0	VE7CRC	CRARS
Comox Valley	447.5750	−	o	VE7RAP	Comox Vall
Courtenay	443.7000	+	141.3	VE7NIR	North Isla
Sayward	443.7000	+	o	VE7RNC	North Isla
VANC ISLAND SOUTH					
Duncan	442.1500	+	141.3	VA7CDH	Cowichan V
Ganges	444.8500	+	EXP	VE7XNR	VA7DN
Langford	442.7250	+	e	VE7FRF	VE7DAT
Nanaimo	444.7250	+	141.3e	VE7ITS	NARA
Saanich	443.0750	+	oe	VA7XMR	CERT-BC
Saturna Island	444.5500	+	97.4	VA7RMI	VE7MIA, VE
Survey Mountain	444.9250	+	100	VE7RWS	VE7ED
Victoria	442.7000	+	e	VE7RFR	VE7DAT
Victoria	442.7750	+	o	VA7CRT	CERT-BC
Victoria	443.0250	+	100	VE7RWS	CRERCC
Victoria	443.5750	+	o	VE7RAA	VE7CCD
Victoria	443.8250	+	100.0e	VE7VOP	Victoria E
Victoria	443.9000	+	141.3el	VE7RFR	VE7DAT
Victoria	443.9500	+	123.0	VE7RTC	WARA
Victoria	444.1500	+	103.5e	VE7US	CRERCC
Victoria	444.2500	+	o	VE7IA	VE7IA
Victoria	444.4500	+	100	VE7SLC	Saanich Em
Victoria	444.5500	+	o	VE7RGP	Rogers Cab
Victoria	444.8750	+	o	VE7VIC	WARA
Victoria	449.8750	146.2400	l	VE7XIC	WARA

420-450 MHz
MANITOBA-NOVA SCOTIA

Location	Output	Input	Notes	Call	Sponsor
MANITOBA					
INTERLAKE					
Selkirk	444.1500	+	●e	VE4SLK	E Selkirk
NORTHWEST					
Dauphin	448.4000	–	●	VE4BMR	DARC
Swan River	443.4000	+	●	VE4SRR	SwanRivARC
SOUTHWEST					
Killarney	449.5000	–	● 127.3	VE4KIL	------------
WINNIPEG					
Winnipeg	433.7500	+	● 5.0/5.0	VE4KEG	------------
Winnipeg	434.0000	1253.2500	●	VE4EDU	------------
Winnipeg	443.5000	+	●lrsx	VE4VJ	------------
Winnipeg	444.0000	+	127.3/127.3	VE4UHF	------------
Winnipeg	444.5000	+	●	VE4AGA	VE4AGA
Winnipeg	444.7500	+	● 127.3	VE4PAR	------------
NEW BRUNSWICK					
BELLEDUNE					
Elmtree	444.3500	+	●L(LINK)	VE9ELM	------------
DALHOUSIE					
Dalhousie	444.6000	+	●	VE9FMG	VE9DEN
FREDERICTON					
Fredericton	444.9500	+	● 141.3/141.3l	VE9HAM	VE9HAM
Fredericton	448.7000	–	● 141.3/141.3e	VE9ARZ	VE9MP
Fredericton	449.2500	–	●	VE9ZC	FARC
MACES BAY					
Maces Bay	444.8750	+	●l	VE9MBY	IRG
MONCTON					
Moncton	432.2500	+	● 141.3/141.3lRB	VE9UDM	VE9MDB
Moncton	442.2500	+	● 141.3/141.3l	VE9UDM	VE9MDB
Moncton	442.6000	+	●	VE9MER	VE9MCD
Moncton	443.3500	+	●L(X?)	VE9LNK	------------
Moncton	444.9750	+	●L(?)	VE1PJX	------------
Moncton	449.3250	–	●l	VE9SHM	TCARC
SAINT JOHN					
Spruce Lake	443.6000	+	● 141.3 L(HUB)	VE9SJW	LCARC
ST ANDREWS					
St Andrews	448.1000	–	● 141.3	VE1IE	VE9NZ
NOVA SCOTIA					
AMHERST					
Amherst	442.4250	+	●L(IRLP)	VE1WRC	WCARC
ANTIGONISH					
Antigonish	443.5000	+	●L(HUB)	VE1RTI	NSARA

420-450 MHz
NOVA SCOTIA

Location	Output	Input	Notes	Call	Sponsor
BARRINGTON					
French Lake	443.8000	+	O	VE1KDE	BAARS
DARTMOUTH					
Dartmouth	444.6000	+	O	VE1DAR	DARC
GORE					
Gore	449.9250	−	OeL(HUB)	VE1NSC	NSARA
GREENWOOD					
Greenwood	449.0500	−	O	VE1VLY	GARC
HALIFAX					
Halifax	444.2500	+	Ol	VE1PSR	HARC
Halifax	444.3500	+	Oel	VE1PSR	HARC
Halifax	444.4500	+	OeL(LINK)	VE1PSR	HARC
Halifax	444.5500	+	OeL(LINK)	VE1PSR	HARC
Halifax	444.6500	+	OeL(LINK)	VE1PSR	HARC
Halifax-All NS	449.1500	−	Oep	VE1HRM	VE1AJP
HFX Airport	444.0000	+	OeL(HUB)	VE1CDN	VE1YZ
INVERNESS					
Kiltarlity	444.9000	+	OeL(HUB)	VE1KIL	SARC
LIVERPOOL					
Middlefield	444.3000	+	O	VE1AVA	------------
MUSQUODOBOIT					
Musquodoboit Hbr	449.4250	−	OeL(LINK)	VE1MHR	ESARC
Musquodoboit Hbr	449.4500	−	OeL(LINK)	VE1MHR	ESARC
NEW GLASGOW					
New Glasgow	448.5000	−	OeL(LINK)	VE1HR	PCARC
New Glasgow	449.7375	−	OL(LINK)	VE1HR	------------
PARRSBORO					
Kirkhill	443.4500	+	OE-SUNl	VE1PAR	VE1BXK
SHEET HARBOUR					
Sheet Harbour	444.4250	+	OeL(LINK)	VE1ESR	ESARC
Sheet Harbour	444.8750	+	OeL(LINK)	VE1ESR	ESARC
SHELBURNE					
Shelburne	444.2750	+	OeL(HUB)	VE1BBC	EOC
SHERBROOKE					
Sherbrooke	449.8750	−	OeL(LINK)	VE1SAB	ESARC
SPRINGFIELD					
Springfield	444.8500	+	OeL(HUB)	VE1LCA	LCARC
SPRINGHILL					
Lynn Mtn	444.2000	+	OeL(HUB)	VE1SPR	VE1ZX
Sugarloaf	448.9250	−	OeL(HUB)	VE1BHS	VE1ZX
SYDNEY					
Boisdale	449.9000	−	OeL(HUB)	VE1HAM	SARC
TRURO					
Nuttby	444.7375	+	OeL(LINK)	VE1XK	TARC
Nuttby	444.9250	+	OeL(LINK)	VE1XK	TARC
YARMOUTH					
Yarmouth	442.7000	+	Ols	VE1LN	YARC
Yarmouth	444.7000	+	Oel	VE1YAR	VE1IC

420-450 MHz
ONTARIO

Location	Output	Input	Notes	Call	Sponsor
ONTARIO					
Manitowaning	444.1750	+	o	VE3RII	VE3AJB
CENTRAL					
Berkeley	444.7500	+	o 156.7e	VA3CAX	RARC
Collingwood	442.3750	+	o 156.7e	VA3BMR	BMARC
Collingwood	442.6000	+	o 156.7	VE3BMR	----------
Collingwood	443.8000	+	o 156.7e L(IRLP)	VE3RMT	CARC
Dwight	444.7000	+	o 156.7 L(IRLP ECHOLINK)	VE3MUS	VE3MUS
Edgar	442.8875	+	Ot	VE3UHF	----------
Edgar	444.6875	+	L(MOTOTRBO)	VA3URU	GTARC
Goodwood	442.0750	+	o 103.5e L(GTU)	VE3GTU	----------
Goring	444.4250	+	o 156.7 L(WIK SED SNM WAJ)	VA3NEG	ERA
Hillsburgh	443.8750	+	o 88.5e L(VE3ZAP)	VE3ZAP	----------
Huntsville	443.1250	+	o 156.7e L(IRLP ECHOLINK)	VE3MUS	VE3MUS
Huntsville	444.9500	+	o 103.5 L(LINK7)	VE3UHN	----------
Innisfil	442.1750	+	o 103.5	VA3SF	----------
Moonstone	444.2750	+	o 103.5 L(IRLP ALLSTAR)	VA3BNI	----------
Orangeville	444.0250	+	o 156.7e L(IRLP ECHOLINK)	VE3ORX	OAREX
Orillia	442.5750	+	o 103.5 L(LINK7)	VE3UOR	----------
Orillia	444.5500	+	o	VE3ORC	OARC
Parry Sound	443.5750	+	o	VE3RPL	PARRA
Parry Sound	444.8000	+	o 103.5 L(ECHOLINK)	VE3UPS	----------
Sarnia	442.3500	+	o(CA)e L(IRLP)	VE3WHO	----------
Shelburne	443.6250	+	Oe	VE3DRC	----------
Singhampton	444.9000	+	o 156.7e L(ERA)	VA3WIK	ERA
CENTRAL EAST					
Baltimore	444.9750	+	o 103.5 L(VE3YYZ)	VE3MXR	YYZ GROUP
Colborne	443.3750	+	o 162.2 RB	VE3RTY	----------
Kawartha Lakes	444.6500	+	o 156.7	VE3CKL	----------
Omemee	443.1375	+	o L(TRBO (DMR))	VE3BTE	OARCC
Omemee	444.9000	+	o 162.2e L(IRLP)	VA3OME	OCR
Oshawa	443.0000	+	o 136.5	VE3NAA	NSARC

420-450 MHz
ONTARIO

Location	Output	Input	Notes	Call	Sponsor
Peterborough	444.5750	+	O 162.2	VA3PBO	PARC
CENTRAL WEST					
Dundalk	442.9250	+	O 131.8	VA3WWM	------------
Owen Sound	442.3500	+	O 156.7e L(VE3OSR)	VE3OSR	------------
FRONTENAC/LEEDS-ADDINGTON					
Kingston	434.8000	434.8000	203.5/203.5 #	VE3FRG	FRONTENAC A
FRONTENAC/LENNOX-ADDINGTON					
Kingston	443.3000	+	s	VE3KTO	Kingston ARES
HAMILTON-WENTWORTH					
Hamilton	444.6500	+	O 67.0	VE3GIV	------------
HASTINGS/PRINCE EDWARD					
Belleville	444.4750	+	118.8/118.8	VE3QAR	QARC
Marmora	443.4750	+	OA(1* #) L(l 2176)	VE3OUR	VE3LIZ
LAKE SIMCOE					
Innisfil	444.2000	+	O 103.5 (CA)eL(IRLP ECHOLINK 443.275)	VA3NMK	------------
LANARK/LEEDS-GRENVILLE					
Almonte	444.3000	+	O 100.0/100.0 L(l 2220)	VA3AAR	Almonte ARC
Brockville	444.0000	+	100.0/100.0	VE3IWJ	Brockville PG
Lavant	444.8500	+		VE3DVQ	WCARC
Rideau Ferry	442.2000	+	O#	VE3REX	LNLARES
Smiths Falls	444.7500	+	136.5 A(* OPEN # DROP)	VE3WDP	------------
METRO TORONTO					
Acton	442.8250	+	O 103.5	VA3GTU	------------
Aurora	442.0250	+	O 141.3e L(CANWARN)	VE3ULR	VE3ULR RA
Aurora	444.1000	+	O 103.5 L(SSPBD)	VE3WDX	SSPBD
Ballantrae	442.4750	+	O 103.5 L(IRLP ALLSTAR)	VA3URU	GTARS
Ballantrae	442.8500	+	136.5 L(VE3WIK WAJ SED)	VE3SNM	ERA
Ballantrae	443.7000	+	O 103.5 (CA) L(IRLP COARC)	VA3BAL	COARC
Brampton	443.5500	+	O(CA)eWx z	VE3PRC	PARC
Brampton	444.9500	+	O 103.5	VA3OPR	------------
Brougham	444.6000	+	O	VE3DAX	SPARC
Caledon	444.1750	+	O 103.5	VE3WOO	------------
Etobicoke	442.7750	+	O 103.5e	VA3GTU	------------
Etobicoke	442.8000	+	O 103.5e L(GTU)	VA3GTU	------------
Etobicoke	443.1000	+	O	VE3SKI	SARC
King City	443.7750	+	O 103.5 L(IRLP ECHOLINK)	VE3JOP	VE3JOP

680 420-450 MHz
ONTARIO

Location	Output	Input	Notes	Call	Sponsor
King City	444.3000	+	O 103.5	VE3TSU	YRPARC
Mississauga	444.2500	+	O 103.5ae L(147.540 IRLP) WX	VA3PMO	-------------
Mississauga	444.5750	+	O 103.5 (CA)e	VE3MIS	MARC
Newmarket	442.6000	+	O 103.5e	VE3CAY	RARC
Newmarket	443.2750	+	O 103.5 (CA) L(ILP ECHOLINK)	VA3PWR	-------------
Raglan	444.5250	+	OL(SSPBD ECHOLINK)	VE3OBI	SSPBD
S Richmond Hill	444.2250	+	O 118.8e L(VE3MOT)	VE3YRC	YRARC
Scarborough	443.3500	+	O 131.8	VE3RTC	-------------
Scarborough	443.7500	+	O 103.5e L(GTU)	VA3GTU	-------------
Scarborough	443.8250	+	O 88.5e	VATVB	-------------
Toronto	442.1750	+	O 136.5	VA3UKW	-------------
Toronto	442.3375	+	O L(DMR MOTOTRBO)	VA3XPR	-------------
Toronto	442.3750	+	O 103.5e L(GTU)	VA3GTU	-------------
Toronto	442.6500	+	O 100.0e	VA3GTU	-------------
Toronto	442.7500	+	O 82.5 L(SSBPD)	VE3WOO	-------------
Toronto	442.9750	+	O 103.5 L(ECHOLINK)	VA3GTU	-------------
Toronto	443.0500	+	O 103.5e L(IRLP ECHOLINK YYZ)	VE3YYZ	TARCS
Toronto	443.3250	+	O 103.5 (CA)	VE3VOP	MARC
Toronto	443.5000	+	O 103.5/103.5eL(IRLP)	VE3NIB	-------------
Toronto	443.6500	+	O 103.5 L(IRLP)	VE3NOR	NARC
Toronto	443.9000	+	O 127.3l	VE3OBN	SSPBD
Toronto	444.0000	+	O 103.5e L(TFM IRLP)	VE3TWR	TFMCS
Toronto	444.4750	+	O 103.5 L(IRLP ALLSTAR)	VE3URU	GTARS
Toronto	444.5125	+	O L(D-STAR)	VE3YRC	YRARC
Toronto	444.7750	+	O 103.5 (CA)e	VE3ATL	ALTARC
Toronto	444.8500	+	O 136.5	VE3UKW	-------------
Unionville	442.2750	+	O 103.5 L(ECHOLINK)	VA3CTR	CCARS
Uxbridge	442.1000	+	O 103.5e L(TFM IRLP)z	VE3RPT	TFMCS
Vaughan	444.4500	+	O 103.5	VA3BMI	GTARC
Whitby	443.4750	+	O 103.5e	VE3WOM	WARC

420-450 MHz
ONTARIO

Location	Output	Input	Notes	Call	Sponsor
Whitby	444.3750	+	O 103.5e	VE3WOQ	WARC
NATIONAL CAPITAL REGION					
Cumberland	444.3500	+	O	VA3RCB	VE3CVG
			100.0/100.0		
Orleans	444.4000	+	/100al	VE3MPC	CPCARC
Ottawa	443.8000	+	O 136.5	VE3OCE	EMRG
Ottawa	444.2000	+		VE3TWO	OVMRC
			L(147.3/53.03)		
Ottawa	444.5000	+	123.0/123.0	VA3LGP	VE3JGL
Ottawa	444.9500	+	/136.5s	VA3EMV	EMRG
NIAGARA					
Campden	443.5750	+	O 107.2e	VE3ALS	---------
Fonthill	443.1750	+	O 107.2e	VE3RNR	NPARC
Fonthill	444.7250	+	O 107.2	VE3PLF	COBRA
			L(IRLP) RB		
Niagara Falls	442.4250	+	O 107.2	VA3WAJ	---------
			L(ERA IRLP)		
Niagara Falls	442.9000	+	O 107.2	VE3GRW	---------
			(CA)e		
Thorold	442.2500	+	O/107.2	VE3RAF	RAFMARC
			L(VE3RAF)		
Thorold	443.7250	+	O 107.2	VA3RFM	RAFMARC
NORTHEASTERN ONTARIO					
Echo Bay	444.4750	+	O	VE3SNT	SN CLUSTER
			100.0/100.0 E-WINDi		
Little current	443.3000	+		VE3RQQ	---------
Sault Ste Marie	442.0500	+	O	VA3SOO	VE3KD
Sault Ste Marie	442.6500	+	aL(VE3SJI)	VE3SSM	AARC
			Z(Y)		
Searchmont	444.4500	+	O	VE3SNB	SN CLUSTER
			100.0/100.0 E-WINDi		
Timmins	444.9000	+	l	VE3AA	---------
NORTHWESTERN ONTARIO					
Thunder bay	443.8500	+	●	VE3TBU	---------
Thunderbay	442.0750	+	O	VE3TBR	LARC
			100.0/100.0		
Thunderbay	442.8250	+	O	VE3BGA	VE3OJ
RENFREW					
Arnprior	443.2000	+	O	VE3YYX	Arnprior FD
			136.5/136.5 A(*/#)eL(I 2910)s		
Pembroke	448.0250	–	/100.0	VE3NRR	RCARC
			A(*22/#) L(ZBC/I 2520)sx		
SOUTH					
Acton	442.1250	+	O 136.5e	VE3PAQ	PRO-ARA
			L(224.720)		
Ancaster	442.5000	+	O 136.5e	VE3RDM	HPESS
			L(ECHOLINK)		
Brantford	443.0250	+	OL(IRLP)	VE3TCR	BARC
Burlington	443.1500	+	Oe	VE3BUR	---------
			L(442.450)		

420-450 MHz
ONTARIO

Location	Output	Input	Notes	Call	Sponsor
Burlington	443.2000	+	O	VA3BUR	----------
Burlington	444.8250	+	O 131.8e	VE3RSB	BARC
Carlisle	443.6375	+	O L(ERA D-STAR)	VE3WIK	Rick Reemeyer
Carlisle	443.6750	+	O 131.8e L(ERA)	VE3WIK	----------
Grassie	442.7250	+	O 131.8 L(ECHOLINK)	VE3BQQ	TECHNET
Halton Hills	443.4250	+	O 131.8ae L(ECHOLINK)	VA3HR	HARC
Halton Hills	443.9500	+	O 131.8 (CA)eL(ECHOLINK ASTERISK IRLP 146.580)	VE3ZRB	----------
Halton Hills	444.1250	+	O 131.8 (CA)eL(ECHOLINK ASTERISK IRLP 146.580)	VE3ADT	----------
Hamilton	442.5250	+	O 103.5 L(LINK7)	VE3UHM	----------
Hamilton	442.5500	+	O 136.5e	VE3ESM	HPESS
Hamilton	443.0750	+	O	VE3ZOE	----------
Hamilton	444.0750	+	O 131.8ae L(IRLP)	VE3NCF	HARC
Hamilton	444.4250	+	EXP	VE3RDX	----------
Kitchener	442.2000	+	O 131.8e L(ERA)	VE3SED	----------
Kitchener	442.3500	+	O 131.8e	VE3BAY	KWARC
Kitchener	444.5375	+	O L(MOTOTRBO)	VE3NXS	----------
Kitchener	444.8750	+	O 131.8e L(IRLP ECHOLINK)	VE3RBM	KWARC
Milton	443.3000	+	O	VE3HAL	----------
Oakville	442.2250	+	O 131.8 L(ECHOLINK)	VA3ODX	ODXA
Oakville	442.4500	+	Oe L(443.150)	VE3OKR	OKR RG
Oakville	444.3250	+	Oe	VE3OAK	OARC
Simcoe	442.0500	+	O 131.8e	VE3BIC	----------
Waterford	444.5500	+	O 131.8e RB	VE3HJ	----------
Woodstock	442.8750	+	O 131.8	VA3OHR	TCERG

SOUTHWEST

Location	Output	Input	Notes	Call	Sponsor
Grand Bend	442.0500	+	O 114.8e L(VE3SUE)	VE3SRT	SORT
Ingersoll	443.4500	+	O 114.8	VE3OHR	----------
London	444.4000	+	O 114.8e L(IRLP 442.200)	VE3SUE	SORT
London	444.6125	+	Oe L(IPSC MOTOTRBO DIGITAL)	VE3RGM	SARC
Milverton	444.9250	+	O 114.8 L(IRLP)	VE3NMN	----------
Richmond	443.2250	+	O 131.8e	VE3XXL	----------
Sarnia	442.3500	+	O 118.5 (CA)eL(146.955 IRLP)	VE3WHO	----------

420-450 MHz
ONTARIO-QUEBEC

Location	Output	Input	Notes	Call	Sponsor
Sarnia	444.7000	+	O 114.8	VA3LAM	------------
St Mary's	444.3750	+	O 114.8e L(VE3RFC)	VA3SMX	FCARC
St Marys	444.5250	+	O 114.8	VE3SDF	SMARC
St Thomas	443.8250	+	O 114.8	VE3STR	EARS
Stratford	444.9750	+	O 114.8e L(IRLP)	VE3FCG	FCARC
Windsor	444.3000	+	O 118.8ae	VE3RRR	WARC
Windsor	444.4000	+	Oe	VE3UUU	------------
Windsor	444.5000	+	O 118.8ae L(145.470)	VE3III	SPRARC
Woodstock	443.9250	+	O 131.8	VE3WHR	TCERG

STORMON-DUNDAS-GLENGARRY
Location	Output	Input	Notes	Call	Sponsor
Cornwall	443.6500	+	O	VE3MTA	SVARC
			110.9/110.9		

STORMONT-DUNDAS-GLENGARRY
Location	Output	Input	Notes	Call	Sponsor
Lancaster	444.1500	+	O 110.9/110.9 (CA)eL(l 2018)	VE2REH	ARAI
Moose creek	443.0500	+	151.4/151.4	VE3TYF	------------
Williamsburg	443.1500	+	O 110.9/110.9	VA3ESD	SDEG

PRINCE EDWARD ISLAND
CENTRAL
Location	Output	Input	Notes	Call	Sponsor
Glen Valley	444.6750	+	Ol	VE1UHF	VE1AIC

CHARLOTTETOWN
Location	Output	Input	Notes	Call	Sponsor
Charlottetown	443.3000	+	Oe L(DSTAR) EXP	VE1AIC	VE1AIC
Charlottetown	443.8500	+	Oel	VY2UHF	VY2ROB
Charlottetown	444.4000	+	OeL(IRLP)	VE1AIC	VE1AIC
Charlottetown	449.1000	−	OaeL(X)	VE1CRA	VE1AIC

SUMMERSIDE
Location	Output	Input	Notes	Call	Sponsor
Summerside	444.5000	+	Oae L(HUB)	VE1CFR	SPARC

QUEBEC
ARGENTEUIL
Location	Output	Input	Notes	Call	Sponsor
Brownsburg	442.3500	+	O 100.9/100.9	VE2RWC	BARC
Grenville	443.8500	+	123.0/123.0l	VE2RCS	VE2HMA

BAS-ST-LAURENT
Location	Output	Input	Notes	Call	Sponsor
La Pocatiere	448.9750	−	Oe	VE2RIP	VE2XIT
St-Pascal-De Kamouraska	449.5750	−	O 107.2x	VE2RLB	VE2MEL

CAPITALE-NATIONALE
Location	Output	Input	Notes	Call	Sponsor
Centre Ville Quebec	444.4500	+	O 100	VA2MB	VE2MBK
Mont-Belair	444.2000	+	O 103.5e	VE2RAX	VE2EZZ
Mont-Belair	448.3750	−	O	VE2OM	VE2AQC
Mont-Belair	448.6250	−	O 100e	VE2UCD	VE2RAU

420-450 MHz
QUEBEC

Location	Output	Input	Notes	Call	Sponsor
Mont-Gladys	442.4000	+	O 100	VE2RMG	VE2CQ
Mont-Ste-Anne	444.3500	+	O 100	VE2RAA	VE2CQ
Parc Des Laurentides	443.3750	+	O 100x	VE2RMG	VE2CQ
Ste-Foy	444.8000	+	O	VE2RIG	VE2SIG

CENTRE-DU-QUEBEC

Location	Output	Input	Notes	Call	Sponsor
Victoriaville	442.8500	+	O 79.7x	VE2RLL	VE2LJK

CHAUDIERES-APPALACHES

Location	Output	Input	Notes	Call	Sponsor
Levis-Lauzon	444.1000	+	O 100	VE2RHD	VE2CQ

COTE-NORD

Location	Output	Input	Notes	Call	Sponsor
Baie-Comeau	443.8500	+	Oex	VE2RMH	VE2CMH
Baie-Comeau	447.6250	–	Oe	VE2RBC	VE2CMH
Parc Des Laurentides	442.5000	+	O 100	VE2RMG	VE2CQ

ESTRIE

Location	Output	Input	Notes	Call	Sponsor
Coaticook	440.5000	+	118.8e	VE2RDM	VE2DPD
Coaticook	449.8500	–	118.8x	VE2RDM	VE2DPD
Fleurimont	442.9250	+	O	VE2RLX	VE2DPD
Kingsbury	443.7500	+	O 123	VE2RHP	VE2RAU
Mont-Orford	442.7000	+	O 123x	VA2TB	VE2TBU
Mont-Orford	444.5500	+	O 100ex	VE2RMO	VE2VHF
Sherbrooke	444.7500	+	O 131.8	VE2RQM	VA2HF
Sherbrooke	448.3750	–	O 123	VE2RHE	VE2RAU
Waterloo	443.9000	+	Oe	VE2ESM	VE2ESM

GATINEAU

Location	Output	Input	Notes	Call	Sponsor
Aylmer	444.0000	+	O 123.0/123.0	VE2AAR	VE2AAR
Aylmer	445.0250	–	100.0/100.0	VE2AAR	VE2AAR

LANAUDIERE

Location	Output	Input	Notes	Call	Sponsor
Joliette	444.6250	+	O 103.5e	VE2RLJ	VE2CLJ
Joliette	449.1250	–	Oe	VE2RHO	VE2BFK
Legardeur	442.3000	+	O 103.5	VE2CZX	VE2BFK
St Calixte	444.0000	+	O 123ex	VA2RLD	VA2DU
St-Calixte	443.6000	+	O 141.3	VE2RVK	VE2VK
St-Calixte	447.3750	–	Oex	VE2ROR	VA2OZ
St-Donat	444.6000	+	O 103.5 E-SUN	VE2RRA	VE2BFK
St-Jean-De Matha	447.8250	–	O	VE2RHR	VE2EIL
St-Michel Des Saints	444.5500	+	O 103.5	VA2HMC	VA2HMC
Ste-Marcelline	444.7000	+	O 103.5e	VE2RMS	VE2BFK

LAURENTIDES

Location	Output	Input	Notes	Call	Sponsor
Blainville Nord	442.6000	+	O 141.3	VE2RNO	VE2THE
Rigaud	444.0000	+		VE2RM	------------
Saint-Lin Laurentides	444.6500	+	O 103.5e	VE2RFO	VE2BFK
Sainte-Anne-Des Lacs	444.6000	+	O 114.8e	VE2REH	VE2REH

420-450 MHz
QUEBEC

Location	Output	Input	Notes	Call	Sponsor
St-Hippolyte	449.9500	–	O 107.2ex	VE2ROR	VA2OZ
St-Jerome	444.7500	+	O 103.5	VE2RJE	VE2MCJ
St-Joseph-Du Lac	449.8750	–	O 103.5	VE2RST	VE2CRL
LAVAL					
Variable	447.5250	–	141.3p	VE2VK	VE2VK
MAURICIE					
Drummondville	444.0500	+	O 110.9	VE2RBZ	VA2CCQ
Grand-Mere	449.6750	–	O	VE2RGM	VE2RGM
Grand-Mere	449.9750	–	O 110.9ex	VA2RDX	VE2PWP
Parent	444.0000	+	x	VE2LVJ	VA2PP
Riviere A Pierre	444.4000	+	103.5x	VE2REY	VA2HMC
Trois-Riviere	442.5000	+	O 103.5	VE2REY	VA2HMC
MONTEREGIE					
Contrecoeur	443.6500	+	O 141.3	VE2CKC	VE2ZT
Covey Hill	448.5250	–	O 100ex	VA2REX	VE2CYH
Granby	442.2000	+	O 94.8	VE2RXG	VE2CRG
Longueuil	442.4000	+	O 103.5ep x	VE2HPB	VE2UF
Longueuil	444.1000	+	O 103.5e	VE2RSP	VE2CLM
Longueuil	445.2250	445.2250	O 103.5e	VE2RSM	VE2CLM
Mercier	444.5000	+	O	VE2RTS	VE2CEV
Mont Yamaska	444.5250	+	O 123	VE2RAU	VE2RAU
Mont-Rougemont	449.3250	–	O 103.5e	VE2RAW	VE2AW
Mont-Shefford	443.0000	+	O 103.5e	VE2RWQ	VE2CWQ
Mont-St-Gregoire	444.3000	+	O 103.5e	VE2RKL	VE2EKL
Mont-Yamaska	442.3500	+	O 103.5ex	VA2RMY	VE2GGM
Mont-Yamaska	442.3500	+	O 103.5	VE2RHA	VE2EKL
Saint Constant	442.1000	+	Oe	VA2RSC	VE2AFP
Salaberry-De Valleyfield	449.6750	–	Oe	VA2RVF	VE2BYB
Sorel	442.1500	+	O 103.5e	VE2RBS	VE2CBS
St-Hubert	449.0250	–	O	VA2ASC	VA2ASC
St-Hyacinthe	444.4500	+	Oe	VE2RBE	VE2CAM
St-Jean-Sur Richelieu	442.8000	+	ep	VE2UVR	VE2CVR
St-Jean-Sur Richelieu	442.8500	+	O 141.3e	VA2RVR	VE2CVR
Varennes	448.2750	–	O	VE2REQ	VE2HQJ
MONTREAL					
Montreal	442.4500	+	O 103.5e	VE2MRC	VE2MRC
Montreal	443.0500	+	O 141.3ex	VE2RWI	VE2CWI
Montreal	443.1000	+	O 141.3e	VE2RVL	VE2AQC
Montreal	444.2500	+	O 88.5x	VE2RVH	VE2VNH
Montreal	444.3750	+	O 103.5e	VE2REM	VE2UMS
Montreal	444.4000	+	O 103.5e	VE2UMS	VE2UMS
Montreal	448.9750	–	O 91.5	VE2RWX	VE2CWQ
OUTAOUAIS					
Cantley	444.6000	+	110.9ex	VE2REH	VE2REH
Cantley	444.6000	+	110.9/110.9	VE2REH	ARAI

(CA) L(I 2018)

420-450 MHz
QUEBEC-YUKON TERRITORY

Location	Output	Input	Notes	Call	Sponsor
Cantley	444.7000	+	123ex	VE2REG	VE2REH
Cantley	444.7000	+	● 123.0/123.0 (CA)e	VA2CMB	VA2CMB
Chelsea	443.3000	+	/100x	VE2CRA	OARC
Chelsea	444.5000	+	O 146.2/146.2	VE2GFV	VE2GFV
Gatineau	433.1000	+	L(9600B RPTR)	VE2UQH	CRAO
Gatineau	443.9500	+	123.0/123.0 A(*/#)eL(VHF)	VE2RAO	CRAO
Gatineau	444.2500	+	O 110.9	VA2UHF	VE2CRO
Gatineau	444.2500	+	/110.9l	VA2UHF	GRAC
Gatineau	444.9000	+	O 162.2e	VA2XAD	VA2XAD
Gatineau	444.9000	+	● 162.2/162.2 (CA)e	VA2XAD	VA2XAD
Hull	443.9500	+	O 123e	VE2RAO	VE2CRO
Lac Larouche	449.6250	−	O	VE2RPV	VE2NOQ

SAGUENAY-LAC-ST-JEAN

Location	Output	Input	Notes	Call	Sponsor
Chicoutimi	449.7000	−	O	VE2RDH	VE2MDH
Jonquiere	449.0000	−	O	VE2RPA	VE2CRS
L'Anse-St-Jean	449.9000	−	Oe	VE2RME	VE2XIT
La Baie	442.6000	+	O 127.3	VA2RU	VE2LRE
La Baie	448.5250	−	O 127.3x	VE2RCX	VA2BCA
Lac Castor	444.9500	−	O 127.3	VA2RUR	VA2BCA
Roberval	447.6250	−	O(CA)e	VA2RRA	VE2PR
St-Charles De Bourget	444.2000	+	x	VE2RCR	VE2CRS

SASKATCHEWAN
REGINA

Location	Output	Input	Notes	Call	Sponsor
Avonlea	444.1500	+	O	VE5AHR	----------
Regina	444.2500	+	O	VE5UHF	----------
Regina	447.2500	−	O	VE5BBZ	----------

SASKATOON

Location	Output	Input	Notes	Call	Sponsor
Saskatoon	441.0000	+	O	VE5RPH	----------
Saskatoon	443.9750	+	O	VE5PJH	VE5PJH
Saskatoon	448.0000	−	O	VE5HG	VE5HG

SOUTHEAST

Location	Output	Input	Notes	Call	Sponsor
Estevan	444.8000	+	O	VA5EST	VE5AJ

YUKON TERRITORY
YUKON

Location	Output	Input	Notes	Call	Sponsor
Beaver Creek	449.9000	−	Ol	VY1RHH	YARA

902-928 MHz

Location	Output	Input	Notes	Call	Sponsor
ALABAMA					
Huntsville	927.5875	902.5875	O 100.0	W4XE	W4XE
Huntsville/ MonteSano	927.5000	902.5000	O 100.0	W4XE	W4XE
ARIZONA					
CENTRAL					
Pinal Peak	927.4125	902.4125	151.4	W7ARA	ARA
EAST CENTRAL					
Greens Peak	927.2875	902.2875	151.4	N9CZV	N9CZV
Porter Mtn	927.3375	902.3375	151.4	N9CZV	N9CZV
NC AZ					
Payson	927.4375	902.4375	O 151.4/151.4e	W7MOT	W7MOT
Prescott Valley	927.1250	902.1250	O 103.5	K7QDX	K7QDX
NORTH CENTRAL					
Bill Williams Mtn	927.0750	902.0750	218.1	WB7BYV	Steve Crumley
Maricopa	927.0250	902.0250	151.4	KE7JVX	Ed Buelow
Maricopa	927.6500	902.6500	151.4	KE7JVX	Ed Buelow
Mingus Mtn	927.0875	902.0875	151.4	WB7BYV	WB7BYV
Mingus Mtn	927.2625	902.2625	141.3	WA7JC	WA7JC
Prescott	927.3875	902.3875	151.4	WB7BYV	Steve Crumley
Prescott	927.5875	902.5875	131.8	WB7BYV	WB7BYV
Towers Mountain	927.2875	902.2875	151.4	KF7EZ	KF7EZ
NORTH EAST					
Greens Peak	927.1625	902.1625	151.4	W7ARA	ARA
NORTH WEST					
Dolan Springs	927.9125	902.9125	606	KC7UJL	KC7UJL
PHOENIX METRO					
Chandler	927.4375	902.4375	151.4	W7MOT	MARCA
Phoenix	927.0125	902.0125	151.4	KQ7DX	Scott Willard
Phoenix	927.7125	902.7125	151.4	NØFPE	NØFPE
Scottsdale	927.0625	902.0625	100.0	KØNL	Gregory Banks
Scottsdale	927.1625	902.1625	151.4	W7ARA	ARA
Scottsdale	927.2375	902.2375	151.4	KF7EUO	Andrew Owen
Scottsdale	927.3875	902.3875	151.4	W7MOT	M.A.R.C.A.
Shaw Butte	927.1875	902.1875	151.4	W7ATV	AATV Arizona A
Shaw Butte	927.5375	902.5375	151.4	KF7EZ	KF7EZ
Smnt	927.2125	902.2125	151.4	W7MOT	M.A.R.C.A.
Tempe Butte	927.0375	902.0375	023	KE7EJF	Dennis Bietry
White Tank	927.3375	902.3375	151.4	W7ARA	ARA
White Tank	927.3625	902.3625	151.4	WW7B	Morgan E. Hoagli
SOUTH CENTRAL					
Mnt Lemmon	927.3125	902.3125	606	N7OEM	Tom Long

902-928 MHz
ARIZONA-CALIFORNIA

Location	Output	Input	Notes	Call	Sponsor
SOUTH EAST					
Sierra Vista	927.9125	902.9125	100.0	N0NBH	N0NBH
SOUTH WEST					
Yuma	927.4625	902.4625	88.5	W7DIN	George Strickrogh
TUCSON METRO					
Oracle	927.3750	902.3750	156	WA7ELN	Troy Hall
Tucson	927.7875	902.7875	606	K7IOU	BART
Tucson	927.8875	902.8875	606	K7IOU	BART
Tumamoc Hill	927.9750	902.9750	606	N7OEM	Tom Long
WEST CENTRAL					
Lake Havasu	927.4375	902.4375	532	K7GDM	KA3IDN

ARKANSAS
NORTHWEST

Location	Output	Input	Notes	Call	Sponsor
Aurora	927.5625	902.5625	ODCS(143)	W4GYV	W4GYV
Fayetteville	927.5125	902.5125	ODCS(143)	W4GYV	W4GYV

CALIFORNIA
FREQUENCY USAGE - SOUTHERN CALIFORNIA

Location	Output	Input	Notes	Call	Sponsor
So Cal	927.6000			SIMPLEX	
So Cal	927.7000	902.7000		TEST PAIR	
So Cal	927.8000			SIMPLEX	
E SIERRA/TAHOE					
Meyers	927.6750	902.6750	O 107.2el	NC9RS	KJ6KO
Tahoe City	927.0250	902.0250	● 432e	WA6JQV	WA6JQV
Tahoe City	927.0375	902.0375	O 100	WA6JQV	WA6JQV
Tahoe city	927.8750	902.8750	●l	WA6TLW	WA6TLW
EASTERN SIERRAS					
Bishop	927.0125	902.0125	O 100l	NC9RS	KJ6KO
NORCAL-CENTRAL COAST					
Felton	927.9250	–	O 123#e	W6MOW	W6MOW
Monterey	927.0375	–	OaDCSel	KG6NRI	SVRG
Monterey	927.0375	–	OaDCSel	KG6NRI	SVRG
Monterey	927.2875	–	Oelrsx	W6JSO	W6JSO
Monterey	927.9750	–	●DCSelrs	WE6R	WE6R
Salinas	927.6375	–	O 123elx	NC9RS	nc9rs.com
Salinas	927.9500	–	ODCSel	KG6UYZ	SVRG
NORCAL-EAST BAY					
Berkeley	927.9875	–	O 127.3lx	WI6H	WI6H
Clayton	927.1125	–	●lx	N6AMG	ERG
Columbia	927.5250	–	O 74.4e	K6LPG	MCAR
Hayward	927.6250	–	O 162.2	KB6LED	KB6LED
Moraga	927.3250	–	O 127.3#l	K6SJH	K6SJH
Newark	927.5500	–	O 103.5el	N3EL	N3EL
Oakland	927.0250	–	●DCSelx	WA6JQV	WA6JQV
Oakland	927.0375	–	●DCSlx	WA6JQV	wa6jqv
Oakland	927.1750	–	O 100el	K6LNK	CARLA
Oakland	927.4250	–	●DCSelx	WA6JQV	WA6JQV
Oakland	927.4750	–	●DCSelx	WA6JQV	WA6JQV
Oakland	927.5750	–	O 100ers	N6SSB	BA900UG

902-928 MHz CALIFORNIA

Location	Output	Input	Notes	Call	Sponsor
Oakland	927.6500	–	O 131.8elx	NC9RS	NC9RS.COM
Oakland	927.9375	–	●DCSl	WA6JQV	WA6JQV
Palo Alto	927.9625	–	O 141.3lx	WI6H	WI6H
Pleasanton	927.1875	–	O 94.8ersx	W6SRR	Sunol Ridg
Pleasanton	927.3750	–	O 88.5#el	N6QL	N6QL
San Pablo	927.0250	–	●DCSelx	WA6JQV	WA6JQV
San Pablo	927.4500	–	●DCSelx	WA6JQV	WA6JQV
Walnut Creek	927.7125	–	O 107.2ael x	K6NOX	K6NOX
Walnut Creek	927.8250	–	O 127.3ex	WU7Q	WU7Q
NORCAL-NORTH BAY					
American Canyon	927.4000	–	O 192.8el	K6ZRX	HAMSEXY
Napa	927.5250	–	O 173.8elx	K6ZRX	K6ZRX
Novato	927.3500	–	O 131.8#	KM6PA	KM6PA
Santa Rosa	927.5250	–	O 173.8#el x	K6ZRX	K6ZRX
NORCAL-NORTH EAST					
Corning	927.6375	–	O 123elx	NC9RS	NC9RS.COM
Redding	927.1250	–	O 107.2ex	KR7CR	WR6TV
NORCAL-SACRAMENTO VALLEY					
Auburn	927.1500	–	●	N6NMZ	N6NMZ
Auburn	927.3625	–	Oelrsx	KI6SSF	KI6SSF
Auburn	927.7750	–	O 77lx	N6NMZ	N6NMZ
Auburn	927.7750	–	O 77	NA6DF	SHARK
Chico	927.0750	–	O 88.5x	KI6ND	KI6ND
Chico	927.9625	–	O 141.3l	WI6H	WI6H
Dixon	927.8000	–	O 103.5#l	K6JWN	K6JWN
El Dorado	927.0250	–	●DCSlx	WA6JQV	WA6JQV
El Dorado	927.1625	–	O 131.8lx	N6UG	N6UG
El Dorado	927.4750	–	●DCSlx	WA6JQV	WA6JQV
ElDorado Hills	927.0125	–	O 100elx	NC9RS	NC9RS.COM
Elverta	927.9500	–	●elrsx	N6ICW	N6ICW
Folsom	927.2750	–	O 127.3es	AG6AU	EDCARC
Georgetown	927.8500	–	O 123e	K6YC	K6YC
Grass Valley	927.1375	–	O 77elx	N6NMZ	N6NMZ
Grass Valley	927.1875	–	O 131.8lx	KF6GLZ	KF6GLZ
Grass Valley	927.2500	–		WB4YJT	WB4YJT
Livermore	927.0250	–	●DCSlx	WA6JQV	WA6JQV
Livermore	927.4375	–	●DCSelx	WA6JQV	WA6JQV
Lodi	927.1000	–	O 100el	N6GKJ	N6GKJ
Modesto	927.0250	–	●DCSlx	WA6JQV	WA6JQV
Modesto	927.0375	–	O 100lx	WA6JQV	WA6JQV
Placerville	927.1750	–	O 114.8el	K6LNK	CARLA
Rescue	927.2375	–	O 127.3esx	AG6AU	EDCARC
Sacramento	927.2000	–	O 100e	K6YC	K6YC
Sacramento	927.2125	–	●#elrx	N6ICW	N6ICW
Sunol	927.6875	–	O 77elx	NC9RS	NC9RS.COM
Vacaville	927.0250	–	●DCSelx	WA6JQV	WA6JQV
Vacaville	927.0375	–	O 100e	WA6JQV	WA6JQV
Vacaville	927.0500	–	O 77aelrsx	N6ICW	N6ICW

690 902-928 MHz
CALIFORNIA

Location	Output	Input	Notes	Call	Sponsor
Vacaville	927.0625	–	O 167.9x	W6KCS	Steve Dold
Vacaville	927.1250	–	O 131.8elx	W6NQJ	W6ZN
Vacaville	927.2625	–	●el	KI6SSF	KI6SSF
Vacaville	927.3375	–	O 162.2el	KI6SSF	KI6SSF
Vacaville	927.4750	–	●DCSelx	WA6JQV	WA6JQV
Vacaville	927.9375	–	●DCSl	WA6JQV	WA6JQV
Volcano	927.9000	–	O 127.3#x	W6KAP	W6KAP
Walnut Grove	927.3000	–	O 100elx	K6YC	K6YC
NORCAL-SAN JOAQUIN VALLEY					
Auberry/Fresno	927.0625	–	O 141.3e	K6VAU	K6VAU
Bakersfield	927.1250	–	ODCSe	K6RET	K6RET
Clovis	927.0375	–	O 100#ex	W6JPU	W6NCG
Coalinga	927.6625	–	O 146.2elx	NC9RS	NC9RS.COM
Columbia	927.4000	–	O 107.2#a elx	K6NOX	K6NOX
Fresno	927.0375	–	O 100#elx	WA6JQV	WA6JQV
Fresno	927.0500	–	O 141.3ael x	N6VRC	CVRC
Livermore	927.4750	–	●DCSelx	WA6JQV	WA6JQV
Lodi	927.0750	–	O 100elrsx	WB6ASU	WB6ASU
Lodi	927.0875	–	O 100ex	N6GKJ	N6GKJ
Mount Bullion	927.1500	–	O 100elx	K6RDJ	WB6PBN
Patterson	927.6250	–	O 100#	KK6AT	KK6AT
Reedley	927.4000	–	O 114.8#a elx	K6NOX	K6NOX
Ridgecrest	927.0125	–	O 88.5l	NC9RS	NC9RS.COM
San Andreas	927.0750	–	O 100el	N6GKJ	N6GKJ
Sonora	927.6125	–	O 107.2#el	NC9RS	NC9RS
Stockton	927.4125	–	O 107.2ael x	K6NOX	K6NOX
Visalia	927.0250	–	O 141.3ers x	WA6BAI	TCARC
Westley	927.1000	–	O 100elx	W6RD	WB6PBN
NORCAL-SOUTH BAY					
Cupertino	927.1375	–	O#DCSelr sx	WA6FUL	WA6FUL
Cupertino	927.2125	–	O#DCSers x	WA6FUL	WA6FUL
Los Gatos	927.0250	–	●DCSelx	WA6JQV	WA6JQV
Los Gatos	927.0500	–	ODCSel	K6DND	K6DND
Los Gatos	927.1500	–	O 156.7l	N6NMZ	N6NMZ
Los Gatos	927.2500	–	O 114.8elx	K6INC	KD6YYJ
Los Gatos	927.4625	–	●DCSelx	WA6JQV	WA6JQV
Los Gatos	927.4750	–	●DCSelx	WA6JQV	WA6JQV
Los Gatos	927.9125	–	O 167.9#a elx	K6DND	K6DND
Palo Alto	927.8625	–	ODCSelx	WW6BAY	Bay-Net
Redwood City	927.8875	–	O 192.8l	WI6H	Proj 1375
San Jose	927.8125	–	O 123l	N6SPB	N6SPB
San Jose	927.9000	–	ODCSlx	N6TBQ	LPRC

902-928 MHz CALIFORNIA

Location	Output	Input	Notes	Call	Sponsor
Santa Clara	927.7375	–	O 100elrs	K6SNC	K6WAR
Santa Clara	927.8375	–	O 100rs	N6MEF	N6MEF
NORCAL-TAHOE					
Meyers	927.6750	–	O 156.7elx	NC9RS	NC9RS.COM
Reno/Tahoe	927.0125	–	O 88.5elx	NC9RS	NC9RS.COM
NORCAL-WEST BAY					
Half Moon Bay	927.7000	–	●#e	N6IMS	N6IMS
Pacifica	927.4000	–	O 114.8e	WB6JKV	WB6JKV
Vacaville	927.0875	–	O 127.3ael rsx	WV6F	WV6F
SOCAL-#COASTAL					
Catalina	927.9375	902.9375	ODCS(311)	KR6AL	------------
SOCAL-#LA CENTRAL					
Hollywood Hills	927.2750	902.2750	O 103.5	W6DEK	------------
Mt Harvard	927.5625	902.5625	O 123.0l	N6LXX	------------
Mt Lukens	927.9750	902.9750	O 103.5	N6VGU	------------
Pasadena	927.1500	902.1500	ODCS(411)	N6EX	SCEARA
Pasadena	927.9625	902.9625	O 100.0	W6DMV	------------
Santa Anita Ridge	927.6250	902.6250	ODCS(411)	WA6CGR	SCEARA
SOCAL-#LA EAST					
Arcadia	927.1750	902.1750	O 103.5l	N6OCS	KD6WLY
Sunset	927.5500	902.5500	O 123.0l	N6LXX	------------
Sunset	927.6125	902.6125	O 151.4	K6DLP	------------
SOCAL-#LA NORTH					
Chatsworth Pk	927.8375	902.8375	O 162.2	WS6RG	WSRG
Contractors	927.6875	902.6875	O# DCS(606)	K6LRB	------------
Oat Mtn	927.5875	902.5875	O 131.8l	N6LXX	------------
SOCAL-#LA SOUTH					
Palos Verdes	927.6625	902.6625	ODCS(606)	K6LRB	------------
SOCAL-#ORANGE					
Covers Area	927.1250	902.1250	O 103.5l	N6OCS	KD6WLY
Signal Peak	927.1375	902.1375	ODCS(411)	N6EX	SCEARA
Signal Peak	927.1875	902.1875	O 103.5l	N6OCS	KD6WLY
SOCAL-#ORANGE SOUTH					
Dana Pt	927.1750	902.1750	O 123.0l	N6OCS	KD6WLY
Lake Forest	927.9000	902.9000	O 103.5l	N6OCS	KD6WLY
SOCAL-#PALMDALE					
Phelan	927.4750	902.4750	ODCS(532)l	N6LXX	------------
SOCAL-#SAN BERNARDINO					
Crestline	927.4875	902.4875	ODCS(411)	K6LRB	------------
Upland	927.3250	902.3250	O 114.8 L(ALLSTAR NODE #28826)	K6PQN	------------
SOCAL-#SAN DIEGO					
Mt Otay	927.3375	902.3375	O 151.4	WA6OSB	------------
Palomar Mtn	927.5375	902.5375	ODCS(606)	KE6YRU	------------
SOCAL-#SANTA BARBARA					
Santa Barbara	927.4625	902.4625	O 131.8	KG6MNB	UCSB

902-928 MHz
CALIFORNIA-COLORADO

Location	Output	Input	Notes	Call	Sponsor
SOCAL-#TEHACHAPI					
Double	927.7250	902.7250	ODCS(411)	WA6CGR	SCEARA
SOCAL-#VENTURA					
Red Mtn	927.8750	902.8750	O 103.5	K6ERN	SMRA
SOCAL-KE,LA,OR,SBER					
Covers Area	927.2250	902.2250	● 141.3	KB6BZZ	-----------
SOCAL-LA,OR,RIV,SBER					
Covers Area	927.1625	902.1625	●DCSl	N6RTR	-----------
Covers Area	927.6750	902.6750	●DCSl	N6RTR	-----------
SOCAL-LA,OR,RIV,SBER,SD					
Covers Area	927.6500	902.6500	●DCS	N6CA	SBMS
SOCAL-RIV,SBER					
Covers Area	927.4125	902.4125	●	K6DLP	-----------
SOCAL-SD					
Covers Area	927.1500	902.1500	●	K6MOT	MARC

COLORADO

Location	Output	Input	Notes	Call	Sponsor
BOULDER COUNTY					
Boulder	927.7500	902.7500	O 91.5/91.5 l	NØSZ	RMHR
CENTRAL					
El Jabel	927.7375	902.7375	Oa DCS(411) RB	KØVQ	RFARC
COLORADO SPRINGS					
Colorado Springs	927.7250	902.7250	ODCS(144) eRBx	WA6IFI	WA6IFI
Colorado Springs	927.8000	902.8000	ODCS(116)	WØMOG	WØMOG
Colorado Springs	927.8500	902.8500	ODCS(114) e	KCØCVU	CMRG
DENVER METRO					
Denver	927.7125	902.7125	O 107.2/107.2l	WRØAEN	CARN
Golden	927.8375	902.8375	O 100/100e	KIØHC	KIØHC
Woodland Park	927.9000	902.9000	O(CA) DCS(205)e	KAØWUC	MARC
NORTH FRONT RANGE					
Fort Collins	927.8250	902.8250	O 100/100	ABØSF	ABØSF
Fort Collins	927.8750	902.8750	ODCS(114)	NØZUQ	NØZUQ
Fort Collins	927.9500	902.9500	O 100/100e	K1TJ	K1TJ
PUEBLO					
Canon City	927.7000	902.7000	ODCS(114) e	WBØWDF	WBØWDF
Pueblo	927.9125	902.9125	O(CA) DCS(250)	KFØKR	KFØKR
Westcliffe	919.1000	–	O 88.5/88.5 lx	NDØQ	PuebloHC
SOUTH CENTRAL					
Salida	927.9625	902.9625	ODCS(114) lx	KCØCVU	CMRG
Silvercliff	927.7750	902.7750	ODCS(116) el	KBØTUC	RGARC

902-928 MHz
CONNECTICUT-FLORIDA

Location	Output	Input	Notes	Call	Sponsor
CONNECTICUT					
NEW HAVEN & S CENTRAL					
Branford	927.8125	902.8125	ODCS(311)	N1HUI	BFD OEM
Hamden	927.4125	902.4125	O/100.0 DCS(311)	WA1MIK	WA1MIK
NEW LONDON & SOUTHEAST					
Norwich	927.4375	902.4375	O 156.7/156.7	N1NW	Rason
DELAWARE					
ALL					
SNP	920.0000	–	O	------------	
SNP	927.7000	902.7000	O	------------	
DISTRICT OF COLUMBIA					
SNP	920.0000	–	O	------------	
SNP	927.7000	902.7000	O	------------	
FLORIDA					
CENTRAL - ORLANDO					
Kissimmee	927.7000	902.7000	O 103.5/103.5 DCS(411)eL(147.2100	N4GUS	ARRGUS 444.450
Leesburg	927.6000	902.6000	O 100/100e	K4AC	LARA
Orlando	927.0500	902.0500	Oa(CA) DCS(411)eL(443.95)x	KA0 OXH	KA0 OXH
EAST CENTRAL					
Ft Pierce	927.6000	902.6000	O 100/100 L(444)	K4NRG	NRG
Ft Pierce	927.6125	902.6125	O 100/100 L(444)	K4NRG	NRG
Ft Pierce	927.7000	902.7000	O 100/100e lrsWXxz	K4NRG	NRG
Port St Lucie	927.6625	902.6625	O L(444.000 146.985 927.700)rsWXxz	K4NRG	NRG
NORTH CENTRAL					
Trenton	921.2000	–	Oe	N4TSV	N4TSV
NORTH EAST					
Daytona Beach	927.6500	145.7700	O 103.5/103.5l	KE4NZG	KE4NZG
Daytona Beach	927.6500	446.9000	O 103.5/103.5l	KE4NZG	KE4NZG
Daytona Beach	927.6500	902.6500	Ol	KE4NZG	KE4NZG
Port Orange	927.0125	902.0125	O 100/100 L(EC-850388)	W4KDM	W4KDM
NORTH WEST - PENSACOLA					
Crestview	927.7625	902.7625	O 100.0/100.0	KB4LSL	KB4LSL
SOUTH EAST					
Boca Raton	927.6250	902.6250	O 100/100x	KI4LJM	KI4LJM

902-928 MHz
FLORIDA-HAWAII

Location	Output	Input	Notes	Call	Sponsor
SOUTH EAST - MIAMI/FT LAUD					
Coral Gables	927.6875	902.6875	● 110.9/110.9er	WA4PHG	Teletrol
Coral Springs	927.0750	902.0750	O 110.9/110.9 DCS(632)e	WR4AYC	WR4AYC RG
Ft Lauderdale	921.5000	–	●l	WA4PHG	Teletrol
Ft Lauderdale	927.0500	902.0500	O 110.9/110.9 DCS(631)ex	KF4LZA	KF4LZA
Ft Lauderdale	927.6750	902.6750	●DCS(25)e	KB2TZ	KB2TZ
Ft Lauderdale	927.7000	902.7000	O 110.9/110.9eL(224.4) LITZ	KF4LZA	KF4LZA
Homestead	921.4000	–	●lBl	WA4PHG	Teletrol
Miami	923.0000	–	O	WB4TWQ	WB4TWQ
Pompano Beach	927.5500	902.5500	O 100/100e L(146.61)	W4BUG	GCARA
Riviera Beach	927.5250	902.5250	O 100/100e L(443.925 443.900)x	KF4ACN	KF4ACN
WEST CENTRAL - TAMPA/ST PETE					
Tampa	927.5500	902.5500	O 141.3/141.3	N2MFT	N2MFT

GEORGIA

Location	Output	Input	Notes	Call	Sponsor
Alpharetta	927.6500	902.6500	O 107.2/107.2l	K5TEX	Sypyder Radio Group
Atlanta	927.0625	902.0625	O 151.4/151.4	K5TEX	K5TEX
Buford	927.7375	902.7375	O 103.5/103.5el	KG4MUV	KG4MUV
Cumming	927.0375	902.0375	O 151/151	W4OO	W4OO
Cumming	927.6875	902.6875	O	W4FRT	W4PX
Dacula	927.3000	902.3000	O	KD4YDD	------------
Jasper	927.6625	902.6625	O 103.5/103.5l	W4MAA	------------
Lawrenceville	927.5500	902.5500	O 100/100e sWX	WX4NET	WX4NET
Marietta	927.0875	902.0875	O 151.4/151.4l	K5TEX	K5TEX
Marietta	927.5750	902.5750	O 100/100	N4YCI	N4NEQ
McDonough	927.1375	902.1375	O 103.5/103.5l	W4NOC	------------
Rome	927.6125	902.6125	O 103.5/103.5	K4AEK	------------
Sweat Mt	927.0125	902.0125	O 146.2/146.2l	NF4GA	NF4GA
Valdosta	927.4875	902.4875	O 100/100	WR4SG	South Georgia Radio

HAWAII
HAWAII

Location	Output	Input	Notes	Call	Sponsor
Kona	927.2125	902.2125	O 411lp	KH6BFD	KH6BFD

HAWAII-INDIANA

Location	Output	Input	Notes	Call	Sponsor
KAUAI					
Waimea	909.9000	+	●elrs	KH6E	KARC
OAHU					
Honolulu	925.6000	922.0000	○eRB	AH6CP	AH6CP

IDAHO
Location	Output	Input	Notes	Call	Sponsor
S CENT					
Cascade	927.1625	902.1625	○ 103.5	NB7C	NB7C
SW					
Boise	927.1125	–	○DCS(432)	NB7C	NB7C
Melba	927.1875	902.1875	○ 151.4	K7OVG	K7OVG
Payette	927.1250	–	○ 103.5	NB7C	NB7C
Payette	927.1375	902.1375	○ 103.5	NB7C	NB7C

ILLINOIS
Location	Output	Input	Notes	Call	Sponsor
CHICAGO					
Chicago	927.7500	902.7500	114.8	WA9ORC	CFMC
EAST CENTRAL					
Danville	927.6250	902.6250	100.0 (CA)e	KC9USH	KC9USH
NORTH CENTRAL					
Joliet	927.5250	902.5250	151.4e	N9WYS	N9WYS
NORTHEAST					
Huntley	927.7250	902.7250	114.8	AB9OU	AB9OU
Lake Zurich	927.6875	902.6875	151.4	W9JEM	W9JEM
Lockport	927.5875	902.5875	411e	N9OWR	N9OWR
West Chicago	927.7000	902.7000	114.8aelz	W9DMW	MOOSEFAR

INDIANA
Location	Output	Input	Notes	Call	Sponsor
EAST CENTRAL					
Lynn	927.0125	902.0125	○ 131.8e WX	K9NZF	K9NZF
Lynn	927.5750	902.5750	○ 131.8e WX	K9NZF	K9NZF
Muncie	927.7125	902.7125	○ 151.4	N9CZV	N9CZV
Winchester	927.6875	902.6875	○ 151.4	N9CZV	N9CZV
INDIANAPOLIS					
Indianapolis	927.0125	902.0125	○ 118.8l	NF9K	NF9K
Indianapolis	927.4875	902.0375	○ 131.8el	W9ICE	ICE
Indianapolis	927.9875	902.0625	○ 77.0e	W9ICE	ICE
Noblesville	927.0875	902.0875	○ 131.8e	K3HTK	K3HTK
NORTHEAST					
Angola	927.7000	902.7000	○ 203.5	KC9TIK	KC9TIK
Decatur	927.8625	902.8625	○ 97.4l	K9OMW	K9OMW
Elkhart	927.2125	902.2125	○ 131.8e	KC9GMH	KC9GMH
Elkhart	927.9750	902.9750	○ 131.8aer sWX	N8AES	N8AES
Roanoke	927.5125	902.5125	○ 131.8	WB9VLE	WB9VLE
SOUTHEAST					
Floyds Knob	927.5250	902.5250	○ 67.0e	N9CVA	N9CVA
Floyds Knob	927.8750	902.8750	○ 146.2/146.2e	N9CVA	N9CVA

902-928 MHz
INDIANA-MARYLAND

Location	Output	Input	Notes	Call	Sponsor
WEST CENTRAL					
Otterbein	927.5625	902.5625	O 88.5ae	W9CBA	W9CBA
IOWA					
SOUTHEAST					
Moravia	927.3370	902.3370	136.5	WØALO	WØALO
WATERLOO					
Waterloo	927.3370	902.3370	136.5aelrs	WØALO	WØALO
KANSAS					
KANSAS CITY METRO					
Kansas City	927.0125	902.0125	O 186.2/186.2el	WBØYRG	BYRG
Kansas City	927.5875	902.5875	O 151.4/151.4e	WBØYRG	BYRG
Kansas City	927.5875	902.5875	O	WBØKIA	------------
Kansas City	927.9125	902.9125	O 186.2/186.2lx	WBØYRG	BYRG
Merriam	927.7125	902.7125	O 151.4/151.4a(CA)eL	KØKN	SMMC (ECHOLINK#307578)
Merriam	927.7125	902.7125	O 151.4/151.4 (CA)el	KØKN	SMMC
Olathe	927.0375	902.0375	O 151.4/151.4	KDØJWD	------------
WEST CENTRAL					
Victoria	927.9750	902.9750	O 162.2/162.2	KDØEZQ	------------
KENTUCKY					
Middlesboro	927.6500	902.6500	O 411/411 DCSl	W4HKL	Site
LOUISIANA					
REG 8 MONROE					
West Monroe	927.9750	902.9750	O	WB5SOT	WB5SOT
STATEWIDE					
Shared	920.0000	–		SNP	------------
MARYLAND					
ALL					
SNP	920.0000	–	O		------------
SNP	927.7000	902.7000	O		------------
BALTIMORE					
Dayton	927.5375	902.5375	156.7e	W3YVV	W3YVV
Owings Mills	927.4875	902.4875	O 156.7	N3CDY	N3CDY
Towson	927.5125	902.5125	O 156.7er	N3CDY	N3CDY
WASHINGTON AREA					
Ashton	927.7250	902.7250	O 156.7e	K3WX	WA3KOK

MASSACHUSETTS

902-928 MHz

Location	Output	Input	Notes	Call	Sponsor
MASSACHUSETTS					
BOSTON METRO					
Boston	927.0625	902.0625	ODCS(244) L(I4977)	K1RJZ	MMRA
Cambridge	927.6625	902.6625	O 88.5e L(444.75)	N1OMJ	N1OMJ
Waltham	927.1375	902.1375	O 131.8/100	W1MHL	WARA
Woburn	927.4375	902.4375	O 131.8e L(449.825)	N1OMJ	N1OMJ
BOSTON SOUTH					
Foxborough	927.7125	902.7125	O 131.8/100.0	KB1HTO	KB1HTO
North Attleborough	927.7875	902.7875	O 127.3ers	N1SEC	N1SEC
Taunton	927.6875	902.6875	O/131.8e	KA1DTA	KA1DTA
Wrentham	927.4875	902.4875	O 131.8	N1UEC	N1UEC
CAPE AND ISLANDS					
Barnstable	927.8250	902.8250	O 67.0 L(NEAR-900)	W1SGL	CC&I ARA
CENTRAL					
Fitchburg	927.5625	902.5625	O 74.4	W1HFN	W1HFN
Worcester	927.7375	902.7375	ODCS(244)e	WE1CT	WorcECTeam
MERRIMACK VALLEY					
Pepperell	927.4625	902.4625	O 88.5e L(224.64 RPT 1270.40 AUX.)x	WA1VVH	H Chase
METROWEST					
Framingham	927.0125	902.0125	O 131.8	WA1NVC	WA1NVC
Framingham	927.5875	902.5875	131.8/100p	WA1NVC	WA1NVC
Hopkinton	927.8875	902.8875	O 131.8 L(E551833 I4624)	N3HFK	N3HFK
Marlborough	927.7000	902.7000	O/131.8 DCS(244) L(I4978)	W1MRA	MMRA
NORTH SHORE					
Georgetown	927.7250	902.7250	O 100.0e	W1ASS	W1ASS
Peabody	927.9375	902.9375	O 131.8/100eL(W1WNS 448.775)x	W1WNS	W1WNS
Salem	927.7500	902.7500	O 131.8	NS1RA	NSRA
SOUTH COAST					
Dartmouth	927.8375	902.8375	67 L(I8884 NEAR-900)	W1AEC	SEMARA
Fall River	927.0375	902.0375	ODCS(31)	NN1D	NN1D
Fall River	927.6500	902.6500	O 67 L(NEAR-900)	N1JBC	N1JBC
Rehoboth	927.5750	902.5750	O 131.8e	N1UMJ	N1UMJ
Swansea	927.4625	902.4625	O 103.5e	WG1U	WG1U
SOUTH SHORE					
Abington	927.4500	902.4500	Oe	WG1U	WG1U
Bridgewater	927.4250	902.4250	O 131.8e	W1WCF	PAWA

902-928 MHz
MASSACHUSETTS-MISSISSIPPI

Location	Output	Input	Notes	Call	Sponsor
Marshfield	927.4750	902.4750	O 131.8/100eL	W1ATD (E465188	N1ZZN I4571 NEAR-900)
Pembroke	927.6250	902.6250	O 131.8/100e	W1EHT	SSBG
Plymouth	927.4125	902.4125	O 67.0ex	N1OTY	N1OTY

SPRINGFIELD/PIONEER VALLEY

Location	Output	Input	Notes	Call	Sponsor
Feeding Hills	927.8000	902.8000	DCS(244)ex	W1KK	W1KK
Holyoke	927.8375	902.8375	ODCS(244)ex	AA1KK	W1KK

THE BERKSHIRES

Location	Output	Input	Notes	Call	Sponsor
Adams	927.8750	902.8750	O 100.0x	K1FFK	NoBARC

MICHIGAN
LOWER PEN SOUTHEAST

Location	Output	Input	Notes	Call	Sponsor
Auburn Hills	927.2125	902.2125	●tex	WB8ROI	WB8ROI
Dansville	927.5250	902.5250	O 131.8 (CA)el	KB8FUN	N8OBU
Dearborn	927.1250	902.1250	Ors	WR8DAR	RADAR
Fenton	927.5375	902.5375	O 131.8elx	N8VDS	N8VDS
Fenton	927.6875	902.6875	O 131.8 (CA)e	W8FSM	W8FSM
Holly	927.2625	902.2625	O 131.8 (CA)ex	W8FSM	W8FSM
Mt Clemens	927.2500	902.2500	O 131.8 (CA)elrsWxx	W8FSM	W8FSM
Pontiac	927.5125	902.5125	O 131.8e	N8NM	N8NM
Riverview	927.4875	902.4875	O 131.8	KC8LTS	KC8LTS

LOWER PEN SOUTHWEST

Location	Output	Input	Notes	Call	Sponsor
Battle Creek	927.5500	903.5500	●t	WD8BVL	WD8BVL
Grand Rapids	927.2625	902.2625	●t	N8WKM	N8WKM
Greenville	927.4875	902.4875	O 131.8e WX	KB8ZGL	KB8ZGL
Jackson	927.2250	902.2250	O 131.8 (CA)elWxxz	N8URW	KC8LMI
Rockford	927.6875	902.6875	O 131.8	W8AGT	W8AGT

MINNESOTA
DULUTH

Location	Output	Input	Notes	Call	Sponsor
Duluth	927.4875	902.4875	O 103.5	KBØQYC	LSAC
Duluth	927.6000	902.6000	O 114.8	KBØQYC	LSAC

METRO

Location	Output	Input	Notes	Call	Sponsor
White Bear Lake	919.1000	–	Ol	KØLAV	KØLAV

MISSISSIPPI

Location	Output	Input	Notes	Call	Sponsor
Biloxi	927.5000	902.5000	O 136.5/136.5l	W6CSA	----------

902-928 MHz
MISSOURI-NEVADA

Location	Output	Input	Notes	Call	Sponsor
MISSOURI					
SOUTHWEST					
Nixa	927.0125	902.0125	O 162.2/162.2x	KØNXA	Nixa ARC
MONTANA					
NORTHWEST					
Bigfork	927.4375	902.4375	DCS(115)	KE7JI	NMRG
WEST CENTRAL					
Hamilton	927.3375	902.3375	O 151.4	AE7OD	AE7OD
Stevensville	927.7500	902.7500	O 114.8	KD7HP	KD7HP
NEVADA					
EASTERN CLARK COUNTY					
Beacon Hill	927.4625	902.4625	O 151.4/151.4	WB6TNP	----------
LAS VEGAS VALLEY					
Angel Peak	927.2500	902.2500	O 114.8/114.8l	WB6TNP	----------
Angel Peak	927.3375	902.3375	O 151.4/151.4	N9CZV	----------
Angel Peak	927.6625	902.6625	ODCS(606) L(CC ARES/RACES)rs	N7SGV	CC ARES/RACE
Apex Mtn	927.5875	902.5875	O 131.8/131.8l	KG7SS	----------
Apex Mtn	927.6750	902.6750	O 82.5/82.5 L(2M) Bl	WB6TNP	----------
Hi Potosi Mtn	927.5250	902.5250	O 127.3/127.3	WB6TNP	----------
Hi Potosi Mtn	927.9125	902.9125	ODCS(606) x	KB6XN	----------
Las Vegas	927.1125	902.1125	●DCS(432)	N3TOY	IRLP
Las Vegas	927.1375	902.1375	ODCS(411)	WB6EGR	ALLSTAR
Las Vegas	927.1625	902.1625	ODCS(074)	N7TNB	
Las Vegas	927.1875	902.1875	O 151.4	N7OK	SDARC
Las Vegas	927.7250	902.7250	O 146.2/146.2	WB9STH	ALLSTAR
Las Vegas	927.7875	902.7875	ODCS(432)	WB9STH	ALLSTAR
Lo Potosi Mtn	927.0375	902.0375	O 141.3/141.3	WB6TNP	----------
Lo Potosi Mtn	927.4250	902.4250	O 82.5/82.5 L(447.4250)	WB9STH	ALLSTAR
Lo Potosi Mtn	927.5625	902.5625	O 123/123 L(SO CAL)	WB6TNP	----------
Sunrise Mtn	927.2875	902.2875	O 151.4/151.4	N7OK	----------
NORTH CENTRAL					
Battle Mountain	918.1000	–	● 114.8	WA6TLW	WA6TLW
Elko	927.4875	902.4875	O 100	KE7LKO	WV3LMA

902-928 MHz
NEVADA–NEW JERSEY

Location	Output	Input	Notes	Call	Sponsor
NORTH WEST					
Olinghouse	927.4625	902.4625	O 114.8	N7KP	N7KP
SOUTHERN CLARK COUNTY					
Christmas Tree Pass	927.8875	902.8875	ODCS(606)l	WB6TNP	----------
Opal Mtn	927.3125	902.3125	ODCS(606) lx	WB6TNP	----------
WEST CENTRAL					
Carcon City	902.2250	925.2250	● 114.8l	N6GKJ	N6GKJ
Carcon City	927.2250	902.2250	● 114.8l	N6GKJ	N6GKJ
Carson City	927.4875	902.4875	O 114.8x	N7KP	N7KP
Reno	902.0500	927.0500	O 162.2	KI6SSF	KI6SSF
Reno	928.8750	927.8750	●l	WA6TLW	WA6TLW
Reno	908.7500	+	O 114.8l	WA6TLW	WA6TLW
Reno	918.1000	–	O 114.8	WA6TLW	WA6TLW
Reno	920.7500	–	Ol	WA6TLW	WA6TLW
Reno	927.0250	902.0250	● 432	WA6JQV	WA6JQV
Reno	927.0375	902.0375	O 100	WA6JQV	WA6JQV
Reno	927.0625	902.0625	O 100l	W6KCS	W6KCS
Reno	927.3375	902.3375	O 162.2	KI6SSF	KI6SSF
Reno	927.3500	902.3500	O 114.8	W7RHC	N7KP
Reno	927.6620	902.6620	O 123	N6JFO	N6JFO
Reno/Sparks	927.0875	902.0875	O 114.8e	N7ROJ	N7ROJ
Reno/Sparks	927.5125	902.5125	O 114.8e	N7ROJ	N7ROJ
Reno/Sparks	927.5125	902.5125	O 114.8e	N7ROJ	N7ROJ
Sparks	927.1375	902.1375	O 114.8	N7KP	N7KP
Virginia City	927.1125	902.1125	O 114.8ex	W7TA	K7JN

NEW HAMPSHIRE
DARTMOUTH/LAKE SUNAPEE

Location	Output	Input	Notes	Call	Sponsor
West Lebanon	927.7625	902.7625	O 131.8/100.0 L(KA1UAG UHF/ NEFMA UHF)	KA1UAG	KA1UAG

MERRIMACK VALLEY

Location	Output	Input	Notes	Call	Sponsor
Deerfield	927.6875	902.6875	O 88.5e	W1ASS	W1ASS
Goffstown	927.7125	902.7125	Oe	W1ASS	W1ASS

NEW JERSEY
BERGEN CO

Location	Output	Input	Notes	Call	Sponsor
Glen Rock	927.3000	902.3000	O 141.3elr Bl	N2SMI	N2SMI

GLOUCESTER

| Deptford | 927.6375 | 902.6375 | OelrsRB | KC2DUX | ---------- |

OCEAN

| Barnegat | 927.8375 | 902.8375 | Oe | N2AYM | ---------- |

PASSAIC CO

| Little Falls | 927.3375 | 902.3375 | O 141.3/141.3 L(927.8000)r | W2VER | VRACES |

SOMERSET CO

| Greenbrook | 927.6625 | 902.6625 | O 141.3/141.3e | W2QW | RVRC |

902-928 MHz
NEW JERSEY-NEW YORK

Location	Output	Input	Notes	Call	Sponsor
Hillsborough	927.3625	902.3625	O 141.3/141.3 (CA)el	KB2EAR	------------
SUSSEX					
Hardyston	927.3375	902.3375	Oelrs	W2VER	VRACES
Vernon	918.0750	–	O 141.3elrs	W2VER	VRACES
Vernon	927.3375	902.3375	Oelrs	W2VER	VRACES

NEW MEXICO
NORTH CENTRAL

Location	Output	Input	Notes	Call	Sponsor
Los Alamos	927.9000	902.9000	O 131.8e	WD9CMS	------------

NEW YORK
ALBANY/SCHENECTADY

Location	Output	Input	Notes	Call	Sponsor
Albany	920.8000	–	O(CA)l	KD3NC	KD3NC
New Scotland	921.0000	–	O 100 (CA) elx	K2AD	MountTop A
Schenectady	921.3000	–	O 100 (CA) el	K2AD	MountTop A

BATH/HORNELL

Location	Output	Input	Notes	Call	Sponsor
Hornell	927.4750	902.4750	●	KD2WA	KD2WA

ELMIRA/CORNING

Location	Output	Input	Notes	Call	Sponsor
Elmira	923.2500	434.0000	O	KB3APR	ARAST

LONG ISLAND - SUFFOLK CO

Location	Output	Input	Notes	Call	Sponsor
Bohemia	927.9625	902.3125	O 151.4/151.4eL(446.100)rsBl	N2HBA	NCAPD
West Islip	927.3125	902.3125	O 192.8/192.8 (CA) DCS(606)elrsWX	W2YMM	------------

LOWER HUDSON - WESTCHESTER

Location	Output	Input	Notes	Call	Sponsor
Valhalla	927.9875	902.9875	O 114.8/114.8ers	WB2ZII	WECA

MID HUDSON

Location	Output	Input	Notes	Call	Sponsor
Mount Beacon	921.2000	–	O 100 (CA) e	N2HPA	MOUNT BEACO
Nyack	927.8500	902.3750	O 114.8l	N2ACF	ROCKLAND RE

NEW YORK CITY - KINGS

Location	Output	Input	Notes	Call	Sponsor
Brooklyn	927.5875	902.5875	O 151.4s	N2UOL	------------
Brooklyn	927.9625	902.3125	O 151.4/151.4eL(446.100)rsBl	N2HBA	PSARN

NEW YORK CITY - MANHATTAN

Location	Output	Input	Notes	Call	Sponsor
New York	927.9375	902.9375	O 151.4 (CA)l	KQ2H	------------

NEW YORK CITY - QUEENS

Location	Output	Input	Notes	Call	Sponsor
Glen Oaks	927.8000	902.8000	●DCS(017) el	W2KPQ	LIMARC
Kew Gardens	927.6000	902.6000	O 151.4	N2EZZ	------------

NIAGARA

Location	Output	Input	Notes	Call	Sponsor
Buffalo	927.3250	902.3250	O 88.5 L(IRLP)	N2LYJ	------------
Cheektowaga	927.9250	902.9250	O 88.5 L(IRLP)	N2LYJ	------------

902-928 MHz
NEW YORK-OKLAHOMA

Location	Output	Input	Notes	Call	Sponsor
Colden	927.2500	902.2500	O 107.2 DCSeL(BARC)	W2IVB	BARC
Colden	927.5250	902.5250	O 107.2	W2ERD	------------
Eden	927.2000	902.2000	ODCS(411)	W2BRW	------------
Royalton	927.4500	902.4500	O 107.2	K2DWA	------------
ROCHESTER					
Rochester	919.0250	–	Oel	W2RFM	GRID
SOUTHERN TIER					
Delevan	927.4000	902.4000	O 88.5	K2XZ	------------

NORTH CAROLINA

Location	Output	Input	Notes	Call	Sponsor
Charlotte	927.6125	902.6125	O 118.8/118.8e	K4KAY	K4KAY
Gastonia	927.0375	902.0375	O 94.8/94.8	KC4IRA	scott greene
Gastonia	927.1375	902.1375	O 82.5/82.5	KA4YMY	------------
Hendersonville	927.5625	902.5625	O 127.3/127.3	N4KOX	------------
Willow Spring	927.6750	902.6750	O 100/100	W4ZWA	------------

OHIO
CUYAHOGA

Location	Output	Input	Notes	Call	Sponsor
Parma	927.6125	902.6125	O 131.8l	KB8WLW	KB8RST
FRANKLIN					
Columbus	927.0125	902.0125	O	W8DIG	CODIG
Columbus	927.0375	902.0375	O	W8DIG	CODIG
Columbus	927.1875	902.1875	O	W8DIG	CODIG
Columbus	927.4875	902.4875	131.8 (CA)e	KA8ZNY	KA8ZNY
HAMILTON					
Cincinnati	927.5500	902.5500	O 110.9er	W8ESS	E.S.S.
MEDINA					
Medina	927.6375	902.6375	131.8	W8CJB	W8CJB
Wadsworth	927.6625	902.6625	O 131.8	WB8UTW	NERT
MONTGOMERY					
Vandalia	927.6500	902.6500	O 123.0	W8GUC	W8GUC
PORTAGE					
Mantua	927.7125	902.7125	O 131.8	K8ICV	K8ICV
STARK					
Uniontown	919.0250	–	Ot	WB8OVQ	WB8OVQ
SUMMIT					
Akron	927.5375	902.5375	OaTTelRB xz	WA8DBW	WA8DBW
WARREN					
Mason	927.6625	902.6625	O	W8SAI	W8SAI
WAYNE					
Wooster	927.4875	902.4875	Ote	KD8B	KD8B

OKLAHOMA
NORTHEAST

Location	Output	Input	Notes	Call	Sponsor
Bartlesville	927.6500	902.6500	OtDCS(74)	W5RAB	W5RAB

902-928 MHz
OKLAHOMA-PUERTO RICO

Location	Output	Input	Notes	Call	Sponsor
Ft Gibson	927.6500	902.6500	O DCS(074)	WA5VMS	WA5VMS
TULSA METRO					
Tulsa	927.2700	902.2700	O DCS(074)	WD5ETD	TRO inc

OREGON
CENTRAL WILLAMETTE VALLEY

Location	Output	Input	Notes	Call	Sponsor
Monmouth	927.7000	902.7000	O 162.2e	KE7AAJ	KE7AAJ
NORTH WEST OREGON AND SOUTH WEST WASHINGTON					
Gales Creek	927.1125	902.1125	O 107.2e	KJ7IY	WORC
Hood River	927.1625	902.1625	O 151.4e	KF7LN	KF7LN
Portland	927.1250	902.1250	O 103.5e	K7QDX	K7QDX
NORTH WILLAMETTE VALLEY					
Estacada	927.1750	902.1750	O 123e	K7KSN	K7KSN
PORTLAND METRO					
Canby	927.6750	902.6750	O 114.8e	KD7OFU	KD7OFU
Portland	927.1875	902.1875	O 151.4l wx	KB7APU	KB7APU

PENNSYLVANIA
FREQUENCY USAGE - ALL WPA SECTION

Location	Output	Input	Notes	Call	Sponsor
WPA SNP	920.0000	–		SNP	
BERKS					
Earlville	927.5250	902.5250	Ol	N3KKL	------------
BUCKS					
Hilltown	927.3125	902.3125	O DCS(131) ers	K3BUX	UBRC
Morrisville	927.6500	902.6500	Oel	WBØYLE	------------
West Rockhill	927.8625	902.8625	O 131.8e	KS3Z	------------
LANCASTER					
Cornwall	927.5875	902.5875	Os	N3TUQ	LRTS
LUZERNE					
Hazleton	927.3250	902.3250	O DCS(311) l	W3RC	ARA
Nescopeck	927.3750	902.3750	O DCS(311) l	W3RC	ARA
Wilkes-Barre	927.8125	902.8125	OelrswX	WB3FKQ	------------
PHILADELPHIA					
Philadelphia	927.8875	902.8875	Ol	W3SBE	SBE Ch. 18
PITTSBURGH					
Pittsburgh / Hazelwood	923.2500	–	O	WA3PBD	GFMA
Pittsburgh Homestead	920.5000	–	O 71.9	KA3IDK	KA3IDK
SOMERSET					
Central City	921.0000	–	O 123.0lp	KE3UC	W3KKC

PUERTO RICO
E

Location	Output	Input	Notes	Call	Sponsor
San Lorenzo	918.1000	–	O	WP4LTR	------------

902-928 MHz
PUERTO RICO-TEXAS

Location	Output	Input	Notes	Call	Sponsor
N					
Caguas	927.1000	927.1000	●E-SUN	KP3AB	------------
RHODE ISLAND					
NORTHERN					
Cumberland	927.6750	902.6750	DCS(244)	N3LEE	TSARA
Johnston	921.7000	–	O	W1OP	ProvRA
Lincoln	927.6125	902.6125	ae	KA1RCI	NBARC
			L(KA1RCI)		
North Providence	927.7625	902.7625	O 67.0	KA1EZH	KA1EZH
Providence	921.9000	–	O	WA1TAQ	WA1TAQ
Providence	927.5125	902.5125	O 127.3	N1RWX	S.M.H.
Warwick	927.7500	902.7500	O 67.0	WA1ABC	CCRI RC
			L(NEAR-900)		
SOUTH CAROLINA					
Little Mountain	927.6375	902.6375	O 132/132	N5CWH	N5CWH
North Augusta	927.8000	902.8000	O	KG4HIR	------------
Pickens	927.5125	902.5125	O 100/100 DCS	WB4LZT	WB4LZT
TENNESSEE					
Dyersburg	920.0000	–	O 100/100e rsWX	W4HLR	Trustee
Greeneville	927.5125	902.5125	O 100/100	N4FV	KD4PBC
Knoxville	927.0125	902.0125	O 146.2/146.2e l	W4KEV	W4KEV
Louisville	927.0375	902.0375	O 100/100e	W4KEV	KK4WFY
Memphis	927.6125	902.6125	O 146.2/146.2esWX	W4EM	W4EM
Mooresburg	927.6125	902.6125	O 114.8/114.8s	KE4KQI	KE4KQI
Morristown	920.8000	–	O	KQ4E	KQ4E
Newport	927.7000	902.7000	O 203.5/203.5	KG4LHC	KG4LDK
Sevierville	921.5000	–	O 100/100	KD4CWB	KD4CWB
Sevierville	927.0625	902.0625	O 151.4/151.4e	WB4GBI	------------
Unico	927.5500	902.5500	O	WB4IXU	WB4IXU
TEXAS					
Amarillo	927.1625	902.1625	O 151.4lx	N5TBD	------------
Arlington	927.7375	902.7375	O 173.8	W5PSB	------------
Austin	927.1125	902.1125	O 432lx	K5TRA	------------
Austin	927.1250	902.1250	O 103.5lx	K5TRA	------------
Austin	927.1375	902.1375	O 131.8lx	K5TRA	------------
Austin	927.1625	902.1625	O 151.4lx	WA6UFQ	------------
Austin	927.1875	902.1875	O 151.4l	K5TRA	------------

TEXAS-VIRGINIA

Location	Output	Input	Notes	Call	Sponsor
Bee Cave	927.0875	902.0875	O 151.4l	K5TRA	------------
Big Spring	927.7250	902.0125	O 146.2lx	KA3IDN	------------
Carrolton	927.1750	902.1750	O 110.9e	N5KRG	METROCREST
Corpus Christi	927.3125	902.3125	O 82.5e	W5DCH	W5DCH
Denton	927.4125	902.4125	O 432	N5LS	------------
Denton	927.6625	902.6625	O 1	N5LS	------------
Duncanville	927.0375	902.0375	O 110.9	KD5OBX	------------
Farmersville	927.0750	902.0750	O 432	W5GDC	------------
Gardendale	927.1250	902.1250	O 103.5x	KA3IDN	------------
Georgetown	927.0625	902.0625	O 203.5l	K5TRA	------------
Grapevine	927.8750	902.8750	O 103.5ls	N5ERS	Emergency Repe
Howe	927.1125	902.1125	O 432	KD5HQF	------------
Lubbock	927.0125	902.0125	O 225.7lx	KA3IDN	------------
Midland	927.0500	902.0500	O 411lx	KE5PL	------------
Midland	927.1375	902.1375	O 411l	KA3IDN	------------
Notrees	927.0375	902.0375	O 141.3l	KA3IDN	------------
Odessa	927.0250	902.0250	O 532l	KD4LXC	------------
Paradise	927.1250	902.1250	O 100	N5WEB	------------
Penwell	927.1125	902.1125	O 432lx	KA3IDN	------------
Port Aransas	927.0750	902.0750	O 218.1e	KG5BZ	------------
Rose Hill	927.2000	902.2000	O 123	KC5PCB	------------
San Antonio	927.0750	902.0750	O 218.1	K5TRA	------------
Sweetwater	927.1125	902.1125	O 432el	KC5NOX	NCARA

UTAH
CENTRAL

Location	Output	Input	Notes	Call	Sponsor
Richfield	927.9375	902.9375	O	K1ENT	------------

NORTH

Location	Output	Input	Notes	Call	Sponsor
Wellsville	927.5125	902.5125	O 103.5	AF7FH	BARC

SOUTH WEST

Location	Output	Input	Notes	Call	Sponsor
Duck Creek	927.6625	902.6625	Ot DCS(606)	N7SGV	------------

WASATCH FRONT

Location	Output	Input	Notes	Call	Sponsor
Murray	920.0000	–	O	K7JL	------------
Ogden	927.2125	902.2125	O 432lp	KC7NAT	------------
Ogden	927.9375	902.9375	O 123	KC7NAT	------------
Salt Lake	927.1125	902.1125	O 432lp	W7XDX	------------
Salt Lake	927.3875	902.3875	O	N7SLC	------------
Salt Lake	927.4125	902.4125	O	AA7J	------------
Salt Lake	927.4875	902.4875	O	K7JL	------------
Salt Lake	927.5875	902.5875	O 432lp	W7XDX	------------
Salt Lake	927.6125	902.6125	O	KE7WKS	------------
Saratoga Springs	927.3125	902.3125	O	KE7WKS	------------

VERMONT
EAST CENTRAL

Location	Output	Input	Notes	Call	Sponsor
Williamstown	927.4875	–	O 131.8l	N1IOE	N1IOE

VIRGINIA

Location	Output	Input	Notes	Call	Sponsor
Bedford	921.1000	–	O 100/100lr sWX	WA1ZMS	WA1ZMS

902-928 MHz
VIRGINIA-WASHINGTON

Location	Output	Input	Notes	Call	Sponsor
Bent Mountain	927.6000	902.6000	O 107.2/107.2el	W4KZK	W4KZK
Charlottesville	927.0125	902.0125	151.4/151.4l	KA3NXN	KA3NXN
Lynchburg	921.0000	—	O 100/100	K4CQ	K4CQ
Roanoke	919.5000	—	O 100/100e	W4KZK	W4KZK
Staunton	927.3000	902.3000	O 131.8/131.8l	KA3NXN	------------
Waynesboro	927.6500	902.6500	O 151.4/151.4elrs	KF4UCI	------------

ALL OF TMARC AREA

Location	Output	Input	Notes	Call	Sponsor
SNP	920.0000	—	O		------------
SNP	927.7000	902.7000	O		------------

FREDERICKSBURG

Location	Output	Input	Notes	Call	Sponsor
Fredericksburg	927.5250	902.5250	O 192.8	W1ZFB	W1ZFB

FRONT ROYAL

Location	Output	Input	Notes	Call	Sponsor
Linden	927.5875	902.5875	O 156.7e	KD8DWU	KD8DWU

WASHINGTON AREA

Location	Output	Input	Notes	Call	Sponsor
Alexandria	927.6000	902.6000	O 107.2	W4HFH	Alex RC
Haymarket	927.6250	902.6250	O 77.0el	W4BRM	BRM ARA

WASHINGTON
W WA - FREQUENCY USAGE

	Output	Input	Notes	Call	Sponsor
Rptr Inputs	902.3000	903.0000			
Rptr Outputs	927.3000	928.0000			RPTR OUTPUTS (25KHZ SPACI

E WA - PROSSER

Location	Output	Input	Notes	Call	Sponsor
Prosser Tower	927.9875	902.9875	114.8	KB7CSP	KB7CSP

E WA - SPOKANE

Location	Output	Input	Notes	Call	Sponsor
Krell	927.2500	902.2500	114.8	W7IF	W7IF

NORTH WEST OREGON AND SOUTH WEST WASHINGTON

Location	Output	Input	Notes	Call	Sponsor
Camas	927.1375	902.1375	O 131.8l WX	KB7APU	KB7APU

W WA - NORTH

Location	Output	Input	Notes	Call	Sponsor
Blaine	927.3750	902.3750	O 114.8e	W7BPD	Blaine PD
Cultus Mtn	927.5500	902.5500	O 114.8e	K7OET	------------
Lookout Mtn	927.4875	902.4875	O 114.8e	WA7ZWG	WA7ZWG

W WA - SEATTLE-TACOMA

Location	Output	Input	Notes	Call	Sponsor
Baldi Mtn	927.9500	902.9500	O 114.8el	K7EK	K7EK
Buck Mtn	927.4000	—	123l	WB0CZA	WB0CZA
Gold Mtn	927.4125	902.4125	O 114.8	N7NFY	N7NFY
Rattlesnake Mtn	927.8875	902.8875	O 114.8	N7NFY	N7NFY
Shoreline	927.6375	902.6375	O 114.8e	NU7Z	NU7Z
Tacoma	927.8000	902.8000	O 114.8e	AA7ZA	------------
Tiger Mtn East	927.4500	902.4500	O 114.8	K7KG	Ch1 Rptr G
Tiger Mtn West	927.4000	—	O 123	WB0CZA	WB0CZA
University Place	927.6000	902.6000	O 114.8	K7NP	UNIV PL. RPTR GRP

W WA - SOUTH

Location	Output	Input	Notes	Call	Sponsor
Ashford	927.5250	902.5250	O 114.8	K7DNR	WADNR ARC
Baw Faw Peak	927.9250	902.9250	O 114.8	K7CH	K7CH
Capitol Peak	927.3000	902.3000	O 114.8	W7SIX	W7SIX

WASHINGTON-QUEBEC

Location	Output	Input	Notes		Call	Sponsor
Kalama	927.2750	902.2750	O	114.8	W7UVH	W7UVH
South Mtn	927.2500	902.2500	O	114.8	W7UVH	W7UVH
Tumwater	927.7500	902.7500	O	114.8e	KD7HTE	KD7HTE

WEST VIRGINIA
ALL OF TMARC AREA

Location	Output	Input	Notes	Call	Sponsor
SNP	920.0000	–	O		------------
SNP	927.7000	902.7000	O		------------

WISCONSIN
WAR

Location	Output	Input	Notes		Call	Sponsor
Eau Claire	927.6000	902.6000	O	110.9ers	N9QWH	N9QWH
Green Bay	927.5125	902.5125	O	100.0aers	KB9MWR	ATC
Kenosha	927.6125	902.6125	O	127.3aes	K9KEA	K9KEA
Sturgeon Bay	920.0000	–	O	100.0aers	K9KJM	K9KJM

NEW BRUNSWICK
FREDERICTON

Location	Output	Input	Notes	Call	Sponsor
	927.6875	902.6875	O 100.00/100.00 L(444.700)	VE9CBZ	VE9GLN

QUEBEC
LANAUDIERE

Location	Output	Input	Notes	Call	Sponsor
Ste-Marcelline	920.0000	915.0000	OE-SUN	VE2RVQ	VE2BFK
Ste-Marcelline	920.0000	910.0000	OE-SUN	VE2RVQ	VE2BFK
Ste-Marcelline	923.2500	439.2500	OE-SUN	VE2RVQ	VE2BFK
Ste-Marcelline	923.2500	919.2500	OE-SUN	VE2RVQ	VE2BFK
Ste-Marcelline	923.2500	913.2500	OE-SUN	VE2RVQ	VE2BFK
Ste-Marcelline	923.2500	–	OE-SUN	VE2RVQ	VE2BFK
Ste-Marcelline	923.2500	910.2500	OE-SUN	VE2RVQ	VE2BFK

1240 MHz and Above

Location	Output	Input	Notes	Call	Sponsor
ALASKA					
SOUTH CENTRAL					
Nikiski	9999.9999	445.4500	O 103.5 TTl RB	KL7UW	KL7UW
ARIZONA					
NORTH WEST					
Hayden Peak	1286.7000	–		N6RHZ	CAL.MICROWA
PHOENIX METRO					
Pinal Peak	1283.6500	–	100.0	KD7DR	SARBA
Usery Mt	1284.6500	–	107.2	N7TWY	CHRIS RADICK
Usery Mt	1285.6500	–		KE7JFH	Fountain Hills A
Usery Mt	1297.5000	1297.5000		KE7JFH	Fountain Hills A
SIERRA VISTA					
Sierra Vista	1282.5000	–	100.0	NØ NBH	PAUL HERRMA
SOUTH EAST					
Haystack Mt	1284.7000	–	131.8	K7SPV	SAN PEDRO VA
TUCSON METRO					
Tucson	1283.5000	–	110.9	KG7KV	CHRIS BORDEN
CALIFORNIA					
FREQUENCY USAGE - SOUTHERN CALIFORNIA					
So Cal	1260.0000				SATELLITE, SIMPLEX, EXP
So Cal	1287.0000	–			TESTPAIR
So Cal	1294.1000				PACKET
So Cal	1294.2500				DIGITAL
So Cal	1294.3000				D-STAR NARROW VOICE
So Cal	1294.5000				FM SPLX
So Cal	1294.7000				RMT BASE
So Cal	1294.9000				NOV SSB
So Cal	1296.0000				WEAK SIG
So Cal	1296.1000				SSB CALL
NORCAL-CENTRAL COAST					
Monterey	1286.7000	–	O 162.2#es	K6LY	NPSARC
Watsonville	1286.2000	–	O 110.9e	N6NAC	N6NAC
NORCAL-EAST BAY					
Berkeley	1285.3000	–	O 88.5#	KK6PH	23 CM Club
Berkeley	1285.5500	–	O 114.8ers	N6BRK	NALCO ARES
Fremont	10369.1500	–	O 100#ex	AD6FP	50MHzAndUp
Livermore	1282.2250	–	O 88.5lx	W6RLW	ARRC
Oakland	1284.4500	–	●#	KD6GLT	KD6GLT
Pinole	1286.6000	–	O 114.8el	N6PBC	N6PBC
Pleasanton	1284.7250	–	O 88.5#elx	N6QL	N6QL

1240 MHz and Above
CALIFORNIA

Location	Output	Input	Notes	Call	Sponsor
Pleasanton	1284.7500	–	O 88.5#elx	N6QL	N6QL
Pleasanton	1287.6250	–	O 88.5#el	K6LRG	L.A.R.G.E.
NORCAL-NORTH BAY					
American Canyo	1285.7000	–	O 173.8#el	W6FMG	W6FMG
AmericanCanyon	1287.4000	–	O 88.5el	WZ6X	WZ6X
Calistoga	1283.9000	–	O 88.5el	WZ6X	WZ6X
Cordelia	1282.4000	–	O 88.5e	WZ6X	WZ6X
Corte Madera	1287.9000	–	O 88.5lx	W6RLW	ARRC
Guerneville	1285.1000	–	O 88.5l	W6GHZ	NMG
Mill Valley	1285.0500	–	O 88.5el	W6GHZ	NMG
Petaluma	1286.2500	–	O 88.5aelx	W6GHZ	NMG
Santa Rosa	1283.2000	–	O 88.5#elx	KC6REK	KC6REK
Vallejo	1284.3500	–	O 131.8#l	KC6PGV	NCRG
NORCAL-SACRAMENTO VALLEY					
Auburn	1282.7000	–	O 162.2#l	AA6LK	AA6LK
Folsom	1283.7500	–	O 88.5el	W6YDD	YDD 1.2
Georgetown	1285.7500	–	O 88.5elx	K6RTL	NCAA
Paradise	1287.1000	–	O 88.5l	KE6IIV	WZ6X
Red Bluff	1286.9000	–	O 100el	K6JDS	K6JDS
Rescue	1284.8000	–	O 107.2#x	W6OIU	HAWK
Roseville	1282.6500	–	O 100l	KA6OIJ	KA6OIJ
Sacramento	1284.8500	–	O 88.5#	KD6GFZ	KD6GFZ
Vacaville	1282.9000	–	O 88.5er	K6SOL	Solano/ACS
Vacaville	1285.8500	–	O 100lx	W6YDD	YDD 1.2
Vacaville	1285.9000	–	O 156.7#x	KD6ZNG	HARC
Vacaville	1291.9000	–	O 127.3#a erx	WV6F	Western Va
NORCAL-SAN JOAQUIN VALLEY					
Bakersfield	1283.3000	–	O 88.5#e	N6UPH	N6UPH
Bakersfield	1285.4500	–	O 103.5elx	WC6MRA	CMRA
Clovis	1286.3000	–	O 141.3#el x	N6JXL	CARP
Fresno	1283.4500	–	O 100#ex	W6YEP	W6YEP
Mariposa	1284.3000	–	O 88.5x	W6BXN	TurlockARC
Mariposa	1287.6000	–	O 88.5lx	W6RLW	ARRC
Visalia	1286.3000	–	O 103.5elx	N6VYT	TCARC
Westley	1282.8000	–	●#elx	K6RDJ	KF6EQR
NORCAL-SOUTH BAY					
Campbell	1284.8500	–	O 100#s	K6KMT	K6KMT
Cupertino	1284.0000	–	O 100#	N6MBB	N6MBB
Cupertino	1285.6500	–	O 110.9l	W6MOW	MARG
Cupertino	1292.5200	–	O#e	KW6KW	KW6KW
Los Altos	1283.1500	–	O 100ex	W6SRI	SRI INT
Los Altos	1286.4000	–	O 88.5#	AA6IW	AA6IW
Mountain View	1284.2500	–	O 88.5#e	N6SGI	SGIARC
Palo Alto	1282.5000	–	O 88.5elx	W6YX	SUARC
Palo Alto	1284.9500	–	O 88.5#ex	K6BAM	BAMA
Palo Alto	1285.1500	–	O 88.5lx	W6RLW	ARRG
Palo Alto	1292.5500	–	O 88.5#	WA6ITV	WA6ITV
San Jose	1282.0000	–	O 88.5l	W6RLW	ARRC

1240 MHz and Above
CALIFORNIA

Location	Output	Input	Notes	Call	Sponsor
San Jose	1282.2000	–	O 88.5lx	W6RLW	ARRG
San Jose	1283.1000	–	O 88.5#ael	N6AKK	CarJack
San Jose	1283.4000	–	O 94.8al	N6EEZ	N6EEZ
San Jose	1283.5500	–	O 88.5#ael	N6AKK	CarJack
San Jose	1283.7000	–	O 100ex	WA6GFY	LMERA ARC
San Jose	1284.3000	–	O 100#e	N6AKB	N6AKB
San Jose	1285.0000	–	O 88.5lx	W6RLW	ARRG
San Jose	1285.8000	–	O 127.3#	KD6AOG	KD6AOG
San Jose	1285.9500	–	O 100aelx	KU6V	KU6V
San Jose	1286.0000	–	O 110.9elx	N6NAC	N6NAC
San Jose	1286.0750	–	O 88.5#ae x	WB6OCD	WB6OCD
San Jose	1286.1500	–	O 127.3#	KD6AOG	KD6AOG
San Jose	1286.2000	–	O 100aels	W6PIY	WVARA
San Jose	1286.3250	–	O 88.5l	N6SPB	N6SPB
San Jose	1286.4500	–	●el	K6MF	K6MF
San Jose	1286.5000	–	O 173.8elr sx	W7AFG	AREA-Amate
San Jose	1287.2000	–	O 88.5a	KE6STH	KE6STH
San Jose	1287.7000	–	O 88.5lx	W6RLW	ARRC
Santa Clara	1286.8500	–	O 88.5#	K6GDS	K6GDS
Santa Clara	1287.0000	–	O 88.5#e	K6CPU	IEARS
Saratoga	1283.0000	–	O 88.5l	W6RLW	ARRC
Saratoga	1287.5000	–	O 88.5el	K6UB	K6UB
NORCAL-TAHOE					
So Lake Tahoe	1285.0000	–	O 123#e	N3KD	N3KD
Tahoe City	1287.8000	–	O 88.5lx	W6RLW	ARRC
NORCAL-WEST BAY					
Daly City	1285.1000	–	O 131.8#lx	KC6PGV	NCRG
Los Altos Hill	1282.6000	–	O 100er	K6AIR	K6AIR
Redwood City	1284.7000	–	O 114.8#el	WD6GGW	WD6GGW
Redwood City	1285.2500	–	O 88.5el	KE6UIE	KE6UIE
San Bruno	1286.0500	–	O 123#lrs	KM6EF	GSARC
San Francisco	1284.9000	–	O 67e	KA6TGI	KA6TGI
SOCAL-#LA CENTRAL					
Mt Disappointment	1285.3000	–	O 100.0	K6CPT	LA RACES
Mt Harvard	1287.1250	–	O 114.8	WA6TFD	BHARC
Mt Lukens	1287.0750	–	O 100.0	KO6TD	------------
Mt Lukens	1287.4750	–	O 77.0	WA6DPB	------------
Mt Wilson	1287.2500	–	O 127.3	WD8CIK	PAPA
SOCAL-#LA EAST					
West Covina	1282.8750	–	O 103.5	WB6QZK	------------
SOCAL-#LA NORTH					
Canyon Country	1285.6250	–	O 100.0	KI6JL	------------
Contractors Pt	1285.9000	–	O 123.0	W6CPA	IRC
Frazier Peak	1285.1500	–	O 88.5x	W6RLW	ARRC
Oat Mountain	1286.5000	–	O 67.0	KF6HHV	Baykitty ARC
SOCAL-#LA SOUTH					
Rancho Palos Verdes	1287.1500	–	O 114.8	WA6MDJ	------------

1240 MHz and Above
CALIFORNIA

Location	Output	Input	Notes	Call	Sponsor
Rolling Hills	1287.9250	–	O 127.3	K6RH	RHRC
Signal Hill	1286.3000	–	O 156.7	K6CHE	LBRACES
SOCAL-#LA WEST					
Hollywood Hills	1286.7500	–	O 103.5	N6VGU	-------------
Los Angeles	1287.1750	–	O 103.5	K6PYP	-------------
SOCAL-#LA,OR,RIV,SBER					
Keller Peak	1285.2000	–	O 110.9	KE6RYZ	-------------
SOCAL-#ORANGE					
Anaheim	1283.1000	–	O 114.8	KB6ZDB	-------------
Fountain Valley	1287.5000	–	O 100.0	W6RLW	ARRC
Orange	1283.1500	–	O 85.4	W6OPD	-------------
Santiago Peak	1287.6500	–	O 88.5	W6KRW	OCCC
Sierra Peak	1287.6750	–	O 88.5	W6KRW	OCCC
Signal Pk	1287.7000	–	O 88.5	W6KRW	OCCC
SOCAL-#ORANGE SOUTH					
Bolero Pk	1287.7250	–	O 88.5	W6KRW	OCCC
San Clemente	1287.7500	–	O 88.5	W6KRW	OCCC
SOCAL-#SAN DIEGO					
El Cajon	1285.4000	–	O 88.5	WA6ZFT	ECRA
Otay Mtn	1282.3000	–	O 103.5	WB6WLV	SANDRA
Otay Mtn	1285.8000	–	O 88.5	WA6ZFT	ECRA
SOCAL-#VENTURA					
Red Mtn	1287.1000	–	O 127.3	K6ERN	SMRA-ERN
SOCAL-LA,OR					
Canyon Country	1285.6500	–	●	KI6JL	ESSN
Contractors PT	1286.0250	–	●	W6WAX	-------------
Flint Peak	1286.0500	–	●	KA6VHA	-------------
Mt Disappointment	1286.7000	–	●	K6VGP	DARN
Palos Verdes	1283.5500	–	●	N6UL	-------------
Palos Verdes	1286.9000	–	●	K6VGP	DARN
Saddle Peak	1287.2000	–	●	K6VGP	DARN
Santa Anita Rg	1286.0750	–	●	WA6CGR	SCEARA
Tujunga	1285.2500	–	●	NW6B	-------------
Verdugo Peak	1286.6000	–	●	K6VGP	DARN
SOCAL-LA,OR,RIV,SBER					
Heaps Peak	1287.3500	–	●	AF6HP	MARC
Keller Peak	1286.2500	–	●	KG6YS	MARA
Mt Wilson	1286.2000	–	●	K6JP	SCJHC
Running Spr	1286.0000	–	●	KA6RWW	-------------
Sunset Ridge	1284.0500	–	●	WC6MRA	CMRA
Sunset Ridge	1285.2750	–	●	WH6NZ	-------------
Sunset Ridge	1287.3500	–	●	AF6HP	METS
SOCAL-LA,OR,RIV,SBER,SD					
Santiago Peak	1286.1500	–	●	WA6SVT	ATN
Santiago Peak	1286.3750	–	●	AF6HP	MARC
Santiago Peak	1286.4500	–	●	N6SLD	CLARA
SOCAL-LA,OR,VE					
Oat Mtn	1283.8250	–	●	KC6WTL	SCARA

1240 MHz and Above

CALIFORNIA-ILLINOIS

Location	Output	Input	Notes	Call	Sponsor
SOCAL-OR					
Fountain Valley	1286.1250	–	●	W6TMB	FOCUS
Loma Ridge	1287.7750	–	●	W6KRW	OCCC
SOCAL-RIV,SBER					
Chuckwalla	1283.3000	–	●	WC6MRA	CMRA
SOCAL-SBAR					
Santa Ynez	1284.0500	–	●	K6RCL	CMRA
SOCAL-SD					
San Miguel	1284.3000	–	●	WV6H	CARE
SOCAL-VE					
Oxnard	1285.7500	–	●	W6KGB	------------
COLORADO					
DENVER METRO					
Denver	1287.9000	–	○	W0 CRA	CRA
NORTH FRONT RANGE					
Fort Collins	1283.5500	–	○ 100/100	K1TJ	K1TJ
SOUTH CENTRAL					
Cripple Creek	1287.7000	–	○ 67 E-SUN	WB0 WDF	WB0 WDF
DELAWARE					
ALL					
SNP	1283.0000	–	○		------------
DISTRICT OF COLUMBIA					
Snp	1283.0000	–	○		------------
WASHINGTON AREA					
Washington	1283.1000	–	○e L(DSTAR)	W3AGB	AlexGrahamBell
FLORIDA					
CENTRAL					
The Villages	1292.1500	1272.1500	○ 91.5/91.5 e	WA1UTQ	WA1UTQ
SOUTH EAST - MIAMI/FT LAUD					
Hialeah	1291.1000	1271.1000	○ 110.9/110.9a(CA)ersBlx	WB4IVM	WB4IVM
Miami	1293.0000	1273.0000	○e	WB4TWQ	WB4TWQ
WEST CENTRAL - TAMPA/ST PETE					
Dunedin	1285.5000	–	○ 103.5/103.5 L(146.970 224.940 444.150 4	KJ4JBO	CARS
Tampa	1291.5000	1271.5000	○ 88.5/88.5 W a(CA) DCS(33)eL(444.000 444.675 443.42	W4AQR	W4AQR
ILLINOIS					
CHICAGO					
Chicago	1292.1000	1272.1000	114.8e	WA9ORC	CFMC
Chicago	1292.2000	1272.2000	e	NS9RC	NSRC

1240 MHz and Above
ILLINOIS-MARYLAND

Location	Output	Input	Notes	Call	Sponsor
NORTHEAST					
Batavia	1291.9000	1271.9000	l	W9NE	W9XA
Batavia	1292.0000	1272.0000	88.5l	W9XA	W9XA
Lisle	1293.1000	1273.1000	114.8 (CA)e LITZ	W9AEK	W9AEK
Wayne	1292.6000	1272.6000	esWX	W9DPA	DCERA
PEORIA					
Peoria	1292.4000	1272.4000		W9PIA	PAARC
SPRINGFIELD					
Springfield	1293.2500	1273.2500	103.5ers WXxz	WS9V	MR DX
INDIANA					
INDIANAPOLIS					
Indianapolis	1293.5000	1273.5000	O 77.0	W9ICE	ICE
NORTHEAST					
Roanoke	1286.3500	–	O 131.8	WB9VLE	WB9VLE
NORTHWEST					
Valparaiso	1292.0000	1272.0000	O 88.5e	KB9KRI	Duneland
IOWA					
DES MOINES					
Des Moines	1285.5000	-12.0000	O	W0KWM	CITS
KANSAS					
KANSAS CITY METRO					
Shawnee Msn	1285.0000	–	Oe	K0GXL	SMMC
Shawnee Msn	1285.0000	–	Oe	K0GXL	SMMC
WICHITA					
Valley Center	1288.0000	1275.0000	88.5/88.5 e	K0PY	--------
LOUISIANA					
STATEWIDE					
Shared	1283.0000	–		SNP	--------
MAINE					
PORTLAND/SOUTH COAST					
Brunswick	1284.0000	–	Oesx	KS1R	MARA
MARYLAND					
ALL					
SNP	1283.0000	–	O		--------
BALTIMORE					
Towson	1282.7000	–	Oe L(DSTAR) WX	W3DHS	BCACS
NORTHEAST MD					
Bel Air	1282.3000	–	OL(DSTAR)	KB3TOG	HarfdCoRACES

1240 MHz and Above
MASSACHUSETTS-NEW MEXICO

Location	Output	Input	Notes	Call	Sponsor
MASSACHUSETTS					
SPRINGFIELD/PIONEER VALLEY					
Feeding Hills	1248.5000	+	OeL(D*D)x	W1KK	W1KK
Feeding Hills	1282.5000	–	OeL(D*V)x	W1KK	W1KK
THE BERKSHIRES					
Adams	1283.9000	–	O	K1FFK	NoBARC
MICHIGAN					
LOWER PEN SOUTHWEST					
Berrien Springs	1282.0000	–	O(CA)	W8YKS	DOCRG
Berrien Springs	2410.0000	2306.0000	O(CA)x	W8YKS	DOCRG
MISSISSIPPI					
McHenry	1250.0000	1250.0000	O	KI4TMJ	Mentone Ed.
NEVADA					
LAS VEGAS VALLEY					
High Potosi Mtn	1265.0000	913.0000	#	KB7BY	----------
Las Vegas	1293.6250	–	O 114.8/114.8	NX7R	----------
NORTH CENTRAL					
Elko	1283.1000	–	O 100	KE7LKO	WV3LMA
WEST CENTRAL					
Carson City	1253.0000	1253.0000	O	KB7MF	KB7MF
Carson City	1293.0000	1283.0000	O	KB7MF	KB7MF
Gardnerville	1273.0000	+	O 88.5e	N7KD	N7KD
Reno	1250.0000	1250.0000	●e	KD7EOC	KD7BQX
Reno	1255.0000	1255.0000	Oel	WA6DDF	WA6DDF
Reno	1286.5000	–	O 88.5lx	W6CYX	W6CYX
Reno	2430.0000	2430.0000	O	WA6DDF	WA6DDF
Reno/Sparks	2441.2500	2441.2500	O	WA6DDF	WA6DDF
NEW HAMPSHIRE					
MERRIMACK VALLEY					
Goffstown	1285.0000	–	OeL(D*V)	N1HIT	NHIT
Goffstown	1290.1000	1270.1000	O	K1GHZ	NHMRA
NEW JERSEY					
MORRIS CO					
Butler	1282.0500	–	O 151.4elrs	WB2FTX	Butler RACES/O
Parsippany	1287.5000	–	O 141.3	WA2UEM	WA2UEM
OCEAN					
Lakewood	1295.0000	1275.0000	O 127.3el	N2AYM	----------
NEW MEXICO					
SOUTH CENTRAL					
Organ	1293.9000	1273.9000	Osx	KC5SJQ	KC5SJQ

716 1240 MHz and Above
NEW YORK-PENNSYLVANIA

Location	Output	Input	Notes	Call	Sponsor
NEW YORK					
LONG ISLAND - SUFFOLK CO					
Islandia	1286.0000	–	●L(449.65) RB	WR2UHF	GABAMFKRA
NEW YORK CITY - QUEENS					
Glen Oaks	1288.0000	–	○ 136.5 (CA)e	W2VL	Long Island Mobile A
NIAGARA					
Royalton	1283.4500	–	○ 107.2e L(443.500) RB	KD2WA	----------
ROCHESTER					
Rochester	1288.0000	1268.0000	○l	N2HJD	ROCHESTER RADIO
NORTH CAROLINA					
Burlington	1284.4000	–	○	AK4EG	----------
Burlington	1299.4000	1299.4000	○l	AK4EG	----------
OHIO					
FRANKLIN					
Columbus	1292.3000	1272.3000	○l	WB8YOJ	WB8YOJ
LUCAS					
Toledo	1285.0000	–	○	WJ8E	WJ8E
Toledo	1287.0000	–	○	WJ8E	WJ8E
MIAMI					
Ludlow Falls	1292.0800	1272.0800	○tl	WD8JPP	WD8JPP
SUMMIT					
Akron	1292.2000	1272.2000	○aTTelRB xz	WA8DBW	WA8DBW
OKLAHOMA					
OKLAHOMA CITY					
Oklahoma City	1283.1000	–	○t	WN5J	WN5J
OREGON					
PORTLAND METRO					
Clackamas	1291.0000	1271.0000	○ 107.2ael	KB7WUK	WORC
Hillsboro	1291.5000	1271.5000	○el	K7AUO	TERAC
PENNSYLVANIA					
FREQUENCY USAGE - ALL WPA SECTION					
WPA SNP	1283.0000	–		SNP	
CHESTER					
Glen Mills	1295.8000	1280.8000	○ 94.8e	W3LW	----------
LYCOMING					
Williamsport	1285.0000	–	●t(CA)e	N3PFC	----------
NORTHAMPTON					
Easton	1294.0000	1274.0000	○lLITZ	N2ZAV	----------
PHILADELPHIA					
Philadelphia	1294.1000	1274.1000	○ 127.3el	K3PHL	----------

1240 MHz and Above

PENNSYLVANIA-VIRGINIA

Location	Output	Input	Notes	Call	Sponsor
PITTSBURGH					
Pittsburgh/W Mifflin	1285.0000	–	O 131.8	KA3IDK	KA3IDK
PUERTO RICO					
E					
Luquillo	1285.0000	–	●	WP4KER	------------
SOUTH CAROLINA					
Greenville	1250.0000	1280.0000	Ol	WA4MWC	KB4PQA
TENNESSEE					
Bartlett	1284.2500	–	O 107.2/107.2	N4GMT	N4GMT
Unicoi	1287.1000	–	O	WB4IXU	WB4IXU
TEXAS					
Austin	1293.1000	1273.1000	O	W5KA	AUSTIN ARC
Big Spring	1258.8750	1258.8750	Olx	W5AW	Big Spring ARC
Big Spring	1291.8750	1271.8750	Olx	W5AW	Big Spring ARC
Dallas	1292.6000	1272.6000	●	N5MIJ	------------
Dallas	1295.0000	1275.0000	Ors	W5FC	Dallas ARC
Fort Worth	1292.7800	1272.7800	O 110.9	N5UN	FW1200
Houston	1292.1000	1272.1000	O	WA5KXG	------------
Mesquite	1292.0000	1272.0000	O 156.7 (CA)	AK5DX	------------
San Antonio	1292.3000	1272.3000	●	W5DKK	------------
San Antonio	1293.3000	1273.3000	O	WD5STR	SANANTONIOD
Venus	1292.9800	1278.9800	OerwX	WA5FWC	------------
UTAH					
WASATCH FRONT					
Salt Lake	1285.0000	–	O 88.5	K7OJU	------------
Salt Lake	1286.0000	–	O	AA7XY	------------
VIRGINIA					
Bedford	1283.1000	–	O 100/100e lrs	WA1ZMS	WA1ZMS
Richmond	1282.0000	1262.0000	O 88.5/88.5 l	WA4FC	FieldComm Asso
ALL OF TMARC AREA					
SNP	1283.0000	–	O		------------
FREDERICKSBURG					
Stafford	1282.2000	–	OL(DSTAR)	WS4VA	SARA
WASHINGTON AREA					
Alexandria	1282.6000	–	O 107.2	W4HFH	Alex RC
Alexandria	1284.6000	–	OL(DSTAR)	W4HFH	Alex RC
Bull Run Mtn	1286.1000	–	O	N3KL	N3KL

718 1240 MHz and Above
VIRGINIA-ONTARIO

Location	Output	Input	Notes	Call	Sponsor
Reagan Airport	1283.2000	–	O L(DSTAR)	K4DCA	E-STAR
Tysons Corner	1282.8000	–	O L(DSTAR)	NV4FM	NVFMA

WASHINGTON
W WA - FREQUENCY USAGE

Crossband	1292.0000	1292.0000			
Digital	1248.0000	1252.0000			
Fm Links	1282.0000	1288.0000			
Nb Fm Links	1246.0000	1248.0000			
Nb Fm Links	1275.0000	1276.0000			
Rptr Inputs	1268.0000	1275.0000			
Rptr Outputs	1288.0000	1295.0000			

SOUTH WEST WASHINGTON

| Vancouver WA | 1292.5000 | 1272.5000 | O 94.8e | W7AIA | CCARC |

W WA - NORTH

| Bellingham | 1290.9500 | 1270.9500 | O 103.5 | N7FYU | N7FYU |

W WA - SEATTLE-TACOMA

Baldi Mtn	1292.3000	1272.3000	O 103.5el	N7FSP	N7FSP
Tacoma	1292.4000	1272.4000	O 103.5el	KB7CNN	----------
Tiger Mtn East	1292.2000	1272.2000	O 103.5el	KB7CNN	----------

WEST VIRGINIA
ALL OF TMARC AREA

| Snp | 1283.0000 | – | O | | ---------- |

WISCONSIN
WAR

| Sturgeon Bay | 1282.1000 | | O 100.0aer s | K9KJM | K9KJM |

BRITISH COLUMBIA
GREATER VANCOUVER

| Vancouver | 1291.9400 | 1271.9400 | el | VE7RAG | BCFMCA |

MANITOBA
WINNIPEG

Winnipeg	1280.5000	–	O	VE4KEG	----------
Winnipeg	1289.2500	915.0000	O	VE4EDU	----------
Winnipeg	1292.0000	1272.0000	O	VE4AGA	----------

ONTARIO
CENTRAL

| New Tecumseth | 1285.0000 | – | O | VE3VGA | ---------- |

METRO TORONTO

Toronto	1250.0000	1250.0000	O 103.5 L(D-STAR)	VE3YYZ	TARCS
Toronto	1284.0000	–	O	VA3GTU	----------
Toronto	1287.5000	–	O 103.5 L(D-STAR)	VE3YYZ	TARCS
Uxbridge	1286.0000	–	O 103.5e L(IRLP TFMCS)	VE3RPT	TFMCS

ONTARIO-QUEBEC

Location	Output	Input	Notes	Call	Sponsor
NIAGARA					
Niagara On The Lake	1282.5000	–	O L(D-STAR)	VA3NAG	------------
Niagara On The Lake	1299.1500	1299.1500	Oe L(D-STAR DATA)	VA3NAG	------------
SOUTHWEST					
London	1285.5000	–	Oe	VE3TTT	SORT
QUEBEC					
LANAUDIERE					
Joliette	1284.0000	–	O 103.5e	VE2RHO	VE2BFK
Saint-Lin Laurentides	1284.0000	–	O 141.3e	VE2RFO	VE2BFK
St-Calixte	1283.6000	–	O 141.3	VE2RVK	VE2VK
Ste-Marcelline	1280.0000	1265.0000	OE-SUN	VE2RVQ	VE2BFK
Ste-Marcelline	1280.0000	1255.0000	OE-SUN	VE2RVQ	VE2BFK
Ste-Marcelline	1280.0000	1252.0000	OE-SUN	VE2RVQ	VE2BFK
Ste-Marcelline	1289.2500	–	OE-SUN	VE2RVQ	VE2BFK
Ste-Marcelline	1289.2500	1265.2500	OE-SUN	VE2RVQ	VE2BFK
Ste-Marcelline	1289.2500	1253.2500	OE-SUN	VE2RVQ	VE2BFK
Ste-Marcelline	1289.2500	1241.2500	OE-SUN	VE2RVQ	VE2BFK
Ste-Marcelline	2442.0000	2428.0000	OE-SUN	VE2RVQ	VE2BFK
Ste-Marcelline	2442.0000	2412.0000	OE-SUN	VE2RVQ	VE2BFK
Ste-Marcelline	2442.0000	2398.0000	OE-SUN	VE2RVQ	VE2BFK
Ste-Marcelline	2442.0000	1255.0000	OE-SUN	VE2RVQ	VE2BFK
MONTEREGIE					
Mont-Rougemont	1282.0000	–	O 103.5e	VE2RQI	VE2AQC

Amateur Television (ATV)

Location	Output	Input	Notes	Call	Sponsor
ALABAMA					
Gadsden	421.2500	439.2500	O	N5XNQ	N5XNQ
Gadsden	421.2500	1255.0000	O	N5XNQ	N5XNQ
Huntsville	421.2500	439.2500	O	W4ATV	TVATV
ARIZONA					
EASTERN					
Green's Peak	1289.2500	434.0000		W7ATN	Amateur TV Net
Green's Peak	2417.5000	1277.2500		W7ATN	Amateur TV Net
PHOENIX METRO					
Shaw Butte	1241.2500	1265.0000		W7ATN	ARIZONA AMAT
White Tanks	1253.2500	2441.5000		W7ATN	Amateur TV Net
White Tanks	1289.2500	421.2500		W7ATN	ARIZONA AMAT
White Tanks	2417.5000	1277.2500		W7ATN	Amateur TV Net
TUCSON METRO					
Mt Lemmon	1277.2500	2441.5000		W7ATN	ARIZONA ATN
Mt Lemmon	2417.5000	1277.2500		W7ATN	Amateur TV Net
ARKANSAS					
CENTRAL					
Little Rock	421.2500	439.2500	O	N5AT	ARES
Pine Bluff	426.2500	439.2500	Oer	K5DAK	PinBlufARC
NORTH					
Harrison	421.2500	439.2500	O	K5YWL	K5YWL
CALIFORNIA					
FREQUENCY USAGE - SOUTHERN CALIFORNIA					
So Cal Atv	144.3450				ATV-SPLX VOICE
So Cal Atv	146.4300		100.0		ATV-RPT VOICE
So Cal Atv	426.2500				ATV-SPLX
So Cal Atv	434.0000				ATV-RPT INPUT-H SYNC A
So Cal Atv	913.2500				ATV
So Cal Atv	915.0000				ATV
So Cal Atv	919.2500				RPT OUT
So Cal Atv	1241.2500				ATV-RPT OUT
So Cal Atv	1253.2500				ATV-RPT OUT
So Cal Atv	1265.2500		EXP		ATV-SPLX
So Cal Atv	1277.2500				ATV-RPT OUT
So Cal Atv	1289.2500				ATV
So Cal Atv	2398.0000				ATV-FM-SPLX
So Cal Atv	2417.0000				ATV-FM-LINKS
So Cal Atv	2441.5000				ATV-FM-RPT INPUT, H-SY
So Cal Atv	3380.0000				ATV-WFM-RPT OUTPUT
So Cal Atv	3480.0000				ATV-WFM-RPT OUTPUT

Amateur Television (ATV)

CALIFORNIA

Location	Output	Input	Notes	Call	Sponsor
So Cal Atv	5910.0000			ATV-FM-RPT OUTPUT	
So Cal Atv	10400.0000			ATV	
NORCAL-EAST BAY					
Concord	427.2500	1289.2500	●ersx	W6CX	MDARC
Concord	1241.2500	1289.2500	●ersx	W6CX	MDARC
NORCAL-SAN JOAQUIN VALLEY					
Lodi	1277.0000	915.0000	●elrsx	WB6ASU	WB6ASU
Springville	427.2500	910.2500	●#x	N6BYH	N6BYH
NORCAL-SOUTH BAY					
Los Gatos	427.2500	1255.2500	● 123#ers x	K6BEN	K6BEN
Palo Alto	2433.7500	1255.0000	●#es	W6YX	SUARC
San Jose	923.2500	427.2500	●#aerx	W2NYC	W2NYC
NORCAL-WEST BAY					
Cupertino	3486.3750	3386.3750	●lx	K6MSR	MSR
Los Altos	3488.1250	3388.1250	●l	K6MSR	MSR
Los Altos	3489.8750	3389.8750	●l	K6MSR	MSR
Los Altos	3491.6250	3391.6250	●l	K6MSR	MSR
Los Altos	3493.3750	3393.3750	●l	K6MSR	MSR
Los Altos	3495.1250	3395.1250	●l	K6MSR	MSR
Los Altos	3496.8750	3396.8750	●l	K6MSR	MSR
Los Altos	3498.6250	3398.6250	●elx	K6MSR	MSR
SOCAL-#LA CENTRAL					
Mt Wilson	1241.2500	434.0000	●L(NTSC)	W6ATN	ATN analog
Mt Wilson	1289.2500	2441.5000	●l	W6ATN	ATN
SOCAL-#LA EAST					
Sunset Ridge	3380.0000	10400.0000	●l	AF6HP	METS
Sunset Ridge	3380.0000	2441.5000	●l	AF6HP	METS
Sunset Ridge	3380.0000	434.0000	●l	AF6HP	METS
SOCAL-#LA NORTH					
Oat Mtn	919.2500	434.0000	●l	W6ATN	ATN
Oat Mtn	919.2500	2441.5000	●l	W6ATN	ATN
Oat Mtn	3380.0000	2441.5000	●l	W6ATN	ATN
Oat Mtn	3380.0000	434.0000	●l	W6ATN	ATN
SOCAL-#ORANGE					
Santiago Peak	1253.2500	434.0000	●l	W6ATN	ATN hub
Santiago Peak	1253.2500	2441.5000	●l	W6ATN	ATN hub
Santiago Peak	3480.0000	10400.0000	●	AF6HP	METS
Santiago Peak	5910.0000	434.0000	●	W6ATN	ATN
Santiago Peak	5910.0000	2441.5000	●l	W6ATN	ATN
SOCAL-#SAN BERNARDINO					
Heaps Peak	3380.0000	2441.5000	●	AF6HP	METS
Heaps Peak	3380.0000	10400.0000	●	AF6HP	METS
Snow Peak	1241.2500	434.0000	●l	W6ATN	ATN
Snow Peak	1241.2500	2441.5000	●l	W6ATN	ATN
SOCAL-#SAN DIEGO					
Mt Palomar	1241.2500	2441.5000	●	W6WNG	Palomar ARC
Mt Palomar	1241.2500	915.0000	●	W6NWG	Palomar ARC
SOCAL-#SANTA BARBARA					
Santa Barbara	1289.2500	434.0000	●l	WB9KMO	ATN

Amateur Television (ATV)
CALIFORNIA-KENTUCKY

Location	Output	Input	Notes	Call	Sponsor
Santa Barbara	1289.2500	2441.5000	Ol	WB9KMO	ATN

COLORADO
BOULDER

Location	Output	Input	Notes	Call	Sponsor
Boulder	421.2500	1241.2500	O	W0BCR	BCARES

FLORIDA
EAST CENTRAL

Location	Output	Input	Notes	Call	Sponsor
Cocoa	427.2500	439.2500	Oe L(146.94)rs	K4ATV	LISATS Inc

SOUTH EAST - MIAMI/FT LAUD

Location	Output	Input	Notes	Call	Sponsor
Miami	435.0000	910.2500	Oe	KC4JHS	KC4JHS

SOUTH WEST - FT MYERS

Location	Output	Input	Notes	Call	Sponsor
Cape Coral	421.2500	439.2500	O	W1RP	W1RP

WEST CENTRAL - SARASOTA

Location	Output	Input	Notes	Call	Sponsor
Laurel	421.2500	434.0000	Oers	N4SER	SERC

IDAHO
SW-ID

Location	Output	Input	Notes	Call	Sponsor
Burley	434.0000	1253.2500	O	K6ZVA	ISRA MHCH

ILLINOIS
ROCKFORD

Location	Output	Input	Notes	Call	Sponsor
Rockford	421.2500	1253.2500	Oe	W9ATN	RARA-ATV

INDIANA
NORTHEAST

Location	Output	Input	Notes	Call	Sponsor
Fort Wayne	910.2500	427.2500	O	W9TE	FWRC
Fort Wayne	910.2500	439.2500	O	W9TE	FWRC

SOUTHWEST

Location	Output	Input	Notes	Call	Sponsor
Evansville	421.2500	434.0000	OerswX	W9KXP	W9KXP

IOWA
DAVENPORT

Location	Output	Input	Notes	Call	Sponsor
Davenport	421.2500	910.2500		WB0BIZ	QCATVC
Davenport	421.2500	439.2500		W0BXR	------------

KANSAS
KANSAS CITY METRO

Location	Output	Input	Notes	Call	Sponsor
Kansas City	426.2500	439.2500	Oer	WR0ATV	KC ATV Gp
Kansas City	426.2500	439.2500	Oer	WR0ATV	KC ATV Gp

SOUTHEAST

Location	Output	Input	Notes	Call	Sponsor
Pittsburg	426.2500	1252.0000	O	K0PRO	PRO ATV

TOPEKA

Location	Output	Input	Notes	Call	Sponsor
Topeka	427.2500	1252.0000	O	WA0VRS	911 Top

WICHITA

Location	Output	Input	Notes	Call	Sponsor
Wichita	421.2500	439.2500	O	KA0TV	ICUC-UHF-T

KENTUCKY

Location	Output	Input	Notes	Call	Sponsor
Bowling Green	421.2500	1280.0000	O	KY4TV	KY4TV

724 Amateur Television (ATV)
KENTUCKY-NEVADA

Location	Output	Input	Notes	Call	Sponsor
Bowling Green	421.2500	439.2500	O	KY4TV	KY4TV

LOUISIANA
REG 1 NEW ORLEANS

Location	Output	Input	Notes	Call	Sponsor
New Orleans	421.2500	439.2500	O	WDØGIV	WDØGIV

MARYLAND
BALTIMORE

Location	Output	Input	Notes	Call	Sponsor
Baltimore	439.2500	426.2500	O	W3WCQ	BRATS
		L(AUDIO 430.75)			
Baltimore	439.2500	1253.2500	O	W3WCQ	BRATS
		L(AUDIO 1257.75)			
Baltimore	911.2500	426.2500	O	W3WCQ	BRATS
		L(AUDIO 915.75)			
Baltimore	1289.2500	426.2500	Ol	W3WCQ	BRATS

WASHINGTON AREA

Location	Output	Input	Notes	Call	Sponsor
Laurel	923.2500	1265.2500	O	K3UQQ	CATS
		L(AUDIO 147.495)			

MICHIGAN
LOWER PEN SOUTHEAST

Location	Output	Input	Notes	Call	Sponsor
Flint	1253.2500	439.2500	O 100lrs	KC8KGZ	Michigan Specialized

LOWER PEN SOUTHWEST

Location	Output	Input	Notes	Call	Sponsor
Grand Rapids	421.2500	439.2500	Oe	K8DMR	K8DMR

MINNESOTA
METRO

Location	Output	Input	Notes	Call	Sponsor
New Brighton	1253.2500	426.2500	O	NØMNB	RCES

SOUTH EAST

Location	Output	Input	Notes	Call	Sponsor
Wabasha	421.2500	439.2500	Oe	WAØUNB	WAØUNB

MISSISSIPPI

Location	Output	Input	Notes	Call	Sponsor
Biloxi	439.2500	426.2500	O	W6CSA	----------

NEBRASKA
OMAHA

Location	Output	Input	Notes	Call	Sponsor
Omaha/KPTM	421.2500	434.0000	OH SYNC	WBØCMC	GOATS
Omaha/KPTM	1248.2500	434.0000	OH SYNC	WBØCMC	----------

NEVADA
LAS VEGAS VALLEY

Location	Output	Input	Notes	Call	Sponsor
Black Mtn	2410.7500	–	O	KD8S	----------
Black Mtn	2433.7500	–	O	KD8S	----------
Hi Potosi Mtn	913.0000	2442.0000	O	N7ZEV	----------
Hi Potosi Mtn	1265.0000	2417.0000	O	N7ZEV	----------
		L(SOUTHERN CALIFORNIA)			
Hi Potosi Mtn	1265.0000	434.0000	O	N7ZEV	----------
		L(SOUTHERN CALIFORNIA)			

Amateur Television (ATV)
NEW JERSEY-PENNSYLVANIA

Location	Output	Input	Notes	Call	Sponsor
NEW JERSEY					
SUSSEX					
Vernon	5665.0000	5885.0000	Oers	W2VER	VRACES
NEW YORK					
CORTLAND/ITHACA					
Ithaca	421.2500	439.2500	O	AF2A	TOMPKINS COU
ELMIRA/CORNING					
Elmira	421.2500	434.0000	O	KB3APR	ARAST
NORTH CAROLINA					
Delco	224.5000	–	O 88.5/88.5	AD4DN	------------
OHIO					
ALLEN					
Lima	421.2500	439.2500	O	WB8ULC	NWOhioARC
COLUMBIANA					
Lisbon	421.2500	434.0000		KC8PHW	KC8PHW
FRANKLIN					
Columbus	10.3500	10.4500		WR8ATV	ATCO
Columbus	427.2500	439.2500		WR8ATV	ATCO
Columbus	1258.0000	1280.0000		WR8ATV	ATCO
Columbus	1268.0000	+		WR8ATV	ATCO
Columbus	2433.0000	2398.0000		WR8ATV	ATCO
VAN WERT					
Van Wert	434.0000	923.2500		W8FY	VWARC
OKLAHOMA					
TULSA METRO					
Tulsa	913.2500	434.0000	O	W5IAS	Tulsa ARC
OREGON					
CENTRAL WILLAMETTE VALLEY					
Salem	910.0000	426.2500	O	K7ATV	SATVA
PORTLAND METRO					
Portland	426.2500	910.2500	Ol	WB2QHS	WB2QHS
Portland	1257.0000	426.2500	Oe	W7AMQ	------------
PENNSYLVANIA					
LANCASTER					
Manheim	923.2500	910.2500	OerswX	K3IR	SPARC Inc.
PHILADELPHIA					
Philadelphia	421.2500	439.2500	Or	W3PHL	PARA Group
Philadelphia	923.2500	910.2500	Or	W3PHL	PARA Group
PITTSBURGH					
Carnegie	426.2500	439.2500	O	W3KWH	SCARC
Pittsburgh Hazelwood	421.2500	910.2500	O	WA3PBD	GFMA
Pittsburgh Hazelwood	923.2500	910.2500	O	WA3PBD	GFMA

Amateur Television (ATV)
PENNSYLVANIA-BRITISH COLUMBIA

Location	Output	Input	Notes	Call	Sponsor
SOUTHWEST					
Acme	421.2500	439.2500	o	W3NBN	LHVHFS
YORK					
Dover	439.2500	426.2500	oel	W3HZU	Keystone
PUERTO RICO					
N					
Aguas Buenas	426.2500	1252.0000	o	KP4IA	M/Vision
TEXAS					
Beaumont	421.2500	439.2500	o	KE5O	----------
Houston	421.2500	1255.0000	o	W5GFP	HATS
Mesquite	421.2500	1248.0000	o	AK5DX	NTSC
Waco	421.2500	439.2500	o	W5ZDN	HOTARC
UTAH					
WASATCH FRONT					
Salt Lake	1252.0000	2416.0000		WA7GIE	----------
Salt Lake	1265.0000	2425.0000		WA7GIE	----------
WASHINGTON					
E WA-SUNNYSIDE					
Rattlesnake	421.2500	439.2500		N7IWA	N7IWA
E WA-YAKIMA					
Eagle Peak	1253.2500	434.0000		N7IWA	N7IWA
Little Bald Mtn	923.2500	426.2500		N7IWA	N7IWA
SEATTLE/TACOMA					
Cougar Mtn	1253.2500	434.0000	o	KF7BQH	WWATS
Federal Way	1290.1000	1270.1000	o	WA7FW	FWARC
Seattle	1277.2500	434.0000	o	WW7ATS	WWATS
WISCONSIN					
WAR					
Wausau	421.2500	1250.0000	otaelr	AD9W	RMATS
ALBERTA					
CALGARY					
Calgary	910.2500	439.2500	osx	VE6RTV	CARA
Calgary	923.2500	439.2500	o	VE6TVR	VE6CDU
Calgary	1276.0000	1282.0000	o	VE6CDU	VE6CDU
BRITISH COLUMBIA					
FRASER VALLEY					
Abbotsford	1200.0000	1289.0000	o	VE7RVA	FVARESS
GREATER VANCOUVER					
Vancouver	902.0000	915.0000	o	VE7VHF	VE7HMW
Vancouver	1200.0000	1246.0000	o	VE7VHF	VE7HMW
Vancouver	1200.0000	1289.0000	o	VE7VHF	VE7HMW
Vancouver	2300.0000	2310.0000	o	VE7VHF	VE7HMW

BRITISH COLUMBIA-QUEBEC

Location	Output	Input	Notes	Call	Sponsor
SOUTH CENTRAL					
Kelowna	439.2500	2410.0000	o	VE7KTV	VA7UN
Vernon	1200.0000	1289.0000	o	VE7VTV	VE7VVW

MANITOBA
WINNIPEG

Location	Output	Input	Notes	Call	Sponsor
Winnipeg	1253.2500	434.0000		VE4EDU	------------
Winnipeg	1289.2500	915.0000		VE4EDU	------------
Winnipeg	1292.0000	1272.0000	o	VE4AGA	------------

ONTARIO
NATIONAL CAPITAL REGION

Location	Output	Input	Notes	Call	Sponsor
Ottawa	439.2500	1246.0000	eL(914.000)	VE3TVA	VE3CZO
Ottawa	914.0000	1246.0000	L(439.250)	VE3TVA	VE3CZO

QUEBEC
LANAUDIERE

Location	Output	Input	Notes	Call	Sponsor
Joliette	439.2500	910.0000		VA2ATV	VE2BFK
Ste-Marcelline	439.2500	910.0000		VE2RVQ	VE2BFK
LAURENTIDES					
Saint-Lin Laurentides	439.2500	1255.0000		VE2RFO	VE2BFK

APCO 25

Location	Output	Input	Notes	Call	Sponsor
ARIZONA					
PHOENIX					
Usery Mtn	448.7250	–	293	KE7JFH	F.H.A.R.T.
PHOENIX METRO					
Usery Pass	145.4700	–	79.7	KE7JFH	KE7JFH
CALIFORNIA					
FREQUENCY USAGE - SOUTHERN CALIFORNIA					
SO CAL	449.4625	–	O L(BW 11K0 MAX)	DIGITALTESTPAIR	
NORCAL-NORTH COAST					
Willits	442.1000	+	ODCS L(NAC293)x	K7WWA	NAC 293
NORCAL-SACRAMENTO VALLEY					
Auburn	443.6000	+	O 141.3e L(NAC29B)x	N6LYE	NAC 29B
NORCAL-SAN JOAQUIN VALLEY					
Fresno	147.0900	+	O 141.3e L(NAC293)rsx	N6VQL	N6VQL
Fresno	147.3150	+	O 141.3e L(NAC293)	N6VQL	N6VQL
Fresno	443.6000	+	O 114.8e L(NAC29A)x	N6LYE	NAC 29A
Madera	443.6000	+	O 186.2e L(NAC186)	N6LYE	N6LYE
Merced	440.8000	+	O 114.8e L(NAC29A)x	N6LYE	NAC 29A
Modesto	440.8000	+	O 107.2e L(NAC29B)x	N6LYE	NAC 29B
Visalia	146.8800	–	O L(NAC293)	WA6BAI	TCARC
Visalia	440.4000	+	O L(NAC293)	WA6BAI	TCARC
Visalia	443.3500	+	O L(NAC293)	WA6YLB	WA6YLB
Visalia	927.0250	902.0250	Oe L(NAC293)x	WA6BAI	TCARC
SOCAL-#SAN DIEGO					
Otay	449.7000	–	O L(NAC 295)	WA6OSB	----------
SOCAL-LA,OR,RIV,SBER					
Covers Area	445.3800	–	Oe L(NAC CCC)	K6CCC	----------

730 APCO 25
DISTRICT OF COLUMBIA-FLORIDA

Location	Output	Input	Notes	Call	Sponsor
DISTRICT OF COLUMBIA					
WASHINGTON AREA					
Washington	449.9750	–	O 107.2a L(P25 NAC 293)	WA3KOK	NERA
FLORIDA					
CENTRAL					
Lakeland	147.3750	+	O 293/293e lx	N4KEG	N4KEG
Lakeland	442.2750	+	O 293/293 Bl	N4AMC	N4AMC
CENTRAL - ORLANDO					
Eustis	146.8950	–	O 293/293 (CA)eL(147.390 (APCO25) 147.345 (APCO25))rs	W4ALR	LCSO
Groveland	147.3450	+	O 293/293 (CA)eL(146.895 (APCO25) 147.390 (APCO 25))r	KD4MBN	LCPS
Orlando	442.0750	+	O 55/55x	W4LOV	KD4JYD
Orlando	927.0500	902.0500	Oa(CA) DCS(411)eL(443.95)x	KA0OXH	KA0OXH
Tavares	147.3900	+	O 293/293e L(147.345 (APCO25) 146.895 (APCO25))rsz	K4AUS	LCSO
DEEP SOUTH					
Big Pine Key	442.3750	+	● 6/6 A(220-111-110)eL(EC-98598 145.370 145.230 14	NQ2Z	N2GKG
NORTH EAST					
Crescent City	145.1900		O 49/49e WX	KJ4UOP	KJ4UOP
Umatilla	146.8500	–	O 293/293e L(146.895 147.390 147.345)rsWXz	WN4AMO	LCPS
NORTH EAST - JACKSONVILLE					
Jacksonville	147.3150	+	O 293/293	W4RNG	Jax Range
Jacksonville	444.2000	+	O 55/55e L(EC-444200 442.100 444.900 442.900)sx	K4QHR	K4QHR
NORTH WEST					
Madison	444.3000	+	O 293/293 L(444.1)	K4III	K4III
Perry	444.1000	+	O 7/7ex	K4III	K4III
Wacissa	147.0000	+	Ot L(147.375)x	K4TLH	TARS
NORTH WEST - TALLAHASSEE					
Tallahassee	146.9100	–	O 293/293a er	K4TLH	TARS
SOUTH CENTRAL					
Moore Haven	147.3000	+	O 811/811e rs	KJ4FJD	GCEOC
SOUTH EAST					
Boca Raton	147.3900	+	● 293/293e x	KS4VT	KS4VT
Palm Beach Gardens	146.6250	–	O 293/293a (CA)ers	W4JUP	JTRG

FLORIDA-HAWAII

Location	Output	Input	Notes	Call	Sponsor
Riviera Beach	146.8800	−	O 293/293e rs	KK4UKG	PBCEM
West Palm Beach	145.2300	−	O 293/293e rsx	N4QPM	N4QPM
West Palm Beach	145.3900	−	O 293/293e rs	KK4UKG	PBCEM
West Palm Beach	147.3600	+	293/293ers	KK4UKG	PBCEM
West Palm Beach	443.2750	+	● 455/455e RB	WB2BQK	SMMC
West Palm Beach	443.2750	+	● 455/455e RB	WB2BQK	SMMC
West Palm Beach	443.2750	+	● 455/455e RB	WB2BQK	SMMC
SOUTH EAST - MIAMI/FT LAUD					
Ft Lauderdale	443.0000	+	O 293/293e sx	N4MOT	MARC
Ft Lauderdale	443.4000	+	●teWX	K4MAP	N4BIF
Ft Lauderdale	444.0500	+	●DCS(25)e WX	KB2TZ	KB2TZ
Ft Lauderdale	927.0500	902.0500	O 55/55 DCS(631)ex	KF4LZA	KF4LZA
Hollywood	442.7750	+	Ot L(EC-329701) BI WX(99*)	K4ABB	K4ABB
Hollywood	442.9000	+	OtE-SUN BI WX(99*)	K4ABB	K4ABB
Plantation	146.7900	−	O 293/293e sx	W4MOT	MARC
SOUTH WEST					
Naples	442.1000	+	Oe L(145.270 146.985 443.800)	AA4PP	ARASWF
WEST CENTRAL					
Brooksville	147.0750	+	O 293/293e x	N4TIA	N4TIA
WEST CENTRAL - TAMPA/ST PETE					
Plant City	145.4100	−	O 293/293x	W4CLL	W4CLL
Plant City	147.2000	+	O 293/293	W4CLL	PCDC
Tampa	145.4100	−	O 293/293	W4CLL	W4CLL
Tampa	442.8500	+	O 293/293e rs	NX4Y	NX4Y
GEORGIA					
Kingsland	444.6250	+	O 118.8/118.8e	W1KFR	W1KFR
HAWAII					
HAWAII					
Hilo	443.8250	+	O 103.5elx	KH6HPZ	RACES
Hilo	444.7250	+	O 123.0l	WH6FM	WH6FM
Hilo	444.9000	+	O 100.0l	WH6FM	WH6FM

APCO 25
HAWAII-IOWA

Location	Output	Input	Notes	Call	Sponsor
OAHU					
Honolulu	444.3000	+	●elx	AH6CP	RACES
Honolulu	444.3500	+	●(CA)elr	AH6CP	RACES
Honolulu	444.7250	+	● 123.0l	WH6FM	WH6FM
Maunakapu	444.4000	+	●elx	AH6CP	AH6CP
Round Top	443.7750	+	● 123.0el	NH6XO	NH6XO
Waimanalo	444.3250	+	●er	AH6RH	RACES
ILLINOIS					
CHAMPAIGN					
Champaign	444.1000	+	162.2e	K9SI	K9SI
CHICAGO					
Chicago	145.1100	−	107.2	W9GN	UFDA
Chicago	440.7500	+	114.8e	W9DMW	MOOSEFAR
Chicago	443.6750	+	114.8 (CA) WX	KC9DFK	CHI-TOWN
Chicago	443.7500	+	114.8 (CA)	WA9ORC	CFMC
Chicago	927.7500	902.7500	114.8	WA9ORC	CFMC
NORTH CENTRAL					
Marseilles	146.7450	−	114.8elWX	KA9FER	KA9FER
Marseilles	442.6000	+	023elWX	KA9FER	KA9FER
NORTHEAST					
Batavia	444.1000	+	100.0ex	KA9LFU	ELFAR
Crystal Lake	145.2700	−	107.2	W9DWP	W9DWP/KAPS
East Dundee	443.0250	+	114.8	W9DWP	W9DWP
Gurnee	443.1500	+	114.8e	N9OZB	ARG
Morris	146.7150	+	94.8	KC9KKO	JP WATTERS
Morris	147.2700	+	107.2eWX	KB9SZK	GCARC
Morris	442.0000	+	94.8	KC9KKO	JP WATTERS
Morris	442.3250	+	114.8eWX	KB9SZK	GCARC
Schaumburg	145.3700	−	107.2	K9SO	AMA
Schaumburg	442.9000	+	114.8 (CA)l WXx	WA9VGI	FISHFAR
Schaumburg	443.5750	+	114.8	N9KNS	MOTO ARC
Schaumburg	443.7250	+	114.8	N9KNS	MOTO ARC
WEST CENTRAL					
Quincy	146.8200	−	100.0l	WA9VGI	FISHNET
Quincy	442.9000	+	114.8l	WA9VGI	FISHNET
IOWA					
CENTRAL					
Marshalltown	147.1350	+	● 25ap	KØMIW	CIRAS
DES MOINES					
Grimes	146.6100	−	114.8elWXx	NØINX	WsideComm
Grimes	444.7250	+		NØINX	NØINX
NORTH CENTRAL					
Humboldt	147.3900	+	● 6l	KØHU	KØHU
SOUTHWEST					
Anita	147.3450	+		NØBKB	NØBKB

KENTUCKY-MINNESOTA

Location	Output	Input	Notes	Call	Sponsor
KENTUCKY					
Hazard	146.8500	–	O 77/77es WX	K4TDO	------------
Louisville	927.5500	902.5500	O 151.4/151.4	KE4JVM	------------
MARYLAND					
FREDERICK					
Frederick	442.8000	+	O 79.7 L(P25 NAC 797)	N3ITA	N3ITA
Frederick	448.1250	–	O 123.0e L(P25 NAC 734)	K3MAD	MADXRA
WASHINGTON AREA					
Ashton	147.0000	+	O L(P25 NAC 293)	K3WX	ARCS
Germantown	147.2700	+	O 156.7 L(P25 NAC 293)	WA3KOK	NERA
Silver Spring	147.1800	+	O 156.7 L(P25 NAC 293)r	KA3LAO	Tri-Co A
MASSACHUSETTS					
BLACKSTONE VALLEY					
Uxbridge	447.3250	–	O L(WESTBORO MA 448.775)	W1WNS	ATT
BOSTON METRO					
Boston	448.7250	–	OEXP	W1NAU	W1NAU
Waltham	146.6400	–	O L(E490278)	W1MHL	WalthamARA
CENTRAL					
Worcester	146.4800	144.9800	O L(NAC:250) RB	N1PFC	WECT
Worcester	146.9250	–	O	W1YK	WPIWA
Worcester	449.8750	–	O	N1PFC	WECT
MERRIMACK VALLEY					
Lawrence	447.6250	–	O	N1EXC	N1EXC
METROWEST					
Westborough	448.7750	–	O L(927.6125)	W1WNS	ATT
SOUTH SHORE					
Marshfield	927.4750	902.4750	ODCS(244) L(NAC:244)	W1ATD	N1ZZN
MICHIGAN					
LOWER PEN SOUTHEAST					
Detroit	147.3300	+	O 151.4ex	KC8LTS	KC8LTS
MINNESOTA					
METRO					
Minneapolis	146.7000	–	O 293	WC0HC	HC ARES

734 APCO 25
MISSISSIPPI-TEXAS

Location	Output	Input	Notes	Call	Sponsor
MISSISSIPPI					
Brandon	147.1650	+	O 100/100e	AA5ED	Individual Licensee
NEBRASKA					
OMAHA					
Omaha	442.6500	+	Ol	KØBOY	KØBOY
NEW HAMPSHIRE					
MERRIMACK VALLEY					
Epsom	443.8500	+	Oex	W1ASS	W1ASS
NEW MEXICO					
NORTH CENTRAL					
Los Alamos	444.7750	−	ODCS(311)eRB	WD9CMS	----------
Los Alamos	927.9000	902.9000	ODCS(293)e	WD9CMS	----------
NORTH CAROLINA					
Clayton	443.6750	+	O 146.2/146.2l	N4TCP	N4TCP
OHIO					
CUYAHOGA					
Brooklyn	442.9250	+	O 293a	K5BLS	NOHP25GRP
FRANKLIN					
Columbus	443.6500	+	Otx	W8DIG	W8KHW
Columbus	927.0375	902.0375	O 293	W8DIG	----------
HAMILTON					
Cincinnati	147.1500	+	O 293ae	K8BIG	TRISTDSTR
Cincinnati	443.9000	+	O 293ae	K8BIG	TRISTDSTR
OKLAHOMA					
NORTHEAST					
Ft Gibson	444.8000	+	O L(P25 NAC 293)	WA5VMS	WA5VMS
SOUTH CAROLINA					
Pickens	927.7125	902.7125	O 100/100lr sWX	KO4MZ	Trustee
TENNESSEE					
Hendersonville	442.5125	+	Ors	WD4BKY	Club
Tullahoma	441.8375	+	Oel	KF4TNP	----------
TEXAS					
Austin	146.6800	−	O 123	KE5ZW	----------

Location	Output	Input	Notes	Call	Sponsor
Austin	146.8600	–	O 146.2	NØ GSZ	------------

VIRGINIA

Richmond	145.4300	–	O 74.4/74.4ers	KG4MRA	Metropolitan Rep
Richmond	927.0250	902.0250	O 100/100	W4RAT	R.A.T.S.
Richmond	927.0500	902.0500	O 100/100l	WA4FC	WA4FC

WASHINGTON
W WA - SEATTLE

Seattle	444.4250	+	Oe	WW7SEA	------------

W WA - SEATTLE-TACOMA

Bothell	440.0500	+	O	K7SLB	------------

WEST VIRGINIA

Weirton	146.9400	–	O 114.8/114.8rsWX	W8CWO	------------

WISCONSIN
WAR

Milwaukee	146.9400	–	O 127.3aes	N9PAY	GFD/EOC
Milwaukee	443.3250	+	O 127.3aes	N9PAY	ATC
Milwaukee	927.5125	902.5125	O 127.3aes	N9PAY	ATC/MATC
New Berlin	443.0500	+	O 127.3aes	KT9AC	KT9AC
Wausau	145.3700	–	O 114.8aelr	KB9KST	KB9KST

D-Star

Location	Output	Input	Notes	Call	Sponsor
ALABAMA					
Anniston / Oak Mtn	145.2800	–	OEXP	KJ4JGK	EMA / DHS
Anniston / Oak Mtn	443.3500	+	OEXP	KJ4JGK	EMA / DHS
Argo/Trussville	145.2600	–	O/DV EXP	K4YNZ	K4YNZ
Birmingham	145.4100	–	O/D-STAR	K4DSO	BARC
Birmingham	443.2000	+	/DV	K4DSO	BARC
Birmingham	443.9750	+	O/DV	KI4SBB	Mentone Ed
Birmingham	1250.0000	1250.0000	/DD	K4DSO	BARC
Birmingham	1251.0000	1251.0000	O/D-D	KI4SBB	Mentone Ed
Birmingham	1282.5000	1270.0000	O/D-D	KI4SBB	Mentone Ed
Birmingham	1283.4000	–	/DV	K4DSO	BARC
Birmingham	1285.0000	1270.5000	O/DV	KI4SBB	Mentone Ed
Clanton	145.1800	–	O L(GATEWAY)	W4AEC	AEMA ARC
Clanton	444.3750	+	O L(GATEWAY)	W4AEC	AEMA ARC
Clanton	1285.5000	–	O L(GATEWAY)	W4AEC	AEMA ARC
Enterprise	145.1300	–	Oe	KJ4OTP	Coffee Co. EMA
Enterprise	442.6500	+	Oe	KJ4OTP	Coffee Co. EMA
Fort Payne	145.4400	–	O/D-STAR	KI4SAY	Mentone Ed.
Fort Payne	1285.0000	–	/DV	KI4SAY	Mentone Ed.
Greenville	145.1900	–	O/DV	K4TNS	Jim Bell Wireless
Greenville	442.2250	+	O/D-STAR elWX	K4TNS	Jim Bell Wireless
Guntersville	145.1400	–	OeWX	KI4RYX	MCEARS
Huntsville	145.3600	–	O/DV EXP	W4WBC	Mentone Ed.
Huntsville	145.4300	–	/DV	KI4PPF	HIT
Huntsville	443.3750	+	●/D-STAR	KI4PPF	HIT
Huntsville	443.3750	+	/DV	KI4PPF	HIT
Huntsville	443.4250	+	/DV	W4WBC	Mentone Ed.
Huntsville	1251.8000	1251.8000	/DD	KI4PPF	HIT
Huntsville	1253.5000	1253.5000	/DD	W4WBC	Mentone Ed.
Huntsville	1282.5000	–	O/DV	W4WBC	Mentone Ed.
Huntsville	1284.0000	–	/DV	KI4PPF	HIT
Madison	443.0250	+	O	KJ4NYH	W4WWM
Magnolia Springs	145.3100	–	O/D-STAR	KI4SAZ	Mentone Ed.
Magnolia Springs	444.3000	+	O/D-STAR	KI4SAZ	Mentone Ed.
Magnolia Springs	1251.0000	1251.0000	/DD	KI4SAZ	Mentone Ed.
Magnolia Springs	1285.0000	–	/DV	KI4SAZ	Mentone Ed.
Mentone	443.3250	+	/DV	KI4SAY	Mentone Ed.
Mentone	1251.0000	1251.0000	/DD	KI4SAY	Mentone Ed.

ALABAMA-ARIZONA

Location	Output	Input	Notes	Call	Sponsor
Mobile	145.3900	−	/DV	W4IAX	MARC
Mobile	444.9000	+	/DV	W4IAX	MARC
Mobile	444.9000	+	O/D-STAR	W4IAX	Mobile ARC
Montgomery	146.9200	−	O/DV	W4AP	MARC
Roanoke	145.4000	−	O/DV	KJ4JNX	Pike ARC
Roanoke	145.4000	−	O/D-STAR	KI4JNX	Pike ARC
Roanoke	444.9000	+	O/D-STAR	KJ4JNX	Pike ARC
Roanoke	1251.6000	1251.6000	O/DD	KJ4JNX	Pike ARC
Roanoke	1283.0000	−	O/DV	KJ4JNX	Pike ARC
Talladega / Bald Mtn	145.1600	−	OeEXP	N4WNL	TRAC
Trussville	442.1000	−	O	KK4OYE	KC4ANB
Trussville	442.1000	+	O	KK4YOE	KC4ANB
Tuscaloosa	146.6050	−	/DV	W4KCQ	TARC
Tuscaloosa	147.5800	146.4800		W4TTR	Tall Twr RC
Tuscaloosa	442.9000	+	/DV	W4TTR	Tall Twr RC
Tuscaloosa	444.0750	+	O/D-STAR	W4KCQ	TARC
Tuscaloosa	1248.2000	1248.2000	/DD	W4TTR	Tall Twr RC
Tuscaloosa	1249.0000	1249.0000	/DD	W4KCQ	TARC
Tuscaloosa	1249.0000	1249.0000	/DD	W4KCQ	TARC
Tuscaloosa	1284.4000	−	/DV	W4KCQ	TARC
Tuscaloosa	1284.4000	−	O/DV	W4KCQ	TARC
Tuscaloosa	1287.9500		/DV	W4TTR	Tall Twr RC

ARIZONA

CENTRAL

Location	Output	Input	Notes	Call	Sponsor
Usery Pass	145.1250	−		KE7JFH	N7MK

KINGMAN

Location	Output	Input	Notes	Call	Sponsor
Kingman	1284.0000	−		W7KDS	Northern AZ Digital R
Kingman	1299.0000	1299.0000		W7KDS	Northern AZ Digital R

N AZ

Location	Output	Input	Notes	Call	Sponsor
Bill Williams Mtn	145.1150	−	O	K7NAZ	N4SVD

NW AZ

Location	Output	Input	Notes	Call	Sponsor
Kingman	145.1350	−		W7KDS	NADRS
Kingman	145.1450	−	O	KR7MC	Kingman Reg. RC

PHOENIX

Location	Output	Input	Notes	Call	Sponsor
Goodyear	440.7375	+	O	KG7HBZ	Pebble Creek ARC
Scottsdale	445.9500	−		KF7CUF	SPRC-SW
Usery Mtn	445.9750	−		KE7JFH	F.H.A.R.T.
White Tanks Mid Peak	440.8125	+		W7MOT	A.R.A.

PHOENIX METRO

Location	Output	Input	Notes	Call	Sponsor
Scottsdale	1285.0000	−		KF7CUF	SPRAG SOUTH WE
White Tanks	145.1350	−		W7MOT	MARCA/ARA
White Tanks	145.1350	−		W7MOT	MARCA/ARA
White Tanks	1283.8500	−		K7PNX	City of Phoenix
White Tanks	1283.9000	−		W7MOT	MARCA
White Tanks	1298.0000	1298.0000		K7PNX	City of Phoenix
White Tanks	1299.5000	1299.5000		W7MOT	MARCA

D-Star
ARIZONA-CALIFORNIA

Location	Output	Input	Notes	Call	Sponsor
SOUTHEAST					
Pinal Peak	445.8500	–		N7CI	F.H.A.R.T.
SOUTHERN					
Mt Lemmon	147.4100	146.4100		K7RST	RST
SOUTHWEST					
Yuma	445.9750	–		N7YDX	Yuma DX Associ
TUCSON					
Mt Lemmon	445.9000	–		K7RST	R.S. of T.
Tucson	445.9500	–		KR7ST	R.S. of T.
TUCSON METRO					
Mt Lemmon	1284.2500	–		K7RST	RADIO SOC OF
Mt Lemmon	1298.2500	1298.2500		K7RST	RADIO SOC OF
Sahuarita	145.1150	–	Oe	K7RST	RST
Tucson	1298.7500	1298.7500		K7RST	RADIO SOC OF
Tucson Bank Of Am	1284.7500	–		KR7ST	RADIO SOC OF
WEST CENTRAL					
Kingman	445.9000	–		W7KDS	N.A.D.R.S.

ARKANSAS

Location	Output	Input	Notes	Call	Sponsor
CENTRAL					
Little Rock	147.4400	144.9400	Oelx	KF5VBI	CAVHS
Little Rock	147.4800	144.9800	Oelx	N5DSD	DSDNC
Little Rock	444.0125	+	Oelx	N5DSD	DSDNC
Little Rock	444.9875	+	Oelx	KF5VBI	CAVHS
SOUTHWEST					
Nashville	145.3200	–	O	N5THS	HEAR
			100.0/100.0		

CALIFORNIA

Location	Output	Input	Notes	Call	Sponsor
FREQUENCY USAGE - SOUTHERN CALIFORNIA					
SO CAL	1283.0000	–			DVOICE TEST PAIR
SO CAL	1294.3000				DVOICE SIMPLEX
SO CAL	1299.1000	–			DDATA TEST
FREQUENCY USAGE - SOUTHERN CALIFRONIA					
SO CAL	449.4625	–			DIGITALTESTPAIR
			L(BW 11K0 MAX)		
LOS ANGELES COUNTY					
Blueridge	147.5400	144.9850	Ot	W6CPA	IRC
Contractor's Point	147.5600	145.0050	Ot	WA6IRC	IRC
HRO Burbank	147.5700	145.0150	Otl	KB6HRO	----------
NORCAL-CENTRAL COAST					
Santa Cruz	145.0000	147.5000	O#	K6DRI	K6DRI
NORCAL-EAST BAY					
Concord	145.0000	147.5000	O#ersx	W6CX	MDARC
Fremont	1286.6250	–	Ox	K6LRG	K6LRG
NORCAL-NORTH BAY					
Napa	440.0500	+	O	W6CO	SARS
Santa Rosa	145.0400	144.6400	O#r	K6ACS	KD6RC

D-Star
CALIFORNIA

Location	Output	Input	Notes	Call	Sponsor
NORCAL-SACRAMENTO VALLEY					
Folsom	147.6750	–	○ex	KS6HRP	SHARP
Oroville	444.2750	+	○lr	KJ6LVV	LOARN
NORCAL-SAN JOAQUIN VALLEY					
Mariposa	145.1300	–	○elsx	W6HHD	W6HHD
Mariposa	444.8000	+	○elsx	W6HHD	W6HHD
Mariposa	1284.1000	–	○elsx	W6HHD	W6HHD
Visalia	145.0125	147.5125	○elrsx	K6VIS	TCARC
Visalia	442.3000	445.3000	○elrsx	K6VIS	TCARC
Visalia	1286.3250	–	○elrsx	K6VIS	TCARC
NORCAL-SOUTH BAY					
Palo Alto	444.0750	+	○elx	WW6BAY	Bay Net
San Jose	1286.5250	–	○ersx	K6HLE	AREA
NORCAL-WEST BAY					
Menlo Park	144.9625	147.4625	○#el	W6OTX	PAARA
Menlo Park	444.4750	+	○el	W6OTX	PAARA
Menlo Park	1284.1500	–	○el	W6OTX	PAARA
San Francisco	147.1050	+	○ersx	W6PW	SFARC
ORANGE COUNTY					
HRO Anaheim	147.5700	145.0150	○tl	W6HRO	------------
Laguna Beach	146.1150	+	○ter	K6SOA	SOARA
SAN BERNARDINO COUNTY					
Keller Peak	147.5500	144.9950	○te	KI6WZX	------------
SAN DIEGO COUNTY					
Palomar Mtn	147.5700	145.0150	○t	KI6MGN	PAPA System
SOCAL-#LA NORTH					
Burbank	1287.8000	–	○	KB6HRO	HRO DVoice
Burbank	1299.3000	1299.3000	○	KB6HRO	HRO DData
Contractors Pt	1286.1000	–	○	WA6IRC	IRC DVoice
Contractors Pt	1299.7000	1299.7000	○	WA6IRC	IRC DData
SOCAL-#LA NORTH WIDE					
Oat	447.2000	–	●L(DSTAR)	KI6JKA	PAPA
SOCAL-#ORANGE					
Anaheim	1287.8250	–	○	W6HRO	HRO DVoice
Anaheim	1299.5000	1299.5000	○	W6HRO	HRO DData
Laguna Beach	1282.6000	–	○	K6SOA	SOARA DVoice
Laguna Beach	1299.9000	1299.9000	○	K6SOA	SOARA DData
SOCAL-#SAN DIEGO					
Pauma Valley	1287.0500	–	●	KI6MGN	PAPA DVoice
Pauma Valley	1298.5000	1298.5000	●	KI6MGN	PAPA DData
SOCAL-LA CENTRAL					
Topanga	1286.8000	–	●	KJ6BWR	PAPA DVoice
Topanga	1298.9000	1298.9000	●	KJ6BWR	PAPA DData
SOCAL-LA,OR,RIV,SBAR,SBER,SD,VE					
Saddle	445.8550	–	●L(DSTAR)	KJ6BWR	PAPA
SOCAL-LA,OR,RIV,SBER,SD,VE					
Santiago	446.5600	–	●L(DSTAR)	KJ6GRS	PAPA
SOCAL-LA,OR,SBER,KE					
Blueridge	447.8350	–	●L(DSTAR)	KJ6LJZ	PAPA

CALIFORNIA-CONNECTICUT

Location	Output	Input	Notes	Call	Sponsor
SOCAL-SAN DIEGO					
Mt Otay	1286.8000	–	●	KW6HRO	PAPA DVoice
Mt Otay	1298.7000	1298.7000	●	KW6HRO	PAPA DData
SOCAL-SBAR,KE,VE					
Santa Ynez	447.8400	–	●L(DSTAR)	KK6GFX	PAPA
SOCAL-SBER,RIV					
Edom	447.1400	–	●L(DSTAR)	K6IFR	PAPA
SOCAL-SD					
Woodson	447.8450	–	●L(DSTAR)	KI6KQU	PAPA
SOCAL-SD,OR					
Otay	446.9800	–	●L(DSTAR)	KW6HRO	PAPA

COLORADO

Location	Output	Input	Notes	Call	Sponsor
BOULDER COUNTY					
Boulder	145.3875	–	ODCSes	WØ DK	BCARES
Boulder	1283.8625	–	O	WØ DK	BCARES
Boulder	1299.5000	1299.5000	DCS(D-STAR)es O DCS(D-STAR)es	WØ DK	BCARES
CENTRAL					
Salida	446.9750	–	ODCS	KDØ QPG	CARES
COLORADO SPRINGS					
Monument	446.8875	–	ODCSel	WØ TLM	TLMFRA
Monument	1299.1000	1299.1000	O DCS(D-STAR)elr	WØ TLM	TLMFRA
DENVER METRO					
Boulder	446.8625	–	ODCSes	WØ DK	BCARES
Broomfield	147.3750	+	ODCS	KDØ LUX	KDØ LUX
Castle Rock	446.8250	–	ODCSers WX	WØ DTF	ARESD22
Colorado Springs	446.9125	–	ODCS	KCØ CVU	CMRG
Denver	145.2500	–	ODCSelrsx	WØ CDS	CO DSTAR
Denver	446.9625	–	ODCSelrsx	WØ CDS	CO DSTAR
Denver	1283.9625	–	O DCS(D-STAR)elrsx	WØ CDS	CO DSTAR
Denver	1299.9000	1299.9000	O DCS(D-STAR)elrsx	WØ CDS	CO DSTAR
Parker	446.8500	–	O	KØ PRA	------------
GRAND JUNCTION					
Grand Jct	446.7750	–	ODCSe	KDØ RED	GMRA
Parachute	446.7500	–	ODCSe	KDØ REE	GMRA
NORTH FRONT RANGE					
Fort Collins	446.8125	–	ODCS	WØ BFD	KI6MPA
SOUTH CENTRAL					
Trinidad	446.7750	–	ODCSx	KCØ CVU	CMRG

CONNECTICUT

Location	Output	Input	Notes	Call	Sponsor
FAIRFIELD & SOUTHWEST					
Norwalk	441.6000	+	Oe	W1NLK	GNARC

742 D-Star
CONNECTICUT-FLORIDA

Location	Output	Input	Notes	Call	Sponsor
HARTFORD & N CENTRAL					
Bristol	145.1400	–	Oex	W1IXU	CT Digital Repeater A
Bristol	448.3750	–	Oe	W1IXU	CT Digital Repeater A
Newington	147.3900	+	Oe	W1HQ	ARRL OPS
Newington	442.1000	+	Oe	W1HQ	ARRL OPS
Newington	1284.1250	–	Oe	W1HQ	ARRL OPS
Rocky Hill	145.2700	–	Oe	W1VLA	W1VLA
Rocky Hill	444.1500	+	Oe	W1VLA	W1VLA
Vernon	145.2600	–	Oex	AA1HD	PVRA
Vernon	442.1500	+	Oe	AA1HD	PVRA
NEW HAVEN & S CENTRAL					
Haddam	444.5500	+	O	KB1UHS	CT Dstar Group
Meriden	145.4900	–	Oe	W1ECV	SARA
Meriden	444.2500	+	Oe	W1ECV	SARA
Westbrook	444.0000	+	O	W1BCG	SARC
NEW LONDON & SOUTHEAST					
Salem	443.4000	+	Oe	KD1STR	CT Dstar Group
WINDHAM & NORTHEAST					
Killingly	444.1000	+	Oe	N1GAU	CT Dstar Group

DISTRICT OF COLUMBIA
WASHINGTON AREA

Location	Output	Input	Notes	Call	Sponsor
Washington	147.3600	+	Oel	W3AGB	AlexGrahamBell
Washington	444.1625	+	Oel	W3AGB	AlexGrahamBell
Washington	1283.1000	–	Oel	W3AGB	AlexGrahamBell

FLORIDA
CENTRAL

Location	Output	Input	Notes	Call	Sponsor
Lakeland	444.7750	+	Oe L(146.6550 1293.5500)sWXx	KJ4ACN	WCFDC
CENTRAL - ORLANDO					
Altamonte Springs	442.3000	+	OL(145.15)	W4PLB	OARC
Lake Buena Vista	442.0000	+	O 103.5/103.5	WD4WDW	DEARS
Leesburg	444.5000	+	Oe	KJ4TJD	LADG
Orlando	145.2900	–	OL(442.025 1291.3000)	KJ4MMC	AESOARC
Orlando	146.8200	–	O L(443.2750 1285.0000)	K1XC	OARC
Orlando	443.2750	+	O L(146.8200 1285.0000)	K1XC	OARC
Orlando	443.6250	+	Oex	W4AES	AESOARC
Orlando	1285.0000	–	O L(146.8200 443.2750)	K1XC	OARC
Sanford	145.1600	–	OL(146.82)	W4PLB	OARC
Tavares	443.0250	+	O	KK4KYK	K3NON
EAST CENTRAL					
Ft Pierce	145.4400	–	O	KB4DD	TCDC
Ft Pierce	444.5000	+	Oex	W4AKH	FPARC

D-Star
FLORIDA

Location	Output	Input	Notes	Call	Sponsor
Melbourne	442.0250	+	O	K4RPT	OMRA
NORTH CENTRAL					
Ocala	145.1700	–	Oersz	KG4NXO	MCERCT
Ocala	146.7900	–	Oers	KK4DFC	MERT
Ocala	443.8750	+	Oers	KG4NXO	MCERCT
NORTH EAST					
Orange City	443.1875	+	●	KK4CQQ	1KDA
Orange City	1291.3000	1271.3000	●	KK4CQQ	1KDA
Palm Coast	442.3250	+	Oe	KG4TCC	FECA
NORTH EAST - JACKSONVILLE					
Jacksonville	146.8800	–	Oa(CA)e	W4RNG	Jax Range
NORTH WEST					
Greensboro	444.1250	+	Oe	K4GFD	K4GFD
Panama City	146.8800	–	O	KK4TAD	BCECOMM
Panama City	444.8500	+	O	KK4TAD	BECOMM
Youngstown	442.3000	+	Oe	KK4SGD	KK4SGD
NORTH WEST - PENSACOLA					
Crestview	145.1500	–	Oe	KO4EOC	ODOG
			L(444.6000 1291.3000)sx		
Crestview	444.6000	+	Oe	KO4EOC	ODOG
			L(145.1500 1291.3000)sx		
Crestview	1291.3000	1271.3000	Oe	KO4EOC	ODOG
			L(145.1500 444.6000)sx		
Milton	147.3300	+	Oesx	KI4WZA	SRCEM
Milton	444.9250	+	Oesx	KI4WZA	SRCEM
NORTH WEST - TALLAHASSEE					
Monticello	444.0500	+	Oes	KA3FZO	KA3FZO
Tallahassee	146.8350	–	Oe	NF4DG	NFDG
			L(443.4500 1293.0000)s		
Tallahassee	443.4500	+	Oe	NF4DG	NFDG
			L(146.8350)s		
Tallahassee	444.1500	+	Oe	KJ4PYE	SHDA
Tallahassee	1293.0000	1273.0000	Oe	NF4DG	NFDG
			L(146.8350 443.4500)s		
SOUTH EAST					
West Palm Beach	145.3200	–	O	K4WPB	WPBARC
SOUTH EAST - MIAMI/FT LAUD					
Ft Lauderdale	442.4500	+	Oel	W4AB	BARC
Miami	145.2800	–	Obl	KB4AIL	KB4AIL
Pompano Beach	145.3400	–	Oe	W4BUG	GCARA
			L(442.2000 1291.6000)		
Pompano Beach	442.2000	+	Oa(CA)e	W4BUG	GCARA
			L(145.340 1291.600)		
SOUTH WEST					
Marco Island	146.9850	–	O	K5MI	MIRC
Naples	145.2700	–	Oe	AB4NP	ARASWF
			L(146.985 442.1 443.80)rs		
Naples	145.4900	–	Oe	AA4PP	ARASWF
SOUTH WEST - FT MYERS					
Naples	443.8000	+	O	AB4FL	CDG

744 D-Star
FLORIDA-GEORGIA

Location	Output	Input	Notes	Call	Sponsor
WEST CENTRAL					
New Port Richey	145.3500	–	O	WA4T	SARC
			146.2/146.2ersWX		
New Port Richey	147.1500	+	O	W4PEM	PCEM
			146.2/146.2esx		
Wesley Chapel	442.3250	+	O	W4SRT	SERT
Wesley Chapel	1291.4000	1271.4000	O	W4SRT	SERT
WEST CENTRAL - TAMPA/ST PETE					
Dunedin	444.0750	+	●l	KA9RIX	Homey HC
Largo	444.5000	+	●l	KA9RIX	Homey HC
Palm Harbor	443.3500	+	O	KJ4ZWW	UPARC
Safety Harbor	1292.0000	1272.0000	Oe	KJ4ARB	FDWS
			L(1293.000 1253.000)rs		
St Petersburg	145.3900	–	●l	KA9RIX	Homey HC
St Petersburg	442.7500	+	Oe	W4ICY	CRNC
St Petersburg	444.0625	+	ODCS(546)	KA9RIX	KA9RIX
			L(145.110 444.725)		
St Petersburg	444.1750	+	O 88.5/88.5	KA9RIX	BEARS
			aeL(444.000 444.725 145.390) RBz		
St Petersburg	444.7250	+	OtaTT(*)	KA9RIX	Homey HC
			E-SUN L(145.390 444.175 444.275 444.075) RB		
Sun City Center	442.2250	+	OE-SUNrs	W4KPR	KPARC
Tampa	147.0100	+	OE-SUN	KJ4ARB	FDWS
			L(1293.0000 444.6750 1292.0000 1252.0000)		
Tampa	147.2625	+	Oe	KK4AFB	NI4M
			L(443.5625)rs		
Tampa	443.5625	+	Oersx	KK4AFB	NI4M
Tampa	443.9875	+	O 88.5/88.5	KJ4ARB	FDWS
			E-SUN L(444.0000 443.4250 1291.500 147.000		
Tampa	444.6750	+	OE-SUN	KJ4ARB	FDWS
			L(147.0100 1293.0000 1253.0000 1292.0000 12		
Tampa	444.8125	+	Oe	W4RNT	RANT
			L(442.725 444.250)		
Tampa	1293.0000	1273.0000	OE-SUN	KJ4ARB	FDWS
			L(147.0100 444.6750 1292.0000 1252.0000)x		

GEORGIA

Location	Output	Input	Notes	Call	Sponsor
Albany	440.7000	+	OesWX	KJ4KLD	KJ4KLD
Appling	145.0800	146.4800	OesWX	KJ4PYA	KJ4PYA
Appling	445.6500	–	OesWX	KJ4PYA	KJ4PYA
Athens	144.9800	147.4800	OesWX	KJ4PXY	KJ4PXY
Athens	440.6375	+	OesWX	KJ4PXY	KJ4PXY
Atlanta	145.3500	–	OlsWX	W4DOC	W4DOC
Atlanta	440.6000	+	OlsWX	W4DOC	W4DOC
Atlanta	443.3125	+	O	W4AQL	Faculty advisor
Atlanta	1282.6000	–	OlsWX	W4DOC	W4DOC
Braselton	440.5875	+	OsWX	WJ4FD	K4DPW
Brunswick	440.5625	+	Ols	K3RCB	K4KAH
Buford	440.7250	+	OsWX	KJ4BDF	KJ4BDF

GEORGIA

Location	Output	Input	Notes	Call	Sponsor
Carrollton	444.0750	+	OelsWX	W4FWD	K4MSP
Chatsworth	145.0800	146.4800	OelsWX	KJ4KLF	KJ4KLF
Cleveland	440.5125	+	OelsWX	K4GAR	Gateway ARC
Cumming	145.2000	−	Oes	W4TL	W4TL
Cumming	443.3500	+	Oes	W4TL	NA4MB
Cumming	1284.4000	−	Oes	W4TL	NA4MB
Dalton	145.3300	−	Oa(CA)elsWX	KA4RVT	Bert Coker
Dalton	444.5000	+	Oes	KA4RVT	----------
Dawson	144.9600	147.0600	OeswX	KJ4KLD	KJ4KLD
Doraville	440.7125	+	O	WB4HRO	----------
Dublin	145.1800	−	O	KJ4YNR	KD4IEZ
Dublin	440.5250	+	O	KJ4YNR	KD4IEZ
Dublin	1282.8500	−	O	KJ4YNR	KD4IEZ
Ellijay	443.9875	+	O	W4HHH	W4HHH
Fayetteville	449.4375	−	OelsWX	KK4GQ	----------
Fort Mountain	440.6500	+	OesWX	KJ4KLF	KJ4KLF
Gainesville	145.1200	−	OesWX	KJ4ZLL	KJ4ZLL
Gainesville	441.8625	+	OlsWX	KJ4ZLL	KJ4ZLL
Lagrange	440.5125	+	Oels	WB4BXO	WB4BXO
Lawrenceville	145.0600	146.4600	Oels	WD4STR	WD4STR
Lawrenceville	440.5500	+	OelsWX	WD4STR	Gwinnett D-STA
Lawrenceville	1282.5500	−	OesWX	WD4STR	WD4STR
Macon	145.3400	−	OelsWX	WX4EMA	W4ALQ
Macon	440.6250	+	OelsWX	WX4EMA	W4ALQ
Marietta	440.6875	+	OsWX	W4BTI	W4BTI
Pelham	145.0800	146.4800	OesWX	KJ4PYB	KJ4PYB
Pelham	440.6500	+	OesWX	KJ4PYB	KJ4PYB
Pembroke	145.2800	−	OelsWX	KJ4GGV	KJ4GGV
Pembroke	440.7000	+	OelsWX	KJ4GGV	KJ4GGV
Pembroke	1282.7000	−	OelsWX	KJ4GGV	KJ4GGV
Pine Mountain	144.9200	147.4200	OesWX	KJ4KLE	KJ4KLE
Rockmart	145.3400	−	Oers	WX4PCA	PAULDING COU
Rockmart	440.5750	+	Oers	WX4PCA	Paulding County
Savannah	144.9400	147.4400	OelsWX	KK4SGC	Coastal Amateur
Savannah	440.5875	+	OelsWX	KK4SGC	Coastal Amateur
Savannah	1282.9000	−	OelsWX	KK4SGC	Coastal Amateur
Stone Mountain	144.9600	147.4600	OelsWX	WX4GPB	W4DOC
Stone Mountain	440.7000	+	OelsWX	WX4GPB	W4DOC
Stone Mountain	1282.7000	−	OelsWX	WX4GPB	W4DOC
Tifton	145.1200	−	Oes	W4PVW	----------
Tifton	444.5625	+	O	W4PVW	W4PVW
Tifton	1282.6500	−	OlsWX	W4PVW	W4PVW
Valdosta	145.1400	−	OelsWX	W4VLD	Valdosta Amateu
Valdosta	443.7125	+	Oels	W4VLD	Valdosta Amateu
Valdosta	1282.8250	−	Oels	W4VLD	Valdosta Amateu
Warm Springs	440.6750	+	OeswX	KJ4KLE	KJ4KLE

HAWAII–ILLINOIS

Location	Output	Input	Notes	Call	Sponsor
HAWAII					
OAHU					
Honolulu	147.1800	+	o	WH6DIG	NH7QH
Honolulu	444.9500	+	o	WH6DIG	NH7QH
Leeward	145.4500	–	o	WH6DHT	NH7QH
Leeward	442.7000	+	oep	WH6DHT	NH7QH
Leeward	1293.0000	1273.0000	●#	WH6DHT	NH7QH
IDAHO					
N ID - MOYIE					
Moyie Springs	145.1250	–	o	KF7MJA	NSDA
SW ID					
Boise	145.5000	–	o	W7VOI	VOIARC
Boise	444.3500	448.3500	o	W7VOI	VOIARC
ILLINOIS					
CHAMPAIGN					
Champaign	443.48125	+		W9YR	Synton ARC
CHICAGO					
Chicago	441.90625	+		WA9ORC	CFMC
Chicago	442.09375	+	e	NS9RC	NSRC
Chicago	1292.2000	1272.2000	e	NS9RC	NSRC
DECATUR					
Cadwell	145.1950	–	e	W9BIL	MARK
Cadwell	440.64375	+	e	W9BIL	MARK
Decatur	442.64375	+		WA9RTI	MACONCOARC
EAST CENTRAL					
Danville	443.7250	+	100	NE9RD	NERD
NORTHEAST					
Batavia	147.2250	+		W9CEQ	FRRL
Batavia	442.10625	+		W9CEQ	FRRL
Batavia	1291.9000	1271.9000	l	W9NE	W9XA
Glendale Heigh	440.10625	+		KC9PWC	SPRAG-SWC
Ingleside	440.81875	+		K5TAR	NILDSTAR C
Lake Zurich	441.23125	+		KC9OKW	SUHFARS
Rolling Meadow	442.8000	+		KC9RBB	SPRAG-N9EP
Wayne	440.26875	+	eswX	W9DPA	DPA EMCOMM
Wayne	1292.6000	1272.6000	eswX	W9DPA	DCERA
NORTHWEST					
Rock Island	440.83125	+	erx	W9WRL	QCRG
PEORIA					
Peoria	145.1050	–		W9PIA	PAARC
Peoria	443.46875	+		W9PIA	PAARC
Peoria	1292.4000	1272.4000		W9PIA	PAARC
SOUTH					
Carbondale	442.65625	+		W9UIH	SIU ARC
SPRINGFIELD					
Springfield	443.78125	+	e	W9DUA	SVRC
WEST CENTRAL					
Quincy	147.1950	+		W9AWE	WIARC

D-Star
ILLINOIS-KENTUCKY

Location	Output	Input	Notes	Call	Sponsor
Quincy	443.9000	+	103.5es	W9AWE	WIARC

INDIANA

Location	Output	Input	Notes	Call	Sponsor
Anderson	441.7500	+	OewX	WA9EOC	Chief Anderson
Bloomington	147.1800	+	O	K9IU	IU ARC
Bloomington	444.9000	+	O	K9IU	IU ARC
Fishers	441.4500	+	O	WR9AND	Hamilton Co. Am
Fort Wayne	442.99375	+	O	W9TE	FWRC
Indianapolis	147.3900	+	O	W9ICE	ICE
Indianapolis	444.1250	+	O	W9ICE	ICE
Marion	443.4000	+	Oer	W9EBN	Grant Co. ARC
Muncie	145.4900	−	Oe	W9DUK	Delaware ARA
Newport	145.1450	−	O	KC9USH	KC9USH
Plainfield	442.7750	+	O	KA9ZYL	KA9ZYL
West Lafayette	146.7300	−	Oe	W9ARP	WARP
West Lafayette	444.3000	+	O	W9ARP	WARP

IOWA
BURLINGTON

Location	Output	Input	Notes	Call	Sponsor
Mt Pleasant	443.3750	+	e	WBØ VHB	WBØ VHB

DES MOINES

Location	Output	Input	Notes	Call	Sponsor
Grimes	147.1050	+	taelrsx	KDØ IAN	DMRAA
Grimes	443.1750	+	elrsx	KDØ IAN	DMRAA

WATERLOO

Location	Output	Input	Notes	Call	Sponsor
Cedar Falls	444.6500	+	elWX	WØ MG	NØ CF
Reinbeck	444.8750	+		WØ RBK	GAARC
Reinbeck	444.8750	+	el	WØ RBK	Grundy AARC

KANSAS
KANSAS CITY METRO

Location	Output	Input	Notes	Call	Sponsor
Kansas City	443.4000	+	Oa(CA)el	WØ CW	BYRG
Kansas City	1285.0500	−	Oe	WØ CW	BYRG
Louisburg	145.1200	−	O	KØ HAM	NEKSUN
Louisburg	442.1250	+	O	KØ HAM	NEKSUN
Louisburg	1257.0000	1257.0000	O	KØ HAM	NEKSUN
Louisburg	1287.0000	−	O	KØ HAM	NEKSUN
Louisburg	1287.0000	+	O	KØ HAM	NEKSUN
Olathe	442.2750	+	O	WAØ RC	WyPtARC

NORTHEAST

Location	Output	Input	Notes	Call	Sponsor
Topeka	442.0250	+	Ors	WØ SIK	NEKSUN

WEST CENTRAL

Location	Output	Input	Notes	Call	Sponsor
Scott City	444.7000	+	O	WØ MI	SHARC

KENTUCKY

Location	Output	Input	Notes	Call	Sponsor
Gray	444.9375	+	Ol	KI4FRJ	----------
Lexington	145.4600	+	O	AJ4G	----------
Lexington	441.8125	+	O	AJ4G	----------
London	145.2200	−	O	KK4RQX	----------

KENTUCKY-MAINE

Location	Output	Input	Notes	Call	Sponsor
Louisville	144.9600	147.4600	Oe	KK4CZ	KK4CZ
Lynch	145.4000	–	O	AJ4G	AJ4G
Lynch	444.4625	+	O	AJ4G	AJ4G
Lynch	1284.5000	–	O	AJ4G	AJ4G
Middlesboro	145.3000	–	O	AJ4G	AJ4G
Middlesboro	443.4625	+	O	AJ4G	AJ4G
Middlesboro	1282.4000	–	O	AJ4G	AJ4G
Richmond	442.8125	+	Oers	KE4YVD	KE4YVD
Union	147.3900	+	O	WW4KY	AMATEUR RADIO S

LOUISIANA
REG 1 NEW ORLEANS

Location	Output	Input	Notes	Call	Sponsor
Gretna	145.2500	–	O	KF5SKU	JP OEM
Gretna	444.4750	+	O	KF5SKU	JP OEM
Jefferson	146.9250	–	Oel	W5GAD	JARC
Jefferson	444.9250	+	Oel	W5GAD	JARC
Jefferson	1251.0000	1251.0000	Oel	W5GAD	JARC
Jefferson	1285.0000	1265.0000	Oel	W5GAD	JARC

REG 2 BATON ROUGE

Location	Output	Input	Notes	Call	Sponsor
Baton Rouge	146.8800	–	Oer	KD5CQB	EBR RACES

REG 4 LAFAYETTE

Location	Output	Input	Notes	Call	Sponsor
ST Martinville	443.8500	+	O	KF5ZUZ	KF5ZUZ
ST Martinville	147.0000	+	Oe	KF5ZUZ	KF5ZUZ
ST Martinville	1253.0000	1253.0000	O	KF5ZUZ	KF5ZUZ
ST Martinville	1292.1000	1272.1000	O	KF5ZUZ	KF5ZUZ

REG 6 ALEXANDRIA

Location	Output	Input	Notes	Call	Sponsor
Alexandria	147.2100	+	Oelx	KF5PIE	Minden DSTAR
Leesville	147.3450	+	Ol	KE5PFA	W5JZQ
Many	146.8050	–	Oelx	N5MNY	Minde DSTAR

REG 7 SHREVEPORT

Location	Output	Input	Notes	Call	Sponsor
Minden	147.4200	144.9200	Ol	N5MAD	KC5UCV
Shreveport	147.3600	+	O	W5SHV	SDT
Shreveport	1253.0000	1253.0000	Ol	W5SHV	SDT
Shreveport	1293.0000	1273.0000	Olwx	W5SHV	SDT
West Monroe	442.0000	+	Ol	W5SHV	S D T

REG 8 MONROE

Location	Output	Input	Notes	Call	Sponsor
Ruston	145.1400	–	Ol	N5APB	N5APB

REG 9 HAMMOND

Location	Output	Input	Notes	Call	Sponsor
Franklinton	147.4400	144.9000	Oelrs	KF5BSZ	WPWIN
Franklinton	444.5875	+	Oelrs	KF5BSZ	WPWIN
Franklinton	1253.0000	1253.0000	Oelrs	KF5BSZ	WPWIN
Franklinton	1293.0000	–	Oelrs	KF5BSZ	WPWIN

MAINE
MID-COAST

Location	Output	Input	Notes	Call	Sponsor
Knox	145.4100	–	Oers	W1EMA	WCARA
Knox	444.3000	+	Ors	W1EMA	WCARA

PORTLAND/SOUTH COAST

Location	Output	Input	Notes	Call	Sponsor
Acton	441.5000	+	Oae	N1KMA	CLEOSYS
					L(CCS NETWORK) EXPx

MICHIGAN-MISSISSIPPI

Location	Output	Input	Notes	Call	Sponsor
Hillsdale	442.2375	+	OersWX	KD8IFO	Hillsdale County
Holton	444.0125	+	OersWXxz	KC8LBZ	KC8LBZ
Ithaca	147.1500	+	OersWX	KD8IEK	Gratiot County A
Ithaca	443.1375	+	Oers	KD8IEK	Gratiot County A
Jackson	145.1200		Oel	K8JXN	CARS
Jackson	443.4625	+	Olrs	K8JXN	CARS
Moline	442.5500	+	●elx	WX8GRR	N8WKM
Plainwell	147.1400	+	● 94.8#ers	KB8FQJ	5th District Med
St Johns	145.4400	–	O	KD8IEI	CCARPSC
St Johns	442.9375	–	Oelrs	KD8IEI	Clinton County A
UPPER PEN EAST					
Moran	146.9850	–	Oe	K8EUP	MADARC
Moran	444.6250	+	Oe	K8EUP	MADARC

MINNESOTA
CENTRAL

Location	Output	Input	Notes	Call	Sponsor
Little Falls	444.0000	+	O	W0 REA	LARA
St Cloud	443.8500	+	O	KD0 YLG	DARC
DULUTH					
Duluth	147.3750	+	Oe	N0 EO	SVAMATRS
Duluth	442.2000	+	Oe	N0 EO	SVAMTRS
METRO					
Chaska	147.2700	+	O	KD0 JOS	WB0 ZKB
Chaska	442.1250	+	O	KD0 JOS	WB0 ZKB
Chaska	1283.5000	–	O	KD0 JOS	WB0 ZKB
Eden Prairie	442.3500	+	Oe	KD0 WSF	LARA/CERT
Minneapolis	145.1100	–	O	KD0 JOU	WB0 ZKB
Minneapolis	1283.3000	–	O	KD0 JDU	WB0 ZKB
Moundsview	145.4050	–	O	W0 ANA	ANOKA ARES
Moundsview	443.7750	+	Os	W0 ANA	ANOKA ARES
Moundsview	1287.0000	–	O	W0 ANA	ANOKA ARES
St Paul	145.2300	–	Oe	W8WRR	THREE RIVERS
White Bear Lake	444.0000	+	Oe	KC0 WLB	EMETDSTAR
White Bear Lake	1285.5000	–	Oe	KC0 WLB	14567 org
NORTH CENTRAL					
Bemidji	145.2450	–	O	W0 BJI	PBARC
SOUTH WEST					
Wanda	444.0250	+	O	KD0 IAI	RAARA

MISSISSIPPI

Location	Output	Input	Notes	Call	Sponsor
Booneville	144.9200	147.4200	Oe	W5NEM	D Star
Clinton	147.3800	+	O	W5DRA	------------
Ellisville	145.4800	–	O	W5NRU	W5NRU
Ellisville	441.8125	+	O	W5NRU	W5NRU
Forest	145.2400	–	Oe	KF5SEB	KF5SEB
Horn Lake	144.9600	147.4600	Oe	W5AV	Northwest MS D-
Horn Lake	442.0125	+	Oe	W5AV	Northwest MS D-
Horn Lake	1282.0750	–	Oe	W5AV	Northwest MS D-
McHenry	145.1700	–	O	KI4TMJ	Mentone Ed.

MISSISSIPPI–NEVADA

Location	Output	Input	Notes	Call	Sponsor
McHenry	444.4750	+	O	KI4TMJ	Mentone Ed.
McHenry	1284.0000	−	O	KI4TMJ	Mentone Ed.
Natchez	145.2500	−	O	N5TAM	------------
Natchez	447.4125	−	O	N5TAM	------------

MISSOURI
COLUMBIA/JEFF CITY
Location	Output	Input	Notes	Call	Sponsor
Columbia	442.3250	+	Olsx	WX0BC	WX0BC

JOPLIN
Location	Output	Input	Notes	Call	Sponsor
Joplin	444.6250	+	OtLITZ	NOCSW	N0CSW

KANSAS CITY METRO
Location	Output	Input	Notes	Call	Sponsor
Kansas City	443.4000	+	Oe	W0CW	BYRG / KCDXC
Kansas City	1285.0500	−	Oe	W0CW	BYRG

SPRINGFIELD
Location	Output	Input	Notes	Call	Sponsor
Ozark	146.7750	−		W0OMD	W0OMD
Ozark	442.2250	+	Otersx	W0OMD	W0OMD

ST LOUIS METRO
Location	Output	Input	Notes	Call	Sponsor
St Louis	147.0150	+	Oel	K0MDG	MODigGRP
St Louis	442.5750	+	Oel	K0MDG	MODigGRP
St Louis	1285.0000	−	Oel	K0MDG	MODigGRP

MONTANA
SOUTHEAST
Location	Output	Input	Notes	Call	Sponsor
Billings	449.0000	−	O 100.0	K7EFA	YRC

NEBRASKA
COLUMBUS
Location	Output	Input	Notes	Call	Sponsor
Columbus	146.9950	−	Oe	WA0COL	PAWNEE ARC
Columbus	442.1750	+	Oe	WA0COL	PAWNEE ARC

GRAND ISLAND
Location	Output	Input	Notes	Call	Sponsor
Grand Island	146.6650	−	Oels	W0MAO	NEMA

KEARNEY
Location	Output	Input	Notes	Call	Sponsor
Kearney	147.0300	+	Oels	W0MAO	NEMA

LINCOLN
Location	Output	Input	Notes	Call	Sponsor
Lincoln	145.2500	−	Oes	W0MAO	NEMA
Lincoln	442.1500	+	Oes	W0MAO	NEMA

OMAHA
Location	Output	Input	Notes	Call	Sponsor
Omaha	145.1750	−	Oel	KD0CGR	ODCGr
Omaha	442.1250	+	O	KD0CGR	------------
Papillion	146.8950	−	DCS(DSTAR)e Oer	KC0OAU	SARPY CO EMA

SOUTH EAST
Location	Output	Input	Notes	Call	Sponsor
Shubert	147.3150	+	Oes	KD0TLM	RICHARDSON CO E
Western	147.1500	+	Oes	KD0VKC	SALINE Co

NEVADA
LAS VEGAS VALLEY
Location	Output	Input	Notes	Call	Sponsor
Las Vegas	145.1750	−	ODCS(C)	N7ARR	NARRI
Las Vegas	147.9750	−	ODCS(C)	W7AES	LVRA
Las Vegas	446.8000	−	ODCS(B)	N7ARR	NARRI

NEVADA-NEW JERSEY

Location	Output	Input	Notes	Call	Sponsor
Las Vegas	449.5750	–	ODCS(B)	W7AES	LVRA
Las Vegas	1251.0000	1251.0000	ODCS(DD)	N7ARR	NARRI
Las Vegas	1282.3900	–	ODCS(A)	W7AES	LVRA
Las Vegas	1293.9000	–	ODCS(A)	N7ARR	NARRI
Las Vegas	1299.3900	1299.3900	ODCS(DD)	W7AES	LVRA

NEW HAMPSHIRE
LAKES REGION

Location	Output	Input	Notes	Call	Sponsor
Franklin	449.6750	–	O	W1VN	CNHARC
Northfield	446.6250	–	O	W1CEN	CNHARC
Sanbornton	145.2700	–	O	W1CNH	CNHARC
West Ossipee	442.6500	+	OesEXPx	K1LTM	Kencom

MERRIMACK VALLEY

Location	Output	Input	Notes	Call	Sponsor
Bow	145.4800	–	O	NE1DS	EWARN
Derry	447.2250	–	O	NN1PA	NN1PA
Goffstown	446.5750	–	O	NE1DV	EWARN
Goffstown	1285.0000	–	Oe	N1HIT	NHIT
Hudson	449.9750	–	Oa	KB1UAP	WA1SOT
			L(E355114 ALLSTAR: 2370 FREE-STAR*		
Manchester	441.4625	+	O	WD2STR	EWARD
Manchester	441.8000	–	O	K1COM	EWARN
			L(IRCDDB)		
Salem	145.3200	–	O	K1HRO	K1HRO ARC
Salem	444.3500	+	O	K1HRO	K1HRO ARC

SEACOAST

Location	Output	Input	Notes	Call	Sponsor
East Kingston	446.7250	–	O	KB1TIX	Seacoast
			L(TCP/IP LINK ONLY)		
Hampton	145.4400	–	Oe	K1HBR	HBAR
Hampton	449.4750	–	Oe	K1HBR	HBAR
Kensington	145.4000	–	O	KB1TIX	SeacoastDA
Madbury	145.3800	–	O	N1HIT	NE-RDS
			L(IRCDDB)		
Madbury	448.8750	–	O	N1HIT	NE-RDS
			L(IRCDDB)		
Portsmouth	441.9500	+	O	KB1ZDR	PRRC

NEW JERSEY
ATLANTIC

Location	Output	Input	Notes	Call	Sponsor
Atlantic City	444.65625	+	Oel	KC2TGB	----------
Egg Harbor Twp	445.16875	–	Oer	KC2VAC	DSTAR Grp

BURLINGTON

Location	Output	Input	Notes	Call	Sponsor
Burlington	445.33125	–	OelrsWX	KC2QVT	BurlCo OEM

CAMDEN

Location	Output	Input	Notes	Call	Sponsor
Lindenwold	440.24375	+	Oers	K2EOC	CCOEM

CAPE MAY

Location	Output	Input	Notes	Call	Sponsor
Cape May Ct Hse	146.7750	–	Oers	NJ2DS	JCDUG
Cape May Ct Hse	1255.3000	+	Oers	NJ2DS	JCDUG
Ocean View	440.09375	+	Oers	NJ2CM	RACES/ARES

CUMBERLAND

Location	Output	Input	Notes	Call	Sponsor
Bridgeton	445.31875	–	OerswX	KC2TXB	CumbEmOpCl

754 D-Star
NEW JERSEY–NORTH CAROLINA

Location	Output	Input	Notes	Call	Sponsor
Hopewell	146.4750	147.4750	OelrsWX	KC2WJE	CumbEmcomm
GLOUCESTER					
Glassboro	440.10625	+	OersWX	KC2TXX	G.C.E.G.
SALEM					
Woodstown	445.03125	–	OlrsWX	NJ2SC	Salem Co.
SOMMERSET CO					
Martinsville	441.6500	+	Oe	NJ2DG	CNJDG
Martinsville	1284.0000		Oe	NJ2DG	CNJDG
NEW MEXICO					
ALBUQUERQUE					
Albuquerque	146.8600	–	Oel	K5URR	URFMSI
Sandia Crest	443.8000	+	Oelx	W5MPZ	SNLARC
CENTRAL					
Socorro	444.5000	+	Oes	W5AQA	Socorro ARA
NORTH CENTRAL					
Belen	444.5250	+	Oel	W5URD	URFMSI
Los Alamos	442.4250	+	Ors	NM5WR	LADSRA
Santa Fe	145.2100	–	Os	W5SF	SFARC
Santa Fe	444.5750	+	Os	W5SF	SFARC
SOUTH CENTRAL					
Las Cruces	146.8400	–	Olx	W5GB	KA5ECS
NEW YORK					
ALBANY/CAPITAL REGION					
Voorheesville	443.3000	+	Oe	K2DLL	Saratoga County RA
			L(OTHER D-STAR SYSTEMS)rx		
MID HUDSON					
Carmel	445.8750	–	O 114.8r	K2PUT	PUTNAM EMERGEN
NEW YORK CITY - MANHATTAN					
Manhattan	445.2750	–	ODSTARe	K2DIG	DigIntGrp
			L(INT)		
Manhattan	1253.0000	1233.0000	ODSTARe	K2DIG	DigIntGrp
			L(INT)		
Manhattan	1293.0000	1273.0000	ODSTARe	K2DIG	DigIntGrp
			L(INT)		
NIAGARA					
Royalton	443.6875	+	O	K2DWA	----------
			L(D-STAR)		
SOUTHERN TIER					
Gerry	444.5000	+	O 88.5e	AC2JC	----------
			L(WB2EDV)		
ST LAWRENCE					
Potsdam	443.3500	+	O	K2CC	K2CC ARC
Potsdam	1272.0000	+	O	K2CC	K2CC ARC
Potsdam	1298.0000	1298.0000	O	K2CC	K2CC ARC
NORTH CAROLINA					
Burlington	444.8875	+	O	AK4EG	----------

D-Star
NORTH CAROLINA-OHIO

Location	Output	Input	Notes	Call	Sponsor
Carrboro	442.5375	+	Ol	KB4HG	KB4HG
Gastonia	443.9875	+	O	KA4YMZ	------------
Gastonia	1292.0000	1272.0000	O	KK4JDH	------------
Greensboro	442.8625	+	Oe	W4GSO	W4GSO
Hendersonville	442.9625	+	Oel	NC4BS	K4SV
Kings Mountain	145.0800	146.4800	Oe	W4NYR	Shelby Amateur
Kings Mountain	444.1875	+	Oe	W4NYR	Shelby Amateur
Mount Airy	444.5625	+	O	KJ4HFV	W4DCA
Raleigh	442.2125	+	Oe	K4ITL	WB4UBU
Rocky Mount	145.2400	−	Oel	WU2V	------------
Rocky Mount	441.8125	+	Oelrs	WU2V	------------
Tryon	442.8750	+	O	KK4LVF	K4SV
Wingate	144.9200	147.4200	O	W4FAN	The DSTAR FAN
Wingate	444.8625	+	Oe	W4FAN	The DSTAR FAN

OHIO
ALLEN
Lima	443.6250	+		KT8APR	LimaDARTS

BUTLER
Hamilton	145.1500	−		W8RNL	R&L ELECT
Hamilton	442.6250	+		W8RNL	R&L ELECT
Hamilton	1293.0000	1273.0000		W8RNL	R&L ELECT

CLINTON
Wilmington	145.1600	−	O	W8GO	CCARA
Wilmington	442.1500	+		W8GO	CCARA

CUYAHOGA
Cleveland	145.3500	−		WB8THD	WB8APD
Cleveland	442.3250	+		WB8THD	WB8APD

FAIRFIELD
Stoutsville	443.0625	+		KD8FJH	KD8FJH

FRANKLIN
Columbus	145.3900	−	O	W8DIG	CODIG
Columbus	145.4900	−		W8CMH	CORC
Columbus	442.6500	+	O	W8DIG	CODIG
Columbus	444.0000	+		W8CMH	CORC
Columbus	1285.0000	−	Ol	W8DIG	CODIG

HAMILTON
Cincinnati	145.3500	−		K8BIG	K8CLA
Cincinnati	444.0000	+		K8BIG	K8CLA

HIGHLAND
Hillsboro	443.0750	+		KD8RWK	HILSBUHFC

LORAIN
Elyria	443.4375	+		WA8DIG	NODIG
Elyria	444.5250	+		WD8OCS	WD8OCS
Lorain	443.6000	+	O	WA8CAE	WA8CAE
Lorain	444.3125	+		KB8O	KB8O

LUCAS
Oregon	444.2500	+		KD8QOF	WJ8E
Toledo	442.7500	+		W8HHF	TMRA

D-Star
OHIO-OREGON

Location	Output	Input	Notes	Call	Sponsor
MAHONING					
Youngstown	442.7250	+		K8WGR	DORG
MONTGOMERY					
Dayon	1283.5000	−		W8RTL	DARA
Dayton	147.1050	+		W8RTL	DARA
Dayton	443.0500	+		W8RTL	DARA
Huber Hts	145.2700	−		W8HEQ	DARA
Huber Hts	444.0875	+		W8HEQ	DARA
TUSCARAWAS					
PortWashinton	444.8250	+		W8ZX	TUSC ARC

OKLAHOMA
Location	Output	Input	Notes	Call	Sponsor
NORTHEAST					
Vinita	147.1650	+		NO5RA	NORA
Vinita	147.1650	+	L(INTERNET)	NO5RA	NORA
Vinita	443.0750	+	O L(INTERNET)	NO5RA	NO5RA
NORTHWEST					
Elk City	146.6850	−	O	K5ELK	KC9VF
Elk City	443.0250	+	O	K5ELK	KC9VF
Elk City	1290.0000	1270.0000	O	K5ELK	KC9VF
Mooreland	444.2750	+	OE-SUNsx	W5OKT	TSARG
Sharon	147.3150	+	O 88.5/88.5	K5GUD	K5GUD
Woodward	145.3900	−	OE-SUNsx	WW5EM	WCEMARC
Woodward	444.4750	+	OE-SUN	WW5EM	WCEMARC
OKLAHOMA CITY					
Oklahoma City	147.3450	+	OtEXP	WD5AII	EARC
OKLAHOMA CITY METRO					
Norman	444.7500	+	O	W5TC	OUARC
Oklahoma City	444.2125	+	O	WD5AII	EARC
SOUTHEAST					
Enterprise	443.0500	+		KG5EEP	LEARC
SOUTHWEST					
Blanchard	442.9750	+		KF5ZLE	W5LHG
TULSA					
Tulsa	443.0000	+	Ot	W5IAS	Tulsa ARC
TULSA METRO					
Tulsa	443.0250	+	O	N5XP	Tulsa D-St

OREGON
NORTH WEST OREGON AND SOUTH WEST WASHINGTON

Location	Output	Input	Notes	Call	Sponsor
Gaston	146.6100	−	Oe	WB7DZG	WORC
Gaston	444.3125	+	Oe	WB7DZG	WORC
NORTH WILLAMETTE VALLEY					
Sherwood	1292.0000	1272.0000	Oe	WB7DZG	WORC
PORTLAND METRO					
Hillsboro	440.5500	+	Oe	KD7REX	N7QQU
Hillsboro	441.6375	+	Oe	KK7DS	KK7DS
Sherwood	1248.7500	1248.7500	Oe	WB7DZG	WORC

D-Star
PENNSYLVANIA-SOUTH CAROLINA

Location	Output	Input	Notes	Call	Sponsor
PENNSYLVANIA					
CENTRAL					
Kylertown	147.2550	+	o	W3PHB	N3SPW
CHESTER					
Bucktown	445.08125	−	oelrs	KB3SLR	CCAR
Bucktown	1255.6000	+	oelrs	KB3SLR	CCAR
Devault	440.00625	+	oelrsWX	KB3SLS	CCAR
Devault	1255.7000	+	oelrsWX	KB3SLS	CCAR
Pocopson	146.4900	147.4900	oelBl	W3EOC	CCAR
Pocopson	445.06875	−	oelrsBl	W3EOC	CCAR
DELAWARE					
Drexel Hill	440.04375	+	oelrs	N3AEC	Delco ARES
Drexel Hill	1255.5250	+	oelrs	N3AEC	Delco ARES
Media	440.05625	+	oelrs	W3AEC	Delco ARES
Media	1255.5500	+	oelrs	W3AEC	Delco ARES
MONTGOMERY					
Eagleville	440.01875	+	oelrsWX	AA3E	MontcoRACES
Eagleville	1255.5750	+	oelrsWX	AA3E	MontcoRACES
Wyndmoor	146.6100	−	oelrs	K3PDR	PDRA
Wyndmoor	445.18125	−	oelrsWX	K3PDR	PDRA
NORTH WEST					
Atlantic	147.1500	+	o	K3AWS	AWS
PITTSBURGH					
Pittsburgh	146.8200	−	o	W3EXW	NHARC
Pittsburgh Oakland	444.3500	+	oer	W3EXW	NHARC-RPT
SOUTH WEST					
Greensburg	442.1500	+	oelr	WC3PS	KE3PO
WEST CENTRAL					
New Castle	443.0750	+	oes	KB3YBB	------------
RHODE ISLAND					
EAST BAY					
Portsmouth	145.3000	−	o	W1AAD	NCRC
NORTHERN					
West Warwick	147.0450	+	o	W1HDN	PVRA
SOUTH CAROLINA					
Aiken	145.1600	−	oelrs	KR4AIK	Aiken DSTAR CL
Aiken	443.4125	+	oers	KR4AIK	Aiken DSTAR CL
Awendaw	145.1200	−	oelrs	KR4CHS	SCHEART
Columbia	145.3800	−	oe	KJ4FCS	N7GZT
Columbia	145.4000	−	oe	KJ4BWK	N7GZT
Columbia	442.7750	+	oe	KJ4FCS	N7GZT
Columbia	443.2000	+	oe	KJ4BWK	N7GZT
Conway	144.9800	147.4800	o	NE4SC	K4SHP
Conway	144.9800	147.4800	oe	NE4SC	NE4SC
Conway	442.7875	+	oe	NE4SC	K4SHP
Dorchester	145.2800	−	oers	KX4DOR	W4HNK

SOUTH CAROLINA-TEXAS

Location	Output	Input	Notes	Call	Sponsor
Dorchester	442.8375	+	Oers	KX4DOR	W4HNK
Elgin	1284.0000		Oe	KJ4FCS	N7GZT
Floyd Dale	145.3400	−	Oel	W4PDE	W4PDE
Floyd Dale	443.8875	+	Oel	W4PDE	W4PDE
Greenwood	145.4200		Oes	W4GWM	W4GWM
Leesville	146.6550	−	O	N5CWH	N5CWH
Little Mountain	145.2400	−	Oel	KJ4MKV	KJ4MKV
Whitehall	145.4800	−	Oe	KJ4LNJ	KJ4LNJ

TENNESSEE

Location	Output	Input	Notes	Call	Sponsor
Chattanooga	145.2900		O	W4PL	K4VCM
Chattanooga	443.1500	+	O	W4PL	K4VCM
Chattanooga	1291.0000	1271.0000	O	W4PL	K4VCM
Cleveland	145.4800	−	Oe	KK4BXE	WM4RB
Cleveland	440.5250	+	Oe	KK4BXE	WM4RB
Deer Run	1285.3000	−	Oe	KF4TNP	KF4TNP
Gallatin	443.7500	+	Oe	WD4BKY	W4LKZ
Greeneville	144.9800	147.4800	O	W4GDR	----------
Memphis	144.9400	147.4400	Oe	WB4KOG	Tri-State Repeater As
Memphis	145.0600	146.4600	Oel	W4LET	Club President
Memphis	441.8875	+	Oe	KK4BWF	NS4B
Memphis	442.0375	+	Oe	WB4KOG	Tri-State Repeater As
Memphis	443.9875	+	Oel	W4LET	WA4MQQ
Morristown	147.4200	144.9200	O	W4LDG	----------
Morristown	444.4750	+	OesWX	W4LDG	N4FNB
Rockwood	441.8125	+	OsWX	KE4RX	KE4RX
Rockwood	1298.5000	1298.5000	Os	KE4RX	KE4RX

TEXAS

Location	Output	Input	Notes	Call	Sponsor
Austin	440.6500	+	O	W5KA	AUSTIN ARC
Bangs	440.6750	+	Oar	K5BRC	Burleson ARC
Bryan	443.4000	+	Oaelrs	W5AC	TAMU ARC
Burleson	440.7000	+	O	K5JCR	JOHNSON COUNTY
Corsicana	147.3400	+	OrwX	K5NEM	Navarro County EM
Dallas	147.3600	+	O	K5TIT	TEXAS INTERCONN
Dallas	440.5750	+	Oar	W5FC	(DARC) Dallas Amate
Dallas	442.0000	+	O	K5TIT	K5TIT
Dallas	443.0000	+	O	N5DA	NTRN
Dallas	443.0250	+	O	NT5RN	----------
Dallas	1293.0000	1273.0000	O	N5MIJ	----------
Fort Worth	440.5500	+	O	KB5DRP	TEXAS DISASTER R
Fort Worth	440.5875	+	O	KF5LOG	NTX DEG
Granbury	440.6500	+	Oar	K1DRP	TXDRP_Granbury
Granbury	441.3500	+	O	W5HCT	----------
Hewitt	146.9800	−	Or	W5ZDN	HOTARC
Houston	145.1300	144.8300	O	N5HDS	HDSTAR
Houston	440.6000	+	Oe	W5HDR	HDEARC
Houston	1293.0000	1273.0000	Oe	W5HDR	HDEARC
Houston	1293.2000	1273.2000	Oe	W5HDT	HD1200EMCOMMAR
Kaufman	440.6500	+	O	KA5DRP	Texas Disaster Resp

TEXAS-UTAH

Location	Output	Input	Notes	Call	Sponsor
Laredo	147.3600	+	O	KE5WFB	D-STAR Comm
Magnolia	440.7125	+	O	N5MDS	MDSTAR.ORG
Magnolia	1291.0000	1271.0000	O	N5MDS	MDSTAR.ORG
Mesquite	145.1500	–	O	N5DA	------------
Nederland	146.6200	+	O	W5SSV	JEFFERSON CO
Nederland	440.7250	+	O	W5SSV	JEFFERSON CO
Rockwall	440.6750	+	Oar	W5MIJ	TEXAS INTERC
Rockwall	1292.7000	1272.7000	O	N5MIJ	------------
San Antonio	440.6000	+	O	WD5STR	SANANTONIOD
San Antonio	440.7000	+	O	WA5UNH	SARO
Spring	145.3400	–	O	KF5KHM	------------
Spring	440.5750	+	O	KF5KHM	------------
Spring	1292.2000	1272.2000	O	KF5KHM	------------
Sulphur Springs	444.2750	+	O	K5SST	------------
Temple	440.5250	+	O	K5CTX	------------
Temple	1292.1000	1272.1000	O	K5CTX	------------
Tyler	147.1200	147.8700	Ors	W5ETX	ETX Emergency
Tyler	444.8500	+	Oar	W5ETX	ETECS
Walburg	145.1300	–	O	KE5RCS	HOTERA
Walburg	440.5750	+	O	KE5RCS	HOTERA
Walburg	1293.2000	1273.2000	O	KE5RCS	HOTERA
Weatherford	440.6125	+	Oar	KT5DRP	TXDRP

UTAH
NORTH

Location	Output	Input	Notes	Call	Sponsor
Mt Logan	145.1500	–	O	AC7O	------------
		447.975,1299.750			
Mt Logan	447.9750	–	O	AC7O	------------
		145.150,1299.750			
Mt Logan	1299.7500	1299.7500	O	AC7O	------------
		145.150,447.975			
Wellsville	449.5750	–	O	NU7TS	BARC

SOUTH EAST

Location	Output	Input	Notes	Call	Sponsor
Monticello	447.2500	–	O	KB0YZI	GMRA

SOUTH WEST

Location	Output	Input	Notes	Call	Sponsor
Cedar City	145.1500	–	O	WR7AAA	------------
		447.950,1299.25l			
Cedar City	447.9500	–	O 145.150l	WR7AAA	------------
Cedar City	1299.2500	1299.2500	O	WR7AAA	------------
		145.150,447.950l			
Torquerville	145.1500	–	O	KF7YIX	Washington
		447.950,1299.25l			
Torquerville	447.9500	–	O	KF7YIX	Washington
		447.950,1299.25l			
Torquerville	1299.2500	1299.2500	O	KF7YIX	Washington
		145.150,447.950l			

WASATCH FRONT

Location	Output	Input	Notes	Call	Sponsor
Kaysville	145.1375	–	O	K7DAV	DCARC
		447.975,1287.025,1298.250			
Kaysville	447.9750	–	O	K7DAV	Davis Co
		145.1375,1287.025,1298.250			

760 D-Star
UTAH-VIRGINIA

Location	Output	Input	Notes	Call	Sponsor
Kaysville	1287.0250	–	O	K7DAV	Davis Co
			145.1375.447.975.1298.250		
Kaysville	1298.2500	1298.2500	O	K7DAV	Davis Co
			145.1375.447.975.1287.025		
Murray	145.1500	–	O	KO7SLC	————
			447.950.1298.750		
Murray	447.9500	–	O	KO7SLC	————
			145.150.1298.750		
Murray	1298.7500	1298.7500	O	KO7SLC	————
			145.150.447.950		
Ogden	145.1125	–	O	KE7EGG	————
			447.950.1284.400.1298.750		
Ogden	447.9500	–	O	KE7EGG	————
			145.1125.1284.400.1298.750		
Ogden	1284.4000	–	O	KE7EGG	————
			145.1125.1298.750		
Ogden	1298.7500	1298.7500	O	KE7EGG	————
			145.1125.447.950.1284.400		
Provo	1284.5000	–	O	W7OAD	————
Salt Lake	145.1250	–	O	KF6RAL	————
			448.075.1287.000.1299.250		
Salt Lake	147.3800	+	O 448.725l	WA7GIE	————
Salt Lake	448.0750	–	O	KF6RAL	————
			145.1251287.0001299.250ex		
Salt Lake	1287.0000	–	O	KF6RAL	————
			145.125.448.075.1299.250l		
Salt Lake	1287.0500	–	O	DV	————
Salt Lake	1287.0750	–	O	DV	————
Salt Lake	1287.1000	–	O	DV	————
Salt Lake	1299.2500	1299.2500	O	KF6RAL	————
			145.125.448.075.1287.0000l		
Tremonton	145.1750	–	O 447.925	N7RDS	NUTS
Tremonton	447.9250	–	O 145.175	N7RDS	NUTS

VIRGINIA

Location	Output	Input	Notes	Call	Sponsor
Hampton	145.2000	–	Oers	W4HPT	Hampton Public-seric
Hampton	444.2125	+	Oers	W4HPT	Hampton Public-servi
Richmond	147.2550	+	Oe	W4FJ	K4YEF
Richmond	443.7125	+	Oe	W4FJ	K4YEF
Richmond	1284.0000	1264.0000	Oel	W4FJ	————
Roanoke	441.9875	+	O	KK4WDG	————
Seaford	145.3000	–	O	W4MT	W4MT
Seaford	441.8125	446.8145	O	W4MT	W4MT
Virginia Beach	145.3500	–	O	W4BBR	W4RVN
Virginia Beach	441.9000	+	O	W4BBR	W4RVN
Virginia Beach	1284.6000	–	O	W4BBR	W4RVN
FREDERICKSBURG					
Stafford	145.3200	–	Ol	WS4VA	SARA
Stafford	447.2750	–	O	WS4VA	SARA

VIRGINIA-WASHINGTON

Location	Output	Input	Notes	Call	Sponsor
Stafford	1282.2000	–	O!	WS4VA	SARA
WASHINGTON AREA					
Alexandria	145.3800	–	O!	W4HFH	Alex RC
Alexandria	442.0600	+	O!	W4HFH	Alex RC
Alexandria	1284.6000	–	O!	W4HFH	Alex RC
Haymarket	145.4500	–	O	N4USI	AO-27 Ctl Op
Manassas	146.8650	–	O	W4OVH	OVHARC
Manassas	442.5125	+	Oes	W4OVH	OVHARC
Reagan Airport	443.5125	+	O	K4DCA	E-STAR
Reagan Airport	1283.2000	–	O!	K4DCA	E-STAR
Tysons Corner	145.3400	–	O!	NV4FM	NVFMA
Tysons Corner	448.0350	–	O!	NV4FM	NVFMA
Tysons Corner	1282.8000	–	O!	NV4FM	NVFMA

WASHINGTON

Location	Output	Input	Notes	Call	Sponsor
E WA - PULLMAN					
Pullman	443.1625	+	O	W7YH	WSUARC
E WA - SPOKANE					
Shmc	443.1250	+	Oe	WA7DRE	WA DRE
Shmc	1249.0000	1249.0000	Oe	WA7DRE	WA DRE
Shmc	1293.3000	1293.3000	Oe	WA7DRE	WA DRE
PORTLAND METRO					
Vancouver WA	440.4625	+	Oe	K7CLL	----------
Vancouver WA	1248.9500	1248.9500	Oe	K7CLL	CCARES
Vancouver WA	1292.5250	1272.5250	Oe	K7CLL	----------
W WA - NORTH					
Bellingham	146.7000	–	O	W7CDC	W7CDC
Everett	440.3500	+	Oers	NR7SS	Snohomish ACS
Everett	440.3500	+	Oers	NR7SS	Snohomish ACS
Granite Falls	440.3250	+	Oers	NR7SS	N7SS
Mt Pilchuck	1251.6500	1251.6500	O	NR7SS	N7SS
W WA - SAN JUAN COUNTY					
Friday Harbor	442.4625	+	O	N7JN	San Juan County
W WA - SEATTLE					
Tiger Mtn East	444.6375	+	O	WA7HJR	Puget Sound RT
W WA - SEATTLE NORTH					
Bothell	441.2625	+	Oe	KF7UUY	FEMA ARC
W WA - SEATTLE SOUTH					
Burien	147.5000	146.5000	O	KF7CLD	Highline Repeate
Burien	443.4250	+	O	KF7CLD	Hi Line Rpt Grp
Newcastle	441.2125	+	Oe	W7RNK	Newcastle D-Star
SeaTac	440.2750	+	Oe	KF7BFS	City of Tukwila Fi
Tukwila	440.4250	+	O	W7TFD	City of Tukwila Fi
W WA - SEATTLE-TACOMA					
Bainbridge Island	444.5625	+	O	W7NPC	Bainbridge Island
Bellevue	443.0625	+	Oe	K7LWH	Lake Washington
Burien	443.4250	+	O	KF7CLD	HI LINE RP
Edmonds	146.0050	+	O	NW7DR	Northwest Digital
Edmonds	440.0125	+	O	NW7DR	NW Digital Radio
Edmonds	440.0125	+	O	NM7DR	NW DIgital Radio

WASHINGTON-WYOMING

Location	Output	Input	Notes	Call	Sponsor
Federal Way	146.8400	–	Oe	WA7FW	Federal Wa
Federal Way	146.8400	–	Oe	WA7FW	Federal Way Amateur
Federal Way	443.8500	+	O	WA7FW	FWARC
Federal Way	1249.2500	1249.2500	Oe	WA7FW	Federal Wa
Graham	442.9250	+	O	WA7DR	FWARC
Seattle	442.9000	+	Oe	WA7LZO	SARS
W WA - SOUTH					
Maple Valley	442.6750	+	O	KF7NPL	Maple Valley Emerg

WEST VIRGINIA

Location	Output	Input	Notes	Call	Sponsor
Mount Hope	441.8125	+	Oe	WV8BSA	K2BSA

WISCONSIN
WAR

Location	Output	Input	Notes	Call	Sponsor
Baraboo	145.3150	–	O 123.0ael rs	WB9FDZ	YTARC
Grafton	145.2250	–	O 127.3ae s	W9FRG	LEFROG
Grafton	442.81875	+	O 127.3ae s	W9FRG	LEFROG
Madison	145.3050	–	O 123.0ael rs	W9HSY	M A R A
Milwaukee	145.2350	–	O 127.3ae s	K9AES	AES
Milwaukee	145.2450	–	O 127.3ae s	KC9LKZ	MADOG
Milwaukee	442.46875	+	O 127.3ae s	KC9LKZ	MADOG
Milwaukee	1290.0500	1270.0500	O 127.3ae s	KC9LKZ	MADOG
Mount Pleasant	441.81875	+	O 127.3ae s	WI9RAC	RCARES
Park Falls	145.3450	–	O 110.9ers	W9PFP	PCRA
Park Falls	442.48125	+	O 110.9ers	W9PFP	PCRA
Sheboygan	442.48125	+	O 100.0ae s	N9YLS	N9YLS
Wausau	442.46875	+	O 114.8ael r	W9BCC	RMRA
Wausau	1282.1000	–	O 114.8ael r	W9BCC	RMRA

WYOMING
EAST CENTRAL

Location	Output	Input	Notes	Call	Sponsor
Gillette - Antelope Butte	145.3400	–	O	NE7WY	NEWARA

SOUTH EAST

Location	Output	Input	Notes	Call	Sponsor
Cheyenne	447.2250	–	O	KC7SNO	SHYWY

D-Star
ALBERTA-ONTARIO

Location	Output	Input	Notes	Call	Sponsor
ALBERTA					
BANFF					
Banff	147.0300	+	O	VE6WRO	WRN
CALGARY					
Calgary	146.8050	145.6050	O	VE6CPT	VE6CPT
Calgary	147.0900	+	O	VE6GHZ	VE6DDE
Calgary	147.2850	+	O	VE6IPG	CARA
Calgary	443.9500	+	O	VE6GHZ	CARA
Calgary	444.9500	+	O	VE6GHZ	VE6DD
Calgary	1275.9500	+	O	VE6IPG	CARA
EDMONTON					
Edmonton	449.9000	+	O	VE6KM	NARC
Edmonton	1275.5000	+	O	VE6KM	NARC
EDMONTON/SHERWOOD PARK					
Edmonton/ SherwoodPark	440.8500	+	Os	VE6DXX	VE6DXD
Edmonton/ SherwoodPark	440.9000	+	Os	VE6DXP	VE6DXX
BRITISH COLUMBIA					
GREATER VANCOUVER					
Surrey	144.0000	145.0400	O	VA7ICM	ICOM
Surrey	1200.0000	1247.0000	O	VA7ICM	ICOM
Vancouver	144.0000	147.0200	O	VE7RAG	BCFMCA
Whistler	443.8500	+	O	VE7SLV	VA7BC
SOUTH CENTRAL					
Kelowna	144.0000	145.0300	O	VA7DIG	OCARC
Kelowna	1200.0000	1247.0000	O	VA7DIG	OCARC
VANC ISLAND SOUTH					
Victoria	144.0000	145.0800	O	VE7VIC	WARA
Victoria	440.0000	442.0000	O	VE7VIC	WARA
Victoria	1200.0000	1291.5000	O	VE7VIC	WARA
NEWFOUNDLAND AND LABRADOR					
AVALON EAST					
St John's	145.0900	+	OTTI	VO1TZ	VO1PX
St John's	443.4000	449.4000	OTTI	VO1TZ	VO1PX
St John's	444.6000	+	O(CA)	VO1NTV	VO1ST
St John's	1251.0000	1251.9400	OTTI	VO1TZ	VO1PX
St John's	1291.0000	1271.9400	O	VO1TZ	VO1PX
NOVA SCOTIA					
NEW GERMANY					
Church Lake	145.2900	−	O L(D-STAR)	VE1DSR	----------
ONTARIO					
Little Current	145.3100	−	O	VE3RXR	VE3AJB
Little Current	442.0500	+	O	VE3RXR	VE3AJB

ONTARIO-PRINCE EDWARD ISLAND

Location	Output	Input	Notes	Call	Sponsor
CENTRAL					
Edgar	145.1900	–	Oe L(D-STAR) WX	VE3LSR	LSRA
Edgar	444.3500	+	O 156.7e L(D-STAR)	VE3LSR	LSRA
LANARK/LEEDS GRENVILLE					
Almonte/Union Hall	145.5500	–	O	VA3AAR	ALMONTE ARC
Almonte/Union Hall	444.1000	+	O	VA3AAR	ALMONTE ARC
LANARK/NORTH LEEDS					
Almonte/Union Hall	1281.0000	–	O	VA3AAR	ALMONTE ARC
Almonte/Union Hall	1299.3000	1299.3000	O	VA3AAR	ALMONTE ARC
METRO TORONTO					
Mississauga	443.8125	+	Oe L(PMO/TNK D-STAR)	VA3PMO	-----------
Toronto	442.7000	+	O L(D-STAR)	VE3YYZ	TARCS
Toronto	444.6375	+	OL(P-25 D-STAR NAC 293 L YYZ)	VE3YYZ	TARCS
Toronto	1250.0000	1250.0000	O 103.5e L(D-STAR)	VE3YYZ	TARCS
Toronto	1287.5000	–	O 103.5e L(D-STAR)	VE3YYZ	TARCS
Uxbridge	443.2250	+	O 103.5e L(TFM IRLP D-STAR)	VE3RPT	TFMCS
NATIONAL CAPITAL REGION					
Ottawa	145.5300	–	O	VA3ODG	OARDG
Ottawa	444.8500	–	O	VA3ODG	OARDG
Ottawa	1282.0000	–	O	VA3ODG	OARDG
Ottawa	1299.2000	1299.2000	O	VA3ODG	OARDG
Stittsville	443.6000	+	O	VE3BFH	ALMONTE ARC
SOUTHWEST					
London	442.3000	+	Oe L(D-STAR)	VE3TTT	SORT
STORMONT-DUNDAS-GLENGARRY					
Cornwall	145.5700	–	O	VA3SDG	John Vining
Cornwall	444.4500	+	O	VA3SDG	John Vining

PRINCE EDWARD ISLAND

Location	Output	Input	Notes	Call	Sponsor
CHARLOTTETOWN					
Churchill	146.7150	–	Oe L(D-STAR)	VE1UHF	VE1AIC
Cornwall	443.3000	+	Oe L(D-STAR)	VE1UHF	VE1AIC

D-Star
QUEBEC

Location	Output	Input	Notes	Call	Sponsor
QUEBEC					
CAPITALE-NATIONALE					
Quebec	144.9500	–	O	VE2RQT	VE2CQ
Quebec	449.9250	–	O	VE2RQT	VE2CQ
Quebec	1248.1000	1248.1000	O	VE2RQT	VE2CQ
Quebec	1283.0000	–	O	VE2RQT	VE2CQ
CENTRE-DU-QUEBEC					
Victoriaville	443.3500	+	Ox	VA2RVO	VE2AQC
ESTRIE					
Mont-Orford	442.0000	+	O	VE2RTO	VE2EKL
Sherbrooke	147.0600	+	O	VE2RQF	VE2GQF
Sherbrooke	1254.5000	1254.5000	O	VE2RQF	VE2GQF
Sherbrooke	1282.5000	–	O	VE2RQF	VE2GQF
LANAUDIERE					
St-Calixte	145.5100	–	O	VA2RKB	VA2AKA
LAURENTIDES					
Blainville	448.6250	–	O	VE2YUU	VE2YU
Lac-Echo	443.5500	+	Ox	VA2RMP	VE2RMP
MAURICIE					
Trois-Rivieres	448.6750	–	Oe	VA2LX	VE2NBZ
MONTEREGIE					
Covey Hill	448.3250	–	O	VA2REX	VE2CYH
Covey Hill	1248.5000	1248.5000	O	VA2REX	VE2CYH
Covey Hill	1283.5000	–	O	VA2REX	VE2CYH
Mont-Yamaska	448.1250	–	Ox	VE2RYA	VE2AQC
Sorel	146.9850	–	O	VE2CST	VE2CBS
Sorel	446.2500	–	O	VE2FCT	VE2CBS
St-Jean-Sur Richelieu	444.2000	+	O	VE2RVR	VE2CVR
MONTREAL					
Mont-St-Gregoire	145.5300	–	O	VA2RKA	VA2AKA
Mont-St-Gregoire	446.1500	–	O	VA2RKA	VA2AKA
Mont-St-Gregoire	1248.0000	1248.0000	O	VA2RKA	VA2AKA
Mont-St-Gregoire	1286.0000	–	O	VA2RKA	VA2AKA
Montreal	449.9250	–	O	VE2RIO	VE2AQC
Montreal	1247.0000	1247.0000	O	VE2RIO	VE2AQC
Montreal	1283.0000	–	O	VE2RIO	VE2AQC
SAGUENAY-LAC-ST-JEAN					
Saguenay	145.2100	–	O	VE2RVI	VE2AQC

DMR

Location	Output	Input	Notes	Call	Sponsor
ALABAMA					
Tuscaloosa	146.7750	−	O 210.7/210.7	KD9Q	KD9Q
Tuscaloosa	444.9000	+	O 210.7/210.7el	KD9Q	KD9Q
ARIZONA					
PHOENIX					
Mesa	440.7250	+		KE7TR	Shane Justice
Mesa	440.7750	+	DCS(565)	KA7RVV	Scott Bergman
Scottsdale	445.2000	+		KF7CUF	SPRAG South W
Usery Mtn	445.8375	−		KE7JFH	F.H.A.R.T.
White Tanks E Peak	440.1000	+		KE7JFH	F.H.A.R.T.
SOUTH CENTRAL					
Az City	440.7500	+	DCS(565)	AE7RR	Ron L. Riggs
SOUTHEAST					
Heliograph Peak	440.7500	+		K7EAR	EAARS
Mule Mtn	445.8500	−		N2QWF	F.H.A.R.T.
Pinal Peak	445.8625	−		N2QWF	F.H.A.R.T.
TUCSON					
Mt Lemmon	445.8750	−		N7NHD	Henry Zappia
Tucson Mtn	444.2500	+		N7HND	Henry Zappia
CALIFORNIA					
FREQUENCY USAGE - SOUTHERN CALIFORNIA					
SO CAL	449.4625	−	O L(BW 11K0 MAX)	DIGITALTESTPAIR	
NORCAL-CENTRAL COAST					
Pismo Beach	440.4250	+	OL(CC2)	K6ACR	K6ACR
Salinas	444.5250	+	OL(CC1)	W6JSO	W6JSO
San Luis Obispo	444.3500	+	OL(CC1)	K6ACR	KRACR
NORCAL-EAST BAY					
Concord	144.9750	147.4750	O#eL(CC1) rsx	K6MDD	K6MDD
Danville	440.6500	+	OL(CC1)	N6TRB	NorCal Trbo
Fremont	144.9875	147.4875	O#L(CC1)x	W6TCP	W6TCP
Fremont	440.1250	+	OL(CC3)	W6TCP	W6TCP
Livermore	147.1500	+	O 110.9 L(CC1)rs	KB6FEC	AREA
Livermore	441.8250	+	O#L(CC1)	K6LRG	K6LRG
Oakland	144.9500	147.4500	O#L(CC1)	W6UUU	HORK
Oakland	443.5000	+	OeL(CC1)	K6LNK	CARLA
Pittsburg	440.1375	+	OaeL(CC2) rsx	K6PIT	K6BIV

DMR
CALIFORNIA

Location	Output	Input	Notes	Call	Sponsor
Pleasanton	443.5125	+	O#L(CC1)	W6SRR	W6TCP
Pleasanton	444.2750	+	OL(CC1)	N6LDJ	HORK
San Jose	444.0375	+	OeL(CC1)	K6HLE	AREA Repea
San Ramon	442.9625	+	OL(CC1)	K6WL	K6WL
Walnut Creek	440.2125	+	OL(CC1)	K6LNK	K6LNK

NORCAL-NORTH BAY

Location	Output	Input	Notes	Call	Sponsor
Novato	440.6500	+	OL(CC1)	KG6MZV	KG6MZV
Petaluma	444.0375	+	OL(CC2)	NN6J	NN6J
Sanel Mtn	440.1375	+	OL(CC1)x	NN6J	NN6J
Santa Rosa	442.1125	+	O#eL(CC1)r	K6ACS	K6ACS

NORCAL-NORTH COAST

Location	Output	Input	Notes	Call	Sponsor
Cazadero	440.1250	+	O 88.5e L(CC2)x	K6CHG	K6CHG
Gualala	442.0750	+	OL(CC1)	K6LNK	K6LNK

NORCAL-SACRAMENTO VALLEY

Location	Output	Input	Notes	Call	Sponsor
Chico	146.8950	−	OL(CC1)sx	K6CHO	AREA Repea
El Dorado Hill	145.0125	147.5125	O#L(CC1)x	W6JMP	W6JMP
Magalia	147.1500	+	O 110.9 L(CC1)rs	KB6FEC	AREA
Orland	144.9625	147.4625	O#L(CC1)	W6GRC	W6GRC

NORCAL-SAN JOAQUIN VALLEY

Location	Output	Input	Notes	Call	Sponsor
Clovis	440.0500	+	OL(CC1)	WX6D	WX6D
Fresno	442.2875	+	OL(CC3)	WX6D	WX6D
Mariposa	444.7875	+	OL(CC1)x	K6ACR	K6ACR
Modesto	442.1750	+	OL(CC1)	K6ACR	K6ACR
Mt Bullion	144.9375	147.4375	O#L(CC1)x	K6ACR	K6ACR
Patterson	440.1875	+	OL(CC1)	K6ACR	K6ACR
Sonora	442.4750	+	OL(CC1)	KJ6NRO	KJ6NRO
Sonora	442.9750	+	OL(CC1)	KJ6NRO	KJ6NRO
Tuolumne	144.9625	147.4625	O#L(CC2)	KJ6NRO	GFYNETWORK
Turlock	444.3500	+	OL(CC2)x	K6ACR	K6ACR
Visalia	144.9500	147.4500	O#L(CC1)	N6VQL	N6VQL
Visalia	442.3125	+	O#L(CC1)	WX6D	WX6D
Visalia	442.3250	+	OL(CC2)	WX6D	WX6D

NORCAL-SOUTH BAY

Location	Output	Input	Notes	Call	Sponsor
Milpitas	443.4000	+	OL(CC1)	WA6KPX	WA6KPX
Palo Alto	441.8500	+	OL(CC1)	K6OTR	BAYCOM
San Jose	440.0375	+	OL(CC1)	W6YYY	HORK
San Jose	444.0250	+	OeL(CC1)sx	K6HLE	AREA
Santa Cruz	442.5375	+	OL(CC1)	WA6YCZ	WA6YCZ

NORCAL-WEST BAY

Location	Output	Input	Notes	Call	Sponsor
Daly City	440.5000	+	OL(CC1)	N6AMG	BAYCOM
Daly City	442.7500	+	O#L(CC2)x	W6BUR	W6BUR
Kensington	441.8875	+	OL(CC2)x	AH6KD	SF TRBO
San Bruno	145.0125	147.5125	O#L(CC1)	AH6KD	SF TRBO

SOCAL-LA CENTRAL-WIDE

Location	Output	Input	Notes	Call	Sponsor
Lukens	449.3800	−	● L(DMR CC1 11K0)	KI6KQU	PAPA

CALIFORNIA-COLORADO

Location	Output	Input	Notes	Call	Sponsor
SOCAL-LA EAST-WIDE					
Johnstone	447.9000	–	O	WD6AML	CII
	L(DMR CC1 11K0)				
SOCAL-LA SOUTH					
Palos Verdes	445.6600	–		N6DVA	------------
	L(DMR 11K0)				
Palos Verdes	446.0600	–		K6EH	------------
	L(DMR 11K0)				
SOCAL-ORANGE-WIDE					
Santiago	446.8200	–	●	WA6LIF	PAPA
	L(DMR CC1 11K0)				
Santiago	449.0375	–	O	N6GGS	INLAND
	L(DMR CC1 11K0)				
SOCAL-PALM SPRINGS					
Edom Hill	446.5800	–	●	K6IFR	PAPA
	L(DMR CC1 11K0)				
SOCAL-SAN BERNARDINO					
Wrightwood	446.0600	–	O	KA6P	INLAND
	L(DMR CC2 11K0)				
SOCAL-SAN DIEGO					
Dictionary Hill	445.6200	–	O	WA6NVL	------------
	L(DMR CC1)				
Palomar Mtn	445.8600	–	●	KI6MGN	PAPA
	L(DMR CC1 11K0)				
Woodson	448.5200	–	●	KI6KQU	PAPA
	L(DMR CC1 11K0)				

COLORADO

Location	Output	Input	Notes	Call	Sponsor
BOULDER COUNTY					
Boulder	421.2500	1241.2500	Os	WØBCR	BCARES
Boulder	445.0500	–	ODCSlx	NØSZ	RMHR
COLORADO SPRINGS					
Colorado Springs	446.9500	–	ODCSelx	K7PFJ	RMHR
DENVER METRO					
Boulder	446.9875	–	ODCSelx	K7PFJ	RMHR
Deckers	446.9250	–	ODCSelr	NØESQ	EmCommCO
Denver	446.8000	–	ODCSelx	NØSZ	RMHR
Denver	446.9375	–	ODCSelx	NØSZ	RMHR
Golden	145.3625	–	ODCSl	NØSZ	RMHR
Golden	446.8375	–	ODCSe	WA2YZT	RMHR
Lakewood	446.7875	–	ODCSe	WØTX	DRC
NORTH FRONT RANGE					
Fort Collins	446.7750	–	ODCS	KTØL	KTØL
Ft Collins	446.7375	–	ODCS	NØAOL	KDØCJS
Ft Collins	446.7500	–	ODCSx	K7PFJ	RMHR
NORTHEAST					
Ft Morgan	448.2000	–	ODCSels	WØFT	WØFT
SOUTH CENTRAL					
Canon City	446.7375	–	ODCSel	KØJSC	RMHR

770 DMR
CONNECTICUT-FLORIDA

Location	Output	Input	Notes	Call	Sponsor
CONNECTICUT					
FAIRFIELD & SOUTHWEST					
Bridgeport	442.2000	+	O	AG2K	AG2K
Danbury	445.7375	–	Oes	KX1EOC	W1SP
Trumbull	449.4000	–	O	KA1HCX	CAFM
HARTFORD & N CENTRAL					
Bloomfield	446.4375	–	Oes	W1SP	W1SP
Coventry	449.8750	–	Oe	K1JCL	K1JCL
Hartford	447.9750	–	Oe	W1SP	W1SP
Somers	445.8875	–	Oes	W1SP	W1SP
Storrs	441.4625	–	Oes	W1JLZ	W1SP
Vernon	443.9500	+	Oes	AA1HD	PVRA
Wolcott	440.8125	+	Oes	KB1TTN	W1SP
LITCHFIELD & NORTHWEST					
Cornwall	444.3500	+	Oes	W1SP	W1SP
New Milford	440.9625	+	Oes	NA1RA	W1SP
NEW HAVEN & S CENTRAL					
Guilford	441.2625	+	Oes	W1SP	W1SP
New Haven	441.4625	+	Oes	KB1TTN	W1SP
NEW LONDON & SOUTHEAST					
Colchester	445.9875	–	Oes	WH6SW	W1SP
WINDHAM & NORTHEAST					
Killingly	444.8500	+	Oe	K1JCL	K1JCL
FLORIDA					
CENTRAL					
Lakeland	442.6750	+	Ox	W4CLL	W4CLL
CENTRAL - ORLANDO					
Eustis	444.5500	+	Ote L(444.05)rsWXxz	K4AUS	LCSO
Groveland	444.0500	+	Ote L(444.55)rsWXxz	K4AUS	LCPS
Orlando	443.1375	+	O	KJ4OVA	1KDA
Orlando	443.2000	+	●	KJ4OVA	1KDA
DEEP SOUTH					
Big Pine Key	145.3700	–	OE-SUN L(EC-98518)	N2GKG	BPKRC
Key West	145.1700	–	●t A(220/OFF/OFFN) (CA) DCS E-SUN E-WIND L(14	N2GKG	KC4EGP
EAST CENTRAL					
Palm Bay	443.3375	+	●e L(443.5625 443.2000 443.1750 442.6875 443.9	KF4ACN	KF4ACN
Stuart	444.9750	+	Ote	K4NRG	NRG
Titusville	442.1500	+	Oe	KF4SEK	KF4SEK
NORTH CENTRAL					
Ocala	147.2100	+	OtE-SUN E-WINDx	KI4MTN	KI4MTN
Ocala	442.7750	+	OE-SUN E-WINDx	KI4MTN	KI4MTN

DMR 771
FLORIDA-GEORGIA

Location	Output	Input	Notes	Call	Sponsor
NORTH EAST - JACKSONVILLE					
Jacksonville Beach	442.4250	+		KM4CTB	KM4CTB
SOUTH EAST					
Boca Raton	442.0000	+	●ex	KS4VT	KS4VT
Delray Beach	443.3000	+	●	W2GGI	W2GGI
Lake Worth	443.3750	+	●e	WX3C	WX3C
L(442.300 442.525) Blx					
Lake Worth	444.4750	+	●e	W2WDW	W2WDW
L(IR-8641 EC-86410)					
Palm Beach Gardens	442.1000	+	O	KD4SJF	JTRG
West Palm Beach	927.0125	902.0125	●e	W2WDW	W2WDW
SOUTH EAST - MIAMI/FT LAUD					
Coral Springs	443.8875	+	●	WR4AYC	WR4AYC RG
Ft Lauderdale	442.3000	+	ODCS(205)	WX3C	WX3C
eL(EC-402814 443.370 444.250 441.850)					
Ft Lauderdale	442.4000	+	O	N4MOT	MARC
Ft Myers	443.1750	+	O	AC4XQ	AC4XQ
Hialeah	145.1900	–	●E-SUN	KC4EGP	N2GKG
L(EC-565618 442.800 442.375 145.230 14					
Hialeah	441.8500	+	ODCS(205) BI	W4PHR	W4PHR
Lake Worth	444.2500	+	●DCS(205) ex	WX3C	WX3C
North Dade	443.1250	+	●tersWxx	AC4XQ	AC4XQ
Plantation	442.4250	+	Ox	W4MOT	MARC
Princeton	442.6875	+	●elx	KF4ACN	KF4ACN
Riviera Beach	443.5625	+	Oelx	KF4ACN	KF4ACN
Riviera Beach	443.6375	+	●e	AC4XQ	AC4XQ
L(443.2000 ORLANDO 443.1750 MIAMI 44					
SOUTH WEST					
Naples	147.1050	+	Ota(CA)e	KC4RPP	KC4RPP
Naples	443.1000	+	Ota(CA)e	KC4RPP	KC4RPP
SOUTH WEST - FT MYERS					
Ft Myers	442.5000	+	●	NQ6U	NQ6U
WEST CENTRAL - TAMPA/ST PETE					
Plant City	442.0250	+	O	W4CLL	W4CLL
GEORGIA					
Atlanta	443.0250	+	O	W7QO	W7QO
127.3/127.3l					
Dallas	442.9500	+	Oes	KJ4KKB	KJ4KKB
Jasper	444.3750	+	O	KB4IZF	KB4IZF
103.5/103.5					
Kingston	444.1250	+	O	KC6OVD	KC6OVD
Loganville	442.6000	+	Ol	W8RED	W8RED
Morrow	442.1750	+	Ol	K4USD	W2XAB
Sandy Springs	441.9500	+	O	KE4OKD	KING KEVIN H
156.7/156.7					

772 DMR
ILLINOIS-INDIANA

Location	Output	Input	Notes	Call	Sponsor
ILLINOIS					
NORTH CENTRAL					
Marseilles	146.7450	–	114.8elWX	KA9FER	KA9FER
NORTHEAST					
Batavia	443.08125	+	1.0l	WB9PHK	STROKE
Crystal Lake	444.8000	+	203.5	KB2MAU	RAYFAR
Elburn	442.4250	+		K9NRO	K9NRO
Elburn	444.5250	+	er	N9NLE	N9NLE
Morris	146.7150	–	94.8	KC9KKO	JP WATTERS
Morris	442.0000	+	94.8	KC9KKO	JP WATTERS
Northbrook	441.21875	+	l	AA9VI	AA9VI
Oak Lawn	444.6500	+	110.9	KB9WGA	KB9WGA
Schaumburg	443.06875	+	l	WB9PHK	STROKE
Schaumburg	443.4000	+	114.8	KB2MAU	RAYFAR
Schaumburg	444.8000	+	203.5	KB2MAU	RAYFAR
INDIANA					
EAST CENTRAL					
Muncie	441.3000	+	O L(DMR-NORTH CC1)sx	N9CZV	N9CZV
Saratoga	441.1750	+	O L(DMR-NORTH CC1)	N9CZV	N9CZV
INDIANAPOLIS					
Indianapolis	441.2000	+	O L(DMR-CENTRAL CC1)	W9AMT	W9AMT
NORTHEAST					
Fort Wayne	443.1000	+	O 131.8/131.8 L(ANALOG+DMR-NORTH CC1)	WB9VLE	WB9VLE
Marion	442.7500	+	O 141.3/141.3eL(ANALOG+DMR-NORTH CC1)r	KB9CRA	KB9CRA
Marion	444.7500	+	O 141.3/141.3 L(ANALOG+DMR-NORTH CC1)	WB9VLE	WB9VLE
Roanoke	442.9250	+	O L(DMR-NORTH CC1)	WB9VLE	WB9VLE
Wolf Lake	442.8000	+	O 97.4/97.4 eL(ANALOG+DMR-NORTH CC1)	N9MTF	N9MTF
NORTHWEST					
Burlington	441.6750	+	O 131.8/131.8 L(ANALOG+DMR-CENTRAL CC1)	N9KYB	N9KYB
Delong	443.9250	+	O L(DMR-NORTH CC1)	N9GPY	N9GPY
Galveston	441.8500	+	O 131.8/131.8eL(ANALOG+DMR-NORTH CC1)	N9KYB	N9KYB
Valparaiso	441.5750	+	O L(DMR-NORTH CC1)x	N9IAA	N9IAA
SOUTHEAST					
Bloomington	442.1000	+	O L(DMR-SOUTH CC1)	W9AMT	W9AMT

DMR 773
IOWA-MARYLAND

Location	Output	Input	Notes	Call	Sponsor
IOWA					
BURLINGTON					
Mt Pleasant	444.5250	+	● 1el	WBØ VHB	WBØ VHB
NORTH CENTRAL					
Humboldt	147.1800	+	● 1el	KØ HU	KØ HU
KANSAS					
CENTRAL					
Hays	444.0000	+	O	KØ USY	FHSUARC
KANSAS CITY METRO					
Kansas City	443.4500	+	Olx	WØ WJB	WØ WJB
NORTHEAST					
Basehor	442.0000	+	Oe	KUØ K	NEKSUN
Lawrence	443.8000	+	Ol	KØ USY	DMR-BFARC
Lawrence	444.7500	+	Ol	KØ USY	BFARC
Topeka	443.6250	+	O	KØ USY	DMR-BFARC
MAINE					
PORTLAND/SOUTH COAST					
Acton	441.5000	+	Oae L(CCS NETWORK)	N1KMA	CLEOSYS EXPx
Cornish	146.7150	−	OL(DMR II CCS NETWORK)	N1KMA	NFLD
Cornish	441.5000	+	Oe L(CCS NETWORK)	N1KMA	CLEOSYS EXPx
Cornish	444.0000	+	O 167.9 L(CC1 CCS NETWORK)	N1KMA	CCS
Falmouth	145.3400	−	OL(CC12 NEDECN)	W1IMD	RGRS
Sanford	441.5000	+	Oe L(CCS NETWORK)x	N1KMA	CLEOSYS
Shapleigh	145.1100	−	OL(CC4 NEDECN)	K1DQ	K1DQ
West Newfield	441.7000	+	Oe L(CCS NETWORK)sEXPx	N1KMA	CLEOSYS
WASHINGTON COUNTY					
Cooper	146.9850	−	● 179.9e L(CC0)sWXx	W1LH	CMRG
MARYLAND					
BALTIMORE					
Baltimore	443.8500	+	Oe L(MOTOTRBO CC6 TS 1/ID-1 TS2/ID-2)	K3OCM	K3OCM
HAGERSTOWN					
Hagerstown	447.9750	−	O 100.0e L(C4FM)	W3CWC	Anttm RA
SOUTHERN MD					
Mechanicsville	443.1875	+	Oe L(MOTOTRBO CC7 TS 1/ID-1 TS2/ID-2)	K3OCM	K3OCM
Sunderland	146.9850	−	O 156.7e L(C4FM)r	K3CAL	Calvert ARA

MARYLAND-MICHIGAN

Location	Output	Input	Notes	Call	Sponsor
WASHINGTON AREA					
Upper Marlboro	444.6500	+	Oe L(MOTOTRBO CC6/TS1/TS2/ID-1)rs	N3LHD	N3LHD
MASSACHUSETTS					
BOSTON					
Malden	146.4300	144.9300	OL(CC1 NEDECN)	K1LVA	NEDECN
BOSTON METRO					
Boston	146.4900	144.9900	OL(CC1 EWARN)	N1PA	EWARN
CAPE AND ISLANDS					
North Eastham	145.3600	–	OL(CC10 NEDECN)	NE1B	NEDECN
MERRIMACK VALLEY					
Chelmsford	145.1800	145.5800	OL(CC2 NEDECN)	N1IW	NEDECN
METROWEST					
Acton	146.4200	144.9200	OL(CC1)	NO1A	MH3
Holliston	145.1400	–	OL(CC1 MITCOM)	W1DSR	DigitalARC
Southborough	145.2700	–	OL(CC7 NEDECN)	W1EMC	EMC ARC
NORTH SHORE					
Marblehead	145.3700	–	OL(CC0 NEDECN)	K1XML	NEDECN
SPRINGFIELD/PIONEER VALLEY					
Florence	145.1800	–	OL(CC2 NEDECN)	KA1QFE	KA1QFE
Florence	449.5250	–	OL(CC1 NEDECN)	KA1OAN	KA1QFE
MICHIGAN					
LOWER PEN NORTHEAST					
Lincoln	442.0125	+	OelrsWxx	W8JJR	W8JJR
Mayville	443.8500	+	O 131.8elr sWxx	KB8SWR	KB8SWR
Saginaw	443.6000	+	O 103.5el	N8VDS	N8VDS
West Branch	443.9500	+	●elWxx	W8FSM	W8FSM
LOWER PEN NORTHWEST					
Alanson	442.0875	+	Ol	W8FSM	W8FSM
Traverse City	442.2875	+	OlrsWxx	KC8PBX	Houghton County Co
LOWER PEN SOUTHEAST					
Detroit	444.6750	+	Ol	W8CMC	W8CMC
Detroit	444.6750	+	Ol	W8CMC	W8CMC
Detroit	444.6750	+	Ol	W8CMC	W8CMC
Fenton	443.9250	+	OelrsWx	W8FSM	W8FSM
Mt Clements	443.9500	+	Ol	KD8EYF	KD8EYF
Novi	442.2125	+	Ol	KC8LTS	KC8LTS
Otisville	443.3625	+	Oe	KD8LCN	KD8LCN

MICHIGAN-NEW HAMPSHIRE

Location	Output	Input	Notes	Call	Sponsor
Southgate	443.3250	+	Ol	KC8LTS	KC8LTS
White Lake Twp	444.9375	+	Ol	WB8SFY	WB8SFY
LOWER PEN SOUTHWEST					
Grand Rapids	444.2500	+	Ors	KC8EST	Kent County Em
Grand Rapids	446.6250	+	OrsWxx	KD8RXD	KD8RXD
Greenville	443.3875	+	OelrsWxXx	W8CMN	KC8EST / KD8R
Hamilton	443.9250	+	Oelx	W8FSM	W8FSM
Jackson	442.5000	+	Oel	N8URW	N8URW
Kent City	442.2125	+	OelrsWxXx	W8CMN	Kent County Em
Lansing	442.0875	+	Oelx	KB8SXK	KB8SXK
Lowell	443.1125	+	Olrsx	KD8RXD	KD8RXD
Oshtemo	444.0750	+	Oel	KB8CRR	N8DAN & KB8C

NEBRASKA
LINCOLN

Location	Output	Input	Notes	Call	Sponsor
Lincoln	442.4250	+	Oae	WBØ QQK	WBØ QQK
OMAHA					
Omaha	442.2750	+	Oe	KBØ ZZT	KBØ ZZT
Omaha	442.6500	+	Ol	KØ BOY	KØ BOY
Omaha	442.8250	+	O	WØ AAI	WØ AAI
Omaha	444.9750	+	O#	KIØ PY	------------
SOUTH EAST					
Weeping Water	442.7750	+	Oe	KCØ HYI	KCØ HYI

NEW HAMPSHIRE
LAKES REGION

Location	Output	Input	Notes	Call	Sponsor
Gilford	145.3600	–	OL(CC3 NEDECN)	K1RJZ	NEDECN
Rochester	145.2400	–	OL(CC3 EWARN)	K1LTM	EWARN
Sanbornton	145.1800	–	OL(CC6 NEDECN)	K1JC	JAC
West Ossipee	147.0750	+	OL(CC6 EWARN)	K1LTM	Whittier

MERRIMACK VALLEY

Location	Output	Input	Notes	Call	Sponsor
Bow Center	145.1700	–	O 131.8 L(CC8 NEDECN)x	K1OX	K1OX
Chester	145.1900	–	O 100.0 L(CC9 NEDECN)x	K1OX	K1OX
Derry	145.3100	–	OL(CC1 NEDECN)	K1QVC	SNHDStrGrp
Goffstown	145.2000	–	OL(CC2 EWARN)	N1PA	EWARN
Hudson	145.2600	–	Oel(CC5 NEDECN)	K1MOT	MARC-NE
Hudson	446.4250	–	OL(CC5)	N1DAS	N1DAS
Hudson	447.7250	–	Oel(CC1 HYT-TRBO)	K1MOT	MARC-NE
Manchester	145.2200	–	OL(CC11 NEDECN)	W1RCF	NEDECN

DMR
NEW HAMPSHIRE-NORTH CAROLINA

Location	Output	Input	Notes	Call	Sponsor
Pelham	146.5000	145.0000	OL(CC5)	W1STT	W1STT

NEW MEXICO
ALBUQUERQUE

Location	Output	Input	Notes	Call	Sponsor
Albuquerque	442.9000	+	Oelx	KA8JMW	RMHR-NM

NORTH WEST

Location	Output	Input	Notes	Call	Sponsor
Aztec	442.2500	+	Oe L(442.325)	N5UBJ	-------
Farmington	444.3250	+	Oe L(444.250)	N5UBJ	-------

SOUTH WEST

Location	Output	Input	Notes	Call	Sponsor
Jacks Peak	440.8250	+	Oe	WB5QHS	JPARA

NEW YORK
ADIRONDACKS EAST

Location	Output	Input	Notes	Call	Sponsor
Peru	442.2875	+	O	NV2M	NV2M

NORTH CAROLINA

Location	Output	Input	Notes	Call	Sponsor
Ahoskie	442.0875	+	O	WB4YNF	Trustee
Boone	443.0375	+	Oes	WA4NC	-------
Cary	443.7875	+	Ol	KB4CTS	KB4CTS
Charlotte	443.6125	+	O	KA4YMY	-------
Clyde	147.3900	+	O 94.8/94.8	N4DTR	-------
Concord	444.3875	+	O	W4ZO	W4ZO
Dallas	927.0125	902.0125	Oel	KA4YMY	-------
Denton	441.9375	+	Oe	N4TZD	-------
Franklin	443.9375	+	O	N4DTR	-------
Gastonia	443.9125	+	O	KA4YMZ	-------
Goldsboro	442.3625	+	Oel	KB4CTS	-------
Greensboro	441.8625	+	Oes	N4DUB	Greensboro MotoTrb
Hayesville	443.0375	+	O	KF4CZB	-------
Hubert	441.8375	+	Oe	KE4FHH	-------
King	442.6375	+	O	W4SNA	-------
Lenoir	443.1875	+	O	KG4BCC	-------
Level Cross	442.8875	+	O	K4ITL	-------
Middletown	442.4625	+	O	WB4YNF	Trustee
Mint Hill	444.6375	+	O	W4ZO	W4ZO
Nags Head	444.9875	+	Oes	K4OBX	-------
Nashville	442.6125	+	Ol	KB4CTS	KB4CTS
Raleigh	442.5125	+	Oel	K4ITL	-------
Raleigh	443.3375	+	Oel	K4ITL	-------
Rockingham	442.5875	+	O	KF4DBW	-------
Sanford	443.3375	+	Ol	K4ITL	-------
Southern Pines	443.7625	+	Ol	KB4CTS	-------
Sugar Mountain	442.0875	+	Oes	WA4NC	WA4NC
Waynesville	146.7750	–	O 127.3/127.3	KW4P	WD4A
Waynesville	443.0625	+	Ol	K4KGB	-------
Waynesville	444.4500	+	O	N4DTR	-------

NORTH CAROLINA-SOUTH CAROLINA

Location	Output	Input	Notes	Call	Sponsor
Waynesville	444.8375	+	OE-SUN E-WINDl	W4ABG	----------
Winnabow	444.2375	+	O	K4ITL	----------

OHIO
FRANKLIN
Columbus	443.1500	+		W8TRB	CODIG
Columbus	927.0125	902.0125	O	W8DIG	----------

HAMILTON
Cincinnati	443.4000	+	O	WB8CRS	Cinci FMC

HURON
Clarksfield	442.1750	+		AL7OP	AL7OP

LUCAS
Toledo	444.8500	+	O	N8EFJ	N8EFJ

MONTGOMERY
Dayton	442.8750	+		W8AK	W8AK

OKLAHOMA
NORTHEAST
Bartlesville	442.1875	+		W5RAB	W5RAB
			L(COLOR CODE 1)		
Ft Gibson	442.1250	+	O	WA5VMS	WA5VMS
			L(COLOR CODE 1)		

TULSA METRO
Tulsa	442.1625	+		WA5LVT	TRO inc
			L(COLOR CODE1)		
Tulsa	442.4750	+	O	WA5LVT	TROinc
			L(COLOR CODE 2)		

RHODE ISLAND
NORTHERN
Cumberland	146.6250	–	OeL(CC1 HYT-TRBO)rs	W1DMR	N1RWW
Smithfield	446.4250	–	OL(CC1 HYT-TRBO)	KB1ISZ	KB1ISZ

SOUTH CAROLINA

Location	Output	Input	Notes	Call	Sponsor
Aiken	443.4625	+	Oe	N2ZZ	----------
Awendaw	442.4625	+	Oelrs	WR4SC	SCHEART.US
Aynor	441.9125	+	Oelrs	WR4SC	SCHEART.US
Caesars Head	443.1125	+	Oelrs	WR4SC	SCHEART.US
Charleston	443.0375	+	Oelrs	WR4SC	SCHEART.US
Columbia	442.5125	+	Oelrs	WR4SC	SCHEART.US
Columbia	444.2000	+	Oe	N5CWH	N5CWH
Florence	442.1625	+	Oelrs	WR4SC	SCHEART.US
Little Mountain	443.5375	+	Oe	N4UHF	N4UHF
Sumter	442.3125	+	Oelrs	WR4SC	SCHEART.US
Walhalla	442.5375	+	Oelr	KN4SWB	----------
Ware Shoals	443.8375	+	Oelrs	WR4SC	SCHEART.US

SOUTH CAROLINA-WYOMING

Location	Output	Input	Notes	Call	Sponsor
Whitehall	442.3875	+	Oelrs	WR4SC	SCHEART.US
TENNESSEE					
Benton	145.4500	−	O 123/123e	K4AELN	K4AJM & K4AELN
Benton	443.8250	+	Oe	WB4JGI	-------
Johnson City	443.5625	+	O	K1LNX	-------
Jonesborough	442.5875	+	O	KK4WTI	-------
UTAH					
PRICE					
Sunnyside	145.1750	−	O	K7SDC	SDARC
WASATCH FRONT					
West Jordan	447.9375	+	O	N6DVZ	-------
VIRGINIA					
FANCY GAP					
Fancy Gap	443.9375	+	Oe	WX4F	-------
Petersburg	442.6875	+	Ol	WA4FC	FieldComm Associati
Richmond	443.5875	+	Ol	W4RAT	R.A.T.S. Club
Roanoke	441.8875	+	O	K4ITL	-------
South Hill	444.7875	+	O	K4MJO	-------
Suffolk	442.5875	+	O	KK4WTI	-------
Wytheville	441.8375	+	Oe	W4VSP	K4EZ
Wytheville	443.2625	+	Oel	W4VSP	-------
WARRENTON					
Warrenton	147.1650	+	O 167.9 L(C4FM)	W4VA	Fauquier ARA
WASHINGTON AREA					
Arlington	443.2000	+	O 114.8e L(ICOM NXDN)	AB4YP	AB4YP
Haymarket	448.9750	−	Oe L(MOTOTRBO CC6 TS 1/ID-1 TS2/ID-2)	W4YP	W4YP
WASHINGTON					
W WA - SEATTLE					
Cougar Mnt	441.2875	+	O	N7ERP	Eastside Repeater Gr
WEST VIRGINIA					
Beaver	442.8750	+	O 71/71 DCSe	KC8AFH	-------
Beckley	443.6625	+	O	W8LG	-------
WYOMING					
SOUTH EAST					
Cheyenne - Archer Tower	449.9750	−	Oelrsx	WY7EOC	LCEMA
Cheyenne - Terry Ranch Rd	449.9375	−	Olrsx	K7PFJ	RMHAM

NEW BRUNSWICK-QUEBEC

Location	Output	Input	Notes	Call	Sponsor
NEW BRUNSWICK					
FREDERICTON					
Fredericton	147.1650	+	OL(DMR)	VE9FTN	------------
MONCTON					
Moncton	146.9250	–	OL(DMR)	VE9DMR	------------
SAINT JOHN					
Saint John	145.4900	–	OL(DMR)	VE9SJN	------------
ONTARIO					
NATIONAL CAPITAL REGION					
Ottawa	444.4750	+		VA3RFT	VA3YOW
QUEBEC					
LANAUDIERE					
St Calixte	443.1500	+	Ox	VA2RLD	VA2DU
MONTEREGIE					
Covey Hill	449.8250	–	Ox	VA2CYH	VA2SPB

IRLP Repeaters

The following is a list of repeaters in the United States and Canada that provide IRLP – Internet Radio Linking Project – connectivity. This list *excludes* simplex nodes and is a reflection of the IRLP network status as obtained in November 2014.

Our thanks to Dave Cameron, VE7LTD, for making this information available. To learn more about IRLP, see **irlp.net**.

United States

State	City	Call Sign	Repeater Output Frequency (MHz)	CTCSS	Node
AK	Anchorage	KL3K	145.15	123	3787
AK	Anchorage	KL7RW	145.35	123	7495
AK	Juneau	WA6AXO	146.88	100	3828
AK	Juneau	KL2ZZ	147.72	100	7295
AK	Palmer	KL3K	147.21	123	3313
AK	Wasilla	KL3K	147.21	123	4569
AK	Nome	KL7RAM	146.7	103.5	7252
AK	Teller	KL7RAM	146.73	103.5	3422
AK	Kotzebue	KL3BD	444	103.5	7827
AK	Bethel	AL7YK	444.1	100	3465
AK	Anchorage	KB8JXX	444.85	103.5	7439
AK	Unalakleet	KL7RAM	444.9	103.5	3288
AL	Tuscaloosa	W4UAL	145.21	103.5	4719
AL	Moulton	KN4CI	146.96	107.2	8003
AL	Huntsville	W4VM	147.19	100	4950
AL	Tuscaloosa	N4BWP	442.375		4158
AL	Huntsville	KB4CRG	444.575	100	4641
AL	Huntsville	W4FMX	444.975	100	8608
AR	Eureka Springs	K5AA	146.835		7973
AR	Hot Springs	N5XFW	146.88	114.8	3647
AR	Desha	K5NES	147.225	107.2	3956
AR	Springdale	AD5ZX	442.525	100	3298
AR	Maumelle	K6MFM	442.7	114.8	3511
AR	Springdale	NX5V	443.65	97.4	3953
AZ	Phoenix	KC7GHT	447.575	151.4	3820
AZ	Gilbert	N7EN	447.65	186.2	3797
AZ	Casa Grande	KB0BWG	448.525	127.3	3779
AZ	Phoenix	K0NL	449.425	100	7570
AZ	Mesa	KA7ZEM	449.55	100	3687
AZ	Kingman	KC8UQP	449.75	79.7	7359
AZ	Tucson	K7IOU	224.74	136.5	3033
AZ	Phoenix	WK7B	145.23	94.8	7893
AZ	Green Valley	N7GV	145.27		3826
AZ	Safford	K7EAR	146.9	141.3	7787
AZ	Tucson	WD7F	146.94	110.9	3892
AZ	Prescott	N7NGM	52.56	100	3301
AZ	Prescott Valley	K7QDX	440.45	103.5	7974

782 IRLP Repeaters

State	City	Call Sign	Repeater Output Frequency (MHz)	CTCSS	Node
AZ	Scottsdale	W0NWA	441.1	103.5	4243
AZ	Tonopah	WT9S	442.075	123	3107
AZ	Phoenix	W7ARA	444.3	100	7620
AZ	Maricopa	WY7H	449.125	136.5	3354
CA	Santa Clara	N6MEF	927.8375	100	3451
CA	San Jose	W6RLW	1285	88.5	7670
CA	San Jose	K6MF	1286.45	123	3930
CA	Sun Valley	KC6HUR	445.22	110.9	4494
CA	Palmdale	KJ6W	445.6	100	5850
CA	Palm Springs	K6IFR	445.64	131.8	3540
CA	Perris	KC6ORG	445.86	103.5	3051
CA	Edom Hill	K6IFR	445.86	100	4998
CA	Mt Disappointment	K6VGP	446.24	100	3556
CA	Santa Barbara	K6TZ	446.4	131.8	3673
CA	San Marcos	K1LA	446.58		3027
CA	Los Angeles	WB5EKU	446.58	127.3	3830
CA	Orange County	K1LA	446.76	127.3	7666
CA	Hemet	KB6JAG	446.88	74.4	3204
CA	Los Angeles	W6DVI	446.88	192.8	3339
CA	Los Angeles	N6JVH	447.24	100	3760
CA	Orange County	KC6AGL	447.54	100	3547
CA	Los Angeles	KE6PCV	447.72	100	3650
CA	Ridgecrest	WI6RE	448.8	100	3877
CA	Palomar Mtn	W6ZN	449.3	100	7870
CA	San Diego	W6YJ	449.32	141.3	3150
CA	San Diego	K1LA	449.38		7027
CA	Thousand Oaks	W6AMG	449.44	131.8	3785
CA	Cloverdale	WB6QAZ	449.7	88.5	3183
CA	Palos Verdes	WA6LA	223.78	100	3460
CA	Auburn	W7FAT	224.02	100	3373
CA	Pasadena	WR6JPL	224.08	156.7	3340
CA	Concord	W6YOP	224.92	85.4	7642
CA	Oxnard	W6KGB	1285.75	136.5	3141
CA	Los Angeles	KC6PXL	145.12	103.5	3278
CA	Poway	W6HDC	145.18	107.2	3505
CA	Sacramento	K6IS	145.19	162.2	7457
CA	Hemet	N7OD	145.42	88.5	3341
CA	Claremont	N6USO	145.44	136.5	3718
CA	Palm Springs	W6DRA	145.48	107.2	3180
CA	Saratoga	K6SA	146.655	114.8	3671
CA	Bakersfield	KA6SUB	146.67	100	3714
CA	Santa Cruz	K6BJ	146.79	94.8	3318
CA	Santa Rosa	KD6RC	146.79	88.5	3856
CA	Chico	W6RHC	146.85	110.9	7406
CA	Visalia	WA6BAI	146.88	103.5	8120
CA	Sacramento	K6MVR	147	136.5	3895
CA	Laguna Beach	K6SOA	147.645	110.9	3287
CA	Woodland Hills	KD6GDB	445.04	107.3	7211
CA	Lone Pine	N6BKL	52.9	100	7867
CA	San Francisco	K6KYA	444.85	114.8	8730
CA	Santa Rosa	KK6JAB	444.9	88.5	3331

IRLP Repeaters 783

State	City	Call Sign	Repeater Output Frequency (MHz)	CTCSS	Node
CA	Los Angeles	N6EW	445.32		3884
CA	Los Angeles	KE6PCV	447.72	100	3651
CA	Palos Verdes	WA6LA	145.38	100	3480
CA	Bakersfield	WA6LVX	52.56	82.5	3100
CA	San Jose	WR6ABD	442.9	162.2	3421
CA	Templeton	W6SMV	443.525	100	3946
CA	Sacramento	N6ICW	927.05	77	3470
CA	Duarte	KA6AMR	146.085	110.9	3686
CA	San Bernardino	KE6TZG	146.385	146.2	3216
CA	Rowland Hts	N6XPG	147.03	100	7780
CA	Pleasanton	W6SRR	147.045	94.8	3399
CA	Mt. Diablo	W6CX	147.06	100	3057
CA	Santa Cruz	W6WLS	147.18	94.8	3228
CA	Sacramento	N6ICW	147.195	123	7650
CA	Oakland	WB6TCS	147.21	100	8410
CA	Hollister	N6SBC	147.315	94.8	7464
CA	Coalinga	N6DL	147.33	100	3004
CA	Morgan Hill	K7DAA	147.33	103.5	7588
CA	Eureka	WB6HII	147.445	103.5	3560
CA	Los Angeles	K6VE	224.48	110.9	3030
CA	Sacramento	W6KAP	440.45	127.3	5750
CA	San Carlos	W6CBS	441.6125		7540
CA	Pleasanton	WB6BDD	441.825	114.8	3667
CA	Oakland	WB6NDJ	442.4	77	3115
CA	Sacramento	K6MFM	442.525	77	7990
CA	Morgan Hill	K7DAA	442.975	100	7662
CA	Atwater	K6IXA	443.075	107.2	3840
CA	Smith River	K6SLS	443.1		3165
CA	San Jose	KJ6VU	443.225	100	3802
CA	Ferndale	N7HQZ	443.75	103.5	3570
CA	Livermore	K7FED	444.125	100	3319
CA	Fresno	K6JSI	444.25	100	3847
CA	San Francisco	N6SPD	444.275	100	3589
CA	San Luis Obispo	W6FM	444.525	127.3	5570
CA	Nipomo	KB6Q	444.7	100	3139
CA	San Jose	WB6KHP	444.7	127.3	3246
CA	Bakersfield	KG6FOS	444.75	141.3	3901
CA	Sylmar	K6HOG	445.04	107.3	3410
CA	Oceanside	W6YJ	446.86	151.4	3160
CA	Redondo Beach	W6TRW	447	100	7067
CA	San Dimas	AE6TV	449.16	77	3012
CA	Chico	KI6ND	927.075	88.5	7174
CO	Grand Junction	KE0TY	448.15	100	3467
CO	Cedar Point	K0UPS	449.25	123	3349
CO	Westminster	N1UPS	449.3	100	3699
CO	Lamar	KC0HH	449.5	123	3774
CO	Aurora	KB0UBZ	449.6	100	3345
CO	Grand Junction	KB0YNA	449.65	151.4	7279
CO	Denver	WR0AEN	449.675	107.2	7708
CO	Grand Junction	KD0SMZ	449.775	173.8	7573
CO	Westminster	N1UPS	449.925	114.8	8035

784 IRLP Repeaters

State	City	Call Sign	Repeater Output Frequency (MHz)	CTCSS	Node
CO	Pueblo	K0JSC	449.975	100	7301
CO	Denver	N0PQV	145.34	103.5	3350
CO	Denver	W0MTZ	145.43	103.5	7981
CO	Boulder	W0DK	146.61	100	7007
CO	East Vail	N0AFO	146.61	107.2	7772
CO	Estes Park	N0FH	146.685	123	7268
CO	Breckenridge	WB0QMR	146.7	107.2	3972
CO	Glenwood Spg	K0RV	146.88	107.2	7055
CO	Canon City	WD0EKR	447.75	103.5	3081
CO	Golden	W0KU	449.625	141.3	3750
CO	Carbondale	K0ELK	449.725	179.9	3722
CO	Limon	KC0VJD	147.06	103.5	3794
CO	Denver	W0CRA	147.225	107.2	3990
CO	Colorado Sgs	KC0CVU	147.345	107.2	3854
CO	Longmont	W0ENO	448.8	88.5	3888
CT	Seymour	W0JAY	441.75	100	3513
CT	Niantic	N1BOW	446.75	77	5960
CT	Fairfield	N3AQJ	446.825	110.9	4505
CT	Norwalk	K1RFD	448.075	114.8	4579
CT	Vernon	W1HDN	146.79	82.5	4159
CT	Branford	N1HUI	449.325	103.5	4344
CT	Vernon	KB1AEV	147.345	77	4395
CT	Bristol	KB1AEV	224.16	77	4096
CT	Woodbridge	W1WPD	442.5		4663
DC	Washington	WA3KOK	449.975	107.2	4000
FL	St Petersburg	W4IFE	442.75		8036
FL	Palm Coast	N2TDI	145.41	123	4246
FL	Cape Coral	KN2R	146.61	136.5	4171
FL	Orlando	K4UCF	146.64	103.5	4775
FL	Treasure Island	W3YT	146.865	123	8444
FL	Clearwater	N4BSA	146.97	146.2	4647
FL	Davenport	KW4GT	144.36		8765
FL	Venice	KB2WVY	442.05	100	4434
FL	Mount Dora	NF2F	147	103.5	8105
FL	Arcadia	W4MIN	147.075	100	8612
FL	Key Largo	KC4SFA	147.165		5520
FL	Kissimmee	N4ARG	147.21	103.5	4338
FL	Wellington	WB2NBU	147.285		7830
FL	Miami	K4PAL	442.25	114.8	4022
FL	Clermont	WA2UPK	442.6	103.5	8911
FL	Port Charlotte	N4FOB	442.7	136.5	8317
FL	St. Petersburg	K4LX	443.2	100	8910
FL	Orlando	KW4GT	443.65	103.5	8566
FL	Tampa	N4TCP	443.675	146.2	4880
FL	Ft. Lauderdale	KF4LZA	443.75	110.9	4787
FL	Kissimmee	NO9S	444.45	103.5	2897
FL	Beverly Hills	KC0MPD	444.6	146.2	8717
FL	Valkaria	K4HV	444.7	77	4853
FL	Merritt Island	KC2UFO	444.775	107.2	4227
FL	Melbourne	K4RPT	444.825		8709
FL	Bartow	WC4PEM	444.95	127.3	4156

IRLP Repeaters 785

State	City	Call Sign	Repeater Output Frequency (MHz)	CTCSS	Node
GA	Atlanta	W4DOC	146.82	146.2	4550
GA	Cumming	WB4GQX	441.9	141.3	4065
GA	Atlanta	W7QO	442.025	127.3	8279
GA	Columbus	W9TVM	442.1	123	8739
GA	Gray	WA7RZW	444	67	4522
HI	Mt. Haleakala	KH6RS	442.35	136.5	7020
HI	Kaanapali	KH6RS	442.35	136.5	7001
HI	Wailuku Heights	AH6GR	442.75	136.5	3440
HI	Honolulu	KH6FV	443.425	114.8	3080
HI	Honolulu	AH7GK	443.95	203.5	7309
HI	Kailua-Oahu	KH6FV	444.375	114.8	3197
HI	Honolulu	WH6FM	444.725	123	8937
IA	Des Moines	KD0WPK	29.67	103.5	7652
IA	Honey Creek	AB0VX	444.8	97.4	3548
IA	Mondamin	K0BVC	444.925	136.5	3328
ID	Idaho Falls	W7RUG	447.62	88.5	3754
ID	Rexburg	K7BYI	448.6	100	7186
ID	Idaho Falls	KE7JFA	448.8	100	3628
ID	Payette	NB7C	443.05	114.8	3417
ID	Twin Falls	W7CTH	442.6	82.5	3541
ID	Rathdrum	KC7TIG	444.25	110.9	8350
ID	Lewiston	W7TRO	444.4	162.2	7510
IL	Antioch	KA9VZD	145.29	107.2	4788
IL	Downers Grove	W9DUP	145.43	107.2	5370
IL	Hanover Park	WA6TMJ	223.78	100	7970
IL	Barrington	N9EP	442.8	114.8	4630
IL	Elmhurst	W9YRC	442.875	114.8	4774
IL	Maryville	KB9KLD	443.2	103.5	4316
IL	Schaumburg	K9QI	443.575	114.8	8721
IL	Channahon	W9PXZ	444.6	114.8	8913
IL	Belleville	K9GXU	444.625	127.3	4979
IL	Dixon	W9DXN	444.8	114.8	4350
IL	Chicago	KB9PTI	443.975	114.8	4134
IN	West Lafayette	W9YB	146.76	88.5	4315
IN	Indianapolis	W9ICE	146.97	107.2	7531
IN	Kirksville	WB9TLH	443.05	136.5	4187
IN	Culver	N9GPY	443.925	131.8	4961
IN	Anderson	KB9VE	147.09	110.9	4834
IN	Plymouth	K9WZ	147.285	131.8	4330
IN	Indianapolis	K9DC	447.315	94.8	4735
IN	Williams	N9UMJ	442.25	136.5	4253
IN	Grandview	K9IP	442.375		4732
IN	Indianapolis	NF9K	442.85	100	8692
IN	Terre Haute	NS9M	443.025		7810
IN	Warsaw	KA9OHV	443.05	131.8	4098
IN	Indianapolis	K9IP	443.425	94.8	4730
IN	Noblesville	N9EOC	443.55	77	4816
IN	Vincennes	W9EAR	443.925	107.2	8428
IN	West Lafayette	W9YB	444.5	88.5	4319
IN	Culver	N9GPY	444.925	131.8	4960
IN	Noblesville	K3HTK	927.0875	131.8	8492

786 IRLP Repeaters

State	City	Call Sign	Repeater Output Frequency (MHz)	CTCSS	Node
KS	Lenora	N0KOM	146.88	162.2	7426
KS	Lenexa	KC0EFC	442.05	151.4	5870
KS	Olathe	KE5BR	442.2	151.4	3534
KS	Logan	N0KOM	442.3	162.2	7446
KS	Russell	N7JYS	442.475	131.8	7833
KS	Garden City	K0ECT	442.5	141.3	3885
KS	El Dorado	KS0LNK	443.1	162.2	7551
KS	Wichita	W0VFW	443.325	162.2	7552
KS	Dodge City	KC0AUH	443.675	162.2	7065
KS	Hays	N7JYS	443.7	131.8	3917
KS	Wallace	WA0VJR	444.525	146.2	3148
KS	Colby	KS0LNK	444.75	162.2	7644
KS	Minneapolis	KS0LNK	444.85	162.2	7275
KY	Somerset	N4AI	224.3		4458
KY	Lexington	KY4K	146.94	88.5	4945
KY	Williamsburg	KB4PTJ	444.05	100	4076
KY	Bowling Green	W4WSM	444.1		4678
KY	Henderson	WA4GDU	444.725	82.5	8331
KY	Corbin	WB4IVB	444.9	100	7950
LA	New Orleans	W5MCC	146.86	114.8	3914
LA	Houma	W5YL	147.3	114.8	8402
LA	Lafayette	NG5T	443.15	103.5	5720
LA	Baton Rouge	WB5LHS	444.625	156.7	8266
LA	New Orleans	N5UXT	444.95	114.8	8016
LA	Alexandria	N5ZUA	444.975	173.8	3517
MA	Framingham	WA1NVC	927.0125	131.8	8253
MA	Boston	K1RJZ	927.0625		4977
MA	Wrentham	N1UEC	927.4875	131.8	4486
MA	Barnstable	W1SGL	927.825	67	4824
MA	Brookline	W1CLA	446.325	146.2	4942
MA	Framingham	WA1NVC	448.175	88.5	4610
MA	Marlborough	W1MRA	449.925	88.5	4133
MA	Boston	KB1GXW	223.86	100	4314
MA	New Bedford	NB1MA	145.11	67	4259
MA	Gardner	W1GCD	145.37	136.5	8581
MA	Fitchburg	W1GZ	145.45	74.4	8433
MA	Danvers	NS1RA	145.47	136.5	4427
MA	Canton	K1BFD	146.745	146.2	4632
MA	Norwood	W1JLI	147.21	100	4393
MA	Wrentham	N1UEC	147.09	146.2	4751
MA	Framingham	W1FY	147.15	100	4355
MA	Bridgewater	W1MV	147.18	67	4388
MA	Whitman	WA1NPO	147.225	67	8691
MA	Weston	W1MRA	442.7	88.5	4136
MA	Longmeadow	KB1VKY	443.45	123	8426
MA	Marshfield	N1ZZN	927.475	131.8	4571
MA	Braintree	AE1TH	444.8	118.8	4086
MD	Boonsboro	KD3SU	442.950	94.8	8657
MD	Manchester	N3KZS	146.895	107.2	7070
MD	Millersville	KP4IP	442.400	100	7192
MD	Ocean City	N3HF	443.45	151.4	4291

IRLP Repeaters 787

State	City	Call Sign	Repeater Output Frequency (MHz)	CTCSS	Node
MD	Silver Spring	N3HF	443.45	156.7	4712
MI	Grand Rapids	N8JPR	223.92	94.8	4167
MI	Lowell	W8LRC	145.27	94.8	4635
MI	Oak Park	W8HP	146.64	100	4520
MI	Greenville	KB8ZGL	927.4875	131.8	4818
MI	Beverly Hills	W8HP	443.225	107.2	4502
MI	Marquette	K8LOD	147.27	100	8461
MI	Stutsmanville	N8DNX	442.375	107.2	4450
MI	Southfield	WB8NXP	442.5	107.2	4460
MI	Maybee	K8RPT	442.825	100	4529
MI	Muskegon	N8KQQ	442.95	94.8	4391
MI	Charlotte	N8HEE	443.625	100	7930
MI	Holland	K8DAA	443.825	94.8	4373
MI	Fenton	KB8PGF	443.975	67	8944
MI	Milan	W2PUT	444.1	82.5	4428
MI	Jackson	KA8YRL	444.175	100	4463
MI	Jonesville	KC8QVX	444.825	107.2	4812
MN	Fairmont	N0PBA	444.350	136.5	3945
MN	Mankato	N0PBA	147.24	136.5	3239
MN	Mankato	W0WCL	147.240	136.5	3239
MN	Minnetonka	N0BVE	145.450		3590
MN	Minneapolis	N0BVE	444.650		3590
MN	Morris	NG0W	444.400	103.5	7306
MN	Mounds View	K9EQ	444.075	114.8	4779
MN	Morris	NG0W	444.4	103.5	7306
MO	St. Louis	KB5YZY	146.85	141.3	3453
MO	Crane	K0NXA	442.15	162.2	7191
MO	Springfield	K0NXA	442.275	162.2	3995
MO	St. Louis	W0MA	442.875	141.3	3934
MO	Lee's Summit	KM0HP	444.45	151.4	7863
MO	Saint Joseph	N0MIJ	444.925	100	7894
MT	Libby	KB7SQE	444.35	100	3056
MT	Bozeman	KB7KB	448.35	100	3692
MT	Billings	N7VR	449.75	100	3398
MT	Great Falls	W7ECA	147.3		7908
MT	Great Falls	W7GMC	147.36	100	5670
MT	Whitefish	K6KUS	444.75	100	7413
NC	Newport	K4GRW	145.45		4903
NC	Hendersonville	W4FOT	146.64	91.5	4686
NC	Roanoke Rapids	AJ4RC	146.745	131.8	8561
NC	Buxton	K4OBX	442.425	100	8536
NC	Chapel Hill	W4UNC	145.23	107.2	4179
NC	Raleigh	KD4RAA	146.775	100	4260
NC	Raleigh	K4JDR	441.725	100	4270
NC	Durham	WR4AGC	444.1		4441
NC	Waynesville	K4RCC	444.875	131.8	4397
ND	Wheatland	KC0SHM	444.375	123	7478
NE	O'Neill	KB0GRP	146.61	131.8	3457
NE	North Platte	N0IQ	147.33	123	7627
NE	Lincoln	KG0S	442.3	146.2	7745
NE	Ashland	KF6SWL	442.35	100	4120

788   IRLP Repeaters

State	City	Call Sign	Repeater Output Frequency (MHz)	CTCSS	Node
NE	Hastings	W0WVV	443.2		3258
NE	Omaha	KG0S	443.925	103.5	7536
NE	Norfolk	KG0S	444.125	131.8	7395
NE	Grand Island	KC0MWM	439.7	162.2	7479
NJ	Harmony	K2FN	446.425	162.2	4909
NJ	Brigantine Island	K2ACY	447.575	156.7	4466
NJ	Vernon	W2VER	449.075	141.3	4622
NJ	Asbury Park	W2NJR	449.525	141.3	4935
NJ	Boonton	N2WNS	449.775	151.4	4437
NJ	Lake Hopatcong	WA2EPI	224.62	107.2	4527
NJ	Brick	N2QKV	224.76	131.8	8929
NJ	Camden	WB3EHB	444.3	203.5	4546
NJ	Patterson	WA2ZPX	442	156.7	4107
NJ	Green Brook	W2QW	442.25	141.3	4777
NJ	West Orange	N2MH	442.6	141.3	4740
NJ	Ocean Township	WW2ARC	443	127.3	4604
NJ	Sayreville	K2GE	443.2	141.3	4789
NJ	South River	WB2SNN	443.55	141.3	4287
NJ	Wood-Ridge	W2RN	443.75	141.3	7290
NJ	Westampton	KC2QVT	448.325	127.3	3740
NM	Santa Fe	K9GAJ	449.275	146.2	3939
NM	Silver City	WB5QHS	145.25	88.5	3093
NM	Albuquerque	KB5GAS	147.38	162.2	3676
NM	Albuquerque	NM5HD	145.37	162.2	7706
NM	Albuquerque	K6LIE	224.48		3285
NM	Rio Rancho	KC5IPK	442.75	162.2	7855
NM	Clovis	WS5D	444.45	88.5	3713
NV	Las Vegas	N3TOY	927.1125		3418
NV	Mesquite	N7ARR	446.5	123	3705
NV	Las Vegas	N7ARR	446.7	107.2	3194
NV	Las Vegas	N7ARR	447	123	3641
NV	Las Vegas	KT7JOE	447.075	100	7918
NV	Las Vegas	KP4UZ	447.775	114.8	3395
NV	Henderson	K7IZA	447.8	100	3724
NV	Pahrump	N7MRN	448.35	103.5	3571
NV	Pahrump	N7ARR	449.75	123	3491
NV	Reno	AE7I	224.54	100	7062
NV	Tonopah	N7ARR	146.64	123	3396
NV	Las Vegas	N7ARR	147	123	3260
NV	Pioche	N7ARR	147.12	123	7244
NV	Gerlach	KD6KAC	440.175		7249
NV	Reno	N7ARR	441.65	123	3082
NV	Reno	N7TGB	443.175	123	5560
NV	Reno	KD7DPW	444.775	100	3058
NV	Elko	W7LKO	444.95	100	3806
NV	Las Vegas	KF7BVC	445.3	77	7914
NV	Las Vegas	W7AOR	448.225	123	3646
NV	Las Vegas	WO3B	449.45	100	3632
NY	Buffalo	N2LYJ	927.325	88.5	4844
NY	New York	WA2CBS	445.075	114.8	8232
NY	Plainview	KE2EJ	447.2	136.5	4016

IRLP Repeaters 789

State	City	Call Sign	Repeater Output Frequency (MHz)	CTCSS	Node
NY	Sag Harbor	K2GLP	448.675	141.3	4878
NY	Bethpage	W2YMM	449.3	192.8	4265
NY	Montauk	K1IMD	449.975	94.8	4480
NY	West Islip	KK2NY	223.86	156.7	8529
NY	S. Bristol	WR2AHL	145.11	110.9	8058
NY	New Windsor	WB2BQW	145.25	100	3390
NY	East Hampton	N2NEI	145.27	136.5	4819
NY	Babylon	W2GSB	146.685	110.9	8643
NY	Potsdam	K2CC	146.895	151.4	4747
NY	Albany	K2ALB	147.12	100	3499
NY	New Paltz	K2MTB	447.925	118.8	4666
NY	Rochester	WR2ROC	146.79	110.9	4252
NY	Carmel	KC2CWT	224.02	136.5	4513
NY	Peconic	W2AMC	440.05	107.2	4309
NY	Chatham	WA2PVV	444.1	100	3387
NY	Long Island	N2PDO	147.075	136.5	4951
NY	East Windham	N2LEN	147.15	114.8	4207
NY	Plattsburgh	W2UXC	147.15	123	8293
NY	Nyack	WB2RRA	147.165	114.8	5930
NY	Cortland	KB2FAF	147.18	71.9	4090
NY	Lancaster	W2SO	147.255	107.2	4908
NY	East Greenbush	KC2IVI	147.33	146.2	4889
NY	Middletown	WA2ZPX	147.39	123	4130
NY	Branchport	N2HLT	434.05	100	7720
NY	Staten Island	NY2SI	440.55	141.3	8327
NY	Staten Island	KC2RQR	442.3	141.3	4012
NY	Upton	K2BNL	442.4	114.8	4677
NY	Buffalo	K2ILH	444		4591
NY	Buffalo	WB2JPQ	444.15	88.5	4068
NY	Rochester	WR2ROC	444.25	110.9	4250
NY	Hauppauge	WR2UHF	444.7	114.8	4700
NY	Fairport	KB2VZS	444.8	110.9	4439
NY	Macedon	KB2SOZ	444.925	88.5	4222
NY	Ithaca	AF2A	449.025	103.5	4306
NY	Plainview	W2KPQ	449.125	136.5	4969
OH	Lima	KT8APR	145.37	107.2	4370
OH	Lakewood	WR8ABC	146.88	110.9	4282
OH	Archbold	N8RLD	145.41	107.2	8866
OH	Medina	W8EOC	147.03	141.3	8778
OH	Miamisburg	W8KMC	147.075	67	8131
OH	Pataskala	W8NBA	147.33	123	8094
OH	Oregon	WJ8E	147.345	103.5	8786
OH	Mansfield	K8HF	147.36	71.9	4412
OH	Dayton	WB8VSU	442.3	123	4235
OH	Dayton	W8AK	442.925	123	4523
OH	Dayton	WF8M	443.775	131.8	4267
OH	Chardon	KF8YK	444.8125	131.8	4203
OH	Bellbrook	N8NQH	444.875	94.8	8421
OH	Eaton	W8VFR	444.9375	67	4106
OH	Lancaster	KD8MZD	147.42		8557
OK	Bartlesville	W5NS	146.655	88.5	7764

790 IRLP Repeaters

State	City	Call Sign	Repeater Output Frequency (MHz)	CTCSS	Node
OK	Eufaula	KB1HSZ	146.685		7566
OK	Oklahoma City	W5DEL	146.7	103.5	3867
OK	Oklahoma City	KF5NAF	444.45	141.3	8585
OK	Altus	WX5ASA	442.05	100	8115
OK	Oklahoma City	W5DEL	443.3	162.2	8440
OR	Salem	WA7ABU	145.29		7638
OR	Eugene	KC7RJK	145.5	100	3543
OR	Portland	AH6LE	146.92	107.2	3000
OR	Portland	K7RPT	147.04	100	7959
OR	Portland	W7RAT	440.4	123	3039
OR	Portland	N7PIR	440.45	103.5	3420
OR	Portland	WA7BND	443.05	123	3916
OR	Seaside	N7PIR	443.875	100	3430
OR	Grants Pass	WD7FGX	444.25	103.5	7366
OR	Portland	K7QDX	927.125	103.5	5050
PA	King of Prussia	KB3HIY	447.075	123	4448
PA	Cochranville	WB3LGG	449.675	94.8	7340
PA	Philadelphia	WB0CPR	449.775	141.3	4882
PA	Harrisburg	W3ND	145.29	88.5	7060
PA	Laporte	N3XXH	145.31	167.9	4038
PA	Greenville	KE3JP	146.445	186.2	8593
PA	Mountville	KA0JQO	147.105	94.8	4288
PA	Media	K3TAT	147.195		4790
PA	Pottsville	W3SC	147.345	131.8	4867
PA	Pottstown	K3ZMC	443.55	131.8	4317
PE	Charlottetown	VE1CRA	146.67		2030
PE	Summerside	VE1CFR	146.85		2363
PR	Luquillo Beach	N2JBM	447.9	100	7052
PR	Aguadilla	NP4WP	448.575	100	7675
PR	San Juan	KP4IP	448.675	100	7569
PR	Maricao	KP4IP	147.13	100	7008
RI	Providence	N1JBC	449.225	141.3	5920
SC	Clemson	WD4EOG	145.45	156.7	8031
SC	Simpsonville	AA4LB	146.73	100	4200
SD	Aberdeen	N0AHL	147.03	146.2	7046
SD	Webster	KC0MYX	442.1	88.5	8113
SD	Sioux Falls	W0ZWY	444.2	82.5	7346
SD	Watertown	KB0LCR	443.725	146.2	3263
TN	Knoxville	WB4GBI	145.17	118.8	8342
TN	Hohenwald	K4TTC	442	100	4705
TN	Chattanooga	W4YI	442.425	94.8	7520
TN	Caryville	W4HKL	444.675	100	8713
TX	Bonham	K5FRC	145.13	100	7901
TX	Aubrey	K5RNB	145.26	100	3751
TX	Corsicana	KD5OXM	145.29	146.2	3337
TX	Port Aransas	KG5BZ	145.29	110.9	3456
TX	Bonham	K5FRC	145.47		3602
TX	Seguin	WA5GC	146.76	141.3	7977
TX	Ft. Worth	N5VAV	441.85	110.9	3832
TX	Odessa	N5XXO	444.1	162.2	3035
TX	Arlington	K5SLD	444.2	100	3412

IRLP Repeaters 791

State	City	Call Sign	Repeater Output Frequency (MHz)	CTCSS	Node
TX	Loving	K7KAB	147	110.9	3969
TX	Bayou Vista	N5ZUA	147.04	100	3753
TX	Corpus Christi	W5DCH	147.1	107.2	5841
TX	Laredo	W5EVH	147.12	100	5380
TX	Groves	N5BZM	147.2	118.8	7645
TX	Childress	KM5PM	147.24	136.5	3355
TX	Oak Hill	KF5KBZ	147.32	114.8	7448
TX	Pharr	N5SIM	440.6	82.5	3657
TX	Houston	KE5HTA	441.875	114.8	3283
TX	Goldthwaite	K5AB	441.9	100	5522
TX	Dallas	N5GI	442	127.3	3695
TX	Houston	K5DX	442	103.5	3989
TX	El Paso	N5FAZ	442.125	103.5	3097
TX	Port Lavaca	W5KTC	442.675	103.5	3299
TX	College Station	W5AC	443.05	88.5	3127
TX	El Paso	AE5RJ	443.55	127.3	7344
TX	Shiner	WD5IEH	443.775	141.3	3986
TX	Brownwood	KF5AOK	443.9	94.8	7997
TX	Spring	WA5DTR	444.25		3869
TX	Houston	N5XWD	444.3	123	3018
TX	Georgetown	NA6M	444.525	100	3402
TX	Corpus Christi	W5LEX	444.85	103.5	4216
TX	Harlingen	K5VCG	443.6	114.8	3600
UT	Salt Lake City	WA7GIE	433.6	100	5620
UT	Salt Lake City	AH2S	447.05	114.8	3515
UT	Huntsville	W7DBA	448.025	123	3211
UT	Castle Dale	WX7Y	448.55	88.5	3280
UT	Castle Dale	K7SDC	449.05	88.5	3270
UT	Ameican Fork	KB7TEB	449.175	131.8	3065
UT	Logan	W7BOZ	449.3	103.5	7576
UT	Cedar City	WA7GTU	449.9	100	3574
UT	Manti	WB7REL	146.66	100	3576
UT	Salt Lake City	W7SP	146.76		3352
UT	Jackson Park	N7GTE	449.6	100	3837
UT	Salt Lake City	K7MLA	147.14	127.3	3215
UT	Logan	AC7O	147.2	103.5	3381
UT	Clearfield	KR7K	447.15	114.8	3607
VA	Richmond	W4MEV	224.42	74.4	8635
VA	Charlottesville	KG4HOT	224.6	151.4	8478
VA	Charlottesville	K4DND	146.73	151.4	4703
VA	Hillsville	K4EZ	146.895	103.5	8915
VA	Petersburg	KE4SCS	146.985	127.3	4769
VA	Front Royal	K4QJZ	51.94	141.3	4331
VA	Richmond	W4RAT	442.55	74.4	4995
VA	Williamsburg	KB4ZIN	147.105		4943
VA	Isle of Wight	WT4RA	147.195	100	8373
VA	Hampton	KA4VXR	147.225	136.5	4183
VA	Roanoke	KS4BO	443.675	110.9	4208
VA	Petersburg	KG4YJB	444.275	103.5	4055
VT	Rutland	W1AD	449.175	100	4993

IRLP Repeaters

State	City	Call Sign	Repeater Output Frequency (MHz)	CTCSS	Node
VT	Bolton	WB1GQR	145.15	100	7230
WA	Spokane	KE7PG	145.33	100	3502
WA	Spokane	KG7SD	147.1	100	3503
WA	Seattle	K7LWH	145.49	103.5	3978
WA	Coulee Dam	KE7NRA	146.86	100	7152
WA	Seattle	WW7PSR	146.96	103.5	7774
WA	Oroville	KD7ITP	147.14	103.5	3377
WA	Otis Orchards	AD7DD	147.14	127.3	7205
WA	Maple Valley	KF7NPL	147.26	103.5	3615
WA	Kittitas County	W7EFS	147.36	131.8	4444
WA	Seattle	K7PAL	440.525	141.3	7341
WA	Yacolt	KC7NQU	441.2	107.2	3599
WA	Seattle	W7TWA	441.625	100	7377
WA	Seattle	W7AW	441.8	141.3	7312
WA	Issaquah	KF7BIG	442.125	103.5	3067
WA	Medical Lake	WA7RVV	443.6	100	3755
WA	Kennewick	W7JWC	443.775	203.5	3122
WA	Seattle	K7SPG	444	103.5	5860
WA	Sequim	AF7DX	444.275	100	3311
WA	Seattle	AJ7JA	444.375	88.5	7784
WA	Spokane	N7FM	444.425	100	3507
WA	Kennewick	N7LZM	444.475	123	7071
WA	Seattle	WW7SEA	444.55	141.3	7795
WA	Battle Ground	N7QXO	444.65	100	3329
WA	Ephrata	N7BHB	444.675	100	7701
WA	Seattle	WW7SEA	444.7	103.5	7378
WA	Sequim	K6MBY	444.9	131.8	3248
WA	Ephrata	W7DTS	444.9	103.5	7141
WA	Chinook	NM7R	444.925	82.5	3105
WI	Milwaukee	N9LKH	145.13	127.3	5590
WI	Ogdensburg	W9GAP	146.925	118.8	4294
WI	Merrill	KB9QJN	146.64	114.8	4618
WI	Wausau	W9BCC	146.82	114.8	4709
WI	Green Bay	N9DKH	147.075	107.2	4619
WI	Balsam Lake	N9XH	443.725	110.9	3443
WI	Wausau	W9BCC	444.3	114.8	4380
WI	La Crosse	W9UUM	444.75	131.8	4994
WI	Green Bay	W9OSL	444.75	100	8242
WV	Buckhannon	AA8CC	146.925	103.5	8550
WV	Elkins	AB8E	442.1	162.2	4737
WY	Jackson Hole	W7TAR	447.7	123	3464
WY	Casper	KA7O	449.575	173.8	7707
WY	Gillette	K7RDC	449.75	123	3307
WY	Rawlins	N7RON	146.7	162.2	7045
WY	Cody	KB7CSV	146.85	103.5	7194

IRLP Repeaters

Canada

Prov	City	Call Sign	Repeater Output (MHz)	CTCSS	Node
AB	Edmonton	VE6HM	147.06	100	1068
AB	Fort McMurray	VE6TRC	147	100	1122
AB	Calgary	VE6ZV	444.275	110.9	1230
AB	Edmonton	VA6CYR	444.7	100	1300
BC	New Westminster	VE7WCC	145.15	123	1507
BC	Vancouver	VE7RHS	145.27	100	1000
BC	Coquitlam	VE7MFS	145.31		1070
BC	Abbotsford	VE7RVA	146.61	110.9	1461
BC	Kelowna	VE7OGO	146.62		1491
BC	Nanaimo	VE7ISC	146.64		1003
BC	Williams Lake	VE7PW	146.7	162.2	1916
BC	Victoria	VE7VIC	146.84	100	1030
BC	Chilliwack	VE7VCR	146.86	88.5	1503
BC	Cranbrook	VE7CAP	146.94		1660
BC	Vancouver	VE7RPT	146.94		1694
BC	Kamloops	VE7TSI	146.96		1080
BC	Surrey	VE7RSC	147.36	110.9	1736
BC	Maple Ridge	VE7RMR	146.8	156.7	1910
BC	Squamish	VE7SQR	147	77	1147
BC	Whistler	VE7WHR	147.06		2010
BC	Parksville	VA7RFR	147.08	141.3	1179
BC	Port Alberni	VE7KU	147.24		1120
BC	Parksville	VE7PQA	147.28	141.3	1180
BC	Abbotsford	VE7ASM	147.28	110.9	1705
BC	Kelowna	VE7KTV	147.3	88.5	1473
BC	Vancouver	VE7RHS	441.975	100	1010
BC	Vancouver	VE7RPS	442.225	107.2	1396
BC	Pitt Meadows	VE7MTY	443.625	156.7	1849
BC	Nanoose Bay	VA7LPG	444.3	141.3	1130
BC	Nanaimo	VE7HS	444.725	141.3	1755
BC	Surrey	VE7RSC	443.775	110.9	1736
BC	Vancouver	VE7RNV	444.95		1015
MB	Winnipeg	VE4WRS	145.45		1066
MB	East Selkirk	VE4SLK	146.73	127.3	1557
MB	Swan River	VE4SRR	146.94		1700
MB	Winnipeg	VA4FIL	443.6		1205
NB	Saint John	VE9SJN	147.27	100	2009
NB	Fredericton	VE9ZC	147.3		2780
NB	Moncton	VE9TCR	147.345		2133
NB	Dunlop	VE9LNX	443.475		2559
NL	Windsor	VO1JY	146.76		2350
NL	Marystown	VO1MST	146.85		2390
NS	Sugarloaf	VE1BHS	145.35		2109
NS	Yarmouth	VE1YAR	146.73		2952
NS	Halifax	VE1NSG	146.94		2050
NS	Maitland Bridge	VE1KEJ	147.195		2268
NS	Truro	VE1HAR	147.135		2370
NS	Greenwood	VE1WN	147.24		2080
NS	Amherst	VE1WRC	147.285		2060
NT	Yellowknife	VE8YK	146.94		1642
ON	Huntsville	VE3MUS	145.27	156.7	2203

IRLP Repeaters

ON	Mississauga	VE3RSD	224.62	103.5	2304
ON	Mississauga	VE3MIS	145.43	103.5	2998
ON	Parry Sound	VE3RPL	145.49	118.8	2480
ON	Pembroke	VE3NRR	146.76		2520
ON	Thunder Bay	VA3LU	146.82	107.2	2000
ON	Brampton	VA3OPG	146.835	103.5	2718
ON	Ottawa	VE2CRA	146.94	100	2040
ON	Kingston	VE3KBR	146.94	151.4	2750
ON	Sarnia	VE3WHO	146.955		2524
ON	Peterborough	VE3TJR	146.97		2106
ON	Whitby	VE3WOM	146.97	156.7	2255
ON	Belleville	VE3BIP	146.985	118.8	2090
ON	Simcoe	VE3SME	146.925	131.8	2405
ON	Haliburton	VE3TBF	147.24	162.2	2037
ON	Barrie	VE3RAG	147	156.7	2039
ON	North Bay	VE3ERX	147.03		2649
ON	Omemee	VA3OME	147.09	162.2	2650
ON	Atikokan	VE3RIB	147.12		2768
ON	Georgetown	VE3OD	147.135	131.8	2200
ON	London	VE3TTT	147.18	114.8	2400
ON	Ignace	VA3IGN	147.18	123	2414
ON	Lindsay	VE3LNZ	147.195		2870
ON	Newmarket	VE3YRC	147.225	103.5	2920
ON	Almonte	VA3UW	147.24	100	2280
ON	Sioux Lookout	VA3SLT	147.315	127.3	2590
ON	Barrie	VE3LSR	147.315	156.7	2688
ON	Ballantrae	VA3BAL	147.33	103.5	2461
ON	Pickering	VE3SPC	147.375		1404
ON	Dryden	VA3DIS	147.375		2739
ON	Acton	VE3PAQ	442.125	131.8	2049
ON	Toronto	VA3URU	442.475	103.5	2075
ON	Brantford	VE3TCR	443.025	131.8	1590
ON	Newmarket	VA3PWR	443.275	103.5	2871
ON	Vaughan	VE3JOP	443.775	103.5	2069
ON	Orangeville	VE3ORX	444.025	103.5	2700
ON	Hamilton	VE3NCF	444.075	131.8	2313
ON	Sudbury	VE3YGR	444.2	100	2314
ON	Perth	VE3IEV	444.45	100	2053
ON	Toronto	VE3RAK	444.7	103.5	2450
ON	Kitchener	VE3RBM	444.875	131.8	2410
ON	Milverton	VE3NMN	444.925	114.8	2874
PQ	Quebec city	VE2REA	146.685	100	2340
PQ	Quebec City	VE2RAX	146.79	100	2125
PQ	Gatineau	VE2REH	147.105	110.9	2018
PQ	Gatineau	VE2RAO	443.95	123	2332
SK	Saskatoon	VE5CC	449.975		1360
SK	Martensville	VE5MBX	145.45	100	1766
SK	Prince Albert	VE5LAK	146.61		1370
SK	Nipawin	VE5NIP	146.79		2820
SK	Endeavour	VA5 INV	147.08		1858
SK	Regina	VE5YQR	147.12		1550
SK	The Battlefords	VE5BRC	147.24		1340
SK	Meadow Lake	VE5MLR	147.33		1380
SK	Lloydminster	VE5CEM	444.725	100	1363
YT	Whitehorse	VY1IRL	146.88	100	1500

EchoLink Repeaters

The following is a list of repeaters in the United States and Canada that provide EchoLink connectivity. This list *excludes* simplex nodes and is a reflection of the EchoLink network status as obtained in November 2014.

Our thanks to Jonathan Taylor, K1RFD, for making this information available. To learn more about EchoLink, see **www.echolink.org**.

United States

State	City	Call Sign	Repeater Output Frequency (MHz)	CTCSS	Node
AL	Cullman	AK4B	145.310	100	873123
AL	Moulton	KN4CI	146.960	107.2	523154
AL	Opelika	WB4BYQ	147.060	123	392108
AL	Huntsville	KB4CRG	444.575	100	7142
AL	Brewton	KI4GGH	444.650		373450
AR	Hot Springs	WA5LUY	146.880	114.8	855562
AR	Nashville	KC5TSZ	147.045	94.8	243926
AR	Malvern	W5BXJ	147.360	136.5	147360
AZ	Bullhead City	AE7RZ	145.170	131.8	897828
AZ	Tucson	K7RST	146.800	156.7	7095
AZ	Tucson	WD7F	146.940	110.9	1125
AZ	Tucson	K7IOU	224.740	136.5	22474
AZ	Mesa	K7DMK	440.400	123	240900
AZ	Perioa	KG7IQW	440.475	100	977030
AZ	Mesa	N7OKN	440.675	107.2	863695
AZ	Clarkdale	K9FUN	441.775	156.7	282931
AZ	Tonopah	WT9S	442.075	123	505324
AZ	Sierra Vista	W6SEL	444.125	103.5	401599
AZ	Paulden	W7BNW	446.550	100	231506
AZ	Glendale	KF6QBW	446.600	103.5	828611
AZ	Phoenix	KC7GHT	447.575	151.4	173098
AZ	Queen Creek	N2QOJ	449.325	100	185734
CA	Redding	KE6CHO	145.110	94.8	390402
CA	Calaveras County	AE6LA	145.170	100	486015
CA	San Francisco	KR6DD	145.230	100	271122
CA	Lemoore	WB6Y	145.270	88.5	576010
CA	Lompoc	W6AB	145.360	131.8	510248
CA	Hemet	N7OD	145.420	88.5	3341
CA	Camarilllo	K6WMD	145.770		768599
CA	Sierra Peak	KD6DDM	146.610	103.5	497278

796 EchoLink Repeaters

State	City	Call Sign	Repeater Output Frequency (MHz)	CTCSS	Node
CA	Madera	KD6FW	146.700	141.3	88988
CA	Santa Cruz	K6BJ	146.790	94.8	354814
CA	Escondido	N6WB	146.880	107.2	2846
CA	South Lake Tahoe	WA6EWV	147.240	123	279922
CA	Morgan Hill	K7DAA	147.330	103.5	9537
CA	Upland	K6PQN	224.580	88.5	800889
CA	El Dorado Hills	N6QDY	441.100	123	3333
CA	Rocklin	N6UG	442.000	179.9	77068
CA	Livermore	K7FED	442.125	100	6778
CA	Sonora	KJ6NRO	442.450	136.5	587458
CA	Pittsburg	KF6ZOO	442.650	91.5	498116
CA	Tracy	KH7I	443.000	82.5	255528
CA	San Luis Obispo	W6FM	444.525	127.3	68906
CA	Culver City	K6CCR	445.600	131.8	742971
CA	San Diego	N6DCR	445.680	123	117645
CA	Hemet	KB6JAG	446.880	74.4	416226
CA	San Diego	N6FN	447.000	107.2	546528
CA	El Cajon	W6HDC	447.520	103.5	3501
CA	Newport Beach	AK6TT	449.280	127.3	589232
CA	San Diego	W1CDM	449.980	88.5	1314
CA	Santa Clara	N6MEF	927.838	100	799194
CO	Denver	N0OBA	145.190	131.8	10079
CO	Estes Park	N0FH	146.685	123	625757
CO	Glenwood Springs	K0RV	146.880	107.2	908980
CO	New Castle	N0SWE	146.880	107.2	243117
CO	Denver	W0JRL	446.550	100	201712
CO	Fort Collins	KC0RBT	447.450	123	447450
CO	Winter Park	WA4CCC	447.450	103.5	468062
CO	Denver	K0GUR	448.150	141.3	24340
CO	Denver	W0TX	449.350	100	4140
CO	Boulder	W0IA	449.550	100	217336
CT	Norwich	KA1CQR	146.730	156.7	638282
CT	Shelton	N1BDF	146.985	141.3	387772
CT	Brooklyn	K1MUJ	147.225	156.7	47825
CT	Bridgeport	N1KGN	441.700	77	441700
CT	Woodbridge	W1WPD	442.500	77	46633
CT	Milford	KA1FAI	443.550	77	754484
CT	Norwalk	W1NLK	448.075	114.8	46272
FL	Boca Raton	N4BRF	145.290	110.9	826953
FL	Cocoa Beach	W2SDB	145.370	156.7	712044
FL	Ocala	KA2MBE	145.430	141.3	161986
FL	Cape Coral	KN2R	146.610	136.5	41712

EchoLink Repeaters

State	City	Call Sign	Repeater Output Frequency (MHz)	CTCSS	Node
FL	New Port Richey	WA4GDN	146.670		46670
FL	Naples	WB2QLP	146.670	136.5	389568
FL	Welsey Chapel	K4EX	146.880		922106
FL	Orange Park	KI4UWC	146.925	156.7	465626
FL	Cudjoe Key	AK3ML	147.060	94.8	220314
FL	Sun City Center	W4KPR	147.090	162.2	311633
FL	Kissimmee	N4ARG	147.210		4338
FL	Lake Buena Vista	WD4WDW	147.300	103.5	632802
FL	Lake Wales	KJ4IDH	147.330	127.3	429535
FL	Lehigh Acres	N2FSU	147.375	123	493355
FL	Port Charlotte	N4FOB	442.700	136.5	495622
FL	Orlando	K4ZPZ	443.100	103.5	44310
FL	Ft. Lauderdale	KF4LZA	443.750	110.9	4788
FL	Saint Cloud	N4ZIQ	444.100	123	458245
FL	Merritt Island	KC2UFO	444.775	107.2	302025
FL	Stuart	N4BG	444.900	107.2	315546
FL	North Fort Myers	KD4NFS	446.500	100	801463
FL	Port Orange	N9GMR	449.875	100	640860
GA	Sweat Mountain	NF4GA	145.470	100	560686
GA	Eatonton	K4EGA	146.655	186.2	516125
GA	Warner Robins	WM4B	146.670	82.5	292763
GA	Dahlonega	N4KHQ	146.835	100	137890
GA	Cleveland	K4GAR	146.910	100	781118
GA	Rome	W4VO	146.940	88.5	203979
GA	Atlanta	WB4QOJ	146.955	77	3026
GA	Lawrenceville	W4GR	147.075	82.5	405614
GA	Thomaston	W4OHH	147.390	131.8	885039
GA	LaGrange	WB4BXO	224.720		481355
GA	Kingsland	W1KFR	444.625	118.8	3308
HI	Na Alehu	KH7MS	443.400	77	37225
IA	Iowa City	N0RXD	145.470	100	813957
IA	Spirit Lake	W0DOG	146.610	110.9	905962
IA	Storm Lake	WA0UZI	146.775	110.9	548437
IA	Ottumwa	KE0BX	146.970	100	13213
IA	Washington	AB0DX	147.045		343657
IA	Sioux City	KS0F	443.575	100	77463
ID	Rexburg	K7BYI	145.410	100	893936
IL	Alton	K9HAM	145.230	79.7	204755
IL	Schaumburg	K9IIK	145.230	107.2	575848
IL	Champaign-Urbana	K9CU	146.760	162.2	8231
IL	Peoria	W9UFF	146.760		97114
IL	Princeton	W9ZHB	146.955	103.5	681139
IL	Clinton	KB9GIG	146.985		509749

798 EchoLink Repeaters

State	City	Call Sign	Repeater Output Frequency (MHz)	CTCSS	Node
IL	Leonore	W9MKS	147.120	103.5	234725
IL	Metamora	K9WRA	147.255	103.5	710520
IL	Salem	NV9S	147.270	103.5	820870
IL	Schaumburg	K9EL	224.560	110.9	554337
IL	Winnebago	W9TMW	442.350	88.5	280970
IL	Elmhurst	W9YRC	442.875	114.8	305654
IL	Oak Forest	N9ZD	443.275	114.8	161122
IL	Tuscola	KC9PXI	444.450	123	548372
IN	Hartford City	K9VND	146.655	141.3	239090
IN	Indianapolis	W9RCA	146.880	88.5	6522
IN	Ft Wayne	W9TE	146.910		519521
IN	LaPorte	W9LY	146.970	131.8	193001
IN	Centerville	KB9SJZ	147.180	82.5	835798
IN	Wolf Lake	N9MTF	147.270	131.8	147270
IN	Lawrence County	N9UMJ	442.250	136.5	338340
IN	Bloomington	WB9UUS	442.700	107.2	552822
IN	Angola	KC9QDO	442.875	131.8	893208
IN	Lawrenceburg	K9GPS	443.875	146.2	110888
IN	Vincennes	W9EAR	443.925	107.2	745821
IN	Ft Wayne	W9VD	444.300	131.8	37585
KS	Wichita	W0VFW	145.270		358668
KS	Winfield	N5API	442.100	97.4	48439
KS	College Hill	N0EQS	444.575	100	3339
KS	Merriam	K0KN	927.712	151.4	307578
KY	Richmond	KF4REN	146.865	192.8	451988
KY	Paducah	W4NJA	147.060		458276
KY	Louisville	W4CN	147.180	79.7	425970
KY	Leitchfield	KC6KFQ	147.225	179.9	256950
KY	Murray	K4MSU	443.800	91.5	207370
KY	Corbin	KF4IFC	444.275	79.7	16883
LA	Leesville	W5LSV	145.310	203.5	91260
LA	Lafayette	W5DDL	146.820	103.5	759629
LA	Morgan City	W5BMC	146.910		507010
LA	Gonzales	K5ARC	147.225	107.2	692695
LA	Baton Rouge	KD5KNZ	443.100	107.2	876111
LA	New Orleans	KB5AVY	444.975	114.8	7052
MA	Fitchburg	W1GZ	145.450	74.4	688832
MA	Barnstable	W1SGL	146.730	67	712946
MA	Westford	WB1GOF	146.955	74.4	380799
MA	Whitman	WA1NPO	147.225	67	484193
MA	Swansea	KB1NYT	224.180	67	783892
MA	Boston	KA1PPG	441.500	67	234703
MA	Millbury	KA1AQP	444.900	100	846999
MA	Milford	W1BRI	446.825	100	3819

EchoLink Repeaters 799

State	City	Call Sign	Repeater Output Frequency (MHz)	CTCSS	Node
MA	Marlborough	W1MRA	449.925	88.5	4133
MD	Bethesda	K3YGG	145.290	156.7	247014
MD	Bladensburg	K3GMR	146.610		796114
MD	College Park	W3EAX	145.490		318547
MD	Frederick	W3ICF	146.730	141.3	14613
MD	Greenbelt	WA3NAN	146.835		40045
MD	Ashton	K3WX	147.000		251966
MD	Silver Spring	WB3GXW	147.225	156.7	147225
MD	Annapolis	KA2JAI	442.300	107.2	90911
MD	Hagerstown	N3UHD	442.650	79.7	481682
MD	Ocean City	N3HF	443.450	151.4	54045
MD	Port Deposit	WA3SFJ	146.850	107.2	585690
MD	Silver Spring	N3HF	443.450	156.7	84345
MD	Sunderland	K3CAL	145.985	156.7	389207
ME	Kents Hill	W1PIG	145.390	100	15061
MI	Ann Arbor	W8UM	145.230	100	301138
MI	Traverse City	W8TVC	145.270	114.8	56464
MI	Gaylord	KC9ON	146.820		728606
MI	Lansing	NE8K	146.940	100	620311
MI	Marquette	KE8IL	146.970		394682
MI	Menominee	W8PIF	147.000	107.2	481872
MI	Wyandotte	WY8DOT	147.240	100	560457
MI	Calumet	KD8JAM	147.315	100	405654
MI	Battle Creek	W8DF	224.240		360014
MI	Moline	K8SN	442.175	103.5	3925
MI	Pinckney	W2GLD	442.675	141.3	636674
MI	Detroit	WW8GM	443.075	123	99846
MI	Holland	N8XPQ	444.800	103.5	297341
MN	Avon	KG0CV	443.650	85.4	619724
MN	Brainerd	W0UJ	145.130		233515
MN	Ellendale	KA0PQW	224.640	110.9	267582
MN	Glenville	NX0P	146.685	100	513917
MN	Hampton	K0JTA	147.360	136.5	9636
MN	Hutchinson	KB0WJP	147.350	146.2	252922
MN	Karlstad	KA0NWV	145.470	77	23832
MN	Owatonna	WB0VAJ	147.105	100	660883
MN	Knife River	KC0MKS	443.850		239444
MN	Litchfield	AE0GD	146.620	146.2	643966
MN	Litchfield	KC0CAP	443.800	146.2	72238
MN	Mounds View	W0MDT	444.075	114.8	428728
MN	Minneapolis	K0MSP	145.370	107.2	4537
MN	Minneapolis	N0BVE	444.650		89680
MN	Minnetonka	N0BVE	145.450		89680
MN	Ramsey	K0MSP	444.970	114.8	9975

800 EchoLink Repeaters

State	City	Call Sign	Repeater Output Frequency (MHz)	CTCSS	Node
MN	Pinewood	KC0FTV	442.925	118.8	414532
MN	Redwood Falls	KB0CGJ	146.865	141.3	29141
MN	St. Louis Park	W0EF	146.760		77598
MN	Wyoming	N0VOW	146.895	82.5	342623
MO	St. Louis	WB0QXW	145.210	123	466277
MO	Rolla	W0EEE	145.450	110.9	543153
MO	Fordland	N0NWS	145.490	136.5	291849
MO	St. Louis	W9AIU	146.760	141.3	541608
MO	St. Louis	N0OBG	147.390	100	4527
MO	Boonville	KA0GFC	442.700	77	239712
MO	Rolla	WB9KHR	443.600	114.8	201077
MS	Quitman	KF5MWE	147.390	100	211193
MS	Clinton	W5PFR	444.000	100	112793
MS	Rienzi	KE5HYT	444.900		911524
MT	Great Falls	W7GMC	147.360	100	425518
NC	Oxford	WB4SYW	145.170	100	825562
NC	Wilmington	NI4SR	145.410	67	559874
NC	Clemmons	WB9SZL	145.470	100	420473
NC	Franklin	K2BHQ	145.490	167.9	400632
NC	Concord	WA1WXL	146.655		421328
NC	Roanoke Rapids	AJ4RC	146.745		661107
NC	Waxhaw	K4WBT	146.865	94.8	84335
NC	Hubert	KE4FHH	147.000	88.5	870037
NC	Lawndale	NA4CC	147.045	127.3	706882
NC	Raleigh	K4JDR	441.725	100	42704
NC	Boone	KB4W	443.525	103.5	883972
ND	Cavalier	N0CAV	147.150		331011
NE	Omaha	WB0YLA	145.390	136.5	366048
NE	Lincoln	K0LNE	146.850		368525
NH	Derry	NM1D	146.745	114.8	501047
NH	Hudson	NE1B	147.105	88.5	15837
NH	Claremont	WX1NH	224.060	97.4	725056
NJ	Morristown	WS2Q	145.370	151.4	330007
NJ	Fort Lee	W2MPX	145.450	100	501504
NJ	Greenbrook	W2QW	146.625	141.3	311438
NJ	Clifton	N2SDB	224.360		336643
NJ	Newark	KB2UET	442.150		500266
NJ	New Brunswick	K2EPD	448.925	94.8	559667
NJ	Boonton	N2WNS	449.775	151.4	753534
NJ	Quinton	N2KEJ	53.710	74.4	8888
NM	Albuquerque	W5ASM	145.370	162.2	980760
NM	Albuquerque	KC5IPK	442.750	162.2	214956
NM	Carlsbad	N5MJ	444.450	127.3	44167
NM	McIntosh	KB5VPZ	447.275	71.9	943044

EchoLink Repeaters 801

State	City	Call Sign	Repeater Output Frequency (MHz)	CTCSS	Node
NM	Rio Rancho	W5BI	449.300	100	9749
NM	Gallup	KC5WDV	449.750	100	6810
NV	Las Vegas	WR7NV	145.350	100	5069
NV	Reno	KA7ZAU	146.895	100	357948
NV	Gerlach	W7BRD	440.175	100	7238
NV	Fallon	K5BLS	442.125	123	864350
NV	Henderson	K7RSW	448.875	114.8	7745
NY	Farmingville	K2SPD	145.310	118.8	45717
NY	Sullivan	W2FLA	146.625	94.8	146625
NY	Johnstown	K2JJI	146.700	100	510372
NY	Troy	W2SZ	146.820		428054
NY	New York City	WA2IAF	146.880	141.3	66880
NY	Lowville	AB2XN	146.955		427886
NY	Cortland	K2IWR	147.180	71.9	614766
NY	Ghent	K2RVW	147.210		372818
NY	East Greenbush	KC2IVI	147.330	146.2	48899
NY	Fulton	WN8Z	147.390	103.5	7390
NY	Cortland	KB2FAF	442.850	71.9	171371
NY	Bethpage	W2YMM	449.300	192.8	1224
OH	Alliance	W8LKY	145.370		811710
OH	Portsmouth	N8QA	145.390	136.5	839665
OH	Middletown	W8BLV	146.610	77	323719
OH	East Liverpool	K8BLP	146.700	162.2	30022
OH	East Liverpool	KB8JNM	224.660		804396
OH	Elyria	K8KRG	146.700	110.9	502546
OH	Kent	K8SRR	146.895	110.9	508081
OH	Chardon	N8ONI	146.940	110.9	806183
OH	Lancaster	K8QIK	147.030	71.9	405426
OH	Defiance	K8VON	147.090		215376
OH	Elyria	KC8BED	147.150	110.9	719195
OH	Salem	KB8MFV	147.285	88.5	43358
OH	Mansfield	K8HF	147.360	71.9	54412
OH	Hayesville	KD8BIW	224.580	110.9	297683
OH	North Olmsted	W8IZ	444.012	131.8	3049
OH	Royalton	K8YSE	444.075	131.8	6563
OH	Mentor	N9AGC	444.650	131.8	65777
OH	Vandalia	W8GUC	444.662	123	296027
OH	Chardon	KF8YK	444.813	131.8	44024
OH	Lima	WB8ULC	444.925		146670
OK	Tulsa	W5IAS	145.170	88.5	9185
OK	Blanchard	W5LHG	444.625	127.3	212302
OR	Washington County	KJ7IY	145.270	107.2	82962
OR	Central Point	W9PCI	145.330	100	385956

802 EchoLink Repeaters

State	City	Call Sign	Repeater Output Frequency (MHz)	CTCSS	Node
OR	Joseph	KB7DZR	147.000	103.5	323569
OR	Bend	KB7LNR	147.360		211222
OR	Portland	K7RPT	147.380	100	758452
OR	Roseburg	KE7MVX	147.420		469202
OR	Tillamook	KD7YPY	441.975		266640
OR	Canby	WB7QAZ	442.900	123	429797
OR	Medford	K7RVM	444.450		572479
OR	La Grande	KF7GOR	444.925	146.2	727358
PA	Berwick	WC3H	145.130	77	641077
PA	Carlisle	N3TWT	145.430	67	743026
PA	Pine Grove	AA3RG	146.640	82.5	149493
PA	Eagleville	AA3E	146.835	88.5	570945
PA	Beaver	N3TN	146.850	131.8	286427
PA	Pocono Mountains	KB3EJM	146.865	100	496523
PA	Erie	N8AD	147.000		54056
PA	Pittsburgh	W3KWH	147.030	123	147030
PA	Philadelphia	W3QV	147.030	91.5	507410
PA	Philadelphia	WB0CPR	449.775	141.3	403147
PA	Matamoras	W2TAO	147.090	100	278703
PA	Cameron County	N3SNN	147.180		70767
PA	Somerset	AK3J	147.195	123	506066
PA	Erie	N3APP	147.270	186.2	9534
PA	Williamsport	W3AHS	147.300	151.4	277377
PA	Pittsburgh	W3YJ	443.450	100	443450
PA	Center Valley	W3LR	443.590	151.4	230150
PA	Coraopolis	KA3IRT	444.150	100	176150
PA	York	W3HZU	447.275	123	9211
PR	San Juan	WP4CIE	447.100	100	359659
SC	Aiken	N2ZZ	145.350	156.7	5764
SC	Myrtle Beach	W4GS	145.400	123	251505
SC	Greenville	W4NYK	146.610		545072
SC	Greenwood	W4GWD	147.165	107.2	584003
SC	Pickens	WX4PG	442.400	127.3	4031
SC	Monetta	KF4NQN	446.100	88.5	721353
SD	Sioux Falls	KD0ZP	444.900	146.2	74079
TN	Cleveland	WM4RB	145.310	141.3	698645
TN	Knoxville	W4KEV	145.370	100	459455
TN	Monteagle	NQ4Y	145.410	114.8	2043
TN	Church Hill	K4LMP	146.820	103.5	838250
TN	Newport	KG4LHC	147.090	203.5	425501
TN	Mooresburg	KE4KQI	147.135	114.8	476483
TN	Parsons	KW4DC	147.195	94.8	746697
TN	Cleveland	KA4ELN	147.375	123	709112

EchoLink Repeaters

State	City	Call Sign	Repeater Output Frequency (MHz)	CTCSS	Node
TN	Memphis	KA7UEC	443.300	107.2	236040
TX	Tyler	N9JN	145.210	88.5	259165
TX	Corsicana	KD5OXM	145.290	146.2	502586
TX	Temple	N5ZXJ	145.310	123	1947
TX	Cedar Park	KE5TNO	145.370	103.5	4735
TX	Humble	KB5WAQ	145.430		302646
TX	Cleburne	KY5O	145.490	88.5	100032
TX	Harlingen	K5RAV	146.700	114.8	67509
TX	Irving	WA5CKF	146.720	110.9	634042
TX	Houston	K5WH	146.760	103.5	1517
TX	San Antonio	KF5FGL	146.840	82.5	880497
TX	Huntsville	NR5US	146.860	131.8	970435
TX	Georgetown	NA6M	147.080	100	147080
TX	Port Arthur	N5BZM	147.200	118.8	458549
TX	Buffalo	W5UOK	147.280	146.2	490552
TX	Conroe	WD5CFJ	224.240	103.5	50073
TX	Leander	KE5RS	441.600	100	8327
TX	Fort Worth	K5AMM	441.675	110.9	463758
TX	San Angelo	KC5EZZ	441.750	162.2	76362
TX	Austin	N5JGX	441.875	100	341697
TX	Austin	K5AXW	442.150	186.2	136958
TX	San Antonio	KB5UJM	442.350	82.5	64235
TX	Houston	KD5DFB	442.600	156.7	672989
TX	Euless	W5EUL	442.900	110.9	565992
TX	Arlington	N5LLI	443.075	110.9	855155
TX	Denton	W5NGU	444.050	110.9	165165
TX	Austin	WA5YZD	444.100		43010
TX	Cedar Park	K5KTF	444.625	100	839153
UT	Provo	N7BYU	145.330		96806
UT	St George	AE7HY	146.640	100	928364
UT	Salt Lake City	W7SP	146.760		703269
UT	Kanab	KD7ZJW	146.880		631188
UT	St George	W7RES	146.910	100	678741
UT	Logan	W7BOZ	449.300	103.5	558836
VA	Norfolk	W4VB	145.330	131.8	311763
VA	Wise	WD4GSM	147.015	88.5	923174
VA	Thaxton Mtn	WB4JBJ	147.105	136.5	3693
VA	Rixeyville	W4CUL	147.120	146.2	300136
VA	Warrenton	W4VA	147.165	167.9	883791
VA	Bedford	W1IE	147.195	136.5	808227
VA	Fredericksburg	W1ZFB	51.860	127.3	303832
VA	Isle of Wight	WT4RA	147.195	100	88373
VA	Clear Brook	WG0OGL	147.300	146.2	916004
VA	Culpepper	W4CUL	147.120	146.2	300136

804 EchoLink Repeaters

State	City	Call Sign	Repeater Output Frequency (MHz)	CTCSS	Node
VA	Lovingston	KB4JNK	224.580	136.5	540404
VA	Muck Cross	KB2AHZ	442.000	100	331983
VA	Harrisonburg	N4DSL	443.150	131.8	37200
VA	Stafford	WS4VA	147.350	79.7	52256
VA	Vienna	W4CIA	147.210		521545
VA	Wytheville	W4VSP	444.325	103.5	455799
VA	Bull Run Mountain	W4BRM	448.225	77	522456
VA	Winchester	N2XIF	442.050	179.9	235806
VT	Bolton	WB1GQR	145.150	100	97406
VT	Bennington	K1SV	146.835	100	68420
WA	Olympia	K7CPR	145.470	100	568330
WA	Four Lakes	W4LKS	147.360		3650
WA	Kittitas County	W7EFS	147.360	131.8	978681
WA	Seattle	K7LER	441.800	141.3	4515
WA	Issaquah	KF7BIG	442.125	103.5	529661
WA	Lopez Island	KD7KAB	443.475	67	984472
WA	Seattle	WA7HJR	444.650	131.8	482474
WI	Ogdensburg	W9GAP	146.925	118.8	409257
WI	Green Bay	N9DKH	147.075		265839
WI	Balsam Lake	N9XH	147.195	110.9	991104
WI	Green Bay	K9JQE	223.940	107.2	69044
WI	Burlington	WB9COW	442.850	88.5	683692
WI	Madison	W9YT	443.600	123	520577
WI	Green Bay	W9OSL	444.750		504417
WI	Iola	N5IIA	444.900	114.8	273426
WI	Pleasant Prairie	K9KEA	927.612	127.3	563702
WV	Salt Rock	K8SA	145.110	110.9	2175
WV	Droop Mountain	W3ATE	147.315	136.5	232342
WV	Huntington	KB8TGK	443.850	162.2	150734
WY	Rock Springs	KE7UUJ	146.655	107.2	865361
WY	Rock Springs	K7DRA	444.700		824055

EchoLink Repeaters

Canada

Province	City	Call Sign	Repeater Output (MHz)	CTCSS	Node
AB	Lethbridge	VE6ROT	146.790		113371
AB	Calgary	VE6TAF	444.750	110.9	425932
BC	Delta	VA7DEP	444.425		168180
BC	Surrey	VE7RSC	147.360	110.9	496228
NB	Saint John	VE9SJN	147.270		285237
NB	Fredericton	VE9DGP	147.360		237401
NL	Grand Falls	VO1MXZ	146.760		566468
NS	Sydney	VE1CR	146.880		104517
ON	Brockville	VE3IWJ	146.820	100	158695
ON	Huntsville	VE3KR	146.820	156.7	184398
ON	Kapuskasing	VA3NKP	146.930		524524
ON	Whitby	VE3WOM	146.970	156.7	484101
ON	Ottawa	VE3MPC	147.150		978973
ON	London	VE3TTT	147.180	114.8	10741
ON	Lindsay	VE3LNZ	147.195		748673
ON	Hamilton	VA3ODX	442.225	131.8	283408
ON	Markham	VA3CTR	442.275	103.5	151155
ON	Ancaster	VE3RDM	442.500	136.5	669615
ON	Hamilton	VE3RFI	443.250	151.4	327534
ON	Toronto	VE3NOR	443.650	103.5	743764
ON	Toronto	VA3SF	443.900	127.3	6398
ON	Toronto	VE3RAK	444.700	103.5	2068
ON	Milverton	VE3NMN	444.925	114.8	388313
PQ	Jonquière	VE2RHJ	145.170		148167
PQ	Quebec City	VE2REA	146.685	100	155300
PQ	Rougemont	VE2RXW	146.700		376271
PQ	Lac St-Jean	VA2RRA	146.745	136.5	783560
PQ	St Calixte	VE2STO	146.790	103.5	414094
PQ	Matane	VA2RAM	146.880		769001
PQ	Quebec City	VE2RIG	146.880	100	39339
PQ	Montreal	VE2RBV	147.210		982747
PQ	St Jean Richelieu	VE2RVR	147.240		407340
PQ	Laurentides	VE2PCQ	447.125	103.5	160898
SK	Preeceville	VE5SS	146.610		581167
YT	Meadowbank	VY0MBK	146.760		728503

Notes

Notes

Notes

Notes

Notes

Notes

Notes

Notes

Advertising Contact Information

Advertising Department Staff
Debra Jahnke K1DAJ, *Sales Manager, Business Services*
Janet Rocco, W1JLR, *Account Executive*
Lisa Tardette, KB1MOI, *Account Executive*
Diane Szlachetka, KB1OKV, *Advertising Graphic Design*
Zoe Belliveau, W1ZOE, *Business Services Coordinator*

Call Toll Free: 800-243-7768
Direct Line: 860-594-0207   Fax: 860-594-4285
E-mail: ads@arrl.org   Web: www.arrl.org/ads

Advertising Deadline:
Contact the Advertising Department in early January 2016 for advertising placements in the 2016-2017 ARRL Repeater Directory.

If your company provides products or services of interest to ARRL Members, please contact the ARRL Advertising Department today for information on advertising in ARRL publications.

Please Note: All advertising in future editions of the ARRL Repeater Directory will be **Full Page** only.

Index of Advertisers

Advanced Specialties	245
ASA, Inc.	13
CheapHam.com	4
Colorado Connection	149
Command Productions	7
Cushcraft	11
Ham Radio Outlet	Cover 3
Hy-Gain	11
ICOM America	Cover 4
Long Island Mobile Amateur Radio Club	257
MFJ Enterprises, Inc.	9, 11
Mirage	10
Radio Club of JHS 22 NYC	15
Sea Pac Ham Convention	285
Universal Radio	269
West Mountain Radio	3
YAESU USA	Cover 2